U0922196

中国低碳年鉴

2017

总第8卷

《中国低碳年鉴》编辑委员会

北 京
冶 金 工 业 出 版 社
2018

内容简介

为全面记载我国应对气候变化和低碳发展的历程，促进转变经济发展方式，加快生态文明建设，由国务院相关部委应对气候变化和低碳发展主管司局及省（自治区、市）发展和改革委员会等共同编辑出版大型低碳发展典籍《中国低碳年鉴2017》。

《中国低碳年鉴2017》主要载述2016年国家应对气候变化和低碳发展的法律法规、政策文件和部分2017年重要文献，国家各部委与各省、自治区、直辖市应对气候变化和低碳发展报告，重点领域低碳发展报告，以及有关数据资料、案例，内容全面、丰富、详实，具有权威性、可靠性和较高的实用价值，可作为各级党政机关、企事业单位、院校、科研院所、专家学者及有关人员在政策决策、规划制订、科研、教学、管理等工作中的查考应用书籍。

图书在版编目（CIP）数据

中国低碳年鉴. 2017 / 《中国低碳年鉴》编辑委员会编. — 北京 : 冶金工业出版社, 2018.4
ISBN 978-7-5024-7672-4

Ⅰ. ①中… Ⅱ. ①中… Ⅲ. ①低碳经济－中国－2017－年鉴 Ⅳ. ①F124.5-54

中国版本图书馆CIP数据核字(2017)第285578号

出版人　谭学余
地　　址　北京市东城区嵩祝院北巷39号　邮编　100009　电话　(010)64027926
网　　址　www.cnmip.com.cn　电子信箱　yjcbs@cnmip.com.cn
责任编辑　曾　媛　美术编辑　孔令刚　版式设计　孔令刚
责任校对　张　之
ISBN 978-7-5024-7672-4
冶金工业出版社出版发行；各地新华书店经销；廊坊市长岭印务有限公司印刷
2018年4月第1版，2018年4月第1次印刷
210mm×297mm；33.5印张；20彩页；1386千字；462页
560.00元
冶金工业出版社　投稿电话　(010)64027932　投稿信箱　tougao@cnmip.com.cn
冶金工业出版社营销中心　电话　(010)64044283　传真　(010)64027893
冶金书店　地址　北京市东四西大街46号（100010）　电话　(010)65289081（兼传真）
冶金工业出版社天猫旗舰店　yjgycbs.tmall.com
（本书如有印装质量问题，本社发行部负责退换）

必须坚定不移贯彻创新、协调、绿色、开放、共享的发展理念。

坚持人与自然和谐共生。建设生态文明是中华民族永续发展的千年大计。必须树立和践行绿水青山就是金山银山的理念，坚持节约资源和保护环境的基本国策，像对待生命一样对待生态环境，统筹山水林田湖草系统治理，实行最严格的生态环境保护制度，形成绿色发展方式和生活方式，坚定走生产发展、生活富裕、生态良好的文明发展道路，建设美丽中国，为人民创造良好生产生活环境，为全球生态安全作出贡献。

人与自然是生命共同体，人类必须尊重自然、顺应自然、保护自然。

必须坚持节约优先、保护优先、自然恢复为主的方针，形成节约资源和保护环境的空间格局、产业结构、生产方式、生活方式，还自然以宁静、和谐、美丽。

推进绿色发展。加快建立绿色生产和消费的法律制度和政策导向，建立健全绿色低碳循环发展的经济体系。构建市场导向的绿色技术创新体系，发展绿色金融，壮大节能环保产业、清洁生产产业、清洁能源产业。推进能源生产和消费革命，构建清洁低碳、安全高效的能源体系。倡导简约适度、绿色低碳的生活方式，反对奢侈浪费和不合理消费，开展创建节约型机关、绿色家庭、绿色学校、绿色社区和绿色出行等行动。

——习近平在中国共产党第十九次全国代表大会上的报告

中国共产党第十九次全国代表大会确立习近平新时代中国特色社会主义思想，指引中国生态文明建设和绿色低碳循环发展进入新时代

在德国波恩召开的2017年联合国气候变化大会上，中国应对气候变化方面的行动以及中国代表团的积极作用成为关注的焦点。中国正成为全球生态文明建设的重要参与者和贡献者

2016年，我国新能源汽车生产51.7万辆，销售50.7万辆，比上年同期分别增长51.7%和53%

我国南海神狐海域天然气水合物试采实现连续超过7天的稳定产气，取得天然气水合物试开采的历史性突破

2016年12月22日3时22分，我国在酒泉卫星发射中心成功将全球二氧化碳监测科学实验卫星发射升空，这是我国首颗用于监测全球大气二氧化碳含量的科学实验卫星

2016年11月6日，“华龙一号”核电项目首台发电机在东方电气集团东方电机有限公司通过“型式试验”，标志着我国“华龙一号”首台发电机自主研制成功

中国科学院等离子体物理研究所国家重大科学装置——超导托卡马克实验装置EAST在全球首次实现了上百秒的稳态高约束运行模式，为人类开发利用核聚变清洁能源奠定了重要的技术基础

2016年，我国天然气产量1371亿立方米，天然气消费量2058亿立方米，为减少二氧化碳排放发挥重要作用

55年来，地处河北省最北端的塞罕坝林场三代塞罕坝人将荒原沙地变成了百万亩人工林海，成为“绿水青山就是金山银山”的有力印证

青海龙羊峡850兆瓦水光互补光伏电站

《中国低碳年鉴》顾问委员会

名誉顾问

陈至立　全国人大常务委员会原副委员长

陈昌智　全国人大常务委员会副委员长

徐匡迪　第十届全国政协副主席、中国工程院主席团名誉主席

顾　问

解振华　中国气候变化事务特别代表、全国政协人口资源环境委员会副主任
国家发展和改革委员会原副主任

李毅中　全国政协经济委员会副主任、工业和信息化部原部长

周生贤　全国政协人口资源环境委员会副主任、环境保护部原部长

陈宜明　住房和城乡建设部总工程师

李盛霖　全国人大财政经济委员会主任委员、交通运输部原部长

张桃林　农业部副部长

汪　洪　水利部总工程师

宋秀岩　全国妇联书记处第一书记

贾治邦　全国政协人口资源环境委员会主任、国家林业局原局长

郑国光　中国气象局原局长

徐锭明　国务院原参事、原国家发改委能源局局长

秦大河　全国政协人口资源环境委员会副主任、中国科学院院士

金　涌　清华大学化工科学与技术研究院院长、中国工程院院士

《中国低碳年鉴》编辑委员会

编委会主任

刘燕华　国务院参事、科学技术部原副部长

主　编

刘燕华　国务院参事、科学技术部原副部长

孟赤兵　北京现代循环经济研究院院长（执行）

副主编

苟在坪　北京现代循环经济研究院副院长

编委会副主任

李　高　国家发展和改革委员会应对气候变化司司长

孙　桢　国家发展和改革委员会应对气候变化司副司长

蒋兆理　国家发展和改革委员会应对气候变化司副司长

陆新明　国家发展和改革委员会应对气候变化司副司长

田成川　国家发展和改革委员会应对气候变化司副巡视员

孙成永　科学技术部参赞

高云虎　工业和信息化部节能与综合利用司司长

刘鸿志　环境保护部科技标准司副司长

苏　杰　交通运输部综合规划司副司长

郭理桥　住宅和城乡建设部建筑节能与科技司副司长

汪学军　农业部科技教育司副司长

田中兴　水利部农村水电及电气化发展局局长

王祝雄　国家林业局造林绿化管理司司长

于玉斌　中国气象局科技与气候变化司司长
孟赤兵　北京现代循环经济研究院院长
张国洪　北京市发展和改革委员会副主任
薛新立　天津市发展和改革委员会主任
刘　锋　山西省发展和改革委员会副主任
文　民　内蒙古自治区发展和改革委员会副主任
黄　洋　辽宁省发展和改革委员会副主任
宋　刚　吉林省发展和改革委员会副主任
鲁　峰　黑龙江省发展和改革委员会副巡视员
王汉春　江苏省发展和改革委员会副主任
张和平　江西省发展和改革委员会主任
刘晓鸣　湖北省发展和改革委员会主任
黄恕明　广东省发展和改革委员会副主任
朱华友　海南省发展和改革委员会副主任
黄朝永　重庆市发展和改革委员会副主任
代永波　四川省发展和改革委员会副主任
张美钧　贵州省发展和改革委员会总规划师
刘　颖　云南省发展和改革委员会副主任
孙本拉　西藏自治区发展和改革委员会副主任
苏园林　陕西省发展和改革委员会总工程师
张安疆　甘肃省发展和改革委员会副主任
于明臻　青海省发展和改革委员会副主任
马　坚　宁夏回族自治区发展和改革委员会副主任
郭启民　新疆建设兵团发展和改革委员会副主任
肖生滨　大连市发展和改革委员会副主任
蔡　羽　深圳市发展和改革委员会副主任

王智勇 北京天波泰电气技术有限公司总经理

李银峰 龙之盾军工科技（北京）有限公司总经理

编委会委员

黄问航 国家发展和改革委员会应对气候变化司综合处处长

李丽艳 国家发展和改革委员会应对气候变化司战略规划处处长

丁　丁 国家发展和改革委员会应对气候变化司对外合作处处长

李俊峰 国家应对气候变化战略研究中心原主任

黄圣彪 科技部社会发展科技司气候变化处处长

尤　勇 工业和信息化部节能与综合利用司节能处处长

冯　波 环境保护部科技标准司环境健康管理处（气候变化应对处）处长

仝贵婵 住房和城乡建设部建筑节能与科技司国际科技合作处处长

王广民 交通运输部综合规划司环保处处长

闫　成 农业部科技教育司资源环境处处长

王福祥 国家林业局造林绿化管理司林业应对气候变化处处长

袁佳双 中国气象局科技与气候变化司气候变化处处长

李永亮 中国石油和化学工业联合会产业发展部处长

张玉梅 北京市发展和改革委员会应对气候变化处处长

田国栋 天津市发展和改革委员会资源节约和环境气候处处长

武东升 山西省发展和改革委员会应对气候变化处处长

李　琳 山西省发展和改革委员会应对气候变化处副处长

迟瑞平 内蒙古自治区发展和改革委员会应对气候变化处处长

付永良 辽宁省发展和改革委员会环资气候处处长

孙力扬 黑龙江省发展和改革委员会资源节约与环境保护处处长

郜春伟 吉林省发展和改革委员会应对气候变化处处长

金乐君 江苏省发展和改革委员会资源节约与环境保护处处长

缪　军 江苏省发展和改革委员会资源节约与环境保护处副处长

沈　丰 江西省发展改革委应对气候变化处处长

田　啟 湖北省发展和改革委员会应对气候变化处处长

洪建武 广东省发展和改革委员会应对气候变化处处长

陈毅军 广东省发展和改革委员会应对气候变化处副处长

高佃恭 海南省发展和改革委员会区域经济和资源节约环境保护处处长

董晓川 重庆市发展和改革委员会资源环境和应对气候处处长

曾义平 四川省发展和改革委员会环资（气候）处处长

付野秋 贵州省发展和改革委员会应对气候变化处处长

索朗卓嘎 西藏自治区发展和改革委员会资源节约和环境保护处处长

续大康 陕西省发展和改革委员会应对气候变化处处长

黄建雄 青海省发展和改革委员会资源节约和环境保护处处长

金　华 新疆生产建设兵团发展和改革委员会应对气候变化处处长

成英俊 大连市发展和改革委员会环资处

程会强 国务院发展研究中心资源与环境政策研究所所长助理

周宏春 国务院发展研究中心社会发展研究部室主任

王　毅 中国科学院科技政策与管理科学研究所所长

潘家华 中国社会科学院城市发展与环境研究所所长

齐　晔 清华大学气候变化与低碳发展政策研究中心主任

赵新峰 首都师范大学管理学院院长

诸大建 同济大学可持续发展与管理研究所所长

何锦峰 四川联合环境交易所董事长

张　月 兰州环境能源交易中心董事长

韩　冰 北京现代循环经济研究院副院长

刘兴利 北京现代循环经济研究院原院长

王林森 北京现代循环经济研究院原副院长

侯　静 北京现代循环经济研究院院长助理

徐怡珊 中国环境监测总站高级工程师

《中国低碳年鉴》编辑部

编 辑 部 主 任：侯　静

编辑部副主任：张　之

编　　　辑：王　蕾　孔令刚

版式设计：张　之　孔令刚

彩页设计：孔令刚

封面设计：孔令刚

编辑部地址：北京现代循环经济研究院

北京市东城区北三环中路37号华世隆国际公寓B座410室

编辑部电话：010-84119310（传真）

电 子 邮 箱：zgdtjjnj@126.com

编辑说明

应对气候变化事关中华民族和全人类的长远利益，走低碳发展之路是积极应对气候变化的迫切要求，也是体现以人为本、全面协调可持续的发展导向、建设创新型国家的客观要求。

树立绿色发展理念，大力发展以低碳排放、循环利用为内涵的绿色经济，逐步建立以低碳排放为特征的工业、建筑、交通体系和低碳社会生活，积极探索具有中国特色的低碳发展道路，有效控制温室气体排放，为推进中国和世界可持续发展作出积极贡献，已成为中国的一项基本国策，并已纳入了国民经济和社会发展第十三个五年规划纲要。

为全面记载我国应对气候变化和低碳发展的历程和实际状况，加快走低碳发展之路的步伐，特编辑出版《中国低碳年鉴》，并得到了从中央到地方、国家各重点行业及其协会、低碳试点与实践单位的各方面的高度关注和坚决支持，全国人大、国务院各有关部委和部门，各省市区发改委、专家学者应邀担当顾问、编委，积极撰写和提供文稿、资料、图片，并提出了许多指导意见，给了我们努力做好《中国低碳年鉴》的编辑出版工作以巨大鼓舞和鞭策。

一、《中国低碳年鉴 2017》基本内容为2016年中国应对气候变化和低碳发展状况、重要信息数据、基本经验和主要成效。为增强《年鉴》的时效性和适用性，适当收录了2017年我国应对气候变化和低碳发展的部分政策文件和内容。

二、《中国低碳年鉴 2017》在编辑出版全过程中，坚持以邓小平理论和“三个代表”重要思想、科学发展观为指导，全面贯彻落实习近平总书记关于绿色发展理念和建设生态文明的重要思想。在体例上，采用文章、条目、报表和图片相结合。

三、《中国低碳年鉴 2017》具有一些明显的特点。强化了综合分析力度，收入了国家发展和改革委发布的《中国应对气候变化政策与行动年度报告》，约请国务院有关部委（局）、重点行业和领域、省区市撰写了应对气候变化和低碳发展报告或专题发展报告，大大丰富了《年鉴》内容，增强了《年鉴》的可读性、使用价值与历史价值。载入的事件、信息、数据、资料、图片等都来自官方和公开出版物，具有权威性、真实性，历史价值和保存、使用、查考价值都较高；涵盖内容全面、广泛、系统，从中央到地方、企业、园区、行业、领域，涉及言论、重大活动和事件、法规、政策、科技、典型案例以及国外概况，多层次、全方位，涵盖低碳发展的各个方面，全书达140多万字，内容丰富、详实、完备，为前所少见；图文并茂，具有较强的可视性、生动性和可读性。

四、诚挚感谢全国人大、全国政协、国务院各有关部委（局）、省市区发改委、国家各重点行业协会、低碳试点与实践单位、专家学者等在《中国低碳年鉴》的编辑出版中给予的支持。

五、《中国低碳年鉴》编辑部设在北京现代循环经济研究院。

六、由于我们缺乏经验，水平有限，对于书中存在的疏漏乃至错误，敬请不吝指正。

Editing Instructions

Climate change relates to the long-term interests of Chinese nation and all mankind, so taking the low-carbon development way is an urgent demand to actively respond to climate change, an embodying in the direction of People First, Overall Coordination and Sustainable Development, and also the inherent and objective requirement of building an innovative country as well.

It has already became a China's basic state policy and incorporated into Twelfth Five-Year Plan for National Economic and Social Development of People's Republic of China to establish green low-carbon development concept, to strongly develop green economy with the connotation of low-carbon emissions and recycling usage, and to radually set up the industry, construction and transportation systems with low-carbon emission and low-carbon social life, and to actively explore the low-carbon development road with Chinese characteristics, and to effectively control greenhouse gas emissions, as well as to positively contribute to promoting sustainable development of both China and the world.

For the purpose of comprehensively recording the course and actual situation of Chinese low-carbon development, and speeding up the low-carbon development, China Low-Carbon Yearbook was specially published.

Great attention and firm support were given from all involved parties such as from the central to locals, each national key industry and its association, and the low-carbon pilot and practice units. The consultants and editors were invited from the relevant ministries and commissions (bureaus) of National People's Congress and the State Council, and the provincial and municipal National Development and Reform Commission, and relevant experts and scholars. All of them positively wrote and provided manuscripts, the information and pictures, and gave many guidance suggestions. All mentioned above encouraged and spur us to make great efforts to edit China Low-Carbon Yearbook 2015 well.

China Low-Carbon Yearbook 2017 basic content focuses on China low-carbon development status and actions in dealing with climate change, important information/data, experience and major a chievement in 2016. To improve the timeliness of China Low-Carbon Yearbook, we collected important policy documents and related contents referring to China's actions in dealing with climate change and low carbon development in 2017.

The Deng Xiaoping Theory and Three Representative Important Thought were adhered to and followed, and Scientific Development Outlook was applied and implemented during editing of China Low-Carbon Yearbook 2016, which combined articles, items, statements and pictures in style, Fully implement the spirit of a series of speeches about green growth concept and the construction of ecological civilization by Xi Jinping.

China Low-Carbon Yearbook 2017 has some obvious features as follow: Efforts to strengthen the comprehensive analysis of income of the National Development and Reform Commission issued the "China's National Climate Change Policy and Action Annual Report" , invite the relevant ministries and commissions of the State Council, key industries and areas, provinces, experts authored papers and other climate change and low carbon development and thematic development report, which greatly enriched the "Yearbook" content, and enhance the "Yearbook" readability, use value and historical value. The incidents, information, data, materials, pictures and etc. recorded are all from the official and open publications with authority and authenticity, which have high historical value, and high storage, usage and reference values; contents covered are more comprehensive, broad and systematic, from the central to locals, so as enterprises, parks, each industry and field, speech and views, major activities and events, regulations, policies, science and technology, and typical cases and foreign profiles, involving each aspect of low-carbon development at multi-level and all-dimension. The book with more than 2 million characters is rear before owing to its large scale and rich, accurate and complete content; excellent pictures and texts, with strong visibility, vitality and readability.

China Low-Carbon Yearbook is supported by grants project of China Clean Development Mechanism Fund.

Sincerely thanks to the related ministries and commissions (bureaus) of National People's Congress and the State Council, every provinces and cities, the national key industries and their associations, low-carbon pilot and practice units, experts and scholars etc. for their supports in the editing and publishing of China Low-Carbon Yearbook 2016.

We are of inexperience and of limited level, for the omissions and errors existing in the book, please point out without stint.

目 录

法律规章

政策文件

规划方案

地方报告

试点示范单位展示

>>>

重要论述

中共中央总书记、国家主席
习近平重要论述

十二届全国人大四次会议参加青海代表团审议时的讲话

一定要生态保护优先，扎扎实实推进生态环境保护，像保护眼睛一样保护生态环境，像对待生命一样对待生态环境，推动形成绿色发展方式和生活方式，保护好三江源，保护好“中华水塔”，确保“一江清水向东流”。

（2016年3月10日）

在中南海主持召开会议专题听取北京冬奥会和冬残奥会筹办工作情况汇报时的讲话

筹办好北京冬奥会、冬残奥会，意义重大，责任重大。要增强使命感、责任感，认真落实创新、协调、绿色、开放、共享的发展理念，坚持绿色办奥、共享办奥、开放办奥、廉洁办奥，高标准、高质量完成各项筹办任务，把北京冬奥会、冬残奥会办成一届精彩、非凡、卓越的奥运盛会，向祖国人民、向国际社会交上一份满意答卷。

（2016年3月18日）

参加首都义务植树活动时的谈话

中华民族伟大复兴要靠全体中华儿女共同奋斗。“十三五”时期既是全面建成小康社会的决胜阶段，也是生态文明建设的重要时期。发展林业是全面建成小康社会的重要内容，是生态文明建设的重要举措。各级领导干部要带头参加义务植树，身体力行在全社会宣传新发展理念，发扬前人栽树、后人乘凉精神，多种树、种好树、管好树，让大地山川绿起来，让人民群众生活环境美起来。

从党的十八大到十八届五中全会，包括今年通过的“十三五”规划纲要，都强调要加强生态文明建设。现在，生态文明建设已经深入人心。义务植树是全民参与生态文明建设的一项重要活动。不仅要把全民义务植树抓好，生态文明建设各项工作都要抓好，动员全社会参与。

建设绿色家园是人类的共同梦想。我们要着力推进国土绿化、建设美丽中国，还要通过“一带一路”建设等多边合作机制，互助合作开展造林绿化，共同改善环境，积极应对气候变化等全球性生态挑战，为维护全球生态安全作出应有贡献。

（2015年4月5日）

在黑龙江省伊春市考察时的谈话

生态就是资源、生态就是生产力。我国生态资源总体不占优势，对现有生态资源保护具有战略意义。伊春森林资源放在全国大局中就凸显了这种战略性。如果仅仅靠山吃山，很快就坐吃山空了。这里的生态遭到破坏，对国家全局会产生影响。国有重点林区全面停止商业性采伐后，要按照绿水青山就是金山银山、冰天雪地也是金山银山的思路，摸索接续产业发展路子。

（2016年5月23日）

在全国科技创新大会、两院院士大会、中国科协第九次全国代表大会上的讲话

绿色发展是生态文明建设的必然要求，代表了当今科技和产业变革方向，是最有前途的发展领域。人类发展活

动必须尊重自然、顺应自然、保护自然，否则就会受到大自然的报复。这个规律谁也无法抗拒。要加深对自然规律的认识，自觉以对规律的认识指导行动。不仅要研究生态恢复治理防护的措施，而且要加深对生物多样性等科学规律的认识；不仅要从政策上加强管理和保护，而且要从全球变化、碳循环机理等方面加深认识，依靠科技创新破解绿色发展难题，形成人与自然和谐发展新格局。

（2016年5月30日）

在二十国集团工商峰会开幕式上的主旨演讲

在新的起点上，我们将坚定不移推动绿色发展，谋求更佳质量效益。我多次说过，绿水青山就是金山银山，保护环境就是保护生产力，改善环境就是发展生产力。这个朴素的道理正得到越来越多人们的认同。

我们将毫不动摇实施可持续发展战略，坚持绿色低碳循环发展，坚持节约资源和保护环境的基本国策。我们推动绿色发展，也是为了主动应对气候变化和产能过剩问题。今后5年，中国单位国内生产总值用水量、能耗、二氧化碳排放量将分别下降23%、15%、18%。我们要建设天蓝、地绿、水清的美丽中国，让老百姓在宜居的环境中享受生活，切实感受到经济发展带来的生态效益。

从2016年开始，我们正大力推进供给侧结构性改革，主动调节供求关系，要用5年时间再压减粗钢产能1亿至1.5亿吨，用3至5年时间再退出煤炭产能5亿吨左右、减量重组5亿吨左右。这是我们从自身长远发展出发，从去产能、调结构、稳增长出发，自主采取的行动。中国在去产能方面，力度最大，举措最实，说到就会做到。

（2016年9月3日）

同美国总统奥巴马、联合国秘书长潘基文在杭州共同出席气候变化《巴黎协定》批准文书交存仪式上的讲话

气候变化关乎人民福祉和人类未来。《巴黎协定》为2020年后的全球合作应对气候变化明确了方向，标志着合作共赢、公正合理的全球气候治理体系正在形成。中国为应对气候变化作出了重要贡献。中国倡议二十国集团发表了首份气候变化问题主席声明，率先签署了《巴黎协定》。中国向联合国交存批准文书是中国政府作出的新的庄严承诺。

中国是最大的发展中国家，美国是最大的发达国家，两国在气候变化领域开展了卓有成效的对话和合作。两国共同交存参加《巴黎协定》法律文书，展示了共同应对全球性问题的雄心和决心。国际社会应该以落实《巴黎协定》为契机，加倍努力，不断加强和完善全球治理体系，创新应对气候变化路径，推动《巴黎协定》早日生效和全面落实。我们要坚持共同但有区别的责任原则、公平原则、各自能力原则，按照巴黎大会授权，稳步推进后续谈判，有效应对气候变化挑战。发达国家要履行承诺，提供资金技术支持，增强发展中国家应对气候变化能力。

中国是负责任的发展中大国，是全球气候治理的积极参与者。中国将落实创新、协调、绿色、开放、共享的发展理念，全面推进节能减排和低碳发展，迈向生态文明新时代。

（2016年9月3日•杭州）

致信联合国秘书长潘基文祝贺应对气候变化《巴黎协定》正式生效

自2015年12月《巴黎协定》达成以来，国际社会致力于推动协定尽快生效。中国于今年4月22日《巴黎协定》开放签署首日签署协定，并于9月3日批准协定。作为主席国，中国推动二十国集团首次发表关于气候变化问题的主席声明，为推动签署《巴黎协定》提供政治支持。

《巴黎协定》开启了全球合作应对气候变化新阶段。中国坚持创新、协调、绿色、开放、共享的发展理念，将大力推进绿色低碳循环发展，采取有力行动应对气候变化。中方对下阶段全球气候治理进程充满信心，愿同各方加强沟通合作，为构建合作共赢、公正合理的全球气候治理机制作出贡献。（新华社北京11月4日电）

（2016年11月4日）

在亚太经合组织工商领导人峰会上的主旨演讲

绿水青山就是金山银山，我们将坚持可持续发展战略，推动绿色低碳循环发展，建设天蓝、地绿、水清的美丽中国，让人民切实感受到发展带来的生态效益。

（2016年11月19日，利马）

在青海考察时的谈话

生态环境保护和生态文明建设，是我国持续发展最为重要的基础。青海最大的价值在生态、最大的责任在生态、最大的潜力也在生态，必须把生态文明建设放在突出位置来抓，尊重自然、顺应自然、保护自然，筑牢国家生态安全屏障，实现经济效益、社会效益、生态效益相统一。

盐湖资源是青海的第一大资源，也是全国的战略性资源，务必处理好资源开发利用和生态环境保护的关系。发展循环经济是提高资源利用效率的必由之路，要牢固树立绿色发展理念，积极推动区内相关产业流程、技术、工艺创新，努力做到低消耗、低排放、高效益，让盐湖这一宝贵资源永续造福人民。

希望大家在国家政策支持下，齐心协力管护好湖泊、草原、河流、野生动物等生态资源，生产生活都越来越好。习近平指出，保护生态环境首先要摸清家底、掌握动态，要把建好用好生态环境监测网络这项基础工作做好。

发展光伏发电产业，要做好规划和布局，加强政策支持和引导，突出规范性和有序性。他希望国有企业带头提高创新能力，努力形成更多更好的创新成果和产品，在创新发展方面发挥更大引领作用。

（2016年8月22日至24日）

在中共中央政治局第四十一次集体学习时的讲话

推动形成绿色发展方式和生活方式是贯彻新发展理念的必然要求，必须把生态文明建设摆在全局工作的突出地位，坚持节约资源和保护环境的基本国策，坚持节约优先、保护优先、自然恢复为主的方针，形成节约资源和保护环境的空间格局、产业结构、生产方式、生活方式，努力实现经济社会发展和生态环境保护协同共进，为人民群众创造良好生产生活环境。

播放了有关生态环境保护的专题片。随后，何立峰、姜大明、陈吉宁、陈政高、陈雷同志先后发言，他们结合本部门工作实际谈了对推进生态文明建设、推动绿色发展、加强环境保护等方面的体会和意见。

人类发展活动必须尊重自然、顺应自然、保护自然，否则就会遭到大自然的报复。这个规律谁也无法抗拒。人因自然而生，人与自然是一种共生关系，对自然的伤害最终会伤及人类自身。只有尊重自然规律，才能有效防止在开发利用自然上走弯路。改革开放以来，我国经济社会发展取得历史性成就，这是值得我们自豪和骄傲的。同时，我们在快速发展中也积累了大量生态环境问题，成为明显的短板，成为人民群众反映强烈的突出问题。这样的状况，必须下大气力扭转。

推动形成绿色发展方式和生活方式，是发展观的一场深刻革命。这就要坚持和贯彻新发展理念，正确处理经济发展和生态环境保护的关系，像保护眼睛一样保护生态环境，像对待生命一样对待生态环境，坚决摒弃损害甚至破坏生态环境的发展模式，坚决摒弃以牺牲生态环境换取一时一地经济增长的做法，让良好生态环境成为人民生活的增长点、成为经济社会持续健康发展的支撑点、成为展现我国良好形象的发力点，让中华大地天更蓝、山更绿、水更清、环境更优美。

要充分认识形成绿色发展方式和生活方式的重要性、紧迫性、艰巨性，把推动形成绿色发展方式和生活方式摆在更加突出的位置，加快构建科学适度有序的国土空间布局体系、绿色循环低碳发展的产业体系、约束和激励并举的生态文明制度体系、政府企业公众共治的绿色行动体系，加快构建生态功能保障基线、环境质量安全底线、自然资源利用上线三大红线，全方位、全地域、全过程开展生态环境保护建设。

推动形成绿色发展方式和生活方式，一要加快转变经济发展方式。根本改善生态环境状况，必须改变过多依赖增加物质资源消耗、过多依赖规模粗放扩张、过多依赖高能耗高排放产业的发展模式，把发展的基点放到创新上来，塑造更多依靠创新驱动、更多发挥先发优势的引领型发展。这是供给侧结构性改革的重要任务。二要加大环境污染综合治理。要以解决大气、水、土壤污染等突出问题为重点，全面加强环境污染防治，持续实施大气污染防治行动计划，加强水污染防治，开展土壤污染治理和修复，加强农业面源污染治理，加大城乡环境综合整治力度。三要加快推进生态保护修复。要坚持保护优先、自然恢复为主，深入实施山水林田湖一体化生态保护和修复，开展大规模国土绿化行动，加快水土流失和荒漠化石漠化综合治理。四要全面促进资源节约集约利用。生态环境问题，归根到底是资源过度开发、粗放利用、奢侈消费造成的。资源开发利用既要支撑当代人过上幸福生活，也要为子孙后代留下生存根基。要树立节约集约循环利用的资源观，用最少的资源环境代价取得最大的经济社会效益。五要倡导推广绿色消费。生态文明建设同每个人息息相关，每个人都应该做践行者、推动者。要加强生态文明宣传教育，强化公民环境意识，推动形成节约适度、绿色低碳、文明健康的生活方式和消费模式，形成全社会共同参与的良好风尚。六要完善生态文明制度体系。推动绿色发展，建设生态文明，重在建章立制，用最严格的制度、最严密的法治保护生态环境，健全自然资源资产管理体制，加强自然资源和生态环境监管，推进环境保护督察，落实生态环境损害赔偿制度，完善环境保护公众参与制度。

生态环境保护能否落到实处，关键在领导干部。要落实领导干部任期生态文明建设责任制，实行自然资源资产离任审计，认真贯彻依法依规、客观公正、科学认定、权责一致、终身追究的原则，明确各级领导干部责任追究情形。对造成生态环境损害负有责任的领导干部，必须严肃追责。各级党委和政府要切实重视、加强领导，纪检监察机关、组织部门和政府有关监管部门要各尽其责、形成合力。

（2017年5月26日）

中共中央政治局常委、国务院总理
李克强重要论述

在第十二届全国人民代表大会第四次会议上的政府工作报告

推动形成绿色生产生活方式，加快改善生态环境。坚持在发展中保护、在保护中发展，持续推进生态文明建设。深入实施大气、水、土壤污染防治行动计划，加强生态保护和修复。今后五年，单位国内生产总值用水量、能耗、二氧化碳排放量分别下降23%、15%、18%，森林覆盖率达到23.04%，能源资源开发利用效率大幅提高，生态环境质量总体改善。特别是治理大气雾霾取得明显进展，地级及以上城市空气质量优良天数比率超过80%。我们要持之以恒，建设天蓝、地绿、水清的美丽中国。

加大环境治理力度，推动绿色发展取得新突破。治理污染、保护环境，事关人民群众健康和可持续发展，必须强力推进，下决心走出一条经济发展与环境改善双赢之路。

重拳治理大气雾霾和水污染。今年化学需氧量、氨氮排放量要分别下降2%，二氧化硫、氮氧化物排放量分别下降3%，重点地区细颗粒物(PM2.5)浓度继续下降。着力抓好减少燃煤排放和机动车排放。加强煤炭清洁高效利用，减少散煤使用，推进以电代煤、以气代煤。全面实施燃煤电厂超低排放和节能改造。加快淘汰不符合强制性标准的燃煤锅炉。增加天然气供应，完善风能、太阳能、生物质能等发展扶持政策，提高清洁能源比重。鼓励秸秆资源化利用，减少直接焚烧。全面推广车用燃油国五标准，淘汰黄标车和老旧车380万辆。在重点区域实行大气污染联防联控。全面推进城镇污水处理设施建设与改造，加强农业面源污染和流域水环境综合治理。加大工业污染源治理力度，对排污企业全面实行在线监测。强化环境保护督察。新修订的环境保护法必须严格执行，对超排偷排者必须严厉打击，对姑息纵容者必须严肃追究。

大力发展节能环保产业。扩大绿色环保标准覆盖面。支持推广节能环保先进技术装备，广泛开展合同能源管理和环境污染第三方治理。加大建筑节能改造力度，加快传统制造业绿色改造。开展全民节能、节水行动，推进垃圾分类处理，健全再生资源回收利用网络，把节能环保产业培育成我国发展的一大支柱产业。

加强生态安全屏障建设。健全生态保护补偿机制。停止天然林商业性采伐，实行新一轮草原生态保护补助奖励政策。推进地下水超采区综合治理试点，实施湿地保护与恢复工程，继续治理荒漠化、石漠化和水土流失。保护环境，人人有责。每一个社会成员都要自觉行动起来，为建设美丽中国贡献力量。

（2016年3月5日）

主持召开国家能源委员会会议时的讲话

能源战略是国家发展战略的重要支柱。当前，面对国际能源供求格局深刻调整、新一轮能源技术变革方兴未艾的形势，我国作为能源生产和消费大国，必须抓住机遇，贯彻落实新发展理念，以供给侧结构性改革为主线，积极推动能源消费、供给、技术、体制革命和国际合作，优化能源结构，努力补上能源发展中资源环境约束、质量效益不高、基础设施薄弱、关键技术缺乏等诸多短板，提升能源产业竞争力，构建清洁低碳、安全高效的现代能源体系，更好支撑中国经济持续稳定发展。

能源生产既要优存量，把推动煤炭清洁高效开发利用作为能源转型发展的立足点和首要任务；也要拓增量，加快提升水能、风能、太阳能、生物质能等可再生能源比重，安全高效发展核能，优化能源生产布局。能源消费要抓好总量和强度双控制，综合运用经济、法律和必要的行政手段，聚焦工业、建筑、交通等重点领域切实推进节能减排，通过淘汰落后产能、加快传统产业升级改造和培育新动能，提高能源效率，推动形成注重节能的生活方式和社会风尚。当前要统筹做好冬季居民供暖和大气污染防治工作。

加快技术创新和体制改革是推动能源可持续发展的关键依托。要集中力量在可再生能源开发利用特别是新能源并网技术和储能、微网技术上取得突破，全面建设“互联网+”智慧能源，提升电网系统调节能力，增加新能源消纳能力，发展先进高效节能技术，抢占能源科技竞争制高点。积极推动大众创业、万众创新，进一步激发能源行业企业、科研院所广大员工的创造激情和创新潜能，培育更多能源技术优势并转化为经济优势。要深入推进能源市场化改革，通过简政放权、放管结合、优化服务和改革油气矿权制度、理顺电力输配环节等，在深化能源国企改革的同时，积极支持民营经济进入能源领域。完善鼓励分布式能源发展的机制和政策，理顺能源价格体系，还原能源商品属性，充分发挥市场配置资源的决定性作用和更好发挥政府作用，构建公平竞争的能源市场体系。

保障国家能源安全需要统筹国内国际两个大局，既要立足国内，又要深化国际合作，形成多元稳定的供给格局。要巩固与传统资源国家的互利合作，优化能源贸易结构，抓住“一带一路”建设重大机遇，推进能源基础设施互联互通，加大国际产能合作，带动有竞争优势的能源装备出口。积极参与全球能源治理，推动国际能源秩序和治理体系朝着更加公正合理的方向发展。

（2016年11月17日）

对生态文明建设工作的批示

生态文明建设事关经济社会发展全局和人民群众切身利益，是实现可持续发展的重要基石。近年来，各地区各部门按照党中央、国务院决策部署，采取有效措施，在推动改善生态环境方面做了大量工作，取得积极进展。希望牢固树立新发展理念，以供给侧结构性改革为主线，坚持把生态文明建设放在更加突出的位置。着力调整优化产业结构，积极发展生态环境友好型的发展新动能，坚决淘汰落后产能。着力通过深化改革完善激励约束制度体系，建立保护生态环境的长效机制。着力依法督察问责，严惩环境违法违规行为。着力推进污染防治，切实抓好大气、水、土壤等重点领域污染治理。依靠全社会的共同努力，促进生态环境质量不断改善，加快建设生态文明的现代化中国。

（2016年12月）

\>>>

公报

中美元首气候变化联合声明

2016年3月31日于美国华盛顿

一、过去三年来，气候变化已经成为中美双边关系的支柱。两国已在国内采取了有力措施建立绿色低碳和气候适应型经济，助推全球应对气候变化行动，并最终于去年12月达成了《巴黎协定》。习近平主席和贝拉克•奥巴马总统2014年11月一起宣布了富有雄心的气候行动，志在率先垂范，至一年后巴黎会议开幕时已有186个国家提出了气候行动。2015年9月，习近平主席对华盛顿进行国事访问期间，两国元首提出了关于巴黎会议成果的共同愿景，并宣布了应对气候变化的主要国内政策措施和合作倡议以及在气候资金方面的重要进展。在巴黎，中美两国共同并与其他各方一道，为达成具有历史意义的、富有雄心的气候变化全球协议发挥了关键作用。

二、今天，两国元首在共同努力应对气候变化方面又宣布了一项重要举措。中美两国将于4月22日签署《巴黎协定》，并采取各自国内步骤以便今年尽早参加《巴黎协定》。他们还鼓励《联合国气候变化框架公约》其他缔约方采取同样行动，以使《巴黎协定》尽早生效。两国元首进一步承诺，将共同并与其他各方一道推动《巴黎协定》的全面实施，战胜气候威胁。

三、两国元首认识到，《巴黎协定》标志着应对气候变化的全球性承诺，也发出了需要迅速向低碳和气候适应型经济转型的强有力信号。为此，两国元首也承诺今年双方共同并与其他国家一道努力在相关多边场合取得积极成果，包括《蒙特利尔议定书》下符合"迪拜路径规划"的氢氟碳化物修正案和国际民航组织大会应对国际航空温室气体排放的全球市场措施。为加快清洁能源创新和应用，双方将共同努力落实巴黎会议上宣布的"创新使命"倡议各项目标，并推进清洁能源部长级会议工作。两国元首支持今年在杭州举行的二十国集团峰会取得成功，包括在气候和清洁能源方面取得强有力成果，并号召二十国集团成员国建设性开展能源和气候变化国际合作。双方将通过中美气候变化工作组、中美清洁能源研究中心以及其他努力继续深化和拓展双边合作。

四、最后，两国元首承诺采取具体步骤落实2015年9月联合声明关于运用公共资源优先资助并鼓励逐步采用低碳技术的承诺。自联合声明发表以来，美国在经济合作与发展组织框架下推动成功制订了第一套利用出口信贷支持燃煤电厂的多边标准，中方也一直在加强绿色低碳政策规定以严格控制公共投资流向国内外高污染、高排放项目。

五、中美气候变化方面的共同努力将成为两国合作伙伴关系的长久遗产。

2015年中国温室气体公报（摘要）

中国气象局2017年1月10日发布

《2015年中国温室气体公报》主要数据来源基于中国气象局七个国家级大气本底站观测结果，包括1个WMO/GAW全球大气本底站、3个WMO/GAW区域大气本底站、3个中国气象局本底站。在大气二氧化碳浓度不断增长的同时，δ13C值却逐年降低，反映了化石燃料燃烧释放的二氧化碳对当今大气中二氧化碳浓度升高的贡献。与全球变化趋势类似，我国青海瓦里关站大气温室气体浓度也逐年升高。

观测结果显示，2015年我国进入禁排期的臭氧层耗损物质CFCs、H3CCl3、CCl4的大气浓度呈下降趋势，替代物种HCFCs、HFCs浓度呈快速上升趋势。2015年瓦里关和上甸子站大气SF6平均浓度分别为8.75±0.11ppt和8.79±0.13ppt，均为有观测以来的最高值。

我国瓦里关全球大气本底站是世界气象组织全球大气观测网（WMO/GAW）的31个全球大气本底观测站之一，也是目前欧亚大陆腹地唯一的大陆型全球本底站，其观测结果可以代表北半球中纬度内陆地区大气温室气体浓度及其变化状况。监测结果显示，2015年，中国气象局青海瓦里关大气本底站大气二氧化碳、甲烷和氧化亚氮年平均浓度分别为401.0±1.0ppm、1897±2ppb、328.8±0.2ppb，与北半球中纬度地区平均浓度大体相当，但都略高于2015年全球平均值。

2015年上甸子、临安、龙凤山、香格里拉、金沙和阿克达拉站大气二氧化碳平均浓度分别为409.7±1.6ppm、414.1±2.0ppm、408.2±4.3ppm、399.2±3.2ppm、407.1±2.0ppm和402.8±2.1ppm。

2015年上甸子、临安、龙凤山、香格里拉、金沙和阿克达拉站大气CH4平均浓度分别为1957±5ppb、2019±5ppb、1993±9ppb、1888±4ppb、2057±20ppb和1941±10ppb。

全球大气中的温室气体浓度在持续上升中。世界气象组织（WMO）在2016年10月发布的《2015年全球温室气体公报》显示，2015年全球大气中主要温室气体的浓度再次突破有仪器观测以来的最高点，二氧化碳、甲烷和氧化亚氮的浓度分别达到400ppm、1845ppb、328ppb，相比工业革命前分别增加了44%、156%和21%。其中二氧化碳浓度年增幅为2.3ppm，明显高于2013年至2014年增幅以及过去10年的平均增长率（2.08ppm/年）。

同时，WMO公报也指出，2015年二氧化碳浓度增长率较高与出现的超强厄尔尼诺现象有关。2015年开始的厄尔尼诺事件持续了20个月，是1951年以来出现的强度仅次于1997/1998年的超强事件。超强厄尔尼诺现象导致热带地区干旱加剧，植被碳吸收量减少，引发火灾导致二氧化碳排放量增加，从而导致全球二氧化碳增幅明显上升。

中国气象局是世界气象组织全球大气观测网认定的国内唯一温室气体监测执行机构。温室气体联网观测、研究与应用是应对气候变化、推进节能减排的科学基础。自上世纪80年代开始，中国气象局先后建设了青海瓦里关、北京上甸子、浙江临安、黑龙江龙凤山、云南香格里拉、湖北金沙和新疆阿克达拉等7个大气本底站。同时，初步建立了与国际接轨的分析标校体系，为进一步规范化开展温室气体及相关微量成分的网络化观测提供了示范、平台和经验，并在科学研究、技术标准溯源与传递、质量保证与质量控制等领域发挥了重要作用。

中国气候公报（2016年）

国家气候中心2016年1月10日发布

《2015年中国温室气体公报》主要数据来源基于中国气象局七个国家级大气本底站观测结果，包括1个WMO/GAW全球大气本底站、3个WMO/GAW区域大气本底站、3个中国气象局本底站。

2016年，受超强厄尔尼诺影响，我国气候异常，极端天气气候事件多发，史上最热夏天、1961年以来最多暴雨日数等纪录引人注目。

我国2016年气候具有气温偏高，降水量偏多，暴雨日数多，登陆台风多、平均强度强，强对流天气多、损失偏重、低温冷冻害和雪灾影响偏轻，全国干旱范围小、影响偏轻，2016年全年出现8次大范围、持续性中到重度霾天气过程，较2015年偏少3次等特点。

气温

2016年全国平均气温较常年偏高0.81℃，为历史第三高，较2015年和2007年分别偏低0.13℃和0.09℃；极端高温事件和极端低温事件均偏多。2016年，除黑龙江偏低外，全国其余30省（区、市）气温均偏高。其中西北大部及西藏大部、四川西北部、浙江大部、江苏东南部、山东中部等地偏高1～2℃。其中，夏季气温又创造历史新高，夏季全国平均气温创历史新高，高温日数多，影响范围广，全国出现4次区域性高温天气过程，多地日最高气温破历史极值。全国平均气温偏高0.9℃，为历史最高。其中华南高温日数偏多10.4天，为1961年以来最多的一天。全国384县市最高气温突破了历史极值。11月份以来，全国平均气温0.7℃，偏高1.4℃，1961年统计以来最高的时期。

降水

2016年全国平均降水量为历史最多，达到730毫米，较常年偏多16%，较2015年偏多13%。四季降水均偏多，冬季和秋季为1961年以来最多，春季为次多。除陕西、甘肃偏少外，全国其余29省（区、市）降水均偏多；长江中下游沿江、华南中东部及新疆降水偏多明显，长江中下游地区偏多25%，为历史最多。华北偏多23%，华南偏多19%，东北偏多17%。从主要流域来看，长江流域偏多19%，辽河偏多15%，松花江偏多16%。从季节分布来看，四季降水比常年平气偏多，冬季、秋季偏多最为显著。雨季进程来看也有一些特征，2016年我们国家入汛早，结束早，雨量偏多。全国年降水资源总量达68888亿立方米，比2015年偏多7705亿立方米，为1961年以来最多，属异常丰水年份。2016年极端降水增加，但降水日数在减少，这与全球变暖的气候背景相关。

2016年，华南前汛期开始早、结束早、雨量多；西南雨季开始早、结束早、雨量少；梅雨入梅早，出梅晚，梅雨量多；华北雨季开始晚、结束早、雨量多；华西秋雨开始晚、结束早、雨量少。暴雨过程多，全国暴雨日数为1961年以来最多，南北洪涝并发，26个省（区、市）出现不同程度城市内涝，为暴雨洪涝灾害偏重年份。此外，强对流天气多发重发，全国有2000多县（市）次出现冰雹或龙卷风天气，损失偏重。6月下旬至7月中旬长江中下游汛情严重。7月中旬，华北、黄淮暴雨洪涝灾害严重。

极端天气气候事件

2016年，受超强厄尔尼诺影响，我国极端天气气候事件偏多，暴雨洪涝、台风、强对流等气象灾害均呈现多发频发态势，造成的经济损失巨大。全国2016年暴雨日数为1961年以来最多，南北洪涝并发，长江流域发生1998年以来最大洪水，26个省（区、市）出现不同程度城市内涝；登陆台风多，平均强度强，登陆台风多、平均强度强。2016年有8个台风登陆，平均登陆强度达到13级，比常年明显偏强。登陆台风当中强台风比例为历史最高，台风直接经济损失高于近10年平均。其中第14号台风“莫兰蒂”是1949年以来登陆闽南的最强台风，也是2016年登陆我国大陆的最强台风，造成的经济损失重。1号台风“尼伯特”为1949年以来登陆我国的最强初台，也造成巨大损失。

强对流天气多发重发，全国有2052县（市）次出现冰雹或龙卷风天气。6月23日，江苏省盐城阜宁、射阳遭受龙卷风、冰雹特大灾害，造成巨大损失。

低温冷冻害和雪灾影响相对偏轻。全国平均降雪日数比常年偏少11.2天，是1961年以来第三少年份，应该说2016年低温冷冻灾害和雪灾属于偏轻年份。但是因为气温具有阶段性变化，1月下旬我国南方出现了雨雪冰冻天气，特别是广东城区出现了1949年以来的首场降雪。而在11月下旬，我国中东部遭受了强寒潮的袭击，河南、湖北等地30多个县（市）最低气温为当地11月历史极小值。

全国干旱范围小，影响偏轻。总体上2016年，我们国家没有出现大范围持续时间长的严重干旱，旱情跟常年相比总体偏轻。东北地区和内蒙古东部一部分地区发生了夏旱等；黄淮、江淮及陕西等地夏秋连旱；鄂湘黔桂等省部分地区出现秋旱。

雾和霾过程少于2015年。2016年我国出现了8次大范围、持续性中到重度霾天气过程，次数比2015年少3次。主要发生在1月1—3日，11月3—6日，和去年年底12月16—21日持续时间长、污染程度比较重的霾天气过程。

全球变暖背景下，我国极端天气气候事件呈多发频发趋势。极端高温事件增加趋势显著，平均增幅为4次/10年，21世纪以来极端高温频次尤其多，2016年极端高温事件较常年和2015年均明显偏多，有83站日最高气温突破历史极值；2016年极端天气气候事件发生概率也较2015年有所提高。

主要粮食作物产区气候条件

2016年，我国主要粮食作物产区气候条件一般，部分地区因暴雨洪涝、高温、低温阴雨、阶段性干旱等造成农作物受灾。2016年，全国年降水资源总量68888亿立方米，比2015年偏多7705亿立方米，为1961年以来最多，属异常丰水年份。2015/2016年采暖季，北方大部气温偏高，采暖耗能较常年减少；夏季，全国大部气温偏高，降温耗能不同程度增加。2016年，全国大部地区交通运营不利天数较常年偏多，中东部地区偏多20天以上。2016冬半年，京津冀地区平均大气环境容量较常年和近十年分别偏低13%和2%，长三角和珠三角大气环境容量低于常年，但较近十年偏高。

中国气象局是世界气象组织全球大气观测网认定的国内唯一温室气体监测执行机构。温室气体联网观测、研究与应用是应对气候变化、推进节能减排的科学基础。自上世纪80年代开始，中国气象局先后建设了青海瓦里关、北京上甸子、浙江临安、黑龙江龙凤山、云南香格里拉、湖北金沙和新疆阿克达拉等7个大气本底站。同时，初步建立了与国际接轨的分析标校体系，为进一步规范化开展温室气体及相关微量成分的网络化观测提供了示范、平台和经验，并在科学研究、技术标准溯源与传递、质量保证与质量控制等领域发挥了重要作用。

2016中国环境状况公报（摘要）

2016年是全面建成小康社会决胜阶段的开局之年，是推进结构性改革的攻坚之年。各地区、各部门认真落实党中央、国务院决策部署，紧紧围绕统筹推进"五位一体"总体布局和协调推进"四个全面"战略布局，贯彻落实新发展理念，以改善环境质量为核心，以解决突出环境问题为重点，扎实推进环境保护工作，取得积极进展。

一是全力打好污染防治三大战役。深入实施《大气污染防治行动计划》。

发布实施《京津冀地区大气污染防治强化措施（2016—2017年）》。推动能源结构优化调整，实施以电代煤、以气代煤，加快淘汰每小时10蒸吨及以下的燃煤锅炉。全国燃煤机组累计完成超低排放改造4.4亿千瓦，占煤电总装机容量的47%。制定重点行业挥发性有机物削减行动计划，围绕石油化工等11个重点行业实施清洁生产技术改造。进一步明确水泥错峰生产措施。全国淘汰黄标车和老旧车404.58万辆，超额完成全年任务。发布轻型汽车第六阶段排放标准、船舶发动机第一、二阶段排放标准。自2017年1月1日起，全国全面供应国五标准清洁油品。推进船舶排放控制区建设。

加强重污染天气监测预警评估体系建设，统一京津冀区域重污染天气预警分级标准，及时组织空气质量预测预报会商，强化应急响应措施，加强督查督导，实施重污染天气区域应急联动。全面落实《水污染防治行动计划》。

与各省（区、市）政府签订水污染防治目标责任书，建立相关工作协作机制。

落实长江经济带大保护工作，出台《长江经济带沿江取水口、排污口和应急水源布局规划》，编制《长江经济带生态环境保护规划》。开展沿江饮用水水源地环保执法专项行动，完成11省（市）126个地级及以上城市全部319个集中式饮用水水源保护区划定。考核重点流域水污染防治"十二五"规划实施情况，规划考核断面达标率为75.4%。评估3300多个城镇集中式水源、抽样调查3800多个农村水源环境状况。实施农村饮水安全巩固提升工程。城乡饮用水水质监测基本覆盖全国所有地市县和80%的乡镇。制定加强地下水污染防治工作方案，实施国家地下水监测工程。推进黑臭水体整治，全国地级及以上城市开工1285个黑臭水体整治项目，占黑臭水体总数的62.4%。启动水资源消耗总量和强度双控行动，开展水效领跑者引领行动和合同节水管理。实施《土壤污染防治行动计划》。国务院印发《土壤污染防治行动计划》，同意开展全国土壤污染状况详查，明确25项拟出台配套政策措施。31个省（区、）编制完成土壤污染防治工作方案，13个部门制定重点工作实施方案。出台《污染地块土壤环境管理办法》，推进土壤污染综合防治先行区建设，认真实施土壤污染治理与修复试点项目。

加强重金属污染防控重点区域综合治理。开展农产品产地土壤重金属污染监测，研究建立农产品产地分级管理制度。推进生活垃圾焚烧处理设施建设，开展非正规垃圾堆放点排查整治。

二是健全环境预防体系。扎实推进供给侧结构性改革，积极构建绿色制造体系，加快淘汰落后产能，化解钢铁过剩产能超过6500万吨、煤炭产能超过2.9亿吨。出台能源生产和消费革命战略，非化石能源消费比重进一步上升，煤炭消费比重继续下降。新增部分地方纳入国家重点生态功能区，严格实施产业准入负面清单制度。深入推进京津冀、长三角和珠三角地区战略环评。环境保护部对84个重大项目环评文件进行批复，涉及总投资9108亿元，对11个不符合环境准入要求的项目不予审批，涉及总投资970亿元。31个省（区、市）、新疆生产建设兵团和420个地市级的环保部门与环境保护部实现环评审批信息每周联网报送。全国环保系统358家环评机构全部完成脱钩。发布59项国家环境保护标准，现行有效的环境保护标准达1732项。

三是深化生态环保领域改革。开展16个省（区）中央环境保护督察工作，共受理群众举报3.3万件，约谈6307人，问责6454人，有力落实地方党委和政府以及有关部门环境保护责任。中共中央办公厅、国务院办公厅印发《关于省以下环保机构监测监察执法垂直管理制度改革试点工作的指导意见》，河北、重庆率先实施垂直管理制度改革试点。中央全面深化改革领导小组审议通过《关于划定并严守生态保护红线的若干意见》，31个省（区、市）均已启动生态保护红线划定工作。国务院办公厅印发《控制污染物排放许可制实施方案》，启动火电、造纸行业排污许可证申请与核发。

全面完成1436个国控环境空气质量监测站事权上收任务，建成由2767个监测断面组成的国家地表水监测网，初步建成国家土壤环境监测网。印发《培育发展农业面源污染治理、农村污水垃圾处理市场主体方案》《“十三五”环境影响评价改革实施方案》，出台《生态环境损害鉴定评估技术指导指南总纲》等技术规范，在吉林等7省（市）开展生态环境损害赔偿制度改革试点，试点工作实施方案经中央全面深化改革领导小组会议审议通过后由7省（市）印发实施。印发《关于构建绿色金融体系的指导意见》。

四是强化环境执法监管和风险应对。完成环境保护税法、环境影响评价法、海洋环境保护法等法律制修订，修订《最高人民法院最高人民检察院关于办理环境污染刑事案件适用法律若干问题的解释》。持续开展环境保护法实施年活动。环境保护部对环境质量恶化趋势明显的8个市政府主要负责同志公开约谈。环境执法力度明显加大，各级环境保护部门下达行政处罚决定12.4万余份，罚款66.3亿元，比2015年分别增长28%和56%；全国实施按日连续处罚、查封扣押、限产停产、移送行政拘留、移送涉嫌环境污染犯罪案件共22730件，同比增长93%。加快建立实时在线环境监控系统，建成由352个监控中心、10257个国家重点监控企业组成的污染源监控体系。修订《国家危险废物名录》，开展打击涉危险废物环境违法犯罪行为专项行动。环境保护部直接调度处置突发环境事件60起，有力维护环境安全和群众合法权益。严格核与辐射安全监管，圆满完成第四、五次朝核试验辐射环境应急任务。

五是加大生态保护和农村环境治理力度。国务院批准新建18个、调整5个国家级自然保护区。对446个国家级自然保护区人类活动开展遥感监测，对5个国家级自然保护区进行公开约谈。开展生物多样性观测试点，建立以鸟类、两栖动物、哺乳动物、蝴蝶为指示生物类群的观测样区400余个。

启动首批山水林田湖生态保护工程试点。重点生态功能区财政转移支付资金规模达570亿元，补助范围涉及725个重点生态县域和全部国家级禁止开发区域。推动海洋生态修复，实施18个“蓝色海湾”项目和10处“生态岛礁”工程。中央财政安排资金60亿元，推动农村环境综合整治。

六是强化各项保障措施。国务院印发《“十三五”生态环境保护规划》。

中央财政分别安排大气、水、土壤污染防治专项资金112亿元、140亿元、91亿元。发挥政府与社会资本合作（PPP）示范项目引领作用，生态环境保护领域入库项目630多个、总投资额6500多亿元。推进水体污染控制与治理科技重大专项，实施“大气污染成因与控制技术研究”“典型脆弱生态修复与保护研究”等重点专项研究。积极推进生态环境大数据工程建设，数据资源整合和应用取得积极进展。开通“环保部发布”官方微博微信公众号，及时做好信息发布和解读。建立例行新闻发布制度。

环境状况

2016年，全国338个地级及以上城市中，有84个城市环境空气质量达标，占全部城市数的24.9%；254个城市环境空气质量超标，占75.1%。338个地级及以上城市平均优良天数比例为78.8%，比2015年上升2.1个百分点；平均超标天数比例为21.2%。474个城市（区、县）开展了降水监测，酸雨城市比例为19.8%，酸雨频率平均为12.7%，酸雨类型总体仍为硫酸型，酸雨污染主要分布在长江以南-云贵高原以东地区。

全国地表水1940个评价、考核、排名断面（点位）中，Ⅰ类、Ⅱ类、Ⅲ类、Ⅳ类、Ⅴ类和劣Ⅴ类分别占2.4%、37.5%、27.9%、16.8%、6.9%和8.6%。6124个地下水水质监测点中，水质为优良级、良好级、较好级、较差级和极差级的监测点分别占10.1%、25.4%、4.4%、45.4%和14.7%。地级及以上城市897个在用集中式生活饮用水水源监测断面（点位）中，有811个全年均达标，占90.4%。春季和夏季，符合第一类海水水质标准的海域面积均占中国管辖海域面积的95%。近岸海域417个点位中，一类、二类、三类、四类和劣四类分别占32.4%、41.0%、10.3%、3.1%和13.2%。

322个进行昼间区域声环境监测的地级及以上城市，区域声环境等效声级平均值为54.0分贝；320个进行昼间道路交通声环境监测的地级及以上城市，道路交通等效声级平均值为66.8分贝；309个开展功能区声环境监测的地级及以上城市，昼间监测点次达标率为92.2%，夜间监测点次达标率为74.0%。

全国环境电离辐射水平处于本底涨落范围内，环境电磁辐射水平低于国家规定的相应限值。

全国现有森林面积2.08亿公顷，森林覆盖率21.63%；草原面积近4亿公顷，约占国土面积的41.7%。全国共建立各种类型、不同级别的自然保护区2750个，其中陆地面积约占全国陆地面积的14.88%；国家级自然保护区446个，其中陆地面积约占全国陆地面积的9.97%。

生态环境质量“优”和“良”的县域主要分布在秦岭淮河以南、东北大小兴安岭和长白山地区，“一般”的县域主要分布在华北平原、东北平原中西部、内蒙古中部、青藏高原中部和新疆北部等地区，“较差”和“差”的县域主要分布在内蒙古西部、甘肃西北部、青藏高原北部和新疆大部。

大气空气质量

地级及以上城市2016年，全国338个地级及以上城市*（以下简称338城市）中，有84个城市环境空气质量达标，占全部城市数的24.9%；254个城市环境空气质量超标，占75.1%。

338城市平均优良天数比例为78.8%，比2015年上升2.1个百分点；平均超标天染784天次，以PM2.5为首要污染物的天数占重度及以上污染天数的80.3%，以PM10为首要污染物的占20.4%，以03为首要污染物的占0.9%。其中，有32个城市重度及以上污染天数超过30，分布在新疆（部分城市受沙尘影响）、河北、山西、山东、河南、北京和陕西。

各指标分析表明，PM2.5浓度范围为12～158μg/m3，平均为47μg/m3，比2015年下降6.0%；超标天数比例为14.7%，比2015年下降2.8个百分点。PM10浓度范围为22～36μg/m3，平均为82μg/m3，比2015年下降5.7%；超标天数比例为10.4%，比015年下降1.7个百分点。03日最大8小时平均第90百分位数浓度**范围为73～200μg/m3，平均为138μg/m3，比2015年上升3.0%；超标天数比例为5.2%，比2015年上升0.6个百分点。S02浓度范围为3～88μg/m3，平均为22μg/m3，比2015年下降12.0%；超标天数比例为0.5%，比2015年下降0.2个百分点。N02浓度范围为9～61μg/m3，平均为30μg/m3，与2015年持平；超标天数比例为1.6%，与2015年持平。

C0日均值第95百分位数浓度范围为0.8～5.0mg/m3，平均为1.9mg/m3，比2015年下降9.5%；超标天数比例为0.4%，比2015年下降0.1个百分点。

新标准第一阶段监测实施城市2016年，74个新标准第一阶段监测实施城市（包括京津冀、长三角、珠三角等重点区域地级城市及直辖市、省会城市和计划单列市，以下简称74城市）平均优良天数比例为74.2%，比2015年上升3.0个百分点；平均超标天数比例为25.8%。26个城市的优良天数比例在80%～100%之间，42个城市的优良天数比例在50%～80%之间，6个城市的优良天数比例低于50%。以PM2.5为首要污染物的天数占污染总天数的57.5%，以03为首要污染物的占30.8%，以PM10为首要污染物的占10.5%，以N02为首要污染物的占1.6%，以S02为首要污染物的占0.1%。

按照环境空气质量综合指数评价，74城市环境空气质量相对较差的10个城市（从第74名到第65名）依次是衡水、石家庄、保定、邢台、邯郸、唐山、郑州、西安、济南和太原，空气质量相对较好的10个城市（从第1名到第10名）依次是海口、舟山、惠州、厦门、福州、深圳、丽水、珠海、昆明和台州。

各指标分析表明，PM2.5浓度范围为21～99μg/m3，平均为50μg/m3，比2015年下降9.1%；超标天数比例为16.7%，比2015年下降4.1个百分点。2个城市PM2.5浓度达到一级标准，占2.7%；12个城市达到二级标准，占16.2%；60个城市超二级标准，占81.1%。PM10浓度范围为39～164μg/m3，平均为85μg/m3，比2015年下降8.6%；超标天数比例为11.5%，比2015年下降2.8个百分点。1个城市PM10浓度达到一级标准，占1.4%；27个城市达到二级标准，占36.5%；46个城市超二级标准，占62.2%。03日最大8小时平均第90百分位数浓度范围为102～199μg/m3，平均为154μg/m3，比2015年上升2.7%；超标天数比例为8.6%，比2015年上升0.4个百分点。46个城市达到二级标准，占62.2%；28个城市超二级标准，占37.8%。S02浓度范围为6～68μg/m3，平均为21μg/m3，比2015年下降16.0%；超标天数比例为0.3%，比2015年下降0.6个百分点。48个城市S02浓度达到一级标准，占64.9%；25个城市达到二级标准，占33.8%；1城市S02浓度超二级标准，占1.4%。N02浓度范围为16～61μg/m3，平均为39μg/m3，与2015年持平；超标天数比例为4.2%，比2015年上升0.1个百分点。40个城市N02浓度达到一级标准（与二级标准值相同），占54.1%；34个城市超二级标准，45.9%。C0日均值第95百分位数浓度范围为0.9～4.4mg/m3，平均为1.9mg/m3，比2015年下降9.5%；超标天数比例为0.6%，比2015年下降0.2个百分点。71个城市C0浓度达到一级标准（与二级标准值相同），占95.9%；3个城市超二级标准，占4.1%。

京津冀地区13个城市优良天数比例范围为35.8%～78.7%，平均为56.8%，比2015年上升4.3个百分点；平均超标天数比例为43.2%，其中轻度污染为25.3%，中度污染为8.8%，重度污染为7.0%，严重污染为2.2%。9个城市的优良天数比例在50%～80%之间，4个城市的优良天数比例低于50%。超标天数中，以PM2.5、03、PM10、N02和C0为首要污染物的天数分别占污染总天数的63.1%、26.3%、10.8%、0.3%和0.1%，未出现以S02为首要污染物的污染天。

北京优良天数比例为54.1%，比2015年上升3.1个百分点。出现重度污染30天，严重污染9天，重度及以上污染天数比2015年减少7天。超标天数中，以PM2.5为首要污染物的天数最多，其次是03。

长三角地区25个城市优良天数比例范围为65.0%～95.4%，平均为76.1%，比2015年上升4.0个百分点；均超标天数比例为23.9%，其中轻度污染为19.0%，中度污染为3.9%，重度污染为0.9%，无严重污染。7个城市的优良天数比例在80%～100%之间，18个城市的优良天数比例在50%～80%之间。超标天数中以PM2.5、03、PM10和N02为首要污染物的天数分别占污染总天数的55.3%、39.8%、3.4%和2.1%，未出现以SO2和CO为首要污染物的污染天。

上海优良天数比例为75.4%，比2015年上升5.2个百分点。出现重度污染2天，未出现严重污染，重度及以上污染天数比2015年减少6天。超标天数中，以PM2.5为首要污染物的天数最多，其次为O3。

酸雨

酸雨频率2016年，474个监测降水的城市（区、县）中，酸雨频率平均值为12.7%。出现酸雨的城市比例为38.8%，比2015年下降1.6个百分点；酸雨频率在25%以上的城市比例为20.3%，比2015年下降0.5个百分点；酸雨频率在50%以上的城市比例为10.1%，比2015年下降2.6个百分点；酸雨频率在75%以上的城市比例为3.8%，比2015年下降1.2个百分点降水酸度全国降水pH年均值范围在4.1（湖南株洲）～8.1（新疆库尔勒）之间。其中，酸雨（降水pH年均值低于5.6）、较重酸雨（降水pH年均值低于5.0）和重酸雨（降水pH年均值低于4.5）的城市比例分别为19.8%、6.8%和0.8%，分别比2015年下降2.7个、1.7个和0.2个百分点。

淡水

全国地表水

水

2016年，1940个国考断面中，Ⅰ类47个，占2.4%；Ⅱ类728个，占37.5%；Ⅲ类541个，占27.9%；Ⅳ类325个，占16.8%；Ⅴ类133个，占6.9%；劣Ⅴ类166个，占8.6%。与2015年相比，Ⅰ类水质断面比例上升0.4个百分点，Ⅱ类上升4.1个百分点，Ⅲ类下降2.7个百分点，Ⅳ类下降1.7个百分点，Ⅴ类上升1.1个百分点，劣Ⅴ类下降1.1个百分点。

流域

2016年，长江、黄河、珠江、松花江、淮河、海河、辽河等七大流域和浙闽片河流、西北诸河、西南诸河的1617个国考断面中，Ⅰ类34个，占2.1%；Ⅱ类676个，占41.8%；Ⅲ类441个，占27.3%；Ⅳ类217个，占13.4%；Ⅴ类102个，占6.3%；劣Ⅴ类147个，占9.1%。与2015年相比，Ⅰ类水质断面比例上升0.2个百分点，Ⅱ类上升5.5个百分点，Ⅲ类下降3.5个百分点，Ⅳ类下降1.9个百分点，Ⅴ类上升0.5个百分点，劣Ⅴ类下降0.8个百分点。主要污染指标为化学需氧量、总磷和五日生化需氧量，断面超标率分别为17.6%、15.1%和14.2%。

其中，浙闽片河流、西北诸河和西南诸河水质为优，长江和珠江流域水质良好，黄河、松花江、淮河和辽河流域为轻度污染，海河流域为重度污染。

湖泊（水库）

2016年，112个重要湖泊（水库）中，Ⅰ类水质的湖泊（水库）8个，占7.1%；Ⅱ类28个，占25.0%；Ⅲ类38个，占33.9%；Ⅳ类23个，占20.5%；Ⅴ类6个，占5.4%；劣Ⅴ类9个，占8.0%。主要污染指标为总磷、化学需氧量和高锰酸盐指数。108个监测营养状态的湖泊（水库）中，贫营养的10个，中营养的73个，轻度富营养的20个，中度富营养的5个。

地下水

2016年，以地下水含水系统为单元，以潜水为主的浅层地下水和承压水为主的中深层地下水为对象，国土资源部门对全国31个省（区、市）225个地市级行政区的6124个监测点（其中国家级监测点1000个）开展了地下水水质监测。评价结果显示：水质为优良级、良好级、较好级、较差级和极差级的监测点分别占10.1%、25.4%、4.4%、45.4%和14.7%。

海洋

全海域

2016年，全国近岸海域水质基本保持稳定，水质级别为一般。417个点位中，一类海水比例*为32.4%，比2015年下降1.2个百分点；二类41.0%，比2015年上升4.1个百分点；三类10.3%，比2015年上升2.7个百分点；四类3.1%，比2015年下降0.6个百分点；劣四类13.2%，比2015年下降5.1个百分点。主要污染指标为无机氮和活性磷酸盐。

土地

土地资源及耕地

截至2015年*，全国共有农用地64545.68万公顷，其中耕地13499.87万公顷，园地1432.33万公顷，林地25299.20万公顷，牧草地21942.06万公顷；建设用地3859.33万公顷，含城镇村及工矿用地3142.98万公顷。2015年，全国因建设占用、灾毁、生态退耕、农业结构调整等原因减少耕地面积30.17万公顷，通过土地整治、农业结构调整等增加耕地面积24.23万公顷，年内净减少耕地面积5.95万公顷。

土地流失

根据第一次全国水利普查水土保持情况普查成果，中国土壤侵蚀总面积294.9万平方千米，占普查范围总面积的31.1%。其中，水力侵蚀129.3万平方千米，风力侵蚀165.6万平方千米。

荒漠化和沙化

第五次全国荒漠化和沙化监测结果显示，截至2014年，全国荒漠化土地面积261.16万平方千米，沙化土地面积

172.12万平方千米。与2009年相比，5年间荒漠化土地面积净减少12120平方千米，年均减少2424平方千米；沙化土地面积净减少9902平方千米，年均减少1980平方千米。自2004年以来，全国荒漠化和沙化状况连续三个监测期“双缩减”，呈现整体遏制、持续缩减、功能增强、效果明显的良好态势，但防治形势依然严峻。

自然生态

生态环境质量

2015年，2591个县域中，生态环境质量为“优”“良”“一般”“较差”和“差”的县域分别有548个、1057个、702个、267个和17个。“优”和“良”的县域占国土面积的44.9%，主要分布在秦岭淮河以南、东北大小兴安岭和长白山地区；“一般”的县域占22.2%，主要分布在华北平原、东北平原中西部、内蒙古中部、青藏高原中部和新疆北部等地区；“较差”和“差”的县域占32.9%，主要分布在内蒙古西部、甘肃西北部、青藏高原北部和新疆大部。

生物多样性

在生态系统多样性方面，具有地球陆地生态系统的各种类型，其中森林类型212类、竹林36类、灌丛113类、草甸77类、荒漠52类。淡水生态系统复杂，自然湿地有沼泽湿地、近海与海岸湿地、河滨湿地和湖泊湿地等4大类。

自然保护区

截至2016年底，全国共建立各种类型、不同级别的自然保护区2750个，保护区总面积14733万公顷。其中，自然保护区陆地面积约14288万公顷，占全国陆地面积的14.88%。国家级自然保护区446个，面积约9695万公顷，其中陆地面积占全国陆地面积的9.97%。

湿地2016年，国家湿地公园试点总数达到836处，新增国家湿地公园试点134处，新增保护面积23.5万公顷。实施湿地保护与修复工程、中央财政湿地补贴项目300多个，恢复退化湿地30万亩，退耕还湿20万亩。

海洋国家级自然保护区监测的65个国家级海洋保护区中，36个保护区开展保护对象监测，54个保护区开展水质监测。结果表明，大部分保护区的保护对象和水质状况基本保持稳定。开展监测的保护对象中，珊瑚、红树、贝藻类等基本保持稳定；贝壳堤面积有所减少，出露滩面的古树桩多被侵蚀。

典型海洋生态系统监测的21个典型海洋生态系统中，处于健康、亚健康和不健康状态的海洋生态系统个数分别占生态系统总数的23.8%、66.7%和9.5%。

风景名胜区截至2016年底，全国共建立国家级风景名胜区225处，总面积约10.36万平方千米，约占全国国土面积的1.08%；省级风景名胜区737处，总面积约9.2万平方千米；全国省级（含）以上风景名胜区面积约占国土面积的2.03%。有40处国家级风景名胜区、9处省级风景名胜区被联合国教科文组织列入《世界遗产名录》。

森林

森林资源第八次全国森林资源清查（2009—2013年）结果显示，全国森林面积2.08亿公顷，森林覆盖率21.63%，活立木总蓄积量164.33亿立方米，森林蓄积151.37亿立方米。森林面积和森林蓄积分别位居世界第5位和第6位，人工林面积居世界首位。

全国森林植被总生物量170.02亿吨，总碳储量达84.27亿吨。年涵养水源量5807亿立方米，年固土量81.91亿吨，年保肥量4.30亿吨，年吸收污染物量0.38亿吨，年滞尘量58.45亿吨。

森林生物灾害2016年，全国林业有害生物发生1186.69万公顷，比2015年下降1.15%。其中，重度发生面积66.03万公顷，比2015年下降17.18%，但仍属于偏重发生状态。虫害发生面积857.04万公顷，比2015年上升1.23%；

病害

发生面积134.14万公顷，比2015年下降3.53%；鼠（兔）害发生面积195.51万公顷，比2015年下降8.99%。全国完成林业有害生物防治面积795.53万公顷，累计防治作业面积2349.37万公顷次，主要林业有害生物成灾率控制在4.5‰以下，无公害防治率达到85%以上。

森林火灾

2016年，全国共发生森林火灾2034起，受害森林面积6224公顷，因灾伤亡36人（其中死亡20人），未发生特大森林火灾和重大伤亡事故。与2015年相比，火灾次数下降30.7%，受害森林面积下降51.9%，人员伤亡上升38.5%（死亡人数下降13.0%）。

能源

初步核算，2016年，全国能源消费总量43.6亿吨标准煤，比2015年增长1.4%。煤炭消费量下降4.7%，原油消费量增长5.5%，天然气消费量增长8.0%，电力消费量增长5.0%。煤炭消费量占能源消费总量的62.0%，水电、风电、核电、天然气等清洁能源消费量占能源消费总量的19.7%。全国万元国内生产总值能耗下降5.0%。

气候与自然灾害

气温

2016年，全国平均气温10.36℃，较常年（9.55℃）偏高0.81℃，为1951年以来第三高，仅次于2015年（10.49℃）和2007年（10.45℃）。四季气温均偏高，其中夏季气温为历史最高；除1月偏低、11月接近常年同期外，其余各月均偏高，其中12月偏高2.6℃，为历史同期最高。

全国31个省（区、市）中，仅黑龙江平均气温较常年偏低0.2℃，其他省（区、市）气温均偏高，其中青海、甘肃、河南和贵州4省均为历史最高。

降水

2016年，全国年降水量范围为3.5毫米（新疆托克逊）～3494.4毫米（安徽黄山），全国平均降水量730.0毫米，较常年（629.9毫米）偏多16%，比2015年（648.8毫米）偏多13%，为1951年以来最多。2月和8月降水偏少，3月接近常年同期，其余各月均偏多，其中1月偏多94%、10月偏多55%，均为历史同期最多。

气象灾害

暴雨洪涝2016年，入汛较常年偏早16天，较2015年偏早45天，为近7年最早；全年共出现46次区域性暴雨过程，为1961年以来第四多，全国有四分之三的县市出现暴雨，暴雨日数为1961年以来最多；强降水导致26个省（区、市）近百城市发生内涝。全国有473条河流发生超警戒水位以上洪水，118条超保证水位、51条超历史最高水位。受灾农作物1.39亿亩、人口1.02亿人，倒塌房屋43万间，直接经济损失约3661亿元。与2000年以来均值相比，农作物受灾面积、受灾人口、死亡人口、倒塌房屋分别少14%、27%、49%、57%，直接经济损失偏多150%。

干旱2016年，没有出现大范围、持续时间长的严重干旱，旱情较常年偏轻，全国干旱受灾面积占气象灾害总受灾面积的37%。东北地区及内蒙古东部出现夏旱，黄淮、江淮及陕西等地发生夏秋连旱，湖北、湖南、贵州、广西等省（区）出现秋旱。全国作物受旱面积3.03亿亩、受灾面积1.48亿亩、成灾面积9196万亩，共有469万人、650万头大牲畜一度出现饮水困难。与2000年以来均值相比，作物受旱面积、受灾面积、人饮困难数量分别少31%、51%和80%。

台风2016年，西北太平洋和南海共有26个台风（中心附近最大风力≥8级）生成，接近常年（25.5个）；8个台风登陆中国，较常年（7.2个）偏多0.8个；强度偏强，登陆台风中有6个达到强台风或以上级，其比例为历史最高，平均登陆强度为1973年以来第3强。初台“尼伯特”登陆为历史第二晚但强度大，是1949年以来最强初台，也是2016年造成人员伤亡最多的台风；“莫兰蒂”是2016年登陆中国大陆的最强台风，造成的经济损失最重。全年台风共造成174人死亡、24人失踪，直接经济损失766.5亿元。与2006—2015年平均值相比，2016年台风造成直接经济损失明显偏多，死亡失踪人口偏少。

强对流2016年，大风、冰雹、龙卷风、雷电等局地强对流天气发生频繁，损失偏重。全国共发生59次大范围强对流天气过程，为2010年以来同期最多，发生冰雹或龙卷风天气的县（市）次超过2000多个。与2001—2015年平均值相比，2016年降雹次数明显偏多，其中北方风雹灾害突出；强对流天气造成的受灾面积和经济损失均偏多，死亡人数偏少，江苏、山西、新疆受灾严重。6月23日江苏盐城发生历史罕见龙卷风，造成的死亡人数为近25年来全国龙卷风灾害之最。

高温2016年，南方高温日数普遍比常年偏多5～10天。夏季，全国平均高温（日最高气温≥35℃）日数9.9天，比常年同期偏多3天，为1961年以来第二多，仅次于2013年。华南夏季高温日数24.6天，为1961年以来最多，其中广东、广西夏季高温日数均为1961年以来最多。夏季，全国出现4次区域性高温天气过程，其中7月20日—8月26日，全国共有30个省（区、市）的1653个县（市）出现35℃以上高温天气，103个县（市）日最高气温超过40℃，64个县（市）日最高气温突破当地历史极值。

低温2016年，低温冷冻害和雪灾影响偏轻。全年低温冷冻害和雪灾共造成12人死亡，农作物受灾面积200万公顷，绝收26.3万公顷，直接经济损失179亿元；与2010—2015年平均值相比，死亡人数、受灾面积、直接经济损失均偏少。1月下旬南方出现雨雪冰冻天气，69个县（市）最低气温突破历史记录，农林业、交通、供电和通讯等受到较大影响；2月中旬至3月上旬中东部接连遭受寒潮袭击，春运及农作物受到不利影响；11月下旬中东部遭受寒潮袭击，低温及雨雪使江淮、江汉及河南等地部分设施农业受影响。

沙尘暴2016年春季，北方沙尘天气少，影响偏轻。共出现8次沙尘天气过程，比常年同期偏少9次；北方地区平均沙尘日数2.4天，比常年同期偏少2.7天，为1961年以来第三少。5月10—11日的沙尘暴天气过程是2016年最强的一次，南疆盆地、内蒙古中部、宁夏北部、辽宁西部、吉林西部等地出现扬沙或浮尘天气，其中南疆盆地局地出现强沙尘暴。

2016年，中国境内共发生5级以上地震33次（大陆地区发生18次，台湾地区发生15次），其中6.0～6.9级地震9次，5.0～5.9级地震24次，最大地震为2月6日台湾高雄市和11月25日新疆维吾尔自治区阿克陶县分别发生的6.7级地震。

大陆地区地震共造成灾害事件16次，按照《国家地震应急预案》的分级标准判定，其中较大地震灾害事件3次，一般地震灾害事件13次，共造成2人死亡，103人受伤，直接经济损失66.87亿元。2月6日台湾高雄6.7级地震造成117人死亡，559人受伤。

地质灾害

2016年，共发生地质灾害9710起，造成370人死亡、35人失踪、209人受伤，直接经济损失31.7亿元。地质灾害发生数量、造成死亡失踪人数和直接经济损失分别比2015年上升18.1%、41.1%和27.4%。其中，特大型地质灾害21起，造成97人死亡、10人失踪、29人受伤，直接经济损失12.7亿元；大型地质灾害41起，造成25人死亡、5人失踪、7人受伤，直接经济损失2.8亿元；中型地质灾害307起，造成107人死亡、11人失踪、64人受伤，直接经济损失6.4亿元；小型地质灾害9341起，造成141人死亡、9人失踪、109人受伤，直接经济损失9.8亿元。

海洋灾害

2016年，各类海洋灾害共造成直接经济损失50.00亿元，死亡（含失踪）60人。其中，造成直接经济损失最严重的是风暴潮灾害，占总直接经济损失的92%；人员死亡（含失踪）全部由海浪灾害造成。单次海洋灾害过程中，造成直接经济损失较严重的是1614“莫兰蒂”和1616“马勒卡”台风风暴潮、1617“鲇鱼”台风风暴潮、“160720”温带风暴潮，分别造成直接经济损失9.19亿元、8.92亿元和8.56亿元。

2016中国环境状况公报编写单位

主持单位

环境保护部

成员单位

国土资源部住房和城乡建设部交通运输部水利部农业部

国家卫生和计划生育委员会国家统计局国家林业局中国地震局

中国气象局、国家能源局、国家海洋局

2016年中国国土绿化状况公报

全国绿化委员会办公室

（2017年3月11日）

2016年，在以习近平同志为核心的党中央坚强领导下，各地区、各部门（系统）认真贯彻党的十八大和十八届三中、四中、五中、六中全会及中央经济工作会议、中央农村工作会议精神，深入落实习近平总书记系列重要讲话精神，牢固树立和自觉践行新发展理念，坚定不移推进“四个着力”，组织动员全社会力量开展大规模国土绿化行动，国土绿化事业取得了新成绩，为建设生态文明和美丽中国作出了新的贡献。全国完成造林678.8万公顷，森林抚育836.7万公顷。

一、全民义务植树深入推进

各级领导率先垂范。4月5日，习近平、李克强、张德江、俞正声、刘云山、王岐山、张高丽等党和国家领导人，同首都群众一起参加义务植树活动。习近平总书记在植树时强调，发展林业是全面建成小康社会的重要内容，是生态文明建设的重要举措。各级领导干部要带头参加义务植树，身体力行在全社会宣传新发展理念，发扬前人栽树、后人乘凉精神，多种树、种好树、管好树，让大地山川绿起来，让人民群众生活环境美起来。全国绿化委员会组织开展以“保护发展森林，共享绿水青山”为主题的国际森林日植树纪念活动，国际组织、驻华使馆代表、各界群众代表一起植树。组织共和国部长植树活动，中央和国家机关各部委、单位及北京市的150位省部级领导参加。组织开展了“全国人大机关义务植树”“全国政协机关义务植树”“将军义务植树”等活动。各省（区、市）党委、人大、政府、政协的领导在植树季节带头参加义务植树活动。各级领导以身作则，为适龄公民履行植树义务发挥了示范带动作用。

组织发动广泛深入。全国绿化委员会召开第34次全体会议，贯彻落实中央财经领导小组第十二次全体会议和全国“两会”精神，研究部署“十三五”时期和2016年国土绿化工作，汪洋副总理主持会议并发表重要讲话，高位推动国土绿化。全国绿化委员会表彰全国绿化模范单位388个、全国绿化奖章获得者929名；全国绿化委员会、人力资源和社会保障部、国家林业局联合表彰全国绿化先进集体300个、全国绿化劳动模范141名、全国绿化先进工作者148名。创建全民义务植树网（www.yiwuzhishu.cn），积极推行“互联网+义务植树”试点。北京、河北、山西、吉林、浙江、河南、湖南、广东、广西、重庆、四川、贵州、甘肃等省（区、市）党委、政府组织召开造林绿化和生态建设工作会、动员会、现场会，对国土绿化工作进行动员部署，并出台相关政策文件，推动造林绿化事业快速发展。各地结合植树节等各类生态节日，利用各级媒体和信息平台，组织开展一系列绿化宣传活动。内蒙古、黑龙江、上海、山东、安徽、福建、江西、新疆、云南、陕西、青海等省（区、市）和新疆生产建设兵团、内蒙古森工集团在报纸、电视台、广播电台和政府网站开设专栏专版、专题节目、公益广告等，广泛深入宣传，形成了全社会参与国土绿化的浓厚氛围。

活动形式务实丰富。各地开展各类主题突出、形式多样、内容丰富的植树活动，取得良好实效。贵州省组织春节后上班第一天植树活动，全省120万人参加，植树896万株，完成造林绿化4600公顷。北京市以植树造林、认建认养、管护劳动、捐资绿化、宣传咨询等5大类、18种义务植树尽责形式为依托，，开展多种形式的义务植树活动，全年认建认养绿地583公顷、树木8.3万株，募集认建认养资金近8000万元。天津市组织外国专家及留学回国人员开展“海外人才友谊林集中植树活动”。辽宁省利用省妇联官方微博和微信平台，广泛征集妇女及志愿家庭“栽树去，种幸福”，参与植树绿化。广东省梅州市开展“绿色学校、绿色企业、绿色社区”“回赠母校一棵树，回报家乡一片林”等绿满梅州活动。海南省文昌市林业部门无偿提供苗木，市妇联、市团委组织营造“巾帼林”“共青团林”，积极参与灾后恢复生态造林活动。江苏、山东、湖北、重庆、西藏、宁夏、海南等省（区、市）不断创新机制，营建主题林、纪念林，拓展抚育管护树木、绿地认建认养、捐资造林绿化、参加绿化宣传等多种义务植树尽责方式，义务植树尽责人数和尽责率明显提升。

二、大规模国土绿化行动迅速开展

全国绿化委员会、国家林业局印发《全国造林绿化规划纲要（2016-2020年）》。国家林业局召开全国加快推进国土绿化现场会，深入贯彻落实习近平总书记关于“着力推进国土绿化”的重要指示精神，对今后一个时期国土绿化工作进行安排部署。新版《造林技术规程》出版发行。各地启动实施地方性造林绿化工程。京津冀协同发展生态率先突破，高标准实施2022年冬奥会赛事核心区绿化工程，完成京津保生态过渡带建设6.7万公顷。河北省完成造林绿化34.8万公顷，占国家下达计划的124.5%，是近年来造林完成最多、进展最快的一年。四川省启动“大规模绿化全川行动”，完成营造林74.2万公顷，为国家下达任务的两倍。重庆市实施三峡水库生态屏障区及重要支流植被恢复项目，完成营造林22.3万公顷，长江两岸森林覆盖率达到49%。广东省持续开展生态景观林带、森林进城围城等重点工程建设，新建和完善生态景观林带1658公里，新建森林公园265个、湿地公园36个。贵州省深入推进山地特色新型城镇化建设、“多彩贵州•最美高速”“五个一百”工程等。安徽省扎实开展“创新型生态强省建设•千万亩森林增长工程”。海南省继续实施“绿化宝岛”大行动。甘肃省平凉市开展以全民义务植树为主的大规模国土绿化活动，完成城乡造林3.5万公顷，较往年扩大近一倍。

吉林、贵州等省将造林绿化任务完成列入省政府对市（州）党委、政府考评范围。广东省政府修订了《广东省森林资源保护和发展目标责任制考核办法》，继续将造林绿化作为主要考核内容。辽宁、江西、宁夏、陕西等省（区）推行目标责任制，将造林绿化各项任务落到实处。山西、广西、河南等省（区）组成专题督查组深入各地督导，通过约谈会等形式，确保造林质量。福建省建立“工作要上去，干部要下去”的工作机制，实行领导分片挂钩负责，派出林业干部深入基层分片包干，加强造林绿化的指导和服务。湖南省郴州市研发完成“互联网+营造林”管理信息系统，利用信息化技术精准提升营造林质量。

三、国家重点生态工程稳步实施

天然林资源保护工程完成造林25.6万公顷，中幼龄林抚育175.3万公顷，后备森林资源培育12.1万公顷，保护森林1.15亿公顷。全面停止天保工程区外所有天然林商业性采伐。启动福建、广西、江西、湖北、湖南、云南等重点省区集体和个人天然林停伐补助试点，稳步扩大天然林保护范围。

退耕还林工程新增退耕还林还草任务100.7万公顷，完成造林79.6万公顷，累计下达新一轮退耕还林还草任务200.7万公顷，工程实施范围扩大到20个省（区、市）和新疆生产建设兵团。颁布实施《退耕还林工程生态效益监测与评估规范》，发布北方10个省（区）和新疆生产建设兵团沙化土地退耕还林生态效益监测国家报告。

京津风沙源治理工程完成造林25.1万公顷、工程固沙0.98万公顷。国家林业局印发《关于进一步加强京津风沙源治理工程质量管理工作的通知》，进一步强化营造林质量，完善工程政策措施。

三北及长江流域等重点防护林体系工程完成造林117.3万公顷，其中，三北防护林体系建设工程完成造林66.7万公顷，长江、珠江、沿海、太行山绿化等防护林工程完成造林50.6万公顷。全面完成国务院批复的河北张家口坝上地区退化林分改造任务8.1万公顷。颁布实施《防护林造林工程投资估算指标》。长江流域等防护林工程建设信息数据系统启动试运行。国家林业局印发《三北防护林体系建设五期工程百万亩防护林基地建设管理办法》，启动黄土高原陕西丘陵沟壑区、甘肃元城河流域等2个百万亩防护林基地建设项目，百万亩防护林基地总数已达8个。持续推进黄土高原综合治理林业示范建设项目，注重建设生态经济型防护林。严格按照《三北工程退化林分改造试点管理办法》组织开展退化林分修复试点，推进70个试点县完成修复任务5.66万公顷。国家储备林建设完成建设任务82.5万公顷。

四、部门绿化工作亮点纷呈

住房城乡建设部门持续拓展城市绿色空间，将园林绿化与道路、交通等市政基础设施同步规划建设，全国城镇绿地系统结构和功能进一步优化完善，人均公园绿地面积等指标稳步提高。截至2016年底，全国城市建成区绿地率达36.4%；人均公园绿地面积达13.5平方米。城市建成区绿地达197.1万公顷，城市公园绿地达64.1万公顷。

交通运输系统不断加大公路绿化资金投入，深入开展公路沿线植树造林，改善沿线生态环境，完成绿化里程10.3万公里。截至2016年底，国道绿化里程26.5万公里，绿化率86.9%；省道绿化里程22.6万公里，绿化率81.3%；农村公路（县、乡、村道）绿化里程206.5万公里，绿化率59.9%；各类专用公路绿化里程3.6万公里，绿化率63.8%。

铁路系统以建设绿色通道为重点，实行路地协作联动，推动新线绿色通道同步建设，实现铁路绿化新增长。栽植乔木234.4万株、灌木571.3万穴，完成运营铁路绿化里程4.6万公里，线路可绿化地段绿化率达83.3%。

水利系统坚持以小流域为单元，开展水土流失综合治理，加大林草植被建设力度，大力推进生态自然修复。完成水土流失综合治理5.4万平方公里，实施封育保护1.6万平方公里，水土流失区植被覆盖度显著提高。新建水利工程将绿化作为配套工程纳入总体规划，水土保持设施与水利主体工程同步建设同步实施，做到渠成、堤成、绿化成。

农垦系统以农田防护林网和城镇绿化为建设重点，整体推进垦区环境绿化美化。建立了领导干部任期绿化目标责任制，造林绿化任务落实到地块，责任落实到人。按照耕作模式和地形特点设计防护林，完善垦区防护林体系。提档升级垦区城镇区绿化，合理配置乔灌草花，垦区人居环境持续改善。投入绿化资金2.7亿元，新建农田林网9730公顷，绿化垦区矿山184公顷、庭院7110公顷、道路2901公里、江河沿岸614公里。

教育系统将校园绿化基础设施建设纳入学校整体规划，因地制宜地开展校园绿化工作。通过校园广播、网络、微信微博等各类媒介，充分利用植树节、国际森林日等生态节日，组织广大师生参加保护自然、改善生态环境的绿色实践活动。全国各级各类学校绿化用地面积占学校总面积的比例达22.9%。

中央直属机关、中央国家机关各单位积极组织干部职工参加首都义务植树劳动，以及以认建认养、植纪念树建纪念林、委托代劳等多种形式履行植树义务。深入推进“生态型、节约型、功能完善型”机关庭院绿化建设，采用新理念、新技术、新材料开展绿化美化。继续抓好“首都花园式单位”创建，开展市花“月季”进社区、进单位等活动，提高机关庭院绿化美化质量。新栽、更新乔灌木79.3万株，新增、改建绿地面积49.7万平方米。

中国人民解放军印发关于做好植树造林和森林防火工作、驻京部队生态环境建设等通知，制定《营区绿化工程建设和维护经费估算标准》。与驻地群众共同开展春秋季植树绿化，共出动兵力60余万人次、动用机械车辆2.5余万台次，种植乔灌木480余万株，种草300余万平方米，造林绿化面积达5300公顷。武警部队按照“武化、绿化、正规化”营区环境建设要求，优化空间布局和树种配置，进一步提高营区绿化美化水平，种植乔灌木约30万株。

共青团组织积极动员青少年参与国土绿化和国家生态建设。辽宁、江西等11个省份的县级团组织开展保护母亲河青年林示范项目。京津冀晋蒙5省份92个县级团组织，以“增绿减霾共迎冬奥”为主题，广泛动员青少年和社会公众参与“绿色办奥”。各级团组织广泛开展“我与小树共成长”“立体植树节”等主题植树活动，制作专题电视节目、举办公益广告创意大赛、书画摄影展等活动，多种方式倡导绿色发展理念。各级团组织动员青少年参与植树护绿活共424.1万人次。

中国石油系统深入实施办公生活区绿化、矿区厂区绿化、道路广场绿化、防护林建设等重点造林绿化工程，持续改善矿区生态环境，普遍建成了以居住区、办公区绿地为基础，以公园广场绿地为重点，以道路绿地为框架，以防护林带为屏障的绿化体系，油田生态环境和居民生活质量进一步改善。组织职工参加义务植树64.7万人次，栽植乔灌木388.9万株，矿区绿地面积达2.9万公顷，绿化覆盖率26.9%，生活基地绿化覆盖率达43.3%。

中国石化着力建设“绿色低碳企业”、创建“现代国内一流石油石化生态园林化企业”，因企制宜、建管并重，加强科技兴绿，突出专业化、标准化、市场化，绿化水平显著提高。完成绿化3200余公顷，所属企业绿化覆盖率达到35%。

中国冶金系统继续实施一系列造林绿化和矿山复垦工程，提升企业绿化美化水平和质量。钢铁企业大多数成员单位的厂区绿化覆盖率达40%以上，绿地率达35%以上，大多数矿山企业绿化覆盖率达35%左右，绿地率达30%左右。

五、乡村绿化建设步伐加快

各地加大乡村绿化美化力度，绿化规模和水平得到大幅提升，村容村貌显著改善。吉林省深入实施“绿化美化村屯，创建绿色家园”行动，全省投入3100万元创建绿美示范村屯，建设高标准绿化美化示范村50个，新增绿化面积186公顷。北京市推进美丽乡村建设，利用边角空地挖潜增绿，完成村庄绿化362个，绿化面积286公顷，创建首都绿色村庄50个，评选“美丽乡村”300个。重庆市创建“绿色新村”活动，评选绿色新村10个，每村奖励30万元。广西自治区开展“美丽广西•生态乡村”村屯绿化专项活动，全区建设自治区级绿化示范村屯5000个和一般绿化村屯6.92万个，共栽植各类苗木1126万株，新增绿化面积6000公顷，建设绿道202公里、护路林1182公里。湖南省以城边、水边、路边、村边、宅边“五边”造林绿化为抓手，大力开展了造绿增绿活动，全省共投入资金20.2亿元，完成“五边”造林6.5万公顷，新增村庄绿地面积5.8万公顷，新建、改造农田林网6900公顷，316万农户在房前屋后栽植珍贵树木6874万株。广东省以改善农村生产生活条件，构建优美宜居生态家园为目标，建成各具特色的绿化美化村庄2609个，其中省级乡村绿化美化示范点227个。内蒙古自治区巴彦淖尔市结合美丽乡村建设大力推进乡村绿化，完成村庄绿化1490个，绿化面积达9000公顷，累计已完成村庄绿化3069个，占全市村庄总数的72%。

六、林业精准扶贫成效显著

国家林业局、财政部、国务院扶贫办联合印发《建档立卡贫困人口生态护林员选聘办法》，将建档立卡贫困人口转化为生态护林员，中央财政安排专项资金20亿元，选聘建档立卡贫困人口生态护林员28.8万名，精准带动贫困人口稳定脱贫108万。组织培训林农899.6万人次，提高林农技术管理水平和致富创业能力。实施中央农业综合开发名优经济林示范项目，建设名优经济林示范基地264个。举办第九届中国竹文化节、第十六届中国•中原花木交易博览会、第十八届中国国际花卉园艺展览会，带动相关产业发展和农户增收。国家林业局公布全国首批“互联网+”经济林、竹藤花卉产品营销模式示范单位；认定第二批国家级核桃示范基地35个，修订枣、板栗、仁用杏栽培技术标准；印发《竹产品分类》《花木栽培基质》《刺槐能源林培育技术指南》《油棕原料林可持续培育指南》等标准规范。中国花卉协会发布了《2016全国花卉产销形势分析报告》。各地突出主导产业、实行政策倾斜、加强示范引导，协同推进经济林、竹藤花卉等林业绿色产业发展，促进精准脱贫。截至2016年，全国经济林面积达3588万公顷，各类经济林产品总量达到1.7亿吨，经济林种植与采集业实现产值1.2万亿元，占林业第一产业产值的58.9%。花卉种植面积129.2万公顷，鲜切花产量183.6亿支、盆栽植物产量41.4亿盆，花卉种植业实现产值2106亿元；现有竹林面积601万公顷，大径竹产量23.5亿根、小杂竹产量1125.25万吨，竹林种植与采集业实现产值1923亿元。全国依托森林旅游实现增收的建档立卡贫困人口35万户，总人口110万，年户均增收3500元。落实2016年国有林场危旧房改造任务6505户，中央补助资金6505万元。国有林场55万户危旧房改造任务基本完成。

七、防沙治沙稳步推进

全国共完成防沙治沙192.9万公顷。国家林业局印发《沙化土地封禁保护修复制度方案》，新增沙化土地封禁保护区试点县10个，试点县总数已达71个，封禁保护总面积133.2万公顷。印发《国家沙漠公园发展规划（2016-2025年）》，批复国家沙漠公园15个，国家沙漠（石漠）公园总数达70个。举办了世界防治荒漠化日全球纪念活动暨"一带一路"防治荒漠化高级别对话，发布了《"一带一路"防治荒漠化共同行动倡议》成果文件。成功获得2017年荒漠化公约缔约方大会举办权，成为中国获得的首个联合国环境公约缔约方大会承办权。认真做好沙尘暴应急工作，有效应对沙尘暴灾害。春季共发生沙尘天气8次，其中强沙尘暴1次，沙尘暴2次，没有造成重大灾害。岩溶地区石漠化综合治理工程取得新进展，全年完成造林29.4万公顷。印发《岩溶地区石漠化综合治理工程"十三五"建设规划》，启动岩溶地区石漠化综合治理二期工程和岩溶地区第三次石漠化监测。组织了防沙治沙目标责任考核。

八、自然保护区建设和野生动植物管理不断加强

林业系统新建自然保护区73处，面积122万公顷。目前，我国林业系统已建立各种类型、不同级别的自然保护区2301处，总面积12553亿公顷，占国土面积的13.07%，其中，国家级自然保护区359处，面积8138亿公顷。积极推进国家公园体制试点工作，加强重要生态系统、珍稀濒危野生动植物保护，大熊猫、东北虎豹国家公园体制试点方案获中央深改组审议通过。继续对100余种国家重点保护野生动植物种组织实施野外巡护、栖息地维护改造、救护繁育活动，东北虎、东北豹等物种数量明显增长，继续扩大朱鹮、扬子鳄、白颈长尾雉等放归自然活动区域。新修订《中华人民共和国野生动物保护法》于2017年1月1日起施行。成立打击野生动植物非法贸易部际联席会议制度，在全国部署开展"清网行动"和监督检查，几乎全部停止象及其制品进口，并宣布于2017年底停止商业性加工销售象牙及制品活动。开展第二次全国重点保护野生植物资源调查。出台《珍稀濒危植物回归指南》和《珍稀濒危野生植物种子采集技术规程》。野生动物疫源疫病监测防控工作扎实推进，及时处置控制了湖北狮H5N1高致病性禽流感、西藏野鸟H5N8高致病性禽流感和新疆北山羊小反刍兽疫等26起野生动物疫情。大熊猫人工繁育和野化放归工作取得新进展，全国人工繁育大熊猫40胎64只，成活54只（含境外），全国人工圈养大熊猫种群总数达到464只。在四川雅安栗子坪国家级自然保护区首次尝试同时放归2只大熊猫。

九、湿地保护管理力度明显加大

国务院办公厅印发《湿地保护修复制度方案》，国家林业局印发《退耕还湿实施方案（2016—2020年）》、《甘肃、宁夏等地湿地产权确权试点方案》。天津、江苏、福建出台地方湿地保护条例，目前已出台地方湿地保护条例或办法的省（区、市）达26个。安排湿地保护与恢复工程中央预算内投资3亿元，启动湿地保护大项目建设试点。安排中央财政资金16亿元用于湿地生态效益补偿试点和退耕还湿试点等。新批国家湿地公园（试点）134处，验收试点国家湿地公园74处，新增湿地保护面积24.5万公顷。开展长江经济带15处重要湿地生态系统健康、功能和价值评价。贵州、云南省完成泥炭沼泽碳库调查。扎实推进GEF5期项目，完成中美自然保护议定书附件12项合作项目。出版《中国湿地资源》系列图书及电子图集。举办第十届国际湿地大会、中美自然保护研讨会，参加世界自然保护联盟（IUCN）第六届世界保护大会。与英国野禽及湿地基金会（WWT）、美国保尔森基金会签署合作备忘录或协议等。开展世界湿地日、长江湿地网络、黄河湿地网络和沿海湿地网络等重大活动。

十、草原建设持续推进

按照"保护生态环境就是保护生产力，改善生态环境就是发展生产力"的要求，农业部印发《推进草原保护制度建设工作方案》。召开新一轮政策启动实施视频会，印发政策实施指导意见。深入实施退牧还草、京津风沙源草原治理、退耕还林还草、西南岩溶地区石漠化草地治理等工程，启动农牧交错带已垦草原治理试点工程，现代种业提升工程草种项目等。全面落实草原牧区发展扶持政策项目，草原生态补奖政策实施范围新增河北张承地区6县，助力京津冀一体化生态安全屏障建设；退牧还草、西南岩溶地区石漠化草地治理等工程增加储草棚、青贮窖、黑土滩治理、毒害草退化草地治理、草种基地等建设内容。新增草原围栏299.3万公顷，完成退化草原改良312.7万公顷，建设人工草地1307.9万公顷，实施草原禁牧1.05亿公顷，草畜平衡1.7亿公顷。监测结果显示，2016年，全国天然草原鲜草总产量达10.4亿吨，较上年增加1%，实现稳中有增；草原综合植被盖度达54.6%，较上年提高0.6个百分点，全国草原生态环境持续恶化势头得到有效遏制，重大生态工程项目区草原植被状况明显改善。

十一、森林经营力度不断加大

紧紧围绕贯彻落实习近平总书记"着力提高森林质量"的指示要求，积极推进森林经营。国家林业局召开全国森林质量提升工作会议，印发《全国森林经营规划（2016-2050年）》、《省级森林经营规划编制指南》，加快推

进建立三级规划体系。出版《森林抚育规程解读》。调整成立了国家林业局森林经营工作领导小组。开展2014年度中央财政森林抚育补贴国家级抽查，结果显示，中央财政森林抚育补贴面积核实率98.3%，核实面积合格率98.5%，作业设计合格率93.9%，森林抚育质量保持较高水平。布设森林抚育成效监测固定样地400余组。完成全国森林经营样板基地建设中期评估，总结提炼出10个主要森林类型的系列经营技术模式。加大森林经营人才培训力度，举办森林经营管理技术人员师资和检查人员培训班五期，培训500余人。继续推进与美国、德国、斯洛伐克等双边合作，积极参与联合国粮农组织亚太林委会等多边合作，启动第二轮中美森林健康经营合作项目，跟踪蒙特利尔等国际森林经营进程，举办第26次蒙特利尔进程成员国工作组年会。

十二、林木种苗与森林公园建设蓬勃发展

生产可供造林绿化林木种子3500万公斤，苗木410亿株，其中林木良种1100万公斤，良种苗木130亿株。油茶良种生产供应实现了由数量保障型向质量效益型转变，年产油茶良种苗木6.4亿株，可出圃苗木3.2亿株。强化种苗市场监管，严厉打击假冒伪劣林木种苗违法行为，林木种苗质量抽查合格率保持在90%左右，通报了全国林木种苗质量抽查情况。截至2016年，全国共审（认）定林木良种6600多个，全国共有事业单位国有苗圃1466个。国家林业局公布《中华人民共和国主要林木目录（第二批）》。印发《国家林木种质资源库管理办法》《林木种质资源普查技术规程》《林木种子生产经营许可证管理办法》《林木种子生产经营档案管理办法》。启动国家林木种质资源设施保存库（主库）建设，公布第二批国家林木种质资源库86处，启动全国林木种质资源保护工程项目和林木种质资源监测体系工程项目。国家林业局新建国家级森林公园21处，国家级森林公园总数达848个，全国森林公园总数超3300处，规划面积超1200万公顷，年接待森林旅游人数超8.3亿人次。启动全国森林体验基地和全国森林养生基地建设试点，举办中国森林旅游节，认定全国森林旅游示范市、示范县36个。

十三、森林、草原保护持续加强

森林、草原资源保护力度不断加大。严守林地和森林红线，按年度更新林地“一张图”。开展国有森林资源有偿使用试点工作。加大对东北、内蒙古重点国有林区停伐政策的监督检查。对北京、河北、西藏等6省（区、市）开展第九次森林资源清查。编制《全国热带雨林保护规划（2016-2020年）》。积极推动林地清理排查和严打专项行动纵深开展。国家林业局15个派驻森林资源监督机构共督查督办案件3180起，共处理各类违法违纪人员2660人，收回林地2046公顷，罚款（金）2.25亿元。对全国149个县、63个重点国有林业局开展了森林资源管理情况检查，对227个占用征收林地项目开展了行政许可被许可人监督检查。开展“打击破坏野生动物资源违法犯罪活动专项行动”“净网行动”和“严厉打击非法占用林地等涉林违法犯罪专项行动”等。调处涉林纠纷5.6万起。办理森林和野生动物刑事案件近3万起、行政案件近19.5万起，收缴林木木材23.7万立方米、野生动物57.5万头（只），打击处理违法犯罪人员54.3万人（次），涉案金额26.4亿元。严格草原征占用审批管理，依法严厉打击各种破坏草原行为。全国各类草原违法案件发案1.57万起，立案1.54万起，结案1.5万起，结案率97.4%。全国绿化委员会印发《关于进一步加强古树名木保护管理的意见》。完成第一批6个省的古树名木普查试点工作，启动第二、三批普查试点，出台《古树名木鉴定规范》《古树名木普查技术规范》。开展了古树名木法规制度体系、技术标准体系、补偿机制及相关专题研究。

森林、草原防火工作连创佳绩。印发《全国森林防火规划（2016—2025年）》。及时开展森林草原防火演练、督导检查和应急值守。共发生森林火灾2034起（一般火灾1340起，较大火灾693起，重大火灾1起），受害森林面积6218公顷，因灾造成人员伤亡36人（死亡20人）。与2015年相比，火灾次数、受害森林面积分别下降30.7%、51.9%，人员伤亡上升38.5%（死亡人数下降13%）；与前三年（2013—2015年）均值相比，火灾次数、受害森林面积和人员伤亡分别下降42.3%、59.2%和44%（死亡人数下降47.4%）。未发生特大火灾和重大伤亡事故，取得了多年来的最好成绩。共发生草原火灾56起，累计受害草原面积3.7万公顷，经济损失607.3万元，草原火灾发生次数和受害草原面积均处于历史低位。

森林、草原有害生物防控成效显著。国家林业局认真执行《国务院办公厅关于进一步加强林业有害生物防治工作的意见》，召开专题会议，研究部署“十三五”整体防治工作，下达了“十三五”林业有害生物防治工作指标任务。召开亚太地区棕榈科植物有害生物及入侵性林业蛀干害虫防治的研讨和技术培训，为“一带一路”沿线国家及地区共同应对外来有害生物入侵搭建平台。发布松材线虫、美国白蛾疫区公告，对京津冀、长江经济带、黄山、三峡库区等重点区域开展松材线虫病、美国白蛾防治专项督导，松材线虫病根除9个县级疫区，24个县级疫区未出现病死树。全国主要林业有害生物发生面积1186.7万公顷，同比下降1.2%；完成林业有害生物防治作业面积793.3万公顷，主要林业有害生物成灾率控制在4.5‰以下。农业部发布2016年草原生物灾害发生预测报告，印发《关于切实做好2016年草原鼠虫害防治工作的通知》，实行24小时值班制度和周报告制度。及时发布草原牧区旱灾信息，协调落实中央财政救灾资金2.9亿元，支持受灾地区加强饲草料收储调运。组织专家和技术人员赴四川省石渠县指导草原鼠害防治综合治理试点工作。共防治草原鼠害面积617.3万公顷，其中生防比例达到82%；防治草原虫害面积495.7万公顷，其中生防比例达到59%。

十四、国土绿化政策机制逐步完善

国有林场和林区、集体林权制度等改革力度持续加大。国家批复了省级国有林区和国有林场改革实施方案。安徽、福建、贵州、北京、宁夏、湖北、辽宁等7省（区、市）已基本完成市县改革实施方案审批。广东、吉林、湖北、福建等省已落实省级改革补助资金12.2亿元；宁夏、湖南等省（区）出台国有林场编制核定指导意见；重庆、山西等省（市）化解国有林场金融债务近2亿元；青海、广东等省分别开展国有林场森林资源立法保护、管护绩效考评、林地落界确权等工作。国务院办公厅印发《关于完善集体林权制度的意见》，从稳定集体林地承包关系、放活生产经营自主权、引导集体林适度规模经营、加强集体林业管理和服务等方面作出进一步部署。截至2016年，全国集体林权流转1886.7万公顷，林权抵押贷款850亿元，建立县级以上林权管理服务机构1800余个，成立家庭林场、农民专业合作社等新型经营主体18.4万个。

国土绿化政策扶持和激励机制不断完善。国家林业局印发《林业发展“十三五”规划》等专项规划。出台《林业改革发展资金管理办法》《林业改革发展资金预算绩效管理暂行办法》《关于运用政府和社会资本合作模式推进林业生态建设和保护利用的指导意见》《关于运用政府和社会资本合作模式推进林业建设的指导意见》等政策文件。中央林业投入1133亿元，与2015年同口径相比增长19%。林业重点生态工程人工造林、封山育林、飞播造林补助标准分别提高到500元/亩、100元/亩和160元/亩。国有林管护和补偿标准由每年每亩6元提高到8元。新增了物种国家公园、国有林区防火应急道路、国家森林公园等保护利用设施建设资金渠道。创新营造林计划管理模式，2016-2018年营造林生产计划，实现一次性下达三年滚动实施。国家林业局与国家开发银行、中国农业发展银行签署合作协议，推出了与林业生产经营周期相符合的贷款，贷款期限可达30年，中央财政按现行政策对基准利率、最低资本金比例给予贴息支持，天津、河北、山东、广西、贵州等省（区、市）已有40多个项目贷款获得批准，签署林银贷款协议1050亿元，贷款额度755亿元，已放款152亿元，完成建设任务26.7万公顷。与中国建设银行签署全面合作协议，设立1000亿元的林业产业发展投资基金，首期260亿元已启动项目对接。建立林业贴息贷款多部门联合监管机制，落实贴息贷款240亿元。中国绿化基金会和中国绿色碳汇基金会募集资金超过1亿元。全国森林保险签单面积1.4亿公顷，签单保费30.3亿元，提供风险保障1.2万亿元，中央财政保费补贴14.4亿元，已决赔款10.9亿元。“欧投行贷款林业专项框架打捆项目”法律文件正式生效，欧投行贷款1亿欧元，国内配套资金8.9亿元。世界银行结果导向型规划贷款“长江经济带珍稀树种保护与发展项目”列入2017-2019年我国与世界银行的三年滚动计划，计划项目总投资8亿美元。2016年，中央财政安排草原补奖政策资金187.6亿元，较上年增加18.1亿元。新一轮退耕还草补助标准从800元/亩提高到1000元/亩。

河北省印发《关于加大改革创新力度鼓励社会力量参与林业建设的意见》，出台22条支持措施，成立河北省林业生态建设投资公司，省财政先期注资6亿元资本金撬动政策性贷款20亿元用于太行山绿化。安徽省安排5亿元造林补助资金，对造林、森林长廊创建等进行补助；全省积极培育新型经营主体，激活各种要素潜力，新增50亩以上社会造林主体近4000家，承担造林占全省总任务的90%以上。福建省省级财政安排8.1亿元资金，对森林生态景观通道、乡村景观林、沿海防护林基干林带建设，珍贵树种培育等进行补助。广东省省级重点林业生态工程造林的省财政补助标准从400元/亩提高到800元/亩，保障了作业设计、招投标、工程监理等管理需要。四川省设立国土绿化公益基金，搭建造林绿化融资及社会捐资造林平台。

2016年国土绿化工作虽然取得了显著成绩，但仍然面临着许多困难和挑战。在着力推进国土绿化方面，还需进一步加快造林绿化步伐，深入开展大规模国土绿化行动。在创新全民义务植树方面，还需进一步拓展义务植树尽责形式，提高义务植树尽责率。在统筹推进城乡绿化一体化方面，还需进一步提升乡村绿化美化水平，启动美丽乡村建设。在资源管护方面，还需进一步巩固国土绿化成果，严守生态红线，及时有效应对各种灾害。在合力抓好部门绿化方面，还需进一步加大各级绿化委员会成员单位间的协调力度，充分发挥各自优势。

2017年是实施“十三五”规划的重要一年，是供给侧结构性改革的深化之年，也是党和国家事业发展中具有重大意义的一年。国土绿化工作要深入学习贯彻习近平总书记系列重要讲话精神，牢固树立新发展理念，以维护国家森林生态安全为主攻方向，以全面实施《全国造林绿化规划纲要（2016-2020年）》为主线，以深入实施重大生态工程为抓手，为建设生态文明和美丽中国作出更大贡献，以优异成绩迎接党的十九大召开。

备注：公报中涉及的全国性统计数据，均未包括香港特别行政区、澳门特别行政区和台湾省。

\>\>\>

综合报告

中国应对气候变化的政策与行动2016年度报告

国家发展和改革委员会

二〇一六年十月

前　言

气候变化问题是21世纪人类生存发展面临的重大挑战，积极应对气候变化、推进绿色低碳发展已成为全球共识和大势所趋。中国政府高度重视应对气候变化工作，“十二五”期间，把推进绿色低碳发展作为生态文明建设的重要内容，作为加快转变经济发展方式、调整经济结构的重大机遇，积极采取强有力的政策行动，有效控制温室气体排放，增强适应气候变化能力，推动应对气候变化各项工作取得了重大进展。低碳发展顶层设计和制度建设逐步强化，制定发布了《“十二五”控制温室气体排放工作方案》、《国家应对气候变化规划（2014-2020年）》、《国家适应气候变化战略》等重大政策文件。低碳试点示范和碳市场建设扎实推进，探索形成各具特色的低碳发展模式；气候变化国际合作不断深化，为达成《巴黎协定》发挥了重要作用，南南合作成效显著。初步核算，“十二五”期间，中国能源活动单位国内生产总值二氧化碳排放下降20%，超额完成下降17%的约束性目标，中国应对气候变化的政策与行动为实现2020年比2005年下降40%-45%的目标奠定了坚实基础。

为使各方面全面了解“十二五”以来中国在应对气候变化方面采取的政策与行动及取得的成效，特编写本度报告。

一、减缓气候变化

“十二五”期间，中国政府紧紧围绕“十二五”应对气候变化目标任务，通过调整产业结构、优化能源结构、节能提高能效、控制非能源活动温室气体排放、增加碳汇等，在减缓气候变化方面取得了积极成效。

加快淘汰落后产能。2011年，工业和信息化部联合多部门发布《关于印发淘汰落后产能工作考核实施方案的通知》，加强对淘汰落后产能工作的检查考核。2012年，工业和信息化部发布《关于下达19个工业行业淘汰落后产能目标任务的通知》，并相继在2013年和2014年公布了第一批和第二批19个工业行业淘汰落后产能的企业名单。2013年，国务院印发了《关于化解产能严重过剩矛盾的指导意见》，围绕控增淘劣、提质增效、转型升级、低碳发展，积极推进化解产能过剩各项工作。经过各方努力，“十二五”期间全国累计淘汰炼铁产能9089万吨、炼钢9486万吨、电解铝205万吨、水泥（熟料及粉磨能力）6.57亿吨、平板玻璃1.69亿重量箱。

推动传统产业改造升级。国家发展改革委于2011年发布《产业结构调整目录（2011年本）》，并于2013年再次进行修订，通过结构优化升级实现节能减排。国家发展改革委、工业和信息化部等有关部门印发《工业转型升级计划（2011-2015年）》、《关于重点产业布局调整和产业转移的指导意见》、《2014年工业绿色发展专项行动实施方案》等系列政策文件，实施一批示范工程，促进关键传统产业升级。2015年，国务院公布《中国制造2025》，对传统产业提出提高创新设计能力、提升能效、绿色改造升级、化解过剩产能等战略任务。工业和信息化部推进区域工业绿色转型发展试点，批复包头、张家口等11个城市试点实施方案，探索绿色低碳转型路径和模式。

扶持战略性新兴产业发展。2012年，国务院印发《“十二五”国家战略性新兴产业发展规划》，明确了7个战略性新兴产业的重点领域，并陆续发布七大战略性新兴产业专项规划。2013年，国务院发布了《关于加快发展节能环保产业的意见》，提出要促进节能环保产业技术水平显著提升。2015年，国务院批准筹备设立国家新兴产业创业投资引导基金，总规模为400亿元人民币，重点支持处于起步阶段的创新型企业。

加快发展服务业。2012年以来，国务院先后发布了《服务业发展“十二五”规划》和《关于加快发展生产性服务业促进产业结构调整升级的指导意见》，营造有利于服务业发展的政策和体制环境。《中国制造2025》明确提出发展服务型制造、加快生产性服务业发展和强化服务功能区和公共服务平台建设三大重点任务。2015年，《政府工作报告》提出“互联网+”行动计划，切实推进信息化和工业化进程。2016年，财政部等部门发布《关于构建绿色金融体系的指导意见》。

“十二五”期间，中国产业结构优化取得明显进展，2015年工业比重比2010年下降5.7个百分点，服务业比重提高6.1个百分点，产业结构调整对碳强度下降目标完成发挥了重要作用。

严格控制煤炭消费。2014年，国务院印发《能源发展战略行动计划（2014-2020年）》，实施煤炭消费减量替代，降低煤炭消费比重，京津冀鲁、长三角和珠三角等要削减区域煤炭消费总量。为贯彻落实《大气污染防治行动计划》，有关部门印发《加强大气污染治理重点城市煤炭消费总量控制工作方案》，提出空气质量相对较差前10位城市煤炭消费总量较上一年度实现负增长的目标。“十二五”期间煤炭消费年均增速2.6%，较“十一五”年均增速4.9个百分点。2015年煤炭消费量39.6亿吨，同比下降3.7%。

推进化石能源清洁化利用。发布《关于促进煤炭安全绿色开发和清洁高效利用的意见》、《煤炭清洁高效利用行动计划（2015-2020年）》，积极推进煤炭发展方式转变，提高煤炭资源综合开发利用水平，促进煤炭清洁高效利用。2014年，财政部、税务总局印发《关于实施煤炭资源税改革的通知》，将煤炭资源税实行从价定率计征，促进资源节约集约利用和环境保护。2016年，全面推进资源税改革，扩大资源税征收范围，有效发挥税收杠杆调节作用。“十二五”期间全国6000千瓦及以上火电机组每千瓦时平均供电标准煤耗累计下降18克，淘汰落后火电机组约2800万千瓦，淘汰落后煤矿超过1000处、产能超过7000万吨，限制劣质商品煤使用。不断提升天然气利用规模和水平，2015年天然气在能源消费总量中的比重接近6%，利用结构日趋合理，城市燃气和天然气发电比例上升。

推动非化石能源发展。财政部、国家发展改革委、国家能源局共同制定并发布了《可再生能源发展基金征收使用管理暂行办法》、《可再生能源电价附加补助资金管理暂行办法》，国家发展改革委发布了《可再生能源发电全额保障性收购管理办法》，为可再生能源费用补偿提供政策支撑，保障可再生能源优先发展。截至2015年底，全国全口径发电装机容量15.25亿千瓦，其中水电3.20亿千瓦、核电2717万千瓦、并网风电13075万千瓦、并网太阳能发电4218万千瓦，比2010年分别增长了0.5倍、1.5倍、3.4倍和164倍，带动非化石能源消费比重提高了2.6个百分点。2015年，水电、核电、风电、太阳能发电等非化石能源发电量占全国发电总量的27.0%。

加快能源改革步伐。2015年，出台《关于进一步深化电力体制改革的若干意见》，着力推进电价、电力交易体制、发用电计划、售电侧等改革。印发《关于推进输配电价改革的实施意见》、《关于推进电力市场建设的实施意见》等一系列文件。2014年10月，深圳率先启动输配电价改革试点，目前电力体制改革综合试点扩大到内蒙古、宁夏、云南等13个省（自治区、直辖市），改革进入提速期。

加强节能目标责任考核和管理。2011年，国务院印发了《“十二五”节能减排综合性工作方案》，向各地方分解下达“十二五”节能目标，实施目标考核评价制度，并按季度发布各地区节能目标完成情况。2014年，国务院印发了《2014-2015年节能减排低碳发展行动方案》，全面安排部署了2014年及2015年节能减排降碳工作。

“十二五”期间国家发展改革委会同有关部门组织对省级人民政府进行节能目标责任评价考核，将考核结果作为对地方领导班子和领导干部综合考核评价的参考内容，纳入政府绩效管理。

完善节能标准标识。深入推进实施“百项能效标准推进工程”，“十二五”期间共发布221项国家节能标准。国家认监委、国家发展改革委发布《能源管理体系认证规则》，国家质监总局、国家发展改革委发布《节能低碳产品认证管理办法》，推动节能认证产业发展。2014年，国家发展改革委等七部门联合发布《关于印发能效“领跑者”制度实施方案的通知》，实施范围包括终端用能产品、高耗能行业和公共机构。2015年，有关部门制定了能效“领跑者”制度实施细则，开展能效“领跑者”产品及企业评选。

推广节能技术与产品。工业和信息化部发布《工业节能“十二五”规划》，指导工业领域提升绿色发展水平。工业和信息化部印发《2013年工业节能与绿色发展专项行动实施方案》，国务院印发《关于加强内燃机工业节能减排的意见》，大力推进了重点行业电机系统节能改造及内燃机节能减排技术、新产品推广应用。国家发展改革委印发《节能低碳技术推广管理暂行办法》，发布第四批、第五批《国家重点节能技术推广目录》。工业和信息化部发布《国家重点推广的电机节能先进技术目录》、《通信行业节能技术指导目录》等文件，推广相关行业重点节能减排技术。工业和信息化部编制六批《节能机电设备（产品）推荐目录》，发布《“能效之星”产品目录》，实施节能产品惠民工程，推广使用高效节能空调、节能汽车、高效电机、绿色照明产品等节能产品。

推进建筑领域节能。住房和城乡建设部出台《“十二五”建筑节能专项规划》、《关于进一步推进公共建筑节能工作的通知》等文件，积极推进建筑节能工作。“十二五”期间完成北方采暖地区既有居住建筑供热计量及节能改造10亿平方米，完成夏热冬冷地区既有居住建筑节能改造面积7090万平方米。截至2015年底，城镇新建居住建筑和公共建筑全部开始执行更高水平的节能设计标准，全国累计完成公共建筑能源审计10000余栋，对8000余栋建筑进行了能耗动态监测。有关部门出台《“十二五”绿色建筑和绿色生态城区发展规划》、《绿色建材评价标识管理办法》、《促进绿色建材生产和应用行动方案》、《绿色建筑评价标准》、《关于进一步推进可再生能源建筑应用的通知》等文件，推动落实绿色建筑行动方案，指导各地绿色建筑发展。截至2015年底，全国共有3979个项目获得了绿色建筑评价标识，建筑面积超过4.5亿平方米。

推进交通领域节能。交通运输部印发《绿色循环低碳交通发展指导意见》、《建设低碳交通运输体系指导意见》等文件，落实《关于加快民航行业节能减排工作的指导意见》。财政部会同有关部门发布《关于节约能源、使用新能源车船税优惠政策的通知》。交通运输部开展重点企业能耗统计监测，开展天然气动力车船试点，实施燃料消耗量限值标准和发布燃料消耗量达标车型，开展甩挂运输推荐车型等。科技部组织开展“十城千辆”节能新能源汽车示范推广应用工程。民航节能减排投入不断增加，实施1200余项目。2015年与2005年相比，营运车辆和营运船舶单位运输周转量二氧化碳排放分别下降15.9%和20%，民航运输吨公里油耗及二氧化碳排放均下降13.5%。

推动公共机构节能。国务院机关事务管理局先后发布了《公共机构节能“十二五”规划》、《关于推进公共机构节约能源资源促进生态文明建设的实施意见》等政策，初步建立公共机构节能管理体系。商务部制定了《绿色商场》行业标准，开展绿色商场示范创建工作。“十二五”期间全国公共机构能源消费总量年均增速较“十一五”期间下降了1.43个百分点，顺利完成节能目标。

加快发展循环经济。国务院印发《循环经济发展战略及近期行动计划》，国家发展改革委印发《2014年循环经济推进计划》和《2015年循环经济推进计划》，扎实推进循环经济发展。“十二五”期间，国家发展改革委会同相关部门共确定了49个国家“城市矿产”示范基地，100个园区循环化改造示范试点，100个餐厨废弃物资源化利用和无害化处理试点城市，101个国家循环经济示范城市（县），28个国家循环经济教育示范基地。国家发展改革委联合工业和信息化部等部门开展了第二批再制造试点和产品“以旧换再”推广试点工作，共确定28家企业作为再制造试点，10家企业作为产品“以旧换再”推广试点。工业和信息化部发布5批《再制造产品目录》，促进再制造产品推广应用。

经过各方努力，2015年全国单位国内生产总值能耗同比下降5.6%，降幅比2014年的4.8%扩大0.8个百分点，创“十二五”以来最好成绩。“十二五”期间全国单位国内生产总值能耗累计下降18.4%。2015年，全国能源消费总量43亿吨标准煤，同比增长0.9%，“十二五”期间年均增速3.6%，较“十一五”期间年均增速低3.1个百分点。

加强非二氧化碳温室气体管理。2015年，国家发展改革委会同有关部门开展控制氢氟碳化物的重点行动，下发《关于组织开展氢氟碳化物处置工作的通知》。环境保护部制定了《蒙特利尔议定书》下加速淘汰含氢氯氟烃HCFCs）的管理计划。国家发展改革委积极组织开展非二氧化碳类温室气体管理政策等研究。

控制农业活动温室气体排放。农业部推动实施“到2020年化肥使用量零增长行动”和“到2020年农药使用量零增长行动”，大力推广化肥农药减量增效技术，推进农企合作推广配方肥。推动农村沼气转型升级，提高秸秆综合利用水平，推广省柴节煤炉灶炕，开发农村太阳能和微水电，实施保护性耕作等，减少农业温室气体排放。

废弃物处理的温室气体排放。国务院印发了《“十二五”全国城镇污水处理及再生利用设施建设规划》、《“十二五”全国城镇生活垃圾无害化处理设施建设规划》，积极控制城市污水、垃圾处理过程中的甲烷排放。完善城市废弃物标准，实施生活垃圾处理收费制度，推广利用先进的垃圾焚烧技术，制定促进填埋气体回收利用的激励政策。

增加森林碳汇。国家林业局出台《国家林业局关于推进林业碳汇交易工作的指导意见》。全面实施《全国造林绿化规划纲要（2011-2020年）》，深入开展全民义务植树，着力推进旱区、京津冀等重点区域造林绿化，加快退耕还林、石漠化综合治理、京津风沙源治理、三北及长江流域等重点防护林体系建设、天然林资源保护等林业重点工程。全面加强森林经营，出台《全国森林经营规划（2016-2050年）》和《全国森林经营人才培训计划（2015-2020年）》，修订颁布了森林抚育规程，稳步推进全国森林经营样板基地建设。着力推进全国林业碳汇计量监测体系建设，开展土地利用变化与林业碳汇计量监测工作，到2015年底已覆盖25个省区市、新疆生产建设兵团、四大森工集团，建成林业碳汇基础数据库。“十二五”期间全国共完成造林4.5亿亩、森林抚育6亿亩，分别比“十一五”增长18%、29%，森林覆盖率提高到21.66%，森林蓄积量增加到151.37亿立方米，已提前实现到2020年增加森林蓄积量的目标，成为同期全球森林资源增长最多的国家。全国森林植被总碳储量由第七次全国森林资源清查（2004-2008年）的78.11亿吨增加到第八次清查的84.27亿吨。

增加草原碳汇。大力加强草原生态保护建设。2015年，全国草原综合植被盖度达到54%，较2011年提高3个百分点。截至2015年底，累计落实禁牧休牧面积15.3亿亩，落实草畜平衡面积25.6亿亩，划定基本草原35.3亿亩。

二、适应气候变化

“十二五”期间，中国不断强化适应气候变化领域的顶层设计，先后出台了《国家适应气候变化战略》和《城市适应气候变化行动方案》，提升重点领域适应气候变化能力，加强适应气候变化基础能力建设，减轻气候变化对中国经济建设和社会发展的不利影响。

农业部等部门印发《关于推进节水农业发展的意见》、《关于做好旱作农业技术推广工作的通知》，继续开展农田基本建设、土壤培肥改良、病虫害防治等工作，大力推广节水灌溉、旱作农业、抗旱保墒与保护性耕作等适应技术。加大草场改良、饲草基地以及草地畜牧业等基础设施建设，鼓励农牧区合作，推行易地育肥模式，合理调整水产养殖品种、密度，加强渔业基础设施和装备设施。实施退牧还草、京津风沙源治理和游牧民定居等重大工程。

进一步落实草原经营管护制度，推进草原畜牧业生产方式转型发展。

2012年，国务院出台《关于实行最严格水资源管理制度的意见》，连续三年开展最严格水资源管理制度年度考核，实现了“十二五”全国用水总量控制目标。推进农业、工业和生活服务业节水，强化用水定额和计划管理，建设100个全国节水型社会建设试点和200个省级节水型社会建设试点。水利部出台《关于加快推进水生态文明建设工作的意见》，启动了105个全国水生态文明城市试点建设。开展全国重要河湖健康评估。积极推进江河湖库水系连通，改善河湖水生态环境。加强黄河、黑河、南水北调水量调度工作，确保重点城市供水安全和生态安全。开展国家水资源监控能力建设，基本建成重要取水户、重要水功能区和大江大河省界断面三大监控体系。加强江河治理骨干工程建设，完善大江大河防洪减灾体系。流域和区域水资源配置格局不断完善，全国新增供水能力380亿立方米，城乡供水保障能力明显提高。开展大规模农田水利设施建设，实施大型和重点中型灌区续建配套和节水改造，加快东北节水增粮、华北节水压采、西北节水增效等区域规模化高效节水灌溉。强化水土流失的综合治理，“十二五”期间累计完成水土流失综合治理面积26.6万平方公里。

国家林业局发布《林业适应气候变化行动方案（2016-2020年）》，开展森林适应气候变化试点工作。继续实施湿地保护恢复工程，提升湿地生态系统适应能力，启动国家沙漠公园建设试点。强化气候变化对生物多样性的影响评估。环境保护部提出生物多样性与气候变化相互影响的评价指标体系，组织东北地区、青藏高原等典型区域气候变化对生物多样性影响的评估。国家林业局加强生态观测研究平台建设，加入国家陆地生态系统定位观测研究站的数量达到166个。

国务院批准了《全国海洋功能区划》（2011-2020）和沿海各省（自治区、直辖市）省级海洋功能区划，对中国管辖海域的开发利用和环境保护作出了全面部署。国家海洋局印发《海洋生态文明建设实施方案》，扩大海洋生态红线制度实施范围，加大沿海地区海洋生态修复力度；组织编制《全国海洋经济发展规划（2016-2020）》、《全国海岛保护“十三五”规划》，辽宁、河北、山东、江苏、浙江、福建、广东、广西8省（自治区）编制了海岛保护规划。国家海洋局初步建立了近海海-气界面二氧化碳交换通量监测业务，加强海洋灾害观测预警和防灾减灾，开展海平面变化监测和影响评估，每月发布《海洋与中国气候展望》，强化面向沿海重点保障目标的精细化预报，完善海洋渔业生产安全中国应对气候变化的政策与行动环境保障服务系统，加强海洋灾害防护能力建设，每年发布《中国海平面公报》和《中国海洋灾害公报》，开展国家、省、市、县海洋灾害风险评估与区划试点。

加强极端天气气候事件监测预警和气象灾害风险管理，国家级预警信息实现自动对接。风云二号G星投入业务运行，综合观测系统的自动化、标准化和集约化程度明显提高。编写《气象灾害信息管理系统建设实施方案》，建立全国统一的气象灾害信息管理数据库，编制《台风灾害风险区划技术指南》。推进暴雨洪涝气象灾害风险普查和城市内涝风险预警工作，启动8个城市的城市内涝风险预警试点。推进中国气候服务系统建设，开展农业气候资源、农业气象灾害风险区划和生态气象监测与评价服务。加强环境气象预报预警，完善了静稳天气指数等评价指标，开展大气污染扩散气象条件和污染减排效果的定量化评估服务。每年发布《中国气候公报》和《中国气候变化监测公报》。

全面实施《国家综合防灾减灾规划（2011-2015年）》和《国家气象灾害防御规划（2009-2020年）》，重点实施全国七大流域防洪工程、全国山洪灾害防治工程、国家救灾物资储备库建设工程等，积极推进国家自然灾害救助指挥系统建设工程、全国自然灾害综合风险调查工程等，健全灾害管理体制机制，建立灾害预警体系，加强防灾减灾基础设施建设。各地深入推进社区综合减灾工作，共创建命名全国综合减灾示范社区6551个，全面加强城乡综合防灾减灾能力。民政部组织开展140余项减灾救灾领域重大科研工程项目，增强减灾科技支撑能力。“十二五”期间国家减灾委、民政部共针对各类自然灾害启动国家救灾应急响应158次。国务院印发《国家突发事件预警信息发布系统管理办法》。民政、水利、农业、气象、林业、地震、海洋等部门进一步加强灾害监测预警体系建设，完善江河洪水、干旱和暴雨、森林火险、海洋观测等监测站网，提升预警预报的时效性和准确性。全面开展了山洪灾害防治、洪水风险图编制、抗旱应急水源工程和国家中国应对气候变化的政策与行动防汛抗旱指挥系统工程建设，国务院批复了长江、黄河和松花江防御洪水方案，初步建成2058个县级山洪灾害监测预警系统和群测群防体系，全国报汛站点增加到9.7万个，有力应对了频发重发的水旱灾害，防汛抗旱防灾减灾能力不断提高。“十二五”期间国家防总、水利部共启动防汛抗旱应急响应70次。

三、低碳发展试点示范

“十二五”期间，深入开展低碳省区、城市、城（镇）、园区、社区等试点工作，在交通等相关领域开展低碳试点示范，对全国推进应对气候变化和低碳发展发挥了积极作用。

国家发展改革委在6个省和36个城市开展低碳省区和低碳城市试点工作，探索低碳绿色发展模式。各试点地区制定低碳试点工作实施方案，探索建立控制温室气体排放目标责任制，加快建立以低碳为特征的工业、建筑、交通、能源体系，加强温室气体排放核算和清单编制基础能力建设，倡导绿色低碳的生活方式和消费模式，取得积极成效，从整体上带动和促进全国范围的绿色低碳发展。“十二五”全国碳排放强度目标考核结果表明，“十二五”期间低碳省市试点地区的碳强度下降幅度明显高于全国平均水平。

开展国家低碳工业园区试点。2013年，工业和信息化部与国家发展改革委联合印发《关于组织开展国家低碳工业园区试点工作的通知》，启动低碳工业园区试点工作。2014年，两部委审核公布了国家低碳工业园区试点名单，研究开展相应的评价指标体系和配套政策。2015年，两部委批复同意51家国家低碳工业园区试点实施方案。各试点通过实施多种低碳化行动措施，推进园区产业低碳化、企业低碳化、产品低碳化、基础设施及服务低碳化，探索适合中国国情的工业园区低碳管理模式，引导和带动中国应对气候变化的政策与行动工业低碳转型发展。开展低碳社区试点。2014年，国家发展改革委印发《关于开展低碳社区试点工作的通知》，在全国启动低碳社区试点工作。

2015年，发布《低碳社区试点建设指南》并组织开展低碳社区碳排放核算方法学和评价指标体系研究，指导各地开展低碳社区建设工作，开展全国低碳社区示范遴选。计划在全国建设1000个左右低碳社区试点并择优建设一批国家级低碳示范社区，打造一批符合不同区域特点、不同发展水平、特色鲜明的低碳社区，为有效控制城乡居民生活领域温室气体排放提供引领和借鉴。

开展国家低碳城（镇）试点。2015年国家发展改革委印发了《关于加快推进国家低碳城（镇）试点工作的通知》，选定广东深圳国际低碳城、广东珠海横琴新区、山东青岛中德生态园、江苏镇江官塘低碳新城、江苏无锡中瑞低碳生态城、云南昆明呈贡低碳新区、湖北武汉花山生态新城、福建三明生态新城作为首批国家低碳城（镇）试点。组织8个低碳城（镇）试点单位研究编制试点实施方案并完成批复，引导各试点围绕产业发展和城区建设融合、空间布局合理、资源集约综合利用、基础设施低碳环保、生产低碳高效、生活低碳宜居等多个方面，探索符合地区特色的城（镇）低碳发展模式，并组织开展了试点规划方案专家咨询工作，从规划层面为试点城（镇）低碳发展提供指导。

推进碳捕集、利用与封存（CCUS）试验示范。2013年，国家发展改革委印发《关于推动碳捕集、利用和封存试验示范的通知》，科技部发布《“十二五”国家碳捕集、利用与封存科技发展专项规划》并编制技术发展路线图环境保护部发布《关于加强碳捕集利用与封存试验示范项目环境保护工作的通知》，指导碳捕集、利用与封存项目环境风险管理。2016年，环境保护部发布《二氧化碳捕集、利用与封存环境风险评估技术指南》（试行）。国土资源部开展了应对全球气候变化地质调查研究工作，对二氧化碳储存潜力评估与工程示范等进行了研究。科技部组织实施中欧燃煤发电近零排放、中澳二氧化碳地质封存等碳捕集、利用与封存合作项目。

开展低碳交通运输体系建设试点。交通运输部在26个城市开展了低碳交通运输体系建设试点工作，积累城市绿色低碳交通运输体系实践经验。组织开展4个绿色交通省份、27个绿色交通城市、11个绿色港口、20条绿色公路等绿色交通试点工作。推出了六批共130个部级节能减排示范项目，并将示范项目经验材料在行业进行广泛宣传推广。深入开展“车、船、路、港”千家企业低碳交通运输专项行动。

四、战略规划和制度建设

“十二五”期间，中国政府加强规划编制和战略研究，完善应对气候变化管理体制和工作机制，推进低碳发展制度建设，推动气候变化立法，强化相关标准体系，进一步夯实了应对气候变化工作基础。

加强规划引领作用。2011年，国务院印发《“十二五”控制温室气体排放工作方案》，全面部署“十二五”工作，各部门、各地方相继印发了本领域和区域控制温室气体排放的行动计划或方案。2013年，国家发展改革委联合多部门颁布《国家适应气候变化战略》，明确提出了中国适应气候变化的主要目标、重点任务、区域格局和保障措施，为统筹协调开展适应工作提供指导。2014年，国家发展改革委发布《国家应对气候变化规划（2014-2020年）》，提出了中国应对气候变化工作的指导思想、目标要求、政策导向、重点任务及保障措施。全国大多数省（自治区、直辖市）发布了省级应对气候变化专项规划，将应对气候变化工作纳入国民经济和社会发展规划。各主要部门制定本领域应对气候变化规划或方案。2015年，中国政府向联合国提交《强化应对气候变化行动—中国国家自主贡献》，提出中国二氧化碳排放2030年左右达到峰值并争取尽早达峰、单位国内生产总值二氧化碳排放比2005年下降60%-65%等自主行动目标，为中国中长期应对气候变化工作指明了方向。

开展重大战略研究。2012年以来，国家发展改革委组织开展了中国低碳发展宏观战略研究项目，对中国到2050年的低碳发展总体战略和分阶段、分领域路线图进行了系统研究，共完成低碳发展宏观战略总体思路、低碳发展宏观战略总报告以及37个专题等多项研究，召开两次低碳发展战略高级别研讨会，目前正组织主要研究成果的发布和出版工作。项目37个专题分别从低碳发展基础理论、重点领域、政策体系、实践案例四个方面，针对工业、能源、建筑、交通、节能、城镇化、林业、农业、消费等重点领域提出了分领域的低碳发展基本思路、战略任务和政策措施，并围绕法律体系、制度体系、政策路径、重点行业、试点示范、能力建设、公众参与、国际合作等方面提出了推进低碳发展的重大政策建议，为推进国内低碳发展、积极参与国际谈判提供了重要的决策支撑。

加强管理机构建设。国家应对气候变化工作领导小组成员增加了部分职能部门，10个省级发展改革委专设了“应对气候变化处”。进一步完善国家气候变化专家委员会的人员组成，扩大了委员会的专业领域和覆盖范围，多角度为应对气候变化工作建言献策。2012年，国家发展改革委成立了国家应对气候变化战略研究和国际合作中心，为国家气候变化决策提供专业支撑。各类省级层面的应对气候变化、低碳发展专业研究机构相继成立，气候变化专业研究队伍逐步扩大。质检总局批准建立了23家国家城市能源计量中心，搭建能源计量数据公共平台、能源计量检测技术服务平台、能源计量技术研究平台、能源计量检测人才培养平台，为服务低碳经济发展提供全方位的计量技术支撑。

完善工作机制。在国家应对气候变化领导小组框架内设立协调联络办公室，进一步加强部门间的协调联络，促进在应对气候变化领域形成部门合力。全国各省（自治区、直辖市）均成立了以省级行政首长为组长的应对气候变化领导小组并建立省内部门分工协调机制。以国家应对气候变化领导小组统一领导、国家发展改革委归口管理、有关部门和地方分工负责、全社会广泛参与的应对气候变化管理体制和工作机制得到完善。

基本建立控制温室气体排放考核评估体系。国家发展改革委发布了《单位国内生产总值二氧化碳排放降低目标责任考核评估办法》，并组织开展对全国31个省（自治区、直辖市）2013年度、2014年度和“十二五”单位国内生产总值二氧化碳排放降低目标责任的考核评估。各地区结合年度考核自评估工作，跟踪分析本地区碳强度降低目标完成情况，基本形成省级人民政府碳强度目标评价考核体系，逐步形成地方二氧化碳排放及碳强度下降目标年度核算常态化工作机制。

开展碳排放权交易试点。2011年，国家发展改革委选择北京、天津、上海、重庆、广东、湖北、深圳等7个省市开展碳排放权交易试点工作，探索利用市场机制控制温室气体排放。7省市积极开展试点工作，强化试点碳交易制度顶层设计，制定出台地方性法规、政府规章，建立碳排放核算、报告和核查体系，确定碳配额分配方法、交易规则和履约机制，建立碳交易平台和注册登记系统，初步形成符合地区实际的制度安排。各试点省市建成了制度要

素齐全、初具规模、各具特色的试点碳交易市场，并开展碳市场监管，

组织履约与执法工作。2013年6月，中国首个碳排放权交易市场深圳碳排放权交易市场启动。截至2015年底，7个试点碳市场已经全部启动，共纳入20余个行业、2600多家重点排放单位，年排放配额总量约12.4亿吨二氧化碳当量，

其中北京、天津、上海、广东和深圳碳市场纳入的重点排放单位已经完成了2次碳排放权履约；7个试点碳市场累计成交排放配额交易约6700万吨二氧化碳当量，累计交易额约为23亿元。

开展全国碳排放权交易市场机制建设。2014年，国家发展改革委开始组织建设全国碳排放权交易市场，开展制度设计研究，研究全国碳市场配额总量和分配方法，研究建立全国碳交易登记注册系统。2014年，国家发展改革委出台《碳排放权交易管理暂行办法》，明确全国碳市场建设思路。强化基础能力，研究出台24个重点行业温室气体排放核算方法与报告指南，构建企业温室气体排放数据直接报告体系，备案第三方核查机构和交易机构。

构建温室气体自愿减排交易体系。2012年，国家发展改革委颁布《温室气体自愿减排交易管理暂行办法》和《温室气体自愿减排项目审定与核证指南》，开展温室气体自愿减排方法学体系、核查机构、注册登记系统和交易平台建设。截至2015年底，国家发展改革委备案并公布了约180余个温室气体自愿减排方法学，7家交易机构备案成为温室气体减排交易平台，10家核查机构通过备案获得自愿减排交易项目审定与核证机构资格，累计公示温室气体自愿减排审定项目2000余个，备案项目700余个，减排量备案项目约200个，累计备案减排量超过5000万吨二氧化碳当量。

健全绿色采购制度。财政部继续健全政府绿色采购政策，不断调整扩大政府采购的节能环保产品范围，提高政府绿色采购规模。通过实施强制采购和优先采购节能产品、环境标志产品的绿色采购政策，对引导绿色消费、促进低碳发展、应对气候变化发挥了积极示范作用。

推动气候变化相关立法。2011年，成立由全国人大环资委、全国人大法工委、国务院法制办和17家部委组成的应对气候变化法律起草工作领导小组。国家发展改革委牵头开展立法研究、立法调研和法律草案起草工作，广泛征求各利益相关方的立法意见。加快推动《应对气候变化法》和《碳排放权交易管理条例》的立法程序。山西、青海、石家庄和南昌开展了地方应对气候变化和低碳发展的专门立法。

强化标准标识和指南。2015年，国家标准委批准发布了发电、钢铁、民航、化工、水泥等重点行业11项温室气体管理国家标准，为引导企业低碳转型提供技术支撑。交通运输部、国家铁路局、国家林业局等部门相继发布低碳发展相关的行业标准。国家标准委批准成立“全国碳排放管理标准化技术委员会”，主要负责建立中国温室气体管理标准体系框架、制定和修订碳排放管理领域国家标准。2015年，国家发展改革委、质检总局联合发布《节能低碳产品认证管理办法》，建立统一的低碳产品认证制度。国家发展改革委、国家质检总局、国家认监委发布两批《低碳产品认证目录》。国家发展改革委分三批发布了23个重点行业及1个工业其他行业企业温室气体排放核算方法与报告指南，并对全国31个省（自治区、直辖市）及新疆生产建设兵团发改系统及技术支撑单位开展能力建设培训。

国家认监委加快整合环保、节能、节水、循环、低碳、再生、有机等产品评价制度，推动建立统一的针对覆盖产品全生命周期的环境友好、资源节约并兼顾消费友好等综合指标的“中国绿色产品”认证（合格评定）体系。

五、基础能力建设

通过强化科技支撑，加强温室气体统计核算体系建设和人才队伍建设，推动应对气候变化基础能力得到进一步提升。

完善基础统计体系。国家发展改革委会同国家统计局印发了《关于加强应对气候变化统计工作的意见》，建立了应对气候变化统计指标体系，并将温室气体排放基础统计指标纳入政府统计指标体系，建立健全了与温室气体清单编制相匹配的基础统计体系。2014年，成立了由国家发展改革委、国家统计局等23个部门组成的应对气候变化统计工作领导小组，建立了以政府综合统计为核心、相关部门分工协作的工作机制。积极开展应对气候变化基础统计队伍能力建设。

常态化开展清单编制和核算工作。2012年，中国政府向联合国提交了《中国气候变化第二次国家信息通报》。目前已启动2010年和2012年国家温室气体清单编制相关工作。进一步完善国家温室气体清单数据管理系统，为清单编制常态化和规范化提供技术支撑。加强对二氧化碳排放核算及碳排放强度下降目标完成情况的形势分析。2011年，国家发展改革委发布《关于印发省级温室气体清单编制指南（试行）的通知》，2014年底完成了全国31个省（自治区、直辖市）及新疆生产建设兵团2005年和2010年的清单报告编制。省级温室气体清单评估格式表格及联审指标体系初步建立，目前已完成对各地2005年及2010年清单报告的评估和联审。2015年，国家发展改革委下发了《关于开展下一阶段省级温室气体清单编制工作的通知》，布置各地区2012年和2014年省级温室气体清单编制工作。国家发展改革委组织开展相关能力建设项目，全方位、多层次对清单编制机构人员进行能力建设培训，地方温室气体清单编制能力不断加强。

初步建立温室气体排放报告制度。2014年，国家发展改革委发布《关于组织开展重点企（事）业单位温室气体排放报告工作的通知》。建立了重点企业温室气体核算报告平台，并逐步开展企业报告能力建设。北京、上海、天津、重庆、广东、深圳和湖北等7个碳排放权交易试点地区均发布了地方有关温室气体排放报告的规章制度，并

编制了纳入交易的各自重点行业企业温室气体排放核算方法，建立各自的温室气体排放报送平台。江苏、浙江、湖南、云南等19个非试点省市也已先后建立或启动了本地的报告平台建设，并陆续开展了重点企（事）业单位温室气体排放数据报送等相关工作。

完善温室气体排放计量体系。研究建立中国集中排放源烟气温室气体排放量实验室量值溯源标准，研究城市排放量反演模型技术等多项计量标准与精密测量方法，建立气候变化相关计量标准10项。研制二氧化碳、氟氯烷烃、挥发性有机物等100余种温室气体成分量测量气体标准物质。参加温室气体测量相关国际比对21项，取得国际认可的校准和测量能力80项。

开展基础科学研究。科技部通过“十二五”国家重点基础研究发展计划、“应对气候变化科技专项”和全球变化研究国家重大科学研究计划，支持气候变化领域基础研究工作。科技部、外交部、国家发展改革委等16个部门联合组织开展第三次《气候变化国家评估报告》编制工作，系统总结中国气候变化科研最新成果。中国气象局组织完成政府间气候变化专门委员会（IPCC）第五次评估报告的专家提名及报告的编写和评审工作。中国科学院开展了“应对气候变化的碳收支认证及相关问题”等战略性科技先导专项研究。中国工程院组织开展气候变化对重大工程的影响研究。有关部门和各地方先后启动多项研究课题并取得重要进展。

加快低碳技术研发应用。2012年，科技部联合外交部、国家发展改革委等16个部门发布《“十二五”国家应对气候变化科技发展专项规划》，指导全国各部门、地方开展应对气候变化科技工作。国家发展改革委组织开展低碳技术的征集、筛选和评定，2014年和2015年分别发布两批《国家重点推广的低碳技术目录》，加快低碳技术推广和使用。科技部编制发布了《节能减排与低碳技术成果转化与推广应用清单（第一批）》，加快低碳技术成果转化，助力重点排放行业技术升级。交通运输部组织开展“十二五”期间两批全国重点推广公路水路交通运输节能产品（技术）的推选工作。住房和城乡建设部组织开展应对气候变化创新项目研究与示范，2013年以来组织实施了“建筑行业低碳技术创新及产业化示范工程项目”等。2016年，商务部开展了《流通领域节能环保技术产品推广目录》的征集和制定，促进绿色销售。

加强气候变化相关学科建设。教育部鼓励高校根据经济社会发展需要和学校办学能力自主设置与应对气候变化相关的专业，加快培养社会需要的人才。中、高等院校加强环境和气候变化教育，陆续建立环境和气候变化相关专业，加强气候变化教育科研基地建设，为培养气候变化领域专业人才发挥了积极作用。到2015年，全国大气科学类专业布点数22个、环境科学与工程类专业布点数719个、新能源领域相关专业布点数367个、节能环保领域相关专业布点数242个，北京大学、南京大学和中国农业科学院等学位授予单位自主设置了222个与气候变化、环境保护相关的二级学科，培养了大批与应对气候变化相关的专业人才。

人才队伍建设。有关部门通过组织应对气候变化能力培训，全面提升相关领域应对气候变化工作能力，如国家发展改革委先后举办了7期全国发展改革系统应对气候变化专题培训和多期中德应对气候变化能力建设培训，国管局举办了多期全国公共机构节能管理干部和高校节能干部培训，民航局组织开展航空公司节能减排量化管理培训，科技部组织应对气候变化能力建设培训等。多个科研院所、高校纷纷设立应对气候变化和低碳发展相关的研究机构，不断提升相关领域的科技支撑能力和专业研究水平，如北京大学中国低碳发展研究中心、清华大学气候变化国际政策研究中心、北京交通大学低碳研究与教育中心等。

六、全社会广泛参与

“十二五”以来，通过政府引导，利用多元化媒体广泛宣传，发挥企业和公众的积极性，有效提升全民应对气候变化和低碳意识，逐步形成了全社会共同关注、广泛参与的低碳发展格局。

自2013年以来，国家发展改革委会同有关部门每年组织开展“全国低碳日”活动，举办应对气候变化主题展览，组织低碳活动“进社区”、“进校园”等活动，积极开展低碳宣传。在“节能宣传周”、“低碳日”等节日期间，充分动员各地方结合实际开展丰富多样的宣传活动，提高公众节能环保和绿色低碳发展意识。开展“低碳中国行”活动，组织新闻媒体、院士专家赴地方开展实地调研，在北京、上海、重庆、广州、杭州、保定等地举办多种形式的低碳主题活动，为地方低碳发展建言献策。在历届联合国气候变化大会期间组织举办“中国角”边会等系列宣传活动，

向国际社会展示中国应对气候变化的政策与成效；通过深圳国际低碳城论坛、生态文明贵阳国际论坛、中美气候智慧型/低碳城市峰会和低碳能源城市论坛等系列活动，强调绿色低碳发展理念，发出全民践行低碳理念的倡议，扩大应对气候变化和低碳发展的群众基础和社会影响力。由国家发展改革委委托，中国气象局组织制作了《应对气候变化—中国在行动》系列电视宣传片和画册，向世界展示了中国为减缓和适应气候变化做出的努力和采取的实际行动。环境保护部依托“六五”世界环境日、世界地球日等活动，组织媒体开展气候变化新闻专题报道，组织开展“国际青少年绿色低碳实践交流营”等活动。中国气象局积极利用“3.23”世界气象日活动开展气候变化科普宣传。民政部依托“全国减灾日”和“国际减灾日”等活动，积极发放各类宣传材料1.6亿份，举办培训及讲座4.5万场，促进全民防灾减灾意识显著提升。水利部依托“3.22”世界水日组织主题宣传周活动，增强全社会节水、护水意识。住房和城乡建设部组织开展以“绿色交通•城市未来”为主题的中国城市无车日活动。交通运输部组织开展了多次低碳交通运输体系试点经验交流会与工作推进会。国管局组织开展全国公共机构节能宣传周活动。国家海

洋局每年在6月8日世界海洋日开展海洋与气候变化科普宣传。教育部在高校实施节能减排社会实践与科技竞赛。商务部开展流通领域节能宣传等行动。

人民日报、新华社、经济日报、中央人民广播电台、中国国际广播电台、中央电视台、中国日报和中国新闻社等中央主要新闻媒体及互联网媒体，对联合国气候峰会、联合国气候变化大会、中美气候变化联合声明、中国发布国家自主贡献等应对气候变化领域的重大新闻事件给予高度关注，利用图片、文字、视频等多种形式进行全方位报道，对低碳领域重要战略规划及政策文件的出台进行及时宣传报道和深入解读，引导公众关注，形成良好的舆论氛围。国内媒体机构编写并出版了一系列气候变化与气象灾害防御的科普宣传画册，制作了《面对气候变化》、《变暖的地球》、《关注气候变化》、《环球同此凉热》等影视片，并在“全国低碳日”期间制作播出公益广告。中国气象局和人民网联合主办“绿镜头?发现中国”系列采访活动，深入各地发现和报道我国生态文明建设的探索和实践，为国家推动形成生态文明建设提供舆论支持。中国经济导报社等机构连续多年举办“中国应对气候变化和低碳发展十大新闻”的评选活动，推广绿色环保理念。中华环保联合会与北京人民广播电台联合录制了“倡导低碳生活，宣传节能减排”的广播节目。北京日报等单位主办了“绿色北京?低碳出行”大型环保倡议活动等。

中国企业积极践行绿色、低碳发展理念，贯彻国家节能减排降碳的相关政策。石油石化行业积极探索低碳转型新技术，如中国石油天然气集团大力推进天然气高效利用和汽柴油质量升级，中国石油化工集团公司开展“能效倍增”专项行动计划。能源行业积极推进低碳发展转型，如国家电力投资集团加快新能源基地建设，国家电网公司支持大型可再生能源基地建设和分布式能源创新发展。交通运输行业以低碳交通为契机实现节能降碳，如中国远洋海运集团有限公司推进船队结构优化并积极落实节能减排责任制，中国铁路总公司加强对节能减排技术的研发和资源能源的循环利用。家电行业积极推进绿色生活，开展LED节能改造，深化技术创新。互联网企业也积极践行低碳理念，蚂蚁金服对旗下支付宝平台的4.5亿用户全面上线“碳账户”，致力于打造低碳生活交易、共享平台。

伴随着应对气候变化教育、培训及宣传工作的持续开展，公众更为积极自觉地选择低碳出行、低碳饮食、低碳居住、购买节能低碳产品等低碳生活方式。在机关、学校、社区、军营和企业等领域，通过千名青年环境友好使者行动等活动，向公众倡导低碳生活的绿色消费理念。上海、重庆、天津等城市开展“酷中国——全民低碳行动”，倡导大众追求简约、低碳的生活方式。中国低碳联盟组织开展低碳企业及人物征集评选活动，营造全民关注低碳、践行低碳的良好社会氛围。中国国际民间组织合作促进会、广州公益组织发展合作促进会、石家庄低碳协会等合作开展全国中学教师应对气候变化培训。世界自然基金会发起“地球一小时”倡议，国内多个城市积极参与，通过熄灯一小时来表达对环境问题的关注。青年应对气候变化行动网络举办第七届国际青年能源与气候变化峰会。中华环保联合会面向全国发起“守护蓝天碧水”的倡议活动。

七、积极推动国际谈判

“十二五”期间，中国政府高度重视全球气候变化问题，以高度负责任的态度，在气候变化国际谈判中发挥了积极建设性作用，努力推动各方就气候变化问题深化相互理解，广泛凝聚共识，为推动建立公平合理的国际气候制度作出了积极贡献。

积极参与《联合国气候变化框架公约》（以下简称公约）下谈判进程，坚定维护公约的原则和框架，坚持“共同但有区别的责任”原则、公平原则和各自能力原则，遵循公开透明、广泛参与、协商一致和缔约方驱动的多边谈判规则，不断加强公约的全面、有效和持续实施。

2015年，中国制定并在发展中国家中率先向联合国提交中国国家自主贡献文件。习近平主席出席了巴黎会议并发表重要讲话，全面阐述全球气候治理中国方案，为推动会议成功作出了历史性贡献。中国在巴黎会议谈判中促进各方凝聚共识，积极宣传介绍中国应对气候变化的政策行动，发挥了积极建设性的作用，为会议取得成功做出了突出贡献。巴黎会议最终取得成功，达成了以《巴黎协定》为核心的系列成果。《巴黎协定》确定了2020年后气候变化国际合作的体制框架，也成为公约进程的里程碑。2016年，中国政府积极参加了公约下各次谈判会议，加强与各方沟通交流，旨在与各方一道推动《巴黎协定》尽快生效与有效实施，构建2020年后公平合理、合作共赢的全球气候治理体系。2016年5月，联合国气候变化波恩会议正式启动了落实巴黎协定具体安排的谈判磋商，11月在马拉喀什将举行公约第22次缔约方会议、《京都议定书》第12次缔约方会议及首次《巴黎协定》缔约方会议。中国将继续做好下一阶段应对气候变化国际谈判相关工作。

积极参与气候变化谈判相关国际进程。中国领导人积极参与多边外交活动，多次发表重要讲话，与各国元首达成共识，推动多边进程。2014年9月，国务院副总理张高丽作为习近平主席特使出席联合国气候峰会并发表重要讲话，介绍中国应对气候变化行动目标并就2020年后应对气候变化行动作出政治宣示。2015年11月，习近平主席出席气候变化巴黎会议并在开幕式发言中全面阐述了全球气候治理中国方案，为推动会议成功做出历史性贡献。2016年9月，在二十国集团杭州峰会之前，中美两国元首共同向联合国秘书长交存了参加《巴黎协定》的法律文书。作为全球主要经济体和最大的发展中国家，中国率先批准《巴黎协定》并交存批约文书，有力地推进《巴黎协定》的生效进程，同时也向国际社会传递了向绿色低碳发展转型的积极信号，彰显了中国作为负责任大国的担当。

加强与各国磋商和对话。中国重视继续巩固加强与“基础四国”和“立场相近发展中国家”沟通协调，主办并参加“基础四国”部长级会议和“立场相近发展中国家”会议。2015年，中国与印度、巴西分别发表气候变化联合声明。继续开展与小岛国、最不发达国家和非洲集团对话，积极维护发展中国家利益。同时，中国继续深化与发达国家沟通交流，增进理解，扩大共识。中美元首于2014年11月、2015年9月和2016年3月三度发表气候变化联合声明，双方并于2016年9月二十国集团杭州峰会期间共同发表中美气候变化合作成果文件。此外，2016年中国与欧盟、韩国、俄罗斯等国开展气候变化对话磋商，举行气候变化合作机制双边会议，进一步加强了政策对话，深化了务实合作。

积极推进公约外谈判磋商工作。积极参与经济大国能源与气候论坛、彼得斯堡会议、马拉喀什会议成果非正式磋商、联大气候变化高级别会议等气候变化磋商。积极参加蒙特利尔议定书、国际民航组织、国际海事组织、气候变化相关谈判磋商以及万国邮政联盟、国际标准化组织等国际机制下气候变化相关的谈判磋商，继续关注20国集团（G20）、亚太经合组织（APEC）、东亚领导人会议、联合国大会等场合下气候变化相关议题的讨论。

气候变化是全人类面临的共同挑战，需要世界各国携手合作，共同应对。今年的马拉喀什会议是《巴黎协定》达成后的首次缔约方会议，会议期间将举行首次《巴黎协定》缔约方会议，备受各方关注。马拉喀什会议应重在落实《巴黎协定》确定的相关机制安排，切实做好以下工作。一是做好巴黎协定生效实施相关安排，协调好巴黎协定特设工作组会议与巴黎协定缔约方会议的工作。二是安排好《巴黎协定》的后续谈判，争取尽快进入落实协定的实质性谈判，为协定实施奠定基础。三是继续强化2020年前行动力度，为2020年后行动力度奠定基础。各方应落实好已经做出的2020年前承诺，进一步提高行动力度，特别是发达国家应切实提高2020年前减排力度并落实到2020年每年向发展中国家提供1000亿美元资金支持的时间表和路线图，为后续谈判奠定互信基础。四是更加关注发展中国家诉求，就适应、资金、技术、能力建设等发展中国家重点关注的问题取得积极进展。

中方将继续遵循公约的原则和规定，按照“共同但有区别的责任”原则、公平原则和各自能力原则，遵循多边议事规则，全力支持主席国摩洛哥的工作，推动马拉喀什会议取得圆满成功。

八、加强国际交流与合作

“十二五”期间，中国政府本着“互利共赢、务实有效”的原则积极参加和推动与各国政府、国际机构的务实合作，为促进全球合作应对气候变化发挥了积极建设性作用。广泛开展与国际组织的务实合作，积极参与相关国际会议与行动倡议。继续积极开展与世界银行、亚洲开发银行、全球环境基金会等多边机构的合作。参加由联合国基金会、全球清洁炉灶联盟秘书处召开的“全球清洁炉灶联盟”相关会议并开展国内试点活动，与全球碳捕集和封存研究院等相关组织举办碳捕集、利用与封存技术现场研讨会和实施考察活动。参加公约下的绿色气候基金、适应基金、技术执行委员会等相关会议，参与全球甲烷行动倡议、国际区域气候行动组织（R20）等多边组织的活动等。

继续与有关各方加强气候变化领域的对话和合作，取得丰硕成果。与美国、欧盟、韩国、俄罗斯举行气候变化双边合作机制会议，举行第二次中美气候智慧型/低碳城市峰会。国家发展改革委与瑞典环境与能源部签署气候变化合作谅解备忘录，与德国在“国际气候倡议框架”下开展涵盖城市区域低碳经济、建筑节能改造、气候融资、交通需求管理等领域的合作，与英国在适应气候变化、碳市场、低碳发展、碳捕集利用和封存等方面开展务实合作。

推进同欧盟、加拿大、日本、澳大利亚等国的政策经验交流及碳市场、能效、低碳城市、适应气候变化等领域务实合作，加强同发达国家低碳技术联合研发。

中国政府积极推动应对气候变化南南合作，为小岛国、最不发达国家、非洲国家等其他发展中国家提供了实物及设备援助，并对其参与气候变化国际谈判、政策规划、人员培训等方面提供大力支持。国家发展改革委会同外交部、商务部等部门，积极推动与一些发展中国家签署谅解备忘录，根据需求赠送节能灯、清洁炉灶等应对气候变化物资。科技部、国家林业局等部门根据各自职能，积极推动与发展中国家开展务实合作。积极开展东亚地区区域性对话与交流，参与和关注东亚低碳增长伙伴计划；与非洲、拉丁美洲、南太平洋地区有关发展中国家在紧急救灾、农业抗旱、清洁能源开发等多领域实施技术合作，提供援助。“十二五”期间，累计举办了40余期应对气候变化南南合作培训班，帮助其他发展中国家培训2000余名应对气候变化领域官员和专家。自2015年起，中国进一步加大南南合作力度。2015年9月，习近平主席在由中国和联合国共同举办的南南合作圆桌会议上宣布，未来5年中国向发展中国家提供100个生态保护和应对气候变化项目，其项目实施已取得阶段性进展。2015年12月，习近平主席在巴黎会议上宣布设立200亿元人民币的中国气候变化南南合作基金，并启动“十百千”项目，即在发展中国家开展10个低碳示范区、100个减缓和适应气候变化项目及1000个应对气候变化培训名额的合作项目，目前已制定项目实施方案并陆续启动实施。此外，中国还向联合国捐赠了600万美元资金，用于支持联合国秘书长推动气候变化南南合作。

结 语

“十二五”中国应对气候变化工作取得了全面进展，为今后积极应对气候变化和推进低碳发展奠定了坚实基础。《巴黎协定》的成功达成标志着全球气候治理将进入新阶段，向全球传递了绿色低碳转型的积极信号，进一步推动绿色低碳发展成为大势所趋。“十三五”时期是中国全面建成小康社会的决胜阶段，也是实现2020年、2030年控制温室气体排放行动目标的关键时期，应对气候变化工作面临着新形势、新任务、新要求。我们要深入贯彻创新、协调、绿色、开放、共享的发展理念，将应对气候变化作为实现发展方式转变的重大机遇，继续探索和努力践行符合中国国情的低碳发展道路。

住房和城乡建设领域应对气候变化和低碳发展2016年度报告

住房城乡建设部建筑节能与科技司

一、开展城市适应气候变化工作

为积极应对全球气候变化，落实《国家适应气候变化战略》的要求，有效提升我国城市的适应气候变化能力，统筹协调城市适应气候变化相关工作，住房城乡建设部会同国家发展改革委于2016年制定印发了《城市适应气候变化行动方案》，明确了城市适应气候变化的目标要求、主要行动和保障措施。行动方案目标是到2020年，普遍实现将适应气候变化相关指标纳入城乡规划体系、建设标准和产业发展规划，建设30个适应气候变化试点城市，典型城市适应气候变化治理水平显著提高，绿色建筑推广比例达到50%。到2030年，适应气候变化科学知识广泛普及，城市应对内涝、干旱缺水、高温热浪、强风、冰冻灾害等问题的能力明显增强，城市适应气候变化能力全面提升。行动方案明确了城市规划、城市基础设施设计和建设标准、建筑、生态系统、水系统、灾害风险综合管理、科技支撑等领域适应气候变化的主要工作任务，为城市适应气候变化工作提供指导。

为推进城市适应气候变化工作，住房城乡建设部会同国家发展改革委于2017年2月公布了气候适应型城市建设试点，辽宁省大连市、山东省济南市等28个城市（区）列入试点。试点城市均应在以下四个领域开展适应气候变化行动：开展城市气候变化影响和脆弱性评估、出台城市适应气候变化行动方案、组织开展适应气候变化行动、加强适应气候变化能力建设。相关试点经验经过总结推广，引领带动我国全面开展城市适应气候变化工作。

二、大力推进建筑节能与绿色建筑

一是印发了《建筑节能与绿色建筑发展“十三五”规划》，提出了建筑节能与绿色建筑发展的规划目标、工作原则、实施路径及配套政策措施。二是会同财政部印发《关于开展中央财政支持北方地区冬季清洁取暖试点工作的通知》，将既有建筑能效提升及可再生能源建筑应用作为主要示范内容，目前已启动第一批12个试点城市。三是会同银监会印发《关于深化公共建筑能效提升重点城市建设有关工作的通知》，启动公共建筑能效提升重点城市建设工作，并对绿色信贷支持建筑能效提升有关政策进行探索。四是组织部科技计划项目申报工作，启动超低能耗建筑、高性能绿色建筑、既有建筑节能改造、高效可再生能源建筑等方面示范。五是开展2016年度建筑节能与绿色建筑进展情况专项检查，并对检查结果进行通报。

完善建筑节能领域相关标准规范。一是启动了建筑节能与可再生能源建筑应用全文强制标准编制及严寒及寒冷地区新建居住建筑节能设计标准的修订工作，开展《近零能耗建筑设计标准》编制工作。二是为完善绿色节能建筑和建材评价体系，发布了《绿色博览建筑评价标准》、《绿色饭店评价标准》，结合博览建筑、饭店建筑所在地域的气候、环境、资源、经济及文化等特点，规定了博览建筑、饭店建筑全寿命期内节能、节地、节水、节材、保护环境等性能综合评价方法。发布了《绿色建筑运行维护技术规范》，规定了系统综合效能调适、绿色建筑运行技术、绿色建筑维护技术等方面的内容。三是为推行建筑能耗总量控制和强度控制，发布了《民用建筑能耗标准》，以实际的建筑能耗数据为基础，制定符合我国当前国情的建筑能耗指标，强化对建筑终端用能强度的控制与引导，以达到降低建筑物的实际运行能耗（即“结果节能”）的最终目的。

截至2016年底，全国城镇新建建筑全面执行节能强制性标准，累计建成节能建筑面积超过150亿平方米，节能建筑占比47.2%，其中2016年城镇新增节能建筑面积16.9亿平方米；全国城镇累计建设绿色建筑面积12.5亿平方米，其中2016年城镇新增绿色建筑面积5亿平方米，占城镇新建民用建筑比例超过29%；全国城镇累计完成既有居住建筑节能改造面积超过13亿平方米，其中2016年完成改造面积8789万平方米；全国城镇太阳能建筑应用集热面积4.76亿平方米，浅层地热能应用建筑4.78亿平方米，太阳能光电装机容量29420兆瓦。全国各省（区、市和新疆生产建设兵团）2016年完成公共建筑能源审计2718栋，能耗公示6810栋，对2373栋建筑的能耗情况进行监测，实施公共建筑节能改造面积2760万平方米。

三、大力发展装配式建筑

装配式建筑是用预制部品部件在工地装配而成的建筑，主要包括装配式混凝土建筑、钢结构建筑和现代木结构建筑。发展装配式建筑是建造方式的重大变革和推进建筑业供给侧结构性改革的重要举措，有利于节约资源能源、减少施工污染、提升劳动生产效率和质量安全水平，有利于促进建筑业与信息化工业化深度融合、培育新产业新动能、推动化解过剩产能。相对于传统建造方式，发展装配式建筑可提高劳动生产率，缩短施工周期，明显减少后期使用维修费用；节约木材、水和砂浆用量，降低施工能耗，减少施工过程建筑垃圾，并显著降低施工粉尘和噪声污

染，提升工程质量安全水平。

2016年9月国务院办公厅印发《国务院办公厅关于大力发展装配式建筑的指导意见》（国办发[2016]71号），明确了发展装配式建筑的总体要求、重点任务和保障措施。2017年3月住房城乡建设部印发了《“十三五”装配式建筑行动方案》《装配式建筑示范城市管理办法》《装配式建筑产业基地管理办法》。据统计，2016年全国新开工装配式建筑项目面积达1.14亿平方米，占新开工建筑面积的比例达到5%以上。组织评选并公布了首批119个装配式建筑科技示范项目。

四、积极推进城市建设领域应对气候变化

2015年以来，中国政府全面启动了海绵城市建设，将海绵城市作为城市建设领域落实生态文明建设理念、实现新型城镇化和绿色发展的重要举措，并在全国30个城市开始了试点，探索可复制、可推广的经验。试点开展以来，在缓解城市内涝、消除水体黑臭方面已经初见成效。

中国城市无车日活动每年9 月22 日举行，目的是敦促地方政府发展绿色交通，并鼓励市民绿色出行、少开车。该活动源自欧洲，与欧洲交通周活动同期举办，共同构成当今世界上规模最大的可持续交通活动。中国城市无车日活动自2007 年举办以来，在全国乃至全球的影响力正在不断扩大。为更好地发挥城市及社会主动性，优化活动内容和形式，2016 年“中国城市无车日活动”改为“绿色出行”活动，于9月22日开展。活动以“绿色交通•智慧出行”为主题，强调通过明智地选择交通方式，减少出行所带来的时间、经济、健康和环境成本。旨在鼓励人们考虑自己和社会承担的交通成本，并从个人和社会角度出发，选择公共交通、步行和自行车交通等经济集约的绿色交通方式。

加强城市生活垃圾处理领域气候变化工作。一是提高垃圾焚烧处理比例。2016年10月，住房城乡建设部会同国家发展改革委、国土资源部和环境保护部印发《关于进一步加强城市生活垃圾焚烧处理工作的意见》（建城[2016]227号），积极推进“邻利型”清洁焚烧处理设施建设，加大焚烧处理比例，建设填埋气体产生。落实《“十三五”全国城镇生活垃圾处理设施建设规划》，指导地方继续开展加快生活垃圾处理设施建设、垃圾分类回收及运输网络建设、餐厨垃圾处理设施建设、推广生活垃圾资源化利用方式等工作。二是提高填埋气处理水平。指导各地加强填埋气体利用，对具有填埋气体收集利用价值的填埋场，开展填埋气体收集利用及再处理工作，减少甲烷等温室气体排放。截至2016年底，全国设市城市生活垃圾年清运量达到2亿吨，无害化处理能力达到62万吨/日，城市生活垃圾无害化处理率达到96%。绝大部分卫生填埋场都对填埋气体进行了收集、导排和处理，防止填埋气体无序排放，有效降低了填埋气体对温室效应的影响。

（撰稿：侯文峻、住房城乡建设部建筑节能与科技司国际科技合作处）

交通运输行业应对气候变化和低碳发展2016年度报告

交通运输部综合规划司

2016年，交通运输部贯彻落实党中央、国务院节能减排工作部署，积极推进和落实生态文明建设，积极部署“十三五”期节能环保重点工作，深入推进试点示范、加大宣传教育，取得积极成效，具体情况如下：

（一）完善绿色交通顶层设计

一是加强组织领导，落实决策部署。组织召开交通运输节能减排和环境保护电视电话会议，总结交流“十二五”期绿色交通发展成效经验，部署“十三五”期节能环保重点工作。戴东昌副部长出席会议并发表了《贯彻发展理念 发挥引领作用 推进“十三五”交通节能环保工作开好局起好步》重要讲话。二是继续建立健全绿色交通制度和标准体系。印发了《交通运输节能环保“十三五”发展规划》（交规划发（2016）94号）。编制了《绿色交通标准体系》，发布了《混合动力城市客车技术条件》等13项行业标准。三是修订了交通运输能耗监测统计报表制度。四是注重开展绿色交通战略性研究。组织开展了《交通运输“十三五”期节能减排关键因素、潜力及资金需求研究》《交通运输行业落实国家应对气候变化“国家自主决定贡献”目标行动方案研究》等战略性、前瞻性课题研究工作，强化了绿色交通能力建设。

（二）优化交通运输发展结构

一是推进现代综合交通运输体系建设。编制了《“十三五”现代综合交通运输体系发展规划》，印发了公路、水运等14个专项规划，进一步优化交通基础设施布局，充分发挥不同运输方式的比较优势和组合效率。二是优先发展公共交通，推进公交都市建设工作。37个公交都市创建城市共有公共汽电车运营车辆28万标台，占全国总量45%；开通城市轨道交通线路99条，运营路线长度3034公里；公交专用车道长度达5052公里，占全国总量的59%。三是大力发展甩挂运输等高效货运方式。截至目前，累计启动4批共209个试点项目，累计为121个项目下拨补助资金8.1亿元。经测算，试点实施以来累计为全社会节约燃油约21万吨，减少二氧化碳排放约64.6万吨。四是鼓励利用“互联网+”提升交通运输系统运行效率。依托公交智能化示范工程，优化调度管理，推广应用公交出行服务APP；加快推进全国交通一卡通互联互通。加快推进高速公路电子不停车收费（ETC）系统推广应用，截至2016年11月，全国29个省（区、市）ETC专用车道13572条，累计发展用户4345万，经测算节约车辆燃油约7.9万。

（三）开展绿色交通示范工程

一是推进实施绿色交通区域性主题性项目。审核83个绿色交通城市、绿色公路、绿色港口等提前结算资金项目，预计能完成节能量679941吨标准煤、替代燃料量2785449吨标准油；并对10个绿色交通城市项目、6个绿色公路项目、4个绿色港口项目考核验收，经测算，可产生节能量117213吨标准煤、替代燃料量547738吨标准油。印发了《关于公布绿色交通示范项目考核验收结果的通报》（交办规划（2016）77号），对考核成绩良好以上的授予“绿色交通城市”“绿色公路”“绿色港口”荣誉称号。二是组织开展绿色公路建设。印发《关于实施绿色公路建设的指导意见》（交办公路（2016）93号），明确提出建设以质量优良为前提，以资源节约、生态保护、节能高效、服务提升为主要特征的绿色公路，确定第一批绿色公路建设典型示范工程项目。

（四）推进交通能效提升和用能清洁化

一是继续实施道路运输车辆和营运船舶燃料消耗量限值准入制度。2016年完成4批6597个车型、10146个配置的达标车型公告。二是加大新能源和清洁能源在城市公共交通领域的应用。进一步完善城市新能源公交车成品油价格补助政策。三是有序推进船舶与港口应用液化天然气（LNG）。总结评估首批试点示范项目成效，遴选确定了长江、西江水域的9个项目列入第二批试点示范项目。四是大力推动靠港船舶使用岸电。将上海港、宁波港、连云港等7个岸电项目列入码头船舶岸电示范；研究制定靠港船舶使用岸电资金政策；组织开展全国港口岸电布局建设方案研究工作。五是注重推广应用节能减排技术。制定发布交通运输行业重点节能低碳技术和产品推广目录；推广应用运输装备节能驾驶、节能操作和绿色维修技术。

（五）参与气候变化国际谈判和交流

积极参加《联合国气候变化框架公约》和国际海事组织（IMO）框架下的海运温室气体减排谈判；积极开展中美“零排放公交车”项目。完成全球环境基金项目“中国城市群综合交通发展”相关工作。

（六）营造绿色低碳交通文化氛围

组织开展节能宣传周、公交出行宣传周等活动，杨传堂书记在《经济日报》刊发署名文章《践行绿色发展理念 建设美丽中国》；中国交通报开设绿色交通版，深入解读交通运输节能减排规划政策，宣传绿色交通示范项目成效和经验；织举办了全国交通运输节能环保工作培训班。

（撰稿：范杰、杨建刚、黄全胜、王靖添、宋媛媛、毛宁，交通运输部综合规划司环境保护处）

农业领域应对气候变化与低碳发展2016年度报告

农业部科技教育司

2016年，农业部继续推进农业应对气候变化和低碳发展工作，深入开展农业节能减排行动，为减少温室气体排放、促进农业绿色发展作出积极贡献。

一、大力实施农村能源建设

2016年，全国农村能源建设成效显著，农村沼气建设认真贯彻中央关于生态文明建设和“三农”工作的总体部署，继续由户用沼气向规模化大型沼气和生物天然气工程转型升级，中央投资20亿元，重点支持全国各地552处规模化大型沼气工程和22处规模化生物天然气试点项目建设。目前，全国沼气用户4381.08万户，沼气工程11.34万处，年总产气量144.85亿立方米；农村太阳能热水器推广面积达到8623.69万平方米、太阳房2564万平方米，太阳灶227.94万台；推广省柴节煤炉灶炕1.6亿台，还开展了秸秆沼气集中供气、秸秆气化和秸秆固化成型示范。据估算，通过技术推广，年节能0.9亿吨标准煤当量，可减排二氧化碳2.19亿吨。

二、打好农业面源污染防治攻坚战

印发《农业面源污染防治攻坚战2016年重点工作实施方案》，细化任务进度安排。印发《农业部2016年度打好农业面源污染攻坚战延伸绩效管理实施方案》，对江苏、甘肃、云南、湖北、吉林、河北六省先期开展绩效管理试点工作。联合环保部出台《培育发展农业面源污染治理、农村污水垃圾处理市场主体方案》，探索农业面源污染第三方治理模式。完善由273处种植业源产排污系数监测点、210处地膜污染监测点以及25处畜禽养殖废弃物产排污系数监测点组成的全国农业面源污染国控监测网络，开展农业面源污染典型调查与长期定位监测。推进甘肃、新疆构建“5个1”（出台地方条例、推行地方标准、落实以旧换新补贴、实施综合利用项目、构建监管体系）的地膜综合利用机制。联合国家发展改革委启动农业突出问题治理项目，在9省重点流域开展农业面源污染综合治理示范工程建设。召开专题新闻通气会、系列现场交流会，利用农业部网站“打好农业面源污染防治攻坚战”专栏、《农业面源污染治理攻坚战专报》等形式，开展多渠道宣传。

三、大力发展节水农业

落实最严格的水资源管理制度，建立11个高标准节水农业示范区，集中示范水肥一体化技术，带动全国水肥一体化技术应用面积9000万亩。在北方8省区大力发展旱作农业，改善田间节水设施，推广地膜覆盖、节水品种、喷灌滴灌、水肥一体化等旱作节水农业技术，示范应用面积2000多万亩。继续做好华北地下水超采漏斗区综合治理试点，指导地下水超采区调整种植结构，减少不合理用水，提高水资源利用效率。结合河北地下水超采区综合治理项目实施，按照“一季休耕、一季雨养”的模式，开展季节性休耕试点100万亩。

四、实施化肥零增长行动

深入推进化肥使用量零增长行动，扩大测土配方施肥范围，推进配方肥进村入户到田。突出重点作物、重点区域，集成组装技术模式，加快新肥料、新机械的推广应用。在全国创建200个化肥减量增效试点县，集成推广化肥减量增效技术模式。启动实施果菜茶有机肥替代化肥行动，率先在苹果、柑橘优势产区开展试点，集成推广堆肥、商品有机肥、沼渣沼液、生草覆盖等有机肥替代技术，减少化肥用量。2016年全国测土配方施肥技术推广面积近16亿亩次，有机肥施用面积3.8亿亩次，绿肥种植面积约4800万亩。2016年全国农用化肥用量自改革开放以来首次接近零增长。

五、实施农药零增长行动

深入推进“到2020年农药使用量零增长行动”，大力推进农药减量增效，取得明显成效。2016年三大粮食作物实施专业化统防统治面积达到14亿亩次，病虫专业化统防统治覆盖率达到35.5%，比上年提高2.8个百分点。粮食、蔬菜、果树、茶叶等主要农作物病虫绿色防控覆盖率达到25.2%，比上年提高2.1个百分点。组织实施“百县万名农民骨干科学用药培训行动”，在100个县举办300多期培训班，培训新型农业经营主体和病虫防治服务组织技术骨干30000多人次。

六、推进畜禽养殖废弃物资源化利用

2016年，农业部印发《全国生猪生产发展规划（2016-2020年）》，调整优化生猪区域布局，引导生猪生产向东北三省和内蒙古等环境容量大的地区转移。联合环保部印发《关于进一步加强畜禽养殖污染防治工作的通知》《畜禽养殖禁养区划定技术指南》，指导各地科学划定禁养区。继续开展畜禽养殖标准化示范创建活动，新创建示范场552家。组织召开全国畜禽标准化规模养殖暨粪便综合利用现场会，总结推广种养结合、循环利用、集中处理、达标排放等畜禽粪污资源化利用典型模式。组织开展畜牧业绿色发展示范县创建活动，“十三五”期间计划创建200个示范县，树立畜牧业绿色发展标杆。继续组织实施畜禽标准化养殖、畜禽粪污资源化利用试点等项目，支持规模养殖场改善基础设施条件，提升畜禽粪污处理和利用能力。

七、持续开展渔业节能减排

2016年，农业部持续推进渔业节能减排工作。重点在辽宁、江苏、山东、广东、湖北、重庆、四川、青海等8省市开展池塘和工厂化生态养殖减排技术、网箱养殖底排污技术以及鱼菜共生等多模式水产养殖节能减排技术示范，示范面积达到2万亩以上，推广辐射面积超过15万亩，节能率超过40%，节水率平均超过50%，降低了养殖用药量，节约了饲料，降低生产成本10%以上。组织开展沿海和内陆水域机动渔船大气污染情况调查，对主要类型渔船柴油机排放尾气进行抽样检测，为制定渔船废气排放污染大气防治方案提供基础支持。收集整理国内外渔业节能减排技术发展信息，编印《渔业节能减排通讯》4期，传播渔业节能减排相关信息和知识。全年举办节能减排知识科普宣传、现场技术交流活动40余次，累计发放宣传资料2000余份，接待相关咨询5000余次，提高广大渔业管理者和从业人员对节能减排政策措施的了解和参与度。

八、深入开展草原生态保护建设

2016年，国家继续加大草原生态保护建设力度。中央财政投入187.6亿元，在河北、山西、内蒙古等13个省区启动实施新一轮草原生态保护补助奖励政策，取消牧民生产资料综合补贴和牧草良种补贴，提高禁牧和草畜平衡补贴标准，扩大了实施范围，调整半农半牧区政策实施方式。投入20亿元在内蒙古、辽宁、西藏、甘肃等地继续实施退牧还草工程；投入5.03亿元在河北、内蒙等5省（区）实施京津风沙源草地治理工程；投入17.5亿元资金在内蒙、湖北等7省（区）实施退耕还林还草工程；投入3.6亿元，在河北、内蒙古等6省（区）实施农牧交错带已垦草原治理工程。国家投入3亿元继续在湖北、湖南等10省（区、市）实施南方现代草地畜牧业推进行动，在保护生态环境的前提下，合理开发利用南方草山草地资源。全国落实禁牧草原面积1.05亿公顷，草畜平衡面积1.73亿公顷，划定基本草原2.35亿公顷；全国草原综合植被盖度达到54.6%，全国天然草原鲜草总产量10.4亿吨，较上年增加1.03%，全国重点天然草原的平均牲畜超载率为12.4%，较上年下降1.1个百分点；草原工程区植被盖度比非工程区平均高出21个百分点，高度平均增加46.1%，其中退牧还草工程区草原植被盖度较非工程区高出10个百分点，高度、鲜草产量分别增加36.0%、33.6%。

九、不断推进国际合作

2016年，农业部积极推进相关领域国际合作。派员参加《联合国气候变化框架公约》谈判，维护我国农业发展空间和保护农民利益。派员赴墨西哥参加全球农业温室气体研究联盟理事会第六次年会，就各成员单位之间的持续合作以及联盟与其他组织的合作凝聚共识，讨论联盟发展计划与年度工作目标。继续执行“作物气候智慧型农业”“农业行业甲基溴淘汰与土壤消毒技术体系创新”等国际合作项目，学习借鉴国际先进经验，对促进国内农业应对气候变化工作起到了积极作用。

（撰稿：曹子祎、强少杰、习斌、尹建锋、李垚奎、郭薇、闫敏、卢静、马猛，农业部科技教育司资源环境处）

气象领域气候变化2016年度报告

中国气象局

2016年，中国气象局全面贯彻落实党的十八大和十八届三中、四中、五中全会精神，坚持基础性科技部门定位，围绕全面推进气象现代化建设，加强气候变化基础科技工作，紧抓极端天气气候事件应对的气候变化适应，推动气候资源开发利用，不断增强气候服务水平和决策服务能力，部门应对气候变化支撑保障能力得到进一步提升。

一、大力加强应对气候变化基础工作

持续推进气候变化关键科学技术研究。组织开展气候变化检测归因领域的国际合作，完成对中国气温变化的归因分析、中国极端气温变化强度的归因分析，气候变化检测归因研究走向国际前沿。继续开展区域气候模式研发，新版本气候系统模式参与CMIP6试验定版工作。灾害风险管理、气候变化影响评估与适应等方面技术研发取得新进展。

强化气候变化观测、监测和基础数据平台建设。继续推进国家气候观象台建设，温室气体监测能力建设逐步增强，成功发射全球二氧化碳监测科学实验卫星。气候变化基础数据建设取得新进展，中国百年气温序列研制取得新突破。发布《中国气候变化监测公报（2015年）》、《中国温室气体公报（2015年）》。

二、强化适应气候变化特别是应对极端事件能力建设

气象灾害风险预警能力不断提升。完成全国所有区县气象灾害风险普查。累计完成5425条中小河流、19279条山洪沟、11947个泥石流点、57597个滑坡隐患点的风险普查和数据整理入库，开展风险区划和影响预评估。建立统一的气象灾害风险管理数据库，实现全国灾害风险普查、阈值、区划、影响评估、社会人口经济、灾情、GIS数据等信息的融合应用。

开展了气候承载力评估分析研究。完成中国范围气候生产潜力分析，开展气候资源对社会经济系统承载评估。利用区域气候模式的模拟结果，分析了中高排放情景下未来100年气候变化对我国陆地生态系统结构和功能的影响，从生态系统格局和功能的可能变化两个方面对生态环境承载力进行评估分析，推动了气候承载力评估工作向前发展。

积极开展了生态和环境气象服务。优化了农业生产结构和区域布局气象服务。完成县级精细化农业气候区划3686项、主要农业气象灾害风险区划4875项，为农业转方式、调结构以及农业气象灾害风险管理提供了支撑。与环保部联合发文统一京津冀城市重污染天气预警分级标准强化重污染天气应对工作，建立常态化的大气污染气象条件评估业务。编制《全国大气环境气象公报》，开展减排效果评估以及重污染天气预测等工作。

城市适应气候变化能力不断提升。与住建部门联合开展城市暴雨评估，开展极端事件对城市影响评估。印发《城市气象防灾减灾体系和公共气象服务体系建设纲要》。针对城市气候服务敏感区域和领域，结合不同城市特征，围绕城市建设规划、海绵城市、园林城市、城市热岛效应、风电场、垃圾焚烧发电项目选址、新机场选址、港口建设及营运等方面开展气候评估与可行性论证。

三、大力加强气候资源开发利用工作

加强风能太阳能开发利用工作。开展风电场、太阳能电站选址评估，改进风能太阳能预报系统。开展全国风能太阳能资源监测，发布《中国风能太阳能资源年景公报2015》。推进太阳能光伏扶贫，将10km分辨率的太阳辐射数据应用于贫困县太阳能资源分析。

大力推进气候可行性论证工作。参与全国城镇体系规划编制，组织编制《气候可行性论证规范》，完成《电力线路覆冰舞动技术指南》，进一步完善了气候可行性论证技术规范。推进气候可行性论证监管体系建设，制定了《气候可行性论证强制性安全评估监管体系建设专项工作方案》，开展《气候可行性论管理办法》修订工作。

四、完善气候变化决策支撑体系，提高支持保障能力

支撑国家气候变化专家委员会开展工作。完成第三届国家气候变化专家委员会换届工作。围绕气候安全和国家需求开展咨询研讨，持续推进中英、中印气候变化政策与行动交流就地热资源开发利用等热点问题开展调研，为我国应对气候变化战略决策提供有力的支撑。

充分发挥IPCC国内牵头部门作用。完成政府间气候变化专门委员会（IPCC）第六次科学评估报告规划与专家推荐工作，完成气候变化国际谈判科学支撑任务。联合各有关部门圆满完成IPCC第43、44次全会及第51、52次主席团会议参会任务。瞄准IPCC评估科学前沿，加强国内研究工作方向策划。

积极参与部门间应对气候变化系列工作。积极参与国家气候变化领导小组及其协调联络办公室工作。积极参与气候变化南南合作工作，分别对特别不发达国家的技术人员和官员开展培训。积极参与《中国应对气候变化的政策与行动》（2016）、《低碳年鉴》（2016）等报告的编写。联合中国社科院完成2016年度气候变化绿皮书的编写和出版。

开展气候变化教育培训与科普宣传工作。借助世界气象日、防灾减灾日、北京科技周等扩大应对气候变化宣传的覆盖面和影响力。借助“互联网+”，推进应对气候变化知识全媒体传播。通过微博话题、微信互动等向公众推送应对气候变化相关科普。编制多语种《应对气候变化—中国在行动（2016）》宣传片及画册。编制《气候变化动态—马拉喀什回声》专刊。编写《气候变化动态》45期。面向发展中国家举办全球气候服务框架国际培训班、气候变化国际培训班、气候系统与气候变化国际讲习班、亚洲区域气候监测、预测和评估论坛等。

（撰稿：袁佳双，中国气象局科技与气候变化司气候变化处 ）

石油和化工行业2016～2017年应对气候变化和低碳发展报告

中国石油和化学工业联合会

一、2016～2017年石油化工行业发展成效

随着我国经济的快速发展，我国对于原油及相关衍生品的需求不断增长。根据国家统计局数据，2016年我国原油加工量为54101万吨，比上年增长3.6%；随着我国经济结构的转型升级，成品油也出现了结构性的变化，汽油和航空煤油的需求持续增长，柴油消费同比下降。

“十五”到“十二五”期间，我国石化和化工行业年均产值绝对值都在增加，只有2015年受油价下跌影响有所下降，2016年又有所回升，产值变化趋势正常。但是我国石化和化工行业增长率和增长速度变化幅度较大，说明了行业发展存在不稳定性，尚未进入具有一定规律的阶段。在产业高速增长时期，产能增长超出市场和GDP发展需求，部分行业和产品形成过剩产能。

二、2016～2017年石油和化工行业低碳发展所做的主要工作

2016～2017年，为推动石油和化工行业低碳发展，各级政府部门、行业组织和企业采取了多种措施，开展了大量卓有成效的工作。

（一）节能减排政策措施按计划出台

首先，节能环保产业将延续近年来的快速发展的态势。节能环保产业是我国重点培育和发展的战略性新兴产业，“十二五”以来，我国节能环保产业发展迅速，一直保持15%以上的年均增速，年产值已经达到约4.5万亿元。进入“十三五”，节能环保产业发展的外部环境依然有利，具备继续保持高速增长的条件。其次，关于产业发展的“十三五”规划等措施预计很快出台。国家发展改革委正在牵头制定《“十三五”节能环保产业发展规划》，《“十三五”循环发展引领计划》正在公开征求意见，工业和信息化部正在研究制定环保装备“十三五”发展的指导性文件等。第三，“互联网+”为节能环保产业发展提供新动力。《国务院关于积极推进“互联网+”行动的指导意见》中提出，推动互联网与生态文明建设深度融合，加强资源环境动态监测，大力发展智慧环保，完善废旧资源回收利用体系，建立废弃物在线交易系统。

（二）优化能源结构，加快新兴产业发展

推动能源结构优化。加强煤炭安全绿色开发和清洁高效利用，推广使用优质煤、洁净型煤，推进煤改气、煤改电，鼓励利用可再生能源、天然气、电力等优质能源替代燃煤使用。因地制宜发展海岛太阳能、海上风能、潮汐能、波浪能等可再生能源。安全发展核电，有序发展水电和天然气发电，协调推进风电开发，推动太阳能大规模发展和多元化利用，增加清洁低碳电力供应。对超出规划部分可再生能源消费量，不纳入能耗总量和强度目标考核。在居民采暖、工业与农业生产、港口码头等领域推进天然气、电能替代，减少散烧煤和燃油消费。到2020年，煤炭占能源消费总量比重下降到58%以下，电煤占煤炭消费量比重提高到55%以上，非化石能源占能源消费总量比重达到15%，天然气消费比重提高到10%左右。

加快新兴产业发展。加快发展壮大新一代信息技术、高端装备、新材料、生物、新能源、节能环保、数字创意等战略性新兴产业，推动新领域、新技术、新产品、新业态、新模式蓬勃发展。进一步推广云计算技术应用，新建大型云计算数据中心能源利用效率(PUE)值优于1.5。支持技术装备和服务模式创新。鼓励发展节能环保技术咨询、系统设计、设备制造、工程施工、运营管理、计量检测认证等专业化服务。开展节能环保产业常规调查统计。打造一批节能环保产业基地，培育一批具有国际竞争力的大型节能环保企业。到2020年，战略性新兴产业增加值和服务业增加值占国内生产总值比重分别提高到15%和56%，节能环保、新能源装备等绿色低碳产业总产值突破10万亿元，成为支柱产业。

促进传统产业转型升级。强化节能环保标准约束，严格行业规范、准入管理和节能审查，对电力、钢铁、建

材、有色、化工、石油石化等行业中，环保、能耗、安全等不达标或生产、使用淘汰类产品的企业和产能，要依法依规有序退出。

（四）加强重点领域节能

加强工业节能。实施工业能效赶超行动，加强高能耗行业能耗管控，在重点耗能行业全面推行能效对标，推进工业企业能源管控中心建设，推广工业智能化用能监测和诊断技术。到2020年，工业能源利用效率和清洁化水平显著提高，规模以上工业企业单位增加值能耗比2015年降低18%以上，石油石化、化工等重点耗能行业能源利用效率达到或接近世界先进水平。推进新一代信息技术与制造技术融合发展，提升工业生产效率和能耗效率。开展工业领域电力需求侧管理专项行动，推动可再生能源在工业园区的应用，将可再生能源占比指标纳入工业园区考核体系。

强化重点用能设备节能管理。加强高耗能特种设备节能审查和监管，构建安全、节能、环保三位一体的监管体系。组织开展燃煤锅炉节能减排攻坚战，推进锅炉生产、经营、使用等全过程节能环保监督标准化管理。"普及锅炉能效和环保测试，强化锅炉运行及管理人员节能环保专项培训。开展锅炉节能环保普查整治，建设覆盖安全、节能、环保信息的数据平台，开展节能环保在线监测试点并实现信息共享。开展电梯能效测试与评价，在确保安全的前提下，鼓励永磁同步电机、变频调速、能量反馈等节能技术的集成应用，开展老旧电梯安全节能改造工程试点。推广高效换热器，提升热交换系统能效水平。加快高效电机、配电变压器等用能设备开发和推广应用，淘汰低效电机、变压器、风机、水泵、压缩机等用能设备，全面提升重点用能设备能效水平。

（四）严控主要污染物减排，全方位推广低碳技术

控制重点区域流域排放。推进京津冀及周边地区、长三角、珠三角、东北等重点地区，以及大气污染防治重点城市煤炭消费总量控制，新增耗煤项目实行煤炭消耗等量或减量替代;实施重点区域大气污染传输通道气化工程，加快推进以气代煤。结合环境质量改善要求，实施行业、区域、流域重点污染物总量减排，在重点行业、重点区域推进挥发性有机物排放总量控制，在长江经济带范围内的部分省市实施总磷排放总量控制，在沿海地级及以上城市实施总氮排放总量控制，对重点行业的重点重金属排放实施总量控制。

实施工业污染源全面达标排放计划。加强工业企业无组织排放管理。严格执行环境影响评价制度。实行建设项目主要污染物排放总量指标等量或减量替代。建立以排污许可制为核心的工业企业环境管理体系。继续推行重点行业主要污染物总量减排制度，逐步扩大总量减排行业范围。大力推进石化、化工等行业挥发性有机物综合治理，推动有关企业实施原料替代和清洁生产技术改造。中国石油在2017年度获得国家科技进步二等奖的成果4项："三元复合驱大幅度提高原油采收率技术及工业化应用"；"高汽油低碳排放系列催化裂化催化剂工业应用"；"重型压力容器轻量化设计制造关键技术及工业应用"；"煤层气储层开发地质动态评价关键技术与探测装备"。国家技术发明二等奖的成果1项:深层油气藏靶向暂堵高导流多缝改造增产技术与应用"。这些技术的突破，为我国石化产业的低碳发展提供了很好的基础。

（四）建立和完善节能减排市场化机制

建立市场化交易机制。健全用能权、排污权、碳排放权交易机制，创新有偿使用、预算管理、投融资等机制，培育和发展交易市场。推进碳排放权交易，加快实施排污许可制，建立企事业单位污染物排放总量控制制度，继续推进排污权交易试点。加快实施排污许可制，建立企事业单位污染物排放总量控制制度，继续推进排污权交易试点。

推行合同能源管理模式。实施合同能源管理推广工程，鼓励节能服务公司创新服务模式，为用户提供节能咨询、诊断、设计、融资、改造、托管等"一站式"合同能源管理综合服务。取消节能服务公司审核备案制度，任何地方和单位不得以是否具备节能服务公司审核备案资格限制企业开展业务。建立节能服务公司、用能单位、第三方机构失信黑名单制度，将失信行为纳入全国信用信息共享平台。落实节能服务公司税收优惠政策，鼓励各级政府加大对合同能源管理的支持力度。政府机构按照合同能源管理合同支付给节能服务公司的支出，视同能源费用支出。培育以合同能源管理资产交易为特色的资产交易平台。鼓励社会资本建立节能服务产业投资基金。支持节能服务公司发行绿色债券。创新投债贷结合促进合同能源管理业务发展。

（五）加强VOCs管控，成立石化行业VOCs治理技术专业组

VOCs已被证实是形成雾霾的重要成因，其排放来自燃煤电厂、交通燃油排放以及石油化工、油品及溶剂储运等众多行业。从2015年末至2016年下半年，关于VOCs的政策利好陆续下发。石化行业VOCs治理技术专业组。一些遭遇雾霾困扰的省市逐渐将VOCs治理提上日程，北京市、上海市、江苏省、安徽省、湖南省、四川省、天津市、辽宁省、浙江省、河北省陆续正式发布文件，开征挥发性有机物VOCs排污费。收费标准将根据排污者对挥发性有机物污染控制措施情况，实施差别化的排污收费政策。力争“十三五”时期，把VOCs纳入总量减排指标，大力推进石化、塑料、印刷、家具等重点行业企业VOCs综合整治，从源头削减VOCs排放，改善空气质量。以北京为例，石化企业VOCs排污费收费标准为10元/公斤，并于2016年中旬开始实施。根据环保部数据统计，2015年石化VOCs总排放量533万吨，对工业源VOCs排放的贡献率是42.2%。根据环保部的一份估算，过去五年，大气污染重点工程项目投资需求约3500亿元，其中，工业VOCs治理项目投资需求约615亿元。其中有近半数投资需求来源于石化行业治理，其中，炼化、制烯烃与PTA领域，投资需求为400亿元，十三五期间将进一步上升。然而，和脱硫脱销、超低排放等成熟的市场相比，VOCs仍然处在市场培育的阶段，当前VOCs治理的技术人才匮乏，储备不足，设计力量有限，已严重制约了VOCs污染防治能力及其企业的发展。

三、2016～2017年石油和化工行业低碳发展的典型案例

（一）中国石化攻关国六汽柴油关键技术

中国石化牵头承担的国家重点研发计划项目“适应国六清洁汽油生产关键技术”和“适应国六清洁柴油生产关键技术”正式启动，国六车用油品呼之欲出。

国六标准是目前世界上最严格的排放标准之一。国六汽油标准具备四大亮点：一是加严烯烃含量限值，由24%分别降至国六a阶段18%、b阶段15%；二是加严芳烃含量限值，由40%降至35%；三是加严苯含量限值，由1%下降至0.8%，严于欧盟1%的标准；四是加严汽油馏程50%蒸发温度限值，由120℃降至110℃。

而国六柴油标准具备三大亮点：一是加严多环芳烃的含量限值，由11%下降至7%、下降36%，严于欧盟8%的标准；二是新增总污染物含量的指标，要求不大于24mg/kg；三是调整车用柴油的密度、闪点等指标，国六柴油标准收紧了密度上限要求，闪点限值由55℃提到高60℃。

“适应国六清洁汽油生产关键技术”项目以缓解发展与环境保护之间的矛盾为出发点，从汽油组分对发动机动力性能、排放性能的影响以及基于定向反应的催化剂构效关系等基础研究入手，以实现国六汽油绿色、低成本质量升级为总目标，着力突破高清洁汽油组分制备及分子水平生产过程的智能化管控等关键技术瓶颈，力争在汽油清洁化领域，从标准制定到单元技术达到国际领先水平。“适应国六清洁柴油生产关键技术”项目着力解决装置能耗大幅增加、催化剂寿命急剧缩短等问题。构建包括催化剂、工艺全方位的国六柴油质量升级技术平台，满足国家柴油质量升级的重大需求。

（二）中国石油绿色发展赢得海外合作伙伴赞赏

2016年12月，中国石油作为首批企业会员，正式加入《履行企业环境责任共建绿色“一带一路”》倡议。该倡议旨在承诺对外投资和国际产能合作中践行绿色发展理念。中国石油环境保护工作取得积极进展，尤其在绿色“一带一路”建设中成果显著。

中国石油在海外能源合作中，始终坚持HSE（健康、安全、环保）承诺，体系健全，成效公开，获得了国际社会的广泛认可，在‘一带一路’沿线国家获得30余项环保奖项。2016年，中国石油成为首批签署“绿色一带一路”倡议的国内企业之一。

伊朗北阿扎德甘项目，是近年来伊朗政府授予环保奖的唯一一个对外合作项目。如哈萨克阿克纠宾油田项目，采用油田伴生气回收利用技术，天然气综合利用率从23%提高到99.7%，实现环保效益双丰收。

（三）中国海油加快绿色产业布局

2017年7月，中国海洋石油总公司（“中国海油”）对外宣布，我国首次自主设计、建造和管理的国内直径最大16万方大型液化天然气（LNG）全容储罐在中国海油天津LNG接收站成功升顶。此次升顶采用了5项国内自主专利

技术，打破了多年来的国外技术垄断，填补了我国在该领域的技术空白。同时，这标志着中国海油成为我国首家具有LNG大型储罐设计、施工和管理总包能力的公司，对我国LNG产业具有划时代的里程碑意义。

作为中国LNG产业的先驱者和领军者，中国海油2006年成功建设了我国第一个LNG接收站，开启了我国大规模进口国外LNG的新时代，实现了中国进口LNG能源供应多元化，保障了国家能源安全，对传统煤炭、石油能源向清洁绿色能源天然气升级换代具有重要意义。

未来中国海油将进一步加快推进蒙西天然气管道项目核准和落地建设，不远的将来中国海油将为雄安新区的建设，提供源源不断的清洁能源，千里“气龙”的腾飞指日可待。

党的十八大以来，我国LNG产业取得了突破性的发展，在LNG技术研发、海外LNG资源基地建设等领域硕果累累，成绩显著。目前，中国海油已形成上游海外LNG资源基地建设、天然气勘探、开发，中游LNG船跨洋运输、LNG接收站建设、天然气管网管道建设，下游天然气发电、汽车加气、工业用气、LNG冷能利用等完整产业链。

在进口LNG方面，截至2016年底，中国海油累计进口量突破1亿吨，在我国LNG产业发展史上具有重要里程碑意义。可为国家减排二氧化碳3.8亿吨，相当于植树8亿棵，对治理大气雾霾具有重要作用，绿色低碳环保效应显著。

在LNG技术研发领域，这五年来，中国海油率先自主掌握大型LNG全容储罐技术，其中3项国际首创、6项国际领先技术，9项创新技术处于行业领先水平，技术应用成效显著。这五年来，中国海油立足国内LNG行业先驱者的定位，致力于大型LNG接收站核心技术研发及设备国产化推广工作，是国内唯一一家全面掌握LNG接收站自主技术体系、能够提供全方位解决方案并具备工程化能力的企业。这五年来，中国海油率先自主掌握大型天然气液化技术，使中国成为世界第三个拥有该项技术的国家；自主小型天然气液化技术在多个液化工程应用成功，液化率及能耗等各项性能指标处于国际先进水平；领军国内海上浮式天然液化技术研究，在多个国家级浮式天然气液化技术研发课题及工程化设计方面取得重要进展。

党的十八大以来，中国海油始终在积极探索和寻找优秀的海外LNG资源，并投资参建海外LNG基地。2015年5月20日，中国海油投资参建的我国海外首个世界级LNG生产基地——澳大利亚柯蒂斯项目建成投产，这也是我国首次参与海外LNG项目上、中、下游全产业链业务。此举对提升我国在全球LNG产业中的分工地位具有里程碑意义。

在天然气清洁发电领域，中国海油控股和参股经营了6家天然气发电厂，总装机规模国内第三，达到834万千瓦（投运695.5万千瓦，在建138万千瓦）。

截至目前，中国海油历年累计生产“绿色”电力超1700亿度，约为世界最大水电站—三峡电站年发电量850亿度的2倍。此外，十八大以来，中国海油共建成加气站155座，在建46座，共201座，服务运营车辆2.98万余台。通过终端加注网络的建设与运营，中国海油始终在我国交通运输清洁能源利用领域中位居前列。

（四）积极开发绿色低碳技术，多项技术获国家科技进步奖一等奖

1、涪陵大型海相页岩气田高效勘探开发。该项目通过理论、技术创新和关键装备研制，发现并成功开发了我国首个也是目前最大的页岩气田——涪陵页岩气田，使我国成为北美之外第一个实现规模化开发页岩气的国家，走出了中国页岩气自主创新发展之路。

2、煤制油品/烯烃大型现代煤化工成套技术开发及应用。经过30多年开拓性研究和协同创新，攻克了煤制油品/烯烃首次工业化的系列世界性难题，在全球率先掌握了百万吨级煤直接液化和60万吨级煤制烯烃成套技术，实现了五大创新。该项目获授权发明专利114件，制订国家、行业及企业标准34项，发表论文76篇，出版专著6部，成果在鄂尔多斯、包头等地的18套装置中应用，奠定了我国现代煤化工产业发展基础，推动了西部区域经济协调发展，占领了世界现代煤化工的制高点，确立了我国在现代煤化工领域的世界领导地位。

3、高效甲醇制烯烃全流程技术。该项目历经十余年持续创新，率先创制了扩散性能优异的纳米片晶多级孔SAPO-34分子筛，开发了高效流化床MTO催化剂，选择性>81%，比同类技术损耗降低28%；首次开发了MTO大型快速流化床反应器技术，与湍流床工艺相比，时空收率提高2倍以上，反应器直径减小三分之一；首创了前脱乙烷-碳四烃吸收的高效分离新工艺，烯烃回收率达到99.98%以上，解决了从实验室到大型化的高效反应与分离关键科学与工程技术问题。通过上述原创及重大技术突破，全流程S-MTO技术各项指标明显优于国内外同类技术，实现

了国际领先。S-MTO技术的成功开发使我国成为世界上第一个掌握自主知识产权全流程MTO技术的国家，成套大型工业装置的完全自主开发—设计—制造—建设—运行，践行了中国创造，具有里程碑的意义。

（五）石化行业碳交易实践，各石化企业积极参与碳交易试点工作

随着国内碳交易试点工作的开展及全国市场建设节奏的加快，国内外的石化企业也在积极参与国内碳交易市场。7个试点2000多家被纳入的企业中，石化行业企业不少，据不完全统计，大约有146家石化和化工企业被列入试点范围。上海碳交易试点就有17个行业的191家企业被纳入上海碳交易试点工作。其中，涉及石化企业45家。石化行业的外企企业，如BP、壳牌、拜耳、巴斯夫、法液空等跨国公司，都在积极参与国内碳交易试点，央企石化行业企业也积极参与国内碳交易市场。据不完全统计，中石化、中石油、中海油这著名的“三桶油”被纳入国内碳交易试点的企业数量分别为26家、8家、8家。

（撰稿：李永亮，中国石油和化学工业联合会产业发展部处）

节能减排：成效与压力并存

《中国低碳年鉴》编辑部

节能减排的宗旨是要加快建设资源节约型、环境友好型社会，保障人民群众健康和经济社会可持续发展，促进经济转型升级，实现经济发展与环境改善双赢，为建设生态文明提供有力支撑。习近平总书记反复强调，决不能以牺牲环境去换取一时的经济增长，既要GDP，又要绿色GDP，绿水青山就是金山银山。按照习近平总书记提出的绿色发展理念，转变发展思路，我国主动与美国发布《中美应对气候变化联合声明》《中美元首气候变化联合声明》；推动巴黎气候变化大会通过《巴黎协定》；承诺二氧化碳排放2030年左右达到峰值并争取尽早达峰，单位国内生产总值二氧化碳排放比2005年下降60％—65％。

以习近平为核心的党中央着力推进节能减排工作的开展。习近平总书记强调，转变经济发展方式，调整优化经济结构，必须重点解决好产能过剩问题。不坚决把这些高耗能、高污染、高排放的产业产量降下来，资源环境就不能承受。（2013年9月23日至25日）。习近平总书记考察北京市工作说，发展新技术、发展绿色能源，是节能减排、治理大气污染的必要措施。我们要加大投入，有定力、有耐心地把面临的问题解决好。习近平总书记强调要树立“绿水青山就是金山银山”的强烈意识，努力走向社会主义生态文明新时代。10月8日，国务院总理李克强主持召开国务院常务会议决定，对钢铁、煤炭、电解铝等产能严重过剩行业，各地不得以任何方式新增产能，原则上不再核准新建传统燃油汽车生产企业。按照谁审批谁监管、谁主管谁监管的原则，严格落实监管责任，强化节地节能节水、技术、安全等准入“门槛”，对环境影响大、风险高的项目严格环评审批。

按照以习近平为核心的党中央部署，多策并举，强化目标责任，运用经济、法律、技术手段和必要的行政手段，全面推进节能减排。

2016年，中共中央、国务院发布了一系列推进生态文明建设的政策文件，生态环境制度改革进程加快，生态环境建设力度加大、成效明显。

一、高度重视，纳入国家发展战略规划

2016年3月16日 ，十二届全国人大四次会议表决通过了《中华人民共和国国民经济和社会发展第十三个五年规划纲要》，3月17日，正式发布。

“规划纲要”提出了今后5年经济社会发展的主要目标。“生态环境质量总体改善”作为目标之一首次提出，具体包括以下内容：生产方式和生活方式绿色、低碳水平上升，能源资源开发利用效率大幅提高，能源和水资源消耗、建设用地、碳排放总量得到有效控制，主要污染物排放总量大幅减少，主体功能区布局和生态安全屏障基本形成。

“规划纲要”提出，到2020年，万元GDP用水量较2015年下降23%，单位GDP能源消耗较2015年降低15%，单位GDP二氧化碳排放较2015年降低18%，非化石能源占一次消费能源比重要达到15%。森林覆盖率达到23.04%，森林蓄积量达到165亿立方米。地级及以上城市空气质量优良天数比率达到80%以上，细颗粒物未达标地级及以上城市浓度较2015年下降18%。达到或好于Ⅲ类水体比例达70%，劣Ⅴ类水体比例小于5%。化学需氧量、氨氮、二氧化硫、氮氧化物排放总量较2015年减少10%、10%、15%、15%。

8月，中国人民银行、国家发改委、财政部、银监会等七部委印发《关于构建绿色金融体系的指导意见》，明确要求发展包括碳金融产品在内的各类绿色金融产品，促进建立全国统一的碳排放权交易市场和有国际影响力的碳定价中心。

10月27日，经李克强总理签批，国务院印发《关于印发“十三五”控制温室气体排放工作方案的通知》（国发〔2016〕61号），对“十三五”时期应对气候变化、推进低碳发展工作做出全面部署。到2020年，单位国内生产总值二氧化碳排放比2015年下降18%，碳排放总量得到有效控制。氢氟碳化物、甲烷、氧化亚氮、全氟化碳、六氟化硫等非二氧化碳温室气体控排力度进一步加大。碳汇能力显著增强。支持优化开发区域碳排放率先达到峰值，力争部分重化工业2020年左右实现率先达峰，能源体系、产业体系和消费领域低碳转型取得积极成效。

11月，《巴黎协定》正式生效，开启了新一轮的全球减排进程。

12月20日，国务院印发《“十三五”节能减排综合工作方案》，这一指导“十三五”时期全国节能减排工作的纲领性文件，要求各地区、各部门认真贯彻落实党中央、国务院决策部署，把节能减排作为优化经济结构、推动绿色循环低碳发展、加快生态文明建设的重要抓手和突破口，各项工作积极有序推进。到2020年，全国万元国内生产总值能耗要比2015年下降15%，能源消费总量要控制在50亿吨标准煤以内。全国化学需氧量、氨氮、二氧化硫、氮氧化物排放总量分别控制在2001万吨、207万吨、1580万吨、1574万吨以内，比2015年分别下降10%、10%、15%和15%。全国挥发性有机物排放总量比2015年下降10%以上。12月22日，国家发展改革委、科技部、工业和信息化部、环境保护部发出关于印发《“十三五”节能环保产业发展规划》的通知，规划到2020年，节能环保产业快速发展、质量效益显著提升，高效节能环保产品市场占有率明显提高，一批关键核心技术取得突破，有利于节能环保产业发展的制度政策体系基本形成，节能环保产业成为国民经济的一大支柱产业。

2017年，按照中央有关部署，我国将适时启动全国统一的碳排放权交易体系，充分发挥市场对碳排放空间资源的配置作用，通过建立健全碳价格机制，降低节能减排成本，推动绿色低碳发展。这些都表明，节能减排，走绿色低碳发展之路不仅是积极应对全球气候变化的必要选择，也是我国转变经济发展方式的现实需要。

二、“去产能”，着力开展产业结构调整，持续推进供给侧改革

全国十三五”期间需退出煤炭过剩产能8亿吨左右。去产能特别是化解钢铁煤炭行业过剩产能，是2016年推进供给侧结构性改革的一项重要任务。党中央、国务院对此高度重视。中央经济工作会议已经对“三去一降一补”做出全面部署，中央有关部门先后明确了各领域的职责任务。2月1日，国务院印发的国发〔2016〕6号和7号文件，全面部署和安排了钢铁煤炭两个行业化解过剩产能和实现脱困发展各项工作，明确从2016年开始，用3至5年的时间，煤炭行业再退出产能5亿吨左右、减量重组5亿吨左右，较大幅度压缩煤炭产能，适度减少煤矿数量，煤炭行业过剩产能得到有效化解，市场供需基本平衡，产业结构得到优化，转型升级取得实质性进展。国务院领导两次主持召开会议，听取钢铁煤炭化解过剩产能工作和“三去一降一补”五大重点任务工作汇报，对钢铁煤炭行业化解过剩产能提出进一步的实施要求。根据国务院的部署，从2016年开始用5年时间压减粗钢产能1亿至1.5亿吨；用3至5年的时间，再退出煤炭产能5亿吨左右、减量重组5亿吨左右。同时严令各地区、各部门不得以任何名义、任何方式备案新增产能的钢铁项目，3年内停止审批新建煤矿项目等。

在国务院明确了煤炭行业化解过剩产能实现脱困发展目标后，相关部门制定了奖补资金、财税、金融、职工安置、国土、环保、质量、安全等8个配套文件。5月18日，印发《工业企业结构调整专项奖补资金管理办法》，安排1000亿元专项奖补资金支持化解过剩产能。国资委部署今明两年压减央企10%左右钢铁和煤炭现有产能。部际联席会议有关成员单位与地方政府、国务院国资委与中央企业分别签订了目标责任书，立下“军令状”，年底要一一盘点交账。2016年钢铁煤炭去产能目标任务必须完成，没有完成全年任务的都将被严肃问责。7月27日，李克强总理主持召开国务院常务会议，听取了上半年钢铁、煤炭领域去产能情况汇报，认为，化解过剩产能是深化供给侧结构性改革的一项重点任务。要按照中央经济工作会议部署和政府工作报告要求，坚持地方主责、企业主体，发挥市场机制作用，更有效推动去产能。一要继续以钢铁、煤炭行业为重点，对环保、能耗、安全等不达标，生产不合格或淘汰类产品的企业和产能，坚决依法依规处置或关停。落实差别化水、电价格和严控新增授信等措施，推动企业淘汰落后产能。注重运用法治化、市场化手段，支持企业加快兼并重组，提高产业集中度，并妥善做好职工转岗等工作。多措并举，确保完成今年化解过剩粗钢产能4500万吨左右、煤炭产能2.5亿吨以上的硬目标。二要改造和提升传统产能，提高环保、质量、安全等标准和工艺水平，对仍在使用落后设备和工艺的企业不批新增用地，不办理生产、排污等许可。三要抓典型严问责。对违反国务院及有关部门明令，在产能过剩领域新上项目、新增产能或淘汰产能死灰复燃的，国务院有关部门要派出调查组深入了解、严肃追责。对企业偷排偷放、超标排放，要依法按日计罚、限产停产、查封扣押。对不达标和淘汰落后产能不力的企业要向社会公开，实施信用约束和惩戒。

8月4日，钢铁煤炭行业化解过剩产能和脱困发展工作部际联席会议召开全国电视电话会议，传达学习国务院领导近期有关去产能工作的重要指示和批示，通报前7个月各地区钢铁煤炭去产能工作进展和专项执法行动开展情况，并对下一步去产能工作进行部署。国家发改委主任、部际联席会议召集人徐绍史出席会议并讲话。部际联席会议各成员单位负责人出席会议。

会议指出，推进供给侧结构性改革，是党中央、国务院作出的重大战略决策，钢铁煤炭去产能又是供给侧结构性改革的重头戏、主战场。习近平总书记多次强调，“三去一降一补”，摆在首位的是去产能，主要去钢铁煤炭行业过剩产能。李克强总理在今年的政府工作报告中和国务院会议上多次强调，要把钢铁煤炭行业化解过剩产能作为重点。张高丽副总理、马凯副总理、王勇国务委员多次召开专题会议，对去产能工作作出全面部署。各地各有关方面要认真学习，深刻领会党中央、国务院领导同志指示批示精神，进一步提高思想认识，增强使命感、责任感和紧迫感，加紧推进去产能各项工作，确保完成今年的目标任务。

会议强调，各地、各有关部门在贯彻落实党中央、国务院部署，推进去产能方面做了不少工作，取得了一定的成效。但总体看，地区之间进展不平衡。少数地区对去产能工作的重要性、紧迫性认识不足，担心去产能会影响经济发展；面对工作中的困难和挑战，信心不足，办法不多，存在畏难情绪；有的地区和企业因为钢铁煤炭价格回升，去产能的决心出现了动摇。这些情况必须引起高度重视。各地区、各部门及有关企业，要按照党中央、国务院的部署，直面存在的困难和问题，进一步坚定信心和决心，迎难而上，加紧推进各项工作。

在党中央、国务院的坚强领导下，经过各地区、各有关部门、各相关企业的共同努力，2016年钢铁煤炭去产能工作已取得了重要阶段性成果。

一是任务提前超额完成。2016年，全国钢铁行业压减粗钢产能6500万吨以上，提前超额完成全年任务，据目前已经公布成绩的26个省份统计数据显示，全年实现了钢铁7271万吨的去产能任务，；煤炭行业化解产能2.9亿吨以上，提前超额完成2.5亿吨的年度目标任务，一批违法违规、落后产能依法关闭退出。与此同时，煤炭行业积极推进职工安置和债务处置，企业兼并重组、转型升级和布局优化，取得明显成效。

二是行业状况明显好转。随着去产能工作进度加快，政策措施效果进一步显现，钢铁煤炭行业生产经营状况整体好转。2016年钢铁行业利润总额扭亏为盈，黑色金属冶炼和压延加工业利润总额增长2.3倍；2016年钢铁工业协会会员企业利润由2015年的亏损847亿元转为盈利350亿元左右；规模以上煤炭企业实现利润950亿元，约为2015年的2.1倍，随着去产能工作的持续深入推进，企业现金流紧张、安全投入欠账、欠发缓发工资等问题得到缓解。

三是产业结构逐步优化。钢铁方面，经国务院批准，宝钢、武钢实施联合重组，新成立宝武钢铁集团有限公司，打造钢铁领域世界级的技术创新、产业投资和资本运营平台，形成具有较强竞争力的超大型钢铁企业集团。其他一些钢铁企业兼并重组工作也正在积极研究推进；煤炭方面，积极引导小煤矿关闭退出，全国约1500处30万吨以下小煤矿关闭退出。在已退出产能中，相当一部分属于长期停产半停产、高成本、安全保障程度低的煤矿。积极鼓励发展先进产能，进一步优化了产业结构，提升了生产力水平。

三、推行“河长制”，保障水环境安全

习近平总书记强调，保护江河湖泊，事关人民群众福祉，事关中华民族长远发展。李克强总理指出，江河湿地是大自然赐予人类的绿色财富，必须倍加珍惜。中国流域面积50平方公里以上河流共45203条，总长度达150.85万公里。常年水面面积1平方公里及以上天然湖泊2865个，湖泊水面总面积7.80万平方公里。随着经济社会快速发展，中国河湖管理保护出现了一些新问题，如河道干涸湖泊萎缩，水环境状况恶化，河湖功能退化等，对保障水安全带来严峻挑战。

什么是“河长制”？即由各级党政主要负责人担任“河长”，负责辖区内河流的污染治理。“河长制”是从河流水质改善领导督办制、环保问责制所衍生出来的水污染治理制度，目的是为了保证河流在较长的时期内保持河清水洁、岸绿鱼游的良好生态环境。

“河长制”由江苏省无锡市首创。它是在太湖蓝藻暴发后，无锡市委、市政府自加压力的举措，所针对的是无锡市水污染严重、河道长时间没有清淤整治、企业违法排污、农业面源污染严重等现象。

无锡市在中国率先实行河长制。2007年8月23日，无锡市委办公室和无锡市人民政府办公室印发了《无锡市河(湖、库、荡、氿)断面水质控制目标及考核办法(试行)》。自此，由各级党政负责人分别担任64条河道的河长，加强污染物源头治理，负责督办河道水质改善工作，真正把各项治污措施落实到位。同时，无锡市还配套出台《无锡市治理太湖保护水源工作问责办法》，对治污不力者将实行严厉问责。“河长”们面临的压力是完不成任务就要被“一票否决”。“铁腕治污”，“河长制”带来的效果：2011年至2016年79个“河长制”管理断面水质综合判定达标率基本维持在70%以上，水质较为稳定。无锡境内水功能区水质达标率从2007年的7.1%提高到2015年的44.4%，太湖水质也显著改善。2008年，江苏省政府决定在太湖流域借鉴和推广无锡首创的“河长制”。2008年6月，包括时任省长罗志军在内的15位省级、厅级官员一起领到了一个新“官衔”——太湖入湖河流“河长”，他们与河流所在地的政府官员形成“双河长制”，共同负责15条河流的水污染防治。2008年至2016年12月下旬，江苏省各级党政主要负责人担任的“河长”，已遍布全省727条骨干河道1212个河段。江苏全省15条主要入湖河流已全面实行“双河长制”。每条河由省、市两级领导共同担任“河长”，“双河长”分工合作，协调解决太湖和河道治理的重任，一些地方还设立了市、县、镇、村的四级“河长”管理体系，这些自上而下、大大小小的“河长”实现了对区域内河流的“无缝覆盖”，强化了对入湖河道水质达标的责任。淮河流域、滇池流域的一些省市也纷纷设立“河长”，由这些地方的各级党政主要负责人分别承包一条河，担任“河长”，负责督办截污治污。

从组织架构来看，纵向从地区行政长官（省委书记、省长、市委书记、市长）开始，“系在一根绳上”的还有区委书记、区长，镇党委书记、镇长，村支部书记、村委主任，大大小小担任各级“河长”的干部人数近2000名；横向从政府各级部门开始，发改、经贸、财政、规划、建设、国土、城管、工商、公安等12个部门都各有分工、各具使命，谁都不能在水环境治理上缺位。最大程度整合了各级党委政府的力量，弥补了早先“多头治水”的弊端，使治水网络密而不漏，任何一个环节上都有部门、有专人负责。而“一荣俱荣、一损俱损”的治水“生态链”，使每个部门都不敢玩忽职守，提高了水环境治理的行政效能。

随着“河长制”在各地推行，大地上奔腾的河流悄悄发生了变化，“河长制”的实施日见成效。来自水利部的数据显示，目前全国已有北京、天津、浙江、福建、广东、四川等24省（区、市）实行了河长制。随着“河长制”的层层推进，社会力量也被带动起来。最明显的是产业结构调整，沿河、沿湖的企业不得不放弃传统落后的生产方式，超标排污企业被关停，有环保自觉的企业家开始寻求清洁生产方式，循环经济得到发展。“河长制”也壮大了民间治水的信心和决心，机关干部、党团员、青年学生中宣传环保的积极性高涨，家庭妇女也广泛参与，NGO组织也积极参与，全社会水环境治理的氛围空前良好。自“河长制”落地以来，天津感官水质异常河道从211公里下降到34公里，环境卫生不达标河道从53公里变为全部达标，综合考评优秀河道从620公里提高到2274公里。

2016年10月11日，中共中央总书记、国家主席、中央军委主席、中央全面深化改革领导小组组长习近平主持召开的深改组第28次会议通过了《关于全面推行河长制的意见》，并指出“河长制”的目的是贯彻新发展理念。会议强调，保护江河湖泊，事关人民群众福祉，事关中华民族长远发展。全面推行河长制，目的是贯彻新发展理念，以保护水资源、防治水污染、改善水环境、修复水生态为主要任务，构建责任明确、协调有序、监管严格、保护有力的河湖管理保护机制，为维护河湖健康生命、实现河湖功能永续利用提供制度保障。要加强对河长的绩效考核和责任追究，对造成生态环境损害的，严格按照有关规定追究责任。2016年11月28日，中共中央办公厅、国务院办公厅联合印发《关于全面推行河长制的意见》。2016年12月13日，中国水利部、环境保护部、发展改革委、财政部、国土资源部、住建部、交通运输部、农业部、卫计委、林业局等十部委在北京召开视频会议，部署全面推行河长制各项工作，确保如期实现到2018年年底前全面建立河长制的目标任务。强化落实“河长制”，从突击式治水向制度化治水转变。加强后续监管，完善考核机制；加快建章立制，促进“河长制”体系化；狠抓截污纳管，强化源头治理，堵疏结合，标本兼治。

水利部太湖流域管理局迅速贯彻落实，将河长制工作作为当前流域水利工作的重中之重，举全局之力，积极助推太湖流域片率先全面建立科学规范的河长制体系。在对太湖流域片河长制工作进行全面调研的基础上，太湖局结合流域片实际，商江苏、浙江、上海、福建、安徽五省（市）有关部门，于2016年12月21日制定出台了《关于推进太湖流域片率先全面建立河长制的指导意见》，明确提出2017年底前，流域片提前一年率先全面建成省、市、县、乡四级河长制，有条件的地方积极探索河长向村（社区）拓展，力争建成五级河长体系；明确了分级设置河长的要求，提出了建议由省级党政领导担任河长的主要河道（湖泊）名录。

2017年1月20日，上海市在全国率先印发省级河长制工作方案。2月27日，福建省印发省级河长制工作方案。3月2日，江苏省印发省级河长制工作方案。3月6日，安徽省印发省级河长制工作方案。3月16日，浙江省出台省级河长制工作方案。

流域片各地结合实际，聚焦河湖突出问题，进一步明确河湖治理和管护的目标任务，着力强化制度建设，落实各具特色的河长制工作措施。江苏省提出在2017年5月底前全面建立省、市、县（市）、乡镇、村五级河长体系，6月底前基本建立全省河长制配套制度体系。浙江省提出完善五级河长体系，并因地制宜延伸到沟、渠、塘等小微水体，出台了《河长巡查工作细则》，正在起草关于河长制工作的省内法规，2017年将全面剿灭劣Ⅴ类水。上海市已于2月6日向社会公布了第一批河长名单，计划2017年底实现全市河湖河长制全覆盖，全市中小河道基本消除黑臭，水域面积只增不减。福建省着力强化河长制机构能力建设，省级河长办设在水利厅，主任由厅长兼任，水利厅、环保厅各选派一名专职副主任，住建厅、农业厅各明确一名兼职副主任，相关部门派员到河长办挂职、定期轮换，新设立河务管理中心为河长制工作提供技术支撑，按照省级实施方案明确的时间表加快推进。安徽省明确2017年3月底前出台省级工作制度、考核办法，6月底前市县级出台本级工作方案、相关工作制度和考核办法，年底前全面建立河长制体系。总体上，太湖流域片五省市河长制工作标准高、力度大、措施实、进度快，目前已取得重要进展，有望在全国率先建立科学规范的河长制体系。

近年来，广东有力探索试行河长制，2017年5月全省21个地级以上市已有18个市实行了双总河长制（书记、市长共同任总河长）。省级工作方案已经出台，各市、县也在抓紧出台本级方案，力争在8月底前全部出台。其中，广州、深圳、佛山已率先印发方案。

水利部披露，到2017年底前22个省份将全面建立河长制。

四、着力“治雾霾”

造成雾霾的表层原因是燃煤排放、工业排放、汽车尾气排放、道路扬尘以及秸秆燃烧等；中层原因是我国以煤为主的能源结构、我国尚处于资源能源消耗多的工业化城镇化快速推进阶段、粗放发展模式、导致国际污染转移的国际产业分工地位等；深层原因是政府主导型经济体制、产权制度、价格制度、财税制度、土地制度等制度的不合理。全国从这三个层次分别采取了一系列针对性的措施。

一是节约和优化能源结构，优化减少工业排放、汽车尾气排放。北京市的煤炭总量2016年已经降至1000万吨以内，2016年冬天663个村散煤改清洁能源，改造了一批锅炉，淘汰老旧机动车42.4万辆，为4.3万辆出租车安装三元催化剂，提高了汽柴油标准，重污染天气比2015年减少7天，二氧化硫的年平均浓度下降了28.6%，氮氧化物的年平均浓度下降4%，PM10和PM2.5的年平均浓度均下降接近10%。

二是发展新能源汽车，2016年中国新能源汽车生产51.7万辆，连续两年产销量居世界第一，累计推广超过100万辆，占全球市场保有量50%以上。

三是优化能源结构，积极推进清洁能源替代，已成为水电、风电、太阳能发电装机世界第一大国。2016年，我国能源生产总量约34.3亿吨标准煤，同比下降5.1%左右，清洁能源消费比重提高1.7个百分点，煤炭消费比重下降2个百分点。全国能源消费总量预计约43.6亿吨标准煤，非化石能源消费比重达到13.3%，同比提高1.3个百分点。全社会用电量约6万亿千瓦时，增长5.0%左右。电力装机达到16.5亿千瓦，装机结构清洁化趋势显著，非化石能源发电装机比重为36.1%，同比提高2个百分点。

五、生态环境保护工取得积极进展。

2016年，全国338个地级及以上城市中，有84个城市环境空气质量达标，占全部城市数的24.9%；254个城市环境空气质量超标，占75.1%。338个地级及以上城市平均优良天数比例为78.8%，比2015年上升2.1个百分点；平均超标天数比例为21.2%。

全国现有森林面积2.08亿公顷，森林覆盖率21.63%；草原面积近4亿公顷，约占国土面积的41.7%。全国共建立各种类型、不同级别的自然保护区2750个，其中陆地面积约占全国陆地面积的14.88%；国家级自然保护区446个，约占全国陆地面积的9.97%。

六、严格督查执法，实行最严厉的行政问责和法律追究

2013年，“大气十条”出台，开始推进区域大气污染联防联控。2015年史上最严格的《环境保护法》实施，规定了严厉的法律责任措施。2015年8月29日，中国国家主席习近平签发第三十一号“主席令”，正式发布经十二届全国人大十六次会议修订通过的《中华人民共和国大气污染防治法》，于2016年1月1日起施行。开始推行重点区域污染联防联控，规范重污染天气的应对。国务院印发的《“十三五”节能减排综合工作方案》明确，国务院每年组织的各省级人民政府节能减排目标评价与考核，作为领导班子和领导干部年度考核、目标责任考核、绩效考核、任职考核和换届考核的重要内容。

2016年3月，全国两会期间，环保部部长陈吉宁首次向外界展示了2015年环保部门的数据：对33个市开展督察；约谈了15个市级政府主要负责人；全国实施按日连续处罚715件，罚款5.69亿元，查封扣押4191件；各级环保部门下达行政处罚决定9.7万余份，罚款42.5亿元，比2014年增长了34%。陈吉宁要求，对于违法特别是未批先建的企业将进行全面排查。同时加强与公检法部门联动，强化刑事责任追究，做到四个“不放过”，即不查不放过、不查清不放过、不处理不放过、不整改不放过。在严格执法中，近几年关闭了一些污染严重升级无望的企业，环境治理有一些成效，2016年全国重点城市空气质量总体向好，城市颗粒物浓度和重污染天气持续下降。

7月6日，中共中央政治局常委、国务院副总理张高丽主持召开会议，对2016年第一批中央环境保护督察工作进行部署。经党中央、国务院批准，第一批8个中央环境保护督察组分别对内蒙古、黑龙江、江苏、江西、河南、广西、云南、宁夏进行环境保护督察。

12月2日，全国生态文明建设工作推进会议在浙江省湖州市召开。中共中央政治局常委、国务院总理李克强作出批示，着力通过深化改革完善激励约束制度体系，建立保护生态环境的长效机制。着力依法督察问责，严惩环境违法违规行为。中共中央政治局常委、国务院副总理张高丽在会上传达了习近平重要指示和李克强批示精神并讲话，强调要加强生态环境保护和治理，加大环境督查工作力度，着力解决生态环境方面的突出问题，以看得见的成效取信于民。要坚持节约优先，在转变资源利用方式上狠下功夫，促进资源节约循环高效使用。要加快推进生态文明体制改革，把生态文明建设纳入制度化、法治化轨道。

12月20 日，国务院发出关于印发“十三五”节能减排综合工作方案的通知，要求加强对节能减排工作的组织领导。要严格落实目标责任，国务院每年组织开展省级人民政府节能减排目标责任评价考核，将考核结果作为领导班子和领导干部年度考核、目标责任考核、绩效考核、任职考察、换届考察的重要内容。发挥国家应对气候变化及节能减排工作领导小组的统筹协调作用，国家发展改革委负责承担领导小组的具体工作，切实加强节能减排工作的综合协调，组织推动节能降耗工作；环境保护部主要承担污染减排方面的工作；国务院国资委要切实加强对国有企业节能减排的监督考核工作；国家统计局负责加强能源统计和监测工作；其他各有关部门要切实履行职责，密切协调配合。各省级人民政府要立即部署本地区“十三五”节能减排工作，进一步明确相关部门责任、分工和进度要求。各地区、各部门和中央企业要按照本通知的要求，结合实际抓紧制定具体实施方案，明确目标责任，狠抓贯彻落实，强化考核问责，确保实现“十三五”节能减排目标。

12月22日，中共中央办公厅、国务院办公厅发布《生态文明建设目标评价考核办法》，明确突出公众获得感，对各省区市实行年度评价、五年考核机制，以考核结果作为党政领导综合考核评价、干部奖惩任免的重要依据。

考核办法指出，生态文明建设目标评价考核在资源环境生态领域有关专项考核的基础上综合开展，采取评价和考核相结合的方式。年度评价应当在每年8月底前完成，目标考核在五年规划期结束后的次年开展并于9月底前完成。

考核办法明确，年度评价以绿色发展指标体系为参照，主要评估各地区资源利用、环境治理、环境质量、生态保护、增长质量、绿色生活、公众满意程度等方面的变化趋势和动态进展，生成各地区绿色发展指数。年度评价结果纳入目标考核。

目标考核内容主要包括国民经济和社会发展规划纲要中确定的资源环境约束性指标，以及党中央、国务院部署的生态文明建设重大目标任务完成情况。

考核办法指出，考核要突出公众的获得感。目标考核采用百分制评分和约束性指标完成情况等相结合的方法，结果划分为优秀、良好、合格、不合格四个等级。考核优秀地区将受到通报表扬，考核不合格地区将被通报批评。对于生态环境损害明显、责任事件多发的地区，党政主要负责人和相关负责人将被追究责任。12月26日，最高人民法院、最高人民检察院、公安部、环境保护部在北京联合召开新闻发布会，通报《最高人民法院、最高人民检察院关于办理环境污染刑事案件适用法律若干问题的解释》，自2017年1月1日起施行。

国家各部门紧锣密鼓，积极跟进党中央、国务院号令。2016年4月14日，国家发展和改革委员会公告，2016年第7号2015年11月23日至12月11日，国家发展改革委组织对内蒙古、浙江、广东、陕西、甘肃、宁夏、新疆7个省（自治区）和新疆生产建设兵团的47个固定资产投资项目节能审查意见落实情况进行了现场监督检查。检查表明，项目节能审查意见落实情况总体较好。多数项目建设单位把节能审查意见和节能评估文件作为项目设计、施工和管理的重要依据，有效提升项目能效水平、强化节能管理，从源头上减少能源浪费，能评对实现能耗总量和强度“双控”目标发挥了积极作用。同时，也存在一些项目没有严格落实节能审查意见要求，个别项目甚至存在违反相关法律法规、产业政策，弄虚作假、骗取节能审查意见的情况。

4月27日，工业和信息化部苗圩部长签发了工业和信息化部第33号令，公布了《工业节能管理办法》，自2016年6月30日起施行。为做好专项节能监察工作，工业和信息化部组织编制了《国家重大工业节能专项监察工作手册（2016年版）》，对全国2300名省级节能监察机构人员进行了专项培训。2016年工业和信息化部组织各省工业和信息化主管部门开展了国家重大工业专项节能监察，主要内容包括钢铁企业能耗专项检查，合成氨、平板玻璃、焦炭、铁合金、烧碱五种产品能耗限额标准贯标，电解铝、水泥行业阶梯电价政策执行，落后机电设备淘汰，以及高耗能落后燃煤工业锅炉淘汰5项专项节能监察。全国共监察相关企业4131家，查出存在能耗超标行为的违规企业228家，其中，监察钢铁企业568家，查出违规企业59家；查出落后低效电机约8万台、变压器约4万台。专项节能监察结束后，工业和信息化部组织对工作量较大的20个省（区、市）开展了专项督查。对监察发现的228家能耗超标违规企业、12万台落后机电设备，下达限期整改通知书、意见书、建议书1250份，要求企业制定整改计划，加快淘汰落后高耗能生产工艺设备。通过监察，进一步规范了企业用能行为，督促重点用能企业自觉开展能耗贯标自查，建立能源管理制度和体系，提升了企业守法贯标意识和节能自觉性。2016年，工业能效水平进一步提升，全国规模以上企业单位工业增加值能耗下降5.47%。

2016年5月16日，国家发展和改革委员会主任徐绍史、环境保护部部长陈吉宁签发中华人民共和国国家发展和改革委员会、中华人民共和国环境保护部令第38号：为落实《中华人民共和国清洁生产促进法》（2012年），进一步规范清洁生产审核程序，更好地指导地方和企业开展清洁生产审核，我们对《清洁生产审核暂行办法》进行了修订。现将修订后的《清洁生产审核办法》予以发布，并于2016年7月1日起正式实施，2004年8月16日颁布的《清洁生产审核暂行办法》（国家发展和改革委员会、原国家环境保护总局第16号令）同时废止。5月26日，最高人民法院出台了《关于充分发挥审判职能作用为推进生态文明建设与绿色发展提供司法服务和保障的意见》，将环境资源案件分为涉环境污染防治和生态保护案件、涉自然资源开发利用案件、涉气候变化应对案件、生态环境损害赔偿诉讼案件等四大类，并明确了各类案件的审判重点、审理原则和司法政策。5月30日国家发展改革委、财政部、国土资源部、环境保护部、水利部、农业部、林业局、能源局、海洋局等9部门印发《关于加强资源环境生态红线管控的指导意见》（发改环资〔2016〕1162号），《指导意见》围绕贯彻党中央、国务院关于加快生态文明建设、健全生态文明制度体系的决策部署，立足指导红线划定工作，推动建立红线管控制度，明确了加强红线管控的总体要求、基本原则、管控内涵、指标设置、管控制度和组织实施。

11月27日，国家发展和改革委员会发布2016年 第27号公告，公告经国务院审定同意，对各省（区、市）“十二五”节能目标完成情况、措施落实情况的考核结果：北京、河北、上海、江苏、浙江、安徽、河南、湖北、广东、贵州10个省（市）考核结果为超额完成等级；天津、山西、内蒙古、辽宁、吉林、黑龙江、福建、江西、山东、湖南、广西、海南、重庆、四川、云南、西藏、陕西、甘肃、青海、宁夏20个省（区、市）考核结果为完成等级；新疆考核结果为基本完成等级。对考核结果为超额完成等级的北京、河北、上海、江苏、浙江、安徽、河南、湖北、广东、贵州10个省（市）予以通报表扬。“十三五”期间，各地区、各部门要认真落实党中央、国务院有关节能工作部署，全面推进各项工作，确保完成“十三五”全国能源消耗总量和强度“双控”目标。

环保部按照环境保护党政同责、一岗双责、失职追责。2015年一些城市被环境保护部约谈，环境保护约谈制度对于地方重视环境保护发挥了大作用。2016年，中央环境保护督察全面推行，督企变成了督地方党委和政府，撬动了环境保护工作的新格局。自此，环境保护不仅变成地方政府的责任，也是地方党委的领导责任，地方党委的作用在环境保护领域得到越来越大的发挥。在环境保护考核和中央环境保护督察工作中，一些违规项目得到纠正，一些地区的产业结构开始特色化和优势化。

钢铁煤炭行业化解过剩产能和脱困发展工作部际联席会议部署开展了国土、环保、能耗、质量、安全联合执法专项行动。此次联合执法专项行动主要采取了地区自查、媒体暗访、执法专项行动和联合督查等多种形式，通过集中检查和随机抽查相结合，坚决遏制违法违规建设和生产行为，确保钢铁、煤炭产能压减、生产达标，营造公平有序的市场竞争环境，取得了阶段性成果。

七、节能减排取得了明显成效。

“十二五”时期，我国单位国内生产总值能耗降低18.4%，化学需氧量、二氧化硫、氨氮、氮氧化物等主要污染物排放总量分别减少12.9%、18%、13%和18.6%，超额完成节能减排预定目标任务；到2015年底，我国节能环保产业的总产值4.5万亿元，从业人数3000万人，已经涌现出70余家年营收入超过10亿元的龙头企业，为经济结构调整、环境改善、应对全球气候变化作出了重要贡献。

2016年全国节能减排成效突出。李克强总理在2017年3月的《政府工作报告》中，在谈到一年来的主要工作及特点时，李克强指出，在加强生态文明建设、绿色发展取得新进展方面，制定实施生态文明建设目标评价考核办法，建设国家生态文明试验区。强化大气污染治理，二氧化硫、氮氧化物排放量分别下降5.6%和4%，74个重点城市细颗粒物（PM2.5）年均浓度下降9.1%。优化能源结构，清洁能源消费比重提高1.7个百分点，煤炭消费比重下降2个百分点。推进水污染防治，出台土壤污染防治行动计划。开展中央环境保护督察，严肃查处一批环境违法案件，推动了环保工作深入开展。

“十三五”规划《纲要》明确，2020年全国单位GDP能耗比2015年下降15%、单位GDP二氧化碳排放下降17%，到2020年全国能源消耗总量控制在50亿吨标准煤以内。2016年，全国单位GDP能耗下降5.0%，单位GDP二氧化碳排放下降6.6%，远超出当初计划下降3.9%的目标，能源消费总量为43.6亿吨标准煤，达到了“十三五”的年度进度要求。

2011年至2015年间，中国碳排放强度下降了21.8%，相当于少排放23.4亿吨二氧化碳。2016年，中国单位GDP能耗和二氧化碳的排放分别比2005年下降35%和38%以上，为2020年达到甚至超过碳强度下降40%到45%的上限打下了坚实的基础。

一是颗粒物的年均浓度持续下降，2016年，全国PM10平均浓度同比下降5.7%，比2013年下降15.5%；京津冀、长三角、珠三角三个重点区域PM2.5平均浓度分别同比下降了7.8%、13.2%和5.9%，和2013年相比下降幅度都超过了30%，都超过《大气十条》的最严格要求（25%下降幅度）。珠三角区域PM2.5平均浓度连续两年达到了国家二级标准，也就是35微克/立方米。

二是优良天数的比例继续增加，2016年全国地级以上的城市，优良天数比例是78.8%，同比提高了2.1个百分点。

三是重污染天数继续下降，2016年全国74个重点城市重度及以上的污染天数比例为3%，这个数字比2013年降低了5.7个百分点，其中京津冀区域2016年重污染天数的比例是9.2%，这个数字比2013年降低了11.5个百分点。

四是国家酸雨的面积去年继续下降，截止到去年全国酸雨面积继续减少5个百分点，目前占到国土面积的7.1%，这个数字已经恢复到上个世纪90年代的水平。

五是全国重点城市的空气质量总体上向好总体。2016年9月份的监测资料，全国338个地级及以上城市平均优良天数比例为84.8%，轻度污染天数比例为13.5%，中度污染天数比例为1.5%，重度及以上污染天数比例为0.2%。2016年全国重点城市的空气质量总体上向好，如338个地级城市中，84个达标，同比增加了11个百分点；PM2.5浓度下降6%，PM10浓度下降5.7%；重污染天数比例为2.6%，下降0.6%。

八、环境污染形势依然严峻，治理措施需进一步加强

我国环境污染形势依然严峻，主要表现在以下几个方面。

一是霾怨声起。2017年1月3日，中央气象台发布首个大雾红色预警，而后继续发布霾橙色预警，重度雾霾污染覆盖了全国大片地区，北京、河北、河南、山东、陕西等地陷入一片朦胧之中。受不利气象条件影响，国内多家航班取消、多条高速封路，致使北方地区交通困难；自2016年12月至2017年三、四月中小学频繁放假，部分污染严重的工厂停止运营。类似的雾霾，近几年已是多次造访，老百姓还是霾怨声四起。中国环境监测总站2017年1月5日调度结果显示，京津冀及周边地区和陕西省共有72个城市启动重污染天气黄色及以上预警，其中32个城市维持或发布红色预警，27个城市维持或发布橙色预警，13个城市维持或发布黄色预警。

二是全国土壤环境状况总体不容乐观。部分地区土壤污染较重根据《全国土壤污染状况调查公报》的调查数据表明，我国土壤污染的总体形势严峻，部分地区土壤污染严重，在重污染企业或工业密集区、工矿开采区及周边地区、城市和城郊地区出现了土壤重污染区和高风险区。

三是生态保护取得成效、防治形势仍任重道远，第五次全国荒漠化和沙化监测结果显示，自2004年以来，全国荒漠化和沙化状况连续3个监测期“双缩减”，呈现整体遏制、持续缩减、功能增强、效果明显的良好态势。国家重点生态功能区县域生态环境状况监测结果表明，2015年生态环境“脆弱”的县域有68个，占12.3%，集中在防风固沙和水源涵养类型区。

四是产业和能源结构亟待进一步优化。一是煤炭在能源结构中占比重仍占近70%，污染大。二是工业化进程尚未完成，钢铁水泥等污染重的产业规模大，转型任务重。三是冬季城乡散煤取暖的现象普遍存在，面源污染重。

随着经济发展进入新常态，产业结构优化明显加快，能源消费增速放缓，资源性、高耗能、高排放产业发展放缓。但是必须指出的是，随着工业化、城镇化快速推进和消费结构持续升级，我国能源需求刚性增长，资源环境问题仍是制约我国经济社会发展的瓶颈之一，节能减排依然形势严峻、任务艰巨。

节能减排要实现的目的，是要加快建设资源节约型、环境友好型社会，确保完成“十三五”节能减排约束性目标，保障人民群众健康和经济社会可持续发展，促进经济转型升级，实现经济发展与环境改善双赢，为建设生态文明提供有力支撑。李克强总理在政府工作报告中提出，坚决打好蓝天保卫战。2017年二氧化硫、氮氧化物排放量要分别下降3%，重点地区细颗粒物（PM2.5）浓度明显下降。

为了完成节能减排目标，必须科学施策、标本兼治、铁腕治理，进一步综合运用经济、法律、技术手段和必要的行政手段，着力健全激励约束机制，落实地方各级人民政府对本行政区域节能减排负总责、政府主要领导是第一责任人的工作要求。

（一）更加坚决、更加严苛、更加有效“去产能”

2016年完成的去产能任务中，有70%以上的产能属于先前已经停产的无效产能，因此2017的去产能将更加有效，相应的难度也势必加大。中央经济工作会议2016年12月14-16日在京举行，提出2017年是去产能攻坚年，将更加严格控制新增产能，更加坚决淘汰落后产能，更加严厉打击违法违规行为，通过利用能耗、环保、技术、质量、安全等法律法规来剔除不合规、不合法的企业和设备，使留下的企业和设备在平等的市场环境下运行。据会议公报显示，2017年将是实施“十三五”规划的重要一年，是供给侧结构性改革的深化之年。会议明确指出，要继续深化供给侧结构性改革，在巩固成果基础上，针对新情况新问题，完善政策措施，继续推动钢铁、煤炭行业化解过剩产能。同时，针对那些“僵而不死”的“僵尸企业”，也给出了明确的说法，通过严格执行环保、能耗、质量、安全等相关法律法规和标准，创造条件推动企业兼并重组，妥善处置企业债务。更重要的是，还要防止已经化解的过剩产能死灰复燃，同时用市场、法治的办法做好其他产能严重过剩行业去产能工作。李克强总理在政府工作报告中提出，2017年全年要再压减钢铁产能5000万吨左右，退出煤炭产能1.5亿吨以上。同时，要淘汰、停建、缓建煤电产能5000万千瓦以上，以防范化解煤电产能过剩风险，提高煤电行业效率，为清洁能源发展腾空间。

“十三五”力争淘汰火电落后产能2000万千瓦以上。新建燃煤发电机组平均供电煤耗低于300克标煤/千瓦时，现役燃煤发电机组经改造平均供电煤耗低于310克标煤/千瓦时，电网综合线损率控制在6.5%以内。

2017年3月，国家十六部门联合发布《关于利用综合标准依法依规推动落后产能退出的指导意见》，明确提出以钢铁、煤炭、水泥、电解铝、平板玻璃等行业为重点，通过完善综合标准体系，严格常态化执法和强制性标准实施，促使一批能耗、环保、安全、技术达不到标准和生产不合格产品或淘汰类产能(以上即为落后产能)，依法依规关停退出，产能过剩矛盾得到缓解，环境质量得到改善，产业结构持续优化升级；通过落实部门联动和地方责任，构建多标准、多部门、多渠道协同推进工作格局。

然而，去产能的难度和压力相对加大。一是去产能面临的是正常生产的钢厂和煤矿，压减的是实实在在参与市场竞争的产能，难度和压力加大。二是钢铁和煤炭价格持续上升，导致部分企业化解过剩产能动力不足，甚至可能会出现违规产能的反弹和“僵尸企业”的复活。三是分流安置人员的工作压力持续加大。

去产能是党中央国务院的重大决策部署，是推进供给侧结构性改革的重大任务。

因此，必须思想认识到位。要从与党中央保持一致的高度，从讲政治的高度，深刻认识化解钢铁过剩产能的严肃性、必要性和紧迫性，坚定不移按照党中央国务院的安排部署，发扬踏石留印、抓铁有痕的精神，摒弃懈怠思想，克服畏难情绪，增强创新意识，继续攻坚克难，推进去产能工作不断走向深入；落实责任到位，要切实将地方主责落实到位，建立健全有效工作机制，将压力层层传导到基层、到企业，做到“盯住看、有人管、马上干”；要更多运用市场化、法治化手段，推动企业兼并重组、破产清算，完善“僵尸企业”退出机制；用好中央财政专项奖补资金，地方政府和企业要落实相关配套资金，确保分流职工就业有出路、生活有保障；鼓励行业领军企业和优质企业对“僵尸企业”进行兼并重组，达到既盘活有效资产又提高产业集中度的目的。同时，允许和支持银行与企业通过协商，按照市场化方式开展银行债权转股权，在转股资产定价、资金筹集、管理和退出股权等环节切实尊重银行债权人权益和选择权，实现银行和企业双赢。大力拓展产能国际合作新空间，围绕利用好国际国内两个市场、两种资源，抓住“一带一路”沿线国家和非洲、拉美地区等发展中国家大规模开展基础设施建设的历史机遇，积极引导国家产能合作和企业“走出去”战略。

（二）下更大决心铁腕治霾

一要加快解决燃煤污染问题。全面实施散煤综合治理，推进北方地区冬季清洁取暖，完成以电代煤、以气代煤300万户以上，全部淘汰地级以上城市建成区燃煤小锅炉。加大燃煤电厂超低排放和节能改造力度，东中部地区要分别于今明两年完成，西部地区于2020年完成。抓紧解决机制和技术问题，优先保障可再生能源发电上网，有效缓解弃水、弃风、弃光状况。加快秸秆资源化利用

二要全面推进污染源治理。开展重点行业污染治理专项行动。对所有重点工业污染源，实行24小时在线监控。明确排放不达标企业最后达标时限，到期不达标的坚决依法关停。

三要强化机动车尾气治理。基本淘汰黄标车，加快淘汰老旧机动车，对高排放机动车进行专项整治，鼓励使用清洁能源汽车。在重点区域加快推广使用国六标准燃油。四要有效应对重污染天气。加强对雾霾形成机理研究，提高应对的科学性和精准性。扩大重点区域联防联控范围，强化应急措施。

（三）党政同责，一岗双责，严格考核，注重实效

强化节能目标责任评价考核，推动节能低碳全面纳入法制化轨道，健全推进节能低碳的市场化机制，确保实现能耗总量和强度“双控”目标、温室气体控制目标。习近平总书记、李克强总理多次对生态文明建设目标评价考核工作提出明确要求。中共中央办公厅、国务院办公厅印发的《生态文明建设目标评价考核办法》，生态文明建设目标评价考核实行党政同责，采取年度评价和五年考核相结合的方式，在节能减排、大气污染防治、最严格耕地保护等现有专项考核的基础上综合开展。根据《办法》要求，国家发展改革委、国家统计局、环境保护部、中央组织部等部门制定印发《绿色发展指标体系》和《生态文明建设考核目标体系》，为开展生态文明建设评价考核提供依据。从2017年起，全面落实《生态文明建设目标评价考核办法》，建立各省市的年度绿色发展指数，对地方转型和绿色发展进行评价；每5年对地方党委和政府实施生态文明建设目标考核，切实地发挥环境保护党政同责、一岗双责和失职追责的指挥棒作用。按照《绿色发展指标体系》实施，主要评估各地区生态文明建设进展的总体情况，引导各地区落实生态文明建设相关工作，每年开展一次。五年考核按照《生态文明建设考核目标体系》实施，主要考核国民经济和社会发展规划纲要确定的资源环境约束性指标，以及党中央国务院部署的生态文明建设重大目标任务

完成情况，强化省级党委和政府生态文明建设的主体责任，每个五年规划期结束后开展一次。

节能减排是生态文明建设的重要组成部分，也是一项长期、复杂的系统工程，既需要通过强力措施行动，尽早取得切实成效，也需要逐步完善制度体系，引导全社会理念行动长期转型。

2017年5月26日，习近平在主持中共中央政治局第四十一次集体学习时强调，生态环境保护能否落到实处，关键在领导干部。要落实领导干部任期生态文明建设责任制，实行自然资源资产离任审计，认真贯彻依法依规、客观公正、科学认定、权责一致、终身追究的原则，明确各级领导干部责任追究情形。对造成生态环境损害负有责任的领导干部，必须严肃追责。各级党委和政府要切实重视、加强领导，纪检监察机关、组织部门和政府有关监管部门要各尽其责、形成合力。

必须加强对生态环境保护、节能减排工作的组织领导。要严格落实目标责任，国务院每年组织开展省级人民政府节能减排目标责任评价考核，将考核结果作为领导班子和领导干部年度考核、目标责任考核、绩效考核、任职考察、换届考察的重要内容。发挥国家应对气候变化及节能减排工作领导小组的统筹协调作用，国家发展改革委负责承担领导小组的具体工作，切实加强节能减排工作的综合协调，组织推动节能降耗工作；环境保护部主要承担污染减排方面的工作；国务院国资委要切实加强对国有企业节能减排的监督考核工作；国家统计局负责加强能源统计和监测工作；其他各有关部门要切实履行职责，密切协调配合。各省级人民政府要立即部署本地区“十三五”节能减排工作，进一步明确相关部门责任、分工和进度要求。

各级人民政府对本行政区域节能减排负总责、政府主要领导是第一责任人。严格节能减排约束性指标考核，建立以环境质量考核为导向的考核制度，从根本上杜绝拉闸限电等“运动式”节能减排做法。同时，各级政府要加快完善节能环保法律法规标准、健全管理、监察、服务“三位一体”的工作体系，长远谋划、系统推进节能减排工作。

（四） 强化企业主体责任

《“十三五”节能减排综合工作方案》指出，要落实节约资源和保护环境基本国策，以提高能源利用效率和改善生态环境质量为目标，以推进供给侧结构性改革和实施创新驱动发展战略为动力，坚持政府主导、企业主体、市场驱动、社会参与，加快建设资源节约型、环境友好型社会。根据环保部2017年1月5日向媒体通报，污染源的主要问题分为四项，第一是部分企业未严格落实重污染天气应急响应措施；二是部分企业污染治理设施不正常运行、超标排放污染物；三是部分企业重污染天气应急预案操作性不强，无法起到实际减排效果；四是仍存在料堆等面源污染治理不到位。空气污染的程度已经非常严重，但部分企业却毫不采取措施，仍旧生产排放污染物。

确定企业的主体责任，对节能减排工作进行统计、监测、评价、考核、监督、检查、考核、奖惩，真正把节能减排转化为企业和各类社会主体的内在要求。

同时，要改革考核制度，通过考核制度的改革，对GDP导向进行一个大的调整，使各级政府和企业等主体，同时追求经济效益、环境效益和社会效益。

（五）建立和完善节能减排技术支撑和服务体系

一是加快节能减排共性关键技术研发示范推广，启动“十三五”时期科技战略研究和专项规划编制，加快科技资源集成和统筹部署，实施重大科技产业化工程。

二是推进节能减排技术系统集成应用，推动区域、城镇、园区、用能单位等系统用能和节能，加强能源梯级利用，支持基于互联网的能源创新，综合采取节能减排系统集成技术，推动锅炉系统、供热/制冷系统、电机系统、照明系统等优化升级。

三是建立和完善节能减排技术评估体系和科技创新创业综合服务平台，培育一批具有核心竞争力的节能减排科技企业和服务基地、科技成果转移促进中心和交流转化平台、节能减排产业技术创新战略联盟、研究基地(平台)。

（六）建立和完善节能减排市场化机制

建立、健全全国统一、竞争充分、规范有序的市场体系以及价格、财税、金融等引导支持政策体系，进一步完善价格、财税等经济政策，发挥绿色金融对节能减排的引导作用。同时，围绕创新节能减排市场化机制，健全用能权、排污权、碳排放权交易机制，推行合同能源管理模式、第三方污染治理模式，加强绿色标识认证、电力需求侧管理等。这既是健全节能减排长效机制的重要内容，也对增强我国资源环境领域治理能力具有重要意义。

一是健全用能权、排污权、碳排放权交易机制。2016年9月21日，国家发改委发布《关于开展用能权有偿使用和交易试点工作的函》，提出了《用能权有偿使用和交易试点方案》（以下简称《试点方案》）。

《试点方案》提出，将在浙江省、福建省、河南省、四川省开展用能权有偿使用和交易试点。试点地区可以在本区域内全面开展试点，也可以根据实际情况先选择若干地市开展试点，然后逐步扩大试点区域。

至此，十八届三中全会提出的“推行节能量、碳排放权、排污权、水权交易制度”改革任务已经初步实现。

《试点方案》提出主要目标，在部分地区开展试点，通过探索创新，推动用能权有偿使用和交易改革任务取得积极进展，形成若干可操作、有效的制度成果。在试点地区建立较为完善的制度体系、监管体系、技术体系、配套政策和交易系统，推动能源要素更高效配置。

按照统筹规划、试点先行、分步实施、有序推进的原则，选择在已有一定的工作基础，开展试点工作积极性较高，具有代表性的浙江省、福建省、河南省、四川省开展用能权有偿使用和交易试点。试点地区可以在本区域内全面开展试点，也可以根据实际情况先选择若干地市开展试点，然后逐步扩大试点区域。

2016年做好试点顶层设计和准备工作；2017年开始试点，并根据情况不断完善实施方案；到2019年，试点任务取得阶段性成果，形成可复制可推广的经验、做法和制度；2020年，开展试点效果评估，总结提炼经验，视情况逐步推广。

《试点方案》提出，试点内容主要包括以下七个方面：科学合理确定用能权指标，推进用能权有偿使用，建立能源消费报告、审核和核查制度，明确交易要素，完善交易系统，构建公平有序的市场环境，落实履约机制。

（六）更加严格执法和督查问责，实施全民节能行动

对偷排、造假的，必须严厉打击；对执法不力、姑息纵容的，必须严肃追究；对空气质量恶化、应对不力的，必须严格问责。

节能减排，远离雾霾，人人有责，贵在行动、成在坚持。努力增强全体公民的资源节约和环境保护意识，实施全民节能行动，形成全社会共同参与、共同促进节能减排的良好氛围。通过全社会不懈努力，蓝天必定会一年比一年多起来。

（撰稿：孟赤兵，北京现代循环经济研究院）

中国新能源发展举世瞩目

《中国低碳年鉴》编辑部

一、新能源成为我国能源转型升级、能源革命的主攻方向

能源环境问题特别是大气污染及雾霾已成为全社会高度关注的问题，推动能源，加快能源结构转型是化解全球资源和环境约束，应对气候变化的根本途径。

工业革命250多年来，占世界人口20%左右的发达国家实现了工业化，但其所消耗的能源约占同期全球消费总量的80%。大量的化石能源消费，造成大气污染、土地荒漠化、地下水系破坏、气候变暖、冰川消融、海平面上升等生态环境问题，人类赖以生存的地球家园面临严重危机。如果发展中国家也重复发达国家走过的高能耗、高排放的工业化道路，至少还需要三个地球的煤炭、油气等化石能源和环境空间，显然是行不通的。只有加快推动能源革命，以核电、水电、风电、太阳能等非化石能源和天然气作为未来的主体能源，才能从根本上化解能源资源和环境约束，实现能源资源的永续利用，促进人类永续发展。

《巴黎协定》的签定不仅开启了全球气候治理的新纪元，还将进一步推动世界能源格局的重塑。中国政府率先签署《巴黎协定》，承诺到2030年单位GDP二氧化碳排放量比2005年下降60％至65％，2030年左右二氧化碳排放量达到峰值，并尽早达到峰值。2014年中国政府在签订《中美气候变化联合声明》中正式承诺，到2020年实现非化石能源占一次能源消费比重达到15％左右，到2030年达到20％左右。

这个庄严承诺，和我国推进供给侧结构性改革也是一致的。所谓“供给侧改革”，通俗地理解，无非就是供给更好的东西给某一群体。就能源行业来说，就是积极实施清洁替代和电能替代，加快能源结构转型升级步伐，建立包括水电、风电、核电、太阳能、生物质能等具有绿色、低碳、无污染、可再生的现代新能源体系。

我国新能源在资源、发展趋势和技术上也具备大规模快速发展的条件。

资源方面，我国陆上80米高度、风功率密度超过150瓦／平方米的风能资源潜力约20万亿千瓦时，太阳能资源潜力超过85万亿千瓦时。

发展趋势表明，电源结构也出现优化，风电、水电、核电出现了大幅增长，超越了火电发电量增速。“十二五”时期，国内新能源产业快速发展。2015年，我国新增非化石能源发电装机占世界的40%左右。与2005年相比，2015年中国水电装机容量增加1.7倍，风电装机容量增加100.8倍，太阳能发电装机容量增加615倍，生物质能发电装机容量增加33.8倍，核电装机容量增加2.9倍。截至2015年底，我国并网风电装机容量1.29亿千瓦，全国并网太阳能发电装机容量4318万千瓦，位居世界第一。根据国家能源局统计，“十二五”期间，我国水电、风电、太阳能发电装机规模分别增长1.4倍、4倍和168倍，直接带动非化石能源消费比重提高了2.6个百分点。光伏、风电、水电装机均稳居世界第一，不仅为我国节能减排、经济增长作出了突出贡献，也对全球能源变革产生了重大影响。

在技术经济方面，目前自主三代核电技术基本成熟，平均发电成本低于煤电、气电。风电技术发展迅猛，2020年具备平价上网的条件。太阳能光伏发电和光热发电技术近年来在材料、电池、联合优化运行等方面取得重大突破。因此，新能源成为我国能源转型升级、能源革命的主攻方向。

——推进能源供给侧结构性改革。习近平总书记对能源发展改革高度重视，作出一系列重要论述和指示，特别是2014年6月在中央财经领导小组第六次会议上发表重要讲话，鲜明提出推动能源消费革命、能源供给革命、能源技术革命、能源体制革命和全方位加强国际合作等重大战略思想，为我国能源发展改革进一步指明了方向。2016年，以推进供给侧结构性改革为主线，大力推进能源结构优化和产业升级，积极发展水电、稳步发展风电、安全发展核电、大力发展太阳能、积极开发利用生物质能、地热能等新能源，大力发展非化石能源，化解与防范产能过剩，从2016年开始，三年内原则上停止审批新建煤矿项目，停建、缓建、取消一批煤电项目，加快炼油能力升级改造，淘汰落后产能。着力增加非化石能源、天然气等清洁能源消费比重，培育绿色低碳的生产方式和生活模式，建设生态文明社会。2016年这一年化解煤炭过剩产能超额完成全年任务，取消1240万千瓦不具备核准条件的煤电项目；煤电节能改造规模超过2亿千瓦、超低排放改造规模超过1亿千瓦。长远目标是形成以非化石能源和天然气为主体的能源结构；中长期目标是到2020年非化石能源、天然气占一次能源消费总量的比重分别达到15%和10%左右，到2030年分别达到20%和15%左右。

——优化能源发展布局。长期以来我国电力都是按省域平衡，就地消纳为主，缺乏清洁能源跨省跨区消纳的政策和电价机制。目前，东中部地区集中了全国三分之二以上的煤电，严重超出环境的承载能力。但可能是考虑省内产业发展、GDP增长以及就业等方面因素，一些东中部省份仍然积极争取新建燃煤机组，而不愿意使用省外的清洁电能。根据新形势的变化，“十三五”能源规划对重大能源项目、能源通道作出了统筹安排：将风电、光伏布局向东中部转移，新增风电装机中，中东部地区约占58%，新增太阳能装机中，中东部地区约占56%，并以分布式开发、就地消纳为主。为此一是加快构建全国统一电力市场。建立有利于打破省间壁垒、促进清洁能源跨区跨省消纳的电

价机制和清洁能源配额制度，下达各省清洁能源消费比重硬指标。二是各省份都应均等承担环境保护的义务，东中部先发展起来的省份主动尽一份责任，积极消纳清洁能源。三是形成大力消纳水、风、光伏等清洁能源的政策导向，促进其健康可持续发展。四是国家实施可再生能源配额制，政府用法律的形式对可再生能源发电的市场份额做出的强制性规定。目前，英国、澳大利亚、德国、日本等18个国家和美国部分州已实施了可再生能源配额制。相对于美国等国的成功经验，印度实施 “可再生能源购买义务”和“可再生能源证书”为核心的可再生能源配额制。国家发改委、国家能源局联合发布电改“9号文”首个配套文件《关于改善电力运行调节促进清洁能源多发满发的指导意见》，明确鼓励提高新能源发电的消纳比例，随后内蒙古、湖北陆续出台地方版可再生能源电力配额规定，业界期盼多时的国家层面“可再生能源配额制”可谓是呼之欲出。

——推动技术创新。紧盯国际能源科技创新和产业变革前沿超前部署，提出我国能源科技中长期15大创新方向、139项创新行动和能源装备15个重点发展领域，加大科技攻关力度，提高关键领域自主创新能力，能源发展进入创新驱动的新阶段。神华宁煤400万吨/年煤制油示范项目建成投产，自主三代核电技术“华龙一号”示范项目开工建设，一批重大核心装备实现自主研发制造，特高压输电、智能电网等技术国际领先，大规模储能、天然气水合物开采等关键技术孕育突破。

2016年，国家发展改革委与国家能源局联合下发了《能源技术革命创新行动计划（2016-2030年）》，并同时发布了《能源技术革命重点创新行动路线图》，推进高效太阳能利用技术、大型风电技术、现代电网关键技术、能源互联网技术、节能与能效提升技术等重点技术创新任务，加快实施智能电网、物联网、储能、微电网的综合供能区域试点。可以预见，“十三五”及今后一段时期，随着风电消纳技术的研究和应用，新能源产业发展的瓶颈问题有望逐步得到解决，新能源综合成本竞争优势不断增强，可再生能源利用水平将进一步提升，将为新能源企业带来更大的发展空间。

中国政府实施了世界上最严排放的火电标准，进一步要求新建煤电机组必须达到气电的标准，到2020年也要全部改造达标。

我国已经建立起了完善的风能、光伏发电等清洁产业体系，设备制造、系统应用处于全球领先水平，已经具备了吹响能源革命号角的各种主要条件。

——着力深化国际合作，能源发展空间进一步拓展。从产业总体来看，我国光伏行业已从十多年前的两头在外，发展成为目前很具国际竞争力的战略新兴产业之一。从90%以上产品出口欧盟，到国内安装应用占到接近一半。技术的不断进步、规模的不断扩大使单位发电装机成本持续降低，目前每千瓦的建设成本在5000~7000元，三五年内可望降到3000~ 5000元。我国已连续两年成为全球光伏发电装机第一大国。

着力推进“一带一路”能源合作，制定合作规划，确定重点领域。基本形成东北、西北、西南、海上四大油气输送通道格局和油气上下游产业链深层次全面合作模式，实现同俄罗斯、蒙古、越南、老挝、缅甸等周边国家电网互联互通，与巴基斯坦、英国、阿根廷的核电合作项目取得积极进展，能源装备、技术、标准、服务走出去步伐不断加快。举办G20能源部长会议、APEC能源部长会议、国际能源变革论坛、“一带一路”国际合作高峰论坛加快设施联通平行主题会议等，形成一系列重大成果，显著提升了我国在国际能源舞台的话语权和影响力，对全球能源治理的引领作用不断增强。

通过上述大量卓有成效的工作和出台了一系列支持政策，中国能源加快向绿色、低碳转型，绿色多元的能源供应体系正在建立，成就凸现，得到世界垂青。

2016年全年全国能源消费总量约43.6亿吨标准煤，同比增长1.4%左右；非化石能源消费比重达到13.3%，同比提高1.3个百分点,煤炭占比降至70%以下。电力装机达到16.5亿千瓦，装机结构清洁化趋势显著，非化石能源发电装机比重36.1%，同比提高2个百分点，实现了“十三五”良好开局；截至2016年底，全国风电装机14864万千瓦，太阳能发电装机7742万千瓦，水电、风电、太阳能发电装机规模和核电在建规模均稳居世界第一大国，对世界可再生能源发展的引领作用日益突出。同时，大力压减煤炭、煤电产能，在交通运输、工商业、居民生活等领域推进以电代煤、以电代油，2016-2017年退出煤炭产能4.4亿吨以上，淘汰、停建、缓建煤电产能5000万千瓦以上，为新能源发展腾出空间。 截至2016年底，我国原煤入选率达到68.9%，现役煤电机组已全面实现脱硫，脱硝比例超过92%，大气污染物排放指标跃居世界先进水平，成为第三个实现页岩气工业化生产的国家。

通过发展特高压输电，提高电网智能化水平，积极支持和服务中国新能源发展。截至2016年底，国家电网累计并网风电、光伏发电装机1.3亿千瓦和0.7亿千瓦，是全球新能源并网规模最大的电网。自主研发了全球最先进的特高压输电技术，在运、在建特高压工程20项。累计安装智能电表4.27亿只，建成多端柔性直流、统一潮流控制器、国家风光储输等多项国际领先的智能电网示范工程。建成了覆盖中国121个城市的电动汽车快速充电网络和接入16.1万个充电桩的智慧车联网平台，为100万辆电动汽车出行提供全方位服务。过去20年，国家电网是全球唯一没有发生大面积停电事故的特大电网。

当前最突出的问题是在大量的煤电造成污染的同时,存在大量的弃风、弃光现象。2016年全国弃风电量为497亿千瓦时，较2015年的339亿千瓦时上涨46. 6%。其中，甘肃弃风率43%、弃风电量104亿千瓦时。与弃风现象同样严重的是，西北地区尤其是甘肃、新疆等光伏装机大的省份弃光率居高不下，面临新能源消纳难题。

二、围绕实现“十三五”规划目标，提高清洁低碳能源发展质量和效益

（一）坚持能源革命，进一步推进能源向绿色、低碳发展转型

积极发展水电。加快建设金沙江、雅砻江、大渡河等大型水电基地。加强西南水电外送华南、华中和华东等区域输电通道建设，统筹推进金中、滇西北、川电外送第三通道等工程项目。建立水能利用监测体系，及时分析预警水能利用和弃水情况。建立健全水电开发利益共享机制，制订实施《少数民族地区水电工程建设征地移民安置规划设计规定》。

稳步发展风电。优化风电建设开发布局，新增规模重心主要向中东部和南方地区倾斜。严格控制弃风限电严重地区新增并网项目，发布2017年度风电行业预警信息，对弃风率超过20%的省份暂停安排新建风电规模。有序推动京津冀周边、金沙江河谷和雅砻江河谷风光水互补等风电基地规划建设工作。加快海上风电开发利用。

大力发展太阳能。继续实施光伏发电“领跑者”行动，充分发挥市场机制作用，推动发电成本下降。调整光伏电站发展布局，严格控制弃光严重地区新增规模，对弃光率超过5%的省份暂停安排新建光伏发电规模。稳步推进太阳能热发电首批示范项目，适时启动第二批示范项目。

积极开发利用生物质能和地热能。推进生物天然气产业化示范，抓好黑龙江垦区、新疆维吾尔自治区、新疆生产建设兵团等示范项目建设，积极发展能源、农业和环保“三位一体”生物天然气县域循环经济。加快相关标准体系建设，推进生物天然气和有机肥商品化产业化。制订出台关于推进农林生物质发电全面转向热电联产的产业政策，提高生物质资源利用效率。建立生物质发电项目布局规划监测体系，新建项目纳入省级规划管理。推广地热能供暖、制冷，发挥地热能替代散烧煤、促进大气污染防治的作用。

（二）推进化石能源清洁开发利用

推进煤炭绿色高效开发利用，实施煤电超低排放改造和节能改造，2017年底前东部地区具备条件的机组全部完成超低排放和节能改造。提高油气保障能力，推进页岩气国家级示范区新产能建设，力争新建产能达到35亿立方米;加快天然气主干管道互联互通工程建设，提高天然气保供能力;推进煤层气勘探开发利用重大工程，加快煤层气(煤矿瓦斯)输送利用设施建设;推进国家石油储备基地建设。扩大天然气利用，推进城镇燃气、燃气发电、工业燃料、交通燃料等重点领域的规模化利用。加强电力系统调节能力建设，加快建设抽水蓄能电站，重点推进燃煤电厂灵活性改造试点，新建一批天然气调峰电站。

（三）加强关键技术攻关和标准体系建设

在核电、新能源、页岩气等领域，推动自主核心技术取得突破。在太阳能光热利用、分布式能源系统大容量储能等领域，推动应用技术产业化推广。围绕推进可再生能源、先进核电、关键材料及高端装备可持续发展，研究设立国家能源研发机构，建立健全相关管理机制。

加强标准体系建设。推动发布落实《“华龙一号”国家重大工程标准化示范项目实施方案》。制订实施《少数民族地区水电工程建设征地移民安置规划设计规定》有关标准。推动“互联网+”智慧能源、电动汽车充电设施、太阳能发电、天然气发电、储能以及能源安全生产等领域有关标准制(修)订工作。推动天然气计量方法与国际接轨。推进强制性节能、先进领跑等标准体系建设。

三、中国水电已成为国家名片

中国水电产业已经成为全球引领者，目前全球的水电装机10亿千瓦，中国的水电装机3亿千瓦，占全球水电装机的30%左右，全球前十座大电站有5座在中国，全球70万以上的装机有68%在中国，中国水电整个的建设、管理、运行水平和能力已经居于世界前列，成为国家名片。世界最大的水电工程三峡工程的建设者已转型成为中国最大清洁能源集团。如今，全球10大水电站中有5座由三峡集团负责建设运营。

据统计，我国水能资源可开发装机容量约6.6亿千瓦，年发电量约3万亿千瓦时，按利用100年计算，相当于1000亿吨标煤，在常规能源资源剩余可开采总量中仅次于煤炭。经过多年发展，我国水电装机容量和年发电量已突破3亿千瓦和1万亿千瓦时，分别占全国的20.9%和19.4%，水电工程技术居世界先进水平，形成了规划、设计、施工、装备制造、运行维护等全产业链整合能力。

水电发展“十三五”规划提出，2020年我国水电总装机容量达到3.8亿千瓦，年发电量1.25万亿千瓦时，折合标煤约3.75亿吨，在非化石能源消费中的比重保持在50%以上。“规划”明确，要不断扩大“西电东送”能力，2020年水电送电规模达到1亿千瓦。预计2025年全国水电装机容量达到4.7亿千瓦，其中常规水电3.8亿千瓦，抽水蓄能约9000万千瓦；年发电量1.4万亿千瓦时。

2016年突出进展：

加快推进西南水电基地重大项目建设，推动白鹤滩、叶巴滩、卡拉等重点水电项目核准开工，积极推进怒江水电开发。

2016年3月27日雅砻江流域最末级的桐子林水电站最后一台机组正式投产运行。这标志着我国第三大水电基地的下游水能资源开发全面完成，五大梯级电站总装机达1470万千瓦，成为国家“西电东送”的重要骨干电源点之一，今后每年可外送650亿千瓦时清洁电能至川渝和华东地区，相当于每年为受电地区节约原煤消耗约3000万吨，减少二氧化碳排放约5360万吨。

西藏水力资源理论蕴藏量居全国首位，同时还是世界上太阳能资源最富集的地区之一。中央和西藏将加快推进西藏作为国家清洁能源基地和“西电东送”接续基地建设。数据显示，近年来在国家的大力支持下西藏各项用电指标显著改善，能源消费结构不断优化。截至2015年底，西藏发电装机容量、发电量较２０１０年分别增长１３６％和７５％；主电网覆盖范围由２０１０年的３２个县（区）扩大到５８个县（区），供电覆盖人口较２０１０年增长３３．２％；清洁能源消费比重由２０１０年的３１．９％提高到４３．３％。

水电建设产生巨大的生态效益。“十三五”期间，水电将累计提供5.6万亿千瓦时的清洁电量，满足我国经济社会发展的用电需要，相应节约16.8亿吨标准煤，减少排放二氧化碳35亿吨，二氧化硫1250万吨，氮氧化物1300万吨，对减轻大气污染和控制温室气体排放将起到重要的作用。

四、中国迈向世界核电大国

核电是高效、安全、低碳、清洁的优质能源，是战略性的高技术产业。核电也是调整能源结构、保证能源供给、应对气候变化的主要措施。经过30年的发展，中国核电发展取得较大成绩。中国核电运行的规模不断扩大。到“十二五”末，我国核电已累计发电5298亿千瓦时，减排效果相当于造林约152万公顷，面积可覆盖整个北京。

自1985年我国自行设计的秦山核电站开工建设以来，中国核电发展日新月异，最近5年来更是突飞猛进，已经形成了完整的核工业链。截至2016年底，有35台运行核电机组，装机容量达3328万千瓦，位居全球第4位，20台在建核电机组，在建核电机组数量世界第一。”根据国家能源发展战略行动计划，“十三五”期间，我国每年还将新开工6台至8台机组。到2020年，运行核电装机容量将达到5800万千瓦，在建容量达到3000万千瓦以上。

与此同时，核电技术水平显著提升。有研究堆19座，核燃料循环设施近百座。全国共有核技术利用单位6.7万家，在用放射源12.7万枚，射线装置15.1万台(套)，已收贮废旧放射源19.2万枚；推进AP1000依托项目建设，抓紧开工大型先进压水堆CAP1400示范工程，加快推进小堆示范工程，保护和论证一批条件优越的核电厂址，稳妥推进新项目前期工作。

特别是承载中国“核电强国梦”的“华龙一号”。“华龙一号”是在我国30余年核电科研、设计、制造、建设和运行经验的基础上，充分借鉴国际三代核电技术先进理念，汲取福岛核事故经验反馈，采用国际最高安全标准研发的，具有中国完全自主知识产权的三代核电技术。以“华龙一号”为代表的三代核电技术的重要特征，就是具有更高安全性，在这方面，中国技术走出了自己的路。从1987年开工建设的大亚湾核电站开始，我们先后建设了岭澳核电站、阳江核电站、台山核电站、辽宁红沿河核电站、江苏田湾核电站，建设过核岛和常规岛，历经过法国的EPR技术、美国的AP1000技术等不同路线施工，多年来我们积累了丰富的经验，把国之重器‘华龙一号’从设计变成现实。

从2013年中核集团ACP1000和中广核ACPR1000+技术进行融合开始，短短5年时间，具有完整自主知识产权的中国三代核电品牌“华龙一号”从设计方案到落地建设，顺利走向世界。

“华龙一号”的装备国产化率现在可达85%以上，反应堆压力容器、蒸汽发生器、堆内构件等核心装备都已成功实现国产，代表了我国装备制造业的先进水平，“华龙一号”的供货厂家，分布在全国各地，涉及5300多家，共计6万多台套；“华龙一号”具有完整自主知识产权，共获得700余项专利和100余项软件著作权；“互联网+”“集成创新”，是“华龙一号”自主创新的两大特点，也充分体现了我国的制度优势。

——广西防城港核电。我国西部首座核电站——广西防城港核电站两台机组均采用中广核自主设计的改进型压水堆CPR1000技术。首台机组于2016年1月1日投入商业运行，2号机组于2016年10月1日投入商业运行。

防城港核电一期工程2台机组投运后，每年可提供150亿千瓦时安全、清洁、经济的电力，减少标煤消耗482万吨，减少二氧化碳排放量约1186万吨，减少二氧化硫和氮氧化物排放量约19万吨。该工程多个关键设备首次实现国产化。首次实现核燃料装卸贮存系统（PMC）和固体废物处理系统（TES）等设备国产化，打破了国外技术垄断，推动了我国核电自主化水平的进一步提升。2016年12月26日防城港核电二期4号机组核岛反应堆筏基顺利完成浇筑，一次性连续浇筑63.5小时，共浇筑混凝土8733立方米，这也是4号机组核岛工程中，连续浇筑量最大的一次。防城港核电二期3、4号机组不但是“华龙一号”示范机组，而且将作为中广核控股的英国布拉德韦尔B核电项目参考电站。面对我国核电产业的全球市场，防城港是一个重要支点。

广西防城港核电一期工程和二期工程共四台机组全面建成投入运营后，每年具备315亿千瓦时发电能力，与同等规模的燃煤电站相比，可减少标煤消耗1012万吨，减少二氧化碳排放量约2486万吨，减少二氧化硫和氮氧化物排放量约40万吨，环保效益相当于新增了725平方公里的森林。

——广东阳江核电。2017年1月8日，广东阳江核电4号机组首次成功并网发电。该机组于2012年11月17日正式开工建设，于2016年11月21日完成首次装料，经过4年多的建设，最终顺利实现并网。目前，阳江核电5、6号机组正处于设备安装阶段，其中5号机组系国内首台应用国产数字化仪控（DCS）和睦系统的核电机组。

——我国核电“走出去”再突破。“华龙一号”成为我国自主三代核电技术“走出去”的主力品牌，在全球顺利推进。海外首堆巴基斯坦卡拉奇核电2号机组于2015年8月20日开工建设；2016年卡拉奇核电3号机组也已开工。中核集团还与阿根廷核电公司签署了协议，计划2020年在阿根廷开工建设一台百万千瓦级“华龙一号”压水堆核电机组。

英国是历史悠久的核电国家，拥有成熟的核电管理体制、严格的核电技术审查、完善的核电监管，世界上首座商用核电站就诞生在英国。30年前，当法国和英国联合为中国建设大陆第一座百万千瓦级大型商业核电站时，我国连核电站的地板砖、电话线、水泥都要从国外进口。如今，中国向老牌核电强国英国输出“华龙一号”。2017年1月10日，英国政府正式受理华龙一号通用设计审查（GDA），GDA是华龙一号落地英国的技术前提。这一背景令建设之中的防城港核电二期增添了与众不同的使命：建造出能被认可的“华龙一号”示范机组，对进一步推动华龙落地英国、助力中国自主核电技术出海扬帆都大有裨益。

走向世界，中国核电已经准备好了，中国已经与近20个国家达成了合作意向。由中方投资建设的英国欣克利角C项目主体工程也已经正式动工。2016年9月29日，中广核与法国电力集团（EDF）在伦敦正式签署了英国新建核电项目一揽子合作协议，中广核正式开始推进布拉德维尔B项目的各项准备工作。2016年9月7日，中国广核集团有限公司与肯尼亚能源与石油部下属的核电局在大亚湾核电基地正式签署了《中国广核集团有限公司与肯尼亚核电局关于肯尼亚核电开发合作的谅解备忘录》。根据谅解备忘录，中广核与肯尼亚核电局双方将基于华龙一（HPR1000）技术及其改进技术，在肯尼亚核电开发和能力建设方面开展全面合作，包括：研发、建设、运营、燃料供应、核安全、核安保、核废物管理和退役等领域。肯尼亚是中国“一带一路”建设在非洲的重要落脚点，谅解备忘录的签署，是中广核积极践行我国核电“走出去”战略以及“一带一路”建设具里程碑式的行动。

同时，推进巴基斯坦卡拉奇项目建设和后续合作有关工作。加强了与俄罗斯、美国等国的核电技术合作。稳步推进阿根廷、土耳其、罗马尼亚等国核电项目合作。

特别是，2016年，中国与沙特签订了《沙特高温气冷堆项目合作谅解备忘录》。这标志着中国自主研发的第四代核电“高温气冷堆”项目也实现了“走出去”的首次突破。

——中国核能与核技术利用始终保持良好安全。30多年来，中国核能与核技术利用事业始终保持良好安全业绩，未发生二级及以上事件和事故，核电安全达到国际先进水平，放射源辐射事故发生率不断降低，研究堆和核燃料循环设施保持良好安全记录。

近年来，尤其是日本福岛事故之后，公众恐核情绪有所增强。福岛事故有其特殊性，福岛装机是一代核电机组，受制于当时技术能力，本身的安全防护性能较差，同时又遇上海啸这种极端自然灾害。现在我国运行的都是二代核电机组，在建的多为三代核电机组，在研的是四代核电技术，安全性能已经大幅提升。同时，在电站选址和设计上，我国也尽量避免极端外部事件引发重大事故的可能。

环境保护部发布的《核安全与放射性污染防治“十三五”规划及2025年远景目标》提出，确保在建核电厂质量和安全。开展AP1000、华龙一号、EPR、高温气冷堆等新机型调试和首堆试验，重点做好非能动系统调试与验证，提高调试质量。同时，保持新建核电厂高安全水平。科学开展核电厂选址，做好厂址特性的安全评价，保护已选核电厂址，必要时开展厂址复核。汲取日本福岛核事故经验教训，将安全改进项纳入新建机组标准设计，提高机组设计安全水平。新建核电机组实现从设计上实际消除大量放射性物质释放。

安全利用核能，需要先进的核安全使用技术。从核能发展历史来看，核电站技术是一代比一代先进，其先进性就表现在更经济、更安全。当前，核电技术正处于由二代向三代过渡过程中，第三代技术与第二代技术最为根本的一个差别，就是第三代核电技术把设置预防和缓解严重事故作为设计核电站必须满足的要求，这使三代核电技术的安全性能大大提升。第二代核电机组发生严重事故的概率已经足够低，第三代核电机组发生严重事故的概率比第二代核电更低100倍。现在我国运行的都是二代核电机组，第三代核电机组已经并网发电，第四代示范机组也在全世界保持领先，安全性能已经大幅提升。同时，在电站选址和设计上，我国也尽量避免极端外部事件引发重大事故的可能。

安全利用核能，需要先进的核安全保卫措施。核能的安全利用，除了要防范无意造成的事故、损害、伤亡外，还要防范和抵御外人及敌人有意破坏、损害和伤亡。当今，全球反恐形势日趋复杂，核能发展方兴未艾，核安全问题的重要性和紧迫性也日益突出，成为全球治理的重要内容。60多年来，中国保持了良好的核安保记录，实现了重要核材料“一克不少、一件不丢”。要保持这样的优良记录，还需要更多努力。

安全利用核能，需要先进的核安全管理机制。一座管理良好的核电站，必然有良好的安全记录，同时也会有良好的经营记录。多年来，中国的核安全状况良好，为确保核电建设运行安全。组织开展“核电安全管理提升年”活动，实施为期一年的核电安全专项整治行动，排查安全漏洞，消除安全隐患。加强核电站应急、消防和操纵人员考核管理，强化核电厂建设运行经验交流反馈，全面提升核事故应急管理和响应能力，确保在运在建机组安全可控。加强核电科普宣传。

然而，我们也要认识到，目前我国核电所占比例不到3%，无论与法国核电80%的占比，还是与美国100多台核电机组相比，我国都太低，一定程度上限制了核电带动效用的发挥。据国际原子能机构数据显示，到2020年，全球要新建130台机组。我们必须坚持安全发展核电。积极推进具备条件的核电项目建设，按程序组织核准开工。有序启动后续沿海核电项目核准和建设准备，推动核电厂址保护和论证工作。继续实施核电科技重大专项，推进高温气冷堆示范工程建设。稳妥推动小型堆示范项目前期工作，积极探索核能综合利用。

五、我国风电装机规模位居世界首位

截至2016年底，我国风电累计装机量居世界第一。风力发电在我国电力总装机中的比重已超过7%，成为仅次于火电、水电的第三大电力来源。其中，海上风电将凭借其诸多优势，有望成为我国风电产业发展的新动力。

我国风电产业不仅在装机规模位居世界首位，同时形成了具有国际先进水平的较为完备的产业体系，装备制造能力和自主创新能力显著增强，具有中国自主知识产权的领先技术产品远销到全球近30个国家和地区，风电成为我国少数具有国际竞争力的高新技术产业之一。特别是我国风电产业的基础较好，通过过去十年的努力，我国已经掌握了风机核心设计技术，有些技术已经和国际先进水平并驾齐驱甚至引领全球技术的发展，比如低速风市场开发在全球上是首屈一指的。

2016年11月29日，国家能源局正式印发的《风电发展“十三五”规划》到2020年，风电的并网装机规模至少要达到2．1亿千瓦，风电已经成为我国推进能源转型的核心内容和应对气候变化的重要手段。

推动“三北”地区风电健康发展，鼓励东中部和南部地区风电加快发展。“十三五”时期，中东部和南方地区将成为我国风电开发的重心。为了使中东部和南方地区成为风电持续规模化开发的重要增量市场，《规划》明显提高了这一地区的“十三五”开发指标：中东部和南方地区陆上风电新增并网装机容量4200万千瓦以上，累计并网装机容量达到7000万千瓦以上。与此同时，“三北”地区陆上风电新增并网装机容量则为3500万千瓦左右。这意味着，若算上海上风电的新增并网装机容量，中东部和南方地区新增并网装机容量将占到全国新增并网容量的56．9%，远远高于“十二五”的25．8%。同时，这一地区累计并网装机容量在全国的占比也将由“十二五”的21．7%提高到33．3%。

《规划》强调，要积极稳妥地推进海上风电建设。到2020年，全国海上风电开工建设规模达到1000万千瓦，力争累计并网容量达到500万千瓦以上。

海上风电。经过十多年的发展，我国风电行业正迎来结构调整的新时期，海上风电正成为我国未来风电建设的新风口。目前，我国是全球第四大海上风电国，占据全球海上风电8．4%的市场份额。首个国家海上风电示范工程——上海东海大桥102MW风电项目的顺利运行，为我国海上风电的发展提供了丰富经验。而从风电场的初期建设到稳定运行，体现了项目建设各方的合作。

华锐风电见证了海上风电发展的过程，并克服了海外运维垄断、价格高、周期性强等问题，为中国第一个国家海上风电示范工程——上海东海大桥风电场提供了34台3MW风机，是国内唯一经过5年运行检验并顺利出质保的海上风电项目。在相关政策的支持下，华锐风电完成了国家科技部“863计划”10MW大型海上风机技术研究，为新一代大兆瓦海上风电机组的研发推出奠定了基础。目前已开发出具有全球领先水平的海上和潮间带系列风电机组并实现装机运行，以及海上风电接入技术、海上与潮间带施工成套技术、海上机组支撑结构设计技术等关键领域技术研究。在解决我国海上风电发展面临的技术难题的同时，引领全球海上风电技术发展。

唐山市乐亭菩提岛海上风电场300兆瓦示范工程风机基础土建施工正式开始，标志着我国北方首个海上风电项目主体工程顺利实现开工，也标志着河北将迎来“海上风电时代”。该工程装机容量为300兆瓦，选用了75台4兆瓦海上风电机组，叶轮直径为130米，采用海底电缆接入陆上电网。工程动态投资约56亿元，设计年上网电量为7.6亿千瓦时。与相同发电量的火电项目相比，该项目每年可节约标煤约24.4万吨，减少二氧化硫排放4202.47吨、一氧化碳排放56.9吨、二氧化碳排放62.57万吨，节约用水22.5万吨，对河北省提升可再生能源比例、改善能源结构、缓解环境压力将发挥重要的示范作用。

“十三五”时期，国家将大力推动海上风电跨越式发展，海上风电将从技术、质量、政策等方面取得飞跃式进步，实现高速发展。

我国风电产业最提出的问题是弃风限电。2015年全国弃风电量达到339亿千瓦时，直接经济损失超过180亿元。2016年第一季度全国弃风情况愈发严峻，已超过去年弃风总量的一半。

《风电发展“十三五”规划》提出全面贯彻全额保障性收购政策，被视为解决弃风限电问题的关键。一是要求逐步缩减煤电发电计划，为风电预留充足的电量空间，确保规划内的风电项目优先发电，明确对于化石能源发电挤占消纳空间和线路输电容量而导致的风电限电问题，由相应的化石能源发电企业进行补偿；二是将落实最低保障性收购小时数上升为“红线”。国家发改委、国家能源局下发《关于做好风电、光伏发电全额保障性收购管理工作的通知》，首次公布了风电和光伏最低保障利用小时数，要求各地区必须达到保障小时要求，否则不得新建风电、光伏项目。这是我国在多次提及保障性收购后，第一次划定具体收购门槛。具体来说，光伏发电、风电重点地区根据目前存在问题的严重性被分为一类和二类，各地的保障性收购小时标准不同，其中光伏发电最高门槛为1500小时，最低为1300小时；风电最高为2000小时，最低为1800小时。三是实行配额制。建立以风电电量、风电等效利用小时为主要指标的风电考核体系，弱化对装机规模的考核，促使风电开发企业重视提高风电发展质量，将发展重点转移到追求风电电量与效益上来。

在制度性安排，一是完善政策环境和管理手段；二是通过构建完善的监测和信息公开机制来提高市场的透明度，为所有参与者创造一个公平公正的竞争环境；三是进一步完善风电标准检测认证体系，加强产业链上下游的标准制订修订工作，增强检测认证能力建设，夯实行业质量基础。

进一步提高其经济性。从供给侧角度来看，风电行业正处于技术进步的过程中，技术创新要加快推进。从需求侧角度来看，风电行业靠补贴发展不是长久之计，在风电规模较小时，进行补贴有利于其发展壮大，但当规模达到一定程度时，就必须有持续的竞争力，才能实现可持续发展。过去十年，风电产业取得巨大进步，就是由于国内有很大的市场，每年2000万千瓦的装机容量带动了整个产业的技术进步和风电成本大幅下降，“十三五”时期风电还有技术进步的空间和降成本的空间，还需要进行研发和技术创新，有规模才能实现成本的进一步下降，人们才能用得起更干净、更便宜的风电。因此，要保持我国风电产业的良好发展势头，使其在下一个阶段继续引领全球发展，就必须保持稳定的发展速度和规模。

在技术层面弃风、弃光难以解决的根源在于我国风电大规模并网的技术难题还尚未得到解决。“因为风能自身的波动和间接特性，会导致风电场发出的电能随着波动，从而接入电网时直接破坏电网的稳定性、连续性和可调性，最后危及电网安全，因此才会出现新能源难以送出和跨省、跨区消纳的难题。

六、中国太阳能光热利用走在世界前列

在全球范围内，太阳能发电量增长32.6%，中国已超过德国和美国，成为世界最大的太阳能发电国。

我国已经建立起了完善的风能、光伏发电等清洁产业体系，设备制造、系统应用处于全球领先水平，已经具备了吹响能源革命号角的各种主要条件！

从产业总体来看，我国光伏行业已从十多年前的两头在外，发展成为目前很具国际竞争力的战略新兴产业之一。从90%以上产品出口欧盟，到国内安装应用占到接近一半。技术的不断进步、规模的不断扩大使单位发电装机成本持续降低，目前每千瓦的建设成本在5000~7000元，三五年内可望降到3000~ 5000元。我国已连续两年成为全球光伏发电装机第一大国。

从制造过程来看，我国光伏产业已建立起从核心原材料到主要设备、主要产品、系统集成的完整体系，规模全球第一、成本全球领先；从能源投入产出来看，制造光伏发电系统全过程的能源消耗在电站建成后半年左右即可全部收回，而系统设计寿命25年，可以实现零排放、接近零消耗持续发电。

——光伏发电。我国光伏产业近年来发展持续向好，2016年光伏新增装机为34.54吉瓦，连续4年居全球首位，占全球新增装机量的47%。截至2016年年底，我国光伏发电新增装机容量3454万千瓦，累计装机容量7742万千瓦，新增和累计装机容量均为全球第一。在装机规模带动下，光伏发电占全部发电量的比重大幅提升。2016年，全国太阳能发电662亿千瓦时，同比增长72%，太阳能发电占全部发电量的比重由2011年的0.01%提高到2016年的1.3%。

为推动光伏产业提质增效，国家能源局、工信部等多部门将出台技术创新、产业体系等方面新政，其中最为关键的是全面实行竞争性项目分配。光伏“领跑者”是国家能源局从2015年开始实施的光伏扶持专项计划，通过扶持建设先进技术示范基地，促进光伏先进技术产品应用和产业升级。2016年，我国已经在8个光伏“领跑者”基地采取招标或竞争性比选等方式配置项目，并将电价作为主要竞争条件。这一措施取得良好效果，平均每个项目比当地光伏标杆上网电价降低0.2元，预计节省补贴15亿元。同时，还有展现光伏的竞争力、倒逼技术进步、杜绝倒卖现象等诸多利好。光伏“领跑者”计划，其目的就是为了鼓励技术创新，实现降成本。对于技术创新企业的产品给予一个专门市场，让这些企业把更多的精力集中在最先进技术设备和生产工艺的研发上，而不是把降成本加诸在过去的普通产品上，希望制造企业把功夫下在技术最先进的产能上。

光伏发电回暖，成本下降。在行业迅速回暖的情况下，光伏企业大多开始表现出强劲的盈利能力。相关统计显示，自2014年起，我国光伏电池出口量回升，多数企业扭亏为盈。2015年上市公司年报显示，23家光伏企业实现营收740亿元，同比增长34%。

根据有关部门的统计，通过技术创新和规模化发展，我国光伏组件的价格从十年前每瓦近50元左右，下降到每瓦4元左右；光伏逆变器价格从十年前每瓦2元左右下降到2毛钱左右；整个光伏系统的价格从十年前每瓦60元左右，下降到现在每瓦7元，相应的光伏电价下降了76%。在过去十年间，光伏发电成本已经从3元/度下降到0. 7元/度，降幅超76%。光伏系统运行越久，电力成本就越低，所以也就可以获得更高的投资回报。运行超过10年的电站，服役时间延长一年，每度电的成本降低3%到4%。平稳运行25年的电站的每度电成本是运行10年的一半。2016年成为光伏企业近几年中盈利最好的一年，上中下游光伏企业2016年毛利率均实现双位数增长。到2020年光伏发电的成本应该会出现明显下降，到2025年光伏完全可以实现平价上网。

相关机构预测，2030年，光伏发电将占到全球总电力供应的比例逾10%；2040年，该占比升至20%。中国光伏行业协会发布《中国光伏产业发展路线图（2016年版）》预测，2016至2020年间全球光伏市场将以9%的复合增长率继续扩大市场规模；2017年，中国预计新增装机量可达到20吉瓦至30吉瓦，继续领跑世界光伏产业。根据国家能源局提供的规模发展指标，到2020年底，太阳能发电装机容量有望达到1.6亿千瓦，年发电量达到1700亿千瓦时。在1.6亿千瓦装机容量中，光伏发电总装机容量达到1.5亿千瓦，太阳能热发电总装机容量达到1000万千瓦。太阳能热利用集热面积保有量达到8亿平方米。根据国家发改委能源研究所等机构联合发布的《中国可再生能源发展路线图2050年》的预测，到2020年、2030年和2050年，我国光伏发电装机容量将分别达到100GW、400GW和1000GW。在业界看来，未来太阳能将从目前的补充能源过渡为替代能源，并逐步成为我国能源体系的主力能源之一。

——分布式光伏。分布式光伏具有就地消纳的显著优点，是太阳能利用的最佳方式。自2016年以来，随着“三北”地区弃光加剧，分布式光伏发电呈现高速增长态势。国家能源局最新数据显示，2016年分布式光伏新增装机量较2015年激增200%。在政策引导下，2017年这种发展趋势还将延续。

——精准实施光伏扶贫工程。2014年10月，国家能源局、国务院扶贫开发领导小组办公室联合印发了《关于实施光伏扶贫工程工作方案的通知》，计划用6年时间在全国范围内组织实施光伏扶贫工程。优化光伏扶贫工程布局，优先支持村级扶贫电站建设，对于具备资金和电网接入条件的村级电站，装机规模不受限制。总结第一批光伏扶贫工程经验，组织实施第二批光伏扶贫工程。2016年10月，国家能源局会同国务院扶贫办，下达了第一批总规模516万千瓦光伏扶贫项目，共涉及河北、山西、辽宁、吉林、安徽、江西等14个省份约2万个贫困村，可为约55万个建档立卡贫困户每年每户增收不低于3000元。通威集团捐建的若拉村光伏电站持续不断向康巴地区历史最悠久、规模最大的藏传佛教黄教寺庙——长青春科尔寺（又称“理塘寺”）及周边牧民无偿提供清洁电力。截至2016年7月，电站已累计发电120万度，不仅解决了寺庙僧众和周边牧民用电难的问题，剩余电力还能并入国家电网，为当地政府提供持续的收入，“提前一步”践行了国家的扶贫政策，将“光伏扶贫”这种具有“绿色扶贫”“造血扶贫”“产业扶贫”特点的扶贫方式带入了康巴地区。随着像若拉村光伏电站这样的项目，在我国广大西部地区得以推广，不仅能使边远地区的居民用上清洁电力，为地区提供“造血功能”，防止其脱贫后又返贫，还可明显改善区域的生态环境。太湖源镇是浙江省首批创建的“光伏小镇”试点之一，以每个农户家中安装３千瓦的太阳能光伏板计算，按照临安年平均日照时间，每户年发电量约为３６００千瓦时，可产生４０００元左右的收益。在供电公司的努力下，目前太湖源镇已有５００余位农户家中安装太阳能光伏板，“光伏小镇”初具规模。

——光热发电。光热发电是光伏之外的太阳能利用又一重要技术领域，同等装机规模下，无论是发电效率还是电源的稳定性都远胜光伏。我国从“七五”时期便一直支持太阳能热发电技术研究，在专利数、论文数方面都走在了世界前列，但和光伏产业的高速增长大相径庭，受制于政策环境、成本等问题，光热产业迟迟未能启动。

据了解，“十二五”时期，我国安排了1吉瓦的太阳能光热发电示范项目。截至2015年底，我国光热装机规模仅为18兆瓦，仅相当于4台4兆瓦风力发电机的装机容量，甚至赶不上我国一个大型分布式光伏电站的规模。国家能源局2016年9月确定了首批20个太阳能热发电示范项目，总计装机容量134.9万千瓦。2016年9月1日，国家发展改革委下发《关于太阳能热发电标杆上网电价政策的通知》，核定太阳能热发电标杆上网电价为每千瓦时1.15元，并明确上述电价仅适用于国家能源局2016年组织实施的示范项目。同时鼓励地方政府相关部门对太阳能热发电企业采取税费减免、财政补贴、绿色信贷、土地优惠等措施。在政策利好下，我国光热项目密集开工，产业集群逐步形成。根据国家规划，“十三五”期间我国光热发电装机目标总量将不低于5吉瓦，按此估算，市场规模最少将达到1500亿元。制定全国统一的太阳能热发电标杆上网电价政策，对一定的装机规模进行价格支持，引导企业采用先进技术、开发优质光热资源，既有利于对光热发电产业的经济性进行探索和试验，支持友好型可再生能源健康发展；也有利于防止相关产业依赖高额补贴盲目扩张，尽可能降低全社会用电成本，提高电价附加资金补贴效率。

——太阳能热利用。太阳能热利用行业作为我国清洁能源的重要组成部分，在降低建筑及工农业能耗，在营造蓝天白云的进程中必将发挥巨大作用。截至2016年底，我国太阳能热利用保有量达到4．63亿平方米，节约标准煤总能力已达5亿吨，相当于节电13994GWh。进入21世纪以来的16年间，我国太阳能集热系统累计减排温室气体二氧化碳10．8亿吨，减排二氧化硫1628万吨，为我国的节能减排、环境保护作出了巨大贡献。应用领域扩展到生活热水、建筑供热制冷、工农业供热与采暖烘干等多领域，为我国人民生活条件的改善、节能减排、社会发展作出了巨大贡献。

我国《太阳能发展“十三五”规划》到2020年底，太阳能热利用集热面积达到8亿平方米，太阳能年利用量达到1．4亿吨标准煤以上。

七、中国地热直接利用居世界首位

地热能是一种清洁可再生能源。我国地热资源丰富，资源量约占全球地热资源的六分之一。其中，浅层地热能资源量相当于95亿吨标煤；中低温地热资源资源量13700亿吨标准煤；干热岩（3－10公里内）资源量860万亿吨标煤，开发利用潜力巨大。截止到“十二五”末，全国浅层地热能供暖、制冷面积达到3．92亿平方米，中深层地热供暖面积达到1．02亿平方米，年可实现替代标煤2000万吨，减排二氧化碳4920万吨，地热已成为我国可再生能源家族中的重要一员。在地热直接利用中，浅层地热供暖占58%，中深层地热供暖占19%，温泉洗浴仅占18%。目前我国已建立较完善的地热资源开发利用技术体系，地热直接利用居世界首位。

地热资源开发利用技术是一门多学科的综合技术，我国已形成资源勘查与评价、钻井成井工艺、尾水回灌、梯级利用、高效运营、保温与换热、防腐防垢、热泵和发电等较为完善的技术体系。目前，国家地热能中心、中科院等多家科研机构和石油大学、地质大学、清华大学等高校，开展了地热资源开发利用技术研发，形成了与资源特点相适应的地热开发利用技术体系。中国石化集团公司已经形成了地热开发利用的成套核心技术体系，创建了全球第一个地热供暖CDM方法学，注册了全球首个地热供暖咸阳CDM项目，实现了地热产业的快速发展。

2016年我国首次编制了地热产业发展规划，即《国家“十三五”地热能发展规划》，到2020年我国地热供暖、制冷面积将达16亿平方米，累计实现地热发电装机容量53万千瓦时，可实现替代标煤7210万吨，减排二氧化碳1．77亿吨。

在能源结构调整方面，到2020年我国地热供暖／制冷、发电、种植、养殖、洗浴等，共可实现替代标煤7210万吨。按照2020年能源消费总量48亿吨标煤测算，届时地热占比将达到1.5%，比目前的0.5%，提高1个百分点，也就是说，在非化石能源今后五年的3个百分点增幅中，地热“三分天下有其一”，这说明地热在未来能源结构调整中的贡献十分巨大；在应对气候变化方面，对应“十三五”规划中地热实现替代标煤7210万吨，将减排二氧化碳1．77亿吨，这对于降低我国碳排放总量和碳强度都具有十分重要的意义。因此，地热在我国应对气候变化中的贡献突出；在雾霾治理方面，根据燃煤供暖锅炉《锅炉大气污染排放标准》测算，采暖锅炉二氧化硫、氮氧化物和粉尘分别是电厂锅炉的4倍、4倍和2.5倍，散煤直燃的污染排放量是工业燃煤的十几倍。相对于太阳能发电、风电等，替代的是燃煤电厂排放的污染物，地热供暖替代的是供暖锅炉的燃煤和直燃的散煤所产生的污染物，对于大气污染治理的意义更加突出。

（撰稿：孟赤兵，北京现代循环经济研究院）

新能源汽车的迅速发展与严峻挑战

《中国低碳年鉴》编辑部

发展新能源汽车，是促进汽车产业转型升级，实现我国由汽车大国向汽车强国的转变，抢占国际竞争制高点的紧迫任务，也是推动绿色发展，培育发展新动能的重要举措。

一、我国新能源汽车发展举世瞩目

党中央、国务院高度重视新能源汽车产业发展。习近平总书记指出，“发展新能源汽车，是我国从汽车大国迈向汽车强国的必由之路”。李克强总理多次主持会议，研究新能源汽车产业的发展问题。国务院总理李克强2016年2月24日主持召开国务院常务会议，确定进一步支持新能源汽车产业的措施，以结构优化推动绿色发展。

会议指出，发展新能源汽车，推动产业迈向中高端，有利于保护和改善环境，是培育新动能的重要抓手、发展新经济的重要内容。近两年来，在国家政策引导和各方努力下，我国新能源汽车在研发推广、技术水平等方面取得明显成效，产销快速增长。下一步，要坚持市场导向和创新驱动，依托大众创业、万众创新，努力攻克核心技术，打破瓶颈制约，加速新能源汽车发展步伐。

一是加快实现动力电池革命性突破。推动大中小企业、高校、科研院所等组建协同攻关、开放共享的动力电池创新平台，在关键材料、电池系统等共性、基础技术研发上集中发力。中央财政采取以奖代补方式，根据动力电池性能、销量等指标对企业给予奖励。加大对动力电池数字化制造成套装备的支持。

二是加快充电基础设施建设。明确地方政府、业主、开发商、物业和电网企业等责权利，推动落实住宅小区和党政机关、企事业单位、机场景区及其他社会停车场等建设充电设施的要求。利用中央预算内投资和配电网专项金融债等支持各地充电设施建设，鼓励地方建立以充电量为基准的奖励补贴政策，减免充电服务费用。

三是扩大城市公交、出租车、环卫、物流等领域新能源汽车应用比例。中央国家机关、新能源汽车推广应用城市的政府部门及公共机构购买新能源汽车占当年配备更新车辆总量的比例，要提高到50%以上。

四是提升新能源汽车整车品质。完善准入标准，加强质量安全监管，发展新能源汽车＋物联网，强化生产企业对新能源汽车的安全监控、动态检查，建立惩罚性赔偿和市场退出等机制。

五是完善财政补贴等扶持政策，督促落实不得对新能源汽车限行限购的要求，破除地方保护，打击“骗补”行为。建立合理投资回报机制，鼓励社会资本进入充电设施建设运营、整车租赁、电池回收利用等服务领域。国务院新能源汽车协调机制及其办公机构要履行好协调职责。

张高丽、刘延东副总理也都对新能源汽车发展提出了明确的要求，马凯副总理多次召开会议，研究部署有关工作。

国家清晰的战略引导、规划引领对新能源汽车发展至关重要，起到了决定性作用。国务院于2010年10月出台的《国务院关于加快培育和发展战略性新兴产业的决定》，要求大力发展新能源汽车产业，着力突破动力电池、驱动电机和电子控制领域关键核心技术，推进插电式混合动力汽车、纯电动汽车推广应用和产业化。同时，开展燃料电池汽车相关前沿技术研发，大力推进高能效、低排放节能汽车发展。2012年4月，国务院常务会议讨论通过的《节能与新能源汽车产业发展规划(2012-2020年)》，提出要以纯电驱动为汽车工业转型的主要战略取向，当前重点推进纯电动汽车和插电式混合动力汽车产业化，推广普及非插电式混合动力汽车、节能内燃机汽车，提升我国汽车产业整体技术水平。2014年7月，国务院办公厅发出《关于加快新能源汽车推广应用的指导意见》，从加快充电设施建设、积极引导企业创新商业模式、推动公共服务领域率先推广应用、进一步完善政策体系、破除地方保护等六个方面助推产业发展。还出台了《关于加快电动汽车充电基础设施建设的指导意见》等，国务院各部门也都先后出台了一系列支持政策措施，扎实推进各项工作任务的落实，推动产业发展，取得了积极的成效，实现了弯道超车和跨越式发展，无论是关键技术、产品质量，都有较大的提升，市场化提速，取得了举世瞩目的成就，凝聚形成了广泛的行业共识，更加坚定了大力发展新能源汽车的信心和决心，新能源汽车实现规模化发展：2016年年底，中国新能源汽车的产量突破50万辆，保有量超过100万辆，中国新能源汽车的销量、保有量在全球的占比都达到了50%；建成了覆盖中国121个城市的电动汽车快速充电网络和接入16.1万个充电桩的智慧车联网平台，为100万辆电动汽车出行提供全方位服务；关键零部件、动力电池产业化等诸多方面取得了快速发展，自2010年以来，每隔4年左右，我国电动汽车电池的能量密度就能提高1倍、成本约降低50%。

（一）产业规模全球领先，产业链日趋完善

2009年1月23日，财政部、科技部、工信部、发改委联合制定了《关于开展节能与新能源汽车示范推广试点工作的通知》，对节能和新能源汽车示范推广工作进行部署，政府在北京等25个城市正式启动了公共服务领域的节能与新能源汽车示范推广试点工作(俗称“十城千辆”工程)，从而拉开了新能源汽车产业发展的序幕。2013年9月17日，财政部、发改委、工信部、科技部等日前联合发布《关于继续开展新能源汽车推广应用工作的通知》，明确地提出了对消费者购买新能源汽车给予补贴，并规定了补助范围、补助对象、资金拨付、补助标准。如果说《节能与新能源汽车产业发展规划(2012～2020年)》的出台，为我国新能源汽车的发展扫除了障碍，那么《关于继续开展新能源汽车推广应用工作的通知》中对于补贴的明确和细化，则为我国新能源汽车的发展铺平了道路。到2012年共推广1.7万辆，2013-2014年推广应用10.1万辆。

经过探索，核心技术有了一定的突破，产品形态呈现多种多样的局面，用户也慢慢地接受了新能源汽车这个新鲜事物。同时，由于中央财政补贴和地方财政补贴的双重刺激，吸引了众多的企业和资本进入了这个产业，从而造成了新能源汽车井喷式发展。2015年跃升至37.9万辆，2016年生产51.7万辆，是欧洲（22. 1万辆）的两倍多，是美国（15. 7万辆）的近四倍。连续两年产销量居世界第一，中国新能源汽车保有量已经超过了100万辆，占全球市场保有量50%以上。预计2017年中国电动汽车销量有望超过70万辆。

在《中国制造2025重点领域技术路线图》中，更提出到2020年，初步建成以市场为导向、企业为主体、产学研用紧密结合的新能源汽车产业体系，自主新能源汽车年销量突破100万辆，市场份额达到70%以上；打造明星车型，进入全球销量排名前十；动力电池、驱动电机等关键系统达到国际先进水平，在国内市场占有率达到80%。到2025年，形成自主可控完整的产业链，与国际先进水平同步的新能源汽车年销量300万辆，自主新能源汽车市场份额达到80%以上。

（二）技术水平大幅提升

针对动力电池技术水平偏低，大力加强创新能力建设。2016年组建了国家动力电池创新中心和产业创新联盟，组织行业发布了动力电池技术路线图，明确了发展目标，引导社会投资。伴随着新能源汽车的发展，中国动力电池产业发展迅猛。经过这些年的发展，已涌现出一批技术创新能力较强、产品质量逐年提高、市场占有率较大的优势骨干企业，如天津力神、深圳比克、哈尔滨光宇、浙江万向等，它们在电池生产、技术开发上都达到或接近世界先进水平。

目前我国已基本掌握车用动力电池的关键技术，和整车基本保持同步。从技术上讲，我国开发的镍氢电池和锂离子电池，关键技术指标达到了国外同类产品的先进水平。从产品层面看，磷酸铁锂电池已趋于成熟，支撑了产业的发展，目前大规模示范应用的新能源汽车电池大多是国产品牌。

动力电池单体能量密度达220瓦时/公斤、价格1.5元/瓦时，较2012年能量密度提高1.7倍、价格下降60%。驱动电机峰值功率密度达到2.0千瓦/公斤。纯电动汽车主流车型动力性、经济性、安全性以及舒适性大幅提升，基本满足人们日常出行需求，社会认可度明显提高。

（二）产业体系基本建立

能源汽车发展带动上下游产业投资，贯通了基础材料、关键零部件、制造装备等产业链关键环节，建立了结构完整、自主可控的产业体系。建成了珠三角、长三角、京津冀、中原四大动力电池产业聚集区，成为全球最大的动力电池生产国。可以说，中国新能源汽车产业各种要素、资源、发展条件已经基本形成，新能源汽车产业加快发展的氛围已经形成，基本条件已经具备，产业生态初步形成。

（四）企业规模化，竞争能力显著增强

2016年7月21日，财富中文网与全球同步发布了最新的《财富》世界500强排行榜。在汽车行业内，本次共有6家中国汽车制造企业上榜，即上汽、一汽、东风、北汽、广汽和吉利。

上汽集团将在5年内，对新能源汽车领域投资200亿元，投放30款以上全新新能源车型，2020年新能源汽车累计销量达到60万辆(自主品牌20万辆)。一汽集团分别制订了两个阶段化目标:计划于2016年，初步形成电机、电池系统的产业化能力，完成重点车型商品化开发;于2018年，通过新能源产品的规模化、产业化发展，支撑四阶段燃油限值目标的实现。预计到2020年，一汽大众将拥有东北、西南、华南、华东和华北五大生产基地，具备年产300万辆的生产能力。东风19款新能源汽车同批次入围国家推荐目录，东风一直高度重视新能源汽车事业，先后开发了混合动力汽车、纯电动汽车等一系列整车产品，积累了整车控制器、电机、电机控制器、电池成组及电池管理系统等领域的核心技术，申请了相关专利370余项。北汽新能源是目前国内纯电动汽车市场占有率最大、规模最大、产业链最完整的新能源汽车企业。 北汽“十三五”总体目标：到2020年，北汽新能源公司实现80万产能、50万销量的产销目标，并成为中国新能源汽车的技术领导者和新商业模式的先行者。广汽集团是广州先进装备制造业的重要代表，一直致力于新能源及节能环保汽车事业。计划到2020年新能源汽车产能100万，销售目标30万 。“十三五”期间的销售目标中10%左右都是新能源汽车。浙江吉利控股集团的“蓝色吉利行动”新能源战略： 率先承诺提前全面实现2020年国家第四阶段企业平均5.0L/百公里燃油消耗限值； 实现消费者用传统汽车的购车成本购买插电式混动汽车的梦想； 实现到2020年新能源汽车销量占吉利整体销量90%以上；其中，插电式混动与油电混动汽车销量占比达到65%，纯电动汽车销量占比达35%； 在氢燃料及金属燃料电池汽车研发方面取得实质性成果； 实现新能源技术，智能化、轻量化技术在行业的领先地位。 实现到2020年，新能源汽车销量占吉利整体销量90%以上；

2016年，比亚迪新能源汽车销量为94466辆，高居榜首位置。而北汽新能源、吉利则分别以41707和39191辆分列2、3位。众泰、上汽、奇瑞、江淮等紧随其后。比亚迪、吉利、北汽等企业进入全球新能源乘用车销量前十。国产新能源客车技术水平世界领先，销往全球30多个国家，并实现了产品、技术、标准和服务协同“走出去”。宁德时代、精进电动等成为全球知名的新能源汽车零部件供应商。2016年12月1日起，上海、南京、无锡、济南、深圳5个城市将率先试点启用新能源汽车号牌，以绿色为主色调，增加了专用标识，提醒人们环保的重要性。

（五）充电基础设施建设稳步推进

要致富，先修路，要造新能源汽车还得先建充电桩。政府制定详细的建设规划，充电设施建设目标明确。2015年10月9日国务院办公厅印发 《关于加快电动汽车充电基础设施建设的指导意见》，要求到2020年，建立较完善的标准规范和市场监管体系，形成统一开放、竞争有序的充电服务市场；形成可持续发展的 “互联网＋充电基础设施”产业生态体系，在科技和商业创新上取得突破，培育一批具有国际竞争力的充电服务企业。政府制定详细的建设规划，充电设施建设目标明确。2016年，计划建成2000多座充电站、10万个公共充电桩，86万个私人专用充电桩，计划充电设施投资达300亿元；2020年，中国计划新增集中式充换电站超1.2 万座，分散式充电桩超480 万个，满足500万辆电动汽车充电需求。2020年，计划新增集中式充换电站超1.2 万座，分散式充电桩超480 万个，满足500万辆电动汽车充电需求。

2016年1月19日，财政部、科技部、工业和信息化部、国家发展改革委、国家能源局等五部委联合发布《关于“十三五”新能源汽车充电基础设施奖励政策及加强新能源汽车推广应用的通知》，明确2016－2020年，根据新能源汽车推广情况分区域实行不同的充电设施补贴标准，旨在加快推动新能源汽车充电基础设施建设，培育良好的新能源汽车应用环境。2016年9月，国家发展改革委等四部门联合发布《关于加快居民区电动汽车充电基础设施建设的通知》。2016年11月，《电动汽车充换电服务信息交换》系列标准发布。国家能源局在《电动汽车充电基础设施建设规划》中提出，到2020年国内充换电站数量达到1．2万个，充电桩达到450万个；电动汽车与充电设施的比例接近标配的1∶1。中央和各地政府大力布局充电桩的建设，国企、民企积极参与，众筹建桩、“互联网+”等创新商业模式涌现，公共场所、单位内部、居民小区、高速公路充电基础设施建设全面推进。北汽新能源提出了“441”充电业务战略，即完善体系建设、充电服务平台、充电布局和增值服务四大板块；重点布局北、上、广、深四大城市以及完成10000个自建公共充电设施。 北汽在全国已建立了15000多个充电桩，并率先在北京建立了100个换电站，以解决用户快速充电的问题。2016年全国新建公共充电桩10万个，累计新建达到15万个。北京、上海、深圳等建成规模化充电服务网络。

二、我国新能源汽车发展挑战依然严峻

当前，新一代信息通信技术、新能源、新材料等技术，与汽车产业在加快融合，产业生态发生了深刻变革，竞争格局也在全面重塑。汽车产业发展的机遇和挑战是并存的。面临着复杂的产业环境，如何促进我国新能源汽车产业健康可持续发展，是一个摆在我们面前的考验。我们要树立危机意识，树立忧患意识，撸起袖子一起干、加油干，形成产业合力。《中共中央关于制定国民经济和社会发展第十三个五年规划的建议》，把新能源汽车推广列入国家的重要计划之中，要求提高电动汽车产业化水平。这表明在“十三五”期间，新能源汽车发展在整个国民经济和社会发展中将处在十分重要的地位，明确了新能源汽车在国民经济和社会发展中的战略定位。

在顶层设计上，遵照国家发展规划，2017年4月6日工业和信息化部、国家发展改革委、科技部发布了《汽车产业中长期发展规划》，提出了未来十年发展方向、主要目标、重点任务和政策取向。规划明确了2020年和2025年的发展目标。到2020年，新能源汽车年产量将达到200万辆，动力电池系统的比能量将达到260瓦时每公斤，成本将降到每瓦时1元。到2025年，新能源汽车销量占总销量的比例达到20%以上，动力电池系统的比能量达到350瓦时每公斤，新能源汽车骨干企业在全球的影响力和市场份额进一步提升，智能网联汽车进入世界先进行列，建立安全可控的汽车零部件体系，争取我国迈入世界强国行列。

（一）产业格局和生态体系正在进行深刻调整，产业边界在日趋模糊，互联网等新兴汽车企业大举进入，传统企业和新兴企业竞合发展，价值链等将发生深刻的变化

2016年以来，“跨界造车”是已成为汽车界曝光量最高的一个词，同时也充满了争议，现在已经有很多互联网企业跨界到造车领域，诸如乐视、蔚来、中兴、游侠、车和家等互联网背景的公司在不到两年的时间已经疯狂吸收了超过几百亿元人民币的融资，互联网巨头腾讯、阿里、百度等也迫不及待地杀入汽车行业，其中一些公司已经驶过了弱小的成长期，正在走出PPT造车的质疑，并且正在一步一个脚印地将产品落地，建立工厂到推出量产车。跨界造车不仅对本身跨界车企还是在于对立面的传统车企而言都是一个挑战。

应对这个挑战，就必须大力发展智能网联汽车，促进跨行业合作。发展智能网联汽车，要以新能源汽车作为主要载体。要加强智能网联汽车技术攻关，完善跨产业协同创新机制。出台测试评价体系，建立健全法律法规体系，推进智能网联汽车应用示范。建立智能网联汽车与其他泛在网络的信息交流协同机制，探索多领域联动的创新发展模式。

（二）新能源汽车供给侧改革加压

新能源汽车出现快速发展有三方面原因:第一，政策扶持力度较大，补贴优惠较多，一系列利好政策为新能源汽车发展提供了较为宽松的环境;第二，充电设施不断完善，充电难是当前影响消费者购买新能源汽车的重要原因，而当前我国充电设施的建设速度加快，在一定程度上解决了充电难问题;第三，新能源汽车的技术水平日益提高，这使得用户体验趋好，而且成本下降。然而，情况在不断发生变化，倒逼新能源汽车供给侧改革。

一是随着环保意识提高和多元化产品的投放，新能源车的购买开始转变为从政策和个人需求双重驱动。新能源车自2015年以来持续得到了消费者的热切关注。调研显示，自2012年到2016年，消费者的购买意向也在逐年攀升。调查显示，如今市场上有高达14%的有购车意向消费者会考虑纯电动汽车，插电式混合动力汽车则高达22%。消费者们对新能源车越来越高的接受度和他们更高的环保意识成为未来电动汽车销量增长的关键驱动力。

二是产品形态和生产方式在发生深刻变化，汽车产品的形态在加快向“新能源、轻量化、智能化和网联”方向发展，汽车正在从交通工具转变为大型移动智能终端、储能单元和数字空间。汽车生产从过去的大批量、流水线的生产方式，向互联协作的智能化制造体系演进。包括个性化的定制生产模式，可能成为未来的趋势。二是新兴需求和商业模式在加快地涌现。老龄化和新生代用户比例在持续提升，消费需求的多元化特征日趋明显，共享出行，个性化服务成为今后方向。

“2017年全球伙伴大会”上，北汽新能源率先正式提出“中国新能源汽车消费3.0时代”议题，认为中国新能源汽车产业将进入由市场驱动的3.0时代，并发布了北汽新能源关于中国新能源汽车市场与消费、科技与产品、战略与创新进入3.0时代的思考、策略与路径。

新能源汽车消费3．0时代需把握趋势变化，通过多品牌运营、产品平台化、渠道多元化、营销体验化、共享一体化等一系列措施来引领全新消费需求，共同创造新的合作模式，共同打造新能源汽车产业的共同体。

（三）全球产业发展竞争格局日趋激烈

《巴黎协定》提出，全球需在2030年前部署1亿辆电动车。国际能源署设定到2030年，全球电动汽车保有量将超过1．5亿辆，2050年达10亿辆。电动汽车倡议组织（EVI）计划2020年前电动汽车的保有量实现2000万辆。

一是各国相应采取多种政策举措。诸如：

监管措施。各国的燃油经济标准和汽车尾气排放标准日趋严格，以及当地污染物排放规则的制定，电动汽车的发展受益颇多。此外，一些国家颁布了特定的监管措施，如欧洲的超级信贷方案，允许将电动汽车的重量纳入平均燃油经济性标准的评估因素。

财政激励。各国推出的财政激励政策，其中纯电动车享有的购置激励高于插电式混合动力车。挪威最为突出，纯电动车享有税前车价25%的增值税豁免，电动汽车的市场份额已达到17%，这一数字超过世界任何一个国家；荷兰实施差异化税收计划，与CO2排量挂钩，电动汽车占汽车销售市场的10%。在私人充电设施方面，丹麦为安装家庭充电设施的个人提供2．7万美元的退税。印度政府正计划通过国家财政补贴让人们能够以零首付的方式购买电动汽车，然后用节省的汽油支出来负担车辆费用。该计划旨在让印度于2030年前实现全国范围内车辆的电气化转型。在美国，电动汽车使用量和充电站安装量均呈两位数的增长态势，这得益于一系列州政府和联邦政府层级的税收补助、地方性优惠政策以及部署目标。

使用优惠。电动汽车在各国享有不同的流通税减免政策，如荷兰的零排放汽车享有公路税免除，英国免除伦敦的交通拥挤税。此外，丹麦每年为电动车提供735美元的停车场充电费；德国为电动车提供免费停车场地；挪威、英国、美国等国家还提供免费充电。

通行特权。挪威允许电动车使用公交专用道；英国的“前往超低排放城市”计划给予插入式充电汽车行车优先权，包括使用市中心的公交专用道；德国允许电动车使用公交专用道及其他交通管制区。

二是 2016年国际社会将新能源汽车的发展提升到一个新高度，汽车发达国家纷纷加大对新能源汽车、智能网联汽车的投资力度，国际汽车企业集团也在加速布局，全球产业发展竞争格局将日趋激烈。新能源汽车产业是全球汽车产业共同努力打造的新兴产业。在前一个阶段，跨国公司在中国市场上对于新能源汽车说得多做得少。过去，跨国公司在中国市场上没有表现出新能源汽车方面的优势，但这并不代表他们没有实力，恰恰相反，他们在新能源汽车方面做了大量卓有成效的技术研发、产品创新工作。当中国新能源汽车市场启动后，跨国公司表现出了空前高涨的热情，加大了推出新能源汽车的力度，迅速显现出进入新能源汽车市场的能力。奔驰正式发布了全新的纯电动车子品牌“EQ”，并推出EQ系列纯电动SUV车型，实际续航里程超过400公里。据悉，新车基于奔驰最新一代的模块化电动车平台打造，预计将于2019年正式量产，到2025年，奔驰还将推出多款插电式混合动力汽车，以及10款左右纯电动车型，而这些新能源车型都会在中国生产。大众汽车发布了I.D.纯电动概念车，并计划在2020年投入量产。雷诺则发布了具备无人驾驶功能的纯电动概念车TREZOR，宝马、欧宝等国际品牌也纷纷展示了各自的新能源汽车产品。沃尔沃也提出了自己明确的新能源车战略蓝图，随着基于SPA可扩展模块化架构的插电式混合动力车型陆续投产，以及可开发紧凑型新能源汽车的CMA基础模块化架构的启动，到2025年，沃尔沃汽车全球新能源汽车销量将达到100万辆。

“十三五”期间，这种态势将进一步加强。比如丰田汽车已经出手，在混合动力产品的市场投放上力度空前，它对中国新能源汽车市场和产业产生的影响不容忽视。而“排气门”事件的发酵对大众集团发展新能源汽车产业将是一个正向推动力量，有消息称，大众汽车已把产品战略重点放在电动汽国外车企抢滩中国市场。“十三五”期间，中国将成为世界最大的新能源汽车市场，成为世界新能源汽车的核心主战场。

如何应对？电动车最终的成功将取决于产品的竞争力，取决于客户对产品的认可度。面对跨国巨头在新能源汽车领域带来的竞争压力，我国新能源汽车正处于加快发展时期，企业必须不断提升产品品质，以取得竞争优势。目前已有230余家新能源汽车生产企业，累计获得生产许可的车型达4000多个，但实际投产车型仅为总数的1/4左右，企业平均产量仅为3000辆。2015年全年仅有140个企业的1300多个车型实现销售，技术先进、性能可靠、具备市场竞争力的产品较少。2016年前五批《新能源汽车推广应用推荐车型目录》大致涉及新能源汽车企业235家，总共2193款车型。在整车方面，我国新能源汽车生产企业涵盖了乘用车、客车、专用车领域。北汽新能源正在用它超前的洞察，全球化的布局，抢占工业4.0时代的汽车制高点，打造“中国智造”的新名片，向世界级的科技创新中心与新能源汽车企业大步迈进。

但是，在产品质量、安全性、核心技术等方面，我国新能源汽车总体上仍与国际先进水平存在差距，企业技术研发持续投入不足。针对这种状况，亟须加快解决行业痛点，弥补短板，防范低水平重复建设和盲目投资；加强关键技术研发能力建设，早日实现真正产业化、市场化，不断增强国际竞争力。

同时，要秉持开放共享理念，支持与鼓励国际化发展。要组建汽车产业对外合作联盟，提升汽车企业海外发展服务能力。引导和鼓励企业抓住“一带一路”建设、国际产能合作机遇，明确目标市场，加强品牌培育，推动新能源汽车与国际工程项目“协同出海”，选择重点发展地区建设产业园区，加快“走出去”的步伐。银川是“一带一路”战略重要节点城市。宁夏灵武市与南京金龙客车制造有限公司在银川签订新能源汽车产业投资合作项目，南京金龙客车制造有限公司将在该市建设宁夏新能源汽车制造出口产业基地，投资30亿元，2019年项目建成后，计划5年内将实现年产新能源汽车8000辆的目标，实现年产值30亿元、税收2.1亿元，解决就业3000人。比亚迪实施对外合作战略，与德国戴姆勒公司建立的合资公司创新开发制造的腾势电动汽车，代表了当前电动汽车产品的一流水平。

（四）必须进一步健全政策法律法规保障体系

自2013年以来,国家发改委、财政部、工信部以及科技部等各大部委陆续出台了一系列鼓励和推广新能源汽车发展的政策,包括购车补贴、车辆购置税和车船税税收优惠，以及新能源汽车国家科技计划重大项目、产业技术创新工程、城市公交车成品油价补贴改革、充电设施建设奖励、充换电优惠电价、新建纯电动车企业管理、电动汽车综合标准化技术体系以及不限行不限号等政策优惠。自2009年起，中央财政对新能源汽车推广应用予以补助，根据财政部的数据，截至2015年年底中央财政累计安排补助资金达334.35亿元。可以说，中国已经形成了比较完备的、系统的支撑新能源汽车发展的政策法律法规保障体系。

但是最近一年来，一些投机分子，打着新能源汽车的招牌，利用虚假报送、捏造信息的手段，骗取国家政策补贴。新能源汽车“骗补”成了一个热词，扰乱了市场发展秩序，引起了热议，同时也带动了政策法规的思考和完善。在国家大力发展新能源汽车，实行可持续性发展的进程中，不仅要高屋建瓴、谋划全局，对这些“小苍蝇”也要零容忍，严打严抓，依法、依规进行了处罚。2016年12月20日，工信部就公布了涉及苏州金龙客车、河南少林客车、奇瑞万达贵州客车、深圳市五洲龙汽车等4家企业的第一轮行政处罚决定，其中对“骗补”情节最为严重的苏州吉姆西给予“取消整车生产资质”的处罚，这是国家自实施车辆生产企业及产品公告管理制度以来，第一次取消生产企业的资质。这是国家自实施车辆生产企业及产品公告管理制度以来，第一次取消生产企业的资质。此次工信部再度处罚7家“骗补”企业，由此传递出国家高度重视新能源汽车“骗补”事件，并决心严肃处理。2017年2月，工信部公布了新能源汽车“骗补”的第二轮行政处罚决定。处罚涉及青年汽车、上汽唐山客车、重庆力帆和郑州日产等7家汽车制造商。工信部暂停7家公司申报新能源汽车推广应用推荐车型的资质，责令7家公司进行为期两个月的整改，整改完成后，工信部将对整改情况进行验收。从工信部的处罚公告来看，此次7家企业受到处罚的“骗补”行为主要包括：申报中央财政补贴资金的新能源汽车中，有的未安装电池或电机控制系统，有的实际安装电池容量小于公告容量，有的电池芯数量小于公告数量等。较第一轮受到处罚的4家企业“有牌无车”、“标识不符”等，这些“骗补”行为更为复杂，这标志着国家查处新能源汽车领域的“骗补”正向纵深推进。

政府对支持新能源汽车的发展决心和政策是不会改变。一是要完善宏观导向、财政补贴、税收优惠、推广应用、基础设施、行业管理、技术创新和交通管理等方面一系列政策，形成支持政策体系框架。根据技术进步与市场发展，加强标准体系建设，完善补贴政策，加强补贴流程监管，建立补贴政策动态调整机制，发挥扶优扶强的政策导向作用，更多的用事中、事后的办法给予补贴。2016年年底，工信部、财政部等四部委联合发布了 《关于调整新能源汽车推广应用财政补贴政策的通知》，自2017年1月1日起，新能源汽车补贴额度比2016年降低20%，地方财政补贴不得超过中央财政单车补贴额的50%。该通知不仅明确了补贴退坡，还从整车能耗、续驶里程、电池性能、安全要求等方面提高了企业获得补贴的技术门槛。2017年 1月23日，工信部又公布了2017年首批《新能源汽车推广应用推荐车型目录》，这是继新能源汽车补贴退坡新政实施之后，工信部首次发布的新能源汽车推荐目录。新目录的出台意味着，只有进入新能源汽车推荐目录的车型才可以获得补贴，而且以往入选目录的新能源车型都将需要重新核定。二是加快建立新能源汽车积分管理制度，明确企业各年度生产新能源汽车达标比例要求，为2020年补贴政策“退坡”乃至退出做好衔接，建立新能源汽车市场化发展的长效机制。同时，新能源汽车和传统汽车之间成本的差距主要体现在电池上，电池过去还是一个瓶颈，那么这几年呢，我们电池的性能有了很大的改善，同时电池的成本也有了大幅度的下降。随着产品越来越丰富，成本逐渐下降，政府补贴取消之后，靠企业自身的努力、产品的竞争力提高，应该是可以渡过补贴(取消)的阶段。补贴对产业尤其是战略性新兴产业初始阶段的发展至关重要，可以使其站稳脚跟，从而使其快速进入良性发展轨道。不光中国，世界各国对待新能源汽车这种战略新兴产业都提供补贴。以美国特斯拉为例，特斯拉主要盈利并不在汽车本身，而在于其碳排放积分。企业可以去碳交易市场卖积分，收入比车本身还要多。因此，从长远来看，补贴退坡和用“碳配额”逐步取代补贴，将有助于防范企业“骗补”，激励企业对新能源汽车关键技术开展研发，进一步促进新能源汽车产业健康发展。三是推动出台《道路机动车辆生产管理条例》，明确生产企业、政府部门的法律责任，建立问题企业惩罚性赔偿和市场退出等机制。建立事中事后监管机制，建立国家、地方、企业三级新能源汽车安全运行监测体系。清理各种形式的地方保护行为，以市场化机制推动产能资源整合。

（五）加强对核心技术研发支持力度

技术研发和创新，尤其是当前我国在动力电池方面仍未取得革命性进步，仍然是我国新能源汽车产业发展的主要局限因素。

《中国制造2025》中将“节能与新能源汽车”作为重点发展的十大领域之一，提出“继续支持电动汽车、燃料电池汽车发展，掌握汽车低碳化、信息化、智能化核心技术，提升动力电池、驱动电机、高效内燃机、先进变速器、轻量化材料、智能控制等核心技术的工程化和产业化能力，形成从关键零部件到整车的完成工业体系和创新体系，推动自主品牌节能与新能源汽车与国际先进水平接轨”的发展战略，为我国节能和新能源汽车发展指明了方向。

第一，在顶层设计上，要进一步加大研发力度。在国家层面，实施国家重点研发计划新能源汽车重点专项，加大对电池与管理系统、电机与电力电子等研发支持力度。加快动力电池、智能网联汽车等国家制造业创新中心建设，集中行业优势资源开展协同攻关。

在新能源车企层面，要加快技术研发和创新步伐。必须把发展重点放在技术创新、产品创新、商业模式创新上，尽快降低产品成本、优化产品性能，以性价比合理、符合消费者需求的标准来开发、拓展、壮大市场，这是新能源汽车企业成长、壮大的唯一出路。

第二，针对动力电池技术水平较低，大力加强创新能力建设。与发达国家及技术先进的跨国公司相比，中国的动力电池产业还存在不足。从技术层面讲，一是技术的先进性和可靠性不强；二是产品制造装备、工艺水平、检测验证能力、产品质量和一致性与国外相比存在较大差距。从企业层面看，规模和创新竞争力不强，虽然企业数量众多，但大多数企业的经济规模、盈利能力、研发队伍、研发能力、研发体系和日本、韩国企业相比有很大差距。从产业层面看，对于新一代动力电池的技术创新能力不够，国际专利的数量明显低于发达国家，并且对电池的新材料工程研究不足，没有形成工程化开发能力、集中投入机制和产业协同创业机制，在动力电池的技术路线、产品要求、质量体系、电池回收等方面缺乏统一规划。不言而喻，必须大力加强创新能力建设。

首先是，大力加强创新能力建设。组建了国家动力电池创新中心和产业创新联盟，组织行业发布动力电池技术路线图，明确发展目标，引导社会投资。实施国家重点研发计划新能源汽车重点专项，加大对电池与管理系统、电机与电力电子等研发支持力度。

其次，要加强电池制造工艺和电池耐用性研究，积极探索锂化硫、锌空气、锂空气等下一代电池技术，以大幅提高电池的能量密度。电池能量密度的改善显著延长了商业电动汽车的行驶里程，有助于解决行驶里程不足的问题。2015年电池能量密度达到295Wh／L，较2008年提高近400％。美国能源部计划到2022年实现400Wh／L的目标。

再就是，氢燃料电池的大发展即将来临。氢燃料将作为增程器为电池供电，以达到更长的续驶里程，而这类技术将率先在大型机械以及长途运输领域得到应用。日本丰田公司推出的一款名为“未来”的汽车，只“烧空气”不烧汽油，通过空气中的氧气和预存在汽车氢气罐中的氢气反应发电，然后通过电能驱动汽车行驶，并且发动机运转过程中只排放水。在环境和能源安全等问题日趋严重的今天，“未来”一问世便受到了广泛关注。“未来”代表了一种方向和趋势，而包括氢能源在内的各种新能源的开发利用，其实折射了人类对清洁美好社会的渴望。因此，尤其应当重视其研发。

第三，加强车身轻量化结构及碳纤维、铝合金等轻质材料在电动汽车的应用研究，有效延长锂电池续航里程。

第四，建立健全标准体系。制定和完善电动汽车技术标准、电池标准、充电基础设施标准等，以提高整车的安全性，增加电池配件的互换性。强化锂电池行业安全准入，加快锂电池产业向专业化、规模化方向发展。

第五，放眼世界，尽快推动甲醇汽车在全国的市场化运行，确立太阳能汽车方向，明确太阳能汽车作为新能源汽车的一种，纳入国家重点研发计划

（六）进一步加强配套基础设施建设

新能源汽车都需要配套基础设施的投入，例如充电站和加气站。这不 仅是资金和人力的投入。同时， 售后服务和维修也要匹配。

根据国务院办公厅印发的《关于加快电动汽车充电基础设施建设的指导意见》，到2020年中国要基本建成适度超前、车桩相随、智能高效的充电基础设施体系，满足超过500万辆电动汽车的充电需求。国家能源局电力司副司长童光毅介绍说，届时需建成480万个分散式充电桩。这意味着，规划的车桩比应接近1：1。 据有关人士估计，目前车桩比可能还不到3.3：1，远低于1：1的车桩比，充电桩建设的滞后已经影响到了新能源汽车行业的进一步发

展，加快该领域的建设速度势在必行，2017年力争新增充电桩达到80万个，其中专用桩70万个，公共桩10万个。

首先，要指导督促各地出台并落实专项规划与建设运营管理办法，有效利用资金来支持充电设施建设和运营，发挥行业中介组织和产业联盟等方面的作用，推动充电设施互操作性的检测与认证，构建信息服务的平台，实现互联互通。

其次，国家和地方政府需要支持家庭、工作场所或公共场址的充电基础设施的配备，对安装充电设施的个人或私人实体提供税收减免优惠。在政策建议与道路网络存在密切关联的情况下，需要采取地方行动。

再就是，通过市场化金融手段创新商业模式。一是充分利用金融市场在农村及城镇政策性推进电动车的使用，通过提供无偿或低息贷款培养消费者的使用习惯。二是运用PPP模式、政府债券、专项基金等方式支持公共充电设施和停车场的配套建设，对私人充电设施的建设给予补贴。三是设立产业投资引导基金，通过市场化方式引导社会资本，组织实施推广应用与试点示范工程。

（撰稿：孟赤兵，北京现代循环经济研究院）

中国碳交易市场建设全面进入发展快车道

《中国低碳年鉴》编辑部

国家主席习近平于2015年11月29日出席巴黎气候变化大会开幕式，系统阐述了加强合作应对气候变化的主张。2016年4月22日，国家主席习近平特使、国务院副总理张高丽代表中国签署《巴黎协定》，表示中国政府将贯彻创新、协调、绿色、开放、共享的发展理念，加快落实《巴黎协定》，将蓝图化为实际行动，让全球看到了中国政府在应对气候变化问题上的巨大决心、全球责任担当。

我国积极制定和实施符合国情特征的本土应对气候变化的国家战略。2007年6月，制定了《应对气候变化国家方案》，是全球发展中国家第一部专门性的应对气候变化的国家方案。2008年10月，出台《中国应对气候变化的政策与行动》，制定了我国应对气候变化的政策路线图，并在每年出台《中国应对气候变化的政策与行动》年度报告，向各界展示中国的努力和进展。2009年5月，落实巴厘路线图落实巴厘路线图——中国政府关于哥本哈根气候变化会议的立场，中国政府宣布2020年单位GDP碳排放相比2005年下降40%～45%。2013年11月，还颁布了专门针对适应气候变化方面的战略规划《国家适应气候发展战略》。

我国颁布了一系列应对气候变化相关的规划与方案，落实气候变化应对战略与政策。2014年9月，出台《国家应对气候变化规划（2014-2020年）》，提出中国2020年前应对气候变化主要目标和重点任务。2015年6月，中国向IPCC提交了中国国家自主决定贡献文件，明确了中国二氧化碳排放2030年左右达到峰值，并力争尽早达峰等一系列目标，并提出了确保实现目标的具体政策措施。这一系列行动体现了中国政府实现绿色低碳发展转型的决心，顺应了人民对“碧水蓝天”的渴望和建设“美丽中国”的期待。

2015年6月，我国提出到2030年左右二氧化碳排放达峰并争取尽早达峰，2030年单位国内生产总值二氧化碳排放量在2005年基础上降低60%~65%、非化石能源比重提高到20%等目标。

2016年9月3日　，G20杭州峰会期间，全国人大常委会批准了中国加入《巴黎协定》。3日下午，国家主席习近平和美国总统奥巴马各自将批准加入《巴黎协定》的文本交给联合国秘书长潘基文保存。成为全球首个批准《巴黎协定》并提交批约义书的发展中国家。

中美两国的排放量大约占全球排放总量的39%左右，中国的碳排放约占全球的20.09%，中国交存批准文书，向全球作出其作为世界大国的低碳承诺与此同时，为了实现《巴黎协定》所拟定的承诺，中国的能源结构、产业结构等均将发生重大变化。二氧化碳排放：2030年二氧化碳排放达到峰值。

为实现上述目标，我国政府在强化碳强度下降目标责任考核、开展低碳省区和低碳城市试点、形成节能低碳的产业体系、构建低碳能源体系、努力增加碳汇等基础上，大力推进碳排放权交易市场建设。

一、2016年碳交易市场建设紧锣密鼓，“掷地有声”

1月11日，国家发展改革委办公厅发出《关于切实做好全国碳排放权交易市场启动重点工作的通知》（发改办气候[2016]57号），就全国统一的碳排放权交易市场启动前重点准备工作作出部署。提出结合经济体制改革和生态文明体制改革总体要求，以控制温室气体排放、实现低碳发展为导向，充分发挥市场机制在温室气体排放资源配置中的决定性作用，国家、地方、企业上下联动、协同推进全国碳排放权交易市场建设，确保2017年启动全国碳排放权交易，实施碳排放权交易制度。《通知》指出，2016年是全国碳排放权交易市场建设攻坚时期，国家、地方、企业上下联动、协同推进全国碳排放权交易市场建设，确保2017年启动全国碳排放权交易，实施碳排放权交易制度。至此，启动全国碳市场终于有了“时间表”。《通知》明确部署和规划了纳入企业名单、碳排放数据核算等工作，规定较为细致，加快了推进全国碳市场启动步伐。长期以来，企业参与碳交易的标准颇有争议。此次《通知》明确，全国碳排放权交易市场第一阶段将涵盖石化、化工、建材、钢铁、有色、造纸、电力、航空等重点排放行业，企业2013～2015年中任意1年综合能源消费总量达到1万吨标准煤以上。1万家企业要纳入到全国碳交易中，其规模或是现在参与交易的5倍。

2月23日，国家发展改革委在京召开全国碳排放权交易市场建设工作部署电视电话会议，国家发展改革委党组成员、副主任张勇同志出席会议并讲话。会议深刻认识全国碳排放权交易市场建设的重要意义，系统总结了碳排放权交易市场建设的工作基础，并结合下一步的工作重点进行了全面动员部署，提出了抓好落实的具体要求。

北京市、上海市、浙江省、湖北省、广东省、江苏省、深圳市发改委有关负责同志作了交流发言。民航局，我委办公厅、政研室、规划司、体改司、投资司、产业司、环资司、法规司、国家应对气候变化战略研究和国际合作中心、能源研究所等单位代表在主会场参加会议，各省、自治区、直辖市及计划单列市、副省级省会城市及新疆生产建设兵团发展改革委设分会场，各省、区、市所辖地市发展改革委也通过视频会议系统参加了本次会议。

3月，《碳排放权交易管理条例》上报国务院并进入立法程序。

4月，“中欧碳交易能力建设项目”连续举办3场专题培训研讨活动。各省、自治区、直辖市、计划单列市、新疆生产建设兵团发展改革委及其技术支撑单位有关同志，电力、石化、钢铁、民航等行业企业有关工作人员，数据收集和报告核查领域有关专家学者共计350余人次参加培训，就碳交易体系基本原理和核心要素、全国碳市场建设进展、企业碳资产管理、数据核算与报告核查等内容开展了系统学习研讨。本活动还邀请了来自英国、荷兰、比利时等欧盟成员国专家，就欧盟碳市场不同阶段的经验与教训、企业参与碳市场的方式等进行了介绍交流。

6月，国家发展改革委副主任张勇明确表示将加快推动出台《碳排放权交易管理条例》及有关实施细则，强化全国碳排放交易法规的支撑。此外，国家发展改革委专门组织召开碳市场建设专题会议，提出“加快推进碳排放权交易制度国家发展改革委组织召开碳市场建设专题会议，提出“加快推进碳排放权交易制度”。

8月，新能源汽车领域的碳配额管理办法率先“出炉”。国家发展改革委发布《新能源汽车碳配额管理办法》征求意见稿，以此“新招”来鼓励车企生产或进口新能源汽车。该管理办法几乎将所有车企纳入碳配额交易范围，届时碳配额不足的企业可向配额充足的企业购买碳减排量。

10月27日，经李克强总理签批，国务院印发《关于印发“十三五”控制温室气体排放工作方案的通知》（国发〔2016〕61号）（以下简称《方案》），全面部署2020年之前我国控制温室气体排放的各项工作任务。建设全国碳排放权交易市场是此次《方案》的核心内容之一，反映出市场机制作为资源有效配置的重要手段，在“十三五”控制温室气体排放工作中将发挥越来越重要的作用。《方案》强调建设和运行全国碳排放权交易市场。2017年启动全国碳排放权交易市场。到2020年力争建成制度完善、交易活跃、监管严格、公开透明的全国碳排放权交易市场，实现稳定、健康、持续发展。《方案》给出了“十三五”全国碳排放权交易市场的整体建设思路：一是建立全国碳排放权交易制度，出台《碳排放权交易管理条例》，建立国家和地方两级管理体制，实施碳排放配额管控制度；二是对重点企业开展排放配额分配，健全交易机构、交易规则和交易品种，建立市场调节和抵消机制以及风险预警与防控机制，以确保2017年全国碳排放权交易市场的顺利启动运行；三是强化基础支撑能力建设，建设全国碳排放权交易注册登记系统和灾备系统，构建国家、地方、企业三级温室气体排放核算、报告与核查工作体系，加强专业技术支撑队伍建设和对碳排放权交易重大问题的研判分析。

11月1日，国务院新闻办正式发布《中国应对气候变化的政策与行动2016年度报告》。

12月14～16日，国家发展改革委组织全国7个碳排放权交易试点省市和国务院发展研究中心、社科院、清华大学等单位召开了全国碳市场建设思路讨论会。国家发展改革委副主任张勇、中国气候变化事务特别代表解振华出席。参会代表围绕监管体系建设，配额分配方法，监测、报告和核查，注册登记系统建设，交易平台布局等5个专题进行了讨论。张勇副主任对全国碳市场建设下一步工作需要把握的原则提出了七个方面的要求。一是阶段性，要把握全国碳市场处于初期阶段的特征，坚持先易后难原则，避免定位过高，欲速不达。二是统一性，全国碳市场的制度、标准、技术规范以及关于交易原则、方法、市场管理等方面的要求都要统一。三是公平性，全国碳市场的制度设计应体现公平性、合理性，避免出现因前期设计不周全而埋下隐患。四是可操作性，全国碳市场设计应具有可行性，不能脱离实际情况导致难以操作，同时也要为碳市场建设未来发展留出空间。五是兼容性，七个碳排放权交易试点成就来之不易，应在具备可行性前提下，将试点碳市场与全国碳市场有机结合。六是处理好政府与市场的关系。政府不能替代市场，原则上能交给市场解决的都应交给市场。七是调动各方积极性。碳市场建设应调动国家、地方、企业、社会等方方面面的积极性，加强对控排企业的教育引导，促使控排企业提高认识。

张勇强调，应把握上述七个方面的原则，在总结七个碳交易试点和国际碳市场的经验基础上，立足国情、考虑区域差异，充分估计建设全国碳市场的难度，坚持问题导向，提出每个环节的具体措施，把“初步框架立起来，基本规则建起来，使全国碳市场能够启动起来”作为全国碳市场建设的近期目标，制定全国碳市场启动工作方案，完成2017年工作任务。

解振华对全国碳市场设计的简化、碳排放配额的发放以及登记注册平台和交易平台的建设等提出了要求。

二、七个碳交易试点取得经验，为全国碳市场建立奠定重要基础

从2011年起，国家发改委相继在北京、天津、上海、重庆、湖北、广东及深圳等地启动了碳排放权交易试点工作，取得了积极进展。截至2015年底，全国七个试点碳市场已经全部启动，20余个行业、2600多家重点排放单位纳入试点，年排放配额总量约12.4亿吨二氧化碳当量，累计配额成交量4978.7万吨二氧化碳，成交额14.1亿元。其中2015年当年配额成交量为3263.9万吨，成交金额8.36亿元。截止到2016年9月，全国七个试点碳市场配额现货累计成交量达到1.2亿吨二氧化碳，累计成交金额超过了32亿元人民币。这些进展彰显了我国以实际行动应对气候变化的决心。2016年以来，在国家部委和深圳市委市政府的大力支持下，积极参与全国碳市场建设，持续开展深圳碳市场经验的输出工作，先后为全国十余省市提供碳市场建设与咨询服务。全国碳市场启动背景下，深圳排放权交易所将继续坚持创新驱动发展战略，通过创新强化在深圳排放权交易所全国领先地位，力争率先成为深圳市国资系统第一个国家级交易平台。截至2017年5月19日，深圳碳市场配额累计总成交量约1957万吨，总成交额约6.34亿元，CCER总成交量约887万吨。截止到2017年6月10日，北京碳市场配额累计成交量1788万吨，CCER累计成交量1928万吨，各类碳资产交易总额超过7.7亿元，市场活跃度不断提升，各项业务指标在全国居于领先地位，在交易体系建设、会员网络搭建、跨区交易扩容、风险控制管理等方面不断夯实基础，为北京市重点控排单位顺利完成履约工作提供了坚强保障，为河北及内蒙三市与北京实现跨区碳排放权交易提供了有力支撑，更为全国碳市场建设积累了丰富经验。截至2016年12月31日，湖北省碳排放权交易中心总交易额已近70亿元，除一级市场（配额拍卖）外，湖北二级市场累计成交2.91亿吨，成交额69.03亿元，为全国第一，初步形成了碳交易中心、碳定价中心和碳金融中心雏形。

七个碳交易试点交易所的交易主体包括两类:一类是有履约义务的纳入企业,其在试点碳市场启动后自动成为交易主体,另一类是非履约的交易主体。各个试点交易所对以投资为目的的非履约交易主体的要求不完全相同,除了深圳和湖北外,均有不同程度的限制。对于机构投资者,目前所有试点均允许其参与市场交易,只是开放时间、投资机构属性和门槛要求、最大持仓量要求有所区别。对于个人投资者,目前除了上海之外的六个试点均允许其参与交易。试点省份也陆续建立了自己的交易所,分别为深圳排放权交易所、上海环境能源交易所、北京环境交易所、广州碳排放权交易所、天津排放权交易所、湖北碳排放权交易中心、重庆联合产权交易所。

试点地区加大对履约的监督和执法力度，2014年和2015年履约率分别达到96%和98%以上。

七个试点省市基本建成了责权明晰、运行顺畅、交易活跃、履约积极的碳交易市场体系，且在运转过程中积累了很多有益的经验，对于能源转型发挥了积极作用，也极大地推进了碳排放权交易机制建设，为建立全国碳市场提供了经验，奠定了基础。

七个试点省市在构建法规政策体系、排放配额分配和管理、排放测量报告与核查、交易和履约管理、能力建设等方面进行了大量探索性的工作，为启动全国碳排放权交易体系建设积累了经验。在有些方面我们已经走在了国际前列。比如在给企业的免费配额上，欧洲用的是企业的历史产量，但在经济波动较大的时候，这个衡量方式会出现问题。而中国采用的是企业实际产量，本质上是要求提高效率、降低排量，而不是限制服务。北京碳交易试点经过3个履约期以来，取得了一些具成功经验：率先实行第三方核查机构和核查员双备案制度；率先对新增固定资产投资项目实行碳排放评价工作；率先出台《碳排放权抵消管理办法》；率先出台《公开市场操作管理办法》；率先探索开展碳排放管理体系建设；率先开展碳排放权交易执法；率先开展跨区域交易；率先发布42个行业79个细分行业碳排放强度先进值。

在区域性七个交易市场的基础上迈向全国性市场，这将使中国成为全球最大的碳排放交易市场，这个市场的建立将受到全世界欢迎。

各试点在为全国市场探路试水的过程中发现了一些问题。实施碳排放交易的法律体系尚不健全，多数地区还是依据行政规章建设碳交易市场，市场分割、标准不统一以及重复建设，部分试点存在政策规则设计缺陷、约束力不足，政策和市场透明度有待提升等问题。

交易机制也存在明显不足，在交易主体方面,市场参与主体的意识和能力有待提高，碳交易主体的多元化和参与度都还不足。无论是开户的投资机构还是纳入的履约企业,其参与度都有限。一些试点碳交易市场的开放度不足,门槛较高,在一定程度上也影响了交易主体的多元化发展。参与度不高,影响了碳市场的流动性和稳定性,不利于有效地发现碳价格。在交易产品方面,目前各试点市场交易产品单一,均为试点期间的配额现货和CCER现货,过于单一的交易产品结构,不仅不利于纳入企业进行长期的风险控制和投资者进行投资组合,而且也造成了目前试点碳市场流动性的不足。在交易中介服务机构方面,现有的七个试点碳市场的交易所均为唯一指定,缺乏市场竞争机制,业务同质化,针对交易所的监管措施也还不完善。

三、着力法律法规和标准体系建设

《“十三五”控制温室气体排放工作方案》要求大力完善应对气候变化法律法规和标准体系，包括制订应对气候变化法，完善低碳产品标准、标识和认证制度等，体现了在依法治国的框架下，以法律和制度规范应对气候变化工作的主体思路。《方案》要求加强温室气体排放统计与核算，包括完善应对气候变化统计指标体系和温室气体排放统计制度、实行重点企（事）业单位温室气体排放报送制度、完善温室气体排放计量和监测体系等，为夯实统计数据基础并建立常态化测算及形势分析工作机制提供了强有力保障。

中国已发布了《碳排放权交易管理办法》，明确了建立全国碳市场的主要思路和管理体系。从国家发展改革委获悉，全国碳排放权交易管理条例、碳排放配额分配方案等系列法规政策将很快出台，而备受关注的碳配额分配工作也已启动。下一步，有关部门将启动配额注册登记系统和开展第三方核查机构评估。

地方加快、加强法规建设。2016年4月27日，南昌市第十四届人民代表大会常务委员会第三十六次会议通过《南昌市低碳发展促进条例》，自2016年9月1日起施行。《条例》共10章63条，更多注重提倡、引导、鼓励和支持，具体涉及节约、低碳、循环、生态环保、人与自然和谐等多方面内容。着眼本地需求，解决本地问题，行得通、真管用、有特色，是该《条例》最大的亮点。《条例》提出，发展和改革行政管理部门应当建立低碳发展不良记录登记和向社会公开制度。对拒不接受排放总量控制和管理的；拒不提供碳排放报告、不接受碳排放核查的；拒不接受能源审计、清洁生产审核或不达标单位拒不限期整改的；拒不淘汰落后产能的；拒不进行脱硫脱硝除尘处理且排放不达标的，都要列入不良记录名单及征信系统。

10月30日，上海市委副书记、市长杨雄主持召开市政府常务会议，研究《上海市2016年碳排放配额分配方案》。根据国家有关部署，上海2013-2015年碳排放交易试点工作已于2016年6月底全部结束，本市碳交易制度已初步形成。在充分调研和广泛征求各方意见和建议的基础上，上海市形成了2016年碳排放配额分配方案。根据《方案》，上海市2016年碳排放配额分配坚持实行总量控制，衔接本市年度及“十三五”碳排放控制目标及峰值目标，有效促进各项碳排放控制目标的实现；坚持推动用能效率提升和能源结构优化，鼓励使用清洁低碳能源；保持试点市场运行平稳有序，做好与全国碳交易市场的衔接。截至2017年3月31日，上海市碳交易试点企业全部按规定提交2016年度碳排放报告，碳交易试点“扩容”后的首个报告期工作圆满完成。 2016年3月是该市碳交易试点“扩容”后的第一个报告期，试点企业数量比第一阶段增加了约50%，碳排放报告模板也根据最新的行业特点和分配方案进行了完善。为了做好2016年度碳排放报告工作，上海市发展改革委先后组织了多次针对碳交易试点企业的能力建设培训，就碳排放相关政策法规、核算方法、报告要求等进行了详细的讲解，并组织专门工作团队，对试点企业编制碳排放报告进行技术指导，有力地保障了报告工作的顺利开展。接下来，上海市碳交易企业2016年度碳排放核查工作即将展开，该市发展改革委将委托第三方核查机构对试点企业2016年度碳排放量进行核查。

四、着力碳市场能力建设

2016年8月3日，全国碳市场能力建设（广东）中心在广州举办揭牌及签约仪式。全国碳市场能力建设（广东）中心由广州碳排放权交易中心有限公司、广东省应对气候变化研究中心、中国质量认证中心广州分中心与中科院广州能源所共同组建，四家单位在揭牌后举行了共建签约仪式。揭牌及签约仪式后，全国碳市场广东省有关行业企业历史碳排放信息报告专题培训会举行，各地市发展改革部门、省内拟纳入全国碳交易体系的化工、平板玻璃、有色、造纸、航空、电网等行业企业参加了此次培训。

2016年 9月6日，全国碳市场能力建设(天津)中心(简称天津中心)正式揭牌成立。天津中心依托天津排放权交易所设立，将通过教育培训、合作交流、平台建设等形式提升碳市场相关方的能力储备，为未来全国碳市场顺利启动和运行提供重要保障。

2008年，中国石油与天津产权交易中心、芝加哥气候交易所共同出资设立天津排放权交易所，中国石油作为投资方之一参与控股。该交易所是全国第一家综合性排放权交易机构，也是国内首个由石油企业控股的碳排放交易所，是一个利用市场化手段和金融创新方式促进节能减排的国际化交易平台。2015年完成国内最大单中国核证自愿减排量(CCER)交易，交易量超过50万吨。中国石油通过天津排放权交易所积极促进节能减排，让碳减排市场化、商业化，从而推动全社会的碳减排观念，建立社会碳减排体系。

天津作为国家首批7个碳交易试点省市之一，2013年试点碳市场正式启动交易以来，已经形成企业履约率高、基础条件成熟、管理规范有序的碳市场，形成较完善的碳市场运行管理体系，积累了丰富的碳市场建设经验。

天津中心的成立将充分发挥先期试点优势经验，积极发挥辐射和带动作用，通过多种能力培训和建设服务方式，帮助非试点区域企业提升低碳发展能力和碳市场参与能力，更好地服务于全国碳市场建设。

天津市发展改革委副主任杜威表示，天津市发改委将依托天津中心，加强与中国石油等方面的合作，充分发挥试点示范带动作用，为全国碳市场建设贡献更大力量。

2016年12月22日，福建省碳排放权交易在海峡股权交易中心开市，首日交易金额超1800万元，其中，在全国创新推出的福建林业碳汇挂牌成交26万吨，成交金额约488万元。在全国率先纳入陶瓷行业，是福建碳市场的一大特色，首批纳入的陶瓷企业达119家。福建也是全国唯一按国家核算标准建立的试点，碳市场建设速度最快，且交易品种最全、产品最新，起到标杆作用。

2016年11月15至16日，辽宁省发改委在辽宁大厦组织召开辽宁省碳排放权交易能力建设培训会，各市发展改革委、省内相关科研机构、省外第三方核查机构、省内核查机构以及重点排放企业等单位的近500人参加了会议。会议邀请了国家气候战略中心、清华大学等单位的专家学者，分别就全国碳排放权交易市场建设、温室气体排放报告核查、配额核定与分配方法等问题进行了讲解，并召开了7个分区域的政府、企业与核查机构对接会议，使参会人员增加了对全国碳排放权交易市场的了解，及时掌握了碳排放报告与核查的具体要求，为明年国家启动全国碳排放权交易市场做好相应的准备。

五、加强社会经济技术基础建设

国务院印发的《关于印发“十三五”控制温室气体排放工作方案的通知》（国发〔2016〕61号），提出的“十三五”控制温室气体排放的8个方面重点任务之一，加快区域低碳发展。实施分类指导的碳排放强度控制，“十三五”期间，北京、天津、河北、上海、江苏、浙江、山东、广东碳排放强度分别下降20.5%，福建、江西、河南、湖北、重庆、四川分别下降19.5%，山西、辽宁、吉林、安徽、湖南、贵州、云南、陕西分别下降18%，内蒙古、黑龙江、广西、甘肃、宁夏分别下降17%，海南、西藏、青海、新疆分别下降12%。推动部分区域率先达峰，支持优化开发区域在2020年前实现碳排放率先达峰。创新区域低碳发展试点示范，选择条件成熟的限制开发区域和禁止开发区域、生态功能区、工矿区、城镇等开展近零碳排放区示范工程，到2020年建设50个示范项目。以碳排放峰值和碳排放总量控制为重点，将国家低碳城市试点扩大到100个城市。探索产城融合低碳发展模式，将国家低碳城(镇)试点扩大到30个城(镇)。深化国家低碳工业园区试点，将试点扩大到80个园区，组织创建20个国家低碳产业示范园区。推动开展1000个左右低碳社区试点，组织创建100个国家低碳示范社区。支持贫困地区低碳发展。

——低碳省区和低碳城市试点。自2010年7月启动低碳省区和低碳城市试点工作以来，国家发改委先后确定了两批次共计6个省区、36个城市作为试点单位。中国注重发挥城市在落实应对气候变化行动目标中的积极性和创造性，42个低碳试点在体制机制创新、产业结构转型、基础能力建设等方面取得了积极进展，形成了符合实际、各具特色的低碳发展模式，创造出一大批城市低碳发展的好经验、好做法，并开始实施进一步扩大低碳城市试点的计划。广东是全国首批低碳试点省，相继开展了碳排放权交易、低碳城镇、低碳园区、低碳社区、碳普惠制、低碳产品认证等试点示范工作，并在绿色建筑、绿色交通、新能源开发和利用、碳捕集利用封存技术等新兴领域作出了积极探索，为实施近零碳排放区示范工程奠定了良好的工作基础。广东省近零碳排放区示范工程实施方案提出，到2018年，选择若干个有代表性的城镇、新区、行业、社区、园区和企事业单位，组织开展示范工程项目建设；制定全省近零碳排放区示范工程总体技术路线图，并初步建立效果评估预测模型和动态跟踪评价机制。到2020年，完成示范工程项目建设，推进“零碳”技术创新研发与应用，组织对试点地区实施效果进行动态跟踪评价。到2025年，宣传推广我省近零碳排放区建设经验，在全社会各行业领域引领“零碳”发展新风尚，为全国其他地区提供可借鉴、可复制、可推广的实践经验。

2016年6月28日，由国家发展改革委、欧盟委员会和武汉市人民政府联合主办的中欧低碳城市会议在武汉开幕。会议围绕低碳城市转型、碳市场建设、可持续城市规划与交通、低碳建筑、适应气候变化、可持续能源和智慧城市等9个议题开展交流和讨论。欧盟7个城市、我国18个城市代表以及关心全球气候变化的中欧各界人士250余人参加了会议。保定市、里昂市、广元市、哥本哈根市4个城市市长及市政代表分享了各自在低碳城市建设中的经验。

2016年8月18日至19日，在北京召开了第三批低碳城市试点方案点评会(第一组)，对24个申报城市试点方案进行分析点评。专家们对申报城市试点实施方案总体情况给予了肯定，同时结合各城市特色及实际发展状况，围绕峰值目标和加速制度创新提出了试点实施方案的完善要求。广东是全国首批低碳试点省，相继开展了碳排放权交易、低碳城镇、低碳园区、低碳社区、碳普惠制、低碳产品认证等试点示范工作，并在绿色建筑、绿色交通、新能源开发和利用、碳捕集利用封存技术等新兴领域作出了积极探索，为实施近零碳排放区示范工程奠定了良好的工作基础。广东省近零碳排放区示范工程实施方案提出，到2018年，选择若干个有代表性的城镇、新区、行业、社区、园区和企事业单位，组织开展示范工程项目建设；制定全省近零碳排放区示范工程总体技术路线图，并初步建立效果评估预测模型和动态跟踪评价机制。到2020年，完成示范工程项目建设，推进“零碳”技术创新研发与应用，组织对试点地区实施效果进行动态跟踪评价。到2025年，宣传推广我省近零碳排放区建设经验，在全社会各行业领域引领“零碳”发展新风尚，为全国其他地区提供可借鉴、可复制、可推广的实践经验。

一、二批试点城市探索积累了很多的宝贵经验，在健全低碳城市机制建设、制定低碳发展规划、建立低碳数据基础管理、创新碳评估制度等多个方面都颇有成果，起到了很好的带头作用。2017年2月，国家发展改革委发文，确定沈阳、大连、成都、长沙、济南、三亚内蒙古自治区乌海市等45个城市（区、县）开展第三批低碳城市试点。第三批低碳试点城市明确提出碳排放峰值目标“十三五”降低单位国内生产总值二氧化碳排放量、碳排放总量控制、非化石能源占一次能源比重以及森林碳汇等目标，并提出相应的政策措施。

目前绝大部分试点城市成立了低碳发展领导小组，统筹和协调各部门之间的工作，以市长或副市长为组长。

——国家低碳工业园区试点。2013年9月29日，中国工业和信息化部、国家发展和改革委员会联合发布《关于组织开展国家低碳工业园区试点工作的通知》，正式拉开了创建低碳工业园区的序幕，天津经济技术开发区等51家基础好、有特色、代表性强的工业园区，开展了国家低碳工业园区试点工作。推动重点工业园区实现绿色低碳发展，对区域工业绿色转型具有较大的带动作用。目前，试点园区碳排放强度达到同类园区先进水平，起到了引导和带动工业绿色低碳发展的作用。

——气候适应型城市建设试点。2016年3月25日，国家发改委气候司与住房城乡建设部建筑节能和科技司在京共同组织召开了落实《城市适应气候变化行动方案》华北片区工作座谈会。会上北京市、天津市、河北省、山西省和内蒙古自治区发展改革、住房城乡建设部门参会同志就各地适应气候变化工作基础、气候适应型城市建设试点申报以及下一步工作考虑作了交流。8月，国家发展改革委和住建部下发通知，挑选30个左右典型城市开展气候适应型城市建设试点。根据两部委制订的《气候适应型城市建设试点工作方案》，试点城市将开展城市气候变化影响和脆弱性评估、出台城市适应气候变化行动方案、组织开展适应气候变化行动和加强适应气候变化能力建设4个方面的行动内容，注重谋划近中期的适应气候变化行动措施，确保在2020年之前取得阶段性成果。2017年2月21日国家发展改革委、住房城乡建设部同意将内蒙古自治区呼和浩特市、辽宁省大连市、辽宁省朝阳市、浙江省丽水市、安徽省合肥市、安徽省淮北市、江西省九江市、山东省济南市、河南省安阳市、湖北省武汉市、湖北省十堰市、湖南省常德市、湖南省岳阳市、广西自治区百色市、海南省海口市、重庆市璧山区、重庆市潼南区、四川省广元市、贵州省六盘水市、贵州省毕节市（赫章县）、陕西省商洛市、陕西省西咸新区、甘肃省白银市、甘肃省庆阳市（西峰区）、青海省西宁市（湟中县）、新疆自治区库尔勒市、新疆自治区阿克苏市（拜城县）、新疆建设兵团石河子市等28个地区作为气候适应型城市建设试点。目标是以全面提升城市适应气候变化能力为核心，坚持因地制宜、科学适应，吸收借鉴国内外先进经验，完善政策体系，创新管理体制，将适应气候变化理念纳入城市规划建设管理全过程，完善相关规划建设标准，到2020年，试点地区适应气候变化基础设施得到加强，适应能力显著提高，公众意识显著增强，打造一批具有国际先进水平的典型范例城市，形成一系列可复制、可推广的试点经验。

——多城探索低碳发展之路，明确碳排放峰值时间。中国宣布将在2030年左右达到二氧化碳排放峰值，而城市在达峰过程中无疑起着决定性作用。据统计，截至2016年底，全国共有34个省市地区公布了碳排放达到峰值的时间。其中，北京、上海、宁波、青岛等12个地区提出，峰值时间将发生在“十三五”时期。这些地区主要以经济发展较快的东南部沿海省市和北京、上海等一线城市为主，经济起飞较早，已经达到一定的发展阶段，对资源环境瓶颈的压力感受更大。此外，有13个地区提出峰值时间在“十四五”时期，10个地区的峰值在2025年～2030年，重庆的峰值(2035年)在国家峰值之后到达。这些地区以西部省市居多，因工业化、城镇化水平相对较低，还需要更大的排放空间。

吉林省推出"十三五"控制温室气体排放工作方案，到2020年，单位地区生产总值二氧化碳排放比2015年下降18%，碳排放总量得到有效控制。碳汇能力显著增强。能源体系、产业体系和消费领域低碳转型取得积极成效。碳排放权交易市场启动运行，统计核算、评价考核和责任追究制度得到健全，低碳试点示范不断深化，公众低碳意识明显提升。

——绿色金融 。数据显示，2016年，中国绿色金融几乎在所有领域都有较大推进。2015年底，中国银行金融机构绿色信贷余额达到8.08万亿元，截至2016年9月底，中国已发行绿色债券约1400亿元，占全球绿色债券发行规模的40%以上。

——发射碳卫星。2016年12月22日碳卫星在酒泉卫星发射中心成功发射入轨。卫星运行于700公里的太阳同步轨道上，科学目标是获取全球和区域二氧化碳分布图，精度优于4ppm（百万分比浓度），从而使我国具备对全球大气中二氧化碳的监测能力，为应对全球气候变化做出中国贡献。

六、建立中国碳交易市场面临的主要障碍和挑战

作为商品，碳排放权具有特殊性，只有核证之后才能成为商品，而碳排放权的初始分配又是碳交易市场进行有效核准的前提。据欧盟以及其他一些先行开展碳交易制度国家的经验，碳排放权的初始分配有无偿分配、有偿分配（拍卖）、按行业分配、按地区分配，中国应采取怎样的分配方式才能削减排放总量，是中国建立碳交易市场必须解决的基本问题。

建立中国统一的碳交易市场还面临着一些体制、机制、监管、能力和激励方面的问题、障碍和挑战。

第一，对于国家和省级主管部门面临新的挑战，最大的考验是科学决策、制定游戏规则和市场监管的能力。全国碳交易市场将是全球第一大交易市场，市场治理的难度也必然更大，对立法的要求更为迫切。尽早出台全国碳排放权交易管理条例，制定发布相关实施细则，对于规范市场行为、增加市场透明度都是十分必要的。在市场扩大、交易增多、参与者利益诉求多样化的情况下，诸如操纵市场、内幕交易等恶意市场行为出现的可能性也会增大，加强依法行政，特别是对违规行为的处罚，对于市场的有序、健康发展将具有重要意义。

第二，对作为市场主体的企业来说，考验是双重的。一方面是提高管理碳排放的能力，履行控制排放的义务，实施减排活动、编报排放信息、制定监测计划等，另一方面是加强碳资产管理能力，管理好、使用好碳资产。

第三，对第三方核查认证机构来说，考验的既是其技术能力，更是其诚信度。如果第三方核查机构在核查过程中不能保持公平、公正，不按照规定对企业碳排放进行核查，制定虚假的碳排放信息报告，则会造成不同企业减排成本的差异，并导致对市场公平性的怀疑，直接威胁碳交易市场的生命力。因此，对第三方核查机构的监管，应该是政府部门市场监管的重大职责之一。

第四，对交易平台机构来讲，其面临的主要考验是对交易活动的日常一线监管，保证市场交易是在一个公平的环境下进行，需要加强对交易活动的风险控制和对会员以及交易所工作人员的监督管理。

第五，在全国碳市场建设中，碳交易机构发挥着独特的作用。由于试点阶段的特殊性，每个试点省市都设立了市场交易机构，还有更多的地方表达了对建立交易机构的兴趣。在一个既定的市场内，保持多个市场交易机构竞争，对于鼓励提高服务水平是必要的，但过多的交易机构会导致平均盈利水平下降，有可能造成恶性竞争，可能造成全国统一市场的割裂，出现地方保护主义，需要在全国市场建设过程中对此保持关注。全国碳市场建设中最大的挑战就是，如何打破分散化和碎片化，最终形成全国一体化的碳市场，充分发挥全国碳市场的规模潜力，推动形成合理的碳定价机制。

对此，可考虑采取的对策：一是在碳交易规则和标准层面实现全国统一；二是鼓励市场充分竞争和参与主体自由选择交易市场，鼓励市场实现整合；三是鼓励在依法合规的前提下，有序开展碳金融创新。

第六，要建立全国碳市场，激励制度、有效监管和技术指标的出台也是不可或缺的有效途径，国家标准委发布了11项温室气体管理国家标准，包括 《工业企业温室气体排放核算和报告通则》以及发电、钢铁、民航、化工、水泥等10个重点行业温室气体排放核算方法与报告要求。新标准充分吸纳了我国碳排放权交易试点经验，同时参考了有关国际标准，有效解决了温室气体排放标准缺失、核算方法不统一等问题，实现了我国温室气体管理国家标准从无到有的重大突破。

中国想要构建成功的全国碳市场仍需要多个政府部门、私营机构和民间社会的共同参与，需要详细的政策法规和技术支持，包括审计、配额分配、报告、监督和核查等多个环节。

同时，还要和国际接轨。目前，欧盟建立的碳排放交易体系是全球交易量最大的系统，覆盖了约1.1万家能源消费企业，涉及排放量约占区域的50%，二氧化碳排放量占到区域总量的40%。

七、建设全国碳排放权交易市场的思路和目前展开的主要工作

2016年11月4日，国务院正式印发《“十三五”控制温室气体排放工作方案》，全面部署2020年之前我国控制温室气体排放的各项工作任务。《方案》给出了“十三五”全国碳排放权交易市场的整体建设思路：一是建立全国碳排放权交易制度，出台《碳排放权交易管理条例》，建立国家和地方两级管理体制，实施碳排放配额管控制度；二是对重点企业开展排放配额分配，健全交易机构、交易规则和交易品种，建立市场调节和抵消机制以及风险预警与防控机制，以确保2017年全国碳排放权交易市场的顺利启动运行；三是强化基础支撑能力建设，建设全国碳排放权交易注册登记系统和灾备系统，构建国家、地方、企业三级温室气体排放核算、报告与核查工作体系，加强专业技术支撑队伍建设和对碳排放权交易重大问题的研判分析。

说得比较具体一些，必须卓有成效地继续展开工作，大体是：

（一）碳排放配额分配

排放权交易机制中一个非常重要的问题是如何根据所设定的排放总量目标，为交易体系所覆盖的每一个排放主体或排放源分配其可以使用的排放配额，即实现排放配额的初始分配，这是实施排放权交易机制的基础。

碳排放权的分配原则首先包括公平原则与效率原则。近几年我国针对碳排放权的初始分配开展了大量理论研究和实践探索，在国内排放配额分配时，充分考虑了全国各地经济发展不平衡、资源禀赋差异等情况，基于历史责任原则、平等原则，乃至支付能力等原则，对碳交易政策实施的社会公平给予了充分考量。

效率原则是指碳排放权的分配应致力于减少乃至消除对经济发展的负面影响。效率原则并非国际间碳排放空间分配的首要原则，通常作为公平原则的补充而存在，在一国之内，效率原则受到的重视程度相对高一些。碳排放权初始分配方法大体分为无偿分配和有偿分配，其中有偿分配又可分为公开拍卖和定价出售。前我国在实施碳排放交易时主要采取的排放配额分配路径，依托我国固有的分级行政管理体制实行，碳排放配额分配办法“将以基准线法为主，单位产品的排放量在基准线以上，生产的产品越多，获得的配额就越大；处于基准线以下的企业就需要加大投资，让单位产品的排放量高于基准线，否则每生产一个产品都要向市场购买碳排放权，或者只能退出市场。

（二）分阶段推进碳交易市场价格形成机制改革，充分发挥市场机制在碳排放权价格形成中的基础性作用

与一般商品市场相似，较理想的碳价格形成机制应是市场机制，由市场供求关系决定碳价格的涨落。在其他条件不变时，需求增加，则价格上升；供给增加，则价格下降。市场机制发挥作用的前提是碳排放权清晰，碳交易规则公平合理。

我国碳市场价格机制改革的方向应该是由市场供求决定价格，当前应遵循分阶段推进价格形成机制改革。

第一阶段，以政府定价为主的阶段。在碳排放市场形成之初，作为一个政府创造的市场，市场定价机制尚不成熟，为了避免恶性竞争和整体利益受到损失，要发挥政府在价格形成中的作用。在市场建立初期，可参照欧盟交易市场的价格以及国内市场的供求情况，实行以政府定价为主的价格决定方式，可能更利于市场的平稳运行，防止价格波动过大。当然，政府应根据市场供给和需求、企业出售碳排放权的项目成本和环境成本等各种影响因素进行合理定价。

第二阶段，混合定价阶段。逐步引入市场定价，采取市场定价和政府定价共同调节的方式，共同发挥两者的价格调控作用。政府限定合理的价格波动范围，市场在定价范围内发挥定价作用，保障市场的健康运行。一方面政府要实行最高限价和最低限价，针对碳交易价格可能会出现局部性、阶段性的较大波动，为应对突发价格事件，政府预先制定最高限价干预措施，实行最高限价管理，由碳交易协会提出具体价格建议，报国家发展改革委认定后执行。另一方面，启动反价格欺诈专项行动。主要打击价格欺诈行为，如虚构原价、虚构降价原因，不履行或者不完全履行等价格欺诈行为。

第三阶段，以市场定价为主的阶段。随着碳交易市场的不断成熟，各种制度和规则的逐步健全，应逐步减少政府对价格的直接干预，适当扩大市场定价的范围，最后实现完全由市场供求来决定价格的市场定价方式。

（三）逐步建立中国碳交易登记核查机制

碳交易登记核查机制，是指碳交易过程中涉及的一系列制度安排，即如何核定哪家企业或哪个地方的碳排放量？如何进行认证、登记？如何进行核查？如何进行碳排放的托管、考核等？从碳交易的流程来看，登记是买卖主体进入市场进行交易的首要步骤。同时，碳市场交易对象的特殊性决定了需要建立核查机制。由于温室气体排放权不同于一般的商品，是一种无形的商品，减排数据是由排放实体提供的，为了防止温室气体减排过程中出现提供虚假排放数据的问题，造成减排责任的不公平，需要建立核查机制对数据进行核查和监测验证，以确保排放数据的准确性。

第一，加快碳交易平台建设。碳交易平台是登记核查机制的依托。因此，要促进北京、重庆、上海、天津、湖北和广东等多地碳交易所的发展。加快制定相关法律法规，完善交易所制度，逐步消除各交易所制度标准的差异，建立统一的交易机制与规则，塑造日益完善的碳交易平台。

第二，加快登记注册系统的建设。登记注册系统是进行公平交易的重要保证，当前我国的自愿减排量登记缺乏专门机构管理，交易登记的信息也不够完整，影响了交易的进一步开展。当前应加快登记系统建设，完善登记注册系统的内容，应至少包括项目信息、认证信息、交易信息、有效性信息等内容，参与交易方都应在指定的系统内建立一个账户，所有排放数据和交易活动都要通过账户进行登记。通过标准化的登记系统对企业的排放数据和排放许可配额的签发、持有、转让、获取、注销和回收的数据进行录入统计。要从当前区域性的登记注册系统着手，探索建立全国统一的登记注册系统。

第三，加强碳交易信息系统建设。充分利用电子网络方式，及时丰富信息系统的内容，在做好与碳交易市场直接相关的市场供求信息、即时报价、竞价方式、交割状况等公开发布外，还要及时公布国内外碳排放市场的相关动态以及国家的碳减排政策等相关信息，不断提升信息服务水平。

第四，加快碳交易结算系统建设。本着增强系统公平性和透明度的原则，不断规范交易结算制度，如采用保证金制度等，充分保证碳交易的无风险结算；不断完善交易结算方式，开展网络远程交易，提升交易结算效率。

（四）加快建设和完善碳交易法律法规和标准体系

碳交易法律法规的制定是保障碳市场发展壮大的必要条件。全国碳交易市场将是全球第一大交易市场，市场治理的难度也必然更大，对立法的要求更为迫切。

国内已有多部法律、法规涉及低碳发展，如《环境保护法》《节约能源法》等，但都不是专门针对低碳发展而出台的，对如何控制温室气体排放缺乏可操作性，使得低碳发展的责权不明晰。在市场扩大、交易增多、参与者利益诉求多样化的情况下，诸如操纵市场、内幕交易等恶意市场行为出现的可能性也会增大，加强依法行政，特别是对违规行为的处罚，对于市场的有序、健康发展将具有重要意义。尽早出台全国碳排放权交易管理条例，制定发布相关实施细则，对于规范市场行为、增加市场透明度都是十分必要的。

随着我国低碳经济的进一步发展，尤其是金融部门对碳商品的开发利用，碳交易风险将逐渐加大，碳交易的行为规范需要专门的法律法规来规范。建立碳排放交易的法规制度首先需要规定碳排放测量标准、不同行业的碳排放配额及交易规则与惩罚制度。

因此，要大力完善应对气候变化法律法规和标准体系，尽早出台全国碳排放权交易管理条例，制定发布相关实施细则，对于规范市场行为、增加市场透明度都是十分必要的。同时，政府相关部门、行业组织和交易所等要加快制定碳交易的标准体系完善低碳产品标准、标识和认证制度等，体现了在依法治国的框架下，以法律和制度规范应对气候变化工作的主体思路。

在条件成熟时，借鉴《中华人民共和国环境保护法》中明确规定实行污染物排放总量控制制度的做法，制定《温室气体排放总量控制管理办法》，明确总量控制的一系列具体措施，并逐步完善总量控制追踪体系及监督管理机制。制定专门的《碳排放权交易法》，对温室气体的排放许可、分配、交易、管理、交易双方的权利义务、法律责任等做出规定，为排放权交易市场的运行提供法律依据和保障。此外，制定和完善主体资格审查制度，统一的注册、登记、报告、监测和核证制度，以及相关的交易跟踪制度，为碳交易管理体制发挥效力提供制度保障。

（五）建立和完善政府引导、企业主体的体制机制

碳交易市场和其他一般市场的显著不同在于，作为一个外部性产品市场，碳市场不是自然形成的，而是在《联合国气候变化框架公约》《京都议定书》和《巴黎气候变化协定》等人为协定或条约的基础上形成的市场。因此，碳交易市场从诞生之初便带着政府创立的鲜明色彩，这决定了碳市场建设中的政府引导原则。

1. 政府引导。在政府引导原则之下，碳交易市场的交易主体是企业，而政府作为市场规则制定者，起着引导和监管的作用。政府在碳交易市场上的职责包括市场培育、法律保障、规则监管、外部助推等方面，具体表现为：确定排放额度总量，并以合宜的原则和方式分配给各地区和各企业；制定和完善碳交易市场的有关法规和政策，建立注册登记和核查体系，编订碳交易的技术准则；对于未满足碳排放要求的地区和企业，实施相应的惩罚手段，确保市场的稳定运行；广泛开展宣传教育，提升社会各界的参与度，构建良好的外部环境。

2. 要鼓励企业积极参与碳交易，成为碳交易主体。碳市场的交易主体主要包括履约企业、金融机构和自然人，履约企业是核心交易主体。碳市场的建立有赖于政府制定的强制减排政策，其运行的核心环节是排放企业要在特定时间内对自身的碳排放量缴纳等额配额，以表示其排放量是被合法允许的、是符合政策规定的。如果企业排放量超过了其拥有的配额量，则需要在市场上购买更多碳排放配额，来完成履约责任；如果企业排放量低于其拥有的配额，企业可自主选择出售盈余配额，进而获取节能减排带来的收益。

同时应当认知，限制碳排放固然给企业带来一定压力，全国性碳市场的建立却给企业带来更多发展空间。企业不仅可以通过出售多余碳配额获得收益，还能从碳配额的质押、回购、托管等新兴碳金融工具获取资金，大大提升市场竞争力。碳交易跟其他的手段不同，可以直接刺激企业节能减排。一旦全国市场形成，碳交易的机制能够长期推进，对于企业会是非常好的引领，对其自身的科学管理起到巨大作用。

因此，在政府层面，尤其在当前，要支持和制定优惠政策加以引导，提高企业主动参与碳交易的积极性。

金融政策。加大对参与碳交易企业的奖励与补贴力度。专门制定针对碳交易企业的补贴办法，如加大碳交易企业申请项目的资助额度和覆盖范围等。以部分财政资金为主体成立专门的碳交易基金，用于奖励或补贴参与碳交易企业或控制碳排放方面做得较为成功的企业。将一些参与碳交易企业的产品纳入政府采购的优先备选名单。

加大对碳交易企业的信贷支持力度。建议制定针对碳交易企业发放信贷的指导政策，加大绿色贷款的执行力度，尽快实行专门针对参与碳交易企业的贴息贷款。对参与碳交易企业适当放宽商业银行的信贷额度控制（对于碳交易企业部分贷款可以从每年的信贷总额度中扣除）。加大商业银行对参与碳交易企业的贷款利率的浮动范围，降低贷款资本金要求，相应的利息收入所得给予税收优惠，以鼓励商业银行加大对参与碳交易企业的信贷支持力度。

制定允许同等条件下碳交易企业优先上市融资的优惠政策。为提高企业参与碳交易的积极性，一方面可以在不降低上市准入条件的前提下，在相同申请条件下给予碳交易企业上市的优先权；另一方面可以考虑在资本市场准入标准中，加入诸如能耗和排放总量控制标准（允许通过交易达到）的考核指标等，力促企业通过碳交易获得相应的资格。

适当放宽碳交易企业发行企业债券的资格条件。适当放宽对参与碳交易企业发债资格的审核，使碳交易企业能够在相对宽松的条件下发行企业债券、中期票据和短期融资券等，以获得债券市场的资金支持。

多渠道引导其他资金投资碳交易企业。加大政策性贷款对参与碳交易企业的倾斜力度；帮助碳交易企业争取国际能源组织或金融机构等国际组织资金的支持；积极推介碳交易企业，引导风险投资等资金投资碳交易企业；尽快出台鼓励投资碳交易企业的扶持与优惠政策，激励其他社会资金投资赋碳交易企业。

给予碳交易企业在项目申报和行政审批中的优先权。赋予碳交易企业在某些项目的优先申报权，获得一些项目实施的先行先试权；适当简化碳交易企业在相关行政审批中的程序，使企业获得更大的经营自主权。

财税政策。充分发挥税收手段的激励作用。一方面，对于参与碳交易的企业实行有差别的税收优惠政策，如可以在收入所得税、出口退税等方面给予优惠，具体可以根据交易额度，采用累进的方式，鼓励其积极参与交易；另一方面，对于参与碳交易的企业，初期可以免征碳交易税和相关的手续费，降低其进入市场交易的成本。

面对即将来临的统一碳市场，企业应如何做好担当交易主体的准备？先要摸清家底，实现对碳资产的有效管理。一方面，通过深入了解碳交易机制的原理和规则，合理规避风险，同时积极争取盈利；另一方面，通过碳市场实务，企业要积极探索寻找合适的减排路径，以减排促进主营业务的转型升级。

3.建立和完善碳交易管理体制。建立统一协调的碳交易管理体制框架。在现有与碳交易有关的应对气候变化和节能减排管理机构的基础上，建立一个统一管理、分工协作、高效运行的碳交易管理体制，包括政府层面和非政府层次，包括交易所、企业，以及独立的第三方认证机构、金融机构、信息服务机构和行业协会等中介机构。要加强温室气体排放统计与核算，包括完善应对气候变化统计指标体系和温室气体排放统计制度、实行重点企（事）业单位温室气体排放报送制度、完善温室气体排放计量和监测体系等，为夯实统计数据基础并建立常态化测算及形势分析工作机制提供了强有力保障。同时，应重视培育和规范专业的碳交易中介机构：一是专业认证机构。负责开展碳排放量的审定和核查，并向交易所提交相关报告，以保证碳交易市场信息客观、公正、有效。认证机构由环保部统一管理，认证机构要取得资质必须向环保部申请，审核批准后才允许从事业务，不符合条件的认证机构一律取缔。二是金融机构。要发挥金融机构在提高碳交易市场流动性、丰富产品组合、提供避险工具等方面的积极作用。三是信息服务机构。负责定期发布碳减排的供求信息，科学预测碳减排一、二级市场价格的变动趋势，为碳减排企业提供参考。四是行业协会。通过行业协会凝聚企业，形成统一联盟，建立联合谈判机制，减少碳减排企业间的无序恶性竞争，利用我国在碳减排总量上的绝对优势，提高国际碳交易定价能力。

4.建立有效的碳交易市场监管体系。所谓碳交易市场的监管是指监管主体运用法律、经济及行政等手段，对碳排放权的初始分配、权利行使、权利交易等行为，及其他与碳排放权交易相关问题进行的监督和管理。建立有效的监管机制是碳交易市场健康运行的重要保障。

基于我国碳市场发展的现实情况，需要充分发挥政府监管、第三方机构监管和自我监督的各自优势，并实现各监管体系的有机结合。

第一，构建政府监管体系。中央政府和地方政府应设立专门的监管机构，或者依托排放权管理与调剂中心等有关机构进行监管，国家发改委应发挥相应的监管作用。其职能包括：审核碳交易许可证发放机构；宏观调控碳交易市场定价；监管交易主体资格及其交易行为；界定交易所职能、交易规则等；授权第三方监管机构等。

第二，建立第三方监管体系。针对目前本土的第三方机构明显不足和能力欠缺的现状，加快第三方认证机构的建设，提升认证机构的能力，对减排量进行合理权威的认定和核证，保证碳减排交易的顺利开展。

要充分发挥非政府组织、独立的社会组织、交易所、行业协会、工会、消费者团体、智囊团、公众舆论和媒体对碳交易市场运行的监督作用。

第三，进行内部自我监管。如芝加哥气候交易所就实行严格的自律监管。通过交易所和交易主体内部自我监管来督促其自身的行为，提升碳市场交易监管水平。一是要在内部建立独立的监管部门，并做到监管主体在依法行使监督职权时，能切实排除一切外来干扰和阻力。二是要建立健全碳市场交易信息公开制度，用信息的公开来保证信息的可靠性，接受广大公众的监督，从而避免因信息的不对称而造成的信用危机。三是，严格执行对违反诚信道德行为的惩罚和责任追究制度。

第四，不断提升核查水平。首先，不断完善核查的相关制度，明确核查的程序与标准。其次，充分借鉴国外的先进经验，不断提升碳排放的监测和核查水平，有针对性地攻克薄弱环节，为交易提供更加准确全面的基础数据支持。

第五，规范碳交易信息披露制度。规范的碳交易信息披露是碳市场监管的前提和基础，是维护碳交易市场公开、公平、公正的根本保证。从国家的低碳政策，到碳排放总量控制、碳排放配额分配、许可证发放、交易规则、碳价格信息等等，都需要有一整套信息披露和公示制度。

（撰稿：孟赤兵，北京现代循环经济研究院）

\>\>\>

法律规章

可再生能源调峰机组优先发电试行办法

（国家发改委、能源局2016年7月14日印发）

第一章 总则

第一条 为贯彻《中共中央国务院关于进一步深化电力体制改革的若干意见》（中发[2015]9号）文件精神，落实《国家发展改革委、国家能源局关于印发电力体制改革配套文件的通知》（发改经体[2015]2752号）的要求，提高电力系统调峰能力，有效缓解弃水、弃风、弃光，促进可再生能源消纳，制定试行办法。

第二条 为促进可再生能源消纳，在全国范围内通过企业自愿、电网和发电企业双方约定的方式确定部分机组为可再生能源调峰。在履行正常调峰义务基础上，可再生能源调峰机组优先调度，按照“谁调峰、谁受益”原则，建立调峰机组激励机制。

第三条 可再生能源调峰应坚持本地为主，鼓励跨省区实施，坚持因地制宜，坚持市场化方向。

第二章 完善调峰激励

第四条 结合可再生能源建设规模、消纳情况、电源结构和负荷特性，各省（区、市）安排一定规模煤电机组为可再生能源调峰，具体数量由各省（区、市）政府有关部门会同电力企业根据实际情况确定并调整。

第五条 为平抑可再生能源发电波动，调峰机组应优先增加或压减出力，调峰能力应至少满足《发电厂并网运行管理规定》有关要求。单机容量30万千瓦及以下的常规煤电机组，出力至少能降到额定容量50%以下；30万千瓦以上的机组，出力至少能降到额定容量60%以下。出力低于60%的部分视为为可再生能源调峰的压减出力部分。一般地区可实行轮流7-10天的停机调峰；调峰困难地区或困难时段，视情况延长停机调峰的时间。

第六条 逐步改变热电机组年度发电计划安排原则，坚持“以热定电”，鼓励热电机组在采暖期参与调峰。安排为可再生能源调峰机组的热电机组，在国家出台相关统一技术标准之前，热电比高于50%的，调峰能力应达到50%，热电比低于50%的，调峰能力应达到60%。

第七条 根据建立优先发电制度的要求，对于可再生能源调峰机组，按照高于上年本地火电平均利用小时一定水平安排发电计划，具体数额由各省（区、市）政府有关部门会同有关单位确定，增加的利用小时数与承诺的调峰次数和调峰深度挂钩。

第八条 可再生能源调峰机组因调峰无法完成的优先发电计划，应遵照节能低碳电力调度的原则，通过替代发电交易给其他机组。替代发电优先在同一发电集团内部进行，鼓励可再生能源发电参与替代。替代双方依据平等协商原则，确定替代电量、交易时段、补偿价格、网损、结算方式等。替代发电按月组织，次月交易执行。已建立电力市场交易平台的，应通过市场机制开展发电权交易，通过市场机制确定电量、价格等。确定为可再生能源调峰机组的，不得参与电力直接交易。

第九条 鼓励自备电厂纯凝汽发电机组参与调峰。参与电网调峰时，如果增加受电量，增加部分可视同替代电量获得一定补偿；调峰能力达到50%及以上的，在承担相应社会责任并成为合格发电市场主体后，可参加电力直接交易出售富余电量。

第三章 鼓励跨省区补偿

第十条 积极推进跨省区辅助服务市场化。加强国家调度、区域调度、省级调度间沟通协调，充分利用地区间高峰时间差，开展旋转备用、事故备用共享，减少可再生能源富集地区开机容量，提升可再生能源消纳水平。

第十一条 根据可再生能源波动性特点，建立跨省区灵活日前和日内交易机制，实现调峰资源与可再生能源发电的动态匹配。

第十二条 跨省区送受可再生能源电量的，应以国家指令性计划和政府间框架协议为基础，送受省份协商确定送受电计划。协商不一致的，按照政府确定的计划（协议）执行。鼓励市场化探索，协商确定的计划以外的电量，通过市场竞争机制确定价格，送电地区的降价空间应按一定比例用于受电省份可再生能源调峰机组补偿。跨省区送受可再生能源的电价按照《国家发展改革委关于完善跨省跨区电能交易价格形成机制有关问题的通知》（发改价格[2015]962号）执行。

第四章 增加调峰能力

第十三条 鼓励发电企业对煤电机组稳燃、汽轮机、汽路以及制粉等进行技术改造，在保证运行稳定和满足环保要求的前提下，争取提升机组调峰能力10%-20%；对热电机组安装在线监测系统，加快储热、热电解耦等技术改造，争取提升热电机组调峰能力10%-20%。

第十四条 鼓励建设背压机组供热，系统调峰困难地区，严格限制现役纯凝机组供热改造，确需供热改造满足采暖需求的，需同步安装蓄热装置，确保系统调峰安全。

第十五条 对发电企业技术改造，制定鼓励政策，支持企业发行债券融资或实施贷款贴息。

第十六条 可再生能源发电在规划时应明确电力消纳市场，同步制定配套电网送出规划，完善政府协调保障机制，确保电源与电网工程同步投产。

第十七条 考虑电网系统调峰需求，合理布局规划、有序开发建设一批抽水蓄能、燃气等调峰机组，发展储能装置。

第十八条 提高发电机组的调峰能力技术标准，在设计、制造和设备选型环节，考虑电网调峰要求。

第五章 强化信用监管

第十九条 充分发挥信用监管的作用，将调峰情况纳入发电企业信用评价指标体系，作为一项信用记录，录入电力行业信息平台，使调峰信息状况透明，可追溯、可核查。

第二十条 电力调度机构定期将调峰情况提供政府有关部门和第三方征信机构，第三方征信机构根据政府有关要求，建立完善调峰信息公示制度，推动信息披露规范化、制度化、程序化，在指定网站发布信息，接受市场主体的监督和政府部门的监管。

第二十一条 建立针对发电企业调峰情况的守信激励和失信惩戒机制，对于按照约定实施调峰的发电企业按照有关规定给予优惠政策，对于失信违反约定的发电企业要予以警告，严重失信的要纳入不良信息记录，并按有关规定进行惩戒。

第六章 加强组织管理

第二十二条 各省（区、市）政府有关部门会同电网企业根据实际情况，公布具体调峰机组名单，定期更新调峰机组的调峰能力，制定可再生能源调峰机组的运行管理办法，落实可再生能源调峰机组激励政策，加强调峰机组优先发电政策执行情况考核。已经开展调峰辅助服务补偿的地区，要在满足《并网发电厂辅助服务管理暂行规定》有关要求基础上，加强政策间的有效衔接，确保相互促进、形成合力。

第二十三条 发电企业按照自愿原则参与可再生能源调峰，具备调峰能力的发电企业与电网企业签订优先发电协议或合同，服从调度统一安排，满足电网调峰要求。

第二十四条 电网企业应创造条件安排可再生能源调峰机组试验，加强对可再生能源调峰机组的运行考核，落实优先发电协议或合同，保障优先发电量予以落实。可再生能源调峰机组发电量进度可不受“三公”调度考核的限制。

第二十五条 可再生能源调峰优先发电应结合可再生能源就近消纳试点共同开展，试点地区及时总结经验，为下一步推广打好基础。

第七章 附则

第二十六条本办法自印发之日起施行。

生态文明建设目标评价考核办法

（中共中央办公厅、国务院办公厅2016年12月印发）

第一章 总则

第一条 为了贯彻落实党的十八大和十八届三中、四中、五中、六中全会精神，加快绿色发展，推进生态文明建设，规范生态文明建设目标评价考核工作，根据有关党内法规和国家法律法规，制定本办法。

第二条 本办法适用于对各省、自治区、直辖市党委和政府生态文明建设目标的评价考核。

第三条 生态文明建设目标评价考核实行党政同责，地方党委和政府领导成员生态文明建设一岗双责，按照客观公正、科学规范、突出重点、注重实效、奖惩并举的原则进行。

第四条 生态文明建设目标评价考核在资源环境生态领域有关专项考核的基础上综合开展，采取评价和考核相结合的方式，实行年度评价、五年考核。

评价重点评估各地区上一年度生态文明建设进展总体情况，引导各地区落实生态文明建设相关工作，每年开展1次。考核主要考查各地区生态文明建设重点目标任务完成情况，强化省级党委和政府生态文明建设的主体责任，督促各地区自觉推进生态文明建设，每个五年规划期结束后开展1次。

第二章 评价

第五条 生态文明建设年度评价（以下简称年度评价）工作由国家统计局、国家发展改革委、环境保护部会同有关部门组织实施。

第六条 年度评价按照绿色发展指标体系实施，主要评估各地区资源利用、环境治理、环境质量、生态保护、增长质量、绿色生活、公众满意程度等方面的变化趋势和动态进展，生成各地区绿色发展指数。

绿色发展指标体系由国家统计局、国家发展改革委、环境保护部会同有关部门制定，可以根据国民经济和社会发展规划纲要以及生态文明建设进展情况作相应调整。

第七条 年度评价应当在每年8月底前完成。

第八条 年度评价结果应当向社会公布，并纳入生态文明建设目标考核。

第三章 考核

第九条 生态文明建设目标考核（以下简称目标考核）工作由国家发展改革委、环境保护部、中央组织部牵头，会同财政部、国土资源部、水利部、农业部、国家统计局、国家林业局、国家海洋局等部门组织实施。

第十条 目标考核内容主要包括国民经济和社会发展规划纲要中确定的资源环境约束性指标，以及党中央、国务院部署的生态文明建设重大目标任务完成情况，突出公众的获得感。考核目标体系由国家发展改革委、环境保护部会同有关部门制定，可以根据国民经济和社会发展规划纲要以及生态文明建设进展情况作相应调整。

有关部门应当根据国家生态文明建设的总体要求，结合各地区经济社会发展水平、资源环境禀赋等因素，将考核目标科学合理分解落实到各省、自治区、直辖市。

第十一条 目标考核在五年规划期结束后的次年开展，并于9月底前完成。各省、自治区、直辖市党委和政府应当对照考核目标体系开展自查，在五年规划期结束次年的6月底前，向党中央、国务院报送生态文明建设目标任务完成情况自查报告，并抄送考核牵头部门。资源环境生态领域有关专项考核的实施部门应当在五年规划期结束次年的6月底前，将五年专项考核结果送考核牵头部门。

第十二条 目标考核采用百分制评分和约束性指标完成情况等相结合的方法，考核结果划分为优秀、良好、合格、不合格四个等级。考核牵头部门汇总各地区考核实际得分以及有关情况，提出考核等级划分、考核结果处理等建议，并结合领导干部自然资源资产离任审计、领导干部环境保护责任离任审计、环境保护督察等结果，形成考核报告。

考核等级划分规则由考核牵头部门根据实际情况另行制定。

第十三条 考核报告经党中央、国务院审定后向社会公布，考核结果作为各省、自治区、直辖市党政领导班子和领导干部综合考核评价、干部奖惩任免的重要依据。

对考核等级为优秀、生态文明建设工作成效突出的地区，给予通报表扬；对考核等级为不合格的地区，进行通报批评，并约谈其党政主要负责人，提出限期整改要求；对生态环境损害明显、责任事件多发地区的党政主要负责人和相关负责人（含已经调离、提拔、退休的），按照《党政领导干部生态环境损害责任追究办法（试行）》等规定，进行责任追究。

第四章 实施

第十四条 国家发展改革委、环境保护部、中央组织部会同国家统计局等部门建立生态文明建设目标评价考核部际协作机制，研究评价考核工作重大问题，提出考核等级划分、考核结果处理等建议，讨论形成考核报告，报请党中央、国务院审定。

第十五条 生态文明建设目标评价考核采用有关部门组织开展专项考核认定的数据、相关统计和监测数据，以及自然资源资产负债表数据成果，必要时评价考核牵头部门可以对专项考核等数据作进一步核实。

因重大自然灾害等非人为因素导致有关考核目标未完成的，经主管部门核实后，对有关地区相关考核指标得分进行综合判定。

第十六条 有关部门和各地区应当切实加强生态文明建设领域统计和监测的人员、设备、科研、信息平台等基础能力建设，加大财政支持力度，增加指标调查频率，提高数据的科学性、准确性和一致性。

第五章 监督

第十七条 参与评价考核工作的有关部门和机构应当严格执行工作纪律，坚持原则、实事求是，确保评价考核工作客观公正、依规有序开展。各省、自治区、直辖市不得篡改、伪造或者指使篡改、伪造相关统计和监测数据，对于存在上述问题并被查实的地区，考核等级确定为不合格。对徇私舞弊、瞒报谎报、篡改数据、伪造资料等造成评价考核结果失真失实的，由纪检监察机关和组织（人事）部门按照有关规定严肃追究有关单位和人员责任；涉嫌犯罪的，依法移送司法机关处理。

第十八条 有关地区对考核结果和责任追究决定有异议的，可以向作出考核结果和责任追究决定的机关和部门提出书面申诉，有关机关和部门应当依据相关规定受理并进行处理。

第六章 附则

第十九条 各省、自治区、直辖市党委和政府可以参照本办法，结合本地区实际，制定针对下一级党委和政府的生态文明建设目标评价考核办法。

第二十条 本办法由国家发展改革委、环境保护部、中央组织部、国家统计局商有关部门负责解释。

第二十一条 本办法自2016年12月2日起施行。

新能源汽车生产企业及产品准入管理规定

（工信部2017年1月6日印发）

第一条　为了落实发展新能源汽车的国家战略，规范新能源汽车生产活动，保障公民生命财产安全和公共安全，促进新能源汽车产业持续健康发展，根据《中华人民共和国行政许可法》《中华人民共和国道路交通安全法》《国务院对确需保留的行政审批项目设定行政许可的决定》等法律法规，制定本规定。

第二条　在中华人民共和国境内生产新能源汽车的企业（以下简称新能源汽车生产企业），及其生产在境内使用的新能源汽车产品的活动，适用本规定。

第三条　本规定所称汽车，是指《汽车和挂车类型的术语和定义》国家标准（GB/T3730.1-2001）第2.1款所规定的汽车整车（完整车辆）及底盘（非完整车辆），不包括整车整备质量超过400千克的三轮车辆。

本规定所称新能源汽车，是指采用新型动力系统，完全或者主要依靠新型能源驱动的汽车，包括插电式混合动力（含增程式）汽车、纯电动汽车和燃料电池汽车等。

第四条　工业和信息化部负责实施全国新能源汽车生产企业及产品的准入和监督管理。

省、自治区、直辖市工业和信息化主管部门负责本行政区域内新能源汽车生产企业及产品的日常监督管理，并配合工业和信息化部实施准入管理相关工作。

第五条　申请新能源汽车生产企业准入的，应当符合以下条件：

（一）符合国家有关法律、行政法规、规章和汽车产业发展政策及宏观调控政策的要求。

（二）申请人是已取得道路机动车辆生产企业准入的汽车生产企业，或者是已按照国家有关投资管理规定完成投资项目手续的新建汽车生产企业。

汽车生产企业跨产品类别生产新能源汽车的，也应当按照国家有关投资管理规定完成投资项目手续。

（三）具备生产新能源汽车产品所必需的设计开发能力、生产能力、产品生产一致性保证能力、售后服务及产品安全保障能力，符合《新能源汽车生产企业准入审查要求》（见附件1，以下简称《准入审查要求》）。

具备工业和信息化部规定条件的大型汽车企业集团，在企业集团统一规划、统一管理、承担相应监管责任的前提下，其下属企业（包括下属子公司及分公司）的准入条件予以简化，适用《企业集团下属企业的准入审查要求》（见附件2）。

（四）符合相同类别的常规汽车生产企业准入管理规则。

第六条　汽车生产企业在已列入《道路机动车辆生产企业及产品公告》（以下简称《公告》）的新能源汽车整车或者底盘基础上改装生产新能源汽车产品，改装未影响到底盘、车载能源系统、驱动系统和控制系统的，不需要申请新能源汽车生产企业准入。

第七条　申请准入的新能源汽车产品，应当符合以下条件：

（一）符合国家有关法律、行政法规、规章。

（二）符合《新能源汽车产品专项检验项目及依据标准》（见附件3），以及相同类别的常规汽车产品相关标准。

（三）经国家认定的检测机构（以下简称检测机构）检测合格。

（四）符合工业和信息化部规定的安全技术条件。

工业和信息化部根据新能源汽车产业发展的实际情况和相关标准制修订情况，及时调整《新能源汽车产品专项检验项目及依据标准》的有关内容，并在施行前向社会公布。

第八条　申请新能源汽车生产企业准入的，应当向工业和信息化部提交以下材料：

（一）申请新能源汽车生产企业准入审查的文件。

（二）《新能源汽车生产企业准入申请书》（见附件4）及相关证明材料。

（三）新建新能源汽车生产企业的企业法人营业执照复印件，以及根据国家有关投资管理规定办理投资项目手续的文件。中外合资企业还应当提交中外股东持股比例证明。

第九条　申请新能源汽车产品准入的，应当向工业和信息化部提交以下材料：

（一）新能源汽车产品主要技术参数表（见附件5）。

（二）检测机构出具的新能源汽车产品检测报告。

（三）其他需要说明的情况。

第十条　工业和信息化部收到准入申请后，对于申请材料不齐全或者不符合法定形式的，应当当场或者在5日内一次性告知申请人需要补正的全部内容。申请材料齐全、符合法定形式的，应当予以受理，并自受理之日起20个工作日内作出批准或者不予批准的决定。20个工作日内不能作出决定的，经工业和信息化部负责人批准，可以延长10个工作日，并应当将延长期限的理由告知申请人。

第十一条　工业和信息化部委托第三方技术服务机构，组织专家对新能源汽车生产企业、新能源汽车产品准入申请进行技术审查，审查方式包括现场审查、资料审查。

工业和信息化部建立新能源汽车领域专家库，从中选取专家组成审查组。

第三方技术服务机构技术审查所需时间不计算在本规定第十条规定的期限内。

第十二条　申请新能源汽车生产企业准入的，如已按照相同类别的常规汽车生产企业准入管理规则通过了审查的，免予审查《准入审查要求》中的相关要求。

第十三条　检测机构应当严格按照工业和信息化部有关规定开展新能源汽车产品检测工作，不得擅自变更检测要求。

第十四条　通过审查的新能源汽车生产企业及产品，由工业和信息化部通过《公告》发布。

不符合本规定所规定的条件、标准的新能源汽车生产企业及产品，工业和信息化部不予列入《公告》。

新能源汽车生产企业应当按照《公告》载明的许可要求生产新能源汽车产品。

第十五条　新能源汽车生产企业应当加强管理、规范使用新能源汽车产品出厂合格证，确保出厂合格证及其信息与实际产品唯一对应、保持一致。

第十六条　新能源汽车生产企业应当建立新能源汽车产品售后服务承诺制度。售后服务承诺应当包括新能源汽车产品质量保证承诺、售后服务项目及内容、备件提供及质量保证期限、售后服务过程中发现问题的反馈、零部件（如电池）回收，出现产品质量、安全、环保等严重问题时的应对措施以及索赔处理等内容，并在本企业网站上向社会发布。

第十七条　新能源汽车生产企业应当建立新能源汽车产品运行安全状态监测平台，按照与新能源汽车产品用户的协议，对已销售的全部新能源汽车产品的运行安全状态进行监测。企业监测平台应当与地方和国家的新能源汽车推广应用监测平台对接。

新能源汽车生产企业及其工作人员应当妥善保管新能源汽车产品运行安全状态信息，不得泄露、篡改、毁损、出售或者非法向他人提供，不得监测与产品运行安全状态无关的信息。

第十八条　新能源汽车生产企业应当在产品全生命周期内，为每一辆新能源汽车产品建立档案，跟踪记录汽车使用、维护、维修情况，实施新能源汽车动力电池溯源信息管理，跟踪记录动力电池回收利用情况。

新能源汽车生产企业应当对新能源汽车产品的技术状况、故障及主要问题等运行情况进行分析、总结，编写年度报告（见附件6）。年度报告应当在新能源汽车产品全生命周期内存档备查。

第十九条　新能源汽车生产企业申请准入的新能源汽车产品类别或者动力系统（包括插电式混合动力、纯电动、燃料电池等）与已列入《公告》的新能源汽车产品不同的，或者增加、变更生产地址的，应当向工业和信息化部提交本规定第八条所列的材料，原则上应当进行现场审查。

取得插电式混合动力汽车或者燃料电池汽车产品准入的新能源汽车生产企业，申请相同类别的纯电动汽车产品准入的，只进行资料审查。

第二十条　新能源汽车生产企业应当持续满足《准入审查要求》和生产一致性等相关规定，确保新能源汽车产品安全保障体系正常运行。

第二十一条　新能源汽车生产企业发现新能源汽车产品存在安全、环保、节能等严重问题的，应当立即停止相关产品的生产、销售，采取措施进行整改，并及时向工业和信息化部和相关省、自治区、直辖市工业和信息化主管部门报告。

第二十二条　工业和信息化部应当对新能源汽车生产企业的《准入审查要求》保持情况、生产一致性情况和监测平台运行情况等进行监督检查，检查方式包括资料审查、实地核查、市场抽样和性能检测等。

省、自治区、直辖市工业和信息化主管部门应当对本行政区域内新能源汽车生产企业的生产情况、监测平台运行情况进行监督检查。发现新能源汽车生产企业有《准入审查要求》所列要求发生重大变化、生产管理存在重大安全隐患、有违法行为等的，应当及时向工业和信息化部报告。

第二十三条　对于停止生产新能源汽车产品12个月及以上的新能源汽车生产企业，工业和信息化部予以特别公示。

经特别公示的新能源汽车生产企业在恢复生产之前，工业和信息化部应当对其保持《准入审查要求》的情况进行核查。

第二十四条　工业和信息化部建立新能源汽车生产企业信用数据库，将企业违反生产一致性要求、申请材料弄虚作假、行政处罚等情况列入信用数据库。

第二十五条　新能源汽车生产企业不能保持《准入审查要求》，存在公共安全、人身健康、生命财产安全隐患的，工业和信息化部应当责令其停止生产、销售活动，并责令立即改正。

第二十六条 新能源汽车生产企业破产或者自愿终止生产新能源汽车产品的，工业和信息化部应当撤销、注销其相应的新能源汽车生产企业、产品准入。

第二十七条 隐瞒有关情况或者提供虚假材料申请新能源汽车生产企业、新能源汽车产品准入的，工业和信息化部不予受理或者不予准入，并给予警告，申请人在一年内不得再次申请准入。

以欺骗、贿赂等不正当手段取得新能源汽车生产企业、新能源汽车产品准入的，工业和信息化部应当撤销其新能源汽车生产企业、产品准入，申请人在三年内不得再次申请准入。

第二十八条 新能源汽车生产企业擅自生产、销售未列入工业和信息化部《公告》的新能源汽车车型的，工业和信息化部应当依据《中华人民共和国道路交通安全法》第一百零三条第三款的规定予以处罚。

第二十九条 已取得准入的新能源汽车整车生产企业，应当按照本规定进行改造，并自本规定施行之日起6个月内报送满足本规定的审查计划，于24个月内通过审查。对于其取得准入时已审查的有关内容，免予审查。

自制自用新能源汽车底盘的改装类客车生产企业，通过改造，满足商用车生产企业准入管理规则有关生产客车底盘准入条件后，可申请新能源汽车整车生产企业准入。自制自用新能源汽车底盘的改装类专用车生产企业，按照国家有关投资管理规定完成整车投资项目手续、满足商用车生产企业准入管理规则有关准入条件后，可申请新能源汽车整车生产企业准入。自制自用新能源汽车底盘的改装类客车、改装类专用车生产企业，应当自本规定施行之日起6个月内报送满足本规定的审查计划，于24个月内通过审查。

逾期未通过审查的，视为不能保持《准入审查要求》。

第三十条 新能源汽车生产企业在产的新能源汽车产品应当自本规定施行之日起6个月内，符合《新能源汽车产品专项检验项目及依据标准》。

第三十一条 新建纯电动乘用车生产企业应当同时满足《新建纯电动乘用车企业管理规定》。

第三十二条 本规定自2017年7月1日起施行。2009年6月17日工业和信息化部公布的《新能源汽车生产企业及产品准入管理规则》（工产业〔2009〕第44号）同时废止。本规定施行前公布的有关规定与本规定不一致的，以本规定为准。

自然生态空间用途管制办法（试行）

（国土资发〔2017〕33号　国土资源部2017年3月24日印发）

第一章 总 则

第一条 为加强自然生态空间保护，推进自然资源管理体制改革，促进生态文明建设，按照《生态文明体制改革总体方案》要求，制定本办法。

第二条 本办法所称自然生态空间（以下简称生态空间），是指具有自然属性、以提供生态产品或生态服务为主导功能的国土空间，涵盖需要保护和合理利用的森林、草原、湿地、河流、湖泊、滩涂、岸线、海洋、荒地、荒漠、戈壁、冰川、高山冻原、无居民海岛等。

本办法所称生态保护红线，是指在生态空间范围内具有特殊重要生态功能、必须强制性严格保护的区域，是保障和维护国家生态安全的底线和生命线，通常包括具有重要水源涵养、生物多样性维护、水土保持、防风固沙、海岸生态稳定等功能的生态功能重要区域，以及水土流失、土地沙化、石漠化、盐渍化等生态环境敏感脆弱区域。

第三条 凡涉及生态空间的城乡建设、工农业生产、资源开发利用和整治修复活动，都必须遵守本办法。鉴于海洋国土空间的特殊性，海洋生态空间用途管制相关规定另行制定。

第四条 生态空间用途管制，坚持生态优先、区域统筹、分级分类、协同共治的原则，并与生态保护红线制度和自然资源管理体制改革要求相衔接。

第五条 国家对生态空间依法实行区域准入和用途转用许可制度，严格控制各类开发利用活动对生态空间的占用和扰动，确保依法保护的生态空间面积不减少，生态功能不降低，生态服务保障能力逐渐提高。

第六条 国土资源、发展改革、环境保护、城乡规划主管部门会同水利、农业、林业、海洋等部门，依据有关法律法规，在各自职责范围内对生态空间进行管理，落实用途管制的要求。

第七条 市县级及以上地方人民政府在系统开展资源环境承载能力和国土空间开发适宜性评价的基础上，确定城镇、农业、生态空间，划定生态保护红线、永久基本农田、城镇开发边界，科学合理编制空间规划，作为生态空间用途管制的依据。

第二章 生态空间布局与用途确定

第八条 各级空间规划要综合考虑主体功能定位、空间开发需求、资源环境承载能力和粮食安全，明确本辖区内生态空间保护目标与布局。

国家级、省级空间规划，应明确全国和省域内生态空间保护目标、总体格局和重点区域。市县级空间规划进一步明确生态空间用途分区和管制要求。

第九条 国家在土地、森林、草原、湿地、水域、岸线、海洋和生态环境等调查标准基础上，制定调查评价标准，以全国土地调查成果、自然资源专项调查和地理国情普查成果为基础，按照统一调查时点和标准，确定生态空间用途、权属和分布。

第十条 按照保护需要和开发利用要求，将生态保护红线落实到地块，明确用途，并通过自然资源统一确权登记予以明确，设定统一规范的标识标牌。

第十一条 市县级人民政府应通过组织编制中心城区和乡镇级土地利用总体规划等其他涉及空间开发、利用、保护、整治的规划，落实空间规划要求，对生态空间用途与管制措施进行细化。

第三章 用途管控

第十二条 生态保护红线原则上按禁止开发区域的要求进行管理。严禁不符合主体功能定位的各类开发活动，严禁任意改变用途，严格禁止任何单位和个人擅自占用和改变用地性质，鼓励按照规划开展维护、修复和提升生态功能的活动。因国家重大战略资源勘查需要，在不影响主体功能定位的前提下，经依法批准后予以安排。

生态保护红线外的生态空间，原则上按限制开发区域的要求进行管理。按照生态空间用途分区，依法制定区域准入条件，明确允许、限制、禁止的产业和项目类型清单，根据空间规划确定的开发强度，提出城乡建设、工农业生产、矿产开发、旅游康体等活动的规模、强度、布局和环境保护等方面的要求，由同级人民政府予以公示。

第十三条 从严控制生态空间转为城镇空间和农业空间，禁止生态保护红线内空间违法转为城镇空间和农业空间。加强对农业空间转为生态空间的监督管理，未经国务院批准，禁止将永久基本农田转为城镇空间。鼓励城镇空间和符合国家生态退耕条件的农业空间转为生态空间。

生态空间与城镇空间、农业空间的相互转化利用，应按照资源环境承载能力和国土空间开发适宜性评价，根据功能变化状况，依法由有批准权的人民政府进行修改调整。

第十四条 禁止新增建设占用生态保护红线，确因国家重大基础设施、重大民生保障项目建设等无法避让的，由省级人民政府组织论证，提出调整方案，经环境保护部、国家发展改革委会同有关部门提出审核意见后，报经国务院批准。生态保护红线内的原有居住用地和其他建设用地，不得随意扩建和改建。

严格控制新增建设占用生态保护红线外的生态空间。符合区域准入条件的建设项目，涉及占用生态空间中的林地、草原等，按有关法律法规规定办理；涉及占用生态空间中其他未作明确规定的用地，应当加强论证和管理。

鼓励各地根据生态保护需要和规划，结合土地综合整治、工矿废弃地复垦利用、矿山环境恢复治理等各类工程实施，因地制宜促进生态空间内建设用地逐步有序退出。

第十五条 禁止农业开发占用生态保护红线内的生态空间，生态保护红线内已有的农业用地，建立逐步退出机制，恢复生态用途。

严格限制农业开发占用生态保护红线外的生态空间，符合条件的农业开发项目，须依法由市县级及以上地方人民政府统筹安排。生态保护红线外的耕地，除符合国家生态退耕条件，并纳入国家生态退耕总体安排，或因国家重大生态工程建设需要外，不得随意转用。

第十六条 有序引导生态空间用途之间的相互转变，鼓励向有利于生态功能提升的方向转变，严格禁止不符合生态保护要求或有损生态功能的相互转换。

科学规划、统筹安排荒地、荒漠、戈壁、冰川、高山冻原等生态脆弱地区的生态建设，因各类生态建设规划和工程需要调整用途的，依照有关法律法规办理转用审批手续。

第十七条 在不改变利用方式的前提下，依据资源环境承载能力，对依法保护的生态空间实行承载力控制，防止过度垦殖、放牧、采伐、取水、渔猎、旅游等对生态功能造成损害，确保自然生态系统的稳定。

第四章 维护修复

第十八条 按照尊重规律、因地制宜的原则，明确采取休禁措施的区域规模、布局、时序安排，促进区域生态系统自我恢复和生态空间休养生息。

第十九条 实施生态修复重大工程，分区分类开展受损生态空间的修复。

集体土地所有者、土地使用单位和个人应认真履行有关法定义务，及时恢复因不合理建设开发、矿产开采、农业开垦等破坏的生态空间。

第二十条 树立山水林田湖是一个生命共同体的理念，组织制定和实施生态空间改造提升计划，提升生态斑块的生态功能和服务价值，建立和完善生态廊道，提高生态空间的完整性和连通性。制定激励政策，鼓励集体土地所有者、土地使用单位和个人，按照土地用途，改造提升生态空间的生态功能和生态服务价值。

第五章 实施保障

第二十一条 国家建立自然资源统一确权登记制度，推动建立归属清晰、权责明确、监管有效的自然资源资产产权制度，促进生态空间有效保护。

第二十二条 市县级及以上地方人民政府有关行政主管部门按照各自职责，对生态空间进行管理，同时加强部门协同，实现生态空间的统筹管理和保护。

第二十三条 国家鼓励地方采取协议管护等方式，对生态保护红线进行有效保护。确有需要的，可采取土地征收方式予以保护。

采取协议管护方式的，由有关部门或相应管护机构与生态空间的相关土地权利人签订协议，明确双方权利义务，约定管护和违约责任。鼓励建立土地使用信用制度，对于没有履行管护协议的行为，记入当事人用地信用档案，强化用地监管和检查。

第二十四条 市县级及以上地方人民政府应当建立健全生态保护补偿长效机制和多渠道增加生态建设投入机制，采取资金补助、技术扶持等措施，加强对生态空间保护的补偿。

国家鼓励地区间建立横向生态保护补偿机制，引导生态受益地区与保护地区之间、流域下游与上游之间，通过资金补助、产业转移、移民安置、人才培训、共建园区等方式实施补偿，共同分担生态保护任务。

第二十五条 市县级及以上地方人民政府应当采取措施，确保本行政区域依法保护的生态空间面积不减少、功能不降低、生态服务保障能力逐渐提高。生态空间保护目标完成情况纳入领导干部自然资源资产离任审计，对自然生态损害责任实行终身追究。

市县级人民政府、乡（镇）人民政府、农村集体经济组织或者村民委员会之间，应逐级签订生态保护红线保护责任书，责任书履行情况纳入生态文明建设目标评价考核体系。

第二十六条 结合各地现有工作基础、区域差异和发展阶段，并与国家生态文明试验区、生态保护红线划定、空间规划改革试点、自然资源统一确权登记试点等工作相衔接，在试点地区省、市、县不同层级开展生态空间用途管制试点，总结经验，完善制度。

第六章 监测评估

第二十七条 国土资源部、国家发展改革委、环境保护部、住房城乡建设部会同有关部门，在现有工作基础上，整合建设国家生态空间动态监管信息平台，充分利用陆海观测卫星和各类地面监测站点开展全天候监测，及时掌握生态空间变化情况，建立信息共享机制，并定期向社会公布。建立常态化资源环境承载能力监测预警机制，对超过或接近承载能力的地区，实行预警和限制性措施。

第二十八条 地方人民政府应定期开展专项督查和绩效评估，监督生态空间保护目标、措施落实和相关法律法规、政策的贯彻执行。

市县级人民政府应当建立生态空间保护监督检查制度，定期组织有关行政主管部门对生态空间保护情况进行联合检查，对本行政区域内发生的破坏生态空间的行为，及时责令相关责任主体纠正、整改。

第二十九条 地方各级人民政府应健全生态保护的公众参与和信息公开机制，充分发挥社会舆论和公众的监督作用。加强宣传、教育和科普，提高公众生态意识，形成崇尚生态文明的社会氛围。

第七章 附则

第三十条 本办法先行在试点地区（见附件）实施；自印发

\>>>

政策文件

中共中央国务院政策文件

国务院办公厅关于深入实施“互联网+流通”行动计划的意见（节录）

（国办发〔2016〕24号2016年4月15日）

大力发展绿色流通和消费。推广绿色商品，限制高耗能、高污染、高环境风险、过度包装产品进入流通和消费环节。开展绿色商场示范活动，大力宣传贯彻绿色商场国家标准、行业标准，创建一批集门店节能改造、节能产品销售和废弃物回收于一体的绿色商场。推动仓储配送与包装绿色化发展，提高商贸物流绿色化发展水平。推动“互联网+回收”模式创新，利用大数据、云计算等技术优化逆向物流网点布局，鼓励在线回收，加强生活垃圾分类回收和再生资源回收有机衔接。开展“绿色产品进商场、绿色消费进社区、绿色回收进校园”主题宣传活动，推动形成崇尚节俭、科学、绿色的消费理念和生活方式。（商务部、国家发展改革委、教育部、工业和信息化部、国土资源部、环境保护部、住房城乡建设部、质检总局、新闻出版广电总局、供销合作总社，地方各级人民政府）

国务院办公厅关于健全生态保护补偿机制的意见

国办发〔2016〕31号

各省、自治区、直辖市人民政府，国务院各部委、各直属机构：

实施生态保护补偿是调动各方积极性、保护好生态环境的重要手段，是生态文明制度建设的重要内容。近年来，各地区、各有关部门有序推进生态保护补偿机制建设，取得了阶段性进展。但总体看，生态保护补偿的范围仍然偏小、标准偏低，保护者和受益者良性互动的体制机制尚不完善，一定程度上影响了生态环境保护措施行动的成效。为进一步健全生态保护补偿机制，加快推进生态文明建设，经党中央、国务院同意，现提出以下意见：

一、总体要求

（一）指导思想。全面贯彻党的十八大和十八届三中、四中、五中全会精神，深入贯彻习近平总书记系列重要讲话精神，坚持“四个全面”战略布局，牢固树立创新、协调、绿色、开放、共享的发展理念，按照党中央、国务院决策部署，不断完善转移支付制度，探索建立多元化生态保护补偿机制，逐步扩大补偿范围，合理提高补偿标准，有效调动全社会参与生态环境保护的积极性，促进生态文明建设迈上新台阶。

（二）基本原则。

权责统一、合理补偿。谁受益、谁补偿。科学界定保护者与受益者权利义务，推进生态保护补偿标准体系和沟通协调平台建设，加快形成受益者付费、保护者得到合理补偿的运行机制。

政府主导、社会参与。发挥政府对生态环境保护的主导作用，加强制度建设，完善法规政策，创新体制机制，拓宽补偿渠道，通过经济、法律等手段，加大政府购买服务力度，引导社会公众积极参与。

统筹兼顾、转型发展。将生态保护补偿与实施主体功能区规划、西部大开发战略和集中连片特困地区脱贫攻坚等有机结合，逐步提高重点生态功能区等区域基本公共服务水平，促进其转型绿色发展。

试点先行、稳步实施。将试点先行与逐步推广、分类补偿与综合补偿有机结合，大胆探索，稳步推进不同领域、区域生态保护补偿机制建设，不断提升生态保护成效。

（三）目标任务。到2020年，实现森林、草原、湿地、荒漠、海洋、水流、耕地等重点领域和禁止开发区域、重点生态功能区等重要区域生态保护补偿全覆盖，补偿水平与经济社会发展状况相适应，跨地区、跨流域补偿试点示范取得明显进展，多元化补偿机制初步建立，基本建立符合我国国情的生态保护补偿制度体系，促进形成绿色生产方式和生活方式。

二、分领域重点任务

（四）森林。健全国家和地方公益林补偿标准动态调整机制。完善以政府购买服务为主的公益林管护机制。合理安排停止天然林商业性采伐补助奖励资金。（国家林业局、财政部、国家发展改革委负责）

（五）草原。扩大退牧还草工程实施范围，适时研究提高补助标准，逐步加大对人工饲草地和牲畜棚圈建设的支持力度。实施新一轮草原生态保护补助奖励政策，根据牧区发展和中央财力状况，合理提高禁牧补助和草畜平衡奖励标准。充实草原管护公益岗位。（农业部、财政部、国家发展改革委负责）

（六）湿地。稳步推进退耕还湿试点，适时扩大试点范围。探索建立湿地生态效益补偿制度，率先在国家级湿地自然保护区、国际重要湿地、国家重要湿地开展补偿试点。（国家林业局、农业部、水利部、国家海洋局、环境保护部、住房城乡建设部、财政部、国家发展改革委负责）

（七）荒漠。开展沙化土地封禁保护试点，将生态保护补偿作为试点重要内容。加强沙区资源和生态系统保护，完善以政府购买服务为主的管护机制。研究制定鼓励社会力量参与防沙治沙的政策措施，切实保障相关权益。（国家林业局、农业部、财政部、国家发展改革委负责）

（八）海洋。完善捕捞渔民转产转业补助政策，提高转产转业补助标准。继续执行海洋伏季休渔渔民低保制度。健全增殖放流和水产养殖生态环境修复补助政策。研究建立国家级海洋自然保护区、海洋特别保护区生态保护补偿制度。（农业部、国家海洋局、水利部、环境保护部、财政部、国家发展改革委负责）

（九）水流。在江河源头区、集中式饮用水水源地、重要河流敏感河段和水生态修复治理区、水产种质资源保护区、水土流失重点预防区和重点治理区、大江大河重要蓄滞洪区以及具有重要饮用水源或重要生态功能的湖泊，全面开展生态保护补偿，适当提高补偿标准。加大水土保持生态效益补偿资金筹集力度。（水利部、环境保护部、住房城乡建设部、农业部、财政部、国家发展改革委负责）

（十）耕地。完善耕地保护补偿制度。建立以绿色生态为导向的农业生态治理补贴制度，对在地下水漏斗区、重金属污染区、生态严重退化地区实施耕地轮作休耕的农民给予资金补助。扩大新一轮退耕还林还草规模，逐步将25度以上陡坡地退出基本农田，纳入退耕还林还草补助范围。研究制定鼓励引导农民施用有机肥料和低毒生物农药的补助政策。（国土资源部、农业部、环境保护部、水利部、国家林业局、住房城乡建设部、财政部、国家发展改革委负责）

三、推进体制机制创新

（十一）建立稳定投入机制。多渠道筹措资金，加大生态保护补偿力度。中央财政考虑不同区域生态功能因素和支出成本差异，通过提高均衡性转移支付系数等方式，逐步增加对重点生态功能区的转移支付。中央预算内投资对重点生态功能区内的基础设施和基本公共服务设施建设予以倾斜。各省级人民政府要完善省以下转移支付制度，建立省级生态保护补偿资金投入机制，加大对省级重点生态功能区域的支持力度。完善森林、草原、海洋、渔业、自然文化遗产等资源收费基金和各类资源有偿使用收入的征收管理办法，逐步扩大资源税征收范围，允许相关收入用于开展相关领域生态保护补偿。完善生态保护成效与资金分配挂钩的激励约束机制，加强对生态保护补偿资金使用的监督管理。（财政部、国家发展改革委会同国土资源部、环境保护部、住房城乡建设部、水利部、农业部、税务总局、国家林业局、国家海洋局负责）

（十二）完善重点生态区域补偿机制。继续推进生态保护补偿试点示范，统筹各类补偿资金，探索综合性补偿办法。划定并严守生态保护红线，研究制定相关生态保护补偿政策。健全国家级自然保护区、世界文化自然遗产、国家级风景名胜区、国家森林公园和国家地质公园等各类禁止开发区域的生态保护补偿政策。将青藏高原等重要生态屏障作为开展生态保护补偿的重点区域。将生态保护补偿作为建立国家公园体制试点的重要内容。（国家发展改革委、财政部会同环境保护部、国土资源部、住房城乡建设部、水利部、农业部、国家林业局、国务院扶贫办负责）

（十三）推进横向生态保护补偿。研究制定以地方补偿为主、中央财政给予支持的横向生态保护补偿机制办法。鼓励受益地区与保护生态地区、流域下游与上游通过资金补偿、对口协作、产业转移、人才培训、共建园区等方式建立横向补偿关系。鼓励在具有重要生态功能、水资源供需矛盾突出、受各种污染危害或威胁严重的典型流域开展横向生态保护补偿试点。在长江、黄河等重要河流探索开展横向生态保护补偿试点。继续推进南水北调中线工程水源区对口支援、新安江水环境生态补偿试点，推动在京津冀水源涵养区、广西广东九洲江、福建广东汀江—韩江、江西广东东江、云南贵州广西广东西江等开展跨地区生态保护补偿试点。（财政部会同国家发展改革委、国土资源部、环境保护部、住房城乡建设部、水利部、农业部、国家林业局、国家海洋局负责）

（十四）健全配套制度体系。加快建立生态保护补偿标准体系，根据各领域、不同类型地区特点，以生态产品产出能力为基础，完善测算方法，分别制定补偿标准。加强森林、草原、耕地等生态监测能力建设，完善重点生态功能区、全国重要江河湖泊水功能区、跨省流域断面水量水质国家重点监控点位布局和自动监测网络，制定和完善监测评估指标体系。研究建立生态保护补偿统计指标体系和信息发布制度。加强生态保护补偿效益评估，积极培育生态服务价值评估机构。健全自然资源资产产权制度，建立统一的确权登记系统和权责明确的产权体系。强化科技支撑，深化生态保护补偿理论和生态服务价值等课题研究。（国家发展改革委、财政部会同国土资源部、环境保护部、住房城乡建设部、水利部、农业部、国家林业局、国家海洋局、国家统计局负责）

（十五）创新政策协同机制。研究建立生态环境损害赔偿、生态产品市场交易与生态保护补偿协同推进生态环境保护的新机制。稳妥有序开展生态环境损害赔偿制度改革试点，加快形成损害生态者赔偿的运行机制。健全生态保护市场体系，完善生态产品价格形成机制，使保护者通过生态产品的交易获得收益，发挥市场机制促进生态保护的积极作用。建立用水权、排污权、碳排放权初始分配制度，完善有偿使用、预算管理、投融资机制，培育和发展交易平台。探索地区间、流域间、流域上下游等水权交易方式。推进重点流域、重点区域排污权交易，扩大排污权有偿使用和交易试点。逐步建立碳排放权交易制度。建立统一的绿色产品标准、认证、标识等体系，完善落实对绿色产品研发生产、运输配送、购买使用的财税金融支持和政府采购等政策。（国家发展改革委、财政部、环境保护部会同国土资源部、住房城乡建设部、水利部、税务总局、国家林业局、农业部、国家能源局、国家海洋局负责）

（十六）结合生态保护补偿推进精准脱贫。在生存条件差、生态系统重要、需要保护修复的地区，结合生态环境保护和治理，探索生态脱贫新路子。生态保护补偿资金、国家重大生态工程项目和资金按照精准扶贫、精准脱贫的要求向贫困地区倾斜，向建档立卡贫困人口倾斜。重点生态功能区转移支付要考虑贫困地区实际状况，加大投入力度，扩大实施范围。加大贫困地区新一轮退耕还林还草力度，合理调整基本农田保有量。开展贫困地区生态综合补偿试点，创新资金使用方式，利用生态保护补偿和生态保护工程资金使当地有劳动能力的部分贫困人口转为生态保护人员。对在贫困地区开发水电、矿产资源占用集体土地的，试行给原住居民集体股权方式进行补偿。（财政部、国家发展改革委、国务院扶贫办会同国土资源部、环境保护部、水利部、农业部、国家林业局、国家能源局负责）

（十七）加快推进法制建设。研究制定生态保护补偿条例。鼓励各地出台相关法规或规范性文件，不断推进生态保护补偿制度化和法制化。加快推进环境保护税立法。（国家发展改革委、财政部、国务院法制办会同国土资源部、环境保护部、住房城乡建设部、水利部、农业部、税务总局、国家林业局、国家海洋局、国家统计局、国家能源局负责）

四、加强组织实施

（十八）强化组织领导。建立由国家发展改革委、财政部会同有关部门组成的部际协调机制，加强跨行政区域生态保护补偿指导协调，组织开展政策实施效果评估，研究解决生态保护补偿机制建设中的重大问题，加强对各项任务的统筹推进和落实。地方各级人民政府要把健全生态保护补偿机制作为推进生态文明建设的重要抓手，列入重要议事日程，明确目标任务，制定科学合理的考核评价体系，实行补偿资金与考核结果挂钩的奖惩制度。及时总结试点情况，提炼可复制可推广的试点经验。

（十九）加强督促落实。各地区、各有关部门要根据本意见要求，结合实际情况，抓紧制定具体实施意见和配套文件。国家发展改革委、财政部要会同有关部门对落实本意见的情况进行监督检查和跟踪分析，每年向国务院报告。各级审计、监察部门要依法加强审计和监察。切实做好环境保护督察工作，督察行动和结果要同生态保护补偿工作有机结合。对生态保护补偿工作落实不力的，启动追责机制。

（二十）加强舆论宣传。加强生态保护补偿政策解读，及时回应社会关切。充分发挥新闻媒体作用，依托现代信息技术，通过典型示范、展览展示、经验交流等形式，引导全社会树立生态产品有价、保护生态人人有责的意识，自觉抵制不良行为，营造珍惜环境、保护生态的良好氛围。

国务院办公厅
2016年4月28日

国务院办公厅
关于石化产业调结构促转型增效益的指导意见（节录）

（国办发〔2016〕57号）

各省、自治区、直辖市人民政府，国务院各部委、各直属机构：

石化产业是国民经济重要的支柱产业，产品覆盖面广，资金技术密集，产业关联度高，对稳定经济增长、改善人民生活、保障国防安全具有重要作用。改革开放以来，我国石化产业发展取得了长足进步，主要产品产量位居世界前列，科技创新、节能减排、对外合作取得积极成效，但仍存在产能结构性过剩、自主创新能力不强、产业布局不合理、安全环保压力加大等问题，制约了石化产业整体转型升级的步伐。为贯彻落实党中央、国务院关于推进供给侧结构性改革、建设制造强国的决策部署，促进石化产业持续健康发展，经国务院同意，现提出以下意见：

一、总体要求

（一）指导思想。全面贯彻党的十八大和十八届三中、四中、五中全会以及中央经济工作会议精神，认真落实国务院决策部署，按照“五位一体”总体布局和“四个全面”战略布局，牢固树立创新、协调、绿色、开放、共享的发展理念，推进供给侧结构性改革，积极开拓市场，坚持创新驱动，改善发展环境，着力去产能、降消耗、减排放，补短板、调布局、促安全，推动石化产业提质增效、转型升级和健康发展。

（三）主要目标。

产能结构逐步优化。加快淘汰工艺技术落后、安全隐患大、环境污染严重的落后产能，有效化解产能过剩矛盾。烯烃、芳烃等基础原料的保障能力显著增强，化工新材料等高端产品的自给率明显提高，产业发展质量和核心竞争能力得到进一步提升。

产业布局趋于合理。全面启动城镇人口密集区和环境敏感区域的危险化学品生产企业搬迁入园或转产关闭工作。新建炼化项目全部进入石化基地，新建化工项目全部进入化工园区，形成一批具有国际竞争力的大型企业集团和化工园区。

绿色发展全面推进。石化行业万元工业增加值能源消耗、二氧化碳排放量、用水量分别比“十二五”末下降8%、10%和14%。企业主要污染物排放达到石油炼制工业、石油化学工业、合成树脂工业、无机化学工业污染物排放标准要求。

创新能力明显增强。科研投入占全行业主营业务收入的比例不低于1.2%，产学研用协同创新体系日益完善，突破一批关键共性技术，研制一批重大成套装备和核心零部件，建成一批综合性服务型研发平台，培育业务精湛、结构合理的创新型人才队伍。

二、重点任务

（一）努力化解过剩产能。严格控制尿素、磷铵、电石、烧碱、聚氯乙烯、纯碱、黄磷等过剩行业新增产能，相关部门和机构不得违规办理土地（海域）供应、能评、环评和新增授信等业务，对符合政策要求的先进工艺改造提升项目应实行等量或减量置换。未纳入《石化产业规划布局方案》的新建炼化项目一律不得建设。研究制定产能置换方案，充分利用安全、环保、节能、价格等措施，推动落后和低效产能退出，为先进产能创造更大市场空间。（国家发展改革委、工业和信息化部、国土资源部、环境保护部、商务部、安全监管总局、国家能源局、各省级人民政府分别负责）

（二）统筹优化产业布局。综合考虑资源供给、环境容量、安全保障、产业基础等因素，完善石化产业布局，有序推进沿海七大石化产业基地建设，炼油、乙烯、芳烃新建项目有序进入石化产业基地。加强化工园区规划建设，开展智慧化工园区试点，依法做好综合评估和信息公开。在中西部符合资源环境条件的地区，结合大型煤炭基地开发，按照环境准入条件要求，有序发展现代煤化工产业。（国家发展改革委、工业和信息化部、国土资源部、环境保护部、水利部、商务部、安全监管总局、国家能源局分别负责）

（三）改造提升传统产业。利用清洁生产、智能控制等先进技术改造提升现有生产装置，提高产品质量，降低消耗，减少排放，提高综合竞争能力。鼓励建设加氢裂化、连续重整、异构化和烷基化等清洁油品装置，及时升级油品质量。加快炼油和乙烯装置技术改造，适时调整柴汽比，优化原料结构。推进石化产业基地及重大项目建设，增强烯烃、芳烃等基础产品保障能力，提高炼化一体化水平。拓展传统化工产品应用领域，支持化肥、润滑脂等优势产能“走出去”。（国家发展改革委、科技部、工业和信息化部、商务部、国家能源局、各省级人民政府分别负责）

（四）促进安全绿色发展。强化安全生产责任制，探索高风险危险化学品全程追溯，实施危险化学品生产企业安全环保搬迁改造。完善化工园区监控、消防、应急等系统平台，推动信息共享，夯实安全生产基础。强化安全卫生防护距离和规划环评约束，不符合要求的化工园区、化工品储存项目要关闭退出，危险化学品生产企业搬迁改造及新建化工项目必须进入规范化工园区。加快清洁生产技术开发应用，加大挥发性有机物、高浓度难降解污水等重点污染物防治力度，提高工业“三废”综合利用水平。实施能效领跑者制度，完善节能标准体系。（国家发展改革委、科技部、工业和信息化部、环境保护部、安全监管总局分别负责）

国务院办公厅
2016年7月23日

国务院关于印发“十三五”节能减排综合工作方案的通知

国发〔2016〕74号

各省、自治区、直辖市人民政府，国务院各部委、各直属机构：

现将《“十三五”节能减排综合工作方案》印发给你们，请结合本地区、本部门实际，认真贯彻执行。

一、“十二五”节能减排工作取得显著成效。各地区、各部门认真贯彻落实党中央、国务院决策部署，把节能减排作为优化经济结构、推动绿色循环低碳发展、加快生态文明建设的重要抓手和突破口，各项工作积极有序推进。“十二五”时期，全国单位国内生产总值能耗降低18.4%，化学需氧量、二氧化硫、氨氮、氮氧化物等主要污染物排放总量分别减少12.9%、18%、13%和18.6%，超额完成节能减排预定目标任务，为经济结构调整、环境改善、应对全球气候变化作出了重要贡献。

二、充分认识做好“十三五”节能减排工作的重要性和紧迫性。当前，我国经济发展进入新常态，产业结构优化明显加快，能源消费增速放缓，资源性、高耗能、高排放产业发展逐渐衰减。但必须清醒地认识到，随着工业化、城镇化进程加快和消费结构持续升级，我国能源需求刚性增长，资源环境问题仍是制约我国经济社会发展的瓶颈之一，节能减排依然形势严峻、任务艰巨。各地区、各部门不能有丝毫放松和懈怠，要进一步把思想和行动统一到党中央、国务院决策部署上来，下更大决心，用更大气力，采取更有效的政策措施，切实将节能减排工作推向深入。

三、坚持政府主导、企业主体、市场驱动、社会参与的工作格局。要切实发挥政府主导作用，综合运用经济、法律、技术和必要的行政手段，着力健全激励约束机制，落实地方各级人民政府对本行政区域节能减排负总责、政府主要领导是第一责任人的工作要求。要进一步明确企业主体责任，严格执行节能环保法律法规和标准，细化和完善管理措施，落实节能减排目标任务。要充分发挥市场机制作用，加大市场化机制推广力度，真正把节能减排转化为企业和各类社会主体的内在要求。要努力增强全体公民的资源节约和环境保护意识，实施全民节能行动，形成全社会共同参与、共同促进节能减排的良好氛围。

四、加强对节能减排工作的组织领导。要严格落实目标责任，国务院每年组织开展省级人民政府节能减排目标责任评价考核，将考核结果作为领导班子和领导干部年度考核、目标责任考核、绩效考核、任职考察、换届考察的重要内容。发挥国家应对气候变化及节能减排工作领导小组的统筹协调作用，国家发展改革委负责承担领导小组的具体工作，切实加强节能减排工作的综合协调，组织推动节能降耗工作；环境保护部主要承担污染减排方面的工作；国务院国资委要切实加强对国有企业节能减排的监督考核工作；国家统计局负责加强能源统计和监测工作；其他各有关部门要切实履行职责，密切协调配合。各省级人民政府要立即部署本地区“十三五”节能减排工作，进一步明确相关部门责任、分工和进度要求。

各地区、各部门和中央企业要按照本通知的要求，结合实际抓紧制定具体实施方案，明确目标责任，狠抓贯彻落实，强化考核问责，确保实现“十三五”节能减排目标。

国务院

2016年12月20日

“十三五”节能减排综合工作方案

一、总体要求和目标

（一）总体要求。全面贯彻党的十八大和十八届三中、四中、五中、六中全会精神，深入贯彻习近平总书记系列重要讲话精神，认真落实党中央、国务院决策部署，紧紧围绕“五位一体”总体布局和“四个全面”战略布局，牢固树立创新、协调、绿色、开放、共享的发展理念，落实节约资源和保护环境基本国策，以提高能源利用效率和改善生态环境质量为目标，以推进供给侧结构性改革和实施创新驱动发展战略为动力，坚持政府主导、企业主体、市场驱动、社会参与，加快建设资源节约型、环境友好型社会，确保完成“十三五”节能减排约束性目标，保障人民群众健康和经济社会可持续发展，促进经济转型升级，实现经济发展与环境改善双赢，为建设生态文明提供有力支撑。

（二）主要目标。到2020年，全国万元国内生产总值能耗比2015年下降15%，能源消费总量控制在50亿吨标准煤以内。全国化学需氧量、氨氮、二氧化硫、氮氧化物排放总量分别控制在2001万吨、207万吨、1580万吨、1574万吨以内，比2015年分别下降10%、10%、15%和15%。全国挥发性有机物排放总量比2015年下降10%以上。

二、优化产业和能源结构

（三）促进传统产业转型升级。深入实施“中国制造2025”，深化制造业与互联网融合发展，促进制造业高端化、智能化、绿色化、服务化。构建绿色制造体系，推进产品全生命周期绿色管理，不断优化工业产品结构。支持重点行业改造升级，鼓励企业瞄准国际同行业标杆全面提高产品技术、工艺装备、能效环保等水平。严禁以任何名义、任何方式核准或备案产能严重过剩行业的增加产能项目。强化节能环保标准约束，严格行业规范、准入管理和节能审查，对电力、钢铁、建材、有色、化工、石油石化、船舶、煤炭、印染、造纸、制革、染料、焦化、电镀等行业中，环保、能耗、安全等不达标或生产、使用淘汰类产品的企业和产能，要依法依规有序退出。（牵头单位：国家发展改革委、工业和信息化部、环境保护部、国家能源局，参加单位：科技部、财政部、国务院国资委、质检总局、国家海洋局等）

（四）加快新兴产业发展。加快发展壮大新一代信息技术、高端装备、新材料、生物、新能源、新能源汽车、节能环保、数字创意等战略性新兴产业，推动新领域、新技术、新产品、新业态、新模式蓬勃发展。进一步推广云计算技术应用，新建大型云计算数据中心能源利用效率（PUE）值优于1.5。支持技术装备和服务模式创新。鼓励发展节能环保技术咨询、系统设计、设备制造、工程施工、运营管理、计量检测认证等专业化服务。开展节能环保产业常规调查统计。打造一批节能环保产业基地，培育一批具有国际竞争力的大型节能环保企业。到2020年，战略性新兴产业增加值和服务业增加值占国内生产总值比重分别提高到15%和56%，节能环保、新能源装备、新能源汽车等绿色低碳产业总产值突破10万亿元，成为支柱产业。（牵头单位：国家发展改革委、工业和信息化部、环境保护部，参加单位：科技部、质检总局、国家统计局、国家能源局等）

（五）推动能源结构优化。加强煤炭安全绿色开发和清洁高效利用，推广使用优质煤、洁净型煤，推进煤改气、煤改电，鼓励利用可再生能源、天然气、电力等优质能源替代燃煤使用。因地制宜发展海岛太阳能、海上风能、潮汐能、波浪能等可再生能源。安全发展核电，有序发展水电和天然气发电，协调推进风电开发，推动太阳能大规模发展和多元化利用，增加清洁低碳电力供应。对超出规划部分可再生能源消费量，不纳入能耗总量和强度目标考核。在居民采暖、工业与农业生产、港口码头等领域推进天然气、电能替代，减少散烧煤和燃油消费。到2020年，煤炭占能源消费总量比重下降到58%以下，电煤占煤炭消费量比重提高到55%以上，非化石能源占能源消费总量比重达到15%，天然气消费比重提高到10%左右。（牵头单位：国家发展改革委、环境保护部、国家能源局，参加单位：工业和信息化部、住房城乡建设部、交通运输部、水利部、质检总局、国家统计局、国管局、国家海洋局等）

三、加强重点领域节能

（六）加强工业节能。实施工业能效赶超行动，加强高能耗行业能耗管控，在重点耗能行业全面推行能效对标，推进工业企业能源管控中心建设，推广工业智能化用能监测和诊断技术。到2020年，工业能源利用效率和清洁化水平显著提高，规模以上工业企业单位增加值能耗比2015年降低18%以上，电力、钢铁、有色、建材、石油石化、化工等重点耗能行业能源利用效率达到或接近世界先进水平。推进新一代信息技术与制造技术融合发展，提升工业生产效率和能耗效率。开展工业领域电力需求侧管理专项行动，推动可再生能源在工业园区的应用，将可再生能源占比指标纳入工业园区考核体系。（牵头单位：工业和信息化部、国家发展改革委、国家能源局，参加单位：科技部、环境保护部、质检总局等）

（七）强化建筑节能。实施建筑节能先进标准领跑行动，开展超低能耗及近零能耗建筑建设试点，推广建筑屋顶分布式光伏发电。编制绿色建筑建设标准，开展绿色生态城区建设示范，到2020年，城镇绿色建筑面积占新建建筑面积比重提高到50%。实施绿色建筑全产业链发展计划，推行绿色施工方式，推广节能绿色建材、装配式和钢结构建筑。强化既有居住建筑节能改造，实施改造面积5亿平方米以上，2020年前基本完成北方采暖地区有改造价值城镇居住建筑的节能改造。推动建筑节能宜居综合改造试点城市建设，鼓励老旧住宅节能改造与抗震加固改造、加装电梯等适老化改造同步实施，完成公共建筑节能改造面积1亿平方米以上。推进利用太阳能、浅层地热能、空气热能、工业余热等解决建筑用能需求。（牵头单位：住房城乡建设部，参加单位：国家发展改革委、工业和信息化部、国家林业局、国管局、中直管理局等）

（八）促进交通运输节能。加快推进综合交通运输体系建设，发挥不同运输方式的比较优势和组合效率，推广甩挂运输等先进组织模式，提高多式联运比重。大力发展公共交通，推进“公交都市”创建活动，到2020年大城市公共交通分担率达到30%。促进交通用能清洁化，大力推广节能环保汽车、新能源汽车、天然气（CNG/LNG）清洁能源汽车、液化天然气动力船舶等，并支持相关配套设施建设。提高交通运输工具能效水平，到2020年新增乘用车平均燃料消耗量降至5.0升/百公里。推进飞机辅助动力装置（APU）替代、机场地面车辆“油改电”、新能源应用等绿色民航项目实施。推动铁路编组站制冷/供暖系统的节能和燃煤替代改造。推动交通运输智能化，建立公众出行和物流平台信息服务系统，引导培育“共享型”交通运输模式。（牵头单位：交通运输部、国家发展改革委、国家能源局，参加单位：科技部、工业和信息化部、环境保护部、国管局、中国民航局、中直管理局、中国铁路总公司等）

（九）推动商贸流通领域节能。推动零售、批发、餐饮、住宿、物流等企业建设能源管理体系，建立绿色节能低碳运营管理流程和机制，加快淘汰落后用能设备，推动照明、制冷和供热系统节能改造。贯彻绿色商场标准，开展绿色商场示范，鼓励商贸流通企业设置绿色产品专柜，推动大型商贸企业实施绿色供应链管理。完善绿色饭店标准体系，推进绿色饭店建设。加快绿色仓储建设，支持仓储设施利用太阳能等清洁能源，鼓励建设绿色物流园区。（牵头单位：商务部，参加单位：国家发展改革委、工业和信息化部、住房城乡建设部、质检总局、国家旅游局等）

（十）推进农业农村节能。加快淘汰老旧农业机械，推广农用节能机械、设备和渔船，发展节能农业大棚。推进节能及绿色农房建设，结合农村危房改造稳步推进农房节能及绿色化改造，推动城镇燃气管网向农村延伸和省柴节煤灶更新换代，因地制宜采用生物质能、太阳能、空气热能、浅层地热能等解决农房采暖、炊事、生活热水等用能需求，提升农村能源利用的清洁化水平。鼓励使用生物质可再生能源，推广液化石油气等商品能源。到2020年，全国农村地区基本实现稳定可靠的供电服务全覆盖，鼓励农村居民使用高效节能电器。（牵头单位：农业部、国家发展改革委、工业和信息化部、国家能源局，参加单位：科技部、住房城乡建设部等）

（十一）加强公共机构节能。公共机构率先执行绿色建筑标准，新建建筑全部达到绿色建筑标准。推进公共机构以合同能源管理方式实施节能改造，积极推进政府购买合同能源管理服务，探索用能托管模式。2020年公共机构单位建筑面积能耗和人均能耗分别比2015年降低10%和11%。推动公共机构建立能耗基准和公开能源资源消费信息。实施公共机构节能试点示范，创建3000家节约型公共机构示范单位，遴选200家能效领跑者。公共机构率先淘汰老旧车，率先采购使用节能和新能源汽车，中央国家机关、新能源汽车推广应用城市的政府部门及公共机构购买新能源汽车占当年配备更新车辆总量的比例提高到50%以上，新建和既有停车场要配备电动汽车充电设施或预留充电设施安装条件。公共机构率先淘汰采暖锅炉、茶浴炉、食堂大灶等燃煤设施，实施以电代煤、以气代煤，率先使用太阳能、地热能、空气能等清洁能源提供供电、供热/制冷服务。（牵头单位：国管局、国家发展改革委，参加单位：工业和信息化部、环境保护部、住房城乡建设部、交通运输部、国家能源局、中直管理局等）

（十二）强化重点用能单位节能管理。开展重点用能单位“百千万”行动，按照属地管理和分级管理相结合原则，国家、省、地市分别对“百家”、“千家”、“万家”重点用能单位进行目标责任评价考核。重点用能单位要围绕能耗总量控制和能效目标，对用能实行年度预算管理。推动重点用能单位建设能源管理体系并开展效果评价，健全能源消费台账。按标准要求配备能源计量器具，进一步完善能源计量体系。依法开展能源审计，组织实施能源绩效评价，开展达标对标和节能自愿活动，采取企业节能自愿承诺和政府适当引导相结合的方式，大力提升重点用能单位能效水平。严格执行能源统计、能源利用状况报告、能源管理岗位和能源管理负责人等制度。（牵头单位：国家发展改革委，参加单位：教育部、工业和信息化部、住房城乡建设部、交通运输部、国务院国资委、质检总局、国家统计局、国管局、国家能源局、中直管理局等）

（十三）强化重点用能设备节能管理。加强高耗能特种设备节能审查和监管，构建安全、节能、环保三位一体的监管体系。组织开展燃煤锅炉节能减排攻坚战，推进锅炉生产、经营、使用等全过程节能环保监督标准化管理。“十三五”期间燃煤工业锅炉实际运行效率提高5个百分点，到2020年新生产燃煤锅炉效率不低于80%，燃气锅炉效率不低于92%。普及锅炉能效和环保测试，强化锅炉运行及管理人员节能环保专项培训。开展锅炉节能环保普查整治，建设覆盖安全、节能、环保信息的数据平台，开展节能环保在线监测试点并实现信息共享。开展电梯能效测试与评价，在确保安全的前提下，鼓励永磁同步电机、变频调速、能量反馈等节能技术的集成应用，开展老旧电梯安全节能改造工程试点。推广高效换热器，提升热交换系统能效水平。加快高效电机、配电变压器等用能设备开发和推广应用，淘汰低效电机、变压器、风机、水泵、压缩机等用能设备，全面提升重点用能设备能效水平。（牵头单位：质检总局、国家发展改革委、工业和信息化部、环境保护部，参加单位：住房城乡建设部、国管局、国家能源局、中直管理局等）

四、强化主要污染物减排

（十四）控制重点区域流域排放。推进京津冀及周边地区、长三角、珠三角、东北等重点地区，以及大气污染防治重点城市煤炭消费总量控制，新增耗煤项目实行煤炭消耗等量或减量替代；实施重点区域大气污染传输通道气化工程，加快推进以气代煤。加快发展热电联产和集中供热，利用城市和工业园区周边现有热电联产机组、纯凝发电机组及低品位余热实施供热改造，淘汰供热供气范围内的燃煤锅炉（窑炉）。结合环境质量改善要求，实施行业、区域、流域重点污染物总量减排，在重点行业、重点区域推进挥发性有机物排放总量控制，在长江经济带范围内的部分省市实施总磷排放总量控制，在沿海地级及以上城市实施总氮排放总量控制，对重点行业的重点重金属排放实施总量控制。加强我国境内重点跨国河流水污染防治。严格控制长江、黄河、珠江、松花江、淮河、海河、辽河等七大重点流域干流沿岸的石油加工、化学原料和化学制品制造、医药制造、化学纤维制造、有色金属冶炼、纺织印染等项目。分区域、分流域制定实施钢铁、水泥、平板玻璃、锅炉、造纸、印染、化工、焦化、农副食品加工、原料药制造、制革、电镀等重点行业、领域限期整治方案，升级改造环保设施，确保稳定达标。实施重点区域、重点流域清洁生产水平提升行动。城市建成区内的现有钢铁、建材、有色金属、造纸、印染、原料药制造、化工等污染较重的企业应有序搬迁改造或依法关闭。（牵头单位：环境保护部、国家发展改革委、工业和信息化部、质检总局、国家能源局，参加单位：财政部、住房城乡建设部、国管局、国家海洋局等）

（十五）推进工业污染物减排。实施工业污染源全面达标排放计划。加强工业企业无组织排放管理。严格执行环境影响评价制度。实行建设项目主要污染物排放总量指标等量或减量替代。建立以排污许可制为核心的工业企业环境管理体系。继续推行重点行业主要污染物总量减排制度，逐步扩大总量减排行业范围。以削减挥发性有机物、持久性有机物、重金属等污染物为重点，实施重点行业、重点领域工业特征污染物削减计划。全面实施燃煤电厂超低排放和节能改造，加快燃煤锅炉综合整治，大力推进石化、化工、印刷、工业涂装、电子信息等行业挥发性有机物综合治理。全面推进现有企业达标排放，研究制修订农药、制药、汽车、家具、印刷、集装箱制造等行业排放标准，出台涂料、油墨、胶黏剂、清洗剂等有机溶剂产品挥发性有机物含量限值强制性环保标准，控制集装箱、汽车、船舶制造等重点行业挥发性有机物排放，推动有关企业实施原料替代和清洁生产技术改造。强化经济技术开发区、高新技术产业开发区、出口加工区等工业聚集区规划环境影响评价及污染治理。加强工业企业环境信息公开，推动企业环境信用评价。建立企业排放红黄牌制度。（牵头单位：环境保护部，参加单位：国家发展改革委、工业和信息化部、财政部、质检总局、国家能源局等）

（十六）促进移动源污染物减排。实施清洁柴油机行动，全面推进移动源排放控制。提高新机动车船和非道路移动机械环保标准，发布实施机动车国Ⅵ排放标准。加速淘汰黄标车、老旧机动车、船舶以及高排放工程机械、农业机械。逐步淘汰高油耗、高排放民航特种车辆与设备。2016年淘汰黄标车及老旧车380万辆，2017年基本淘汰全国范围内黄标车。加快船舶和港口污染物减排，在珠三角、长三角、环渤海京津冀水域设立船舶排放控制区，主要港口90%的港作船舶、公务船舶靠港使用岸电，50%的集装箱、客滚和邮轮专业化码头具备向船舶供应岸电的能力；

主要港口大型煤炭、矿石码头堆场全面建设防风抑尘设施或实现煤炭、矿石封闭储存。加快油品质量升级，2017年1月1日起全国全面供应国Ⅴ标准的车用汽油、柴油；2018年1月1日起全国全面供应与国Ⅴ标准柴油相同硫含量的普通柴油；抓紧发布实施第六阶段汽、柴油国家（国Ⅵ）标准，2020年实现车用柴油、普通柴油和部分船舶用油并轨，柴油车、非道路移动机械、内河和江海直达船舶均统一使用相同标准的柴油。车用汽柴油应加入符合要求的清净剂。修订《储油库大气污染物排放标准》、《加油站大气污染物排放标准》，推进储油储气库、加油加气站、原油成品油码头、原油成品油运输船舶和油罐车、气罐车等油气回收治理工作。加强机动车、非道路移动机械环保达标和油品质量监督执法，严厉打击违法行为。（牵头单位：环境保护部、公安部、交通运输部、农业部、质检总局、国家能源局，参加单位：国家发展改革委、财政部、工商总局等）

（十七）强化生活源污染综合整治。对城镇污水处理设施建设发展进行填平补齐、升级改造，完善配套管网，提升污水收集处理能力。合理确定污水排放标准，加强运行监管，实现污水处理厂全面达标排放。加大对雨污合流、清污混流管网的改造力度，优先推进城中村、老旧城区和城乡结合部污水截流、收集、纳管。强化农村生活污染源排放控制，采取城镇管网延伸、集中处理和分散处理等多种形式，加快农村生活污水治理和改厕。促进再生水利用，完善再生水利用设施。注重污水处理厂污泥安全处理处置，杜绝二次污染。到2020年，全国所有县城和重点镇具备污水处理能力，地级及以上城市建成区污水基本实现全收集、全处理，城市、县城污水处理率分别达到95%、85%左右。加强生活垃圾回收处理设施建设，强化对生活垃圾分类、收运、处理的管理和督导，提升城市生活垃圾回收处理水平，全面推进农村垃圾治理，普遍建立村庄保洁制度，推广垃圾分类和就近资源化利用，到2020年，90%以上行政村的生活垃圾得到处理。加大民用散煤清洁化治理力度，推进以电代煤、以气代煤，推广使用洁净煤、先进民用炉具，制定散煤质量标准，加强民用散煤管理，力争2017年底前基本解决京津冀区域民用散煤清洁化利用问题，到2020年底前北方地区散煤治理取得明显进展。加快治理公共机构食堂、餐饮服务企业油烟污染，推进餐厨废弃物资源化利用。家具、印刷、汽车维修等政府定点招标采购企业要使用低挥发性原辅材料。严格执行有机溶剂产品有害物质限量标准，推进建筑装饰、汽修、干洗、餐饮等行业挥发性有机物治理。（牵头单位：环境保护部、国家发展改革委、住房城乡建设部、国家能源局，参加单位：工业和信息化部、财政部、农业部、质检总局、国管局、中直管理局等）

（十八）重视农业污染排放治理。大力推广节约型农业技术，推进农业清洁生产。促进畜禽养殖场粪便收集处理和资源化利用，建设秸秆、粪便等有机废弃物处理设施，加强分区分类管理，依法关闭或搬迁禁养区内的畜禽养殖场（小区）和养殖专业户并给予合理补偿。开展农膜回收利用，到2020年农膜回收率达到80%以上，率先实现东北黑土地大田生产地膜零增长。深入推广测土配方施肥技术，提倡增施有机肥，开展农作物病虫害绿色防控和统防统治，推广高效低毒低残留农药使用，到2020年实现主要农作物化肥农药使用量零增长，化肥利用率提高到40%以上，京津冀、长三角、珠三角等区域提前一年完成。研究建立农药使用环境影响后评估制度，推进农药包装废弃物回收处理。建立逐级监督落实机制，疏堵结合、以疏为主，加强重点区域和重点时段秸秆禁烧。（牵头单位：农业部、环境保护部、国家能源局，参加单位：国家发展改革委、财政部、住房城乡建设部、质检总局等）

五、大力发展循环经济

（十九）全面推动园区循环化改造。按照空间布局合理化、产业结构最优化、产业链接循环化、资源利用高效化、污染治理集中化、基础设施绿色化、运行管理规范化的要求，加快对现有园区的循环化改造升级，延伸产业链，提高产业关联度，建设公共服务平台，实现土地集约利用、资源能源高效利用、废弃物资源化利用。对综合性开发区、重化工产业开发区、高新技术开发区等不同性质的园区，加强分类指导，强化效果评估和工作考核。到2020年，75%的国家级园区和50%的省级园区实施循环化改造，长江经济带超过90%的省级以上（含省级）重化工园区实施循环化改造。（牵头单位：国家发展改革委、财政部，参加单位：科技部、工业和信息化部、环境保护部、商务部等）

（二十）加强城市废弃物规范有序处理。推动餐厨废弃物、建筑垃圾、园林废弃物、城市污泥和废旧纺织品等城市典型废弃物集中处理和资源化利用，推进燃煤耦合污泥等城市废弃物发电。选择50个左右地级及以上城市规划布局低值废弃物协同处理基地，完善城市废弃物回收利用体系，到2020年，餐厨废弃物资源化率达到30%。（牵头单位：国家发展改革委、住房城乡建设部，参加单位：环境保护部、农业部、民政部、国管局、中直管理局等）

（二十一）促进资源循环利用产业提质升级。依托国家“城市矿产”示范基地，促进资源再生利用企业集聚化、园区化、区域协同化布局，提升再生资源利用行业清洁化、高值化水平。实行生产者责任延伸制度。推动太阳能光伏组件、碳纤维材料、生物基纤维、复合材料和节能灯等新品种废弃物的回收利用，推进动力蓄电池梯级利用和规范回收处理。加强再生资源规范管理，发布重点品种规范利用条件。大力发展再制造产业，推动汽车零部件及大型工业装备、办公设备等产品再制造。规范再制造服务体系，建立健全再生产品、再制造产品的推广应用机制。鼓励专业化再制造服务公司与钢铁、冶金、化工、机械等生产制造企业合作，开展设备寿命评估与检测、清洗与强化延寿等再制造专业技术服务。继续开展再制造产业示范基地建设和机电产品再制造试点示范工作。到2020年，再生资源回收利用产业产值达到1.5万亿元，再制造产业产值超过1000亿元。（牵头单位：国家发展改革委，参加单位：科技部、工业和信息化部、环境保护部、住房城乡建设部、商务部等）

（二十二）统筹推进大宗固体废弃物综合利用。加强共伴生矿产资源及尾矿综合利用。推动煤矸石、粉煤灰、工业副产石膏、冶炼和化工废渣等工业固体废弃物综合利用。开展大宗产业废弃物综合利用示范基地建设。推进水泥窑协同处置城市生活垃圾。大力推动农作物秸秆、林业“三剩物”（采伐、造材和加工剩余物）、规模化养殖场粪便的资源化利用，因地制宜发展各类沼气工程和燃煤耦合秸秆发电工程。到2020年，工业固体废物综合利用率达到73%以上，农作物秸秆综合利用率达到85%。（牵头单位：国家发展改革委，参加单位：工业和信息化部、国土资源部、环境保护部、住房城乡建设部、农业部、国家林业局、国家能源局等）

（二十三）加快互联网与资源循环利用融合发展。支持再生资源企业利用大数据、云计算等技术优化逆向物流网点布局，建立线上线下融合的回收网络，在地级及以上城市逐步建设废弃物在线回收、交易等平台，推广“互联网+”回收新模式。建立重点品种的全生命周期追溯机制。在开展循环化改造的园区建设产业共生平台。鼓励相关行业协会、企业逐步构建行业性、区域性、全国性的产业废弃物和再生资源在线交易系统，发布交易价格指数。支持汽车维修、汽车保险、旧件回收、再制造、报废拆解等汽车产品售后全生命周期信息的互通共享。到2020年，初步形成废弃电器电子产品等高值废弃物在线回收利用体系。（牵头单位：国家发展改革委，参加单位：科技部、工业和信息化部、环境保护部、交通运输部、商务部、保监会等）

六、实施节能减排工程

（二十四）节能重点工程。组织实施燃煤锅炉节能环保综合提升、电机系统能效提升、余热暖民、绿色照明、节能技术装备产业化示范、能量系统优化、煤炭消费减量替代、重点用能单位综合能效提升、合同能源管理推进、城镇化节能升级改造、天然气分布式能源示范工程等节能重点工程，推进能源综合梯级利用，形成3亿吨标准煤左右的节能能力，到2020年节能服务产业产值比2015年翻一番。（牵头单位：国家发展改革委，参加单位：科技部、工业和信息化部、财政部、住房城乡建设部、国务院国资委、质检总局、国管局、国家能源局、中直管理局等）

（二十五）主要大气污染物重点减排工程。实施燃煤电厂超低排放和节能改造工程，到2020年累计完成5.8亿千瓦机组超低排放改造任务，限期淘汰2000万千瓦落后产能和不符合相关强制性标准要求的机组。实施电力、钢铁、水泥、石化、平板玻璃、有色等重点行业全面达标排放治理工程。实施京津冀、长三角、珠三角等区域“煤改气”和“煤改电”工程，扩大城市禁煤区范围，建设完善区域天然气输送管道、城市燃气管网、农村配套电网，加快建设天然气储气库、城市调峰站储气罐等基础工程，新增“煤改气”工程用气450亿立方米以上，替代燃煤锅炉18.9万蒸吨。实施石化、化工、工业涂装、包装印刷等重点行业挥发性有机物治理工程，到2020年石化企业基本完成挥发性有机物治理。（牵头单位：环境保护部、国家能源局，参加单位：国家发展改革委、工业和信息化部、财政部、国务院国资委、质检总局等）

（二十六）主要水污染物重点减排工程。加强城市、县城和其他建制镇生活污染减排设施建设。加快污水收集管网建设，实施城镇污水、工业园区废水、污泥处理设施建设与提标改造工程，推进再生水回用设施建设。加快畜禽规模养殖场（小区）污染治理，75%以上的养殖场（小区）配套建设固体废弃物和污水贮存处理设施。（牵头单位：环境保护部、国家发展改革委、住房城乡建设部，参加单位：工业和信息化部、财政部、农业部、国家海洋局等）

（二十七）循环经济重点工程。组织实施园区循环化改造、资源循环利用产业示范基地建设、工农复合型循环经济示范区建设、京津冀固体废弃物协同处理、“互联网+”资源循环、再生产品与再制造产品推广等专项行动，建设100个资源循环利用产业示范基地、50个工业废弃物综合利用产业基地、20个工农复合型循环经济示范区，推进生产和生活系统循环链接，构建绿色低碳循环的产业体系。到2020年，再生资源替代原生资源量达到13亿吨，资源循环利用产业产值达到3万亿元。（牵头单位：国家发展改革委、财政部，参加单位：科技部、工业和信息化部、环境保护部、住房城乡建设部、农业部、商务部等）

七、强化节能减排技术支撑和服务体系建设

（二十八）加快节能减排共性关键技术研发示范推广。启动“十三五”节能减排科技战略研究和专项规划编制工作，加快节能减排科技资源集成和统筹部署，继续组织实施节能减排重大科技产业化工程。加快高超超临界发电、低品位余热发电、小型燃气轮机、煤炭清洁高效利用、细颗粒物治理、挥发性有机物治理、汽车尾气净化、原油和成品油码头油气回收、垃圾渗滤液处理、多污染协同处理等新型技术装备研发和产业化。推广高效烟气除尘和余热回收一体化、高效热泵、半导体照明、废弃物循环利用等成熟适用技术。遴选一批节能减排协同效益突出、产业化前景好的先进技术，推广系统性技术解决方案。（牵头单位：科技部、国家发展改革委，参加单位：工业和信息化部、环境保护部、住房城乡建设部、交通运输部、国家能源局等）

（二十九）推进节能减排技术系统集成应用。推进区域、城镇、园区、用能单位等系统用能和节能。选择具有示范作用、辐射效应的园区和城市，统筹整合钢铁、水泥、电力等高耗能企业的余热余能资源和区域用能需求，实现能源梯级利用。大力发展“互联网+”智慧能源，支持基于互联网的能源创新，推动建立城市智慧能源系统，鼓励发展智能家居、智能楼宇、智能小区和智能工厂，推动智能电网、储能设施、分布式能源、智能用电终端协同发展。综合采取节能减排系统集成技术，推动锅炉系统、供热/制冷系统、电机系统、照明系统等优化升级。（牵头单位：国家发展改革委、工业和信息化部、国家能源局，参加单位：科技部、财政部、住房城乡建设部、质检总局

等）

（三十）完善节能减排创新平台和服务体系。建立完善节能减排技术评估体系和科技创新创业综合服务平台，建设绿色技术服务平台，推动建立节能减排技术和产品的检测认证服务机制。培育一批具有核心竞争力的节能减排科技企业和服务基地，建立一批节能科技成果转移促进中心和交流转化平台，组建一批节能减排产业技术创新战略联盟、研究基地（平台）等。继续发布国家重点节能低碳技术推广目录，建立节能减排技术遴选、评定及推广机制。加快引进国外节能环保新技术、新装备，推动国内节能减排先进技术装备“走出去”。（牵头单位：科技部、国家发展改革委、工业和信息化部、环境保护部，参加单位：住房城乡建设部、交通运输部、质检总局等）

八、完善节能减排支持政策

（三十一）完善价格收费政策。加快资源环境价格改革，健全价格形成机制。督促各地落实差别电价和惩罚性电价政策，严格清理地方违规出台的高耗能企业优惠电价政策。实行超定额用水累进加价制度。督促各地严格落实水泥、电解铝等行业阶梯电价政策，促进节能降耗。研究完善天然气价格政策。完善居民阶梯电价（煤改电除外）制度，全面推行居民阶梯气价（煤改气除外）、水价制度。深化供热计量收费改革，完善脱硫、脱硝、除尘和超低排放环保电价政策，加强运行监管，严肃查处不执行环保电价政策的行为。鼓励各地制定差别化排污收费政策。研究扩大挥发性有机物排放行业排污费征收范围。实施环境保护费改税，推进开征环境保护税。落实污水处理费政策，完善排污权交易价格体系。加大垃圾处理费收缴力度，提高收缴率。（牵头单位：国家发展改革委、财政部，参加单位：工业和信息化部、环境保护部、住房城乡建设部、水利部、国家能源局等）

（三十二）完善财政税收激励政策。加大对节能减排工作的资金支持力度，统筹安排相关专项资金，支持节能减排重点工程、能力建设和公益宣传。创新财政资金支持节能减排重点工程、项目的方式，发挥财政资金的杠杆作用。推广节能环保服务政府采购，推行政府绿色采购，完善节能环保产品政府强制采购和优先采购制度。清理取消不合理化石能源补贴。对节能减排工作任务完成较好的地区和企业予以奖励。落实支持节能减排的企业所得税、增值税等优惠政策，修订完善《环境保护专用设备企业所得税优惠目录》和《节能节水专用设备企业所得税优惠目录》。全面推进资源税改革，逐步扩大征收范围。继续落实资源综合利用税收优惠政策。从事国家鼓励类项目的企业进口自用节能减排技术装备且符合政策规定的，免征进口关税。（牵头单位：财政部、税务总局，参加单位：国家发展改革委、工业和信息化部、环境保护部、住房城乡建设部、国务院国资委、国管局等）

（三十三）健全绿色金融体系。加强绿色金融体系的顶层设计，推进绿色金融业务创新。鼓励银行业金融机构对节能减排重点工程给予多元化融资支持。健全市场化绿色信贷担保机制，对于使用绿色信贷的项目单位，可按规定申请财政贴息支持。对银行机构实施绿色评级，鼓励金融机构进一步完善绿色信贷机制，支持以用能权、碳排放权、排污权和节能项目收益权等为抵（质）押的绿色信贷。推进绿色债券市场发展，积极推动金融机构发行绿色金融债券，鼓励企业发行绿色债券。研究设立绿色发展基金，鼓励社会资本按市场化原则设立节能环保产业投资基金。支持符合条件的节能减排项目通过资本市场融资，鼓励绿色信贷资产、节能减排项目应收账款证券化。在环境高风险领域建立环境污染强制责任保险制度。积极推动绿色金融领域国际合作。（牵头单位：人民银行、财政部、国家发展改革委、环境保护部、银监会、证监会、保监会）

九、建立和完善节能减排市场化机制

（三十四）建立市场化交易机制。健全用能权、排污权、碳排放权交易机制，创新有偿使用、预算管理、投融资等机制，培育和发展交易市场。推进碳排放权交易，2017年启动全国碳排放权交易市场。建立用能权有偿使用和交易制度，选择若干地区开展用能权交易试点。加快实施排污许可制，建立企事业单位污染物排放总量控制制度，继续推进排污权交易试点，试点地区到2017年底基本建立排污权交易制度，研究扩大试点范围，发展跨区域排污权交易市场。（牵头单位：国家发展改革委、财政部、环境保护部）

（三十五）推行合同能源管理模式。实施合同能源管理推广工程，鼓励节能服务公司创新服务模式，为用户提供节能咨询、诊断、设计、融资、改造、托管等“一站式”合同能源管理综合服务。取消节能服务公司审核备案制度，任何地方和单位不得以是否具备节能服务公司审核备案资格限制企业开展业务。建立节能服务公司、用能单位、第三方机构失信黑名单制度，将失信行为纳入全国信用信息共享平台。落实节能服务公司税收优惠政策，鼓励各级政府加大对合同能源管理的支持力度。政府机构按照合同能源管理合同支付给节能服务公司的支出，视同能源费用支出。培育以合同能源管理资产交易为特色的资产交易平台。鼓励社会资本建立节能服务产业投资基金。支持节能服务公司发行绿色债券。创新投债贷结合促进合同能源管理业务发展。（牵头单位：国家发展改革委、财政部、税务总局，参加单位：工业和信息化部、住房城乡建设部、人民银行、国管局、银监会、证监会、中直管理局等）

（三十六）健全绿色标识认证体系。强化能效标识管理制度，扩大实施范围。推行节能低碳环保产品认证。完善绿色建筑、绿色建材标识和认证制度，建立可追溯的绿色建材评价和信息管理系统。推进能源管理体系认证。制修订绿色商场、绿色宾馆、绿色饭店、绿色景区等绿色服务评价办法，积极开展第三方认证评价。逐步将目前分头设立的环保、节能、节水、循环、低碳、再生、有机等产品统一整合为绿色产品，建立统一的绿色产品标准、认证、标识体系。加强节能低碳环保标识监督检查，依法查处虚标企业。开展能效、水效、环保领跑者引领行动。

（牵头单位：国家发展改革委、工业和信息化部、环境保护部、质检总局，参加单位：财政部、住房城乡建设部、水利部、商务部等）

（三十七）推进环境污染第三方治理。鼓励在环境监测与风险评估、环境公用设施建设与运行、重点区域和重点行业污染防治、生态环境综合整治等领域推行第三方治理。研究制定第三方治理项目增值税即征即退政策，加大财政对第三方治理项目的补助和奖励力度。鼓励各地积极设立第三方治理项目引导基金，解决第三方治理企业融资难、融资贵问题。引导地方政府开展第三方治理试点，建立以效付费机制。提升环境服务供给水平与质量。到2020年，环境公用设施建设与运营、工业园区第三方治理取得显著进展，污染治理效率和专业化水平明显提高，环境公用设施投资运营体制改革基本完成，涌现出一批技术能力强、运营管理水平高、综合信用好、具有国际竞争力的环境服务公司。（牵头单位：国家发展改革委、环境保护部，参加单位：工业和信息化部、财政部、住房城乡建设部等）

（三十八）加强电力需求侧管理。推行节能低碳、环保电力调度，建设国家电力需求侧管理平台，推广电能服务，总结电力需求侧管理城市综合试点经验，实施工业领域电力需求侧管理专项行动，引导电网企业支持和配合平台建设及试点工作，鼓励电力用户积极采用节电技术产品，优化用电方式。深化电力体制改革，扩大峰谷电价、分时电价、可中断电价实施范围。加强储能和智能电网建设，增强电网调峰和需求侧响应能力。（牵头单位：国家发展改革委，参加单位：工业和信息化部、财政部、国家能源局等）

十、落实节能减排目标责任

（三十九）健全节能减排计量、统计、监测和预警体系。健全能源计量体系和消费统计指标体系，完善企业联网直报系统，加大统计数据审核与执法力度，强化统计数据质量管理，确保统计数据基本衔接。完善环境统计体系，补充调整工业、城镇生活、农业等重要污染源调查范围。建立健全能耗在线监测系统和污染源自动在线监测系统，对重点用能单位能源消耗实现实时监测，强化企业污染物排放自行监测和环境信息公开，2020年污染源自动监控数据有效传输率、企业自行监测结果公布率保持在90%以上，污染源监督性监测结果公布率保持在95%以上。定期公布各地区、重点行业、重点单位节能减排目标完成情况，发布预警信息，及时提醒高预警等级地区和单位的相关负责人，强化督促指导和帮扶。完善生态环境质量监测评价，建立地市报告、省级核查、国家审查的减排管理机制，鼓励引入第三方评估；加强重点减排工程调度管理，对环境质量改善达不到进度要求、重点减排工程建设滞后或运行不稳定、政策措施落实不到位的地区及时预警。（牵头单位：国家发展改革委、环境保护部、国家统计局，参加单位：工业和信息化部、住房城乡建设部、交通运输部、国务院国资委、质检总局、国管局等）

（四十）合理分解节能减排指标。实施能源消耗总量和强度双控行动，改革完善主要污染物总量减排制度。强化约束性指标管理，健全目标责任分解机制，将全国能耗总量控制和节能目标分解到各地区、主要行业和重点用能单位。各地区要根据国家下达的任务明确年度工作目标并层层分解落实，明确下一级政府、有关部门、重点用能单位责任，逐步建立省、市、县三级用能预算管理体系，编制用能预算管理方案；以改善环境质量为核心，突出重点工程减排，实行分区分类差别化管理，科学确定减排指标，环境质量改善任务重的地区承担更多的减排任务。（牵头单位：国家发展改革委、环境保护部，参加单位：工业和信息化部、住房城乡建设部、交通运输部、国管局、国家能源局等）

（四十一）加强目标责任评价考核。强化节能减排约束性指标考核，坚持总量减排和环境质量考核相结合，建立以环境质量考核为导向的减排考核制度。国务院每年组织开展省级人民政府节能减排目标责任评价考核，将考核结果作为领导班子和领导干部考核的重要内容，继续深入开展领导干部自然资源资产离任审计试点。对未完成能耗强度降低目标的省级人民政府实行问责，对未完成国家下达能耗总量控制目标任务的予以通报批评和约谈，实行高耗能项目缓批限批。对环境质量改善、总量减排目标均未完成的地区，暂停新增排放重点污染物建设项目的环评审批，暂停或减少中央财政资金支持，必要时列入环境保护督查范围。对重点单位节能减排考核结果进行公告并纳入社会信用记录系统，对未完成目标任务的暂停审批或核准新建扩建高耗能项目。落实国有企业节能减排目标责任制，将节能减排指标完成情况作为企业绩效和负责人业绩考核的重要内容。对节能减排贡献突出的地区、单位和个人以适当方式给予表彰奖励。（牵头单位：国家发展改革委、环境保护部、中央组织部，参加单位：工业和信息化部、财政部、住房城乡建设部、交通运输部、国务院国资委、质检总局、国家统计局、国管局、国家海洋局等）

十一、强化节能减排监督检查

（四十二）健全节能环保法律法规标准。加快修订完善节能环保方面的法律制度，推动制修订环境保护税法、水污染防治法、土壤污染防治法、能源法、固体废弃物污染环境防治法等。制修订建设项目环境保护管理条例、环境监测管理条例、重点用能单位节能管理办法、锅炉节能环保监督管理办法、节能服务机构管理暂行办法、污染地块土壤环境管理暂行办法、环境影响登记表备案管理办法等。健全节能标准体系，提高建筑节能标准，实现重点行业、设备节能标准全覆盖，继续实施百项能效标准推进工程。开展节能标准化和循环经济标准化试点示范建设。制定完善环境保护综合名录。制修订环保产品、环保设施运行效果评估、环境质量、污染物排放、环境监测方法等相关标准。鼓励地方依法制定更加严格的节能环保标准，鼓励制定节能减排团体标准。（牵头单位：国家发展改革委、工业和信息化部、环境保护部、质检总局、国务院法制办，参加单位：住房城乡建设部、交通运输部、商务

部、国家统计局、国管局、国家海洋局、国家能源局、中直管理局等）

（四十三）严格节能减排监督检查。组织开展节能减排专项检查，督促各项措施落实。强化节能环保执法监察，加强节能审查，强化事中事后监管，加大对重点用能单位和重点污染源的执法检查力度，严厉查处各类违法违规用能和环境违法违规行为，依法公布违法单位名单，发布重点企业污染物排放信息，对严重违法违规行为进行公开通报或挂牌督办，确保节能环保法律、法规、规章和强制性标准有效落实。强化执法问责，对行政不作为、执法不严等行为，严肃追究有关主管部门和执法机构负责人的责任。（牵头单位：国家发展改革委、工业和信息化部、环境保护部，参加单位：住房城乡建设部、质检总局、国家海洋局等）

（四十四）提高节能减排管理服务水平。建立健全节能管理、监察、服务“三位一体”的节能管理体系。建立节能服务和监管平台，加强政府管理和服务能力建设。继续推进能源统计能力建设，加强工作力量。加强节能监察能力建设，进一步完善省、市、县三级节能监察体系。健全环保监管体制，开展省以下环保机构监测监察执法垂直管理制度试点，推进环境监察机构标准化建设，全面加强挥发性有机物环境空气质量和污染排放自动在线监测工作。开展污染源排放清单编制工作，出台主要污染物减排核查核算办法（细则）。进一步健全能源计量体系，深入推进城市能源计量建设示范，开展计量检测、能效计量比对等节能服务活动，加强能源计量技术服务和能源计量审查。建立能源消耗数据核查机制，建立健全统一的用能量和节能量审核方法、标准、操作规范和流程，加强核查机构管理，依法严厉打击核查工作中的弄虚作假行为。推动大数据在节能减排领域的应用。创新节能管理和服务模式，开展能效服务网络体系建设试点，促进用能单位经验分享。制定节能减排培训纲要，实施培训计划，依托专业技术人才知识更新工程等国家重大人才工程项目，加强对各级领导干部和政府节能管理部门、节能监察机构、用能单位相关人员的培训。（牵头单位：国家发展改革委、工业和信息化部、财政部、环境保护部，参加单位：人力资源社会保障部、住房城乡建设部、质检总局、国家统计局、国管局、国家海洋局、中直管理局等）

十二、动员全社会参与节能减排

（四十五）推行绿色消费。倡导绿色生活，推动全民在衣、食、住、行等方面更加勤俭节约、绿色低碳、文明健康，坚决抵制和反对各种形式的奢侈浪费。开展旧衣“零抛弃”活动，方便闲置旧物交换。积极引导绿色金融支持绿色消费，积极引导消费者购买节能与新能源汽车、高效家电、节水型器具等节能环保低碳产品，减少一次性用品的使用，限制过度包装，尽可能选用低挥发性水性涂料和环境友好型材料。加快畅通绿色产品流通渠道，鼓励建立绿色批发市场、节能超市等绿色流通主体。大力推广绿色低碳出行，倡导绿色生活和休闲模式。到2020年，能效标识2级以上的空调、冰箱、热水器等节能家电市场占有率达到50%以上。（牵头单位：国家发展改革委、环境保护部，参加单位：工业和信息化部、财政部、住房城乡建设部、交通运输部、商务部、中央军委后勤保障部、全国总工会、共青团中央、全国妇联等）

（四十六）倡导全民参与。推动全社会树立节能是第一能源、节约就是增加资源的理念，深入开展全民节约行动和节能“进机关、进单位、进企业、进军营、进商超、进宾馆、进学校、进家庭、进社区、进农村”等“十进”活动。制播节能减排公益广告，鼓励建设节能减排博物馆、展示馆，创建一批节能减排宣传教育示范基地，形成人人、事事、时时参与节能减排的社会氛围。发展节能减排公益事业，鼓励公众参与节能减排公益活动。加强节能减排、应对气候变化等领域国际合作，推动落实《二十国集团能效引领计划》。（牵头单位：中央宣传部、国家发展改革委、环境保护部，参加单位：外交部、教育部、工业和信息化部、财政部、住房城乡建设部、国务院国资委、质检总局、新闻出版广电总局、国管局、中直管理局、中央军委后勤保障部、全国总工会、共青团中央、全国妇联等）

（四十七）强化社会监督。充分发挥各种媒体作用，报道先进典型、经验和做法，曝光违规用能和各种浪费行为。完善公众参与制度，及时准确披露各类环境信息，扩大公开范围，保障公众知情权，维护公众环境权益。依法实施环境公益诉讼制度，对污染环境、破坏生态的行为可依法提起公益诉讼。（牵头单位：中央宣传部、国家发展改革委、环境保护部，参加单位：全国总工会、共青团中央、全国妇联等）

附件：

1. “十三五”各地区能耗总量和强度“双控”目标
2. “十三五”主要行业和部门节能指标
3. “十三五”各地区化学需氧量排放总量控制计划
4. “十三五”各地区氨氮排放总量控制计划
5. “十三五”各地区二氧化硫排放总量控制计划
6. “十三五”各地区氮氧化物排放总量控制计划
7. “十三五”重点地区挥发性有机物排放总量控制计划

附件1

“十三五”各地区能耗总量和强度“双控”目标

地区	“十三五”能耗强度降低目标（%）	2015年能源消费总量（万吨标准煤）	“十三五”能耗增量控制目标（万吨标准煤）
北京	17	6853	800
天津	17	8260	1040
河北	17	29395	3390
山西	15	19384	3010
内蒙古	14	18927	3570
辽宁	15	21667	3550
吉林	15	8142	1360
黑龙江	15	12126	1880
上海	17	11387	970
江苏	17	30235	3480
浙江	17	19610	2380
安徽	16	12332	1870
福建	16	12180	2320
江西	16	8440	1510
山东	17	37945	4070
河南	16	23161	3540
湖北	16	16404	2500
湖南	16	15469	2380
广东	17	30145	3650
广西	14	9761	1840
海南	10	1938	660
重庆	16	8934	1660
四川	16	19888	3020
贵州	14	9948	1850
云南	14	10357	1940
西藏	10	—	—
陕西	15	11716	2170
甘肃	14	7523	1430
青海	10	4134	1120
宁夏	14	5405	1500
新疆	10	15651	3540

注：西藏自治区相关数据暂缺。

附件2

"十三五"主要行业和部门节能指标

指标	单位	2015年实际值	2020年	
			目标值	变化幅度/变化率
工业：				
单位工业增加值（规模以上）能耗				[-18%]
火电供电煤耗	克标准煤/千瓦时	315	306	-9
吨钢综合能耗	千克标准煤	572	560	-12
水泥熟料综合能耗	千克标准煤/吨	112	105	-7
电解铝液交流电耗	千瓦时/吨	13350	13200	-150
炼油综合能耗	千克标准油/吨	65	63	-2
乙烯综合能耗	千克标准煤/吨	816	790	-26
合成氨综合能耗	千克标准煤/吨	1331	1300	-31
纸及纸板综合能耗	千克标准煤/吨	530	480	-50
建筑：				
城镇既有居住建筑节能改造累计面积	亿平方米	12.5	17.5	+5
城镇公共建筑节能改造累计面积	亿平方米	1	2	+1
城镇新建绿色建筑标准执行率	%	20	50	+30
交通运输：				
铁路单位运输工作量综合能耗	吨标准煤/百万换算吨公里	4.71	4.47	[-5%]
营运车辆单位运输周转量能耗下降率				[-6.5%]
营运船舶单位运输周转量能耗下降率				[-6%]
民航业单位运输周转量能耗	千克标准煤/吨公里	0.433	＜0.415	＞[-4%]
新生产乘用车平均油耗	升/百公里	6.9	5	-1.9
公共机构：				
公共机构单位建筑面积能耗	千克标准煤/平方米	20.6	18.5	[-10%]
公共机构人均能耗	千克标准煤/人	370.7	330.0	[-11%]
终端用能设备：				
燃煤工业锅炉（运行）效率	%	70	75	+5
电动机系统效率	%	70	75	+5
一级能效容积式空气压缩机市场占有率 小于55kW	%	15	30	+15
一级能效容积式空气压缩机市场占有率 55kW至220kW	%	8	13	+5
一级能效容积式空气压缩机市场占有率 大于220kW	%	5	8	+3
一级能效电力变压器市场占有率	%	0.1	10	+9.9
二级以上能效房间空调器市场占有率	%	22.6	50	+27.4
二级以上能效电冰箱市场占有率	%	98.3	99	+0.7
二级以上能效家用燃气热水器市场占有率	%	93.7	98	+4.3

注：［］内为变化率。

附件3

“十三五”各地区化学需氧量排放总量控制计划

地区	2015年排放量 （万吨）	2020年减排比例 （%）	2020年重点工程减排量 （万吨）
北京	16.2	14.4	2.33
天津	20.9	14.4	2.47
河北	120.8	19.0	16.14
山西	40.5	17.6	4.75
内蒙古	83.6	7.1	5.19
辽宁	116.7	13.4	8.41
吉林	72.4	4.8	2.32
黑龙江	139.3	6.0	7.33
上海	19.9	14.5	2.72
江苏	105.5	13.5	10.39
浙江	68.3	19.2	7.64
安徽	87.1	9.9	7.70
福建	60.9	4.1	2.14
江西	71.6	4.3	2.73
山东	175.8	11.7	13.30
河南	128,7	18.4	16.98
湖北	98.6	9.9	8.25
湖南	120.8	10.1	10.49
广东	160.7	10.4	11.06
广西	71.1	1.0	0.35
海南	18.8	1.2	0.16
重庆	38.0	7.4	2.36
四川	118.6	12.8	14.09
贵州	31.8	8.5	2.77
云南	51.0	14.1	5.85
西藏	2.9	—	—
陕西	48.9	10.0	2.63
甘肃	36.6	8.2	2.40
青海	10.4	1.1	0.07
宁夏	21.1	1.2	0.10
新疆	56.0	1.6	0.71
新疆生产建设兵团	10.0	1.6	0.04

注：2020年减排比例根据各地区地表水质量改善任务确定，重点工程减排量根据“十三五”规划纲要、《水污染防治行动计划》及相关规划提出的环境治理保护重点工程确定。

附件4

"十三五"各地区氨氮排放总量控制计划

地区	2015年排放量（万吨）	2020年减排比例（%）	2020年重点工程减排量（万吨）
北京	1.6	16.1	0.24
天津	2.4	16.1	0.38
河北	9.7	20.0	1.59
山西	5.0	18.0	0.61
内蒙古	4.7	7.0	0.28
辽宁	9.6	8.8	0.85
吉林	5.1	6.4	0.20
黑龙江	8.1	7.0	0.48
上海	4.3	13.4	0.53
江苏	13.8	13.4	1.25
浙江	9.8	17.6	0.85
安徽	9.7	14.3	1.07
福建	8.5	3.5	0.30
江西	8.5	3.8	0.32
山东	15.3	13.4	1.49
河南	13.4	16.6	1.93
湖北	11.4	10.2	1.02
湖南	15.1	10.1	1.41
广东	20.0	11.3	1.54
广西	7.7	1.0	0.08
海南	2.1	1.9	0.04
重庆	5.0	6.3	0.32
四川	13.1	13.9	1.74
贵州	3.6	11.2	0.41
云南	5.5	12.9	0.67
西藏	0.3	—	—
陕西	5.6	10.0	0.38
甘肃	3.7	8.0	0.28
青海	1.0	1.4	0.01
宁夏	1.6	0.7	0.01
新疆	4.0	2.8	0.09
新疆生产建设兵团	0.5	2.8	—

注：2020年减排比例根据各地区地表水质量改善任务确定，重点工程减排量根据"十三五"规划纲要、《水污染防治行动计划》及相关规划提出的环境治理保护重点工程确定。

附件5

“十三五”各地区二氧化硫排放总量控制计划

地区	2015年排放量（万吨）	2020年减排比例（%）	2020年重点工程减排量（万吨）
北京	7.1	35	1.8
天津	18.6	25	2.8
河北	110.8	28	18.4
山西	112.1	20	22.4
内蒙古	123.1	11	13.5
辽宁	96.9	20	14.4
吉林	36.3	18	5.2
黑龙江	45.6	11	4.3
上海	17.1	20	3.4
江苏	83.5	20	13.3
浙江	53.8	17	9.1
安徽	48.0	16	5.2
福建	33.8	—	3.5
江西	52.8	12	6.3
山东	152.6	27	35.0
河南	114.4	28	20.5
湖北	55.1	20	10.9
湖南	59.6	21	8.5
广东	67.8	3	2.0
广西	42.1	13	4.5
海南	3.2	—	0.4
重庆	49.6	18	8.1
四川	71.8	16	11.2
贵州	85.3	7	6.0
云南	58.4	1	0.6
西藏	0.5	—	—
陕西	73.5	15	11.0
甘肃	57.1	8	4.6
青海	15.1	6	0.9
宁夏	35.8	12	4.3
新疆	66.8	3	2.0
新疆生产建设兵团	11.0	13	0.9

注：2020年减排比例根据各地区空气质量改善任务确定，重点工程减排量根据“十三五”规划纲要、《大气污染防治行动计划》及相关规划提出的环境治理保护重点工程确定。

附件6

“十三五”各地区氮氧化物排放总量控制计划

地区	2015年排放量（万吨）	2020年减排比例（%）	2020年重点工程减排量（万吨）
北京	13.8	25	0.7
天津	24.7	25	3.5
河北	135.1	28	19.9
山西	93.1	20	16.3
内蒙古	113.9	11	12.5
辽宁	82.8	20	14.9
吉林	50.2	18	9.0
黑龙江	64.5	11	7.1
上海	30.1	20	5.2
江苏	106.8	20	18.7
浙江	60.7	17	10.3
安徽	72.1	16	9.0
福建	37.9	—	4.6
江西	49.3	12	5.9
山东	142.4	27	31.0
河南	126.2	28	15.8
湖北	51.5	20	5.9
湖南	49.7	15	6.3
广东	99.7	3	3.0
广西	37.3	13	3.3
海南	9.0	—	1.2
重庆	32.1	18	2.8
四川	53.4	16	3.7
贵州	41.9	7	2.9
云南	44.9	1	0.4
西藏	5.3	—	—
陕西	62.7	15	9.4
甘肃	38.7	8	3.1
青海	11.8	6	0.7
宁夏	36.8	12	4.4
新疆	63.7	3	1.9
新疆生产建设兵团	9.9	13	1.3

注：2020年减排比例根据各地区空气质量改善任务确定，重点工程减排量根据“十三五”规划纲要、《大气污染防治行动计划》及相关规划提出的环境治理保护重点工程确定。

附件7

"十三五"重点地区挥发性有机物排放总量控制计划

地区	2015年排放量（万吨）	2020年减排比例（%）	2020年重点工程减排量（万吨）
北京	23.4	25	3.5
天津	33.9	20	4.6
河北	154.6	20	19.5
辽宁	105.4	10	10.5
上海	42.1	20	8.4
江苏	187.0	20	31.2
浙江	139.2	20	25.5
安徽	95.9	10	9.2
山东	192.1	20	38.4
河南	167.5	10	16.6
湖北	98.7	10	9.9
湖南	98.3	10	7.9
广东	137.8	18	20.7
重庆	40.2	10	4.0
四川	111.3	5	5.6
陕西	67.5	5	3.4

注："十三五"期间主要推进石化、化工、包装印刷和工业涂装等重点行业挥发性有机物减排，相关指标根据重点行业减排潜力、环境质量改善需求等因素分解落实到各有关省份。

湿地保护修复制度方案

（国办发〔2016〕89号国务院办公厅2016年11月30日印发）

湿地在涵养水源、净化水质、蓄洪抗旱、调节气候和维护生物多样性等方面发挥着重要功能，是重要的自然生态系统，也是自然生态空间的重要组成部分。湿地保护是生态文明建设的重要内容，事关国家生态安全，事关经济社会可持续发展，事关中华民族子孙后代的生存福祉。为加快建立系统完整的湿地保护修复制度，根据中共中央、国务院印发的《关于加快推进生态文明建设的意见》和《生态文明体制改革总体方案》要求，制定本方案。

一、总体要求

（一）指导思想。全面贯彻落实党的十八大和十八届三中、四中、五中、六中全会精神，深入学习贯彻习近平总书记系列重要讲话精神，紧紧围绕统筹推进"五位一体"总体布局和协调推进"四个全面"战略布局，牢固树立创新、协调、绿色、开放、共享的发展理念，认真落实党中央、国务院决策部署，深化生态文明体制改革，大力推进生态文明建设。建立湿地保护修复制度，全面保护湿地，强化湿地利用监管，推进退化湿地修复，提升全社会湿地保护意识，为建设生态文明和美丽中国提供重要保障。

（二）基本原则。坚持生态优先、保护优先的原则，维护湿地生态功能和作用的可持续性；坚持全面保护、分级管理的原则，将全国所有湿地纳入保护范围，重点加强自然湿地、国家和地方重要湿地的保护与修复；坚持政府主导、社会参与的原则，地方各级人民政府对本行政区域内湿地保护负总责，鼓励社会各界参与湿地保护与修复；坚持综合协调、分工负责的原则，充分发挥林业、国土资源、环境保护、水利、农业、海洋等湿地保护管理相关部门的职能作用，协同推进湿地保护与修复；坚持注重成效、严格考核的原则，将湿地保护修复成效纳入对地方各级人民政府领导干部的考评体系，严明奖惩制度。

（三）目标任务。实行湿地面积总量管控，到2020年，全国湿地面积不低于8亿亩，其中，自然湿地面积不低于7亿亩，新增湿地面积300万亩，湿地保护率提高到50%以上。严格湿地用途监管，确保湿地面积不减少，增强湿地生态功能，维护湿地生物多样性，全面提升湿地保护与修复水平。

二、完善湿地分级管理体系

（四）建立湿地分级体系。根据生态区位、生态系统功能和生物多样性，将全国湿地划分为国家重要湿地（含国际重要湿地）、地方重要湿地和一般湿地，列入不同级别湿地名录，定期更新。国务院林业主管部门会同有关部门制定国家重要湿地认定标准和管理办法，明确相关管理规则和程序，发布国家重要湿地名录。省级林业主管部门会同有关部门制定地方重要湿地和一般湿地认定标准和管理办法，发布地方重要湿地和一般湿地名录。（国家林业局牵头，国土资源部、环境保护部、水利部、农业部、国家海洋局等参与，地方各级人民政府负责落实。以下均需地方各级人民政府落实，不再列出）

（五）探索开展湿地管理事权划分改革。坚持权、责、利相统一的原则，探索开展湿地管理方面的中央与地方财政事权和支出责任划分改革，明晰国家重要湿地、地方重要湿地和一般湿地的事权划分。（财政部、国家林业局会同有关部门负责）

（六）完善保护管理体系。国务院湿地保护管理相关部门指导全国湿地保护修复工作。地方各级人民政府湿地保护管理相关部门指导本辖区湿地保护修复工作。对国家和地方重要湿地，要通过设立国家公园、湿地自然保护区、湿地公园、水产种质资源保护区、海洋特别保护区等方式加强保护，在生态敏感和脆弱地区加快保护管理体系建设。加强各级湿地保护管理机构的能力建设，夯实保护基础。在国家和地方重要湿地探索设立湿地管护公益岗位，建立完善县、乡、村三级管护联动网络，创新湿地保护管理形式。（国家林业局、财政部、国土资源部、环境保护部、水利部、农业部、国家海洋局等按职责分工负责）

三、实行湿地保护目标责任制

（七）落实湿地面积总量管控。确定全国和各省（区、市）湿地面积管控目标，逐级分解落实。合理划定纳入生态保护红线的湿地范围，明确湿地名录，并落实到具体湿地地块。经批准征收、占用湿地并转为其他用途的，用地单位要按照“先补后占、占补平衡”的原则，负责恢复或重建与所占湿地面积和质量相当的湿地，确保湿地面积不减少。（国家林业局、国土资源部、国家发展改革委、环境保护部、水利部、农业部、国家海洋局等按职责分工负责）

（八）提升湿地生态功能。制定湿地生态状况评定标准，从影响湿地生态系统健康的水量、水质、土壤、野生动植物等方面完善评价指标体系。到2020年，重要江河湖泊水功能区水质达标率提高到80%以上，自然岸线保有率不低于35%，水鸟种类不低于231种，全国湿地野生动植物种群数量不减少。（国家林业局、环境保护部、水利部、农业部、国土资源部、国家海洋局等按职责分工负责）

（九）建立湿地保护成效奖惩机制。地方各级人民政府对本行政区域内湿地保护负总责，政府主要领导成员承担主要责任，其他有关领导成员在职责范围内承担相应责任，要将湿地面积、湿地保护率、湿地生态状况等保护成效指标纳入本地区生态文明建设目标评价考核等制度体系，建立健全奖励机制和终身追责机制。（国家林业局牵头，国家发展改革委、国土资源部、环境保护部、水利部、农业部、国家海洋局等参与）

四、健全湿地用途监管机制

（十）建立湿地用途管控机制。按照主体功能定位确定各类湿地功能，实施负面清单管理。禁止擅自征收、占用国家和地方重要湿地，在保护的前提下合理利用一般湿地，禁止侵占自然湿地等水源涵养空间，已侵占的要限期予以恢复，禁止开（围）垦、填埋、排干湿地，禁止永久性截断湿地水源，禁止向湿地超标排放污染物，禁止对湿地野生动物栖息地和鱼类洄游通道造成破坏，禁止破坏湿地及其生态功能的其他活动。（国家林业局、国土资源部、环境保护部、水利部、农业部、国家海洋局等按职责分工负责）

（十一）规范湿地用途管理。完善涉及湿地相关资源的用途管理制度，合理设立湿地相关资源利用的强度和时限，避免对湿地生态要素、生态过程、生态服务功能等方面造成破坏。进一步加强对取水、污染物排放、野生动植物资源利用、挖砂、取土、开矿、引进外来物种和涉外科学考察等活动的管理。（国土资源部、环境保护部、水利部、农业部、国家林业局、国家海洋局等按职责分工负责）

（十二）严肃惩处破坏湿地行为。湿地保护管理相关部门根据职责分工依法对湿地利用进行监督，对湿地破坏严重的地区或有关部门进行约谈，探索建立湿地利用预警机制，遏制各种破坏湿地生态的行为。严厉查处违法利用湿地的行为，造成湿地生态系统破坏的，由湿地保护管理相关部门责令限期恢复原状，情节严重或逾期未恢复原状的，依法给予相应处罚，涉嫌犯罪的，移送司法机关严肃处理。探索建立相对集中行政处罚权的执法机制。地方各级人民政府湿地保护管理相关部门或湿地保护管理机构要加强对湿地资源利用者的监督。（国家林业局、国土资源部、环境保护部、水利部、农业部、国家海洋局等按职责分工负责）

五、建立退化湿地修复制度

（十三）明确湿地修复责任主体。对未经批准将湿地转为其他用途的，按照“谁破坏、谁修复”的原则实施恢复和重建。能够确认责任主体的，由其自行开展湿地修复或委托具备修复能力的第三方机构进行修复。对因历史原因或公共利益造成生态破坏的、因重大自然灾害受损的湿地，经科学论证确需恢复的，由地方各级人民政府承担修复责任，所需资金列入财政预算。（国家林业局、国土资源部、环境保护部、水利部、农业部、国家海洋局等按职责分工负责）

（十四）多措并举增加湿地面积。地方各级人民政府要对近年来湿地被侵占情况进行认真排查，并通过退耕还湿、退养还滩、排水退化湿地恢复和盐碱化土地复湿等措施，恢复原有湿地。各地要在水源、用地、管护、移民安置等方面，为增加湿地面积提供条件。（国家林业局、国土资源部、环境保护部、水利部、农业部、国家海洋局等按职责分工负责）

（十五）实施湿地保护修复工程。国务院林业主管部门和省级林业主管部门分别会同同级相关部门编制湿地保护修复工程规划。坚持自然恢复为主、与人工修复相结合的方式，对集中连片、破碎化严重、功能退化的自然湿地进行修复和综合整治，优先修复生态功能严重退化的国家和地方重要湿地。通过污染清理、土地整治、地形地貌修复、自然湿地岸线维护、河湖水系连通、植被恢复、野生动物栖息地恢复、拆除围网、生态移民和湿地有害生物防治等手段，逐步恢复湿地生态功能，增强湿地碳汇功能，维持湿地生态系统健康。（国家林业局牵头，国家发展改革委、财政部、国土资源部、环境保护部、水利部、农业部、国家海洋局等参与）

（十六）完善生态用水机制。水资源利用要与湿地保护紧密结合，统筹协调区域或流域内的水资源平衡，维护湿地的生态用水需求。从生态安全、水文联系的角度，利用流域综合治理方法，建立湿地生态补水机制，明确技术路线、资金投入以及相关部门的责任和义务。水库蓄水和泄洪要充分考虑相关野生动植物保护需求。（水利部牵头，国家发展改革委、财政部、国家林业局、环境保护部、农业部、国家海洋局等参与）

（十七）强化湿地修复成效监督。国务院湿地保护管理相关部门制定湿地修复绩效评价标准，组织开展湿地修复工程的绩效评价。由第三方机构开展湿地修复工程竣工评估和后评估。建立湿地修复公示制度，依法公开湿地修复方案、修复成效，接受公众监督。（国家林业局、国土资源部、环境保护部、水利部、农业部、国家海洋局等按职责分工负责）

六、健全湿地监测评价体系

（十八）明确湿地监测评价主体。国务院林业主管部门会同有关部门组织实施国家重要湿地的监测评价，制定全国湿地资源调查和监测、重要湿地评价、退化湿地评估等规程或标准，组织实施全国湿地资源调查，调查周期为10年。省级及以下林业主管部门会同有关部门组织实施地方重要湿地和一般湿地的监测评价。加强部门间湿地监测评价协调工作，统筹解决重大问题。（国家林业局牵头，国土资源部、环境保护部、水利部、农业部、国家海洋局等参与）

（十九）完善湿地监测网络。统筹规划国家重要湿地监测站点设置，建立国家重要湿地监测评价网络，提高监测数据质量和信息化水平。健全湿地监测数据共享制度，林业、国土资源、环境保护、水利、农业、海洋等部门获取的湿地资源相关数据要实现有效集成、互联共享。加强生态风险预警，防止湿地生态系统特征发生不良变化。（国家林业局牵头，国土资源部、环境保护部、水利部、农业部、国家海洋局等参与）

（二十）监测信息发布和应用。建立统一的湿地监测评价信息发布制度，规范发布内容、流程、权限和渠道等。国务院林业主管部门会同有关部门发布全国范围、跨区域、跨流域以及国家重要湿地监测评价信息。运用监测评价信息，为考核地方各级人民政府落实湿地保护责任情况提供科学依据和数据支撑。建立监测评价与监管执法联动机制。（国家林业局牵头，国土资源部、环境保护部、水利部、农业部、国家海洋局等参与）

七、完善湿地保护修复保障机制

（二十一）加强组织领导。地方各级人民政府要把湿地保护纳入重要议事日程，实施湿地保护科学决策，及时解决重大问题。各地区各有关部门要认真履行各自职责，进一步完善综合协调、分部门实施的湿地保护管理体制，形成湿地保护合力，确保实现湿地保护修复的目标任务。强化军地协调配合，共同加强湿地保护管理。（国家林业局牵头，国土资源部、环境保护部、水利部、农业部、国家海洋局等参与）

（二十二）加快法制建设。抓紧研究制订系统的湿地保护管理法律法规，切实保护好水、土地、野生动植物等资源，督促指导有关省份结合实际制定完善湿地保护与修复的地方法规。（国家林业局、国土资源部、环境保护部、水利部、农业部、国务院法制办、国家海洋局等按职责分工负责）

（二十三）加大资金投入力度。发挥政府投资的主导作用，形成政府投资、社会融资、个人投入等多渠道投入机制。通过财政贴息等方式引导金融资本加大支持力度，有条件的地方可研究给予风险补偿。探索建立湿地生态效益补偿制度，率先在国家级湿地自然保护区和国家重要湿地开展补偿试点。（国家林业局、国家发展改革委、财政部牵头，国土资源部、环境保护部、水利部、农业部、人民银行、银监会、国家海洋局等参与）

（二十四）完善科技支撑体系。加强湿地基础和应用科学研究，突出湿地与气候变化、生物多样性、水资源安全等关系研究。开展湿地保护与修复技术示范，在湿地修复关键技术上取得突破。建立湿地保护管理决策的科技支撑机制，提高科学决策水平。（国家林业局、环境保护部、水利部、农业部、国家海洋局等按职责分工负责）

（二十五）加强宣传教育。面向公众开展湿地科普宣传教育，利用互联网、移动媒体等手段，普及湿地科学知识，努力形成全社会保护湿地的良好氛围。抓好广大中小学生湿地保护知识教育，树立湿地保护意识。研究建立湿地保护志愿者制度，动员公众参与湿地保护和相关知识传播。（国家林业局、教育部、国土资源部、环境保护部、水利部、农业部、国家海洋局等按职责分工负责）

关于全面推行河长制的意见

（中共中央办公厅、国务院办公厅12月印发）

河湖管理保护是一项复杂的系统工程，涉及上下游、左右岸、不同行政区域和行业。近年来，一些地区积极探索河长制，由党政领导担任河长，依法依规落实地方主体责任，协调整合各方力量，有力促进了水资源保护、水域岸线管理、水污染防治、水环境治理等工作。全面推行河长制是落实绿色发展理念、推进生态文明建设的内在要求，是解决我国复杂水问题、维护河湖健康生命的有效举措，是完善水治理体系、保障国家水安全的制度创新。为进一步加强河湖管理保护工作，落实属地责任，健全长效机制，现就全面推行河长制提出以下意见。

一、总体要求

（一）指导思想。全面贯彻党的十八大和十八届三中、四中、五中、六中全会精神，深入学习贯彻习近平总书记系列重要讲话精神，紧紧围绕统筹推进“五位一体”总体布局和协调推进“四个全面”战略布局，牢固树立新发展理念，认真落实党中央、国务院决策部署，坚持节水优先、空间均衡、系统治理、两手发力，以保护水资源、防治水污染、改善水环境、修复水生态为主要任务，在全国江河湖泊全面推行河长制，构建责任明确、协调有序、监管严格、保护有力的河湖管理保护机制，为维护河湖健康生命、实现河湖功能永续利用提供制度保障。

（二）基本原则

——坚持生态优先、绿色发展。牢固树立尊重自然、顺应自然、保护自然的理念，处理好河湖管理保护与开发利用的关系，强化规划约束，促进河湖休养生息、维护河湖生态功能。

——坚持党政领导、部门联动。建立健全以党政领导负责制为核心的责任体系，明确各级河长职责，强化工作措施，协调各方力量，形成一级抓一级、层层抓落实的工作格局。

——坚持问题导向、因地制宜。立足不同地区不同河湖实际，统筹上下游、左右岸，实行一河一策、一湖一策，解决好河湖管理保护的突出问题。

——坚持强化监督、严格考核。依法治水管水，建立健全河湖管理保护监督考核和责任追究制度，拓展公众参与渠道，营造全社会共同关心和保护河湖的良好氛围。

（三）组织形式。全面建立省、市、县、乡四级河长体系。各省（自治区、直辖市）设立总河长，由党委或政府主要负责同志担任；各省（自治区、直辖市）行政区域内主要河湖设立河长，由省级负责同志担任；各河湖所在市、县、乡均分级分段设立河长，由同级负责同志担任。县级及以上河长设置相应的河长制办公室，具体组成由各地根据实际确定。

（四）工作职责。各级河长负责组织领导相应河湖的管理和保护工作，包括水资源保护、水域岸线管理、水污染防治、水环境治理等，牵头组织对侵占河道、围垦湖泊、超标排污、非法采砂、破坏航道、电毒炸鱼等突出问题依法进行清理整治，协调解决重大问题；对跨行政区域的河湖明晰管理责任，协调上下游、左右岸实行联防联控；对相关部门和下一级河长履职情况进行督导，对目标任务完成情况进行考核，强化激励问责。河长制办公室承担河长制组织实施具体工作，落实河长确定的事项。各有关部门和单位按照职责分工，协同推进各项工作。

二、主要任务

（五）加强水资源保护。落实最严格水资源管理制度，严守水资源开发利用控制、用水效率控制、水功能区限制纳污三条红线，强化地方各级政府责任，严格考核评估和监督。实行水资源消耗总量和强度双控行动，防止不合理新增取水，切实做到以水定需、量水而行、因水制宜。坚持节水优先，全面提高用水效率，水资源短缺地区、生态脆弱地区要严格限制发展高耗水项目，加快实施农业、工业和城乡节水技术改造，坚决遏制用水浪费。严格水功能区管理监督，根据水功能区划确定的河流水域纳污容量和限制排污总量，落实污染物达标排放要求，切实监管入河湖排污口，严格控制入河湖排污总量。

（六）加强河湖水域岸线管理保护。严格水域岸线等水生态空间管控，依法划定河湖管理范围。落实规划岸线分区管理要求，强化岸线保护和节约集约利用。严禁以各种名义侵占河道、围垦湖泊、非法采砂，对岸线乱占滥用、多占少用、占而不用等突出问题开展清理整治，恢复河湖水域岸线生态功能。

（七）加强水污染防治。落实《水污染防治行动计划》，明确河湖水污染防治目标和任务，统筹水上、岸上污染治理，完善入河湖排污管控机制和考核体系。排查入河湖污染源，加强综合防治，严格治理工矿企业污染、城镇生活污染、畜禽养殖污染、水产养殖污染、农业面源污染、船舶港口污染，改善水环境质量。优化入河湖排污口布局，实施入河湖排污口整治。

（八）加强水环境治理。强化水环境质量目标管理，按照水功能区确定各类水体的水质保护目标。切实保障饮用水水源安全，开展饮用水水源规范化建设，依法清理饮用水水源保护区内违法建筑和排污口。加强河湖水环境综合整治，推进水环境治理网格化和信息化建设，建立健全水环境风险评估排查、预警预报与响应机制。结合城市总体规划，因地制宜建设亲水生态岸线，加大黑臭水体治理力度，实现河湖环境整洁优美、水清岸绿。以生活污水处理、生活垃圾处理为重点，综合整治农村水环境，推进美丽乡村建设。

（九）加强水生态修复。推进河湖生态修复和保护，禁止侵占自然河湖、湿地等水源涵养空间。在规划的基础上稳步实施退田还湖还湿、退渔还湖，恢复河湖水系的自然连通，加强水生生物资源养护，提高水生生物多样性。开展河湖健康评估。强化山水林田湖系统治理，加大江河源头区、水源涵养区、生态敏感区保护力度，对三江源区、南水北调水源区等重要生态保护区实行更严格的保护。积极推进建立生态保护补偿机制，加强水土流失预防监督和综合整治，建设生态清洁型小流域，维护河湖生态环境。

（十）加强执法监管。建立健全法规制度，加大河湖管理保护监管力度，建立健全部门联合执法机制，完善行政执法与刑事司法衔接机制。建立河湖日常监管巡查制度，实行河湖动态监管。落实河湖管理保护执法监管责任主体、人员、设备和经费。严厉打击涉河湖违法行为，坚决清理整治非法排污、设障、捕捞、养殖、采砂、采矿、围垦、侵占水域岸线等活动。

三、保障措施

（十一）加强组织领导。地方各级党委和政府要把推行河长制作为推进生态文明建设的重要举措，切实加强组织领导，狠抓责任落实，抓紧制定出台工作方案，明确工作进度安排，到2018年年底前全面建立河长制。

（十二）健全工作机制。建立河长会议制度、信息共享制度、工作督察制度，协调解决河湖管理保护的重点难点问题，定期通报河湖管理保护情况，对河长制实施情况和河长履职情况进行督察。各级河长制办公室要加强组织协调，督促相关部门单位按照职责分工，落实责任，密切配合，协调联动，共同推进河湖管理保护工作。

（十三）强化考核问责。根据不同河湖存在的主要问题，实行差异化绩效评价考核，将领导干部自然资源资产离任审计结果及整改情况作为考核的重要参考。县级及以上河长负责组织对相应河湖下一级河长进行考核，考核结果作为地方党政领导干部综合考核评价的重要依据。实行生态环境损害责任终身追究制，对造成生态环境损害的，严格按照有关规定追究责任。

（十四）加强社会监督。建立河湖管理保护信息发布平台，通过主要媒体向社会公告河长名单，在河湖岸边显著位置竖立河长公示牌，标明河长职责、河湖概况、管护目标、监督电话等内容，接受社会监督。聘请社会监督员对河湖管理保护效果进行监督和评价。进一步做好宣传舆论引导，提高全社会对河湖保护工作的责任意识和参与意识。

各省（自治区、直辖市）党委和政府要在每年1月底前将上年度贯彻落实情况报党中央、国务院。

中共中央国务院关于推进防灾减灾救灾体制机制改革的意见

（2016年12月19日）

防灾减灾救灾工作事关人民群众生命财产安全，事关社会和谐稳定，是衡量执政党领导力、检验政府执行力、评判国家动员力、彰显民族凝聚力的一个重要方面。近年来，在党中央、国务院坚强领导下，我国防灾减灾救灾工作取得重大成就，积累了应对重特大自然灾害的宝贵经验，国家综合减灾能力明显提升。但也应看到，我国面临的自然灾害形势仍然复杂严峻，当前防灾减灾救灾体制机制有待完善，灾害信息共享和防灾减灾救灾资源统筹不足，重救灾轻减灾思想还比较普遍，一些地方城市高风险、农村不设防的状况尚未根本改变，社会力量和市场机制作用尚未得到充分发挥，防灾减灾宣传教育不够普及。为进一步做好防灾减灾救灾工作，现就推进防灾减灾救灾体制机制改革提出如下意见。

一、总体要求

（一）指导思想。全面贯彻党的十八大和十八届三中、四中、五中、六中全会精神，以邓小平理论、“三个代表”重要思想、科学发展观为指导，深入学习贯彻习近平总书记系列重要讲话精神和治国理政新理念新思想新战略，切实增强政治意识、大局意识、核心意识、看齐意识，紧紧围绕统筹推进“五位一体”总体布局和协调推进“四个全面”战略布局，牢固树立和落实新发展理念，坚持以人民为中心的发展思想，正确处理人和自然的关系，正确处理防灾减灾救灾和经济社会发展的关系，坚持以防为主、防抗救相结合，坚持常态减灾和非常态救灾相统一，努力实现从注重灾后救助向注重灾前预防转变，从应对单一灾种向综合减灾转变，从减少灾害损失向减轻灾害风险转变，落实责任、完善体系、整合资源、统筹力量，切实提高防灾减灾救灾工作法治化、规范化、现代化水平，全面提升全社会抵御自然灾害的综合防范能力。

（二）基本原则

——坚持以人为本，切实保障人民群众生命财产安全。牢固树立以人为本理念，把确保人民群众生命安全放在首位，保障受灾群众基本生活，增强全民防灾减灾意识，提升公众知识普及和自救互救技能，切实减少人员伤亡和财产损失。

——坚持以防为主、防抗救相结合。高度重视减轻灾害风险，切实采取综合防范措施，将常态减灾作为基础性工作，坚持防灾抗灾救灾过程有机统一，前后衔接，未雨绸缪，常抓不懈，增强全社会抵御和应对灾害能力。

——坚持综合减灾，统筹抵御各种自然灾害。认真研究全球气候变化背景下灾害孕育、发生和演变特点，充分认识新时期灾害的突发性、异常性和复杂性，准确把握灾害衍生次生规律，综合运用各类资源和多种手段，强化统筹协调，科学应对各种自然灾害。

——坚持分级负责、属地管理为主。根据灾害造成的人员伤亡、财产损失和社会影响等因素，及时启动相应应急预案，中央发挥统筹指导和支持作用，各级党委和政府分级负责，地方就近指挥、强化协调并在救灾中发挥主体作用、承担主体责任。

——坚持党委领导、政府主导、社会力量和市场机制广泛参与。充分发挥我国的政治优势和社会主义制度优势，坚持各级党委和政府在防灾减灾救灾工作中的领导和主导地位，发挥组织领导、统筹协调、提供保障等重要作用。更加注重组织动员社会力量广泛参与，建立完善灾害保险制度，加强政府与社会力量、市场机制的协同配合，形成工作合力。

二、健全统筹协调体制

（三）统筹灾害管理。加强各种自然灾害管理全过程的综合协调，强化资源统筹和工作协调。完善统筹协调、分工负责的自然灾害管理体制，充分发挥国家减灾委员会对防灾减灾救灾工作的统筹指导和综合协调作用，强化国家减灾委员会办公室在灾情信息管理、综合风险防范、群众生活救助、科普宣传教育、国际交流合作等方面的工作职能和能力建设。充分发挥主要灾种防灾减灾救灾指挥机构的防范部署和应急指挥作用，充分发挥中央有关部门和军队、武警部队在监测预警、能力建设、应急保障、抢险救援、医疗防疫、恢复重建、社会动员等方面的职能作用。建立各级减灾委员会与防汛抗旱指挥部、抗震救灾指挥部、森林防火指挥部等机构之间，以及与军队、武警部队之间的工作协同制度，健全工作规程。探索建立京津冀、长江经济带、珠江三角洲等区域和自然灾害高风险地区在灾情信息、救灾物资、救援力量等方面的区域协同联动制度。统筹谋划城市和农村防灾减灾救灾工作。

（四）统筹综合减灾。牢固树立灾害风险管理理念，转变重救灾轻减灾思想，将防灾减灾救灾纳入各级国民经济和社会发展总体规划，作为国家公共安全体系建设的重要内容。完善防灾减灾救灾工程建设标准体系，提升灾害高风险区域内学校、医院、居民住房、基础设施及文物保护单位的设防水平和承灾能力。加强部门协调，制定应急避难场所建设、管理、维护相关技术标准和规范。充分利用公园、广场、学校等公共服务设施，因地制宜建设、改造和提升成应急避难场所，增加避难场所数量，为受灾群众提供就近就便的安置服务。加快推进海绵城市建设，修复城市水生态，涵养水资源。加快补齐城市排水防涝设施建设的短板，增强城市防涝能力。加强农业防灾减灾基础设施建设，提升农业抗灾能力。将防灾减灾纳入国民教育计划，加强科普宣传教育基地建设，推进防灾减灾知识和技能进学校、进机关、进企事业单位、进社区、进农村、进家庭。加强社区层面减灾资源和力量统筹，深入创建综合减灾示范社区，开展全国综合减灾示范县（市、区、旗）创建试点。定期开展社区防灾减灾宣传教育活动，组织居民开展应急救护技能培训和逃生避险演练，增强风险防范意识，提升公众应急避险和自救互救技能。

三、健全属地管理体制

（五）强化地方应急救灾主体责任。坚持分级负责、属地管理为主的原则，进一步明确中央和地方应对自然灾害的事权划分。对达到国家启动响应等级的自然灾害，中央发挥统筹指导和支持作用，地方党委和政府在灾害应对中发挥主体作用，承担主体责任。省、市、县级政府要建立健全统一的防灾减灾救灾领导机构，统筹防灾减灾救灾各项工作。地方党委和政府根据自然灾害应急预案，统一指挥人员搜救、伤员救治、卫生防疫、基础设施抢修、房屋安全应急评估、群众转移安置等应急处置工作。规范灾害现场各类应急救援力量的组织领导指挥体系，强化各类应急救援力量的统筹使用和调配，发挥公安消防以及各类专业应急救援队伍在抢险救援中的骨干作用。统一做好应急处置的信息发布工作。

（六）健全灾后恢复重建工作制度。特别重大自然灾害灾后恢复重建坚持中央统筹指导、地方作为主体、灾区群众广泛参与的新机制，中央与地方各负其责，协同推进灾后恢复重建。特别重大自然灾害发生后，国务院有关部门和受灾省份按照工作流程共同开展灾害损失评估、次生衍生灾害隐患排查及危险性评估、住房及建筑物受损鉴定和资源环境承载能力评价。中央根据灾害损失情况，结合地方经济和社会发展总体规划，制定相关的支持政策措施，确定灾后恢复重建中央补助资金规模；在此基础上，结合地方实际组织编制或指导地方编制灾后恢复重建总体规划。地方政府作为灾后恢复重建的责任主体和实施主体，应加强对重建工作的组织领导，形成统一协调的组织体系、科学系统的规划体系、全面细致的政策体系、务实高效的实施体系、完备严密的监管体系。充分调动受灾群众积极性，发扬自力更生、艰苦奋斗的优良传统，自己动手重建家园。有效对接社会资源，引导志愿者、社会组织等社会力量依法有序参与灾后恢复重建。特别重大以外的自然灾害恢复重建工作，由地方根据实际组织开展。

（七）完善军地协调联动制度。完善军队和武警部队参与抢险救灾的应急协调机制，明确需求对接、兵力使用的程序方法。建立地方党委和政府请求军队和武警部队参与抢险救灾的工作制度，明确工作程序，细化军队和武警部队参与抢险救灾的工作任务。完善军地间灾害预报预警、灾情动态、救灾需求、救援进展等信息通报制度。加强救灾应急专业力量建设，充实队伍，配置装备，强化培训，组织军地联合演练，完善以军队、武警部队为突击力量，以公安消防等专业队伍为骨干力量，以地方和基层应急救援队伍、社会应急救援队伍为辅助力量的灾害应急救援力量体系。将武警部队有关抢险救援应急力量纳入驻在地应急救援力量和组织指挥体系。完善军地联合保障机制，提升军地应急救援协助水平。

四、完善社会力量和市场参与机制

（八）健全社会力量参与机制。坚持鼓励支持、引导规范、效率优先、自愿自助原则，研究制定和完善社会力量参与防灾减灾救灾的相关政策法规、行业标准、行为准则，搭建社会组织、志愿者等社会力量参与的协调服务平台和信息导向平台。完善政府与社会力量协同救灾联动机制，落实税收优惠、人身保险、装备提供、业务培训、政府购买服务等支持措施。建立社会力量参与救灾行动评估和监管体系，完善救灾捐赠组织协调、信息公开和需求导向等工作机制。鼓励支持社会力量全方位参与常态减灾、应急救援、过渡安置、恢复重建等工作，构建多方参与的社会化防灾减灾救灾格局。

（九）充分发挥市场机制作用。坚持政府推动、市场运作原则，强化保险等市场机制在风险防范、损失补偿、恢复重建等方面的积极作用，不断扩大保险覆盖面，完善应对灾害的金融支持体系。加快巨灾保险制度建设，逐步形成财政支持下的多层次巨灾风险分散机制。统筹考虑现实需要和长远规划，建立健全城乡居民住宅地震巨灾保险制度。鼓励各地结合灾害风险特点，探索巨灾风险有效保障模式。积极推进农业保险和农村住房保险工作，健全各级财政补贴、农户自愿参加、保费合理分担的机制。

五、全面提升综合减灾能力

（十）强化灾害风险防范。加快各种灾害地面监测站网和国家民用空间基础设施建设，完善分工合理、职责清晰的自然灾害监测预报预警体系。开展以县为单位的全国自然灾害综合风险与减灾能力调查，发挥气象、水文、地震、地质、林业、海洋等防灾减灾部门作用，提升灾害风险预警能力，加强灾害风险评估、隐患排查治理。建立健全与灾害特征相适应的预警信息发布制度，明确发布流程和责任权限。加强国家突发事件预警信息发布系统能力建设，发挥国家突发事件预警信息发布系统作用，完善运行管理办法。充分利用各类传播渠道，通过多种途径将灾害预警信息发送到户到人，显著提高灾害预警信息发布的准确性和时效性，扩大社会公众覆盖面，有效解决信息发布“最后一公里”问题。

（十一）完善信息共享机制。研究制定防灾减灾救灾信息传递与共享技术标准体系，加强跨部门业务协同和互联互通，建设涵盖主要涉灾部门和军队、武警部队的自然灾害大数据和灾害管理综合信息平台，实现各种灾害风险隐患、预警、灾情以及救灾工作动态等信息共享。推进基层灾害信息员队伍建设，健全自然灾害情况统计制度，制定灾后损失评估有关技术标准，规范自然灾害损失综合评估工作流程，建立完善灾害损失评估的联动和共享机制。健全重特大自然灾害信息发布和舆情应对机制，完善信息发布制度，拓宽信息发布渠道，确保公众知情权。规范灾害现场应急处置、新闻发布、网络及社会舆情应对等工作流程，完善协同联动机制，加强新闻发言人队伍和常备专家库建设，提高防灾减灾救灾舆情引导能力。

（十二）提升救灾物资和装备统筹保障能力。健全救灾物资储备体系，扩大储备库覆盖范围，优化储备布局，完善储备类型，丰富物资储备种类，提高物资调配效率和资源统筹利用水平。加强应急物流体系建设，完善铁路、公路、水运、航空应急运力储备与调运机制。推进应急物资综合信息平台建设，提升协同保障能力。完善通信、能源等方面的应急保障预案。建立“天一空一地”一体应急通信网络。积极研发重大自然灾害监测预警产品，加快研制先进的受灾群众安置、防汛抗旱、人员搜救、森林灭火等装备和产品，提高基层减灾和应急救灾装备保障水平。建立健全应急救援期社会物资、运输工具、设施装备等的征用和补偿机制。探索建立重大救灾装备租赁保障机制。

（十三）提高科技支撑水平。统筹协调防灾减灾救灾科技资源和力量，充分发挥专家学者的决策支撑作用，加强防灾减灾救灾人才培养，建立防灾减灾救灾高端智库，完善专家咨询制度。明确常态减灾和非常态救灾科技支撑工作模式，建立科技支撑防灾减灾救灾工作的政策措施和长效机制。加强基础理论研究和关键技术研发，着力揭示重大自然灾害及灾害链的孕育、发生、发展、演变规律，分析致灾成因机理。推进大数据、云计算、地理信息等新技术新方法运用，提高灾害信息获取、模拟仿真、预报预测、风险评估、应急通信与保障能力。通过国家科技计划（专项、基金等）对符合条件的防灾减灾救灾领域科研活动进行支持，加强科技条件平台建设，发挥现代科技作用，提高重大自然灾害防范的科学决策水平和应急能力。完善产学研协同创新机制和技术标准体系，推动科研成果的集成转化、示范和推广应用，开展防灾减灾救灾新材料新产品研发，加快推进防灾减灾救灾产业发展。

（十四）深化国际交流合作。服务国家外交工作大局，积极宣传我国在防灾减灾救灾领域的宝贵经验和先进做法，学习借鉴国际先进的减灾理念和关键科技成果，创新深化国际交流合作的工作思路和模式。完善国际多双边合作机制，加强人员和技术交流培训工作，提升重特大自然灾害协同应对能力。完善参与联合国框架下的减灾合作机制，推动深入参与亚洲国家间的减灾对话与交流平台，积极拓展东盟地区论坛、东亚峰会、金砖国家、上海合作组织等框架下的合作机制和内容。通过对外人道主义紧急援助部际工作机制，统筹资源，加强协调，提升我国政府应对严重人道主义灾难的能力和作用。注重对我国周边国家、毗邻地区、“一带一路”沿线国家和地区等发生重特大自然灾害时提供必要支持和帮助。推动我国高端防灾减灾救灾装备和产品走出去。

六、切实加强组织领导

（十五）强化法治保障。根据形势发展，加强综合立法研究，及时修订有关法律法规和预案，科学合理调整应急响应启动标准。加快形成以专项防灾减灾法律法规为骨干、相关应急预案和技术标准配套的防灾减灾法规体系。要明确责任，对防灾减灾救灾工作中玩忽职守造成损失或重大社会影响的，依纪依法追究当事方的责任。

（十六）加大防灾减灾救灾投入。健全防灾减灾救灾资金多元投入机制，完善各级救灾补助政策，拓宽资金投入渠道，加大防灾减灾基础设施建设、重大工程建设、科学研究、人才培养、技术研发、科普宣传、教育培训等方面的经费投入。各级财政要继续支持开展灾害风险防范、风险调查与评估、基层减灾能力建设、科普宣传教育等防灾减灾相关工作。鼓励社会力量和家庭、个人对防灾减灾救灾工作的投入，提高社区和家庭自救互救能力。各级政府要加强对防灾减灾救灾资金的统筹，提高资金使用效益。

（十七）强化组织实施。各地区各部门要以高度的政治责任感和历史使命感，加大工作力度，确保本意见确定的各项改革举措落到实处。要加强协调，统筹推进，对实施进度进行跟踪分析和督促检查，对实施过程中遇到的问题，及时沟通、科学应对、妥善解决。各地区要发挥主动性和创造性，因地制宜，积极探索，开展试点示范，破解改革难题，积累改革经验，推动防灾减灾救灾体制机制改革逐步有序深入。

关于划定并严守生态保护红线的若干意见

（中共中央办公厅国务院办公厅2017月2日7印发）

生态空间是指具有自然属性、以提供生态服务或生态产品为主体功能的国土空间，包括森林、草原、湿地、河流、湖泊、滩涂、岸线、海洋、荒地、荒漠、戈壁、冰川、高山冻原、无居民海岛等。生态保护红线是指在生态空间范围内具有特殊重要生态功能、必须强制性严格保护的区域，是保障和维护国家生态安全的底线和生命线，通常包括具有重要水源涵养、生物多样性维护、水土保持、防风固沙、海岸生态稳定等功能的生态功能重要区域，以及水土流失、土地沙化、石漠化、盐渍化等生态环境敏感脆弱区域。党中央、国务院高度重视生态环境保护，作出一系列重大决策部署，推动生态环境保护工作取得明显进展。但是，我国生态环境总体仍比较脆弱，生态安全形势十分严峻。划定并严守生态保护红线，是贯彻落实主体功能区制度、实施生态空间用途管制的重要举措，是提高生态产品供给能力和生态系统服务功能、构建国家生态安全格局的有效手段，是健全生态文明制度体系、推动绿色发展的有力保障。现就划定并严守生态保护红线提出以下意见。

一、总体要求

（一）指导思想。全面贯彻党的十八大和十八届三中、四中、五中、六中全会精神，深入贯彻习近平总书记系列重要讲话精神和治国理政新理念新思想新战略，紧紧围绕统筹推进“五位一体”总体布局和协调推进“四个全面”战略布局，牢固树立新发展理念，认真落实党中央、国务院决策部署，以改善生态环境质量为核心，以保障和维护生态功能为主线，按照山水林田湖系统保护的要求，划定并严守生态保护红线，实现一条红线管控重要生态空间，确保生态功能不降低、面积不减少、性质不改变，维护国家生态安全，促进经济社会可持续发展。

（二）基本原则

——科学划定，切实落地。落实环境保护法等相关法律法规，统筹考虑自然生态整体性和系统性，开展科学评估，按生态功能重要性、生态环境敏感性与脆弱性划定生态保护红线，并落实到国土空间，系统构建国家生态安全格局。

——坚守底线，严格保护。牢固树立底线意识，将生态保护红线作为编制空间规划的基础。强化用途管制，严禁任意改变用途，杜绝不合理开发建设活动对生态保护红线的破坏。

——部门协调，上下联动。加强部门间沟通协调，国家层面做好顶层设计，出台技术规范和政策措施，地方党委和政府落实划定并严守生态保护红线的主体责任，上下联动、形成合力，确保划得实、守得住。

（三）总体目标。2017年年底前，京津冀区域、长江经济带沿线各省（直辖市）划定生态保护红线；2018年年底前，其他省（自治区、直辖市）划定生态保护红线；2020年年底前，全面完成全国生态保护红线划定，勘界定标，基本建立生态保护红线制度，国土生态空间得到优化和有效保护，生态功能保持稳定，国家生态安全格局更加完善。到2030年，生态保护红线布局进一步优化，生态保护红线制度有效实施，生态功能显著提升，国家生态安全得到全面保障。

二、划定生态保护红线

依托“两屏三带”为主体的陆地生态安全格局和“一带一链多点”的海洋生态安全格局，采取国家指导、地方组织，自上而下和自下而上相结合，科学划定生态保护红线。

（四）明确划定范围。环境保护部、国家发展改革委会同有关部门，于2017年6月底前制定并发布生态保护红线划定技术规范，明确水源涵养、生物多样性维护、水土保持、防风固沙等生态功能重要区域，以及水土流失、土地沙化、石漠化、盐渍化等生态环境敏感脆弱区域的评价方法，识别生态功能重要区域和生态环境敏感脆弱区域的空间分布。将上述两类区域进行空间叠加，划入生态保护红线，涵盖所有国家级、省级禁止开发区域，以及有必要严格保护的其他各类保护地等。

（五）落实生态保护红线边界。按照保护需要和开发利用现状，主要结合以下几类界线将生态保护红线边界落地：自然边界，主要是依据地形地貌或生态系统完整性确定的边界，如林线、雪线、流域分界线，以及生态系统分布界线等；自然保护区、风景名胜区等各类保护地边界；江河、湖库，以及海岸等向陆域（或向海）延伸一定距离的边界；全国土地调查、地理国情普查等明确的地块边界。将生态保护红线落实到地块，明确生态系统类型、主要生态功能，通过自然资源统一确权登记明确用地性质与土地权属，形成生态保护红线全国“一张图”。在勘界基础上设立统一规范的标识标牌，确保生态保护红线落地准确、边界清晰。

（六）有序推进划定工作。环境保护部、国家发展改革委会同有关部门提出各省（自治区、直辖市）生态保护红线空间格局和分布意见，做好跨省域的衔接与协调，指导各地划定生态保护红线；明确生态保护红线可保护的湿地、草原、森林等生态系统数量，并与生态安全预警监测体系做好衔接。各省（自治区、直辖市）要按照相关要求，建立划定生态保护红线责任制和协调机制，明确责任部门，组织专门力量，制定工作方案，全面论证、广泛征求意见，有序推进划定工作，形成生态保护红线。环境保护部、国家发展改革委会同有关部门组织对各省（自治区、直辖市）生态保护红线进行技术审核并提出意见，报国务院批准后由各省（自治区、直辖市）政府发布实施。在各省（自治区、直辖市）生态保护红线基础上，环境保护部、国家发展改革委会同有关部门进行衔接、汇总，形成全国生态保护红线，并向社会发布。鉴于海洋国土空间的特殊性，国家海洋局根据本意见制定相关技术规范，组织划定并审核海洋国土空间的生态保护红线，纳入全国生态保护红线。

三、严守生态保护红线

落实地方各级党委和政府主体责任，强化生态保护红线刚性约束，形成一整套生态保护红线管控和激励措施。

（七）明确属地管理责任。地方各级党委和政府是严守生态保护红线的责任主体，要将生态保护红线作为相关综合决策的重要依据和前提条件，履行好保护责任。各有关部门要按照职责分工，加强监督管理，做好指导协调、日常巡护和执法监督，共守生态保护红线。建立目标责任制，把保护目标、任务和要求层层分解，落到实处。创新激励约束机制，对生态保护红线保护成效突出的单位和个人予以奖励；对造成破坏的，依法依规予以严肃处理。根据需要设置生态保护红线管护岗位，提高居民参与生态保护积极性。

（八）确立生态保护红线优先地位。生态保护红线划定后，相关规划要符合生态保护红线空间管控要求，不符合的要及时进行调整。空间规划编制要将生态保护红线作为重要基础，发挥生态保护红线对于国土空间开发的底线作用。

（九）实行严格管控。生态保护红线原则上按禁止开发区域的要求进行管理。严禁不符合主体功能定位的各类开发活动，严禁任意改变用途。生态保护红线划定后，只能增加、不能减少，因国家重大基础设施、重大民生保障项目建设等需要调整的，由省级政府组织论证，提出调整方案，经环境保护部、国家发展改革委会同有关部门提出审核意见后，报国务院批准。因国家重大战略资源勘查需要，在不影响主体功能定位的前提下，经依法批准后予以安排勘查项目。

（十）加大生态保护补偿力度。财政部会同有关部门加大对生态保护红线的支持力度，加快健全生态保护补偿制度，完善国家重点生态功能区转移支付政策。推动生态保护红线所在地区和受益地区探索建立横向生态保护补偿机制，共同分担生态保护任务。

（十一）加强生态保护与修复。实施生态保护红线保护与修复，作为山水林田湖生态保护和修复工程的重要内容。以县级行政区为基本单元建立生态保护红线台账系统，制定实施生态系统保护与修复方案。优先保护良好生态系统和重要物种栖息地，建立和完善生态廊道，提高生态系统完整性和连通性。分区分类开展受损生态系统修复，采取以封禁为主的自然恢复措施，辅以人工修复，改善和提升生态功能。选择水源涵养和生物多样性维护为主导生态功能的生态保护红线，开展保护与修复示范。有条件的地区，可逐步推进生态移民，有序推动人口适度集中安置，降低人类活动强度，减小生态压力。按照陆海统筹、综合治理的原则，开展海洋国土空间生态保护红线的生态整治修复，切实强化生态保护红线及周边区域污染联防联治，重点加强生态保护红线内入海河流综合整治。

（十二）建立监测网络和监管平台。环境保护部、国家发展改革委、国土资源部会同有关部门建设和完善生态保护红线综合监测网络体系，充分发挥地面生态系统、环境、气象、水文水资源、水土保持、海洋等监测站点和卫星的生态监测能力，布设相对固定的生态保护红线监控点位，及时获取生态保护红线监测数据。建立国家生态保护红线监管平台。依托国务院有关部门生态环境监管平台和大数据，运用云计算、物联网等信息化手段，加强监测数据集成分析和综合应用，强化生态气象灾害监测预警能力建设，全面掌握生态系统构成、分布与动态变化，及时评估和预警生态风险，提高生态保护红线管理决策科学化水平。实时监控人类干扰活动，及时发现破坏生态保护红线的行为，对监控发现的问题，通报当地政府，由有关部门依据各自职能组织开展现场核查，依法依规进行处理。2017年年底前完成国家生态保护红线监管平台试运行。各省（自治区、直辖市）应依托国家生态保护红线监管平台，加强能力建设，建立本行政区监管体系，实施分层级监管，及时接收和反馈信息，核查和处理违法行为。

（十三）开展定期评价。环境保护部、国家发展改革委会同有关部门建立生态保护红线评价机制。从生态系统格局、质量和功能等方面，建立生态保护红线生态功能评价指标体系和方法。定期组织开展评价，及时掌握全国、重点区域、县域生态保护红线生态功能状况及动态变化，评价结果作为优化生态保护红线布局、安排县域生态保护补偿资金和实行领导干部生态环境损害责任追究的依据，并向社会公布。

（十四）强化执法监督。各级环境保护部门和有关部门要按照职责分工加强生态保护红线执法监督。建立生态保护红线常态化执法机制，定期开展执法督查，不断提高执法规范化水平。及时发现和依法处罚破坏生态保护红线的违法行为，切实做到有案必查、违法必究。有关部门要加强与司法机关的沟通协调，健全行政执法与刑事司法联动机制。

（十五）建立考核机制。环境保护部、国家发展改革委会同有关部门，根据评价结果和目标任务完成情况，对各省（自治区、直辖市）党委和政府开展生态保护红线保护成效考核，并将考核结果纳入生态文明建设目标评价考核体系，作为党政领导班子和领导干部综合评价及责任追究、离任审计的重要参考。

（十六）严格责任追究。对违反生态保护红线管控要求、造成生态破坏的部门、地方、单位和有关责任人员，按照有关法律法规和《党政领导干部生态环境损害责任追究办法（试行）》等规定实行责任追究。对推动生态保护红线工作不力的，区分情节轻重，予以诫勉、责令公开道歉、组织处理或党纪政纪处分，构成犯罪的依法追究刑事责任。对造成生态环境和资源严重破坏的，要实行终身追责，责任人不论是否已调离、提拔或者退休，都必须严格追责。

四、强化组织保障

（十七）加强组织协调。建立由环境保护部、国家发展改革委牵头的生态保护红线管理协调机制，明确地方和部门责任。各地要加强组织协调，强化监督执行，形成加快划定并严守生态保护红线的工作格局。

（十八）完善政策机制。加快制定有利于提升和保障生态功能的土地、产业、投资等配套政策。推动生态保护红线有关立法，各地要因地制宜，出台相应的生态保护红线管理地方性法规。研究市场化、社会化投融资机制，多渠道筹集保护资金，发挥资金合力。

（十九）促进共同保护。环境保护部、国家发展改革委会同有关部门定期发布生态保护红线监控、评价、处罚和考核信息，各地及时准确发布生态保护红线分布、调整、保护状况等信息，保障公众知情权、参与权和监督权。加大政策宣传力度，发挥媒体、公益组织和志愿者作用，畅通监督举报渠道。

本意见实施后，其他有关生态保护红线的政策规定要按照本意见要求进行调整或废止。各地要抓紧制定实施方案，明确目标任务、责任分工和时间要求，确保各项要求落到实处。

国务院关于落实《政府工作报告》重点工作部门分工的意见（节录）

国发〔2017〕22号

八、加大生态环境保护治理力度

（三十五）坚决打好蓝天保卫战。今年二氧化硫、氮氧化物排放量要分别下降3%，重点地区细颗粒物（PM2.5）浓度明显下降。（环境保护部牵头，有关部门按职责分工负责）一要加快解决燃煤污染问题。全面实施散煤综合治理，推进北方地区冬季清洁取暖，完成以电代煤、以气代煤300万户以上，全部淘汰地级以上城市建成区燃煤小锅炉。加大燃煤电厂超低排放和节能改造力度，东中部地区要分别于今明两年完成，西部地区于2020年完成。抓紧解决机制和技术问题，优先保障清洁能源发电上网，有效缓解弃水、弃风、弃光状况。安全高效发展核电。加快秸秆综合利用。（环境保护部、国家能源局、国家发展改革委、科技部、工业和信息化部、公安部、财政部、住房城乡建设部、交通运输部、农业部、工商总局、质检总局等按职责分工负责）二要全面推进污染源治理。开展重点行业污染治理专项行动。对所有重点工业污染源实行24小时在线监控，确保监控质量。明确排放不达标企业最后达标时限，到期不达标的坚决依法关停。三要强化机动车尾气治理。基本淘汰黄标车，加快淘汰老旧机动车，对高排放机动车进行专项整治，鼓励使用清洁能源汽车。提高燃油品质，在重点区域加快推广使用国六标准燃油。四要有效应对重污染天气。加强对大气污染的源解析和雾霾形成机理研究，提高应对的科学性和精准性。扩大重点区域联防联控范围，强化预警和应急措施。安排专项资金，跨部门组织相关学科优秀科学家集中攻关，深入研究雾霾形成机理和治理问题。五要严格环境执法和督查问责。对偷排、造假的，必须依法惩治；对执法不力、姑息纵容的，必须严肃追究；对空气质量恶化、应对不力的，必须严格问责。（环境保护部牵头，国家发展改革委、科技部、工业和信息化部、公安部、监察部、财政部、交通运输部、商务部、国家卫生计生委、工商总局、质检总局、中国气象局、国家能源局等按职责分工负责）

（三十六）强化水、土壤污染防治。今年化学需氧量、氨氮排放量要分别下降2%。抓好重点流域、区域、海域水污染和农业面源污染防治。开展土壤污染详查，分类制定实施治理措施。加强城乡环境综合整治，倡导绿色生活方式，普遍推行垃圾分类制度。培育壮大节能环保产业，发展绿色再制造和资源循环利用产业，使环境改善与经济发展实现双赢。（环境保护部、国家发展改革委、住房城乡建设部、工业和信息化部、财政部、国土资源部、水利部、农业部、国家卫生计生委、国家海洋局等按职责分工负责）

（三十七）推进生态保护和建设。抓紧划定并严守生态保护红线。积极应对气候变化。启动森林质量提升、长江经济带重大生态修复、第二批山水林田湖生态保护工程试点，完成退耕还林还草1200万亩以上，加强荒漠化、石漠化治理，积累更多生态财富，构筑可持续发展的绿色长城。（国家发展改革委、财政部、国土资源部、环境保护部、住房城乡建设部、水利部、农业部、国家林业局、国家海洋局等按职责分工负责）

国务院

2017年3月22日

国家发改委政策文件

关于切实做好全国碳排放权交易市场启动重点工作的通知

发改办气候[2016]57号

国家民航局综合司，各省、自治区、直辖市及计划单列市、新疆建设兵团发展改革委（青海省经信委），有关行业协会、有关中央管理企业：

按照党的十八届三中全会、五中全会的有关部署，根据“十二五”规划《纲要》、《生态文明体制改革总体方案》的任务要求，我委抓紧推进全国碳排放权交易市场建设，取得了阶段性进展。2016年是全国碳排放权交易市场建设攻坚时期，各省区市及计划单列市、新疆建设兵团发展改革委（青海省经信委）（以下简称地方主管部门）、民航局、相关行业协会、中央管理企业等应积极配合，按照国家统一部署扎实推进各项工作。为此，现就切实做好启动前重点准备工作的具体要求通知如下：

一、工作目标

结合经济体制改革和生态文明体制改革总体要求，以控制温室气体排放、实现低碳发展为导向，充分发挥市场机制在温室气体排放资源配置中的决定性作用，国家、地方、企业上下联动、协同推进全国碳排放权交易市场建设，确保2017年启动全国碳排放权交易，实施碳排放权交易制度。

二、工作任务

民航局、地方主管部门要建立和完善工作机制，明确工作要求，扎实推进各项具体工作，切实提供工作保障，着力提升碳排放权交易市场的基础能力建设。相关行业协会和央企发挥带头示范作用，形成重点行业、重点企业积极响应、积极参与全国碳排放权交易的良好氛围。

（一）提出拟纳入全国碳排放权交易体系的企业名单。全国碳排放权交易市场第一阶段将涵盖石化、化工、建材、钢铁、有色、造纸、电力、航空等重点排放行业（具体行业及代码参见附件1），参与主体初步考虑为业务涉及上述重点行业，其2013至2015年中任意一年综合能源消费总量达到1万吨标准煤以上（含）的企业法人单位或独立核算企业单位。请民航局、各地方主管部门组织有关单位，对管辖范围内属于附件1所列行业的企业进行摸底，于2016年2月29日前将符合本通知要求的企业名单报我委，作为确定纳入全国碳排放权交易企业的参考依据。各地方主管部门除按照本通知要求提出拟纳入企业的名单外，可根据本地区企业的实际情况，提出本地拟增加纳入的行业和企业的建议。如有此类情况，请在名单中予以说明。

为切实反映企业实际情况，请各有关行业协会、中央管理企业按照上述要求，协助对本行业内或本集团内的企业单位进行摸底，于2016年2月29日前将本行业内或集团内符合本通知要求的企业名单报我委，以便我委进行交叉验证，为确定纳入全国碳排放权交易的企业名单提供依据。

（二）对拟纳入企业的历史碳排放进行核算、报告与核查。请民航局、地方主管部门针对提出的拟纳入全国碳排放权交易的参与企业，按照以下程序，抓紧组织开展历史碳排放报告与核查工作，为我委2016年出台并实施全国碳排放权交易体系中的配额分配方案提供支撑。

1. 企业核算与报告：组织管辖范围内拟纳入的企业按照所属的行业，根据我委已分批公布的企业温室气体排放核算方法与报告指南（发改办气候[2013]2526号、发改办气候[2014]2920号和[2015]1722号）的要求，分年度核算并报告其2013年、2014年和2015年共3年的温室气体排放量及相关数据。此外，根据配额分配需要，企业须按照本通知附件3提供的模板，同时核算并报告上述指南中未涉及的其他相关基础数据。

2. 第三方核查：企业完成核算与报告工作后，由地方主管部门选择第三方核查机构对企业的排放数据等进行核查，对第三方核查机构及核查人员的基本要求可参考本通知附件4。第三方核查机构核查后须出具核查报告，核查的程序和核查报告的格式可参考本通知附件5。

3. 审核与报送：企业将排放报告和第三方核查机构出具的核查报告提交注册所在地地方主管部门，地方主管部门进行审核，并按照本通知附件2汇总企业的温室气体排放数据，于2016年6月30日前将汇总数据、单个企业经核查的排放报告（含补充数据）一并以电子版形式报我委。

请各行业协会、央企集团提供大力支持，积极动员行业内或集团内企业单位，高度重视基础数据收集与核算，切实加强自身队伍建设，确定专职核算与管理人员，尽快熟悉和掌握核算方法及报告要求，根据上述要求开展数据核算与报告工作，认真配合第三方核查机构开展核查，为核查工作提供必要的协助与便利。

（三）培育和遴选第三方核查机构及人员。我委正在研究制定第三方核查机构管理办法。在该办法出台前，各地可结合工作需求，对具备能力的第三方核查机构及核查人员进行摸底，按照一定条件，培养并遴选一批在相关领域从业经验丰富、具有独立法人资格、具备充足的专业人员及完善的内部管理程序的核查机构，为本地区提供第三方核查服务。同时，加强对核查机构及核查人员的监管，坚决避免可能的利益冲突，保证核查工作的公正性，提高核查人员的素质和能力，规范核查机构业务，确保核查质量，杜绝不同核查机构之间的恶性竞争。

（四）强化能力建设。我委将继续组织各地方、各相关行业协会和中央管理企业，结合工作实际，围绕全国碳排放权交易市场各个环节，深入开展能力建设，针对不同的对象，制定系统的培训计划，组织开展分层次的培训，重点培训讲师队伍和专业技术人才队伍，并发挥试点地区帮扶带作用，为全国碳排放权交易市场的运行提供人员保障。对行政管理部门，着重加强碳排放权交易市场顶层设计、运行管理、注册登记系统应用与管理、市场监管等方面的培训；对参与企业，着重开展碳排放权交易基础知识、碳排放核算与报告、注册登记系统使用、市场交易、碳资产管理等方面培训；对第三方核查机构，重点开展数据报告与核查方面的培训；对交易机构，主要进行市场风险防控、交易系统与注册登记系统对接等方面的培训。请各地方、各相关行业协会、中央管理企业按照国家总体部署，积极参加相关培训活动，提高自身能力，认真遴选参加讲师培训的人选，并以此为基础，在本地区、本行业和本企业集团内部继续组织开展培训，确保基层相关人员都能具备必要的工作能力。

三、保障措施

（一）组织保障

各地方应高度重视全国碳排放权交易市场建设工作，切实加强对辖区内相关工作的组织领导。建立起由主管部门负责、多部门协同配合的工作机制；支持主管部门设立专职人员负责碳排放权交易工作，组织制定工作实施方案，细化任务分工，明确时间节点，协同落实和推进各项具体工作任务。各央企集团应加强内部对碳排放管理工作的统筹协调和归口管理，明确统筹管理部门，理顺内部管理机制，建立集团的碳排放管理机制，制定企业参与全国碳排放权交易市场的工作方案。

（二）资金保障

请各地方落实建立碳排放权交易市场所需的工作经费，争取安排专项资金，专门支持碳排放权交易相关工作。此外，也应积极开展对外合作，利用合作资金支持能力建设等基础工作。各央企集团应为本集团内企业加强碳排放管理工作安排经费支持，支持开展能力建设、数据报送等相关工作。

（三）技术保障

各地方要重点扶持具备技术能力的机构，建立技术支撑队伍，为制定和实施相关政策措施提供技术支持。各行业协会应发挥各自的网络渠道和专业技术优势，积极为本行业企业参与全国碳排放权交易市场提供服务，收集和反馈企业在参与全国碳排放权交易市场中遇到的问题和相关建议，协助提高相关政策的合理性和可操作性。为加强对地方的支持，我委专门建立了碳排放报告与核查工作技术问答平台，利用该平台组织专家对相关的典型问题进行统一答复。有关各方可在线注册登录，并就核算与核查工作中涉及的各项技术问题进行咨询。

特此通知。

附件：

1. 全国碳排放权交易覆盖行业及代码（略）
2. 全国碳排放权交易企业碳排放汇总表（略）
3. 全国碳排放权交易企业碳排放补充数据核算报告模板（略）
4. 全国碳排放权交易第三方核查机构及人员参考条件（略）
5. 全国碳排放权交易第三方核查参考指南（略）

国家发展改革委办公厅

2016年1月11日

关于促进绿色消费的指导意见

发改环资[2016]353号

（国家发展改革委中宣部科技部财政部环境保护部住房城乡建设部商务部质检总局旅游局国管局2016年2月17日1印发）为全面贯彻党的十八大和十八届三中、四中、五中全会精神，深入贯彻习近平总书记系列重要讲话精神，落实绿色发展理念，根据《中共中央国务院关于加快推进生态文明建设的意见》、《生态文明体制改革总体方案》、《国务院关于积极发挥新消费引领作用加快培育形成新供给新动力的指导意见》等文件要求，促进绿色消费，加快生态文明建设，推动经济社会绿色发展，提出如下意见。

一、充分认识绿色消费的重要意义

绿色消费，是指以节约资源和保护环境为特征的消费行为，主要表现为崇尚勤俭节约，减少损失浪费，选择高效、环保的产品和服务，降低消费过程中的资源消耗和污染排放。我国人口众多，资源禀赋不足，环境承载力有限。近年来，随着经济较快发展、人民生活水平不断提高，我国已进入消费需求持续增长、消费拉动经济作用明显增强的重要阶段，绿色消费等新型消费具有巨大发展空间和潜力。与此同时，过度消费、奢侈浪费等现象依然存在，绿色的生活方式和消费模式还未形成，加剧了资源环境瓶颈约束。促进绿色消费，既是传承中华民族勤俭节约传统美德、弘扬社会主义核心价值观的重要体现，也是顺应消费升级趋势、推动供给侧改革、培育新的经济增长点的重要手段，更是缓解资源环境压力、建设生态文明的现实需要。

二、总体要求和主要目标

全面贯彻党的十八大和十八届三中、四中、五中全会精神，深入贯彻习近平总书记系列重要讲话精神，按照绿色发展理念和社会主义核心价值观要求，加快推动消费向绿色转型。加强宣传教育，在全社会厚植崇尚勤俭节约的社会风尚，大力推动消费理念绿色化；规范消费行为，引导消费者自觉践行绿色消费，打造绿色消费主体；严格市场准入，增加生产和有效供给，推广绿色消费产品；完善政策体系，构建有利于促进绿色消费的长效机制，营造绿色消费环境。

到2020年，绿色消费理念成为社会共识，长效机制基本建立，奢侈浪费行为得到有效遏制，绿色产品市场占有率大幅提高，勤俭节约、绿色低碳、文明健康的生活方式和消费模式基本形成。

三、着力培育绿色消费理念

（一）深入开展全民教育。加强资源环境基本国情教育，大力弘扬中华民族勤俭节约传统美德和党的艰苦奋斗优良作风，开展全民绿色消费教育。从娃娃抓起，将勤俭节约、绿色低碳的理念融入家庭教育、学前教育、中小学教育、未成年人思想道德建设教学体系，组织开展第二课堂等社会实践。把绿色消费作为妇女和家庭思想道德教育、学生思想政治教育、职工继续教育和公务员培训的重要内容，纳入文明城市、文明村镇、文明单位、文明家庭、文明校园创建及有关教育示范基地建设要求。

（二）广泛推进主题宣传。深入实施节能减排全民行动、节俭养德全民节约行动，组织开展绿色家庭、绿色商场、绿色景区、绿色饭店、绿色食堂、节约型机关、节约型校园、节约型医院等创建活动，表彰一批先进单位和个人。把绿色消费纳入全国节能宣传周、科普活动周、全国低碳日、环境日等主题宣传活动，充分发挥工会、共青团、妇联以及有关行业协会、环保组织的作用，强化宣传推广。各主要新闻媒体和网络媒体要积极宣传绿色消费的重要性和紧迫性，在黄金时段、重要版面制作发布公益广告，及时宣传报道绿色消费的理念经验和做法，加强舆论监督，曝光奢侈浪费行为，营造良好社会氛围。

四、积极引导居民践行绿色Th活方式和消费模式

（三）倡导绿色生活方式。合理控制室内空调温度，推行夏季公务活动着便装。开展旧衣“零抛弃”活动，完善居民社区再生资源回收体系，有序推进二手服装再利用。抵制珍稀动物皮毛制品。推广绿色居住，减少无效照明，减少电器设备待机能耗，提倡家庭节约用水用电。鼓励步行、自行车和公共交通等低碳出行。鼓励消费者旅行自带洗漱用品，提倡重拎布袋子、重提菜篮子、重复使用环保购物袋，减少使用一次性日用品。制定发布绿色旅游消费公约和消费指南。支持发展共享经济，鼓励个人闲置资源有效利用，有序发展网络预约拼车、自有车辆租赁、民宿出租、旧物交换利用等，创新监管方式，完善信用体系。在中小学校试点校服、课本循环利用。

（四）鼓励绿色产品消费。继续推广高效节能电机、节能环保汽车、高效照明产品等节能产品，到2020年，能效标识2级以上的空调、冰箱、热水器等节能家电市场占有率达到以上。加大新能源汽车推广力度，加快电动汽车充电基础设施建设。组织实施“以旧换再”试点，推广再制造发动机、变速箱，建立健全对消费者的激励机制。实施绿色建材生产和应用行动计划，推广使用节能门窗、建筑垃圾再生产品等绿色建材和环保装修材料。推广环境标志产品，鼓励使用低挥发性有机物含量的涂料、干洗剂，引导使用低氨、低挥发性有机污染物排放的农药、化肥。鼓励选购节水龙头、节水马桶、节水洗衣机等节水产品。

（五）扩大绿色消费市场。加快畅通绿色产品流通渠道，鼓励建立绿色批发市场、绿色商场、节能超市、节水超市、慈善超市等绿色流通主体。支持市场、商场、超市、旅游商品专卖店等流通企业在显著位置开设绿色产品销售专区。组织流通企业与绿色产品提供商开展对接，促进绿色产品销售。鼓励大中城市利用群众性休闲场所、公益场地开设跳蚤市场，方便居民交换闲置旧物。完善农村消费基础设施和销售网络，通过电商平台提供面向农村地区的绿色产品，丰富产品服务种类，拓展绿色产品农村消费市场。

五、全面推进公共机构带头绿色消费

（六）全面推行绿色办公。提高办公设备和资产使用效率，鼓励纸张双面打印。推进信息系统建设和数据共享共用，积极推行无纸化办公。完善节约型公共机构评价标准，合理制定用水、用电、用油指标，建立健全定额管理制度。使用政府资金建设的公共建筑全面执行绿色建筑标准，凡具备条件的办公区要安装雨水回收系统和中水利用设施。到2020年，新增创建3000家节约型公共机构示范单位，全部省级机关和以上的省级事业单位建成节水型单位。

（七）完善绿色采购制度。严格执行政府对节能环保产品的优先采购和强制采购制度，扩大政府绿色采购范围，健全标准体系和执行机制，提高政府绿色采购规模。具备条件的公共机构要利用内部停车场资源规划建设电动汽车专用停车位，比例不低于，引进社会资本利用既有停车位参与充电桩建设和提供新能源汽车应用服务。2016

年，公共机构配备更新公务用车总量中新能源汽车的比例达到以上，到2020年实现新能源汽车广泛应用。

六、大力推动企业增加绿色产品和服务供给

（八）积极实施创新驱动。引导和支持企业利用大众创业、万众创新平台，加大对绿色产品研发、设计和制造的投入，增加绿色产品和服务有效供给，不断提高产品和服务的资源环境效益。做好绿色技术储备，加快先进技术成果转化应用。大力推广利用“互联网+”促进绿色消费，推动电子商务企业直销或与实体企业合作经营绿色产品和服务，鼓励利用网络销售绿色产品，推动开展二手产品在线交易，满足不同主体多样化的绿色消费需求。鼓励电子商务企业积极开展网购商品包装物减量化和再利用。

（九）强化企业社会责任。健全生产者责任延伸制，推动生产企业减少有毒、有害、难降解、难处理、挥发性强物质的使用，主动披露产品和服务的能效、水效、环境绩效、碳排放等信息，推动实施企业产品标准自我声明公开和监督制度。推动企业能源管理体系建设。鼓励企业推行绿色供应链建设，开展清洁生产审核，降低产品全生命周期的环境影响。鼓励批发市场、大型商业综合体等消费场所进行节能、节水改造。鼓励旅游饭店、景区等推出绿色旅游消费奖励措施。星级宾馆、连锁酒店要逐步减少“六小件”等一次性用品的免费提供，试行按需提供。商场、超市、集贸市场等商品零售场所要严格执行“限塑令”，减少包装物的消耗，鼓励使用生物基材料的环保包装制品。

七、深入开展全社会反对浪费行动

（十）开展反过度包装行动。着力整治以奢华包装为代表的奢靡之风，在端午、中秋、春节等重要节日期间，以粽子、月饼、红酒、茶叶、杂粮、化妆品等商品为重点，开展定期专项检查，加大市场监管和打击力度，严厉整治过度包装行为，坚决制止商家在销售奢华包装产品中存在的价格欺诈、不按规定明码标价等违法行为。加强限制商品过度包装标准制修订工作，明确包装空隙率、包装层数和包装成本等方面要求。

（十一）开展反食品浪费行动。贯彻落实关于厉行节约反对食品浪费的意见，杜绝公务活动用餐浪费，在政府机关和国有企事业单位食堂实行健康科学营养配餐，条件具备的地方推进自助点餐计量收费，减少餐厨垃圾产生量。餐饮企业应提示顾客适当点餐，鼓励餐后打包，合理设定自助餐浪费收费标准。倡导婚丧嫁娶等红白喜事从简操办，推行科学文明的餐饮消费模式，提倡家庭按实际需要采购加工食品，争做“光盘族”。加强粮食生产、收购、储存、运输、加工、消费等环节管理，减少粮食损失浪费。

（十二）开展反过度消费行动。严格执行党政机关厉行节约反对浪费条例，严禁超标准配车、超标准接待和高消费娱乐等行为，细化明确各类公务活动标准，严禁浪费。以各级党政机关及党员领导干部为带动，坚决抵制生活奢靡、贪图享乐等不正之风，大力破除讲排场、比阔气等陋习，抵制过度消费，改变“自己掏钱、丰俭由我”的错误观念，形成“节约光荣，浪费可耻”的社会氛围。

八、建立健全绿色消费长效机制

（十三）健全法律法规。抓紧修订节能法、循环经济促进法等法律，研究制定节约用水条例、餐厨废弃物管理与资源化利用条例、限制商品过度包装条例、报废机动车回收管理办法、强制回收产品和包装物管理办法等专项法规，增加绿色消费有关要求，明确生产企业、零售企业、消费者、政府机构等主体应依法履行的责任义务。

（十四）完善标准体系。健全绿色产品和服务的标准体系，扩大标准覆盖范围，加快制修订产品生产过程的能耗、水耗、物耗以及终端产品的能效、水效等标准，动态调整并不断提高产品的资源环境准入门槛，做好计量检测、应用评价、对标提升等工作。加快实施能效“领跑者”制度、环保“领跑者”制度，研究建立水效“领跑者”制度。

（十五）健全标识认证体系。修订能效标识管理办法，扩大能效标识范围。落实节能低碳产品认证管理办法，做好认证目录发布和认证结果采信等工作，加快推行低碳、有机产品认证。推进中国环境标志认证。完善绿色建筑和绿色建材标识制度。制修订绿色市场、绿色宾馆、绿色饭店、绿色旅游等绿色服务评价办法。逐步将目前分头设立的环保、节能、节水、循环、低碳、再生、有机等产品统一整合为绿色产品，建立统一的绿色产品认证、标识等体系，加强绿色产品质量监管。

（十六）完善经济政策。对符合条件的节能、节水、环保、资源综合利用项目或产品，可以按规定享受相关税收优惠。把高耗能、高污染产品及部分高档消费品纳入消费税征收范围。落实好新能源汽车充电设施的奖补政策和电动汽车用电价格政策。全面实行保基本、促节约，更好反映市场供求、资源稀缺程度、生态环境损害成本和修复效益的资源阶梯价格政策，完善居民用电、用水、用气阶梯价格。

（十七）加强金融扶持。银行金融业机构要认真落实绿色信贷指引，创新金融产品和服务，积极开展绿色消费信贷业务。研究出台支持节能与新能源汽车、绿色建筑、新能源与可再生能源产品、设施等绿色消费信贷的激励政策，促进金融机构加大信贷支持力度。鼓励开发新能源汽车保险产品，鼓励保险公司为绿色建筑提供保险保障。研究建立绿色消费积分制。

关于推进“互联网+”智慧能源发展的指导意见

发改能源[2016]392号

各省、自治区、直辖市及计划单列市、新疆生产建设兵团发展改革委、能源局、工业和信息化主管部门，各有关中央企业：

“互联网+”智慧能源（以下简称能源互联网）是一种互联网与能源生产、传输、存储、消费以及能源市场深度融合的能源产业发展新形态，具有设备智能、多能协同、信息对称、供需分散、系统扁平、交易开放等主要特征。在全球新一轮科技革命和产业变革中，互联网理念、先进信息技术与能源产业深度融合，正在推动能源互联网新技术、新模式和新业态的兴起。能源互联网是推动我国能源革命的重要战略支撑，对提高可再生能源比重，促进化石能源清洁高效利用，提升能源综合效率，推动能源市场开放和产业升级，形成新的经济增长点，提升能源国际合作水平具有重要意义。为推进能源互联网发展，根据《国务院关于积极推进“互联网+”行动的指导意见》（国发[2015]40号）的要求，提出如下意见。

一、总体要求

（一）指导思想

全面贯彻党的十八大和十八届三中、四中、五中全会精神，深入贯彻习近平总书记系列重要讲话精神，按照中央财经领导小组第六次会议和国家能源委员会第一次会议重大决策部署要求，适应和引领经济社会发展新常态，着眼能源产业全局和长远发展需求，以改革创新为核心，以“互联网+”为手段，以智能化为基础，紧紧围绕构建绿色低碳、安全高效的现代能源体系，促进能源和信息深度融合，推动能源互联网新技术、新模式和新业态发展，推动能源领域供给侧结构性改革，支撑和推进能源革命，为实现我国从能源大国向能源强国转变和经济提质增效升级奠定坚实基础。

（二）基本原则

基础开放，大众参与。发挥互联网在变革能源产业中的基础作用，推动能源基础设施合理开放，促进能源生产与消费融合，提升大众参与程度，加快形成以开放、共享为主要特征的能源产业发展新形态。

探索创新，示范先行。遵循“互联网+”应用发展规律，营造开放包容的创新环境，鼓励多元化的技术、机制及模式创新，因地制宜推进能源互联网新技术与新模式先行先试，形成万众创新良好氛围

市场驱动，科学监管。发挥市场在资源配置中的决定性作用，驱动形成能源互联网发展新业态。适应新业态及大数据应用发展要求，完善能源与信息深度融合下的安全监管和市场监管机制，保障信息安全和市场参与者的合法权益。

深化改革，推动革命。适应能源互联网“三分技术、七分改革”的发展要求，深化能源体制机制改革，还原能源商品属性，构建有效竞争的市场结构和市场体系，推动能源消费、供给和技术革命。

（三）发展目标

能源互联网是一种能源产业发展新形态，相关技术、模式及业态均处于探索发展阶段。为促进能源互联网健康有序发展，近中期将分为两个阶段推进，先期开展试点示范，后续进行推广应用，确保取得实效。

2016-2018年，着力推进能源互联网试点示范工作：建成一批不同类型、不同规模的试点示范项目。攻克一批重大关键技术与核心装备，能源互联网技术达到国际先进水平。初步建立能源互联网市场机制和市场体系。初步建成能源互联网技术标准体系，形成一批重点技术规范和标准。催生一批能源金融、第三方综合能源服务等新兴业态。培育一批有竞争力的新兴市场主体。探索一批可持续、可推广的发展模式。积累一批重要的改革试点经验。

2019-2025年，着力推进能源互联网多元化、规模化发展：初步建成能源互联网产业体系，成为经济增长重要驱动力。建成较为完善的能源互联网市场机制和市场体系。形成较为完备的技术及标准体系并推动实现国际化，引领世界能源互联网发展。形成开放共享的能源互联网生态环境，能源综合效率明显改善，可再生能源比重显著提高，化石能源清洁高效利用取得积极进展，大众参与程度大幅提升，有力支撑能源生产和消费革命。

二、重点任务

加强能源互联网基础设施建设，建设能源生产消费的智能化体系、多能协同综合能源网络、与能源系统协同的信息通信基础设施。营造开放共享的能源互联网生态体系，建立新型能源市场交易体系和商业运营平台，发展分布式能源、储能和电动汽车应用、智慧用能和增值服务、绿色能源灵活交易、能源大数据服务应用等新模式和新业态。推动能源互联网关键技术攻关、核心设备研发和标准体系建设，促进能源互联网技术、标准和模式的国际应用与合作。

（一）推动建设智能化能源生产消费基础设施

1. 推动可再生能源生产智能化。

鼓励建设智能风电场、智能光伏电站等设施及基于互联网的智慧运行云平台，实现可再生能源的智能化生产。

鼓励用户侧建设冷热电三联供、热泵、工业余热余压利用等综合能源利用基础设施，推动分布式可再生能源与天然气分布式能源协同发展，提高分布式可再生能源综合利用水平。促进可再生能源与化石能源协同生产，推动对散烧煤等低效化石能源的清洁替代。建设可再生能源参与市场的计量、交易、结算等接入设施与支持系统。

2. 推进化石能源生产清洁高效智能化。

鼓励煤、油、气开采、加工及利用全链条智能化改造，实现化石能源绿色、清洁和高效生产。鼓励建设与化石能源配套的电采暖、储热等调节设施，鼓励发展天然气分布式能源，增强供能灵活性、柔性化，实现化石能源高效梯级利用与深度调峰。加快化石能源生产监测、管理和调度体系的网络化改造，建设市场导向的生产计划决策平台与智能化信息管理系统，完善化石能源的污染物排放监测体系，以互联网手段促进化石能源供需高效匹配、运营集约高效。

3. 推动集中式与分布式储能协同发展。

开发储电、储热、储冷、清洁燃料存储等多类型、大容量、低成本、高效率、长寿命储能产品及系统。推动在集中式新能源发电基地配置适当规模的储能电站，实现储能系统与新能源、电网的协调优化运行。推动建设小区、楼宇、家庭应用场景下的分布式储能设备，实现储能设备的混合配置、高效管理、友好并网。

4. 加快推进能源消费智能化。

鼓励建设以智能终端和能源灵活交易为主要特征的智能家居、智能楼宇、智能小区和智能工厂，支撑智慧城市建设。加强电力需求侧管理，普及智能化用能监测和诊断技术，加快工业企业能源管理中心建设，建设基于互联网的信息化服务平台。构建以多能融合、开放共享、双向通信和智能调控为特征，各类用能终端灵活融入的微平衡系统。建设家庭、园区、区域不同层次的用能主体参与能源市场的接入设施和信息服务平台。

（二）加强多能协同综合能源网络建设

1. 推进综合能源网络基础设施建设。

建设以智能电网为基础，与热力管网、天然气管网、交通网络等多种类型网络互联互通，多种能源形态协同转化、集中式与分布式能源协调运行的综合能源网络。加强统筹规划，在新城区、新园区以及大气污染严重的重点区域率先布局，确保综合能源网络结构合理、运行高效。建设高灵活性的柔性能源网络，保证能源传输的灵活可控和安全稳定。建设接纳高比例可再生能源、促进灵活互动用能行为和支持分布式能源交易的综合能源微网。

2. 促进能源接入转化与协同调控设施建设。

推动不同能源网络接口设施的标准化、模块化建设，支持各种能源生产、消费设施的“即插即用”与“双向传输”，大幅提升可再生能源、分布式能源及多元化负荷的接纳能力。推动支撑电、冷、热、气、氢等多种能源形态灵活转化、高效存储、智能协同的基础设施建设。建设覆盖电网、气网、热网等智能网络的协同控制基础设施。

（三）推动能源与信息通信基础设施深度融合

1. 促进智能终端及接入设施的普及应用。

发展能源互联网的智能终端高级量测系统及其配套设备，实现电能、热力、制冷等能源消费的实时计量、信息交互与主动控制。丰富智能终端高级量测系统的实施功能，促进水、气、热、电的远程自动集采集抄，实现多表合一。规范智能终端高级量测系统的组网结构与信息接口,实现和用户之间安全、可靠、快速的双向通信。

2. 加强支撑能源互联网的信息通信设施建设。

优化能源网络中传感、信息、通信、控制等元件的布局，与能源网络各种设施实现高效配置。推进能源网络与物联网之间信息设施的连接与深度融合。对电网、气网、热网等能源网络及其信息架构、存储单元等基础设施进行协同建设，实现基础设施的共享复用，避免重复建设。推进电力光纤到户工程，完善能源互联网信息通信系统。在充分利用现有信息通信设施基础上，推进电力通信网等能源互联网信息通信设施建设。

3. 推进信息系统与物理系统的高效集成与智能化调控。

推进信息系统与物理系统在量测、计算、控制等多功能环节上的高效集成，实现能源互联网的实时感知和信息反馈。建设信息系统与物理系统相融合的智能化调控体系，以“集中调控、分布自治、远程协作”为特征，实现能源互联网的快速响应与精确控制。

4. 加强信息通信安全保障能力建设。

加强能源信息通信系统的安全基础设施建设，根据信息重要程度、通信方式和服务对象的不同，科学配置安全策略。依托先进密码、身份认证、加密通信等技术，建设能源互联网下的用户、数据、设备与网络之间信息传递、保存、分发的信息通信安全保障体系,确保能源互联网安全可靠运行。提升能源互联网网络和信息安全事件监测、预警和应急处置能力。

（四）营造开放共享的能源互联网生态体系

1. 构建能源互联网的开放共享体系。

充分利用互联网领域的快速迭代创新能力，建立面向多种应用和服务场景下能源系统互联互通的开放接口、网络协议和应用支撑平台，支持海量和多种形式的供能与用能设备的快速、便捷接入。从局部区域着手，推动能源网络分层分区互联和能源资源的全局管理，支持终端用户实现基于互联网平台的平等参与和能量共享。

2. 建设能源互联网的市场交易体系。

建立多方参与、平等开放、充分竞争的能源市场交易体系，还原能源商品属性。培育售电商、综合能源运营商和第三方增值服务供应商等新型市场主体。逐步建设以能量、辅助服务、新能源配额、虚拟能源货币等为标的物的多元交易体系。分层构建能量的批发交易市场与零售交易市场，基于互联网构建能量交易电子商务平台，鼓励交易平台间的竞争，实现随时随地、灵活对等的能源共享与交易。建立基于互联网的微平衡市场交易体系，鼓励个人、家庭、分布式能源等小微用户灵活自主地参与能源市场。

3. 促进能源互联网的商业模式创新。

搭建能源及能源衍生品的价值流转体系，支持能源资源、设备、服务、应用的资本化、证券化，为基于“互联网+”的B2B、B2C、C2B、C2C、O2O等多种形态的商业模式创新提供平台。促进能源领域跨行业的信息共享与业务交融，培育能源云服务、虚拟能源货币等新型商业模式。鼓励面向分布式能源的众筹、PPP等灵活的投融资手段，促进能源的就地采集与高效利用。开展能源互联网基础设施的金融租赁业务，建立租赁物与二手设备的流通市场，发展售后回租、利润共享等新型商业模式。提供差异化的能源商品，并为灵活用能、辅助服务、能效管理、节能服务等新业务提供增值服务。

4. 建立能源互联网国际合作机制。

配合国家“一带一路”建设，建立健全开放共享的能源互联网国际合作机制，加强与周边国家能源基础设施的互联互通，推动国内能源互联网先进技术、装备、标准和模式“走出去”。

（五）发展储能和电动汽车应用新模式

1. 发展储能网络化管理运营模式。

鼓励整合小区、楼宇、家庭应用场景下的储电、储热、储冷、清洁燃料存储等多类型的分布式储能设备及社会上其他分散、冗余、性能受限的储能电池、不间断电源、电动汽车充放电桩等储能设施，建设储能设施数据库，将存量的分布式储能设备通过互联网进行管控和运营。推动电动汽车废旧动力电池在储能电站等储能系统实现梯次利用。构建储能云平台，实现对储能设备的模块化设计、标准化接入、梯次化利用与网络化管理，支持能量的自由灵活交易。推动储能提供能源租赁、紧急备用、调峰调频等增值服务。

2. 发展车网协同的智能充放电模式。

鼓励充换电设施运营商、电动汽车企业等，集成电网、车企、交通、气象、安全等各种数据，建设基于电网、储能、分布式用电等元素的新能源汽车运营云平台。促进电动汽车与智能电网间能量和信息的双向互动，应用电池能量信息化和互联网化技术，探索无线充电、移动充电、充放电智能导引等新运营模式。积极开展电动汽车智能充放电业务，探索电动汽车利用互联网平台参与能源直接交易、电力需求响应等新模式。

3. 发展新能源+电动汽车运行新模式。

充分利用风能、太阳能等可再生能源资源，在城市、景区、高速公路等区域因地制宜建设新能源充放电站等基础设施，提供电动汽车充放电、换电等业务，实现电动汽车与新能源的协同优化运行。

（六）发展智慧用能新模式

1. 培育用户侧智慧用能新模式。

完善基于互联网的智慧用能交易平台建设。建设面向智能家居、智能楼宇、智能小区、智能工厂的能源综合服务中心，实现多种能源的智能定制、主动推送和资源优化组合。鼓励企业、居民用户与分布式资源、电力负荷资源、储能资源之间通过微平衡市场进行局部自主交易，通过实时交易引导能源的生产消费行为，实现分布式能源生产、消费一体化。

2. 构建用户自主的能源服务新模式。

逐步培育虚拟电厂、负荷集成商等新型市场主体，增加灵活性资源供应。鼓励用户自主提供能量响应、调频、调峰等灵活的能源服务，以互联网平台为依托进行动态、实时的交易。进一步完善相关市场机制，兼容用户以直接、间接等多种方式自主参与灵活性资源市场交易的渠道。建立合理的灵活性资源补偿定价机制，保障灵活性资源投资拥有合理的收益回报。

3. 拓展智慧用能增值服务新模式。

鼓励提供更多差异化的能源商品和服务方案。搭建用户能效监测平台并实现数据的互联共享，提供个性化的能效管理与节能服务。基于互联网平台，提供面向用户终端设施的能量托管、交易委托等增值服务。拓展第三方信用评价，鼓励能源企业或专业数据服务企业拓展独立的能源大数据信息服务。

（七）培育绿色能源灵活交易市场模式

1. 建设基于互联网的绿色能源灵活交易平台。

建设基于互联网的绿色能源灵活交易平台，支持风电、光伏、水电等绿色低碳能源与电力用户之间实现直接交易。挖掘绿色能源的环保效益，打造相应的能源衍生品，面向不同用户群体提供差异化的绿色能源套餐。培育第三方运维、点对点能源服务等绿色能源生产、消费和交易新业态。

2. 构建可再生能源实时补贴机制。

建立基于互联网平台的分布式可再生能源实时补贴结算机制，实现补贴的计量、认证和结算与可再生能源生产交易实时挂钩。进一步探索将大规模的风电场、光伏电站等纳入基于互联网平台的实时补贴范围。

3. 发展绿色能源的证书交易体系。

探索建立与绿色能源生产和交易实时挂钩的绿色证书生成和认证机制，推进绿色证书交易体系与现行排污权交易体系相融合，并通过合理的机制，将绿色证书交易作为碳排放权交易的有益补充。推动建立绿色能源生产强制配额制度，实现基于互联网平台的绿色证书交易与结算。推动绿色证书的证券化、金融化交易。

（八）发展能源大数据服务应用

1. 实现能源大数据的集成和安全共享。

实施能源领域的国家大数据战略，积极拓展能源大数据的采集范围，逐步覆盖电、煤、油、气等能源领域及气象、经济、交通等其他领域。实现多领域能源大数据的集成融合。建设国家能源大数据中心，逐渐实现与相关市场主体的数据集成和共享。在安全、公平的基础上，以有效监管为前提，打通政府部门、企事业单位之间的数据壁垒，促进各类数据资源整合，提升能源统计、分析、预测等业务的时效性和准确度。

2. 创新能源大数据的业务服务体系。

促进基于能源大数据的创新创业，开展面向能源生产、流通、消费等环节的新业务应用与增值服务。鼓励能源生产、服务企业和第三方企业投资建设面向风电、光伏等能源大数据运营平台，为能源资源评估、选址优化等业务提供专业化服务。鼓励发展基于能源大数据的信息挖掘与智能预测业务，对能源设备的运行管理进行精准调度、故障诊断和状态检修。鼓励发展基于能源大数据的温室气体排放相关专业化服务。鼓励开展面向能源终端用户的用能大数据信息服务，对用能行为进行实时感知与动态分析，实现远程、友好、互动的智能用能控制。

3. 建立基于能源大数据的行业管理与监管体系。

探索建立基于能源大数据技术，精确需求导向的能源规划新模式，推动多能协同的综合规划模式，提升政府对能源重大基础设施规划的科学决策水平，推进简政放权和能源体制机制持续创新。推动基于能源互联网的能源监管模式创新，发挥能源大数据技术在能源监管中的基础性作用，建立覆盖能源生产、流通、消费全链条，透明高效的现代能源监督管理网络体系，提升能源监管的效率和效益。建设基于互联网、分级分层的能源统计、分析与预测预警平台，指导监督能源消费总量控制。

（九）推动能源互联网的关键技术攻关

1. 支持能源互联网的核心设备研发。

研制提供能量汇聚、灵活分配、精准控制、无差别化接入等功能的新型设备，为能源互联网设施自下而上的自治组网、分散式网络化协同控制提供硬件支撑。支持直流电网、先进储能、能源转换、需求侧管理等关键技术、产品及设备的研发和应用。推广港口气化、港口岸电等清洁替代技术。加强能源互联网技术装备研发的国际化合作。

2. 支持信息物理系统关键技术研发。

研究低成本、高性能的集成通信技术。研究信息物理系统中面向量测、电价、控制、服务等多种信息类型、安全可靠的信息编码、加密、检验和通信技术。研究信息物理系统中能源流和信息流高效融合的调度管理与协同控制等关键技术。研究信息-能量耦合的统一建模与安全分析关键技术。

3. 支持系统运营交易关键技术研发。

研究多能融合能源系统的建模、分析与优化技术。研究集中式与分布式协同计算、控制、调度与自愈技术。研发支持多元交易主体、多元能源商品和复杂交易类型的能源电商平台。研究支持分布式、并发式交互响应的实时交易，互联网虚拟能源货币认证，互联网虚拟能源货币的定价、流通、交易与结算等关键技术。探索软件定义能源网络技术。

（十）建设国际领先的能源互联网标准体系

1. 制定能源互联网通用技术标准。

研究建立能源互联网标准体系。优先制定能源互联网的通用标准、与智慧城市和中国制造2025等相协调的跨行业公用标准和重要技术标准，包括能源互联网的能源转换类标准、设备类标准、信息交换类标准、安全防护类标准、能源交易类标准、计量采集类标准、监管类标准等。推动建立能源互联网相关国际标准化技术委员会，努力争取核心标准成为国际标准。

2. 建设能源互联网质量认证体系。

建立全面、先进、涵盖相关产业的产品检测与质量认证平台。建立国家能源互联网质量认证平台检测数据共享机制。建立国家能源互联网产品检测与质量认证平台及网络。鼓励建设能源互联网企业与产品数据库，定期发布测试数据。建立健全检测方法和评价体系，引导产业健康发展。

三、组织实施

（一）加强组织领导

在“互联网+”行动实施部际联席会议机制下，国家能源局会同国家发展改革委、工业和信息化部等有关部门设立“互联网+”智慧能源专项协调机制，统筹协调解决重大问题，及时总结推广成功经验和有效做法，切实推动行动的贯彻落实。加强能源互联网技术创新平台建设，依托企业、科研机构、高校，组建国家能源互联网技术创新中心和重点实验室。建立跨领域、跨行业的能源互联网专业咨询委员会，为政府决策提供重要支撑。各地发展改革（能源）、工业和信息化主管部门应结合实际，牵头研究制定适合本地的能源互联网行动落实方案，因地制宜，统筹谋划，科学组织实施，杜绝盲目建设和重复投资，务实有序推进能源互联网行动。

（二）完善政策法规

建立健全相关法律法规，保障能源互联网健康有序发展。正在制修订过程中的能源法、电力法等法律法规应适应能源互联网新模式、新业态发展需求。加强电力与油气体制改革、其他资源环境价格改革，以及碳交易、用能权交易等市场机制与能源互联网发展的协同对接。积极开展能源互联网创新政策试点，破除地区配额、地方保护、互联互通、数据共享、交易机制等方面的政策壁垒，研究制定适应能源互联网新模式、新业态发展特点的价格、税收、保险等相关政策法规。加强能源互联网技术、产品和模式等的知识产权管理与保护。加强能源互联网信息安全政策法规及标准体系建设。

（三）推动市场改革

发挥市场在资源配置中的决定性作用，推动建立公平竞争、开放有序的能源市场交易体系。建立健全能源市场的准入制度，鼓励第三方资本、小微型企业等新兴市场主体参与市场，促进各类所有制企业的平等、协同发展。加快电力、油气行业市场体系建设，建立市场化交易机制和价格形成机制，使价格信号能从时间、空间上反映实际成本和供需状况，有效引导供需。允许市场主体自主协商或通过交易平台集中竞价等多种方式开展能源商品及灵活性资源等能源衍生品服务交易，最大限度地激发市场活力。

（四）开展试点示范

围绕现代互联网技术与能源系统的全面深度融合，鼓励具备条件的地区、部门和企业，因地、因业制宜地开展各类能源互联网应用试点示范，在技术创新、运营模式、发展业态和体制机制等方面深入探索，先行先试，总结积累可推广的成功经验，为能源互联网的健康有序发展奠定坚实基础。

（五）创新产业扶持

将能源互联网纳入重大工程包，加大中央、地方预算内资金投入力度，引导更多社会资本进入，分步骤组织实施能源互联网重大示范工程。充分发挥国家科技计划和相关专项作用，支持开展能源互联网基础、共性和关键技术研发。依靠金融创新探索企业和项目融资、收益分配和风险补偿机制，降低能源互联网发展准入门槛和风险。支持符合条件的能源互联网项目实施主体通过发行债券、股权交易、众筹、PPP等方式进行融资。积极发挥基金、融资租赁、担保等金融机构优势，引导更多的社会资本投向能源互联网产业。

（六）共享数据资源

开展能源公共数据分级利用改革试点，研究制定能源数据使用管理和交易共享规范。从国家安全、系统安全和用户信息安全需求出发，推进能源信息的分级分类。加强能源大数据采集、传输、存储、处理和共享全过程的安全监管。加强能源互联网信息基础设施共建共享，建立贯穿能源全产业链的信息公共服务网络和数据库，加强上下游企业能源信息对接、共享共用和交易服务。鼓励互联网企业与能源企业合作挖掘能源大数据商业价值，促进能源互联网的应用创新。

（七）强化创新基础

推动成立能源互联网创新产业联盟，配合有关政府部门严格能源互联网产品准入管理，开展标准、检测和认证相关工作。引进和培育一批领军型、复合型、专业型人才，形成支持能源互联网建设的智力保障体系。吸引能源互联网领域国际人才在我国创业创新和从事教学科研等活动。创新人才培养模式，建立健全多层次、跨学科的能源互联网人才培养体系。在高校探索设立能源互联网相关专业或培养项目，大力培养跨界复合型人才。

（八）加强宣传引导

各有关部门、企业和新闻媒体要通过多种形式加强对能源互联网政策机制、发展动态、先进技术、示范项目、新兴业态等的宣传，让社会各界全面了解能源互联网，扩大示范带动效应，吸引更多社会资本参与能源互联网的研究建设与创新发展，形成广泛、活跃、持续的能源互联网发展氛围，为能源互联网新技术、新商业模式和新业态孕育兴起提供良好的舆论环境。

国家发展改革委国家能源局工业和信息化部

2016年2月24日

关于加强长江经济带造林绿化的指导意见

发改农经[2016]379号

上海市、江苏省、浙江省、安徽省、江西省、湖北省、湖南省、重庆市、四川省、贵州省、云南省发展改革委、林业厅（局）：

长江经济带森林生态系统是沿江绿色生态廊道的重要组成部分，在涵养水源、保持水土、生物多样性保护等方面发挥着不可替代的作用。多年来，在党中央、国务院的坚强领导下，在地方各级党委、政府和广大干部群众的努力下，长江经济带造林绿化工作取得了明显成效，森林面积持续增加、生态功能不断改善。但也要看到，长江经济带造林绿化工作仍然面临着森林生态功能脆弱、低效退化林面积大等问题，与长江经济带“生态文明建设的先行示范带”功能定位还有一定差距。为进一步加强长江经济带造林绿化工作，推进长江经济带绿色生态廊道建设，经商推动长江经济带发展领导小组办公室，特提出以下意见：

一、总体要求

（一）总体思路。全面贯彻落实党中央、国务院实施长江经济带发展战略的重大决策部署，坚持生态优先、绿色发展，以增加森林面积、提高森林质量为主攻方向，以增强森林水源涵养功能、防治水土流失为重点，以体制、机制和科技创新为动力，开展大规模国土绿化行动，加快构筑结构稳定、功能完备的森林生态系统，着力建设好长江经济带绿色生态廊道。

（二）基本原则。坚持生态优先，统筹推进，将造林绿化作为长江经济带绿色生态廊道建设的优先领域积极实施；坚持数量增长、质量提升，全面促进森林资源恢复和功能改善；坚持因地制宜、分类施策，着力加强重点区域综合治理；坚持政府主导、社会参与，鼓励和引导各方面力量参与造林绿化。

（三）总体目标。到2020年，造林绿化工作取得实质性突破，基本建成以各类防护林为主体、农田林网及绿色通道为网络、城镇乡村绿屏为节点的生态防护体系，森林生态系统的水源涵养、水土保持、生物多样性保护等服务功能明显增强，森林生态系统与生物多样性价值得到提升，用材林面积明显增加、结构优化合理，有效促进长江经济带绿色生态廊道建设。森林面积增加290万公顷，森林蓄积增加5亿立方米，森林覆盖率达到43%。

二、加快造林绿化步伐

（四）积极推进宜林地营造林。充分发挥长江经济带丰富的树种资源和良好的水热条件优势，以宜林地面积较大的长江上中游湖北、湖南、重庆、四川、贵州、云南等省市为重点，大力营造以水土保持林、水源涵养林为主的防护林和国家储备林，积极培育优质珍贵大径级阔叶林、短周期工业原料林、木结构建筑原料林、竹林、木本粮油和特色经济林。对区域内造林难度大的宜林地，要强化科技支撑，加大封山育林力度，充分发挥大自然的自我修复能力，加快恢复森林植被。

（五）大力开展退耕还林还草。全面落实《新一轮退耕还林还草总体方案》和《关于扩大新一轮退耕还林还草规模的通知》要求，重点支持长江经济带符合政策的25度以上陡坡耕地、严重沙化耕地、丹江口库区和三峡库区等重要水源地15-25度坡耕地退耕还林还草，向金沙江等中上游地区倾斜。各地在实施中要依据全国第二次土地调查成果，确定符合政策的退耕范围；要加强组织引导，充分尊重农民意愿，做好技术服务，把退耕还林还草工作与调整农业产业结构、发展特色产业、改善农民生产生活条件结合起来，确保农户退耕成果巩固。

（六）加强城镇村庄绿化美化。坚持建设生态型、功能型城乡绿地生态系统的发展方向和构建园林城镇、建设美丽乡村的造林绿化发展思路，加强乡镇建成区、村屯居民区绿化美化。长江上游重庆、四川、贵州、云南等省多山地区要因地制宜，积极运用乡土树种造林，科学配置阔叶树种、彩叶树种，丰富景观异质性，构建与自然生态相协调的城乡绿化景观。长江中下游上海、江苏、浙江、安徽、江西、湖北、湖南等省市平原地区要充分挖掘城镇村庄绿化潜力，拓展绿化空间，规划建绿、见缝插绿、拆违还绿，形成与城镇化建设、美丽乡村建设相适应的城乡绿化美化格局。条件适宜的地区，要结合城乡绿化发展具有地方特色的经济林，建设防护绿地、生产绿地和风景林地，构建乔灌草相结合、经济与生态双赢、融入自然的城乡绿化美化景观，切实改善城乡人居环境。

（七）构建绿色通道和农田防护林网。加快公路、铁路、渠道、堤坝沿线造林绿化，促进绿色通道断带合龙、改造更新，巩固和扩大绿色通道建设成果。重点加强县道、乡道等乡村公路沿线造林绿化，积极推进河渠湖库周边造林绿化，建设和完善河渠湖库周边防护林体系，增强水土保持、水源涵养和兴林灭螺功能，构建完备的绿色通道体系。加快矿区及周边裸露地造林绿化和植被恢复，改善矿区生态状况。江苏、浙江、安徽、江西、湖北、湖南等长江中下游平原地区要坚持建设与提高相结合，加强农田防护林更新、残次林带改造，建设和完善高标准农田防护林网，提高整体防护功能。

（八）加快重点区域治理。集中力量抓好湖北、湖南、重庆、四川、贵州、云南等省市岩溶地区石漠化综合治理，实施石漠化综合治理二期工程，加快林草植被保护与恢复、小型水利水保配套工程建设，有效遏制石漠化扩展趋势。加强四川、云南金沙江干热河谷水土保持林建设，封山育林与人工促进相结合，努力恢复林草植被。加快江西、湖北、湖南、重庆“两湖两库”（洞庭湖、鄱阳湖、三峡库区、丹江口库区）水土保持林、水源涵养林、护湖护堤护岸林建设，防治水土流失、减少水患威胁。

三、强化森林经营和保护

（九）全面推进中幼龄林抚育。要根据长江经济带中幼龄林面积大、比例高，过密过疏过纯林分同时存在的现状，按照森林演替规律和林分发育阶段，全面推进中幼龄林抚育。对密度过大、林木竞争激烈的林分，采取抚育间伐等措施，调整林分密度，优化林分结构，促进林木生长。对密度过疏、目的树种缺乏、天然更新不良的林分，通过补植补造、促进天然更新等抚育措施，调整树种组成，增加乡土树种比例，引导培育混交林。对遭受有害生物侵害等受损林分，采取卫生伐、补植补造等综合抚育措施，改善林分健康状况，增强林分活力。对新造幼林，加大割灌除草等抚育措施，增强幼树竞争能力，促进林木生长，加快幼林郁闭成林。

（十）着力开展低效退化林改造。要按照适地适树原则，有针对性地采取混交林培育措施，促进森林正向演替，发挥林地生产和生态潜力，精准提高森林质量。对结构退化的低效林，采取抚育改造、补植改造、促进更新、封禁育林等改造措施，调整优化林分结构。对生长退化的低效林，采取去弱留强、更新复壮、修枝整形、平茬割灌、施肥浇水等改造措施，恢复森林生长活力。对立地退化的低效林，采取树种替换、抽针补阔、土壤改良、封禁管护等改造措施，改善养分循环，提高林地立地质量。禁止以低效退化林改造为名将天然林、天然次生林转变为人工林、纯林。

（十一）加强森林资源保护。加大天然林保护力度，有序停止天然林商业性采伐。率先划定长江经济带森林生态保护红线，实行严格的保护制度。坚持依法治林，严厉打击乱砍滥伐、乱捕滥猎、毁林开垦、非法占用林地等违法行为，巩固造林绿化成果。加强森林防火、林业有害生物防治和森林管护等基础设施建设，编制应急预案，强化责任，落实到人，全面提升灾害应急管理综合防控能力。

（十二）增强科技支撑能力。加强岩溶地区植被恢复技术、金沙江干热河谷造林技术、云贵高原高寒地区造林技术、重金属污染土地造林治理技术等关键性技术联合攻关，加强林木品种选育、强化种苗繁育技术研发，开展协同创新，突破技术瓶颈。利用现有研究成果和技术储备，总结、筛选、组装配套一批适宜长江经济带不同区域的营造林技术和模式，加大示范推广力度，推动科研成果转化。造林绿化要与林业技术推广同步设计、同步实施。充分运用现代科技手段，建立长江经济带造林绿化成果动态监测与效益评价系统，科学评价建设效果。

四、保障措施

（十三）完善投入机制。国家进一步加大对长江经济带造林绿化的投入力度，在安排防护林体系建设、岩溶地区石漠化综合治理、天然林资源保护等重点工程补助资金时，给予长江经济带以适当倾斜。加快建立和完善生态补偿机制。地方各级政府也要加大投入，整合各渠道资金，建立多元化的造林绿化投入机制，采取入股、合作、承包等多种方式拓宽筹资渠道，鼓励、引导和吸引社会资金投入，统筹推进长江经济带造林绿化工作。

（十四）创新建管机制。进一步完善集体林权制度改革，稳定林地承包关系，鼓励林权依法流转，积极推进林地所有权、承包权、经营权分置，培育新型林业经营主体，促进营造林规模化，大力发展林药、林菌、养生休闲、景观利用等绿色产业，实现生态和经济“双赢”。充分发挥专业造林队伍在标准化、集约化、规范化建设方面的骨干作用，提高资源配置效率，大力推行专业化造林。完善建后管护机制，推行专业队伍管护、承包管护、林农自管等灵活多样的管护模式。

（十五）强化组织领导。地方各级政府要将长江经济带造林绿化工作纳入重要议事日程，统一思想、提高认识，精心组织、加强领导，团结带领广大干部群众，扎实推进长江经济带造林绿化各项工作。要把党中央、国务院的决策部署与当地实际结合起来，明确本地区长江经济带造林绿化的主要目标和任务，并分解落实，制定具体的实施方案和配套措施，做好与城乡、土地利用等规划的统筹与衔接，建立造林绿化质量责任追究制度，确保各项工作落到实处。

（十六）加强指导协调。推动长江经济带发展领导小组办公室要加强对长江经济带造林绿化工作的协调。各有关部门要各司其职、各负其责，密切配合、通力协作，加强对长江经济带造林绿化工作的指导。国家林业局要将目标任务分解落实到各地。各级林业行政主管部门要强化规划设计、组织管理、协调服务、督导检查，加强机构和队伍建设，完善造林绿化建设标准、管理办法和技术规程，稳步推进长江经济带造林绿化工作。

鉴于加强长江经济带造林绿化工作，是贯彻落实长江经济带发展战略的一项重要内容，各地区、各部门要按照党中央、国务院的总体要求，坚定信心，开拓进取、扎实工作，切实做好长江经济带造林绿化工作，为推动长江经济带发展、建设生态文明做出新的更大贡献。

国家发展改革委

国家林业局

2016年2月24日

关于促进我国煤电有序发展的通知（节录）

发改能源[2016]565号

近年来，受经济进入新常态和结构调整等因素影响，我国用电量增速趋缓，电力供需总体宽松。煤电行业面临利用小时数逐年下降、规划建设规模较电力需求偏大等问题。为贯彻落实国务院工作部署，引导地方及发电企业有序推进煤电项目规划建设，促进煤电行业健康发展，结合各地“十三五”电力供需形势，现将有关事项通知如下：

一、建立风险预警机制

（一）建立煤电规划建设风险预警机制。

（二）结合风险预警适时调整相关措施。

二、严控煤电总量规模

（三）强化规划引领约束作用。加强全国电力规划的指导性，保证国家规划和省级规划有序衔接、协调统一。根据国家“十三五”电力发展规划将明确的各省（区、市）规划期内燃煤电站（含抽凝热电机组和燃煤自备电站）总量控制目标，各省（区、市）电力发展相关规划优化布局本地区规划期内的燃煤电站项目。各省（区、市）要按照《政府核准的投资项目目录（2014年）》及相关规定要求，核准煤电项目。

（四）严控各地煤电新增规模

1、对于经电力电量平衡测算存在电力盈余的省份以及大气污染防治重点区域，原则上不再安排新增煤电规划建设规模。

2、对于经电力电量平衡测算确有电力缺口的省份，应优先发展本地非化石能源发电项目，充分发挥跨省区电力互济、电量短时互补作用，并采取加强电力需求侧管理等措施，减少对新增煤电规划建设规模的需求。

（五）按需推进煤电基地建设。基地煤电项目的规划建设要利用基地现有煤炭产能，并充分考虑环境、水资源承受能力以及受端省份的用电需求。合理安排现有煤电基地规划建设时序，分期规划建设基地配套煤电项目，避免因接受外来煤电造成受端省份电力冗余。结合电力供需形势，在“十三五”电力发展规划中适时启动新增煤电基地的规划建设。

（六）加大淘汰落后产能力度。各省（区、市）要按照国家相关规定，进一步提高标准、加大力度，逐步淘汰服役年限长，不符合能效、环保、安全、质量等要求的火电机组，优先淘汰30万千瓦以下运行满20年的纯凝机组和运行满25年的抽凝热电机组。

三、有序推进煤电建设

电力冗余省份要对现有纳入规划及核准（在建）煤电项目（不含革命老区和集中连片贫困地区煤电项目）采取“取消一批、缓核一批、缓建一批”等措施，适当放缓煤电项目建设速度。鼓励各省（区、市）在严格按程序推进煤电项目核准、建设的基础上，结合实际情况和煤电风险预警提示，施行其他有利于煤电有序发展的政策措施。

（七）取消一批不具备核准条件煤电项目

1、取消2012年及以前纳入规划的未核准煤电项目，相应规模滚入当地未来电力电量平衡，待2018年后结合电力供需情况再逐步安排。

2、鼓励各省（区、市）发展改革委（能源局）结合本地区电力负荷发展以及项目单位意愿，取消其他不具备核准（建设）条件的煤电项目。

（八）缓核一批电力盈余省份煤电项目。对经电力电量平衡测算，扣除纳入规划煤电项目后仍存在电力盈余的省份，相应省级发展改革委（能源局）要指导发电企业理性推进煤电项目前期工作。黑龙江、山东、山西、内蒙古、江苏、安徽、福建、湖北、河南、宁夏、甘肃、广东、云南等13省（区）2017年前（含2017年，下同）应暂缓核准除民生热电外的自用煤电项目（不含国家确定的示范项目）。

（九）缓建一批电力盈余省份煤电项目。对经电力电量平衡测算，扣除已核准未开工建设煤电项目后仍存在电力盈余的省份，相应省级发展改革委（能源局）要指导发电企业结合电力供需合理安排已核准煤电项目的施工建设时序。黑龙江、辽宁、山东、山西、内蒙古、陕西、宁夏、甘肃、湖北、河南、江苏、广东、广西、贵州、云南等15省（区），除民生热电项目外的自用煤电项目，尚未开工建设的，2017年前应暂缓开工建设；正在建设的，适当调整建设工期，把握好投产节奏。

（十）严格按程序核准建设煤电项目

1、各省（区、市）发展改革委（能源局）要严格按照规定履行核准程序，对于前置条件不具备的煤电项目，不得核准。按相关规定，热电联产项目核准前，其热电联产规划应已纳入相应省（区、市）电力发展规划。“上大压小”项目核准前，要落实关停计划。

2、各省（区、市）已核准的煤电项目，未取齐开工必需的支持性文件前，严禁开工建设。

四、加大监督管理处理力度

本通知自印发之日起执行。

国家发展改革委局
2016年3月17日

关于实施光伏发电扶贫工作的意见

发改能源[2016]621号

各省（区、市）、新疆生产建设兵团发展改革委（能源局）、扶贫办，国家开发银行各分行、中国农业发展银行各分行，国家电网公司、南方电网公司，水电水利规划设计总院：

为切实贯彻中央扶贫开发工作会议精神，扎实落实《中共中央国务院关于打赢脱贫攻坚战的决定》的要求，决定在全国具备光伏建设条件的贫困地区实施光伏扶贫工程。

一、充分认识实施光伏扶贫的重要意义

光伏发电清洁环保，技术可靠，收益稳定，既适合建设户用和村级小电站，也适合建设较大规模的集中式电站，还可以结合农业、林业开展多种“光伏+”应用。在光照资源条件较好的地区因地制宜开展光伏扶贫，既符合精准扶贫、精准脱贫战略，又符合国家清洁低碳能源发展战略；既有利于扩大光伏发电市场，又有利于促进贫困人口稳收增收。各地区应将光伏扶贫作为资产收益扶贫的重要方式，进一步加大工作力度，为打赢脱贫攻坚战增添新的力量。

二、工作目标和原则

（一）工作目标

在2020年之前，重点在前期开展试点的、光照条件较好的16个省的471个县的约3.5万个建档立卡贫困村，以整村推进的方式，保障200万建档立卡无劳动能力贫困户（包括残疾人）每年每户增加收入3000元以上。其他光照条件好的贫困地区可按照精准扶贫的要求，因地制宜推进实施。

（二）基本原则

精准扶贫、有效脱贫。光伏扶贫项目要与贫困人口精准对应，根据贫困人口数量和布局确定项目建设规模和布局，保障贫困户获得长期稳定收益。

因地制宜、整体推进。光伏扶贫作为脱贫攻坚手段之一，各地根据贫困人口分布及光伏建设条件，选择适宜的光伏扶贫模式，以县为单元统筹规划，分阶段以整村推进方式实施。

政府主导、社会支持。国家和地方通过整合扶贫资金、预算内投资、政府贴息等政策性资金给予支持。鼓励有社会责任的企业通过捐赠或投资投劳等方式支持光伏扶贫工程建设。

公平公正、群众参与。以县为单元确定统一规范的纳入光伏扶贫范围的资格条件和遴选程序，建立光伏扶贫收益分配和监督管理机制，确保收益分配公开透明和公平公正。

技术可靠、长期有效。光伏扶贫工程关键设备应达到先进技术指标且质量可靠，建设和运行维护单位应具备规定的资质条件和丰富的工程实践经验，应确保长期可靠稳定运行。

三、重点任务

（一）准确识别确定扶贫对象

各级地方扶贫管理部门根据国务院扶贫办确定的光伏扶贫范围，以县为单元调查摸清扶贫对象及贫困人口具体情况，包括贫困人口数量、分布、贫困程度等，确定纳入光伏扶贫范围的贫困村、贫困户的数量并建立名册。省级扶贫管理部门以县为单元建立光伏扶贫人口信息管理系统，以此作为实施光伏扶贫工程、明确光伏扶贫对象、分配扶贫收益的重要依据。

（二）因地制宜确定光伏扶贫模式

根据扶贫对象数量、分布及光伏发电建设条件，在保障扶贫对象每年获得稳定收益的前提下，因地制宜选择光伏扶贫建设模式和建设场址，采用资产收益扶贫的制度安排，保障贫困户获得稳定收益。中东部土地资源缺乏地区，可以村级光伏电站为主（含户用）；西部和中部土地资源丰富的地区，可建设适度规模集中式光伏电站。采取村级光伏电站（含户用）方式，每位扶贫对象的对应项目规模标准为5千瓦左右；采取集中式光伏电站方式，每位扶贫对象的对应项目规模标准为25千瓦左右。

（三）统筹落实项目建设资金

地方政府可整合产业扶贫和其他相关涉农资金，统筹解决光伏扶贫工程建设资金问题，政府筹措资金可折股量化给贫困村和贫困户。对村级光伏电站，贷款部分可由到省扶贫资金给予贴息，贴息年限和额度按扶贫贷款有关规定由各地统筹安排。集中式电站由地方政府指定的投融资主体与商业化投资企业共同筹措资本金，其余资金由国家开发银行、中国农业发展银行为主提供优惠贷款。鼓励国有企业、民营企业积极参与光伏扶贫工程投资、建设和管理。

（四）建立长期可靠的项目运营管理体系

地方政府应依法确定光伏扶贫电站的运维及技术服务企业（简称“运维企业”）。鼓励通过特许经营等政府和社会资本合作方式，依法依规、竞争择优选择具有较强资金实力以及技术和管理能力的企业，承担光伏电站的运营管理或技术服务。对村级光伏电站（含户用），可由县级政府统一选择承担运营管理或技术服务的企业，鼓励通过招标或其他竞争性比选方式公开选择。县级政府可委托运维企业对全县范围内村级光伏电站（含户用）的工程设计、施工进行统一管理。运维企业对村级光伏电站（含户用）的管理和技术服务费用，应依据法律、行政法规规定和特许经营协议约定，从所管理或提供技术服务的村级光伏电站项目收益中提取。集中式光伏扶贫电站的运行管理由与地方政府指定的投融资主体合作的商业化投资企业承担，鼓励商业化投资企业承担所在县级区域内村级光伏电站（含户用）的技术服务工作。

（五）加强配套电网建设和运行服务

电网企业要加大贫困地区农村电网改造工作力度，为光伏扶贫项目接网和并网运行提供技术保障，将村级光伏扶贫项目的接网工程优先纳入农村电网改造升级计划。对集中式光伏电站扶贫项目，电网企业应将其接网工程纳入绿色通道办理，确保配套电网工程与项目同时投入运行。电网企业要积极配合光伏扶贫工程的规划和设计工作，按照工程需要提供基础资料，负责设计光伏扶贫的接网方案。不论是村级光伏电站（含户用），还是集中式光伏扶贫电站，均由电网企业承担接网及配套电网的投资和建设工作。电网企业要制定合理的光伏扶贫项目并网运行和电量消纳方案，确保项目优先上网和全额收购。

（六）建立扶贫收益分配管理制度

各贫困县所在的市（县）政府应建立光伏扶贫收入分配管理办法，对扶贫对象精准识别，并进行动态管理，原则上应保障每位扶贫对象获得年收入3000元以上。各级政府资金支持建设的村级光伏电站的资产归村集体所有，由村集体确定项目收益分配方式，大部分收益应直接分配给符合条件的扶贫对象，少部分可作为村集体公益性扶贫资金使用；在贫困户屋顶及院落安装的户用光伏系统的产权归贫困户所有，收益全部归贫困户。地方政府指定的投融资主体与商业化投资企业合资建设的光伏扶贫电站，项目资产归投融资主体和投资企业共有，收益按股比分成，投融资主体要将所占股份折股量化给扶贫对象，代表扶贫对象参与项目投资经营，按月（或季度）向扶贫对象分配资产收益。参与扶贫的商业化投资企业应积极配合，为扶贫对象能获得稳定收益创造条件。

（七）加强技术和质量监督管理

建立光伏扶贫工程技术规范和关键设备技术规范。光伏扶贫项目应采购技术先进、经过国家检测认证机构认证的产品，鼓励采购达到领跑者技术指标的产品。系统集成商应具有足够的技术能力和工程经验，设计和施工单位及人员应具备相应资质和经验。光伏扶贫工程发电技术指标及安全防护措施应满足接入电网有关技术要求，并接受电网运行远程监测和调度。县级政府负责建立包括资质管理、质量监督、竣工验收、运行维护、信息管理等内容的投资管理体系，建立光伏扶贫工程建设和运行信息管理。国家可再生能源信息管理中心建立全国光伏扶贫信息管理平台，对全部光伏扶贫项目的建设和运行进行监测管理。

（八）编制光伏扶贫实施方案

省级及以下地方能源主管部门会同扶贫部门，以县为单元编制光伏扶贫实施方案。实施方案应包括光伏扶贫项目的目标任务、扶持的贫困人口数、项目类型、建设规模、建设条件、接网方案、资金筹措方案、运营管理主体、投资效益分析、管理体制、收益分配办法、地方配套政策、组织保障措施。实施方案要做到项目与扶贫对象精准对接，运营管理主体明确，土地等项目建设条件落实，接网和并网运行条件经当地电网公司认可。各有关省（区、市）能源主管部门汇总有关地区的光伏扶贫实施方案，初审后报送国家能源局。国家能源局会同国务院扶贫办对各省（区）上报的光伏扶贫实施方案进行审核并予以批复。各地区按批复的实施方案组织项目建设，国家能源局会同国务院扶贫办按批复的方案进行监督检查。

四、配套政策措施

（一）优先安排光伏扶贫电站建设规模

国家能源局会同国务院扶贫办对各地区上报的以县为单元的光伏扶贫实施方案进行审核。对以扶贫为目的的村级光伏电站和集中式光伏电站，以及地方政府统筹其他建设资金建设的光伏扶贫项目，以县为单元分年度专项下达光伏发电建设规模。

（二）加强金融政策支持力度

国家开发银行、中国农业发展银行为光伏扶贫工程提供优惠贷款，根据资金来源成本情况在央行同期贷款基准利率基础上适度下浮。鼓励其他银行以及社保、保险、基金等资金在获得合理回报的前提下为光伏扶贫项目提供低成本融资。鼓励众筹等创新金融融资方式支持光伏扶贫项目建设，鼓励企业提供包括直接投资和技术服务在内的多种支持。

（三）切实保障光伏扶贫项目的补贴资金发放

电网企业应按国家有关部门关于可再生能源发电补贴资金发放管理制度，优先将光伏扶贫项目的补贴需求列入年度计划，电网企业优先确保光伏扶贫项目按月足额结算电费和领取国家补贴资金。

（四）鼓励企业履行社会责任

鼓励电力能源央企和有实力的民企参与光伏扶贫工程投资和建设。鼓励各类所有制企业履行社会责任，通过各种方式支持光伏扶贫工程实施，鼓励企业组建光伏扶贫联盟。通过表彰积极参与企业，树立企业社会形象，出台适当优惠政策，优先支持参与光伏扶贫的企业开展规模化光伏电站建设，保障参与企业的经济利益。

五、加强组织协调

（一）建立光伏扶贫协调工作机制

建立省（区、市）负总责，市（地）县抓落实的工作机制，做到分工明确、责任清晰、任务到人、责任到位，合力推动光伏扶贫工作。各级政府要成立光伏扶贫协调领导小组，地方政府主要领导任组长，成员包括发改、能源、扶贫、国土、林业等部门，以及电网企业和金融机构等，主要职责是协调光伏扶贫工程实施过程中的重大政策和问题。

（二）明确各部门职责分工

国家能源局负责组织协调光伏扶贫工程实施中重大问题，负责组织编制光伏扶贫规划和年度实施计划，完善光伏扶贫工程技术标准规范，建立光伏扶贫工程信息系统，加强光伏扶贫工程质量监督及并网运行监督等。国务院扶贫办牵头负责确定光伏扶贫对象范围，建立光伏扶贫人口信息管理系统，建立光伏扶贫工程收入分配管理制度。请地方国土部门和林业部门负责光伏扶贫工程土地使用的政策协调和土地补偿收费方面的优惠政策落实。

请各有关部门和地方政府高度重视光伏扶贫工作，加强光伏扶贫工程组织协调力度，为实施光伏扶贫试点工程提供组织保障。加大光伏扶贫宣传和培训力度，提高全社会支持参与光伏扶贫程度。加强对光伏扶贫工程的管理和监督，确实把这件惠民生、办实事的阳光工程抓紧抓实抓好。请省级能源主管部门认真做好光伏扶贫工程项目储备，及时按要求上报光伏扶贫工程项目清单。

附件：光伏扶贫工程重点实施范围（略）

国家发展改革委国务院扶贫办国家能源局
国家开发银行中国农业发展银行
2016年3月23日

关于开展“十二五”单位国内生产总值二氧化碳排放降低目标责任考核评估的通知

发改办气候[2016]1238号

各省、自治区、直辖市人民政府办公厅，中组部、工业和信息化部、监察部、财政部、环境保护部、住房城乡建设部、交通运输部、农业部、国家统计局、国家林业局、气象局、国家能源局、认监委、标准委办公厅（办公室、综合司）：

根据国务院印发的《“十二五”控制温室气体排放工作方案》（国发[2011]41号）、《国务院办公厅关于印发“十二五”控制温室气体排放工作方案重点工作部门分工的通知》（国办函〔2012〕68号）和《国家发展改革委关于印发<单位国内生产总值二氧化碳排放降低目标责任考核评估办法>的通知》（发改气候[2014]1828号）要求，我们将对省级人民政府开展“十二五”单位国内生产总值二氧化碳排放降低目标责任考核评估。根据《国家发展改革委办公厅关于组织总结评估低碳省区和城市试点经验的通知》（发改办气候[2016]440号），对广东、辽宁、湖北、陕西、云南、天津、重庆、北京、上海和海南等10个省市的低碳试点经验现场总结评估将与本次现场考核评估工作结合进行。现将相关工作方案、评估指标及评分细则等文件印发你们，并将有关事项通知如下：

一、“十二五”单位国内生产总值二氧化碳排放降低目标责任考核评估相关工作将于2016年6月开始。请各省（自治区、直辖市）人民政府于6月20日前将本地区单位国内生产总值二氧化碳排放降低目标完成情况和措施落实情况自评估报告以及数据核查表（含电子版）报我委。

二、6月下旬—7月上旬我委将会同国务院有关部门，根据各地区自评估报告以及数据核查表和相关支撑材料，对各省（自治区、直辖市）单位国内生产总值二氧化碳排放降低目标完成情况和措施落实情况进行书面审核。

三、7月中下旬我委将组织开展现场考核评估。现场考核评估工作由十二个工作组同期分别开展。第一组：北京、天津、辽宁；第二组：上海、广东、海南；第三组：湖北、重庆、云南、陕西；第四组：内蒙古、吉林、黑龙江；第五组：西藏；第六组：江西、四川、贵州；第七组：浙江、福建；第八组：河北、山东、河南；第九组：甘肃、青海、宁夏；第十组：湖南、广西；第十一组：山西、江苏、安徽；第十二组：新疆。其中第一至三组为低碳试点省（市），由我委气候司相关负责同志带队开展碳强度现场考核评估工作和低碳试点地区现场总结评估工作。第四至十二组按常规开展碳强度现场考核评估工作，分别由国家发展改革委、工业和信息化部、住房城乡建设部、统计局、林业局和能源局等部门相关司局级领导担任组长。工作组成员由上述相关部门工作人员和国家气候战略中心等有关单位专家组成。

四、请将本地区负责考核评估工作的单位及联系人、联系电话于5月30日前报至我委。有关具体事项另行通知。

附件：

1.“十二五”单位国内生产总值二氧化碳排放降低目标责任考核评估工作方案（略）

2.“十二五”单位国内生产总值二氧化碳排放降低目标责任现场考核评估工作分组表（略）

3.“十二五”单位国内生产总值二氧化碳排放降低目标责任考核评估指标及评分细则（略）

4.二氧化碳排放核算方法及数据核查表（略）

国家发展改革委办公厅
2016年5月15日

关于推进电能替代的指导意见

发改能源[2016]1054号

各省（自治区、直辖市）、新疆生产建设兵团发展改革委、能源局、财政厅、环保厅、住房城乡建设厅、经信委（工信委、工信厅）、交通运输厅（局、委），国家能源局各派出机构、民航各地区管理局，国家电网公司、南方电网公司：

为贯彻落实中央财经领导小组第六次会议、《国务院关于印发大气污染防治行动计划的通知》（国发[2013]37号）、《能源发展战略行动计划（2014-2020年）》（国办发[2014]31号）相关部署，现就推进电能替代提出以下意见：

一、充分认识推进电能替代的重要意义

电能替代是在终端能源消费环节，使用电能替代散烧煤、燃油的能源消费方式，如电采暖、地能热泵、工业电锅炉（窑炉）、农业电排灌、电动汽车、靠港船舶使用岸电、机场桥载设备、电蓄能调峰等。当前，我国电煤比重与电气化水平偏低，大量的散烧煤与燃油消费是造成严重雾霾的主要因素之一。电能具有清洁、安全、便捷等优势，实施电能替代对于推动能源消费革命、落实国家能源战略、促进能源清洁化发展意义重大，是提高电煤比重、控制煤炭消费总量、减少大气污染的重要举措。稳步推进电能替代，有利于构建层次更高、范围更广的新型电力消费市场，扩大电力消费，提升我国电气化水平，提高人民群众生活质量。同时，带动相关设备制造行业发展，拓展新的经济增长点。

二、总体要求

（一）指导思想

贯彻中央财经领导小组第六次会议精神，促进能源消费革命，落实能源发展战略行动计划及大气污染防治行动计划，以提高电能占终端能源消费比重、提高电煤占煤炭消费比重、提高可再生能源占电力消费比重、降低大气污染物排放为目标，根据不同电能替代方式的技术经济特点，因地制宜，分步实施，逐步扩大电能替代范围，形成清洁、安全、智能的新型能源消费方式。

（二）基本原则

坚持改革创新。结合电力体制改革，完善电力市场化交易机制，还原电力商品属性。创新电能替代技术路线，加快电能替代关键设备研发，促进技术装备能效水平显著提升，应用范围进一步扩大。

坚持规划引领。统筹能源资源开发利用、大气污染防治和经济社会可持续发展，合理规划电能替代，引导电能替代健康发展。科学制定电力发展规划，主要通过可再生能源和现有火电满足电能替代新增电量需求。

坚持市场运作。鼓励社会资本投入，探索多方共赢的市场化项目运作模式。引导社会力量积极参与电能替代技术、业态和运营等创新，发挥市场在资源配置中的决定性作用。

坚持有序推进。结合各地区生态环境达标要求、能源消费结构和用能需求特性等，因地制宜、稳步有序地推进经济性好、节能减排效益佳的电能替代示范试点项目，带动推广实施电能替代。

（三）总体目标

完善电能替代配套政策体系，建立规范有序的运营监管机制，形成节能环保、便捷高效、技术可行、广泛应用的新型电力消费市场。2016—2020年，实现能源终端消费环节电能替代散烧煤、燃油消费总量约1.3亿吨标煤，带动电煤占煤炭消费比重提高约1.9%，带动电能占终端能源消费比重提高约1.5%，促进电能占终端能源消费比重达到约27%。

三、重点任务

电能替代方式多样，涉及居民采暖、工业与农业生产、交通运输、电力供应与消费等众多领域，以分布式应用为主。应综合考虑地区潜力空间、节能环保效益、财政支持能力、电力体制改革和电力市场交易等因素，根据替代方式的技术经济特点，因地制宜，分类推进。

（一）居民采暖领域

在存在采暖刚性需求的北方地区和有采暖需求的长江沿线地区，重点对燃气（热力）管网覆盖范围以外的学校、商场、办公楼等热负荷不连续的公共建筑，大力推广碳晶、石墨烯发热器件、发热电缆、电热膜等分散电采暖替代燃煤采暖。

在燃气（热力）管网无法达到的老旧城区、城乡结合部或生态要求较高区域的居民住宅，推广蓄热式电锅炉、热泵、分散电采暖。

在农村地区，以京津冀及周边地区为重点，逐步推进散煤清洁化替代工作，大力推广以电代煤。

在新能源富集地区，利用低谷富余电力，实施蓄能供暖。

（二）生产制造领域

在生产工艺需要热水（蒸汽）的各类行业，逐步推进蓄热式与直热式工业电锅炉应用。重点在上海、江苏、浙江、福建等地区的服装纺织、木材加工、水产养殖与加工等行业，试点蓄热式工业电锅炉替代集中供热管网覆盖范围以外的燃煤锅炉。

在金属加工、铸造、陶瓷、岩棉、微晶玻璃等行业，在有条件地区推广电窑炉。

在采矿、食品加工等企业生产过程中的物料运输环节，推广电驱动皮带传输。

在浙江、福建、安徽、湖南、海南等地区，推广电制茶、电烤烟、电烤槟榔等。

在黑龙江、吉林、山东、河南等农业大省，结合高标准农田建设和推广农业节水灌溉等工作，加快推进机井通电。

（三）交通运输领域

支持电动汽车充换电基础设施建设，推动电动汽车普及应用。

在沿海、沿江、沿河港口码头，推广靠港船舶使用岸电和电驱动货物装卸。

支持空港陆电等新兴项目推广，应用桥载设备，推动机场运行车辆和装备“油改电”工程。

（四）电力供应与消费领域

在可再生能源装机比重较大的电网，推广应用储能装置，提高系统调峰调频能力，更多消纳可再生能源。在城市大型商场、办公楼、酒店、机场航站楼等建筑推广应用热泵、电蓄冷空调、蓄热电锅炉等，促进电力负荷移峰填谷，提高社会用能效率。

四、保障措施

（一）加强规划指导

统筹制定规划。各地方政府应将电能替代纳入当地能源和大气污染防治工作，根据地区用电用热需求，结合热电联产、区域高效环保锅炉房、工业余热利用等多种能源供应方式，在城市总体规划、能源发展规划中充分考虑电能替代发展，保障电能替代配套电网线路走廊和站址用地规划。

加强组织领导。省级能源主管部门、经济运行主管部门、节能主管部门应加强本地区电能替代潜力分析，明确电能替代实施方向和路径，制定电能替代工作方案。明确职责分工，强化部门协作，形成有目标、有计划、有组织的工作机制。做好分区域、分年度任务分解，确保各项政策、措施和重点项目落到实处。

（二）发挥示范项目引领作用

鼓励试点示范。充分考虑地区差异，鼓励进行差别化的试点探索，实施一批“经济效益好、推广效果佳”的试点示范项目。鼓励创新引领，借力大众创新、万众创业，整合技术资金资源优势，探索一批业态融合、理念先进、具有市场潜力的项目。在电能替代项目集中地区，创建一批示范区（乡、镇、村）或示范园区。加强项目建设管理，及时跟踪、评估，确保达到示范效果。

加大宣传力度。借助多种传媒方式，大力普及电能替代常识，宣传电能替代清洁便利优点和节能减排成效，为电能替代项目实施创造良好的社会舆论环境。及时开展示范成果展示，推广复制成功经验。

（三）制定完善配套支持措施

严格节能环保措施。严格环保和能效达标准入，加大对企业燃煤锅炉、窑炉、港口船舶燃油等排放物的监督检查力度。鼓励各地方政府在国家标准的基础上，出台更加严格的分散燃煤、燃油设施的限制性、禁止性环保标准。采取有效措施，确保电能替代的散烧煤、燃油切实压减。

推进电力市场建设。加快推进电力体制改革和电力市场建设，有序放开输配以外的竞争性环节电价，逐步形成反映时间和位置的市场价格信号。支持电能替代用户参与电力市场竞争，与风电等各类发电企业开展电力直接交易，增加用户选择权，降低用电成本。创新辅助服务机制，电、热生产企业和用户投资建设蓄热式电锅炉，提供调峰服务的，应获得合理补偿收益。

优化电能替代价格机制。结合输配电价改革，将因电能替代引起的合理配电网建设改造投资纳入相应配电网企业有效资产，将合理运营成本计入输配电准许成本，并科学核定分用户类别分电压等级电能替代输配电价。完善峰谷分时电价政策，通过适当扩大峰谷电价价差、合理设定低谷时段等方式，充分发挥价格信号引导电力消费、促进移峰填谷的作用。鼓励地方研究取消城市公用事业附加费，减轻电力用户负担。

有效利用财政补贴。各地方政府根据自身实际情况，有效利用大气污染防治专项资金等资金渠道，通过奖励、补贴等方式，对符合条件的电能替代项目、电能替代技术研发予以支持。

积极探索融资渠道。鼓励电能替代项目单位结合自身情况，积极申请企业债、低息贷款，采用PPP模式，解决项目融资问题。

（四）加强配套电网建设改造

按照《国家发展改革委关于加快配电网建设改造的指导意见》（发改能源[2015]1899号）要求，配电网企业应加强电能替代配套电网建设，推进电网升级改造，加强电网安全运行管理，提高供电保障能力。对于新增电能替代项目，相应配电网企业要安排专项资金用于红线外供配电设施的投资建设。同时，建立提前介入、主动服务、高效运转的“绿色通道”，按照客户需求做好布点布线、电网接入等服务工作。各地方政府应对电能替代配套电网建设改造给予支持，简化审批程序，支持相应配电网企业做好项目征地、拆迁和电力设施保护等工作。

（五）加强科技研发与产业培育

加快关键技术和设备研发。鼓励自主创新和引进吸收相结合，加大电加热元件、储热材料、绝热节能材料等关键技术和设备的科研投入，促进设备升级换代，进一步提高产品能效，形成产业化能力。鼓励构建“产、学、研、用”相结合的体制机制，结合《中国制造2025》推进实施，鼓励行业内优势企业跨领域组建创新中心，加快与智能电网技术、新一代大数据信息技术的深度融合，发展高端电力设备与增值服务，提升电能替代设备的智能化生产和应用水平。

完善技术标准和准入制度。制定和修订电能替代建设和运行标准。加强知识产权运用和保护，促进成果转化。制定和完善电能替代产品准入制度，提高产品质量和可靠性，加强质量监管，增强企业质量意识和履约能力，健全售后保障。

创新商业模式，优化产业结构。探索建立商业化赢利模式，鼓励以合同能源管理、设备租赁、以租代建等方式开展电能替代。引导社会资本投向安全、高效、智能化的电能替代产品和服务。结合市场需求，鼓励企业提供多样化的。

国家发展改革委国家能源局财政部
环境保护部住房城乡建设部
工业和信息化部交通运输部中国民用航空局
2016年5月16日

关于做好风电、光伏发电全额保障性收购管理工作的通知

发改能源[2016]1150号

为做好可再生能源发电全额保障性收购工作，保障风电、光伏发电的持续健康发展，现将有关事项通知如下：

一、根据《可再生能源发电全额保障性收购管理办法》（发改能源〔2016〕625号），综合考虑电力系统消纳能力，按照各类标杆电价覆盖区域，参考准许成本加合理收益，现核定了部分存在弃风、弃光问题地区规划内的风电、光伏发电最低保障收购年利用小时数（详见附表）。最低保障收购年利用小时数将根据新能源并网运行、成本变化等情况适时调整。

二、各有关省（区、市）能源主管部门和经济运行主管部门要严格落实规划内的风电、光伏发电保障性收购电量，认真落实《国家能源局关于做好“三北”地区可再生能源消纳工作的通知》以及优先发电、优先购电相关制度的有关要求，按照附表核定最低保障收购年利用小时数并安排发电计划，确保最低保障收购年利用小时数以内的电量以最高优先等级优先发电。已安排2016年度发电计划的省（区、市）须按照附表核定最低保障收购年利用小时数对发电计划及时进行调整。

各省（区、市）主管部门和电网调度机构应严格落实《关于有序放开发用电计划的实施意见》中关于优先发电顺序的要求，严禁对保障范围内的电量采取由可再生能源发电项目向煤电等其他电源支付费用的方式来获取发电

权，妥善处理好可再生能源保障性收购、调峰机组优先发电和辅助服务市场之间的关系，并与电力交易方案做好衔接。

三、保障性收购电量应由电网企业按标杆上网电价和最低保障收购年利用小时数全额结算，超出最低保障收购年利用小时数的部分应通过市场交易方式消纳，由风电、光伏发电企业与售电企业或电力用户通过市场化的方式进行交易，并按新能源标杆上网电价与当地煤电标杆上网电价（含脱硫、脱硝、除尘）的差额享受可再生能源补贴。

地方政府能源主管部门或经济运行主管部门应积极组织风电、光伏发电企业与售电企业或电力用户开展对接，确保最低保障收购年利用小时数以外的电量能够以市场化的方式全额消纳。

四、保障性收购电量为最低保障目标，鼓励各相关省（区、市）提出并落实更高的保障目标。目前实际运行小时数低于最低保障收购年利用小时数的省（区、市）应根据实际情况，制定具体工作方案，采取有效措施尽快确保在运行的风电、光伏电站达到最低保障收购年利用小时数要求。具体工作方案应向全社会公布并抄送国家发展改革委和国家能源局。

除资源条件影响外，未达到最低保障收购年利用小时数要求的省（区、市），不得再新开工建设风电、光伏电站项目（含已纳入规划或完成核准的项目）。

未制定保障性收购要求的地区应根据资源条件按标杆上网电价全额收购风电、光伏发电项目发电量。未经国家发改委、国家能源局同意，不得随意设定最低保障收购年利用小时数。

五、各省（区、市）有关部门在制定发电计划和电量交易方案时，要充分预留风电和光伏发电保障性收购电量空间，不允许在月度保障性收购电量未完成的情况下结算市场交易部分电量，已经制定的市场交易机制需落实保障月度保障性电量的要求。

电网企业（电力交易机构）应将各风电、光伏发电项目的全年保障性收购电量根据历史和功率预测情况分解到各月，并优先结算当月的可再生能源保障性收购电量，月度保障性收购电量结算完成后再结算市场交易部分电量，年终统一清算。

六、风电、光伏发电企业要协助各省级电网企业或地方电网企业及电力交易机构按国家有关规定对限发电量按月进行统计。对于保障性收购电量范围内的限发电量要予以补偿，电网企业协助电力交易机构根据《可再生能源发电全额保障性收购管理办法》（发改能源〔2016〕625号）的要求，按照风电、光伏发电项目所在地的标杆上网电价和限发电量明确补偿金额，同时要确定补偿分摊的机组，相关报表和报告按月报送国家能源局派出机构和省级经济运行主管部门备案并公示。电网企业应保留限电时段相关运行数据，以备监管机构检查。

各电网企业于2016年6月30日前与按照可再生能源开发利用规划建设、依法取得行政许可或者报送备案、符合并网技术标准的风电、光伏发电企业签订2016年度优先发电合同，并于每年年底前签订下一年度的优先发电合同。

七、国务院能源主管部门派出机构会同省级能源主管部门和经济运行主管部门要加强对可再生能源发电全额保障性收购执行情况的监管和考核工作，定期对电网企业与风电、光伏发电项目企业签订优先发电合同和执行可再生能源发电全额保障性收购情况进行专项监管，对违反《可再生能源发电全额保障性收购管理办法》（发改能源〔2016〕625号）和本通知要求的要按规定采取监管措施，相关情况及时报国家发展改革委和国家能源局。

落实可再生能源发电全额保障性收购制度是电力体制改革工作的一项重要任务，也是解决弃风、弃光限电问题和促进可再生能源持续健康发展的重要措施。各部门要按照上述要求认真做好可再生能源发电全额保障性收购工作，确保弃风、弃光问题得到有效缓解。

附件：（略）

国家发展改革委国家能源局

2016年5月27日

关于加强资源环境生态红线管控的指导意见

（发改环资〔2016〕1162号2016年5月30日印发）

（国家发展改革委财政部国土资源部环境保护部水利部农业部林业局能源局海洋局2016年5月30日印发）

为贯彻落实《中共中央、国务院关于加快推进生态文明建设的意见》中严守资源环境生态红线的有关要求，指导红线划定工作，推动建立红线管控制度，加快建设生态文明，提出本意见。

一、总体要求和基本原则

（一）总体要求

统筹考虑资源禀赋、环境容量、生态状况等基本国情，根据我国发展的阶段性特征及全面建成小康社会目标的需要，合理设置红线管控指标，构建红线管控体系，健全红线管控制度，保障国家能源资源和生态环境安全，倒逼发展质量和效益提升，构建人与自然和谐发展的现代化建设新格局。

（二）基本原则

——严格管控、保障发展。树立底线思维和红线意识，设定并严守资源环境生态红线，并与空间开发保护管理相衔接，实行最严格的管控和保护措施。推动资源环境生态红线管控与经济社会发展相适应，预留必要的发展空间。

——分类管理、因地制宜。根据红线管控不同类型和要素特征，制定科学合理的红线管控政策措施。结合不同地区经济社会发展情况、资源环境现状和主体功能定位等因素，提出差别化、针对性强的管控要求。

——部门协调、上下联动。有关主管部门在红线管控目标设置、政策制定、制度建设等方面，要加强与相关部门的沟通协调，做好与有关法规标准、战略规划、政策措施的衔接。明确部门和地方责任，上下联动、形成合力。

——立足当前、着眼长远。把对当前经济社会发展制约性强的要素优先纳入红线管控，尽快遏制资源无节制消耗、生态环境退化的趋势。根据经济社会发展长远目标，超前研究其他相关红线管控要素，适时纳入管控范围。

二、管控内涵及指标设置

资源环境生态红线管控是指划定并严守资源消耗上限、环境质量底线、生态保护红线，强化资源环境生态红线指标约束，将各类经济社会活动限定在红线管控范围以内。

（一）设定资源消耗上限。合理设定全国及各地区资源消耗“天花板”，对能源、水、土地等战略性资源消耗总量实施管控，强化资源消耗总量管控与消耗强度管理的协同。

1.能源消耗。依据经济社会发展水平、产业结构和布局、资源禀赋、环境容量、总量减排和环境质量改善要求等因素，确定能源消费总量控制目标。京津冀、长三角、珠三角和山东省等大气污染治理重点地区及城市，要明确煤炭占能源消费比重、煤炭消费减量控制等指标要求。

2.水资源消耗。依据水资源禀赋、生态用水需求、经济社会发展合理需要等因素，确定用水总量控制目标。严重缺水以及地下水超采地区，要严格设定地下水开采总量指标。

3.土地资源消耗。依据粮食和生态安全、主体功能定位、开发强度、城乡人口规模、人均建设用地标准等因素，划定永久基本农田，严格实施永久保护，对新增建设用地占用耕地规模实行总量控制，落实耕地占补平衡，确保耕地数量不下降、质量不降低。用地供需矛盾特别突出地区，要严格设定城乡建设用地总量控制目标。

（二）严守环境质量底线。以改善环境质量为核心，以保障人民群众身体健康为根本，综合考虑环境质量现状、经济社会发展需要、污染预防和治理技术等因素，与地方限期达标规划充分衔接，分阶段、分区域设置大气、水和土壤环境质量目标，强化区域、行业污染物排放总量控制，严防突发环境事件。环境质量达标地区要努力实现环境质量向更高水平迈进，不达标地区要尽快制定达标规划，实现环境质量达标。

1.大气环境质量。以达到《环境空气质量标准》（GB3095-2012）为主要目标，与《大气污染防治行动计划》相衔接，地区和区域大气环境质量不低于现状，向更好转变。

2.水环境质量。以水环境质量持续改善为目标，与《水污染防治行动计划》、《国务院关于实行最严格水资源管理制度的意见》相衔接，各地区、各流域水质优良比例不低于现状，向更好转变。

3.土壤环境质量。以农用地土壤镉（Cd）、汞（Hg）、砷（As）、铅（Pb）、铬（Cr）等重金属和多环芳烃、石油烃等有机污染物含量为主要指标，设置农用地土壤环境质量底线指标，与国家有关土壤污染防治计划规划相衔接，各地区农用地土壤环境质量达标率不低于现状，向更好转变。条件成熟地区，应将城市、工矿等污染地块环境质量纳入底线管理。

（三）划定生态保护红线。根据涵养水源、保持水土、防风固沙、调蓄洪水、保护生物多样性，以及保持自然本底、保障生态系统完整和稳定性等要求，兼顾经济社会发展需要，划定并严守生态保护红线。

依法在重点生态功能区、生态环境敏感区和脆弱区等区域划定生态保护红线，实行严格保护，确保生态功能不降低、面积不减少、性质不改变；科学划定森林、草原、湿地、海洋等领域生态红线，严格自然生态空间征（占）用管理，有效遏制生态系统退化的趋势。

三、管控制度

加快建立体现资源环境生态红线管控要求的政策机制，形成源头严防、过程严管、责任追究的红线管控制度体系。

（一）建立红线管控目标确定及分解落实机制。根据部门职责

和地方实际，国务院主管部门要会同相关部门和地方，在摸清全国资源环境生态现状的基础上，分别确定资源环境生态红线管控目标、分解方案，报经国务院批准后实施。资源环境生态红线确定后原则上不得调整，根据实际情况确需进行调整的，要按程序报批。

（二）完善与红线管控相适应的准入制度。有关部门和各地区要把资源环境生态红线管控要求纳入经济社会发展规划及相关专项规划，鼓励地方出台严于国家要求的红线管控办法。在环境影响评价、排污许可、节能评估审查、用地预审、水土保持方案、入河（湖、海）排污口设置、水资源论证和取水许可等制度完善和实施过程中，强化细化红线管控要求。

（三）加强资源环境生态红线实施监管。加强环评、排污许可、能评、用地许可、水土保持方案审批、入河（湖、海）排污口设置、水资源论证和取水许可等后评估和监督检查，加大违法违规行为的查处力度。强化规划实施期中、期末评估和环境影响跟踪评价，严格落实红线管控要求和规划环境影响评价结论及审查意见。建立资源环境生态红线管控落实情况日常巡查、现场核查等制度，强化红线管控落实情况的执法监督。在节能减排目标责任考核、土地和环保督察、最严格水资源管理制度考核、水资源督察等考核监督中，强化红线管控要求。

（四）加强统计监测能力建设。加快推进资源消耗、环境质量、生态保护红线管控的统计监测核算制度建设，确保国家与地方核算方法、标准、点位等衔接统一，提高数据的准确性、科学性、一致性，加强部门间数据共享。利用信息化、大数据、卫星遥感与无人机等技术手段，建立红线监测网络体系，覆盖管控重点领域。研究建立红线管控第三方评估机制。

（五）建立资源环境承载能力监测预警机制。在资源环境承载能力监测预警机制中充分考虑资源环境生态红线因素，对水土资源、环境容量和海洋资源超载区域，研究提出具有针对性的限制性措施。完善能源消耗晴雨表发布等制度。红线管控事项涉及多个地区的，相关地区要建立区域、流域红线管控预警和联动机制。

（六）建立红线管控责任制。将资源环境生态红线管控纳入地方政府和领导干部政绩考核体系，并作为党政领导干部生态环境损害责任追究的重要内容，对任期内突破红线管控要求并造成资源浪费和生态环境破坏的，按照情节轻重，从决策、实施、监管等环节追究有关人员的责任。

四、组织实施

（一）加强组织领导。国务院有关主管部门要根据工作职责，会同相关部门研究制定具体要素的红线管控实施方案，明确红线管控的主要目标、重点任务、制度机制等，加强对各地区的工作指导和监督，重大问题及时向国务院报告。地方有关部门要严格目标管理，明确任务分工，建立协调机制，切实将红线管控要求落到实处。

（二）明确部门工作重点。发展改革部门牵头负责管控能源消耗上限，划定森林、草原、湿地、海洋等领域生态红线；国土资源部门牵头负责管控土地资源消耗上限、划定永久基本农田、自然生态空间征（占）用管理工作；环境保护部门牵头负责管控环境质量底线，依法在重点生态功能区、生态环境敏感区和脆弱区等区域划定生态保护红线；水利部门牵头负责管控水资源消耗上限；海洋部门负责划定海洋生态红线。其他相关部门根据工作职责，参与资源环境生态红线管控方面的政策制定、制度设计、监督管理、考核问责、信息公开等工作。

（三）鼓励公众参与。各部门、各地区要及时准确发布资源环境生态红线有关信息，有效保障公众知情权和参与权。健全公众举报、听证和监督等制度，发挥好民间组织和志愿者的积极作用，形成政府、企业、社会齐抓共管的良好工作局面。

关于2016年全国节能宣传周和全国低碳日活动的通知

发改环资[2016]1179号

为深入贯彻落实党的十八大和十八届三中、四中、五中全会精神，牢固树立创新、协调、绿色、开放、共享五大发展理念，广泛宣传生态文明主流价值观，培育和践行节约集约循环利用的资源观，加快改善生态环境，提高资源利用效率，努力建设资源节约型和环境友好型社会，深入进行全民节能低碳宣传教育，大力倡导勤俭节约的社会风尚，在全社会营造节能降碳的浓厚氛围，决定今年6月12日至18日为全国节能宣传周，6月14日为全国低碳日。为做好2016年全国节能宣传周和全国低碳日活动安排，现将有关事项通知如下。

一、今年全国节能宣传周活动的主题是“节能领跑绿色发展”。全国低碳日活动主题为“绿色发展低碳创新”。

二、节能宣传周期间，要认真落实《关于加快推进生态文明建设的意见》和《国民经济和社会发展第十三个五年规划》的相关要求。要以建设生态文明为主线，以动员社会各界参与节能降碳为重点，普及生态文明、绿色发展理念和知识，形成崇尚节约、合理消费与低碳环保的社会风尚，推动形成绿色化生产生活方式。通过群众喜闻乐见的各种宣传形式，广泛动员全社会参与节能降碳。充分发挥电视、广播、报纸等传统媒体优势，积极运用网络、微信、微博等新兴媒体并加大宣传力度。加强与网络、通讯、城管等部门的衔接，妥善做好相关宣传材料的推送、发布及张贴工作。

三、全国低碳日期间，国家发展改革委将会同有关单位围绕低碳日主题，组织举办形式多样的宣传活动，普及应对气候变化知识，宣传低碳发展理念。鼓励各部门、各地方结合工作实际开展各具特色的低碳宣传活动，动员全社会广泛参与低碳行动，培育引领低碳新风尚。

四、各地节能宣传周和低碳日活动牵头部门要切实发挥牵头作用，加强沟通协作，会同联合主办部门做好本地区节能宣传周和低碳日的组织工作。国家节能中心、中国节能协会、中国质量认证中心、中国标准化研究院、国家气候变化战略研究和国际合作中心、各级节能监察机构和节能技术服务中心等单位要积极配合开展宣传活动，相关民间组织、社会团体、企事业单位要积极参与宣传活动。鼓励天猫、京东、国美、苏宁等企业围绕全国节能宣传周，积极组织开展能效“领跑者”、能效等级2级以上及获得中国节能产品认证的高效节能产品展示和推广活动。要坚决贯彻执行中央八项规定有关要求，既要保证宣传活动有声势有影响，又要坚持节俭办活动。

五、活动结束后，各联合主办部门、各省级节能宣传周和低碳日活动牵头部门要对本年度节能宣传周和低碳日活动情况进行总结，并于7月31日前将书面总结材料报送国家发展改革委（环资司、气候司）。

附件：2016年全国节能宣传周和全国低碳日宣传重点

国家发展改革委教育部科技部工业和信息化部环保部
住房城乡建设部交通运输部农业部商务部国资委
新闻出版广电总局国管局全国总工会共青团中央
2016年6月1日

关于开展“十二五”单位国内生产总值二氧化碳排放降低目标责任现场考核的通知

发改办气候[2016]1557号

各省、自治区、直辖市人民政府办公厅，工业和信息化部、住房城乡建设部、国家统计局、气象局、国家能源局办公厅（办公室、综合司）：

根据《国家发展改革委办公厅关于开展“十二五”单位国内生产总值二氧化碳排放降低目标责任考核评估的通知》（发改办气候[2016]1238号）要求，我们拟于7月份开展省级人民政府“十二五”单位国内生产总值二氧化碳排放降低目标责任现场考核评估，现将具体事项通知如下：

一、为保证时间进度，现场考核分为十二个工作组。第一组:北京、天津、上海；第二组：辽宁、广东、海南；第三组：湖北、重庆、云南、陕西；第四组：内蒙古、吉林、黑龙江；第五组：西藏；第六组：江西、四川、贵州；第七组：浙江、福建；第八组：河北、山东、河南；第九组：甘肃、青海、宁夏；第十组：湖南、广西；第十一组：山西、江苏、安徽；第十二组：新疆。

第一至三组为低碳试点省（市），由国家发改委气候司负责同志带队开展碳强度现场考核评估工作和低碳试点地区现场总结评估工作。第四至十二组按常规开展碳强度现场考核评估工作，分别由国家发改委气候司、工信部、住建部、统计局、气象局和能源局等相关部门司局级负责同志担任组长。工作组成员由上述部门工作人员和国家气候战略中心等有关单位专家组成。

二、现场考核主要包括审核材料、现场考察、集中评议和意见反馈三个环节。各组现场考核工作方案由考核工作组与相关省、自治区、直辖市应对气候变化主管部门商定。

一是审核材料。通过座谈会、材料审核了解地方“十二五”碳强度下降目标完成情况和有关措施落实情况，考察地方推进绿色低碳发展的举措和实际进展。

二是现场考察。现场调研1-2个低碳发展项目，包括低碳技术、建筑、交通等等。实地了解地方推动绿色低碳发展的政策措施及各地在碳排放权交易、总量控制等方面的创新探索和存在的问题。

三是集中评议和意见反馈。由省级人民政府代表向考评工作组报告“十二五”地区碳强度降低目标完成情况和任务措施落实情况，工作组通过提问和交流，对相关情况进行集中评议，并得出初步考核评估结论。考评工作组就现场审核情况与地方政府交换初步意见并听取地方的反馈意见和建议。

三、请各省、自治区、直辖市应对气候变化主管部门负责同志牵头做好相关工作。

附件：“十二五”单位国内生产总值二氧化碳排放降低目标责任现场考核评估工作分组表（略）

国家发展改革委办公厅
2016年6月29日

关于做好2016年度煤炭消费减量替代有关工作的通知

发改办环资[2016]1623号

北京市、天津市、河北省、辽宁省、上海市、江苏省、浙江省、山东省、河南省、广东省人民政府办公厅：

2013年以来，有关地区和部门认真贯彻落实党中央、国务院决策部署，采取一系列有力的政策措施，煤炭消费减量替代工作取得了阶段性成效。2014年和2015年，全国煤炭消费量同比分别下降2.9%和3.7%，实现了负增长，但部分重点地区新建高耗煤项目较多，煤炭消费减量目标完成进度滞后，全面完成煤炭消费减量目标任务压力仍然较大。为进一步落实《国务院关于印发大气污染防治行动计划的通知》（国发[2013]37号）以及《重点地区煤炭消费减量替代管理暂行办法》（发改环资[2014]2984号）和《加强大气污染治理重点城市煤炭消费总量控制工作方案》（发改环资[2015]1015号），做好2016年度煤炭消费减量替代工作，保障实现2013-2017年煤炭消费减量目标，现将有关事项通知如下：

一、切实重视煤炭消费减量替代工作

严格煤炭消费量控制，实行煤炭消费减量替代，是推进大气污染治理、落实能源消耗总量和强度“双控”、建设生态文明、实现绿色发展的重要举措。重点地区和城市一定要从战略和全局高度，充分认识做好这项工作的重要性和紧迫性，增强忧患意识和责任意识，将思想行动统一到中央的决策部署上来，把煤炭消费减量替代工作作为加强宏观调控、调整经济结构、转变发展方式的重要抓手，摆在更加突出位置，加强领导、综合施策、狠抓落实，下更大气力，确保完成2016年和2013-2017年煤炭消费减量替代目标。

二、完善煤炭消费减量替代工作方案

重点地区和城市要进一步完善和细化煤炭消费减量替代工作方案，量化任务、明确措施，提出重点项目清单，要将减量替代目标分解落实到下一级政府和重点用煤企业。新建耗煤项目要明确煤炭消费减量替代明细，新增用煤应纳入替代工作方案，作为新增量统筹平衡；煤炭削减量不能按照压减的过剩行业或落后产能规模进行估算，要根据压减的实际产量进行科学测算。要结合“十三五”能耗总量和强度“双控”目标任务、大气污染防治要求以及本地区实际，研究制定2020年煤炭消费减量目标，谋划好“十三五”及中长期煤炭消费减量工作。重点地区应于今年7月底前将2016年煤炭消费减量目标报国家发展改革委(环资司)，并抄送环境保护部、国家能源局。

三、严控高耗煤项目新增产能

重点地区和城市要严格落实国务院《关于化解产能严重过剩矛盾的指导意见》（国发[2013]41号）、《关于钢铁行业化解过剩产能实现脱困发展的意见》（国发[2016]6号）、《关于煤炭行业化解过剩产能实现脱困发展的意见》（国发[2016]7号）、《关于促进建材工业稳增长调结构增效益的指导意见》（国办[2016]34号），以及《关于促进我国煤电有序发展的通知》（发改能源[2016]565号）等文件要求，对钢铁、煤炭、水泥熟料、平板玻璃等产能过剩产业和面临潜在过剩风险的煤电行业，要严控(严禁)新增产能，加快淘汰落后产能和化解过剩产能，严格执法，显著减少产能过剩行业的煤炭消费量。

四、加快推进煤炭消费减量工程和措施

重点地区、重点城市要围绕重点领域、重点企业，加快实施燃煤电厂超低排放和节能改造、余热余压利用、能量系统优化、电机系统节能等节能改造工程；积极推进燃煤锅炉节能环保综合提升工程，加快淘汰落后燃煤锅炉，加大高效锅炉推广力度，全面推进燃煤锅炉和燃煤工业窑炉节能环保改造，加强节能环保监管；加快推进产城融合，实施余热暖民工程，充分利用低品位余热进行供热，发展高效清洁背压热电联产代替分散燃煤供热。落实《商品煤质量管理暂行办法》、《关于促进煤炭安全绿色开发和清洁高效利用的意见》、《煤炭清洁高效利用行动计划(2015-2020)》、《工业领域煤炭清洁高效利用行动计划》要求，促进煤炭高效清洁利用；强化燃煤锅炉整治、农村散煤治理；推进“煤改气”、“煤改电”，大力发展可再生能源，大幅削减散煤使用；推进用能预算管理体系建设，推动用能用煤管理精细化、科学化，实现用能用煤的高效配置。

五、做好2015年度煤炭消费减量替代工作的监督考核

重点地区应按照《重点地区煤炭消费减量替代管理暂行办法》要求，于今年7月底前编制完成2015年度煤炭消费减量替代工作自查报告，并报国家煤炭消费减量替代工作协调小组办公室。协调小组办公室将会同协调小组其他成员单位，对重点地区2015年度煤炭消费减量替代工作进行实地抽查，结果报告国务院，并向社会公告。重点地区和城市要加大对本行政区域的监督检查力度，检查结果要向社会公告，对未完成煤炭减量目标的地市要给予通报批评，暂缓审批其新建高耗煤项目，并定期向协调小组办公室报送工作进展情况。

六、加强形势分析和预警调控

重点地区要做好煤炭消费形势分析，对减量目标完成进度滞后的地市，要制定并及时启动针对高耗能企业、落后企业、过剩产能的预警调控。同时要切实保障民生领域用能用煤和用电，供暖季来临要切实保障供暖用煤，坚决防止煤炭消费减量工作前松后紧、年底突击“控煤限煤”的现象。

依据环境保护部发布的74个城市空气质量状况，我们对2016年度大气污染治理重点城市和预警城市名单进行了调整，具体名单见附件。

附件：2016年度大气污染治理重点城市和预警城市名单（略）

国家发展改革委办公厅工业和信息化部办公厅财政部办公厅
环境保护部办公厅国家统计局办公室国家能源局综合司
2016年7月11日

关于加快居民区电动汽车充电基础设施建设的通知

发改能源[2016]1611号

各省、自治区、直辖市、新疆生产建设兵团发展改革委（能源局、物价局）、工业和信息化主管部门、住房城乡建设厅（委、局），国家电网公司、南方电网公司、中国电动汽车充电基础设施促进联盟：

为贯彻《国务院办公厅关于加快电动汽车充电基础设施建设的指导意见》（国办发〔2015〕73号）要求，进一步落实地方政府主体责任，充分调动各有关方面积极性，切实解决当前居民区电动汽车充电基础设施建设难题，现将有关要求通知如下：

一、加强现有居民区设施改造。根据电动汽车发展规划及应用推广情况，按“适度超前”原则，供电企业要结合老旧小区改造，积极推进现有居民区（含高压自管小区）停车位的电气化改造，确保满足居民区充电基础设施用电需求。对专用固定停车位（含一年及以上租赁期车位），按“一表一车位”模式进行配套供电设施增容改造，每个停车位配置适当容量电能表。对公共停车位，应结合小区实际情况及电动车用户的充电需求，开展配套供电设施改造，合理配置供电容量。国家对居民区停车位的电气化改造酌情给予专项建设基金等政策支持，地方政府要统一协调有关部门和单位给予施工便利。

二、规范新建居住区设施建设。新建居住区应统一将供电线路敷设至专用固定停车位（或预留敷设条件），预留电表箱、充电设施安装位置和用电容量，并因地制宜制定公共停车位的供电设施建设方案，为充电基础设施建设安装提供便利。新建居民区停车位配套供电设施建设应与主体建筑同步设计、同步施工。支持结合实际条件，建设占地少、成本低、见效快的机械式与立体式停车充电一体化设施。鼓励探索居住区整体智能充电管理模式。

三、做好工程项目规划衔接。新建或改扩建住宅项目按规定需配建充电基础设施的，城乡规划行政主管部门在核发相关建设工程规划许可证时，要严格执行配建或预留充电基础设施的比例要求。施工图审查机构在审查新建或改扩建住宅项目施工图时，对充电基础设施设置是否符合相关标准进行审核。建设主管部门要将充电基础设施配建情况纳入整体工程验收范畴。

四、引导业主委员会支持设施建设。各地房地产（房屋）行政主管部门、街道办事处或乡镇人民政府、社区居委会要按照《私人用户居住地充电基础设施建设管理示范文本》（附后），主动加强对业主委员会的指导和监督，引导业主支持充电基础设施建设改造，明确充电基础设施产权人、建设单位、管理服务单位等相关主体的权利义务以及相应建设使用管理流程。对于占用固定车位产权人或长期承租方（租期一年及以上）建设充电基础设施的行为或要求，业主委员会（或业主大会授权的管理单位）原则上应同意并提供必要的协助。

五、发挥开发商等产权单位主体作用。各地发展改革（能源）主管部门要会同房地产（房屋）行政主管部门，采取统一组织、专项扶持等方式引导房地产开发企业等居民区车位产权单位主动利用现有停车位与场地，开展充电基础设施的建设和运营工作。

六、发挥物业服务企业积极作用。在居民区充电基础设施安装过程中，物业服务企业应配合业主或其委托的建设单位，及时提供相关图纸资料，积极配合并协助现场勘查、施工。鼓励物业服务企业根据用户需求及业主大会授权，利用公共停车位建设相对集中的公共充电基础设施并提供充电服务。地方可充分利用财政资金杠杆作用，对配套服务与管理积极主动、成效突出的物业服务企业给予适当奖补。

七、创新商业运营模式。充分发挥市场作用推进小区充电基础设施可持续发展，探索第三方充电服务企业、物业服务企业、车位产权方、业主委员会等多方参与居民区充电基础设施建设运营的市场化合作共赢模式，鼓励积极引入局部集中改造、智能充电管理、多用户分时共享等创新运营模式，提升日常运维服务水平。在严格执行《关于电动汽车用电价格政策有关问题的通知》（发改价格[2014]1668号）的基础上，各地价格主管部门可探索居民区充电基础设施建设运营的合理服务收费机制，逐步形成可持续的市场化推进模式。

八、开展充电责任保险工作。加快制定居民区充电基础设施责任保险工作相关规定。居民区充电基础设施由生产（制造）厂商购买产品责任保险，并按“谁拥有，谁投保”的原则购买充电安全责任保险。开展充电基础设施运营业务的企业必须为自身经营的充电设备购买安全责任保险。鼓励设备生产（制造）厂商或电动汽车生产销售企业为个人用户购买充电安全责任保险。

九、加强居民区充电设施安全管理。将充电基础设施纳入居民区安全管理责任体系中，加大监管力度。完善居民区充电基础设施设置场所的消防与电气等安全设计要求。加大对私拉电线、违规用电、不规范建设施工等行为的查处力度。定期开展电气安全、消防安全、防雷设施安全以及充电相关设备设施的检查，及时消除安全隐患。

十、加大舆论宣传力度。各地政府、街道办事处或乡镇人民政府、社区居委会和新闻媒体要通过多种形式宣传居民区充电基础设施建设的政策措施及成效，让广大居民、物业企业了解政策要求；同时加强舆论监督，对不配合或阻挠充电基础设施建设的物业服务企业，以及阻碍居民区充电基础设施建设的有关行为，加大舆论曝光力度，营造有利发展的舆论氛围。

十一、积极开展试点示范。分批在京津冀鲁、长三角、珠三角等地重点城市开展试点示范。各地发展改革（能源）主管部门要会同房地产（房屋）行政主管部门，牵头制订居民区充电基础设施建设运营的综合试点建设方案，并组织实施。

国家发展改革委国家能源局
工业和信息化部住房城乡建设部
2016年7月25日

关于开展用能权有偿使用和交易试点工作的函

发改环资[2016]1659号

建立用能权有偿使用和交易制度，是党中央、国务院的决策部署，是推进生态文明体制改革的重大举措，对促进“十三五”能源消耗总量和强度“双控”目标完成，推进绿色发展，具有十分重要的意义。根据中共中央、国务院《生态文明体制改革总体方案》（中发[2015]25号）、《中华人民共和国国民经济和社会发展第十三个五年规划纲要》要求，为有序推进用能权有偿使用和交易工作，拟在部分地区开展制度试点，先行先试，制定本试点方案。

一、总体要求

（一）指导思想。全面贯彻党的十八大和十八届三中、四中、五中全会精神，牢固树立创新、协调、绿色、开放、共享的发展理念，推进供给侧结构性改革，以制度突破、机制创新、模式探索为重点，发挥市场在资源配置中的决定性作用和更好发挥政府作用，做好顶层设计与鼓励基层创新相结合，积极稳妥地推进初始用能权确权、有偿使用、交易工作，规范能源消费报告、审核和核查技术要求，严格履约机制，不断完善法规标准体系。通过总结凝练，形成可复制可推广的经验和做法，逐步推广，推动实现“十三五”能源消耗总量和强度“双控”目标任务，提高绿色发展水平。

（二）基本原则。坚持市场主导，政府培育。充分发挥市场配置资源的决定性作用，激发市场主体活力，推动能源要素向优质项目、企业、产业流动和集聚。更好地发挥政府作用，分解落实目标任务，建立健全政策措施，培育和发展交易市场，严格履约机制。

坚持重点突破，综合施策。通过制度创新，着力解决初始用能权确权的科学性，有偿使用制度的公平性，核算核查的规范性，定价机制的有效性。出台配套激励和约束政策，做好与碳排放权交易制度的协调，加强事中事后监管，强化能力建设，统筹推进改革举措。

坚持制度创新、总结推广。发挥地方首创精神，鼓励试点地区结合本地区实际情况大胆探索创新、积极作为，在改革试点过程中允许试错、宽容失败。注重巩固改革成果，及时总结凝练，形成可复制可推广的经验、做法和制度，逐步推广应用。

（三）主要目标。在部分地区开展试点，通过探索创新，推动用能权有偿使用和交易改革任务取得积极进展，形成若干可操作、有效的制度成果。在试点地区建立较为完善的制度体系、监管体系、技术体系、配套政策和交易系统，推动能源要素更高效配置。

二、试点范围和时间

（四）试点地区。按照统筹规划、试点先行、分步实施、有序推进的原则，选择在已有一定的工作基础，开展试点工作积极性较高，具有代表性的浙江省、福建省、河南省、四川省开展用能权有偿使用和交易试点。试点地区可以在本区域内全面开展试点，也可以根据实际情况先选择若干地市开展试点，然后逐步扩大试点区域。

（五）试点时间。2016年做好试点顶层设计和准备工作；2017年开始试点，并根据情况不断完善实施方案；到2019年，试点任务取得阶段性成果，形成可复制可推广的经验、做法和制度；2020年，开展试点效果评估，总结提炼经验，视情况逐步推广。

三、试点内容

（六）科学合理确定用能权指标。试点地区要根据国家下达的能源消费总量控制目标，结合本地区经济社会发展水平和阶段、产业结构和布局、节能潜力和资源禀赋等因素，合理确定各地市能源消费总量控制目标。在能源消费总量控制目标的“天花板”下，合理确定用能单位初始用能权。制定科学的初始用能权确权方法，区分产能过剩行业和其他行业、高耗能行业和非高耗能行业、重点用能单位和非重点用能单位、现有产能和新增产能，实施分类指导。产能严重过剩行业、高耗能行业可采用基准法，即结合近几年产量、行业能效“领跑者”水平以及化解过剩产能目标任务，确定初始用能权；其他用能单位可采取历史法，即近几年综合能源消费量平均值确定初始用能权；结合节能评估审查制度，从严确定新增产能的初始用能权。鼓励可再生能源生产和使用，用能单位自产自用可再生能源不计入其综合能源消费量。规范初始用能权确权行为，做到公平、公开、透明、有序，减少自由裁量权，建立争端解决机制。

（七）推进用能权有偿使用。用能权有偿使用的主体为试点地区用能单位特别是重点用能单位。设计用能权有偿使用制度应兼顾公平和效益，平衡现有产能和新增产能的利益，既有利于鼓励先进，推进结构调整，推动能源要素高效配置，又不大幅增加现有企业负担。配额内的用能权以免费为主，超限额用能有偿使用。用能权有偿使用的收入应专款专用，主要用于本地区节能减排的投入以及相关工作。

（八）建立能源消费报告、审核和核查制度。试点地区要制定发布能源消费报告、审核、核查指南、标准等技术规范，明确能源消费统计、计量、计算的范围、方法、流程和操作规范，确保能源消费数据的准确性和可追溯、可核查。制定审核机构管理办法，公告机构名单，规范机构行为，建立用能单位能源消费数据平台。用能单位年综合能源消费量通过自我报告、第三方审核、政府抽查（核查）等方式予以确认。用能单位、审核机构对出具的能源消费报告、第三方审核报告的准确性和真实性负责。

（九）明确交易要素。交易主体一般为试点地区用能单位，也可以选择其他能源消耗总量和强度“双控”目标责任主体作为交易主体。交易主体可以将所持有的用能权指标在交易市场中进行交易。交易标的为用能权指标，以吨标准煤为单位。用能权指标每年清算一次，卖出的用能权从当年或上一年度用能权指标中扣除，但不影响下一年度的用能权指标；买入的用能权计入当年或上一年度用能权指标，但不计入下一年度；剩余的用能权指标不计入下一年度。

国家发展改革委
2016年7月28日

循环发展引领行动（节录）

（国家发展改革委2016年8月发布）

循环发展是我国经济社会发展的一项重大战略，是建设生态文明、推动绿色发展的重要途径。“十三五”时期是全面建成小康社会的战略决胜期，经济增长换挡降速、发展方式粗放、结构性矛盾凸显、资源环境约束强化等问题相互交织，提高发展质量和效益、推动绿色循环低碳发展的任务更加迫切。

为全面贯彻落实创新、协调、绿色、开放、共享发展理念，推动发展方式转变，提升发展的质量和效益，引领形成绿色生产方式和生活方式，促进经济绿色转型，根据党的十八届五中全会精神和《国民经济和社会发展“十三五”规划纲要》，制定本引领行动。

一、总体要求

（一）指导思想

以邓小平理论、“三个代表”重要思想、科学发展观为指导，全面贯彻落实党的十八大和十八届三中、四中、五中全会精神，深入贯彻习近平总书记系列重要讲话精神，坚持节约资源和保护环境的基本国策，牢固树立节约集约循环利用的资源观，以资源高效和循环利用为核心，大力发展循环经济，强化制度和政策供给，加强科技创新、机制创新和模式创新，激发循环发展新动能，加快形成绿色循环低碳产业体系和城镇循环发展体系，夯实全面建成小康社会的资源基础，构筑源头减量全过程控制的污染防控体系，实现经济社会的绿色转型。

（二）基本原则

——坚持以绿色转型为方向。落实绿色发展理念，把循环发展作为生产生活方式绿色化的基本途径，推进供给侧结构性改革，加快构建低消耗、少排放、能循环的现代产业体系，推动实现生产、流通、消费各环节绿色化、低碳化、循环化。

——坚持以制度建设为关键。健全促进循环发展的法规、标准、政策等制度体系，理清政府与市场的关系，发挥市场机制在资源配置中的决定性作用，明确政府、企业、个人、社会团体在循环发展中的责任义务，建立激励与约束相结合的长效推进机制。

——坚持以创新开放为驱动。加快先进技术在循环经济领域的应用，创新机制模式，支持资源循环利用产业“走出去”，推动产业转型升级，提高质量和效益。

——坚持以协调共享为支撑。注重不同区域发展的特殊性，落实重大区域战略，着力构建区域资源循环体系。以解决社会生活中资源利用和环境保护方面的突出问题为突破口，为人民提供更多的绿色产品，增强人民群众的获得感。

（三）主要目标

——绿色循环低碳产业体系初步形成。循环型生产方式得到全面推行，实现企业循环式生产、园区循环式发展、产业循环式组合，单位产出物质消耗、废物排放明显减少，循环发展对污染防控的作用明显增强。

——城镇循环发展体系基本建立。城市典型废弃物资源化利用水平显著提高，生产系统和生活系统循环链接的共生体系基本建立，生活垃圾分类和再生资源回收实现有效衔接，绿色基础设施、绿色建筑水平明显提升。

——新的资源战略保障体系基本构建。节约集约循环利用的新资源观全面树立，资源循环利用制度体系基本形成，资源循环利用产业成为国民经济发展资源安全的重要保障之一。

——绿色生活方式基本形成。绿色消费理念在全社会初步树立，绿色产品使用比例明显提高，节约资源、垃圾分类、绿色出行等行为蔚然成风。

主要指标。到2020年，主要资源产出率比2015年提高15%，主要废弃物循环利用率达到54.6%左右。一般工业固体废物综合利用率达到73%，农作物秸秆综合利用率达到85%，资源循环利用产业产值达到3万亿元。75%的国家级园区和50%的省级园区开展循环化改造。

表1：“十三五”时期循环发展主要指标

分类	指标	单位	2015年	2020年	2020年比2015年提高（%）
综合指标	主要资源产出率	元/吨	5994	6893	15
	主要废弃物循环利用率	%	47.6	54.6	7
专项指标	能源产出率	元/吨标煤	14028	16511	17.7
	水资源产出率	元/立方米	97.6	126.8	29.9
	建设用地产出率	万元/公顷	154.6	200.4	29.6
	农作物秸秆综合利用率	%	80.1	85	4.9个百分点
	一般工业固体废物综合利用率	%	65	73	8个百分点
	规模以上工业企业重复用水率	%	89	91	2个百分点
	主要再生资源回收率	%	78	82	4个百分点
	城市餐厨废弃物资源化处理率	%	10	20	10个百分点
	城市再生水利用率	%	—	20	—
	资源循环利用产业总产值	亿元	1.8万	3万	67

二、构建循环型产业体系

（四）推行企业循环式生产

推行产品生态设计。研究制定生态设计指引，推动企业实施全生命周期管理，在产品设计开发阶段系统考虑原材料选用、生产、销售、使用、回收、处理等各个环节对资源环境造成的影响。选择重点产品开展“设计机构+生产企业+使用单位＋处置企业”协同试点。

推广“3R”生产法。发布重点行业循环型企业评价体系，把减量化、再利用、资源化原则贯穿到企业生产的各环节和全流程。加大清洁生产审核力度，继续推进重点行业清洁生产审核。实施绿色制造工程，促进制造业绿色化升级改造。

（五）推进园区循环化发展

按照“空间布局合理化、产业结构最优化、产业链接循环化、资源利用高效化、污染治理集中化、基础设施绿色化、运行管理规范化”的要求，对新设园区和拟升级园区要制定循环经济发展专项规划或者在总体规划中设置循环经济篇章，按产业链、价值链“两链”集聚项目、招商选资、优化布局；对存量园区实施循环化改造，构建循环经济产业链，实现企业、产业间的循环链接，提高产业关联度和循环化程度，增强能源资源等物质流管理和环境管理的精细化程度。对综合性开发区、重化工产业开发区、高新技术开发区等不同性质的园区，加强分类施策和指导，强化效果评估和工作考核。

（六）推动产业循环式组合

推动行业间循环链接。组织实施产业绿色融合专项，在冶金、化工、石化、建材等流程制造业间开展横向链接。推动不同行业的企业以物质流、能量流为媒介进行链接共生，实现原料互供、资源共享，建立跨行业的循环经济产业链。总结推广跨行业循环经济发展模式，发布重点行业循环发展指南。

推动农村一二三产业融合发展。大力推动农业循环经济发展，以农牧渔结合、农林结合为导向，优化农业种植、养殖结构，积极发展林下经济，推进稻渔综合种养等养殖业与种植业有效对接模式；推进农产品、林产品加工废弃物综合利用，延伸产业链，提高附加值；拓展农业林业多功能性，推进农业与旅游、教育、文化、健康养老等产业深度融合，发挥促进扶贫攻坚的积极作用。建立完善全产业链资源循环利用体系，选择国家现代农业示范区、农业可持续发展试验示范区等具备条件的地区开展工农复合型循环经济示范区和种养加结合循环农业示范工程建设。

三、完善城市循环发展体系

（七）加强城市低值废弃物资源化利用

推动餐厨废弃物资源化利用和无害化处理制度化和规范化。总结餐厨废弃物资源化利用和无害化处理试点经验，出台《餐厨废弃物资源化利用技术指南》，在全国设区城市推广。加强监管，建立餐厨废弃物产生登记、定点回收、集中处理、资源化产品评估制度，加大对非法回收处理餐厨废弃物行为的处罚力度。

加快建筑垃圾资源化利用。发布加强建筑垃圾管理及资源化利用工作的指导意见，制定建筑垃圾资源化利用行业规范条件。开展建筑垃圾管理和资源化利用试点省建设工作。完善建筑垃圾回收网络，制定建筑垃圾分类标准，加强分类回收和分选。探索建立建筑垃圾资源化利用的技术模式和商业模式。继续推进利用建筑垃圾生产粗细骨料和再生填料，规模化运用于路基填充、路面底基层等建设。提高建筑垃圾资源化利用的技术装备水平，将建筑垃圾生产的建材产品纳入新型墙材推广目录。把建筑垃圾资源化利用的要求列入绿色建筑、生态建筑评价体系。到2020年，城市建筑垃圾资源化处理率达到13%。

推动园林废弃物资源化利用。建立园林废弃物回收利用体系，探索园林废弃物资源化利用技术路线，鼓励利用园林绿地废弃物进行堆肥、生产园林有机覆盖物、生产生物质固体成型燃料、人造板、制作食用菌棒等。推动园林废弃物与餐厨废弃物、粪便等有机质协同处理。鼓励市政园林、花圃、苗圃、果园等使用有机肥、基质、土壤调理剂等园林废弃物资源化利用产品。

加强城镇污泥无害化处置与资源化利用。按照“绿色、循环、低碳”的技术路线，建设污泥无害化、资源化处置设施；推动城镇污水处理厂污泥与餐厨废弃物、粪便、园林废弃物等协同处理；推动河湖清淤淤泥的无害化处理处置及资源化。完善污泥无害化处置标准，鼓励将污泥处理处置达标的产物用于移动式绿化、绿色建材等。

（八）促进生产系统和生活系统的循环链接

推动生产系统和生活系统能源共享。积极发展热电联产、热电冷三联供，推动钢铁、化工等企业余热用于城市集中供暖，鼓励利用化工企业产生的可燃废气生产天然气、二甲醚等燃料供应城乡居民，鼓励城市生活垃圾和污水处理厂污泥能源化利用。

推动生产系统和生活系统的水循环链接。鼓励城市污水处理后的再生水用于城市生态补水、景观及钢铁、电力、化工等工业生产系统，开展再生水用于农业浇灌的示范应用。推动矿井水用作生产、生活、生态用水。在沿海缺水地区、海岛积极发展海水直接利用和海水淡化，因地制宜推动海水淡化水进入生产和生活系统。到2020年，缺水城市再生水利用率达到20%以上，京津冀区域达到30%以上。

推动生产系统协同处理城市及产业废弃物。因地制宜推进水泥行业利用现有水泥窑协同处理危险废物、污泥、生活垃圾等，因地制宜推进火电厂协同资源化处理污水处理厂污泥，推进钢铁企业消纳铬渣等危险废物。鼓励将生活废弃物作为生产的原料、燃料进行资源化利用，加强环境监管，确保安全处置。稳步推进有关试点示范，建立长效机制。

（九）推进循环经济示范城市建设

深化循环经济示范城市（县）建设，对101个循环经济示范城市（县）建设地区开展评估和验收。研究制定循环型城市建设指导意见，统筹规划布局城市生产、生活、生态和废弃物处理空间，加强绿色基础设施建设，深入推进制度创新，促进产业绿色转型升级。制定循环型公共机构评价标准，引导公共机构开展节水型、节能型单位建设。完善政府绿色采购制度，制定政府绿色采购产品清单。建立城市循环发展指数核算、发布和评价制度。

四、壮大资源循环利用产业

（十）推动产业废弃物循环利用

推动共伴生矿和尾矿综合利用。在储量大、共伴生的铁矿、铝土矿、铜矿、铅锌矿、金矿、钨锡矿等矿区，开展金属矿产综合开发利用试点示范。继续推进煤矿、高岭土、铝矾土、磷矿等共伴生非金属矿产资源综合利用。推进尾矿有价金属的高效分离提取和高值高效利用，开展尾矿多元素回收整体利用。支持利用尾矿和废石生产建筑材料和道路工程材料。鼓励资源枯竭矿区开展尾矿回填和尾矿库复垦。

推动大宗工业固废综合利用。重点推动冶金渣、化工渣、赤泥、磷石膏、电解锰渣等产业废物综合利用，培育一批骨干企业。进一步加强钢渣、矿渣、煤矸石、粉煤灰和脱硫石膏综合利用。落实《新型墙材推广应用行动方案》。着力推进工业固废中战略性稀贵金属回收利用。建设工业固体废物综合利用产业基地。大力推进多种工业固体废物协同利用。

加强农林废弃物资源化利用。开展农业废弃物资源化利用试点。推动农作物秸秆肥料化、饲料化、燃料化、基料化和原料化利用。鼓励利用林业剩余物生产板材、纸张、活性炭及颗粒、液体燃料生物质能源等。支持规模养殖场建设粪污收集、贮运、处理、利用设施。支持建设病死畜禽、水生生物、屠宰废弃物处理设施，因地制宜发展各类沼气工程、有机肥设施，支持在种养大县开展种养结合整县推进及规模化、专业化的生物天然气示范，推动实施果菜茶有机肥代化肥行动。推进农林加工副产物综合利用。推进废旧农膜、灌溉器材、农药兽药疫苗容器、渔具渔船等回收利用。到2020年，农作物秸秆综合利用率达到85%，林业剩余物综合利用率达到60%。

（十一）促进再生资源回收利用提质升级

完善再生资源回收体系。推动传统销售企业、电商、物流公司等利用销售配送网络，建立逆向物流回收体系。支持再生资源企业利用互联网、物联网技术，建立线上线下融合的回收网络。鼓励再生资源企业与各类产废企业合作，建立适合产业特点的回收模式。因地制宜推广回收机、回收超市等回收方式。加强生活垃圾分类回收体系和再生资源回收的衔接。

提升“城市矿产”开发利用水平。推动现有国家“城市矿产”示范基地提质增效，引导园区（基地）外的规范废弃电器电子拆解企业、报废汽车拆解企业入园发展，促进集聚化规模化发展。出台促进再生资源利用水平提质升级的指导意见，提高企业技术装备和高值利用水平。推进实施再生资源行业规范条件，引导再生资源产业规范发展。开展国家资源再生利用重大示范工程建设，培育骨干企业。

开展新品种废弃物回收利用示范。推动太阳能光伏组件、动力蓄电池、碳纤维材料、生物基纤维、复合材料和节能灯等新品种废弃物的回收利用。推进废旧纺织品资源化利用，建立废旧纺织品分级利用机制，在慈善机构、社区、学校、商场等场所设置旧衣物回收箱，建立多种回收渠道，推动军警制服、职业工装、校服等废旧制服的回收和资源化利用，鼓励服装品牌商回收本品牌的废旧衣物。推动建立废旧木质家具、木质包装等废弃竹木产品的回收利用体系。选择快递业为切入点，开展物流业包装标准化和分类回收利用试点，推广使用可降解的胶带、环保填充物、可再生纸张和环保油墨印刷的封装物品等物料辅料，鼓励企业对包装箱、总包袋进行循环利用，提高循环利用率。

（十二）支持再制造产业化规范化规模化发展

推动重点品种再制造。严格质量和标识管理，推进汽车零部件、工程机械、大型工业装备、办公设备等的再制造。继续推进大型轮胎翻新。继续开展机电产品再制造试点，支持再制造企业技术升级改造。研究再制造的负面清单管理制度。清理制约再制造产品流通的规定，鼓励再制造产品销售和使用。

规范再制造服务体系。针对不同产品特点，建立以售后维修体系为核心的旧件回收体系，规范发展专业化再制造旧件回收企业。支持废弃电器电子产品回收企业探索将硒鼓、墨盒等可再制造旧件交售给再制造企业的具体方式。建立再制造产品质量保障体系，将再制造产品纳入汽车维修备件体系。鼓励专业化再制造服务公司与钢铁、冶金、化工、机械等制造企业合作，开展设备寿命评估与检测、清洗与强化延寿等再制造专业技术服务。推进“军促民”再制造技术转化，提升产业的技术水平与规模。

推动再制造业集聚发展。长沙、张家港、临港等国家再制造产业示范基地（示范园）建设取得突破性进展。继续选择一批产业基础好的地区开展再制造产业示范基地建设。条件成熟时，选择部分区域探索开展技术附加值高、环境污染小、有利于技术引进的可再制造件进口。

（十三）构建区域资源循环利用体系

以京津冀、长三角、珠三角、成渝、哈长经济区等城市群为重点，统筹规划和建设区域内工业固废、再生资源、生活垃圾资源化和无害化处置设施，建设跨行政区域的资源循环利用产业基地。建立跨行政区域的废弃物协同处置信息平台，促进废弃物协同利用和处置。促进报废汽车拆解、危废处理等跨行政区域流动，实现资质互认、政策协同、体系协同。

五、强化制度供给

（十四）推行生产者责任延伸制度

完善生产者责任延伸制度相关法律、法规，落实《生产者责任延伸制度推行方案》，率先在电器电子产品、汽车、铅蓄电池、饮料纸基复合包装等领域推行。在部分地区和电器电子产品、汽车产品等领域开展生产者责任延伸试点。完善废弃电器电子产品处理基金制度。选择重点品种试点实行目标回收制，建立第三方管理制度。选择适宜的工业产品、消费品，推行生态设计。建立重点行业生产者责任延伸信用评价制度，适时发布我国生产者责任延伸制度实施情况年度报告。

（十五）建立再生产品和再生原料推广使用制度

实施原料替代战略，引导生产企业加大再生原料的使用比例。分类发布再生产品和再生原料标准和目录，建立再生产品（再制造产品）政府优先采购制度。率先推动电器电子产品生产企业提高再生原料使用比例。推广建筑垃圾再生产品，在政府投资的公共建筑或道路中，支持使用一定比例的建筑垃圾再生产品。推进大宗固体废物替代建材原料，限制同类天然建材原料开采。

（十六）完善一次性消费品限制使用制度

制定发布限制生产和销售的一次性消费品名录及管理办法，对纳入目录的产品实行分类管理，制定完善限制一次性消费品的相关政策。支持研发可重复使用的替代产品。研究制定一次性产品的生态设计标准，提高回收利用率。

（十七）深化循环经济评价制度

（十八）强化循环经济标准和认证制度

（十九）推进绿色信用管理制度

六、激发循环发展新动能

（二十）增强科技创新驱动力

通过国家科技计划（专项、基金等）统筹支持符合条件的循环经济共性关键技术研发，加快减量化、再利用与再制造、废物资源化利用、产业共生与链接等领域的关键技术、工艺和设备的研发制造。支持资源循环利用企业与科研院所、高等院校组建产学研技术创新联盟。发布国家鼓励的循环经济技术、工艺和设备名录，健全循环经济技术、装备的遴选及推广机制，建立应用推广的信息平台。

（二十一）发展分享经济

创新消费理念，大力发展分享经济，把分享经济作为优化供给结构、引导绿色消费的新领域，延长产品生命周期，提高资源利用效率。探索闲置房屋、闲置车辆、闲置物品的分享使用方式和分时租赁的新型商业业态。发展分享办公、分享存储、分享信息，提高闲置资产的利用效率。创新商业模式，大力发展设备租赁产业，推动外包式服务发展，培育专业的循环型生产服务企业，改变传统产品提供模式，提高产品维护专业化水平。鼓励专业分享平台建设，完善信息安全保障措施和信用评价机制，实现分享商品、信息、服务的在线交易。

（二十二）扩大绿色消费

鼓励绿色产品消费，大力推动节能、节水、环保、资源综合利用、再制造、再生产品使用，加大新能源汽车推广力度，加快电动汽车充电基础设施建设，实施绿色建材生产和应用行动。推广使用生物饲料、生物肥料、生物农药、生物地膜等绿色农业生产资料。扩大绿色消费市场，完善绿色产品统一标识、认证制度，畅通绿色产品流通渠道，鼓励建设各类绿色流通主体。建设一批集门店节能低碳改造、绿色产品销售、废弃物回收于一体的绿色商场。推动企业实施绿色采购，构建绿色供应链。引导和支持企业利用大众创业、万众创新平台，加大对绿色产品研发、设计和制造的投入。在政府投资的公益性建筑、大型公共建筑和保障性住房建设中全面执行绿色建筑标准，推广使用新型墙体材料。完善城市交通系统，推进不同公共交通体系之间以及市内公交系统与跨区域交通系统的无缝链接，引导居民选择公共交通和自行车出行。

（二十三）创新服务机制和模式

积极推动资源循环利用第三方服务体系建设，培育发展龙头企业，发挥市场机制作用。鼓励通过合同管理和特许经营等方式，为产业园区和企业提供废弃物管理、回收、再生加工和循环利用的整体解决方案，与居民社区和医院、学校等公共机构开展生活垃圾资源化、无害化处理合作，促进生活垃圾与再生资源回收处理利用两个网络系统衔接发展。推广绿色产品质量责任险、环境污染强制责任保险。建立循环经济信息系统和技术咨询服务体系，培育和扶持一批为循环经济发展提供规划、设计、建设、改造、运营等服务的专业化公司。

（二十四）支持资源循环产业“走出去”

贯彻开放发展理念，落实“一带一路”战略，加强循环经济理念模式的国际交流，扩大关键技术和装备的进出口贸易规模。配合国际产能合作、对外承包工程，支持国内资源循环利用企业到海外投资，增强境外资源就地转化加工能力，把海外再生资源作为资源安全保障的来源之一。推动再制造产品进入国际市场，实施对标行动，保障再制造产品的性能稳定性、质量可靠性等达到欧美国家标准，培育以增材再制造技术为特点的装备现场修复技术，提高运营维护水平。

七、实施重大专项行动

（二十五）园区循环化改造行动

制定实施《园区循环化改造行动》，各地要制定本地区园区循环化改造推进方案，明确改造任务、实施路径和保障措施。其中，长江经济带的化工、轻工等涉水类园区，京津冀地区的冶金、建材和石化等涉气类园区和工业集聚区，珠三角地区的石化、轻工、建材等园区要全部实施循环化改造，园区外企业逐步“退城入园”。鼓励国家生态工业示范园区率先开展循环化改造。发布实施园区循环化改造指南和评价体系，将评价结果纳入园区考核体系。利用现有资金渠道，对园区循环化改造予以支持。到2020年，国家重点支持100家园区进行循环化改造，推动75%的国家级园区和50%的省级园区开展循环化改造。

（二十六）工农复合型循环经济示范区建设行动

选择粮食主产区等具备基础的地区建设20个工农复合型循环经济示范区。以农业生产为基础，以龙头企业为核心，发挥农业专业合作组织作用，按现代产业组织方式，汇集资金、技术、农田等生产要素，向产前投入、产后加工、贮藏、运输、销售以及农业废弃物综合利用环节延伸，推进农业与工业、旅游、教育、文化、健康养老等产业横向链接，形成种、养、加、游等深度融合的工农复合型循环经济产业链。

（二十七）资源循环利用产业示范基地建设行动

在100个地级及以上城市布局城市资源循环利用产业示范基地。建设城市低值废弃物协同处理基地，对餐厨废弃物、建筑垃圾、城市污泥、园林废弃物、废旧纺织品等进行集中资源化回收和规范化处理，完善统一收运体系，建立餐厨废弃物、建筑垃圾等收运处理企业的规范管理制度，推动典型废弃物的集中规模化处理、利用。发挥各类固体废弃物资源化利用和处理设施的协同效应，实现不同类别废弃物的分类回收利用和无害化处理，加强能源、水资源和固废处理设施的一体化建设。建设以城市为载体的产业废弃物循环利用产业基地，推动共伴生矿、工业固废、危险废弃物、农林废弃物等的综合利用，制定区域整体解决方案，建设区域性大宗产业废弃物信息交易平台，实现产业废弃物多途径、多层次、协同化利用。

（二十八）工业资源综合利用产业基地建设行动

以企业和行业为载体，建设50个工业资源综合利用产业基地，开展工业资源综合利用重大示范工程建设。发布工业资源综合利用先进适用技术装备目录，加快大宗工业固体废物综合利用先进技术装备和产品的推广应用。推动尾矿、煤矸石、粉煤灰、冶金渣、工业副产石膏、化工废渣、赤泥等大宗固废的综合利用，拓宽利用途径，提升利用水平。

（二十九）“互联网＋”资源循环行动

制定发布《“互联网＋”资源循环行动方案》，支持回收行业建设线上线下融合的回收网络，推广“互联网+回收”新模式。建立重点品种的全生命周期追溯机制。支持互联网企业参与各类产业园区废弃物信息平台建设，推动园区产业共生平台建设。逐步形成行业性、区域性、全国性的产业废弃物和再生资源在线交易系统和价格指数。支持汽车维修、汽车保险、旧件回收、再制造、报废拆解等汽车产品售后全生命周期信息的互通共享。在30%的地级以上城市建设再生资源在线回收平台，再生资源、产业废弃物年在线交易规模超过5000亿元。

（三十）京津冀区域循环经济协同发展行动

统筹规划京津冀地区的再生资源、工业固废、生活垃圾资源化利用和无害化处置设施，建设一批跨区域资源综合利用协同发展重大示范工程，在北京、天津等城市率先建成资源循环利用体系。以京津地区为核心推进再生资源专业化规范化回收体系建设；在京津冀地区探索建立污泥无害化处理处置和跨区域资源化消纳利用的综合体系试点；依托国家“城市矿产”示范基地改造提升现有回收、拆解和再利用基地和园区；依托河北现有产业基础，建设再制造产业示范基地；结合滨海新区、渤海新区、曹妃甸等国家级新区、园区建设，构建跨城市、跨地区产业链接，推动生产生活系统循环链接。

（三十一）再生产品再制造产品推广行动

建设30个左右再生产品再制造产品推广平台和示范应用基地，选择电子电器生产企业、汽车生产企业、纺织企业等在生产环节推广使用再生材料。选择商贸物流、金融保险、维修销售等产品营销渠道和煤炭、石油等采掘企业开展再制造产品推广应用，支持中央企业应用再制造产品，并与再制造企业合作。选择建筑施工企业开展建筑垃圾再生产品推广应用。到2020年，骨干电器电子生产企业再生材料使用率达到20%，主要再制造产品市场覆盖率达到10%左右。

（三十二）资源循环利用技术创新行动

以提高资源利用效率、资源循环水平为核心，开展循环发展宏观战略、制度创新、政策机制和重大共性或瓶颈式技术装备研发，推进资源利用效率与循环水平的基础理论和评价机制研究，加强赤泥、碱渣等大宗固废减量与循环利用技术及产业化、生物质废物高效利用成套技术与大型装备产业化、新兴城市矿产高值利用关键技术及产业化应用等的研究，深化固废循环利用管理与决策共性技术创新，加强典型区域循环发展集成示范模式示范。

（三十三）循环经济典型经验模式推广行动

总结凝练循环经济试点示范典型经验、重点行业循环经济发展模式及典型模式案例，结合工作实施向全社会推广发布。分领域、分行业制定循环经济发展指南。通过广播电视、报刊杂志、互联网、移动客户端等途径，宣传循环经济典型案例和试点示范经验。采取组织现场推广会、经验交流会、成果展示会等方式，加大对典型经验的推广力度。发挥各级党校、行政学院、高等学校及科研院所的力量，面向各级领导干部、政府及企业管理人员进行推广。

（三十四）循环经济创新试验区建设行动

选择若干地区、行业开展循环经济创新实验区建设，探索形成循环经济核心制度和模式，逐步在全国范围内推广。选择部分行业试点推行产品生态设计、开展目标回收制和企业回收联盟试点；开展限制一次性用品使用制度试点，探索限制一次性用品使用的具体措施；选择部分区域、部分行业开展产品分享、服务分享、信息分享试点。

八、完善保障措施

（三十五）健全法规规章体系

推动循环经济促进法修订，增强法律约束力，完善循环经济促进法配套法规规章，支持各地结合实际制定循环经济促进条例或实施办法。修订报废汽车回收管理办法。加快制定汽车零部件再制造、餐厨废弃物资源化利用和无害化处理、限制商品过度包装、铅蓄电池回收利用等领域的管理办法。研究出台强制回收的产品和包装物名录及管理办法、建筑垃圾回收与资源化利用管理办法、电动汽车动力蓄电池回收利用管理办法。

（三十六）理顺价格税费政策

深化价格改革。全面推行居民用电、用水、用气阶梯价格，推行供热按用热计量收费。全面落实燃煤发电机组脱硫、脱硝、除尘电价政策。完善鼓励煤矸石、垃圾和沼气发电的价格政策。落实污水处理收费政策，完善垃圾处理收费管理办法，提高收缴率。

加强税收调节。全面实施资源税从价计征改革，开展水资源税改革试点工作，逐步扩大征税范围，促进资源节约集约利用。落实资源综合利用产品及劳务增值税政策，落实资源综合利用和环境保护节能节水专用设备企业所得税优惠政策，对企业为生产国家支持发展的大型环保及资源综合利用设备而进口的关键零部件及原材料，在现行政策规定范围内，免征关税和进口环节增值税。落实废弃电器电子产品回收处理基金。

（三十七）优化财政金融政策

创新财政资金支持方式。利用现有资金渠道对循环经济予以支持，提高资金利用效率和使用效益。强化财政资金与社会融资的联动，探索在餐厨废弃物、建筑垃圾、再生资源回收等领域引入PPP模式，通过PPP和第三方服务方式引导社会资本投入循环经济。

创新融资方式。积极提供包括银行信贷、外国政府转贷款、债券承销、保理、融资租赁等多重融资方式。落实绿色信贷指引，促进银行业金融机构大力发展绿色信贷。支持符合条件的资源循环利用企业通过境内外上市、在全国股转系统和区域性股权交易市场挂牌等方式融资。积极落实绿色债券指引，健全绿色评级体系。支持保险资金支持资源循环利用项目建设。鼓励社会资本成立各类绿色产业基金。

（三十八）加强统计能力建设

（三十九）强化监督管理

九、加强组织实施

关于太阳能热发电标杆上网电价政策的通知

发改价格[2016]1881号

各省、自治区、直辖市发展改革委，物价局：

为促进太阳能热发电产业健康有序发展，根据《可再生能源法》有关规定，现就制定太阳能热发电标杆上网电价政策有关事项通知如下：

一、核定全国统一的太阳能热发电（含4小时以上储热功能）标杆上网电价为每千瓦时1.15元（含税）。上述电价仅适用于纳入国家能源局2016年组织实施的太阳能热发电示范范围的项目。

二、2018年12月31日以前全部投运的太阳能热发电项目执行上述标杆上网电价。

三、鼓励地方相关部门对太阳能热发电企业采取税费减免、财政补贴、绿色信贷、土地优惠等措施，多措并举促进太阳能热发电产业发展。

四、2019年以后国家将根据太阳能热发电产业发展状况、发电成本降低情况，适时完善太阳能热发电价格政策，逐步降低新建太阳能热发电价格水平。

以上规定自本通知发布之日起执行。

国家发展改革委

2016年8月29日

关于培育环境治理和生态保护市场主体的意见

（国家发展改革委环境保护部2016年9月22日印发）

培育环境治理和生态保护市场主体是适应引领经济发展新常态，发展壮大绿色环保产业，培育新的经济增长点的现实选择，也是环境治理由过去的政府推动为主转变为政府推动与市场驱动相结合的客观需要。近年来，环境治理领域市场化进程明显加快，市场主体不断壮大，但综合服务能力偏弱，创新驱动力不足，恶性竞争频发，加之执法监督不到位、政策机制不完善、市场不规范等原因，影响了市场主体的积极性，巨大的市场潜力未能得到有效释放;生态保护领域公益性、外部性较强，交易机制不明晰，市场体系仅处于起步探索阶段。为加快培育环境治理和生态保护市场主体，形成统一、公平、透明、规范的市场环境，推进供给侧结构性改革，提供更多优质生态环境产品，根据《中共中央国务院关于加快推进生态文明建设的意见》和《生态文明体制改革总体方案》，提出以下意见。

一、总体要求

(一)指导思想全面贯彻党的十八大和十八届三中、四中、五中全会精神，牢固树立和贯彻落实创新、协调、绿色、开放、共享的发展理念，以改善生态环境质量为核心，以壮大绿色环保产业为目标，以激发市场主体活力为重点，以培育规范市场为手段，推动体制机制改革创新，塑造政府、企业、社会三元共治新格局，为推进生态文明建设打下坚实基础。

(二)基本原则

——政府引导，企业主体。充分发挥市场配置资源的决定性作用，培育和壮大企业市场主体，提高环境公共服务效率，形成多元化的环境治理体系。

——法规约束，政策激励。健全法律法规，强化执法监督，规范和净化市场环境，发挥规划引导、政策激励和工程牵引作用，调动各类市场主体参与环境治理和生态保护的积极性。

——创新驱动，能力提升。推行环境污染第三方治理、政府和社会资本合作，引导和鼓励技术与模式创新，提高区域化、一体化服务能力，不断挖掘新的市场潜力。

——示范引领，逐步深化。结合自然资源资产产权制度改革，推进生态保护领域市场化试点，鼓励国有资本加大生态保护修复投入，探索建立吸引社会资本参与生态保护的机制。

(三)主要目标

市场供给能力增强。环保技术装备、产品和服务基本满足环境治理需要，生态环保市场空间有效释放，绿色环保产业不断增长，产值年均增长15%以上。到2020年，环保产业产值超过2.8万亿元。

市场主体逐步壮大。培育50家以上产值过百亿的环保企业，打造一批技术领先、管理精细、综合服务能力强、品牌影响力大的国际化的环保公司，建设一批聚集度高、优势特征明显的环保产业示范基地和科技转化平台。

市场更加开放。到2020年，环境治理市场全面开放，政策体系更加完善，环境信用体系基本建立，监管更加有效，市场更加规范公平，生态保护市场化稳步推进。

二、推行市场化环境治理模式

(四)创新企业运营模式。在市政公用领域，大力推行特许经营等PPP模式，加快特许经营立法。在工业园区和重点行业，推行环境污染第三方治理模式，积极推广燃煤电厂第三方治理经验，研究发布第三方治理合同范本。创新林权模式，采取政府购买服务、混合所有制等多种方式，鼓励和引导各方面资金投入植树造林。

(五)推行综合服务模式。实施环保领域供给侧改革，推广基于环境绩效的整体解决方案、区域一体化服务模式。推动政府由过去购买单一治理项目服务向购买整体环境质量改善服务方式转变。鼓励企业为流域、城镇、园区、大型企业等提供定制化的综合性整体解决方案。在生态保护领域，探索实施政府购买必要的设施运行、维修养护、监测等服务。发展环境风险与损害评价、绿色认证等新兴环保服务业，深入推动环境污染责任保险。

(六)实施“互联网+”绿色生态行动。针对水、大气、土壤、森林、草原、湿地、海洋等各类生态要素，依托互联网、云计算平台，开展环境和生态监测、设施运营与监管、风险监控与预警。支持环保智能运营管理平台系统研发，推动污染治理设施的远程管控和低成本运营维护。构建跨地域、跨部门的开放式环保数据平台，开展环境大数据分析。扶持城市智慧环卫软硬件系统的研4发及规模应用，加快垃圾收运系统与再生资源回收系统的结合。

(七)加快建设市场交易体系。在试点示范的基础上，建立完善排污权、碳排放权、用能权、水权、林权的交易制度。鼓励金融机构开发基于环境权益抵(质)押融资产品。充分发挥国家公共资源交易平台作用，统筹自然资源、环境资源、公共资源的管理，规范市场交易行为。探索实行公共资源的公开竞价及拍卖方式，形成价格水平随供求关系波动的市场化定价机制。

三、构建市场化多元投融资体系

(八)鼓励多元投资。环境治理和生态保护的公共产品和服务，能由市场提供的，都可以吸引各类资本参与投资、建设和运营，推动投资主体多元化。加大林业、草原、河湖、水土保持等生态工程带动力度，在以政府投资为主的生态建设项目中，积极支持符合条件的企业、农民合作社、家庭农场(牧场)、民营林场、专业大户等经营主体参与投资生态建设项目。

(九)拓宽融资渠道。发展绿色信贷，推进银企合作，积极支持排污权、收费权、集体林权、集体土地承包经营权质押贷款等担保创新类贷款业务。发挥政策性、开发性金融机构的作用，加大对符合条件的环境治理和生态保护建设项目支持力度。鼓励企业发行绿色债券，通过债券市场筹措投资资金。大力发展股权投资基金和创业投资基金，鼓励社会资本设立各类环境治理和生态保护产业基金。支持符合条件的市场主体发行上市。

(十)发挥政府资金引导带动作用。在划清政府与市场边界的基础上，将环境治理和生态保护列为各级财政保障范畴。发挥政府资金的杠杆作用，采取投资奖励、补助、担保补贴、贷款贴息等多种方式，调动社会资本参与环境治理和生态保护领域项目建设积极性。推行环保领跑者制度，加大推广绿色产品。

四、实施有效的激励机制

(十一)完善收费和价格机制。2016年底前，设市城市、县城和重点建制镇，原则上应将污水处理费收费标准调整至不低于国家规定的最低标准。在总结试点经验的基础上，抓紧建立完善城镇生活垃圾收费制度，提高收缴率。完善环境服务市场化价格形成机制，垃圾焚烧处理服务价格应覆盖飞灰处理与渗滤液处置成本，污水处理服务价格应包括污泥处理与处置成本。根据国家关于煤电机组实施超低排放改造的要求，完善环保电价政策，合理补偿环保改造成本。

(十二)实施税收和土地优惠政策。落实并完善鼓励绿色环保产业发展的税收政策。研究修订环境保护专用设备企业所得税优惠目录。研究制定对治理修复的污染场地以及荒漠化、沙化整治的土地，给予增加用地指标或合理置换等优惠政策。

(十三)制定支持科技创新的政策。鼓励企业开展环保科技创新，支持环保企业技术研发和产业化示范，推动建设一批以企业为主导的环保产业技术创新战略联盟及技术研发基地。落实企业研发费用税前加计扣除优惠政策。加快自主知识产权环境技术的产业化规模化应用，不断提升市场主体技术研发、融资、综合服务等自我能力。

五、建立有效监管和执法体系

(十四)强化环境执法监管。加大环保督政约谈工作力度，落实环保党政同责制、生态环境损害责任终身追究制，提高地方政府领导环保责任意识。全面推动行政执法与刑事司法联动，实现立案移交、行政刑事处罚无缝衔接。加强重点排污企业和工业园区环保执法监察，对故意编造、篡改环境数据的违法企业，依法加大处罚力度。建立随机抽查工作机制。

(十五)加快环境信用体系建设。推进实施《企业环境信用评价办法(试行)》，建立排污企业和环保企业的环境信用记录，纳入全国信用信息共享平台，作为相关部门实施协调监管和联合惩戒的依据。相关信用记录按照有关规定在“信用中国”网站公开，其中涉及企业的行政许可和行政处罚信息通过企业信用信息公示系统公示。对存在严重环境违法失信行为的主体，由发展改革、环境保护部门联合有关部门和单位实施跨部门联合惩戒，探索对诚实守信的主体实施跨部门联合激励，推动环境信用体系与其他信用体系的有机融合。

(十六)推动环境信息公开。地方政府应依照有关规定，及时准确公布本辖区内水、空气等环境质量数据。排污单位应按照排污许可制的规定，及时公开排污许可证执行情况。重点排污单位应依法向社会公开主要污染物名称、排放方式、排放浓度和总量、超标排放情况，以及污染防治设施的建设和运行情况。

六、规范市场秩序

(十七)清理有悖于市场统一的规定和做法。市政公用领域的环境治理设施和服务，其设计、施工、运营等全过程应严格采用竞争方式，不得以招商等名义回避竞争性采购要求。竞标资格不得设置与保障项目功能实现无关的竞标企业和单位注册地、所有制、项目经验和注册资本等限制条件。地方性法规、规范性文件不得设置优先购买、使用本地产品等规定。加快推进简政放权，简化注册审批流程。

(十八)完善招投标管理。重点加强环境基础设施项目招投标市场监管，研究制定环境基础设施PPP项目的强制信息公开制度。建立招投标阶段引入外部第三方咨询机制，识别公共服务项目全生命周期中的风险，平衡各方风险分担比例，推动风险承担程度与收益对等。加强从项目遴选、设计、投资、建设、运营、维护的全生命周期整体优化，提升环境服务质量和降低成本。

(十九)建立多元付费机制。建立健全环境治理和生态保护项目绩效评价体系，强化环保项目全周期绩效管理。研究制定环境PPP项目按效付费办法，建立受益者付费、政府付费、政府和受益者混合付费机制。地方政府应及时、足额支付环境服务费用。

(二十)强化监督和行业自律。在市政公用基础设施领域，进一步完善行业监管机制，重点对运营成本、服务效率、产品质量进行监审，研究探索中标价格跟踪披露机制。推动行业商(协)会开展行业自律，建立行业内企业黑红名单制度，鼓励行业内企业依法相互监督。开展同业信用等级评价，发布建设投资和运营成本参考标准，有效遏制恶性竞争。

七、强化体制机制改革和创新

(二十一)改革资源产权制度和环境管理体制。深化集体林权制度改革，放活林地经营权，采取财政奖补等措施，示范和引导林地适度规模经营，推进农户承包林地集中连片经营。加快国有林场和国有林区改革，推进政、事、企分开，完善以购买服务为主的公益林管护机制。加强草原和湿地保护，防沙治沙，水土保持，加快建立生态保护补偿机制。积极探索生态建设和保护与资源开发、旅游景观开发、生态养殖、林下经济、乳品产业、沙产业等融合发展模式。改革环境管理体制，建立环境质量分级管理体制，探索建立跨地区环保机构。整合完善现有环境管理制度，加快建立统一公平、覆盖所有固定污染源的企业排放许可制。

(二十二)实施污水垃圾处理设施运营体制改革。事业性经营单位要加快事转企改制步伐，在清产核资、明晰产权的基础上，按《公司法》逐步改制成独立的企业法人。现有国有污水垃圾处理企业要加强内部管理，严控运营成本，提高服务效率。2020年底前，县以上污水垃圾处理设施运营管理单位的企业化改革基本完成，全面形成市场化的污水垃圾处理设施运营管理体制。在县域范围内，探索对城乡污水垃圾处理和供水项目进行捆绑，实施统一招标、建设和运营。

八、开展国有资本投资公司试点

(二十三)改组成立环境治理和生态保护领域的国有资本投资公司。以现有环境治理和生态保护领域的优势中央企业为基础，探索改组设立具有核心竞争力的国有资本投资公司。以国有资本投资公司为平台，推进国有资产重组整合、股权多元化，发挥国有企业技术优势，提高国有资本的整体功能和效率。

(二十四)推进国有资本开展混合所有制改革。按业务属性和市场竞争程度，分类推进国有资本和各类资本股权合作，广泛吸引各类非国有资本进入。鼓励在项目层面开展混合所有制，在确保国家对战略性资源具有控制力的基础上，引导非国有资本参与环境治理和生态保护项目建设，增强国有资本的带动力和放大功能。对于新兴治理领域、人才资本和技术要素贡献高的混合所有制企业，稳妥推进员工持股试点工作。

(二十五)完善国有资本经营预算制度和国企考核制度。将环境治理和生态保护作为国有资本经营预算支持的重点领域，稳步提高投入比例。差别化设置国有资本投资公司上缴收益比例。完善国有企业分类考核，加大对企业节能、环保的考核力度，构建社会效益与经济效益相结合的考核体系。

九、加强宣传教育，推进国际合作

(二十六)提高全民意识，强化公众舆论监督。把生态文明教育作为素质教育的重要内容，纳入国民教育体系和干部教育培训体系。开展形式多样的宣传活动，提高全民生态环保意识。充分发挥新闻媒体、民间组织和志愿者作用，报道先进典型，曝光反面事例，推动市场主体履行环境治理和生态保护责任和义务。对污染环境、破坏生态的行为，鼓励有关组织提起环境公益诉讼。

(二十七)推进国际交流与合作。加强与各国在环境治理和生态保护领域的对话交流，鼓励国外先进环保企业来华投资，鼓励环保企业参加各类双边或多边环保论坛、展览及贸易投资促进活动，跟踪引进先进环保技术，借鉴国际先进管理经验，不断提高自身实力和水平。

(二十八)推动环保企业走出去。培育国际化的环保企业，鼓励有实力的企业抓住机遇，通过海外并购实现跨越式发展。实施绿色援助，结合受援国需要和我国援助能力，积极安排公共环境基础设施、污染防治设施建设等环保项目，支持有条件的企业出口成套环保设备，承揽境外各类环保工程和服务项目。结合“一带一路”建设，鼓励环保企业参与沿线国家的环境基础设施建设，努力打造中国的绿色名片。

各地区、各部门要按照本意见的要求，进一步深化对培育环境治理和生态保护市场主体重要意义的认识，切实加强组织领导和协调配合，明确任务分工，落实工作责任，扎实开展工作，确保各项任务措施落到实处，务求尽快取得实效。

关于调整光伏发电陆上风电标杆上网电价的通知

发改价格〔2016〕2729号

各省、自治区、直辖市发展改革委、物价局，国家电网公司、南方电网公司、内蒙古电力公司：

为落实国务院办公厅《能源发展战略行动计划（2014-2020）》关于风电、光伏电价2020年实现平价上网的目标要求，合理引导新能源投资，促进光伏发电和风力发电产业健康有序发展，依据《可再生能源法》，决定调整新能源标杆上网电价政策。经研究，现就有关事项通知如下：

一、降低光伏发电和陆上风电标杆上网电价

根据当前新能源产业技术进步和成本降低情况，降低2017年1月1日之后新建光伏发电和2018年1月1日之后新核准建设的陆上风电标杆上网电价，具体价格见附件1和附件2。2018年前如果新建陆上风电项目工程造价发生重大变化，国家可根据实际情况调整上述标杆电价。之前发布的上述年份新建陆上风电标杆上网电价政策不再执行。光伏发电、陆上风电上网电价在当地燃煤机组标杆上网电价（含脱硫、脱硝、除尘电价）以内的部分，由当地省级电网结算；高出部分通过国家可再生能源发展基金予以补贴。

二、明确海上风电标杆上网电价

对非招标的海上风电项目，区分近海风电和潮间带风电两种类型确定上网电价。近海风电项目标杆上网电价为每千瓦时0.85元，潮间带风电项目标杆上网电价为每千瓦时0.75元。海上风电上网电价在当地燃煤机组标杆上网电价（含脱硫、脱硝、除尘电价）以内的部分，由当地省级电网结算；高出部分通过国家可再生能源发展基金予以补贴。

三、鼓励通过招标等市场化方式确定新能源电价

国家鼓励各地通过招标等市场竞争方式确定光伏发电、陆上风电、海上风电等新能源项目业主和上网电价，但通过市场竞争方式形成的价格不得高于国家规定的同类资源区光伏发电、陆上风电、海上风电标杆上网电价。实行招标等市场竞争方式确定的价格，在当地燃煤机组标杆上网电价（含脱硫、脱硝、除尘电价）以内的部分，由当地省级电网结算；高出部分由国家可再生能源发展基金予以补贴。

四、其他有关要求

各新能源发电企业和电网企业必须真实、完整地记载和保存相关发电项目上网交易电量、价格和补贴金额等资料，接受有关部门监督检查。各级价格主管部门要加强对新能源上网电价执行和可再生能源发展基金补贴结算的监管，督促相关上网电价政策执行到位。

上述规定自2017年1月1日起执行。

附件：

1、全国光伏发电标杆上网电价表（略）

2、全国陆上风力发电标杆上网电价表（略）

国家发展改革委

2016年12月26日

关于试行可再生能源绿色电力证书核发及自愿认购交易制度的通知

发政能源〔2017〕132号

各省、自治区、直辖市发展改革委、财政厅（局）、能源局、物价局，国家能源局各派出机构，国家电网公司、南方电网公司、内蒙古电力公司，华能、大唐、华电、国电、国电投、神华、三峡、华润、中核、中广核、中节能集团公司，水电总院、电规总院、各有关协会、国家可再生能源中心：

为引导全社会绿色消费，促进清洁能源消纳利用，进一步完善风电、光伏发电的补贴机制，拟在全国范围内试行可再生能源绿色电力证书核发和自愿认购，现将有关要求通知如下：

一、建立可再生能源绿色电力证书自愿认购体系。可再生能源绿色电力证书交易制度是完善可再生能源支持政策和创新发展机制的重大举措，有利于促进清洁能源高效利用和降低国家财政资金的直接补贴强度，对凝聚社会共识、推动能源转型具有积极意义。鼓励各级政府机关、企事业单位、社会机构和个人在全国绿色电力证书核发和认购平台上自愿认购绿色电力证书，作为消费绿色电力的证明。

根据市场认购情况，自2018年起适时启动可再生能源电力配额考核和绿色电力证书强制约束交易。

二、试行可再生能源绿色电力证书的核发工作。绿色电力证书是国家对发电企业每兆瓦时非水可再生能源上网电量颁发的具有独特标识代码的电子证书，是非水可再生能源发电量的确认和属性证明以及消费绿色电力的唯一凭证。从即日起，将依托可再生能源发电项目信息管理系统，试行为陆上风电、光伏发电企业（不含分布式光伏发电，以下同）所生产的可再生能源发电量发放绿色电力证书。

风电、光伏发电企业通过可再生能源发电项目信息管理系统，依据项目核准（备案）文件、电费结算单、电费结算发票和电费结算银行转账证明等证明材料申请绿色电力证书，国家可再生能源信息管理中心按月核定和核发绿色电力证书。

三、完善绿色电力证书的自愿认购规则。绿色电力证书自2017年7月1日起正式开展认购工作，认购价格按照不高于证书对应电量的可再生能源电价附加资金补贴金额由买卖双方自行协商或者通过竞价确定认购价格。

风电、光伏发电企业出售可再生能源绿色电力证书后，相应的电量不再享受国家可再生能源电价附加资金的补贴。

绿色电力证书经认购后不得再次出售，国家可再生能源信息管理中心负责对购买绿色电力证书的机构和个人核发凭证。

四、做好绿色电力证书自愿认购责任分工。国家可再生能源信息管理中心依托可再生能源发电项目信息管理系统，建设和管理全国绿色电力证书核发和认购平台，做好风电、光伏发电企业的绿色电力证书核发工作，并组织开展全国绿色电力证书认购工作。国家可再生能源信息管理中心定期统计并向全社会发布风电、光伏发电企业绿色电力证书的售卖信息。

各风电、光伏发电企业负责按照相关要求及时在国家能源局可再生能源发电项目信息管理系统填报信息；各电网企业负责做好补贴核减工作，并协助做好发电项目结算电量的复核。

各单位要高度重视本项工作，认真贯彻落实相关要求，按照职责分工加快推进相关工作，促进可再生能源产业持续健康发展。

附件：绿色电力证书核发及自愿认购规则（试行）（略）

国家发展改革委财政部国家能源局
2017年1月18日

关于进一步利用开发性和政策性金融推进林业生态建设的通知

发改农经〔2017〕140号

各省、自治区、直辖市、新疆生产建设兵团及计划单列市发展改革委、林业厅（局），国家开发银行、中国农业发展银行各分支机构：

为贯彻落实《中共中央国务院关于加快推进生态文明建设的意见》和《中共中央国务院关于深化投融资体制改革的意见》等有关决策部署，拓宽林业生态建设投融资渠道，创新林业投融资机制，加快林业生态建设步伐，现就利用开发性和政策性金融推进林业生态建设有关事项通知如下：

一、总体要求

各地要全面贯彻落实党中央、国务院决策部署，牢固树立创新、协调、绿色、开放、共享发展理念，大力推进林业供给侧结构性改革，充分发挥市场在资源配置中的决定性作用和更好发挥政府作用，立足林业生态建设实际，切实转变政府职能，积极创新林业投融资机制及金融产品和服务，形成政府性投资、金融资金和其他社会资本的合力，进一步拓宽林业生态建设投融资渠道，提高林业项目建设管理水平，加快推进生态文明建设。

二、支持范围

按照有利于维护国家生态安全、加快林业改革发展、推动林业精准扶贫的原则，林业利用开发性和政策性金融贷款（以下简称林业政策贷款）主要支持范围包括：

——国家储备林建设；

——国家公园、森林公园、湿地公园、沙漠公园等保护与建设；

——京津风沙源治理、岩溶地区石漠化治理、天然林资源保护、“三北”及长江流域等重点防护林体系建设、森林质量提升、湿地保护修复、森林防火、林业有害生物防治、森林城市等林业重大生态工程；

——国有林区、国有林场路水电暖等基础设施建设；

——木本油料、特色经济林、林下经济、竹藤花卉、林木种苗、沙产业、林业生物产业、森林旅游休闲康养等林业产业发展；

——林业生态扶贫项目建设；

——其他林业和生态建设项目。

三、支持政策

（一）加大金融支持力度。各级开发银行和农业发展银行要立足开发性和政策性银行定位，充分发挥专业和系统优势，积极主动与各级发展改革和林业主管部门进行衔接，通过有效方式为林业项目提供优质金融服务。根据各地实际情况和需求，为林业政策贷款项目提供长周期、低成本的资金支持，贷款期限可达30年（含不超过8年的宽限期），贷款利率体现优惠原则。具体贷款期限和利率视项目情况确定。要创新综合金融服务手段，简化贷款审批流程，开辟绿色通道，加快贷款投放，提升服务水平。

（二）加大政府投资支持。省级发展改革、林业部门要按照《中央预算内投资补助和贴息项目管理办法》的要求，分解下达林业生态建设中央预算内投资计划时，在确保完成投资计划任务的前提下，积极向符合国家政策支持的林业政策贷款项目倾斜，可以将对应计划任务的中央预算内投资作为项目资本金，其中林业生态方面中央投资补助额度不超过林业政策贷款项目总投资的20%。各地要加强林业生态建设、脱贫攻坚等相关资金的整合，统筹地方政府投资加大对林业政策贷款项目的支持力度，并按照《林业改革发展资金管理办法》相关要求，积极落实林业政策贷款项目贴息补助。

（三）科学构建融资机制。对林业政策贷款项目，可以采用政府购买服务、特许经营、企业自主经营等市场化运作模式进行融资。地方政府、银行和承贷主体要协同配合，完善偿债机制和监督机制。要建立健全林权评估、抵押、监管、收储、流转交易体系，通过林权收储担保费用补助、贷款风险准备金、购买森林保险等方式完善风险补偿机制，管控贷款风险。

（四）建立林业生态建设扶贫机制。发挥林业政策贷款项目的带动作用，推行政府引导、企业带动、专业合作社组织联动、农户参与的建设模式，提高建档立卡贫困人口的参与度与受益度。探索开展中央投资股权收益扶贫试点工作，建立通过林业生态项目建设促使贫困人口直接受益机制。通过集体林权股份合作经营模式，以及吸纳贫困人口参与工程建设、安排生态护林员等方式，增加贫困人口的财产性收入和工资性收入，带动贫困人口脱贫增收。

四、项目组织

（一）明确承贷主体。地方各级有关部门要积极做好承贷主体设立和遴选工作，并加大对承贷主体在资金、政策等方面的支持。林业政策贷款项目可以由省级投融资主体牵头组织，也可以由市县投融资主体组织，还可以由有实力的企业牵头组织。发展改革、林业部门及开发银行、农业发展银行要加强沟通协调，督促项目承贷主体完善法人治理结构和管理制度，认真履行投资经营权利义务，加强项目运行和监管。

（二）加强项目储备。发展改革、林业部门要统筹考虑林业生态保护和建设、脱贫攻坚、农民增收等目标，根据林业政策贷款主要支持范围，切实做好项目储备。要指导承贷主体结合当前政府投资的重点，将国家规划中确定的建设任务与林业政策贷款项目有机结合，科学谋划林业政策贷款项目，明确项目建设目标、重点任务、实施步骤。

（三）开展项目筛选。发展改革、林业部门要依据项目储备情况，加强与银行方面沟通，对银行有意向的储备项目积极开展可行性研究报告编制、规划选址、土地预审等前期工作，并按程序履行项目审批手续。省级发展改革、林业部门要统筹考虑项目重要性、年度贷款额度、前期工作进展情况等因素，研究筛选提出林业政策贷款项目年度建议清单。

（四）组织贷款审查。开发银行和农业发展银行要依据项目建议清单或自行梳理符合要求的项目，按内部程序尽快开展评审工作，将项目情况及融资进展情况定期与有关发展改革和林业主管部门沟通。

（五）加强资金监管。发展改革、林业部门和开发银行、农业发展银行要做好资金使用监督管理，确保资金安全运行。要督促承贷主体按照资金管理规定，规范、安全、有效使用资金，避免资金挤占、挪用，并切实履行偿债主体责任。

五、保障措施

（一）加强组织领导。省级发展改革、林业部门和开发银行、农业发展银行要建立健全沟通协调机制，定期交流政策信息，研究项目年度建议清单，通报项目进展情况，协商解决项目推进中的有关问题和重大事项，加强对项目的指导监督，并及时将贷款项目组织实施情况报送国家发展改革委、国家林业局和国家开发银行、中国农业发展银行。

（二）创新管理方式。要充分借鉴有关地区已实施林业政策贷款项目的有益经验，结合各地实际，创新林业政策贷款项目合作模式，加强工程管理和财务管理等方面的制度建设，不断总结好经验、好做法，及时进行交流和推广。

（三）加强宣传动员。各地要通过各类传统媒体和新媒体，广泛宣传相关优惠政策，调动社会各界参与林业生态建设积极性，稳定政策预期，为林业生态建设项目利用开发性政策性金融贷款营造良好的社会环境和舆论氛围。

国家发展改革委国家林业局
国家开发银行中国农业发展银行
2017年1月20日

关于印发气候适应型城市建设试点工作的通知

发改气候〔2017〕343号

各省、自治区、直辖市及计划单列市和新疆生产建设兵团发展改革委、住房城乡建设厅（委）：

为深入贯彻落实生态文明建设总体要求，切实提高城市适应气候变化能力，根据《城市适应气候变化行动方案》和《国家发展改革委、住房城乡建设部关于开展气候适应型城市建设试点工作的通知》，国家发展改革委、住房城乡建设部对各地组织推荐的气候适应型城市建设试点方案进行了认真研究，现就开展气候适应型城市建设试点工作有关事项通知如下：

一、目的意义

城市人口密度大、经济集中度高，易受气候变化不利影响。我国人口众多、气候条件复杂、生态环境整体脆弱，又处在工业化和城镇化快速发展的历史阶段，气候变化对城市的建设和发展已经并将持续产生重大影响，特别是对城市能源、交通、通信等基础设施安全和人民生产生活构成严重威胁。积极适应气候变化，事关城市可持续发展，事关全面建成小康社会全局，事关人民群众安居乐业，是生态文明建设的一项重大课题。

目前适应气候变化问题尚未纳入我国城市建设发展重要议事日程，存在认识不足、基础薄弱、体制机制不健全等问题，适应气候变化意识和能力亟待加强。近年来，各地结合实际开展了海绵城市、生态城市等相关工作，为适应气候变化工作积累了一些有益经验，但我国城市适应气候变化工作总体上还处在起步探索阶段，亟需从国家层面加强顶层设计，开展政策引导，鼓励探索创新。

综合考虑气候类型、地域特征、发展阶段和工作基础，选择一批典型城市，开展气候适应型城市建设试点，针对城市适应气候变化面临的突出问题，分类指导，统筹推进，积极探索符合各地实际的城市适应气候变化建设管理模式，是我国新型城镇化战略的重要组成部分，也将为我国全面推进城市适应气候变化工作提供经验，发挥引领和示范作用。

二、试点名单

考虑各地实际情况，经专家论证，同意将内蒙古自治区呼和浩特市、辽宁省大连市、辽宁省朝阳市、浙江省丽水市、安徽省合肥市、安徽省淮北市、江西省九江市、山东省济南市、河南省安阳市、湖北省武汉市、湖北省十堰市、湖南省常德市、湖南省岳阳市、广西自治区百色市、海南省海口市、重庆市璧山区、重庆市潼南区、四川省广元市、贵州省六盘水市、贵州省毕节市（赫章县）、陕西省商洛市、陕西省西咸新区、甘肃省白银市、甘肃省庆阳市（西峰区）、青海省西宁市（湟中县）、新疆自治区库尔勒市、新疆自治区阿克苏市（拜城县）、新疆建设兵团石河子市等28个地区作为气候适应型城市建设试点。

三、工作目标

以全面提升城市适应气候变化能力为核心，坚持因地制宜、科学适应，吸收借鉴国内外先进经验，完善政策体系，创新管理体制，将适应气候变化理念纳入城市规划建设管理全过程，完善相关规划建设标准，到2020年，试点地区适应气候变化基础设施得到加强，适应能力显著提高，公众意识显著增强，打造一批具有国际先进水平的典型范例城市，形成一系列可复制、可推广的试点经验。

四、主要任务

（一）强化城市适应理念。统筹城市建设、产业发展和适应气候变化工作，创新城市规划建设管理理念，科学分析气候变化主要问题及影响，加强城乡建设气候变化风险评估，将适应气候变化纳入城市发展目标体系，在城市规划中充分考虑气候变化因素，修改完善城市基础设施建设运营标准，健全城市适应气候变化管理体系。

（二）提高监测预警能力。加强气候变化和气象灾害监测预警平台建设和基础信息收集，开展关键部门和领域气候变化风险分析。加强信息化建设和大数据应用，健全应急联动和社会响应体系，实现各类极端气候事件预测预警信息的共享共用和有效传递。加强城市公众预警防护系统建设。

（三）开展重点适应行动。出台城市适应气候变化行动方案，优化城市基础设施规划布局，针对强降水、高温、干旱、台风、冰冻、雾霾等极端天气气候事件，修改完善城市基础设施设计和建设标准。积极应对热岛效应和城市内涝，发展被动式超低能耗绿色建筑，实施城市更新和老旧小区综合改造，加快装配式建筑的产业化推广。增强城市绿地、森林、湖泊、湿地等生态系统在涵养水源、调节气温、保持水土等方面的功能。保留并逐步修复城市河网水系，加强海绵城市建设，构建科学合理的城市防洪排涝体系。加强气候灾害管理，提升城市应急保障服务能力。健全政府、企业、社区和居民等多元主体参与的适应气候变化管理体系。

（四）创建政策试验基地。加大对城市适应气候变化工作政策支持力度，积极协助试点地区申报适应气候变化相关项目，鼓励试点地区出台有针对性的适应气候变化财税、金融、投资等扶持政策，实施适应气候变化示范工程。开展体制机制和管理方式创新。鼓励应用PPP等模式，引导各类社会资本参与城市适应气候变化项目。使试点地区成为安全发展、节水节材、防灾减灾、生态建设等有关政策集成应用和综合示范平台。

（五）打造国际合作平台。加强城市适应气候变化国际交流合作，鼓励试点地区与有关国际机构和国外先进城市加强经验交流和务实合作，优先支持试点地区参加国际合作项目和国际交流活动，把试点地区打造成气候变化国际合作示范窗口。

五、组织实施

（一）各级发展改革、住房城乡建设部门要加强对试点工作的指导，会同有关部门研究出台支持政策，在资金、项目上予以倾斜。组织现场调研，跟踪试点进展，开展效果评估，加强督促检查，积极鼓励企业、民间组织和群众团体参与试点工作，确保试点工作取得成果。

（二）试点地区要成立由本级人民政府主要负责同志担任组长，发展改革、住房城乡建设等相关部门参加的试点工作领导小组，负责试点建设总体统筹推进。试点地区要根据专家论证意见，进一步核实基础数据，修改试点方案，完善试点工作总体思路、建设目标、指标体系、主要任务和保障措施，明确任务分工，落实工作责任，确保实现各项试点任务。修改完善后的试点方案，由省级发展改革、住房城乡建设部门在4月底前报国家发展改革委、住房城乡建设部。

（三）试点地区要在每年12月底前提交试点工作进展报告，经省级发展改革委、住房城乡建设厅（委）报送国家发展改革委（应对气候变化司）和住房城乡建设部（建筑节能与科技司）。国家将根据试点工作进展，定期开展经验交流，树立先进典型，组织人员培训和国际合作活动，加大宣传力度，为试点工作有序开展创造良好条件。

国家发展改革委
住房城乡建设部
2017年2月21日

工业和信息化部政策文件

关于开展绿色制造体系建设的通知

工信厅节函〔2016〕586号

各省、自治区、直辖市及计划单列市、新疆生产建设兵团工业和信息化主管部门：

为贯彻落实《中国制造2025》、《绿色制造工程实施指南（2016-2020年）》，加快推进绿色制造，我部决定开展绿色制造体系建设。现将有关事项通知如下：

一、总体思路

按照党中央、国务院关于生态文明建设的决策部署，牢固树立创新、协调、绿色、开放、共享的发展理念，落实供给侧结构性改革要求，以促进全产业链和产品全生命周期绿色发展为目的，以企业为建设主体，以公开透明的第三方评价机制和标准体系为基础，保障绿色制造体系建设的规范和统一，以绿色工厂、绿色产品、绿色园区、绿色供应链为绿色制造体系的主要内容。加强政府引导和公众监督，发挥地方的积极性和主动性，优化政策环境，发挥财政奖励政策的推动作用和试点示范的引领作用，发挥绿色制造服务平台的支撑作用，提升绿色制造专业化、市场化公共服务能力，促进形成市场化机制，建立高效、清洁、低碳、循环的绿色制造体系，把绿色制造体系打造成为制造业绿色转型升级的示范标杆、参与国际竞争的领军力量。

二、建设原则

市场驱动，政府引导。以市场化驱动为主，提高先进示范的知名度和影响力，激发企业绿色发展的内生动力，降低企业绿色发展的成本，带动行业自律管理。发挥政府引导作用，优化企业绿色发展的政策环境，加强公共服务资源建设，在实施监管的同时做好服务。

标准引领，评价保障。发挥标准体系在绿色制造体系建设中的引领作用，加快制定绿色工厂、绿色产品、绿色园区、绿色供应链、绿色企业以及绿色评价与服务等标准。以公平、公正、公开的绿色制造评价体系为保障，规范和促进绿色制造体系建设。

多方参与，协作共享。按照平等、开放、协作、共赢的工作思路，鼓励科研院所、行业协会、生产企业、服务机构、金融机构等共同参与绿色制造体系建设工作，实现信息共享和优势互补，加强先进绿色制造技术研发与应用，分享绿色制造体系建设的成果。

重点突破，协同推进。优先选择重点区域、行业及产品等开展绿色制造体系建设，积极应用管理平台和大数据等手段，提升政府、园区、企业对绿色制造的管理水平，及时总结并推广先进示范的建设经验，协同推进绿色制造体系建设的各项工作。

三、建设目标

全面统筹推进绿色制造体系建设，到2020年，绿色制造体系初步建立，绿色制造相关标准体系和评价体系基本建成，在重点行业出台100项绿色设计产品评价标准、10-20项绿色工厂标准，建立绿色园区、绿色供应链标准，发布绿色制造第三方评价实施规则、程序，制定第三方评价机构管理办法，遴选一批第三方评价机构，建设百家绿色园区和千家绿色工厂，开发万种绿色产品，创建绿色供应链，绿色制造市场化推进机制基本完成，逐步建立集信息交流传递、示范案例宣传等为一体的线上绿色制造公共服务平台，培育一批具有特色的专业化绿色制造服务机构。

四、建设内容

（一）绿色工厂。

绿色工厂是制造业的生产单元，是绿色制造的实施主体，属于绿色制造体系的核心支撑单元，侧重于生产过程的绿色化。加快创建具备用地集约化、生产洁净化、废物资源化、能源低碳化等特点的绿色工厂。优先在钢铁、有色金属、化工、建材、机械、汽车、轻工、食品、纺织、医药、电子信息等重点行业选择一批工作基础好、代表性强的企业开展绿色工厂创建，通过采用绿色建筑技术建设改造厂房，预留可再生能源应用场所和设计负荷，合理布局厂区内能量流、物质流路径，推广绿色设计和绿色采购，开发生产绿色产品，采用先进适用的清洁生产工艺技术和高效末端治理装备，淘汰落后设备，建立资源回收循环利用机制，推动用能结构优化，实现工厂的绿色发展。绿色工厂评价要求见附件1。

（二）绿色产品。

绿色产品是以绿色制造实现供给侧结构性改革的最终体现，侧重于产品全生命周期的绿色化。积极开展绿色设计示范试点，按照全生命周期的理念，在产品设计开发阶段系统考虑原材料选用、生产、销售、使用、回收、处理等各个环节对资源环境造成的影响，实现产品对能源资源消耗最低化、生态环境影响最小化、可再生率最大化。选择量大面广、与消费者紧密相关、条件成熟的产品，应用产品轻量化、模块化、集成化、智能化等绿色设计共性技术，采用高性能、轻量化、绿色环保的新材料，开发具有无害化、节能、环保、高可靠性、长寿命和易回收等特性的绿色产品。关于绿色产品的通用评价方法见《生态设计产品评价通则》（GB/T32611），评价要求见生态设计产品评价规范系列国家标准（GB/T32163）。

（三）绿色园区。

绿色园区是突出绿色理念和要求的生产企业和基础设施集聚的平台，侧重于园区内工厂之间的统筹管理和协同链接。推动园区绿色化，要在园区规划、空间布局、产业链设计、能源利用、资源利用、基础设施、生态环境、运行管理等方面贯彻资源节约和环境友好理念，从而实现具备布局集聚化、结构绿色化、链接生态化等特色的绿色园区。从国家级和省级产业园区中选择一批工业基础好、基础设施完善、绿色水平高的园区，加强土地节约集约化利用水平，推动基础设施的共建共享，在园区层级加强余热余压废热资源的回收利用和水资源循环利用，建设园区智能微电网，促进园区内企业废物资源交换利用，补全完善园区内产业的绿色链条，推进园区信息、技术服务平台建设，推动园区内企业开发绿色产品、主导产业创建绿色工厂，龙头企业建设绿色供应链，实现园区整体的绿色发展。绿色园区评价要求见附件2。

（四）绿色供应链。

绿色供应链是绿色制造理论与供应链管理技术结合的产物，侧重于供应链节点上企业的协调与协作。打造绿色供应链，企业要建立以资源节约、环境友好为导向的采购、生产、营销、回收及物流体系，推动上下游企业共同提升资源利用效率，改善环境绩效，达到资源利用高效化、环境影响最小化，链上企业绿色化的目标。在汽车、电子电器、通信、机械、大型成套装备等行业选择一批代表性强、行业影响力大、经营实力雄厚、管理水平高的龙头企业，按照产品全生命周期理念，加强供应链上下游企业间的协调与协作，发挥核心龙头企业的引领带动作用，确立企业可持续的绿色供应链管理战略，实施绿色伙伴式供应商管理，优先纳入绿色工厂为合格供应商和采购绿色产品，强化绿色生产，建设绿色回收体系，搭建供应链绿色信息管理平台，带动上下游企业实现绿色发展。绿色供应链评价要求见附件3。

五、程序安排

（一）实施方案制定。各省、自治区、直辖市及计划单列市、新疆生产建设兵团工业和信息化主管部门（以下统称省级主管部门）根据本地区产业基础和特点、发展规划等实际情况，于2016年10月底前制定出台本地区的绿色制造体系建设实施方案，提出本地区绿色制造体系建设的5-8个重点领域、年度计划以及政策支持措施等，并报我部（节能与综合利用司）。

（二）评价创建效果。满足申请条件的企业（含央企）、园区按照绿色制造体系的相关标准开展创建工作并进行自评价。企业、园区达到绿色工厂、产品、园区、供应链标准时，委托第三方评价机构（由我部在符合资质要求的评价机构中遴选发布）按相应的评价标准开展现场评价，评价合格的可按所在地区绿色制造体系实施方案的要求和程序，向省级主管部门提交绿色制造体系示范的总结报告。

（三）地方评估确认。省级主管部门负责组织对报送总结报告的企业、园区进行评估确认，评估工作对照省级主管部门制定的绿色制造体系建设实施方案提出的有关要求，重点关注绿色制造标准指标的完成情况、评价机构编写的评价报告等内容。具体评估要求和程序由各省级主管部门结合本地情况在实施方案中提出。

（四）确定示范名单。各省级主管部门每年11月底前向我部推荐评估合格、在本地区成绩突出且具有代表性的绿色产品、工厂、园区、供应链管理企业名单，并提交相关材料。我部将通过组织专家论证、公示、现场抽查等环节确定国家级绿色产品、工厂、园区、供应链管理企业名单。

（五）加强监督管理。利用绿色制造公共服务平台定期公布列入绿色制造示范企业、园区的绿色制造水平指标及先进经验等信息。不定期对自我声明信息开展抽查，对抽查不符合绿色制造示范要求的，从示范名单中除名，连续三次抽查无问题的，在五年内免于抽查。

六、保障措施

（一）加强组织协调。工业和信息化部会同有关部门负责绿色制造体系建设统筹部署、工作指导、组织协调和监督检查。各地省级主管部门要加强组织协调和指导，积极组织企业、园区按照相关要求提出建设方案，做好日常监督管理和服务。充分发挥科研机构、行业协会，服务机构、金融机构等在绿色制造体系建设过程的支撑作用。

（二）加大支持力度。我部将利用工业转型升级资金、专项建设基金、绿色信贷等相关政策扶持绿色制造体系建设工作，推动政府优先采购。各地要积极争取协调地方配套资金，将绿色制造体系建设项目列入现有财政资金支持重点。鼓励金融机构为绿色制造示范企业、园区提供便捷、优惠的担保服务和信贷支持。

（三）建立评价机制。工业和信息化部会同国务院相关部门统筹建立公平、公正、公开的绿色制造第三方评价机制，设立评价工作推进小组，制定完善第三方评价实施规则、程序等，加强对评价机构的管理，建设绿色制造评价数据库，充分发挥评价机制作用，保障绿色制造体系建设的规范化和统一化。

（四）完善标准体系。我部将发布《绿色制造标准体系建设指南》，组织行业协会、重点企业、服务机构等共同制定完善由综合基础、绿色产品、绿色工厂、绿色企业、绿色园区、绿色供应链及绿色评价与服务等七个部分构建的绿色制造标准体系，发挥标准引领作用。

（五）提升服务能力。依托现有技术实体培育一批提供标准创制、计量检测、评价咨询、技术创新、绿色金融等服务内容的专业化线下绿色制造服务平台。充分利用现有资源，协同建设统一的线上绿色制造云服务平台，提供政策法规宣贯、信息交流传递、示范案例宣传、云资源中心、评价工作平台等线上服务，形成线上线下结合互补的服务体系，满足绿色制造体系构建的需求。

附件：

1. 绿色工厂评价要求（略）
2. 绿色园区评价要求（略）
3. 绿色供应链管理评价要求（略）

绿色制造工程实施指南（2016-2020年）（节录）

工业和信息化部办公厅2016年9月3日

2016年9月20日

为贯彻落实《中国制造2025》，组织实施好绿色制造工程，特制订本指南。

一、背景

绿色发展是国际大趋势。资源与环境问题是人类面临的共同挑战，可持续发展日益成为全球共识。特别是在应对国际金融危机和气候变化背景下，推动绿色增长、实施绿色新政是全球主要经济体的共同选择，发展绿色经济、抢占未来全球竞争的制高点已成为国家重要战略。发达国家纷纷实施“再工业化”战略，重塑制造业竞争新优势，清洁、高效、低碳、循环等绿色理念、政策和法规的影响力不断提升，资源能源利用效率成为衡量国家制造业竞争力的重要因素，绿色贸易壁垒也成为一些国家谋求竞争优势的重要手段。

绿色制造是生态文明建设的重要内容。工业化为社会创造了巨大财富，提高了人民的物质生活水平，同时也消耗了大量资源，给生态环境带来了巨大压力，影响了人民生活质量的进一步提高。推进生态文明建设，要求构建科技含量高、资源消耗低、环境污染少的绿色制造体系，加快推动生产方式绿色化，积极培育节能环保等战略性新兴产业，大幅增加绿色产品供给，倡导绿色消费，有效降低发展的资源环境代价。

绿色制造是工业转型升级的必由之路。我国作为制造大国，尚未摆脱高投入、高消耗、高排放的发展方式，资源能源消耗和污染排放与国际先进水平仍存在较大差距，工业排放的二氧化硫、氮氧化物和粉尘分别占排放总量的90%、70%和85%，资源环境承载能力已近极限，加快推进制造业绿色发展刻不容缓。以实施绿色制造工程为牵引，全面推行绿色制造，不仅对缓解当前资源环境瓶颈约束、加快培育新的经济增长点具有重要现实作用，而且对加快转变经济发展方式、推动工业转型升级、提升制造业国际竞争力具有深远历史意义。

二、总体要求

按照党的十八大及十八届三中、四中、五中全会精神，全面落实制造强国建设战略，强化绿色发展理念，紧紧围绕制造业资源能源利用效率和清洁生产水平提升，以制造业绿色改造升级为重点，以科技创新为支撑，以法规标准绿色监管制度为保障，以示范试点为抓手，加大政策支持力度，加快构建绿色制造体系，推动绿色产品、绿色工厂、绿色园区和绿色供应链全面发展，壮大绿色产业，增强国际竞争新优势，实现制造业高效清洁低碳循环和可持续发展，促进工业文明与生态文明和谐共融。

（一）基本原则

坚持重点突破和全面协调推进。着力解决重点区域、重点行业和重点企业发展中的资源环境问题，开展试点示范、专项行动和重大项目建设。同时，按照产品全生命周期绿色管理要求，强化生产制造全过程控制和生产者责任延伸，积极应用信息网络技术和大数据等先进手段，在各行业、大中小企业全面推行绿色制造，加快构建绿色制造体系。

坚持企业主体和践行社会责任。绿色发展是企业提质增效的重要途径，更是企业应当承担的社会责任。进一步突出企业绿色制造主体作用，强化高效清洁低碳循环发展理念，落实节能环保社会责任，加大绿色改造，淘汰落后产能，大力推动绿色技术创新，不断提高绿色制造管理水平，实现经济、社会和生态效益共赢。

坚持政策引导和强化绿色监管。充分发挥政府在推进制造业绿色发展中的引导作用，进一步转变发展理念，加大绿色制造政策支持力度；切实转变政府职能，强化资源节约、环境保护等法规标准约束，严格节能评估审查、节能监察和环境监管执法，为企业推进绿色制造创造公平竞争环境和制度保障。

（二）主要目标

到2020年，绿色制造水平明显提升，绿色制造体系初步建立。企业和各级政府的绿色发展理念显著增强，与2015年相比，传统制造业物耗、能耗、水耗、污染物和碳排放强度显著下降，重点行业主要污染物排放强度下降20%，工业固体废物综合利用率达到73%，部分重化工业资源消耗和排放达到峰值。规模以上单位工业增加值能耗下降18%，吨钢综合能耗降到0.57吨标准煤，吨氧化铝综合能耗降到0.38吨标准煤，吨合成氨综合能耗降到1300千克标准煤，吨水泥综合能耗降到85千克标准煤，电机、锅炉系统运行效率提高5个百分点，高效配电变压器在网运行比例提高20%。单位工业增加值二氧化碳排放量、用水量分别下降22%、23%。节能环保产业大幅增长，初步形成经济增长新引擎和国民经济新支柱。绿色制造能力稳步提高，一大批绿色制造关键共性技术实现产业化应用，形成一批具有核心竞争力的骨干企业，初步建成较为完善的绿色制造相关评价标准体系和认证机制，创建百家绿色工业园区、千家绿色示范工厂，推广万种绿色产品，绿色制造市场化推进机制基本形成。制造业发展对资源环境的影响初步缓解。

三、重点任务

（一）传统制造业绿色化改造示范推广

实施生产过程清洁化改造。以源头削减污染物产生为切入点，革新传统生产工艺装备，鼓励企业采用先进适用清洁生产工艺技术实施升级改造。加快提升重点区域和重点流域清洁生产水平，实施工业领域煤炭清洁高效利用行动计划，推进京津冀、长三角等重点区域和淮河、海河等重点流域企业实施清洁生产改造，从源头削减二氧化硫、氮氧化物、烟（粉）尘、化学需氧量、氨氮等污染物。积极推动有色金属、化工、皮革、铅酸蓄电池、电镀等行业重金属、挥发性有机物、持久性有机物等非常规污染物削减，加快重点行业有毒有害原料（产品）替代品的推广应用，完成汞、铅、高毒农药等高风险污染物削减目标。进一步淘汰落后产能。

专栏1生产过程清洁化改造
重点区域清洁生产专项。在京津冀等“三区十群”重点区域，实施工业锅炉清洁高效燃烧、钢铁烧结烟气循环、水泥低氮燃烧和分级燃烧、玻璃窑炉富氧燃烧、陶瓷集中清洁煤制气、石化加热炉低氮燃烧等清洁化技术改造。到2020年，削减烟粉尘100万吨/年、二氧化硫50万吨/年、氮氧化物180万吨/年。 **重点流域清洁生产专项。**在七大流域，实施造纸非木材纤维原料清洁制浆、皮革行业废液循环及高吸收染整、钨冶炼混酸常压高效分解、氮肥废水超低排放、农药染料化学原料药及中间体绿色合成、印染生物酶前处理和低盐无盐染色、食品药品高效菌种应用和高效提取纯化等清洁化技术改造。到2020年，削减废水4亿吨/年、化学需氧量50万吨/年、氨氮5万吨/年。 **重金属污染物削减专项。**在铅酸蓄电池及再生铅行业实施集中供铅、连续式极板生产、管式极板挤膏、低温连续熔炼、液态高铅渣直接还原等技术改造；在铬盐、皮革行业推广铬铁碱溶纯氧氧化、低铬循环和无铬鞣制技术；在铜铅锌采选冶炼行业，推广含砷废水生物制剂处理技术；在电石法聚氯乙烯等行业推广低汞或无汞工艺。到2020年，减排总铅15吨/年、总铬15吨/年、砷10吨/年，削减汞使用量280吨/年。 **淘汰落后专项。**综合运用工艺技术、环保、能耗、安全和质量等标准，建立退出机制，淘汰污染重、排放高、有毒有害的落后产品、工艺、技术和装备等。

实施能源利用高效低碳化改造。加快应用先进节能低碳技术装备，提升能源利用效率，扩大新能源应用比例。重点实施高耗能设备系统节能改造，力争使在用的工业锅炉（窑炉）、电机（水泵、风机、空压机）系统、变压器等通用设备运行能效指标达到国内先进标准。深入推进流程工业系统节能改造，重点推广原料优化、能源梯级利用、可循环、流程再造等系统优化工艺技术，普及中低品位余热余压发电、制冷、供热及循环利用。推进工业用能低碳化，积极使用新能源，开展电力需求侧管理，大力建设厂区、园区新能源、分布式能源和智能微电网。到2020年，形成1.5亿吨标准煤节能能力。

专栏2能源利用高效低碳化改造
流程工业系统改造专项。建设完善企业能源管控中心；钢铁行业实施副产煤气高值利用；有色行业实施新型阴极结构铝电解槽、高效强化拜耳法氧化铝生产、粗铜连续吹炼等技术改造；铁合金行业实施“回转窑-矿热炉”工艺等改造；石化行业实施丙烷脱氢、百万吨级精对苯二甲酸装置（PTA）等改造；化工行业实施航天炉粉煤加压气化、硝酸综合处理等改造；水泥行业实施高固气比熟料煅烧、无球化粉磨等改造；造纸行业应用高效双盘磨浆机等低能耗制浆改造；食品加工行业实施机械式蒸汽再压缩、全自动连续煮糖等改造；纺织行业实施合成纤维熔纺长丝环吹冷却、高效烘干定型等改造。 **高耗能通用设备改造专项。**电机系统实施永磁同步伺服电机、高压变频调速、冷却塔用混流式水轮机等技术改造；配电变压器系统应用非晶合金变压器、有载调容调压等技术；炉窑系统应用富氧助燃、蓄热式燃烧、循环水系统防垢提效等技术；内燃机系统实施工程机械、农机、船舶等非道路移动机械用低效柴油机改造。到2020年，锅炉、电机、内燃机系统平均运行效率提高5个百分点，高效配电变压器在网运行比例提高20%。 **余热余压高效回收专项。**自备电厂实施烟气系统余热深度回收利用、循环水余热回收利用、超临界混合工质高参数一体化循环发电、冶金余热余压能量回收同轴机组应用等技术改造。推广矿热炉高温烟气净化回收利用、蒸汽余热梯级利用、聚酯化纤酯化工艺余热回收制冷、螺杆膨胀动力驱动等技术。到2020年，中低品位余热余压利用率达到30%。

低碳化改造专项。在工厂、园区建设光伏、光热、热泵和智能微电网，提高生产过程中可再生能源使用比例。

在水泥、钢铁、石灰、电石、己二酸、硝酸、化肥、制冷剂等领域，推广示范一批原料替代、工艺流程优化等温室气体排放控制技术，推广利用二氧化碳驱油及制备塑料、干冰等。到2020年，低碳能源装机达到500万千瓦。

实施水资源利用高效化改造。以控制工业用水总量、提高用水效率、保护水环境为目标，采用水系统平衡优化整体解决方案等节水技术，对化工、钢铁、造纸、印染、食品、医药等高耗水行业实施改造。推广应用非常规水资源，支持工业企业采用电吸附、膜处理、海水淡化等技术，利用城市中水、矿井水、高浓盐水、海水等。

专栏3高耗水行业节水改造
化工节水专项。实施干式蒸馏、含硫废水汽提净化回用、凝液回收、尿素工艺冷凝液水解解析、聚合母液处理及回用、真空滤碱机洗水添加剂、酸洗废水净化等技术改造。到2020年，年节水量约6亿立方米。 **钢铁节水专项。**实施焦化酚氰废水处理及回用、冷轧废水处理及回用、清污分流分质、高效循环、串级、综合污水处理及回用、管网智能检测漏及更新等技术改造，推广利用城市中水、海水等。到2020年，年节水量约5亿立方米。 **造纸节水专项。**实施多段逆流洗涤封闭筛选、置换蒸煮、氧脱木素、纸浆中高浓筛选与漂白、污冷凝水分级汽提及回用、纸机白水多圆盘分级与回用、透平机真空系统节水等技术改造。到2020年，年节水量约4亿立方米。 **印染节水专项。**实施逆流漂洗、冷轧堆一步法、小浴比汽液染色、数码喷墨印花、印染废水处理及回用、针织物高效平幅连续染色、化纤原液染色等技术改造。到2020年，年节水量约3亿立方米。 **食品药品节水专项。**实施中低温蒸煮糊化、高浓糖化醪高温发酵、味精高浓度母液提取、发酵废母液综合利用、制药工艺用水重复利用等技术改造。到2020年，年节水量约2亿立方米。

实施基础制造工艺绿色化改造。加快应用清洁铸造、锻压、焊接、表面处理、切削等加工工艺，推动传统基础制造工艺绿色化、智能化发展，建设一批基础制造工艺绿色化示范工程。到2020年，传统机械制造节能15%以上，节约原辅材料20%以上，减少废弃物排放20%以上。

专栏4基础制造工艺绿色化改造
铸锻焊切削制造工艺改造专项。重点推广数字化无模铸造岛、清洁高效铸锻组合及零件轧制精密成形、铸造砂再生利用、激光-电弧复合高效清洁焊接、高效节材摩擦焊、少烟尘及无害化绿色焊接材料制备、少无切削液绿色加工等技术。到2020年，节能30%以上，节材、减少废弃物20%以上。 **热表处理清洁化专项。**重点推广合金钢无氧化清洁热处理、热处理气氛减量化、真空低压渗碳热处理、替代电镀铬绿色表面处理等技术装备。到2020年，减少废弃物排放30%以上。

（二）资源循环利用绿色发展示范应用

强化工业资源综合利用。重点针对冶炼渣及尘泥、化工废渣、尾矿、煤电固废等难利用工业固体废物，推广一批先进适用技术与装备，培育一批骨干企业，扩大资源综合利用基地试点。以再生资源规范企业为依托，加快再生资源技术装备改造升级，深化城市矿产示范基地建设，推动再生资源产业集聚发展，实现再生资源产业集约化、专业化、规模化发展。到2020年，资源循环利用产业产值达到3万亿元。

专栏5工业资源综合利用产业升级
大宗工业固体废物综合利用专项。重点开展冶炼渣及尘泥、化工废渣、尾矿、煤电废渣等综合利用，推广冶炼废渣提取高值组分及整体利用，副产石膏规模化制备水泥缓凝剂、高强石膏、尾矿生产干混砂浆、加气混凝土、保温矿棉、装饰材料、墙材、人工鱼礁等，中西部地区煤电基地煤矸石和粉煤灰生产建材、提取有价组分、生产家居装饰材料等技术。到2020年，钢铁冶炼固废综合利用率达到95%，磷石膏利用率50%，尾矿利用率25%，粉煤灰利用率75%。 **再生资源产业专项。**重点开展废旧材料、废旧机电产品等资源化利用，实施废钢加工配送系统，废有色金属、稀贵金属清洁分质高值化利用，废塑料自动分选及高值利用，废旧瓶片制高档纤维，废油除杂重整，废弃电器电子产品整体拆解与多组分资源化利用，报废汽车、船舶、工业设备绿色智能精细拆解与高效分选回收，建筑垃圾生产再生骨料等技术改造升级。到2020年，主要再生资源利用率达到75%。

推进产业绿色协同链接。推行循环生产方式，促进企业、园区、行业间链接共生、原料互供、资源共享，拓展不同产业固废协同、能源转换、废弃物再资源化等功能，创新工业行业间及与社会间的生态链接模式。结合区域资源环境特点，促进工业资源综合利用产业区域间协调发展。

专栏6产业绿色协同发展

产业绿色融合专项。强化煤电、冶金、化工、建材等流程工业间的横向耦合生态链接，促进行业融合；推进工业余热用于城镇供暖制冷、水泥窑协同处理生活垃圾、污泥和飞灰等，促进产城融合；利用工业余热发展设施农业、生态旅游业，推进工业使用生物质能示范项目，促进产业融合。

资源综合利用区域协同专项。针对京津冀及周边、长江经济带、珠三角、西部、东北地区资源环境特点，建立一批冶炼渣与矿业废弃物、煤电废弃物、报废机电设备等协同利用示范基地，建设一批共伴生钒钛、稀土、盐湖等资源深度利用示范项目。

培育再制造产业。积极推广应用再制造表面工程、增材制造、疲劳检测与剩余寿命评估等技术工艺，建立再制造逆向智能物流体系，完善再制造产品认定制度，实施高端再制造、智能再制造和在役再制造示范工程。到2020年，再制造技术工艺达到国际先进水平，再制造产业规模达到2000亿元。

专栏7再制造产业培育

高端智能再制造专项。面向航空发动机、燃气轮机、盾构机等大型成套设备及复印机、医疗设备、模具等，推广高效无损拆解、绿色清洗、毛坯快速智能检测、纳米复合成形、等离子喷涂、三维体积损伤零部件成形等技术。

在役再制造专项。面向服役期内透平压缩机、数控机床等装备，推广基于工业互联网的设备全生命周期健康监测诊断系统和在线校准，早期故障智能诊断与预警及故障自愈化，在役设备个性化再设计和改造升级等技术。

（三）绿色制造技术创新及产业化示范应用

突破节能关键技术装备。围绕制约节能产业发展的重大关键技术和装备，在节煤、节电、余能回收利用、高效储能、智能控制等领域加大研发和示范力度，培育一批有核心竞争力的骨干企业，突破40项重大节能技术装备。到2020年，节能产业产值达到1.7万亿元。提升重大环保技术装备。在大气、水、土壤污染防治等领域，加大多污染协同处置、环境污染防治专用材料和药剂、环境监测计量专用仪器仪表、环境应急等先进环保技术装备研发，建设100项先进环保技术装备应用示范工程，打造20个节能环保装备制造基地，力争突破50项环保技术装备，环保产业产值达到2万亿元。

开发资源综合利用适用技术装备。以提升工业资源综合利用技术装备水平、推进产业化应用为目标，突破100项重大资源综合利用技术装备，培育100家资源综合利用产业创新中心，基本形成适应工业资源循环利用产业发展的技术研发和装备产业化能力。

专栏8绿色制造技术产业化

环保技术产业化专项。组织开发燃煤烟气多污染物超低排放、湿式静电除尘等大气治理技术装备，高浓度氨氮废水处理、超临界水氧化处理、动态膜过滤等节水减污技术，车船废气净化技术，污泥高速流体喷射破碎干化等固废处理技术，高效低阻长寿命除尘滤料等环保专用材料，PM2.5便携式监测仪、挥发性有机物（VOCs）在线分析仪等环境监测仪器，溢油应急回收、移动式三废应急处理等环境污染应急技术。

节能技术产业化专项。组织开发高效节能锅炉、膜法富氧燃烧等煤炭高效清洁利用及生物质、污泥燃烧锅炉技术，电气驱动过程中的能量转换、高效空压机及节能控制器、全矾液流储能电池等节电技术，大型高炉用鼓风与汽轮发电同轴、朗肯循环等余热高效利用技术，“洁净钢”平台和“一包到底”、蓄热式燃气高温熔融电石生产、锑富氧熔炼等高载能行业节能新工艺及智能化控制技术。

资源综合利用技术产业化专项。组织开发低品位共伴生矿产资源高效利用、赤泥和电解锰渣资源化利用、废旧动力电池梯级利用、建筑垃圾资源化、废旧高分子产品再生与多途径协同利用、百万吨级超低能耗尾矿微粉等技术装备。

（四）绿色制造体系构建试点

以企业为主体，以标准为引领，以绿色产品、绿色工厂、绿色工业园区、绿色供应链为重点，以绿色制造服务平台为支撑，推行绿色管理和认证，加强示范引导，全面推进绿色制造体系建设。

建立健全绿色标准。制修订能耗、水耗、物耗、污染控制、资源综合利用及绿色制造管理体系等标准规范，完善产品从设计、制造、使用、回收到再制造的全生命周期绿色标准，制定绿色工厂、园区、供应链标准。搭建开放的绿色标准创制公共平台，支持行业协会和联盟等共同参与标准制订，加强与国际标准对接互认。强化标准实施，建立企业绿色制造标准自我声明制度，开展对标达标和领跑者活动，推进标准实施效果评价。

开发绿色产品。按照产品全生命周期绿色管理理念，遵循能源资源消耗最低化、生态环境影响最小化、可再生率最大化原则，大力开展绿色设计试点示范，优先以家用洗涤剂、可降解塑料、动力电池、绿色建材等为突破口，以点带面，开发推广绿色产品，积极推进绿色产品第三方评价和认证，建立各方协作机制，发布绿色产品目录，引导绿色生产，提升绿色产品国际化水平，推动国际合作。到2020年，开发推广万种绿色产品。

创建绿色工厂。按照用地集约化、生产洁净化、废物资源化、能源低碳化原则，结合行业特点，分类创建绿色工厂。优化制造流程，应用绿色低碳技术建设改造厂房，集约利用厂区。选用先进适用的清洁生产工艺技术和高效末端治理装备，减少生产过程中资源消耗和环境影响，营造良好职业卫生环境，实行清污分流、废水循环利用、固体废物资源化和无害化利用。采用先进节能技术与装备，建设厂区光伏电站、智能微电网和能管中心，优化工厂用能结构。推行资源能源环境数字化、智能化管控系统，实现资源能源及污染物动态监控和管理。到2020年，创建1000家绿色示范工厂。

建设绿色工业园区。选择一批基础条件好、代表性强的工业园区，推进绿色工业园区创建示范，深化国家低碳工业园区试点。以企业集聚、产业生态化链接和服务平台建设为重点，推行园区综合能源资源一体化解决方案，深化园区循环化改造，实现园区能源梯级利用、水资源循环利用、废物交换利用、土地节约集约利用，提升园区资源能源利用效率，优化空间布局，培育一批创新能力强、示范意义大的示范园区。到2020年，创建100家绿色工业园区。

打造绿色供应链。以汽车、电子电器、通信、大型成套装备等行业龙头企业为依托，以绿色供应标准和生产者责任延伸制度为支撑，加快建立以资源节约、环境友好为导向的采购、生产、营销、回收及物流体系。积极应用物联网、大数据和云计算等信息技术，建立绿色供应链管理体系。完善采购、供应商、物流等绿色供应链规范，开展绿色供应链管理试点。到2020年，在重点行业初步建立绿色供应链管理体系，生产者责任延伸制度取得实质性进展。

建设绿色制造服务平台。建立产品全生命周期基础数据库及重点行业绿色制造生产过程物质流和能量流数据库，加大信息公开力度。建立绿色制造评价机制，制定分行业、分领域绿色评价指标和评估方法。建设绿色制造技术专利池，推动知识产权保护和共享。创新服务模式，建设绿色制造创新中心和绿色制造产业联盟，积极开展第三方服务机构绿色制造咨询、认定、培训等服务，提供绿色制造整体解决方案，推进合同能源管理和环保服务，到2020年节能环保服务业产值达到1.8万亿元。

四、保障措施

（一）加强组织领导。建立绿色制造工程实施统筹协调机制，形成职责明晰、协同推进的工作格局。绿色制造工程由工业和信息化部、发展改革委会同科技部、财政部、环境保护部、商务部、质检总局、中国工程院等有关部门共同组织实施。设立专家组，为指南实施提供技术支撑，开展阶段性考核评估。各地区要根据本地实际制定具体落实方案，纳入本地区发展规划，并做好与国家指南的衔接，认真组织落实。

（二）加大财税支持。进一步加大财政资金支持力度，充分利用现有资金渠道，发挥中央财政资金的引导激励作用，集中力量支持实施指南中先导性、公益性试点示范和公共服务平台、基础能力建设等薄弱环节。充分利用各级工业转型升级、技术改造、节能减排、科技计划（专项、基金）等资金渠道及政府和社会资本合作（PPP）模式，加大绿色制造相关专项支持力度。完善绿色产品政府采购和财政支持政策，落实资源综合利用税收优惠政策、节能节水环保专用设备所得税优惠政策。

（三）拓宽融资渠道。加强产融衔接，构建绿色金融体系，拓宽绿色制造融资渠道，进一步发展绿色信贷、绿色债券市场，推动绿色信贷资产证券化，引导和鼓励社会资本按市场化原则设立和运营绿色产业基金，支持绿色企业上市融资，充分利用专项建设基金、融资租赁、股权投资基金、新三板挂牌融资等金融手段，引导社会资本参与绿色制造重大工程建设，加大对传统制造业绿色改造升级、绿色新技术和新产品产业化应用、绿色制造体系建设等重点领域的支持力度。

（四）强化监督管理。积极推进完善绿色制造相关法律法规，依法构建绿色制造管理体系。强化环保执法监督、节能监察、清洁生产审核和生产者责任延伸，完善各级节能监察等执法队伍建设，加强事中事后监管，严格惩处各类违法违规行为。严格节能执法，制定并全面实施强制性能耗限额标准和差别化电价，推动用能权、用水权、排污权、碳排放权交易，形成绿色发展长效激励约束机制。定期开展绿色制造发展状况调查和评估。加强企业社会责任建设，推动大中型企业、上市公司发布年度社会责任报告，披露资源能源消耗、污染物排放、职工责任关怀等信息，提高中小企业绿色责任意识，充分发挥社会监督、舆论监督作用。

（五）加强国际合作。积极引进国外先进适用绿色制造发展理念、技术和管理经验，利用多渠道资金，加强与国外政府、企业、科研机构、国际组织在绿色制造方面的交流与合作。落实国家“一带一路”战略，鼓励绿色制造技术、装备和服务“走出去”，实现可持续发展。

（六）传播绿色理念。充分发挥教育培训、媒体、绿色公益组织、行业协会、产业联盟等机构的作用，加强舆论宣传，增强绿色理念，倡导绿色消费，进一步提升全社会绿色意识、参与度和积极性，为绿色制造创造良好消费文化和社会氛围。

2015年各地区淘汰落后和过剩产能目标任务完成情况

（工业和信息化部国家能源局联合公告2016年第50号）

根据《国务院关于进一步加强淘汰落后产能工作的通知》（国发〔2010〕7号）、《关于印发淘汰落后产能工作考核实施方案的通知》（工信部联产业〔2011〕46号）要求，淘汰落后产能工作部际协调小组对各省（区、市）及新疆生产建设兵团2015年淘汰落后和过剩产能工作进行了考核，现将目标任务完成情况予以公告。

经考核，电力、煤炭、炼铁、炼钢等16个行业均完成了2015年淘汰落后和过剩产能目标任务。全国共淘汰电力527.2万千瓦、煤炭10167万吨、炼铁1378万吨、炼钢1706万吨、焦炭948万吨、铁合金127万吨、电石10万吨、电解铝36.2万吨、铜冶炼7.9万吨、铅冶炼49.3万吨、水泥（熟料及粉磨能力）4974万吨、平板玻璃1429万重量箱、造纸167万吨、制革260万标张、印染12.1亿米、铅蓄电池（极板及组装）791万千伏安时（详见附件）。各省（区、市）及新疆生产建设兵团均完成了2015年淘汰落后和过剩产能目标任务。

附件：2015年分地区分行业淘汰落后和过剩产能情况

工业和信息化部

国家能源局

2016年9月19日

化纤工业“十三五”发展指导意见（节录）

（工业和信息化部国家发展和改革委员会2016年11月25日印发）

化纤工业是我国具有国际竞争优势的产业，是纺织工业整体竞争力提升的重要支柱产业，也是战略性新兴产业的重要组成部分。近年来，我国化纤工业持续快速发展，化纤产量占全球三分之二以上。常规化纤产品生产技术居世界先进水平，但产能结构性过剩，行业盈利能力下降。行业自主创新能力较弱，高附加值、高技术含量产品比重低，不能很好适应功能性、绿色化、差异化、个性化消费升级需求。高性能纤维制造成本高，质量不稳定，难以满足航空航天等领域发展需求。化纤是纺织工业的主要原料，也是纺织工业创新发展的基础，为落实《中国制造2025》，引导化纤工业加快转型升级，建设纺织强国，特编制《化纤工业“十三五”发展指导意见》（以下简称《指导意见》）。

一、总体要求

（一）指导思想

全面贯彻落实党的十八大和十八届三中、四中、五中、六中全会精神，深入贯彻习近平总书记系列重要讲话精神，牢固树立创新、协调、绿色、开放、共享的发展理念，着力推进供给侧结构性改革，落实《中国制造2025》，以提升创新能力为着力点，加强重点领域关键技术攻关；以推动转型升级为出发点，积极推广智能制造和绿色制造；以实施提质增效为落脚点，大力实施“三品”战略。坚持市场导向，需求引领，创新驱动，协调发展，构建竞争新优势，为基本建成化纤强国奠定坚实基础。

（二）发展原则

……

绿色制造，持续发展。坚持低能耗、循环再利用，加快推广应用先进节能减排技术和装备，完善绿色制造的技术支撑体系。积极推广绿色纤维标志产品，全面推进行业清洁生产认证和低碳认证体系建设，提高资源综合利用水平，加快制造方式的绿色转型。

……

（三）发展目标

“十三五”期间，化纤工业继续保持稳步健康增长，化纤差别化率每年提高1个百分点，高性能纤维、生物基化学纤维有效产能进一步扩大。自主创新能力明显提升，到2020年，大中型企业研发经费支出占主营业务收入比重由目前的1%提高到1.2%，发明专利授权量年均增长15%，涤纶、锦纶、再生纤维素纤维等常规纤维品种技术水平继续保持世界领先地位，碳纤维、芳纶、超高分子量聚乙烯纤维等高性能纤维以及生物基化学纤维基本达到国际先进水平，形成一批具有国际竞争力的大型企业集团。绿色制造水平进一步提升，单位增加值能耗、用水量、主要污染物排放等达到国家约束性指标和相关标准要求，循环再利用纤维总量继续保持增长，循环再利用体系进一步完善。

二、主要任务

……

(三)发展绿色制造，推进循环利用

推广绿色技术，提高节能减排水平。推动绿色设计、绿色制造、回收再利用等技术的开发和应用。重点开发锦纶熔体直纺、再生丙纶直纺等新技术。推广绿色制浆技术，提升原液着色技术生产水平，拓展应用领域，发展纤维绿色后加工工艺技术。编制节能低碳技术目录，积极推广节能环保技术装备，持续推动清洁生产，深化污染治理，确保稳定达标排放，培育行业内能效领跑者企业。

推进再生循环体系建设，促进绿色消费。建立与发展废旧纺织品、废弃聚酯瓶等资源回收和产品梯度循环利用体系，进一步扩大高附加值再生化纤及制品的比重。研究制定行业绿色采购标准，规范采购、生产和销售，提升产品质量、行业信誉和品牌度，促进循环再利用化纤产品的消费。推进生物基化学纤维、循环再利用纤维、原液着色纤维等“绿色纤维”标志认证体系建设，提升“绿色纤维”产品的市场认知度。设立以化纤企业和协会为主体的行业绿色发展基金，鼓励和引导绿色消费，实现绿色转型。

完善行业规范和评价体系建设，提高绿色制造水平。继续做好再生纤维素纤维、循环再利用纤维等行业规范条件宣传和符合规范条件企业名单公告管理工作，适时进行规范条件修订。进一步完善清洁生产评价指标体系，建立健全评价制度和标准，加强清洁生产审核和绩效评估，扩大适用领域。

三、发展的重点领域和方向

……

(二)绿色制造

开发推广纺前原液着色、绿色制浆、高效绿色催化等先进绿色制造技术，研发废旧瓶片和废旧纺织品高效分选回收技术，建立高水平循环再利用体系，提高化纤行业绿色化生产水平。

专栏4绿色制造和循环利用
1. **绿色制造技术和装备。**推广和发展绿色制浆、酸站闪蒸一步提硝等再生纤维素纤维生产技术，聚酯装置乙醛回收利用技术、聚酯无锑催化剂聚合技术，大型锦纶聚合装置己内酰胺回收利用技术，公用工程节能增效技术、挥发性有机物处理技术等，推广大容量高效浸渍设备、催化调聚脱色设备、低温连续滞留设备和高效脱水设备，研究和攻克非重金属绿色催化剂技术。 2. **废旧瓶片和废旧纺织品的高效分选回收技术。**研发快速高效的废瓶或瓶片的分选、清洗技术和装备，研究开发废旧纺织品的预处理与组分分离技术。 3. **高值化循环再利用纤维生产技术及装备。**开发醇解、杂质分离、聚合、纺丝连续化再生纤维制备的产业化技术及装备；提升大容量物理法循环再利用纤维生产技术水平，开发具有高附加值的产品，拓展应用范围。 4. **原液着色产业化关键技术。**完善原液着色功能性纤维的产业化纺丝技术，开发高性能、高浓缩功能性色母粒的清洁生产技术，完善原液着色纤维标准和色标体系。

月6日

工业和信息化部关于2016年国家重大工业专项节能监察工作情况的通报

工信部节函[2017]94号

各省、自治区、直辖市及计划单列市、新疆生产建设兵团工业和信息化主管部门：

为贯彻落实国家节能法律法规，加强对节能强制性标准实施情况的监督检查，落实节能减排、重点行业淘汰落后和化解过剩产能及阶梯电价政策，促进工业节能和绿色发展，2016年工业和信息化部组织开展了国家重大工业节能专项监察。现将有关情况通报如下：

一、总体情况

2016年工业和信息化部组织各省工业和信息化主管部门开展了国家重大工业专项节能监察，主要内容包括钢铁企业能耗专项检查，合成氨、平板玻璃、焦炭、铁合金、烧碱五种产品能耗限额标准贯标，电解铝、水泥行业阶梯电价政策执行，落后机电设备淘汰，以及高耗能落后燃煤工业锅炉淘汰5项专项节能监察。全国共监察相关企业4131家，查出存在能耗超标行为的违规企业228家，其中，监察钢铁企业568家，查出违规企业59家；查出落后低效电机约8万台、变压器约4万台。专项节能监察结束后，工业和信息化部组织对工作量较大的20个省（区、市）开展了专项督查。

为做好专项节能监察工作，工业和信息化部组织编制了《国家重大工业节能专项监察工作手册（2016年版）》，对全国2300名省级节能监察机构人员进行了专项培训。

从全国监察和督查情况看，各省均高度重视节能监察工作，认真组织实施专项节能监察，保障了国家化解过剩产能、阶梯电价等重大政策的落实。通过节能监察，企业节能贯标守法意识普遍增强，能源管理体系和制度建设进一步完善，节能监察机构执法能力得到了普遍提高。

二、主要做法

（一）精心组织，有序实施

2016年年初，工业和信息化部印发了《2016年工业节能监察重点工作计划》，组织各省工业和信息化主管部门申报专项节能监察的具体任务和分工，并及时下发了专项节能监察任务和企业名单。任务下达后，各地积极部署，山西、湖南、广东等地专门制定了本省落实分工任务工作计划，内蒙古、四川、云南等省（区）召开专题会议部署落实专项监察任务，多数省工业和信息化主管部门及时组织开展省市县三级节能监察机构人员专项业务培训。在时间紧、任务重、要求高的情况下，各地积极落实责任分工，克服困难，按时超额完成各项专项节能监察任务。

（二）跟踪落实，加强督导

为强化对节能监察工作的指导调度，确保专项监察任务统一规范高质量地完成，工业和信息化部采用交叉核查的方式，从天津、辽宁、安徽、福建、江西、山东、广东、四川等8家节能监察机构抽调专家，由部相关司局领导带队对专项节能监察任务较重的20个省（区、市）实施了专项督查，召开工作座谈会70多次，调阅监察文书资料90多份，现场抽查企业86家，及时掌握各地工作进展情况和存在的问题，有效督促了各地按时保质完成年度专项监察任务，促进不同地区节能监察机构的交流协作。

（三）强化措施，完善机制

为确保监察工作顺利完成，工业和信息化部重点围绕完善制度规范、统一程序标准、提升人员素质、加强外部支撑、夯实工作基础等方面，不断强化措施，推进工业节能监察体制机制建设。依托内蒙古、四川、江西、福建、安徽、西安、南京等7家节能监察机构，组织对全国2300名节能监察人员进行了专项培训。组织山东、湖南、四川等地节能监察机构以及行业专家，制定出台了工业节能监察工作手册、相关标准规范和节能监察案例；组织天津、江苏、江西、湖南、广东等地节能监察机构开展了重点耗能行业节能监察技术规范和实施指南等前瞻性课题研究。

三、工作成效

为完成年度专项节能监察工作，各省工业和信息化主管部门充分调动省市县三级近2万人的工业节能监察队伍的力量，深入企业生产一线核查产品能耗，检查高耗能设备，发现和解决企业节能工作中存在的问题，取得了良好的工作成效。

（一）落实重大产业经济政策，支撑国家重点工作开展

按照国务院化解钢铁行业过剩产能的工作部署，工业和信息化部组织实施了钢铁行业能耗专项检查，对具有冶炼能力的钢铁企业进行了全面核查，对能耗超标企业下达了整改通知书，于2016年9月及时向国务院钢铁煤炭化解过剩产能实现脱困发展部际联席会议报送了专项检查结果，并向全国工业和信息化、发展改革系统进行了通报，督促违规企业落实整改任务。组织实施电解铝、水泥阶梯电价监察，督促电耗超标企业抓紧整改达标。通过现场节能监察，有力支撑了国家化解过剩产能工作的开展，维护了国家产业政策、价格政策的严肃性和权威性，确保政策的落实。

（二）规范企业用能行为，提升企业守法贯标意识

对监察发现的228家能耗超标违规企业、12万台落后机电设备，下达限期整改通知书、意见书、建议书1250份，要求企业制定整改计划，加快淘汰落后高耗能生产工艺设备。通过监察，进一步规范了企业用能行为，督促重点用能企业自觉开展能耗贯标自查，建立能源管理制度和体系，提升了企业守法贯标意识和节能自觉性。2016年，工业能效水平进一步提升，全国规模以上企业单位工业增加值能耗下降5.47%。

（三）统一节能监察方法程序，营造公平市场竞争环境

各地节能监察机构严格按照执法依据、方式方法、程序标准、结果处理和执法文书“五个统一”的要求实施专项监察，提高了节能监察质量。各地还积极创新工作方式，树立了公正科学专业的执法形象，巩固了工业节能监察作为能耗执法手段的地位。辽宁、江西等地采取人员交叉、异地监察等核查模式，进一步保障了节能监察的公平公正；福建、四川等地采取节能监察与能源审计相结合的方式，引入第三方专业机构和专家，提高了节能监察科学准确性；天津市执法人员全部签订了《廉政执法保证书》，提升了节能监察社会满意度，为营造统一公平的市场竞争环境发挥了积极作用。

虽然2016年节能监察工作取得了显著成效，节能监察人员能力和水平有较大提高，但也存在节能监察体系不完善、能力建设不均衡、标准制修订进程滞后、个别省份数据报送不及时等问题。

2017年是实施“十三五”规划的重要一年，也是供给侧结构性改革的深化之年。落实《中国制造2025》，实施绿色制造工程都对节能监察工作提出了更高的要求。2017年，工业和信息化部将继续组织开展国家重大工业专项节

能监察，加强节能监察体制机制建设，不断强化工业节能监察在节能减排、落实国家重大政策、营造公平竞争市场环境中的支撑保障作用。

工业和信息化部
2017年3月2日

关于加强“十三五”信息通信业节能减排工作的指导意见（节录）

工信部节[2017]77号

为贯彻落实《信息通信行业发展规划(2016-2020年)》(工信部规〔2016〕424号)，引导和推进“十三五”信息通信业节能减排工作，提出如下意见：

二、总体要求

(一)指导思想

全面贯彻落实党的十八大和十八届三中、四中、五中、六中全会精神，牢固树立和贯彻落实创新、协调、绿色、开放、共享的发展理念，着力推进供给侧结构性改革，以信息化应用促进全社会节能减排为重点，以提升信息通信业资源能源利用效率为主线，以绿色科技创新为支撑，以政策法规标准制度建设为保障，大力推进信息通信产业升级，建立健全信息通信业绿色发展长效机制，走高效、清洁、低碳、循环的绿色发展道路，促进行业健康和可持续发展。

(二)基本原则

——坚持政策引导与市场推动相结合。通过加强政策引导，发挥市场配置资源的决定性作用，以企业为主体，推动信息通信业节能减排工作迈上新台阶。

——坚持协调发展与融合共享相结合。大力推进三网融合发展，创新合作模式，做好现网升级改造的统筹规划，促进3G/4G/5G及无线宽带网络协调发展，推进能源管理信息化建设，推动实现网络资源高效利用。

——坚持过程节能与产品节能相结合。强化新建工程的设计、建设、运维等全生命周期过程的节能管理，推广高效节能技术产品，提升信息通信业整体能效水平。

(三)主要目标

到2020年，信息通信网络全面应用节能减排技术，高能耗老旧通信设备基本淘汰;电信基础设施共建共享全面推进;通信业能耗基本可比国际先进水平，实现单位电信业务总量综合能耗较2015年底下降10%;新建大型、超大型数据中心的能耗效率(PUE)值达到1.4以下;新能源和可再生能源应用比例大幅提升。

三、重点任务

(一)以信息通信技术应用带动全社会节能减排

通过促进“互联网+”、共享经济发展推动传统行业转型升级，推动能源管理信息化系统在重点行业中的应用，对企业能源输配和消耗情况实施动态监测、控制和优化管理，不断加强企业对能源的平衡、调度、分析和预测能力，实现企业用能的精细化和数字化管理。

(二)加强行业节能减排技术创新推广

1.创新推广绿色网络技术。全面推进信息通信业节能减排改造及技术创新，强化技术节能，积极构建先进绿色网络。新建通信网络全面采用节能减排新技术和设备，推进通信网络结构性和系统性节能减排创新;积极推进现网老旧高耗能传统设备退网，加快传统交换设备和高耗能设备的升级改造;加快电信用户向光纤网络迁移，深入推进光网城市建设。

2.创新推广绿色数据中心技术。推广绿色智能服务器、自然冷源、余热利用、分布式供能等先进技术和产品的应用，以及现有老旧数据中心节能改造典型应用，加快绿色数据中心建设;认真执行绿色数据中心相关标准，优化机房的油机配备、冷热气流布局，从机房建设、主设备选型等方面进一步降低能耗。

3.创新推广云计算等新一代信息节能技术。鼓励互联网企业开放平台资源，加强行业云服务平台建设，支持行业信息系统向云平台迁移。加速软件定义网络(SDN)/网络功能虚拟化(NFV)技术在信息通信网络结构优化升级中的应用，提升网络资源的利用率，降低运营成本。加强信息系统(IT)服务器的节能管理，通过资源虚拟化、云化等科技手段提高服务器资源利用率。

4.创新推广能源高效利用和新能源技术。推进电力能源高效使用，推广高压直流供电和高效模块化不间断电源等节能技术和设备，提高风能、太阳能、新型蓄电池等新能源占比。

（三）积极推进行业结构性节能减排

1. 深化基础资源共建共享。做好城市通信基础设施专项规划编制工作，加大电信管道、杆路、铁塔、基站机房、光缆、住宅小区电信设施的共建共享力度，实现电信基础设施集约建设；扩展基础设施共建共享的深度和广度，探索跨行业的共建共享，扩大共建共享带来的节能效应。

2. 推动绿色供应链建设。积极推动行业设备研发、制造、运输、回收等全生命周期节能减排，加快构建信息通信业供应链绿色标准体系，提高节能、节水、节地、节材指标及计量要求。加强联合研发，共同推动无线、信息系统和传输网等设备降低功耗，推广绿色包装应用，加强废旧设备管理，不断完善对信息通信废弃设备的回收管理，减少对环境的影响，推动绿色循环发展。

（四）推动企业节能减排管理体系与平台建设

1. 加强企业节能减排管理制度建设。推动信息通信行业企业逐步完善节能减排目标责任制，逐级落实节能减排目标、责任单位和责任人，健全节能减排各项规章制度，完善节能减排组织管理体系、能耗统计体系、绩效考核管理体系等。

2. 深化节能减排统计监测平台建设。运用物联网、大数据、云计算技术，对信息通信行业企业能源消耗情况实施动态监测、控制和优化管理，提高分析、预测和平衡调度能力，实现节能减排的精准化管控。

（五）完善行业节能减排政策标准体系建设

进一步完善信息通信设备节能分级标准及绿色数据中心相关标准，充分发挥标准的引导和约束作用，加快构建信息通信业绿色供应链，有效支撑行业节能减排工作。

（六）探索与创新市场推动机制

1. 建立健全第三方节能服务机制。创新合同能源管理，健全利益分享机制，推广能源费用托管、节能量保证、节能设备租赁等商业模式，满足用能单位的个性化需求。充分发挥第三方服务机构的作用，为企业提供检测、认证、培训等服务，为节能减排新技术、新政策、新标准的研究制定和应用建言献策，共同推进节能减排工作。

2. 建立健全节能金融服务模式。加强产融衔接，探索建立绿色信贷、绿色债券、绿色产业基金支持信息通信业节能减排项目建设的服务模式，推动企业落实节能减排技术改造和新技术新产品推广，实现行业绿色发展。

工业和信息化部
2017年4月19日

环境保护部政策文件

关于发布重点流域水污染防治专项规划2015年度考核结果的公告

公告2016年第57号

根据国务院办公厅转发的《重点流域水污染防治专项规划实施情况考核暂行办法》（国办发〔2009〕38号），环境保护部会同发展改革委、财政部、住房城乡建设部、水利部、三峡办、南水北调办等国务院有关部门对淮河、海河、辽河、松花江、巢湖、滇池、黄河中上游、三峡库区及其上游、长江中下游等重点流域25个省（区、市）人民政府2015年度实施《重点流域水污染防治规划（2011-2015年）》和《长江中下游流域水污染防治规划（2011-2015年）》（以下合并简称《规划》）情况进行了考核。

2015年，《规划》共确定428个考核断面，有13个断面因断流不计入考核，实际考核断面415个，其中达标313个，占实际考核断面总数的75.4%，与上年同口径相比提高2.9个百分点。辽河、淮河、松花江、长江中下游、三峡库区及其上游、黄河中上游、海河、滇池和巢湖流域达标断面比例分别为96.0%、84.1%、82.9%、78.7%、75.5%、72.5%、64.0%、63.6%和50.0%。《规划》共安排6844个水污染防治项目，截至2015年底，完成（含调试）4985个，占项目总数的72.8%。淮河、巢湖、海河流域项目进展较快，松花江、三峡库区及其上游流域项目进展较慢。

总的来看，《规划》确定的各项目标任务基本完成，各省份均通过重点流域水污染防治专项规划2015年度实施情况考核。其中，山东省、江苏省、贵州省、上海市、辽宁省、宁夏回族自治区、广西壮族自治区、湖南省、黑龙江省、内蒙古自治区、青海省、江西省、安徽省、四川省、重庆市、山西省、河南省等17个省（区、市）考核结果为好，甘肃省、陕西省、云南省、湖北省、吉林省考核结果为较好，河北省、天津市、北京市考核结果为一般。

请各省（区、市）认真贯彻落实《水污染防治行动计划》，根据本地区《水污染防治目标责任书》确定的环境质量目标，细化任务，明确责任，加强协调，推动落实，确保水环境质量持续改善。

特此公告。

附件：

1. 各省份重点流域水污染防治专项规划完成情况（略）
2. 重点流域水污染防治专项规划2015年度实施情况汇总表（略）
3. 各流域水污染防治专项规划2015年度实施情况考核结果（略）

环境保护部

2016年9月7日

关于扎实做好今冬明春大气污染防治工作的通知

环办大气[2016]101号

各省、自治区、直辖市人民政府办公厅：

为贯彻落实《大气污染防治行动计划》（以下简称《大气十条》），做好今冬明春大气污染防治工作，不断改善环境空气质量，切实保障人民群众身体健康，现将有关事项通知如下：

一、充分认识做好今冬明春大气污染防治工作的紧迫性

冬春季节是我国大气污染最为突出的时期。中国工程院发布的《〈大气污染防治行动计划〉实施情况中期评估报告》显示，冬季重污染对全年细颗粒物（PM2.5）平均浓度有明显的拉升作用。京津冀、长三角和珠三角区域内所有重点城市PM2.5冬季高值对全年均值的贡献达35%左右；2013-2015年，PM2.5重污染天气对北京和石家庄PM2.5年均值的贡献分别高达38.7%和65.3%。

根据气象数据显示，2016年冬季可能发生弱的拉尼娜事件，导致湿度偏大，静稳天气增多，特别是华北地区将可能发生持续多日的静稳天气。这些气候特征不利于空气扩散，容易形成污染积聚，极易形成重污染天气。2016年9月下旬以来，受不利气象条件影响，京津冀及周边地区已经出现多次重污染天气过程，发生时间早、频次高、范围大，对人民群众生产生活造成不利影响，引起社会各界的广泛关注。

最新空气质量监测数据显示，一些省份完成2016年度《大气十条》目标和环境空气质量约束性指标压力巨大。截至2016年9月，个别省份颗粒物浓度同比上升、优良天数比例同比下降，另有个别省份环境空气质量虽有所改善，但改善幅度低于年度目标要求。今冬明春的工作成效不仅决定能否完成年度任务，也对《大气十条》能否圆满收官起到关键作用。因此必须正确认识当前大气污染防治工作面临的严峻形势，进一步统一思想，提高认识，坚持问题导向，早作部署，狠抓落实，切实做好今冬明春大气污染防治工作和重污染天气应对工作。

二、坚决打好今冬明春大气污染防治攻坚战

为加强今冬明春大气污染治理工作，确保完成环境空气质量改善目标，各地要严格落实大气污染防治措施，着力做好以下几项工作：

（一）加强督查督办。各地要结合本地空气质量现状，根据2016年度《大气十条》颗粒物浓度下降任务和"十三五"未达标城市PM2.5平均浓度下降、空气优良天数比例提高等环境空气质量约束性指标任务完成情况，逐月调度每个地市环境空气质量变化情况。对于改善幅度低于年度目标的城市和地区，要加大督查督办力度，采取约谈、社会公开等方式，督促采取针对性更强的措施，提高治理效果，切实降低大气污染物平均浓度，提高优良天数比例。

（二）确保工业企业达标排放。按照火电、钢铁、水泥、平板玻璃等重点行业限期治理方案要求，加快重点行业环保提标改造步伐。尽量将设备检修维护时间安排在供暖期，减少冬季污染排放。加大涉气企业排查力度，强化对火电、钢铁等重点排污企业的监管，督促企业达标排放。

（三）加快燃煤污染治理进度。加大煤质管控力度，坚决取缔非法售煤网点，严厉打击销售劣质煤的行为。加大燃煤锅炉治理力度，加快集中供热工程建设，对列入2016年计划燃煤机组超低排放改造和燃煤锅炉改燃气关停任务的，力争在供暖季前完成。加大燃煤设施监管力度，确保环保设施高效运行。科学合理设置冬季居民集中供热启动方案，避免集中供热启动和不利气象条件叠加形成重污染天气。京津冀及周边地区要加快散煤清洁能源替代工作进度，对没有完成散煤清洁能源替代的地区，要落实优质燃煤替代工作。

（四）实行工业错峰生产。积极组织北方地区开展水泥行业错峰生产，严格按照工业和信息化部、环境保护部印发的《关于进一步做好水泥错峰生产的通知》（工信部联原〔2016〕351号）要求的错峰生产时间执行。京津冀传输通道各城市对电力、铸造、砖瓦窑行业实施错峰生产调控：对于铸造行业，纳入工业和信息化部铸造企业准入公告的企业，原则上于2017年1月1日至2月28日错峰停产，其他铸造企业于2016年11月15日至2017年3月15日错峰停产；对于煤电行业，未达到超低排放水平的煤电机组，原则上于2016年11月15日至2017年3月15日错峰停产；焦化、锅炉等行业达不到排放标准要求的，一律停产整治。

（五）强化机动车等移动源污染防治。积极采取鼓励和限制性措施，推进黄标车和老旧车加快淘汰，确保完成国务院2016年确定的380万辆淘汰任务。加大重型柴油车和非道路移动机械、船舶污染治理力度，开展重型载货车辆联合执法检查，推进城市依法划定并公布禁止使用高排放非道路移动机械区域，严厉查处违法超标排放行为。对在道路上行驶的机动车，加大监督抽测力度，依法处罚超标车辆并督促及时维修。加快机动车排污监控平台联网建设，2016年底前，京津冀及周边地区、长三角、珠三角等重点区域要率先实现国家、省、市三级联网。

（六）提高面源管理精细化水平。严格执行施工工地和道路扬尘控制措施，做好工业渣场扬尘监管，防止风蚀起尘。加强渣土运输车辆管理，确保物料运输车辆遮盖封闭，严查道路遗撒和乱倾乱倒行为。严查露天烧烤，流动烧烤摊要入店经营或集中经营，室内烧烤需配备油烟净化设施，并进行清理维护以确保正常运行。严控焚烧垃圾及面源污染，控制焚烧生活垃圾、枯枝烂叶及燃煤"冒黑烟"等行为。倡导减少烟花爆竹燃放，节日期间用好临时性限制燃放措施，减轻燃放造成的污染影响。

（七）强化环境执法监管。组织开展冬季大气污染防治执法检查，对集中供热企业达标排放、扬尘污染管控、燃煤小锅炉淘汰、散乱污企业聚集群整治等情况进行重点督查，每月公布一批不能达标的企业名单。对仍不能达标的企业，要立即责令停产整治，依法按上限处罚。重污染天气应急响应启动时，对本行政区域内城市应急预案启动、预警发布及各项响应措施落实情况进行督查。

三、妥善应对重污染天气

重污染天气对全年空气质量改善影响巨大，要把重污染天气应对作为大气污染防治工作的重中之重，切实减轻重污染影响。

（一）着力提高预测预报的准确性。各地要全面加强环境监测人员业务培训和基础能力建设，规范预报程序，减少系统性误差，提高预报准确性。细化空气质量应急预警程序的启动和结束条件、信息发布方式和途径，做好24小时、48小时预报和未来3天或一周空气质量变化趋势预报，预报等级统一按照上限执行。重污染天气发生时，及时准确地发布预警信息。同时，要做好新闻宣传工作，组织好专家解读，提醒公众做好卫生防护，及时回应舆论热点。

（二）着力提高应急预案的可操作性。做好应急预案修订工作，突出应急预案的针对性和可操作性。明确污染物应急减排比例，制定各级别预警减排力度底线，大幅提高结构减排的比重，通过依法实施重污染企业停产的方式将污染峰值降下来。细化减排措施，明确各级别减排措施的具体工艺流程和停限产设备，同时实施动态更新。企业要按照应急预案要求，明确停产的具体流程。各省（区、市）要在供暖季前，对本行政区域内城市应急预案进行评估检查，确保应急措施可操作、可核查、可计量。

（三）着力提高应急联动的同步性。重点区域要强化重污染天气预警会商及应急联动机制，提高区域联合应对能力。2016年率先在京津冀及周边地区启动应急联动工作，我部将组织有关专家和地方集中开展空气质量预测预报会商，并根据会商结果向各地推送差异化的重污染天气预警建议，明确地方政府应急启动时间和级别，加强区域联动，精准指导各地启动减排措施，取得环境效益的最大化。

（四）着力提高应急管控的针对性。强化重污染天气应对的实时评估，实现精确打击，推动应对工作由过去“大水漫灌式”的减排方式转变为精准减排。供暖季期间，各地对每一次重污染天气同步开展保障效果评估，追因溯源，科学评价措施实施效果，根据污染组分和气象变化，及时提出防控建议，调整污染防控重点，优化督查方向。

我部将组织开展2016年冬季大气污染防治专项督查，重点督查各地落实《大气十条》情况和涉气排污单位贯彻执行《大气污染防治法》情况。重污染天气发生时，选取重点城市重点督查预警发布、应急预案的启动及各项响应措施的落实情况。对大气污染防治工作落实不到位、未能有效应对重污染天气、空气质量恶化趋势明显的，将采取约谈、区域限批、挂牌督办等措施。已发布冬季大气污染防治有关文件的省（区、市），请于2016年11月15日前将有关文件报我部。

环境保护部办公厅
2016年10月28日

关于推进绿色“一带一路”建设的指导意见

（环境保护部、外交部、发展改革委、商务部2017年5月）

推进“一带一路”建设工作领导小组各成员单位：

丝绸之路经济带和21世纪海上丝绸之路(以下简称“一带一路”)建设，是党中央、国务院着力构建更全面、更深入、更多元的对外开放格局，审时度势提出的重大倡议，对于我国加快形成崇尚创新、注重协调、倡导绿色、厚植开放、推进共享的机制和环境具有重要意义。为深入落实《推动共建丝绸之路经济带和21世纪海上丝绸之路的愿景与行动》，在“一带一路”建设中突出生态文明理念，推动绿色发展，加强生态环境保护，共同建设绿色丝绸之路，现提出以下意见。

一、重要意义

(一)推进绿色“一带一路”建设是分享生态文明理念、实现可持续发展的内在要求。绿色“一带一路”建设以生态文明与绿色发展理念为指导，坚持资源节约和环境友好原则，提升政策沟通、设施联通、贸易畅通、资金融通、民心相通(以下简称“五通”)的绿色化水平，将生态环保融入“一带一路”建设的各方面和全过程。推进绿色“一带一路”建设，加强生态环境保护，有利于增进沿线各国政府、企业和公众的相互理解和支持，分享我国生态文明和绿色发展理念与实践，提高生态环境保护能力，防范生态环境风险，促进沿线国家和地区共同实现2030年可持续发展目标，为“一带一路”建设提供有力的服务、支撑和保障。

(二)推进绿色“一带一路”建设是参与全球环境治理、推动绿色发展理念的重要实践。绿色发展成为各国共同追求的目标和全球治理的重要内容。推进绿色“一带一路”建设，是顺应和引领绿色、低碳、循环发展国际潮流的必然选择，是增强经济持续健康发展动力的有效途径。推进绿色“一带一路”建设，应将资源节约和环境友好原则融入国际产能和装备制造合作全过程，促进企业遵守相关环保法律法规和标准，促进绿色技术和产业发展，提高我国参与全球环境治理的能力。

(三)推进绿色“一带一路”建设是服务打造利益共同体、责任共同体和命运共同体的重要举措。全球和区域生态环境挑战日益严峻，良好生态环境成为各国经济社会发展的基本条件和共同需求，防控环境污染和生态破坏是各国的共同责任。推进绿色“一带一路”建设，有利于务实开展合作，推进绿色投资、绿色贸易和绿色金融体系发展，促进经济发展与环境保护双赢，服务于打造利益共同体、责任共同体和命运共同体的总体目标。

二、总体要求

(一)总体思路

按照党中央和国务院决策部署，以和平合作、开放包容、互学互鉴、互利共赢的“丝绸之路”精神为指引，牢固树立创新、协调、绿色、开放、共享发展理念，坚持各国共商、共建、共享，遵循平等、追求互利，全面推进“五通”绿色化进程，建设生态环保交流合作、风险防范和服务支撑体系，搭建沟通对话、信息支撑、产业技术合作平台，推动构建政府引导、企业推动、民间促进的立体合作格局，为推动绿色“一带一路”建设作出积极贡献。

(二)基本原则

——理念先行，合作共享。突出生态文明和绿色发展理念，注重生态环保与社会、经济发展相融合，积极与沿线国家或地区相关战略、规划开展对接，加强生态环保政策对话，丰富合作机制和交流平台，促进绿色发展成果共享。

——绿色引领，环保支撑。推动形成多渠道、多层面生态环保立体合作模式，加强政企统筹，鼓励行业和企业采用更先进、环境更友好的标准，提高绿色竞争力，引领绿色发展。

——依法依规，防范风险。推动企业遵守国际经贸规则和所在国生态环保法律法规、政策和标准，高度重视当地民众生态环保诉求，加强企业信用制度建设，防范生态环境风险，保障生态环境安全。

——科学统筹，有序推进。加强部门统筹和上下联动，根据生态环境承载力，推动形成产能和装备制造业合作的科学布局;依托重要合作机制，选择重点国别、重点领域有序推进绿色“一带一路”建设。

(三)主要目标

根据生态文明建设、绿色发展和沿线国家可持续发展要求，构建互利合作网络、新型合作模式、多元合作平台，力争用3-5年时间，建成务实高效的生态环保合作交流体系、支撑与服务平台和产业技术合作基地，制定落实一系列生态环境风险防范政策和措施，为绿色“一带一路”建设打好坚实基础;用5-10年时间，建成较为完善的生态环保服务、支撑、保障体系，实施一批重要生态环保项目，并取得良好效果。

三、主要任务

(一)全面服务“五通”，促进绿色发展，保障生态环境安全

1.突出生态文明理念，加强生态环保政策沟通，促进民心相通。按照“一带一路”建设总体要求，围绕生态文明建设、可持续发展目标以及相关环保要求，统筹国内国际现有合作机制，发挥生态环保国际合作窗口作用，加强与沿线国家或地区生态环保战略和规划对接，构建合作交流体系;充分发挥传统媒体和新媒体作用，宣传生态文明和绿色发展理念、法律法规、政策标准、技术实践，讲好中国环保故事;支持环保社会组织与沿线国家相关机构建立合作伙伴关系，联合开展形式多样的生态环保公益活动，形成共建绿色“一带一路”的良好氛围，促进民心相通。

2.做好基础工作，优化产能布局，防范生态环境风险。了解项目所在地的生态环境状况和相关环保要求，识别生态环境敏感区和脆弱区，开展综合生态环境影响评估，合理布局产能合作项目;加强环境应急预警领域的合作交流，提升生态环境风险防范能力，为“一带一路”建设提供生态环境安全保障。

3.推进绿色基础设施建设，强化生态环境质量保障。制定基础设施建设的环保标准和规范，加大对“一带一路”沿线重大基础设施建设项目的生态环保服务与支持，推广绿色交通、绿色建筑、清洁能源等行业的节能环保标准和实践，推动水、大气、土壤、生物多样性等领域环境保护，促进环境基础设施建设，提升绿色化、低碳化建设和运营水平。

4.推进绿色贸易发展，促进可持续生产和消费。研究制定政策措施和相关标准规范，促进绿色贸易发展。将环保要求融入自由贸易协定，做好环境与贸易相关协定谈判和实施;提高环保产业开放水平，扩大绿色产品和服务的进出口;加快绿色产品评价标准的研究与制定，推动绿色产品标准体系构建，加强国际交流与合作，推广中国绿色产品标准，减少绿色贸易壁垒。加强绿色供应链管理，推进绿色生产、绿色采购和绿色消费，加强绿色供应链国际合作与示范，带动产业链上下游采取节能环保措施，以市场手段降低生态环境影响。

5.加强对外投资的环境管理,促进绿色金融体系发展。推动制定和落实防范投融资项目生态环保风险的政策和措施，加强对外投资的环境管理，促进企业主动承担环境社会责任，严格保护生物多样性和生态环境;推动我国金融机构、中国参与发起的多边开发机构以及相关企业采用环境风险管理的自愿原则，支持绿色“一带一路”建设;积极推动绿色产业发展和生态环保合作项目落地。

(二)加强绿色合作平台建设，提供全面支撑与服务

1.加强环保合作机制和平台建设，完善国际环境治理体系。以绿色“一带一路”建设为统领，统筹并充分发挥现有双边、多边环保国际合作机制，构建环保合作网络，创新环保国际合作模式，建设政府、智库、企业、社会组织和公众共同参与的多元合作平台，强化中国-东盟、上海合作组织、澜沧江—湄公河、亚信、欧亚、中非合作论坛、中国-阿拉伯等合作机制作用，推动六大经济走廊的环保合作平台建设，扩大与相关国际组织和机构合作，推动国际环境治理体系改革。

2.加强生态环保标准与科技创新合作，引领绿色发展。建设绿色技术银行，加强绿色、先进、适用技术在“一带一路”沿线发展中国家转移转化。鼓励相关行业协会制定发布与国际标准接轨的行业生态环保标准、规范及指南，促进先进生态环保技术的联合研发、推广和应用。加强环保科技人员交流，推动科研机构、智库之间联合构建科学研究和技术研发平台，为绿色“一带一路”建设提供智力支持。

3.推进环保信息共享和公开，提供综合信息支撑与保障。加强环保大数据建设，发挥国家空间和信息基础设施作用，加强环境信息共享，合作建设绿色“一带一路”生态环保大数据服务平台，推动环保法律法规、政策标准与实践经验交流与分享，加强部门间统筹合作与项目生态环保信息共享与公开，提升对境外项目生态环境风险评估与防范的咨询服务能力，推动生态环保信息产品、技术和服务合作，为绿色“一带一路”建设提供综合环保信息支持与保障。

(三)制定完善政策措施，加强政企统筹，保障实施效果

1.加大对外援助支持力度，推动绿色项目落地实施。以生态环保、污染防治、环保技术与产业、人员培训与交

流等为重点领域，优先开展节能减排、生态环保等基础设施及能力建设项目，探索在境外设立生态环保合作中心。发挥南南合作援助基金作用，支持社会组织开展形式多样的生态环保类项目，服务“一带一路”建设。

2. 强化企业行为绿色指引，鼓励企业采取自愿性措施。鼓励环保企业开拓沿线国家市场，引导优势环保产业集群式“走出去”，借鉴我国的国家生态工业示范园区建设标准，探索与沿线国家共建生态环保园区的创新合作模式。落实《对外投资合作环境保护指南》，推动企业自觉遵守当地环保法律法规、标准和规范，履行环境社会责任，发布年度环境报告；鼓励企业优先采用低碳、节能、环保、绿色的材料与技术工艺；加强生物多样性保护，优先采取就地、就近保护措施，做好生态恢复；引导企业加大应对气候变化领域重大技术的研发和应用。

3. 加强政企统筹，发挥企业主体作用。研究制定相关文件，规范指导相关企业在“一带一路”建设过程中履行环境社会责任。完善企业对外投资审查机制，有关行业协会、商会要建立企业海外投资行为准则，通过行业自律引导企业规范环境行为。

（四）发挥地方优势，加强能力建设，促进项目落地

1. 发挥区位优势，明确定位与合作方向。充分发挥各地在“一带一路”建设中区位优势，明确各自定位。加快在有条件的地方建设“一带一路”环境技术创新和转移中心以及环保技术和产业合作示范基地，建设面向东盟、中亚、南亚、中东欧、阿拉伯、非洲等国家的环保技术和产业合作示范基地；推动和支持环保工业园区、循环经济工业园区、主要工业行业、环保企业提升国际化水平，推动长江经济带、环渤海、珠三角、中原城市群等支持环保技术和产业合作项目落地，支撑绿色“一带一路”建设。

2. 加大统筹协调和支持力度，加强环保能力建设。推动绿色“一带一路”建设融入地方社会、经济发展规划、计划，科学规划产业空间布局，制定严格的环保制度，推动地方产业转型升级和经济绿色发展。重点加强黑龙江、内蒙古、吉林、新疆、云南、广西等边境地区环境监管和治理能力建设，推动江苏、广东、陕西、福建等“一带一路”沿线省份提升绿色发展水平；鼓励各地积极参加双多边环保合作，推动建立省级、市级国际合作伙伴关系，积极创新合作模式，推动形成上下联动、政企统筹、智库支撑的良好局面。

四、组织保障

（一）加强组织协调。建立健全综合协调和落实机制，加强政府部门之间、中央和地方之间、政府与企业及公众之间多层次、多渠道的沟通交流与良性互动，分工负责，统筹推进，细化工作方案，确保有关部署和举措落实到各部门、各地方以及每个项目执行单位和企业。

（二）强化资金保障。鼓励符合条件的“一带一路”绿色项目按程序申请国家绿色发展基金、中国政府和社会资本合作（PPP）融资支持基金等现有资金（基金）支持。发挥国家开发银行、进出口银行等现有金融机构引导作用，形成中央投入、地方配套和社会资金集成使用的多渠道投入体系和长效机制。发挥政策性金融机构的独特优势，引导、带动各方资金，共同为绿色“一带一路”建设造血输血。继续通过现有国际多双边合作机构和基金，如丝路基金、南南合作援助基金、中国-东盟合作基金、中国-中东欧投资合作基金、中国-东盟海上合作基金、亚洲区域合作专项资金、澜沧江-湄公河合作专项基金等对“一带一路”绿色项目给予积极支持。

（三）加强人才队伍建设。构建绿色“一带一路”智力支撑体系，建设“绿色丝绸之路”新型智库；创新、完善人才培养机制，重点培养具有国际视野、掌握国际规则、熟悉环保业务的复合型人才，提高对绿色“一带一路”建设的人才支持力度。

住房城乡建设部政策文件

住房城乡建设部建筑节能与科技司2017年工作要点

2017年3月1日

2017年建筑节能与科技工作思路是，全面贯彻党的十八大和十八届三中、四中、五中、六中全会精神，深入贯彻习近平总书记系列重要讲话精神，认真落实中央城市工作会议、全国科技创新大会要求，按照《中共中央国务院关于进一步加强城市规划建设管理工作的若干意见》任务分工，根据全国住房城乡建设工作会议部署，遵循创新、协调、绿色、开放、共享理念，强化责任担当，开拓创新、整合资源、提高效率，重点抓好提升建筑节能与绿色建筑发展水平、全面推进装配式建筑、积极推动重大科技创新以及应对气候变化、务实推进智慧城建等工作。工作要点如下：

一、全面推进装配式建筑

（一）制定发展规划。出台《装配式建筑行动方案》，明确行动目标和工作任务，指导重点推进地区、积极推进地区和鼓励推进地区制定省级发展规划、年度计划和实施方案。建立装配式建筑统计信息系统，加强监督考核，定期通报各省装配式建筑进展情况。

（二）完善技术标准体系。开展装配式建筑技术体系和产品评估推广工作，研究梳理并重点推广成熟先进可靠的技术体系。制定装配式建筑相关技术标准，编制部品部件标准及图集，完善装配式建筑标准规范。

（三）提升装配式建筑产业配套能力。开展装配式建筑设计、部品部件生产、装配施工和全装修专项调研，推动设计、生产、施工、装修等全产业链发展。制定装配式建筑示范城市和产业基地管理办法，创建一批国家级装配式建筑示范城市、产业基地和工程项目。编制《木结构建筑发展专项规划》，推动木结构建筑试点示范和钢结构建筑推广工作取得进展。

（四）加强装配式建筑队伍建设。指导各地结合建筑业改革和产业结构调整，发展具有装配式建筑能力的企业集团。加大装配式建筑技术培训和宣传推广力度，广泛开展国际交流合作，促进人才队伍建设。推动与装配式建筑相适应的设计、生产、施工、验收和招投标等监管制度创新，合力推进装配式建筑工程总承包和装配式建筑全装修。

二、提升建筑节能与绿色建筑发展水平

（一）提高建筑节能标准。印发《“十三五”建筑节能与绿色建筑发展专项规划》。组织开展建筑节能、绿色建筑与装配式建筑实施情况专项检查。开展建筑节能与可再生能源应用、建筑环境全文强制标准研编及严寒、寒冷地区城镇新建居住建筑节能设计标准修订。推动重点区域城市及建筑门窗等关键部位提高建筑节能标准。推进超低能耗建筑试点。

（二）推进既有建筑节能改造。落实北方地区冬季清洁取暖要求，对既有居住建筑进行节能改造，并探索以建筑节能改造为重点，适老化改造、建筑功能提升及居住环境整治同步实施的综合改造模式。加强公共建筑能耗动态监测平台建设，加大城市级平台建设力度。推动一批城市制定发布公共建筑能耗限额标准。推进公共建筑节能改造重点城市建设，开展公共建筑电力需求侧管理试点。会同有关部门制定绿色校园建设指导意见并开展试点。

（三）推广绿色建筑及绿色建材。会同有关部门制定绿色信贷支持建筑节能与绿色建筑发展实施意见。推动有条件地区城镇新建建筑全面执行绿色建筑标准。强化绿色建筑评价标识项目质量管理，研究建立绿色建筑第三方评价机构诚信体系。研究制（修）订绿色建筑施工图审查技术要点及施工质量验收规范。开展年度绿色建筑创新奖评审。加快推进绿色建材评价工作，编制《绿色建材评价分类目录》和以装配式建筑部品部件为重点的绿色建材评价技术导则。研究制定绿色建筑、装配式建筑应用绿色建材的相关要求和政策措施，提高绿色建材应用比例。

（四）深化可再生能源建筑应用。积极利用太阳能、浅层地热能、空气热能等解决建筑取暖需求，推行可再生能源清洁取暖。配合做好“余热暖民”工程。加快中央财政支持的可再生能源建筑应用示范项目验收，强化相关政策、标准、技术、产品等方面的示范成果总结。推动农村地区被动式太阳能房建设。

三、积极推进建设科技创新

（一）发布实施住房城乡建设“十三五”科技创新专项规划。研究制订《规划》落实方案、工作分工和考核办法，推动部省联动和工作协同。跟踪先进技术发展趋势，加大行业应用的前瞻性研究。

（二）组织实施重点科研项目。深入实施国家科技重大专项和重点研发计划项目，在城镇水污染治理、城乡规划遥感监测与评估、绿色建筑及建筑工业化等方面突破和集成一批标志性科技成果。提炼部门和行业重点领域的科技需求，积极争取国家重点研发计划支持立项攻关。

（三）构建科技创新平台。建立部、省协同推进机制，制订住房城乡建设科技创新平台管理办法。研究制定行业科技创新平台规划，分类组建一批重点领域科技创新基地，完善行业专家智库，增强行业科技创新能力。

（四）推进科技成果转化。加强部科技计划项目实施的全过程管理。研究编制住房城乡建设领域“十三五”重点推广技术领域，编制与发布一批重点领域技术公告，推广一批先进适用技术。

四、积极推进国际科技合作和应对气候变化工作

（一）推进住房城乡建设领域应对气候变化工作。制定印发《住房城乡建设领域应对气候变化中长期发展规划纲要》，确定2030年住房城乡建设领域应对气候变化目标、任务和具体措施。推进气候适应型城市建设试点，组织编制相关技术导则，指导各地开展气候适应型城市建设试点，督促试点城市完善落实工作方案。推动实施中国城市生活垃圾处理领域国家适当减缓行动项目，与亚行合作开展气候适应型城市技术与政策研究。

（二）加强低碳生态城市国际科技交流与合作。组织实施好中欧低碳生态城市合作项目、中英繁荣战略基金“绿色低碳小城镇试点项目”和“城乡生活垃圾处理政策与技术研究项目”、中德城镇化伙伴关系项目、世界银行/全球环境基金六期“可持续城市综合方式项目”中国子项目。继续推进中美、中加、中德、中芬低碳生态城市合作试点工作。

（三）深化建筑节能和绿色建筑国际科技交流与合作。推动实施中美“净零能耗建筑关键技术研究与示范”国家重点研发计划项目。继续组织实施好全球环境基金五期“中国城市建筑节能和可再生能源应用项目”。深化中德被动式超低能耗绿色建筑技术合作和中加、中欧现代木结构建筑技术合作。

五、务实推进智慧城建工作

（一）制定加强大数据应用推动智慧城建发展指导意见。明确智慧城建指导思想、任务、目标和保障措施，提出城市规划建设管理领域智慧化应用发展方向，统筹推进智慧城建工作。

（二）开展智慧城建评价。按照国家新型智慧城市建设工作要求，引导支持各地智慧城市试点参加国家新型智慧城市评价工作。从住房城乡建设领域特点和需求出发，编制智慧城建指标体系，促进住房城乡建设领域智慧城市评价工作。

（三）编制住房城乡建设领域信息技术推广应用公告。加强城市规划建设管理领域智慧化技术研究，深入开展应用示范，编制住房城乡建设领域信息技术推广应用公告，发布行业信息化发展报告，推广应用一批先进适用技术。

六、强化党风廉政建设不放松

（一）落实全面从严治党主体责任和监督责任。强化责任担当，坚定理想信念，严守政治纪律、政治规矩，做合格党员，确保廉政建设工作落实到人、落实到工作每个环节，为建筑节能与科技工作保驾护航。

（二）强化“四个意识”加强队伍建设。深入开展“两学一做”，加强党员干部的政治素质和业务素质学习，牢固树立和不断强化政治意识、大局意识、核心意识、看齐意识，自觉把思想和行动统一到党中央的要求上来，使每一个党员都能做到政治思想过硬，业务素质过硬。

（三）严肃党内政治生活加强党的建设。认真落实《关于新形势下党内政治生活的若干准则》、《中国共产党党内监督条例》，加强党性观念，认真执行“三会一课”制度，严肃党内政治生活，提高党内生活质量。不折不扣严格执行党中央和部党组关于廉政建设的各项规章制度要求，认真落实司内党风廉政建设风险防控办法，把廉政要求落实到日常业务工作的各个环节，做到两手抓、两不误、两促进、两提高。

关于做好2016年全国城市节约用水宣传周工作的通知

建办城函[2016]351号

各省、自治区住房城乡建设厅，直辖市建委（市政管委、水务局），海南省水务厅，新疆生产建设兵团建设局：

为贯彻落实《中共中央国务院关于进一步加强城市规划建设管理工作的若干意见》（中发〔2016〕6号）、《国务院关于进一步推进新型城镇化发展的意见》（国发〔2016〕8号）、《国务院办公厅关于推进海绵城市建设的指导意见》（国办发〔2015〕75号）及《水污染防治行动计划》（国发[2015]17号），深入开展城镇节水工作，推进海绵城市建设，改善城市水生态，全面建设节水型城市，2016年全国城市节约用水宣传周（5月15日至21日）的主题是“坚持节水优先，建设海绵城市”。现就做好有关工作通知如下：

一、提高认识，提升城市节水理念

推进城镇节水，建设海绵城市，一方面可以减少水资源消耗，有效缓解供水压力，另一方面可以从源头减少污染排放，有效增加城市河湖水系雨水及再生水补水，对于改善城市水生态、提高人居环境质量具有重要意义。各地要高度重视，将城市节水理念提升到关乎城市可持续发展的高度，全面建设节水型城市。

二、全面部署，加大宣传力度

举办启动仪式。各地要至少选择1-2个城市在5月15日举行全国城市节约用水宣传周启动仪式，营造宣传周活动的热烈气氛，提升社会各界的关注度，引导人民群众积极参与，促进宣传活动深入开展。

有序推进节水宣传工作。利用各种媒介大力宣传节水与城市生态环境保护、可持续发展的关系，营造全社会节水氛围，普及节水知识，倡导科学用水，鼓励公众参与海绵城市建设。突出宣传节水型企事业单位、小区，通过典型示范带动全市节水工作。

强化宣传工作组织领导。各省级住房城乡建设（城市节水）主管部门要指导城市抓紧组织开展主题鲜明、形式多样、内容丰富、覆盖面广的宣传活动。城市节水管理部门要发挥好行业协会等社会组织的作用，落实好节水宣传周各项活动。

三、深入推进城市节水工作

各地要以宣传周为契机，深入推进城市节水工作。指导地级及以上缺水城市对照《国家节水型城市考核标准》《城市节水评价标准》（GB/T51083-2015）I级开展对标自查，并在城市自查基础上，有针对性地制定本省（区、市）的城市节水工作推进计划。一是强化规划对节水工作的引导，通过城市总体规划合理规划布局市政公用设施，落实节水要求，做好城市节水专项规划的编制和实施。二是加快城市节水相关市政公用设施建设，推进城市节水综合改造，严格控制供水管网漏损，推动建筑中水回用和污水再生利用，加快城市黑臭水体整治。三是按照国家节水型城市考核标准要求，全面开展节水型居民小区、节水型单位、节水型企业建设活动。四是要充分发挥节水管理机构的作用，抓好计划用水与定额管理、“三同时”制度等城市节水制度和措施落实，强化日常管理。五是全面推进海绵城市建设，抓好海绵型建筑与小区、海绵型道路与广场、海绵型公园绿地，加快推进河湖水系保护与生态修复，让老百姓切实感受海绵城市建设成效。六是创新工作机制，积极推广应用合同节水管理、政府与社会资本合作等机制，吸引社会资本参与城市节水及海绵城市建设工作。

我部将组织中国建设报等媒体进行宣传。请各地将有关节水及海绵城市建设工作典型事迹和先进经验审核汇总，及时发到指定邮箱，我部将择优组织进行宣传推广。

中华人民共和国住房和城乡建设部办公厅
2016年4月15日

交通运输部政策文件

关于实施绿色公路建设的指导意见

（交办公路〔2016〕93号）

为践行绿色交通，完成《交通运输节能环保“十三五”发展规划》目标，推进绿色公路建设，现提出以下意见：

一、总体要求

（一）指导思想。

深入贯彻党的十八大和十八届二中、三中、四中、五中全会精神，牢固树立创新、协调、绿色、开放、共享五大发展理念，落实“四个交通”发展要求，促进公路发展转型升级，建设以质量优良为前提，以资源节约、生态环保、节能高效、服务提升为主要特征的绿色公路，实现公路建设健康可持续发展。

（二）基本原则。

坚持可持续发展。高度重视公路、环境、社会各方面、各要素的关系，提高资源和能源利用率，发挥公路先导性和基础性作用，实现在发展中保护、在保护中发展。

坚持统筹协调。统筹公路规划、设计、建设、运营、管理、服务全过程，强调均衡协调，突出建、管、养、运并重，降低全寿命周期成本。

坚持创新驱动。大力推动理念创新、技术创新、管理创新和制度创新，强化创新的驱动与支撑作用，为公路建设注入强大动力。

坚持因地制宜。准确把握区域环境和工程特点，明确项目定位，确定突破方向，开展有特色、有亮点、有品位的工程设计，因地制宜建设绿色公路。

（三）建设目标。

到2020年，绿色公路建设标准和评估体系基本建立，绿色公路建设理念深入人心，建成一批绿色公路示范工程，形成一套可复制、可推广的经验，行业推动和示范效果显著，绿色公路建设取得明显进展。

二、主要任务

（一）统筹资源利用，实现集约节约。

1.集约利用通道资源。按照“统筹规划、合理布局、集约高效”原则，统筹利用运输通道资源。鼓励公路与铁路、高速公路与普通公路共用线位。改扩建公路要充分发挥原通道资源作用，安全利用原有设施。

2.严格保护土地资源。科学选线、布线，避让基本农田，禁止耕地超占，减少土地分割。积极推进取土、弃土与改地、造地、复垦综合施措，高效利用沿线土地。因地制宜采用低路堤和浅路堑方案，保护土地资源。统筹布设公路施工临时便道、驻地、预制场、拌合站等，做到充分利用，减少重复建设。

3.积极应用节能技术和清洁能源。加强隧道等设施节能设计，推进节能通风与采光等技术应用。推广应用供配电系统节能技术、LED节能灯具、照明智能控制系统、温拌沥青技术和冷补养护技术等新技术与新设备。加快淘汰高能耗、高排放的老旧工程机械。因地制宜推广太阳能、风能、地热能、天然气等清洁能源应用。

4.大力推行废旧材料再生循环利用。积极推行废旧沥青路面、钢材、水泥等材料再生和循环利用。推广粉煤灰、煤矸石、矿渣、废旧轮胎等工业废料的综合利用。开展建筑垃圾的无害化处理与利用。积极应用节水、节材施工工艺，实现资源高效利用。

（二）加强生态保护，注重自然和谐。

5.推行生态环保设计。加强生态选线，依法避绕自然保护区、水源地保护区等生态环境敏感区。推行生态环保设计和生态防护技术，重点加强对自然地貌、原生植被、表土资源、湿地生态、野生动物等方面的保护。增强公路排水系统对路面和桥面径流的消纳与净化功能。

6.严格施工环境保护。加强施工过程中的植被与表土资源保护和利用，落实环境保护、水土保持要求，做好临时用地的生态恢复。完善施工现场和驻地的污水垃圾收集处理措施，加强施工扬尘与噪声监管，推进公路施工、养护作业机械尾气处理。在环境敏感区域施工，应制定生态环保施工专项方案，严格落实环保措施，降低施工对环境的影响。

7.加强运营期环境管理。加强各类环保设施的维护与运行管理，探索推行环境管理的市场服务机制，确保排放达标。全面推进沿线附属设施污水处理和利用，实现垃圾分类收集和无害化处置。强化穿越敏感水体路段的径流收集与处置。

（三）着眼周期成本，强化建养并重。

8.突出全寿命周期成本理念。将公路运营和维护纳入工程设计与建设一并考虑，突出全寿命，强调系统性，强化结构设计与养护设施的统一。推进钢结构桥梁的应用，发挥其在全寿命周期成本方面的比较优势。积极应用高性能混凝土，保证结构使用寿命，有效降低公路运营养护成本。

9.全面实施标准化施工。建立标准化施工长效机制，实现工地标准化、工艺标准化和管理标准化。鼓励工程构件生产工厂化与现场施工装配化，注重工程质量，提高工程耐久性，实现工程内外品质的全面提升。

10.提高养护便利化水平。以科学养护为统领，注重公路设计与建设的前瞻性，统筹考虑后期养护管理的功能性需要，合理设置检修通道，做到可达、可检、可修、可换，提高日常检测维修工作的便利性与安全性。

（四）实施创新驱动，实现科学高效。

11.加强绿色公路技术研究。大力开展绿色公路关键技术研发，加快研究湿地保护、动物通道设置、能源高效利用及节能减排、路域生态防护与修复、公路碳汇建设等新技术，开展绿色公路国际技术合作与交流，助力绿色公路发展。

12.大力推进建设管理信息化。基于“互联网+”理念，加快云计算、大数据等现代信息技术应用，有效提升建设管理智能化水平。逐步建立智能联网联控的公路建设信息化管理系统，推进质量检验检测数据实时互通共享技术，促进信息技术在公路建设管理中的应用。

13.总结推广建设管理新经验。鼓励应用建筑信息模型（BIM）新技术，探索应用健康、安全和环境三位一体（HSE）管理体系，积极推广合同能源管理，稳步推进建设与运营期能耗在线监测管理。鼓励代建制、设计施工总承包等管理模式的创新与应用，营造绿色公路建设市场发展环境。

14.探索设置多元化服务设施。结合社会发展和消费升级，充分利用公路养护工区、场站等用地，科学设置服务区、停车场，探索增设观景台、汽车露营地、旅游服务站等特色设施，为公众个性化出行提供便利。鼓励在公路服务区内设置加气站和新能源汽车充电桩，积极做好相关设备安装的配合工作，为节能减排创造条件。

15.丰富公路综合服务方式。继续推进高速公路联网不停车收费与服务系统（ETC）建设，扩大ETC覆盖范围，提高路网整体通过能力；鼓励拓展ETC技术应用业务，逐步实现ETC在通行、停车、加油、维修、检测等环节的深度应用。利用短信平台、门户网站、微信、微博等新媒体手段，构建公益服务与个性化定制服务相结合的公路出行信息服务体系。

（五）完善标准规范，推动示范引领。

16.制定绿色公路标准规范。充分总结公路建设经验，修订绿色公路建设相关标准规范，出台《绿色公路建设技术指南》，完善建立绿色公路建设评价指标体系，明确技术要求，全面指导绿色公路建设。鼓励各地制定具有当地区域特色的绿色公路评价标准。

17.开展五大专项行动。组织实施“零弃方、少借方”“实施改扩建工程绿色升级”“积极应用建筑信息模型（BIM）新技术”“推进绿色服务区建设”“拓展公路旅游功能”等五大专项行动，以行动促转型，以行动促落实，推进工程无痕化、智能化建设，实现工程填挖方的有效统筹，加强改扩建工程的资源节约与循环利用，推行服务区污水治理、建筑节能、清洁能源、垃圾处理等新技术应用，因地制宜拓展完善公路服务和旅游功能，推进绿色公路建设的全面实施。

18.打造示范工程。以绿色公路建设专项行动为依托，继续推进试点示范，打造公路建设新亮点。各省级交通运输主管部门应结合已有工作创建1—2个绿色公路示范工程，丰富绿色公路新内涵，强化绿色公路设计、建设、运营等各环节的指导，组织开展绿色公路建设专项技术咨询，及时总结经验，以点带面，实现全行业绿色公路快速发展。

三、保障措施

19.加强组织领导。建立健全部、省联动机制，加强行业指导，充分发挥各级交通运输主管部门积极性，建立协调机制，形成有利于推进绿色公路建设的工作格局。

20.加强制度建设。省级交通运输主管部门应制定本地区的绿色公路建设激励约束机制，建立健全绿色公路建设综合评价制度，完善绿色公路评价指标，构建绿色公路建设可控、可量化、可考核的制度体系。

21.加强行业协同。省级交通运输主管部门应加强与国土、环保、林业、旅游等相关部门的沟通与协调，建立多方联动、协同共享、有效管理的工作机制，形成合力，实现共赢。

22.加强专家指导。动员各方面力量，加强组织遴选，成立绿色公路建设典型示范工程专家组，对绿色公路的勘察设计、建设施工、运营管理等全过程进行技术指导和咨询。

23.加强宣传推广。开展绿色公路系列宣传活动，加大绿色公路建设理念的宣传力度，在政府交通门户网站开辟绿色公路建设专栏，组织开展绿色公路设计、建设技术研讨和交流，推广经验，宣传成果，统一思想，形成共识，促进绿色公路建设深入人心。

交通运输部

2016年7月20日

国土资源部政策文件

关于促进国土资源大数据应用发展的实施意见（节录）

（国土资发[2016]72号国土资源部2016年7月4日）

为深入贯彻落实《国务院关于印发促进大数据发展行动纲要的通知》（国发〔2015〕50号）精神，促进国土资源大数据应用发展，提升国土资源治理能力，制定本实施意见。

一、发展形势

(一)充分认识实施国家大数据战略的重大意义。

(二)国土资源大数据是实施国家大数据战略的重要内容。

(三)国土资源大数据应用发展是新时期国土资源事业发展的迫切需要。

(四)发展国土资源大数据面临着重大机遇和挑战。

二、指导思想、基本原则和发展目标

（一）指导思想。

全面贯彻落实党的十八大和十八届三中、四中、五中全会精神及习近平总书记系列重要讲话精神，以创新、协调、绿色、开放、共享的新发展理念为指引，按照实施国家大数据战略部署，围绕“十三五”期间国土资源中心工作和主要任务，加强顶层设计和统筹协调，充分发挥国土资源大数据在国民经济和社会发展中的重要作用，大力推动大数据在国土资源工作中的创新应用，通过基于数据的科学管理、决策与服务，促进国土资源治理能力现代化。

（三）发展目标。

按照实施国家大数据战略的要求，立足国土资源工作发展的需要，健全国土资源数据资源体系，实现国土资源数据的充分共享和适度开放，深化国土资源大数据的创新应用，不断提高国土资源参与宏观调控、市场监管、社会治理和公共服务的精准性和有效性，促进国土资源大数据应用新业态发展，形成国土资源大数据应用发展新格局。

构建统一的国土资源数据资源体系。梳理各类国土资源数据，形成数据资源目录。汇聚整合土地、不动产、地质矿产、地质环境与地质灾害防治等各类数据，建立完善并形成内容全面、标准统一的国土资源数据资源体系，全面提升国土资源数据支撑能力。

建立国土资源数据共享开放新机制。构建统一的国土资源数据共享平台和开放平台，建立充分共享、适度开放、安全可靠的国土资源数据共享开放新机制，形成国土资源数据在系统内和政府部门间充分共享和向社会有序开放的新局面。

打造国土资源管理决策服务新模式。创新和深化大数据在国土资源形势分析、决策支持和信息服务中的应用，构建决策支持系统、智库信息化工作平台，加强国土资源信息服务，建立“用数据说话、用数据决策”的管理决策服务新模式。

培育智能化国土资源调查评价监测应用新业态。推进国土资源调查评价监测技术研发，培育智能地质调查、智慧探矿、土地智能监测等应用新业态，鼓励社会力量开发各类国土资源信息产品并提供服务，为大众创业、万众创新注入新活力。

到2018年底，在统筹规划和统一标准的基础上，丰富与完善统一的国土资源数据资源体系。初步建成国土资源数据共享平台和开放平台，实现一定范围的数据共享与开放。各级国土资源主管部门在国土资源形势分析、决策支持和信息服务等领域的大数据应用取得初步成效。

到2020年，国土资源数据资源体系得到较大丰富与完善。国土资源数据实现较为全面的共享和开放。基于数据共享的国土资源治理能力不断提高，基于数据开放的公共服务能力全面提升。国土资源大数据在资源监管和公共服务等领域得到广泛应用。国土资源大数据产业新业态初步形成。

关于加强矿山地质环境恢复和综合治理的指导意见（节录）

（国土资发〔2016〕63号国土资源部工业和信息化部财政部环境保护部国家能源局2016年7月1日印发）

各省、自治区、直辖市国土资源、工业和信息化、财政、环境保护、能源主管部门：

矿山地质环境是生态环境的重要组成部分。在党中央、国务院正确领导和各有关方面共同努力下，我国矿山地质环境恢复和综合治理取得积极成效。2001年以来，相继采取一系列措施，组织开展摸底调查，颁布《矿山地质环境保护规定》，实施《矿山地质环境保护与治理规划》，推进专项治理，开展矿山复绿行动，建设国家矿山公园；建立矿山地质环境治理恢复保证金制度，初步构建起开发补偿保护的经济机制。截至2015年，中央和地方及企业投入超过900亿元，治理矿山地质环境面积超过80万公顷，一批资源枯竭型城市的矿山地质环境得到有效恢复。但总体上看，我国矿山地质环境恢复和综合治理仍不适应新形势要求，粗放开发方式对矿山地质环境造成的影响仍然严重，地面塌陷、土地损毁、植被和地形地貌景观破坏等一系列问题依然突出。

中央高度重视生态文明建设，先后做出一系列重大决策部署。贯彻落实新的发展理念，加快推进生态文明建设，必须把矿山地质环境恢复和综合治理摆在更加突出位置，充分认识进一步加强矿山地质环境恢复和综合治理的重要性和紧迫性，切实增强责任感和使命感，牢固树立尊重自然、顺应自然、保护自然的理念，坚持绿水青山就是金山银山，强化资源管理对自然生态的源头保护作用，组织动员各方面力量，加强矿山地质环境保护，加快矿山地质环境恢复和综合治理，尽快形成开发与保护相互协调的矿产开发新格局。

一、总体要求

（一）指导思想。

全面贯彻党的十八大和十八届二中、三中、四中、五中全会精神，以邓小平理论、“三个代表”重要思想和科学发展观为指导，深入贯彻习近平总书记系列重要讲话精神，按照“五位一体”总体布局和“四个全面”战略布局，牢固树立和切实贯彻创新、协调、绿色、开放、共享的新发展理念，严格落实《中共中央国务院关于加快推进生态文明建设的意见》和《中共中央国务院关于印发生态文明体制改革总体方案的通知》要求，全面深化改革和依法行政，科学规划、整体推进、突出重点、注重成效，着力完善开发补偿保护经济机制，大力构建政府、企业、社会共同参与的恢复和综合治理新机制，尽快形成在建、生产矿山和历史遗留等“新老问题”统筹解决的恢复和综合治理新局面，全面提高我国矿山地质环境恢复和综合治理水平，为推进生态文明建设、建设美丽中国做出新的贡献。

（二）基本原则。

以“创新、协调、绿色、开放、共享”的新发展理念统领矿山地质环境恢复和综合治理工作，坚决贯彻节约资源和保护环境的基本国策，努力实现国土资源惠民利民新成效。

坚持创新发展理念，破除矿山地质环境恢复和综合治理的投入、政策、科研等机制障碍。创新尾矿残留矿再开发、矿山废弃地复垦利用、集体土地流转利用等政策，引导社会资金、资源、资产要素投入，积极探索利用PPP模式、第三方治理方式，充分调动各方面积极性，加快治理。简化管理程序，推进矿山地质环境恢复治理方案和土地复垦方案编制与审查制度改革。鼓励矿山企业与相关机构开展治理恢复技术科技创新。

坚持协调发展理念，加快完善资源开发与环境保护相互协调的矿产资源开发管理制度体系。落实主体功能区战略，统筹保护与开发，把保护放在优先位置，强化矿产开发管理对生态环境的源头保护作用。调整矿产资源勘查开发布局，编制实施矿产资源规划。严格矿产开发准入，严格生产过程监管，严格责任追究，把矿山地质环境恢复和综合治理的责任落实到矿产开发“事前、事中、事后”的全过程。坚持“谁开发、谁治理”，对新建和生产矿山，严格落实矿山企业保护与治理的主体责任。统筹推进历史遗留和新产生的矿山地质环境问题的恢复治理。

坚持绿色发展理念，倡导和培育绿色矿业，构建矿产资源开发与矿山地质环境保护新格局。深入持续开展矿山复绿行动。推进废弃矿山的山、水、田、林、湖综合治理，宜农则农、宜林则林、宜园则园、宜水则水，充分结合全民义务植树等活动，尽快恢复矿区的青山绿水。发展绿色矿业，建设绿色矿山，鼓励矿山企业按照高效利用资源、保护环境、促进矿地和谐的绿色矿业发展要求，编制实施绿色矿山发展规划，加快建设资源节约型和环境友好型企业。

坚持开放发展理念，将矿山地质环境恢复和综合治理与相关产业发展融合推进。鼓励引进国外矿山地质环境恢复和综合治理的新技术和新模式，积极开展国际合作。拓展绿色矿山建设模式，鼓励矿山企业参与矿山地质公园建设、经营和管理。探索矿山地质环境恢复和综合治理与地产开发、旅游、养老疗养、养殖、种植等产业的融合发展。

坚持共享发展理念，实现矿山地质环境恢复和综合治理的惠民利民新成效。鼓励矿山企业留地留技留利于企业职工和矿区群众，总结推广用矿区土地入股分红参与矿山地质环境恢复和综合治理的经验，引导企业职工、矿区群众积极参与矿山地质环境恢复和综合治理，形成人、矿、地和谐发展。加大对贫困地区矿山地质环境恢复和综合治理的支持力度，助力精准扶贫，增加扶贫工作的“含金量”，让企业职工和当地群众通过矿山地质环境改善有更多获得感。

（三）主要目标。

到2025年，建立动态监测体系，全面掌握和监控全国矿山地质环境动态变化情况。建立矿业权人履行保护和治理恢复矿山地质环境法定义务的约束机制。矿山地质环境恢复和综合治理的责任全面落实，新建和生产矿山地质环境得到有效保护和及时治理，历史遗留问题综合治理取得显著成效。基本建成制度完善、责任明确、措施得当、管理到位的矿山地质环境恢复和综合治理工作体系，形成“不再欠新账，加快还旧账”的矿山地质环境恢复和综合治理的新局面。

二、主要任务

（一）夯实工作基础。

1. 全面调查。由省级国土资源主管部门组织，以市、县为主要单元，开展矿山地质环境详细调查，系统查明在建矿山、生产矿山、废弃矿山、政策性关闭矿山地质环境问题的类型、分布、规模和危害程度。

2. 明确责任。各级地方国土资源主管部门按以下原则认定“新老”矿山地质环境问题：计划经济时期遗留或者责任人灭失的矿山地质环境问题，为历史遗留问题，由各级地方政府统筹规划和治理恢复，中央财政给予必要支持。在建和生产矿山造成的矿山地质环境问题，由矿山企业负责治理恢复。对于历史遗留损毁土地的认定，依照国家有关土地复垦的法律法规执行。

3. 科学规划。根据矿山地质环境调查和责任划分情况，统筹考虑“新老”矿山地质环境问题，以自然保护区、重要景观区、居民集中生活区的周边和重要交通干线、河流湖泊直观可视范围“三区两线”及基本农田保护区等为重点，全面编制国家、省和市、县级矿山地质环境保护与治理规划，明确保护与治理任务和工作进度，统筹部署，分步实施，确保工作目标实现。

4. 加强监测。充分利用卫星遥感等先进技术，加强监测力量，加快监测基础设施建设，建立系统完善的包括矿山地质环境在内国家、省、市、县四级地质环境动态监测体系，全面系统掌握和监控各类矿山地质环境问题的现状和变化情况。

（二）强化保护预防。

1. 严格矿山开发准入管理。严格执行矿产资源规划，落实规划分区管理制度。在自然保护区，非经主管部门同意，不得新设与资源环境保护功能不相符合的矿业权。自然保护区内已设置的矿业权按有关规定办理。强化源头管理，全面实行矿产资源开发利用方案和矿山地质环境保护与治理恢复方案、土地复垦方案同步编制、同步审查、同步实施的三同时制度和社会公示制度。

2. 加强保护与治理恢复方案的实施。切实加强耕地保护，完善矿山地质环境保护与治理恢复方案和土地复垦方案的编制标准，因矿施策，因地制宜，推进建立矿山地质环境保护和治理恢复方案与土地复垦方案合并编制、简便实用的工作制度。落实方案编制、审查和实施的主体责任，确保方案的科学性、合理性和严肃性。

3. 加强开发和保护过程监管。将矿山地质环境恢复和综合治理的责任与工作落实情况作为矿山企业信息社会公示的重要内容和抽检的重要方面，强化对采矿权人主体责任的社会监督和执法监管。各级地方国土资源主管部门要加大监督执法力度，提高监督执法频率，督促矿山企业严格按照恢复治理方案边开采边治理。对拒不履行恢复治理义务的在建矿山、生产矿山，要将该矿山企业纳入政府管理相关信息向社会公开，列入矿业权人异常名录或严重违法名单。情节严重的，依法依规严肃处理。

4. 加强资源综合利用。推进尾矿和废石综合利用，以尾矿和废石提取有价组分、生产高附加值建筑材料、充填、无害化农用和生态应用为重点，加快先进适用技术装备推广应用，组织实施尾矿和废石综合利用示范工程，不断提高尾矿和废石综合利用比例，扩大综合利用产业规模，减少对生态环境的影响。

（三）加快历史遗留问题的解决。

1. 明确任务要求。各地要将矿山地质环境历史遗留问题的解决作为建设美丽中国的重要任务，纳入当地政府生态环境保护的目标任务，明确要求，分工负责，限期完成，严格考核和问责制度。

2. 加大财政资金投入。各级地方财政要加大资金投入力度，拓宽资金渠道，为废弃矿山、政策性关闭矿山等历史遗留的矿山地质环境恢复治理提供必要支持。

3. 鼓励社会资金参与。按照“谁治理、谁受益”的原则，充分发挥财政资金的引导带动作用，大力探索构建“政府主导、政策扶持、社会参与、开发式治理、市场化运作”的矿山地质环境恢复和综合治理新模式。

4. 整合政策与资金。各地可根据本地实际情况，将矿山地质环境恢复治理与新农村建设、棚户区改造、生态移民搬迁、地质灾害治理、土地整治、城乡建设用地增减挂钩、工矿废弃地复垦利用等有机结合起来，加强政策与项目资金的整合与合理利用，形成合力，切实提高矿山地质环境保护和恢复治理成效。对历史原因造成耕地严重破坏且无法恢复的，按照规定，补充相应耕地或调整耕地保有量。

农业部政策文件

农业部关于实施农业绿色发展五大行动的通知

（农办发〔2017〕6号2017年04月24日）

各省、自治区、直辖市及计划单列市农业（农牧、农村经济）、畜牧、渔业（水利）厅（局、委、办），新疆生产建设兵团农业局：

为贯彻党中央、国务院决策部署，落实新发展理念，加快推进农业供给侧结构性改革，增强农业可持续发展能力，提高农业发展的质量效益和竞争力，农业部决定启动实施畜禽粪污资源化利用行动、果菜茶有机肥替代化肥行动、东北地区秸秆处理行动、农膜回收行动和以长江为重点的水生生物保护行动等农业绿色发展五大行动。现就有关事项通知如下。

一、充分认识实施农业绿色发展五大行动的重要意义

习近平总书记强调，绿水青山就是金山银山，要坚持节约资源和保护环境的基本国策，推动形成绿色发展方式和生活方式。今年中央1号文件提出，要推行绿色生产方式,增强农业可持续发展能力。各级农业部门要认真学习、深刻领会习近平总书记重要讲话精神，充分认识实施五大行动的重要意义，进一步增强推进农业绿色发展的紧迫感、使命感。

（一）实施农业绿色发展五大行动是落实绿色发展理念的关键举措。绿色发展是现代农业发展的内在要求，是生态文明建设的重要组成部分。近年来，我国粮食连年丰收，农产品供给充裕，农业发展不断迈上新台阶。但由于化肥、农药过量使用，加之畜禽粪便、农作物秸秆、农膜资源化利用率不高，渔业捕捞强度过大，农业发展面临的资源压力日益加大，生态环境亮起“红灯”，我国农业到了必须加快转型升级、实现绿色发展的新阶段。实施绿色发展五大行动，有利于推进农业生产废弃物综合治理和资源化利用，把农业资源过高的利用强度缓下来、面源污染加重的趋势降下来，推动我国农业走上可持续发展的道路。

（二）实施农业绿色发展五大行动是推动农业供给侧结构性改革的重要抓手。习近平总书记指出，推进农业供给侧结构性改革，要把增加绿色优质农产品供给放在突出位置。当前，我国农产品供给大路货多，优质品牌的少，与城乡居民消费结构快速升级的要求不相适应。推进农业绿色发展，就是要发展标准化、品牌化农业，提供更多优质、安全、特色农产品，促进农产品供给由主要满足“量”的需求向更加注重“质”的需求转变。实施绿色发展五大行动，有利于改变传统生产方式，减少化肥等投入品的过量使用，优化农产品产地环境，有效提升产品品质，从源头上确保优质绿色农产品供给。

（三）实施农业绿色发展五大行动是建设社会主义新农村的重要途径。农业和环境最具相融性，新农村的优美环境离不开农业的绿色发展。近年来，随着农业生产的快速发展，农业面源污染日益严重，特别是畜禽养殖废弃物污染等问题突出，对农民的生活和农村的环境造成了很大影响。习近平总书记强调，加快推进畜禽养殖废弃物处理和资源化，关系6亿多农村居民生产生活环境，是一件利国利民利长远的大好事。实施绿色发展五大行动，有利于减少农业生产废弃物排放，美化农村人居环境，推动新农村建设，实现人与自然和谐发展、农业生产与生态环境协调共赢。

二、深入实施农业绿色发展五大行动

（一）畜禽粪污资源化利用行动。坚持保供给与保环境并重，坚持政府支持、企业主体、市场化运作方针，以畜牧大县和规模养殖场为重点，加快构建种养结合、农牧循环的可持续发展新格局。在畜牧大县开展畜禽粪污资源化利用试点，组织实施种养结合一体化项目，集成推广畜禽粪污资源化利用技术模式，支持养殖场和第三方市场主体改造升级处理设施，提升畜禽粪污处理能力。建设畜禽规模化养殖场信息直联直报平台，完善绩效评价考核制度，压实地方政府责任。力争到2020年基本解决大规模畜禽养殖场粪污处理和资源化问题。

（二）果菜茶有机肥替代化肥行动。以发展生态循环农业、促进果菜茶质量效益提升为目标，以果菜茶优势产区、核心产区、知名品牌生产基地为重点，大力推广有机肥替代化肥技术，加快推进畜禽养殖废弃物及农作物秸秆资源化利用，实现节本增效、提质增效。2017年选择100个果菜茶重点县（市、区）开展示范，支持引导农民和新型经营主体积造和施用有机肥，因地制宜推广符合生产实际的有机肥利用方式，采取政府购买服务等方式培育有机肥统供统施服务主体，吸引社会力量参与，集成一批可复制、可推广、可持续的生产运营模式。围绕优势产区、核心产区，集中打造一批有机肥替代、绿色优质农产品生产基地（园区），发挥示范效应。强化耕地质量监测，建立目标考核机制，科学评价试点示范成果。力争到2020年，果菜茶优势产区化肥用量减少20%以上，果菜茶核心产区和知名品牌生产基地（园区）化肥用量减少50%以上。

（三）东北地区秸秆处理行动。坚持因地制宜、农用优先、就地就近、政府引导、市场运作、科技支撑，以玉米秸秆处理利用为重点，以提高秸秆综合利用率和黑土地保护为目标，大力推进秸秆肥料化、饲料化、燃料化、原料化、基料化利用，加强新技术、新工艺和新装备研发，加快建立产业化利用机制，不断提升秸秆综合利用水平。在东北地区60个玉米主产县率先开展秸秆综合利用试点，积极推广深翻还田、秸秆饲料无害防腐和零污染焚烧供热等技术，推动出台秸秆还田、收储运、加工利用等补贴政策，激发市场主体活力，构建市场化运营机制，探索综合利用模式。力争到2020年，东北地区秸秆综合利用率达到80%以上，基本杜绝露天焚烧现象。

（四）农膜回收行动。以西北为重点区域，以棉花、玉米、马铃薯为重点作物，以加厚地膜应用、机械化捡拾、专业化回收、资源化利用为主攻方向，连片实施，整县推进，综合治理。在甘肃、新疆、内蒙古等地区建设100个治理示范县，全面推广使用加厚地膜，推进减量替代；推动建立以旧换新、经营主体上交、专业化组织回收、加工企业回收等多种方式的回收利用机制，试点“谁生产、谁回收”的地膜生产者责任延伸制度；完善农田残留地膜污染监测网络，探索将地面回收率和残留状况纳入农业面源污染综合考核。力争到2020年，农膜回收率达80%以上，农田“白色污染”得到有效控制。

（五）以长江为重点的水生生物保护行动。坚持生态优先、绿色发展、减量增收、减船转产，逐步推进长江流域全面禁捕，率先在水生生物保护区实现禁捕，修复沿江近海渔业生态环境。加大资金投入，引导和支持渔民转产转业，将渔船控制目标列入地方政府和有关部门约束性考核指标，到2020年全国压减海洋捕捞机动渔船2万艘、功率150万千瓦。开展水产健康养殖示范创建，推进海洋牧场建设，推动水产养殖减量增效。强化海洋渔业资源总量管理，完善休渔禁渔制度，联合有关部门开展海洋伏季休渔等专项执法行动，继续清理整治“绝户网”和涉渔“三无”船舶。实施珍稀濒危物种拯救行动，加强水生生物栖息地保护，完善保护区功能体系，提升重点物种保护等级，加快建立长江珍稀特有物种基因保存库。力争到2020年，长江流域水生生物资源衰退、水域生态环境恶化和水生生物多样性下降的趋势得到有效遏制，水生生物资源得到恢复性增长，实现海洋捕捞总产量与海洋渔业资源总承载能力相协调。

三、加强组织领导，确保五大行动有序开展

（一）落实工作责任。农业部已经印发果菜茶有机肥替代化肥行动方案，近期将印发其他四大行动方案。各省级农业部门要把推动农业绿色发展五大行动作为当前的重点工作，抓紧研究制定本地区实施方案，明确目标任务、推进路径、责任分工，加大项目、资金、资源整合力度，完善绩效考核、资金奖补、农产品推介展示等激励机制，充分调动地方政府特别是县级政府抓农村资源环境保护的积极性，形成齐抓共管、上下联动的工作格局，确保各项行动有条不紊推进、取得实效。

（二）强化市场引领。要进一步转变工作方式，采取政府购买服务等方式，加大市场主体培育力度，积极发展生产性服务业。充分发挥新型经营主体的引领作用，按照“谁参与谁受益”的原则，充分调动生产经营主体特别是规模经营主体的积极性，鼓励第三方和社会力量共同参与，合力推动农业绿色发展。同时，要建立健全有进有出的运行机制，加强市场监管力度，进一步规范市场主体行为、落实市场主体责任。

（三）创新技术模式。要加强科技创新联盟建设，积极开展产学研协作攻关，加大配套新技术、新产品和新装备的研发力度。抓好试点示范，集成组装一批可复制可推广的技术模式，扩大推广范围，放大示范效应。结合新型职业农民培训工程、现代青年农场主培育计划等，强化技术培训，开展技术交流，提升技术应用水平。

（四）突出重点地区。各地要结合产业发展特色，突出种养大县，优先选择产业基础好、地方政府积极性高的地区，加大资金和政策支持力度，加快实施绿色发展战略。特别是国家现代农业示范区、农村改革试验区、农业可持续发展试验示范区和现代农业产业园要统筹推进五大行动，率先实现绿色发展。

农业部关于推进农业农村大数据发展的实施意见（节录）

（农市发〔2015〕6号.农业部市场与经济信息司2015年12月印发）

各省、自治区、直辖市及计划单列市农业（农牧、农村经济）、农机、畜牧兽医、农垦、农产品加工、渔业厅（局、委、办），新疆生产建设兵团农业局，部机关有关司局、直属事业单位：

为充分发挥大数据在农业农村发展中的重要功能和巨大潜力，有力支撑和服务农业现代化，根据《国务院关于印发促进大数据发展行动纲要的通知》（国发〔2015〕50号）精神，制定本实施意见。

二、明确农业农村大数据发展和应用的总体要求

（四）指导思想。深入贯彻党的十八大和十八届三中、四中、五中全会精神，以邓小平理论、“三个代表”重要思想、科学发展观为指导，贯彻创新、协调、绿色、开放、共享的发展理念，按照“着眼长远、突出重点、加快建设、整合共享”要求，坚持问题和需求导向，坚持创新驱动，加快数据整合共享和有序开放，充分发挥大数据的预测功能，深化大数据在农业生产、经营、管理和服务等方面的创新应用，为政府部门管理决策和各类市场主体生产经营活动提供更加完善的数据服务，为实现农业现代化取得明显进展的目标提供有力支撑。

（六）主要目标。立足我国国情和现实需要，未来5-10年内，实现农业数据的有序共享开放，初步完成农业数据化改造。到2017年底前，农业部及省级农业行政主管部门数据共享的范围边界和使用方式基本明确，跨部门、跨区域数据资源共享共用格局基本形成。到2018年底前，实现“金农工程”信息系统与中央政府其他相关信息系统通过统一平台进行数据共享和交换。到2020年底前，逐步实现农业部和省级农业行政主管部门数据集向社会开放，实现农业农村历史资料的数据化、数据采集的自动化、数据使用的智能化、数据共享的便捷化。到2025年，实现农业产业链、价值链、供应链的联通，大幅提升农业生产智能化、经营网络化、管理高效化、服务便捷化的能力和水平，全面建成全球农业数据调查分析系统。

四、把握农业农村大数据发展和应用的重点领域

（十三）实施农业资源环境精准监测。建立与气象、水利、国土、环保等部门数据共享机制，构建农业资源环境本底数据库。建立农业生物资源、农产品产地环境以及农业面源污染等长期定点、定位监测制度，完善监测评价指标体系，为“一控两减三基本”行动的实施提供数据支撑。开展耕地、草原、林地、水利设施、水资源等数据在线采集，构建国家农林资源环境大数据实时监测网络。逐步公开农业资源环境数据，支持企业开发节水、节肥、节药、农业气象预报等数据产品。

（十四）开展农业自然灾害预测预报。完善干旱、洪涝、冷害、台风等农业重大自然灾害和草原火灾监测技术手段，加强数据实时采集获取能力建设，提高应急响应水平。整理挖掘自然灾害历史数据，加强对灾害发生趋势的研判和预测，掌握灾变规律，强化实时监测与预警，把握最佳防控时机，有效预防和最大程度降低灾害损失。建立农业灾害基础数据库，组织专家团队构建预测模型，开展农业灾害与农业生产数据的关联分析，定期发布灾情预警和防灾减灾措施。

》》》

规划方案

绿色制造2016专项行动实施方案

（工信部节〔2016〕113号工业和信息化部2016年3月24日印发）

为加快实施绿色制造工程，全面推行绿色制造，构建绿色制造体系，按照《中国制造2025》专项行动计划统一要求，制定本实施方案。

一、背景

绿色发展是党的十八届五中全会确立的五大发展理念之一，中央经济工作会议明确要求推动绿色发展取得新突破。我国虽然是制造业大国，但并没有完全摆脱高投入、高消耗、高污染的粗放发展模式，资源环境制约十分明显。《中国制造2025》将绿色发展作为主要方向之一，明确提出全面推行绿色制造。开展绿色制造专项行动，实施绿色制造工程，是落实五大发展理念和建设制造强国的重要着力点，也是加快推动生产方式绿色化、增加绿色产品供给、减轻资源环境压力、提高人民生活质量的有效途径，更是推动工业转型升级、培育新的经济增长点、稳增长调结构增效益的关键措施，对促进工业文明与生态文明和谐共融具有重要意义。

二、指导思想

贯彻落实党的十八大及十八届三中、四中、五中全会精神，践行绿色发展理念，按照制造强国建设战略部署，围绕落实绿色制造工程2016年重点任务，以制造业绿色改造升级为重点，加快关键技术研发与产业化，强化试点示范和绿色监管，积极构建绿色制造体系，力争在重点区域、重点流域绿色制造上取得突破，引领和带动制造业高效清洁低碳循环和可持续发展。

三、主要目标

通过实施绿色制造2016专项行动，预期实现以下目标：

（一）进一步提升部分行业清洁生产水平，预计全年削减化学需氧量8万吨、氨氮0.7万吨。筛选推广一批先进节水技术。

（二）建设若干资源综合利用重大示范工程和基地，初步形成京津冀及周边地区资源综合利用产业区域协同发展新机制。

（三）会同财政部启动绿色制造试点示范，发布若干行业绿色工厂创建实施方案或绿色工厂标准。

四、重点工作

（一）实施传统制造业绿色化改造

围绕制造业清洁生产水平提升，发布《水污染防治重点行业清洁生产技术推行方案》，实施重点流域部分行业水污染防治清洁化改造。会同财政部支持一批高风险污染物削减项目，从源头减少汞、铅、高毒农药等高风险污染物产生和排放。在钢铁、造纸等高耗水行业，筛选推广一批先进适用的节水技术。组织开展节能监察和跨区域专项督查，在重点行业实施一批高效节能低碳技术改造示范项目。

（二）开展京津冀及周边地区资源综合利用产业协同发展示范

在尾矿、煤矸石、粉煤灰、脱硫石膏等重点领域，开展资源综合利用重大工程示范，推广应用一批先进适用技术装备。会同财政部组织实施水泥窑协同处置城市生活垃圾示范工程建设。支持固体废物工程技术研究机构、固体废物资源综合利用与生态发展创新中心等技术创新平台建设。

（三）推进绿色制造体系试点

统筹推进绿色制造体系建设试点，发布绿色制造标准体系建设指南、绿色工厂评价导则和绿色供应链管理试点方案。会同财政部在京津冀、长江经济带、东北老工业基地等区域，选择部分城市开展绿色制造试点示范，创建一批特色鲜明的绿色示范工厂。

五、进度安排

——发布实施方案，启动绿色制造专项行动。（一季度）

——发布《实施2016年高风险污染物削减行动的通知》。（一季度）

——发布《第二批国家鼓励的先进适用节水技术目录》及《国家鼓励的有毒有害原料（产品）替代品目录》（2016年版）。（二季度）

——启动绿色制造工程实施指南重点任务，发布绿色制造标准体系建设指南及绿色工厂评价导则等，开展绿色工厂试点。（二季度）

——会同财政部启动水泥窑协同处置城市生活垃圾示范工程建设。（二季度）

——组织开展节能监察和跨区域专项督查。（三季度）

——发布《京津冀及周边地区资源综合利用产业协同发展重大示范工程实施方案》，推动京津冀及周边地区固体废物综合利用基地建设。（三季度）

六、保障措施

（一）创新机制模式。积极协调中国工程院、中国科学院等机构技术资源，注重发挥行业协会和产业联盟支撑作用，指导绿色制造关键共性技术研发。加强与产业基金、投资公司、政策性银行等机构对接，总结绿色信贷成功经验，进一步拓展支持领域，为绿色制造专项提供支撑。

（二）形成工作合力。加强与发改、财政、环保、科技等部门紧密合作，充分调动地方政府积极性，推动建立部门互动、区域联动、上下齐动的工作机制，营造绿色发展政策环境。建立制造业绿色发展区域协调联动工作机制，加强对地方工作的指导，促进区域间节能环保产业实质性合作。

（三）加大政策支持。利用专项建设基金、清洁生产、工业转型升级等专项资金，支持绿色制造专项行动重点项目。拓展绿色信贷、绿色债券市场，支持设立绿色产业基金。完善绿色产品政府采购和财政支持政策，落实资源综合利用税收优惠政策、节能节水环保专用设备所得税优惠政策。

（四）强化监督管理。积极推进完善绿色制造相关法律法规，依法构建绿色制造管理体系。强化环保执法监督、节能监察、清洁生产审核和生产者责任延伸，加强事中事后监管，严格惩处各类违法违规行为，形成绿色发展长效激励约束机制。

全国农业现代化规划（2016—2020年）（节录）

（国务院2016年10月17印发）

第五章　绿色兴农　着力提升农业可持续发展水平

绿色是农业现代化的重要标志，必须牢固树立绿水青山就是金山银山的理念，推进农业发展绿色化，补齐生态建设和质量安全短板，实现资源利用高效、生态系统稳定、产地环境良好、产品质量安全。

一、推进资源保护和生态修复

（一）严格保护耕地。落实最严格的耕地保护制度，坚守耕地红线，严控新增建设用地占用耕地。完善耕地占补平衡制度，研究探索重大建设项目国家统筹补充耕地办法，全面推进建设占用耕地耕作层土壤剥离再利用。大力实施农村土地整治，推进耕地数量、质量、生态“三位一体”保护。实施耕地质量保护与提升行动，力争到“十三五”末全国耕地质量提升0.5个等级（别）以上。（国土资源部、农业部牵头，国家发展改革委、财政部、环境保护部、住房城乡建设部、水利部等部门参与）

（二）节约高效用水。在西北、华北等地区推广耐旱品种和节水保墒技术，限制高耗水农作物种植面积。在粮食主产区、生态环境脆弱区、水资源开发过度区等重点地区加快实施田间高效节水灌溉工程，完善雨水集蓄利用等设施。推进农业水价综合改革，建立节水奖励和精准补贴机制，增强农民节水意识。推进农业灌溉用水总量控制和定额管理。加强人工影响天气能力建设，加大云水资源开发利用力度。（水利部牵头，国家发展改革委、财政部、国土资源部、农业部、中国气象局等部门参与）

（三）加强林业和湿地资源保护。严格执行林地、湿地保护制度，深入推进林业重点生态工程建设，搞好天然林保护，确保“十三五”末森林覆盖率达到23.04%、森林蓄积量达到165亿立方米。开展湿地保护和恢复，加强湿地自然保护区建设。继续推进退耕还林、退耕还湿，加快荒漠化石漠化治理。（国家林业局牵头，国家发展改革委、财政部、环境保护部、水利部、农业部等部门参与）

（四）修复草原生态。加快基本草原划定和草原确权承包工作，全面实施禁牧休牧和草畜平衡制度，落实草原生态保护补助奖励政策。继续推进退牧还草、退耕还草、草原防灾减灾和鼠虫草害防治等重大工程，建设人工草场和节水灌溉饲草料基地，扩大舍饲圈养规模。合理利用南方草地资源，保护南方高山草甸生态。（农业部牵头，国家发展改革委、财政部、水利部等部门参与）

（五）强化渔业资源养护。建立一批水生生物自然保护区和水产种质资源保护区，恢复性保护产卵场、索饵场、越冬场和洄游通道等重要渔业水域，严格保护中华鲟、长江江豚、中华白海豚等水生珍稀濒危物种。促进渔业资源永续利用，扩大水生生物增殖放流规模，建设人工鱼礁、海洋牧场。建立海洋渔业资源总量管理制度，加强渔业资源调查，健全渔业生态环境监测网络体系，实施渔业生态补偿。（农业部牵头，国家发展改革委、财政部、环境保护部、国家海洋局等部门参与）

（六）维护生物多样性。加强农业野生植物资源和畜禽遗传资源保护，建设一批野生动植物保护区。完善野生动植物资源监测和保存体系，开展濒危动植物物种专项救护，遏制生物多样性减退速度。强化外来物种入侵和遗传资源丧失防控。（农业部、国家林业局、质检总局牵头，国家发展改革委、环境保护部、海关总署等部门参与）

二、强化农业环境保护

（一）开展化肥农药使用量零增长行动。集成推广水肥一体化、机械深施等施肥模式，集成应用全程农药减量增效技术，发展装备精良、专业高效的病虫害防治专业化服务组织，力争到“十三五”末主要农作物测土配方施肥技术推广覆盖率达到90%以上，绿色防控覆盖率达到30%以上。（农业部牵头，工业和信息化部、财政部、环境保护

部等部门参与）

（二）推动农业废弃物资源化利用无害化处理。推进畜禽粪污综合利用，推广污水减量、厌氧发酵、粪便堆肥等生态化治理模式，建立第三方治理与综合利用机制。完善病死畜禽无害化处理设施，建成覆盖饲养、屠宰、经营、运输整个链条的无害化处理体系。推动秸秆肥料化、饲料化、基料化、能源化、原料化应用，率先在大气污染防治重点区域基本实现全量化利用。健全农田残膜回收再利用激励机制，严禁生产和使用厚度0.01毫米以下的地膜，率先在东北地区实现大田生产地膜零增长。（农业部、国家发展改革委牵头，工业和信息化部、财政部、国土资源部、环境保护部、国家能源局等部门参与）

（三）强化环境突出问题治理。推广应用低污染、低消耗的清洁种养技术，加强农业面源污染治理，实施源头控制、过程拦截、末端治理与循环利用相结合的综合防治。控制华北等地下水漏斗区用水总量，调整种植结构，推广节水设施。综合治理耕地重金属污染，严格监测产地污染，推进分类管理，开展修复试点。扩大黑土地保护利用试点规模，在重金属污染区、地下水漏斗区、生态严重退化地区实行耕地轮作休耕制度试点。（国家发展改革委牵头，财政部、国土资源部、环境保护部、水利部、农业部、国家林业局等部门参与）

“健康中国2030”规划纲要（节录）

（中共中央国务院10月25日发布）

第三章　战略目标

到2020年，建立覆盖城乡居民的中国特色基本医疗卫生制度，健康素养水平持续提高，健康服务体系完善高效，人人享有基本医疗卫生服务和基本体育健身服务，基本形成内涵丰富、结构合理的健康产业体系，主要健康指标居于中高收入国家前列。

到2030年，促进全民健康的制度体系更加完善，健康领域发展更加协调，健康生活方式得到普及，健康服务质量和健康保障水平不断提高，健康产业繁荣发展，基本实现健康公平，主要健康指标进入高收入国家行列。到2050年，建成与社会主义现代化国家相适应的健康国家。

第五篇　建设健康环境

第十四章　加强影响健康的环境问题治理

第一节　深入开展大气、水、土壤等污染防治

以提高环境质量为核心，推进联防联控和流域共治，实行环境质量目标考核，实施最严格的环境保护制度，切实解决影响广大人民群众健康的突出环境问题。深入推进产业园区、新城、新区等开发建设规划环评，严格建设项目环评审批，强化源头预防。深化区域大气污染联防联控，建立常态化区域协作机制。完善重度及以上污染天气的区域联合预警机制。全面实施城市空气质量达标管理，促进全国城市环境空气质量明显改善。推进饮用水水源地安全达标建设。强化地下水管理和保护，推进地下水超采区治理与污染综合防治。开展国家土壤环境质量监测网络建设，建立建设用地土壤环境质量调查评估制度，开展土壤污染治理与修复。以耕地为重点，实施农用地分类管理。全面加强农业面源污染防治，有效保护生态系统和遗传多样性。加强噪声污染防控。

第二节　实施工业污染源全面达标排放计划

全面实施工业污染源排污许可管理，推动企业开展自行监测和信息公开，建立排污台账，实现持证按证排污。加快淘汰高污染、高环境风险的工艺、设备与产品。开展工业集聚区污染专项治理。以钢铁、水泥、石化等行业为重点，推进行业达标排放改造。

第三节　建立健全环境与健康监测、调查和风险评估制度

逐步建立健全环境与健康管理制度。开展重点区域、流域、行业环境与健康调查，建立覆盖污染源监测、环境质量监测、人群暴露监测和健康效应监测的环境与健康综合监测网络及风险评估体系。实施环境与健康风险管理。划定环境健康高风险区域，开展环境污染对人群健康影响的评价，探索建立高风险区域重点项目健康风险评估制度。建立环境健康风险沟通机制。建立统一的环境信息公开平台，全面推进环境信息公开。推进县级及以上城市空气质量监测和信息发布。

“十三五”控制温室气体排放工作方案

（国发〔2016〕61号国务院2016年10月27日印发）

为加快推进绿色低碳发展，确保完成“十三五”规划纲要确定的低碳发展目标任务，推动我国二氧化碳排放

2030年左右达到峰值并争取尽早达峰，特制订本工作方案。

一、总体要求

（一）指导思想。全面贯彻党的十八大和十八届三中、四中、五中、六中全会精神，紧紧围绕统筹推进“五位一体”总体布局和协调推进“四个全面”战略布局，牢固树立创新、协调、绿色、开放、共享的发展理念，按照党中央、国务院决策部署，统筹国内国际两个大局，顺应绿色低碳发展国际潮流，把低碳发展作为我国经济社会发展的重大战略和生态文明建设的重要途径，采取积极措施，有效控制温室气体排放。加快科技创新和制度创新，健全激励和约束机制，发挥市场配置资源的决定性作用和更好发挥政府作用，加强碳排放和大气污染物排放协同控制，强化低碳引领，推动能源革命和产业革命，推动供给侧结构性改革和消费端转型，推动区域协调发展，深度参与全球气候治理，为促进我国经济社会可持续发展和维护全球生态安全作出新贡献。

（二）主要目标。到2020年，单位国内生产总值二氧化碳排放比2015年下降18%，碳排放总量得到有效控制。氢氟碳化物、甲烷、氧化亚氮、全氟化碳、六氟化硫等非二氧化碳温室气体控排力度进一步加大。碳汇能力显著增强。支持优化开发区域碳排放率先达到峰值，力争部分重化工业2020年左右实现率先达峰，能源体系、产业体系和消费领域低碳转型取得积极成效。全国碳排放权交易市场启动运行，应对气候变化法律法规和标准体系初步建立，统计核算、评价考核和责任追究制度得到健全，低碳试点示范不断深化，减污减碳协同作用进一步加强，公众低碳意识明显提升。

二、低碳引领能源革命

（一）加强能源碳排放指标控制。实施能源消费总量和强度双控，基本形成以低碳能源满足新增能源需求的能源发展格局。到2020年，能源消费总量控制在50亿吨标准煤以内，单位国内生产总值能源消费比2015年下降15%，非化石能源比重达到15%。大型发电集团单位供电二氧化碳排放控制在550克二氧化碳/千瓦时以内。

（二）大力推进能源节约。坚持节约优先的能源战略，合理引导能源需求，提升能源利用效率。严格实施节能评估审查，强化节能监察。推动工业、建筑、交通、公共机构等重点领域节能降耗。实施全民节能行动计划，组织开展重点节能工程。健全节能标准体系，加强能源计量监管和服务，实施能效领跑者引领行动。推行合同能源管理，推动节能服务产业健康发展。

（三）加快发展非化石能源。积极有序推进水电开发，安全高效发展核电，稳步发展风电，加快发展太阳能发电，积极发展地热能、生物质能和海洋能。到2020年，力争常规水电装机达到3.4亿千瓦，风电装机达到2亿千瓦，光伏装机达到1亿千瓦，核电装机达到5800万千瓦，在建容量达到3000万千瓦以上。加强智慧能源体系建设，推行节能低碳电力调度，提升非化石能源电力消纳能力。

（四）优化利用化石能源。控制煤炭消费总量，2020年控制在42亿吨左右。推动雾霾严重地区和城市在2017年后继续实现煤炭消费负增长。加强煤炭清洁高效利用，大幅削减散煤利用。加快推进居民采暖用煤替代工作，积极推进工业窑炉、采暖锅炉“煤改气”，大力推进天然气、电力替代交通燃油，积极发展天然气发电和分布式能源。在煤基行业和油气开采行业开展碳捕集、利用和封存的规模化产业示范，控制煤化工等行业碳排放。积极开发利用天然气、煤层气、页岩气，加强放空天然气和油田伴生气回收利用，到2020年天然气占能源消费总量比重提高到10%左右。

三、打造低碳产业体系

（一）加快产业结构调整。将低碳发展作为新常态下经济提质增效的重要动力，推动产业结构转型升级。依法依规有序淘汰落后产能和过剩产能。运用高新技术和先进适用技术改造传统产业，延伸产业链、提高附加值，提升企业低碳竞争力。转变出口模式，严格控制“两高一资”产品出口，着力优化出口结构。加快发展绿色低碳产业，打造绿色低碳供应链。积极发展战略性新兴产业，大力发展服务业，2020年战略性新兴产业增加值占国内生产总值的比重力争达到15%，服务业增加值占国内生产总值的比重达到56%。

（二）控制工业领域排放。2020年单位工业增加值二氧化碳排放量比2015年下降22%，工业领域二氧化碳排放总量趋于稳定，钢铁、建材等重点行业二氧化碳排放总量得到有效控制。积极推广低碳新工艺、新技术，加强企业能源和碳排放管理体系建设，强化企业碳排放管理，主要高耗能产品单位产品碳排放达到国际先进水平。实施低碳标杆引领计划，推动重点行业企业开展碳排放对标活动。积极控制工业过程温室气体排放，制定实施控制氢氟碳化物排放行动方案，有效控制三氟甲烷，基本实现达标排放，“十三五”期间累计减排二氧化碳当量11亿吨以上，逐步减少二氟一氯甲烷受控用途的生产和使用，到2020年在基准线水平（2010年产量）上产量减少35%。推进工业领域碳捕集、利用和封存试点示范，并做好环境风险评价。

（三）大力发展低碳农业。坚持减缓与适应协同，降低农业领域温室气体排放。实施化肥使用量零增长行动，推广测土配方施肥，减少农田氧化亚氮排放，到2020年实现农田氧化亚氮排放达到峰值。控制农田甲烷排放，选育高产低排放良种，改善水分和肥料管理。实施耕地质量保护与提升行动，推广秸秆还田，增施有机肥，加强高标准农田建设。因地制宜建设畜禽养殖场大中型沼气工程。控制畜禽温室气体排放，推进标准化规模养殖，推进畜禽废弃物综合利用，到2020年规模化养殖场、养殖小区配套建设废弃物处理设施比例达到75%以上。开展低碳农业试点示范。

（四）增加生态系统碳汇。加快造林绿化步伐，推进国土绿化行动，继续实施天然林保护、退耕还林还草、三北及长江流域防护林体系建设、京津风沙源治理、石漠化综合治理等重点生态工程；全面加强森林经营，实施森林质量精准提升工程，着力增加森林碳汇。强化森林资源保护和灾害防控，减少森林碳排放。到2020年，森林覆盖率达到23.04%，森林蓄积量达到165亿立方米。加强湿地保护与恢复，稳定并增强湿地固碳能力。推进退牧还草等草原生态保护建设工程，推行禁牧休牧轮牧和草畜平衡制度，加强草原灾害防治，积极增加草原碳汇，到2020年草原综合植被盖度达到56%。探索开展海洋等生态系统碳汇试点。

四、推动城镇化低碳发展

（一）加强城乡低碳化建设和管理。在城乡规划中落实低碳理念和要求，优化城市功能和空间布局，科学划定城市开发边界，探索集约、智能、绿色、低碳的新型城镇化模式，开展城市碳排放精细化管理，鼓励编制城市低碳发展规划。提高基础设施和建筑质量，防止大拆大建。推进既有建筑节能改造，强化新建建筑节能，推广绿色建筑，到2020年城镇绿色建筑占新建建筑比重达到50%。强化宾馆、办公楼、商场等商业和公共建筑低碳化运营管理。在农村地区推动建筑节能，引导生活用能方式向清洁低碳转变，建设绿色低碳村镇。因地制宜推广余热利用、高效热泵、可再生能源、分布式能源、绿色建材、绿色照明、屋顶墙体绿化等低碳技术。推广绿色施工和住宅产业化建设模式。积极开展绿色生态城区和零碳排放建筑试点示范。

（二）建设低碳交通运输体系。推进现代综合交通运输体系建设，加快发展铁路、水运等低碳运输方式，推动航空、航海、公路运输低碳发展，发展低碳物流，到2020年，营运货车、营运客车、营运船舶单位运输周转量二氧化碳排放比2015年分别下降8%、2.6%、7%，城市客运单位客运量二氧化碳排放比2015年下降12.5%。完善公交优先的城市交通运输体系，发展城市轨道交通、智能交通和慢行交通，鼓励绿色出行。鼓励使用节能、清洁能源和新能源运输工具，完善配套基础设施建设，到2020年，纯电动汽车和插电式混合动力汽车生产能力达到200万辆、累计产销量超过500万辆。严格实施乘用车燃料消耗量限值标准，提高重型商用车燃料消耗量限值标准，研究新车碳排放标准。深入实施低碳交通示范工程。

（三）加强废弃物资源化利用和低碳化处置。创新城乡社区生活垃圾处理理念，合理布局便捷回收设施，科学配置社区垃圾收集系统，在有条件的社区设立智能型自动回收机，鼓励资源回收利用企业在社区建立分支机构。建设餐厨垃圾等社区化处理设施，提高垃圾社区化处理率。鼓励垃圾分类和生活用品的回收再利用。推进工业垃圾、建筑垃圾、污水处理厂污泥等废弃物无害化处理和资源化利用，在具备条件的地区鼓励发展垃圾焚烧发电等多种处理利用方式，有效减少全社会的物耗和碳排放。开展垃圾填埋场、污水处理厂甲烷收集利用及与常规污染物协同处理工作。

（四）倡导低碳生活方式。树立绿色低碳的价值观和消费观，弘扬以低碳为荣的社会新风尚。积极践行低碳理念，鼓励使用节能低碳节水产品，反对过度包装。提倡低碳餐饮，推行“光盘行动”，遏制食品浪费。倡导低碳居住，推广普及节水器具。倡导“135”绿色低碳出行方式（1公里以内步行，3公里以内骑自行车，5公里左右乘坐公共交通工具），鼓励购买小排量汽车、节能与新能源汽车。

五、加快区域低碳发展

（一）实施分类指导的碳排放强度控制。综合考虑各省（区、市）发展阶段、资源禀赋、战略定位、生态环保等因素，分类确定省级碳排放控制目标。“十三五”期间，北京、天津、河北、上海、江苏、浙江、山东、广东碳排放强度分别下降20.5%，福建、江西、河南、湖北、重庆、四川分别下降19.5%，山西、辽宁、吉林、安徽、湖南、贵州、云南、陕西分别下降18%，内蒙古、黑龙江、广西、甘肃、宁夏分别下降17%，海南、西藏、青海、新疆分别下降12%。

（二）推动部分区域率先达峰。支持优化开发区域在2020年前实现碳排放率先达峰。鼓励其他区域提出峰值目标，明确达峰路线图，在部分发达省市研究探索开展碳排放总量控制。鼓励“中国达峰先锋城市联盟”城市和其他具备条件的城市加大减排力度，完善政策措施，力争提前完成达峰目标。

（三）创新区域低碳发展试点示范。选择条件成熟的限制开发区域和禁止开发区域、生态功能区、工矿区、城镇等开展近零碳排放区示范工程，到2020年建设50个示范项目。以碳排放峰值和碳排放总量控制为重点，将国家低碳城市试点扩大到100个城市。探索产城融合低碳发展模式，将国家低碳城（镇）试点扩大到30个城（镇）。深化国家低碳工业园区试点，将试点扩大到80个园区，组织创建20个国家低碳产业示范园区。推动开展1000个左右低碳社区试点，组织创建100个国家低碳示范社区。组织开展低碳商业、低碳旅游、低碳企业试点。以投资政策引导、强化金融支持为重点，推动开展气候投融资试点工作。做好各类试点经验总结和推广，形成一批各具特色的低碳发展模式。

（四）支持贫困地区低碳发展。根据区域主体功能，确立不同地区扶贫开发思路。将低碳发展纳入扶贫开发目标任务体系，制定支持贫困地区低碳发展的差别化扶持政策和评价指标体系，形成适合不同地区的差异化低碳发展模式。分片区制定贫困地区产业政策，加快特色产业发展，避免盲目接收高耗能、高污染产业转移。建立扶贫与低碳发展联动工作机制，推动发达地区与贫困地区开展低碳产业和技术协作。推进“低碳扶贫”，倡导企业与贫困村结对开展低碳扶贫活动。鼓励大力开发贫困地区碳减排项目，推动贫困地区碳减排项目进入国内外碳排放权交易市场。改进扶贫资金使用方式和配置模式。

六、建设和运行全国碳排放权交易市场

（一）建立全国碳排放权交易制度。出台《碳排放权交易管理条例》及有关实施细则，各地区、各部门根据职能分工制定有关配套管理办法，完善碳排放权交易法规体系。建立碳排放权交易市场国家和地方两级管理体制，将有关工作责任落实至地市级人民政府，完善部门协作机制，各地区、各部门和中央企业集团根据职责制定具体工作实施方案，明确责任目标，落实专项资金，建立专职工作队伍，完善工作体系。制定覆盖石化、化工、建材、钢铁、有色、造纸、电力和航空等8个工业行业中年能耗1万吨标准煤以上企业的碳排放权总量设定与配额分配方案，实施碳排放配额管控制度。对重点汽车生产企业实行基于新能源汽车生产责任的碳排放配额管理。

（二）启动运行全国碳排放权交易市场。在现有碳排放权交易试点交易机构和温室气体自愿减排交易机构基础上，根据碳排放权交易工作需求统筹确立全国交易机构网络布局，各地区根据国家确定的配额分配方案对本行政区域内重点排放企业开展配额分配。推动区域性碳排放权交易体系向全国碳排放权交易市场顺利过渡，建立碳排放配额市场调节和抵消机制，建立严格的市场风险预警与防控机制，逐步健全交易规则，增加交易品种，探索多元化交易模式，完善企业上线交易条件，2017年启动全国碳排放权交易市场。到2020年力争建成制度完善、交易活跃、监管严格、公开透明的全国碳排放权交易市场，实现稳定、健康、持续发展。

（三）强化全国碳排放权交易基础支撑能力。建设全国碳排放权交易注册登记系统及灾备系统，建立长效、稳定的注册登记系统管理机制。构建国家、地方、企业三级温室气体排放核算、报告与核查工作体系，建设重点企业温室气体排放数据报送系统。整合多方资源培养壮大碳交易专业技术支撑队伍，编制统一培训教材，建立考核评估制度，构建专业咨询服务平台，鼓励有条件的省（区、市）建立全国碳排放权交易能力培训中心。组织条件成熟的地区、行业、企业开展碳排放权交易试点示范，推进相关国际合作。持续开展碳排放权交易重大问题跟踪研究。

七、加强低碳科技创新

（一）加强气候变化基础研究。加强应对气候变化基础研究、技术研发和战略政策研究基地建设。深化气候变化的事实、过程、机理研究，加强气候变化影响与风险、减缓与适应的基础研究。加强大数据、云计算等互联网技术与低碳发展融合研究。加强生产消费全过程碳排放计量、核算体系及控排政策研究。开展低碳发展与经济社会、资源环境的耦合效应研究。编制国家应对气候变化科技发展专项规划，评估低碳技术研究进展。编制第四次气候变化国家评估报告。积极参与政府间气候变化专门委员会（IPCC）第六次评估报告相关研究。

（二）加快低碳技术研发与示范。研发能源、工业、建筑、交通、农业、林业、海洋等重点领域经济适用的低碳技术。建立低碳技术孵化器，鼓励利用现有政府投资基金，引导创业投资基金等市场资金，加快推动低碳技术进步。

（三）加大低碳技术推广应用力度。定期更新国家重点节能低碳技术推广目录、节能减排与低碳技术成果转化推广清单。提高核心技术研发、制造、系统集成和产业化能力，对减排效果好、应用前景广阔的关键产品组织规模化生产。加快建立政产学研用有效结合机制，引导企业、高校、科研院所建立低碳技术创新联盟，形成技术研发、示范应用和产业化联动机制。增强大学科技园、企业孵化器、产业化基地、高新区对低碳技术产业化的支持力度。在国家低碳试点和国家可持续发展创新示范区等重点地区，加强低碳技术集中示范应用。

八、强化基础能力支撑

（一）完善应对气候变化法律法规和标准体系。推动制订应对气候变化法，适时修订完善应对气候变化相关政策法规。研究制定重点行业、重点产品温室气体排放核算标准、建筑低碳运行标准、碳捕集利用与封存标准等，完善低碳产品标准、标识和认证制度。加强节能监察，强化能效标准实施，促进能效提升和碳减排。

（二）加强温室气体排放统计与核算。加强应对气候变化统计工作，完善应对气候变化统计指标体系和温室气体排放统计制度，强化能源、工业、农业、林业、废弃物处理等相关统计，加强统计基础工作和能力建设。加强热力、电力、煤炭等重点领域温室气体排放因子计算与监测方法研究，完善重点行业企业温室气体排放核算指南。定期编制国家和省级温室气体排放清单，实行重点企（事）业单位温室气体排放数据报告制度，建立温室气体排放数据信息系统。完善温室气体排放计量和监测体系，推动重点排放单位健全能源消费和温室气体排放台账记录。逐步建立完善省市两级行政区域能源碳排放年度核算方法和报告制度，提高数据质量。

（三）建立温室气体排放信息披露制度。定期公布我国低碳发展目标实现及政策行动进展情况，建立温室气体排放数据信息发布平台，研究建立国家应对气候变化公报制度。推动地方温室气体排放数据信息公开。推动建立企业温室气体排放信息披露制度，鼓励企业主动公开温室气体排放信息，国有企业、上市公司、纳入碳排放权交易市场的企业要率先公布温室气体排放信息和控排行动措施。

（四）完善低碳发展政策体系。加大中央及地方预算内资金对低碳发展的支持力度。出台综合配套政策，完善气候投融资机制，更好发挥中国清洁发展机制基金作用，积极运用政府和社会资本合作（PPP）模式及绿色债券等手段，支持应对气候变化和低碳发展工作。发挥政府引导作用，完善涵盖节能、环保、低碳等要求的政府绿色采购制度，开展低碳机关、低碳校园、低碳医院等创建活动。研究有利于低碳发展的税收政策。加快推进能源价格形成机制改革，规范并逐步取消不利于节能减碳的化石能源补贴。完善区域低碳发展协作联动机制。

（五）加强机构和人才队伍建设。编制应对气候变化能力建设方案，加快培养技术研发、产业管理、国际合作、政策研究等各类专业人才，积极培育第三方服务机构和市场中介组织，发展低碳产业联盟和社会团体，加强气候变化研究后备队伍建设。积极推进应对气候变化基础研究、技术研发等各领域的国际合作，加强人员国际交流，实施高层次人才培养和引进计划。强化应对气候变化教育教学内容，开展“低碳进课堂”活动。加强对各级领导干部、企业管理者等培训，增强政策制定者和企业家的低碳战略决策能力。

九、广泛开展国际合作

（一）深度参与全球气候治理。积极参与落实《巴黎协定》相关谈判，继续参与各种渠道气候变化对话磋商，坚持“共同但有区别的责任”原则、公平原则和各自能力原则，推动《联合国气候变化框架公约》的全面、有效、持续实施，推动建立广泛参与、各尽所能、务实有效、合作共赢的全球气候治理体系，推动落实联合国《2030年可持续发展议程》，为我国低碳转型提供良好的国际环境。

（二）推动务实合作。加强气候变化领域国际对话交流，深化与各国的合作，广泛开展与国际组织的务实合作。积极参与国际气候和环境资金机构治理，利用相关国际机构优惠资金和先进技术支持国内应对气候变化工作。深入务实推进应对气候变化南南合作，设立并用好中国气候变化南南合作基金，支持发展中国家提高应对气候变化和防灾减灾能力。继续推进清洁能源、防灾减灾、生态保护、气候适应型农业、低碳智慧型城市建设等领域国际合作。结合实施“一带一路”战略、国际产能和装备制造合作，促进低碳项目合作，推动海外投资项目低碳化。

（三）加强履约工作。做好《巴黎协定》国内履约准备工作。按时编制和提交国家信息通报和两年更新报，参与《联合国气候变化框架公约》下的国际磋商和分析进程。加强对国家自主贡献的评估，积极参与2018年促进性对话。研究并向联合国通报我国本世纪中叶长期温室气体低排放发展战略。

十、强化保障落实

（一）加强组织领导。发挥好国家应对气候变化领导小组协调联络办公室的统筹协调和监督落实职能。各省（区、市）要将大幅度降低二氧化碳排放强度纳入本地区经济社会发展规划、年度计划和政府工作报告，制定具体工作方案，建立完善工作机制，逐步健全控制温室气体排放的监督和管理体制。各有关部门要根据职责分工，按照相关专项规划和工作方案，切实抓好落实。

（二）强化目标责任考核。要加强对省级人民政府控制温室气体排放目标完成情况的评估、考核，建立责任追究制度。各有关部门要建立年度控制温室气体排放工作任务完成情况的跟踪评估机制。考核评估结果向社会公开，接受舆论监督。建立碳排放控制目标预测预警机制，推动各地方、各部门落实低碳发展工作任务。

（三）加大资金投入。各地区、各有关部门要围绕实现“十三五”控制温室气体排放目标，统筹各种资金来源，切实加大资金投入，确保本方案各项任务的落实。

（四）做好宣传引导。加强应对气候变化国内外宣传和科普教育，利用好全国低碳日、联合国气候变化大会等重要节点和新媒体平台，广泛开展丰富多样的宣传活动，提升全民低碳意识。加强应对气候变化传播培训，提升媒体从业人员报道的专业水平。建立应对气候变化公众参与机制，在政策制定、重大项目工程决策等领域，鼓励社会公众广泛参与，营造积极应对气候变化的良好社会氛围。

控制污染物排放许可制实施方案

（国办发〔2016〕81号　国务院办公厅2016年11月10日印发）

控制污染物排放许可制（以下称排污许可制）是依法规范企事业单位排污行为的基础性环境管理制度，环境保护部门通过对企事业单位发放排污许可证并依证监管实施排污许可制。近年来，各地积极探索排污许可制，取得初步成效。但总体看，排污许可制定位不明确，企事业单位治污责任不落实，环境保护部门依证监管不到位，使得管理制度效能难以充分发挥。为进一步推动环境治理基础制度改革，改善环境质量，根据《中华人民共和国环境保护法》和《生态文明体制改革总体方案》等，制定本方案。

一、总体要求

（一）指导思想。全面贯彻落实党的十八大和十八届三中、四中、五中、六中全会精神，深入学习贯彻习近平总书记系列重要讲话精神，紧紧围绕统筹推进“五位一体”总体布局和协调推进“四个全面”战略布局，牢固树立创新、协调、绿色、开放、共享的发展理念，认真落实党中央、国务院决策部署，加大生态文明建设和环境保护力度，将排污许可制建设成为固定污染源环境管理的核心制度，作为企业守法、部门执法、社会监督的依据，为提高环境管理效能和改善环境质量奠定坚实基础。

（二）基本原则。

精简高效，衔接顺畅。排污许可制衔接环境影响评价管理制度，融合总量控制制度，为排污收费、环境统计、排污权交易等工作提供统一的污染物排放数据，减少重复申报，减轻企事业单位负担，提高管理效能。

公平公正，一企一证。企事业单位持证排污，按照所在地改善环境质量和保障环境安全的要求承担相应的污染治理责任，多排放多担责、少排放可获益。向企事业单位核发排污许可证，作为生产运营期排污行为的唯一行政许可，并明确其排污行为依法应当遵守的环境管理要求和承担的法律责任义务。

权责清晰，强化监管。排污许可证是企事业单位在生产运营期接受环境监管和环境保护部门实施监管的主要法律文书。企事业单位依法申领排污许可证，按证排污，自证守法。环境保护部门基于企事业单位守法承诺，依法发放排污许可证，依证强化事中事后监管，对违法排污行为实施严厉打击。

公开透明，社会共治。排污许可证申领、核发、监管流程全过程公开，企事业单位污染物排放和环境保护部门监管执法信息及时公开，为推动企业守法、部门联动、社会监督创造条件。

（三）目标任务。到2020年，完成覆盖所有固定污染源的排污许可证核发工作，全国排污许可证管理信息平台有效运转，各项环境管理制度精简合理、有机衔接，企事业单位环保主体责任得到落实，基本建立法规体系完备、技术体系科学、管理体系高效的排污许可制，对固定污染源实施全过程管理和多污染物协同控制，实现系统化、科学化、法治化、精细化、信息化的“一证式”管理。

二、衔接整合相关环境管理制度

（四）建立健全企事业单位污染物排放总量控制制度。改变单纯以行政区域为单元分解污染物排放总量指标的方式和总量减排核算考核办法，通过实施排污许可制，落实企事业单位污染物排放总量控制要求，逐步实现由行政区域污染物排放总量控制向企事业单位污染物排放总量控制转变，控制的范围逐渐统一到固定污染源。环境质量不达标地区，要通过提高排放标准或加严许可排放量等措施，对企事业单位实施更为严格的污染物排放总量控制，推动改善环境质量。

（五）有机衔接环境影响评价制度。环境影响评价制度是建设项目的环境准入门槛，排污许可制是企事业单位生产运营期排污的法律依据，必须做好充分衔接，实现从污染预防到污染治理和排放控制的全过程监管。新建项目必须在发生实际排污行为之前申领排污许可证，环境影响评价文件及批复中与污染物排放相关的主要内容应当纳入排污许可证，其排污许可证执行情况应作为环境影响后评价的重要依据。

三、规范有序发放排污许可证

（六）制定排污许可管理名录。环境保护部依法制订并公布排污许可分类管理名录，考虑企事业单位及其他生产经营者，确定实行排污许可管理的行业类别。对不同行业或同一行业内的不同类型企事业单位，按照污染物产生量、排放量以及环境危害程度等因素进行分类管理，对环境影响较小、环境危害程度较低的行业或企事业单位，简化排污许可内容和相应的自行监测、台账管理等要求。

（七）规范排污许可证核发。由县级以上地方政府环境保护部门负责排污许可证核发，地方性法规另有规定的从其规定。企事业单位应按相关法规标准和技术规定提交申请材料，申报污染物排放种类、排放浓度等，测算并申报污染物排放量。环境保护部门对符合要求的企事业单位应及时核发排污许可证，对存在疑问的开展现场核查。首次发放的排污许可证有效期三年，延续换发的排污许可证有效期五年。上级环境保护部门要加强监督抽查，有权依法撤销下级环境保护部门作出的核发排污许可证的决定。环境保护部统一制定排污许可证申领核发程序、排污许可证样式、信息编码和平台接口标准、相关数据格式要求等。各地区现有排污许可证及其管理要按国家统一要求及时进行规范。

（八）合理确定许可内容。排污许可证中明确许可排放的污染物种类、浓度、排放量、排放去向等事项，载明污染治理设施、环境管理要求等相关内容。根据污染物排放标准、总量控制指标、环境影响评价文件及批复要求等，依法合理确定许可排放的污染物种类、浓度及排放量。按照《国务院办公厅关于加强环境监管执法的通知》（国办发〔2014〕56号）要求，经地方政府依法处理、整顿规范并符合要求的项目，纳入排污许可管理范围。地方政府制定的环境质量限期达标规划、重污染天气应对措施中对企事业单位有更加严格的排放控制要求的，应当在排污许可证中予以明确。

（九）分步实现排污许可全覆盖。排污许可证管理内容主要包括大气污染物、水污染物，并依法逐步纳入其他污染物。按行业分步实现对固定污染源的全覆盖，率先对火电、造纸行业企业核发排污许可证，2017年完成《大气污染防治行动计划》和《水污染防治行动计划》重点行业及产能过剩行业企业排污许可证核发，2020年全国基本完成排污许可证核发。

四、严格落实企事业单位环境保护责任

（十）落实按证排污责任。纳入排污许可管理的所有企事业单位必须按期持证排污、按证排污，不得无证排污。企事业单位应及时申领排污许可证，对申请材料的真实性、准确性和完整性承担法律责任，承诺按照排污许可证的规定排污并严格执行；落实污染物排放控制措施和其他各项环境管理要求，确保污染物排放种类、浓度和排放量等达到许可要求；明确单位负责人和相关人员环境保护责任，不断提高污染治理和环境管理水平，自觉接受监督检查。

（十一）实行自行监测和定期报告。企事业单位应依法开展自行监测，安装或使用监测设备应符合国家有关环境监测、计量认证规定和技术规范，保障数据合法有效，保证设备正常运行，妥善保存原始记录，建立准确完整的环境管理台账，安装在线监测设备的应与环境保护部门联网。企事业单位应如实向环境保护部门报告排污许可证执行情况，依法向社会公开污染物排放数据并对数据真实性负责。排放情况与排污许可证要求不符的，应及时向环境保护部门报告。

五、加强监督管理

（十二）依证严格开展监管执法。依证监管是排污许可制实施的关键，重点检查许可事项和管理要求的落实情况，通过执法监测、核查台账等手段，核实排放数据和报告的真实性，判定是否达标排放，核定排放量。企事业单位在线监测数据可以作为环境保护部门监管执法的依据。按照“谁核发、谁监管”的原则定期开展监管执法，首次核发排污许可证后，应及时开展检查；对有违规记录的，应提高检查频次；对污染严重的产能过剩行业企业加大执法频次与处罚力度，推动去产能工作。现场检查的时间、内容、结果以及处罚决定应记入排污许可证管理信息平台。

（十三）严厉查处违法排污行为。根据违法情节轻重，依法采取按日连续处罚、限制生产、停产整治、停业、关闭等措施，严厉处罚无证和不按证排污行为，对构成犯罪的，依法追究刑事责任。环境保护部门检查发现实际情况与环境管理台账、排污许可证执行报告等不一致的，可以责令作出说明，对未能说明且无法提供自行监测原始记录的，依法予以处罚。

（十四）综合运用市场机制政策。对自愿实施严于许可排放浓度和排放量且在排污许可证中载明的企事业单位，加大电价等价格激励措施力度，符合条件的可以享受相关环保、资源综合利用等方面的优惠政策。与拟开征的环境保护税有机衔接，交换共享企事业单位实际排放数据与纳税申报数据，引导企事业单位按证排污并诚信纳税。排污许可证是排污权的确认凭证、排污交易的管理载体，企事业单位在履行法定义务的基础上，通过淘汰落后和过剩产能、清洁生产、污染治理、技术改造升级等产生的污染物排放削减量，可按规定在市场交易。

六、强化信息公开和社会监督

（十五）提高管理信息化水平。2017年建成全国排污许可证管理信息平台，将排污许可证申领、核发、监管执法等工作流程及信息纳入平台，各地现有的排污许可证管理信息平台逐步接入。在统一社会信用代码基础上适当扩充，制定全国统一的排污许可证编码。通过排污许可证管理信息平台统一收集、存储、管理排污许可证信息，实现各级联网、数据集成、信息共享。形成的实际排放数据作为环境保护部门排污收费、环境统计、污染源排放清单等各项固定污染源环境管理的数据来源。

（十六）加大信息公开力度。在全国排污许可证管理信息平台上及时公开企事业单位自行监测数据和环境保护部门监管执法信息，公布不按证排污的企事业单位名单，纳入企业环境行为信用评价，并通过企业信用信息公示系统进行公示。与环保举报平台共享污染源信息，鼓励公众举报无证和不按证排污行为。依法推进环境公益诉讼，加强社会监督。

七、做好排污许可制实施保障

（十七）加强组织领导。各地区要高度重视排污许可制实施工作，统一思想，提高认识，明确目标任务，制定实施计划，确保按时限完成排污许可证核发工作。要做好排污许可制推进期间各项环境管理制度的衔接，避免出现管理真空。环境保护部要加强对全国排污许可制实施工作的指导，制定相关管理办法，总结推广经验，跟踪评估实施情况。将排污许可制落实情况纳入环境保护督察工作，对落实不力的进行问责。

（十八）完善法律法规。加快修订建设项目环境保护管理条例，制定排污许可管理条例。配合修订水污染防治法，研究建立企事业单位守法排污的自我举证、加严对无证或不按证排污连续违法行为的处罚规定。推动修订固体废物污染环境防治法、环境噪声污染防治法，探索将有关污染物纳入排污许可证管理。

（十九）健全技术支撑体系。梳理和评估现有污染物排放标准，并适时修订。建立健全基于排放标准的可行技术体系，推动企事业单位污染防治措施升级改造和技术进步。完善排污许可证执行和监管执法技术体系，指导企事业单位自行监测、台账记录、执行报告、信息公开等工作，规范环境保护部门台账核查、现场执法等行为。培育和规范咨询与监测服务市场，促进人才队伍建设。

（二十）开展宣传培训。加大对排污许可制的宣传力度，做好制度解读，及时回应社会关切。组织各级环境保护部门、企事业单位、咨询与监测机构开展专业培训。强化地方政府环境保护主体责任，树立企事业单位持证排污意识，有序引导社会公众更好参与监督企事业单位排污行为，形成政府综合管控、企业依证守法、社会共同监督的良好氛围。

“十三五”生态环境保护规划

（国务院2016年11月24日印发）

第一章　全国生态环境保护形势

党中央、国务院高度重视生态环境保护工作。“十二五”以来，坚决向污染宣战，全力推进大气、水、土壤污染防治，持续加大生态环境保护力度，生态环境质量有所改善，完成了“十二五”规划确定的主要目标和任务。“十三五”期间，经济社会发展不平衡、不协调、不可持续的问题仍然突出，多阶段、多领域、多类型生态环境问题交织，生态环境与人民群众需求和期待差距较大，提高环境质量，加强生态环境综合治理，加快补齐生态环境短板，是当前核心任务。

第一节　生态环境保护取得积极进展

生态文明建设上升为国家战略。党中央、国务院高度重视生态文明建设。习近平总书记多次强调，“绿水青山就是金山银山”，“要坚持节约资源和保护环境的基本国策”，“像保护眼睛一样保护生态环境，像对待生命一样对待生态环境”。李克强总理多次指出，要加大环境综合治理力度，提高生态文明水平，促进绿色发展，下决心走出一条经济发展与环境改善双赢之路。党的十八大以来，党中央、国务院把生态文明建设摆在更加重要的战略位置，纳入“五位一体”总体布局，作出一系列重大决策部署，出台《生态文明体制改革总体方案》，实施大气、水、土壤污染防治行动计划。把发展观、执政观、自然观内在统一起来，融入到执政理念、发展理念中，生态文明建设的认识高度、实践深度、推进力度前所未有。

生态环境质量有所改善。2015年，全国338个地级及以上城市细颗粒物（PM2.5）年均浓度为50微克/立方米，首批开展监测的74个城市细颗粒物年均浓度比2013年下降23.6%，京津冀、长三角、珠三角分别下降27.4%、20.9%、27.7%，酸雨区占国土面积比例由历史高峰值的30%左右降至7.6%，大气污染防治初见成效。全国1940个地表水国控断面Ⅰ—Ⅲ类比例提高至66%，劣Ⅴ类比例下降至9.7%，大江大河干流水质明显改善。全国森林覆盖率提高至21.66%，森林蓄积量达到151.4亿立方米，草原综合植被盖度54%。建成自然保护区2740个，占陆地国土面积14.8%，超过90%的陆地自然生态系统类型、89%的国家重点保护野生动植物种类以及大多数重要自然遗迹在自然保护区内得到保护，大熊猫、东北虎、朱鹮、藏羚羊、扬子鳄等部分珍稀濒危物种野外种群数量稳中有升。荒漠化和沙化状况连续三个监测周期实现面积“双缩减”。

治污减排目标任务超额完成。到2015年，全国脱硫、脱硝机组容量占煤电总装机容量比例分别提高到99%、92%，完成煤电机组超低排放改造1.6亿千瓦。全国城市污水处理率提高到92%，城市建成区生活垃圾无害化处理率达到94.1%。7.2万个村庄实施环境综合整治，1.2亿多农村人口直接受益。6.1万家规模化养殖场（小区）建成废弃物处理和资源化利用设施。“十二五”期间，全国化学需氧量和氨氮、二氧化硫、氮氧化物排放总量分别累计下降12.9%、13%、18%、18.6%。

生态保护与建设取得成效。天然林资源保护、退耕还林还草、退牧还草、防护林体系建设、河湖与湿地保护修复、防沙治沙、水土保持、石漠化治理、野生动植物保护及自然保护区建设等一批重大生态保护与修复工程稳步实施。重点国有林区天然林全部停止商业性采伐。全国受保护的湿地面积增加525.94万公顷，自然湿地保护率提高到46.8%。沙化土地治理10万平方公里、水土流失治理26.6万平方公里。完成全国生态环境十年变化（2000—2010年）调查评估，发布《中国生物多样性红色名录》。建立各级森林公园、湿地公园、沙漠公园4300多个。16个省（区、市）开展生态省建设，1000多个市（县、区）开展生态市（县、区）建设，114个市（县、区）获得国家生态建设示范区命名。国有林场改革方案及国有林区改革指导意见印发实施，6个省完成国有林场改革试点任务。

环境风险防控稳步推进。到2015年，50个危险废物、273个医疗废物集中处置设施基本建成，历史遗留的670万吨铬渣全部处置完毕，铅、汞、镉、铬、砷五种重金属污染物排放量比2007年下降27.7%，涉重金属突发环境事件数量大幅减少。科学应对天津港“8•12”特别重大火灾爆炸等事故环境影响。核设施安全水平持续提高，核技术利用管理日趋规范，辐射环境质量保持良好。

生态环境法治建设不断完善。环境保护法、大气污染防治法、放射性废物安全管理条例、环境空气质量标准等完成制修订，生态环境损害责任追究办法等文件陆续出台，生态保护补偿机制进一步健全。深入开展环境保护法实施年活动和环境保护综合督察。全社会生态环境法治观念和意识不断加强。

第二节　生态环境是全面建成小康社会的突出短板

污染物排放量大面广，环境污染重。我国化学需氧量、二氧化硫等主要污染物排放量仍然处于2000万吨左右的高位，环境承载能力超过或接近上限。78.4%的城市空气质量未达标，公众反映强烈的重度及以上污染天数比例占3.2%，部分地区冬季空气重污染频发高发。饮用水水源安全保障水平亟需提升，排污布局与水环境承载能力不匹配，城市建成区黑臭水体大量存在，湖库富营养化问题依然突出，部分流域水体污染依然较重。全国土壤点位超标率16.1%，耕地土壤点位超标率19.4%，工矿废弃地土壤污染问题突出。城乡环境公共服务差距大，治理和改善任务艰巨。

山水林田湖缺乏统筹保护，生态损害大。中度以上生态脆弱区域占全国陆地国土面积的55%，荒漠化和石漠化土地占国土面积的近20%。森林系统低质化、森林结构纯林化、生态功能低效化、自然景观人工化趋势加剧，每年违法违规侵占林地约200万亩，全国森林单位面积蓄积量只有全球平均水平的78%。全国草原生态总体恶化局面尚未根本扭转，中度和重度退化草原面积仍占1/3以上，已恢复的草原生态系统较为脆弱。全国湿地面积近年来每年减少约510万亩，900多种脊椎动物、3700多种高等植物生存受到威胁。资源过度开发利用导致生态破坏问题突出，生态空间不断被蚕食侵占，一些地区生态资源破坏严重，系统保护难度加大。

产业结构和布局不合理，生态环境风险高。我国是化学品生产和消费大国，有毒有害污染物种类不断增加，区域性、结构性、布局性环境风险日益凸显。环境风险企业数量庞大、近水靠城，危险化学品安全事故导致的环境污染事件频发。突发环境事件呈现原因复杂、污染物质多样、影响地域敏感、影响范围扩大的趋势。过去十年年均发生森林火灾7600多起，森林病虫害发生面积1.75亿亩以上。近年来，年均截获有害生物达100万批次，动植物传染及检疫性有害生物从国境口岸传入风险高。

第三节 生态环境保护面临机遇与挑战

“十三五”期间，生态环境保护面临重要的战略机遇。全面深化改革与全面依法治国深入推进，创新发展和绿色发展深入实施，生态文明建设体制机制逐步健全，为环境保护释放政策红利、法治红利和技术红利。经济转型升级、供给侧结构性改革加快化解重污染过剩产能、增加生态产品供给，污染物新增排放压力趋缓。公众生态环境保护意识日益增强，全社会保护生态环境的合力逐步形成。

同时，我国工业化、城镇化、农业现代化的任务尚未完成，生态环境保护仍面临巨大压力。伴随着经济下行压力加大，发展与保护的矛盾更加突出，一些地方环保投入减弱，进一步推进环境治理和质量改善任务艰巨。区域生态环境分化趋势显现，污染点状分布转向面上扩张，部分地区生态系统稳定性和服务功能下降，统筹协调保护难度大。我国积极应对全球气候变化，推进“一带一路”建设，国际社会尤其是发达国家要求我国承担更多环境责任，深度参与全球环境治理挑战大。

“十三五”期间，生态环境保护机遇与挑战并存，既是负重前行、大有作为的关键期，也是实现质量改善的攻坚期、窗口期。要充分利用新机遇新条件，妥善应对各种风险和挑战，坚定推进生态环境保护，提高生态环境质量。

第二章 指导思想、基本原则与主要目标

第一节 指导思想

全面贯彻党的十八大和十八届三中、四中、五中、六中全会精神，以邓小平理论、“三个代表”重要思想、科学发展观为指导，深入贯彻习近平总书记系列重要讲话精神和治国理政新理念新思想新战略，统筹推进“五位一体”总体布局和协调推进“四个全面”战略布局，牢固树立和贯彻落实创新、协调、绿色、开放、共享的发展理念，按照党中央、国务院决策部署，以提高环境质量为核心，实施最严格的环境保护制度，打好大气、水、土壤污染防治三大战役，加强生态保护与修复，严密防控生态环境风险，加快推进生态环境领域国家治理体系和治理能力现代化，不断提高生态环境管理系统化、科学化、法治化、精细化、信息化水平，为人民提供更多优质生态产品，为实现“两个一百年”奋斗目标和中华民族伟大复兴的中国梦作出贡献。

第二节 基本原则

坚持绿色发展、标本兼治。绿色富国、绿色惠民，处理好发展和保护的关系，协同推进新型工业化、城镇化、信息化、农业现代化与绿色化。坚持立足当前与着眼长远相结合，加强生态环境保护与稳增长、调结构、惠民生、防风险相结合，强化源头防控，推进供给侧结构性改革，优化空间布局，推动形成绿色生产和绿色生活方式，从源头预防生态破坏和环境污染，加大生态环境治理力度，促进人与自然和谐发展。

坚持质量核心、系统施治。以解决生态环境突出问题为导向，分区域、分流域、分阶段明确生态环境质量改善目标任务。统筹运用结构优化、污染治理、污染减排、达标排放、生态保护等多种手段，实施一批重大工程，开展多污染物协同防治，系统推进生态修复与环境治理，确保生态环境质量稳步提升，提高优质生态产品供给能力。

坚持空间管控、分类防治。生态优先，统筹生产、生活、生态空间管理，划定并严守生态保护红线，维护国家生态安全。建立系统完整、责权清晰、监管有效的管理格局，实施差异化管理，分区分类管控，分级分项施策，提升精细化管理水平。

坚持改革创新、强化法治。以改革创新推进生态环境保护，转变环境治理理念和方式，改革生态环境治理基础制度，建立覆盖所有固定污染源的企业排放许可制，实行省以下环保机构监测监察执法垂直管理制度，加快形成系统完整的生态文明制度体系。加强环境立法、环境司法、环境执法，从硬从严，重拳出击，促进全社会遵纪守法。依靠法律和制度加强生态环境保护，实现源头严防、过程严管、后果严惩。

坚持履职尽责、社会共治。建立严格的生态环境保护责任制度，合理划分中央和地方环境保护事权和支出责任，落实生态环境保护“党政同责”、“一岗双责”。落实企业环境治理主体责任，动员全社会积极参与生态环境保护，激励与约束并举，政府与市场“两手发力”，形成政府、企业、公众共治的环境治理体系。

第三节 主要目标

到2020年，生态环境质量总体改善。生产和生活方式绿色、低碳水平上升，主要污染物排放总量大幅减少，环境风险得到有效控制，生物多样性下降势头得到基本控制，生态系统稳定性明显增强，生态安全屏障基本形成，生态环境领域国家治理体系和治理能力现代化取得重大进展，生态文明建设水平与全面建成小康社会目标相适应。

专栏1　“十三五”生态环境保护主要指标					
指标		2015年	2020年	〔累计〕[1]	属性
生态环境质量					
1. 空气质量	地级及以上城市[2]空气质量优良天数比率（%）	76.7	＞80	–	约束性
	细颗粒物未达标地级及以上城市浓度下降（%）	–	–	〔18〕	约束性
	地级及以上城市重度及以上污染天数比例下降（%）	–	–	〔25〕	预期性
2. 水环境质量	地表水质量[3]达到或好于III类水体比例（%）	66	＞70	–	约束性
	地表水质量劣V类水体比例（%）	9.7	＜5	–	约束性
	重要江河湖泊水功能区水质达标率（%）	70.8	＞80		预期性
	地下水质量极差比例（%）	15.7[4]	15左右	–	预期性
	近岸海域水质优良（一、二类）比例（%）	70.5	70左右	–	预期性
3. 土壤环境质量	受污染耕地安全利用率（%）	70.6	90左右	–	约束性
	污染地块安全利用率（%）	–	90以上	–	约束性
4. 生态状况	森林覆盖率（%）	21.66	23.04	〔1.38〕	约束性
	森林蓄积量（亿立方米）	151	165	〔14〕	约束性
	湿地保有量（亿亩）	–	≥8	–	预期性
	草原综合植被盖度（%）	54	56		预期性
	重点生态功能区所属县域生态环境状况指数	60.4	＞60.4	–	预期性
污染物排放总量					
5. 主要污染物排放总量减少（%）	化学需氧量	–	–	〔10〕	约束性
	氨氮	–	–	〔10〕	
	二氧化硫	–	–	〔15〕	
	氮氧化物	–	–	〔15〕	
6. 区域性污染物排放总量减少（%）	重点地区重点行业挥发性有机物[5]	–	–	〔10〕	预期性
	重点地区总氮[6]	–	–	〔10〕	预期性
	重点地区总磷[7]	–	–	〔10〕	
生态保护修复					
7. 国家重点保护野生动植物保护率（%）		–	＞95	–	预期性
8. 全国自然岸线保有率（%）		–	≥35	–	预期性
9. 新增沙化土地治理面积（万平方公里）		–	–	〔10〕	预期性
10. 新增水土流失治理面积（万平方公里）		–	–	〔27〕	预期性

注：
1. 〔　〕内为五年累计数。
2. 空气质量评价覆盖全国338个城市（含地、州、盟所在地及部分省辖县级市，不含三沙和儋州）。
3. 水环境质量评价覆盖全国地表水国控断面，断面数量由“十二五”期间的972个增加到1940个。
4. 为2013年数据。
5. 在重点地区、重点行业推进挥发性有机物总量控制，全国排放总量下降10%以上。
6. 对沿海56个城市及29个富营养化湖库实施总氮总量控制。
7. 总磷超标的控制单元以及上游相关地区实施总磷总量控制。

第三章　强化源头防控，夯实绿色发展基础

绿色发展是从源头破解我国资源环境约束瓶颈、提高发展质量的关键。要创新调控方式，强化源头管理，以生态空间管控引导构建绿色发展格局，以生态环境保护推进供给侧结构性改革，以绿色科技创新引领生态环境治理，促进重点区域绿色、协调发展，加快形成节约资源和保护环境的空间布局、产业结构和生产生活方式，从源头保护生态环境。

第一节　强化生态空间管控

全面落实主体功能区规划。强化主体功能区在国土空间开发保护中的基础作用，推动形成主体功能区布局。依据不同区域主体功能定位，制定差异化的生态环境目标、治理保护措施和考核评价要求。禁止开发区域实施强制性生态环境保护，严格控制人为因素对自然生态和自然文化遗产原真性、完整性的干扰，严禁不符合主体功能定位的各类开发活动，引导人口逐步有序转移。限制开发的重点生态功能区开发强度得到有效控制，形成环境友好型的产业结构，保持并提高生态产品供给能力，增强生态系统服务功能。限制开发的农产品主产区着力保护耕地土壤环境，确保农产品供给和质量安全。重点开发区域加强环境管理与治理，大幅降低污染物排放强度，减少工业化、城镇化对生态环境的影响，改善人居环境，努力提高环境质量。优化开发区域引导城市集约紧凑、绿色低碳发展，扩大绿色生态空间，优化生态系统格局。实施海洋主体功能区规划，优化海洋资源开发格局。

划定并严守生态保护红线。2017年底前，京津冀区域、长江经济带沿线各省（市）划定生态保护红线；2018年底前，其他省（区、市）划定生态保护红线；2020年底前，全面完成全国生态保护红线划定、勘界定标，基本建立生态保护红线制度。制定生态保护红线管控措施，建立健全生态保护补偿机制，定期发布生态保护红线保护状况信息。建立监控体系与评价考核制度，对各省（区、市）生态保护红线保护成效进行评价考核。全面保障国家生态安全，保护和提升森林、草原、河流、湖泊、湿地、海洋等生态系统功能，提高优质生态产品供给能力。

推动“多规合一”。以主体功能区规划为基础，规范完善生态环境空间管控、生态环境承载力调控、环境质量底线控制、战略环评与规划环评刚性约束等环境引导和管控要求，制定落实生态保护红线、环境质量底线、资源利用上线和环境准入负面清单的技术规范，强化“多规合一”的生态环境支持。以市县级行政区为单元，建立由空间规划、用途管制、差异化绩效考核等构成的空间治理体系。积极推动建立国家空间规划体系，统筹各类空间规划，推进“多规合一”。研究制定生态环境保护促进“多规合一”的指导意见。自2018年起，启动省域、区域、城市群生态环境保护空间规划研究。

第二节　推进供给侧结构性改革

强化环境硬约束推动淘汰落后和过剩产能。建立重污染产能退出和过剩产能化解机制，对长期超标排放的企业、无治理能力且无治理意愿的企业、达标无望的企业，依法予以关闭淘汰。修订完善环境保护综合名录，推动淘汰高污染、高环境风险的工艺、设备与产品。鼓励各地制定范围更宽、标准更高的落后产能淘汰政策，京津冀地区要加大对不能实现达标排放的钢铁等过剩产能淘汰力度。依据区域资源环境承载能力，确定各地区造纸、制革、印染、焦化、炼硫、炼砷、炼油、电镀、农药等行业规模限值。实行新（改、扩）建项目重点污染物排放等量或减量置换。调整优化产业结构，煤炭、钢铁、水泥、平板玻璃等产能过剩行业实行产能等量或减量置换。

严格环保能耗要求促进企业加快升级改造。实施能耗总量和强度“双控”行动，全面推进工业、建筑、交通运输、公共机构等重点领域节能。严格新建项目节能评估审查，加强工业节能监察，强化全过程节能监管。钢铁、有色金属、化工、建材、轻工、纺织等传统制造业全面实施电机、变压器等能效提升、清洁生产、节水治污、循环利用等专项技术改造，实施系统能效提升、燃煤锅炉节能环保综合提升、绿色照明、余热暖民等节能重点工程。支持企业增强绿色精益制造能力，推动工业园区和企业应用分布式能源。

促进绿色制造和绿色产品生产供给。从设计、原料、生产、采购、物流、回收等全流程强化产品全生命周期绿色管理。支持企业推行绿色设计，开发绿色产品，完善绿色包装标准体系，推动包装减量化、无害化和材料回收利用。建设绿色工厂，发展绿色工业园区，打造绿色供应链，开展绿色评价和绿色制造工艺推广行动，全面推进绿色制造体系建设。增强绿色供给能力，整合环保、节能、节水、循环、低碳、再生、有机等产品认证，建立统一的绿色产品标准、认证、标识体系。发展生态农业和有机农业，加快有机食品基地建设和产业发展，增加有机产品供给。到2020年，创建百家绿色设计示范企业、百家绿色示范园区、千家绿色示范工厂，绿色制造体系基本建立。

推动循环发展。实施循环发展引领计划，推进城市低值废弃物集中处置，开展资源循环利用示范基地和生态工业园区建设，建设一批循环经济领域国家新型工业化产业示范基地和循环经济示范市县。实施高端再制造、智能再制造和在役再制造示范工程。深化工业固体废物综合利用基地建设试点，建设产业固体废物综合利用和资源再生利用示范工程。依托国家“城市矿产”示范基地，培育一批回收和综合利用骨干企业、再生资源利用产业基地和园区。健全再生资源回收利用网络，规范完善废钢铁、废旧轮胎、废旧纺织品与服装、废塑料、废旧动力电池等综合利用行业管理。尝试建立逆向回收渠道，推广“互联网+回收”、智能回收等新型回收方式，实行生产者责任延伸制度。到2020年，全国工业固体废物综合利用率提高到73%。实现化肥农药零增长，实施循环农业示范工程，推进秸秆高值化和产业化利用。到2020年，秸秆综合利用率达到85%，国家现代农业示范区和粮食主产县基本实现农业资源循环利用。

推进节能环保产业发展。推动低碳循环、治污减排、监测监控等核心环保技术工艺、成套产品、装备设备、材料药剂研发与产业化，尽快形成一批具有竞争力的主导技术和产品。鼓励发展节能环保技术咨询、系统设计、设备制造、工程施工、运营管理等专业化服务。大力发展环境服务业，推进形成合同能源管理、合同节水管理、第三方监测、环境污染第三方治理及环境保护政府和社会资本合作等服务市场，开展小城镇、园区环境综合治理托管服务试点。规范环境绩效合同管理，逐步建立环境服务绩效评价考核机制。发布政府采购环境服务清单。鼓励社会资本投资环保企业，培育一批具有国际竞争力的大型节能环保企业与环保品牌。鼓励生态环保领域大众创业、万众创新。充分发挥环保行业组织、科技社团在环保科技创新、成果转化和产业化过程中的作用。完善行业监管制度，开展环保产业常规调查统计工作，建立环境服务企业诚信档案，发布环境服务业发展报告。

第三节　强化绿色科技创新引领

推进绿色化与创新驱动深度融合。把绿色化作为国家实施创新驱动发展战略、经济转型发展的重要基点，推进绿色化与各领域新兴技术深度融合发展。发展智能绿色制造技术，推动制造业向价值链高端攀升。发展生态绿色、高效安全的现代农业技术，深入开展节水农业、循环农业、有机农业、现代林业和生物肥料等技术研发，促进农业提质增效和可持续发展。发展安全、清洁、高效的现代能源技术，推动能源生产和消费革命。发展资源节约循环利用的关键技术，建立城镇生活垃圾资源化利用、再生资源回收利用、工业固体废物综合利用等技术体系。重点针对大气、水、土壤等问题，形成源头预防、末端治理和生态环境修复的成套技术。

加强生态环保科技创新体系建设。瞄准世界生态环境科技发展前沿，立足我国生态环境保护的战略要求，突出自主创新、综合集成创新，加快构建层次清晰、分工明确、运行高效、支撑有力的国家生态环保科技创新体系。重点建立以科学研究为先导的生态环保科技创新理论体系，以应用示范为支撑的生态环保技术研发体系，以人体健康为目标的环境基准和环境标准体系，以提升竞争力为核心的环保产业培育体系，以服务保障为基础的环保科技管理体系。实施环境科研领军人才工程，加强环保专业技术领军人才和青年拔尖人才培养，重点建设一批创新人才培养基地，打造一批高水平创新团队。支持相关院校开展环保基础科学和应用科学研究。建立健全环保职业荣誉制度。

建设生态环保科技创新平台。统筹科技资源，深化生态环保科技体制改革。加强重点实验室、工程技术中心、科学观测研究站、环保智库等科技创新平台建设，加强技术研发推广，提高管理科学化水平。积极引导企业与科研机构加强合作，强化企业创新主体作用，推动环保技术研发、科技成果转移转化和推广应用。推动建立环保装备与服务需求信息平台、技术创新转化交易平台。依托有条件的科技产业园区，集中打造环保科技创新试验区、环保高新技术产业区、环保综合治理技术服务区、国际环保技术合作区、环保高水平人才培养教育区，建立一批国家级环保高新技术产业开发区。

实施重点生态环保科技专项。继续实施水体污染控制与治理国家科技重大专项，实施大气污染成因与控制技术研究、典型脆弱生态修复与保护研究、煤炭清洁高效利用和新型节能技术研发、农业面源和重金属污染农田综合防治与修复技术研发、海洋环境安全保障等重点研发计划专项。在京津冀地区、长江经济带、“一带一路”沿线省（区、市）等重点区域开展环境污染防治和生态修复技术应用试点示范，提出生态环境治理系统性技术解决方案。打造京津冀等区域环境质量提升协同创新共同体，实施区域环境质量提升创新科技工程。创新青藏高原等生态屏障带保护修复技术方法与治理模式，研发生态环境监测预警、生态修复、生物多样性保护、生态保护红线评估管理、生态廊道构建等关键技术，建立一批生态保护与修复科技示范区。支持生态、土壤、大气、温室气体等环境监测预警网络系统及关键技术装备研发，支持生态环境突发事故监测预警及应急处置技术、遥感监测技术、数据分析与服务产品、高端环境监测仪器等研发。开展重点行业危险废物污染特性与环境效应、危险废物溯源及快速识别、全过程风险防控、信息化管理技术等领域研究，加快建立危险废物技术规范体系。建立化学品环境与健康风险评估方法、程序和技术规范体系。加强生态环境管理决策支撑科学研究，开展多污染物协同控制、生态环境系统模拟、污染源解析、生态环境保护规划、生态环境损害评估、网格化管理、绿色国内生产总值核算等技术方法研究应用。

完善环境标准和技术政策体系。研究制定环境基准，修订土壤环境质量标准，完善挥发性有机物排放标准体系，严格执行污染物排放标准。加快机动车和非道路移动源污染物排放标准、燃油产品质量标准的制修订和实施。发布实施船舶发动机排气污染物排放限值及测量方法（中国第一、二阶段）、轻型汽车和重型汽车污染物排放限值及测量方法（中国第六阶段）、摩托车和轻便摩托车污染物排放限值及测量方法（中国第四阶段）、畜禽养殖污染物排放标准。修订在用机动车排放标准，力争实施非道路移动机械国Ⅳ排放标准。完善环境保护技术政策，建立生态保护红线监管技术规范。健全钢铁、水泥、化工等重点行业清洁生产评价指标体系。加快制定完善电力、冶金、有色金属等重点行业以及城乡垃圾处理、机动车船和非道路移动机械污染防治、农业面源污染防治等重点领域技术政策。建立危险废物利用处置无害化管理标准和技术体系。

第四节　推动区域绿色协调发展

促进四大区域绿色协调发展。西部地区要坚持生态优先，强化生态环境保护，提升生态安全屏障功能，建设生态产品供给区，合理开发石油、煤炭、天然气等战略性资源和生态旅游、农畜产品等特色资源。东北地区要加强大小兴安岭、长白山等森林生态系统保护和北方防沙带建设，强化东北平原湿地和农用地土壤环境保护，推动老工业基地振兴。中部地区要以资源环境承载能力为基础，有序承接产业转移，推进鄱阳湖、洞庭湖生态经济区和汉江、淮河生态经济带建设，研究建设一批流域沿岸及交通通道沿线的生态走廊，加强水环境保护和治理。东部地区要扩大生态空间，提高环境资源利用效率，加快推动产业升级，在生态环境质量改善等方面走在前列。

推进“一带一路”绿色化建设。加强中俄、中哈以及中国—东盟、上海合作组织等现有多双边合作机制，积极开展澜沧江—湄公河环境合作，开展全方位、多渠道的对话交流活动，加强与沿线国家环境官员、学者、青年的交流和合作，开展生态环保公益活动，实施绿色丝路使者计划，分享中国生态文明、绿色发展理念与实践经验。建立健全绿色投资与绿色贸易管理制度体系，落实对外投资合作环境保护指南。开展环保产业技术合作园区及示范基地建设，推动环保产业走出去。树立中国铁路、电力、汽车、通信、新能源、钢铁等优质产能绿色品牌。推进“一带一路”沿线省（区、市）产业结构升级与创新升级，推动绿色产业链延伸；开展重点战略和关键项目环境评估，提高生态环境风险防范与应对能力。编制实施国内“一带一路”沿线区域生态环保规划。

推动京津冀地区协同保护。以资源环境承载能力为基础，优化经济发展和生态环境功能布局，扩大环境容量与生态空间。加快推动天津传统制造业绿色化改造。促进河北有序承接北京非首都功能转移和京津科技成果转化。强化区域环保协作，联合开展大气、河流、湖泊等污染治理，加强区域生态屏障建设，共建坝上高原生态防护区、燕山—太行山生态涵养区，推动光伏等新能源广泛应用。创新生态环境联动管理体制机制，构建区域一体化的生态环境监测网络、生态环境信息网络和生态环境应急预警体系，建立区域生态环保协调机制、水资源统一调配制度、跨区域联合监察执法机制，建立健全区域生态保护补偿机制和跨区域排污权交易市场。到2020年，京津冀地区生态环境保护协作机制有效运行，生态环境质量明显改善。

推进长江经济带共抓大保护。把保护和修复长江生态环境摆在首要位置，推进长江经济带生态文明建设，建设水清地绿天蓝的绿色生态廊道。统筹水资源、水环境、水生态，推动上中下游协同发展、东中西部互动合作，加强跨部门、跨区域监管与应急协调联动，把实施重大生态修复工程作为推动长江经济带发展项目的优先选项，共抓大保护，不搞大开发。统筹江河湖泊丰富多样的生态要素，构建以长江干支流为经络，以山水林田湖为有机整体，江湖关系和谐、流域水质优良、生态流量充足、水土保持有效、生物种类多样的生态安全格局。上游区重点加强水源涵养、水土保持功能和生物多样性保护，合理开发利用水资源，严控水电开发生态影响；中游区重点协调江湖关系，确保丹江口水库水质安全；下游区加快产业转型升级，重点加强退化水生态系统恢复，强化饮用水水源保护，严格控制城镇周边生态空间占用，开展河网地区水污染治理。妥善处理江河湖泊关系，实施长江干流及洞庭湖上游“四水”、鄱阳湖上游“五河”的水库群联合调度，保障长江干支流生态流量与两湖生态水位。统筹规划、集约利用长江岸线资源，控制岸线开发强度。强化跨界水质断面考核，推动协同治理。

第四章　深化质量管理，大力实施三大行动计划

以提高环境质量为核心，推进联防联控和流域共治，制定大气、水、土壤三大污染防治行动计划的施工图。根据区域、流域和类型差异分区施策，实施多污染物协同控制，提高治理措施的针对性和有效性。实行环境质量底线管理，努力实现分阶段达到环境质量标准、治理责任清单式落地，解决群众身边的突出环境问题。

第一节　分区施策改善大气环境质量

实施大气环境质量目标管理和限期达标规划。各省（区、市）要对照国家大气环境质量标准，开展形势分析，定期考核并公布大气环境质量信息。强化目标和任务的过程管理，深入推进钢铁、水泥等重污染行业过剩产能退出，大力推进清洁能源使用，推进机动车和油品标准升级，加强油品等能源产品质量监管，加强移动源污染治理，加大城市扬尘和小微企业分散源、生活源污染整治力度。深入实施《大气污染防治行动计划》，大幅削减二氧化硫、氮氧化物和颗粒物的排放量，全面启动挥发性有机物污染防治，开展大气氨排放控制试点，实现全国地级及以上城市二氧化硫、一氧化碳浓度全部达标，细颗粒物、可吸入颗粒物浓度明显下降，二氧化氮浓度继续下降，臭氧浓度保持稳定、力争改善。实施城市大气环境质量目标管理，已经达标的城市，应当加强保护并持续改善；未达标的城市，应确定达标期限，向社会公布，并制定实施限期达标规划，明确达标时间表、路线图和重点任务。

加强重污染天气应对。强化各级空气质量预报中心运行管理，提高预报准确性，及时发布空气质量预报信息，实现预报信息全国共享、联网发布。完善重度及以上污染天气的区域联合预警机制，加强东北、西北、成渝和华中区域大气环境质量预测预报能力。健全应急预案体系，制定重污染天气应急预案实施情况评估技术规程，加强对预案实施情况的检查和评估。各省（区、市）和地级及以上城市及时修编重污染天气应急预案，开展重污染天气成因分析和污染物来源解析，科学制定针对性减排措施，每年更新应急减排措施项目清单。及时启动应急响应措施，提高重污染天气应对的有效性。强化监管和督察，对应对不及时、措施不力的地方政府，视情况予以约谈、通报、挂牌督办。

深化区域大气污染联防联控。全面深化京津冀及周边地区、长三角、珠三角等区域大气污染联防联控，建立常态化区域协作机制，区域内统一规划、统一标准、统一监测、统一防治。对重点行业、领域制定实施统一的环保标准、排污收费政策、能源消费政策，统一老旧车辆淘汰和在用车辆管理标准。重点区域严格控制煤炭消费总量，京津冀及山东、长三角、珠三角等区域，以及空气质量排名较差的前10位城市中受燃煤影响较大的城市要实现煤炭消费负增长。通过市场化方式促进老旧车辆、船舶加速淘汰以及防污设施设备改造，强化新生产机动车、非道路移动机械环保达标监管。开展清洁柴油机行动，加强高排放工程机械、重型柴油车、农业机械等管理，重点区域开展柴

油车注册登记环保查验，对货运车、客运车、公交车等开展入户环保检查。提高公共车辆中新能源汽车占比，具备条件的城市在2017年底前基本实现公交新能源化。落实珠三角、长三角、环渤海京津冀水域船舶排放控制区管理政策，靠港船舶优先使用岸电，建设船舶大气污染物排放遥感监测和油品质量监测网点，开展船舶排放控制区内船舶排放监测和联合监管，构建机动车船和油品环保达标监管体系。加快非道路移动源油品升级。强化城市道路、施工等扬尘监管和城市综合管理。

显著削减京津冀及周边地区颗粒物浓度。以北京市、保定市、廊坊市为重点，突出抓好冬季散煤治理、重点行业综合治理、机动车监管、重污染天气应对，强化高架源的治理和监管，改善区域空气质量。提高接受外输电比例，增加非化石能源供应，重点城市实施天然气替代煤炭工程，推进电力替代煤炭，大幅减少冬季散煤使用量，“十三五”期间，北京、天津、河北、山东、河南五省（市）煤炭消费总量下降10%左右。加快区域内机动车排污监控平台建设，重点治理重型柴油车和高排放车辆。到2020年，区域细颗粒物污染形势显著好转，臭氧浓度基本稳定。

明显降低长三角区域细颗粒物浓度。加快产业结构调整，依法淘汰能耗、环保等不达标的产能。“十三五”期间，上海、江苏、浙江、安徽四省（市）煤炭消费总量下降5%左右，地级及以上城市建成区基本淘汰35蒸吨以下燃煤锅炉。全面推进炼油、石化、工业涂装、印刷等行业挥发性有机物综合整治。到2020年，长三角区域细颗粒物浓度显著下降，臭氧浓度基本稳定。

大力推动珠三角区域率先实现大气环境质量基本达标。统筹做好细颗粒物和臭氧污染防控，重点抓好挥发性有机物和氮氧化物协同控制。加快区域内产业转型升级，调整和优化能源结构，工业园区与产业聚集区实施集中供热，有条件的发展大型燃气供热锅炉，“十三五”期间，珠三角区域煤炭消费总量下降10%左右。重点推进石化、化工、油品储运销、汽车制造、船舶制造（维修）、集装箱制造、印刷、家具制造、制鞋等行业开展挥发性有机物综合整治。到2020年，实现珠三角区域大气环境质量基本达标，基本消除重度及以上污染天气。

第二节　精准发力提升水环境质量

实施以控制单元为基础的水环境质量目标管理。依据主体功能区规划和行政区划，划定陆域控制单元，建立流域、水生态控制区、水环境控制单元三级分区体系。实施以控制单元为空间基础、以断面水质为管理目标、以排污许可制为核心的流域水环境质量目标管理。优化控制单元水质断面监测网络，建立控制单元产排污与断面水质响应反馈机制，明确划分控制单元水环境质量责任，从严控制污染物排放量。全面推行“河长制”。在黄河、淮河等流域进行试点，分期分批科学确定生态流量（水位），作为流域水量调度的重要参考。深入实施《水污染防治行动计划》，落实控制单元治污责任，完成目标任务。固定污染源排放为主的控制单元，要确定区域、流域重点水污染物和主要超标污染物排放控制目标，实施基于改善水质要求的排污许可，将治污任务逐一落实到控制单元内的各排污单位（含污水处理厂、设有排放口的规模化畜禽养殖单位）。面源（分散源）污染为主或严重缺水的控制单元，要采用政策激励、加强监管以及确保生态基流等措施改善水生态环境。自2017年起，各省份要定期向社会公开控制单元水环境质量目标管理情况。

专栏2　各流域需要改善的控制单元

（一）长江流域（108个）。

双桥河合肥市控制单元等40个单元由Ⅳ类升为Ⅲ类；乌江重庆市控制单元等7个单元由Ⅴ类升为Ⅲ类；来河滁州市控制单元等9个单元由Ⅴ类升为Ⅳ类；京山河荆门市控制单元等2个单元由劣Ⅴ类升为Ⅲ类；沱江内江市控制单元等4个单元由劣Ⅴ类升为Ⅳ类；十五里河合肥市控制单元等24个单元由劣Ⅴ类升为Ⅴ类；滇池外海昆明市控制单元化学需氧量浓度下降；南淝河合肥市控制单元等3个单元氨氮浓度下降；竹皮河荆门市控制单元等4个单元氨氮、总磷浓度下降；岷江宜宾市控制单元等14个单元总磷浓度下降。

（二）海河流域（75个）。

洋河张家口市八号桥控制单元等9个单元由Ⅳ类升为Ⅲ类；妫水河下段北京市控制单元等3个单元由Ⅴ类升为Ⅳ类；潮白河通州区控制单元等26个单元由劣Ⅴ类升为Ⅴ类；宣惠河沧州市控制单元等6个单元化学需氧量浓度下降；通惠河下段北京市控制单元等26个单元氨氮浓度下降；共产主义渠新乡市控制单元等3个单元氨氮、总磷浓度下降；海河天津市海河大闸控制单元化学需氧量、氨氮浓度下降；潮白新河天津市控制单元总磷浓度下降。

（三）淮河流域（49个）。

谷河阜阳市控制单元等17个单元由Ⅳ类升为Ⅲ类；东鱼河菏泽市控制单元由Ⅴ类升为Ⅲ类；新濉河宿迁市控制单元等9个单元由Ⅴ类升为Ⅳ类；洙赵新河菏泽市控制单元由劣Ⅴ类升为Ⅲ类；运料河徐州市控制单元由劣Ⅴ类升为Ⅳ类；涡河亳州市岳坊大桥控制单元等16个单元由劣Ⅴ类升为Ⅴ类；包河商丘市控制单元等4个单元氨氮浓度下降。

（四）黄河流域（35个）。

伊洛河洛阳市控制单元等14个单元由Ⅳ类升为Ⅲ类；葫芦河固原市控制单元等4个单元由Ⅴ类升为Ⅳ类；岚河吕梁市控制单元由劣Ⅴ类升为Ⅳ类；大黑河乌兰察布市控制单元等8个单元由劣Ⅴ类升为Ⅴ类；昆都仑河包头市控制单元等8个单元氨氮浓度下降。

（五）松花江流域（12个）。

小兴凯湖鸡西市控制单元等9个单元由Ⅳ类升为Ⅲ类；阿什河哈尔滨市控制单元由劣Ⅴ类升为Ⅴ类；呼伦湖呼伦贝尔市控制单元化学需氧量浓度下降；饮马河长春市靠山南楼控制单元氨氮浓度下降。

（六）辽河流域（13个）。

寇河铁岭市控制单元等6个单元由Ⅳ类升为Ⅲ类；辽河沈阳市巨流河大桥控制单元等3个单元由Ⅴ类升为Ⅳ类；亮子河铁岭市控制单元等2个单元由劣Ⅴ类升为Ⅴ类；浑河抚顺市控制单元总磷浓度下降；条子河四平市控制单元氨氮浓度下降。

（七）珠江流域（17个）。

九洲江湛江市排里控制单元等2个单元由Ⅲ类升为Ⅱ类；潭江江门市牛湾控制单元由Ⅳ类升为Ⅱ类；鉴江茂名市江口门控制单元等4个单元由Ⅳ类升为Ⅲ类；东莞运河东莞市樟村控制单元等2个单元由Ⅴ类升为Ⅳ类；小东江茂名市石碧控制单元由劣Ⅴ类升为Ⅳ类；深圳河深圳市河口控制单元等5个单元由劣Ⅴ类升为Ⅴ类；杞麓湖玉溪市控制单元化学需氧量浓度下降；星云湖玉溪市控制单元总磷浓度下降。

（八）浙闽片河流（25个）。

浦阳江杭州市控制单元等13个单元由Ⅳ类升为Ⅲ类；汀溪厦门市控制单元等3个单元由Ⅴ类升为Ⅲ类；南溪漳州市控制单元等5个单元由Ⅴ类升为Ⅳ类；金清港台州市控制单元等4个单元由劣Ⅴ类升为Ⅴ类。

（九）西北诸河（3个）。

博斯腾湖巴音郭楞蒙古自治州控制单元由Ⅳ类升为Ⅲ类；北大河酒泉市控制单元由劣Ⅴ类升为Ⅲ类；克孜河喀什地区控制单元由劣Ⅴ类升为Ⅴ类。

（十）西南诸河（6个）。

黑惠江大理白族自治州控制单元等4个单元由Ⅳ类升为Ⅲ类；异龙湖红河哈尼族彝族自治州控制单元化学需氧量浓度下降；西洱河大理白族自治州控制单元氨氮浓度下降。

实施流域污染综合治理。实施重点流域水污染防治规划。流域上下游各级政府、各部门之间加强协调配合、定期会商，实施联合监测、联合执法、应急联动、信息共享。长江流域强化系统保护，加大水生生物多样性保护力度，强化水上交通、船舶港口污染防治。实施岷江、沱江、乌江、清水江、长江干流宜昌段总磷污染综合治理，有效控制贵州、四川、湖北、云南等总磷污染。太湖坚持综合治理，增强流域生态系统功能，防范蓝藻暴发，确保饮用水安全；巢湖加强氮、磷总量控制，改善入湖河流水质，修复湖滨生态功能；滇池加强氮、磷总量控制，重点防控城市污水和农业面源污染入湖，分区分步开展生态修复，逐步恢复水生态系统。海河流域突出节水和再生水利用，强化跨界水体治理，重点整治城乡黑臭水体，保障白洋淀、衡水湖、永定河生态需水。淮河流域大幅降低造纸、化肥、酿造等行业污染物排放强度，有效控制氨氮污染，持续改善洪河、涡河、颍河、惠济河、包河等支流水质，切实防控突发污染事件。黄河流域重点控制煤化工、石化企业排放，持续改善汾河、涑水河、总排干、大黑河、乌梁素海、湟水河等支流水质，降低中上游水环境风险。松花江流域持续改善阿什河、伊通河等支流水质，重点解决石化、酿造、制药、造纸等行业污染问题，加大水生态保护力度，进一步增加野生鱼类种群数量，加快恢复湿地生态系统。辽河流域大幅降低石化、造纸、化工、农副食品加工等行业污染物排放强度，持续改善浑河、太子河、条子河、招苏台河等支流水质，显著恢复水生态系统，全面恢复湿地生态系统。珠江流域建立健全广东、广西、云南等联合治污防控体系，重点保障东江、西江供水水质安全，改善珠江三角洲地区水生态环境。

优先保护良好水体。实施从水源到水龙头全过程监管，持续提升饮用水安全保障水平。地方各级人民政府及供水单位应定期监测、检测和评估本行政区域内饮用水水源、供水厂出水和用户水龙头水质等饮水安全状况。地级及以上城市每季度向社会公开饮水安全状况信息，县级及以上城市自2018年起每季度向社会公开。开展饮用水水源规范化建设，依法清理饮用水水源保护区内违法建筑和排污口。加强农村饮用水水源保护，实施农村饮水安全巩固提升工程。各省（区、市）应于2017年底前，基本完成乡镇及以上集中式饮用水水源保护区划定，开展定期监测和调查评估。到2020年，地级及以上城市集中式饮用水水源水质达到或优于Ⅲ类比例高于93%。对江河源头及现状水质达到或优于Ⅲ类的江河湖库开展生态环境安全评估，制定实施生态环境保护方案，东江、滦河、千岛湖、南四湖等流域于2017年底前完成。七大重点流域制定实施水生生物多样性保护方案。

推进地下水污染综合防治。定期调查评估集中式地下水型饮用水水源补给区和污染源周边区域环境状况。加强重点工业行业地下水环境监管，采取防控措施有效降低地下水污染风险。公布地下水污染地块清单，管控风险，开展地下水污染修复试点。到2020年，全国地下水污染加剧趋势得到初步遏制，质量极差的地下水比例控制在15%左右。

大力整治城市黑臭水体。建立地级及以上城市建成区黑臭水体等污染严重水体清单，制定整治方案，细化分阶段目标和任务安排，向社会公布年度治理进展和水质改善情况。建立全国城市黑臭水体整治监管平台，公布全国黑臭水体清单，接受公众评议。各城市在当地主流媒体公布黑臭水体清单、整治达标期限、责任人、整治进展及效果；建立长效机制，开展水体日常维护与监管工作。2017年底前，直辖市、省会城市、计划单列市建成区基本消除黑臭水体，其他地级城市实现河面无大面积漂浮物、河岸无垃圾、无违法排污口；到2020年，地级及以上城市建成区黑臭水体比例均控制在10%以内，其他城市力争大幅度消除重度黑臭水体。

改善河口和近岸海域生态环境质量。实施近岸海域污染防治方案，加大渤海、东海等近岸海域污染治理力度。强化直排海污染源和沿海工业园区监管，防控沿海地区陆源溢油污染海洋。开展国际航行船舶压载水及污染物治理。规范入海排污口设置，2017年底前，全面清理非法或设置不合理的入海排污口。到2020年，沿海省（区、市）入海河流基本消除劣V类的水体。实施蓝色海湾综合治理，重点整治黄河口、长江口、闽江口、珠江口、辽东湾、渤海湾、胶州湾、杭州湾、北部湾等河口海湾污染。严格禁渔休渔措施。控制近海养殖密度，推进生态健康养殖，大力开展水生生物增殖放流，加强人工鱼礁和海洋牧场建设。加强海岸带生态保护与修复，实施“南红北柳”湿地修复工程，严格控制生态敏感地区围填海活动。到2020年，全国自然岸线（不包括海岛岸线）保有率不低于35%，整治修复海岸线1000公里。建设一批海洋自然保护区、海洋特别保护区和水产种质资源保护区，实施生态岛礁工程，加强海洋珍稀物种保护。

第三节　分类防治土壤环境污染

推进基础调查和监测网络建设。全面实施《土壤污染防治行动计划》，以农用地和重点行业企业用地为重点，开展土壤污染状况详查，2018年底前查明农用地土壤污染的面积、分布及其对农产品质量的影响，2020年底前掌握重点行业企业用地中的污染地块分布及其环境风险情况。开展电子废物拆解、废旧塑料回收、非正规垃圾填埋场、历史遗留尾矿库等土壤环境问题集中区域风险排查，建立风险管控名录。统一规划、整合优化土壤环境质量监测点位。充分发挥行业监测网作用，支持各地因地制宜补充增加设置监测点位，增加特征污染物监测项目，提高监测频次。2017年底前，完成土壤环境质量国控监测点位设置，建成国家土壤环境质量监测网络，基本形成土壤环境监测能力；到2020年，实现土壤环境质量监测点位所有县（市、区）全覆盖。

实施农用地土壤环境分类管理。按污染程度将农用地划为三个类别，未污染和轻微污染的划为优先保护类，轻度和中度污染的划为安全利用类，重度污染的划为严格管控类，分别采取相应管理措施。各省级人民政府要对本行政区域内优先保护类耕地面积减少或土壤环境质量下降的县（市、区）进行预警提醒并依法采取环评限批等限制性措施。将符合条件的优先保护类耕地划为永久基本农田，实行严格保护，确保其面积不减少、土壤环境质量不下降。根据土壤污染状况和农产品超标情况，安全利用类耕地集中的县（市、区）要结合当地主要作物品种和种植习惯，制定实施受污染耕地安全利用方案，采取农艺调控、替代种植等措施，降低农产品超标风险。加强对严格管控类耕地的用途管理，依法划定特定农产品禁止生产区域，严禁种植食用农产品，继续在湖南长株潭地区开展重金属污染耕地修复及农作物种植结构调整试点。到2020年，重度污染耕地种植结构调整或退耕还林还草面积力争达到2000万亩。

加强建设用地环境风险管控。建立建设用地土壤环境质量强制调查评估制度。构建土壤环境质量状况、污染地块修复与土地再开发利用协同一体的管理与政策体系。自2017年起，对拟收回土地使用权的有色金属冶炼、石油加工、化工、焦化、电镀、制革等行业企业用地，以及用途拟变更为居住和商业、学校、医疗、养老机构等公共设施的上述企业用地，由土地使用权人负责开展土壤环境状况调查评估；已经收回的，由所在地市、县级人民政府负责开展调查评估。将建设用地土壤环境管理要求纳入城市规划和供地管理，土地开发利用必须符合土壤环境质量要求。暂不开发利用或现阶段不具备治理修复条件的污染地块，由所在地县级人民政府组织划定管控区域，设立标志，发布公告，开展土壤、地表水、地下水、空气环境监测。

开展土壤污染治理与修复。针对典型受污染农用地、污染地块，分批实施200个土壤污染治理与修复技术应用试点项目，加快建立健全技术体系。自2017年起，各地要逐步建立污染地块名录及其开发利用的负面清单，合理确定土地用途。京津冀、长三角、珠三角、东北老工业基地地区城市和矿产资源枯竭型城市等污染地块集中分布的城市，要规范、有序开展再开发利用污染地块治理与修复。长江中下游、成都平原、珠江流域等污染耕地集中分布的省（区、市），应于2018年底前编制实施污染耕地治理与修复方案。2017年底前，发布土壤污染治理与修复责任方终身责任追究办法。建立土壤污染治理与修复全过程监管制度，严格修复方案审查，加强修复过程监督和检查，开展修复成效第三方评估。

强化重点区域土壤污染防治。京津冀区域以城市“退二进三”遗留污染地块为重点，严格管控建设用地开发利用土壤环境风险，加大污灌区、设施农业集中区域土壤环境监测和监管。东北地区加大黑土地保护力度，采取秸秆还田、增施有机肥、轮作休耕等措施实施综合治理。珠江三角洲地区以化工、电镀、印染等重污染行业企业遗留污染地块为重点，强化污染地块开发利用环境监管。湘江流域地区以镉、砷等重金属污染为重点，对污染耕地采取农艺调控、种植结构调整、退耕还林还草等措施，严格控制农产品超标风险。西南地区以有色金属、磷矿等矿产资源开发过程导致的环境污染风险防控为重点，强化磷、汞、铅等历史遗留土壤污染治理。在浙江台州、湖北黄石、湖南常德、广东韶关、广西河池、贵州铜仁等6个地区启动土壤污染综合防治先行区建设。

第五章　实施专项治理，全面推进达标排放与污染减排

以污染源达标排放为底线，以骨干性工程推进为抓手，改革完善总量控制制度，推动行业多污染物协同治污减排，加强城乡统筹治理，严格控制增量，大幅度削减污染物存量，降低生态环境压力。

第一节　实施工业污染源全面达标排放计划

工业污染源全面开展自行监测和信息公开。工业企业要建立环境管理台账制度，开展自行监测，如实申报，属于重点排污单位的还要依法履行信息公开义务。实施排污口规范化整治，2018年底前，工业企业要进一步规范排污口设置，编制年度排污状况报告。排污企业全面实行在线监测，地方各级人民政府要完善重点排污单位污染物超标排放和异常报警机制，逐步实现工业污染源排放监测数据统一采集、公开发布，不断加强社会监督，对企业守法承诺履行情况进行监督检查。2019年底前，建立全国工业企业环境监管信息平台。

排查并公布未达标工业污染源名单。各地要加强对工业污染源的监督检查，全面推进“双随机”抽查制度，实施环境信用颜色评价，鼓励探索实施企业超标排放计分量化管理。对污染物排放超标或者重点污染物排放超总量的企业予以“黄牌”警示，限制生产或停产整治；对整治后仍不能达到要求且情节严重的企业予以“红牌”处罚，限期停业、关闭。自2017年起，地方各级人民政府要制定本行政区域工业污染源全面达标排放计划，确定年度工作目标，每季度向社会公布“黄牌”、“红牌”企业名单。环境保护部将加大抽查核查力度，对企业超标现象普遍、超标企业集中地区的地方政府进行通报、挂牌督办。

实施重点行业企业达标排放限期改造。建立分行业污染治理实用技术公开遴选与推广应用机制，发布重点行业污染治理技术。分流域分区域制定实施重点行业限期整治方案，升级改造环保设施，加大检查核查力度，确保稳定达标。以钢铁、水泥、石化、有色金属、玻璃、燃煤锅炉、造纸、印染、化工、焦化、氮肥、农副食品加工、原料药制造、制革、农药、电镀等行业为重点，推进行业达标排放改造。

完善工业园区污水集中处理设施。实行“清污分流、雨污分流”，实现废水分类收集、分质处理，入园企业应在达到国家或地方规定的排放标准后接入集中式污水处理设施处理，园区集中式污水处理设施总排口应安装自动监控系统、视频监控系统，并与环境保护主管部门联网。开展工业园区污水集中处理规范化改造示范。

第二节　深入推进重点污染物减排

改革完善总量控制制度。以提高环境质量为核心，以重大减排工程为主要抓手，上下结合，科学确定总量控制要求，实施差别化管理。优化总量减排核算体系，以省级为主体实施核查核算，推动自主减排管理，鼓励将持续有效改善环境质量的措施纳入减排核算。加强对生态环境保护重大工程的调度，对进度滞后地区及早预警通报，各地减排工程、指标情况要主动向社会公开。总量减排考核服从于环境质量考核，重点审查环境质量未达到标准、减排数据与环境质量变化趋势明显不协调的地区，并根据环境保护督查、日常监督检查和排污许可执行情况，对各省（区、市）自主减排管理情况实施“双随机”抽查。大力推行区域性、行业性总量控制，鼓励各地实施特征性污染物总量控制，并纳入各地国民经济和社会发展规划。

推动治污减排工程建设。各省（区、市）要制定实施造纸、印染等十大重点涉水行业专项治理方案，大幅降低污染物排放强度。电力、钢铁、纺织、造纸、石油石化、化工、食品发酵等高耗水行业达到先进定额标准。以燃煤电厂超低排放改造为重点，对电力、钢铁、建材、石化、有色金属等重点行业，实施综合治理，对二氧化硫、氮氧化物、烟粉尘以及重金属等多污染物实施协同控制。各省（区、市）应于2017年底前制定专项治理方案并向社会公开，对治理不到位的工程项目要公开曝光。制定分行业治污技术政策，培育示范企业和示范工程。

专栏3　推动重点行业治污减排

（一）造纸行业。

力争完成纸浆无元素氯漂白改造或采取其他低污染制浆技术，完善中段水生化处理工艺，增加深度治理工艺，进一步完善中控系统。

（二）印染行业。

实施低排水染整工艺改造及废水综合利用，强化清污分流、分质处理、分质回用，完善中段水生化处理，增加强氧化、膜处理等深度治理工艺。

（三）味精行业。

提高生产废水循环利用水平，分离尾液和离交尾液采用絮凝气浮和蒸发浓缩等措施，外排水采取厌氧—好氧二级生化处理工艺；敏感区域应深度处理。

（四）柠檬酸行业。

采用低浓度废水循环再利用技术，高浓度废水采用喷浆造粒等措施。

（五）氮肥行业。

开展工艺冷凝液水解解析技术改造，实施含氰、含氨废水综合治理。

（六）酒精与啤酒行业。

低浓度废水采用物化—生化工艺，预处理后由园区集中处理。啤酒行业采用就地清洗技术。

（七）制糖行业。

采用无滤布真空吸滤机、高压水清洗、甜菜干法输送及压粕水回收，推进废糖蜜、酒精废醪液发酵还田综合利用，鼓励废水生化处理后回用，敏感区域执行特别排放限值。

（八）淀粉行业。

采用厌氧+好氧生化处理技术，建设污水处理设施在线监测和中控系统。

（九）屠宰行业。

强化外排污水预处理，敏感区域执行特别排放限值，有条件的采用膜生物反应器工艺进行深度处理。

（十）磷化工行业。

实施湿法磷酸净化改造，严禁过磷酸钙、钙镁磷肥新增产能。发展磷炉尾气净化合成有机化工产品，鼓励各种建材或建材添加剂综合利用磷渣、磷石膏。

（十一）煤电行业。

加快推进燃煤电厂超低排放和节能改造。强化露天煤场抑尘措施，有条件的实施封闭改造。

（十二）钢铁行业。

完成干熄焦技术改造，不同类型的废水应分别进行预处理。未纳入淘汰计划的烧结机和球团生产设备全部实施全烟气脱硫，禁止设置脱硫设施烟气旁路；烧结机头、机尾、焦炉、高炉出铁场、转炉烟气除尘等设施实施升级改造，露天原料场实施封闭改造，原料转运设施建设封闭皮带通廊，转运站和落料点配套抽风收尘装置。

（十三）建材行业。

原料破碎、生产、运输、装卸等各环节实施堆场及输送设备全封闭、道路清扫等措施，有效控制无组织排放。水泥窑全部实施烟气脱硝，水泥窑及窑磨一体机进行高效除尘改造；平板玻璃行业推进“煤改气”、“煤改电”，禁止掺烧高硫石油焦等劣质原料，未使用清洁能源的浮法玻璃生产线全部实施烟气脱硫，浮法玻璃生产线全部实施烟气高效除尘、脱硝；建筑卫生陶瓷行业使用清洁燃料，喷雾干燥塔、陶瓷窑炉安装脱硫除尘设施，氮氧化物不能稳定达标排放的喷雾干燥塔采取脱硝措施。

（十四）石化行业。

催化裂化装置实施催化再生烟气治理，对不能稳定达标排放的硫磺回收尾气，提高硫磺回收率或加装脱硫设施。

（十五）有色金属行业。

加强富余烟气收集，对二氧化硫含量大于3.5%的烟气，采取两转两吸制酸等方式回收。低浓度烟气和制酸尾气排放超标的必须进行脱硫。规范冶炼企业废气排放口设置，取消脱硫设施旁路。

控制重点地区重点行业挥发性有机物排放。全面加强石化、有机化工、表面涂装、包装印刷等重点行业挥发性有机物控制。细颗粒物和臭氧污染严重省份实施行业挥发性有机污染物总量控制，制定挥发性有机污染物总量控制目标和实施方案。强化挥发性有机物与氮氧化物的协同减排，建立固定源、移动源、面源排放清单，对芳香烃、烯烃、炔烃、醛类、酮类等挥发性有机物实施重点减排。开展石化行业“泄漏检测与修复”专项行动，对无组织排放开展治理。各地要明确时限，完成加油站、储油库、油罐车油气回收治理，油气回收率提高到90%以上，并加快推进原油成品油码头油气回收治理。涂装行业实施低挥发性有机物含量涂料替代、涂装工艺与设备改进，建设挥发性有机物收集与治理设施。印刷行业全面开展低挥发性有机物含量原辅料替代，改进生产工艺。京津冀及周边地区、长三角地区、珠三角地区，以及成渝、武汉及其周边、辽宁中部、陕西关中、长株潭等城市群全面加强挥发性有机物排放控制。

总磷、总氮超标水域实施流域、区域性总量控制。总磷超标的控制单元以及上游相关地区要实施总磷总量控制，明确控制指标并作为约束性指标，制定水质达标改善方案。重点开展100家磷矿采选和磷化工企业生产工艺及污水处理设施建设改造。大力推广磷铵生产废水回用，促进磷石膏的综合加工利用，确保磷酸生产企业磷回收率达到96%以上。沿海地级及以上城市和汇入富营养化湖库的河流，实施总氮总量控制，开展总氮污染来源解析，明确重点控制区域、领域和行业，制定总氮总量控制方案，并将总氮纳入区域总量控制指标。氮肥、味精等行业提高辅料利用效率，加大资源回收力度。印染等行业降低尿素的使用量或使用尿素替代助剂。造纸等行业加快废水处理设施精细化管理，严格控制营养盐投加量。强化城镇污水处理厂生物除磷、脱氮工艺，实施畜禽养殖业总磷、总氮与化学需氧量、氨氮协同控制。

专栏4　区域性、流域性总量控制地区
（一）挥发性有机物总量控制。 在细颗粒物和臭氧污染较严重的16个省份实施行业挥发性有机物总量控制，包括：北京市、天津市、河北省、辽宁省、上海市、江苏省、浙江省、安徽省、山东省、河南省、湖北省、湖南省、广东省、重庆市、四川省、陕西省等。 （二）总磷总量控制。 总磷超标的控制单元以及上游相关地区实施总磷总量控制，包括：天津市宝坻区，黑龙江省鸡西市，贵州省黔南布依族苗族自治州、黔东南苗族侗族自治州，河南省漯河市、鹤壁市、安阳市、新乡市，湖北省宜昌市、十堰市，湖南省常德市、益阳市、岳阳市，江西省南昌市、九江市，辽宁省抚顺市，四川省宜宾市、泸州市、眉山市、乐山市、成都市、资阳市，云南省玉溪市等。 （三）总氮总量控制。 在56个沿海地级及以上城市或区域实施总氮总量控制，包括：丹东市、大连市、锦州市、营口市、盘锦市、葫芦岛市、秦皇岛市、唐山市、沧州市、天津市、滨州市、东营市、潍坊市、烟台市、威海市、青岛市、日照市、连云港市、盐城市、南通市、上海市、杭州市、宁波市、温州市、嘉兴市、绍兴市、舟山市、台州市、福州市、平潭综合实验区、厦门市、莆田市、宁德市、漳州市、泉州市、广州市、深圳市、珠海市、汕头市、江门市、湛江市、茂名市、惠州市、汕尾市、阳江市、东莞市、中山市、潮州市、揭阳市、北海市、防城港市、钦州市、海口市、三亚市、三沙市和海南省直辖县级行政区等。 在29个富营养化湖库汇水范围内实施总氮总量控制，包括：安徽省巢湖、龙感湖，安徽省、湖北省南漪湖，北京市怀柔水库，天津市于桥水库，河北省白洋淀，吉林省松花湖，内蒙古自治区呼伦湖、乌梁素海，山东省南四湖，江苏省白马湖、高邮湖、洪泽湖、太湖、阳澄湖，浙江省西湖，上海市、江苏省淀山湖，湖南省洞庭湖，广东省高州水库、鹤地水库，四川省鲁班水库、邛海，云南省滇池、杞麓湖、星云湖、异龙湖，宁夏自治区沙湖、香山湖，新疆自治区艾比湖等。

第三节　加强基础设施建设

加快完善城镇污水处理系统。全面加强城镇污水处理及配套管网建设，加大雨污分流、清污混流污水管网改造，优先推进城中村、老旧城区和城乡结合部污水截流、收集、纳管，消除河水倒灌、地下水渗入等现象。到2020年，全国所有县城和重点镇具备污水收集处理能力，城市和县城污水处理率分别达到95%和85%左右，地级及以上城市建成区基本实现污水全收集、全处理。提升污水再生利用和污泥处置水平，大力推进污泥稳定化、无害化和资源化处理处置，地级及以上城市污泥无害化处理处置率达到90%，京津冀区域达到95%。控制初期雨水污染，排入自然水体的雨水须经过岸线净化，加快建设和改造沿岸截流干管，控制渗漏和合流制污水溢流污染。因地制宜、一河一策，控源截污、内源污染治理多管齐下，科学整治城市黑臭水体；因地制宜实施城镇污水处理厂升级改造，有条件的应配套建设湿地生态处理系统，加强废水资源化、能源化利用。敏感区域（重点湖泊、重点水库、近岸海域汇水区域）城镇污水处理设施应于2017年底前全面达到一级A排放标准。建成区水体水质达不到地表水Ⅳ类标准的城市，新建城镇污水处理设施要执行一级A排放标准。到2020年，实现缺水城市再生水利用率达到20%以上，京津冀区域达到30%以上。将港口、船舶修造厂环卫设施、污水处理设施纳入城市设施建设规划，提升含油污水、化学品洗舱水、生活污水等的处置能力。实施船舶压载水管理。

实现城镇垃圾处理全覆盖和处置设施稳定达标运行。加快县城垃圾处理设施建设，实现城镇垃圾处理设施全覆盖。提高城市生活垃圾处理减量化、资源化和无害化水平，全国城市生活垃圾无害化处理率达到95%以上，90%以上村庄的生活垃圾得到有效治理。大中型城市重点发展生活垃圾焚烧发电技术，鼓励区域共建共享焚烧处理设施，积极发展生物处理技术，合理统筹填埋处理技术，到2020年，垃圾焚烧处理率达到40%。完善收集储运系统，设市城市全面推广密闭化收运，实现干、湿分类收集转运。加强垃圾渗滤液处理处置、焚烧飞灰处理处置、填埋场甲烷利用和恶臭处理，向社会公开垃圾处置设施污染物排放情况。加快建设城市餐厨废弃物、建筑垃圾和废旧纺织品等资源化利用和无害化处理系统。以大中型城市为重点，建设生活垃圾分类示范城市（区）、生活垃圾存量治理示范项目，大中型城市建设餐厨垃圾处理设施。支持水泥窑协同处置城市生活垃圾。

推进海绵城市建设。转变城市规划建设理念，保护和恢复城市生态。老城区以问题为导向，以解决城市内涝、雨水收集利用、黑臭水体治理为突破口，推进区域整体治理，避免大拆大建。城市新区以目标为导向，优先保护生态环境，合理控制开发强度。综合采取"渗、滞、蓄、净、用、排"等措施，加强海绵型建筑与小区、海绵型道路与广场、海绵型公园和绿地、雨水调蓄与排水防涝设施等建设。大力推进城市排水防涝设施的达标建设，加快改造和消除城市易涝点。到2020年，能够将70%的降雨就地消纳和利用的土地面积达到城市建成区面积的20%以上。加强城镇节水，公共建筑必须采用节水器具，鼓励居民家庭选用节水器具。到2020年，地级及以上缺水城市全部达到国家节水型城市标准要求，京津冀、长三角、珠三角等区域提前一年完成。

增加清洁能源供给和使用。优先保障水电和国家“十三五”能源发展相关规划内的风能、太阳能、生物质能等清洁能源项目发电上网，落实可再生能源全额保障性收购政策，到2020年，非化石能源装机比重达到39%。煤炭占能源消费总量的比重降至58%以下。扩大城市高污染燃料禁燃区范围，提高城市燃气化率，地级及以上城市供热供气管网覆盖的地区禁止使用散煤，京津冀、长三角、珠三角等重点区域、重点城市实施“煤改气”工程，推进北方地区农村散煤替代。加快城市新能源汽车充电设施建设，政府机关、大中型企事业单位带头配套建设，继续实施新能源汽车推广。

大力推进煤炭清洁化利用。加强商品煤质量管理，限制开发和销售高硫、高灰等煤炭资源，发展煤炭洗选加工，到2020年，煤炭入洗率提高到75%以上。大力推进以电代煤、以气代煤和以其他清洁能源代煤，对暂不具备煤炭改清洁燃料条件的地区，积极推进洁净煤替代。建设洁净煤配送中心，建立以县（区）为单位的全密闭配煤中心以及覆盖所有乡镇、村的洁净煤供应网络。加快纯凝（只发电不供热）发电机组供热改造，鼓励热电联产机组替代燃煤小锅炉，推进城市集中供热。到2017年，除确有必要保留的外，全国地级及以上城市建成区基本淘汰10蒸吨以下燃煤锅炉。

第四节　加快农业农村环境综合治理

继续推进农村环境综合整治。继续深入开展爱国卫生运动，持续推进城乡环境卫生整治行动，建设健康、宜居、美丽家园。深化“以奖促治”政策，以南水北调沿线、三峡库区、长江沿线等重要水源地周边为重点，推进新一轮农村环境连片整治，有条件的省份开展全覆盖拉网式整治。因地制宜开展治理，完善农村生活垃圾“村收集、镇转运、县处理”模式，鼓励就地资源化，加快整治“垃圾围村”、“垃圾围坝”等问题，切实防止城镇垃圾向农村转移。整县推进农村污水处理统一规划、建设、管理。积极推进城镇污水、垃圾处理设施和服务向农村延伸，开展农村厕所无害化改造。继续实施农村清洁工程，开展河道清淤疏浚。到2020年，新增完成环境综合整治建制村13万个。

大力推进畜禽养殖污染防治。划定禁止建设畜禽规模养殖场（小区）区域，加强分区分类管理，以废弃物资源化利用为途径，整县推进畜禽养殖污染防治。养殖密集区推行粪污集中处理和资源化综合利用。2017年底前，各地区依法关闭或搬迁禁养区内的畜禽养殖场（小区）和养殖专业户。大力支持畜禽规模养殖场（小区）标准化改造和建设。

打好农业面源污染治理攻坚战。优化调整农业结构和布局，推广资源节约型农业清洁生产技术，推动资源节约型、环境友好型、生态保育型农业发展。建设生态沟渠、污水净化塘、地表径流集蓄池等设施，净化农田排水及地表径流。实施环水有机农业行动计划。推进健康生态养殖。实行测土配方施肥。推进种植业清洁生产，开展农膜回收利用，率先实现东北黑土地大田生产地膜零增长。在环渤海京津冀、长三角、珠三角等重点区域，开展种植业和养殖业重点排放源氨防控研究与示范。研究建立农药使用环境影响后评价制度，制定农药包装废弃物回收处理办法。到2020年，实现化肥农药使用量零增长，化肥利用率提高到40％以上，农膜回收率达到80%以上；京津冀、长三角、珠三角等区域提前一年完成。

强化秸秆综合利用与禁烧。建立逐级监督落实机制，疏堵结合、以疏为主，完善秸秆收储体系，支持秸秆代木、纤维原料、清洁制浆、生物质能、商品有机肥等新技术产业化发展，加快推进秸秆综合利用；强化重点区域和重点时段秸秆禁烧措施，不断提高禁烧监管水平。

第六章　实行全程管控，有效防范和降低环境风险

提升风险防控基础能力，将风险纳入常态化管理，系统构建事前严防、事中严管、事后处置的全过程、多层级风险防范体系，严密防控重金属、危险废物、有毒有害化学品、核与辐射等重点领域环境风险，强化核与辐射安全监管体系和能力建设，有效控制影响健康的生态和社会环境危险因素，守牢安全底线。

第一节　完善风险防控和应急响应体系

加强风险评估与源头防控。完善企业突发环境事件风险评估制度，推进突发环境事件风险分类分级管理，严格重大突发环境事件风险企业监管。改进危险废物鉴别体系。选择典型区域、工业园区、流域开展试点，进行废水综合毒性评估、区域突发环境事件风险评估，以此作为行业准入、产业布局与结构调整的基本依据，发布典型区域环境风险评估报告范例。

开展环境与健康调查、监测和风险评估。制定环境与健康工作办法，建立环境与健康调查、监测和风险评估制度，形成配套政策、标准和技术体系。开展重点地区、流域、行业环境与健康调查，初步建立环境健康风险哨点监测工作网络，识别和评估重点地区、流域、行业的环境健康风险，对造成环境健康风险的企业和污染物实施清单管理，研究发布一批利于人体健康的环境基准。

严格环境风险预警管理。强化重污染天气、饮用水水源地、有毒有害气体、核安全等预警工作，开展饮用水水源地水质生物毒性、化工园区有毒有害气体等监测预警试点。

强化突发环境事件应急处置管理。健全国家、省、市、县四级联动的突发环境事件应急管理体系，深入推进跨区域、跨部门的突发环境事件应急协调机制，健全综合应急救援体系，建立社会化应急救援机制。完善突发环境事件现场指挥与协调制度，以及信息报告和公开机制。加强突发环境事件调查、突发环境事件环境影响和损失评估制度建设。

加强风险防控基础能力。构建生产、运输、贮存、处置环节的环境风险监测预警网络，建设“能定位、能查询、能跟踪、能预警、能考核”的危险废物全过程信息化监管体系。建立健全突发环境事件应急指挥决策支持系统，完善环境风险源、敏感目标、环境应急能力及环境应急预案等数据库。加强石化等重点行业以及政府和部门突发环境事件应急预案管理。建设国家环境应急救援实训基地，加强环境应急管理队伍、专家队伍建设，强化环境应急物资储备和信息化建设，增强应急监测能力。推动环境应急装备产业化、社会化，推进环境应急能力标准化建设。

第二节　加大重金属污染防治力度

加强重点行业环境管理。严格控制涉重金属新增产能快速扩张，优化产业布局，继续淘汰涉重金属重点行业落后产能。涉重金属行业分布集中、产业规模大、发展速度快、环境问题突出的地区，制定实施更严格的地方污染物排放标准和环境准入标准，依法关停达标无望、治理整顿后仍不能稳定达标的涉重金属企业。制定电镀、制革、铅蓄电池等行业工业园区综合整治方案，推动园区清洁、规范发展。强化涉重金属工业园区和重点工矿企业的重金属污染物排放及周边环境中的重金属监测，加强环境风险隐患排查，向社会公开涉重金属企业生产排放、环境管理和环境质量等信息。组织开展金属矿采选冶炼、钢铁等典型行业和贵州黔西南布依族苗族自治州等典型地区铊污染排放调查，制定铊污染防治方案。加强进口矿产品中重金属等环保项目质量监管。

深化重点区域分类防控。重金属污染防控重点区域制定实施重金属污染综合防治规划，有效防控环境风险和改善区域环境质量，分区指导、一区一策，实施差别化防控管理，加快湘江等流域、区域突出问题综合整治，“十三五”期间，争取20个左右地区退出重点区域。在江苏靖江市、浙江平阳县等16个重点区域和江西大余县浮江河流域等8个流域开展重金属污染综合整治示范，探索建立区域和流域重金属污染治理与风险防控的技术和管理体系。建立“锰三角”（锰矿开采和生产过程中存在严重环境污染问题的重庆市秀山县、湖南省花垣县、贵州省松桃县三个县）综合防控协调机制，统一制定综合整治规划。优化调整重点区域环境质量监测点位，2018年底前建成全国重金属环境监测体系。

专栏5　重金属综合整治示范
（一）区域综合防控（16个）。 泰州靖江市（电镀行业综合整治）、温州平阳县（产业入园升级与综合整治）、湖州长兴县（铅蓄电池行业综合整治）、济源市（重金属综合治理与环境监测）、黄石大冶市及周边地区（铜冶炼治理与历史遗留污染整治）、湘潭竹埠港及周边地区（历史遗留污染治理）、衡阳水口山及周边地区（行业综合整治提升）、郴州三十六湾及周边地区（历史遗留污染整治和环境风险预警监控）、常德石门县雄黄矿地区（历史遗留砷污染治理与风险防控）、河池金城江区（结构调整与历史遗留污染整治）、重庆秀山县（电解锰行业综合治理）、凉山西昌市（有色行业整治及污染地块治理）、铜仁万山区（汞污染综合整治）、红河个旧市（产业调整与历史遗留污染整治）、渭南潼关县（有色行业综合整治）、金昌市金川区（产业升级与历史遗留综合整治）。 **（二）流域综合整治（8个）。** 赣州大余县浮江河流域（砷）、三门峡灵宝市宏农涧河流域（镉、汞）、荆门钟祥市利河—南泉河流域（砷）、韶关大宝山矿区横石水流域（镉）、河池市南丹县刁江流域（砷、镉）、黔南独山县都柳江流域（锑）、怒江兰坪县沘江流域（铅、镉）、陇南徽县永宁河流域（铅、砷）。

加强汞污染控制。禁止新建采用含汞工艺的电石法聚氯乙烯生产项目，到2020年聚氯乙烯行业每单位产品用汞量在2010年的基础上减少50%。加强燃煤电厂等重点行业汞污染排放控制。禁止新建原生汞矿，逐步停止原生汞开采。淘汰含汞体温计、血压计等添汞产品。

第三节　提高危险废物处置水平

合理配置危险废物安全处置能力。各省（区、市）应组织开展危险废物产生、利用处置能力和设施运行情况评估，科学规划并实施危险废物集中处置设施建设规划，将危险废物集中处置设施纳入当地公共基础设施统筹建设。鼓励大型石油化工等产业基地配套建设危险废物利用处置设施。鼓励产生量大、种类单一的企业和园区配套建设危险废物收集贮存、预处理和处置设施，引导和规范水泥窑协同处置危险废物。开展典型危险废物集中处置设施累积性环境风险评价与防控，淘汰一批工艺落后、不符合标准规范的设施，提标改造一批设施，规范管理一批设施。

防控危险废物环境风险。动态修订国家危险废物名录，开展全国危险废物普查，2020年底前，力争基本摸清全国重点行业危险废物产生、贮存、利用和处置状况。以石化和化工行业为重点，打击危险废物非法转移和利用处置违法犯罪活动。加强进口石化和化工产品质量安全监管，打击以原油、燃料油、润滑油等产品名义进口废油等固体废物。继续开展危险废物规范化管理督查考核，以含铬、铅、汞、镉、砷等重金属废物和生活垃圾焚烧飞灰、抗生素菌渣、高毒持久性废物等为重点开展专项整治。制定废铅蓄电池回收管理办法。明确危险废物利用处置二次污染控制要求及综合利用过程环境保护要求，制定综合利用产品中有毒有害物质含量限值，促进危险废物安全利用。

推进医疗废物安全处置。扩大医疗废物集中处置设施服务范围，建立区域医疗废物协同与应急处置机制，因地制宜推进农村、乡镇和偏远地区医疗废物安全处置。实施医疗废物焚烧设施提标改造工程。提高规范化管理水平，严厉打击医疗废物非法买卖等行为，建立医疗废物特许经营退出机制，严格落实医疗废物处置收费政策。

第四节　夯实化学品风险防控基础

评估现有化学品环境和健康风险。开展一批现有化学品危害初步筛查和风险评估，评估化学品在环境中的积累和风险情况。2017年底前，公布优先控制化学品名录，严格限制高风险化学品生产、使用、进口，并逐步淘汰替代。加强有毒有害化学品环境与健康风险评估能力建设。

削减淘汰公约管制化学品。到2020年，基本淘汰林丹、全氟辛基磺酸及其盐类和全氟辛基磺酰氟、硫丹等一批《关于持久性有机污染物的斯德哥尔摩公约》管制的化学品。强化对拟限制或禁止的持久性有机污染物替代品、最佳可行技术以及相关监测检测设备的研发。

严格控制环境激素类化学品污染。2017年底前，完成环境激素类化学品生产使用情况调查，监控、评估水源地、农产品种植区及水产品集中养殖区风险，实行环境激素类化学品淘汰、限制、替代等措施。

第五节　加强核与辐射安全管理

我国是核能核技术利用大国。“十三五”期间，要强化核安全监管体系和监管能力建设，加快推进核安全法治进程，落实核安全规划，依法从严监管，严防发生放射性污染环境的核事故。

提高核设施、放射源安全水平。持续提高核电厂安全运行水平，加强在建核电机组质量监督，确保新建核电厂满足国际最新核安全标准。加快研究堆、核燃料循环设施安全改进。优化核安全设备许可管理，提高核安全设备质量和可靠性。实施加强放射源安全行动计划。

推进放射性污染防治。加快老旧核设施退役和放射性废物处理处置，进一步提升放射性废物处理处置能力，落实废物最小化政策。推进铀矿冶设施退役治理和环境恢复，加强铀矿冶和伴生放射性矿监督管理。

强化核与辐射安全监管体系和能力建设。加强核与辐射安全监管体制机制建设，将核安全关键技术纳入国家重点研发计划。强化国家、区域、省级核事故应急物资储备和能力建设。建成国家核与辐射安全监管技术研发基地。建立国家核安全监控预警和应急响应平台，完善全国辐射环境监测网络，加强国家、省、地市级核与辐射安全监管能力。

第七章　加大保护力度，强化生态修复

贯彻“山水林田湖是一个生命共同体”理念，坚持保护优先、自然恢复为主，推进重点区域和重要生态系统保护与修复，构建生态廊道和生物多样性保护网络，全面提升各类生态系统稳定性和生态服务功能，筑牢生态安全屏障。

第一节　维护国家生态安全

系统维护国家生态安全。识别事关国家生态安全的重要区域，以生态安全屏障以及大江大河重要水系为骨架，以国家重点生态功能区为支撑，以国家禁止开发区域为节点，以生态廊道和生物多样性保护网络为脉络，优先加强生态保护，维护国家生态安全。

建设“两屏三带”国家生态安全屏障。建设青藏高原生态安全屏障，推进青藏高原区域生态建设与环境保护，重点保护好多样、独特的生态系统。推进黄土高原—川滇生态安全屏障建设，重点加强水土流失防治和天然植被保护，保障长江、黄河中下游地区生态安全。建设东北森林带生态安全屏障，重点保护好森林资源和生物多样性，维护东北平原生态安全。建设北方防沙带生态安全屏障，重点加强防护林建设、草原保护和防风固沙，对暂不具备治理条件的沙化土地实行封禁保护，保障“三北”地区生态安全。建设南方丘陵山地带生态安全屏障，重点加强植被修复和水土流失防治，保障华南和西南地区生态安全。

构建生物多样性保护网络。深入实施中国生物多样性保护战略与行动计划，继续开展联合国生物多样性十年中国行动，编制实施地方生物多样性保护行动计划。加强生物多样性保护优先区域管理，构建生物多样性保护网络，完善生物多样性迁地保护设施，实现对生物多样性的系统保护。开展生物多样性与生态系统服务价值评估与示范。

第二节　管护重点生态区域

深化国家重点生态功能区保护和管理。制定国家重点生态功能区产业准入负面清单，制定区域限制和禁止发展的产业目录。优化转移支付政策，强化对区域生态功能稳定性和提供生态产品能力的评价和考核。支持甘肃生态安全屏障综合示范区建设，推进沿黄生态经济带建设。加快重点生态功能区生态保护与建设项目实施，加强对开发建设活动的生态监管，保护区域内重点野生动植物资源，明显提升重点生态功能区生态系统服务功能。

优先加强自然保护区建设与管理。优化自然保护区布局，将重要河湖、海洋、草原生态系统及水生生物、自然遗迹、极小种群野生植物和极度濒危野生动物的保护空缺作为新建自然保护区重点，建设自然保护区群和保护小区，全面提高自然保护区管理系统化、精细化、信息化水平。建立全国自然保护区“天地一体化”动态监测体系，利用遥感等手段开展监测，国家级自然保护区每年监测两次，省级自然保护区每年监测一次。定期组织自然保护区

专项执法检查，严肃查处违法违规活动，加强问责监督。加强自然保护区综合科学考察、基础调查和管理评估。积极推进全国自然保护区范围界限核准和勘界立标工作，开展自然保护区土地确权和用途管制，有步骤地对居住在自然保护区核心区和缓冲区的居民实施生态移民。到2020年，全国自然保护区陆地面积占我国陆地国土面积的比例稳定在15%左右，国家重点保护野生动植物种类和典型生态系统类型得到保护的占90%以上。

整合设立一批国家公园。加强对国家公园试点的指导，在试点基础上研究制定建立国家公园体制总体方案。合理界定国家公园范围，整合完善分类科学、保护有力的自然保护地体系，更好地保护自然生态和自然文化遗产原真性、完整性。加强风景名胜区、自然文化遗产、森林公园、沙漠公园、地质公园等各类保护地规划、建设和管理的统筹协调，提高保护管理效能。

第三节　保护重要生态系统

保护森林生态系统。完善天然林保护制度，强化天然林保护和抚育，健全和落实天然林管护体系，加强管护基础设施建设，实现管护区域全覆盖，全面停止天然林商业性采伐。继续实施森林管护和培育、公益林建设补助政策。严格保护林地资源，分级分类进行林地用途管制。到2020年，林地保有量达到31230万公顷。

推进森林质量精准提升。坚持保护优先、自然恢复为主，坚持数量和质量并重、质量优先，坚持封山育林、人工造林并举，宜封则封、宜造则造，宜林则林、宜灌则灌、宜草则草，强化森林经营，大力培育混交林，推进退化林修复，优化森林组成、结构和功能。到2020年，混交林占比达到45%，单位面积森林蓄积量达到95立方米/公顷，森林植被碳储量达到95亿吨。

保护草原生态系统。稳定和完善草原承包经营制度，实行基本草原保护制度，落实草畜平衡、禁牧休牧和划区轮牧等制度。严格草原用途管制，加强草原管护员队伍建设，严厉打击非法征占用草原、开垦草原、乱采滥挖草原野生植物等破坏草原的违法犯罪行为。开展草原资源调查和统计，建立草原生产、生态监测预警系统。加强“三化”草原治理，防治鼠虫草害。到2020年，治理“三化”草原3000万公顷。

保护湿地生态系统。开展湿地生态效益补偿试点、退耕还湿试点。在国际和国家重要湿地、湿地自然保护区、国家湿地公园，实施湿地保护与修复工程，逐步恢复湿地生态功能，扩大湿地面积。提升湿地保护与管理能力。

第四节　提升生态系统功能

大规模绿化国土。开展大规模国土绿化行动，加强农田林网建设，建设配置合理、结构稳定、功能完善的城乡绿地，形成沿海、沿江、沿线、沿边、沿湖（库）、沿岛的国土绿化网格，促进山脉、平原、河湖、城市、乡村绿化协同。

继续实施新一轮退耕还林还草和退牧还草。扩大新一轮退耕还林还草范围和规模，在具备条件的25度以上坡耕地、严重沙化耕地和重要水源地15—25度坡耕地实施退耕还林还草。实施全国退牧还草工程建设规划，稳定扩大退牧还草范围，转变草原畜牧业生产方式，建设草原保护基础设施，保护和改善天然草原生态。

建设防护林体系。加强“三北”、长江、珠江、太行山、沿海等防护林体系建设。“三北”地区乔灌草相结合，突出重点、规模治理、整体推进。长江流域推进退化林修复，提高森林质量，构建“两湖一库”防护林体系。珠江流域推进退化林修复。太行山脉优化林分结构。沿海地区推进海岸基干林带和消浪林建设，修复退化林，完善沿海防护林体系和防灾减灾体系。在粮食主产区营造农田林网，加强村镇绿化，提高平原农区防护林体系综合功能。

建设储备林。在水土光热条件较好的南方省区和其他适宜地区，吸引社会资本参与储备林投资、运营和管理，加快推进储备林建设。在东北、内蒙古等重点国有林区，采取人工林集约栽培、现有林改培、抚育及补植补造等措施，建设以用材林和珍贵树种培育为主体的储备林基地。到2020年，建设储备林1400万公顷，每年新增木材供应能力9500万立方米以上。

培育国土绿化新机制。继续坚持全国动员、全民动手、全社会搞绿化的指导方针，鼓励家庭林场、林业专业合作组织、企业、社会组织、个人开展专业化规模化造林绿化。发挥国有林区和林场在绿化国土中的带动作用，开展多种形式的场外合作造林和森林保育经营，鼓励国有林场担负区域国土绿化和生态修复主体任务。创新产权模式，鼓励地方探索在重要生态区域通过赎买、置换等方式调整商品林为公益林的政策。

第五节　修复生态退化地区

综合治理水土流失。加强长江中上游、黄河中上游、西南岩溶区、东北黑土区等重点区域水土保持工程建设，加强黄土高原地区沟壑区固沟保塬工作，推进东北黑土区侵蚀沟治理，加快南方丘陵地带崩岗治理，积极开展生态清洁小流域建设。

推进荒漠化石漠化治理。加快实施全国防沙治沙规划，开展固沙治沙，加大对主要风沙源区、风沙口、沙尘路径区、沙化扩展活跃区等治理力度，加强“一带一路”沿线防沙治沙，推进沙化土地封禁保护区和防沙治沙综合示范区建设。继续实施京津风沙源治理二期工程，进一步遏制沙尘危害。以“一片两江”（滇桂黔石漠化片区和长江、珠江）岩溶地区为重点，开展石漠化综合治理。到2020年，努力建成10个百万亩、100个十万亩、1000个万亩防沙治沙基地。

加强矿山地质环境保护与生态恢复。严格实施矿产资源开发环境影响评价，建设绿色矿山。加大矿山植被恢复和地质环境综合治理，开展病危险尾矿库和“头顶库”（1公里内有居民或重要设施的尾矿库）专项整治，强化历史遗留矿山地质环境恢复和综合治理。推广实施尾矿库充填开采等技术，建设一批“无尾矿山”（通过有效手段实现无尾矿或仅有少量尾矿占地堆存的矿山），推进工矿废弃地修复利用。

第六节　扩大生态产品供给

推进绿色产业建设。加强林业资源基地建设，加快产业转型升级，促进产业高端化、品牌化、特色化、定制化，满足人民群众对优质绿色产品的需求。建设一批具有影响力的花卉苗木示范基地，发展一批增收带动能力强的木本粮油、特色经济林、林下经济、林业生物产业、沙产业、野生动物驯养繁殖利用示范基地。加快发展和提升森林旅游休闲康养、湿地度假、沙漠探秘、野生动物观赏等产业，加快林产工业、林业装备制造业技术改造和创新，打造一批竞争力强、特色鲜明的产业集群和示范园区，建立绿色产业和全国重点林产品市场监测预警体系。

构建生态公共服务网络。加大自然保护地、生态体验地的公共服务设施建设力度，开发和提供优质的生态教育、游憩休闲、健康养生养老等生态服务产品。加快建设生态标志系统、绿道网络、环卫、安全等公共服务设施，精心设计打造以森林、湿地、沙漠、野生动植物栖息地、花卉苗木为景观依托的生态体验精品旅游线路，集中建设一批公共营地、生态驿站，提高生态体验产品档次和服务水平。

加强风景名胜区和世界遗产保护与管理。开展风景名胜区资源普查，稳步做好世界自然遗产、自然与文化双遗产培育与申报。强化风景名胜区和世界遗产的管理，实施遥感动态监测，严格控制利用方式和强度。加大保护投入，加强风景名胜区保护利用设施建设。

维护修复城市自然生态系统。提高城市生物多样性，加强城市绿地保护，完善城市绿线管理。优化城市绿地布局，建设绿道绿廊，使城市森林、绿地、水系、河湖、耕地形成完整的生态网络。扩大绿地、水域等生态空间，合理规划建设各类城市绿地，推广立体绿化、屋顶绿化。开展城市山体、水体、废弃地、绿地修复，通过自然恢复和人工修复相结合的措施，实施城市生态修复示范工程项目。加强城市周边和城市群绿化，实施“退工还林”，成片建设城市森林。大力提高建成区绿化覆盖率，加快老旧公园改造，提升公园绿地服务功能。推行生态绿化方式，广植当地树种，乔灌草合理搭配、自然生长。加强古树名木保护，严禁移植天然大树进城。发展森林城市、园林城市、森林小镇。到2020年，城市人均公园绿地面积达到14.6平方米，城市建成区绿地率达到38.9%。

第七节　保护生物多样性

开展生物多样性本底调查和观测。实施生物多样性保护重大工程，以生物多样性保护优先区域为重点，开展生态系统、物种、遗传资源及相关传统知识调查与评估，建立全国生物多样性数据库和信息平台。到2020年，基本摸清生物多样性保护优先区域本底状况。完善生物多样性观测体系，开展生物多样性综合观测站和观测样区建设。对重要生物类群和生态系统、国家重点保护物种及其栖息地开展常态化观测、监测、评价和预警。

实施濒危野生动植物抢救性保护。保护、修复和扩大珍稀濒危野生动植物栖息地、原生境保护区（点），优先实施重点保护野生动物和极小种群野生植物保护工程，开发濒危物种繁育、恢复和保护技术，加强珍稀濒危野生动植物救护、繁育和野化放归，开展长江经济带及重点流域人工种群野化放归试点示范，科学进行珍稀濒危野生动植物再引入。优化全国野生动物救护网络，完善布局并建设一批野生动物救护繁育中心，建设兰科植物等珍稀濒危植物的人工繁育中心。强化野生动植物及其制品利用监管，开展野生动植物繁育利用及其制品的认证标识。调整修订国家重点保护野生动植物名录。

加强生物遗传资源保护。建立生物遗传资源及相关传统知识获取与惠益分享制度，规范生物遗传资源采集、保存、交换、合作研究和开发利用活动，加强与遗传资源相关传统知识保护。开展生物遗传资源价值评估，加强对生物资源的发掘、整理、检测、培育和性状评价，筛选优良生物遗传基因。强化野生动植物基因保护，建设野生动植物人工种群保育基地和基因库。完善西南部生物遗传资源库，新建中东部生物遗传资源库，收集保存国家特有、珍稀濒危及具有重要价值的生物遗传资源。建设药用植物资源、农作物种质资源、野生花卉种质资源、林木种质资源中长期保存库（圃），合理规划和建设植物园、动物园、野生动物繁育中心。

强化野生动植物进出口管理。加强生物遗传资源、野生动植物及其制品进出口管理，建立部门信息共享、联防联控的工作机制，建立和完善进出口电子信息网络系统。严厉打击象牙等野生动植物制品非法交易，构建情报信息分析研究和共享平台，组建打击非法交易犯罪合作机制，严控特有、珍稀、濒危野生动植物种质资源流失。

防范生物安全风险。加强对野生动植物疫病的防护。建立健全国家生态安全动态监测预警体系，定期对生态风险开展全面调查评估。加强转基因生物环境释放监管，开展转基因生物环境释放风险评价和跟踪监测。建设国门生物安全保护网，完善国门生物安全查验机制，严格外来物种引入管理。严防严控外来有害生物物种入侵，开展外来入侵物种普查、监测与生态影响评价，对造成重大生态危害的外来入侵物种开展治理和清除。

第八章　加快制度创新，积极推进治理体系和治理能力现代化

统筹推进生态环境治理体系建设，以环保督察巡视、编制自然资源资产负债表、领导干部自然资源资产离任审计、生态环境损害责任追究等落实地方环境保护责任，以环境司法、排污许可、损害赔偿等落实企业主体责任，加强信息公开，推进公益诉讼，强化绿色金融等市场激励机制，形成政府、企业、公众共治的治理体系。

第一节　健全法治体系

完善法律法规。积极推进资源环境类法律法规制修订。适时完善水污染防治、环境噪声污染防治、土壤污染防治、生态保护补偿、自然保护区等相关制度。

严格环境执法监督。完善环境执法监督机制，推进联合执法、区域执法、交叉执法，强化执法监督和责任追究。进一步明确环境执法部门行政调查、行政处罚、行政强制等职责，有序整合不同领域、不同部门、不同层次的执法监督力量，推动环境执法力量向基层延伸。

推进环境司法。健全行政执法和环境司法的衔接机制，完善程序衔接、案件移送、申请强制执行等方面规定，加强环保部门与公安机关、人民检察院和人民法院的沟通协调。健全环境案件审理制度。积极配合司法机关做好相关司法解释的制修订工作。

第二节　完善市场机制

推行排污权交易制度。建立健全排污权初始分配和交易制度，落实排污权有偿使用制度，推进排污权有偿使用和交易试点，加强排污权交易平台建设。鼓励新建项目污染物排放指标通过交易方式取得，且不得增加本地区污染物排放总量。推行用能预算管理制度，开展用能权有偿使用和交易试点。

发挥财政税收政策引导作用。开征环境保护税。全面推进资源税改革，逐步将资源税扩展到占用各种自然生态空间范畴。落实环境保护、生态建设、新能源开发利用的税收优惠政策。研究制定重点危险废物集中处置设施、场所的退役费用预提政策。

深化资源环境价格改革。完善资源环境价格机制，全面反映市场供求、资源稀缺程度、生态环境损害成本和修复效益等因素。落实调整污水处理费和水资源费征收标准政策，提高垃圾处理费收缴率，完善再生水价格机制。研究完善燃煤电厂环保电价政策，加大高耗能、高耗水、高污染行业差别化电价水价等政策实施力度。

加快环境治理市场主体培育。探索环境治理项目与经营开发项目组合开发模式，健全社会资本投资环境治理回报机制。深化环境服务试点，创新区域环境治理一体化、环保"互联网+"、环保物联网等污染治理与管理模式，鼓励各类投资进入环保市场。废止各类妨碍形成全国统一市场和公平竞争的制度规定，加强环境治理市场信用体系建设，规范市场环境。鼓励推行环境治理依效付费与环境绩效合同服务。

建立绿色金融体系。建立绿色评级体系以及公益性的环境成本核算和影响评估体系，明确贷款人尽职免责要求和环境保护法律责任。鼓励各类金融机构加大绿色信贷发放力度。在环境高风险领域建立环境污染强制责任保险制度。研究设立绿色股票指数和发展相关投资产品。鼓励银行和企业发行绿色债券，鼓励对绿色信贷资产实行证券化。加大风险补偿力度，支持开展排污权、收费权、购买服务协议抵押等担保贷款业务。支持设立市场化运作的各类绿色发展基金。

加快建立多元化生态保护补偿机制。加大对重点生态功能区的转移支付力度，合理提高补偿标准，向生态敏感和脆弱地区、流域倾斜，推进有关转移支付分配与生态保护成效挂钩，探索资金、政策、产业及技术等多元互补方式。完善补偿范围，逐步实现森林、草原、湿地、荒漠、河流、海洋和耕地等重点领域和禁止开发区域、重点生态功能区等重要区域全覆盖。中央财政支持引导建立跨省域的生态受益地区和保护地区、流域上游与下游的横向补偿机制，推进省级区域内横向补偿。在长江、黄河等重要河流探索开展横向生态保护补偿试点。深入推进南水北调中线工程水源区对口支援、新安江水环境生态补偿试点，推动在京津冀水源涵养区、广西广东九洲江、福建广东汀江—韩江、江西广东东江、云南贵州广西广东西江等开展跨地区生态保护补偿试点。到2017年，建立京津冀区域生态保护补偿机制，将北京、天津支持河北开展生态建设与环境保护制度化。

第三节　落实地方责任

落实政府生态环境保护责任。建立健全职责明晰、分工合理的环境保护责任体系，加强监督检查，推动落实环境保护党政同责、一岗双责。省级人民政府对本行政区域生态环境和资源保护负总责，对区域流域生态环保负相应责任，统筹推进区域环境基本公共服务均等化，市级人民政府强化统筹和综合管理职责，区县人民政府负责执行落实。

改革生态环境保护体制机制。积极推行省以下环保机构监测监察执法垂直管理制度改革试点，加强对地方政府及其相关部门环保履责情况的监督检查。建立区域流域联防联控和城乡协同的治理模式。建立和完善严格监管所有污染物排放的环境保护管理制度。

推进战略和规划环评。在完成京津冀、长三角、珠三角地区及长江经济带、"一带一路"战略环评基础上，稳步推进省、市两级行政区战略环评。探索开展重大政策环境影响论证试点。严格开展开发建设规划环评，作为规划编制、审批、实施的重要依据。深入开展城市、新区总体规划环评，强化规划环评生态空间保护，完善规划环评会商机制。以产业园区规划环评为重点，推进空间和环境准入的清单管理，探索园区内建设项目环评审批管理改革。加强项目环评与规划环评联动，建设四级环保部门环评审批信息联网系统。地方政府和有关部门要依据战略、规划环评，把空间管制、总量管控和环境准入等要求转化为区域开发和保护的刚性约束。严格规划环评责任追究，加强对地方政府和有关部门规划环评工作开展情况的监督。

编制自然资源资产负债表。探索编制自然资源资产负债表，建立实物量核算账户，建立生态环境价值评估制度，开展生态环境资产清查与核算。实行领导干部自然资源资产离任审计，推动地方领导干部落实自然资源资产管理责任。在完成编制自然资源资产负债表试点基础上，逐步建立健全自然资源资产负债表编制制度，在国家层面探索形成主要自然资源资产价值量核算技术方法。

建立资源环境承载能力监测预警机制。研究制定监测评价、预警指标体系和技术方法，开展资源环境承载能力监测预警与成因解析，对资源消耗和环境容量接近或超过承载能力的地区实行预警提醒和差异化的限制性措施，严格约束开发活动在资源环境承载能力范围内。各省（区、市）应组织开展市、县域资源环境承载能力现状评价，超过承载能力的地区要调整发展规划和产业结构。

实施生态文明绩效评价考核。贯彻落实生态文明建设目标评价考核办法，建立体现生态文明要求的目标体系、考核办法、奖惩机制，把资源消耗、环境损害、生态效益纳入地方各级政府经济社会发展评价体系，对不同区域主体功能定位实行差异化绩效评价考核。

开展环境保护督察。推动地方落实生态环保主体责任，开展环境保护督察，重点检查环境质量呈现恶化趋势的区域流域及整治情况，重点督察地方党委和政府及其有关部门环保不作为、乱作为的情况，重点了解地方落实环境保护党政同责、一岗双责以及严格责任追究等情况，推动地方生态文明建设和环境保护工作，促进绿色发展。

建立生态环境损害责任终身追究制。建立重大决策终身责任追究及责任倒查机制，对在生态环境和资源方面造成严重破坏负有责任的干部不得提拔使用或者转任重要职务，对构成犯罪的依法追究刑事责任。实行领导干部自然资源资产离任审计，对领导干部离任后出现重大生态环境损害并认定其应承担责任的，实行终身追责。

第四节　加强企业监管

建立覆盖所有固定污染源的企业排放许可制度。全面推行排污许可，以改善环境质量、防范环境风险为目标，将污染物排放种类、浓度、总量、排放去向等纳入许可证管理范围，企业按排污许可证规定生产、排污。完善污染治理责任体系，环境保护部门对照排污许可证要求对企业排污行为实施监管执法。2017年底前，完成重点行业及产能过剩行业企业许可证核发，建成全国排污许可管理信息平台。到2020年，全国基本完成排污许可管理名录规定行业企业的许可证核发。

激励和约束企业主动落实环保责任。建立企业环境信用评价和违法排污黑名单制度，企业环境违法信息将记入社会诚信档案，向社会公开。建立上市公司环保信息强制性披露机制，对未尽披露义务的上市公司依法予以处罚。实施能效和环保“领跑者”制度，采取财税优惠、荣誉表彰等措施激励企业实现更高标准的环保目标。到2020年，分级建立企业环境信用评价体系，将企业环境信用信息纳入全国信用信息共享平台，建立守信激励与失信惩戒机制。

建立健全生态环境损害评估和赔偿制度。推进生态环境损害鉴定评估规范化管理，完善鉴定评估技术方法。2017年底前，完成生态环境损害赔偿制度改革试点；自2018年起，在全国试行生态环境损害赔偿制度；到2020年，力争在全国范围内初步建立生态环境损害赔偿制度。

第五节　实施全民行动

提高全社会生态环境保护意识。加大生态环境保护宣传教育，组织环保公益活动，开发生态文化产品，全面提升全社会生态环境保护意识。地方各级人民政府、教育主管部门和新闻媒体要依法履行环境保护宣传教育责任，把环境保护和生态文明建设作为践行社会主义核心价值观的重要内容，实施全民环境保护宣传教育行动计划。引导抵制和谴责过度消费、奢侈消费、浪费资源能源等行为，倡导勤俭节约、绿色低碳的社会风尚。鼓励生态文化作品创作，丰富环境保护宣传产品，开展环境保护公益宣传活动。建设国家生态环境教育平台，引导公众践行绿色简约生活和低碳休闲模式。小学、中学、高等学校、职业学校、培训机构等要将生态文明教育纳入教学内容。

推动绿色消费。强化绿色消费意识，提高公众环境行为自律意识，加快衣食住行向绿色消费转变。实施全民节能行动计划，实行居民水、电、气阶梯价格制度，推广节水、节能用品和绿色环保家具、建材等。实施绿色建筑行动计划，完善绿色建筑标准及认证体系，扩大强制执行范围，京津冀地区城镇新建建筑中绿色建筑达到50%以上。强化政府绿色采购制度，制定绿色产品采购目录，倡导非政府机构、企业实行绿色采购。鼓励绿色出行，改善步行、自行车出行条件，完善城市公共交通服务体系。到2020年，城区常住人口300万以上城市建成区公共交通占机动化出行比例达到60%。

强化信息公开。建立生态环境监测信息统一发布机制。全面推进大气、水、土壤等生态环境信息公开，推进监管部门生态环境信息、排污单位环境信息以及建设项目环境影响评价信息公开。各地要建立统一的信息公开平台，健全反馈机制。建立健全环境保护新闻发言人制度。

加强社会监督。建立公众参与环境管理决策的有效渠道和合理机制，鼓励公众对政府环保工作、企业排污行为进行监督。在建设项目立项、实施、后评价等环节，建立沟通协商平台，听取公众意见和建议，保障公众环境知情权、参与权、监督权和表达权。引导新闻媒体，加强舆论监督，充分利用“12369”环保热线和环保微信举报平台。研究推进环境典型案例指导示范制度，推动司法机关强化公民环境诉权的保障，细化环境公益诉讼的法律程序，加强对环境公益诉讼的技术支持，完善环境公益诉讼制度。

第六节　提升治理能力

加强生态环境监测网络建设。统一规划、优化环境质量监测点位，建设涵盖大气、水、土壤、噪声、辐射等要素，布局合理、功能完善的全国环境质量监测网络，实现生态环境监测信息集成共享。大气、地表水环境质量监测点位总体覆盖80%左右的区县，人口密集的区县实现全覆盖，土壤环境质量监测点位实现全覆盖。提高大气环境质量预报和污染预警水平，强化污染源追踪与解析，地级及以上城市开展大气环境质量预报。建设国家水质监测预警平台。加强饮用水水源和土壤中持久性、生物富集性以及对人体健康危害大的污染物监测。加强重点流域城镇集中式饮用水水源水质、水体放射性监测和预警。建立天地一体化的生态遥感监测系统，实现环境卫星组网运行，加强无人机遥感监测和地面生态监测。构建生物多样性观测网络。

专栏6　全国生态环境监测网络建设

（一）稳步推进环境质量监测事权上收。

对1436个城市大气环境质量自动监测站、96个区域站和16个背景站，2767个国控地表水监测断面、419个近岸海域水环境质量监测点和300个水质自动监测站，40000个土壤环境国家监控点位，承担管理职责，保障运行经费，采取第三方监测服务、委托地方运维管理、直接监测等方式运行，推动环境监测数据联网共享与统一发布。

（二）加快建设生态监测网络。

建立天地一体化的生态遥感监测系统，建立生态功能地面监测站点，加强无人机遥感监测，对重要生态系统服务功能开展统一监测、统一信息公布。建设全国生态保护红线监管平台，建立一批相对固定的生态保护红线监管地面核查点。建立生物多样性观测网络体系，开展重要生态系统和生物类群的常态化监测与观测。新建大气辐射自动监测站400个、土壤辐射监测点163个、饮用水水源地辐射监测点330个。建设森林监测站228个、湿地监测站85个、荒漠监测站108个、生物多样性监测站300个。

加强环境监管执法能力建设。实现环境监管网格化管理，优化配置监管力量，推动环境监管服务向农村地区延伸。完善环境监管执法人员选拔、培训、考核等制度，充实一线执法队伍，保障执法装备，加强现场执法取证能力，加强环境监管执法队伍职业化建设。实施全国环保系统人才双向交流计划，加强中西部地区环境监管执法队伍建设。到2020年，基本实现各级环境监管执法人员资格培训及持证上岗全覆盖，全国县级环境执法机构装备基本满足需求。

加强生态环保信息系统建设。组织开展第二次全国污染源普查，建立完善全国污染源基本单位名录。加强环境统计能力，将小微企业纳入环境统计范围，梳理污染物排放数据，逐步实现各套数据的整合和归真。建立典型生态区基础数据库和信息管理系统。建设和完善全国统一、覆盖全面的实时在线环境监测监控系统。加快生态环境大数据平台建设，实现生态环境质量、污染源排放、环境执法、环评管理、自然生态、核与辐射等数据整合集成、动态更新，建立信息公开和共享平台，启动生态环境大数据建设试点。提高智慧环境管理技术水平，重点提升环境污染治理工艺自动化、智能化技术水平，建立环保数据共享与产品服务业务体系。

专栏7　加强生态环境基础调查

加大基础调查力度，重点开展第二次全国污染源普查、全国危险废物普查、集中式饮用水水源环境保护状况调查、农村集中式饮用水水源环境保护状况调查、地下水污染调查、土壤污染状况详查、环境激素类化学品调查、生物多样性综合调查、外来入侵物种调查、重点区域河流湖泊底泥调查、国家级自然保护区资源环境本底调查、公民生活方式绿色化实践调查。开展全国生态状况变化（2011—2015年）调查评估、生态风险调查评估、地下水基础环境状况调查评估、公众生态文明意识调查评估、长江流域生态健康调查评估、环境健康调查、监测和风险评估等。

第九章　实施一批国家生态环境保护重大工程

“十三五”期间，国家组织实施工业污染源全面达标排放等25项重点工程，建立重大项目库，强化项目绩效管理。项目投入以企业和地方政府为主，中央财政予以适当支持。

专栏8　环境治理保护重点工程

（一）工业污染源全面达标排放。

限期改造50万蒸吨燃煤锅炉、工业园区污水处理设施。全国地级及以上城市建成区基本淘汰10蒸吨以下燃煤锅炉，完成燃煤锅炉脱硫脱硝除尘改造、钢铁行业烧结机脱硫改造、水泥行业脱硝改造。对钢铁、水泥、平板玻璃、造纸、印染、氮肥、制糖等行业中不能稳定达标的企业逐一进行改造。限期改造工业园区污水处理设施。

（二）大气污染重点区域气化。

建设完善京津冀、长三角、珠三角和东北地区天然气输送管道、城市燃气管网、天然气储气库、城市调峰站储气罐等基础设施，推进重点城市“煤改气”工程，替代燃煤锅炉18.9万蒸吨。

（三）燃煤电厂超低排放改造。

完成4.2亿千瓦机组超低排放改造任务，实施1.1亿千瓦机组达标改造，限期淘汰2000万千瓦落后产能和不符合相关强制性标准要求的机组。

（四）挥发性有机物综合整治。

开展石化企业挥发性有机物治理，实施有机化工园区、医药化工园区及煤化工基地挥发性有机物综合整治，推进加油站、油罐车、储油库油气回收及综合治理。推动工业涂装和包装印刷行业挥发性有机物综合整治。

（五）良好水体及地下水环境保护。

对江河源头及378个水质达到或优于Ⅲ类的江河湖库实施严格保护。实施重要江河湖库入河排污口整治工程。完成重要饮用水水源地达标建设，推进备用水源建设、水源涵养和生态修复，探索建设生物缓冲带。加强地下水保护，对报废矿井、钻井、取水井实施封井回填，开展京津冀晋等区域地下水修复试点。

（六）重点流域海域水环境治理。

针对七大流域及近岸海域水环境突出问题，以580个优先控制单元为重点，推进流域水环境保护与综合治理，统筹点源、面源污染防治和河湖生态修复，分类施策，实施流域水环境综合治理工程，加大整治力度，切实改善重点流域海域水环境质量。实施太湖、洞庭湖、滇池、巢湖、鄱阳湖、白洋淀、乌梁素海、呼伦湖、艾比湖等重点湖库水污染综合治理。开展长江中下游、珠三角等河湖内源治理。

（七）城镇生活污水处理设施全覆盖。

以城市黑臭水体整治和343个水质需改善控制单元为重点，强化污水收集处理与重污染水体治理。加强城市、县城和重点镇污水处理设施建设，加快收集管网建设，对污水处理厂升级改造，全面达到一级A排放标准。推进再生水回用，强化污泥处理处置，提升污泥无害化处理能力。

（八）农村环境综合整治。

实施农村生活垃圾治理专项行动，推进13万个行政村环境综合整治，实施农业废弃物资源化利用示范工程，建设污水垃圾收集处理利用设施，梯次推进农村生活污水治理，实现90%的行政村生活垃圾得到治理。实施畜禽养殖废弃物污染治理与资源化利用，开展畜禽规模养殖场（小区）污染综合治理，实现75%以上的畜禽养殖场（小区）配套建设固体废物和污水贮存处理设施。

（九）土壤环境治理。

组织开展土壤污染详查，开发土壤环境质量风险识别系统。完成100个农用地和100个建设用地污染治理试点。建设6个土壤污染综合防治先行区。开展1000万亩受污染耕地治理修复和4000万亩受污染耕地风险管控。组织开展化工企业搬迁后污染状况详查，制定综合整治方案，开展治理与修复工程示范，对暂不开发利用的高风险污染地块实施风险管控。全面整治历史遗留尾矿库。实施高风险历史遗留重金属污染地块、河道、废渣污染修复治理工程，完成31块历史遗留无主铬渣污染地块治理修复。

（十）重点领域环境风险防范。

开展生活垃圾焚烧飞灰处理处置，建成区域性废铅蓄电池、废锂电池回收网络。加强有毒有害化学品环境和健康风险评估能力建设，建立化学品危害特性基础数据库，建设国家化学品计算毒理中心和国家化学品测试实验室。建设50个针对大型化工园区、集中饮用水水源地等不同类型风险区域的全过程环境风险管理示范区。建设1个国家环境应急救援实训基地，具备人员实训、物资储备、成果展示、应急救援、后勤保障、科技研发等核心功能，配套建设环境应急演练系统、环境应急模拟训练场以及网络培训平台。建设国家生态环境大数据平台，研制发射系列化的大气环境监测卫星和环境卫星后续星并组网运行。建设全国及重点区域大气环境质量预报预警平台、国家水质监测预警平台、国家生态保护监控平台。加强中西部地区市县两级、东部欠发达地区县级执法机构的调查取证仪器设备配置。

（十一）核与辐射安全保障能力提升。

建成核与辐射安全监管技术研发基地，加快建设早期核设施退役及历史遗留放射性废物处理处置工程，建设5座中低放射性废物处置场和1个高放射性废物处理地下实验室，建设高风险放射源实时监控系统，废旧放射源100%安全收贮。加强国家核事故应急救援队伍建设。

专栏9　山水林田湖生态工程

（一）国家生态安全屏障保护修复。

推进青藏高原、黄土高原、云贵高原、秦巴山脉、祁连山脉、大小兴安岭和长白山、南岭山地地区、京津冀水源涵养区、内蒙古高原、河西走廊、塔里木河流域、滇桂黔喀斯特地区等关系国家生态安全的核心地区生态修复治理。

（二）国土绿化行动。

开展大规模植树增绿活动，集中连片建设森林，加强“三北”、沿海、长江和珠江流域等防护林体系建设，加快建设储备林及用材林基地建设，推进退化防护林修复，建设绿色生态保护空间和连接各生态空间的生态廊道。开展农田防护林建设，开展太行山绿化，开展盐碱地、干热河谷造林试点示范，开展山体生态修复。

（三）国土综合整治。

开展重点流域、海岸带和海岛综合整治，加强矿产资源开发集中地区地质环境治理和生态修复。推进损毁土地、工矿废弃地复垦，修复受自然灾害、大型建设项目破坏的山体、矿山废弃地。加大京杭大运河、黄河明清故道沿线综合治理力度。推进边疆地区国土综合开发、防护和整治。

（四）天然林资源保护。

将天然林和可以培育成为天然林的未成林封育地、疏林地、灌木林地全部划入天然林，对难以自然更新的林地通过人工造林恢复森林植被。

（五）新一轮退耕还林还草和退牧还草。

实施具备条件的25度以上坡耕地、严重沙化耕地和重要水源地15—25度坡耕地退耕还林还草。稳定扩大退牧还草范围，优化建设内容，适当提高中央投资补助标准。实施草原围栏1000万公顷、退化草原改良267万公顷，建设人工饲草地33万公顷、舍饲棚圈（储草棚、青贮窖）30万户、开展岩溶地区草地治理33万公顷、黑土滩治理7万公顷、毒害草治理12万公顷。

（六）防沙治沙和水土流失综合治理。

实施北方防沙带、黄土高原区、东北黑土区、西南岩溶区以及“一带一路”沿线区域等重点区域水土流失综合防治，以及京津风沙源和石漠化综合治理，推进沙化土地封禁保护、坡耕地综合治理、侵蚀沟整治和生态清洁小流域建设。新增水土流失治理面积27万平方公里。

（七）河湖与湿地保护恢复。

加强长江中上游、黄河沿线及贵州草海等自然湿地保护，对功能降低、生物多样性减少的湿地进行综合治理，开展湿地可持续利用示范。加强珍稀濒危水生生物、重要水产种质资源以及产卵场、索饵场、越冬场、洄游通道等重要渔业水域保护。推进京津冀“六河五湖”、湖北“四湖”、钱塘江上游、草海、梁子湖、汾河、滹沱河、红碱淖等重要河湖和湿地生态保护与修复，推进城市河湖生态化治理。

（八）濒危野生动植物抢救性保护。

保护和改善大熊猫、朱鹮、虎、豹、亚洲象、兰科植物、苏铁类、野生稻等珍稀濒危野生动植物栖息地，建设原生境保护区、救护繁育中心和基因库，开展拯救繁育和野化放归。加强野外生存繁衍困难的极小种群、野生植物和极度濒危野生动物拯救。开展珍稀濒危野生动植物种质资源调查、抢救性收集和保存，建设种质资源库（圃）。

（九）生物多样性保护。

开展生物多样性保护优先区域生物多样性调查和评估，建设50个生物多样性综合观测站和800个观测样区，建立生物多样性数据库及生物多样性评估预警平台、生物物种查验鉴定平台，完成国家级自然保护区勘界确权，60%以上国家级自然保护区达到规范化建设要求，加强生态廊道建设，有步骤地实施自然保护区核心区、缓冲区生态移民，完善迁地保护体系，建设国家生物多样性博物馆。开展生物多样性保护、恢复与减贫示范。

（十）外来入侵物种防治行动。

选择50个国家级自然保护区开展典型外来入侵物种防治行动。选择云南、广西和东南沿海省份等外来入侵物种危害严重区域，建立50个外来入侵物种防控和资源化利用示范推广区，建设100个天敌繁育基地、1000公里隔离带。建设300个口岸物种查验点，提升50个重点进境口岸的防范外来物种入侵能力。针对已入侵我国的外来物种进行调查，建立外来入侵物种数据库，构建卫星遥感与地面监测相结合的外来入侵物种监测预警体系。

（十一）森林质量精准提升。

加快推进混交林培育、森林抚育、退化林修复、公益林管护和林木良种培育。精准提升大江大河源头、国有林区（场）和集体林区森林质量。森林抚育4000万公顷，退化林修复900万公顷。

（十二）古树名木保护。

严格保护古树名木树冠覆盖区域、根系分布区域，科学设置标牌和保护围栏，对衰弱、濒危古树名木采取促进生长、增强树势措施，抢救古树名木60万株、复壮300万株。

（十三）城市生态修复和生态产品供给。

对城市规划区范围内自然资源和生态空间进行调查评估，综合识别已被破坏、自我恢复能力差、亟需实施修复的区域，开展城市生态修复试点示范。推进绿道绿廊建设，合理规划建设各类公园绿地，加快老旧公园改造，增加生态产品供给。

（十四）生态环境技术创新。

建设一批生态环境科技创新平台，优先推动建设一批专业化环保高新技术开发区。推进水、大气、土壤、生态、风险、智慧环保等重大研究专项，实施京津冀、长江经济带、“一带一路”、东北老工业基地、湘江流域等区域环境质量提升创新工程，实施青藏高原、黄土高原、北方风沙带、西南岩溶区等生态屏障区保护修复创新工程，实施城市废物安全处置与循环利用创新工程、环境风险治理与清洁替代创新工程、智慧环境创新工程。推进环境保护重点实验室、工程技术中心、科学观测站和决策支撑体系建设。建设澜沧江—湄公河水资源合作中心和环境合作中心、“一带一路”信息共享与决策平台。

第十章　健全规划实施保障措施

第一节　明确任务分工

明确地方目标责任。地方各级人民政府是规划实施的责任主体，要把生态环境保护目标、任务、措施和重点工程纳入本地区国民经济和社会发展规划，制定并公布生态环境保护重点任务和年度目标。各地区对规划实施情况进行信息公开，推动全社会参与和监督，确保各项任务全面完成。

部门协同推进规划任务。有关部门要各负其责，密切配合，完善体制机制，加大资金投入，加大规划实施力度。在大气、水、土壤、重金属、生物多样性等领域建立协作机制，定期研究解决重大问题。环境保护部每年向国务院报告环境保护重点工作进展情况。

第二节　加大投入力度

加大财政资金投入。按照中央与地方事权和支出责任划分的要求，加快建立与环保支出责任相适应的财政管理制度，各级财政应保障同级生态环保重点支出。优化创新环保专项资金使用方式，加大对环境污染第三方治理、政府和社会资本合作模式的支持力度。按照山水林田湖系统治理的要求，整合生态保护修复相关资金。

拓宽资金筹措渠道。完善使用者付费制度，支持经营类环境保护项目。积极推行政府和社会资本合作，探索以资源开发项目、资源综合利用等收益弥补污染防治项目投入和社会资本回报，吸引社会资本参与准公益性和公益性环境保护项目。鼓励社会资本以市场化方式设立环境保护基金。鼓励创业投资企业、股权投资企业和社会捐赠资金增加生态环保投入。

第三节　加强国际合作

参与国际环境治理。积极参与全球环境治理规则构建，深度参与环境国际公约、核安全国际公约和与环境相关的国际贸易投资协定谈判，承担并履行好同发展中大国相适应的国际责任，并做好履约工作。依法规范境外环保组织在华活动。加大宣传力度，对外讲好中国环保故事。根据对外援助统一部署，加大对外援助力度，创新对外援助方式。

提升国际合作水平。建立完善与相关国家、国际组织、研究机构、民间团体的交流合作机制，搭建对话交流平台，促进生态环保理念、管理制度政策、环保产业技术等方面的国际交流合作，全面提升国际化水平。组织开展一批大气、水、土壤、生物多样性等领域的国际合作项目。落实联合国2030年可持续发展议程。加强与世界各国、区域和国际组织在生态环保和核安全领域的对话交流与务实合作。加强南南合作，积极开展生态环保和核安全领域的对外合作。严厉打击化学品非法贸易、固体废物非法越境转移。

第四节　推进试点示范

推进国家生态文明试验区建设。以改善生态环境质量、推动绿色发展为目标，以体制创新、制度供给、模式探索为重点，设立统一规范的国家生态文明试验区。积极推进绿色社区、绿色学校、生态工业园区等“绿色细胞”工程。到2017年，试验区重点改革任务取得重要进展，形成若干可操作、有效管用的生态文明制度成果；到2020年，试验区率先建成较为完善的生态文明制度体系，形成一批可在全国复制推广的重大制度成果。

强化示范引领。深入开展生态文明建设示范区创建，提高创建规范化和制度化水平，注重创建的区域平衡性。加强创建与环保重点工作的协调联动，强化后续监督与管理，开展成效评估和经验总结，宣传推广现有的可复制、可借鉴的创建模式。

深入推进重点政策制度试点示范。开展农村环境保护体制机制综合改革与创新试点。试点划分环境质量达标控制区和未达标控制区，分别按照排放标准和质量约束实施污染源监管和排污许可。推进环境审计、环境损害赔偿、环境服务业和政府购买服务改革试点，强化政策支撑和监管，适时扩大环境污染第三方治理试点地区、行业范围。开展省级生态环境保护综合改革试点。

第五节　严格评估考核

环境保护部要会同有关部门定期对各省（区、市）环境质量改善、重点污染物排放、生态环境保护重大工程进展情况进行调度，结果向社会公开。整合各类生态环境评估考核，在2018年、2020年底，分别对本规划执行情况进行中期评估和终期考核，评估考核结果向国务院报告，向社会公布，并作为对领导班子和领导干部综合考核评价的重要依据。

“十三五”国家战略性新兴产业发展规划（节录）

（国发〔2016〕67号国务院2016年11月29日）

战略性新兴产业代表新一轮科技革命和产业变革的方向，是培育发展新动能、获取未来竞争新优势的关键领域。“十三五”时期，要把战略性新兴产业摆在经济社会发展更加突出的位置，大力构建现代产业新体系，推动经济社会持续健康发展。根据“十三五”规划纲要有关部署，特编制本规划，规划期为2016—2020年。

一、加快壮大战略性新兴产业，打造经济社会发展新引擎

（二）指导思想。

全面贯彻党的十八大和十八届三中、四中、五中、六中全会精神，深入学习贯彻习近平总书记系列重要讲话精神，认真落实党中央、国务院决策部署，按照“五位一体”总体布局和“四个全面”战略布局要求，积极适应把握引领经济发展新常态，牢固树立和贯彻落实创新、协调、绿色、开放、共享的发展理念，紧紧把握全球新一轮科技革命和产业变革重大机遇，培育发展新动能，推进供给侧结构性改革，构建现代产业体系，提升创新能力，深化国际合作，进一步发展壮大新一代信息技术、高端装备、新材料、生物、新能源汽车、新能源、节能环保、数字创意等战略性新兴产业，推动更广领域新技术、新产品、新业态、新模式蓬勃发展，建设制造强国，发展现代服务业，为全面建成小康社会提供有力支撑。

（四）发展目标。

到2020年，战略性新兴产业发展要实现以下目标：

产业规模持续壮大，成为经济社会发展的新动力。战略性新兴产业增加值占国内生产总值比重达到15%，形成新一代信息技术、高端制造、生物、绿色低碳、数字创意等5个产值规模10万亿元级的新支柱，并在更广领域形成大批跨界融合的新增长点，平均每年带动新增就业100万人以上。

创新能力和竞争力明显提高，形成全球产业发展新高地。攻克一批关键核心技术，发明专利拥有量年均增速达到15%以上，建成一批重大产业技术创新平台，产业创新能力跻身世界前列，在若干重要领域形成先发优势，产品质量明显提升。节能环保、新能源、生物等领域新产品和新服务的可及性大幅提升。知识产权保护更加严格，激励创新的政策法规更加健全。

产业结构进一步优化，形成产业新体系。发展一批原创能力强、具有国际影响力和品牌美誉度的行业排头兵企业，活力强劲、勇于开拓的中小企业持续涌现。中高端制造业、知识密集型服务业比重大幅提升，支撑产业迈向中高端水平。形成若干具有全球影响力的战略性新兴产业发展策源地和技术创新中心，打造百余个特色鲜明、创新能力强的新兴产业集群。

到2030年，战略性新兴产业发展成为推动我国经济持续健康发展的主导力量，我国成为世界战略性新兴产业重要的制造中心和创新中心，形成一批具有全球影响力和主导地位的创新型领军企业。

（五）总体部署。

以创新、壮大、引领为核心，紧密结合“中国制造2025”战略实施，坚持走创新驱动发展道路，促进一批新兴领域发展壮大并成为支柱产业，持续引领产业中高端发展和经济社会高质量发展。立足发展需要和产业基础，大幅提升产业科技含量，加快发展壮大网络经济、高端制造、生物经济、绿色低碳和数字创意等五大领域，实现向创新经济的跨越。着眼全球新一轮科技革命和产业变革的新趋势、新方向，超前布局空天海洋、信息网络、生物技术和核技术领域一批战略性产业，打造未来发展新优势。遵循战略性新兴产业发展的基本规律，突出优势和特色，打造一批战略性新兴产业发展策源地、集聚区和特色产业集群，形成区域增长新格局。把握推进“一带一路”建设战略契机，以更开放的视野高效利用全球创新资源，提升战略性新兴产业国际化水平。加快推进重点领域和关键环节改革，持续完善有利于汇聚技术、资金、人才的政策措施，创造公平竞争的市场环境，全面营造适应新技术、新业态蓬勃涌现的生态环境，加快形成经济社会发展新动能。

五、推动新能源汽车、新能源和节能环保产业快速壮大，构建可持续发展新模式

把握全球能源变革发展趋势和我国产业绿色转型发展要求，着眼生态文明建设和应对气候变化，以绿色低碳技术创新和应用为重点，引导绿色消费，推广绿色产品，大幅提升新能源汽车和新能源的应用比例，全面推进高效节能、先进环保和资源循环利用产业体系建设，推动新能源汽车、新能源和节能环保等绿色低碳产业成为支柱产业，到2020年，产值规模达到10万亿元以上。

（一）实现新能源汽车规模应用。强化技术创新，完善产业链，优化配套环境，落实和完善扶持政策，提升纯电动汽车和插电式混合动力汽车产业化水平，推进燃料电池汽车产业化。到2020年，实现当年产销200万辆以上，累计产销超过500万辆，整体技术水平保持与国际同步，形成一批具有国际竞争力的新能源汽车整车和关键零部件企业。

全面提升电动汽车整车品质与性能。加快推进电动汽车系统集成技术创新与应用，重点开展整车安全性、可靠性研究和结构轻量化设计。提升关键零部件技术水平、配套能力与整车性能。加快电动汽车安全标准制定和应用。加速电动汽车智能化技术应用创新，发展智能自动驾驶汽车。开展电动汽车电力系统储能应用技术研发，实施分布式新能源与电动汽车联合应用示范，推动电动汽车与智能电网、新能源、储能、智能驾驶等融合发展。建设电动汽车联合创新平台和跨行业、跨领域的技术创新战略联盟，促进电动汽车重大关键技术协同创新。完善电动汽车生产准入政策，研究实施新能源汽车积分管理制度。到2020年，电动汽车力争具备商业化推广的市场竞争力。

建设具有全球竞争力的动力电池产业链。大力推进动力电池技术研发，着力突破电池成组和系统集成技术，超前布局研发下一代动力电池和新体系动力电池，实现电池材料技术突破性发展。加快推进高性能、高可靠性动力电池生产、控制和检测设备创新，提升动力电池工程化和产业化能力。培育发展一批具有持续创新能力的动力电池企业和关键材料龙头企业。推进动力电池梯次利用，建立上下游企业联动的动力电池回收利用体系。到2020年，动力电池技术水平与国际水平同步，产能规模保持全球领先。

专栏14　新能源汽车动力电池提升工程
完善动力电池研发体系，加快动力电池创新中心建设，突破高安全性、长寿命、高能量密度锂离子电池等技术瓶颈。在关键电池材料、关键生产设备等领域构建若干技术创新中心，突破高容量正负极材料、高安全性隔膜和功能性电解液技术。加大生产、控制和检测设备创新，推进全产业链工程技术能力建设。开展燃料电池、全固态锂离子电池、金属空气电池、锂硫电池等领域新技术研究开发。

系统推进燃料电池汽车研发与产业化。加强燃料电池基础材料与过程机理研究，推动高性能低成本燃料电池材料和系统关键部件研发。加快提升燃料电池堆系统可靠性和工程化水平，完善相关技术标准。推动车载储氢系统以及氢制备、储运和加注技术发展，推进加氢站建设。到2020年，实现燃料电池汽车批量生产和规模化示范应用。

加速构建规范便捷的基础设施体系。按照“因地适宜、适度超前”原则，在城市发展中优先建设公共服务区域充电基础设施，积极推进居民区与单位停车位配建充电桩。完善充电设施标准规范，推进充电基础设施互联互通。加快推动高功率密度、高转换效率、高适用性、无线充电、移动充电等新型充换电技术及装备研发。加强检测认证、安全防护、与电网双向互动等关键技术研究。大力推动“互联网+充电基础设施”，提高充电服务智能化水平。鼓励充电服务企业创新商业模式，提升持续发展能力。到2020年，形成满足电动汽车需求的充电基础设施体系。

（二）推动新能源产业发展。加快发展先进核电、高效光电光热、大型风电、高效储能、分布式能源等，加速提升新能源产品经济性，加快构建适应新能源高比例发展的电力体制机制、新型电网和创新支撑体系，促进多能互补和协同优化，引领能源生产与消费革命。到2020年，核电、风电、太阳能、生物质能等占能源消费总量比重达到8%以上，产业产值规模超过1.5万亿元，打造世界领先的新能源产业。

推动核电安全高效发展。采用国际最高安全标准，坚持合作创新，重点发展大型先进压水堆、高温气冷堆、快堆及后处理技术装备，提升关键零部件配套能力，加快示范工程建设。提升核废料回收利用和安全处置能力。整合行业资源，形成系统服务能力，推动核电加快“走出去”。到2020年，核电装机规模达到5800万千瓦，在建规模达到3000万千瓦，形成国际先进的集技术开发、设计、装备制造、运营服务于一体的核电全产业链发展能力。

促进风电优质高效开发利用。大力发展智能电网技术，发展和挖掘系统调峰能力，大幅提升风电消纳能力。加快发展高塔长叶片、智能叶片、分散式和海上风电专用技术等，重点发展5兆瓦级以上风电机组、风电场智能化开发与运维、海上风电场施工、风热利用等领域关键技术与设备。建设风电技术测试与产业监测公共服务平台。到2020年，风电装机规模达到2.1亿千瓦以上，实现风电与煤电上网电价基本相当，风电装备技术创新能力达到国际先进水平。

推动太阳能多元化规模化发展。突破先进晶硅电池及关键设备技术瓶颈，提升薄膜太阳能电池效率，加强钙钛矿、染料敏化、有机等新型高效低成本太阳能电池技术研发，大力发展太阳能集成应用技术，推动高效低成本太阳能利用新技术和新材料产业化，建设太阳能光电光热产品测试与产业监测公共服务平台，大幅提升创新发展能力。统筹电力市场和外输通道，有序推进西部光伏光热发电开发，加快中东部分布式光伏发展，推动多种形式的太阳能综合开发利用。加快实施光伏领跑者计划，形成光热发电站系统集成和配套能力，促进先进太阳能技术产品应用和发电成本快速下降，引领全球太阳能产业发展。到2020年，太阳能发电装机规模达到1.1亿千瓦以上，力争实现用户侧平价上网。其中，分布式光伏发电、光伏电站、光热发电装机规模分别达到6000万千瓦、4500万千瓦、500万千瓦。

积极推动多种形式的新能源综合利用。突破风光互补、先进燃料电池、高效储能与海洋能发电等新能源电力技术瓶颈，加快发展生物质供气供热、生物质与燃煤耦合发电、地热能供热、空气能供热、生物液体燃料、海洋能供热制冷等，开展生物天然气多领域应用和区域示范，推进新能源多产品联产联供技术产业化。加速发展融合储能与微网应用的分布式能源，大力推动多能互补集成优化示范工程建设。建立健全新能源综合开发利用的技术创新、基础设施、运营模式及政策支撑体系。

大力发展“互联网+”智慧能源。加快研发分布式能源、储能、智能微网等关键技术，构建智能化电力运行监测管理技术平台，建设以可再生能源为主体的“源—网—荷—储—用”协调发展、集成互补的能源互联网，发展能源生产大数据预测、调度与运维技术，建立能源生产运行的监测、管理和调度信息公共服务网络，促进能源产业链上下游信息对接和生产消费智能化。推动融合储能设施、物联网、智能用电设施等硬件及碳交易、互联网金融等衍生服务于一体的绿色能源网络发展，促进用户端智能化用能、能源共享经济和能源自由交易发展，培育基于智慧能源的新业务、新业态，建设新型能源消费生态与产业体系。

加快形成适应新能源高比例发展的制度环境。围绕可再生能源比重大幅提高、弃风弃光率近零的目标，完善调度机制和运行管理方式，建立适应新能源电力大规模发展的电网运行管理体系。完善风电、太阳能、生物质能等新能源国家标准和清洁能源定价机制，建立新能源优先消纳机制。建立可再生能源发电补贴政策动态调整机制和配套管理体系。将分布式新能源纳入电力和供热规划以及国家新一轮配网改造计划，促进“源—网—用”协调发展，实现分布式新能源直供与无障碍入网。

专栏15　新能源高比例发展工程
为实现新能源灵活友好并网和充分消纳，加快安全高效的输电网、可靠灵活的主动配电网以及多种分布式电源广泛接入互动的微电网建设，示范应用智能化大规模储能系统及柔性直流输电工程，建立适应分布式电源、电动汽车、储能等多元化负荷接入需求的智能化供需互动用电系统，建成适应新能源高比例发展的新型电网体系。 选择适宜区域开展分布式光电、分散式风电、生物质能供气供热、地热能、海洋能等多能互补的新能源综合开发，融合应用大容量储能、微网技术，构建分布式能源综合利用系统，引领能源供应方式变革。

（三）大力发展高效节能产业。适应建设资源节约型、环境友好型社会要求，树立节能为本理念，全面推进能源节约，提升高效节能装备技术及产品应用水平，推进节能技术系统集成和示范应用，支持节能服务产业做大做强，促进高效节能产业快速发展。到2020年，高效节能产业产值规模力争达到3万亿元。

大力提升高效节能装备技术及应用水平。鼓励研发高效节能设备（产品）及关键零部件，加大示范推广力度，加速推动降低综合成本。制修订强制性能效和能耗限额标准，加快节能科技成果转化应用。发布节能产品和技术推广目录，完善节能产品政府采购政策，推动提高节能产品市场占有率。完善能效标识制度和节能产品认证制度，在工业、建筑、交通和消费品等领域实施能效领跑者制度，推动用能企业和产品制造商跨越式提高能效。

大力推进节能技术系统集成及示范应用。在示范园区等重点区域和重点行业开展节能技术系统集成试点，整合高耗能企业的余热、余压、余气资源，鼓励利用余热采暖、利用余能和低温余热发电。鼓励重点用能单位及耗能设备配备智能能源计量和远程诊断设备，借助信息网络技术加强系统自动监控和智能分析能力，促进提高综合能效。深入推进流程工业系统优化工艺技术，推动工业企业能源管控中心建设，鼓励企业在低温加热段使用太阳能集热器，实现生产工艺和能源供应的综合优化。推进化石能源近零消耗建筑技术产业化，大力推广应用节能门窗、绿色节能建材等产品。鼓励风电、太阳能发电与企业能源供管系统综合集成，推动可再生能源就地消纳。

做大做强节能服务产业。支持合同能源管理、特许经营等业态快速发展，推动节能服务商业模式创新，推广节能服务整体解决方案。支持节能服务公司通过兼并、联合、重组等方式实现规模化、品牌化、网络化经营。搭建绿色融资平台，推动发行绿色债券，支持节能服务公司融资。制定相关标准，提高节能服务规范化水平。制定节能服务机构管理办法，建立健全节能第三方评估机制。搭建节能服务公司、重点用能单位、第三方评估机构履约登记和服务平台，营造诚实守信的市场环境。

专栏16　节能技术装备发展工程
组织实施节能关键共性技术提升工程、节能装备制造工程。鼓励研发高性能建筑保温材料、光伏一体化建筑用玻璃幕墙、紧凑型户用空气源热泵装置、大功率半导体照明芯片与器件、先进高效燃气轮机发电设备、煤炭清洁高效利用技术装备、浅层地热能利用装置、蓄热式高温空气燃烧装置等一批高效节能设备（产品）及其关键零部件。 实施燃煤锅炉节能环保综合提升工程、供热管网系统能效综合提升工程、电机拖动系统能效提升工程，推进燃煤电厂节能与超低排放改造、电机系统节能、能量系统优化、余热余压利用等重大关键节能技术与产品规模化应用示范。组织实施城市、园区和企业节能示范工程，推广高效节能技术集成示范应用。

（四）加快发展先进环保产业。大力推进实施水、大气、土壤污染防治行动计划，推动区域与流域污染防治整体联动，海陆统筹深入推进主要污染物减排，促进环保装备产业发展，推动主要污染物监测防治技术装备能力提升，加强先进适用环保技术装备推广应用和集成创新，积极推广应用先进环保产品，促进环境服务业发展，全面提

升环保产业发展水平。到2020年，先进环保产业产值规模力争超过2万亿元。

提升污染防治技术装备能力。围绕水、大气、土壤污染防治，集中突破工业废水、雾霾、土壤农药残留、水体及土壤重金属污染等一批关键治理技术，加快形成成套装备、核心零部件及配套材料生产能力。建设一批技术先进、配套齐全、发展规范的重大环保技术装备产业化示范基地，形成以骨干企业为核心、专精特新中小企业快速成长的产业良性发展格局。支持危险废弃物防治技术研发，提高危险废弃物处理处置水平。支持环保产业资源优化整合，积极拓展国际市场。

加强先进适用环保技术装备推广应用和集成创新。定期更新《国家鼓励发展的重大环保技术装备目录》，强化供需对接，加强先进适用环保装备在冶金、化工、建材、食品等重点领域应用。加快环保产业与新一代信息技术、先进制造技术深度融合，强化先进环保装备制造能力，提高综合集成水平。支持建立产学研用相结合的环保技术创新联盟，加快技术集成创新研究与应用。

积极推广应用先进环保产品。大力推广应用离子交换树脂、生物滤料及填料、高效活性炭、循环冷却水处理药剂、杀菌灭藻剂、水处理消毒剂、固体废弃物处理固化剂和稳定剂等环保材料和环保药剂。扩大政府采购环保产品范围，不断提高环保产品采购比例。实施环保产品领跑者制度，提升环保产品标准，积极推广应用先进环保产品，组织实施先进环保装备技术进步与模式创新示范工程。

提升环境综合服务能力。基于各行业污染物大数据，推动建立环保装备与服务需求信息平台、技术创新转化交易平台、环保装备招投标信息平台，提高环保服务信息化水平。推动在环境监测中应用卫星和物联网技术，构建污染排放、环境质量基础数据与监控处置信息平台，提高环境监管智能化水平，深入推进环境服务业试点工作。发展环境修复服务，推广合同环境服务，促进环保服务整体解决方案推广应用。开展环境污染第三方治理试点和环境综合治理托管服务试点，在城镇污水垃圾处理、工业园区污染集中处理等重点领域深入探索第三方治理模式。推进产品绿色设计示范企业创建工作，支持企业开展绿色设计。

专栏17　绿色低碳技术综合创新示范工程
对接绿色低碳试点示范项目，在具备条件的区域，以绿色低碳技术综合应用为核心，以互联网为纽带，建设新能源、新能源汽车与智慧交通系统、低碳社区、碳捕集和富碳农业、绿色智能工厂等综合应用设施，先行先试相关改革措施，促进绿色低碳技术、新一代信息技术与城镇化建设、生产生活的融合创新，广泛开展国际合作，打造相关技术综合应用示范区域。

（五）深入推进资源循环利用。树立节约集约循环利用的资源观，大力推动共伴生矿和尾矿综合利用、“城市矿产”开发、农林废弃物回收利用和新品种废弃物回收利用，发展再制造产业，完善资源循环利用基础设施，提高政策保障水平，推动资源循环利用产业发展壮大。到2020年，力争当年替代原生资源13亿吨，资源循环利用产业产值规模达到3万亿元。

大力推动大宗固体废弃物和尾矿综合利用。推动冶金渣、化工渣、赤泥、磷石膏等产业废弃物综合利用，推广一批先进适用技术与装备，加强对工业固体废弃物中战略性稀贵金属的回收利用。研发尾矿深度加工和综合利用技术，促进尾矿中伴生有价元素回收和高技术含量尾矿产品开发，提高尾矿综合利用经济性。研发复杂多金属尾矿选冶联合关键技术与装备、清洁无害化综合利用关键技术，研发单套设备处理能力达到每年100—500万吨的尾矿高效浓缩及充填料制备、输送、充填成套工艺技术。开发低品位钛渣优化提质技术，提高钒钛磁铁矿资源综合利用率。

促进“城市矿产”开发和低值废弃物利用。提高废弃电器电子产品、报废汽车拆解利用技术装备水平，促进废有色金属、废塑料加工利用集聚化规模化发展。加快建设城市餐厨废弃物、建筑垃圾和废旧纺织品等资源化、无害化处理系统，协同发挥各类固体废弃物处理设施作用，打造城市低值废弃物协同处理基地。落实土地、财税等相关优惠政策。完善再生资源回收利用基础设施，支持现有再生资源回收集散地升级改造。

加强农林废弃物回收利用。基本实现畜禽粪便、残膜、农作物秸秆、林业三剩物等农林废弃物资源化利用。推广秸秆腐熟还田技术，支持秸秆代木、纤维原料、清洁制浆、生物质能、商品有机肥等新技术产业化发展。鼓励利用畜禽粪便、秸秆等多种农林废弃物，因地制宜实施农村户用沼气和集中供沼气工程。推广应用标准地膜，引导回收废旧地膜和使用可降解地膜。鼓励利用林业废弃物建设热、电、油、药等生物质联产项目。积极开发农林废弃物超低排放焚烧技术。

积极开展新品种废弃物循环利用。开展新品种废弃物回收利用体系示范，推动废弃太阳能电池、废旧动力蓄电池、废碳纤维材料、废节能灯等新型废弃物回收利用，推广稀贵金属高效富集与清洁回收利用、电动汽车动力蓄电池梯级利用等。支持碳捕集、利用和封存技术研发与应用，发展碳循环产业。

大力推动海水资源综合利用。加快海水淡化及利用技术研发和产业化，提高核心材料和关键装备的可靠性、先进性和配套能力。推动建设集聚发展的海水淡化装备制造基地。开展海水资源化利用示范工程建设，推进大型海水淡化工程总包与服务。开展海水淡化试点示范，鼓励生产海水淡化桶装水，推进海水淡化水依法进入市政供水管网。推进海水冷却技术在沿海高用水行业规模化应用。加快从海水中提取钾、溴、镁等产品，实现高值化利用。

发展再制造产业。加强机械产品再制造无损检测、绿色高效清洗、自动化表面与体积修复等技术攻关和装备研发，加快产业化应用。组织实施再制造技术工艺应用示范，推进再制造纳米电刷镀技术装备、电弧喷涂等成熟表面工程装备示范应用。开展发动机、盾构机等高值零部件再制造。建立再制造旧件溯源及产品追踪信息系统，促进再制造产业规范发展。

健全资源循环利用产业体系。推动物联网电子监管技术在危险废弃物、电子废弃物利用处置等领域应用，支持再生资源企业建立线上线下融合的回收网络。统筹国内外再生资源利用，加强生活垃圾分类回收与再生资源回收的衔接。建设资源循环利用第三方服务体系，鼓励通过合同管理方式，提供废弃物管理、回收、再生加工、循环利用的整体解决方案。全面落实生产者责任延伸制度，鼓励使用再生产品和原料。建立健全覆盖固体废弃物、危险废弃物、再生产品、污染物控制等方面的标准体系。

专栏18　资源循环替代体系示范工程
实施循环发展引领行动，推动太阳能光伏电池、废弃电子产品稀贵金属多组分分离提取和电动汽车动力蓄电池、废液晶等新品种废弃物的回收利用，开展基于“互联网+”的废弃物回收利用体系示范。推进城市低值废弃物协同处置和大宗固体废弃物综合利用加快发展。建立以售后维修体系为核心的旧件回收体系，在商贸物流、金融保险、维修销售等环节和煤炭、石油等采掘企业推广应用再制造产品。鼓励专业化再制造服务公司提供整体解决方案和专项服务。

国家综合防灾减灾规划（2016—2020年）(节录)

（国务院办公厅2016年12月29日印发）

防灾减灾救灾工作事关人民群众生命财产安全，事关社会和谐稳定，是衡量执政党领导力、检验政府执行力、评判国家动员力、彰显民族凝聚力的一个重要方面。为贯彻落实党中央、国务院关于加强防灾减灾救灾工作的决策部署，提高全社会抵御自然灾害的综合防范能力，切实维护人民群众生命财产安全，为全面建成小康社会提供坚实保障，依据《中华人民共和国国民经济和社会发展第十三个五年规划纲要》以及有关法律法规，制定本规划。

一、现状与形势

（二）“十三五”时期防灾减灾救灾工作形势。

“十三五”时期是我国全面建成小康社会的决胜阶段，也是全面提升防灾减灾救灾能力的关键时期，面临诸多新形势、新任务与新挑战。一是灾情形势复杂多变。受全球气候变化等自然和经济社会因素耦合影响，“十三五”时期极端天气气候事件及其次生衍生灾害呈增加趋势，破坏性地震仍处于频发多发时期，自然灾害的突发性、异常性和复杂性有所增加。二是防灾减灾救灾基础依然薄弱。重救灾轻减灾思想还比较普遍，一些地方城市高风险、农村不设防的状况尚未根本改变，基层抵御灾害的能力仍显薄弱，革命老区、民族地区、边疆地区和贫困地区因灾致贫、返贫等问题尤为突出。防灾减灾救灾体制机制与经济社会发展仍不完全适应，应对自然灾害的综合性立法和相关领域立法滞后，能力建设存在短板，社会力量和市场机制作用尚未得到充分发挥，宣传教育不够深入。三是经济社会发展提出了更高要求。如期实现“十三五”时期经济社会发展总体目标，健全公共安全体系，都要求加快推进防灾减灾救灾体制机制改革。四是国际防灾减灾救灾合作任务不断加重。国际社会普遍认识到防灾减灾救灾是全人类的共同任务，更加关注防灾减灾救灾与经济社会发展、应对全球气候变化和消除贫困的关系，更加重视加强多灾种综合风险防范能力建设。同时，国际社会更加期待我国在防灾减灾救灾领域发挥更大作用。

二、指导思想、基本原则与规划目标

（一）指导思想。

全面贯彻党的十八大和十八届三中、四中、五中、六中全会精神，深入学习贯彻习近平总书记系列重要讲话精神，落实党中央、国务院关于防灾减灾救灾的决策部署，紧紧围绕统筹推进“五位一体”总体布局和协调推进“四个全面”战略布局，牢固树立和贯彻落实新发展理念，坚持以人民为中心的发展思想，正确处理人和自然的关系，正确处理防灾减灾救灾和经济社会发展的关系，坚持以防为主、防抗救相结合，坚持常态减灾和非常态救灾相统一，努力实现从注重灾后救助向注重灾前预防转变、从应对单一灾种向综合减灾转变、从减少灾害损失向减轻灾害风险转变，着力构建与经济社会发展新阶段相适应的防灾减灾救灾体制机制，全面提升全社会抵御自然灾害的综合防范能力，切实维护人民群众生命财产安全，为全面建成小康社会提供坚实保障。

（二）基本原则。

以人为本，协调发展。坚持以人为本，把确保人民群众生命安全放在首位，保障受灾群众基本生活，增强全民防灾减灾意识，提升公众自救互救技能，切实减少人员伤亡和财产损失。遵循自然规律，通过减轻灾害风险促进经济社会可持续发展。

预防为主，综合减灾。突出灾害风险管理，着重加强自然灾害监测预报预警、风险评估、工程防御、宣传教育等预防工作，坚持防灾抗灾救灾过程有机统一，综合运用各类资源和多种手段，强化统筹协调，推进各领域、全过程的灾害管理工作。

分级负责，属地为主。根据灾害造成的人员伤亡、财产损失和社会影响等因素，及时启动相应应急响应，中央发挥统筹指导和支持作用，各级党委和政府分级负责，地方就近指挥、强化协调并在救灾中发挥主体作用、承担主体责任。

依法应对，科学减灾。坚持法治思维，依法行政，提高防灾减灾救灾工作法治化、规范化、现代化水平。强化科技创新，有效提高防灾减灾救灾科技支撑能力和水平。

政府主导，社会参与。坚持各级政府在防灾减灾救灾工作中的主导地位，充分发挥市场机制和社会力量的重要作用，加强政府与社会力量、市场机制的协同配合，形成工作合力。

（三）规划目标。

1.防灾减灾救灾体制机制进一步健全，法律法规体系进一步完善。

2.将防灾减灾救灾工作纳入各级国民经济和社会发展总体规划。

3.年均因灾直接经济损失占国内生产总值的比例控制在1.3%以内，年均每百万人口因灾死亡率控制在1.3以内。

4.建立并完善多灾种综合监测预报预警信息发布平台，信息发布的准确性、时效性和社会公众覆盖率显著提高。

5.提高重要基础设施和基本公共服务设施的灾害设防水平，特别要有效降低学校、医院等设施因灾造成的损毁程度。

6.建成中央、省、市、县、乡五级救灾物资储备体系，确保自然灾害发生12小时之内受灾人员基本生活得到有效救助。完善自然灾害救助政策，达到与全面小康社会相适应的自然灾害救助水平。

7.增创5000个全国综合减灾示范社区，开展全国综合减灾示范县（市、区）创建试点工作。全国每个城乡社区确保有1名灾害信息员。

8.防灾减灾知识社会公众普及率显著提高，实现在校学生全面普及。防灾减灾科技和教育水平明显提升。

9.扩大防灾减灾救灾对外合作与援助，建立包容性、建设性的合作模式。

三、主要任务

（一）完善防灾减灾救灾法律制度。

加强综合立法研究，加快形成以专项法律法规为骨干、相关应急预案和技术标准配套的防灾减灾救灾法律法规标准体系，明确政府、学校、医院、部队、企业、社会组织和公众在防灾减灾救灾工作中的责任和义务。

加强自然灾害监测预报预警、灾害防御、应急准备、紧急救援、转移安置、生活救助、医疗卫生救援、恢复重建等领域的立法工作，统筹推进单一灾种法律法规和地方性法规的制定、修订工作，完善自然灾害应急预案体系和标准体系。

（二）健全防灾减灾救灾体制机制。

完善中央层面自然灾害管理体制机制，加强各级减灾委员会及其办公室的统筹指导和综合协调职能，充分发挥主要灾种防灾减灾救灾指挥机构的防范部署与应急指挥作用。明确中央与地方应对自然灾害的事权划分，强化地方党委和政府的主体责任。

强化各级政府的防灾减灾救灾责任意识，提高各级领导干部的风险防范能力和应急决策水平。加强有关部门之间、部门与地方之间协调配合和应急联动，统筹城乡防灾减灾救灾工作，完善自然灾害监测预报预警机制，健全防灾减灾救灾信息资源获取和共享机制。完善军地联合组织指挥、救援力量调用、物资储运调配等应急协调联动机制。建立风险防范、灾后救助、损失评估、恢复重建和社会动员等长效机制。完善防灾减灾基础设施建设、生活保障安排、物资装备储备等方面的财政投入以及恢复重建资金筹措机制。研究制定应急救援社会化有偿服务、物资装备征用补偿、救援人员人身安全保险和伤亡抚恤政策。

（三）加强灾害监测预报预警与风险防范能力建设。

加快气象、水文、地震、地质、测绘地理信息、农业、林业、海洋、草原、野生动物疫病疫源等灾害地面监测站网和国家民用空间基础设施建设，构建防灾减灾卫星星座，加强多灾种和灾害链综合监测，提高自然灾害早期识别能力。加强自然灾害早期预警、风险评估信息共享与发布能力建设，进一步完善国家突发事件预警信息发布系统，显著提高灾害预警信息发布的准确性、时效性和社会公众覆盖率。

开展以县为单位的全国自然灾害风险与减灾能力调查，建设国家自然灾害风险数据库，形成支撑自然灾害风险管理的全要素数据资源体系。完善国家、区域、社区自然灾害综合风险评估指标体系和技术方法，推进自然灾害综合风险评估、隐患排查治理。

推进综合灾情和救灾信息报送与服务网络平台建设，统筹发展灾害信息员队伍，提高政府灾情信息报送与服务的全面性、及时性、准确性和规范性。完善重特大自然灾害损失综合评估制度和技术方法体系。探索建立区域与基层社区综合减灾能力的社会化评估机制。

（四）加强灾害应急处置与恢复重建能力建设。

完善自然灾害救助政策，加快推动各地区制定本地区受灾人员救助标准，切实保障受灾人员基本生活。加强救灾应急专业队伍建设，完善以军队、武警部队为突击力量，以公安消防等专业队伍为骨干力量，以地方和基层应急救援队伍、社会应急救援队伍为辅助力量，以专家智库为决策支撑的灾害应急处置力量体系。

健全救灾物资储备体系，完善救灾物资储备管理制度、运行机制和储备模式，科学规划、稳步推进各级救灾物资储备库（点）建设和应急商品数据库建设，加强救灾物资储备体系与应急物流体系衔接，提升物资储备调运信息化管理水平。加快推进救灾应急装备设备研发与产业化推广，推进救灾物资装备生产能力储备建设，加强地方各级应急装备设备的储备、管理和使用，优先为多灾易灾地区配备应急装备设备。

进一步完善中央统筹指导、地方作为主体、群众广泛参与的灾后重建工作机制。坚持科学重建、民生优先，统筹做好恢复重建规划编制、技术指导、政策支持等工作。将城乡居民住房恢复重建摆在突出和优先位置，加快恢复完善公共服务体系，大力推广绿色建筑标准和节能节材环保技术，加大恢复重建质量监督和监管力度，把灾区建设得更安全、更美好。

（五）加强工程防灾减灾能力建设。

加强防汛抗旱、防震减灾、防风抗潮、防寒保畜、防沙治沙、野生动物疫病防控、生态环境治理、生物灾害防治等防灾减灾骨干工程建设，提高自然灾害工程防御能力。加强江河湖泊治理骨干工程建设，继续推进大江大河大湖堤防加固、河道治理、控制性枢纽和蓄滞洪区建设。加快中小河流治理、病险水库水闸除险加固等工程建设，推进重点海堤达标建设。加强城市防洪防涝与调蓄设施建设，加强农业、林业防灾减灾基础设施建设以及牧区草原防灾减灾工程建设。做好山洪灾害防治和抗旱水源工程建设工作。

提高城市建筑和基础设施抗灾能力。继续实施公共基础设施安全加固工程，重点提升学校、医院等人员密集场所安全水平，幼儿园、中小学校舍达到重点设防类抗震设防标准，提高重大建设工程、生命线工程的抗灾能力和设防水平。实施交通设施灾害防治工程，提升重大交通基础设施抗灾能力。推动开展城市既有住房抗震加固，提升城市住房抗震设防水平和抗灾能力。

结合扶贫开发、新农村建设、危房改造、灾后恢复重建等，推进实施自然灾害高风险区农村困难群众危房与土坯房改造，提升农村住房设防水平和抗灾能力。推进实施自然灾害隐患点重点治理和居民搬迁避让工程。

（六）加强防灾减灾救灾科技支撑能力建设。

落实创新驱动发展战略，加强防灾减灾救灾科技资源统筹和顶层设计，完善专家咨询制度。以科技创新驱动和人才培养为导向，加快建设各级地方减灾中心，推进灾害监测预警与风险防范科技发展，充分发挥现代科技在防灾减灾救灾中的支撑作用。

加强基础理论研究和关键技术研发，着力揭示重大自然灾害及灾害链的孕育、发生、演变、时空分布等规律和致灾机理，推进“互联网+”、大数据、物联网、云计算、地理信息、移动通信等新理念新技术新方法的应用，提高灾害模拟仿真、分析预测、信息获取、应急通信与保障能力。加强灾害监测预报预警、风险与损失评估、社会影响评估、应急处置与恢复重建等关键技术研发。健全产学研协同创新机制，推进军民融合，加强科技平台建设，加大科技成果转化和推广应用力度，引导防灾减灾救灾新技术、新产品、新装备、新服务发展。继续推进防灾减灾救灾标准体系建设，提高标准化水平。

（七）加强区域和城乡基层防灾减灾救灾能力建设。

围绕实施区域发展总体战略和落实“一带一路”建设、京津冀协同发展、长江经济带发展等重大战略，推进国家重点城市群、重要经济带和灾害高风险区域的防灾减灾救灾能力建设。加强规划引导，完善区域防灾减灾救灾体制机制，协调开展区域灾害风险调查、监测预报预警、工程防灾减灾、应急处置联动、技术标准制定等防灾减灾救灾能力建设的试点示范工作。加强城市大型综合应急避难场所和多灾易灾县（市、区）应急避难场所建设。

开展社区灾害风险识别与评估，编制社区灾害风险图，加强社区灾害应急预案编制和演练，加强社区救灾应急物资储备和志愿者队伍建设。深入推进综合减灾示范社区创建工作，开展全国综合减灾示范县（市、区）创建试点工作。推动制定家庭防灾减灾救灾与应急物资储备指南和标准，鼓励和支持以家庭为单元储备灾害应急物品，提升家庭和邻里自救互救能力。

（八）发挥市场和社会力量在防灾减灾救灾中的作用。

发挥保险等市场机制作用，完善应对灾害的金融支持体系，扩大居民住房灾害保险、农业保险覆盖面，加快建立巨灾保险制度。积极引入市场力量参与灾害治理，培育和提高市场主体参与灾害治理的能力，鼓励各地区探索巨灾风险的市场化分担模式，提升灾害治理水平。

加强对社会力量参与防灾减灾救灾工作的引导和支持，完善社会力量参与防灾减灾救灾政策，健全动员协调机制，建立服务平台。加快研究和推进政府购买防灾减灾救灾社会服务等相关措施。加强救灾捐赠管理，健全救灾捐赠需求发布与信息导向机制，完善救灾捐赠款物使用信息公开、效果评估和社会监督机制。

（九）加强防灾减灾宣传教育。

完善政府部门、社会力量和新闻媒体等合作开展防灾减灾宣传教育的工作机制。将防灾减灾教育纳入国民教育体系，推进灾害风险管理相关学科建设和人才培养。推动全社会树立“减轻灾害风险就是发展、减少灾害损失也是增长”的理念，努力营造防灾减灾良好文化氛围。

开发针对不同社会群体的防灾减灾科普读物、教材、动漫、游戏、影视剧等宣传教育产品，充分发挥微博、微信和客户端等新媒体的作用。加强防灾减灾科普宣传教育基地、网络教育平台等建设。充分利用“防灾减灾日”、“国际减灾日”等节点，弘扬防灾减灾文化，面向社会公众广泛开展知识宣讲、技能培训、案例解说、应急演练等多种形式的宣传教育活动，提升全民防灾减灾意识和自救互救技能。

（十）推进防灾减灾救灾国际交流合作。

结合国家总体外交战略的实施以及推进“一带一路”建设的部署，统筹考虑国内国际两种资源、两个能力，推动落实联合国2030年可持续发展议程和《2015－2030年仙台减轻灾害风险框架》，与有关国家、联合国机构、区域组织广泛开展防灾减灾救灾领域合作，重点加强灾害监测预报预警、信息共享、风险调查评估、紧急人道主义援助和恢复重建等方面的务实合作。研究推进国际减轻灾害风险中心建设。积极承担防灾减灾救灾国际责任，为发展中国家提供更多的人力资源培训、装备设备配置、政策技术咨询、发展规划编制等方面支持，彰显我负责任大国形象。

四、重大项目

（一）自然灾害综合评估业务平台建设工程。

以重大自然灾害风险防范、应急救助与恢复重建等防灾减灾救灾决策需求为牵引，建立灾害风险与损失评估技术标准、工作规范和模型参数库。研发多源异构的灾害大数据融合、信息挖掘与智能化管理技术，建设全国自然灾害综合数据库管理系统。建立灾害综合风险调查与评估技术方法，研发系统平台，并在灾害频发多发地区开展灾害综合风险调查与评估试点工作，形成灾害风险快速识别、信息沟通与实时共享、综合评估、物资配置与调度等决策支持能力。建立并完善灾害损失与社会影响评估技术方法，突破灾害快速评估和综合损失评估关键技术，建立灾害综合损失评估系统。建立重大自然灾害灾后恢复重建选址和重建进度评估技术体系，建设灾后恢复重建决策支持系统。基本形成面向中央及省级救灾决策与社会公共服务的多灾种全过程评估的数据和技术支撑能力。

（二）民用空间基础设施减灾应用系统工程。

依托民用空间基础设施建设，面向国家防灾减灾救灾需求，建立健全防灾减灾卫星星座减灾应用标准规范、技术方法、业务模式与产品体系。建设防灾减灾卫星星座减灾应用系统，实现军民卫星数据融合应用，具备自然灾害全要素、全过程的综合监测与研判能力，提高灾害风险评估与损失评估的自动化、定量化和精准化水平。在重点区域开展“天空地”一体化综合应用示范，带动区域和省级卫星减灾应用能力发展。建立卫星减灾应用信息综合服务平台，具备产品定制和全球化服务能力，为我国周边及“一带一路”沿线国家提供灾害遥感监测信息服务。

（三）全国自然灾害救助物资储备体系建设工程。

采取新建、改扩建和代储等方式，因地制宜，统筹推进，形成分级管理、反应迅速、布局合理、规模适度、种类齐全、功能完备、保障有力的中央、省、市、县、乡五级救灾物资储备体系。科学确定各级救灾物资储备品种及规模，形成多级救灾物资储备网络。进一步优化中央救灾物资储备库布局，支持中西部多灾易灾地区的地市级和县级救灾物资储备库建设，多灾易灾城乡社区视情设置救灾物资储存室，形成全覆盖能力。

通过协议储备、依托企业代储、生产能力储备和家庭储备等多种方式，构建多元救灾物资储备体系。完善救灾物资紧急调拨的跨部门、跨区域、军地间应急协调联动机制。充分发挥科技支撑引领作用，推进救灾物资储备管理信息化建设，实现对救灾物资入库、存储、出库、运输和分发等全过程的智能化管理，提高救灾物资管理的信息化、网络化和智能化水平，救灾物资调运更加高效快捷有序。

（四）应急避难场所建设工程。

编制应急避难场所建设指导意见，明确基本功能和增强功能，推动各地区开展示范性应急避难场所建设，并完善应急避难场所建设标准规范。结合区域和城乡规划，在京津冀、长三角、珠三角等国家重点城市群，根据人口分布、城市布局、区域特点和灾害特征，建设若干能够覆盖一定范围，具备应急避险、应急指挥和救援功能的大型综合应急避难场所。结合人口和灾害隐患点分布，在每个省份分别选择若干典型自然灾害多发县（市、区），新建或改扩建城乡应急避难场所。建设应急避难场所信息综合管理与服务平台，实现对应急避难场所功能区、应急物资、人员安置和运行状态等管理与评估，面向社会公众提供避险救援、宣传教育和引导服务。

（五）防灾减灾科普工程。

开发针对不同社会群体的防灾减灾科普读物和学习教材，普及防灾减灾知识，提升社会公众防灾减灾意识和自救互救技能。制定防灾减灾科普宣传教育基地建设规范，推动地方结合实际新建或改扩建融宣传教育、展览体验、演练实训等功能于一体的防灾减灾科普宣传教育基地。建设防灾减灾数字图书馆，打造开放式网络共享交流平台，为公众提供知识查询、浏览及推送等服务。开发动漫、游戏、影视剧等防灾减灾文化产品，开展有特色的防灾减灾科普活动。

五、保障措施

（一）加强组织领导，形成工作合力。

国家减灾委员会负责本规划实施的统筹协调。各地区、各有关部门要高度重视，加强组织领导，完善工作机制，切实落实责任，确保规划任务有序推进、目标如期实现。各地区要根据本规划要求、结合本地区实际，制定相关综合防灾减灾规划，相关部门规划要加强与本规划有关内容的衔接与协调。

（二）加强资金保障，畅通投入渠道。

完善防灾减灾救灾资金投入机制，拓宽资金投入渠道，加大防灾减灾基础设施建设、重大工程建设、科学研究、人才培养、技术研发、科普宣传和教育培训等方面的经费投入。完善防灾减灾救灾经费保障机制，加强资金使用的管理与监督。按照党中央、国务院关于打赢脱贫攻坚战的决策部署，加大对革命老区、民族地区、边疆地区和贫困地区防灾减灾救灾工作的支持力度。

（三）加强人才培养，提升队伍素质。

加强防灾减灾救灾科学研究、工程技术、抢险救灾和行政管理等方面的人才培养，强化基层灾害信息员、社会工作者和志愿者等队伍建设，扩充人才队伍数量，优化人才队伍结构，提高人才队伍素质，形成一支结构合理、素质优良、专业过硬的防灾减灾救灾人才队伍。

（四）加强跟踪评估，强化监督管理。

国家减灾委员会建立规划实施跟踪评估制度，加强对本规划实施情况的跟踪分析和监督检查。国家减灾委员会各成员单位和各省级人民政府要加强对本规划相关内容落实情况的评估。国家减灾委员会办公室要制定本规划实施分工方案，明确相关部门职责，并做好规划实施情况总体评估工作，将评估结果报国务院。

全国国土规划纲要（2016—2030年）（节录）

（国发〔2017〕3号　国务院2017年1月3日印发）

第二章　总体要求

积极应对国土开发面临的新机遇与新挑战，围绕实现“两个一百年”奋斗目标、实现中华民族伟大复兴中国梦，针对国土开发中存在的突出问题，加强顶层设计和统筹谋划，科学确定国土开发、保护与整治的指导思想、基本原则和主要目标。

第一节　指导思想

全面贯彻党的十八大和十八届三中、四中、五中、六中全会精神，深入贯彻习近平总书记系列重要讲话精神和治国理政新理念新思想新战略，认真落实党中央、国务院决策部署，统筹推进“五位一体”总体布局和协调推进“四个全面”战略布局，牢固树立和贯彻落实创新、协调、绿色、开放、共享的发展理念，大力推进生态文明建设，坚持人口资源环境相均衡、经济社会生态效益相统一，加快转变国土开发利用方式，全面提高国土开发质量和效率，落实区域发展总体战略、主体功能区战略和三大战略，统筹推进形成国土集聚开发、分类保护与综合整治“三位一体”总体格局，加强国土空间用途管制，建立国土空间开发保护制度，提升国土空间治理能力，为实现“两个一百年”奋斗目标、实现中华民族伟大复兴中国梦提供有力支撑和基础保障。

第三节　主要目标

全面推进国土开发、保护和整治，加快构建安全、和谐、开放、协调、富有竞争力和可持续发展的美丽国土。

国土空间开发格局不断优化，整体竞争力和综合国力显著增强。到2020年，全国主体功能区布局基本形成，国土空间布局得到优化；到2030年，主体功能区布局进一步完善，以重点经济区、城市群、农产品主产区为支撑，重要轴带为主干的新型工业化、城镇化格局基本形成，人口集疏更加有序，城市文化更加繁荣，全方位对外开放格局逐步完善，国际竞争力显著增强，国土开发强度不超过4.62%，城镇空间控制在11.67万平方千米以内。

城乡区域协调发展取得实质进展，国土开发的协调性大幅提升。到2020年，区域协调发展新格局基本形成，区域之间、城乡之间居民收入差距缩小，基本公共服务均等化水平稳步提高，城镇化质量显著提升；到2030年，城乡一体化发展体制机制更加完善，城乡要素平等交换和公共资源均衡配置基本实现，新型工农、城乡关系进一步完善，基本公共服务均等化总体实现。

资源节约型、环境友好型社会基本建成，可持续发展能力显著增强。到2020年，人居环境逐步改善，生态系统稳定性不断增强，生物多样性得到切实保护；到2030年，集约、绿色、低碳、循环的资源利用体系基本建成，生态环境得到有效保护，资源节约集约利用水平显著提高，单位国内生产总值能耗和用水量大幅下降，国土综合整治全面推进，生产、生活和生态功能明显提升，耕地保有量保持在18.25亿亩以上，建成高标准农田12亿亩，新增治理水土流失面积94万平方千米以上。

基础设施体系趋于完善，资源保障能力和国土安全水平不断提升。到2020年，建设内通外联的运输通道网络，城镇生活污水、垃圾处理设施实现全覆盖，水利基础设施更加完善，防灾减灾体系更加健全；到2030年，综合交通和信息通信基础设施体系更加完善，城乡供水和防洪能力显著增强，水、土地、能源和矿产资源供给得到有效保障，防灾减灾体系基本完善，抵御自然灾害能力明显提升，公路与铁路网密度达到0.6千米/平方千米，用水总量控制在7000亿立方米以内。

海洋开发保护水平显著提高，建设海洋强国目标基本实现。到2020年，海洋经济发展空间不断拓展，海洋产业布局更为合理，对沿海地区经济的辐射带动能力进一步增强，海洋生产总值占国内生产总值比例达到9.5%；到2030年，海洋开发、控制、综合管理能力全面提升，海洋经济不断壮大，海洋生态环境质量持续改善，海上突发事件应急处置能力显著增强，国家海洋权益得到切实维护，海洋生产总值占国内生产总值比例力争达到14%。

国土空间开发保护制度全面建立，生态文明建设基础更加坚实。到2020年，空间规划体系不断完善，最严格的土地管理制度、水资源管理制度和环保制度得到落实，生态保护红线全面划定，国土空间开发、资源节约、生态环境保护的体制机制更加健全，资源环境承载能力监测预警水平得到提升；到2030年，国土空间开发保护制度更加完善，由空间规划、用途管制、差异化绩效考核构成的空间治理体系更加健全，基本实现国土空间治理能力现代化。

表1　主要指标

指标名称	2015年	2020年	2030年	属　性
1.耕地保有量（亿亩）	18.65	18.65	18.25	约束性
2.用水总量（亿立方米）	6180	6700	7000	约束性
3.森林覆盖率（%）	21.66	＞23	＞24	预期性
4.草原综合植被盖度（%）	54	56	60	预期性
5.湿地面积（亿亩）	8	8	8.3	预期性
6.国土开发强度（%）	4.02	4.24	4.62	约束性
7.城镇空间（万平方千米）	8.90	10.21	11.67	预期性
8.公路与铁路网密度（千米/平方千米）	0.49	≥0.5	≥0.6	预期性
9.全国七大重点流域水质优良比例（%）	67.5	＞70	＞75	约束性
10.重要江河湖泊水功能区水质达标率（%）	70.8	＞80	＞95	约束性
11.新增治理水土流失面积（万平方千米）	-	32	94	预期性

第三章　战略格局

深入实施区域发展总体战略、主体功能区战略和三大战略，以资源环境承载能力为基础，推动国土集聚开发和分类保护相适应，立足比较优势，促进区域协调发展，切实优化国土空间开发格局。

第二节　安全和谐的生态环境保护格局

分类分级推进国土全域保护。以资源环境承载状况为基础，综合考虑不同地区的生态功能、开发程度和资源环境问题，突出重点资源环境保护主题，有针对性地实施国土保护、维护和修复，切实加强环境分区管治，改善城乡人居环境，严格水土资源保护，提高自然生态系统功能，加强海洋环境保护，促进形成国土全域分类分级保护格局。

构建陆海国土生态安全格局。构建以青藏高原生态屏障、黄土高原—川滇生态屏障、东北森林带、北方防沙带和南方丘陵山地带（即“两屏三带”）以及大江大河重要水系为骨架，以其他国家重点生态功能区为支撑，以点状分布的国家禁止开发区域为重要组成部分的陆域生态安全格局。统筹海洋生态保护与开发利用，构建以海岸带、海岛链和各类保护区为支撑的“一带一链多点”海洋生态安全格局。

第三节　协调联动的区域发展格局

全面实施三大战略。深入推进“一带一路”建设战略实施，促进国际与国内区域经济发展互联互通，形成沿海、沿江、沿边区域合作与开放新局面。推动京津冀协同发展，有序疏解北京非首都功能，调整经济结构和空间结构，探索人口密集地区优化开发模式，增强对环渤海地区和北方腹地的辐射带动能力。推动长江经济带发展，以长江黄金水道为依托，发挥长江主轴线的辐射带动作用，向腹地延伸拓展。以三大战略为引领，积极谋划区域发展新格局，沿大江大河和重要交通干线，由东向西、由沿海向内地，形成以点带线、由线到面的新经济增长极和增长带，拓展区域发展新空间，塑造要素有序自由流动、主体功能约束有效、基本公共服务均等、资源环境可承载的区域发展新格局。

促进区域协调发展。继续深入实施区域发展总体战略，立足区域资源环境禀赋，发挥比较优势，确定不同区域发展定位、开发重点、保护内容和整治任务，完善创新区域政策，提高区域政策精准性。推动重点地区加快发展，扶持老少边贫地区跨越发展，支持资源型地区转型发展，鼓励改革试验区创新发展，促进区域错位协同发展。

推进区域一体化发展。发挥国土开发轴带的纵深连通作用，加快建设综合运输通道，加强国土开发轴带沿线地区经济联系和分工协作，实现要素区域间自由流动和优化组合。发挥国土开发集聚区的辐射带动作用，推进开发集聚区及其周边地区的城镇发展、产业布局、资源开发利用、生态环境保护和基础设施建设，推进区域一体化发展进程。

第五章　分类保护

坚持保护优先、自然恢复为主的方针，以改善环境质量为核心，根据不同地区国土开发强度的控制要求，综合运用管控性、激励性和建设性措施，分类分级推进国土全域保护，维护国家生态安全和水土资源安全，提高生态文明建设水平。

第一节　构建“五类三级”国土全域保护格局

以资源环境承载力评价为基础，依据主体功能定位，按照环境质量、人居生态、自然生态、水资源和耕地资源5大类资源环境主题，区分保护、维护、修复3个级别，将陆域国土划分为16类保护地区，实施全域分类保护。

按照资源环境主题实施全域分类保护。对开发强度较高、环境问题较为突出的开发集聚区，实行以大气、水和土壤环境质量为主题的保护；对人口和产业集聚趋势明显、人居生态环境问题逐步显现的其他开发集聚区，实行以人居生态为主题的保护；对重点生态功能区，实行以自然生态为主题的保护；对水资源供需矛盾较为突出的地区，实行以水资源为主题的保护；对优质耕地集中地区，实行以耕地资源为主题的保护。

表2　国土分类分级保护

保护主题	保护类别	范　围	保护措施
环境质量	环境质量与人居生态修复区	环渤海、长江三角洲、珠江三角洲等地区	加强水环境、大气环境、土壤重金属污染治理，科学推进河湖水系联通，构建多功能复合城市绿色空间。
	环境质量与水资源维护区	呼包鄂榆、兰州—西宁、天山北坡等地区	加强大气环境和水环境治理，调整产业结构，严格用水总量控制。
	环境质量与优质耕地维护区	哈长、冀中南、晋中、关中—天水、皖江、长株潭、成渝、东陇海等地区	强化水环境、大气环境和土壤环境治理；加强优质耕地保护与高标准农田建设。
	环境质量维护区	黄河龙门至三门峡流域陕西段、山西段，贵州西部、云南北部等地区	改善区域水环境质量，提高防范地震和突发地质灾害的能力。
人居生态	人居生态与优质耕地维护区	武汉都市圈、环鄱阳湖、海峡西岸、北部湾等地区	保护城市绿地和湿地系统，治理河湖水生态环境，科学推进河湖水系联通，保护优质耕地。
	人居生态与环境质量维护区	滇中、黔中地区	加强滇池流域湖体水体污染综合防治，开展重金属污染防治和石漠化治理。
	人居生态维护区	藏中南地区	加强草原和流域保护，构建以自然保护区为主体的生态保护格局。
自然生态	水源涵养保护区	阿尔泰山地、长白山、祁连山、大小兴安岭、若尔盖草原、甘南地区、三江源地区、南岭山地、淮河源、珠江源、京津水源地、丹江口库区、赣江—闽江源、天山等地区	维护或重建湿地、森林、草原等生态系统；开展生态清洁小流域建设，加强大江大河源头及上游地区的小流域治理和植树造林种草。
	防风固沙保护区	呼伦贝尔草原、塔里木河流域、科尔沁草原、浑善达克沙地、阴山北麓、阿尔金草原、毛乌素沙地、黑河中下游等地区	加大退耕还林还草、退牧还草力度，保护沙区湿地，对主要沙尘源区、沙尘暴频发区，加大防沙治沙力度，实行禁牧休牧和封禁保护管理。
	水土保持保护区	桂黔滇石漠化地区、黄土高原、大别山山区、三峡库区、太行山地、川滇干热河谷等地区	加强水土流失预防，限制陡坡垦殖和超载过牧，加强小流域综合治理，加大石漠化治理和矿山环境整治修复力度。

保护主题	保护类别	范 围	保护措施
自然生态	生物多样性保护区	藏西北羌塘高原、三江平原、武陵山区、川滇山区、海南岛中部山区、藏东南高原边缘地区、秦巴山区、辽河三角洲湿地、黄河三角洲、苏北滩涂湿地、桂西南山地等地区	保护自然生态系统与重要物种栖息地，防止开发建设破坏栖息环境。
	自然生态保护区	新疆塔克拉玛干沙漠、古尔班通古特沙漠，青海柴达木盆地，内蒙古巴丹吉林沙漠、腾格里沙漠、乌兰布和沙漠，藏北高原，青藏高原南部山地等地区	减少人类活动对区域生态环境的扰动，促进生态系统的自我恢复。推进防沙治沙。
	自然生态维护区	青藏高原南部、淮河中下游湿地、安徽沿江湿地、鄱阳湖湿地、长江荆江段湿地、洞庭湖区等地区	限制高强度开发建设，减少人类活动干扰；植树种草，退耕还林还草；保护湿地生态系统，退田还湖，增强调蓄能力。
水资源	水资源与优质耕地维护区	海河平原、淮北平原、山东半岛等地区	合理配置水资源，加强地下水超采治理，提高水资源利用效率，改善区域水环境质量；加强基本农田建设与保护。
	水资源短缺修复区	内蒙古西部、嫩江江桥以下流域、沿渤海西部诸河流域、新疆哈密等地区	严格控制水资源开发强度，加强地下水超采治理，加强水资源节约集约利用，降低水资源损耗。
耕地资源	优质耕地保护区	松嫩平原、辽河平原、黄泛平原、长江中下游平原、四川盆地、关中平原、河西走廊、吐鲁番盆地、西双版纳山间河谷盆地等地区	大力发展节水农业，控制非农建设占用耕地，加强耕地和基本农田质量建设。

依据开发强度实施国土分级保护。对京津冀、长江三角洲、珠江三角洲等优化开发区域，实施人居生态环境修复，优化开发，强化治理，从根本上遏制人居生态环境恶化趋势；对重点开发区域实施修复和维护，有序开发，改善人居生态环境；对重点生态功能区和农产品主产区实施生态环境保护，限制开发，巩固提高生态服务功能和农产品供给能力。

第二节 推进人居生态环境保护

修复三大优化开发区域人居生态环境。以大气、水和土壤环境综合治理为重点，修复京津冀地区、长江三角洲地区、珠江三角洲地区的人居生态环境，优化人居生态格局。

严格限制高污染项目建设。依法淘汰钢铁、水泥、化工、有色等行业落后产能，有效控制区域性复合型大气污染。严格控制造纸、印染、制革、农药、氮肥等行业新建单纯扩大产能项目，强化海河北系北京段和海河南系天津段水体以及太湖等重点河湖污染治理，加强入海河流小流域综合整治和近岸海域污染防治，减少长江口、杭州湾、珠江口陆源污染物排放。加大土壤重金属污染治理力度，推动有色金属冶炼、皮革、电镀、铅酸蓄电池等行业技术更新改造，减少污染排放。限制京津冀地区高耗水行业发展，推进节水技术改造，提高工业用水循环利用率，在地下水漏斗区和海水入侵区实施地下水禁采和限采政策，加强地下水污染防治。

以恢复和保障城市生态用地为重点，强化城市园林绿地系统建设。通过规划建设绿心、绿楔、绿带、绿廊等结构性绿地，加强城乡生态系统之间的连接。以太行山、燕山、大清河、永定河、潮白河、滨海湿地等生态廊道为主体，构建京津冀地区生态格局；以长江、钱塘江、太湖、京杭大运河、宜溧山区、天目山—四明山以及沿海生态廊道为主体，构建长江三角洲地区生态格局；以粤北山地丘陵、近海岛屿湿地和珠江水系为主体，构建珠江三角洲地区生态格局。

维护重点开发区域人居生态环境。辽中南、哈长等地区，发挥东北森林带生态安全屏障作用，强化水源地、森林资源和生物多样性保护，逐步恢复松嫩平原湿地，推进松花江、嫩江、辽河等流域和近岸海域污染防治。冀中南、晋中、中原等地区，推进区域大气污染防治。长江中游和皖江地区，强化鄱阳湖、洞庭湖、汉江、湘江、巢湖等河湖生态建设和保护，扩大湖泊湿地空间，增强湖泊自净功能，防治土壤重金属污染和面源污染。成渝地区，加强长江、嘉陵江、岷江、沱江、涪江等流域水土流失防治，强化水污染治理、水生生物资源恢复和地质灾害防治。

呼包鄂榆、宁夏沿黄、关中—天水、兰州—西宁、天山北坡等地区，严格限制高耗水行业发展，提高水资源利用水平，控制采暖期煤烟型大气污染。黔中地区，强化石漠化治理、地质灾害防治和大江大河防护林建设，构建长江和珠江上游地区生态屏障。滇中地区，推进以滇池为重点的高原湖泊水体污染综合防治，强化酸雨污染防治。藏中南地区，加强耕地和草地保护，加大水土保持力度。

改善农村人居生态环境。严格工业项目环境准入，防止城市和工业污染向农村转移。加强农业面源污染防治，加大种养业特别是规模化畜禽养殖污染防治力度，保持饮用水源和土壤质量安全。大力推进测土配方施肥，科学施用化肥、农药，实现化肥、农药使用量零增长，推动生态农业和有机农业发展。全面推进农村垃圾治理，加快农村生活污水治理和改厕，推广节能环保型炉灶，改善农村居民生活环境。加强村庄整体风貌保护与设计，注重保留当地传统文化，切实保护自然人文景观及生态环境。

第三节　强化自然生态保护

划定并严守生态保护红线。依托“两屏三带”为主体的陆域生态安全格局和“一带一链多点”的海洋生态安全格局，将水源涵养、生物多样性维护、水土保持、防风固沙等生态功能重要区域，以及生态环境敏感脆弱区域进行空间叠加，划入生态保护红线，涵盖所有国家级、省级禁止开发区域，以及有必要严格保护的其他各类保护地等。生态保护红线原则上按禁止开发区域的要求进行管理，严禁不符合主体功能定位的各类开发活动，严禁任意改变用途，确保生态保护红线功能不降低、面积不减少、性质不改变，保障国家生态安全。

加强重点生态功能区保护。具备水源涵养、防风固沙、水土保持、生物多样性维护等功能的国家重点生态功能区，以保护修复生态环境、提供生态产品为首要任务，编制实施产业准入负面清单，因地制宜发展不影响主体功能定位的产业，限制大规模工业化和城镇化开发，引导超载人口逐步有序转移。实施更加严格的区域产业环境准入标准，提高各类重点生态功能区中城镇化、工业化和资源开发的生态环境准入门槛。着力建设国家重点生态功能区，进一步加大中东部人口密集地区的生态保护力度，拓展重点生态功能区覆盖范围。

提高重点生态功能区生态产品供给能力。大小兴安岭、长白山、阿尔泰山地、三江源地区、若尔盖草原、甘南地区、祁连山、南岭山地、西藏东部、四川西部等水源涵养生态功能区，加强植树种草，维护或重建湿地、森林、草原等生态系统。塔里木河流域、阿尔金草原、呼伦贝尔草原、科尔沁草原、浑善达克沙地、阴山北麓等防风固沙生态功能区，加大退牧还草力度，开展禁牧休牧和划区轮牧，恢复草原植被。将25度以上陡坡耕地中的基本农田有条件地改划为非基本农田。黄土高原、东北漫川漫岗区、大别山山区、桂黔滇岩溶地区、三峡库区、丹江口库区等水土保持生态功能区，加大水土流失综合治理力度，禁止陡坡垦殖和超载过牧，注重自然修复恢复植被。川滇山区、秦巴山区、藏东南高原边缘地区、藏西北羌塘高原、三江平原、武陵山区、海南岛中部山区等生物多样性生态功能区，加强自然保护区建设力度，严防开发建设破坏重要物种栖息地及其自然生态系统。

促进其他自然生态地区保护。稳定南岭地区、长江中游、青藏高原南部等天然林地和草地数量，降低人为扰动强度，限制高强度开发建设，恢复植被。加强罗布泊、塔克拉玛干沙漠、古尔班通古特沙漠、腾格里沙漠、阿尔金草原、藏北高原、横断山区等生态极度脆弱地区保护，推进防沙治沙，促进沙漠、戈壁、高寒缺氧地区生态系统的自我恢复。

建立生物资源保护地体系。以自然保护区为主体，以种质资源保护区、禁猎区、禁伐区、原生境保护小区（点）等为补充，建立重要生物资源就地保护空间体系，加强生物多样性保护。建设迁地保护地体系，科学合理开展物种迁地保护。强化种质资源保存，建立完善生物遗传资源保存体系。建立外来入侵物种监测预警及风险管理机制，加强外来入侵物种和转基因生物安全管理。

表3　重点区域生物资源保护

重点区域	保护重点
北方山地平原区	重点建设沼泽湿地和珍稀候鸟迁徙地、繁殖地自然保护区；在蒙新高原草原荒漠区，重点加强野生动植物资源遗传多样性和特有物种保护；在华北平原黄土高原区，重点加强水源涵养林保护。
青藏高原高寒区	高寒荒漠生物资源。
西南高山峡谷区	横断山区森林生态系统和珍稀物种资源。
中南西部山地丘陵区	桂西、黔南等岩溶地区动植物资源。
华东华中丘陵平原区	长江中下游沿岸湖泊湿地和局部存留的古老珍贵植物资源，主要淡水经济鱼类和珍稀濒危水生生物资源。
华南低山丘陵区	滇南地区和海南岛中南部山地特有野生动物和热带珍稀植物资源。
渤海湾滨海湿地和黄海滩涂湿地分布区	特有生物资源。

第四节　严格水资源和耕地资源保护

加强水资源保护。严格保护和加快修复水生态系统，加强水源涵养区、江河源头区和湿地保护，开展内源污染防治，推进生态脆弱河流和地区水生态修复。科学制定陆域污染物减排计划，推进水功能区水质达标，依法划定饮用水水源保护区，开展重要饮用水水源地安全保障体系达标建设，强化饮用水水源应急管理，到2020年城市供水水源地原水水质基本达标。严格河湖占用管理，缓解缺水地区水资源供需矛盾。西北缺水地区，合理安排农牧业、工业和城镇生活用水，加快转变农业用水方式，根据水资源承载能力，合理确定土地开发规模，严格限制高耗水工业和服务业发展，严禁挤占生态用水；西南缺水地区，加快水源工程建设，提高城乡供水保障能力；华北缺水地区，优化水资源配置，调整农业种植结构，实施节水和地下水压采，限制高耗水行业发展。

强化耕地资源保护。严守耕地保护红线，坚持耕地质量数量生态并重。严格控制非农业建设占用耕地，加强对农业种植结构调整的引导，加大生产建设和自然灾害损毁耕地的复垦力度，适度开发耕地后备资源，划定永久基本农田并加以严格保护，2020年和2030年全国耕地保有量分别不低于18.65亿亩（1.24亿公顷）、18.25亿亩（1.22亿公顷），永久基本农田保护面积不低于15.46亿亩（1.03亿公顷），保障粮食综合生产能力5500亿公斤以上，确保谷物基本自给。实施耕地质量保护与提升行动，有序开展耕地轮作休耕，加大退化、污染、损毁农田改良修复力度，保护和改善农田生态系统。加强北方旱田保护性耕作，提高南方丘陵地带酸化土壤质量，优先保护和改善农田土壤环境，加强农产品产地重金属污染防控，保障农产品质量安全。建立完善耕地激励性保护机制，加大资金、政策支持，对落实耕地保护义务的主体进行奖励。加强优质耕地保护，强化辽河平原、三江平原、松嫩平原等区域黑土地农田保育，强化黄淮海平原、关中平原、河套平原等区域水土资源优化配置，加强江汉平原、洞庭湖平原、鄱阳湖平原、四川盆地等区域平原及坝区耕地保护，促进稳产高产商品粮棉油基地建设。

第五节　加强海洋生态环境保护

构建海洋生态安全格局。统筹海洋生态保护与开发利用，逐步建立类型全面、布局合理、功能完善的保护区体系，严格限制保护区内干扰保护对象的用海活动，恢复和改善海洋生态环境，强化以沿海红树林、珊瑚礁、海草床、湿地等为主体的沿海生态带建设，保护海洋生物多样性。依法禁止在重点海湾等区域实施围填海作业。严格控制开发利用海岸线，加强自然岸线保护，到2030年自然岸线保有率不低于35%。

加大海洋环境保护力度。坚持海陆统筹、河海兼顾的原则，以陆源防治为重点，加强重点河口、海湾综合整治，逐步实施沿海城市和入海河流总氮污染防治，强化入海排污口监管，积极治理船舶污染，增强港口码头污染防治能力，推进水产养殖污染防控，严格控制海上倾废，加强海岛综合整治、生态保护修复，提高近岸海域环境监管、环境风险防范和应急处置能力，建立海陆统筹、区域联动的海洋生态环境保护修复机制，有效改善近海海域环境质量。

第六章　综合整治

构建政府主导、社会协同、公众参与的工作机制，加大投入力度，完善多元化投入机制，实施综合整治重大工程，修复国土功能，增强国土开发利用与资源环境承载能力之间的匹配程度，提高国土开发利用的效率和质量。

第一节　推进形成“四区一带”国土综合整治格局

分区域加快推进国土综合整治。以主要城市化地区、农村地区、重点生态功能区、矿产资源开发集中区及海岸带（即“四区一带”）和海岛地区为重点开展国土综合整治。开展城市低效用地再开发和人居环境综合整治，优化城乡格局，促进节约集约用地，改善人居环境；农村地区实施田水路林村综合整治和高标准农田建设工程，提高耕地质量，持续推进农村人居环境治理，改善农村生产生活条件；生态脆弱和退化严重的重点生态功能区，以自然修复为主，加大封育力度，适度实施生态修复工程，恢复生态系统功能，增强生态产品生产能力；矿产资源开发集中区加强矿山环境治理恢复，建设绿色矿山，开展工矿废弃地复垦利用；海岸带和海岛地区修复受损生态系统，提升环境质量和生态价值。

第二节　实施城市化地区综合整治

推动低效建设用地再开发。坚持统筹规划、明晰产权、利益共享、规范运作，以棚户区和城中村改造、城区老工业区搬迁改造为重点，积极稳妥推进低效建设用地再开发。坚持集中成片改造、局部改造、沿街改建相结合，推进城镇建设用地集约利用，保障人居环境安全，确保城区污染场地无害化再利用；依法处置闲置土地，鼓励盘活低效用地，推进工业用地改造升级和集约利用；以大中城市周边区域为重点，分类开展城中村改造，改善生产生活条件，增加建设用地有效供给。严格保护具有历史文化和景观价值的传统建筑，保持城乡特色风貌。

加强城市环境综合治理。推进城市大气、水、土壤污染综合治理，完善城镇污水、垃圾处理等环保基础设施。强化重点区域大气污染防治联防联控，严格控制大气污染物排放总量，逐步消除重污染天气，切实改善大气环境质量。推进绿道网络建设，联接城乡绿色空间，形成有利于改善城市生态环境质量的生态缓冲地带。发展立体绿化，加快公园绿地建设，完善居住区绿化。强化城市山体、水体、湿地、废弃地等生态修复，构建城市现代化水网体系，建设生态景观廊道。加强地质灾害综合防治，以长江三角洲、华北平原、松嫩平原、汾渭盆地等地区为重点，实施城市地质安全防治工程，开展地面沉降、地面塌陷和地裂缝治理，修复城市地质环境，保障人民群众生命财产安全。

第三节　推进农村土地综合整治

加快田水路林村综合整治。以耕地面积不减少和质量有提高、建设用地总量减少、农村生产生活条件和生态环境改善为目标，按照政府主导、整合资金、维护权益的要求，整体推进田水路林村综合整治，规范开展城乡建设用地增减挂钩。加强乡村土地利用规划管控。全面推进各类低效农用地整治，调整优化农村居民点用地布局，加快"空心村"整治和危旧房改造，完善农村基础设施与公共服务设施。稳步推进美丽宜居乡村建设，保护自然人文景观及生态环境，传承乡村文化景观特色。

推进高标准农田建设。大规模建设高标准农田，整合完善建设规划，统一建设标准、监管考核和上图入库。统筹各类农田建设资金，做好项目衔接配套，形成工作合力。在东北平原、华北平原、长江中下游平原、四川盆地、陕西渭河流域、陕北黄土高原沟壑区、山西汾河谷地和雁北地区、河套平原、海南丘陵平原台地区、鄂中鄂北丘陵岗地区、攀西安宁河谷地区、新疆天山南北麓绿洲区等有关县（市），开展土地整治工程，适度开发宜耕后备土地，全面改善相关区域农田基础设施条件，提高耕地质量，巩固提升粮食综合生产能力。

实施土壤污染防治行动。开展土壤污染调查，掌握土壤环境质量状况。对农用地实施分类管理，保障农业生产环境安全。对建设用地实施准入管理，防范人居环境风险。强化未污染土壤保护，严控新增土壤污染，加强污染源监管，开展污染治理与修复，改善区域土壤环境质量。在江西、湖北、湖南、广东、广西、四川、贵州、云南等省份受污染耕地集中区域优先组织开展治理与修复。建设土壤污染综合防治先行区。

第四节　加强重点生态功能区综合整治

强化水源涵养功能。在大小兴安岭、长白山、阿尔泰山地、三江源地区、甘南地区、南岭山地、秦巴山区、六盘山、祁连山、太行山—燕山等重点水源涵养区，严格限制影响水源涵养功能的各类开发活动，重建恢复森林、草原、湿地等生态系统，提高水源涵养功能。实施湿地恢复重大工程，积极推进退耕还湿、退田还湿，采取综合措施，恢复湿地功能。开展水和土壤污染协同防治，综合防治农业面源污染和生产生活用水污染。

增强水土保持能力。加强水土流失预防与综合治理，在黄土高原、东北黑土区、西南岩溶区实施以小流域为单元的综合整治，对坡耕地相对集中区、侵蚀沟及崩岗相对密集区实施专项综合整治，最大限度地控制水土流失。结合推进桂黔滇石漠化片区区域发展与扶贫攻坚，实施石漠化综合整治工程，恢复重建岩溶地区生态系统，控制水土流失，遏制石漠化扩展态势。

提高防风固沙水平。分类治理沙漠化，在嫩江下游等轻度沙漠化地区，实施退耕还林还草和沙化土地治理；在准噶尔盆地边缘、塔里木河中下游、塔里木盆地南部、石羊河下游等重度荒漠化地区，实施以构建完整防护体系为重点的综合整治工程；在内蒙古、宁夏、甘肃、新疆等地的少数沙化严重地区，实行生态移民，实施禁牧休牧，促进区域生态恢复。重点实施京津风沙源等综合整治工程，加强林草植被保护，对公益林进行有效管护，对退化、沙化草原实施禁牧或围栏封育。在适宜地区推进植树种草，实施工程固沙，开展小流域综合治理，大力发展特色中草药材种植、特色农产品生产加工、生态旅游等沙区特色产业。

第五节　加快矿产资源开发集中区综合整治

实施矿山环境治理。开展矿山地质环境恢复和综合治理，推进历史遗留矿山综合整治，稳步推进工矿废弃地复垦利用，到2030年历史遗留矿山综合治理率达到60%以上。严格落实新建和生产矿山环境治理恢复和土地复垦责任，完善矿山地质环境治理恢复等相关制度，依法制定有关生态保护和恢复治理方案并予以实施，加强矿山废污水和固体废弃物污染治理。

加快绿色矿山建设。进一步完善分地区分行业绿色矿山建设标准体系，全面推进绿色矿山建设，在资源相对富集、矿山分布相对集中的地区，建成一批布局合理、集约高效、生态优良、矿地和谐的绿色矿业发展示范区，引领矿业转型升级，实现资源开发利用与区域经济社会发展相协调。到2030年，全国规模以上矿山全部达到绿色矿山标准。

第六节　开展海岸带和海岛综合整治

加强海岸带修复治理。推进渤海湾、江苏苏北沿海、福建厦门—平潭沿海、广东珠江口等海岸带功能退化地区综合整治，恢复海湾、河口海域生态环境。加强陆源污染控制，削减入海河流污染负荷。严格执行养殖废水排放标准，控制养殖尾水排放。提高污水、垃圾收集处理率，改善海岸带旅游区环境。推进近岸海域生态恢复，整治受损岸线，重点对自然景观受损严重、生态功能退化、防灾能力减弱、利用效率低下的海域海岸带进行修复整治，到2030年完成整治和修复海岸线长度2000千米以上。

推进海岛保护整治。重点推进有居民海岛整治、拟开发海岛与偏远海岛基础设施改善与整治，保护海岛自然资源和生态环境，治理海岛水土流失和污染。加强领海基点海岛保护工程建设，修复生态受损的领海基点海岛。规范无居民海岛开发利用，保护修复生态环境。

第八章　支撑保障

与国土集聚开发、分类保护和综合整治"三位一体"总体格局相适应，推动形成基础设施更加完善、资源保障更加有力、防灾减灾更加高效、体制机制更加健全的现代化基础支撑与保障体系。

第三节　强化水资源综合配置

严格控制流域和区域用水总量。统筹各地区水资源承载能力与合理用水需求，控制水资源开发利用强度，科学制定主要江河流域水量分配方案。

加强水资源保障能力建设。合理安排生产、生活、生态用水，统一调配本地与外地、地表与地下水资源。合理安排改造现有水源地，科学规划新建和调整水源地，蓄引提调结合、大中小微并举，建立健全流域与区域相结合、城市与农村相统筹、开发利用与节约保护相协调的水资源供应体系。

促进水资源节约利用。建立健全有利于节约用水的体制机制，稳步推进水价改革，强化用水定额管理，加快制定高耗水工业和服务业用水定额国家标准。以水资源承载能力为依据，严格控制水资源短缺和生态脆弱地区的城市规模扩张。对水资源短缺地区实行更严格的产业准入、取用水定额控制。加快农业、工业、城镇节水改造，开展节水综合改造示范。加快非常规水资源利用，实施雨洪资源利用、再生水利用等工程。转变农业用水方式，全面提高水资源利用效率和效益，到2030年，全国节水灌溉面积占农田灌溉面积的85%以上，农田灌溉用水有效利用系数提高到0.6以上。

第四节　构建能源安全保障体系

加强能源矿产勘查。按照深化东（中）部、发展西部、加快海域、开辟新区、拓展海外的思路，加强渤海湾、鄂尔多斯、四川、塔里木、东海等重点盆地油气勘查，获取规模储量；加大银额、羌塘等含油气盆地及中上扬子地区勘查力度，实现油气资源战略接替。以优质动力煤和炼焦煤为重点，加快神东、陕北、晋北等国家大型煤炭基地资源勘查进程。加强铀矿资源调查和潜力评价，加快探明一批新的矿产地。实施油页岩和油砂资源调查与潜力评价，积极推进页岩气、煤层气、致密油（气）等非常规油气资源勘查，在我国海域和陆域具备成藏条件的地区，探索开展天然气水合物勘查开发。开展全国地热资源远景调查评价。

提高能源开发利用水平。推动能源生产和消费革命，优化能源结构，以开源、节流、减排为重点，确保能源安全供应。重点建设山西、鄂尔多斯盆地、内蒙古东部地区、西南地区、新疆五大重点综合能源基地和东部沿海核电带，构建“五基一带”能源开发利用格局。加强深海油气资源开发，加快常规天然气增储上产，推进油页岩、页岩气、天然气水合物、油砂综合利用技术研发与推广。加强煤层气和煤炭资源综合开发，提高综合利用水平。切实提高煤炭加工转化水平，强化煤炭清洁高效利用。在保护生态的前提下，有序稳妥开发水电，安全发展核电，高效发展风电，扩大利用太阳能，有序开发生物质能。实施新能源集成利用示范工程，因地制宜推进新型太阳能光伏和光热发电、生物质气化、生物燃料、海洋能等可再生能源发展，大幅提高非化石能源占能源消费总量的比例。

完善高效快捷的电力与煤炭输送骨干网络。强化智能电网与分布式能源系统的统筹建设，逐步降低煤炭消费比重特别是非电用煤比重。坚持输煤输电并举，逐步提高输电比重，扩大北煤南运和西电东送规模。结合大型能源基地布局，稳步建设西南能源基地向华东、华中地区和广东省输电通道，鄂尔多斯盆地、山西、锡林郭勒盟能源基地向华北、华中、华东地区输电通道。加快区域和省际超高压主网架建设，加快实施城乡配电网建设和改造工程，提高综合供电能力和可靠性。优化煤炭跨区流向，重点建设内蒙古西部地区至华中地区的北煤南运战略通道；建设山西、陕西和内蒙古西部地区至唐山地区港口、山西中南部至山东沿海港口等西煤东运新通道；结合兰新铁路扩能改造和兰渝铁路建设，完善疆煤外运通道。

第五节　提升非能源重要矿产资源保障能力

加强重要矿产资源勘查。积极实施找矿突破战略行动，以铁、铜、铝、铅、锌、金、钾盐等矿种为重点，兼顾稀有、稀散、稀土金属和重要非金属矿产，完善以市场为导向的地质找矿新机制，促进地质找矿取得重大突破。加强重点成矿区带勘查，摸清海洋矿产资源家底，建设一批矿产资源勘查开采接续基地，塑造资源安全与矿业发展新格局。积极参与国外矿产资源勘探开发。到2030年，重要矿产资源探明储量保持稳定增长。

强化矿产资源合理开发与保护。提高铁、铜、铝土矿等重要金属矿产持续供应能力，开发石墨等新型非金属矿物材料。积极开发利用战略性新兴矿产，加强重要优势矿产保护，对保护性开采特定矿种实行开采总量控制。健全战略储备与商业储备相互结合、矿产品储备与矿产地储备互为补充的重要矿产储备体系。到2030年，重要矿产国内保障程度有所提高。

推进矿产资源综合利用。加强低品位、共伴生、难选冶矿产资源的综合评价和综合利用，增加和盘活一批资源储量，加快安全高效先进的采选技术设备研发与推广，减少储量消耗和矿山废弃物排放。建立矿产资源采选回收率准入标准管理和监督检查体系，开展矿产资源综合利用试点示范，推进矿产资源综合利用示范基地和绿色矿山建设，带动矿产资源领域循环经济发展，提升矿产资源开采回采率、选矿回收率和综合利用率整体水平，提高矿产资源利用效率。

第六节　增强防灾减灾能力

完善灾害监测预警网络。加强自然灾害预测预警技术的开发、试验与推广普及，强化重大自然灾害的早期监测、快速预警，提高对突发性自然灾害的短期和中长期预测能力。建立防灾减灾信息共享、预报会商和预警联动机制，强化预警信息发布能力建设。

加强重点区域灾害防治。以自然灾害高风险区、重大工程扰动区等区域为重点，加强重大自然灾害和巨灾隐患早期识别、风险评估、监测预警与工程防治。加强自然灾害严重地区防灾减灾能力建设，提高城乡建筑和公共设施的设防标准和抗灾能力。对人口和产业密集区开展重要设施风险评估和建筑物抗震性能普查，建设综合防灾能力信息数据库。结合新农村建设，有序组织地质灾害重大隐患点移民搬迁。

提升灾害综合应对能力。实施自然灾害防御工程。加快推进防汛抗旱、防震抗震、防寒抗冻、防风抗潮、森林草原防火、重大沙尘暴灾害预防、病虫害防治、野生动物疫病疫源防控等骨干工程建设。完善政府、社会、企业和个人共同参与的灾害管理机制，进一步加强灾害风险防范、应急救援和灾后恢复重建能力建设，推动形成多灾种共防、各部门协同、跨区域合作的综合防灾减灾工作格局。

构建国土生态安全屏障。以重点生态功能区为依托，加快建设国土生态安全屏障。在大小兴安岭和长白山森林生态功能区以及三江平原，加强森林资源保护与修复，促进湿地恢复；在鄂尔多斯、阿拉善、塔里木盆地北沿等地，保护与恢复林草植被，增强防风固沙功能；在三江源、祁连山等地，加强草原与湿地保护与恢复，增强水源涵养功能；在黄土高原和太行山区等地，加强森林、草原等天然植被保护与恢复，增强水土保持功能；在秦巴山地、岷山、横断山区，加强森林资源与野生动植物物种资源保护，增强水源涵养功能；在三峡库区，加强森林、草原等天然植被保护与恢复，增强水土保持与水源涵养功能；在西南岩溶地区，开展石漠化治理，增强水土保持与水源涵养功能；在长江中下游地区，加强湖泊湿地恢复，增强洪水调蓄功能；在南岭山地、武夷山区，加强森林资源保护与恢复，增强水土保持与水源涵养功能；在东部沿海地区，加强沿海防护林特别是红树林保护与恢复，增强防护海岸和抵御台风、海啸等自然灾害的功能；在东北、华北与黄淮海平原等地，增强生态防护功能，保障粮食生产安全；在大中城市，加强森林、草原、湖泊、湿地、农田等资源保护，增强生态防护、气候调节与景观绿化功能。

第七节　推进体制机制创新

健全自然资源管理制度体系。按照归属清晰、权责明确、监管有效的要求，加快完善自然资源资产产权制度，着力建立健全公益性自然资源资产国家统一管理制度，坚持和完善经营性自然资源资产有偿使用制度，对水流、森林、山岭、草原、荒地、滩涂以及探明储量的矿产资源等自然生态空间进行统一确权登记。完善自然资源监管体系，统一行使国土空间用途管制职责。以实行综合调查评价制度、加强动态监测为基础，建立资源环境承载能力监测预警机制，对资源环境承载能力减弱的区域实行限制性开发。建立健全国土空间开发保护和用途管制制度，全面实行自然资源资产有偿使用制度和生态保护补偿制度，将资源消耗、环境损害、生态效益纳入经济社会发展评价体系；建立自然资源开发利用奖惩机制，健全能源、水、土地节约集约使用制度；逐步建立覆盖森林、草原、湿地、荒漠、海洋、水流、耕地等重点领域和禁止开发区域、重点生态功能区等重要区域的多元化生态保护补偿机制。按照有偿处置、收益合理分配、强化综合监管的原则，建立健全国有自然资源资产管理制度。

健全市场机制。深化自然资源资产有偿使用制度改革，推进市场体系建设。扩大有偿使用范围，创新取得方式，健全占用制度，完善资源价格形成机制和收益分配制度。进一步扩大市场配置自然资源的范围。完善自然资源使用权利体系，促进资源使用权利自由有序流转。建立统一、开放、竞争、有序的资源要素市场体系。深化资源性产品要素价格和要素市场改革，建立反映市场供求关系、资源稀缺程度、环境损害成本的资源性产品价格形成机制。健全自然资源要素有形市场，加强公共资源交易平台建设，完善交易规则，促进交易公开透明。提升资源要素市场信息监管能力，以土地市场动态监测为基础，健全完善覆盖矿业权、海域使用权等资源要素市场信息的统一动态监管系统，加强市场调控和监管。

严格“三线”管控。划定城镇、农业、生态空间，严格落实用途管制。科学确定国土开发强度，严格执行并不断完善最严格的耕地保护制度、水资源管理制度、环保制度，对涉及国家粮食、能源、生态和经济安全的战略性资源，实行总量控制、配额管理制度，并分解下达到各省（区、市）。设置“生存线”，明确耕地保护面积和水资源开发规模，保障国家粮食和水资源安全；设置“生态线”，划定森林、草原、河湖、湿地、海洋等生态要素保有面积和范围，明确各类保护区范围，提高生态安全水平；设置“保障线”，保障经济社会发展所必需的建设用地，促进新型工业化和城镇化健康发展，确定能源和重要矿产资源生产基地及运输通道，确保国家能源资源持续有效供给。

实施分区引导。按照发挥地区比较优势、促进区域协调发展、推进国土纵深开发和陆海统筹的总要求，在综合考虑自然本底条件、经济社会联系、人口和产业分布等因素基础上，明确各区域开发重点、保护内容和整治任务，制定实施差别化政策，创新管理方式，进一步强化分区引导和空间管控，促进国土均衡开发和区域协调发展。

第九章　配套政策

在充分发挥现有相关政策综合效能的基础上，积极推进制度创新，研究制定促进国土空间开发格局优化的配套政策体系，保障《纲要》规划目标和重点任务的完成。

第一节　资源环境政策

加快土地管理制度改革创新。加强土地用途转用许可管理，按照不同主体功能区的功能定位和发展方向，实行差别化的土地利用和土地管理政策。实行最严格的耕地保护制度，落实各级人民政府耕地保护目标责任制。实行最严格的节约用地制度，建立建设用地使用标准控制制度，建立健全节约集约用地责任机制和考核制度，创建土地节约集约模范市县。加强存量建设用地挖潜，盘活存量用地。进一步完善城乡建设用地增减挂钩、工矿废弃地复垦利用、低丘缓坡地和未利用地开发利用等政策。深化城市土地使用制度改革，完善法规制度，实施城镇低效用地再开发，推进土地二级市场改革试点。统筹推进农村土地制度改革，做好农村土地征收、集体经营性建设用地入市、宅基地制度改革试点。

实行最严格水资源管理制度。严格水资源开发利用控制、用水效率控制、水功能区限制纳污“三条红线”管理。加强水资源开发利用控制管理，严格规划管理和水资源论证，控制流域和区域取用水总量，严格实施取水许可和水资源有偿使用制度。加强用水效率控制管理，强化各地区、各行业用水定额管理。加快推进节水技术改造，加强水功能区限制纳污管理，从严核定水域纳污容量，严格控制入河湖排污总量。加快水权交易试点，培育和规范水权市场。健全水资源监控体系，建立水资源管理责任考核制度。

深化矿产资源管理制度改革。探索建立矿产资源权益金制度，进一步深化矿产资源有偿使用制度改革，建立最低勘查投入标准和矿业权使用费动态调整机制，调整矿业权使用费征收标准。严格控制和规范矿业权协议出让，全面推进矿业权市场建设，完善矿产资源开发收益分配机制。健全完善矿产资源节约与综合利用技术标准体系，制定完善重要矿产资源“三率”（开采回采率、选矿回收率、综合利用率）标准。健全矿产资源节约与综合利用调查和监测评价制度，强化矿产资源节约与综合利用激励约束机制，完善资源配置、经济激励等引导政策，促进资源持续利用。制定矿产资源勘查、矿产资源储备保护、矿山生态保护和恢复治理等支持政策。

完善海域使用管理制度。严格用海规划管理，发挥海洋功能区划、规划的管控作用，强化集约用海，严格围填海计划约束。科学确定海洋开发规模、方式和时序。合理控制各类建设用海规模，优先安排鼓励类产业、战略性新兴产业和社会公益项目用海。推进海域使用权招标、拍卖、挂牌出让，规范海域使用权的转让、出租和抵押管理。完善海域金征收管理制度，加大海域、海岸带整治修复投入。建立陆海统筹、区域联动的海洋生态环境保护修复机制，加强滩涂、近岸海域、重要海湾和脆弱岸线综合治理，严格控制陆源污染物排放入海。

健全环境保护管理制度。划定生态保护红线，严守环境质量底线，将大气、水、土壤等环境质量“只能更好、不能变坏”作为地方各级政府环保责任红线，相应确定污染物排放总量限值和环境风险防控措施。建立完善严格监管所有污染物排放的环境保护管理制度，建立陆海统筹的生态系统修复和污染防治区域联动机制，完善排污许可制。落实环境目标责任制，推进主要污染物总量减排和环境质量监督考核。在重金属污染综合防治重点区域实施污染物排放总量控制，健全排污权有偿取得和使用制度，扩大排污权有偿使用和交易试点范围，发展排污权交易市场。推进建立企业环境行为信用评价制度。严格执行环境影响评价制度，健全规划环境影响评价和建设项目影响评价联动机制。积极推进环境污染第三方治理，引入社会力量投入环境污染治理。

“互联网+”绿色生态三年行动实施方案

（发改办环资（[2016]70号国家发展改革委办公厅2016年1月11日印发）

为贯彻落实《国务院关于积极推进“互联网+”行动的指导意见》（国发[2015]40号，以下简称《指导意见》），确保“互联网＋”绿色生态各项任务落到实处，制订本实施方案。

一、总体要求

推动互联网与生态文明建设深度融合，完善污染物监测及信息发布系统，形成覆盖主要生态要素的资源环境承载能力动态监测网络，实现生态环境数据的互联互通和开放共享。充分发挥互联网在逆向物流回收体系中的平台作用，提高再生资源交易利用的便捷化、互动化、透明化，促进生产生活方式绿色化。

二、主要要点及任务分解

（一）加强资源环境动态监测

1、结合各有关部门对资源、环境、生态等方面的动态监测预警成果，完善部门间数据资源、文献资料等信息共享机制，会同地方政府建立资源环境监测预警数据库和信息共享平台。（责任单位：发展改革委牵头。完成时限：2016年提出详细落实方案，据方案推动落实）

2、研究建设资源环境动态监测应急系统，根据相关部门建设的单项要素评价监测站点，动态采集数据资源，建设集成信息系统，通过对数据资源进行综合分析和评估，为提出预警和限制性措施提供依据。（责任单位：发展改革委牵头。完成时限：2016年提出详细落实方案，据方案推动落实）

3、针对能源、矿产资源、水、大气、森林、草原、湿地、海洋等各类生态要素，利用年度土地变更调查和遥感监测成果，结合互联网大数据分析，优化监测站点布局，扩大动态监控范围，构建资源环境承载能力立体监控系统。（责任单位：国土资源部、环境保护部、水利部、农业部、林业局、海洋局根据职责分别落实。完成时限：根据年度任务落实）

4、组织开展农作物、草原等农业生态要素遥感及地面动态监测工作。（责任部门：农业部。完成时限：按年度持续推进）

5、制定《“互联网”＋林业行动计划》。（责任部门：林业局。完成时限：2016年底前完成）

6、积极推动生态红线监测、生态红线一张图建设。全面强化生态安全的网络化监管。开展重要生态区域、珍惜濒危物种及其栖息地的监测物联网应用工作。开发监测信息管理共享服务平台，提升监测的效率和质量。（责任单位：环境保护部、农业部、林业局、海洋局根据部门职责分别落实。完成时限：2016年试点，2017年后逐步扩大范围）

7、建设适应“互联网＋”绿色生态的林业标准体系，开展林业物联网传感区数据接口规范、传感器网络组网设备技术要求等标准的研究工作。（责任单位：林业局、工业和信息化部。完成时限：2016年开展研究，2017年起分批出台）

8、加强重点用能单位能耗在线监测和大数据分析，在稳步推进试点的基础上扩大范围。（责任单位：发展改革委。完成时限：2016年开展试点评估，2017年后逐步扩大范围）

（二）大力发展智慧环保

9、利用智能监测设备和移动互联网，完善污染物排放在线监测系统，增加监测污染物种类，扩大监测范围，形成全天候、多层次的智能多源感知体系。（责任部门：环境保护部、海洋局。完成时限：2017年底前完成）

10、建立环境信息数据共享机制，统一数据交换标准，推进区域污染物排放、空气环境质量、水环境质量等信息公开，通过互联网实现面向公众的在线查询和实时发布。（责任部门：环境保护部、海洋局。完成时限：2016年底前完成）

11、加强企业环保信用数据的采集整理，将企业环保信用记录纳入全国统一信用信息共享交换平台。（责任部门：环境保护部、发展改革委、工业和信息化部。完成时限：2016年开展试点，按年度持续推进）

12、完善环境预警和风险监测信息网络，提升重金属、危险废物、危险化学品等重点风险防范水平和应急处理能力。（责任部门：环境保护部、海洋局。完成时限：按年度持续推进）

13、建设全国海洋生态环境监督管理系统。以海洋生态环境监管业务数据为基础，通过多元数据信息综合利用等手段，建立为国家和地方海洋生态环境监督管理与科学决策提供全面支撑的综合信息系统平台，实现数据集成与管理、分析评价与决策、行政审批与管理、政务公开与公众服务能力的全面提升。（责任单位：海洋局。完成时限：2017年年底前完成）。

14、健全完善网络环境监督管理和宣传教育平台。畅通公众参与渠道，鼓励公众利用网络平台对环境保护案件、线索、问题进行举报，构建政府引导、全民参与的监督管理机制。利用网络平台，宣传环保理念、普及环保知识，提高公众环保意识。（责任单位：环境保护部、农业部、林业局、海洋局根据部门职责分别落实。完成时限：按年度持续推进）

（三）完善废旧资源回收利用和在线交易体系

15、制定《“互联网＋”资源循环行动方案（2016－2020）》，对“十三五”时期资源循环利用产业利用互联网、大数据的方式进行总体布局，确定重点任务，明确保障措施。（责任部门：发展改革委、科技部、工业和信息化部、财政部、环境保护部、住房城乡建设部、商务部。完成时限：2016年底前印发）

16、起草下发《关于推动再生资源回收行业转型升级的意见》，推动回收行业利用信息技术从松散粗放型向集约型、规模型、产业型、效益型方向转变。（责任部门：商务部。完成时限：2016年底前印发）

17、支持回收行业利用物联网、大数据开展信息采集、数据分析、流向监测，推广“互联网+”回收新模式。（责任部门：商务部。完成时限：按年度持续推进）

18、选择部分特定产品，支持利用电子标签、二维码等物联网技术跟踪电子废物流向，推动在废弃电器电子产品处理企业的审核评价标准中纳入有关指标要求。（责任部门：发展改革委、环境保护部会同工业和信息化部等部门。完成时限：2016年11月）

19、鼓励互联网企业参与搭建城市废弃物回收平台，创新再生资源回收模式。将回收平台共建作为国家循环经济示范城市（县）建设的鼓励支持方向。（责任部门：发展改革委、住房城乡建设部、商务部。完成时限：2016年9月）

20、完善报废汽车旧件、二手件、再制造旧件、再制造产品等的相关标准，加快推进汽车保险信息系统、汽车维修系统、“以旧换再”管理系统和报废车管理系统的标准规范和互联互通。推动汽车维修、汽车保险、旧件回收、再制造品、汽车报废拆解等汽车产品售后全生命周期信息的互通共享。（责任单位：发展改革委、工业和信息化部、交通运输部、商务部、保监会。完成时限：2017年底完善标准制定，2018年起逐步实现互联互通）

21、鼓励互联网企业积极参与各类产业园区废弃物信息平台建设，以园区循环化改造为切入点，支持一批符合条件的园区开展相关工作。（责任部门：发展改革委、财政部。完成时限：2016年选择部分区域）

22、推动现有骨干再生资源交易市场向线上线下结合转型升级，逐步形成行业性、区域性、全国性的产业废弃物和再生资源在线交易系统，完善线上信用评价和供应链融资体系，开展在线竞价，发布价格交易指数，提高稳定供给能力，增强主要再生资源品种的定价权。（责任部门：发展改革委、商务部。完成时限：2016年底前完成）

23、总结推广典型经验，选择开展废弃物信息平台建设较好的地区，进行经验总结并向全国进行推广。（责任部门：发展改革委、商务部。完成时限：2016年底前完成）

24、利用“节能周”、“低碳日”等平台，依托有关行业协会、企业开展宣传活动，普及废旧商品回收利用、分类回收的必要性和方式，引导消费者树立绿色循环低碳生活理念。（责任部门：发展改革委、商务部牵头。完成时限：按年度持续推进）

三、保障措施

（一）加强组织领导

各部门要进一步提高对“互联网＋”工作重要性的认识，加强组织领导，各项分解工作的牵头部门（列第一位的为牵头部门）应当明确一名司局级同志负责总体牵头，精心组织实施，狠抓具体落实。

（二）细化分解任务

各部门要按照本方案并结合实际，制订涉及本部门牵头工作的细化工作方案的工作进度安排，将任务分解落实到具体的司局、处室、责任人，做到任务明确、措施具体、责任到人。

（三）加强督促检查

各牵头部门要对每项工作任务的进展情况，实行报告制度。并于每年1月底前将上一年的工作情况以书面材料形式报发展改革委（环资司）。发展改革委将会同有关部门对落实情况进行跟踪督促，重要情况向“互联网＋”部际联席会议汇报。

岩溶地区石漠化综合治理工程“十三五”建设规划（节录）

发改农经[2016]624号

（国家发展改革委国家林业局农业部水利部2016年3月21日印发）

第三章　指导思想、基本原则与目标

一、指导思想

全面贯彻落实党的十八大和十八届三中、四中、五中全会精神，以习近平总书记系列重要讲话精神为指导，以绿色发展为基本理念，坚持保护优先、自然修复为主，在巩固一期工程建设成果基础上，集中治理范围，突出建设重点，实施山水林田湖综合治理，全面提升自然生态系统稳定性和生态服务功能，着力加强林草植被保护与恢复，着力发展草食畜牧业，着力推进水土资源的合理利用，加快长江经济带生态屏障建设，加快区域脱贫攻坚步伐，加快构建区域人与自然和谐发展的新局面。

二、基本原则

(一)突出重点，统筹兼顾

(二)因地制宜，综合治理

遵循岩溶土地自然规律，坚持保护优先、自然恢复为主的“山、水、田、林、路”生态保护和修复的系统综合治理思路，将生物措施、工程措施和技术措施紧密结合，因地制宜，合理布局建设内容，宜林则林、宜灌则灌、宜草则草、宜耕则耕，实现标本兼治和综合防治。

(三)脱贫攻坚，绿色发展

结合区域产业结构调整和脱贫工作需要，适度发展经济林与草食畜牧业，促进农村经济产业结构调整，促进区域林草植被恢复与绿色经济发展，促进农村生产方式转变，千方百计增加农民收入，使各族群众特别是贫困人口共享石漠化治理成果，加快区域脱贫攻坚进程。

(四)加强科技，依法防治

要依靠科技进步，加强科学技术研究，大力推广和应用先进实用的技术和模式，提高治理成效。要大力贯彻《森林法》、《防沙治沙法》、《水土保持法》、《草原法》等法律法规，进一步完善与石漠化防治相适应的法律法规体系，加强制度建设，加大执法力度，依法防治土地石漠化。

三、规划期限

石漠化的发生、发展与演替有其自身的客观规律，石漠化治理属国家重大生态修复工程，具有长期性、艰巨性、复杂性的特点。为提高《规划》的可操作性与执行力，并与国民经济和社会发展规划相衔接，本次规划为“十三五”期间建设的阶段性规划，建设期为5年，即2016-2020年。

四、规划目标

到2020年，治理岩溶土地面积不少于5万平方公里，治理石漠化面积不少于2万平方公里，林草植被建设与保护面积195万公顷，林草植被覆盖度提高2个百分点以上，区域水土流失量持续减少，基本遏制石漠化土地扩展态势，岩溶生态系统逐步趋于稳定，土地利用结构和农业生产结构不断优化，工程区农民人均纯收入增速高于全国平均水平，生态经济发展环境稳步好转，农村经济逐渐步入稳定协调可持续的良性发展轨道。

第四章　石漠化治理的范围

一、石漠化治理范围概况

(一)区位条件

据2012年国务院公布的全国第二次石漠化监测结果，石漠化治理范围涉及贵州、云南、广西、湖南、湖北、重庆、四川、广东等8省(区、市)的455个县(市、区)，岩溶面积45.3万平方公里，其中石漠化面积12万平方公里。具体范围指以云贵高原为中心的岩溶石漠化区域，位于青藏高原东南，北起秦岭山脉南麓，南至广西盆地，西至横断山脉，东抵罗霄山脉西侧，地理坐标为东经98° 36′ ～116° 05′ ，北纬22° 01′ ～33° 16′ ，属世界三大岩溶集中分布区——东亚片区的中心地带。该治理范围横跨中国大地貌单元的三级阶梯，主要分布于第二级阶梯的云贵高原，总体地势西北高、东南低。

(二)自然地理状况

石漠化区域以山地为主，山岭河谷交错，相对高差大，山地面积占石漠化区域总面积的70%以上，碳酸盐岩广泛分布。石漠化区域气候温暖湿润，热量条件较好，大部分地区年均气温处于14℃～24℃之间。区域的年降雨量在800～1800毫米之间，绝大部分地区在1000～1400毫米之间，但降水季节分布不均，5～9月降雨占全年降雨量的70%左右，雨季降雨强度大，导致干旱和内涝灾害交替发生。

石漠化区域水资源丰富，达14702亿立方米，人均拥有水资源量6425立方米/年，为全国平均水平的2.9倍。由于特殊的地质结构，石漠化区域地表水系不发育或发育不完整，多为封闭洼地、落水洞和漏斗;地下水资源埋藏较深，可利用率低，局部地区季节性缺水问题突出，可利用水资源匮乏。石漠化区域处于我国的长江、珠江、澜沧江、红河等大江大河的中上游地区，是珠江的源头与中上游地区，又是长江的重要水源补给区。

石漠化区域土壤松散，易侵蚀，表现为富钙、偏碱性，有效水分含量偏低。石漠化区域植被类型丰富，具有明显的亚热带性质岩溶植被，种质资源丰富，生物多样性指数较高，珍贵、稀有与特有种类众多。

(二)社会经济状况

截止2014年底，石漠化区域人口22883万人。有农业人口16361.28万人，农村劳动力转移人数3311万人。有少数民族自治县198个，少数民族人口5190万人，主要居住有壮族、苗族、瑶族等50个少数民族。石漠化区域国内生产总值为60836.7亿元，人均国内生产总值为26586元，农民人均年纯收入为8510元。有集中连片特殊困难县和国家扶贫开发工作重点县共217个，有贫困人口约3000万人。

二、石漠化重点治理范围

为更好地推进石漠化治理工作，提升中央预算内专项投资使用效益，遵循国家生态建设要集中治理、突出重点的原则，“十三五”期间，中央预算内专项资金每年将重点用于200个重点县的治理工作。对于其余的255个石漠化县，由于其石漠化面积较小(不足全国石漠化面积的17%)，其治理投资主要由各地统筹防护林体系建设、退耕还林、水土保持等现有渠道投资，以及采取措施吸引社会资本等方式多渠道筹集。

(一)重点治理范围的选择原则

一是突出重点。根据岩溶地区石漠化监测结果，将石漠化严重县全部纳入重点县范围，确定了169个重点县。

二是统筹兼顾。重点考虑集中连片特殊困难地区县、国家扶贫工作重点县等扶贫攻坚重点工作任务，并综合考虑各省(区、市)石漠化分布比例、分县石漠化面积、集中连片治理等因素，确定了31个重点县。

(二)重点治理范围的基本情况

200个重点县分省(区、市)的情况为贵州50个，云南45个，广西43个，湖南22个，湖北20个，重庆10个，四川10个。(具体名单见附表)。200个重点县石漠化面积9.98万平方公里，占全国石漠化面积的83.2%;涉及人口10222万人，占全国石漠化区域人口的45%。

1.土地利用状况

200个重点县土地面积为57.15万平方公里，岩溶面积32.85万平方公里。石漠化面积为9.98万平方公里，其中轻度石漠化面积3.53万平方公里，中度石漠化面积4.29万平方公里，重度以上石漠化面积2.16万平方公里。200个县中石漠化面积大于300平方公里的县有150个。

2.经济社会状况

据2014年统计数据，200个重点县人口10222万人，人口密度为179人/平方公里。国内生产总值为19076.8亿元，其中第一产业增加值为3832.8亿元，第二产业增加值为8243.4亿元，第三产业增加值为7000.6亿元。200个重点县农民人均纯收入为7119元，相当于全国农民人均纯收入的72%。200个重点县有集中连片特殊困难县和国家扶贫开发工作重点县146个，有贫困人口1738万人;有少数民族县119个，有少数民族人口3789万人。

第五章　主要建设内容和方案

石漠化治理是一项十分复杂的系统工程，需要综合治理，治理措施涉及多方面的内容，概括起来主要有林草植被保护与恢复、草食畜牧业发展、水土资源综合利用。石漠化治理要实行“山、水、田、林、路”综合治理、标本兼治、协同增效，实现区域生态经济环境的良性发展。“十三五”期间，各省(区、市)石漠化综合治理建设具体目标任务详见附表6。

一、强化林草植被的保护和恢复，提高植被质量

加强林草植被保护与恢复是石漠化治理的核心，是区域生态安全保障的根基。要采取封山育林育草、人工造林、退耕还林还草、森林抚育等多种措施，加强岩溶地区林草植被的保护与恢复，提高林草植被盖度与生物多样性，促进岩溶地区生态系统的修复，防治土地石漠化。要加强石漠化地区良种壮苗繁育基地建设，开展石漠化治理的优良树种、林种等配比结构、困难立地造林技术集成、生态经济型修复等综合治理模式的研究、试验、示范与推广。

(一)封山育林育草

封山育林育草是充分利用植被自然恢复能力，以封禁为基本手段，辅以人工措施促进林草植被恢复的措施，具有投资小、见效快的特点。对具有一定自然恢复能力，人迹不易到达的深山、远山和中度以上石漠化区域划定封育区，辅以“见缝插针”方式补植补播目的树种，促进石漠化区域林草植被正向演替，增强生态系统的稳定性。封山育林育草地块依照《封山(沙)育林技术规程》(GB/T15163-2004)执行，植被综合盖度在70%以下的低质低效林、灌木林等石漠化与潜在石漠化土地均可纳入封山育林范围，原则上单个封育区面积不小于10公顷。主要建设内容包括：划定管护责任范围，设立封山育林育草标志、标牌，落实管护人员和管护措施;采取补植补播、松土等有效的人工促进植被修复措施。

(二)人工造林

科学的植树造林是岩溶生态系统恢复的最直接、最有效、最快速的措施。依据国务院批准的新一轮退耕还林还草总体方案，摸清符合退耕还林还草条件的石漠化土地面积与空间分布状况，将岩溶地区25度以上坡耕地和重要水源地15-25度坡耕地纳入退耕还林还草工程之中，加快转变石漠化区域的生产方式。人工造林依照《造林技术规程》(GB/T15776-2006)执行。根据不同的生态区位条件，结合地貌、土壤、气候和技术条件，针对轻度、中度石漠化土地上的宜林荒山荒地、无立木林地、疏林地、未利用地、部分以杂草为主的灌丛地及种植条件相对较差的坡耕旱地、石旮旯地，因地制宜地选择岩溶地区乡土先锋树种，科学营造水源涵养、水土保持等防护林。根据市场需要和当地实际，选用“名特优”经济林品种，积极发展特色经果、林草、林药、林畜、林禽等特色生态经济型产业，开展林下种养业，延长产业链;根据农村能源需要，选择萌芽能力强、耐采伐的乔灌木树种，适度发展薪炭林。

(三)森林抚育

森林抚育是森林经营的重要内容，是指从幼林郁闭成林到林分成熟前根据培育目标所采取的各种营林措施的总称，包括抚育采伐、补植、修枝、浇水、施肥、人工促进天然更新以及视情况进行的割灌、割藤、除草等辅助作业活动。森林抚育要依照《森林抚育规程》(GB/T15781-2015)执行，通过调整树种组成、林分密度、年龄和空间结构，平衡土壤养分与水分循环，改善林木生长发育的生态条件，缩短森林培育周期，提高木材质量和工艺价值，发挥森林多种功能。对幼龄林采取割灌修枝、透光伐措施;对中龄林采取生长伐措施;对受害木数量较多的林分采取卫生伐措施;对防护林和特用林采取生态疏伐、景观疏伐措施;对低质低效林采取树种更新等改造措施，确保实施森林抚育后能提高森林质量与生态功能，构建健康稳定、优质高效的森林生态系统。

二、强化草地改良与建设，适度发展草食畜牧业

发展草食畜牧业是兼顾生态治理、农村扶贫和调整农业产业结构，促进农业产业化发展的重要举措。岩溶地区整体气候湿润，降雨充沛，雨热同季，黑山羊、黄牛等牲畜在岩溶地区培育历史悠久，且部分中高山地区及土层瘠薄地区仅适合于草本植物营养体的生长与繁衍，通过因地制宜地开展草地改良、人工种草等措施恢复植被，提高草地生产力;按照草畜平衡的原则，充分利用草地资源以及农作物秸秆资源，合理安排载畜量，加强饲料贮藏基础设施建设，改变传统放养方式，发展草食畜牧业。

(一)草地建设

主要包括人工种草、改良草地。对中度和轻度石漠化土地上的原有天然草地植被，通过草地除杂、补播、施肥、围栏、禁牧等措施，使天然低产劣质退化草地更新为优质高产草地，逐渐提高草地生产力。同时，根据市场需求和土地资源条件，依托退耕还林还草工程、退化草地及林下空地，科学选择多年生优良草种，合理发展林下种草或实施耕地套种牧草，建设高效人工草场，为草食畜牧业发展提供优质牧草资源。

(二)草种基地建设

草种是石漠化地区草地恢复的重要保障，对于提高草地质量、改善石漠化地区植被状况具有重要作用。建设草种基地，可提供草地建设需要的优质草种，提升草场生产水平，为草食畜牧业发展提供保障。按照石漠化地区草场建设实际情况，选择适宜地区开展草种基地建设，为草地建设提供种籽资源。

(三)青贮窖建设

青贮是复杂的微生物发酵的生理生化过程，依托其自身存在的乳酸菌进行发酵，产生酸性环境，使青贮饲料中所有微生物都处于被抑制状态，从而达到保存饲料的目的。青贮饲料可保持青绿多汁的特点。为充分发挥高产饲料作物的潜力，做到全年相对均衡地饲喂家畜，保证饲料质量且避免草料损失，根据草地建设规模与生物量、养殖的牲畜种类及数量、青草剩余量等科学测定青贮窖的规模，确保青贮窖使用率。

棚圈有利于石漠化地区牲畜越冬，改善饲养条件，各地可结合其他专项资金积极推进建设。

三、统筹利用水土资源，改善农业生产条件

根据区域粮食供给状况，针对轻、中度石漠化旱地(坡耕地或石旮旯地)适度开展以坡改梯为重点的土地整治，降低工作面坡度，改善土壤肥力，建设坡面水系、水利水保、生物篱等综合配套措施，减少水土流失，实现耕地蓄水保土，建设高效稳产耕地，保障区域粮食供给。

(一)坡改梯

针对坡度平缓、石漠化程度较轻、人多地少矛盾突出的村寨周边，选择近村、近路、近水的地块实施以坡改梯工程为重点的土地整治，通过砌石筑坎，平整土地，降缓耕作面坡度;实施客土改良，增加土壤厚度，提高耕地生产力;强化坡改梯后耕地地埂绿篱或生态防护林带建设，提高林草植被盖度，改善耕地生态环境，保证坡改梯后土地承载能力的提升。

(二)小型水利水保配套工程

根据坡改梯区域实际地形、水源分布与自然灾害特点，合理配套建设引水渠、排涝渠、拦沙谷坊坝、沉沙池、蓄水池等坡面及沟道水土保持设施，拦截水土，改善农业耕作条件，提升耕地的保土蓄水功能，将低质低效石漠化旱地建成高效稳定的优质耕地。

此外，各地还可结合其他专项资金积极推进石漠化地区植被管护等建设内容。

第六章　石漠化治理工程效益分析

一、生态效益

1、增加森林面积和林草植被综合盖度。项目实施并建成后，工程区将新增有林地面积超过59万公顷，提高岩溶地区林草植被覆盖度2个百分点以上，实现林分结构改善，林分质量和稳定性增强;改良草地和人工种草面积16.7万公顷，提高草地植被平均盖度约3个百分点。

2、水土保持效益。将初步治理石漠化及水土流失面积2万平方公里以上，每年可增加蓄水能力6.9亿立方米，减少5274万吨的泥沙进入大江大河，将对两江流域生态安全产生积极意义。

3、保土保肥效益。可恢复、保护基本农田，可增加项目区基本农田5万公顷，通过蓄水池/水窖、排(灌)沟渠、谷坊坝等坡面小型水利水保建设和防护林建设，可提升耕地保土蓄水功能，可实现项目区有机质、N、P、K等土壤肥力流失量分别减少18.1万吨、6.7万吨、2.0万吨、1.7万吨，防止土地退化，提高土地生产力。

4、固碳释氧效益。项目区每年因新增林草植被可固二氧化碳885.6万吨，氧气释放量为695.4吨。植物光合作用消耗大量二氧化碳气体，对温室效应有较好的抑制作用。

5、净化空气。项目区每年因新增林草植被可吸收粉尘量为718.8万吨，吸收二氧化硫量为201.9万吨，吸收氟化物量为171.0万吨，有利于项目区空气质量改善。

二、经济效益

1、直接经济效益。根据测算，工程各项治理措施全部发挥效益后，每年可增产粮食750万公斤，增加果品1.2亿公斤、薪材10.23亿公斤、饲草1.9亿公斤;每年可产生直接经济效益3.6亿元。另外，可增加木材蓄积量100.0万立方米以上。

2、间接经济效益。工程各项治理措施全部发挥效益后，可产生显著的间接经济效益。如固碳、释氧、净化空气等生态服务功能的补偿。据科学测定，森林保护农田的价值375元/公顷•年，提高土壤肥力价值675元/公顷•年，蓄水价值900元/公顷•年，则增加的59.0万公顷森林保护农田的价值年均可达2.21亿元，提高土壤肥力的价值年均达3.98亿元，蓄水价值年均达5.31亿元。

三、社会效益

1、增加农村劳动力就业机会。工程实施大规模林草植被与农田水利建设，带动种植业、林果业及畜牧业相关产业的发展，将为农村剩余劳动力提供更多的就业机会，提升参与石漠化治理劳务人员收入水平，改善其生产生活条件，有利于区域脱贫致富与和谐稳定。

2、调整农业产业结构，促进地方经济发展。通过实施基本农田建设，改善耕作生产条件，提高粮食产量;林地、果园、草场面积增加，培育农村特色经果林、草食畜牧业、绿色蔬菜等产业，优化粮食为主的农业产业结构，带动当地特色农副产品、加工业以及商贸物流业发展，培育地方经济新的增长点，促进区域可持续发展。

3、提高农民生产技能和管理水平。在规划实施过程中，将有一大批农民接受各级各类专业技术培训，熟练掌握一、二门实用技术，显著提高生产技能和管理水平，提高广大农民的现代农业意识，加速传统农业向现代农业转化，并加快农村剩余劳动力向城镇的转移步伐，从而降低石漠化区域的生态环境承载量。

第七章　保障措施

四、构建可持续的绿色产业发展机制

以“资源节约、环境友好”为出发点，充分利用其独特的喀斯特地貌、生物景观与人文资源优势，大力发展特色林果、林药、特色畜牧业、绿色农业、林下经济、生态旅游等绿色产业，将资源优势转化为经济优势;积极培育区域新的经济增长点，加快产业结构调整步伐;努力提升农产品加工水平，完善市场物流体系，促进一二三产业融合发展，延长产业链;拓宽就业门路和收入渠道，实施精准扶贫，解决农民长远生计问题，实现“治石”与“治穷”相结合。

七、健全石漠化依法防治体系

严格执行《森林法》、《防沙治沙法》《草原法》、《水土保持法》《环境保护法》等法律法规，加大执法力度，严厉打击和查处乱砍滥伐、毁林毁草开荒、毁坏水利设施和基本农田、非法征占农用地等破坏生态的违法行为。建立健全石漠化区域执法队伍，加强执法人员培训，完善执法程序和执法机制，改善执法条件和手段，强化执法监管。通过各种宣传媒介和手段，宣讲党和国家治理石漠化的方针政策；宣传通过保护生态、改变传统经营方式而脱贫致富的典型，增强广大群众对石漠化治理的信心。

能源技术革命创新行动计划（2016-2030年）

（发改能源[2016]513号国家发展改革委国家能源局2016年4月7日印发）

能源是人类生存和文明发展的重要物质基础，我国已成为世界上最大的能源生产国和消费国，能源供应能力显著增强，技术装备水平明显提高。同时，我们也面临着世界能源格局深度调整、全球应对气候变化行动加速、国家间技术竞争日益激烈、国内经济进入新常态、资源环境制约不断强化等挑战。为积极应对挑战，党中央、国务院审时度势，在中央财经领导小组第六次会议上作出了推动能源消费、供给、技术和体制革命，全方位加强国际合作的战略部署。党的十八届五中全会进一步明确建设清洁低碳、安全高效的现代能源体系。

科技决定能源的未来，科技创造未来的能源。能源技术创新在能源革命中起决定性作用，必须摆在能源发展全局的核心位置。为贯彻落实党的十八届五中全会和中央财经领导小组第六次会议精神，围绕可能产生重大影响的革命性能源技术创新和对建设现代能源体系具有重要支撑作用的技术领域，明确今后一段时期我国能源技术创新的工作重点、主攻方向以及重点创新行动的时间表和路线图，特制订本行动计划。

一、能源科技的发展形势

1、世界能源科技发展趋势：

当前，新一轮能源技术革命正在孕育兴起，新的能源科技成果不断涌现，正在并将持续改变世界能源格局：

非常规油气勘探开发技术在北美率先取得突破，页岩气和致密油成为油气储量及产量新增长点，海洋油气勘探开发作业水深记录不断取得突破；

主要国家均开展了700℃超超临界燃煤发电技术研发工作，整体煤气化联合循环技术、碳捕捉与封存技术、增压富氧燃烧等技术快速发展。

燃气轮机初温和效率进一步提高，H级机组已实现商业化，以氢为燃料的燃气轮机正在快速发展；

三代核电技术逐渐成为新建机组主流技术，四代核电技术、小型模块式反应堆、先进核燃料及循环技术研发不断取得突破；

风电技术发展将深海、高空风能开发提上日程，太阳能电池组件效率不断提高，光热发电技术开始规模化示范，生物质能利用技术多元化发展；

电网技术与信息技术融合不断深化，电气设备新材料技术得到广泛应用，部分储能技术已实现商业化应用。

可再生能源正逐步成为新增电力重要来源，电网结构和运行模式都将发生重大变化。近年来，主要能源大国均出台了一系列法律法规和政策措施，采取行动加快能源科技创新：

美国发布了《全面能源战略》等战略计划，将“科学与能源”确立为第一战略主题，提出形成从基础研究到最终市场解决方案的完整能源科技创新链条，强调加快发展低碳技术，已陆续出台了提高能效、发展太阳能、四代和小型模块化核能等清洁电力等新计划。

日本陆续出台了《面向2030年能源环境创新战略》等战略计划，提出了能源保障、环境、经济效益和安全并举的方针，继续支持发展核能，推进节能和可再生能源，发展新储能技术，发展整体煤气化联合循环（IGCC）、整体煤气化燃料电池循环等先进煤炭利用技术。

欧盟制订了《2050能源技术路线图》等战略计划，突出可再生能源在能源供应中的主体地位，提出了智能电网、碳捕集与封存、核聚变以及能源效率等方向的发展思路，启动了欧洲核聚变联合研究计划。纵观全球能源技术发展动态和主要能源大国推动能源科技创新的举措，可以得到以下结论和启示：

一是能源技术创新进入高度活跃期，新兴能源技术正以前所未有的速度加快迭代，对世界能源格局和经济发展将产生重大而深远的影响。

二是绿色低碳是能源技术创新的主要方向，集中在传统化石能源清洁高效利用、新能源大规模开发利用、核能安全利用、能源互联网和大规模储能以及先进能源装备及关键材料等重点领域。

三是世界主要国家均把能源技术视为新一轮科技革命和产业革命的突破口，制定各种政策措施抢占发展制高点，增强国家竞争力和保持领先地位。

2、我国能源科技发展形势：

近年来，我国能源科技创新能力和技术装备自主化水平显著提升，建设了一批具有国际先进水平的重大能源技术示范工程：

初步掌握了页岩气、致密油等勘探开发关键装备技术，煤层气实现规模化勘探开发，3000米深水半潜式钻井船等装备实现自主化，复杂地形和难采地区油气勘探开发部分技术达到国际先进水平，千万吨炼油技术达到国际先进水平，大型天然气液化、长输管道电驱压缩机组等成套设备实现自主化；

煤矿绿色安全开采技术水平进一步提升，大型煤炭气化、液化、热解等煤炭深加工技术已实现产业化，低阶煤分级分质利用正在进行工业化示范；

超超临界火电技术广泛应用，投运机组数量位居世界首位，大型IGCC、CO_2封存工程示范和700℃超超临界燃煤发电技术攻关顺利推进，大型水电、1000kV特高压交流和±800kV特高压直流技术及成套设备达到世界领先水平，智能电网和多种储能技术快速发展；

基本掌握了AP1000核岛设计技术和关键设备材料制造技术，采用“华龙一号”自主三代技术的首堆示范项目开工建设，首座高温气冷堆技术商业化核电站示范工程建设进展顺利，核级数字化仪控系统实现自主化；

陆上风电技术达到世界先进水平，海上风电技术攻关及示范有序推进，光伏发电实现规模化发展，光热发电技术示范进展顺利，纤维素乙醇关键技术取得重要突破。虽然我国能源科技水平有了长足进步和显著提高，但与世界能源科技强国和引领能源革命的要求相比，还有较大的差距：

一是核心技术缺乏，关键装备及材料依赖进口问题比较突出，三代核电、新能源、页岩气等领域关键技术长期以引进消化吸收为主，燃气轮机及高温材料、海洋油气勘探开发技术装备等长期落后。

二是产学研结合不够紧密，企业的创新主体地位不够突出，重大能源工程提供的宝贵创新实践机会与能源技术研发结合不够，创新活动与产业需求脱节的现象依然存在。

三是创新体制机制有待完善，市场在科技创新资源配置中的作用有待加强，知识产权保护和管理水平有待提高，科技人才培养、管理和激励制度有待改进。

四是缺少长远谋划和战略布局，目前的能源政策体系尚未把科技创新放在核心位置，国家层面尚未制定全面部署面向未来的能源领域科技创新战略和技术发展路线图。

3、我国能源技术战略需求：

我国能源技术革命应坚持以国家战略需求为导向，一方面为解决资源保障、结构调整、污染排放、利用效率、应急调峰能力等重大问题提供技术手段和解决方案，另一方面为实现经济社会发展、应对气候变化、环境质量等多重国家目标提供技术支撑和持续动力。

围绕“两个一百年”奋斗目标提供能源安全技术支撑。

我国正处于实现“两个一百年”奋斗目标和中华民族伟大复兴的中国梦的关键阶段，能源需求在很长时期内还将持续增长。这要求通过能源技术创新加快化石能源勘探开发和高效利用，大力发展新能源和可再生能源，构建常规和非常规、化石和非化石、能源和化工以及多种能源形式相互转化的多元化能源技术体系。

围绕环境质量改善目标提供清洁能源技术支撑。

我国正在建设“蓝天常在、青山常在、绿水常在”的美丽中国，这要求通过能源技术创新，大幅减少能源生产过程污染排放，提供更清洁的能源产品，加强能源伴生资源综合利用，构建清洁、循环的能源技术体系。

围绕二氧化碳峰值目标提供低碳能源技术支撑。

我国对世界承诺，到2030年单位国内生产总值二氧化碳排放比2005年下降60%～65%、非化石能源占一次能源消费比重达到20%左右、二氧化碳排放2030年左右达到峰值并争取早日实现。这要求通过能源技术创新，加快构建绿色、低碳的能源技术体系。

在可再生领域，要重点发展更高效率、更低成本、更灵活的风能、太阳能利用技术，生物质能、地热能、海洋能利用技术，可再生能源制氢、供热等技术。在核能领域，要重点发展三代、四代核电，先进核燃料及循环利用，小型堆等技术，探索研发可控核聚变技术。在二氧化碳封存利用领域，要重点发展驱油驱气、微藻制油等技术。

围绕能源效率提升目标提供智慧能源技术支撑。

我国能源利用效率总体处于较低水平，这要求通过能源技术创新，提高用能设备设施的效率，增强储能调峰的灵活性和经济性，推进能源技术与信息技术的深度融合，加强整个能源系统的优化集成，实现各种能源资源的最优配置，构建一体化、智能化的能源技术体系。要重点发展分布式能源、电力储能、工业节能、建筑节能、交通节能、智能电网、能源互联网等技术。

围绕能源技术发展目标提供关键材料装备支撑。

能源技术发展离不开先进材料和装备的支撑。根据重点能源技术需要，重点发展特种金属功能材料、高性能结构材料、特种无机非金属材料、先进复合材料、高温超导材料、石墨烯等关键材料；重点发展非常规油气开采装备、海上能源开发利用平台、大型原油和液化天然气船舶、核岛关键设备、燃气轮机、智能电网用输变电及用户端设备、大功率电力电子器件、大型空分、大型压缩机、特种用途的泵、阀等关键装备。

二、总体要求

1、指导思想

全面贯彻落实党的十八大和十八届二中、三中、四中、五中全会精神，深入学习贯彻习近平总书记系列重要讲话精神，坚持“四个全面”战略布局，牢固树立创新、协调、绿色、开放、共享的发展理念，主动引领经济社会发展新常态，以建设清洁低碳、安全高效现代能源体系的需求为导向，以提升能源自主创新能力为核心，以突破能源重大关键技术为重点，以能源新技术、新装备、新产业、新业态示范工程和试验项目为依托，实施制造强国战略，推动能源技术革命，实现我国从能源生产消费大国向能源技术强国战略转变。

2、基本原则

坚持自主创新。必须把自主创新摆在能源科技创新的核心位置，加强能源领域基础研究，强化原始创新、集成创新和引进消化吸收再创新，重视颠覆性技术创新。

坚持市场导向。发挥市场在科技创新资源配置中的决定性作用，强化企业创新主体地位和主导作用，促进创新资源高效合理配置。加快政府职能从研发管理向创新服务转变。

坚持重点突破。坚持问题导向，瞄准制约能源发展和可能取得革命性突破的关键和前沿技术，依托重大能源工程开展试验示范，推动能源技术创新能力显著提升。

坚持统筹协调。健全政产学研用协同创新机制，鼓励重大技术研发、重大装备研制、重大示范工程和技术创新平台四位一体创新，坚持统筹国际国内能源科技开放式创新。

3、总体目标

到2020年，能源自主创新能力大幅提升，一批关键技术取得重大突破，能源技术装备、关键部件及材料对外依存度显著降低，我国能源产业国际竞争力明显提升，能源技术创新体系初步形成。

到2030年，建成与国情相适应的完善的能源技术创新体系，能源自主创新能力全面提升，能源技术水平整体达到国际先进水平，支撑我国能源产业与生态环境协调可持续发展，进入世界能源技术强国行列。

三、重点任务

1、煤炭无害化开采技术创新：

加快隐蔽致灾因素智能探测、重大灾害监控预警、深部矿井灾害防治、重大事故应急救援等关键技术装备研发及应用，实现煤炭安全开采。

加强煤炭开发生态环境保护，重点研发井下采选充一体化、绿色高效充填开采、无煤柱连续开采、保水开采、采动损伤监测与控制、矿区地表修复与重构等关键技术装备，基本建成绿色矿山。

提升煤炭开发效率和智能化水平，研发高效建井和快速掘进、智能化工作面、特殊煤层高回收率开采、煤炭地下气化、煤系共伴生资源综合开发利用等技术，重点煤矿区基本实现工作面无人化，全国采煤机械化程度达到95%以上。

2、非常规油气和深层、深海油气开发技术创新：

深入开展页岩油气地质理论及勘探技术、油气藏工程、水平井钻完井、压裂改造技术研究并自主研发钻完井关键装备与材料，完善煤层气勘探开发技术体系，实现页岩油气、煤层气等非常规油气的高效开发，保障产量稳步增长。

突破天然气水合物勘探开发基础理论和关键技术，开展先导钻探和试采试验。

掌握深-超深层油气勘探开发关键技术，勘探开发埋深突破8000米领域，形成6000~7000米有效开发成熟技术体系，勘探开发技术水平总体达到国际领先。

全面提升深海油气钻采工程技术水平及装备自主建造能力，实现3000米、4000米超深水油气田的自主开发。

3、煤炭清洁高效利用技术创新：

加强煤炭分级分质转化技术创新，重点研究先进煤气化、大型煤炭热解、焦油和半焦利用、气化热解一体化、气化燃烧一体化等技术，开展3000吨/天及以上煤气化、百万吨/年低阶煤热解、油化电联产等示范工程。

开发清洁燃气、超清洁油品、航天和军用特种油品、重要化学品等煤基产品生产新工艺技术，研究高效催化剂体系和先进反应器。

加强煤化工与火电、炼油、可再生能源制氢、生物质转化、燃料电池等相关能源技术的耦合集成，实现能量梯级利用和物质循环利用。

研发适用于煤化工废水的全循环利用“零排放”技术，加强成本控制和资源化利用，完成大规模工业化示范。

进一步提高常规煤电参数等级，积极发展新型煤基发电技术，全面提升煤电能效水平；研发污染物一体化脱除等新型技术，不断提高污染控制效率、降低污染控制成本和能耗。

4、二氧化碳捕集、利用与封存技术创新：

研究CO_2低能耗、大规模捕集技术，研究CO_2驱油利用与封存技术、CO_2驱煤层气与封存技术、CO_2驱水利用与封存技术、CO_2矿化发电技术CO_2化学转化利用技术、CO_2生物转化利用技，研究CO_2矿物转化、固定和利用技术，研究CO_2安全可靠封存、监测及运输技术，建设百万吨级CO_2捕集利用和封存系统示范工程，全流量的CCUS系统在电力、煤炭、化工、矿物加工等系统获得覆盖性、常规性应用，实现CO_2的可靠性封存、监测及长距离安全运输。

5、先进核能技术创新：

开展深部及非常规铀资源勘探开发利用技术研究，实现深度1000米以内的可地浸砂岩开发利用，开展黑色岩系、盐湖、海水等低品位铀资源综合回收技术研究。实现自主先进核燃料元件的示范应用，推进事故容错燃料元件（ATF）、环形燃料元件的辐照考验和商业运行，具备国际领先核燃料研发设计能力。

在第三代压水堆技术全面处于国际领先水平基础上，推进快堆及先进模块化小型堆示范工程建设，实现超高温气冷堆、熔盐堆等新一代先进堆型关键技术设备材料研发的重大突破。开展聚变堆芯燃烧等离子体的实验、控制技术和聚变示范堆DEMO的设计研究。

6、乏燃料后处理与高放废物安全处理处置技术创新：

推进大型商用水法后处理厂建设，加强先进燃料循环的干法后处理研发与攻关。开展高放废物处置地下实验室建设、地质处置及安全技术研究，完善高放废物地质处置理论和技术体系。

围绕高放废液、高放石墨、α废物处理，以及冷坩埚玻璃固化高放废物处理等方面加强研发攻关，争取实现放射性废物处理水平进入先进国家行列。

研究长寿命次锕系核素总量控制等放射性废物嬗变技术，掌握次临界系统设计和关键设备制造技术，建成外源次临界系统工程性实验装置。

7、高效太阳能利用技术创新：

深入研究更高效、更低成本晶体硅电池产业化关键技术，开发关键配套材料。研究碲化镉、铜铟镓硒及硅薄膜等薄膜电池产业化技术、工艺及设备，大幅提高电池效率，实现关键原材料国产化。

探索研究新型高效太阳能电池，开展电池组件生产及应用示范。

掌握高参数太阳能热发电技术，全面推动产业化应用，开展大型太阳能热电联供系统示范，实现太阳能综合梯级利用。

突破太阳能热化学制备清洁燃料技术，研制出连续性工作样机。

研究智能化大型光伏电站、分布式光伏及微电网应用、大型光热电站关键技术，开展大型风光热互补电站示范。

8、大型风电技术创新：

研究适用于200～300米高度的大型风电系统成套技术，开展大型高空风电机组关键技术研究，研发100米级及以上风电叶片，实现200～300米高空风力发电推广应用。深入开展海上典型风资源特性与风能吸收方法研究，自主开发海上风资源评估系统。突破远海风电场设计和建设关键技术，研制具有自主知识产权的10MW级及以上海上风电机组及轴承、控制系统、变流器、叶片等关键部件，研发基于大数据和云计算的海上风电场集群运控并网系统，实现废弃风电机组材料的无害化处理与循环利用，保障海上风电资源的高效、大规模、可持续开发利用。

9、氢能与燃料电池技术创新：

研究氢气/空气聚合物电解质膜燃料电池（PEMFC）技术、甲醇/空气聚合物电解质膜燃料电池（MFC）技术，解决新能源动力电源的重大需求，并实现PEMFC电动汽车及MFC增程式电动汽车的示范运行和推广应用。

研究燃料电池分布式发电技术，实现示范应用并推广。

10、生物质、海洋、地热能利用技术创新：

突破先进生物质能源与化工技术，开展生物航油(含军用)、纤维素乙醇、绿色生物炼制大规模产业化示范，研究新品种、高效率能源植物，建设生态能源农场，形成先进生物能源化工产业链和生物质原料可持续供应体系。

加强海洋能开发利用，研制高效率的波浪能、潮流能和温（盐）差能发电装置，建设兆瓦级示范电站，形成完整的海洋能利用产业链。

加强地热能开发利用，研发水热型地热系统改造及增产技术，突破干热岩开发关键技术装备，建设兆瓦级干热岩发电和地热综合梯级利用示范工程。

11、高效燃气轮机技术创新：

深入研究燃气轮机先进材料与智能制造、机组设计、高效清洁燃烧等关键技术，开展燃气轮机整机试验，突破高温合金涡轮叶片和设计技术等燃气轮机产业发展瓶颈，自主研制先进的微小型、工业驱动用中型燃气轮机和重型燃气轮机，全面实现燃气轮机关键材料与部件、试验、设计、制造及维修维护的自主化。

12、先进储能技术创新：

研究太阳能光热高效利用高温储热技术、分布式能源系统大容量储热（冷）技术，研究面向电网调峰提效、区域供能应用的物理储能技术，研究面向可再生能源并网、分布式及微电网、电动汽车应用的储能技术，掌握储能技术各环节的关键核心技术，完成示范验证，整体技术达到国际领先水平，引领国际储能技术与产业发展。

积极探索研究高储能密度低保温成本储能技术、新概念储能技术（液体电池、镁基电池等）、基于超导磁和电化学的多功能全新混合储能技术，争取实现重大突破。

13、现代电网关键技术创新：

掌握柔性直流输配电技术、新型大容量高压电力电子元器件技术；开展直流电网技术、未来电网电力传输技术的研究和试验示范；突破电动汽车无线充电技术、高压海底电力电缆关键技术，并推广应用；研究高温超导材料等能源装备部件关键技术和工艺。

掌握适合电网运行要求的低成本、量子级的通信安全工程应用技术，实现规模化应用。

研究现代电网智能调控技术，开展大规模可再生能源和分布式发电并网关键技术研究示范；突破电力系统全局协调调控技术，并示范应用；研究能源大数据条件下的现代复杂大电网的仿真技术；实现微电网/局域网与大电网相互协调技术、源-网-荷协调智能调控技术的充分应用。

14、能源互联网技术创新：

能源互联网是一种互联网与能源生产、传输、存储、消费以及能源市场深度融合的能源产业发展新业态。

推动能源智能生产技术创新，重点研究可再生能源、化石能源智能化生产，以及多能源智能协同生产等技术。

加强能源智能传输技术创新，重点研究多能协同综合能源网络、智能网络的协同控制等技术，以及能源路由器、能源交换机等核心装备。

促进能源智能消费技术创新，重点研究智能用能终端、智能监测与调控等技术及核心装备。推动智慧能源管理与监管手段创新，重点研究基于能源大数据的智慧能源精准需求管理技术、基于能源互联网的智慧能源监管技术。

加强能源互联网综合集成技术创新，重点研究信息系统与物理系统的高效集成与智能化调控、能源大数据集成和安全共享、储能和电动汽车应用与管理以及需求侧响应等技术，形成较为完备的技术及标准体系，引领世界能源互联网技术创新。

15、节能与能效提升技术创新：

加强现代化工业节能技术创新，重点研究高效工业锅（窑）炉、新型节能电机、工业余能深度回收利用以及基于先进信息技术的工业系统节能等技术并开展工程示范。

开展建筑工业化、装配式住宅，以及高效智能家电、制冷、照明、办公终端用能等新型建筑节能技术创新。

推动高效节能运输工具、制动能量回馈系统、船舶推进系统、数字化岸电系统，以及基于先进信息技术的交通运输系统等先进节能技术创新。

加强能源梯级利用等全局优化系统节能技术创新，开展散煤替代等能源综合利用技术研究及示范，对我国实现节能减排目标形成有力支撑。以上各项重点任务分解为若干具体技术创新行动，详见附件。

四、政策保障

1、完善能源技术创新环境：

建立健全能源领域相关法律法规及科技成果转化、知识产权保护、标准化等配套政策法规。加强能源技术创新文化建设，培育多元包容、尊重创新、宽容失败、良性竞争的科研文化。

完善能源新技术、新模式等知识产权创造、运用、管理、保护机制。完善能源技术标准体系，推动能源自主创新成果及时转化为标准。

建立健全能源技术装备标准、检测、认证和质量监督组织体系，保障能源技术装备质量。

加强能源技术创新成果使用、处置和收益管理，强化对能源技术创新成果转化的激励。

完善以能力和贡献为导向的能源技术人才评价和激励机制。

完善能源技术项目全生命周期闭环评价体系，加强事中事后监管和服务，突出创新绩效评价。

2、激发企业技术创新活力：

建立健全企业主导的能源技术创新机制。激发企业创新内生动力，培育一批具有国际竞争力的能源技术创新领军企业，推动企业成为能源技术与能源产业紧密结合的重要创新平台。

健全国有能源企业技术创新经营业绩考核制度，加大技术创新在国有能源企业经营业绩考核中的比重，切实推动国有能源企业成为重大能源技术装备研制和工程应用的主体。

鼓励民营企业开展能源技术创新，积极承担国家能源技术创新任务。

完善能源领域中小微企业创业孵化等创新服务体系，鼓励能源领域中小微企业加大研发力度，激发“大众创业、万众创新”良好局面。

鼓励围绕重点和新兴能源技术领域构建以企业为主导、产学研合作的产业技术创新联盟。

3、夯实能源技术创新基础。

深化能源领域科研院所分类改革和高等学校科研体制机制改革，强化科研院所和高等院校的源头创新主力军地位，依托国家重点实验室加强能源技术创新基础研究和重大战略研究，提升原始创新能力。

依托骨干能源企业、高校和科研院所建设一批国家能源技术创新平台，探索建立新型的组织结构和运行机制。完善能源领域军民技术融合政策制度，加速核能、航空航天等领域符合条件的军用技术向能源领域转化应用。

组织实施能源技术人才培养计划，完善从研发、转化、生产到管理的人才培养体系。

抓好高层次骨干人才培养，引进和培养一批站在世界能源技术前沿、勇于创新的技术带头人。

培育一批具有宏观战略思维和市场思维的复合型管理人才。

4、完善技术创新投融资机制：

加强中央预算内资金和政府性基金对能源技术创新的支持力度。

深化科技计划（专项、基金）管理改革，强化对能源重点领域技术研发和示范应用的支持。

推动企业成为能源技术研发投入主体，鼓励企业自主投入开展能源重大关键共性技术、装备和标准的研发攻关。

研究设立能源产业科技创新投资基金，支持能源科技示范工程建设和企业技术改造。引导风险投资、私募股权投资等支持能源技术创新。

深化金融领域改革，拓宽能源技术创新融资渠道，降低融资成本。

积极发挥政策性金融、开发性金融和商业金融的优势，加大对能源技术重点领域的支持力度。

5、创新税收价格保险支持机制：

实施有利于能源技术创新的税收政策，完善能源企业研发费用计核方法，切实减轻能源企业税收负担。

研究按照“一案一策”的原则，针对能源技术创新示范工程落实资源、能源、土地等要素和产品价格优惠政策，促进先进能源技术创新成果的工程应用。

完善首台（套）重大能源技术装备支持政策，推进保险补偿机制，研究使用首台（套）装备的优惠政策，加快重大能源技术装备自主化。

6、深化能源科技国际合作交流：

制定能源技术创新国际化战略，积极开展全方位、多层次、高水平的能源技术国际合作。

充分利用国际国内能源技术资源，积极融入全球创新网络，提升我国对全球能源技术战略资源配置的掌控能力。

相关部门在国际合作交流中，注重在技术合作、知识产权、跨国并购等方面为企业搭建沟通和对话平台。

鼓励能源企业、高校和科研机构与国外相关机构开展联合技术创新。

结合“一带一路”战略实施，依托重大能源项目，推动我国先进能源技术、装备和标准“走出去”。

五、组织实施

1、加强组织领导

进一步发挥国家能源委员会在能源技术创新中的统筹协调作用，建立和完善工作会商制度和协调机制，分解任务，明确责任，加强协同配合，确保行动计划各项任务落到实处。

发展改革委、能源局重点负责组织实施能源技术创新示范工程。各有关部门根据职能做好相关支持配合工作。

各地区要结合本地区特点和发展需求，制定相关配套政策文件，为能源技术创新及相关示范工程建设提供有利条件，切实推动本地区能源技术进步。

2、组织开展工程试验示范

针对重点技术创新行动，研究设立国家能源技术创新试验示范依托工程，按照公平、公正、公开原则，通过竞争性机制确定示范工程牵头承担单位。

建立国家能源技术创新示范项目跟踪监测和协调服务平台，对示范项目开展全过程、全周期跟踪和服务。

按技术领域建立专家组和咨询服务指导机制，对示范效果进行及时评价和总结，并提出推广应用建议。

3、完善评价机制

建立健全动态评估机制，强化《国家能源技术革命创新行动计划（2016-2030年）》实施的跟踪监测、科学评估和督促检查，定期对相关战略目标、计划执行等情况进行科学评估评价，及时协调解决行动计划实施过程中遇到的问题。根据能源技术发展形势动态修订行动计划。

4、做好配套衔接工作。

在实施《能源技术革命创新行动计划（2016-2030年）》中，要加强与《国家中长期科学和技术发展规划纲要（2006-2020年）》、国家科技专项规划、《中国制造2025》等战略规划的衔接配合，积极推荐重大能源技术创新项目列入国家相关创新专项规划，相互支撑，互为补充，形成共同推进行动落实的良好局面，切实推动我国能源技术革命。

水效领跑者引领行动实施方案

(发改环资[2016]876号国家发展改革委水利部工业和信息化部住房城乡建设部国家质检总局国家能源局
2016年4月21日印发)

本方案所称的水效领跑者是指同类可比范围内用水效率处于领先水平的用水产品、企业和灌区。依据《关于实行最严格水资源管理制度的意见》(国发〔2012〕3号)和《水污染防治行动计划》(国发〔2015〕17号)，为贯彻落实《中共中央关于制定国民经济和社会发展第十三个五年规划的建议》和《中华人民共和国国民经济和社会发展第十三个五年规划纲要》对开展水效领跑者引领行动的有关要求，制定本方案。

一、基本思路

牢固树立创新、协调、绿色、开放、共享五大发展理念，按照“节水优先、空间均衡、系统治理、两手发力”治水方针，落实最严格水资源管理制度，在工业、农业和生活用水领域开展水效领跑者引领行动，制定水效领跑者指标，发布水效领跑者名单，树立先进典型。水效领跑者引领行动实施范围包括用水产品、重点用水行业和灌区，遴选程序为自愿申报、地方推荐、专家评审和社会公示。通过树立标杆、标准引导、政策鼓励，形成用水产品、企业和灌区用水效率不断提升的长效机制，建立节水型的生产方式、生活方式和消费模式。

二、用水产品水效领跑者引领行动

综合考虑产品的市场规模、节水潜力、技术发展趋势以及相关标准规范、检测能力等情况，选择坐便器、水嘴、洗衣机、净水机等生活领域用水产品实施水效领跑者引领行动，逐步扩大到工业、农业和商用等领域用水产品。

(一)用水产品水效领跑者的基本要求

1、水效指标达到国家标准1级以上，且为同类产品的领先水平，具有取得资质认定的检验检测机构出具的第三方水效检测报告或获得经批准的认证机构颁发的节水产品认证证书。

2、产品为量产的定型产品，达到一定销售规模。

3、产品质量性能优良，近一年内产品质量国家监督抽查和执法检查中，该品牌产品无不合格、无质量违法行为。

4、生产企业为中国大陆境内合法的独立法人，具有完备的质量管理体系、健全的供应体系和良好的售后服务能力。

(二)用水产品水效领跑者的遴选和发布

国家发展改革委会同水利部、住房城乡建设部、国家质检总局等负责用水产品水效领跑者引领行动，制定实施细则并组织实施。用水产品生产企业将材料报送所在地的省级发展改革部门，省级发展改革部门会同水行政主管部门、住房城乡建设部门、质量技术监督部门(市场监督管理部门)初步审核后，推荐给国家发展改革委。

国家发展改革委会同水利部、住房城乡建设部、国家质检总局组织专家对上报材料进行评审，专家评审结果在指定媒体向社会公示，公示时间不少于15个工作日。对公示无异议的产品，国家发展改革委、水利部、住房城乡建设部、国家质检总局公告水效领跑者产品目录、水效指标及其生产企业。

用水产品水效领跑者目录每两年发布一次。

(三)对水效领跑者给予激励

建立用水产品水效领跑者指标与水效强制性国家标准衔接的机制。根据节水技术发展、市场水效水平变化等情况，适时将水效领跑者指标纳入水效标准体系。制定激励政策，鼓励水效领跑者产品的技术研发、宣传和推广。

三、用水企业水效领跑者引领行动

综合考虑企业的取水量、节水潜力、技术发展趋势以及用水统计、计量、标准等情况，从火力发电、钢铁、纺织染整、造纸、石油炼制、化工等行业中，选择技术水平先进、用水效率领先的企业实施水效领跑者引领行动。

(一)用水企业水效领跑者的基本要求

1、符合相关节水标准，单位产品取水量指标达到行业领先水平。

2、有取用水资源的合法手续，近三年取水无超计划。

3、建立健全节水管理制度，各生产环节有配套的节水措施;建立了完备的用水计量和统计管理体系，水计量器具配备满足国家标准《用水单位水计量器具配备和管理通则》(GB24789)要求。

4、无重大安全和环境事故，无违法行为。

(二)用水企业水效领跑者的遴选和发布

工业和信息化部会同水利部、国家能源局、国家发展改革委、国家质检总局等负责用水企业水效领跑者引领行动，制定实施细则并组织实施。

企业将材料报送所在地的省级工业和信息化部门、水行政主管部门，省级工业和信息化部门、水行政主管部门会同能源部门、发展改革部门、质量技术监督部门(市场监督管理部门)初步审核后，推荐给工业和信息化部、水利部。

工业和信息化部会同水利部、国家能源局、国家发展改革委、国家质检总局组织专家对上报材料进行评审，专家评审结果在指定媒体向社会公示，公示时间不少于15个工作日。对公示无异议的企业，工业和信息化部、水利部、国家能源局、国家发展改革委、国家质检总局公告用水企业水效领跑者企业名单及单位产品取水量等水效指标。

用水企业水效领跑者企业名单每两年发布一次。

(三)开展水效对标活动

总结用水企业水效领跑者的最佳实践，鼓励企业开展水效对标活动，广泛开展节水技术、标准、管理体系培训，引导企业实施节水技术改造。

四、灌区水效领跑者引领行动

综合考虑灌区的气候地理条件、水资源状况、农作物种类、灌区规模等情况，选择灌溉面积1万亩以上、具有完善的管理机构、安全运行状况良好的大中型灌区实施水效领跑者引领行动。

(一)灌区水效领跑者的基本要求

1、用水效率处于同类型灌区的领先水平。

2、灌区工程管理和用水管理措施到位，满足《节水灌溉工程技术规范》(GB/T50363)要求。

3、灌区具备完善的管理制度，用水计量和调度设施配置完备、技术先进，水效监测和评价符合《全国农田灌溉水有效利用系数测算分析技术指导细则》。

(二)灌区水效领跑者的遴选和发布

水利部会同国家发展改革委负责灌区水效领跑者引领行动，制定实施细则并组织实施。

申报单位将材料报送所在地的省级水行政主管部门、发展改革部门，省级水行政主管部门、发展改革部门初步审核后，推荐给水利部、国家发展改革委。水利部、国家发展改革委组织专家对上报材料进行评审，专家评审结果在指定媒体向社会公示，公示时间不少于15个工作日。经公示无异议后，水利部、国家发展改革委公告灌区水效领跑者名单。

灌区水效领跑者名单每三年发布一次。

(三)发挥示范效应

总结灌区水效领跑者最佳实践，实施灌区续建配套和节水改造，开展现代灌区建设，推广喷灌、微灌、低压管道输水灌溉和水肥一体化等高效节水技术，加强灌区监测与管理信息系统建设，实现精准灌溉。形成符合区域水资源条件的规模化农业灌溉节水模式和先进经验，适时将灌区水效领跑者指标纳入节水标准体系，并转化为制定节水目标、开展考核评价的依据。

五、水效领跑者标志及使用

列入水效领跑者的产品、企业和灌区，应使用统一的水效领跑者标志(样式如下图)。水效领跑者产品可以在产品本体明显位置或包装物上加施水效领跑者标志。鼓励符合条件的企业和灌区在宣传活动中使用水效领跑者标志。

中国制造2025—能源装备实施方案（节录）

（发改能源[2016]1274号国家发展改革委工业和信息化部国家能源局2016年6月12日印发）

一、前言

能源装备是能源技术的载体，是装备制造业的重要和核心部分。习近平总书记在中央财经领导小组第六次会议上，指出要按照攻关一批、示范一批、推广一批“三个一批”的思路推进能源技术革命。推动能源装备自主创新是落实党中央、国务院决策的重要举措，是推进能源技术革命的重要内容，也是落实国务院《中国制造2025》的工作要求。

当前，欧美等发达国家高端制造回流，德国、美国相继提出工业4.0和工业互联网概念。在推动能源绿色低碳发展和结构转型大形势下，传统能源技术装备亟需革新和提升水平，一批新兴能源技术装备产业正在萌芽。我国能源技术装备制造业也面临能源发展和结构调整的挑战，自主创新能力较弱、部分关键核心技术缺失、传统产品产能相对过剩和关键零部件配套能力不足共存等矛盾仍然突出，亟需转型升级。

面对能源革命的新要求、装备制造业发展的新形势和“走出去”战略的需要，为推动能源革命，促进装备制造业自主创新和优化升级，以能源装备发展引领装备制造业强国建设，特制定本实施方案。

二、指导思想和基本原则

（一）指导思想

全面贯彻落实党的十八大和十八届三中、四中、五中全会精神，按照中央财经领导小组第六次会议、新一届国家能源委员会2首次会议和《中国制造2025》的重大决策和工作部署，围绕能源革命和装备制造业发展新要求，依托能源工程建设，组织推动关键能源装备的技术攻关、试验示范和推广应用。重点突出能源安全保障急需和有效推动能源革命的关键装备，进一步培育和提高能源装备自主创新能力，推动能源革命和能源装备制造业优化升级。

（二）基本原则

创新驱动，升级产业。充分发挥科技创新驱动作用，以关键能源装备为突破口，着力培育能源装备制造业自主创新能力，以点带面，推动能源装备制造业优化升级。

面向需求，突出重点。以推动能源革命和清洁低碳、安全高效的总要求为统领，重点突破一批安全保障急需和对能源产业发展具有重大意义的关键装备和共性技术。统筹协调，有序推进。与能源革命总要求以及《中国制造2025》发展目标和重点任务统筹协调，按照“三个一批”的思路细化任务和组织推进。

依托工程，形成合力。依托能源工程推进关键装备的技术攻关和试验示范，政策支持、规划引导，各方力量有机结合，形成能源装备自主创新合力。

三、行动目标

2020年前，围绕推动能源革命总体工作部署，突破一批能源清洁低碳和安全高效发展的关键技术装备并开展示范应用。制约性或瓶颈性装备和零部件实现批量化生产和应用，有力保障能源安全供给和助推能源生产消费革命。

基本形成能源装备自主设计、制造和成套能力，关键部件和原材料基本实现自主化。能源装备设计制造技术水平显著提升，设计与制造体系进一步融合，重大能源装备实现自主研发、设计和制造，设备性能和质量控制明显提升。

能源装备制造业成为带动我国产业升级的新增长点。电力装备等优势领域技术水平和竞争力达到国际领先，形成一批具有自主知识产权和较强竞争力的装备制造企业集团。能源装备产品结构进一步优化，产能过剩明显缓解。

2025年前，新兴能源装备制造业形成具有比较优势的较完善产业体系，总体具有较强国际竞争力。有效支撑能源生产和消费革命，部分领域能源技术装备引领全球产业发展，能源技术装备标准实现国际化对接。

能源装备形成产学研用有机结合的自主创新体系，实现引领装备制造业转型升级。基本形成能源重大技术装备、战略性新兴产业装备、通用基础装备、关键零部件和材料配套等专业化合理分工、相互促进、协调发展的产业格局。

四、主要任务

围绕确保能源安全供应、推动清洁能源发展和化石能源清洁高效利用三个方面确定了15个领域的能源装备发展任务：

（一）煤炭绿色智能采掘洗选装备.

（三）油气储运和输送装备

（四）清洁高效燃煤发电装备

（五）先进核电装备

（六）水电装备

（七）风电装备

（八）太阳能发电装备

（九）燃料电池

（十）地热能装备

（十一）海洋能装备

（十二）燃气轮机

（十三）储能装备

（十四）先进电网装备

（十五）煤炭深加工装备

全国气象发展“十三五”规划（节录）

（中国气象局国家发展改革委2016年8月23日印发）

第二章　“十三五”时期气象发展的指导思想和主要目标

一、指导思想

全面贯彻党的十八大和十八届三中、四中、五中全会精神，深入贯彻习近平总书记系列重要讲话精神，按照“五位一体”的总体布局和“四个全面”的战略布局，牢固树立和贯彻落实创新、协调、绿色、开放、共享的发展理念，坚持公共气象发展方向，坚持发展是第一要务，坚持全面推进气象现代化、全面深化气象改革、全面推进气象法治建设、全面加强气象部门党的建设，突出科技创新和体制机制创新的双轮驱动，以气象核心技术攻关、气象信息化为突破口，以有序开放部分气象服务市场、推进气象服务社会化为切入点，推动气象工作由部门管理向行业管理转变，加快完善综合气象观测系统，全面提升气象预报预测预警水平，不断提高开发利用气候资源能力，构建智慧气象，建设具有世界先进水平的气象现代化体系，确保到2020年基本实现气象现代化目标，不断提升气象保障全面建成小康社会的能力和水平。

三、发展理念

……重视绿色发展，着力引领气象发展的新领域。把保障生态文明建设、促进绿色发展贯彻到气象发展各方面和全过程。围绕加快建设主体功能区、推动低碳循环发展、全面节约和高效利用资源、加大环境治理力度等开展工作，科学应对气候变化，有序开发利用气候资源，高度重视气候安全，为国家应对气候变化和生态文明建设提供坚实科技支撑。……

四、主要目标

到2020年，基本建成适应需求、结构完善、功能先进、保障有力的以智慧气象为重要标志，由现代气象监测预报预警体系、现代公共气象服务体系、气象科技创新和人才体系、现代气象管理体系构成的气象现代化，初步具备全球监测、全球预报、全球服务的业务能力，气象整体实力接近同期世界先进水平，若干领域达到世界领先水平，气象保障全面建成小康社会的能力和水平显著提升。具体目标包括：

综合先进的现代气象监测预报预警。综合气象观测系统实现自动化、综合化和适度社会化。气象预报预警的准确率和精细化水平稳步提升。基于影响的预报和风险预警取得明显进展。

集约共享的气象信息化。气象数据资源开放共享程度和开发利用效益明显提高。气象信息系统集约化水平和应用协同能力显著提升。新一代信息技术在气象领域得到充分应用。

效益显著的气象防灾减灾。气象防灾减灾机制进一步完善。气象灾害预警精细化水平、及时发布能力和公众覆盖率大幅提高，气象灾害损失占GDP的比重持续下降。气象防灾减灾知识城乡普及。

高效普惠的公共气象服务。公共气象服务效益显著提高，公民气象科学素养明显增强，全国公众气象服务满意度稳中有增。气象保障国家重大发展战略能力明显提升。

功能完善的生态文明保障。环境气象观测体系和区域生态气象观测布局不断完善。生态气象灾害预测预警水平明显提升。人工增雨（雪）、防雹作业能力及效益进一步提高。

科学应对和适应气候变化。气候变化科学研究取得明显进展，极端天气气候事件应对能力和气候安全、粮食安全保障能力不断提升。气候资源开发利用效率明显提高。在适应方面深度参与全球气候治理支撑保障能力不断增强。

优先发展的科技人才体系。气象科技创新驱动业务现代化能力显著增强，重大气象科技创新取得明显突破，科技对气象现代化发展的贡献率显著提高。气象教育培训能力明显增强，气象人才素质显著提高，高层次领军人才的科技影响力稳步提升。

科学法治的现代气象管理。气象法律法规体系和标准体系逐步健全。气象标准完备率和应用率稳步提高。与气象管理体制相适应的预算和财务制度进一步健全。气象服务市场管理有序，依法管理气象事务水平明显提升。

“十三五”时期气象发展主要指标

<table>
<tr><th>序号</th><th colspan="2">指标</th><th>现状值</th><th>目标值</th></tr>
<tr><td>1</td><td colspan="2">全国公众气象服务满意度（分）</td><td>87.3</td><td>>86</td></tr>
<tr><td>2</td><td colspan="2">气象预警信息公众覆盖率（%）</td><td>83.4</td><td>>90</td></tr>
<tr><td>3</td><td colspan="2">人工增雨（雪）作业年增加降水量（亿立方米）</td><td>502</td><td>>600</td></tr>
<tr><td>4</td><td colspan="2">人工防雹保护面积（万平方千米）</td><td>47</td><td>54</td></tr>
<tr><td>5</td><td colspan="2">全球气候变化监测水平（%）</td><td>46.9</td><td>80</td></tr>
<tr><td rowspan="2">6</td><td rowspan="2">24 小时气象要素预报精细度</td><td>空间分辨率（公里）</td><td>5</td><td>1</td></tr>
<tr><td>时间分辨率（小时）</td><td>3</td><td>1</td></tr>
<tr><td rowspan="2">7</td><td rowspan="2">24 小时气象预报准确率</td><td>晴雨（%）</td><td>81</td><td>88</td></tr>
<tr><td>气温（%）</td><td>72</td><td>84</td></tr>
<tr><td>8</td><td colspan="2">24 小时台风路径预报误差（公里）</td><td>75.3**</td><td><65</td></tr>
<tr><td>9</td><td colspan="2">24 小时暴雨预报准确率（%）</td><td>56</td><td>65</td></tr>
<tr><td>10</td><td colspan="2">强对流天气预警提前量（分钟）</td><td>15-30</td><td>>30</td></tr>
<tr><td rowspan="3">11</td><td rowspan="3">气候预测准确率</td><td>汛期降水（分）</td><td>69.4***</td><td>80</td></tr>
<tr><td>月降水（分）</td><td>67.5***</td><td>72</td></tr>
<tr><td>月气温（分）</td><td>77.5***</td><td>80</td></tr>
<tr><td rowspan="3">12</td><td rowspan="3">全球数值天气预报水平</td><td>可用预报时效（天）</td><td>7.3</td><td>8.5</td></tr>
<tr><td>水平分辨率（公里）</td><td>25</td><td>10</td></tr>
<tr><td>气象卫星资料同化量占比率（%）</td><td>70</td><td>80</td></tr>
<tr><td>13</td><td colspan="2">国家人才工程人选（人次）</td><td>26</td><td>35</td></tr>
</table>

注：

**为近三年平均值

***为近五年平均值

第五章　绿色发展　保障生态建设和气候安全

坚持绿色发展，加强环境气象与生态气象保障能力建设，强化应对气候变化科技支撑作用，提高应对气候变化能力和气候安全保障能力，有序开发利用气候资源，积极参与和保障生态文明建设。

一、加强生态建设和环境保护气象保障能力建设服务大气污染防治行动计划。开展和完善以城镇化气候效应、区域大气污染治理、流域生态环境、脆弱区生态环境保护等为重点领域的国土气候容量和气候质量监测评估。加强极端天气气候事件风险评估，结合国家主体功能区建设布局和各地社会经济和自然条件，绘制气象灾害风险区划图。完善重点生态功能区、生态环境敏感区和脆弱区等区域生态气象观测布局，提升对森林、草原、荒漠、湿地等生态区域的气象监测能力，建立生态气象灾害预测预警系统，加强气候变化影响下的极端气候事件、水土流失和土地荒漠化、大气污染等生态安全事件的气象预警。

二、强化应对气候变化支撑加强气候变化系统观测和科学研究，提高应对极端天气和气候事件能力。推进气候变化事实、驱动机制、关键反馈过程及其不确定性等研究，着力提升地球系统模式和区域气候模式研发应用能力，完善气候变化综合影响评估模式，集中在气候变化检测归因、极端气候事件及其变化规律、极端事件风险评估、气候承载力评估等关键技术上，形成一批集成度高、带动性强的科技成果。做好全球和区域气候变化的监测、检测、预测和预估，加强对温室气体、气溶胶等大气成分的监测分析，发布具有国际影响力的全球和区域基本气候变量长序列数据集产品，建立综合性观测业务，加强资料共享，开展华南区域大气本底观测试验，增强温室气体本底浓度联网观测能力。

三、积极应对气候变化推进传统气候服务与各行业气候变化应对需求的融合，围绕国家适应气候变化战略，完善以基础综合数据库和气候模式系统为支撑，以农业与粮食安全、灾害风险管理、水资源安全、生态安全和人体健康为优先领域的气候服务。加强国家、区域、省在气候服务上的分工协作。初步建成中国气候服务系统。围绕气候变化对粮食安全、能源安全、水资源安全、森林碳汇、湿地保护与恢复、生态环境、生产安全、人体健康和旅游等重点领域与特色产业的影响开展评估，完成国家气候安全评估。强化气候服务意识，积聚跨部门智库资源，围绕气候安全保障、应对气候变化战略部署提供决策支撑。

四、有序开发利用气候资源以促进城镇空间布局合理均衡为出发点，开展气候承载力分析和可行性论证，完善论证制度和标准。建立重点领域评估报告滚动发布制度。加强风能、太阳能资源的精细评估和气候风险论证。建立较为完善的人工影响天气工作体系，全面提升人工影响天气业务能力、科技水平和服务效益，合理开发利用空中云水资源，基本形成东北、西北、华北、中部、西南和东南六大区域发展格局，提高人工增雨（雪）和人工防雹作业效率，推进人工消减雾、霾试验，加强协调指挥和安全监管。科学开展人工影响天气活动，重点做好粮食主产区、生态脆弱区、森林草原防火重点区、重大活动等气象保障服务。

专栏3气象绿色发展项目
生态文明建设气象保障工程完善生态气象观测布局，建成覆盖全国主要生态安全屏障区和生态环境脆弱区的以生态气象地面观测站为核心的气象观测网络。建立生态气象灾害预测预警系统，绘制气象灾害风险区划图，形成国家、省两级业务服务体系，建立统一共享的生态气象保障服务业务平台，强化生态气象评估和生态文明气象保障。 人工影响天气能力建设工程完善全国人工影响天气业务布局，实施东北、西北、华北、中部、西南、东南6个区域人工影响天气能力建设工程，重点开展飞机作业能力建设，提高作业装备现代化水平及科技支撑能力，充分发挥人工影响天气在促进农业增产增收、改善生态环境等方面的作用。 应对气候变化科技支撑能力建设项目强化气候系统监测评估及气候资源开发服务能力。紧扣气候安全，加强气候变化事实和规律的科学认识和研究。完善气候资源开发利用保护方面的法律制度，营造好的政策环境。加强基础研究，充分发挥科技进步在适应气候变化中的先导性和基础性作用，为应对气候变化、增强可持续发展能力提供强有力的科技支撑。 粮食生产气象保障能力建设项目建成上下协调、分级服务的粮食气象保障服务业务体系。推进气象和农业部门联合科研攻关，强化气象为农服务适用技术研发。加强自动化农业气象观测能力建设，完善农业气象观测仪器和设备保障系统。建立完善国家、省、市、县四级农业气象服务信息处理和发布系统。加强专业化农业气象技术支撑能力建设，深化特色农业、设施农业气象服务，强化保障粮食安全和重要农产品供给气象服务。加强农业气候资源调查和精细化区划工作，合理开发农业气候资源。

全国农村经济发展“十三五”规划（节录）

（国家发展改革委2016年10月27日印发）

第六章　努力建设美丽宜居乡村　推动城乡协调发展

强化规划引领，完善农村基础设施，提升农村基本公共服务水平，改善农村人居环境，加快形成政府主导、多元参与、城乡一体的基础设施和基本公共服务体系。

一、加强农村基础设施建设

实施农村饮水安全巩固提升工程，综合采取改造、配套、升级、联网等方式，进一步提高城镇供水设施覆盖行政村比率、农村集中供水率、自来水普及率、供水保证率、水质达标率，加强农村饮用水水源保护和水质检测能力建设。实施新一轮农村电网改造升级工程，建设结构合理、技术先进、安全可靠、智能高效的现代农村电网，提升供电能力和服务水平，促进全国农村地区基本实现稳定可靠的供电服务全覆盖。积极发展农村清洁可再生能源，加大生物天然气工程和大型农村沼气工程建设力度，在偏远贫困地区有序推进绿色小水电建设，因地制宜发展太阳能、小型风能、省柴节煤炉灶炕，满足农村多能互补、经济便利的用能需要。加快实现所有具备条件的乡镇和建制村通硬化路、通班车，推动一定人口规模的自然村通公路，创造条件推进城乡交通一体化。基本完成现有农村危房改造任务，继续结合农村危房改造推进建筑节能，优先完成建档立卡贫困户危房改造，统筹搞好农房抗震改造，切实保障贫困户住房安全。加强农村信息基础设施建设，推进宽带网络广泛覆盖。支持电信企业加大互联网和移动互联网建设投入，改善县乡互联网服务，建设高速畅通、覆盖城乡、质优价廉、服务便捷的宽带网络基础设施和服务体系。继续深化和扩大电子商务进农村综合示范县工作，推动信息入户。提升农村广播电视覆盖能力和服务能力，加快推进广播电视村村通向户户通升级。创新农村基础设施投融资体制机制，探索并推行农村小型公共基础设施村民自选、自建、自管和政府监管服务相结合的民主管理新机制，建立农村基础设施管护长效机制。

第七章　有效保护自然生态系统　构建生态安全屏障

牢固树立尊重自然、顺应自然、保护自然的生态文明理念，着力发挥生态系统自我修复能力，加强重点区域山水林田湖综合治理，构建生态安全屏障，努力从源头上扭转生态环境恶化趋势，防范生态风险，增强生态承载力。

一、落实生态空间用途管制

（一）划定并严守生态保护红线。发挥主体功能区作为国土空间开发保护基础制度的作用，全面落实主体功能区规划，划定生态保护红线。落实目标考核责任制，严格征占用管理，将生态保护红线落到实处。努力从源头上扭转生态环境恶化趋势，为构建绿色生态屏障、确保国土生态安全提供支撑，为实现经济社会

全面协调可持续发展提供生态保障。

（二）健全资源环境有偿使用制度和生态补偿机制。建立覆盖森林、草原、湿地、荒漠、海洋、水流、耕地等重点领域和禁止开发区域、重点生态功能区等重要区域的生态保护补偿机制。推进耕地、河湖、草原休养生息，完善以政府购买服务为主的公益林管护机制，扩大退牧还草工程实施范围，提高补助标准，稳

步推进退耕还湿、沙化土地封禁保护试点，完善捕捞渔民转产转业补助政策，提高转产转业补助标准。在江河源头区、集中式饮用水水源地、重要河流敏感河段和水生态修复治理区、水产种质资源保护区、水土流失重点预防区和重点治理区，全面开展生态保护补偿，提高补偿标准。完善耕地保护补偿制度，对在地下水漏斗区、重金属污染区、生态严重退化地区实施耕地轮作休耕的农民给予资金补助。

二、推进自然生态系统保护和修复

（一）开展大规模国土绿化行动。加强重点防护林体系等林业重点工程建设，推动重要江河源头区和重要区域水源涵养林建设，开展退化防护林修复，加强森林抚育和低产低效林改造。在25度以上坡耕地、严重沙化耕地和重要水源地15－25度坡耕地开展新一轮退耕还林还草。完善天然林保护制度，全面停止天然林商业性采伐。发挥国有林区、国有林场在绿化国土中的带动作用。严禁移植天然大树进城。

（二）强化水资源管理与保护。严格落实水资源开发利用总量、用水效率和水功能区限制纳污总量“三条红线”，实行水资源消耗总量和强度双控行动，以水定产、以水定城，大力建设节水型社会。严格地下水年度用水计划管理，核定并公布地下水禁采和限采范围，实施地下水开采总量和水位双控制。加强水功能区监督管理。建立健全水权制度，积极培育水市场，充分运用市场机制合理配置水资源。严格河湖生态空间管控，加强对水源涵养区、蓄洪滞涝区、滨河滨湖带等水生态空间的保护，严禁围湖造地、围垦河道。科学确定和维持河湖生态流量和生态水位，将生态用水纳入流域水资源管理的重要内容。依法划定饮用水水源保护区，加强对周边排污口的清理和整治。

（三）进一步强化草原保护建设。依法推进基本草原划定，建立草原休养生息制度，严格执行禁牧休牧和草畜平衡制度。加大天然草原退牧还草力度，启动已垦撂荒草原治理，继续加强“三化”草原治理、草原鼠虫害治理和草原防火，推进南方重点地区草地保护建设。

（四）推动河湖、湿地生态系统恢复与治理。加强重要河湖、国际重要湿地、国家级湿地自然保护区、国家重

要湿地、国家湿地公园保护与恢复，有计划推进退耕还湿、退田还湖、退养还滩。通过合理调整区域水土资源开发规模、生态补水、湿地植被恢复、有害生物防控等措施，开展重要河湖、湿地综合治理，保障重要河湖和湿地生态用水。

（五）强化海洋生态修复。严格执行自然岸线控制指标制度，加强岸线整治修复。严格执行围填海管理制度，严控围填海造地规模。开展蓝色海湾整治行动，加强海洋保护区建设，推进海岸带、近岸海域、典型海岛、重要河口和海湾区域红树林、珊瑚礁等受损典型海洋生态系统修复。

（六）加大水生生物资源养护力度。建设一批水生生物保护区和水产种质资源保护区，实施水生生物湿地、重要鱼类栖息地及渔业经济物种保护。完善海洋渔业资源总量管理制度，发展人工鱼礁和海洋牧场，严格控制近海捕捞强度。扩大水生生物资源增殖放流规模，加大伏季休渔禁渔力度，研究适当延长休渔期，严厉打击非法捕鱼，促进渔业资源永续利用。

（七）加强生物多样性保护。强化自然保护区建设与管理，探索建立以自然生态资源保护为核心的国家公园体制。加强已建自然保护区整合，建立生态廊道，增强自然保护区间的联通性。加强极小种群、极度濒危物种和大熊猫、亚洲象、虎、豹等重要野生动植物生境和栖息地保护和恢复，以及林木种质资源保护，实施濒危野生动植物抢救性保护和修复，建设救护繁育中心和基因库。加强涉及自然保护区开发建设项目管理，强化监督检查。充分发挥自然保护区的生态环境保护宣传教育、自然科学普及平台功能，加强自然保护区科研、管理等专业人员培训。

三、强化重点区域综合治理

（一）围绕“三大战略”实施山水林田湖综合治理。坚持保护优先、自然恢复为主，因地制宜、多措并举，增强京津冀、长江经济带等重点区域生态系统稳定性。促进京津冀协同发展生态建设率先突破，加强京津保地区营造林、“六河五湖”等重要河湖生态治理与修复，共建坝上高原生态防护区、燕山一太行山生态涵养区，着力扩大区域环境容量和生态空间。将修复长江生态环境、打造长江绿色生态廊道作为推进长江经济带发展的首要任务，强化自然湿地保护恢复及濒危野生动植物抢救性保护，大力实施长江经济带森林提升重大工程和湿地修复重大工程，着力增强全流域生态承载力和服务功能，使母亲河永葆生机活力。服务“一带一路”重大战略，积极推进国家生态安全屏障建设，加强与有关国家在生物多样性保护、防沙治沙、应对气候变化、跨界河流等领域合作，为全球生态安全做出新贡献。

（二）继续开展重点区域综合治理工程。在黄土高原、京津风沙源区、岩溶石漠化区、西藏、青海三江源、三峡库区、祁连山、川西藏区等重点区域开展综合治理，协调推进工程措施、生物措施和农艺措施，大力实施林草植被保护与恢复、退耕还林还草、退牧还草、水资源合理配置、水土流失治理、草食畜牧业和

后续产业发展、易地扶贫搬迁、农村能源建设等工程，逐步遏制生态退化趋势。

耕地草原河湖休养生息规划（2016-2030年）

（发改农经〔2016〕2438号国家发展改革委财政部国土资源部环境保护部水利部农业部国家林业局国家粮食局2016年11月18日印发）

二、总体要求

（一）指导思想

全面贯彻落实党的十八大和十八届三中、四中、五中全会精神，深入贯彻习近平总书记系列重要讲话精神，按照“五位一体”总体布局和“四个全面”战略布局，牢固树立创新、协调、绿色、开放、共享的发展理念，认真落实党中央、国务院决策部署，以保障国家粮食安全、生态安全、资源安全为前提，坚持节约资源和保护环境、十分珍惜合理利用土地和切实保护耕地的基本国策，坚持节约优先、保护优先、自然恢复为主的方针，正确处理人与自然的关系，统筹兼顾生产、生活和生态，以控制耕地草原河湖开发规模、降低利用强度、恢复生态功能为主线，加快转变农业发展方式和资源利用方式，加大农业资源和生态环境的保护与修复力度，落实资源管控措施，构建耕地草原河湖休养生息的长效机制，推动实现资源永续利用，为经济社会持续健康稳定发展和实现中华民族伟大复兴的中国梦提供资源保障。

（二）基本原则

——顺应自然、系统保护。

按自然规律办事，把生态环境保护放在突出位置，通过最严格的管控，减少人为扰动，增强耕地草原河湖的自然循环恢复能力。将山水林田湖作为一个生命共同体，统筹考虑耕地草原河湖的生态功能和相互联系，予以全面保护。

——用养结合、综合治理。

强化生产者责任，在资源利用过程中更加注重资源养护，全面节约和高效利用资源，树立节约集约循环利用的

资源观，综合运用经济、法律及必要的行政手段，合理降低资源开发强度。采取自然措施与人工措施相结合、生物措施与工程措施相结合的治理路径，努力提高资源质量和保障能力。

——因地制宜、有序推进。

加强顶层设计，统筹规划，科学确定保护措施和休养生息模式，分区分类施策。突出重点地区、重点问题和重点环节，把握好节奏和力度，在试点示范、积累经验的基础上，积极稳妥全面推进。

——改革创新、完善机制。

不断深化改革，充分发挥市场配置资源的决定性作用和更好地发挥政府作用，调动各方积极性，形成全社会合力参与耕地草原河湖资源保护的格局。完善法律法规，依法管控，依法治理，强化制度建设，确保各项管护治理措施可落地、政策有实效，形成保障耕地草原河湖休养生息的长效机制。

（三）主要目标

到2020年，确保耕地草原数量，有效恢复河湖生态空间，稳定湿地面积，稳步提高耕地质量，耕地草原河湖生态功能初步改善，资源保障能力不断增强；农业生态环境恶化的趋势总体得到遏制，生态严重退化地区的环境得到改善，基本建立资源有效保护和高效利用的政策与技术支撑体系，改变资源开发强度过大、利用方式粗放的状况。到2030年，耕地草原河湖资源利用与养护全面步入良性循环，生态系统健康稳定，建立完善的资源休养生息制度体系，基本形成农产品供给保障有力、资源利用高效、产地环境良好、生态系统稳定、田园风光优美的农业可持续发展新格局，实现人与自然和谐共生。

——耕地。到2020年，严守18.65亿亩耕地红线，耕地土壤环境安全得到基本保障。全国耕地质量平均提高0.5个等级（别），其中新建成的高标准农田耕地质量平均提高1个等级（别）以上；耕地土壤有机质含量有所增加，耕作层厚度平均达到25厘米以上；化肥、农药使用量实现零增长，环境风险得到基本管控；试点休耕的地下水漏斗区、重金属污染区、生态严重退化地区的生态和农产品质量安全问题得到初步解决，试点地区轮作面积达到500万亩；完成25度以上陡坡耕地、严重沙化耕地、重要水源地15-25度坡耕地和严重污染耕地退耕还林还草任务。到2030年，全国平均耕地质量较2015年提高1.0个等级（别），耕地质量状况得到明显改善，不宜耕作土地全部完成退耕任务，建立合理的轮作体系和休耕制度，耕地利用高效、质量稳定、环境安全的总体格局基本形成。

——草原。到2020年，全国天然草原鲜草总产草量达到10.5亿吨，草原综合植被盖度达到56%，重点天然草原超载率小于10%，草原超载过牧情况和退化趋势得到遏制，草原生态环境得到改善，草原生态系统自我修复能力增强；初步建立以基本草原保护、承包经营、禁牧休牧、划区轮牧、草原生态补助奖励机制、草原监测评价考核等为主要内容的草原休养生息保障制度。到2030年，全国草原综合植被盖度达到60%，重点天然草原超载率小于8%，基本实现草畜平衡，草原生态功能显著增强，形成完善的草原休养生息制度和草原保护体系。

——河湖。到2020年，全国用水总量控制在6700亿立方米以内，农田灌溉水有效利用系数提高到0.55以上，大型灌区和重点中型灌区农业灌溉用水计量率达到70%以上；河湖生态环境水量有所增加，生态基流基本得以保障；排污口排污总量减少，全国地表水质量达到或好于Ⅲ类水体比例超过70%，全国江河湖泊水功能区的水质有明显改善，重要江河湖泊水功能区水质达标率达到80%以上；河湖水域岸线空间用途管制制度基本建立，河湖生态空间得到有效保护，河湖水域面积不减少；地下水超采得到严格控制，严重超采区超采量得到有效退减；水生生物资源逐步恢复；初步建立河湖休养生息保障制度。到2030年，全国用水总量控制在7000亿立方米以内，河湖生态环境用水需求基本保障，河湖生态空间得到有效恢复；水环境质量全面改善，全国地表水质量达到或好于Ⅲ类水体比例超过75%，重要江河湖泊水功能区水质达标率提高到95%以上；地下水基本实现采补平衡；水生生物多样性逐步稳定；河湖休养生息制度体系全面建立，河湖资源实现可持续利用。

三、耕地休养生息

因地制宜，采取“养”、“退”、“休”、“轮”、“控”综合措施，试点先行，探索耕地保护与利用协调发展之路，稳步实现从片面追求产出向“用养结合、永续利用”转变，实现“藏粮于地”、“藏粮于技”，夯实国家粮食安全基础。规划实施前五年，主要在重点和试点区域实施；后十年，在全面评估前期工作的基础上，积极稳妥全面推进。

（一）主要任务

1、耕地养护

以保障国家粮食安全、农产品质量安全和农业生态安全为目标，坚持保护优先、建设为重，在落实最严格耕地保护制度、加强高标准农田建设的同时，对全国耕地进行全面养护。依靠科技进步，加大资金投入，推进工程、农艺、农机措施相结合，依托新型经营主体和社会化服务组织，构建耕地质量保护与提升长效机制。“十三五”期间，主要针对耕地土壤酸化、盐渍化、养分失衡、耕层变浅、重金属污染、残膜污染等突出问题开展耕地修复和养护，使耕地土壤质量状况得到阶段性改善，土壤生物群系逐步恢复。到2020年确保建成8亿亩、力争建成10亿亩集中连片、旱涝保收、稳产高产、生态友好的高标准农田。到2030年，全国耕地质量状况实现总体改善，对粮食生产和农业可持续发展的支撑能力明显提高。根据我国主要土壤类型、耕地质量现状和粮食等主要农作物分布特点，划分为东北黑土区、华北及黄淮平原潮土区、长江中下游平原水稻土区、南方丘陵岗地红黄壤区、西北灌溉及黄土型旱作农业区等5大区域，因地制宜开展耕地质量建设。

2、退耕还林还草

将全国水土流失严重的坡耕地、严重沙化耕地和严重污染耕地适时退出耕种，形成新的生态空间。统筹考虑生态建设和耕地保护的需要，扩大新一轮退耕还林还草规模，把生态承受力弱、不适宜耕种的地退下来，种上树和草，从源头上防治水土流失，减少自然灾害、固碳增汇，改善生态环境。将全国具备条件的25度以上坡耕地、严重沙化耕地、部分重要水源地15-25度坡耕地退耕还林还草，并在充分调查和尊重农民意愿的前提下，提出陡坡耕地梯田、重要水源地15-25度坡耕地、严重污染耕地退耕还林还草需求。“十三五”期间，完成新一轮退耕还林还草任务，使退耕区的生态环境得到明显改善。到2030年，全国不宜耕作土地全部退出耕种。

3、休耕

以保证国家粮食安全和不影响农民收入为前提，对土壤污染严重、区域生态功能退化、可利用水资源不足等不宜连续耕种的农田实行定期休耕。发挥市场机制作用，通过改革完善农产品价格、收储等政策，引导农业经营者降低耕地利用强度。休耕不能减少耕地、搞非农化、削弱农业综合生产能力，确保急用之时粮食能够产得出、供得上。“十三五”期间，率先在地下水漏斗区、重金属污染区和生态严重退化地区开展休耕试点，根据农业结构调整要求、国家财力和粮食供求状况，适时研究调整试点规模。到2030年，在确保重要农产品供需平衡的前提下，逐步建立合理的休耕制度，有效治理受污染耕地，促进耕地地力恢复和生态环境改善。

4、轮作

逐步建立与生产发展相协调、与资源禀赋相匹配、与市场需求相适应的粮豆轮作、粮经轮作、粮饲轮作等耕地轮作制度，因地制宜调整种植结构。“十三五”期间，率先在东北冷凉区、北方农牧交错区等地开展轮作试点。推广“一主四辅”种植模式。“一主”：实行玉米与大豆轮作，发挥大豆根瘤固氮养地作用，提高土壤肥力，增加优质食用大豆供给。“四辅”：实行玉米与马铃薯等薯类轮作，改变重迎茬，减轻土传病虫害，改善土壤物理和养分结构；实行籽粒玉米与青贮玉米、苜蓿、草木樨、黑麦草、饲用油菜等饲草作物轮作，以养带种、以种促养，满足草食畜牧业发展需要；实行玉米与谷子、高粱、燕麦、红小豆等耐旱耐瘠薄的杂粮杂豆轮作，减少灌溉用水，满足多元化消费需求；实行玉米与花生、向日葵、油用牡丹等油料作物轮作，增加食用植物油供给。“十三五”期间，在试点地区推行轮作模式500万亩。到2030年，逐步建立合理的耕地轮作体系，促进农业生产和耕地资源保护协调发展。

5、污染防控治理

加强工业和生活源污染防控，减少和消除工业生产及城乡居民生活对耕地环境的影响。针对秸秆焚烧、畜禽粪污排放、水产养殖残留、农药化肥不合理施用、地膜残留等农业面源污染问题，以源头控制、过程削减、末端治理为基本思路，开展农业面源污染综合治理。实施到2020年化肥农药使用量零增长行动，推广化肥农药减施增效技术。加强畜禽养殖源和生活源污染治理，采取农田径流氮磷拦截积蓄净化再利用、种养一体化、养殖业废弃物循环利用和污染减排、农作物秸秆综合利用、农用地膜回收利用等综合措施，防止污染物直接进入农田和水体，有效减少农业面源污染对土壤、水质和环境的影响。

（二）政策措施

1、实施耕地分类管理

按照质量水平和污染程度，将耕地划分为优先保护、安全利用、严格管控三类，分别采取相应的管理措施。将符合条件的优先保护类耕地划为永久基本农田，实行严格保护，确保其面积不减少、质量不下降。严格控制在优先保护类耕地集中区域新建有色金属冶炼、石油加工、化工、焦化、电镀、制革等行业企业，现有相关行业企业要加快提标升级改造步伐。根据土壤污染状况和农产品超标情况，安全利用类耕地集中的地区要结合当地主要作物品种和种植习惯，制定实施受污染耕地安全利用方案，采取农艺调控、替代种植等措施，降低农产品超标风险。加强对严格管控类耕地的用途管理，严禁种植食用农产品，制定环境风险管控方案，落实相关措施。

2、建立耕地质量考核制度

3、建立和完善耕地休养生息支持政策

4、建立耕地休养生息保障约束机制

5、加快建立耕地污染防控治理体系

四、草原生态保护与恢复

以保障草原生态安全、实现草畜平衡和草原资源永续利用为目标，通过“禁”、“休”、“轮”、“种”等综合措施，加快建立以基本草原保护制度、草原承包经营制度、禁牧休牧划区轮牧制度、草畜平衡制度、草原监测评价考核制度为主体的草原休养生息制度体系，结合全国主体功能区规划，对不同区域、不同类型的草原因地制宜开展保护治理，恢复草原植被，减少人为扰动对草原的破坏，强化草原在区域生态建设中的重要作用，逐步形成各具特色的区域草牧业可持续发展格局。

（一）主要任务

1、禁牧

对生态极为脆弱、退化严重、不宜放牧以及位于大江大河水源涵养区的草原实行禁牧，依据《休牧和禁牧技术规程》，对草原实行一年以上禁止放牧利用，加强草原围栏和棚圈建设，发展节水高效灌溉饲草基地，促进草原畜牧业由天然放牧向舍饲半舍饲转变，实现禁牧不禁养。到2020年，草原禁牧面积控制在4.8亿亩，其中，北方干旱半干旱草原区2.7亿亩、青藏高寒草原区1.95亿亩、南方草地区0.15亿亩。到2030年，建立科学规范的草原禁牧制度。

2、休牧

根据草原资源状况和牧草生物特性，依据《休牧和禁牧技术规程》确定时限，采取季节性休牧的方式，减轻放牧对草原植被的影响。以核定天然草原产草量为基础，拓宽饲草料来源，增加优质人工饲草供给，以草定畜、草畜配套，推动农牧结合、优势互补，实现草畜间的动态平衡。到2020年，实现草原休牧面积19.44亿亩，其中，北方干旱半干旱草原区12.6亿亩、青藏高寒草原区6.3亿亩、南方草地区0.54亿亩。到2030年，建立稳定的草原休牧制度。

3、划区轮牧

根据草原资源状况和牧草长势情况，通过围栏和饲草基地建设，科学地将草原放牧场划分为若干区，用养轮换，改善植物生存环境，促进草原植被生长和发育。到2020年，草原划区轮牧面积4.2亿亩，其中，北方干旱半干旱草原区2.7亿亩、青藏高寒草原区1.2亿亩、南方草地区0.3亿亩。到2030年，建立稳定的草原划区轮牧制度，全国天然草原利用方式以划区轮牧为主。

4、人工种草

在水、热、地形等自然条件适宜的地区，建植人工草地，为养而种、草畜配套，确保草牧业可持续发展。严格限制抽取地下水灌溉建设人工草地。到2020年，人工种草保留面积达到4.5亿亩，其中，北方干旱半干旱草原区1.95亿亩、青藏高寒草原区0.45亿亩、东北华北湿润半湿润草原区1.2亿亩、南方草地区0.9亿亩。到2030年，实现牧区草食畜牧业发展与饲草供应、自然资源禀赋相匹配。

（二）政策措施

1、稳定和完善草原承包经营制度

坚持“稳定为主、长久不变”和“责权清晰、依法有序”的原则，依法赋予广大农牧民长期稳定的草原承包经营权，确立农牧民的经营主体地位，稳定现有草原承包关系，规范承包工作流程，完善草原承包合同，颁发草原权属证书，加强草原确权承包档案管理，健全草原承包纠纷调处机制，扎实稳妥推进承包确权登记试点，实现承包地块、面积、合同、证书“四到户”。

2、健全基本草原保护制度

依法将重要放牧场，割草地，用于畜牧业生产的人工草地、退耕还草地以及改良草地、草种基地，对调节气候、涵养水源、保持水土、防风固沙具有特殊作用的草原，国家重点保护野生动植物生存环境的草原，草原科研、教学试验基地，应当划为基本草原的其他草原等七类草原划定为基本草原。实行基本草原用途管制等制度，加强监督检查，强化基本草原管理。坚持生产生态有机结合的方针，确保基本草原面积不减少、质量不下降、用途不改变。

3、继续实行草畜平衡和禁牧、休牧、划区轮牧制度

国家继续对草原实行以草定畜、草畜平衡制度，各地定期核定草原载畜量，采取有效措施防止超载过牧，草原承包经营者要均衡利用草原，实行划区轮牧制度，对严重退化、沙化、盐渍化、石漠化的草原和生态脆弱区的草原实行禁牧、休牧制度。继续实施草原生态保护补助奖励政策，对纳入范围的草原实行禁牧补贴和草畜平衡奖励，加强草原围栏等基础设施的管护，推进草原畜牧业生产方式转型发展，加强农牧结合，形成牧区繁育、农区育肥的生产格局，实现牧区生态、牧业生产和牧民生活协调发展。

4、建立草原监测评价考核制度

以草原定期监测评价结果为基础，建立草原资源与生态评价制度和草原资源环境承载能力预警机制，对领导干部实行自然资源资产离任审计、生态环境损害责任终身追究以及生态环境损害赔偿等制度。建立健全并严格执行草畜平衡激励约束制度，调动农牧民参与草原保护的积极性。加强人工草地等涉及草原保护与植被恢复建设项目的前期论证，严格限制抽取地下水灌溉的人工草地建设，避免造成新的草原生态损害。

五、河湖生态系统保护与修复

按照“节水优先、空间均衡、系统治理、两手发力”的新时期水利工作方针，以开发利用强度大、水环境恶化、生态脆弱的河湖为重点，通过“治”、“保”、“还”、“减”、“护”等综合措施，加快推进过载和污染河湖治理与修复，加大水源涵养保护力度，确保河湖水源安全；合理控制河流开发利用强度，切实保障河湖生态用水，保护和逐步恢复河湖合理生态空间，加强地下水超采区治理，保护和合理利用河湖水生生物资源；不断完善体制机制，建立健全河湖休养生息的长效机制。

（一）主要任务

1、推进重点河湖治理与修复

对京津冀“六河五湖”、西北内陆河及其他地区水资源过度开发利用、生态过载的重点河湖，按照“一河（湖）一策”的原则，合理确定水土资源开发规模，优化调整产业结构，强化节水治污，利用再生水和适度引调水等措施，控荷减负、系统治理。到2020年，尽快把过载河湖的水资源消耗总量和强度降低到合理范围之内，修复和恢复流域健康生态系统；同时，严格落实《水污染防治行动计划》和《水质较好湖泊生态环境保护总体规划（2013-2020年）》各项措施要求，尽快把污染严重的重点河湖水质提升到较高水平，水质较好湖泊生态环境稳定持续改善。到2030年，基本实现重点河湖水资源、水环境承载能力与区域经济社会发展相协调，全国河湖水污染情况得到全面遏制和改善。

2、保障河湖生态用水

科学确定河湖生态流量，核定重要江河湖泊生态流量和生态水位，将生态用水纳入流域水资源配置和管理。合理调整缺水地区种植结构和布局，试行退地减水，在地表水过度开发问题较严重，且农业用水量比较大的地区，适当减少用水量较大的农作物种植面积，改种耐旱作物和经济林。以流域为单元，加强江河湖库水量和水质管理，合理安排重要断面下泄水量，维持河湖合理生态用水需求，重点保障枯水期生态基流，维持和改善水环境质量。“十三五”期间，对东北、华北、西北等地区的重要湖泊补充生态用水41.5亿立方米，其中东北地区14.2亿立方米、华北地区5.2亿立方米、西北地区13.7亿立方米、其他地区8.4亿立方米。到2030年，全面保障河湖生态环境用水需求。

3、保护和合理退还河湖生态空间

依据《防洪法》、《河道管理条例》、《饮用水源保护区划分技术规范》，全面划定河湖和河湖型饮用水水源地的保护区管理范围，设立界桩，向社会公告，将河湖管理范围作为河湖生态空间保护的最小范围。加强对水源涵养区、蓄洪滞涝区、滨河滨湖带等水生态空间的保护，在保护区边界设立明确的地理界标和警示标志，强化入河湖排污口监管和整治，维护良好的水生态空间。划定河湖水域岸线功能区，严格空间用途管制，因势利导改造渠化河道，重塑健康自然的弯曲河岸线，营造自然深潭浅滩和泛洪漫滩，为生物提供多样性生存环境。在水资源条件具备的地区，以自然河湖水系、调蓄工程和引排工程为依托，在不造成新的水生态环境影响、保障水生态安全的前提下，因地制宜实现河湖水系的自然连通，逐步减少人为工程阻隔对水质和水生生物造成的影响，促进水生态保护。科学划定禁采区、禁采期，同时在超警戒水位和低于罕见枯水位时进行临时禁采，开展打击河道非法采砂专项行动，稳定河势，确保河道行洪安全，保护水生生物，维护河湖生态安全。积极推进退田还湖、退养还滩、退耕还湿，归还被挤占的河湖生态空间，逐步减少“人水争地”的现象，构建健康的河湖生态系统。“十三五”期间，完成全国主要河湖管理范围划定和水域岸线功能分区，有效建立河湖水域岸线用途管制制度，保证河湖水域面积不萎缩，数量不减少，河湖生态空间得到有效保护；在松嫩平原、三江平原、长江经济带、黄河河套平原、京津冀等区域内的国际重要湿地、湿地自然保护区、国家湿地公园实施退耕还湿150万亩。到2030年，完成全国流域面积50平方公里及以上河流、常年水面面积1平方公里及以上湖泊管理范围划定，完善河湖水域岸线用途管制制度，基本保障现有湿地面积不萎缩，河湖生态空间得到全面保护和有效恢复。

4、开展地下水超采区治理

各省（自治区、直辖市）人民政府尽快核定并公布地下水禁采和限采范围，严格地下水年度用水计划管理，实施地下水开采总量和水位双控制。对地下水超采问题较严重的京津冀、山东、河南、甘肃、新疆等地区，开展地下水超采区治理与修复，通过调整种植结构、休耕、水源置换、节水等综合措施，压减地下水超采量，逐步实现地下水采补平衡。加强地下水保护与涵养，提高地下水战略储备能力。地下水易受污染的地区优先种植需肥需药量低、环境效益突出的作物。到2020年，南水北调东中线一期工程受水区压减地下水开采量22亿立方米。到2030年，全国基本实现地下水采补平衡。

5、保护和合理利用河湖水生生物资源

控制渔业养殖强度，落实休渔禁渔期制度，开展增殖放流，对于重点河湖，引导建立人放天养的生态养殖模式。科学合理调整淡水养殖空间，加强养殖基础设施建设，推广应用健康养殖标准和生态养殖模式，控制和降低天然水体养殖规模，进一步减少江河湖泊网箱养殖，减轻水体污染。维护水生生物多样性。加强水生生物自然保护区和水产种质资源保护区建设，探索建立基本养殖水域保护措施，推进水生生物类自然保护区规范化建设。加强对河湖湿地范围内野生动植物的保护。开展珍稀特有物种保护，以就地保护为主，采用迁地保护、人工繁育、遗传基因等措施，实施中华鲟、江豚、史氏鲟、达氏鳇等珍稀特有物种保护工程。

（二）政策措施

1、建立河湖水生态状况评价预警与管控机制

建立健全河湖生态健康调查与评价标准体系，开展水生态空间基础信息调查评价和重要水生态空间承载能力评价，科学评估河湖和地下水水资源承载能力，适时公布相关信息。建立水生态状况预警与管控机制，对全国河湖和地下水生态变化趋势、保护现状及存在问题进行评估，根据综合评估情况采取管控措施，降低风险。

2、全面落实最严格的水资源管理制度

强化水资源管理“三条红线”刚性约束，严格河湖水资源开发总量控制和纳污总量限制指标，调整优化河湖生

态空间开发格局，不断提高用水效率和效益。对取用水总量接近、达到或超过控制指标的地区，限制或暂停审批建设项目新增取水。对排污量超出水功能区限排总量的地区，限制审批新增取水和入河湖排污口。积极推进水资源使用权确权登记，培育水权交易市场，鼓励和引导区域、流域、行业及用水户间开展水权交易，探索多种形式的水权流转方式。

3、建立河湖岸线利用保护和监管机制

落实河湖水域岸线用途管制制度，明确河湖利用和保护要求，严格限制建设项目占用河湖水域和自然岸线，非法挤占的应限期退出。开展河湖管理范围划定工作，积极开展退耕还湿、退养还滩，构建科学合理的自然岸线格局。加强岸线资源监测和监管，对涉河项目建设区域和热点敏感区域进行定期监测和预警。

4、建立完善水生态补偿和损害赔偿制度

建立健全流域上下游、重要水源地、重要水生态修复治理区生态保护补偿机制，稳步推进退耕还湿试点，探索建立基于跨界断面水环境质量的生态补偿机制和湿地生态效益补偿制度。实行河湖生态损害赔偿制度，对违反法律法规的，依法处罚；对造成生态环境损害的，以损害程度等因素依法确定赔偿额度；对造成严重后果的，依法追究刑事责任。强化水利水电工程环境影响评价，对生态有较大影响和有不确定性风险的工程须组织深入论证、科学规划。全面开展排污权有偿使用和交易。

5、健全绩效考核和责任追究制度

建立健全河湖、水土资源、生物资源及地下水资源保护和治理绩效评价考核机制。加强河湖与地下水生态保护修复责任目标落实情况的监督检查。探索编制水资源资产负债表，构建水土资源、水生物资源等的资产和负债核算方法。推行水资源和水生态环境损害责任终身追究制。

六、经济社会效益分析与环境影响评价

（一）经济社会效益分析

耕地草原河湖休养生息是固基础、保发展的重要举措。通过规划实施，可有效推进耕地草原河湖资源的节约利用与保护修复，实现生态环境改善和资源可持续利用，促进经济社会健康稳定发展。在严格资源管控、保障耕地草原河湖总量的基础上，通过耕地质量提升行动、高标准农田建设，不断提高农业资源的质量，有利于提升农业综合生产能力，保障国家粮食安全；加强污染防控治理，有利于提高农产品品质和饮用水水质，保障“舌尖上的安全”；同时，生态环境质量的改善，生活环境的美化，有利于促进社会和谐稳定。

（二）环境影响评价

耕地草原河湖休养生息的根本目的是促进生态环境的改善。通过规划实施，可有效遏制农业生态系统恶化的趋势，使耕地草原河湖生态环境得到保护和修复，进一步增强资源的生态服务功能，对改善生态环境和促进资源可持续利用具有积极的作用。实施污染治理、水土保持、生态保育等工程项目后，可大幅度削减农业生态系统有害物质，有效阻断各类污染源对水土资源的侵入途径，提高生态环境质量，保障国家生态安全；推行休耕退耕、禁牧休牧划区轮牧、保证合理生态水量、退田还湖还湿、地下水限采、渔业转产等休养生息措施，可降低资源开发利用强度，给生态系统留出自然修复空间，有效保护生态环境，促进动植物生长发育，实现可持续发展。耕地草原河湖休养生息又是一项复杂的系统性工程，工程实施的效果需要不断跟踪、评估，具体措施要适时优化调整。规划实施过程中，一些保护和治理工程也要采取综合性防范措施，科学治理，减轻对环境的不利影响。

七、保障措施

（一）加强组织领导，落实相关责任

地方各级政府要以高度的历史责任感和使命感，把耕地草原河湖休养生息作为落实生态文明建设要求的重要内容，提高对耕地草原河湖休养生息重要性、紧迫性的认识，依法明确政府、生产经营者保护耕地草原河湖生态环境的责任。各省（区、市）政府要按照本规划提出的目标任务，抓紧制定本地区耕地草原河湖休养生息规划或实施方案，确保各项任务落到实处。国务院各有关部门要强化协调配合，采取有力措施，共同推进规划实施。国家发展改革委要做好统筹协调，会同财政部、国土资源部、环境保护部、水利部、农业部、国家林业局加大资金投入和政策支持力度，各行业部门要按照职责分工，出台相关意见、标准或实施细则，加强技术指导和行业管理，落实好休养生息各项政策，相关部门要加强资源管控和环境监测评估，加大执法力度。

（二）加大宣传引导，增强保护意识

（三）依靠科技进步，提高保护与治理水平

（四）强化制度建设，建立长效机制

（五）健全法律法规，强化监督管理

可再生能源发展“十三五”规划（节录）

（发改能源〔2016〕2619号国家发展改革委2016年12月10日印发）

前言

可再生能源是能源供应体系的重要组成部分。目前，全球可再生能源开发利用规模不断扩大，应用成本快速下降，发展可再生能源已成为许多国家推进能源转型的核心内容和应对气候变化的重要途径，也是我国推进能源生产和消费革命、推动能源转型的重要措施。

“十二五”期间，我国可再生能源发展迅速，为我国能源结构调整做出了重要贡献。“十三五”时期是我国全面建成小康社会的决胜阶段，也是全面深化改革的攻坚期，更是落实习近平总书记提出的“四个革命、一个合作”能源发展战略的关键时期。为实现2020年和2030年非化石能源分别占一次能源消费比重15%和20%的目标，加快建立清洁低碳的现代能源体系，促进可再生能源产业持续健康发展，按照《可再生能源法》要求，根据《中华人民共和国国民经济和社会发展第十三个五年规划纲要》和《能源发展“十三五”规划》，制定《可再生能源发展“十三五”规划》（以下简称“《规划》”）。

《规划》包括了水能、风能、太阳能、生物质能、地热能和海洋能，明确了2016年至2020年我国可再生能源发展的指导思想、基本原则、发展目标、主要任务、优化资源配置、创新发展方式、完善产业体系及保障措施，是“十三五”时期我国可再生能源发展的重要指南。

一、发展基础和形势

（一）国际形势

随着国际社会对保障能源安全、保护生态环境、应对气候变化等问题日益重视，加快开发利用可再生能源已成为世界各国的普遍共识和一致行动，国际可再生能源发展呈现出以下几个趋势：

一是可再生能源已成为全球能源转型及实现应对气候变化目标的重大战略举措。

二是可再生能源已在一些国家发挥重要替代作用。

三是可再生能源的经济性已得到显著提升。

（二）国内形势

1、发展基础

“十二五”期间，我国可再生能源产业开始全面规模化发展，进入了大范围增量替代和区域性存量替代的发展阶段。

一是可再生能源在推动能源结构调整方面的作用不断增强。2015年，我国商品化可再生能源利用量为4.36亿吨标准煤，占一次能源消费总量的10.1%；如将太阳能热利用等非商品化可再生能源考虑在内，全部可再生能源年利用量达到5.0亿吨标准煤；计入核电的贡献，全部非化石能源利用量占到一次能源消费总量12%，比2010年提高2.6个百分点。到2015年底，全国水电装机为3.2亿千瓦，风电、光伏并网装机分别为1.29亿千瓦、4318万千瓦，太阳能热利用面积超过4.0亿平方米，应用规模都位居全球首位。全部可再生能源发电量1.38万亿千瓦时，约占全社会用电量的25%，其中非水可再生能源发电量占5%。生物质能继续向多元化发展，各类生物质能年利用量约3500万吨标准煤。

二是可再生能源技术装备水平显著提升。随着开发利用规模逐步扩大，我国已逐步从可再生能源利用大国向可再生能源技术产业强国迈进。我国已具备成熟的大型水电设计、施工和管理运行能力，自主制造投运了单机容量80万千瓦的混流式水轮发电机组，掌握了500米级水头、35万千瓦级抽水蓄能机组成套设备制造技术。风电制造业集中度显著提高，整机制造企业由“十二五”初期的80多家逐步减少至20多家。风电技术水平明显提升，关键零部件基本国产化，5-6兆瓦大型风电设备已经试运行，特别是低风速风电技术取得突破性进展，并广泛应用于中东部和南方地区。光伏电池技术创新能力大幅提升，创造了晶硅等新型电池技术转换效率的世界纪录。建立了具有国际竞争力的光伏发电全产业链，突破了多晶硅生产技术封锁，多晶硅产量已占全球总产量的40%左右，光伏组件产量达到全球总产量的70%左右。技术进步及生产规模扩大使“十二五”时期光伏组件价格下降了60%以上，显著提高了光伏发电的经济性。各类生物质能、地热能、海洋能和可再生能源配套储能技术也有了长足进步。

三是可再生能源发展支持政策体系逐步完善。“十二五”期间，我国陆续出台了光伏发电、垃圾焚烧发电、海上风电电价政策，并根据技术进步和成本下降情况适时调整了陆上风电和光伏发电上网电价，明确了分布式光伏发电补贴政策，公布了太阳能热发电示范电站电价，完善了可再生能源发电并网管理体系。根据《可再生能源法》要求，结合行业发展需要三次调整了可再生能源电价附加征收标准，扩大了支持可再生能源发展的资金规模，完善了资金征收和发放管理流程。建立完善了可再生能源标准体系，产品检测和认证能力不断增强，可再生能源设备质量稳步提高，有效促进了各类可再生能源发展。

2、面临的形势与挑战

随着可再生能源技术进步和产业化步伐的加快，我国可再生能源已具备规模化开发应用的产业基础，展现出良好的发展前景，但也面临着体制机制方面的明显制约，主要表现在：

一是现有的电力运行机制不适应可再生能源规模化发展需要。以传统能源为主的电力系统尚不能完全满足风电、光伏发电等波动性可再生能源的并网运行要求。电力市场机制与价格机制不够完善，电力系统的灵活性未能充分发挥，可再生能源与其他电源协调发展的技术管理体系尚未建立，可再生能源发电大规模并网仍存在技术障碍，可再生能源电力的全额保障性收购政策难以有效落实，弃水、弃风、弃光现象严重。

二是可再生能源对政策的依赖度较高。目前，风电、太阳能发电、生物质能发电等的发电成本相对于传统化石能源仍偏高，度电补贴强度较高，补贴资金缺口较大，仍需要通过促进技术进步和建立良好的市场竞争机制进一步降低发电成本。可再生能源整体对政策扶持的依赖度较高，受政策调整的影响较大，可再生能源产业的可持续发展受到限制。此外，全国碳排放市场尚未建立，目前的能源价格和税收制度尚不能反映各类能源的生态环境成本，没有为可再生能源发展建立公平的市场竞争环境。

三是可再生能源未能得到有效利用。虽然可再生能源装机特别是新能源发电装机逐年快速增长，但是各市场主体在可再生能源利用方面的责任和义务不明确，利用效率不高，“重建设、轻利用”的情况较为突出，供给与需求不平衡、不协调，致使可再生能源可持续发展的潜力未能充分挖掘，可再生能源占一次能源消费的比重与先进国家相比仍较低。

二、指导思想和基本原则

（一）指导思想

全面贯彻党的十八大和十八届三中、四中、五中、六中全会精神，坚持创新、协调、绿色、开放、共享的发展理念，遵循能源发展“四个革命、一个合作”的战略方向，坚持清洁低碳、安全高效的发展方针，顺应全球能源转型大趋势，完善促进可再生能源产业发展的政策体系，统筹各类可再生能源协调发展，切实缓解弃水弃风弃光问题，加快推动可再生能源分布式应用，大幅增加可再生能源在能源生产和消费中的比重，加速对化石能源的替代，在规模化发展中加速技术进步和产业升级，促进可再生能源布局优化和提质增效，加快推动我国能源体系向清洁低碳模式转变。

（二）基本原则

1、坚持目标管控，促进结构优化。把扩大可再生能源的利用规模、提高可再生能源在能源消费中的比重作为各地区能源发展的重要约束性指标，形成优先开发利用可再生能源的能源发展共识，积极推动各类可再生能源多元发展。

2、坚持市场主导，完善政策机制。充分发挥市场配置资源的决定性作用，鼓励以竞争性方式配置资源，加快成本降低，实施强制性的市场份额及可再生能源电力绿色证书制度，逐步减少新能源发电的补贴强度，落实可再生能源发电全额保障性收购制度，提升可再生能源电力消纳水平。

3、坚持创新引领，推动转型升级。把加快技术进步和提高产业创新能力作为引导可再生能源发展的主要方向，通过严格可再生能源产品市场准入标准，促进先进技术进入市场，完善和升级产业链，逐步建立良性竞争市场，淘汰落后产能，不断提高可再生能源的经济性和市场竞争力。

4、坚持扩大交流，促进国际合作。积极参与国际政策对话和技术交流，充分利用国际、国内市场和资源，吸引全球技术、资金、开发经验等优势资源，鼓励企业由单纯设备出口或投资项目转向国际化综合服务，积极参与全球能源治理和产业资源整合。

三、发展目标

为实现2020、2030年非化石能源占一次能源消费比重分别达到15%、20%的能源发展战略目标，进一步促进可再生能源开发利用，加快对化石能源的替代进程，改善可再生能源经济性，提出主要指标如下：

1、可再生能源总量指标。到2020年，全部可再生能源年利用量7.3亿吨标准煤。其中，商品化可再生能源利用量5.8亿吨标准煤。

2、可再生能源发电指标。到2020年，全部可再生能源发电装机6.8亿千瓦，发电量1.9万亿千瓦时，占全部发电量的27%。

3、可再生能源供热和燃料利用指标。到2020年，各类可再生能源供热和民用燃料总计约替代化石能源1.5亿吨标准煤。

4、可再生能源经济性指标。到2020年，风电项目电价可与当地燃煤发电同平台竞争，光伏项目电价可与电网销售电价相当。

5、可再生能源并网运行和消纳指标。结合电力市场化改革，到2020年，基本解决水电弃水问题，限电地区的风电、太阳能发电年度利用小时数全面达到全额保障性收购的要求。

6、可再生能源指标考核约束机制指标。建立各省（自治区、直辖市）一次能源消费总量中可再生能源比重及全社会用电量中消纳可再生能源电力比重的指标管理体系。到2020年，各发电企业的非水电可再生能源发电量与燃煤发电量的比重应显著提高。

四、主要任务

“十三五”时期，要通过不断完善可再生能源扶持政策，创新可再生能源发展方式和优化发展布局，加快促进可再生能源技术进步和成本降低，进一步扩大可再生能源应用规模，提高可再生能源在能源消费中的比重，推动我国能源结构优化升级。

（一）积极稳妥发展水电

积极推进水电发展理念创新，坚持开发与保护、建设与管理并重，不断完善水能资源评价，加快推进水电规划研究论证，统筹水电开发进度与电力市场发展，以西南地区主要河流为重点，积极有序推进大型水电基地建设，合理优化控制中小流域开发，确保水电有序建设、有效消纳。统筹规划，合理布局，加快抽水蓄能电站建设。

1、积极推进大型水电基地建设。在做好环境保护、移民安置工作和统筹电力市场的基础上，继续做好金沙江中下游、雅砻江、大渡河等水电基地建设工作；适应能源转型发展需要，优化开发黄河上游水电基地。到2020年，基本建成长江上游、黄河上游、乌江、南盘江红水河、雅砻江、大渡河六大水电基地，总规模超过1亿千瓦。积极推进金沙江上游等水电基地开发，着力打造藏东南“西电东送”接续基地。“十三五”期间，新增投产常规水电4000万千瓦，新开工常规水电6000万千瓦。

加快推进雅砻江两河口、大渡河双江口等调节性能好的控制性水库建设，加快金沙江中游龙头水库研究论证，积极推进龙盘水电站建设，提高流域水电质量和开发效益。统筹协调水电开发和电网建设，加快推动配套送出工程建设，完善水电市场消纳协调机制，促进水能资源跨区优化配置，着力解决水电弃水问题。

2、转变观念优化控制中小流域开发。落实生态文明建设要求，统筹全流域、干支流开发与保护工作，按照流域内干流开发优先、支流保护优先的原则，严格控制中小流域、中小水电开发，保留流域必要生境，维护流域生态健康。水能资源丰富、开发潜力大的西部地区重点开发资源集中、环境影响较小的大型河流、重点河段和重大水电基地，严格控制中小水电开发；开发程度较高的东、中部地区原则上不再开发中小水电。弃水严重的四川、云南两省，除水电扶贫工程外，“十三五”暂停小水电和无调节性能的中型水电开发。加强总结中小流域梯级水电站建设管理经验，开展水电开发后评价工作，推行中小流域生态修复。

支持边远缺电离网地区因地制宜、合理适度开发小水电，重点扶持西藏自治区，四川、云南、青海、甘肃四省藏区和少数民族贫困地区小水电扶贫开发工作。“十三五”期间，全国规划新开工小水电500万千瓦左右。

3、加快抽水蓄能发展。坚持“统筹规划、合理布局”的原则，根据各地区核电和新能源开发、区域间电力输送情况及电网安全稳定运行要求，加快抽水蓄能电站建设。抓紧落实规划站点建设条件，加快开工建设一批距离负荷中心近、促进新能源消纳、受端电源支撑的抽水蓄能电站。“十三五”期间新开工抽水蓄能电站约6000万千瓦，抽水蓄能电站装机达到4000万千瓦。做好抽水蓄能规划滚动调整工作，统筹考虑区域电力系统调峰填谷需要、安全稳定运行要求和站址建设条件，开展部分地区抽水蓄能选点规划启动、调整工作，充分论证系统需求，优选确定规划站点。根据发展需要，适时启动新一轮的全国抽水蓄能规划工作。加强关键技术研究，推动建设海水抽水蓄能电站示范项目。积极推进抽水蓄能电站

建设主体多元化，鼓励社会资本投资，加快建立以招标方式确定业主的市场机制。进一步完善抽水蓄能电站运营管理体制和电价形成机制，加快建立抽水蓄能电站辅助服务市场。研究探索抽水蓄能与核能、风能、太阳能等新能源一体化建设运营管理的新模式、新机制。

4、积极完善水电运行管理机制。研究流域梯级电站水库综合管理体制，建立电站运行协调机制。开展流域综合监测工作，建立流域综合监测平台，构建全流域全过程的实时监测、巡视检查、信息共享、监督管理体系。研究流域梯级联合调度体制机制，统筹考虑综合利用需求，优化水电站运行调度。制定梯级水电站联合优化调度运行规程和技术标准，推动主要流域全面实现梯级联合调度。探索各大流域按照现代企业制度组建统一规范的流域公司，逐步推动建立流域统一电价模式和运营管理机制，充分发挥流域梯级水电开发的整体效益。深化抽水蓄能电站作用、效益形成机制及与新能源电站联合优化运行方案和补偿机制研究，实行区域电网内统一优化调度，建立运行考核机制，确保抽水蓄能电站充分发挥功能效用。

5、推动水电开发扶贫工作。贯彻落实中央关于发展生产脱贫一批的精神，积极发挥当地资源优势，充分尊重地方和移民意愿，科学谋划，加快推进贫困地区水电重大项目建设，更好地将资源优势转变为经济优势和扶贫优势。进一步完善水电开发移民政策，理顺移民工作体制机制，加强移民社会管理，提升移民安置质量。探索贫困地区水电开发资产收益扶贫制度，建立完善水电开发群众共享利益机制和资源开发收益分配政策，将从发电中提取的资金优先用于本水库移民和库区后续发展，增加贫困地区年度发电指标，提高贫困地区水电工程留成电量比例。研究完善水电开发财政税收政策，探索资产收益扶贫，让当地和群众从能源资源开发中更多地受益。

（二）全面协调推进风电开发

按照“统筹规划、集散并举、陆海齐进、有效利用”的原则，严格开发建设与市场消纳相统筹，着力推进风电的就地开发和高效利用，积极支持中东部分散风能资源的开发，在消纳市场、送出条件有保障的前提下，有序推进大型风电基地建设，积极稳妥开展海上风电开发建设，完善产业服务体系。到2020年底，全国风电并网装机确保达到2.1亿千瓦以上。

1、加快开发中东部和南方地区风电。加强中东部和南方地区风能资源勘查，提高低风速风电机组技术和微观选址水平，做好环境保护、水土保持和植被恢复等工作，全面推进中东部和南方地区风能资源的开发利用。结合电网布局和农村电网改造升级，完善分散式风电的技术标准和并网服务体系，考虑资源、土地、交通运输以及施工安装等建设条件，按照“因地制宜、就近接入”的原则，推动分散式风电建设。到2020年，中东部和南方地区陆上风电装机规模达到7000万千瓦，江苏省、河南省、湖北省、湖南省、四川省、贵州省等地区风电装机规模均达到500万千瓦以上。

2、有序建设“三北”大型风电基地。在充分挖掘本地风电消纳能力的基础上，借助“三北”地区已开工建设和明确规划的特高压跨省区输电通道，按照“多能互补、协调运行”的原则，统筹风、光、水、火等各类电源，在落实消纳市场的前提下，最大限度地输送可再生能源，扩大风能资源的配置范围，促进风电消纳。在解决现有弃风问题的基础上，结合电力供需变化趋势，逐步扩大“三北”地区风电开发规模，推动“三北”地区风电规模化开发和高效利用。到2020年，“三北”地区风电装机规模确保1.35亿千瓦以上，其中本地消纳新增规模约3500万千瓦。另外，利用跨省跨区通道消纳风电容量4000万千瓦（含存量项目）。

3、积极稳妥推进海上风电开发。开展海上风能资源勘测和评价，完善沿海各省（区、市）海上风电发展规划。快推进已开工海上风电项目建设进度，积极推动后续海上风电项目开工建设，鼓励沿海各省（区、市）和主要开发企业建设海上风电示范项目，带动海上风电产业化进程。完善海上风电开发建设管理政策，加强部门间的协调，规范和精简项目核准手续，完善海上风电价格政策。健全海上风电配套产业服务体系，加强海上风电技术标准、规程规范、设备检测认证、信息监测工作，形成覆盖全产业链的设备制造和开发建设能力。到2020年，海上风电开工建设1000万千瓦，确保建成500万千瓦。

4、切实提高风电消纳能力。加强电网规划和建设，有针对性地对重要送出断面、风电汇集站、枢纽变电站进行补强和增容扩建，完善主网架结构，减少因局部电网送出能力或变电容量不足导致的弃风限电问题。充分挖掘电力系统调峰潜力，提升常规煤电机组和供热机组运行灵活性，鼓励通过技术改造提升煤电机组调峰能力，化解冬季供暖期风电与热电的运行矛盾。结合电力体制改革，取消或缩减煤电发电计划，推进燃气机组、燃煤自备电厂参与调峰。优化风电调度运行管理，建立辅助服务市场，加强需求侧管理和用户响应体系建设，提高风电功率预测精度并加大考核力度，在发电计划中留足风电电量空间，合理安排常规电源开机规模和发电计划，将风电纳入电力平衡和开机组合，鼓励风电等可再生能源机组通过参与市场辅助服务和实时电价竞争等方式，逐步提高系统消纳风电的能力。

（三）推动太阳能多元化利用

按照“技术进步、成本降低、扩大市场、完善体系”的原则，促进光伏发电规模化应用及成本降低，推动太阳能热发电产业化发展，继续推进太阳能热利用在城乡应用。到2020年底，全国太阳能发电并网装机确保实现1.1亿千瓦以上。

1、全面推进分布式光伏和“光伏+”综合利用工程。继续支持在已建成且具备条件的工业园区、经济开发区等用电集中区域规模化推广屋顶光伏发电系统；积极鼓励在电力负荷大、工商业基础好的中东部城市和工业区周边，按照就近利用的原则建设光伏电站项目；结合土地综合利用，依托农业种植、渔业养殖、林业栽培等，因地制宜创新各类“光伏+”综合利用商业模式，促进光伏与其他产业有机融合；创新光伏的分布利用模式，在中东部等有条件的地区，开展“人人1千瓦光伏”示范工程，建设光伏小镇和光伏新村。

2、有序推进大型光伏电站建设。在资源条件好、具备接入电网条件、消纳能力强的中西部地区，在有效解决已有弃光问题的前提下，有序推进光伏电站建设。积极支持在中东部地区，结合环境治理和土地再利用要求，实施光伏“领跑者”计划，促进先进光伏技术和产品应用，加快市场优胜劣汰和光伏上网电价快速下降。在水电资源丰富的地区，利用水电调节能力开展水光互补或联合外送示范。

3、因地制宜推进太阳能热发电示范工程建设。按照总体规划、分步实施的思路，积极推进太阳能热发电产业进程。太阳能热发电先期发展以示范为主，通过首批太阳能热发电示范工程建设，促进技术进步和规模化发展，带动设备国产化，逐步培育形成产业集成能力。按照先示范后推广的发展原则，及时总结示范项目建设经验，扩大热发电项目市场规模，推动西部资源条件好、具备消纳条件、生态条件允许地区的太阳能热发电基地建设，充分发挥太阳能热发电的调峰作用，实现与风电、光伏的互补运行。尝试煤电耦合太阳能热发电示范的运行机制。提高太阳能热发电设备技术水平和系统设计能力，提升系统集成能力和产业配套能力，形成我国自主化的太阳能热发电技术和产业体系。到2020年，力争建成太阳能热发电项目500万千瓦。

4、大力推广太阳能热利用的多元化发展。持续扩大太阳能热利用在城乡的普及应用，积极推进太阳能供暖、制冷技术发展，实现太阳能热水、采暖、制冷系统的规模化利用，促进太阳能与其他能源的互补应用。继续在城镇民用建筑以及广大农村地区普及太阳能热水系统，到2020年，太阳能热水系统累计安装面积达到4.5亿平方米。加快太阳能供暖、制冷系统在建筑领域的应用，扩大太阳能热利用技术在工农业生产领域的应用规模。到2020年，太阳能热利用集热面积达到8亿平方米。

5、积极推进光伏扶贫工程。充分利用太阳能资源分布广的特点，重点在前期开展试点的、光照条件好的建档立卡贫困村，以资产收益扶贫和整村推进的方式，建设户用光伏发电系统或村级大型光伏电站，保障280万建档立卡无劳动能力贫困户（包括残疾人）每年每户增加收入3000元以上；其他光照条件好的贫困地区可按照精准扶贫的要求，因地制宜推进光伏扶贫工程。

（四）加快发展生物质能

按照因地制宜、统筹兼顾、综合利用、提高效率的思路，建立健全资源收集、加工转化、就近利用的分布式生产消费体系，加快生物天然气、生物质能供热等非电利用的产业化发展步伐，提高生物质能利用效率和效益。

1、加快生物天然气示范和产业化发展。选择有机废弃物资源丰富的种植养殖大县，以县为单位建立产业体系，开展生物天然气示范县建设，推进生物天然气技术进步和工程建设现代化。建立原料收集保障和沼液沼渣有机肥利用体系，建立生物天然气输配体系，形成并入常规天然气管网、车辆加气、发电、锅炉燃料等多元化消费模式。到2020年，生物天然气年产量达到80亿立方米，建设160个生物天然气示范县。

2、积极发展生物质能供热。结合用热需求对已投运生物质纯发电项目进行供热改造，提高生物质能利用效率，积极推进生物质热电联产为县城及工业园区供热，形成20个以上以生物质热电联产为主的县城供热区域。加快发展技术成熟的生物质成型燃料供热，推动20蒸吨/小时（14MW）以上大型先进低排放生物质成型燃料锅炉供热的应用，污染

物排放达到天然气锅炉排放水平，在长三角、珠三角、京津冀鲁等地区工业供热和民用采暖领域推广应用，为工业生产和学校、医院、宾馆、写字楼等公共设施和商业设施提供清洁可再生能源，形成一批生物质清洁供热占优势比重的供热区域。到2020年，生物质成型燃料利用量达到3000万吨。

3、稳步发展生物质发电。在做好选址和落实环保措施的前提下，结合新型城镇化建设进程，重点在具备资源条件的地级市及部分县城，稳步发展城镇生活垃圾焚烧发电，到2020年，城镇生活垃圾焚烧发电装机达到750万千瓦。根据生物质资源条件，有序发展农林生物质直燃发电和沼气发电，到2020年，农林生物质直燃发电装机达到700万千瓦，沼气发电达到50万千瓦。到2020年，生物质发电总装机达到1500万千瓦，年发电量超过900亿千瓦时。

4、推进生物液体燃料产业化发展。稳步扩大燃料乙醇生产和消费。立足国内自有技术力量，积极引进、消化、吸收国外先进经验，大力发展纤维乙醇。结合陈次和重金属污染粮消纳，控制总量发展粮食燃料乙醇。根据资源条件，适度发展木薯、甜高粱等燃料乙醇项目。对生物柴油项目进行升级改造，提升产品质量，满足交通燃料品质需要。加快木质生物质、微藻等非粮原料多联产生物液体燃料技术创新。推进生物质转化合成高品位燃油和生物航空燃料产业化示范应用。到2020年，生物液体燃料年利用量达到600万吨以上。

5、完善促进生物质能发展的政策体系。加强废弃物综合利用，保护生态环境。制定生物天然气、液体燃料优先利用的政策，建立无歧视无障碍并入管网机制，研究建立强制配额机制。完善支持生物质能发展的价格、财税等优惠政策，研究出台生物天然气产品补贴政策，加快生物天然气产业化发展步伐。

（五）加快地热能开发利用

坚持“清洁、高效、可持续”的原则，按照“技术先进、环境友好、经济可行”的总体要求，加快地热能开发利用，加强全过程管理，创新开发利用模式，全面促进地热能资源的合理有效利用。

1、积极推广地热能热利用。加强地热能开发利用规划与城市总体规划的衔接，将地热供暖纳入城镇基础设施建设，在用地、用电、财税、价格等方面给予地热能开发利用政策扶持。在实施区域集中供暖且地热资源丰富的京津冀鲁豫及毗邻区，在严格控制地下水资源过度开采的前提下，大力推动中深层地热供暖重大项目建设。加大浅层地热能开发利用的推广力度，积极推动技术进步，进一步规范管理，重点在经济发达、夏季制冷需求高的长江经济带地区，特别是苏南地区城市群、重庆、上海、武汉等地区，整体推进浅层地热能重大项目。

2、有序推进地热发电。综合考虑地质条件、资源潜力及应用方式，在青藏铁路沿线、西藏、四川西部等高温地热资源分布地区，新建若干万千瓦级高温地热发电项目，对西藏羊八井地热电站进行技术升级改造。在东部沿海及油田等中低温地热资源富集地区，因地制宜发展中小型分布式中低温地热发电项目。支持在青藏高原及邻区、京津唐等东部经济发达地区开展深层高温干热岩发电系统关键技术研究和项目示范。

3、加大地热资源潜力勘察和评价。到2020年，基本查清全国地热能资源情况和分布特点，重点在华北地区、长江中下游地区主要城市群及中心城镇开展浅层地热能资源勘探评价，在松辽盆地、河淮盆地、江汉盆地、环鄂尔多斯盆地等未来具有开发前景且勘察程度不高的典型传导型地热区开展中深层地热资源勘察工作，在青藏高原及邻区、东南沿海、河北等典型高温地热系统开展深层地热资源勘察。建立国家地热能资源数据和信息服务体系，完善地热能基础信息数据库，对地热能勘察和开发利用进行系统监测。

（六）推进海洋能发电技术示范应用

结合我国海洋能资源分布及地方区位优势，妥善协调海岸和海岛资源开发利用方案，因地制宜开展海洋能开发利用，使我国海洋能技术和产业迈向国际领先水平。完善海洋能开发利用公共支撑服务平台建设，初步建成山东、浙江、广东、海南等四大重点区域的海洋能示范基地。加强海洋能综合利用技术研发，重点支持百千瓦级波浪能、兆瓦级潮流能示范工程建设，开展小型化、模块化海洋能的能源供给系统研发，争取突破高效转换、高效储能、高可靠设计等瓶颈，形成若干个具备推广应用价值的海洋能综合利用装备产品。开展海岛（礁）海洋能独立电力系统

示范工程建设；在浙江、福建等地区启动万千瓦级潮汐能电站建设，为规模化开发海洋能资源奠定基础。

（七）推动储能技术示范应用

配合国家能源战略行动计划，推动储能技术在可再生能源领域的示范应用，实现储能产业在市场规模、应用领域和核心技术等方面的突破。

1、开展可再生能源领域储能示范应用。结合可再生能源发电、分布式能源、新能源微电网等项目开发和建设，开展综合性储能技术应用示范，通过各种类型储能技术与风电、太阳能等间歇性可再生能源的系统集成和互补利用，提高可再生能源系统的稳定性和电网友好性。重点探索适合可再生能源发展的储能技术类型和开发模式，探索开展储能设施建设的管理体制、激励政策和商业模式。

2、提升可再生能源领域储能技术的技术经济性。通过示范工程建设培育稳定的可再生能源领域储能市场，重点提升储能系统的安全性、稳定性、可靠性和适用性，逐步完善储能技术标准、检测认证和入网规范，通过下游应用带动上游产品技术创新和成本下降，推动实现储能技术在可再生能源领域的商业化应用。

（八）加强可再生能源产业国际合作

结合经济全球化及国际能源转型趋势，充分发挥我国可再生能源产业比较优势，紧密结合“一带一路”倡议，推进可再生能源产业链全面国际化发展，提升我国可再生能源产业国际竞争水平，积极参与并推动全球能源转型。

1、加强对话，搭建国际合作交流服务平台。继续加强与重要国际组织及国家间的政策对话和技术合作，充分掌握国际可再生能源发展趋势。整合已有的多边和双边合作机制，建立可再生能源产业国际合作服务和能力建设平台，提供政策对接、规划引领、技术交流、融资互动、风险预警、品牌建设、经验分享等全方位信息和对接服务，有效支撑我国可再生能源产业的国际化发展。

2、合理布局，参与全球可再生能源市场。紧密结合“一带一路”沿线国家发展规划和建设需求，巩固和深耕传统市场，培养和开拓新兴市场，适时启动一批标志性合作项目，带动可再生能源领域的咨询、设计、承包、装备、运营等企业共同走出去，形成我国企业优势互补、协同国际化发展的良好局面。

3、提升水平，参与国际标准体系建设。支持企业和相关机构积极参与国际标准的制修订工作，在领先领域主导制修订一批国际标准，提升我国可再生能源产业的技术水平。加大与主要可再生能源市场开展技术标准的交流合作与互认力度，积极运用国际多边互认机制，深度参与国际电工委员会可再生能源认证互认体系（IECRE）合格评定标准、规则的制定、实施和评估，提升我国在国际认证、认可、检测等领域的话语权。

4、发挥优势，推动全球能源转型发展。充分发挥我国各类援外合作机制的支持条件，共享我国在可再生能源应用领域的政策规划和技术开发经验，为参与全球能源转型的国家，特别是经济技术相对落后的发展中国家，提供能力建设、政策规划等帮助和支持。

五、优化资源配置

充分利用规划、在建和已建输电通道，在科学论证送端电网调峰能力、受端电网可再生能源消纳能力的基础上，尽量提高输送电量中可再生能源电量比例。结合大气污染防治，促进京津冀周边地区可再生能源协同发展，有序推动可再生能源跨省消纳。发挥水电、光热等可再生能源调节能力，促进水电、风电、光伏、光热等可再生能源多能互补和联合外送。

（一）有序推进大型可再生能源基地建设借助已建的特高压外送输电通道，加快新疆哈密、宁夏宁东等地区配套的可再生能源项目建设，确保2020年前可再生能源项目全部并网发电。结合在建输电通道的建设进度，有序推进甘肃酒泉、内蒙古、山西、新疆准东等可再生能源项目建设，有效扩大消纳范围，最大限度的提高外送可再生能源电量比重。

（二）加强京津冀及周边地区可再生能源协同发展

贯彻落实《大气污染防治行动计划》有关要求，结合“绿色奥运”、“京津冀一体化”发展战略等，积极推进河北张家口、承德等地区可再生能源基地建设，研究论证并适时推动内蒙古乌兰察布、赤峰等地区可再生能源基地规划建设，加强配套输电通道的规划建设，提高京津冀地区电网协同消纳新能源能力，推广普及可再生能源清洁供暖，实现清洁能源电能替代，显著提高可再生能源在京津冀地区能源消费中的比重。

（三）开展水风光互补基地示范

利用水风光发电出力的互补特性，在不增加弃水的前提下，在西南和西北等水能资源丰富的地区，借助水电站外送通道和灵活调节能力，建设配套的风电和光伏发电项目，协同推进水风光互补示范项目建设。重点推进四川省凉山州风水互补基地、雅砻江水风光互补基地、金沙江水风光互补基地、贵州省乌江和北盘江流域风水联合运行、青海海南州水风光互补基地等可再生能源基地建设。

（四）论证风光热综合新能源基地规划

在风能、太阳能资源富集地区，统筹考虑送端地区风电、光伏、光热、抽水蓄能等各类资源互补调节能力，研究规划新增外送输电通道，统筹送端资源和受端市场，充分发挥受端调节作用，实现高品质新能源资源在更大范围内的优化配置。研究探索内蒙古阿拉善盟、青海海西州、甘肃金昌武威等地区以可再生能源电量为主的外送方案。

六、创新发展方式

结合电力市场建设和电力体制改革，选择适宜地区开展各类可再生能源示范，探索可再生能源集成技术应用、规模化发展路径及商业运营模式，为加快推动可再生能源利用、替代化石能源消费打下坚实基础。

（一）可再生能源供热示范工程

按照“优先利用、经济高效、多能互补、综合集成”的原则，开展规模化应用的可再生能源供热示范工程。在城镇规划建设过程中，做好区域能源规划与城市发展规划的衔接，树立优先发展可再生能源的理念，将可再生能源供热作为区域能源规划的重要内容。推进建筑领域、工业领域可再生能源供热，启动生物质替代城镇燃料工程，加快供热领域各类可再生能源对化石能源的替代。统筹规划建设和改造热力供应的基础设施，加强配套电网建设与改造，优化设计供热管网，建立可再生能源与传统能源协同互补、梯级利用的综合热能供应体系。到2020年，各类可再生能源供热和民用燃料总计可替代化石能源约1.5亿吨标准煤。

（二）区域能源转型示范工程

在继续做好绿色能源示范县、新能源示范城市等工作基础上，支持资源条件好、管理有基础、发展潜力大、示范作用显著的地区，以推进新能源应用、显著提高新能源消费比重为目标，以省级、市级、县级或园区级为单位，开展区域能源转型综合应用示范工程建设，促进新能源技术集成、应用方式和体制机制等多层面的创新，探索建立以可再生能源为主的能源技术应用和综合管理新体系。在“三北”地区开展就近消纳试点，发展与可再生能源配套的高载能工业，探索风电制氢、工业直供电等新型可再生能源开发利用模式。争取到2020年，在一些地区工业、建筑、交通等领域增量或存量的能源消费中，率先实现高比例可再生能源应用。

（三）新能源微电网应用示范工程

为探索建立容纳高比例波动性可再生能源电力的发输（配）储用一体化的局域电力系统，探索电力能源服务的新型商业运营模式和新业态，推动更加具有活力的电力市场化创新发展，最终形成较为完善的新能源微电网技术体系和管理体制，按照“因地制宜、多能互补、技术先进、创新机制”的原则，推进以可再生能源为主、分布式电源多元互补的新能源微电网应用示范工程建设。

七、完善产业体系

逐步完善可再生能源产业体系建设，坚持将科技创新驱动作为促进可再生能源产业持续健康发展的基本动力，不断提高可再生能源利用效率，提升可再生能源使用品质，降低可再生能源项目建设和运行成本，增强可再生能源的技术经济综合竞争力。

（一）加强可再生能源资源勘查工作

根据能源结构调整需要，对重要地区的可再生能源资源量进行调查评价，适时启动河流水能资源开发后评价工作。全面完成西藏水能资源调查，组织发布四川水力资源复查成果。加大中东部和南方复杂地形区域的低风速风能资源、海域风能资源评价。加大中东部地区分布式光伏、西部和北部地区光热等资源勘查。加强地热能、生物质能、海洋能等新型可再生能源资源勘查工作。及时公布各类可再生能源资源勘查结果，引导和优化项目投资布局。

（二）加快推动可再生能源技术创新

推动可再生能源产业自主创新能力建设，促进技术进步，提高设备效率、性能与可靠性，提升国际竞争力。建设可再生能源综合技术研发平台，建立先进技术公共研发实验室，推动全产业链的原材料、产品制备技术、生产工艺及生产装备国产化水平提升，加快掌握关键技术的研发和设备制造能力。充分发挥企业的研发创新主体作用，加大资金投入，推动产业技术升级，加快推动风电、太阳能发电等可再生能源发电成本的快速下降。

（三）建立可再生能源质量监督管理体系

开展可再生能源电站主体工程及相关设备质量综合评价，定期公开可再生能源电站开发建设和运行安全质量情况。加强可再生能源电站运行数据采集和监控，建立透明公开的覆盖设计、生产、运行全过程的质量监督管理和安全故障预警机制。建立可再生能源行业事故通报机制，及时发布重大事故通报和共性事故的反事故措施。建立政府监管和行业自律相结合的优胜劣汰市场机制，构建公平、公正、开放的招投标市场环境和可再生能源开发建设不良行为负面清单制度。

（四）提高可再生能源运行管理的技术水平积极推动可再生能源项目的自动化管理水平和技术改造，提高发电能力和对电网的适应性。逐步完善施工、检修、

运维等环节的专业化服务，加强后服务市场建设，建立较为完善的产业服务和技术支持体系。大力推动风电、光伏等新能源并网消纳技术研究，重点推动电储能、柔性直流输电等高新技术的示范应用，推动能源结构调整，加强调峰能力建设，挖掘调峰潜力，提高电力系统灵活性。完善电网结构，优化调度运行，加强新能源外送通道的规划建设，提高外送通道利用率，逐步建立可再生能源大规模融入电力系统的新型电力运行机制，实现可再生能源与现有能源系统的深度融合。

（五）完善可再生能源标准检测认证体系

加强可再生能源标准体系的协调发展，形成覆盖资源勘测、工程规划、项目设计、装备制造、检测认证、施工建设、接入电网、运行维护等各环节的可再生能源标准体系。鼓励有关科研院校和企业积极参与可再生能源相关标准的编制修订工作，推进标准体系与国际接轨。支持检测机构能力建设，加强设备检测和认证平台建设，合理布局

可再生能源发电装备产品检测试验中心。提升认证机构业务水平，加快推动可再生能源产业信用体系建设，规范可再生能源发电装备市场秩序。推进认证结果国际互认，为我国可再生能源装备企业参与全球市场提供支持。

（六）提升可再生能源信息化管理水平

建设产业公共服务平台，全面实行可再生能源行业信息化管理，建立和完善全国可再生能源发电项目信息管理平台，全面、系统、及时、准确监测和发布可再生能源发电项目建设和运行信息，为可再生能源行业管理和政策决策提供支撑。充分运用大数据、“互联网+”等先进理念、技术和资源，建设项目全生命周期信息化管理体系，建设可再生能源发电实证系统、测试系统和数据中心，为产业提供全方位的数据和信息监测服务。

八、保障措施为落实可再生能源发展的主要任务，实现可再生能源发展目标，采取以下保障措施：

（一）建立可再生能源开发利用目标导向的管理体系

落实《可再生能源法》的要求，按照可再生能源发展规划目标，确定规划期内各地区一次能源消费总量中可再生能源消费比重指标，以及全社会电力消费量中可再生能源电力消费比重指标。抓紧研究有利于可再生能源大规模并网的电力运行机制及技术支撑方案，建立以可再生能源利用指标为导向的能源发展指标考核体系，完善国家及省级间协调机制，按年度分解落实，并对各省（区、市）、电网公司和发电企业可再生能源开发利用情况进行监测，及时向全社会发布并进行考核，以此作为衡量能源转型的基本标准以及推动能源生产和消费革命的重要措施。各级地方政府要按照国家规划要求，制定本地区可再生能源发展规划，并将主要目标和任务纳入地方国民经济和社会发展规划。

（二）贯彻落实可再生能源发电全额保障性收购制度

根据电力体制改革的总体部署，落实可再生能源全额保障性收购制度，按照《可再生能源发电全额保障性收购管理办法》要求，严格执行国家明确的风电、光伏发电的年度保障小时数。加大改革创新力度，推进适应可再生能源特点的电力市场体制机制改革示范，逐步建立新型电力运行机制和电价形成机制，积极探索多部制电价机制。建立煤电调频调峰补偿机制，建立辅助服务市场，激励市场各方提供辅助服务，建立灵活的电力市场机制，实现与常规能源系统的深度融合。

（三）建立可再生能源绿色证书交易机制

根据非化石能源消费比重目标和可再生能源开发利用目标的要求，建立全国统一的可再生能源绿色证书交易机制，进一步完善新能源电力的补贴机制。通过设定燃煤发电机组及售电企业的非水电可再生能源配额指标，要求市场主

体通过购买绿色证书完成可再生能源配额义务，通过绿色证书市场化交易补偿新能源发电的环境效益和社会效益，逐步将现行差价补贴模式转变为定额补贴与绿色证书收入相结合的新型机制，同时与碳交易市场相对接，降低可再生能源电力的财政资金补贴强度，为最终取消财政资金补贴创造条件。

（四）加强可再生能源监管工作

贯彻落实国务院关于转变职能、简政放权的有关要求，确保权力与责任同步下放、调控与监管同步加强。强化规划、年度计划、部门规章规范性文件和国家标准的指导作用，充分发挥行业监管部门的监管和行业协会的自律作用，打造法规健全、监管闭合、运转高效的管理体制。完善行业信息监

测体系，健全产业风险预警防控体系和应急预案机制，完善考核惩罚机制。开展水电流域梯级联合调度运行和综合监测工作，进一步完善新能源项目信息管理，建立覆盖全产业链的信息管理体系，实行重大质量问题和事故报告制度。定期开展可再生能源消纳、补贴资金征收和发放、项目建设进度和工程质量、项目并网接入等专项监管工作。

九、投资估算和环境社会影响分析

（一）投资情况

到2020年，水电新增装机约6000万千瓦，新增投资约5000亿元，新增风电装机约8000千瓦，新增投资约7000亿元，新增各类太阳能发电装机投资约1万亿元。加上生物质发电投资、太阳能热水器、沼气、地热能利用等，“十三五”期间可再生能源新增投资约2.5万亿元。

（二）环境社会影响分析

可再生能源开发利用可替代大量化石能源消耗、减少温室气体和污染物排放、显著增加新的就业岗位，对环境和社会发展起到重要且积极作用。

水电、风电、太阳能发电、太阳能热利用在能源生产过程中不排放污染物和温室气体，而且可显著减少各类化石能源消耗，同时降低煤炭开采的生态破坏和燃煤发电的水资源消耗。农林生物质从生长到最终利用的全生命周期内不增加二氧化碳排放，生物质发电排放的二氧化硫、氮氧化物和烟尘等污染物也远少于燃煤发电。

2020年，全国可再生能源年利用量折合7.3亿吨标准煤，其中商品化可再生能源利用量5.8亿吨标准煤。届时可再生能源年利用量相当于减少二氧化碳排放量约14亿吨，减少二氧化硫排放量约1000万吨，减少氮氧化物排放约430万吨，减少烟尘排放约580万吨，年节约用水约38亿立方米，环境效益显著。

可再生能源产业涉及领域广，可有力带动相关产业发展，可大幅增加新增就业岗位，也是实现脱贫攻坚的重要

措施，对宏观经济发展产生积极影响，更是实现经济发展方式转变的重要推动力。2020年，全国可再生能源部门就业人数超过1300万，其中“十三五”时期新增就业人数超过300万。

煤炭工业发展“十三五”规划（节录）

（发改能源〔2016〕2714号国家发展改革委国家能源局2016年12月22日印发）

第二章　指导方针和目标

一、指导思想

全面贯彻党的十八大和十八届三中、四中、五中、六中全会精神，深入贯彻习近平总书记系列重要讲话精神，统筹推进“五位一体”总体布局和协调推进“四个全面”战略布局，牢固树立创新、协调、绿色、开放、共享的发展理念，适应把握引领经济发展新常态，遵循“四个革命，一个合作”的能源发展战略思想，以提高发展的质量和效益为中心，以供给侧结构性改革为主线，坚持市场在资源配置中的决定性作用，着力化解煤炭过剩产能，着力调整产业结构和优化布局，着力推进清洁高效低碳发展，着力加强科技创新，着力深化体制机制改革，努力建设集约、安全、高效、绿色的现代煤炭工业体系，实现煤炭工业由大到强的历史跨越。

三、主要目标

到2020年，煤炭开发布局科学合理，供需基本平衡，大型煤炭基地、大型骨干企业集团、大型现代化煤矿主体地位更加突出，生产效率和企业效益明显提高，安全生产形势根本好转，安全绿色开发和清洁高效利用水平显著提升，职工生活质量改善，国际合作迈上新台阶，煤炭治理体系和治理能力实现现代化，基本建成集约、安全、高效、绿色的现代煤炭工业体系。

——集约：化解淘汰过剩落后产能8亿吨/年左右，通过减量置换和优化布局增加先进产能5亿吨/年左右，到2020年，煤炭产量39亿吨。煤炭生产结构优化，煤矿数量控制在6000处左右，120万吨/年及以上大型煤矿产量占80%以上，30万吨/年及以下小型煤矿产量占10%以下。煤炭生产开发进一步向大型煤炭基地集中，大型煤炭基地产量占95%以上。产业集中度进一步提高，煤炭企业数量3000家以内，5000万吨级以上大型企业产量占60%以上。

——安全：煤矿安全生产长效机制进一步健全，安全保障能力显著提高，重特大事故得到有效遏制，煤矿事故死亡人数下降15%以上，百万吨死亡率下降15%以上。煤矿职业病危害防治取得明显进展，煤矿职工健康状况显著改善。

——高效：煤矿采煤机械化程度达到85%，掘进机械化程度达到65%。科技创新对行业发展贡献率进一步提高，煤矿信息化、智能化建设取得新进展，建成一批先进高效的智慧煤矿。煤炭企业生产效率大幅提升，全员劳动工效达到1300吨/人•年以上。

——绿色：生态文明矿区建设取得积极进展，最大程度减轻煤炭生产开发对环境的影响。资源综合利用水平提升，煤层气(煤矿瓦斯)产量240亿立方米，利用量160亿立方米;煤矸石综合利用率75%左右，矿井水利用率80%左右，土地复垦率60%左右。原煤入选率75%以上，煤炭产品质量显著提高，清洁煤电加快发展，煤炭深加工产业示范取得积极进展，煤炭清洁利用水平迈上新台阶。

第五章推进煤炭清洁生产

牢固树立绿色发展理念，推行煤炭绿色开采，发展煤炭洗选加工，发展矿区循环经济，加强矿区生态环境治理，推动煤炭供给革命。

一、推行煤炭绿色开采

研究制定矿区生态文明建设指导意见，建立清洁生产评价体系，建设一批生态文明示范矿区。在煤矿设计、建设、生产等环节，严格执行环保标准，采用先进环保理念和技术装备，减轻对生态环境影响。以煤矿掘进工作面和采煤工作面为重点，实施粉尘综合治理，降低粉尘排放。因地制宜推广充填开采、保水开采、煤与瓦斯共采、矸石不升井等绿色开采技术。限制开发高硫、高灰、高砷、高氟等对生态环境影响较大的煤炭资源。加强生产煤矿回采率管理，对特殊和稀缺煤类实行保护性开发。

二、发展煤炭洗选加工

大中型煤矿应配套建设选煤厂或中心选煤厂，加快现有煤矿选煤设施升级改造，提高原煤入选比重。推进千万吨级先进洗选技术装备研发应用，降低洗选过程中的能耗、介耗和污染物排放。大力发展高精度煤炭洗选加工，实现煤炭深度提质和分质分级。鼓励井下选煤厂示范工程建设，发展井下排矸技术。支持开展选煤厂专业化运营维护，提升选煤厂整体效率，降低运营成本。

三、发展矿区循环经济

以经济效益、社会效益、生态效益协同提高为目标，促进煤炭与共伴生资源的综合开发与循环利用。坚持统一规划和集中高效管理，统筹矿区综合利用项目及相关产业建设布局，提升循环经济园区建设水平。支持煤炭企业按等容量置换原则建设洗矸煤泥综合利用电厂，发挥综合利用发电在废弃物消纳处置、矿区供热、供暖、供冷等方面作用。发展煤矸石和粉煤灰制建材，提高煤矸石新型建材的市场竞争力。推进矿井排水产业化利用，提高矿井水资源利用率和利用水平。加强科研创新，探索与煤共伴生的铝、镓、锗等资源利用价值。

四、加强矿区生态环境治理

按照不欠新账、快还旧账的原则，全面推进矿区损毁土地复垦和植被恢复。推进采煤沉陷区综合治理，探索利用采煤沉陷区、废弃煤矿工业场地及周边地区，发展风电、光伏、现代农业、林业等产业。加强统筹规划和资金支持，推进新疆等地区煤田火区治理。构建政府主导、政策扶持、社会参与、开发式治理、市场化运作的治理新模式，加大历史遗留矿山地质环境问题治理力度。

第六章　促进煤炭清洁高效利用

按照“清洁、低碳、高效、集中”的原则，加强商品煤质量管理，推进重点耗煤行业节能减排，推进煤炭深加工产业示范，加强散煤综合治理，推动煤炭消费革命。

一、加强商品煤质量管理

完善商品煤标准体系，制定修订民用煤炭产品等标准，严格限制硫分、灰分、有害元素等指标，鼓励煤炭生产、加工、经营、使用企业制定更严格的商品煤质量企业标准。健全商品煤质量监管体系，强化对商品煤质量监管，重点加强流通环节煤炭质量跟踪监测和管理，限制劣质煤炭销售和使用。推动企业建立商品煤质量保证制度和验收制度，建立商品煤质量档案。

二、推进重点耗煤行业节能减排

发展清洁高效煤电，提高电煤在煤炭消费中的比重。采用先进高效脱硫、脱硝、除尘技术，全面实施燃煤电厂超低排放和节能改造，加大能耗高、污染重煤电机组改造和淘汰力度。坚持“以热定电”，鼓励发展能效高、污染少的背压式热电联产机组。严格执行钢铁、建材等耗煤行业能耗、环保标准，加强节能环保改造，强化污染物排放监控。推进煤炭分质分级梯级利用，鼓励煤-化-电-热一体化发展，提升能源转换效率和资源综合利用率。

三、推进煤炭深加工产业示范

改造提升传统煤化工产业，在煤焦化、煤制合成氨、电石等领域进一步推动上大压小，淘汰落后产能。以国家能源战略技术储备和产能储备为重点，在水资源有保障、生态环境可承受的地区，开展煤制油、煤制天然气、低阶煤分质利用、煤制化学品、煤炭和石油综合利用等五类模式以及通用技术装备的升级示范，加强先进技术攻关和产业化，提升煤炭转化效率、经济效益和环保水平，发挥煤炭的原料功能。

四、加强散煤综合治理

在大气污染防治重点地区实施煤炭消费减量替代。加强散煤使用管理，积极推广优质无烟煤、型煤、兰炭等洁净煤，在民用煤炭消费集中地区建设洁净煤配送中心，完善洁净煤供应网络。完善民用炉具能效限定值及能效等级标准。全面整治无污染物治理设施和不能实现达标排放的燃煤锅炉，加快淘汰低效层燃锅炉，推广高效煤粉工业锅炉。鼓励发展集中供热，逐步替代分散燃煤锅炉。推广先进适用的工业炉窑余热、余能回收利用技术，实现余热、余能高效回收及梯级利用。

“十三五”全民节能行动计划

（发改环资[2016]2705号国家发展改革委科技部工业和信息化部财政部等12部委局2016年12月23日印发）

按照十八届五中全会和“十三五”规划《纲要》要求，为切实贯彻落实节能优先战略，把节能贯穿于经济社会发展全过程和各领域，形成党政机关及公共机构率先垂范、企业积极行动、公众广泛参与的全民节能氛围，推动能源生产和消费革命，大幅提高能源资源开发利用效率，有效控制能源消耗总量，确保完成“十三五”单位国内生产总值能耗降低15%、2020年能源消费总量控制在50亿吨标准煤以内的目标任务，加快建设能源节约型社会，促进生态文明建设，推进绿色发展，特制定本行动计划。

一、节能产品推广行动

用能产品是能源消费的重要载体。提高用能产品能效，加快高效节能产品推广，提高节能产品市场占有率，有利于减少能源消费，降低用能成本，引导产业转型升级，促进节能环保产业发展。行动内容包括：

（一）高效节能产品倍增行动。建立节能产品消费积分制度，鼓励大型超市、龙头电商开辟节能产品销售专区，集中推进节能产品进家庭、节能设备进企业，通过强化认证标识等方式，引导消费者和企业选购高效节能产品和设备。发展节能电子商务、体验馆、博览（展示馆）等新业态，实现线上线下共同发展，重点推广高效节能家电、灶具、热水器、LED照明产品等家庭用能产品，及高效节能电机、工业锅炉等工业用能设备，2020年主要节能产品和设备销售量比2015年翻一番。

（二）用能产品能效领跑者引领行动。选择量大面广、节能潜力大、基础条件好的变频空调、电冰箱、滚筒洗衣机、平板电视、空气净化器等家电产品、办公设备、商用设备、照明产品、工业设备以及交通运输工具等用能产品，实施能效领跑者引领行动。国家鼓励支持能效领跑产品的技术研发、宣传和推广。建立能效领跑产品指标的标准转化机制，根据具体产品的节能技术发展情况，明确领跑产品能效水平转化为产品能效强制性国家标准的时间表，倒逼产品制造企业加快提升技术水平。

（三）完善节能产品推广政策机制。健全节能产品认证制度，引导消费者购买高效节能产品。强化能效标识管理制度，扩大实施范围，实现主要终端用能产品全覆盖，严厉打击能效虚标行为。完善政府强制采购和优先采购制度，推行政府绿色采购，提高采购节能产品的能效水平，扩大政府采购节能产品范围。建立节能产品、技术和装备的绿色招投标制度。完善《节能节水专用设备企业所得税优惠目录》，进一步落实节能节水专用设备投资抵免企业所得税优惠政策。

二、重点用能单位能效提升行动

重点用能单位是我国能源消费的主体，占全国能源消费总量的60%以上，重点用能单位的节能成效，决定了全社会节能工作的成效。把提升重点用能单位的能效水平作为实现能源消耗总量和强度“双控”目标的“牛鼻子”，“十三五”重点用能单位实现节能2.5亿吨标准煤。行动内容包括：

（一）重点用能单位“百千万”行动。对重点用能单位实行3属地管理基础上的分级监管，落实各级节能主管部门监督管理责任，严格考核问责。全国能耗最高的一百家企业（集团）纳入中央政府重点监督管理范围，能耗较高的一千家重点用能单位纳入省级政府重点监督管理范围，其他重点用能单位（约1.6万家）由各市（区、县）负责节能监督管理。

（二）重点用能单位节能自愿承诺活动。鼓励重点用能单位在完成国家能源消费总量控制和节能量目标要求基础上，自愿追求更高能效并向政府管理节能工作的部门作出承诺。实施重点用能单位综合能效提升工程，支持500家自愿承诺的重点用能单位实施能效综合提升改造，推动用能管理水平和能源利用效率达到国际先进水平。

（三）提升重点用能单位节能管理水平。推动用能单位加强全过程和各环节用能管理，促进节能管理持续改进，节能技术持续进步，能效指标持续提升。加快推进重点用能单位能源管理体系建设，到2020年全部重点用能单位基本完成能源管理体系建设。落实能源管理岗位和能源管理负责人制度，强化能源计量器具配备与智能化升级，加强能耗在线计量分析，严格能源利用状况报告制度，推广能耗在线监测系统。鼓励重点用能单位把能源节约作为降低运行成本、提高竞争力的重要途径。鼓励重点用能单位利用第三方认证提升能源管理水平和绩效，推动各方采信认证结果。

三、工业能效赶超行动

工业能源消费是我国能源消费的重点领域，通过全面落实《中国制造2025》，推动工业绿色转型升级，全面提高工业能源4利用效率和清洁化水平，“十三五”时期规模以上单位工业增加值能耗降低18%，力争2020年工业能源消费达到峰值，电力、钢铁、建材、石化、化工、有色、煤炭、纺织、造纸等重点耗能行业能效水平达到国际先进水平。行动内容包括：

（一）推动工业结构优化升级。加快发展先进制造业等高附加值产业，培育战略性新兴产业等新的经济增长点，合理规划产业和地区布局，推动工业发展逐步从资源、劳动密集型向资本、技术密集型转变。有效化解过剩产能，严格节能审查，严控高耗能行业产能扩张。加强工业领域节能监察，组织实施国家重大工业节能专项监察，强化能耗执法，依法淘汰落后的生产工艺、技术和设备。探索从全生命周期推动工业节能，不断优化工业产品结构，推进产品生态设计，推广复合材料和高强度材料，减少生产过程中初级原材料投入和能源消耗，积极开发高附加值、低消耗、低排放产品。

（二）大力推进工业能效提升。贯彻强制性单位产品能耗限额标准，在电解铝、水泥等行业落实阶梯电价和差别电价相关价格政策，定期开展能源审计、能效诊断，发掘节能潜力。加强工业能源管理信息化建设，进一步提升钢铁、建材、石化、化工、有色、轻工等行业能源管理信息化、智能化水平，推进新一代信息技术与制造技术融合发展，把智能制造作为信息化和工业化融合主攻方向，用互联网+、云计算、大数据、工业机器人、智能制造等手段，提升工业生产效率，降低工业能耗。开展节能低碳电力调度。推进工业领域电力需求侧管理，从供需两侧共同发力，5促进电力需求侧与供给侧互动响应，贯彻工业领域电力需求侧管理规范指南、建设工业领域电力需求侧管理数据平台，提升工业企业电力需求侧管理水平。鼓励采取合同能源管理方式实施节能技术改造，探索通过能源托管方式降低用能成本。

（三）开展高耗能行业能效对标达标。选择电力、钢铁、建材、石化、化工、有色、煤炭、纺织、造纸等高耗能行业，从单位产品能耗领先企业中遴选领跑者，编制行业能效对标指南，鼓励全行业以能效领跑企业为目标开展能效对标达标活动，适时将能效领跑者能效指标纳入能耗限额强制性国家标准，加快行业整体技术进步。

四、建筑能效提升行动

建筑是节能的重点领域之一，建筑能耗具有能耗“锁定”效应。我国存量建筑有500多亿平方米，每年新建建筑约有20亿平方米，建筑能耗在我国能源消费中比重不断提升。进一步加强建筑节能工作，在达到同样舒适程度的同时有效控制建筑能耗过快增长。行动内容包括：

（一）大幅提升新建建筑能效。编制绿色建筑建设标准，提高建筑节能标准要求，严寒及寒冷地区城镇新建居住建筑加快实施更高水平的地方建筑节能强制性标准，逐步扩大绿色建筑标准强制执行范围。实施绿色建筑全产业链发展行动，推进高水平高性能绿色建筑发展，积极开展超低能耗或近零能耗建筑（小区）建设示范。推进建造方式绿色化，推广装配式住宅，鼓励发展现代钢结构建筑。推动绿色节能农房建设试点。引导绿色建筑开发6单位及物业管理单位更加注重绿色建筑运营管理，实现绿色设计目标，加快培育绿色建筑消费市场，定期发布绿色建筑信息。到2020年，城镇新建建筑能效水平较2015年提升20%，城镇绿色建筑占新建建筑比重超过50%，比2015年翻一番。

（二）深化既有居住建筑节能改造。深入推进既有居住建筑节能改造，因地制宜提高改造标准，开展超低能耗改造试点。在夏热冬冷地区，积极推广以外遮阳、通风、绿化、门窗及兼顾保温隔热功能为主要内容的既有居住建筑节能和绿色化改造。积极探索夏热冬暖地区既有居住建筑节能和绿色化改造技术路线。

（三）大力推动公共建筑节能运行与改造。深入推进公共建筑能耗统计、能源审计及能效公示工作。进一步加强公共建筑能耗监测平台建设。探索建立基于能耗数据的重点用能建筑管理制度及公共建筑能效比对制度。支持采用合同能源管理、政府和社会资本合作（PPP）等市场化方式，对公共建筑进行节能改造。继续做好节能型学校、医院、科研院所建设，积极开展绿色校园、绿色医院政策标准制定及建设试点工作。

（四）优化建筑用能结构。大力推广可再生能源与建筑一体化，推动太阳能光伏在建筑上的分布式应用，鼓励推广太阳能热水器、空气源热泵热水器，有条件地区新建建筑应当按相关技术规范要求预留安装位置等。实施城市智慧热网试点，科学推进供热计量，条件适宜地区优先利用工业余热和浅层地能为建筑供暖。加快新型可再生能源建筑应用技术、产品、设备的研发与推广。在夏热冬冷地区积极推广水源、空气源、污水源热泵等。推广红外线灶、聚能灶等高效清洁灶具，鼓励太阳能、生物质能等7在农村地区规模化应用，推广被动式太阳能房建设。

五、交通节能推进行动

交通运输是石油消费的主要行业，也是节能的重要领域。能源成本占交通运输企业总成本的30%～40%左右。大力推进交通运输节能，不仅是推进交通运输绿色发展的重要内容，也是降低企业用能成本的重要途径。“十三五”时期，铁路单位运输工作量综合能耗降低5%，营运客车、货车单位运输周转量能耗降低2.1%、6.8%，营运船舶单位运输周转量能耗降低6%，民航业单位运输周转量能耗降低7%。行动内容主要包括：

（一）构建节能高效的综合交通物流体系。加快高铁和铁路基础设施建设，提升核心铁路网的密度和运输能力。打造完善、无缝衔接、方便舒适的城市公共交通服务体系，提升公共出行比重。加快内河高等级航道及港口等物流节点集疏运体系建设，大力发展铁水联运、公铁联运等多式联运和铁路集装箱运输、水水中转，促进不同运输方式的合理分工和有效衔接，提高铁路和水运在中长距离货物运输中的比重。发展甩挂运输，建设便捷、高效、信息化的物流平台、物流园、物流中心。到2020年，常住人口百万人以上大城市公共出行比重达到30%以上。

（二）推进交通运输用能清洁化。在资源适宜地区推广天然气车船，加强主要高速公路、道路沿线天然气加气站建设，稳步推进水上液化天然气加注站建设。提升铁路系统电气化水平，实施港口岸电改造工程。大力推广节能与新能源汽车，集中突破电动汽车关键技术，健全消费者补贴及递减退出制度，适度超前建设充电桩、配套电网等基础设施，依托充电智能服务平台，形成8较为完善的充电基础设施体系。到2020年，新能源汽车保有量提高到500万辆。

（三）提高交通运输工具能效水平。逐步提高车辆燃油经济性标准，加快油品质量升级。发展高效载货汽车，采用制动能量回收系统、复合材料等提高车辆燃油经济性。发展智能交通，建立公众出行信息服务系统，降低空载率和不合理客货运周转量。到2020年，节能型汽车燃料消耗量降至4.5升/百公里以下，新增乘用车平均燃料消耗量降至5.0升/百公里。

六、公共机构节能率先行动

公共机构是社会行为的示范和标杆，公共机构的节能行为受到社会广泛关注。通过深入推进节约型公共机构创建，降低能源资源消耗，切实发挥公共机构的表率示范作用，引导和带动全社会做好节能减排工作。“十三五”时期，公共机构单位建筑面积能耗降低10%，公共机构人均能耗降低11%。行动内容包括：

（一）全面建设节约型公共机构。公共机构新建建筑率先普及绿色建筑，率先完成既有建筑节能改造、实现按热计量收费，率先实现新购公务用车普及节能和新能源汽车，率先采购和使用节能、节水、环保等绿色产品、设备。推进公共机构数据中心节能改造，建设绿色数据中心。

（二）强化公共机构节能管理。明确公共机构节能目标责任，开展目标评价考核。鼓励公共机构率先建立能源管理体系，加强能源计量基础建设，开展能源审计，实施用能独立核算，鼓励推行能耗定额管理。开展公共机构用能大数据管理，对公共机构重点用能单位实施能耗在线监测和用能优化。推行合同能源管理模9式实施节能改造，鼓励公共机构开展用能托管。

（三）公共机构节能自觉行动。倡导各级公共机构用电高峰时段每天少开一小时空调，使用空调时关好门窗，夏季室内空调温度设置不得低于26摄氏度，冬季室内空调温度设置不得高于20摄氏度，日常办公尽量采用自然光，离开会议室等办公区时随手关灯。开展零待机能耗活动，推广使用节能插座等降低待机能耗的新技术和新产品。提倡高层建筑电梯分段运行或隔层停开，上下两层楼不乘电梯，尽量减少电梯不合理使用等。开展公务自行车试点。机关工作人员每月少开一天车。

（四）示范推广公共机构节能典型经验。遴选发布一批政府机关、学校、医院等不同类型公共机构能效领跑者，引导公共机构以能效领跑者为标杆不断提升能效水平。对被评为能效领跑者的公共机构及其节能管理人员给予表彰和奖励。建立公共机构能效领跑者案例库并向社会发布。将能效领跑者指标作为开展公共机构节能目标责任评价考核的重要依据。深化节约型公共机构示范单位创建活动，创建3000个国家级示范单位，推动省级、地市级示范单位创建工作，实现县县有示范。

七、节能服务产业倍增行动

节能服务业是为用能单位节能提供咨询、诊断、设计、改造、托管等服务的产业。加快发展节能服务产业，不仅可以为节能提供重要支撑，也是培育经济增长新动能的重要内容。到2020年，节能服务产业产值比2015年翻一番。行动内容包括：

（一）推进节能服务产业创新发展。全面推行效益分享型、能源费用托管型、节能量保证型、融资租赁等多种形式的合同能源管理模式。鼓励节能服务公司创新服务模式，为用户提供节能咨询、诊断、设计、评估、检测、审计、认证、改造、托管等"一站式"合同能源管理综合服务。积极培育第三方节能量审核和节能评估、检测、审计、认证机构。

（二）优化节能服务产业发展环境。全面清理和废除妨碍公平竞争的各种制度、政策和措施，建立全国统一开放、竞争有序的节能服务市场。落实合同能源管理税收优惠政策。鼓励银行等金融机构探索开展合同能源管理项目收益权质押贷款，支持节能服务公司发行绿色债券，鼓励社会资本按市场化原则设立节能服务产业投资基金。

（三）强化节能服务产业管理。建立健全节能服务机构管理制度，依法查处节能咨询、设计、评估、检测、审计、认证等服务机构提供虚假信息行为。营造促进合同能源管理健康发展的市场环境，建立合同能源管理合同注册登记管理服务平台，鼓励用能单位、节能服务公司将节能服务合同在平台登记注册。实施节能服务公司、用能单位、第三方机构失信黑名单制度，依法在主管部门网站向社会公开，建立信用记录，纳入全国信用信息共享平台。

八、节能科技支撑行动

科学技术是节能提高能效的重要支撑。针对节能技术需求，加强关键共性技术研发、示范、推广，推进科技成果的转化应用，全面提升节能技术水平。行动内容包括：

（一）加快共性关键技术开发。推动节能领域建设一批工程技术研究中心及节能领域研发基地和平台，促进节能高新技术和11产品研发创新。在国家、地方科技计划（专项）中，统筹支持符合条件的节能共性关键技术研发。支持建立各类节能技术支撑机构。加强产学研用结合，推进校（研）企联合，共同研究解决节能关键和共性技术问题。引进、消化、吸收和再创新节能关键技术和装备。

（二）加快先进适用技术推广应用。修订《中国节能技术政策大纲》。修订《节能低碳技术推广管理暂行办法》，完善节能技术遴选、评定及示范推广机制，定期发布《国家重点节能低碳技术推广目录》和《节能减排与低碳技术成果转化推广清单》，组织有关方面开展节能技术供需对接会，组织实施节能技术示范工程。积极参加国际节能技术装备推广合作，推动中国先进的节能技术装备走出去。

（三）健全节能技术服务体系。鼓励发展节能技术服务机构，鼓励科研院所、行业协会特别是各级节能中心为企业提供节能技术咨询服务。建立全国性、行业性的节能技术推广服务平台，为节能技术推广提供服务，便于用能单位选用适用的技术装备。鼓励有条件的技术单位建立节能技术装备的展示、展览、交易平台，建设一批节能技术示范推广中心和教育示范基地，综合采取采用"互联网+展览展示"等模式，提升节能技术服务能力。

九、居民节能行动

家庭是社会的基础，也是能源消费的重要主体之一。随着城镇化加快推进和人们生活水平持续提高，居民生活用能需求呈现刚性增长态势。要广泛动员居民参与节能，全面推进家庭节能，夯实全社会节能工作基础。行动内容包括：

（一）提升节能意识。突出节能日常宣传，组织好每年一度的全国节能宣传周，宣传节能成效、经验和做法，宣传我国经济社会发展面临的资源环境形势，突出节能就是减排的理念，树立"少用一半能源，就是少排放一半空气污染物"的观念。加强节能教育，在中小学校设立节能宣传栏，引导青少年树立节能意识。通过广播、电视、报纸、网络等向全社会倡议开展能源紧缺体验活动，如夏季用电高峰时段少开一小时空调，每月少开一天车，6楼以下每月一天不乘电梯，通过日常小事提醒大家注意能源对居民生活的重要性，提高节能意识。

（二）普及节能知识。围绕百姓日常生活中节能问题，编写《家庭节能指南》，普及百姓日常生活节能小窍门和使用方法，介绍先进实用技术、科技成果，如选用和正确使用节能电器等，广为传播、普及节能科学知识和方法，帮助广大居民掌握节能基本知识，让居民认识节能、掌握节能、践行节能。

（三）强化节能实践。倡导居民对低消耗、少用能、低排放的节能型生活方式身体力行，采取步行、骑自行车、乘公交等绿色出行方式代替驾驶机动车出行，自觉选购节能家电和高效照明产品，随手关灯，杜绝白昼灯、长明灯，及时关闭家用电器，减少待机能耗。在社区组织居民开展节能志愿活动，交流节能经验，曝光浪费能源行为，积极发挥居民监督作用。

十、节能重点工程推进行动

组织实施节能重点工程，激发市场主体节能的主动性，促进先进节能技术、装备和产品的推广应用，2020年力争工业锅炉（窑炉）、电机（水泵、风机、空压机）系统、变压器等通用设13备运行能效提高5个百分点以上，重点行业主要产品单位能耗指标总体达到国际先进水平，“十三五”期间形成3亿吨标准煤左右的节能能力。

（一）余热暖民工程。选择150个具备条件的市（县、区），开展余热暖民项目示范，通过建设高效采集、管网输送、终端利用供热体系，回收工业低品位余热为居民供热，探索建立余热资源用于供热的典型模式。到2020年替代燃煤供热20亿平方米以上，减少供热用原煤5000万吨以上。

（二）燃煤工业锅炉节能环保综合提升工程。发布高效节能锅炉推广目录，推进燃煤锅炉“以大代小”，推广节能环保煤粉锅炉。鼓励综合采取锅炉燃烧优化、二次送风、自动控制、余热回收、太阳能预热、主辅机优化、热泵、冷凝水回收等技术实施锅炉系统节能改造，提高运行管理水平和热效率。改善燃料品质，力争2020年燃煤锅炉全部使用洗选煤，逐步提高工业锅炉燃用专用煤的比例。“十三五”时期形成5000万吨标准煤的节能能力。

（三）电机系统能效提升工程。推进电机系统调节方式改造，重点开展高压变频调速、永磁调速、内反馈调速、柔性传动等节能改造，支持基于互联网的电机系统能效监测、故障诊断、优化控制平台建设。鼓励采用高效电动机、风机、压缩机、水泵、变压器替代低效设备，加快系统无功补偿改造。2020年电机系统运行效率比2015年提高3～5个百分点，形成4000万吨标准煤的节能能力。

（四）绿色照明工程。以城市道路/隧道照明节能改造为重点，加快半导体照明关键设备、核心材料研发和产业化，支持技14术成熟的半导体通用照明产品推广应用。到2020年，在200个城市、县实施道路照明节能改造工程，推广1000万余盏LED路灯，形成节电能力100亿千瓦时左右。

（五）重点用能单位综合能效提升工程。围绕高耗能行业企业，加快工艺革新，实施系统节能改造和能效提升，鼓励先进节能技术的集成优化运用，推动节能从局部、单体节能向全流程、系统节能转变。以电力、钢铁、建材、石化、化工、有色、煤炭、纺织、造纸等行业为重点，深入开展重点行业重点用能单位能效综合提升工程，支持约500家大型重点用能单位实施能量系统优化、燃煤锅炉节能改造、电机系统等用能设备节能改造、生产工艺节能改造，并建立能源管理体系。

（六）合同能源管理推进工程。扎实贯彻党中央国务院关于推广合同能源管理工作要求，落实支持政策，实施节能改造，降低企业用能成本。鼓励合同能源管理项目融资创新，通过“债投”、“债贷”结合等方式支持项目实施。“十三五”时期形成8000万吨标准煤的节能能力。

（七）城镇化节能升级改造工程。优化升级城市能源基础设施，加快电力需求侧管理平台开发建设，统筹规划新增用能区域和既有用能区域系统改造。推动用能单位实施需求侧和供给侧互动响应、电能替代和用电设备智能化改造，针对电、热、冷、气等多种用能需求，因地制宜、统筹开发、互补利用传统能源和新能源，优化布局建设一体化集成供能基础设施，通过分布式供能系统和智能微网等方式扩大天然气、电力、分布式可再生能源等15清洁能源供应和消纳能力，实现多能协同供应和能源综合梯级利用，系统提升城市终端供用能效率。对企业用能较为集中的园区、开发区等区域，将生产用蒸汽和热水供应纳入能源基础设施建设，减少小锅炉使用。对集中供热地区实施节能升级改造，减少管网漏损。对未纳入集中供暖的长江经济带等夏热冬冷地区，推广高效地能、江水源热泵，加大浅层地能开发力度，实施城镇冷热一体化供应节能改造。

（八）煤炭消费减量替代工程。大力化解钢铁、水泥、玻璃等高耗能行业过剩产能，大幅压减煤炭消费。实施煤炭清洁高效利用行动计划，在焦化、煤化工、工业锅炉、窑炉等重点用煤领域，推进煤炭清洁、高效、分质利用。有条件的地区，有序推进煤改气、煤改电、工业副产可燃气制备天然气，利用可再生能源、天然气、电力等优质能源替代煤炭，特别是散煤的消费。实施“地能暖村”节能减煤示范工程，鼓励因地制宜开发利用浅层地能替代散煤。到2020年，形成减量和替代原煤消费能力6000～9000万吨。

（九）能量系统优化工程。按照能源梯级利用、系统优化的原则，对工业窑炉实施节能改造，推广应用热源改造、燃烧系统改造、窑炉结构改造等技术。推广普及中低品位余热余压利用技术，尤其是提高中小型企业余热余压利用率，推进余热余压利用技术与工艺节能相结合，提高企业余热余压回收利用效率。深入挖掘系统节能潜力，提升系统能源效率。推广新型高效工艺技术路线，提高行业能源使用效率。到2020年，形成5000万吨标准煤的节能能力。

（十）节能技术产业化示范工程。围绕节能减煤和化石能源清洁高效燃烧，重点支持中低品位余热的有机郎肯循环和螺杆膨胀发电、低品位余热用于城镇供热、燃煤锅炉超高能效和超低排放燃烧、工业用煤气化燃烧、水煤超临界制氢、民用散煤清洁高效燃烧、浅层地能开发利用、半导体照明等关键技术和装备产业化示范，加快推广高温高压干熄焦、无球化节能粉磨、新型结构铝电解槽、电炉钢等短流程工艺、铝液直供，智能控制等先进技术，实施一批重大节能技术示范工程。

全国农村沼气发展“十三五”规划（节录）

（国家发展改革委、农业部2017年1月25日印发）

二、“十三五”农村沼气发展机遇与挑战

在充分肯定农村沼气发展取得巨大成就的同时，也要清楚地看到，农村沼气的定位、工作思路和发展模式始于2003年的沼气建设政策体系框架，长期的实践积累了丰富的经验，同时也有不少教训。“十三五”时期是农业发展方式的加快转变期，农业现代化的快速发展期，新型城镇化建设的加速推进期，农村沼气发展面临的形势和环境将持续发生重要变化，对农村沼气事业提出了新的更高的要求。

（一）发展机遇

1、生态文明建设对农村沼气事业发展提出了新任务

生态文明建设已纳入到“五位一体”国家总体战略布局，农村生态文明建设的任务也更加重要，农村生态环境向清洁化转变的要求也更加迫切。随着农业集约化程度提高和规模化种养业的快速发展，畜禽粪便随意堆弃、秸秆就地废弃焚烧等问题越来越突出，对大气、土壤和水等生产生活环境造成破坏，导致农业面源污染日趋严重。据测算，全国每年产生农作物秸秆10.4亿吨，可收集资源量约9亿吨，尚有1.8亿吨的秸秆未得到有效利用，多数被田间就地焚烧；规模化畜禽养殖场每年产生畜禽粪污20.5亿吨，仍有56%未得到有效利用。农业发展不仅要杜绝生态环境欠新账，而且要逐步还旧账，要打好农业面源污染治理攻坚战，力争到2020年农业面源污染加剧的趋势得到有效遏制，实现“一控两减三基本”的目标任务。据测算，建设1处5000立方米池容的规模化大型沼气工程，每年可消纳3万吨粪便或0.6万吨干秸秆，可减少COD排放1500吨或颗粒物排放90吨。因此，发展农村沼气，能够有效处理农业农村废弃物、减少温室气体排放和雾霾产生、改善农村环境“脏、乱、差”状况等，留住绿水青山。

2、农业供给侧改革对农村沼气事业发展提出了新要求

农业供给侧结构性改革的关键是“提质增效转方式、稳粮增收可持续”。为市场提供更多优质安全的“米袋子”“菜篮子”“果盘子”和“茶盒子”等农产品，是农业供给侧结构性改革的重要任务。目前全国大田作物播种面积24.82亿亩，亩均化肥施用量21.9千克，远高于世界平均水平（每亩8千克），是美国的2.6倍，欧盟的2.5倍。果树亩均化肥用量73.4千克，是美国的6倍、欧盟的7倍；蔬菜亩均化肥用量46.7千克，比美国高29.7千克、比欧盟高31.4千克。化肥的过量使用，增加了生产成本，在一些地区导致了土壤板结、地力下降、土壤和水体污染等问题。沼肥富含氮磷钾、微量元素、氨基酸等，可以替代或部分替代大田作物和果（菜、茶）园化肥施用，能够显著改善产地生态环境，生产包括大田作物、水果蔬菜茶叶在内的优质农产品，提升产品品质，有效满足人们对优质农产品日益增长的旺盛需求。据测算，建设1处日产500立方米沼气的规模化沼气工程，每年可生产沼肥1000吨，按氮素折算可减施43吨化肥，沼液作为生物农药长期施用可减施化学农药20%以上。因此，发展农村沼气能够实现化肥、农药减量，推动优质绿色农产品生产，保障食品安全。

专栏2　果（菜、茶）园发展现状

2015年，全国果（菜、茶）园种植面积达5.27亿亩，其中，果园种植面积达1.89亿亩，形成了柑橘、苹果、梨等优势水果产业带；蔬菜种植面积达3亿亩，包括设施蔬菜0.5亿亩，已经形成了华南西南热区、长江中下游、云贵高原、黄土高原、高纬度地区、黄淮海地区等六大优势产区；茶园种植面积0.38亿亩，形成了西南、华南、江南和江北等四大茶叶主产区。据统计，全国果（菜、茶）园种植优势县有1039个，拥有总面积2.32亿亩。

据测算，全国果树亩均化肥施用量达73.4千克，蔬菜亩均化肥施用量达46.7千克，茶叶亩均化肥施用量达30千克。目前，全国果（菜、茶）园化肥年施用量达2900万吨，约占全国化肥施用量的50%。果（菜、茶）园化肥减施潜力巨大。

3、国家能源革命对农村沼气事业发展注入了新动力

我国能源生产供应结构不合理、总体缺口较大。2015年，全国能源消费总量43亿吨标准煤，其中煤炭消费量占比为64%，比重过高；天然气净进口量621亿立方米，对外依存度32.1%。能源生产和消费要立足国内多元供应保安全，形成煤、油、气、核、新能源、可再生能源多轮驱动的能源供应体系。我国在G20峰会和巴黎峰会做出承诺，到2030年非化石能源占一次能源消费比重提高到20%左右。据测算，建设1处日产1万立方米的生物天然气工程，年可产生物天然气365万立方米，可替代4343吨标准煤。据统计，全国每年可用于沼气生产的农业废弃物资源总量约14.04亿吨，可产生物天然气736亿立方米，可替代约8760万吨标准煤。因此，发展农村沼气，可降低煤炭消费比重、填补天然气缺口，进一步优化能源供应结构。

4、新型城镇化建设对农村沼气事业发展提供了新契机

《国家新型城镇化规划（2014-2020年）》的发布开启了积极稳妥、扎实有序推进城镇化建设的新时期，规划到2020年，全国常住人口城镇化率达到60%左右，实现1亿左右农业转移人口和其他常住人口在城镇落户。据国务院发展研究中心研究表明，城镇化率每提高1个百分点，能源消费至少会增长6000万吨以上标准煤。同时，国家鼓励农村人口在中小城市和小城镇就近就地城镇化，这些地区民用燃气短缺、管网铺设投资和输送成本过高，现有的城镇燃气供应体系难以覆盖新型城镇化区域。据测算，每户每年炊事热水平均用天然气284立方米，要实现1亿农业人口转移年需增加沼气118亿立方米沼气。加之，城镇及农村地区经济水平不断提高，对优质清洁便利能源的需求显著增加，也对居住环境提出了更高要求。因此，发展农村沼气，生产供应清洁能源，能够实现新型城镇集中供气供热，满足炊事采暖用能需求。

（二）面临挑战

1、农村沼气的发展方式亟待转型升级

近年来，随着种养业的规模化发展、城镇化步伐的加快、农村生活用能的日益多元化和便捷化、农民对生态环保的要求更加迫切，农村沼气建设与发展的外部环境发生了很大变化。农村户用沼气使用率普遍下降，农民需求意愿越来越小，废弃现象日益突出；中小型沼气工程整体运行不佳，多数亏损，长期可持续运营能力较低，存在许多闲置现象。此外，现有的沼气工程还面临着原料保障难和储运成本过高、大量沼液难以消纳、工程科技含量不高、沼气工程终端产品商品化开发不足等瓶颈，一些工程甚至存在沼气排空和沼液二次污染等严重问题。因此，农村沼气亟待向规模发展、综合利用、效益拉动、科技支撑的方向转型升级。

2015年开始的农村沼气转型升级，在这方面进行了有益的尝试。

2、农村沼气发展的扶持政策亟待完善

农村沼气承担着农村废弃物的处理、农村清洁能源供应、农村生态环境保护等多重社会公益职能，国家应不断健全沼气政策支持体系，加大支持力度。长期以来，国家支持主要体现在前端的投资补助，方式单一，且存在较大的资金缺口，政府和社会资本合作机制尚未有效建立，社会资金投入沼气工程建设运营不足，政府投资放大效应发挥不够。农村沼气持续发展的支持政策还不够系统，农业废弃物处理收费、终端产品补贴、沼气产品保障收购以及流通等环节的政策还有所缺失。沼气转型升级发展以来，大型沼气工程和生物天然气工程建设对用地、用电、信贷等方面的政策需求也在迅速增加。此外，沼气标准体系建设还不够完善，沼气项目建设手续不够清晰，各地执行标准不同，给项目建设、施工、运营和监管带来困难。

3、农村沼气的体制性和制度性障碍亟需破除

沼气可通过开展高值高效利用实现商品化、产业化开发，但在沼气发电上网和和生物天然气并入城镇天然气管网等方面还存在许多歧视和障碍。目前全国地级以上城市和绝大部分县城的燃气特许经营权已经授出，存在生物天然气无法在当地销售或被取得特许经营权的企业对生物天然气压制价格现象。国家出台的《中华人民共和国可再生能源法》《畜禽规模养殖污染防治条例》等法律法规及《关于完善农林生物质发电价格政策的通知》《可再生能源电价附加收入调配暂行办法》等相关政策在沼气领域难以落地，有的电网公司以各种理由阻碍沼气发电上网，沼气发电上网后也无法享受农林生物质电价。这些问题造成了沼气和生物天然气的市场竞争能力不强，制约了农村沼气的发展。

4、农村沼气的科技支撑和监管能力亟需强化

长期以来，中央和地方对沼气技术、适用产品和装备设备的研发投入有限，科研单位和企业缺乏技术创新的动力与积极性，尚未形成与产业紧密结合的产学研推用技术支撑体系。与沼气技术先进的国家相比，我国规模化沼气工程池容产气率和自动化水平有待提高，新技术、新材料的标准和规范急需建立。农村沼气管理体系仍存在注重项目投资建设、忽视行业监管的问题，一些地方在政府与市场之间、政府部门之间还存在边界不清、职能交叉、缺乏统筹等问题。沼气服务体系尽管已基本实现了全覆盖，但服务对象主要是户用沼气和中小型沼气工程，也未建立有效的服务机制和运营模式，服务人员不稳定、服务范围小、服务内容单一、技术水平偏低等问题致使现有沼气服务体系难以维系。

（三）资源潜力

目前，全国可用于沼气的农业废弃物资源潜力巨大。农村沼气原料主要包括农作物秸秆、畜禽粪便、农产品加工剩余物、蔬菜剩余物、农村有机生活垃圾等。据测算，可用于沼气生产的废弃物资源总量约14.04亿吨，其中，秸秆可利用资源量超过1亿吨、畜禽粪便可利用资源量超过10亿吨、其他有机废弃物可利用量超过1亿吨，沼气生产潜力约为1227亿立方米。随着经济社会发展、生态文明建设和农业现代化推进，沼气生产潜力还将进一步增大。其中：

农作物秸秆。主要包括玉米、水稻、小麦、豆类、薯类等作物秸秆，2015年作物秸秆的理论资源量为10.4亿吨，可收集资源量约9亿吨，主要分布在华北平原、长江中下游平原、东北平原等13个粮食主产省（自治区）。作为肥料、饲料、食用菌基料以及造纸等用途共计约7.2亿吨，可供沼气生产利用的秸秆资源量约1.8亿吨，沼气生产潜力约为500亿立方米。

畜禽粪便。主要包括奶牛、肉牛、生猪、肉鸡、蛋鸡等畜禽的粪便。2015年，全国现有猪、牛、鸡三大类畜禽

粪便资源量为19亿吨。目前，粪便堆肥化处理量约为8.4亿吨，可供沼气生产利用的畜禽粪便资源量约10.6亿吨，沼气生产潜力约为640亿立方米。

其他有机废弃物。主要包括农产品加工副产物、蔬菜尾菜、农村有机生活垃圾等。2015年，全国粮食加工副产物（米糠、稻壳、玉米芯、糟类）总量约2.1亿吨，可供沼气生产利用的资源量约0.2亿吨；全国果蔬加工废弃物总量约2.6亿吨，可供沼气生产利用的资源量约1.14亿吨；全国农村有机生活垃圾总量约0.8亿吨，可供沼气生产利用的资源量为0.3亿吨。其他有机废弃物可利用量共1.64亿吨，沼气生产潜力约为87亿立方米。

三、总体要求

（一）指导思想

深入贯彻落实“创新、协调、绿色、开放、共享”理念，适应农业生产方式、农村居住方式和农民用能方式的新变化，坚持清洁能源供给、生态环境保护和循环农业发展的三重复合定位，按照种养结合、生态循环、绿色发展的要求，强化政策创新、科技创新和管理创新，加快规模化生物天然气和规模化大型沼气工程建设，大力推动果（菜、茶）沼畜种养循环发展，巩固户用沼气和中小型沼气工程建设成果，促进沼气沼肥的高值高效综合利用，实现规模效益兼顾、沼气沼肥并重、建设监管结合，开创农村沼气事业健康发展的新局面，为建设农村生态文明、转变农业发展方式、优化国家能源结构、改善农村人居环境作出更大的贡献。

（二）基本原则

1、统筹谋划，多元发展

针对各地资源状况和环境承载力情况，统筹谋划，优化农村沼气发展结构和建设布局。鼓励各地建设不同规模和类型的沼气项目，因地制宜发展以生物天然气为主、以沼肥利用为主、以农业农村废弃物处理为主、以用气为主和果（菜、茶）沼畜循环等多种形式和特点的沼气模式，鼓励各地发展沼气沼肥产品多元化利用模式，推动农村沼气转型升级。

2、气肥并重，综合利用

统筹考虑农村沼气的能源、生态效益，兼顾沼气沼肥的经济社会价值。适应市场需求及建设农村清洁能源生产供应体系的需要，积极开拓沼气在城乡居民集中供气、并网发电、车用燃气、工业原料等领域的应用。突出农村沼气供肥功能，以沼气工程为纽带，以沼肥高效利用为抓手，将农作物种植与畜牧养殖有机联结起来，推进种养循环发展。

3、政府支持，市场运作

政府通过健全法规、政策引导、组织协调、投资补助和终端补贴等方式引领农村沼气发展方向，为农村沼气发展创造良好的环境。充分发挥市场机制作用，积极引导社会资本投入农村沼气建设和运营，大力推进沼气工程的企业化主体、专业化管理、产业化发展、市场化运营，不断提高经济效益和可持续发展能力，形成政府、企业、种养大户、终端用户等市场主体共建多赢新格局。

4、科技支撑，机制创新

加强农村沼气科研平台建设，强化科研院所、大专院校和龙头企业密切合作，建设产学研推用一体化沼气技术创新与推广体系。中央与地方联动，发挥地方政府作用，建立种植、养殖业主与农村沼气经营主体等各方利益共享、成本分担的联接机制。统筹推进融资方式、运营模式、监管机制创新。

（三）发展目标

农村沼气转型升级取得重大进展，产业体系基本完善，多元协调发展的格局基本形成，以沼气工程为纽带的种养循环发展模式更加普及，科技支撑与行业监管能力显著提升，服务体系与政策体系更加健全。农村沼气在处理农业废弃物、改善农村环境、供给清洁能源、助推循环农业发展和新农村建设等方面的作用更加突出。

——沼气规模化水平显著提高。新建规模化生物天然气工程172个、规模化大型沼气工程3150个，认定果（菜、茶）沼畜循环农业基地1000个，供气供肥协调发展新格局基本形成。

——户用沼气和中小型沼气工程功能得到巩固和提高。户用沼气和中小型沼气工程的建设成果得到巩固，相关工程得到修复，安全隐患得到消除，功能效益得到优化提升。在“老少边穷”且农户还有散养习惯的地区因地制宜建设户用沼气，在中小型养殖场密布地区有序发展中小型沼气工程。

——“三沼”产品高值高效综合利用水平大幅提升。沼气供气、供暖、发电、提纯生物天然气等多元化利用渠道畅通，效益明显提升；沼渣沼液有机肥、基质、生物农药等多元化功能进一步拓展。新增池容2277万立方米，新增沼气生产能力49亿立方米，达到207亿立方米；新增沼肥2651万吨，按氮素折算替代化肥114万吨。

——生态与社会效益更加显著。农村沼气年新增秸秆处理能力864万吨、畜禽粪便处理能力7183万吨，替代化石能源349万吨标准煤，二氧化碳减排1762万吨，COD减排372万吨，农村地区沼气消费受益人口达2.3亿人以上。沼气和生物天然气作为畜禽粪便等农业废弃物主要处理方向的作用更加突出，基本解决大规模畜禽养殖场粪污处理和资源化利用问题。

专栏3　全国农村沼气“十三五”发展目标

序号	指标		单位	现状值（2015）	目标值（2020）	增速［累计增量］
1	规模	规模化生物天然气工程	处	25	197	[172]
2		规模化大型沼气工程	处	6972	10122	[3150]
3		中小型沼气工程	处	103476	128976	[25500]
4		户用沼气	万户	4193	4304	[111]
5	能力	沼气总产量	亿立方米	158	207	5.60%
6		沼肥产量	万吨	7100	9751	7.50%
7	农业生态环境	农业废弃物处理能力	万吨/年	200000	208047	[8047]
8		减排二氧化碳	万吨/年	2860	4622	[1762]
9		减排COD	万吨/年	1209	1581	[372]

四、重点任务

（一）优化农村沼气发展结构

按照全产业链总体设计、统筹谋划，建立从原料保障、厌氧发酵、沼气沼肥利用、运营监管以及社会化服务的一体化体系，培育沼气工程终端产品多元化利用市场，建立新型商业化运营模式，推动规模化生物天然气工程和规模化大型沼气工程加快建设。考虑原料来源、运输半径、资金实力、产品销路等因素，配套建设原料基地，推广中高温高浓度混合原料发酵工艺以及沼气提纯等先进技术。结合果（菜、茶）园用肥需求和布局，发展“‘三园’+沼气工程+畜禽养殖”的模式，认定一批果（菜、茶）沼畜循环农业基地，推动发展生态循环农业。继续巩固户用沼气和中小型沼气工程在农村生产和生活中的重要作用，制定农村户用沼气报废标准，优化改造老旧病池，填平补齐生活污水净化沼气池、沼渣沼液综合利用设施，积极促进沼气建设与生态农业发展有机结合，提升沼气综合功能。

（二）提升三沼产品利用水平

推进沼气高值化利用。大力发展生物天然气并入天然气管网、罐装和作为车用燃料，沼气发电并网或企业自用，稳步发展农村集中供气或分布式撬装供气工程，促进沼气和生物天然气更多用于农村清洁取暖，提高沼气利用效率。

推动沼肥高效利用。将沼渣沼液加工作为规模化生物天然气工程和规模化大型沼气工程项目不可缺少的建设内容，同步实施，同时投产。大力开展沼渣沼液生产加工有机肥、基质、生物农药等多功能利用，试点推广植物营养液、生物活性制剂等高端产品，推广以农村有机生活垃圾作为沼气原料生产沼肥，提高沼气项目综合效益。

推广“‘三园’+沼气工程+畜禽养殖”循环模式。在果（菜、茶）园优势区，开展沼气工程配备沼肥生产设备，配套沼肥暂存调配设施以及园区储肥施肥设施设备、沼肥运输和施用机具、沼液田间水肥一体化灌溉设施建设，使沼气工程有效联接畜禽养殖和高效种植，实现沼肥充分高效利用，保障优质农产品生产。

（三）提高科技创新支撑水平

以促进沼气技术成果转化为主攻方向，依托优势科研团队建设沼气科研创新平台和重点实验室，完善实验室基础设施，购置先进实验仪器设备，建设中试基地。深化科研院所、大专院校和龙头企业之间的合作，加强农村沼气产、学、研技术体系建设，建设一批沼气科研创新团队，集中优势科研资源研发沼气新工艺、新材料、新设备，开展秸秆预处理、稳产高产发酵工艺、多能互补增温保温、沼气提纯罐装、沼肥高效施用等关键环节的技术攻关。结合云计算、大数据、物联网和“互联网+”等新一代信息技术和互联网发展模式，建设覆盖全国的信息化沼气科技服务平台，促进沼气科技成果转化为现实生产力，提高沼气行业科技水平。

（四）加强服务保障能力建设

在户用沼气和沼气工程集中的地区，稳步开展农村沼气服务体系提档升级，优化整合农村沼气服务网点，形成功能齐全、设施完备、技术先进的新型服务网络。创新政府购买公益性服务、市场主体提供经营性服务的运营机制，培育壮大社会化服务队伍，鼓励社会资本进入沼气沼肥的销售、流通、售后服务等环节。

依托科研院所和大专院校的技术力量，大力开展从业人员技能培训，重点推动沼气工程设计、施工标准化，提高沼气人才队伍的专业化和职业化水平。大力培育农村沼气事业新型社会化服务主体和沼气中介服务组织，培育一批沼气行业的骨干企业。

着力提高行业监管能力。加快农村沼气监管由建设项目管理向行业监督管理转变，建立农村沼气产业发展和市场监管系统；建立农村沼气工程、产品检测和评估体系，建设可测量、可识别、可核查、可追溯的信息化监控平台，建设全国沼气远程在线监测系统，对沼气工程实行全周期动态监管。加强沼气生产过程安全管理，加大对沼气易燃易爆等危险特性的宣传和教育力度，认真辨识生产过程的安全风险并落实管控措施，严格动火、进入受限空间等特殊作业管理，提高沼气工程生产安全水平。

五、重大工程

（一）规模化生物天然气工程

功能定位。在天然气市场需求量大和农业废弃物资源量集中的地区，发展以畜禽粪便、秸秆和农产品加工有机废弃物等为原料的规模化生物天然气工程，生产的沼气进行提纯净化，生产的生物天然气通过车用燃气、压缩天然气及并入天然气管网等方式利用，沼渣沼液加工生产高效有机肥及其他高值化产品。

建设规模与内容。单项工程建设规模日产生物天然气1万立方米以上。主要建设内容包括：（1）原料仓储和预处理系统。建设秸秆原料的仓储和预处理设施，建立畜禽粪污输送管道等设施设备或配备运输车。（2）厌氧消化系统。包括进出料、厌氧发酵、增温保温和搅拌等设施设备。（3）沼气利用系统。包括脱硫脱水等净化设备、燃气提纯装备、气柜和管网等储存输配系统以及防雷、防爆、防火等安全防护设施。（4）沼肥利用系统。包括沼渣、沼液存贮设施，沼肥有机肥生产加工设施设备。（5）智能监控系统。包括在线计量和远程监控智能平台。

（二）规模化大型沼气工程

功能定位。在农户居住区较集中、秸秆资源或畜禽粪便较丰富的地区，以自然村、镇或养殖场为单元，建设以畜禽粪便、农作物秸秆为原料的规模化大型沼气工程，生产的沼气用于为农户供气、供暖、发电上网或企业自用等多元化利用，沼渣沼液用于还田、加工有机肥或开展其他有效利用。在果（菜、茶）园和畜禽养殖双优县中，建设一批以畜禽粪便、尾菜烂果等为主要原料的沼气工程，沼气用于城乡居民炊事取暖及锅炉清洁燃料等领域；突出沼肥供应功能，将沼肥施用于果（菜、茶）园，达到园区内种养平衡，实现良性循环发展。

建设规模与内容。建设厌氧消化装置总体容积500立方米及以上的沼气工程。主要建设内容包括原料预处理单元、沼气生产单元、沼气净化与储存单元、沼气输配与利用单元（包括管网、入户设施、沼气炉具等）、沼气发电及上网单元（包括沼气发电、余热回收、上网设备与监控等）、沼渣沼液综合利用单元等设施设备，配套建设供配电、仪表控制、给排水、消防、避雷、道路、绿化、围墙、业务用房等设施设备。在果（菜、茶）园和畜禽养殖双优县中，按果树、蔬菜和茶叶的沼肥需求量确定整县农村沼气建设的规模，新建以畜禽粪便、尾菜烂果等为主要原料的沼气工程，主要包括原料预处理单元、沼气生产单元、沼气净化与储存单元、沼气输配与利用单元、沼肥存储调质单元、自动控制单元，果（菜、茶）园配套储肥施肥设施设备、沼肥运输和施用机具、沼液田间水肥一体化灌溉施肥设施、沼肥暂存调配设施等设施设备。

（三）户用沼气和中小型沼气工程

功能定位。在"老少边穷"且农户有散养习惯的地区，以及中小型养殖场密布地区，因地制宜发展户用沼气和中小型沼气工程，生产的沼气用于解决农户家庭和养殖场清洁燃气需求，生产的优质沼肥与优势特色产业相结合，创建特色农产品品牌，促进种养业增效增收和美丽乡村建设。

建设内容与规模。建设8～10立方米池容的户用沼气池，同步实施改圈、改厕、改厨。建设厌氧消化装置总体容积在20～500立方米的中小型沼气工程，建设内容主要包括原料预处理池（秸秆粉碎、堆沤）、沼气发酵设施、贮气水封池（基础）、沼液储存池，配套泵、管路、脱硫装置、沼气灶具等设备。有针对性地对有修复价值的老旧病池和沼气工程进行修复改造。

（四）支撑服务能力建设工程

功能定位。适应新时期沼气事业发展需求，从科技创新能力、服务体系队伍和行业监管能力等方面加强顶层设计，统筹推进能力建设工作，建成满足农村沼气事业健康持续发展的支撑保障体系。

建设内容。主要包括：（1）科技创新能力建设。建立健全沼气科技创新研发平台，支持科研单位和教学单位改善实验室基础设施，购置实验仪器设备，配套完善实验室功能，提高科研条件，建设中试基地，增强沼气技术基础研发及成果转化能力。建设国家级科研平台1个，区域级科研平台3个，重点实验室5个。建设企业创新平台，培育设备生产、规模化生物天然气运营、沼气工程设计施工、关键设备生产及后续服务的龙头企业，建设原料分析、发酵条件参数基础实验室，建设规模化服务基地，升级服务设备。（2）服务体系队伍建设。实施沼气实用人才培养工程，建设规模化沼气设计、建设和后续运行服务体系，组建专业技术团队，扶持一批高素质、专业化、功能齐全的沼气工程公司和设计院所，培养一批实用技术人员。（3）行业监管能力建设。建设全国农村沼气数据中心，实地数据采集验证移动站，远程在线监测点，实时传输系统，在线预警诊断平台，购置核心信息系统软件、服务器群、无线数据采集器、网络与安全设备、操作系统等。建设农村沼气数据中心1个，在线监测点3322个。

六、发展布局

综合考虑各地区畜禽粪便、农作物秸秆等资源量，肥料化、饲料化、原料化、基料化等竞争性利用途径，以及地域分异规律、沼气发展基础、经济水平、清洁能源需求等因素，将全国31个省（直辖市、自治区）划分为三类地区：Ⅰ类地区（资源量丰富地区）；Ⅱ类地区（资源量中等地区）；Ⅲ类地区（资源量一般地区）。

专栏4　资源量测算依据
1、畜禽类便资源量测算。依据《中国统计年鉴-2016年》，查阅2015年全国蛋鸡、肉鸡、奶牛、肉牛、生猪等饲养量，采用《第一次全国污染源普查畜禽养殖业源产排污系数手册》所公布的畜禽粪污产排污系数，蛋鸡取0.17千克/羽/天，肉鸡取0.2千克/羽/天，奶牛取32.86千克/头/天，肉牛取15.01千克/头/天，生猪取2.37千克/头/天。 2、农作物秸秆资源量测算。依据《中国统计年鉴-2016年》，查阅2015年全国玉米、水稻、小麦、大豆、薯类等作物产量，采用《国家发展改革委办公厅农业部办公厅关于开展农作物秸秆综合利用规划终期评估的通知》（发改办环资〔2015〕3264号）所公布的草谷比，华北农区：玉米1.73、水稻0.93、小麦1.34、豆类1.57、薯类1.00；东北农区：玉米1.86、水稻0.97、小麦0.93、豆类1.70、薯类0.71；长江中下游农区：玉米2.05、水稻1.28、小麦1.38、豆类1.68、薯类1.16；西北农区：玉米1.52、小麦1.23、豆类1.07、薯类1.22；西南农区：玉米1.29、水稻1.00、小麦1.31、豆类1.05、薯类0.60；南方农区：玉米1.32、水稻1.06、小麦1.38、豆类1.08、薯类1.41。

专栏5　全国农村沼气原料资源区域划分表

分区	省(市、区)
Ⅰ类地区	河南、山东、四川、湖南、广西、黑龙江、安徽、河北、湖北、辽宁、吉林、江苏
Ⅱ类地区	云南、内蒙古、江西、贵州、甘肃、广东、陕西、重庆、山西、海南
Ⅲ类地区	新疆、西藏、浙江、福建、青海、宁夏、天津、北京、上海

（一）Ⅰ类地区

区域范围：包括黑龙江、吉林、辽宁、河北、山东、河南、安徽、江苏、湖北、湖南、四川、广西12个省（自治区）。

区域特征：按照区位和地形特征不同，该类地区又分两类。

——黑龙江、吉林、辽宁、河北、山东、河南、安徽、江苏等省，是粮食主产区，同时果园、菜园和畜禽养殖双优县较集中，土地消纳沼渣沼液的能力较强，发展种养结合循环农业模式的空间较大；清洁能源需求较大，适宜发展规模化大型沼气和生物天然气。

——湖北、湖南、四川、广西等省（自治区），属于亚热带温带丘陵山区，地形地貌差异显著，大田作物分布较广，菜园、果园、茶园和畜禽养殖双优县均有分布，贫困集中连片区域对户用沼气需求大，丘陵地区适宜发展中小规模沼气工程，平原地区可发展各类沼气工程。

发展任务：在该区域新建规模化大型沼气工程1884处，中型沼气工程4815处，小型沼气工程11000处，规模化生物天然气工程123处，总池容达到886万立方米；新建户用沼气76万户；处理畜禽粪便4551万吨、农作物秸秆588万吨，年沼气总产量32亿立方米。

（二）Ⅱ类地区

区域范围：包括内蒙古、山西、陕西、甘肃、江西、重庆、贵州、云南、广东、海南10个省（直辖市、自治区）。

区域特征：按照区位和地形特征不同，该类地区又分三类。

——内蒙古、山西、陕西、甘肃等省（自治区），属于“镰刀弯”地区，是玉米结构调整的重点地区，也是草食动物养殖优势区，菜园、果园和畜禽养殖双优县均有分布，适宜发展以规模化沼气为纽带的循环农业模式，适度发展生物天然气工程和中小型沼气工程。

——江西、重庆、贵州、云南等省（直辖市），山区面积大，沼气原料资源分散，贫困人口多、扶贫任务重，大田作物分布较广，菜园、果园和畜禽养殖双优县较多，茶园和畜禽养殖双优区也有分布，适宜发展户用沼气和中小型沼气工程。

——广东、海南等省，属于热带亚热带地区，气候条件好，同时畜禽养殖量大，面源污染防治任务重，热带作物分布较广，菜园、果园和畜禽养殖双优县较多，发展规模化沼气需求迫切，海南部分贫困地区有发展户用沼气的需求。

发展任务：在该区域新建规模化大型沼气工程973处，中型沼气工程4000处，小型沼气工程4450处，规模化生物天然气工程39处，总池容达到402万立方米；新建户用沼气34万户；处理畜禽粪便2226万吨、农作物秸秆219万吨，年沼气总产量14亿立方米。

（三）Ⅲ类地区

区域范围：包括北京、天津、上海、浙江、福建、宁夏、青海、新疆、西藏9个省（直辖市、自治区）。

区域特征：按照区位和地形分异规律的区域特征不同，该类地区又分两类。

——北京、天津、上海、浙江、福建等省（直辖市），人口密集，经济条件优越，优质农产品需求大，清洁燃气需求旺盛，环保要求高，菜园、果园和畜禽养殖双优县较多，茶园和畜禽养殖双优区也有分布，适宜发展规模化沼气工程，因地制宜推广生态循环农业模式。

——宁夏、青海、新疆、西藏等省（自治区），属于生态脆弱区以及水源保护地，环保压力大，适宜推广能源环保型模式；在规模化牲畜养殖集中的牧区和绿洲农业区可适度发展菜沼畜规模化沼气工程。

发展任务：在该区域新建规模化大型沼气工程293处，中型沼气工程1185处，小型沼气工程50处，规模化生物天然气工程10处，总池容达到101万立方米；新建户用沼气1万户；处理畜禽粪便407万吨、农作物秸秆56万吨，年沼气总产量3亿立方米。

七、资金测算与筹措

通过对规模化大型沼气工程和生物天然气工程进行典型设计经济分析，确定了沼气工程的投资强度和补贴标准。在实施过程中还应考虑农业产业结构调整和市场需求变化等因素，结合各地区对中央预算内投资计划上一年度完成情况及实施效果，对各省（市、区）沼气工程数量和投资实行动态调整，保证有序发展。

（一）资金测算

“十三五”期间农村沼气工程总投资500亿元，其中：规模化生物天然气工程181.2亿元，规模化大型沼气工程133.61亿元，中型沼气工程91亿元，小型沼气工程59亿，户用沼气33.3亿元，沼气科技创新平台1.89亿元。

专栏6　投资测算依据
1、规模化生物天然气工程。按照日产1万立方米生物天然气测算，单项工程总投资6680万元；日产2万立方米生物天然气，单项工程工程总投资11690万元。 2、规模化大型沼气工程。按照新建厌氧发酵装置总体容积1000立方米的沼气工程测算，单项工程总投资450万元。

（二）资金筹措

相关投资主要由企业和个人自主多渠道筹措，充分吸引和调动社会资本积极投入，中央和地方各级财力予以适当补助。中央投资补助标准将根据农村沼气转型升级试点情况和规划实施中期评估进一步调整优化。

八、政策措施

（一）建立多元化投入机制

坚持政府支持、企业主体、市场化运作的方针，大力推进沼气工程建设和运营的市场化、企业化、专业化，创新政府投入方式，健全政府和社会资本合作机制，积极引导各类社会资本参与，政府采用投资补助、产业投资基金注资、股权投资、购买服务等多种形式对沼气工程建设给予支持。支持地方政府建立运营补偿机制，鼓励通过项目有效整理打包，提高整体收益能力，保障社会资本获得合理投资回报。研究出台政府和社会资本合作（PPP）实施细则，完善行业准入标准体系，去除不合理门槛。积极支持技术水平高、资金实力强、诚实守信的企业从事规模化沼气项目建设和管理，鼓励同一专业化主体建设多个沼气工程。积极探索碳排放权交易机制，鼓励专业化经营主体完善沼气碳减排方案，开展碳排放权交易试点。研究建立沼气项目信用记录体系。

（二）完善农村沼气优惠政策

研究建立规模化养殖场废弃物强制性资源化处理制度。完善促进市场主体开展多种形式畜禽养殖废弃物处理和资源化的激励机制，研究建立农业废弃物处理收费机制。完善沼气沼肥等终端产品补贴政策，对生产沼气和提纯生物天然气用于城乡居民生活的可参照沼气发电上网补贴方式予以支持；在实施绿色生态导向的农业政策中，支持农村居民、新型农村经营主体等使用农业废弃物资源化生产的有机肥。比照资源循环型企业的政策，支持从事利用畜禽养殖废弃物、秸秆、餐厨垃圾等生产沼气、生物天然气的企业发展。健全农业废弃物收储运体系，推动将沼气发酵、提纯、运输等相关设备纳入农机购置补贴目录，研究建立健全并落实规模化沼气和生物天然气工程项目用地、用电、税收等优惠政策。

（三）营造产品公平竞争环境

将生物天然气和沼气纳入国家能源和生态战略，落实《可再生能源法》《畜禽规模养殖污染防治条例》《可再生能源发电全额收购保障办法》中对沼气利用的相关规定，破除行业壁垒和歧视，推进生物天然气和沼气发电无障碍并入燃气管网及电网并享受相关补贴，对生物天然气和沼气进行全额收购或配额保障收购，支持规模化沼气集中供气并获得与城镇燃气同等经营许可权利，完善农村集中供气管网建设扶持政策，保障生物天然气、沼气发电、沼气集中供气获得公平的市场待遇。

（四）加快完善沼气标准体系

加快农村沼气标准的制定和修订工作，包括各类沼气工程设计规范、安全设计与运营规范、污染物排放标准、生物天然气产品和并入燃气管网标准、沼肥工程技术规范、沼肥产品等，加强检测认证体系建设，提高行业技术水平，强化对农村沼气及沼肥产品质量和安全监管。研究制定沼气（生物天然气）前期工作编制规程，指导项目单位科学规范开展前期工作。

（五）加强国际合作与交流

在互惠互利的基础上，加强同发达国家企业的合作，学习和借鉴他们的先进技术和管理经验，有目的有选择地引进消化吸收国外先进技术、工艺及关键设备。充分利用国际金融组赠款、贷款以及直接融资等方式，高起点发展农村沼气工程龙头企业，加快产业技术开发步伐，提升产业技术水平。

九、组织实施

（一）加强组织领导

各地要准确把握转型升级新要求，充分认识做大做强农村沼气事业的重要意义，把农村沼气建设纳入地方政府国民经济与社会发展“十三五”规划并提供必要的保障。各级发展改革、农业等部门要加强沟通协调，各负其责，形成合力。深入开展资源与市场需求调查研究，及时应对形势需求，合理优化区域布局。建立农村沼气建设和使用考核评价制度，考核结果作为项目安排和绩效考核的重要依据。

（二）强化行业监管

加强对沼气工程建设到运营全过程监管。进一步健全农村沼气技术监督体系，加强沼气工程质量安全检查，规范市场行为；建立健全项目环境监管体系，严格执行污染物排放监测监督；完善规模化生物天然气工程和规模化大型沼气工程项目管理办法，严格执行项目法人责任制、招标投标制、建设监理制和合同管理制；项目立项、建设、运营等全程公开接受用户和社会的监督、质询和评议。完善项目建设与运行中安全生产制度，建立定期巡回检查、隐患排查、政企应急联动和安全互查等工作机制，确保生产安全。

（三）开展宣传评估

对规划实施情况进行动态监测，及时发现规划实施存在的问题，开展规划实施中期评估和末期评估。利用网络、电视、报纸等媒体，开展农村沼气多形式、多层次、多途径的宣传活动，营造良好的社会舆论氛围。组织开展专业技能培训，对规模化生物天然气工程和规模化大型沼气工程技术和管理人员进行安全生产宣传培训。结合新型职业农民培训工程、农村实用人才带头人素质提升计划，加强沼气服务网站点技术人员和新型经营主体知识更新再培训，着力提高专业化水平。

地热能开发利用“十三五”规划（节录）

（发改能源〔2017〕158号国家发展改革委国家能源局国土资源部2017年1月23日印发）

二、指导方针和目标

(一)指导思想

贯彻党的十八大和十八届三中、四中、五中、六中全会精神，全面推进能源生产和消费革命战略，以调整能源结构、防治大气污染、减少温室气体排放、推进新型城镇化为导向，依靠科技进步，创新地热能开发利用模式，积极培育地热能市场，按照技术先进、环境友好、经济可行的总体要求，全面促进地热能有效利用。

(三)发展目标

在“十三五”时期，新增地热能供暖(制冷)面积11亿平方米，其中：新增浅层地热能供暖(制冷)面积7亿平方米;新增水热型地热供暖面积4亿平方米。新增地热发电装机容量500MW。到2020年，地热供暖(制冷)面积累计达到16亿平方米，地热发电装机容量约530MW。2020年地热能年利用量7000万吨标准煤，地热能供暖年利用量4000万吨标准煤。京津冀地区地热能年利用量达到约2000万吨标准煤。

在“十三五”时期，形成较为完善的地热能开发利用管理体系和政策体系，掌握地热产业关键核心技术，形成比较完备的地热能开发利用设备制造、工程建设的标准体系和监测体系。

在“十三五”时期，开展干热岩开发试验工作，建设干热岩示范项目。通过示范项目的建设，突破干热岩资源潜力评价与钻探靶区优选、干热岩开发钻井工程关键技术以及干热岩储层高效取热等关键技术，突破干热岩开发与利用的技术瓶颈。

三、重点任务

(一)组织开展地热资源潜力勘查与选区评价

(二)积极推进水热型地热供暖

按照“集中式与分散式相结合”的方式推进水热型地热供暖，在“取热不取水”的指导原则下，进行传统供暖区域的清洁能源供暖替代，特别是在经济较发达、环境约束较高的京津冀鲁豫和生态环境脆弱的青藏高原及毗邻区，将水热型地热能供暖纳入城镇基础设施建设中，集中规划，统一开发。

(三)大力推广浅层地热能利用

在"十三五"时期，要按照"因地制宜，集约开发，加强监管，注重环保"的方式开发利用浅层地热能。通过技术进步、规范管理解决目前浅层地热能开发中出现的问题，并加强我国南方供暖制冷需求强烈地区的浅层地热能开发利用。在重视传统城市区域浅层地热能利用的同时，要重视新型城镇地区市场对浅层地热能供暖(制冷)的需求。

(四)地热发电工程

在西藏、川西等高温地热资源区建设高温地热发电工程;在华北、江苏、福建、广东等地区建设若干中低温地热发电工程。建立、完善扶持地热发电的机制，建立地热发电并网、调峰、上网电价等方面的政策体系。

(五)加强关键技术研发

开展地热资源评价技术、高效换热技术、中高温热泵技术、高温钻井工艺技术研究以及经济回灌技术攻关;开展井下换热技术深度研发，深入开展水热型中低温地热发电技术研究和设备攻关;开展干热岩资源发电试验项目的可行性论证，选择场址并进行必要的前期勘探工作。

(六)加强信息监测统计体系建设

(七)加强产业服务体系建设

四、重大项目布局

(一)水热型地热供暖

根据资源情况和市场需求，选择京津冀、山西(太原市)、陕西(咸阳市)、山东(东营市)、山东(菏泽市)、黑龙江(大庆市)、河南(濮阳市)建设水热型地热供暖重大项目。采用"采灌均衡、间接换热"或"井下换热"的工艺技术，实现地热资源的可持续开发。

(二)浅层地热能利用

沿长江经济带地区，针对城镇居民对供暖的迫切需求，加快推广以热泵技术应用为主的地热能利用，减少大规模燃煤集中供暖，减轻天然气供暖造成的保供和价格的双重压力。以重庆、上海、苏南地区城市群、武汉及周边城市群、贵阳市、银川市、梧州市、佛山市三水区为重点，整体推进浅层地热能供暖(制冷)项目建设。

(三)中高温地热发电

西藏地区位于全球地热富集区，地热资源丰富且品质较好。有各类地热显示区(点)600余处，居全国之首。西藏高温地热能居全国之首，发电潜力约3000MW，尤其是班公错—怒江活动构造带以南地区，为西藏中高温地热资源富集区，区内人口集中，经济发达，对能源的需求量巨大，是开展中高温地热发电规模开发的有利地区。

根据西藏地热资源勘探成果和资源潜力评价结果，以当地电力需求为前提，优选当雄县、那曲县、措美县、噶尔县、普兰县、谢通门县、错那县、萨迦县、岗巴县9个县境内的羊八井、羊易、宁中、谷露、古堆、朗久、曲谱、查布、曲卓木、卡乌和苦玛11处高温地热田作为"十三五"地热发电目标区域，11处高温地热田发电潜力合计830MW，"十三五"有序启动400MW装机容量规划或建设工作。

(四)中低温地热发电

在东部地区开展中低温地热发电项目建设。重点在河北、天津、江苏、福建、广东、江西等地开展，通过政府引导，逐步培育市场与企业，积极发展中低温地热发电。

(五)干热岩发电

开展万米以浅地热资源勘查开发工作，积极开展干热岩发电试验，在藏南、川西、滇西、福建、华北平原、长白山等资源丰富地区选点，通过建立2-3个干热岩勘查开发示范基地，形成技术序列、孵化相关企业、积累建设经验，在条件成熟后进行推广。

工业绿色发展规划（2016-2020年）

(工业和信息化部2016年6月30日印发)

为落实《国民经济和社会发展第十三个五年规划纲要》和《中国制造2025》战略部署，加快推进生态文明建设，促进工业绿色发展，制定本规划。

一、面临的形势

"十二五"时期，工业领域坚持把发展资源节约型、环境友好型工业作为转型升级的重要着力点，把节能减排作为转方式、调结构的重要抓手，大力推进技术改造，推广节能环保新技术、新装备和新产品，逐步完善节能减排工作体系，圆满完成"十二五"目标任务。工业能效和水效大幅提升，规模以上企业单位工业增加值能耗累计下降28%，实现节能量6.9亿吨标准煤，单位工业增加值用水量累计下降35%，提前一年完成"十二五"淘汰落后产能任务。工业清洁生产先进适用工艺技术大范围示范推广，开展有毒有害原料替代，工业产品绿色设计推进机制初步建立。工业资源综合利用产业规模稳步壮大，技术装备水平不断提高，五年利用大宗工业固体废物约70亿吨、再生资源12亿吨。节能环保产业快速增长，2015年节能环保装备、资源综合利用、节能服务等节能环保产业产值约4万亿元。

未来五年，是落实制造强国战略的关键时期，是实现工业绿色发展的攻坚阶段。资源与环境问题是人类面临的共同挑战，推动绿色增长、实施绿色新政是全球主要经济体的共同选择，资源能源利用效率也成为衡量国家制造业竞争力的重要因素，推进绿色发展是提升国际竞争力的必然途径。我国工业总体上尚未摆脱高投入、高消耗、高排放的发展方式，资源能源消耗量大，生态环境问题比较突出，形势依然十分严峻，迫切需要加快构建科技含量高、资源消耗低、环境污染少的绿色制造体系。加快推进工业绿色发展，也是推进供给侧结构性改革、促进工业稳增长调结构的重要举措，有利于推进节能降耗、实现降本增效，有利于增加绿色产品和服务有效供给、补齐绿色发展短板。

二、总体要求

（一）指导思想

贯彻落实党的十八大及十八届三中、四中、五中全会精神，牢固树立创新、协调、绿色、开放、共享的发展理念，全面落实制造强国战略，坚持节约资源和保护环境基本国策，高举绿色发展大旗，紧紧围绕资源能源利用效率和清洁生产水平提升，以传统工业绿色化改造为重点，以绿色科技创新为支撑，以法规标准制度建设为保障，实施绿色制造工程，加快构建绿色制造体系，大力发展绿色制造产业，推动绿色产品、绿色工厂、绿色园区和绿色供应链全面发展，建立健全工业绿色发展长效机制，提高绿色国际竞争力，走高效、清洁、低碳、循环的绿色发展道路，推动工业文明与生态文明和谐共融，实现人与自然和谐相处。

（二）基本原则

创新驱动，标准引领。促进工业绿色发展科技创新、管理创新和商业模式创新，研发推广核心关键绿色工艺技术及装备。加快完善工业能效、水效、排放和资源综合利用等标准，依法实施绿色监管，引导绿色消费。

政策引导，市场推动。发挥政府在推进工业绿色发展中的引导作用，优化工业结构和区域布局，加强机制创新，形成有效的激励约束机制。强化企业在推进工业绿色发展中的主体地位，激发企业活力和创造力，积极履行社会责任。

改造存量，优化增量。加快传统制造业绿色改造升级，鼓励使用绿色低碳能源，提高资源利用效率，淘汰落后设备工艺，从源头减少污染物产生。积极引领新兴产业高起点绿色发展，强化绿色设计，加快开发绿色产品，大力发展节能环保产业。

全面推进，重点突破。着力解决重点行业、企业和区域发展中的资源环境问题，充分发挥试点示范的带动作用。积极推进新兴产业和中小企业的绿色发展，加快工业绿色发展整体水平提升。

（三）发展目标

到2020年，绿色发展理念成为工业全领域全过程的普遍要求，工业绿色发展推进机制基本形成，绿色制造产业成为经济增长新引擎和国际竞争新优势，工业绿色发展整体水平显著提升。

——能源利用效率显著提升。工业能源消耗增速减缓，六大高耗能行业占工业增加值比重继续下降，部分重化工业能源消耗出现拐点，主要行业单位产品能耗达到或接近世界先进水平，部分工业行业碳排放量接近峰值，绿色低碳能源占工业能源消费量的比重明显提高。

——资源利用水平明显提高。单位工业增加值用水量进一步下降，大宗工业固体废物综合利用率进一步提高，主要再生资源回收利用率稳步上升。

——清洁生产水平大幅提升。先进适用清洁生产技术工艺及装备基本普及，钢铁、水泥、造纸等重点行业清洁生产水平显著提高，工业二氧化硫、氮氧化物、化学需氧量和氨氮排放量明显下降，高风险污染物排放大幅削减。

——绿色制造产业快速发展。绿色产品大幅增长，电动汽车及太阳能、风电等新能源技术装备制造水平显著提升，节能环保装备、产品与服务等绿色产业形成新的经济增长点。

——绿色制造体系初步建立。绿色制造标准体系基本建立，绿色设计与评价得到广泛应用，建立百家绿色示范园区和千家绿色示范工厂，推广普及万种绿色产品，主要产业初步形成绿色供应链。

专栏1　“十三五”时期工业绿色发展主要指标

指标	2015年	2020年	累计降速
（1）规模以上企业单位工业增加值能耗下降（%）	—	—	18
吨钢综合能耗（千克标准煤）	572	560	
水泥熟料综合能耗（千克标准煤/吨）	112	105	

专栏1 “十三五”时期工业绿色发展主要指标			
指标	2015年	2020年	累计降速
电解铝液交流电耗（千瓦时/吨）	13350	13200	
炼油综合能耗（千克标准油/吨）	65	63	
乙烯综合能耗（千克标准煤/吨）	816	790	
合成氨综合能耗（千克标准煤/吨）	1331	1300	
纸及纸板综合能耗（千克标准煤/吨）	530	480	
（2）单位工业增加值二氧化碳排放下降（%）	—	—	22
（3）单位工业增加值用水量下降（%）	—	—	23
（4）重点行业主要污染物排放强度下降（%）	—	—	20
（5）工业固体废物综合利用率（%）	65	73	
其中：尾矿（%）	22	25	
煤矸石（%）	68	71	
工业副产石膏（%）	47	60	
钢铁冶炼渣（%）	79	95	
赤泥（%）	4	10	
（6）主要再生资源回收利用量（亿吨）	2.2	3.5	
其中：再生有色金属（万吨）	1235	1800	
废钢铁（万吨）	8330	15000	
废弃电器电子产品（亿台）	4	6.9	
废塑料（国内）（万吨）	1800	2300	
废旧轮胎（万吨）	550	850	
（7）绿色低碳能源占工业能源消费量比重（%）	12	15	
（8）六大高耗能行业占工业增加值比重（%）	27.8	25	
（9）绿色制造产业产值（万亿元）	5.3	10	
注：本专栏均为指导性指标，大多为全国平均值，各地区可结合实际设置目标。			

三、主要任务

（一）大力推进能效提升，加快实现节约发展

坚持节约优先，大力推进能源消费革命，提高工业能源利用效率，促进企业降本增效，加快形成绿色集约化生产方式，增强制造业核心竞争力。

以供给侧结构性改革为导向，推进结构节能。把优化工业结构和能源消费结构作为新时期推进工业节能的重要途径，加强节能评估审查和后评价，进一步提高能耗、环保等准入门槛，严格控制高耗能行业产能扩张。以钢铁、石化、建材、有色金属等行业为重点，积极运用环保、能耗、技术、工艺、质量、安全等标准，依法淘汰落后和化解过剩产能。加快发展能耗低、污染少的先进制造业和战略性新兴产业，促进生产型制造向服务型制造转变。大力调整产品结构，积极开发高附加值、低消耗、低排放产品。大力推进工业能源消费结构绿色低碳转型，鼓励企业开发利用可再生能源，加快工业企业分布式能源中心建设，在具备条件的工业园区或企业实施煤改气或可再生能源替代化石能源，推广绿色照明。实施煤炭清洁高效利用行动计划，在焦化、煤化工、工业锅炉、窑炉等重点用煤领域，推进煤炭清洁、高效、分质利用。

以先进适用技术装备应用为手段，强化技术节能。全面推进传统行业节能技术改造，深入推进重点行业、重点企业能效提升专项行动，加快推广高温高压干熄焦、无球化粉磨、新型结构铝电解槽、智能控制等先进技术。继续

推进锅炉、电机、变压器等通用设备能效提升工程，组织实施空压机系统能效提升计划。围绕高耗能行业企业，加快工艺革新，实施系统节能改造，鼓励先进节能技术的集成优化运用，推广电炉钢等短流程工艺和铝液直供，推动工业节能从局部、单体节能向全流程、系统节能转变。提升产品的轻量化水平，推广复合材料、轻合金、真空镀铝纸等高强韧度新型材料，推广超高强度钢热冲压成形技术、真空高压铸造、超高真空薄壁铸造等轻量化成形工艺。普及中低品位余热余压发电、供热及循环利用，积极推进利用钢铁、化工等行业企业的低品位余热向城市居民供热，促进产城融合。实施工业园区节能改造工程，加强园区能源梯级利用，推进集中供热制冷。

以能源管理体系建设为核心，提升管理节能。贯彻强制性能耗标准，在电解铝、水泥行业落实阶梯电价、差别电价等价格政策。推动重点企业能源管理体系建设，将能源管理体系贯穿于企业生产全过程，定期开展能源计量审查、能源审计、能效诊断和对标，发掘节能潜力，构建能效提升长效机制。实施重点行业能效领跑者引领行动，带动行业整体能效提升。围绕中小工业企业节能管理，搭建公共服务平台，组织开展节能服务公司进企业活动，全面提升中小企业能源管理意识和能力。加强工业节能监察，组织开展强制性能耗、能效标准贯标及落后用能设备淘汰等监察，实施重点行业、重点用能企业专项监察和督查，严格执行《节约能源法》和《工业节能管理办法》等法规。进一步完善覆盖全国的省、市、县三级节能监察体系，支持完善硬件设施、开展业务培训，切实履行监察职能。

专栏2　能效提升工程

重点行业系统改造。钢铁行业实施高温高压干熄焦、烧结烟气循环等技术改造；有色行业实施新型结构铝电解槽、铝液直供、富氧熔炼等技术改造；石化化工行业实施炼化能量系统优化、烯烃原料轻质化、先进煤气化、硝酸生产技术提升等技术改造；水泥行业实施高固气比熟料煅烧、大推力多通道燃烧等技术改造；造纸行业实施纸机高效成型、高效双盘磨浆机等技术改造；纺织行业实施小浴比染色、氨纶单甬道64头纺丝等技术改造。

高耗能通用设备改造。在电机系统实施永磁同步伺服电机、高压变频调速等技术改造。在配电变压器系统实施非晶合金变压器、有载调容调压等技术改造。推广应用新型电力电子器件等信息技术。实施工程机械、农机、内河船舶用柴油机能效提升改造。到2020年，电机和内燃机系统平均运行效率提高5个百分点，高效配电变压器在网运行比例提高20%。

余热余压高效回收利用。在自备电厂实施烟气系统余热深度回收利用、超临界混合工质高参数一体化循环发电等技术改造。推广矿热炉高温烟气净化回收利用、冶金余热余压能量回收同轴机组应用、螺杆膨胀动力驱动等技术。到2020年，中低品位余热余压利用率达到80%。

煤炭清洁高效利用。焦化、煤化工行业重点推动产品结构优化，加大资源加工转化深度，推广整体煤气联合循环发电技术（IGCC）、焦炉煤气制合成氨、甲醇或天然气及煤粉气流床加压气化等技术。工业锅炉优先实施高效节能技术改造或清洁能源替代。工业窑炉重点推进全（富）氧燃烧、蓄热式燃烧、燃料替代及余热利用等技术改造。

园区系统节能改造。开展风能、太阳能等分布式能源和园区智能微电网建设，提高园区可再生能源使用比例。实施园区绿色照明改造，建设园区能源管理中心，加强园区余热余压梯级利用，推广集中供热和制冷。

能效领跑者引领行动。在重点用能行业实施能效领跑者行动，开展企业能效对标达标，定期发布领跑企业名单及其指标，引导企业实施节能技术改造。发布《节能机电设备（产品）推荐目录》和《能效之星产品目录》。

（二）扎实推进清洁生产，大幅减少污染排放

围绕重点污染物开展清洁生产技术改造，推广绿色基础制造工艺，降低污染物排放强度，促进大气、水、土壤污染防治行动计划落实。

减少有毒有害原料使用。修订国家鼓励的有毒有害原料替代目录，引导企业在生产过程中使用无毒无害或低毒低害原料，从源头削减或避免污染物的产生，推进有毒有害物质替代。推进电器电子、汽车等重点产品有毒有害物质限制使用。继续实施高风险污染物削减行动计划，强化汞、铅、高毒农药等减量替代，逐步扩大实施范围，降低环境风险。实施挥发性有机物削减计划，在涂料、家具、印刷、汽车制造涂装、橡胶制品、制鞋等重点行业推广替代或减量化技术。推广无铬耐火材料。

推进清洁生产技术改造。针对二氧化硫、氮氧化物、化学需氧量、氨氮、烟（粉）尘等主要污染物，积极引导重点行业企业实施清洁生产技术改造，逐步建立基于技术进步的清洁生产高效推行模式。在京津冀、长三角、珠三角、东北地区等重点区域组织实施钢铁、建材等重点行业清洁生产水平提升工程，降低二氧化硫、氮氧化物、烟（粉）尘排放强度。在长江、黄河等七大流域组织实施重点行业清洁生产水平提升工程，降低造纸、化工、印染、化学原料药、电镀等行业废水排放总量及化学需氧量、氨氮等污染物排放强度。推进工业领域土壤污染源头防治，推广先进适用的土壤修复技术装备和产品。

加强节水减污。围绕钢铁、化工、造纸、印染、饮料等高耗水行业，实施用水企业水效领跑者引领行动，开展水平衡测试及水效对标达标，大力推进节水技术改造，推广工业节水工艺、技术和装备。强化高耗水行业企业生产

过程和工序用水管理，严格执行取水定额国家标准，围绕高耗水行业和缺水地区开展工业节水专项行动，提高工业用水效率。推进水资源循环利用和工业废水处理回用，推广特许经营、委托营运等专业化节水模式，推动工业园区集约利用水资源，实行水资源梯级优化利用和废水集中处理回用。推进中水、再生水、海水等非常规水资源的开发利用，支持非常规水资源利用产业化示范工程，推动钢铁、火电等企业充分利用城市中水，支持有条件的园区、企业开展雨水集蓄利用。

推广绿色基础制造工艺。推广清洁高效制造工艺，以铸造、热处理、焊接、涂镀等领域为重点，推广应用合金钢无氧化清洁热处理、热处理气氛减量化、真空低压渗碳热处理、感应热处理等高效节能热处理工艺，无铅波峰焊接抗氧化、氮气保护无铅再流焊接、高效节材摩擦焊等焊接工艺，绿色化除油、无铅电镀、三价铬电镀、电镀铬替代等清洁涂镀技术，减少制造过程的能源消耗和污染物排放。推进短流程、无废弃物制造，重点发展近净成形、数字化无模铸造、增材制造、新型防腐蚀等短流程绿色节材工艺技术，以及干式切削加工、低温微量润滑切削加工、铸件余热时效热处理等无废弃物制造技术，减少生产过程的资源消耗。

专栏3　绿色清洁生产推进工程
重点区域清洁生产水平提升行动。在京津冀、长三角、珠三角等重点区域实施大气污染重点行业清洁生产水平提升行动。到2020年，全国工业削减烟粉尘100万吨/年、二氧化硫50万吨/年、氮氧化物180万吨/年。 重点流域清洁生产水平提升行动。在长江、黄河、珠江、松花江、淮河、海河、辽河等重点流域实施水污染重点行业清洁生产水平提升行动。到2020年，全国工业削减废水4亿吨/年、化学需氧量50万吨/年、氨氮5万吨/年。 特征污染物削减计划。以挥发性有机物、持久性有机物、重金属等污染物削减为目标，围绕重点行业、重点领域实施工业特征污染物削减计划。到2020年，削减汞使用量280吨/年，减排总铬15吨/年、总铅15吨/年、砷10吨/年。 绿色基础制造工艺推广行动。重点推广绿色的铸造、锻压、焊接、切削、热处理、表面处理等基础制造工艺技术与装备。到2020年，铸件废品率降低10%，锻造材料利用率提高10%，切削材料利用率提升10%，电镀和涂装行业减少污染物排放30%以上。 中小企业清洁生产推行计划。提升中小企业清洁生产技术研发应用水平，开展政府购买清洁生产服务试点，实施中小企业清洁生产培训计划。继续实施粤港清洁生产伙伴计划，在其他地区推广示范。 工业节水专项行动。围绕钢铁、纺织印染、造纸、石化化工、食品发酵等重点行业实施节水治污改造工程，实施用水企业水效领跑者引领行动，推进节水技术改造，在缺水地区实施工业节水专项行动，加强非常规水资源利用。

（三）加强资源综合利用，持续推动循环发展

按照减量化、再利用、资源化原则，加快建立循环型工业体系，促进企业、园区、行业、区域间链接共生和协同利用，大幅度提高资源利用效率。

大力推进工业固体废物综合利用。以高值化、规模化、集约化利用为重点，围绕尾矿、废石、煤矸石、粉煤灰、冶炼渣、冶金尘泥、赤泥、工业副产石膏、化工废渣等工业固体废物，推广一批先进适用技术装备，推进深度资源化利用。深入推进承德、朔州、贵阳等资源综合利用基地建设，选择有基础、有潜力、产业集聚和示范效应明显的地区，合理布局，突出特色，加强体制机制和运行管理模式创新，打造完整的工业固体废物综合利用产业链。探索资源综合利用产业区域协同发展新模式，发挥各地优势，推动区域资源综合利用协同发展，实施京津冀地区资源综合利用产业协同发展行动计划，建立若干工业固体废物综合利用跨省界协同发展示范区。

加快推动再生资源高效利用及产业规范发展。围绕废钢铁、废有色金属、废纸、废橡胶、废塑料、废油、废弃电器电子产品、报废汽车、废旧纺织品、废旧动力电池、建筑废弃物等主要再生资源，加快先进适用回收利用技术和装备推广应用。建设一批再生资源产业集聚区，推进再生资源跨区域协同利用，构建区域再生资源回收利用体系。落实生产者责任延伸制度,在电器电子产品、汽车领域等行业开展生产者责任延伸试点示范。促进行业秩序逐步规范，定期发布符合行业规范条件的企业名单，培育再生资源行业骨干企业。

积极发展再制造。围绕传统机电产品、高端装备、在役装备等重点领域，实施高端、智能和在役再制造示范工程，打造若干再制造产业示范区。加强再制造技术研发与推广，研发应用再制造表面工程、疲劳检测与剩余寿命评估、增材制造等关键共性技术工艺，开发自动化高效解体、零部件绿色清洗、再制造产品服役寿命评估、基于监测诊断的个性化设计和在役再制造关键技术。引导再制造企业建立覆盖再制造全流程的产品信息化管理平台，促进再制造规范健康发展。推进产品认定，鼓励再制造产品推广应用。

全面推行循环生产方式。推进钢铁、有色、石化、化工、建材等行业拓展产品制造、能源转换、废弃物处理-消纳及再资源化等行业功能，强化行业间横向耦合、生态链接、原料互供、资源共享。因地制宜推进水泥窑协同处置固体废物，鼓励造纸行业利用林业废物及农作物秸秆等制浆。推进各类园区进行循环化改造，实现生产过程耦合

和多联产，提高园区资源产出率和综合竞争力。

专栏4　资源高效循环利用工程
大宗工业固体废物综合利用行动。重点推进冶炼渣及尘泥、化工废渣、尾矿、煤电废渣等综合利用。到2020年，大宗工业固体废物综合利用量达到21亿吨，磷石膏利用率40%，粉煤灰利用率75%。 再生资源综合利用行动。在废旧金属、废弃电器电子产品、报废汽车、建筑废弃物等领域，重点应用和推广高效破碎、稀贵金属成分快速检测、多金属综合回收利用等重大关键技术装备。到2020年，主要再生资源利用率达到75%。 区域资源综合利用行动。在京津冀及周边、长江经济带、珠三角地区、东北等老工业基地，建立10个冶炼渣与矿业废弃物、煤电废弃物、报废机电设备等协同利用示范基地，建设5个共伴生钒钛、稀土、盐湖等资源深度利用示范项目。 再制造示范推广。围绕航空发动机、燃气轮机、盾构机等大型成套设备及医疗设备、计算机服务器、复印机、打印机、模具等开展高端智能再制造示范。围绕数控机床、透平压缩机等装备实施在役再制造示范。到2020年，再制造产业规模达到2000亿元。

（四）削减温室气体排放，积极促进低碳转型

工业是应对气候变化的重点领域，实现2030年碳排放达峰目标，必须在加大工业节能力度的同时，多措并举，推动部分行业、部分园区率先达峰。

推进重点行业低碳转型。结合碳排放重点行业特点，制定重大低碳技术推广实施方案，促进先进适用低碳新技术、新工艺、新设备和新材料的推广应用。研究制定钢铁、建材、有色、化工等重点行业碳排放控制目标和行动方案，提升重点行业碳生产力水平。在重点行业，选择一批减排潜力大、成熟度高、先进适用的重大低碳技术示范推广，促进工业行业碳排放强度下降。

控制工业过程温室气体排放。以减少工业过程二氧化碳、氧化亚氮、氢氟碳化物、全氟化碳、六氟化硫等温室气体排放为目标，以水泥、钢铁、石灰、电石、己二酸、硝酸、化肥、制冷剂生产等为重点，控制工业过程温室气体排放。开展水泥生产原料替代，利用工业固体废物等非碳酸盐原料生产水泥，减少生产过程二氧化碳排放。开展高碳产品替代，引导使用新型低碳水泥替代传统水泥、新型钢铁材料或可再生材料替代传统钢材、有机肥或缓释肥替代传统化肥，减少高碳排放产品消费。

开展工业低碳发展试点示范。继续开展园区试点示范，结合新型工业化产业示范基地建设，加大低碳工业园区建设力度，制定国家低碳工业园区指南，推进园区碳排放清单编制工作，推动园区企业参与碳排放权交易。开展低碳企业试点示范，引导企业实施低碳发展战略，逐步建立低碳企业评价标准、指标体系和激励约束机制，培育低碳标杆企业，增强企业低碳竞争力。鼓励建材、化工等行业实施碳捕集、利用与封存试点示范，促进二氧化碳资源化利用。

专栏5　工业低碳发展工程
绿色能源推广行动。控制和消减煤炭消耗总量，提高太阳能、风能、生物质能、水能等可再生能源使用比例。开展工业园区和企业智能微电网试点示范，鼓励智能微电网接入本地区电力需求侧管理平台。 控制工业过程温室气体排放计划。推广电炉炼钢-热轧短流程工艺，有色金属冶炼短流程工艺，改进电石、石灰生产工艺，减少生产过程二氧化碳排放。改进化肥、己二酸、硝酸、己内酰胺等生产工艺，减少工业生产过程氧化亚氮的排放。实施高温室效应潜能值气体替代，通过采用合理防护性气体、创新操作工艺、开展替代品研发、改进设备使用等措施，大幅度降低工业生产过程含氟气体排放。 工业低碳发展试点示范行动。在钢铁、有色、建材、石化和化工、装备制造等重点行业，开展低碳企业创建试点。在化工、水泥、钢铁等行业实施碳捕集、利用与封存示范，加强二氧化碳在石油开采、塑料制品、食品加工等领域的应用。

（五）提升科技支撑能力，促进绿色创新发展

紧跟科技革命和产业变革的方向，加快绿色科技创新，加大关键共性技术研发力度，增加绿色科技成果的有效供给，发挥科技创新在工业绿色发展中的引领作用。

加快传统产业绿色化改造关键技术研发。围绕钢铁、有色、化工、建材、造纸等行业，以新一代清洁高效可循环生产工艺装备为重点，结合国家科技重大工程、重大科技专项等，突破一批工业绿色转型核心关键技术，研制一批重大装备，支持传统产业技术改造升级。重点支持钢铁行业研发换热式两段焦炉及高效、清洁全废钢电炉冶炼新工艺，有色行业研发超大容量电解槽、连续吹炼等设备与工艺，化工行业研发流化床多晶硅生产、氯化法钛白粉生

产、新一代分离膜及膜器等新工艺及装备，水泥行业研发新型低碳、高标号熟料生产工艺，造纸行业研发高速造纸机智能化控制设备、非木浆黑液高浓度提取及蒸发工艺。

支持绿色制造产业核心技术研发。面向节能环保、新能源装备、新能源汽车等绿色制造产业的技术需求，加强核心关键技术研发，构建支持绿色制造产业发展的技术体系。节能环保产业重点研发煤炭清洁高效利用、朗肯循环等余热高效利用、高耗能行业节能新工艺等节能技术，挥发性有机物在线分析仪、高浓度氨氮废水处理、化工废盐焚烧处理及资源化、污泥高速流体喷射破碎干化等环保技术及装备，以及低品位共伴生矿产资源高效利用、赤泥和电解锰渣资源化利用、钢渣微粉等综合利用技术装备。新能源装备重点研发核心装备部件制造、并网、电网调度和运维管理等关键技术。电动汽车重点推进动力电池、电机、电控等技术研发。

鼓励支撑工业绿色发展的共性技术研发。按照产品全生命周期理念，以提高工业绿色发展技术水平为目标，加大绿色设计技术、环保材料、绿色工艺与装备、废旧产品回收资源化与再制造等领域共性技术研发力度。重点突破产品轻量化、模块化、集成化、智能化等绿色设计共性技术，研发推广高性能、轻量化、绿色环保的新材料，突破废旧金属、废塑料等产品智能分选与高值利用、固体废物精细拆解与清洁再生等关键产业化技术，开展基于全生命周期的绿色评价技术研究。

（六）加快构建绿色制造体系，发展壮大绿色制造产业

强化产品全生命周期绿色管理，支持企业推行绿色设计，开发绿色产品，建设绿色工厂，发展绿色工业园区，打造绿色供应链，全面推进绿色制造体系建设。

开发绿色产品。按照产品全生命周期绿色管理理念，遵循能源资源消耗最低化、生态环境影响最小化、可再生率最大化原则，大力开展绿色设计示范试点，以点带面，加快开发具有无害化、节能、环保、低耗、高可靠性、长寿命和易回收等特性的绿色产品。积极推进绿色产品第三方评价和认证，发布工业绿色产品目录，引导绿色生产，促进绿色消费。建立各方协作机制，开展典型产品评价试点，建立有效的监管机制。

创建绿色工厂。按照厂房集约化、原料无害化、生产洁净化、废物资源化、能源低碳化的原则分类创建绿色工厂。引导企业按照绿色工厂建设标准建造、改造和管理厂房，集约利用厂区。鼓励企业使用清洁原料，对各种物料严格分选、分别堆放，避免污染。优先选用先进的清洁生产技术和高效末端治理装备，推动水、气、固体污染物资源化和无害化利用，降低厂界环境噪声、振动以及污染物排放，营造良好的职业卫生环境。采用电热联供、电热冷联供等技术提高工厂一次能源利用率，设置余热回收系统，有效利用工艺过程和设备产生的余（废）热。提高工厂清洁和可再生能源的使用比例，建设厂区光伏电站、储能系统、智能微电网和能管中心。

发展绿色工业园区。以企业集聚化发展、产业生态链接、服务平台建设为重点，推进绿色工业园区建设。优化工业用地布局和结构，提高土地节约集约利用水平。积极利用余热余压废热资源，推行热电联产、分布式能源及光伏储能一体化系统应用，建设园区智能微电网，提高可再生能源使用比例，实现整个园区能源梯级利用。加强水资源循环利用，推动供水、污水等基础设施绿色化改造，加强污水处理和循环再利用。促进园区内企业之间废物资源的交换利用，在企业、园区之间通过链接共生、原料互供和资源共享，提高资源利用效率。推进资源环境统计监测基础能力建设，发展园区信息、技术、商贸等公共服务平台。

建立绿色供应链。以汽车、电子电器、通信、机械、大型成套装备等行业的龙头企业为依托，以绿色供应链标准和生产者责任延伸制度为支撑，带动上游零部件或元器件供应商和下游回收处理企业，在保证产品质量的同时践行环境保护责任，构建以资源节约、环境友好为导向，涵盖采购、生产、营销、回收、物流等环节的绿色供应链。建立绿色原料及产品可追溯信息系统。

支持企业实施绿色战略、绿色标准、绿色管理和绿色生产，开展绿色企业文化建设，提升品牌绿色竞争力。引导企业建立集资源、能源、环境、安全、职业卫生为一体的绿色管理体系，将绿色管理贯穿于企业研发、设计、采购、生产、营销、服务等全过程，实现生产经营管理全过程绿色化。培育一批具有自主品牌、核心技术能力强的绿色龙头骨干企业，发挥大型企业集团示范带动作用，在绿色发展上先行先试，引导企业建立信息公开制度，定期发布社会责任报告和可持续发展报告。

专栏6　绿色制造体系创建工程

绿色产品设计示范。推进绿色设计试点示范，开展典型产品绿色设计水平评价试点，培育一批绿色设计示范企业，制定绿色产品标准。到2020年，创建百家绿色设计示范企业、百家绿色设计中心，力争开发推广万种绿色产品。

绿色示范工厂创建。制定绿色工厂建设标准和导则，在钢铁、有色、化工、建材、机械、汽车、轻工、纺织、医药、电子信息等重点行业开展试点示范。到2020年，创建千家绿色示范工厂。

绿色示范园区创建。选择一批基础条件好、代表性强的工业园区，开展绿色园区创建示范工程。到2020年，创建百家示范意义强、综合水平高的绿色园区。

绿色供应链示范。以供应链核心企业为抓手，开展试点示范，实施绿色采购，推行生产者责任延伸制度，在信息通信、汽车、家电、纺织等行业培育百家绿色供应链示范企业。

（七）充分发挥区域比较优势，推进工业绿色协调发展

在区域工业发展中贯彻绿色理念，发挥地区比较优势，加强区域协同，促进区域工业绿色发展。

紧扣主体功能定位，进一步调整和优化工业布局。发挥主体功能区规划的引导作用，根据区域资源承载力和环境容量，确定区域工业发展方向和开发强度。优化开发区域积极发展节能、节地、环保的先进制造业，推动产业结构向高端、高效、高附加值转变，大力提高清洁能源比重，能源和水资源消耗以及污染物排放强度达到或接近国际先进水平。重点开发区域合理开发并有效保护能源和矿产资源，将资源优势转化为经济优势，改造传统产业，大力发展新兴产业，大幅提高清洁生产水平，降低资源消耗、污染物和二氧化碳排放强度。限制开发区域加强开发强度管制，限制进行大规模高强度工业化开发。禁止开发区域不得进行工业化开发。

落实重大发展战略，推动绿色制造示范和产业升级。推动京津冀地区绿色协同发展，围绕北京非首都功能疏解，以产业转移带动区域产业结构优化调整，构建区域资源综合利用协同发展体系，推动煤炭替代和绿色能源消费，提升区域资源能源利用效率，降低污染物排放。大力推动长江经济带生态保护，推进沿江工业节水治污、清洁生产改造，加快发展节能环保、新能源装备等绿色产业，支持一批节能环保产业示范基地建设和发展。

推进区域工业绿色转型，实施区域绿色制造试点示范。进一步提高区域工业资源能源利用效率，降低污染排放，强化资源环境标准约束与引领，探索工业绿色低碳转型的新模式、新机制、新思路。引导试点城市加严能耗、水耗、排放标准，加强科技创新与管理创新，率先实现工业绿色低碳转型。梳理总结试点城市成功经验和做法，形成各具特色的工业绿色转型发展模式，以点带面推动工业绿色转型发展。

（八）实施绿色制造+互联网，提升工业绿色智能水平

推动互联网与绿色制造融合发展，提升能源、资源、环境智慧化管理水平，推进生产要素资源共享，用分享经济模式挖掘资源与数据潜力，促进绿色制造数字化提升。

推动能源管理智慧化。实施数字能效推进计划，鼓励企业通过物联网、大数据、云计算、先进过程控制等技术应用，对能源消耗情况特别是大型耗能设备，实施动态监测、控制和优化管理，提高企业能源分析、预测和平衡调度能力，实现企业能源管理数字化和精细化。加大能源管控中心建设力度，在钢铁、化工、纺织、造纸等行业继续普及和完善能源管控中心建设。积极培育工业节能云服务市场，鼓励广大中小企业利用云计算技术共享能源管理。创新能耗监管模式，推进园区和区域能耗监测系统建设，建立分析与预测预警机制。

促进生产方式绿色精益化。利用移动互联网、云计算、大数据、物联网及分享经济模式促进生产方式绿色转型，推动研发设计、原材料供应、加工制造和产品销售等全过程精准协同，强化生产资料、技术装备、人力资源等生产要素共享利用，实现生产资源优化整合和高效配置。加快形成企业智能环境数据感知体系，落实生态环境保护信息化工程。加快绿色数据中心建设。发展大规模个性化定制、网络协同制造、远程运维服务，降低生产和流通环节资源浪费。推动电子商务企业直销或与实体企业合作经营绿色产品和服务，鼓励利用网络销售绿色产品，满足不同主体多样化的绿色消费需求。利用线上线下融合等模式推动绿色消费习惯形成，增进民众绿色消费获得感。

创新资源回收利用方式。发展“互联网+”回收利用新模式，支持利用物联网、大数据开展信息采集、数据分析、流向监测，鼓励再生资源利用企业与互联网回收企业建立战略联盟、电商业务向资源回收领域拓展以及智能回收机向互联网回收延伸。支持利用电子标签、二维码等物联网技术，跟踪废弃电器电子产品流向。鼓励互联网企业积极参与工业园区废弃物信息平台建设，推动现有骨干再生资源交易市场向线上线下结合转型升级，逐步形成行业性、区域性、全国性的产业废弃物和再生资源在线交易系统。

（九）着力强化标准引领约束，提高绿色发展基础能力

建立完善工业绿色发展标准、评价及创新服务等体系，打造绿色制造服务平台，加快培育壮大节能环保服务业，全面提升绿色发展基础能力。

健全标准体系。聚焦工业绿色发展需求，围绕绿色产品、绿色工厂、绿色园区和绿色供应链构建绿色制造标准体系，提高节能、节水、节地、节材指标及计量要求，加快能耗、水耗、碳排放、清洁生产等标准制修订，提升工业绿色发展标准化水平。充分发挥企业在标准制定中的作用，鼓励制定严于国家标准、行业标准的企业标准，促进工业绿色发展提标升级。积极推进标准互认，鼓励企业、科研院所、行业组织等主动参与国际标准化工作，围绕节能环保、新能源、新材料、新能源汽车等领域，主导或参与制定国际标准，提升标准国际化水平。加强强制性标准实施的监督评估，开展实施效果评价，建立强制性标准实施情况统计分析报告制度。

建立评价机制。加快建立自我评价、社会评价与政府引导相结合的绿色制造评价机制。加快制定绿色制造评价制度，研究提出绿色制造评价方法和指南，制定分行业、分领域绿色评价指标和评估方法，开发应用评价工具。开展绿色产品、绿色工厂、绿色园区、绿色供应链评价试点，引导绿色生产，促进绿色消费。鼓励引导第三方服务机构创新绿色制造评价及服务模式，面向重点领域开展咨询、检测、评估、认定、审计、培训等一揽子服务，提供绿色制造整体解决方案。强化绿色评价结果应用，建立实施能效、水效和环保领跑者制度，逐步建立评价结果与绿色消费的衔接机制。

夯实数据基础。加快建设覆盖工业产品全生命周期资源消耗、能源消耗、污染物及温室气体排放、人体健康影响等要素的生态影响基础数据库。推动建设包括绿色材料库、设备资源库、绿色工艺库、零件信息库等在内的绿色

生产基础数据库和产值数据库。支持钢铁、有色、造纸、印染、电子信息等重点行业建设行业绿色制造生产过程物质流和能量流数据库。建立绿色产品可追溯信息系统，提高绿色产品物流信息化和供应链协同水平。研究制定数据标准和采集方法，完善数据计量、信息收集、监测分析保障体系，开发企业生产数据与数据库公共服务平台对接的软件系统。

强化创新服务。鼓励企业与高校、科研机构、服务机构共建研发中心、实验室、中试基地等科技创新载体，推进建设若干国家绿色创新示范企业和企业绿色技术中心。建立产业绿色创新联盟等创新平台，开展产学研用协同创新。加强绿色制造关键核心技术知识产权储备，构建产业化导向的专利组合和战略布局，建设绿色制造技术专利池，推动知识产权资源共享。提升绿色制造项目甄别、技术鉴定、成果推广、信息交流等服务能力，建立企业、中介机构与金融机构之间的互动机制，利用市场机制和信息化手段，提供知识培训、问题诊断、技术方案、融资支持、效果评估一体化服务。实施绿色制造培训行动计划，完善绿色制造人才培训、咨询、信息等绿色促进服务体系，针对中小企业开展网上培训、免费义诊等。

（十）积极开展国际交流合作，促进工业绿色开放发展

把握“一带一路”建设机遇，全面提升工业绿色发展领域的国际交流层次和开放合作水平，共谋绿色发展，为全球生态安全作出新贡献。

推进绿色国际经济合作。在“一带一路”等国际合作中贯彻绿色发展理念，着眼于全球资源配置，采用境外投资、工程承包、技术合作、装备出口等方式，推动绿色制造和绿色服务率先走出去。钢铁、建材、造纸等行业注重以循环经济模式进行合作，石化化工行业加强境外绿色生产基地建设，积极参与风电、太阳能、核能、电网等国际新能源项目的投资、建设和运营。

强化绿色科技国际合作。紧跟全球绿色科技和产业发展动向，加强工业绿色发展国际交流与合作，充分利用市场规模、装备生产能力、创新环境和人才队伍等方面的优势，吸引全球顶尖研发资源和先进技术转移。加快建立国际化的绿色技术创新平台，加强绿色工业、应对气候变化等领域国际科技合作研究，鼓励国内研发机构与世界一流科研机构建立稳定的合作伙伴关系，广泛开展科研人员交流培训，在更高层次和更广领域推动国际绿色科技合作。

完善对外交流合作长效机制。充分利用多边和双边合作机制，加强节能减排、气候变化、清洁技术、清洁能源开发等方面的交流对话，积极参与工业绿色发展相关谈判和相关规则制定，推动建立公平、透明、合理的全球绿色发展新秩序。加强与联合国开发计划署、全球环境基金等的合作，继续推进与联合国工业发展组织在工业绿色发展领域的合作交流。在中欧、中美及相关国际组织等合作框架下，推动双边及多边政府部门、研究机构、行业协会、相关企业间的交流互动，深入推进中欧绿色产品政策交流与对话，加强中美绿色能源开发利用领域交流合作。支持港澳等地区与内地合作开展节能环保展示交流活动。

四、保障措施

（一）加强组织领导

各级工业和信息化主管部门要充分认识工业绿色发展的重大意义，将推进工业绿色发展作为推动生态文明建设的一项重要任务，加强组织领导，积极会同相关部门健全工作机制，结合实际情况提出加快推进工业绿色发展的目标任务和工作方案，加强地方规划与本规划的衔接。建立责任明确、协调有序、监管有力的工业绿色发展工作体系，切实履行职责，进一步强化目标责任评价考核，加强监督检查，保障规划目标和任务的完成。充分发挥行业协会、产业联盟等的桥梁纽带作用，推动重点行业绿色发展。

（二）创新体制机制

充分发挥市场调节作用，构建工业绿色发展长效机制。深化资源体制改革，通过理顺资源价格体系，建立以市场化为导向的、能够反映市场供求关系、资源稀缺程度、环境损害成本的资源价格形成机制，建立健全用能权、用水权、排污权、碳排放权初始分配制度，创新有偿使用、预算管理、投融资机制，培育和发展交易市场。建立覆盖工业产品全生命周期、全价值链的绿色管理体系。开展能效、水效、环保领跑者引领行动。发布实施《工业节能管理办法》，强化工业绿色发展的法规、标准约束，严格监管，营造良好市场环境。

（三）落实财税政策

加大投入力度，充分利用中央预算内投资、技术改造、节能减排、清洁生产、专项建设基金等资金渠道及政府和社会资本合作（PPP）模式，集中力量支持传统产业改造、绿色制造试点示范、资源综合利用等。落实资源综合利用、节能节水及环保（专用）装备等领域财税支持政策，将绿色节能产品纳入政府采购。

（四）发展绿色金融

以绿色金融支持工业绿色发展，不断扩大工业绿色信贷和绿色债券规模，创新金融产品和服务，积极开展绿色消费信贷业务。积极研究设立工业绿色发展基金，鼓励社会资本投入绿色制造业。建立企业绿色发展水平与企业信用等级评定、贷款联动机制。鼓励金融机构为中小企业绿色转型提供便捷、优惠的担保服务和信贷支持，积极发展融资租赁、知识产权质押贷款、信用保险保单质押贷款。

（五）强化宣传引导

加强舆论宣传引导，开展多层次、多形式的宣传教育，积极开展公益性的宣传活动，大力传播绿色发展理念。

充分发挥各类媒体、公益组织、行业协会、产业联盟、公众参与、舆论监督等积极作用，引导消费者树立绿色消费理念，为工业绿色发展营造良好舆论氛围。

钢铁工业调整升级规划(2016-2020年)（节录）

（工业和信息化部2016年10月28日印发）

三、指导思想、基本原则和目标

(一)指导思想

全面贯彻落实党的十八大和十八届三中、四中、五中全会精神，坚持创新、协调、绿色、开放、共享发展理念，积极适应、把握、引领经济发展新常态，充分发挥市场配置资源的决定性作用和更好发挥政府作用，着力推动钢铁工业供给侧结构性改革。以全面提高钢铁工业综合竞争力为目标，以化解过剩产能为主攻方向，促进创新发展，坚持绿色发展，推动智能制造，提高我国钢铁工业的发展质量和效益。

(二)基本原则

……

3.坚持绿色发展。以降低能源消耗、减少污染物排放为目标，全面实施节能减排升级改造，不断优化原燃料结构，大力发展循环经济，积极研发、推广全生命周期绿色钢材，构建钢铁制造与社会和谐发展新格局。

(三)目标

到2020年，钢铁工业供给侧结构件改革取得重大进展，实现全行业根本性脱困。产能过剩矛盾得到有效缓解，粗钢产能净减少1亿—1.5亿吨;创新驱动能力明显增强，建成国家级行业创新平台和一批国际领先的创新领军企业;能源消耗和污染物排放全面稳定达标，总量双下降;培育形成一批钢铁智能制造工厂和智能矿山;产品质量稳定性和可靠性水平大幅提高，实现一批关键钢材品种有效供给。力争到2025年，钢铁工业供给侧结构性改革取得显著成效，自主创新水平明显提高，有效供给水平显著提升，形成组织结构优化、区域分布合理、技术先进、质量品牌突出、经济效益好、竞争力强的发展态势，实现我国钢铁工业由大到强的历史性跨越。

四、重点任务

(六)推进绿色制造

实施绿色改造升级。加快推广应用和全面普及先进适用以及成熟可靠的节能环保工艺技术装备。全面完成烧结脱硫、干熄焦、高炉余压回收等改造，淘汰高炉煤气湿法除尘、转炉一次烟气传统湿法除尘等高耗水工艺装备。全面建成企业厂区主要污染物排放的环保在线监控体系。研发推广先进节能环保技术，开展焦炉和烧结烟气脱硫脱硝、综合污水回用深度脱盐等节能环保难点技术示范专项活动。在环境影响敏感区、环境承载力薄弱的钢铁产能集中区，加快实施封闭式环保原料场、烧结烟气深度净化等清洁生产技术改造。在钢铁产业集聚区，积极探索和实施物流集中铁路运输方案，系统优化物流体系，减少物流过程中无组织排放。

专栏5　绿色改造升级发展重点
1、全面推广的节能减排技术 烧结系统高效除尘，出铁场无组织烟气综合治理，转炉煤气干法（半干法）除尘或新型湿法除尘，转炉（电炉）二次、三次除尘、烧结矿余热回收、能源管控中心、钢渣高效处理及深度综合利用、综合污水再生回用等。 2、重点推广的节能减排技术 原料场棚化、仓化，烧结烟气循环，烧结烟气多种污染物协同治理，高温高压干熄焦，超高压煤气锅炉发电，中低温烟气余热回收与利用，能源优化调控技术，城市中水再生回用，含铁含锌尘泥综合利用等。 3、示范推广的节能减排技术 焦炉烟道气脱硫脱硝，烧结、电炉二噁英防治技术，焦化（冷轧）废水处理回用与“零排放”，竖炉式烧结矿显热回收利用技术，浓盐水的减量处理与消纳，焦炉煤气初冷系统余热高效利用，可再生能源和清洁能源利用等。 4、前沿储备的节能减排技术 炉渣余热回收和资源化利用，复合铁焦新技术，钢铁厂物质流、能源流和信息流（大数据）协同优化技术，二氧化碳捕集、利用和储存技术等。

加快发展循环经济。推进资源综合利用产业规范化、规模化发展，大力发展循环经济。随着我国废钢资源的积累增加，按照绿色可循环理念，注重以废钢为原料的短流程电炉炼钢的发展机遇。鼓励产业耦合，建设绿色工业园区，推进钢铁与建材、电力、化工等产业及城市间的耦合发展，实现钢铁制造、能源转换和废弃物消纳三大功能。

加快钢铁行业资源能源回收利用产业发展，加强冶金渣、尘泥等固体废弃物的综合利用，加快废钢加工配送体系建设，推广城市中水和钢铁工业废水联合再生回用集成技术。

引导绿色消费。加快钢结构建筑推广应用，支持钢铁企业主动参与钢结构示范产业基地建设，研发生产与钢结构建筑构件需求相适应的定制化、个性化钢铁产品，推广390兆帕及以上高强钢结构用钢，研发防火、防腐高性能钢结构用钢，探索生产标准化程度高的钢结构构配件，建立钢结构构配件统一配送中心，力争钢结构用钢量由目前的5000万吨增加到1亿吨以上。继续深入推进高强钢筋应用，全面普及应用400兆帕(III级)高强钢筋，推广500兆帕及以上高强钢筋，探索建立钢筋加工配送中心。结合汽车轻量化发展、高技术船舶建造、超高效电机推广等工作，鼓励钢铁企业主动加强与下游产业协同，研发生产高强度、耐腐蚀、长寿命等高品质钢材。

专栏　6绿色改造升级重大工程

1、原料场棚化、仓化改造

实施原料场棚化、仓化改造，解决原料场扬尘问题，企业环境空气中颗粒物排放浓度小于1毫克/立方米。

2、烟气脱硫脱硝改造

实施焦炉烟道气脱硫脱硝改造工程，二氧化硫、氮氧化物、颗粒物的排放浓度分别达到≤30毫克/立方米、≤150毫克/立方米、≤15毫克/立方米。

3、烟气多种污染物协同治理

实施烧结（球团）烟气多种污染物协同治理工程，烟气脱硫效率达98%以上、脱硝效率达到60%以上，二氧化硫、氮氧化物、二噁英的排放浓度分别≤180毫克/立方米、≤300毫克/立方米、≤0.5纳克-毒性当量/立方米；建立脱硫副产物综合利用生产线，实现副产物全部综合利用。

4、钢渣高效处理及深度综合利用

建立从钢渣处理、磁选筛分、尾渣应用等全流程的钢渣处理线，有效提取钢渣中含铁物质，降低尾渣中金属铁含量，基本实现全部利用。

5、能源管控中心（升级版）

实施能源管控中心升级改造，具备电力、煤气、蒸汽、氧气等能源介质的短期预测、预报、预警功能，实现能源介质智能调控和企业能效综合评估。

促进汽车动力电池产业发展行动方案

（工业和信息化部国家发展和改革委员会科学技术部财政部2017年2月20日印发）

动力电池是电动汽车的心脏，是新能源汽车产业发展的关键。经过十多年的发展，我国动力电池产业取得长足进步，但是目前动力电池产品性能、质量和成本仍然难以满足新能源汽车推广普及需求，尤其在基础关键材料、系统集成技术、制造装备和工艺等方面与国际先进水平仍有较大差距。为加快提升我国汽车动力电池产业发展能力和水平，推动新能源汽车产业健康可持续发展，制定本行动方案。

一、总体要求

（一）指导思想

深入贯彻落实党的十八大和十八届三中、四中、五中、六中全会精神，牢固树立创新、协调、绿色、开放、共享的发展理念，以推动供给侧结构性改革为主线，加快实施创新驱动发展战略，按照《中国制造2025》总体部署，落实新能源汽车发展战略目标，发挥企业主体作用，加大政策扶持力度，完善协同创新体系，突破关键核心技术，加快形成具有国际竞争力的动力电池产业体系。

（二）基本原则

坚持创新驱动。以市场为导向、企业为主体，强化产学研用协同创新体系建设，加快关键核心技术突破，大幅提升产品安全和质量水平。

坚持产业协同。加强政策措施引导，充分发挥行业组织、产业联盟作用，促进动力电池与材料、零部件、装备、整车等产业紧密联动，推进全产业链协同发展。

坚持绿色发展。倡导全生命周期理念，完善政策法规体系，大力推行生态设计，推动梯级利用和回收再利用体系建设，实现低碳化、循环化、集约化发展。

坚持开放合作。充分利用全球资源和市场，创新思路和模式，不断提升合作的层次和水平，积极参与国际标准和技术法规制定，不断提高国际竞争能力。

二、发展方向和主要目标

（一）发展方向

持续提升现有产品的性能质量和安全性，进一步降低成本，2018年前保障高品质动力电池供应；大力推进新型锂离子动力电池研发和产业化，2020年实现大规模应用；着力加强新体系动力电池基础研究，2025年实现技术变革和开发测试。

（二）主要目标

1.产品性能大幅提升。到2020年，新型锂离子动力电池单体比能量超过300瓦时/公斤；系统比能量力争达到260瓦时/公斤、成本降至1元/瓦时以下，使用环境达-30℃到55℃，可具备3C充电能力。到2025年，新体系动力电池技术取得突破性进展，单体比能量达500瓦时/公斤。

2.产品安全性满足大规模使用需求。新型材料得到广泛应用，智能化生产制造和一致性控制水平显著提高，产品设计和系统集成满足功能安全要求，实现全生命周期的安全生产和使用。

3.产业规模合理有序发展。到2020年，动力电池行业总产能超过1000亿瓦时，形成产销规模在400亿瓦时以上、具有国际竞争力的龙头企业。

4.关键材料及零部件取得重大突破。到2020年，正负极、隔膜、电解液等关键材料及零部件达到国际一流水平，上游产业链实现均衡协调发展，形成具有核心竞争力的创新型骨干企业。

5.高端装备支撑产业发展。到2020年，动力电池研发制造、测试验证、回收利用等装备实现自动化、智能化发展，生产效率和质量控制水平显著提高，制造成本大幅降低。

三、重点任务

（一）建设动力电池创新中心

推动大中小企业、高校、科研院所等搭建协同攻关、开放共享的动力电池创新平台，引导支持优势资源组建市场化运作的创新中心。加快建设具有国际先进水平的研发设计、中试开发、测试验证和行业服务能力，开展动力电池关键材料、单体电池、电池系统等重大关键共性技术、基础技术和前瞻技术研究，以及知识产权布局和储备研究，为行业提供技术开发、标准制定、人才培养和国际交流等方面的支撑。（工业和信息化部）

（二）实施动力电池提升工程

通过国家科技计划（专项、基金）等统筹支持动力电池研发，实现2020年单体比能量超过300瓦时/公斤，不断提高产品性能，加快实现高水平产品装车应用。鼓励动力电池龙头企业协同上下游优势资源，集中力量突破材料及零部件、电池单体和系统关键技术，大幅度提升动力电池产品性能和安全性，力争实现单体350瓦时/公斤、系统260瓦时/公斤的新型锂离子产品产业化和整车应用。（工业和信息化部、科技部）

（三）加强新体系动力电池研究

通过国家重点研发计划、国家自然科学基金等，鼓励高等院校、研究机构、重点企业等协同开展新体系动力电池产品的研发创新，积极推动锂硫电池、金属空气电池、固态电池等新体系电池的研究和工程化开发，2020年单体电池比能量达到400瓦时/公斤以上、2025年达到500瓦时/公斤。（科技部、工业和信息化部、自然科学基金会）

（四）推进全产业链协同发展

依托重大技改升级工程、增强制造业核心竞争力重大工程包，加大对瓶颈制约环节突破、关键核心技术产业化等的支持，加快在正负极、隔膜、电解液、电池管理系统等领域培育若干优势企业，促进动力电池与材料、零部件、装备、整车等产业协同发展，推进自主可控、协调高效、适应发展目标的产业链体系建设。支持高性能超级电容器系统的研发，进一步加大产业化应用。（工业和信息化部、发展改革委、科技部）

（五）提升产品质量安全水平

结合技术进步、产业发展情况，调整完善动力电池行业规范条件、新能源汽车生产企业及产品准入管理规则等管理措施，加强产品质量和安全性监督检查，促进动力电池生产企业加强技术和管理创新，健全产品生产规范和质量保证体系，确保产品安全生产，提高产品质量在线监测、在线控制和产品全生命周期质量追溯能力，不断提升产品性能和质量安全水平。（工业和信息化部、质检总局）

（六）加快建设完善标准体系

发布实施并不断完善新能源汽车标准化路线图。加强动力电池产品性能、寿命、安全性、可靠性和智能制造、回收利用等标准的制修订工作；制定并实施动力电池规格尺寸、产品编码规则等标准。做好国家标准的贯彻实施工作，鼓励企业建立高于国家标准要求的企业标准体系。支持行业组织和企业积极参与国际标准和技术法规的制定，不断提升在国际标准和技术法规领域的话语权。（工业和信息化部、质检总局）

（七）加强测试分析和评价能力建设

通过中国制造2025专项资金、国家科技计划等，支持动力电池检测和分析能力建设。加强测试技术及评价方法研究，加快制定行业通用的测试评价规程，完善企业自主检测、公共服务检测和国家认证检测相结合的评价体系。鼓励研究机构、检测认证机构以及动力电池、新能源汽车生产企业加强产品测试验证等相关数据积累，为产品开发、标准制修订、产品一致性管控夯实基础。（工业和信息化部、发展改革委、科技部、质检总局）

（八）建立完善安全监管体系

实施动力电池生产、使用、报废等全过程监管，鼓励行业组织、专业机构建立产品信息服务平台。完善新能源汽车安全监管体系建设，新能源汽车生产企业应对所销售的整车及动力电池等关键系统运行和安全状态进行监测和管理，建立产品安全预警制度和安全隐患定期排查机制，加强安全事故防范。（质检总局、工业和信息化部）

（九）加快关键装备研发与产业化

通过重大短板装备升级工程等，推进智能化制造成套装备产业化，鼓励动力电池生产企业与装备生产企业等强强联合，探索构建资本与风险共担的合作模式，加强关键环节制造设备的协同攻关，推进数字化制造成套装备产业化发展，提升装备精度的稳定性和可靠性以及智能化水平，有效满足动力电池生产制造、资源回收利用的需求。（工业和信息化部、发展改革委）

四、保障措施

（一）加大政策支持力度

发挥政府投资对社会资本的引导作用，鼓励利用社会资本设立动力电池产业发展基金，加大对动力电池产业化技术的支持力度。通过国家科技计划（专项、基金）等统筹支持核心技术研发；利用工业转型升级、技术改造、高技术产业发展专项、智能制造专项、先进制造产业投资基金等资金渠道，在前沿基础研究、电池产品和关键零部件、制造装备、回收利用等领域，重点扶持领跑者企业。动力电池产品符合条件的，按规定免征消费税；动力电池企业符合条件的，按规定享受高新技术企业、技术转让、技术开发等税收优惠政策。（工业和信息化部、财政部、税务总局、科技部、发展改革委、商务部）

（二）完善产业发展环境

全面清理整顿不利于全国公平竞争的政策措施。国家统一产品检测标准及规范，地方严格贯彻落实国家标准。加强对第三方检测机构的监督检查，保障检验测试公平公正。落实《电动汽车动力蓄电池回收利用技术政策（2015年版）》；适时发布实施动力电池回收利用管理办法，强化企业在动力电池生产、使用、回收、再利用等环节的主体责任，逐步建立完善动力电池回收利用管理体系。预防和制止垄断行为和不正当竞争行为。加强舆论监督和引导，营造产业发展的良好舆论环境。（工业和信息化部、质检总局、发展改革委、科技部、商务部）

（三）发挥产业联盟作用

在动力电池企业与科研机构、高等学校、上下游产业之间建立有效运行的产学研合作新机制，充分利用现有的基础和条件，建立健全动力电池产业创新联盟，发挥行业协会等组织的作用，围绕共性关键技术开发、知识产权许可和保护、标准研究、政策措施建议等交流协作，加强行业自律管理，促进动力电池及相关产业的协同发展。（工业和信息化部）

（四）加快人才培养和引进

建立多层次的人才培养体系，推进人才培养、引进和引智工作。鼓励企业、科研院所在材料、系统集成等关键核心技术领域，加快培养和聚集一批国际知名领军人才。加强动力电池及系统集成等相关学科建设，鼓励企业、科研院所和高校建立联合培养机制，加强联合培养基地建设，培养相关学科应用型人才。（教育部、人力资源社会保障部、工业和信息化部）

（五）加强国际合作与交流

充分发挥多边或双边合作机制的作用，加强技术标准、政策法规等方面的国际交流与合作，积极参与和推动国际标准和技术法规的制定。鼓励国内企业与国外高水平企业的互利合作，推进动力电池技术和人才交流、项目合作和成果产业化。支持国内动力电池企业技术输出、产品出口以及到国外投资建厂，鼓励有条件的企业在发达国家设立研发机构。（工业和信息化部、质检总局、商务部、科技部）

汽车产业中长期发展规划（节录）

（工业和信息化部国家发展改革委科技部2017年4月6日印发）

汽车产业是推动新一轮科技革命和产业变革的重要力量，是建设制造强国的重要支撑，是国民经济的重要支柱。汽车产业健康、可持续发展，事关人民群众的日常出行、社会资源的顺畅流通和生态文明的全面跃升。当前，新一代信息通信、新能源、新材料等技术与汽车产业加快融合，产业生态深刻变革，竞争格局全面重塑，我国汽车产业进入转型升级、由大变强的战略机遇期。为落实党中央、国务院关于建设制造强国的战略部署，推动汽车强国建设，制定本发展规划。

二、指导思想、基本原则和规划目标

（一）指导思想。

深入贯彻党的十八大和十八届三中、四中、五中、六中全会精神，牢固树立和贯彻落实创新、协调、绿色、开放、共享的发展理念，推动大众创业、万众创新，推进汽车产业供给侧结构性改革，调控总量、优化结构、协同创新、转型升级。以加强法制化建设、推动行业内外协同创新为导向，优化产业发展环境；以新能源汽车和智能网联汽车为突破口，引领产业转型升级；以做强做大中国品牌汽车为中心，培育具有国际竞争力的企业集团；以“一带一路”建设为契机，推动全球布局和产业体系国际化。控总量、优环境、提品质、创品牌、促转型、增效益，推动汽车产业发展由规模速度型向质量效益型转变，实现由汽车大国向汽车强国转变。

（三）规划目标。

力争经过十年持续努力，迈入世界汽车强国行列。

——关键技术取得重大突破。产业创新体系不断完善，企业创新能力明显增强。动力系统、高效传动系统、汽车电子等节能技术达到国际先进水平，动力电池、驱动电机等关键核心技术处于国际领先水平。到2020年，培育形成若干家进入世界前十的新能源汽车企业，智能网联汽车与国际同步发展；到2025年，新能源汽车骨干企业在全球的影响力和市场份额进一步提升，智能网联汽车进入世界先进行列。

——全产业链实现安全可控。突破车用传感器、车载芯片等先进汽车电子以及轻量化新材料、高端制造装备等产业链短板，培育具有国际竞争力的零部件供应商，形成从零部件到整车的完整产业体系。到2020年，形成若干家超过1000亿规模的汽车零部件企业集团，在部分关键核心技术领域具备较强的国际竞争优势；到2025年，形成若干家进入全球前十的汽车零部件企业集团。

——中国品牌汽车全面发展。中国品牌汽车产品品质明显提高，品牌认可度、产品美誉度及国际影响力显著增强，形成具有较强国际竞争力的企业和品牌，在全球产业分工和价值链中的地位明显提升，在新能源汽车领域形成全球创新引领能力。到2020年，打造若干世界知名汽车品牌，商用车安全性能大幅提高；到2025年，若干中国品牌汽车企业产销量进入世界前十。

——新型产业生态基本形成。完成研发设计、生产制造、物流配送、市场营销、客户服务一体化智能转型，实现人、车和环境设施的智能互联和数据共享，形成汽车与新一代信息技术、智能交通、能源、环保等融合发展的新型智慧生态体系。到2020年，智能化水平显著提升，汽车后市场及服务业在价值链中的比例达到45%以上。到2025年，重点领域全面实现智能化，汽车后市场及服务业在价值链中的比例达到55%以上。

……

——绿色发展水平大幅提高。汽车节能环保水平和回收利用率不断提高。到2020年，新车平均燃料消耗量乘用车降到5.0升/百公里、节能型汽车燃料消耗量降到4.5升/百公里以下、商用车接近国际先进水平，实施国六排放标准，新能源汽车能耗处于国际先进水平，汽车可回收利用率达到95%；到2025年，新车平均燃料消耗量乘用车降到4.0升/百公里、商用车达到国际领先水平，排放达到国际先进水平，新能源汽车能耗处于国际领先水平，汽车实际回收利用率达到国际先进水平。

三、重点任务

（三）突破重点领域，引领产业转型升级。

大力发展汽车先进技术，形成新能源汽车、智能网联汽车和先进节能汽车梯次合理的产业格局以及完善的产业配套体系，引领汽车产业转型升级。

1.新能源汽车

加快新能源汽车技术研发及产业化。利用企业投入、社会资本、国家科技计划（专项、基金等）统筹组织企业、高校、科研院所等协同攻关，重点围绕动力电池与电池管理系统、电机驱动与电力电子总成、电动汽车智能化技术、燃料电池动力系统、插电/增程式混合动力系统和纯电动力系统等6个创新链进行任务部署。

实施动力电池升级工程。充分发挥动力电池创新中心和动力电池产业创新联盟等平台作用，开展动力电池关键材料、单体电池、电池管理系统等技术联合攻关，加快实现动力电池革命性突破。

加大新能源汽车推广应用力度。逐步提高公共服务领域新能源汽车使用比例，扩大私人领域新能源汽车应用规模。加快充电基础设施建设，构建便利高效、适度超前的充电网络体系。完善新能源汽车推广应用、尤其是使用环节的扶持政策体系，从鼓励购买过渡到便利使用，建立促进新能源汽车发展的长效机制，引导生产企业不断提高新能源汽车产销比例。不断完善新能源汽车标准体系，提高新能源汽车生产企业及产品准入门槛，加强出厂安全性能检测，强化新能源汽车生产监管，建立健全新能源汽车分类注册登记、交通管理、税收保险、车辆维修、二手车管理等政策体系。逐步扩大燃料电池汽车试点示范范围。

专栏3　新能源汽车研发和推广应用工程
掌握驱动电机及控制系统、机电耦合装置、增程式发动机等关键技术，支持动力电池、燃料电池全产业链技术攻关，实现革命性突破，大幅提升新能源汽车整车集成控制水平和正向开发能力，鼓励企业开发先进适用的新能源汽车产品。建设便利、高效、适度超前的充电网络体系，建立新能源汽车安全监测平台，完善新能源汽车推广应用扶持政策体系。 到2020年，新能源汽车年产销达到200万辆，动力电池单体比能量达到300瓦时/公斤以上，力争实现350瓦时/公斤，系统比能量力争达到260瓦时/公斤、成本降至1元/瓦时以下。到2025年，新能源汽车占汽车产销20%以上，动力电池系统比能量达到350瓦时/公斤。

3. 节能汽车

加大汽车节能环保技术的研发和推广。推动先进燃油汽车、混合动力汽车和替代燃料汽车研发，突破整车轻量化、混合动力、高效内燃机、先进变速器、怠速启停、先进电子电器、空气动力学优化、尾气处理装置等关键技术。不断提高汽车燃料消耗量、环保达标要求，加强对中重型商用车节能减排的市场监管。完善节能汽车推广机制，通过汽车燃料消耗量限值标准、标识标准以及税收优惠政策等，引导轻量化、小型化乘用车的研发和消费。鼓励天然气、生物质等资源丰富的地区发展替代燃料汽车，允许汽车出厂时标称油气两用，开展试点和推广应用，促进车用能源多元化发展。

专栏5　先进节能环保汽车技术提升工程
依托现有资金渠道，按规定建立联合攻关平台，重点攻克先进发动机、混合动力、先进电子电器等乘用车节能环保技术和高压共轨喷射系统、高性价比混合动力总成、高效尾气处理装置等商用车节能环保技术。通过节能汽车车船税优惠、汽车消费税等税收政策，引导、鼓励小排量节能型乘用车消费。 到2020年，乘用车新车平均燃料消耗量达到5升/百公里、怠速启停等节能技术应用率超过50%；到2025年，乘用车新车平均燃料消耗量比2020年降低20%、怠速启停等节能技术实现普遍应用。

（四）加速跨界融合，构建新型产业生态。

坚持跨界融合、开放发展，以互联网与汽车产业深度融合为方向，加快推进智能制造，推动出行服务多样化，促进汽车产品生命周期绿色化发展，构建泛在互联、协同高效、动态感知、智能决策的新型智慧生态体系。

3. 推动全生命周期绿色发展。以绿色发展理念引领汽车产品设计、生产、使用、回收等各环节，促进企业、园区、行业间链接共生、原料互供、资源共享。制定发布汽车产品生态设计评价标准，建立统一的汽车绿色产品标准、认证标识体系。依托现有资金渠道，按规定支持汽车制造装备绿色改造，推动绿色制造技术创新和产业应用示范。推进汽车领域绿色供应链建设，生产企业在设计生产阶段应采取环境友好的设计方案，确保产品具有良好的可拆解、可回收性。逐步扩大汽车零部件再制造范围，提高回收利用效率和效益。落实生产者责任延伸制度，制定动力电池回收利用管理办法，推进动力电池梯级利用。

全国生态保护“十三五”规划纲要

（环生态[2016]151号环境保护部2016年10月27日印发）

为贯彻落实《国民经济和社会发展第十三个五年规划纲要》，现制定《全国生态保护“十三五”规划纲要》（以下简称《规划纲要》）。《规划纲要》依据环保部门生态保护的职能定位，提出“十三五”时期全国生态保护工作的指导思想和主要目标，明确重点工作和任务措施，指导各级环保部门开展自然生态保护工作。

一、全国生态保护基本形势

“十二五”时期，各级环保部门积极贯彻落实党中央、国务院关于生态保护工作的一系列重大决策部署，加大生态保护力度，在示范引领、系统保护、综合监管等方面取得积极进展，部分重点保护物种种群数量稳中有升。但总体上，我国生态恶化趋势尚未得到根本扭转，生态保护与开发建设活动的矛盾依然突出，生态安全形势依然严峻。

(一)工作进展

一是生态文明示范建设带动效应明显。全国16个省份开展了生态省建设，92个市、县(区)获得国家生态建设示范区命名，126个地区开展了生态文明建设试点工作，示范带动效果明显。编制《全国生态文明建设目标体系》，积极推动生态示范建设提档升级，制定《国家生态文明建设示范区管理规程(试行)》和《国家生态文明建设示范县、市指标(试行)》。组织开展首届中国生态文明奖的评选，建立奖励机制，带动社会共建。

二是生态功能保护基础进一步夯实。完成全国生态环境变化调查与评估(2000-2010年)，印发实施《全国生态功能区划(修编版)》。制定实施《生态保护红线划定技术指南》，在江苏、海南、湖北、江西、重庆、沈阳等地开展划定和管控试点，天津、江苏发布实施生态保护红线。开展县域生态环境质量评估考核，在重庆、海南、陕西、宁夏等地开展重点生态功能区环境保护全过程管理试点，推动优化国家重点生态功能区转移支付政策。在全国25个省份开展45个流域生态健康评估试点。联合国家旅游局组织开展国家生态旅游示范区建设，确定了北京市南宫旅游景区等72个国家生态旅游示范区。指导浙江省仙居县、开化县开展国家公园建设试点，配合发展改革委指导北京、青海等9个省(市)开展试点工作。强化矿产资源开发生态保护与监管，开展部分典型地区遥感调查和评估。

三是自然保护区综合监管得到加强。全国已建立各类自然保护区2740个(国家级自然保护区428个)，约占陆地国土面积的14.8%，超过90%的陆地自然生态系统类型、89%的国家重点保护野生动植物种类得到保护。规范和完善自然保护区晋升和调整的评审制度，联合九部门印发《关于进一步加强涉及自然保护区开发建设活动监督管理的通知》。完成400多处国家级自然保护区卫星遥感监测，查处一批涉及自然保护区的违法活动。推动中俄自然保护区的跨界合作。

四是生物多样性保护决策与推进机制进一步完善。成立中国生物多样性保护国家委员会，发布实施《中国生物多样性保护战略与行动计划(2011-2030年)》(以下简称《战略与行动计划》)，启动“联合国生物多样性十年中国行动(2011-2020)”(以下简称十年中国行动)，启动生物多样性保护重大工程。完成32个陆地生物多样性保护优先区域边界核定，发布“中国生物多样性红色名录——高等植物卷和脊椎动物卷”。积极推进生物遗传资源获取与惠益分享立法和生物安全管理工作。不断深化国际交流与合作，积极履行《生物多样性公约》及其《卡塔赫纳生物安全议定书》等国际公约。多数省份建立了生物多样性保护协调机制，编制发布了省级生物多样性保护战略与行动计划。

(二)主要问题

现阶段，我国面临的主要生态问题有：

一是生态空间遭受持续威胁。城镇化、工业化、基础设施建设、农业开垦等开发建设活动占用生态空间;生态空间破碎化加剧，交通基础设施建设、河流水电水资源开发和工矿开发建设，直接割裂生物生境的整体性和连通性;生态破坏事件时有发生。

二是生态系统质量和服务功能低。低质量生态系统分布广，森林、灌丛、草地生态系统质量为低差等级的面积比例分别高达43.7%、60.3%、68.2%。全国土壤侵蚀、土地沙化等问题突出，城镇地区生态产品供给不足，绿地面积小而散，水系人工化严重，生态系统缓解城市热岛效应、净化空气的作用十分有限。

三是生物多样性加速下降的总体趋势尚未得到有效遏制。资源过度利用、工程建设以及气候变化影响物种生存和生物资源可持续利用。我国高等植物的受威胁比例达11%，特有高等植物受威胁比例高达65.4%，脊椎动物受威胁比例达21.4%;遗传资源丧失和流失严重，60%-70%的野生稻分布点已经消失;外来入侵物种危害严重，常年大面积发生危害的超过100种。

同时，环保部门在履行指导、协调、监督生态保护工作职责时，还存在以下体制机制和管理上的突出问题：

一是统一监管的管理体制不健全。目前仍按生态要素分别设置生态保护管理机构，难以对生态系统实施整体性保护。由于权责一致的统一管理体制和协调联动机制尚未建立，未能实现所有者和监管者分离以及一件事情由一个部门负责，直接影响生态保护效果。

二是全社会共同监督的机制尚未建立。部分地方领导干部保护生态环境的意识较为薄弱，还未牢固树立尊重自然、顺应自然、保护自然的理念。社会公众参与生态保护和监管的机制有待健全，企业生态保护和监管责任还不明确，部分地方环保部门履行生态监管职能时只能单打独斗、被动应对。

三是监督管理的基础能力薄弱。尚未建立统一的生态监测监控网络，难以准确监测我国重要生态区域生态状况，不能及时主动发现重大生态破坏行为。大部分县级环保部门没有设置独立的生态保护科室，难以开展常态化监管。市县环保部门生态保护人员队伍和装备严重不足，导致执法力量薄弱。生态保护科技支撑不够，生态大数据集成应用尚待发挥作用，生态保护法律法规和标准体系尚需完善。

(三)机遇与挑战

“十三五”期间，我国生态保护面临重大机遇：一是党的十八大以来，习近平总书记对建设生态文明和加强环境保护提出一系列新理念新思想新战略，为生态保护提供了科学理论指导和行动指南。二是党中央、国务院对生态文明建设作出一系列重大战略决策和部署，把推动绿色发展、提供更多优质生态产品作为重要任务，明确要求加大生态环境保护力度，为生态保护工作指明方向。三是生态文明体制改革各项任务和措施陆续出台并加快推进，生态保护和监管体制将进一步理顺，生态空间用途管制将全面实施，生态环境监测网络将加快建立，生态统一监管能力将明显提高，为我国生态保护工作夯实基础。四是各地生态环境保护意识不断增强，“绿水青山就是金山银山”已成为各级党政领导干部的共识，全社会保护生态环境的合力正在形成。

同时，我国生态保护也面临挑战：一是经济发展与生态保护之间的矛盾依然存在，传统发展方式带来的资源环境约束日益趋紧，生态环境风险逐步凸显。二是人民群众对优质生态产品需求不断增加与现有供给能力不足之间的矛盾日益明显。三是生物多样性丧失速度短期内难以根本遏制，国际履约压力不断加大。

二、指导思想和主要目标

(一)指导思想

全面贯彻落实党中央、国务院关于生态文明建设总体部署和要求，深入贯彻习近平总书记系列重要讲话精神，牢固树立和贯彻落实创新、协调、绿色、开放、共享的发展理念，按照山水林田湖系统保护的要求，以改善环境质量为核心，以维护国家生态安全为目标，以保障生态空间、提升生态质量、改善生态功能为主线，大力推进生态文明建设，强化生态监管，完善制度体系，推动补齐生态产品供给不足短板，为全面建成小康社会、建设美丽中国做出更大贡献。

(二)基本原则

基于环保部门生态保护的职责定位，“十三五”时期，自然生态保护必须遵循以下原则：

——把生态系统整体保护作为基本理念。按照山水林田湖系统保护的要求，陆海统筹、上下联动，打破要素、区域界限，对各类生态系统实施统一保护和监管，增强生态保护的系统性、协同性。

——把保障国家生态安全作为根本目标。严格落实生态空间管控，划定并严守生态保护红线，加强自然保护区监督管理，保护最重要的生态空间，推动形成以“两屏三带”为主体的生态安全格局，建设生态安全屏障。

——把加强生物多样性保护作为工作主线。保护和可持续利用生物多样性，推动生物遗传资源惠益分享，以生物多样性保护优先区域为重点，完善保护网络，强化生物物种和遗传资源保护能力，构建生物多样性保护体系。

——把加强生态统一监管作为主要手段。建立全面、严格、及时、有效的监管体系，是加强生态保护统一监管的重要基础。建设“天地一体化”的监测体系和综合监管平台，及时发现和查处生态破坏行为，由被动核查变为主动发现，提高生态保护的精细化和信息化水平。

——把生态文明示范建设作为主要载体。积极参与生态文明体制改革，推动体制机制向有利于统一监管的方向改变。发挥生态文明建设示范区和环境保护模范城创建工作的平台作用，有机融合生态保护的主要任务和重点工作，创新保护模式，提高示范效应，激发保护活力。

(三)主要目标

到2020年，生态空间得到保障，生态质量有所提升，生态功能有所增强，生物多样性下降速度得到遏制，生态保护统一监管水平明显提高，生态文明建设示范取得成效，国家生态安全得到保障，与全面建成小康社会相适应。

具体工作目标：全面划定生态保护红线，管控要求得到落实，国家生态安全格局总体形成;自然保护区布局更加合理，管护能力和保护水平持续提升，新建30-50个国家级自然保护区，完成200个国家级自然保护区规范化建设，全国自然保护区面积占陆地国土面积的比例维持在14.8%左右(包括列入国家公园试点的区域);完成生物多样性保护优先区域本底调查与评估，建立生物多样性观测网络，加大保护力度，国家重点保护物种和典型生态系统类型保护率达到95%;生态监测数据库和监管平台基本建成;体现生态文明要求的体制机制得到健全;推动60～100个生态文明建设示范区和一批环境保护模范城创建，生态文明建设示范效应明显。

三、主要任务

“十三五”时期，紧紧围绕保障国家生态安全的根本目标，优先保护自然生态空间，实施生物多样性保护重大工程，建立监管预警体系，加大生态文明示范建设力度，推动提升生态系统稳定性和生态服务功能，筑牢生态安全屏障。

(一)建立生态空间保障体系

1.加快划定生态保护红线。制定发布《关于划定并严守生态保护红线的若干意见》。按照自上而下和自下而上相结合的原则，各省(区、市)在科学评估的基础上划定生态保护红线，并落地到水流、森林、山岭、草原、湿地、滩涂、海洋、荒漠、冰川等生态空间。2017年底前，京津冀区域、长江经济带沿线各省(区、市)划定生态保护红线;2018年底前，各省(区、市)全面划定生态保护红线;2020年底前，各省(区、市)完成勘界定标。在各省(区、市)生态保护红线的基础上，环境保护部会同相关部门汇总形成全国生态保护红线，向国务院报告，并向社会公开发布。

2.推动建立和完善生态保护红线管控措施。到2020年，基本建立生态保护红线制度。推动将生态保护红线作为建立国土空间规划体系的基础。各地组织开展现状调查，建立生态保护红线台账系统，识别受损生态系统类型和分布。制定实施生态系统保护与修复方案，选择水源涵养和生物多样性保护为主导功能的生态保护红线，开展一批保护与修复示范。定期组织开展生态保护红线评价，及时掌握全国、重点区域、县域生态保护红线生态功能状况及动态变化。推动建立和完善生态保护红线补偿机制。

3.加强自然保护区监督管理。制定《全国自然保护区发展规划(2016-2025年)》。开展自然保护区人类活动遥感监测，国家级自然保护区每年遥感监测2次，省级自然保护区每年遥感监测1次，重点区域加大监测频次，定期发布监测报告。开展自然保护区生态环境保护状况评估。强化监督执法，定期组织自然保护区专项执法检查，严肃查处违法违规活动，加强问责监督。优化自然保护区布局，以重要河湖、海洋、草原生态系统及水生生物、小种群物种的保护空缺作为重点，推进新建一批自然保护区，加强生态廊道、保护小区和自然保护区群建设，到2020年，全国自然保护区面积占陆地国土面积的比例维持在14.8%左右(包括列入国家公园试点的区域)。提高自然保护区管理水平，强化自然保护区管护能力建设，完善自然保护区范围和功能区界限核准以及勘界立标工作，推进自然保护区开展综合科考和本底调查。2020年前完成200个国家级自然保护区规范化建设。推动自然保护区土地确权和用途管制。推动建立自然保护区公共监督员制度。有步骤地对居住在自然保护区核心区与缓冲区的居民实施生态移民。

4.加强重点生态功能区保护与管理。重点生态功能区是我国生态空间的集中分布地区，要积极协调相关部门推动重大生态保护与修复工程优先在重点生态功能区布局，不断扩大生态空间。加强重点生态功能区县域生态功能状况评价，推动制定实施重点生态功能区产业准入负面清单，强化生态空间用途管制。推动协调相关部门和地区针对目前人为活动影响较小、生态良好的重点生态功能区，特别是大江大河源头及上游地区，加大自然植被保护力度，科学开展生态退化区恢复与治理，继续实施防沙治沙和水土流失综合治理。以主要的山脉、江河、海岸带等防护林体系为脉络，构建形成大尺度国家生态廊道，提高生态保护区域的连通性。加快推动易灾地区生态系统保护与修复。

（二）强化生态质量及生物多样性提升体系

1.实施生物多样性保护重大工程。以生物多样性保护优先区域为重点，开展生物多样性调查和评估，彻底摸清我国生物多样性家底。加强就地保护和迁地保护，完善保护网络体系，确保国家战略性生物资源得到较好保存。恢复生物多样性受破坏的区域，开展生物多样性保护与减贫示范，促进西部生物多样性丰富地区传统产业转型升级和脱贫。加强生物多样性监管基础能力建设，全面提升各级政府生物多样性保护与管理水平。协调有关部门落实工程所需资金，组织有关部门实施好重大工程，推进实施《战略与行动计划》和“十年中国行动”。

2.加强生物遗传资源保护与生物安全管理。加强生物遗传资源保护与管理，建立生物遗传资源及相关传统知识获取与惠益分享制度;规范生物遗传资源采集、保存、交换、合作研究和开发利用活动，加强出境监管，防止生物遗传资源流失。强化生物安全管理，开展转基因生物环境释放风险评估、跟踪监测和环境影响研究;加强环保用微生物菌剂环境安全监管。积极防治外来物种入侵，开展外来入侵物种调查和生态影响评价，加强入侵机理、扩散途径、应对措施和开发利用途径研究，建立监测预警及风险管理机制，探索推进生物安全和外来入侵物种管理制度化进程。

3.推进生物多样性国际合作与履约。组织协调相关部门，共同履行好《生物多样性公约》及其《卡塔赫纳生物安全议定书》《名古屋遗传资源议定书》等国际公约，以国内工作支撑完成履约责任。积极参与“生物多样性与生态系统服务政府间科学-政策平台(IPBES)”的相关工作。做好2020年《生物多样性公约》第15次缔约方大会(COP15)的申办和筹备工作。

4.扩大生态产品供给。丰富生态产品，优化生态服务空间配置，提升生态公共服务供给能力。加大城市生态保护力度，推动城市生态建设与空间布局优化，提升城市生态服务能力。推动加大风景名胜区、森林公园、湿地公园等保护力度，适度开发公众休闲、旅游观光、生态康养服务和产品，加快城乡绿道、郊野公园等城乡生态基础设施建设。

（三）建设生态安全监测预警及评估体系

1.建立“天地一体化”的生态监测体系。加强卫星和无人机航空遥感技术应用，提高生态遥感监测能力。建立生物多样性地面观测体系，到2020年新建、改建或扩建50个陆地生物多样性综合观测站，建成800个以上生物多样性观测样区。建设一批相对固定的生态保护红线监控点。优先在长江经济带、京津冀地区建立观测站和观测样区。

2.定期开展生态状况评估。加强年度重点区域生态环境质量状况评价和五年生态环境状况调查评价。2016年启动2010-2015全国生态状况调查与评估，2020年完成“十三五”时期全国生态状况调查与评估，形成全国生态状况定期评估机制。全面开展生态保护红线、重点生态功能区、重点流域及城市生态评估，系统掌握生态系统质量和功能变化状况。

研究建立生态系统和生物多样性预警体系，开发预警模型和技术，对生态系统变化、物种灭绝风险、人类干扰等进行预警。推动建立统一的监测预警评估信息发布机制。

开展县域生态资源资产评估试点。推动将生态状况评估结果应用于产业布局、土地利用、生态环境保护、城乡建设等规划编制，并作为生态补偿、领导干部政绩考核、生态环境损害责任追究、自然资源资产离任审计等生态监管制度的重要参考。

3.建立全国生态保护监控平台。建立生态保护综合监控平台，对生态保护红线、自然保护区、重点生态功能区、生物多样性保护优先区域等的开发建设活动实施常态化和业务化监控，实现由被动监管转为主动监管、应急监管转为日常监管、分散监管转为系统监管。2016年，启动以自然保护区为重点的监管平台建设，作为全国生态保护监控平台一期工程;各省(区、市)应依托全国生态保护监控平台，加强能力建设，建立本行政区监管体系，实施分层级监管。2018年，完成生态保护红线监管平台建设，作为全国生态保护监控平台二期工程。加强生态监管信息化建设，充分运用大数据、互联网、遥感、物联网等技术手段，集成建立国家生态保护和生物多样性数据库，并纳入生态环境大数据系统。

4.加强开发建设活动生态保护监管。以“生态保护红线、环境质量底线、资源利用上线和环境准入负面清单”为手段，强化空间、总量、准入环境管理。发挥战略环评和规划环评事前预防作用，减少开发建设活动对生态空间的挤占，合理避让生态环境敏感和脆弱区域。强化矿产资源开发规划环评，优化矿产资源开发布局，推动历史遗留矿山生态修复。合理确定和布局大坝建设，加强调度监管，有效保障最低生态需水量;加强生态设施建设，科学合理开展水生生物增殖放流。合理布局旅游基础设施建设，基于生态承载力确定游客数量。推动交通设施建设合理避让生态环境敏感区域，加强生物廊道建设，减少生态阻隔;加强交通设施建成后的生态恢复和运营期的管理。

（四）完善生态文明示范建设体系

1.创建一批生态文明建设示范区和环境保护模范城。深入实施生态省战略，以市、县为重点，分类指导，梯次推进，广泛开展生态文明建设示范区创建，提高示范区建设的规范化和制度化水平，到2020年，创建60-100个生态文明建设示范区。修订《国家环境保护模范城市创建与管理工作办法》和《国家环境保护模范城市考核指标》，加强创建计划性和区域平衡性，强化分级管理和过程监管，加快审议命名2016年前通过考核验收的城市。生态文明建设示范区和环境保护模范城创建要加强统筹整合，并全面对接国家生态文明试验区建设标准，打造成国家生态文明试验区制度成果的转化载体。

2. 持续提升生态文明示范建设水平。编制生态文明建设示范区和环保模范城创建指南，指导各地生态文明建设实践。加强创建与环保重点工作的协调联动，改革完善创建评估验收机制。强化后续监督与管理，开展成效评估和经验总结，宣传推广现有的可复制、可借鉴的创建模式。充实专家队伍，建立专家委员会。继续开展中国生态文明奖评选表彰，充分发挥典型示范引领作用，广泛凝聚全社会力量。开展生态文明建设理论及实践研究，协助推动建立生态文明建设目标评价考核机制。

四、保障措施

（一）完善法律法规

加快推动出台《生物遗传资源获取与惠益分享管理条例》，开展《自然保护区条例》后评估，推进制定自然保护区法，研究生态保护红线立法。加强相关立法协调，在自然资源法律法规修订时，推动将生态保护要求纳入相关条文。抓紧出台实施《自然保护区人类活动遥感监测与核查规定》，加快完善生态保护相关的评估、监管、执法的标准规范体系。

（二）健全体制机制

充分发挥中国生物多样性保护国家委员会、国家级自然保护区评审委员会、生物物种资源保护部际联席会等已有机制平台的协调作用，推动制定和实施跨部门生态保护政策措施，协调相关部门加大生态保护投入。加快建立上下联动、沟通顺畅的各级环保部门联系机制。积极参与国家相关的体制机制改革，推动理顺相应机构与职责设置。开展国家公园体制研究及试点示范，探索建立国家公园行政管理体制。推动建立健全国土空间开发与保护制度，以及生态环境损害评估和赔偿、生态保护补偿等制度。支持各地建立生态保护补偿机制。

（三）强化科技支撑

加强生态保护基础研究和科技攻关，完善生态调查评估、监测预警、风险防范等管理技术体系。重点开展生物多样性科学规律与生物安全支撑技术、生态修复技术、生态系统监测评价等关键技术的研究，推动加大生态保护科技相关专项支持力度。加强国际科技合作与交流，积极引进国外先进生态保护理念、管理经验及技术手段，健全完善国内协调机制。

（四）推动共同保护

依托生物多样性日、环境日等活动平台，加大生态保护宣传教育力度，加强政策解读，扩大保护共识，调动全社会参与生态保护的积极性和主动性。加强政府、企业、公众生态保护培训，建设中小学环境教育社会实践基地，提高全社会特别是领导干部的生态保护责任意识。依托环境保护新闻发布制度，充分利用“12369”环保举报热线等平台，加大生态环境信息公开力度，定期发布生态保护信息，保障公众生态保护知情权和监督权。发挥社会组织的引导、监督作用，强化企业保护生态的主体责任，形成全社会共同参与生态保护的合力。

国土资源“十三五”规划纲要（节录）

（国土资发〔2016〕38号2016年4月12日印发）

第二章　指导思想和主要目标

第四节　主要目标

按照国民经济和社会发展的总体目标和战略部署，“十三五”时期国土资源工作的主要目标是：

——国土资源保护更加有效。扣除生态退耕、退地减水等规划期间可减少的耕地，以及东北、西北难以稳定利用的耕地，全国适宜稳定利用的耕地保有量在18.65亿亩以上，基本农田保护面积在15.46亿亩以上，建设占用耕地在2000万亩左右。完成永久基本农田划定工作，确保耕地数量基本稳定，质量有所提升。与发展改革、农业、财政等部门通力合作，确保建成高标准农田8亿亩，力争10亿亩，土地整治补充耕地2000万亩以上。钨、稀土、石墨等优势矿产保护明显加强，地下水、地质遗迹和矿山地质环境得到更加有效保护。

——国土资源保障能力显著增强。新增建设用地总量控制在3256万亩，有效保障新型工业化、信息化、城镇化和农业现代化与基础设施、民生改善、新产业新业态和大众创业万众创新项目用地需求。新发现大中型矿产地300—400处，形成100余个能源资源基地，重要矿产保障程度稳步提高，能源供给结构不断优化。

——国土资源节约集约利用水平普遍提高。建设用地总量得到有效控制，单位国内生产总值建设用地使用面积降低20%，存量建设用地挖潜力度进一步加大，用地控制标准体系健全，节地技术不断推广应用。能源资源开发利用效率大幅提高，矿产开发规模化程度和节约综合利用水平进一步提升，主要矿产资源产出率提高15%。建成绿色矿业发展示范区50个，绿色矿业发展新格局基本形成。

——国土资源服务民生和生态建设成效明显。征地制度不断完善，程序更加规范，补偿更加合理，保障更加多元。地质灾害、海洋灾害防御能力显著提升。完成750万亩历史遗留矿山地质环境治理恢复任务，工矿废弃地复垦力度不断加大。海洋生态保护与环境建设取得积极成效，大陆自然岸线保有率不低于35%，海洋保护区占管辖海域面积比例达5%。

——国土资源改革创新取得实质性进展。进一步取消和下放行政审批事项，事中事后监管不断加强，权力清单和责任清单制度基本建立。土地管理制度改革稳妥推进，不动产统一登记全面实施，自然资源资产产权登记全面开展。资源有偿使用制度改革进一步深化，资源价格、收益分配与补偿机制逐步完善。资源市场化配置程度不断提高，油气资源勘查开采市场化改革全面推进。

……

为实现上述目标，必须坚持创新、协调、绿色、开放、共享的新发展理念，以创新增强国土资源事业发展新动力，以协调构建国土资源开发利用新格局，以绿色开辟国土资源永续利用新途径，以开放拓展国土资源合作发展新空间，以共享实现国土资源惠民服务新成效。新的发展理念是不可分割、相互贯通、相互促进，具有内在联系的集合体，是“十三五”乃至更长时期国土资源事业发展思路、发展方向、发展着力点的根本遵循，必须以此为统领，将新发展理念全面体现、贯穿于国土资源事业发展的各领域各环节。

以绿色开辟国土资源永续利用新途径

绿色是永续发展的必要条件和人民对美好生活追求的重要体现，要引导规范和约束国土资源开发利用行为，立足资源环境承载能力，有度有序利用资源，优化资源开发利用结构，深入推进国土综合整治和地质环境保护，提高国土资源综合利用能力和水平。

第十七节 树立节约集约循环利用的资源观

树立节约优先、集约利用、循环发展、市场配置、创新引领的理念，在生产、流通、仓储、消费的各个环节强化节约集约。按照“框定总量、限定容量、盘活存量、做优增量、提高质量”的要求，构建覆盖全面、科学规范、管理严格的资源总量控制和节约制度，形成有利于资源节约和高效利用的空间格局、产业结构、生产方式、消费模式。坚持“注重内涵”的资源利用模式，摒弃“外延扩张”的粗放利用模式，更加注重产出效率、集约效益和科技、体制机制创新，大幅提高资源综合利用效益。通过市场规则、市场价格、市场竞争，增强资源节约高效利用的内在动力，抑制资源不合理占用和消费。

第十八节 严格保护耕地和基本农田

严守耕地红线。落实藏粮于地、藏粮于技战略，确保谷物基本自给、口粮绝对安全。加大土地利用规划计划管控力度，严格按规划计划落实耕地保有量、基本农田保护面积。建立耕地保护共同责任机制，明确并强化地方政府监管的主体责任，完善省级政府耕地保护责任目标考核制度，推动落实耕地和基本农田保护领导干部离任审计制度。严格控制建设用地规模，合理安排大中小城镇新增建设用地，人均城市建设用地控制在100平方米以内。严禁突破土地利用总体规划设立新城新区和各类园区，对耕地后备资源不足的地区相应减少建设占用耕地指标。加强对违法违规占用破坏耕地行为的执法检查。

严格永久基本农田划定与保护。完善永久基本农田特殊保护政策措施，按照数量质量生态“三位一体”保护要求，确保基本农田数量不减少、质量有提高。研究制定城市周边永久基本农田划定管理办法，全面划定永久基本农田，将永久基本农田保护任务落地到户、上图入库，实行全天候监测。严格管理、特殊保护永久基本农田，除法律规定的国家重点建设项目选址确实无法避让外，其他任何建设不得擅自改变和占用。加快基本农田信息系统建设。

大力推进土地整治和高标准农田建设。编制实施新一轮全国土地整治规划，切实加强耕地数量保护和质量建设。以粮食主产区和基本农田保护区为重点，实施土地整治重大工程，鼓励社会资金投入，实施耕地质量保护与提升行动，大力开展高标准农田建设，加强高标准农田建后管护，将整治后的耕地划为基本农田，纳入国土资源综合监管平台。到2020年经整治的基本农田质量平均提高1个等级。全面推进建设占用耕地耕作层剥离再利用，将建设占用耕地特别是基本农田的耕作层用于补充耕地的质量建设。对地下水漏斗区、重金属污染区、生态严重退化地区开展综合治理。

第二十节 提高土地资源节约集约利用水平

盘活存量建设用地。实行建设用地总量控制和减量化管理，提高存量建设用地供地比重。严格核定各类城镇新增用地，有效管控新城新区和开发区无序扩张。严格控制农村集体建设用地规模，盘活农村闲置建设用地。出台城镇低效用地再开发激励政策，采取灵活的处置方式和开发模式，鼓励原土地使用权人自主开发、合作开发，合理分配土地收益。大力推进工矿废弃地复垦，稳妥推进低丘缓坡等未利用土地综合开发。制定工业用地等各类存量用地回购和转让政策，降低工业用地比例。明确闲置土地认定标准和程序，加快闲置土地处置，严厉打击浪费和囤积土地行为。

健全节约集约用地控制标准。严格制定完善区域节约集约用地控制标准，加快建立土地承载能力评价技术体系，探索开展区域土地开发利用强度和效益考核。建立由国家和省制定城镇区域投入产出、平均建筑密度、平均容积率控制标准，各城镇自主确定具体地块土地利用强度的管理制度。严格执行各行业建设项目用地标准，明确控制性要求，加强监督检查。鼓励各地制定地方节约集约用地标准。

加强节地考核评价。健全完善节约集约用地评价考核体系。建立规划节地评价制度，构建规划节地评价指标体系。开展单位GDP建设用地使用面积下降目标评价考核，落实建设用地强度控制目标。完善节约集约用地评价更新制度，持续开展开发区节约集约用地评价，基本完成全国80%地级以上城市、60%县级城市节约集约用地初始评价。落实建设项目节地评价制度。

推广节地模式和技术。总结推广重点城市、重点领域和重要地类节地技术和模式，编制推广节地模式和节地技术推广应用目录，完善用地取得、供地方式、土地价格等激励机制。制定地上地下空间开发利用管理规范，推进建设用地多功能立体开发和复合利用。推动标准厂房建设，引导铁路、公路、水利等基础设施减少工程用地和取弃土用地。继续开展国土资源节约集约模范县（市）创建活动，推进广东省“三旧改造”、浙江省“亩产倍增”行动计划、江苏省“双提升”行动计划和湖北省“国土资源节约集约示范省创建”活动迈向纵深。

第二十一节 提升矿产资源节约与综合利用水平

优化矿产资源开发利用结构。按照“稳油、兴气、控煤、增铀”的思路，加快推进清洁高效能源矿产的勘查开发，积极开发天然气、煤层气、页岩油（气），推进天然气水合物资源勘查与商业化试采，以能源矿产开发利用结构调整推动能源生产消费方式革命。严控煤炭、钼等产能过剩矿产新增产能，淘汰落后产能，有序退出过剩产能。合理调控钨、稀土等优势矿产开发利用总量，稳定磷硫钾等重要农用矿产供给，加强膨润土等重要非金属矿产高效利用，适当控制水泥用灰岩、玻璃硅质材料矿产开发利用规模，规范建材非金属矿产开发秩序。严格执行矿山设计最低开采规模准入管理制度，推进矿山规模化集约化开采，提高矿区企业集中度。支持矿业企业兼并重组，促进矿业集中化和基地化发展，形成以大型集团为主体，大中小型矿山、上下游产业协调发展的资源开发格局。

大力推进绿色矿山和绿色矿业发展示范区建设。推进国家、省、市县三级绿色矿山建设，建立完善分地域、分行业的绿色矿山标准体系，大力倡导绿色勘查，按照绿色矿山标准推进新建矿山设计和建设，加快老矿山改造升级。规划建设50个以上绿色矿业发展示范区，研究建立绿色矿业发展基金，制定与绿色矿业发展相挂钩的激励政策。在资源配置和矿业用地等方面向绿色矿山、绿色矿业企业和绿色矿业发展示范区倾斜。

完善矿产资源节约和综合利用标准。健全矿产资源储量管理技术标准体系，加强共伴生资源综合评价。建立矿产资源开发利用水平调查评估制度，提高矿产资源产出率，完善重要矿产资源开采回采率、选矿回收率、综合利用率等国家标准。定期修订《矿产资源节约与综合利用先进适用技术推广目录》。建立边界品位动态更新机制，加强低品位矿产开发利用管理。鼓励各地结合本地区资源赋存条件，合理确定矿产资源工业品位指标。

健全矿产资源节约与综合利用激励约束机制。对资源利用效率高、技术先进、实施综合勘查开采的矿业企业，加大国土资源政策支持力度，完善鼓励提高矿产资源利用水平的经济政策。实施矿产资源节约与综合利用示范工程，推进矿产资源开发利用科技攻关和示范推广。建立矿业企业高效和综合利用信息公示制度，建立矿业权人“黑名单”制度。

第二十二节 保护海洋生态环境

加强海洋生物多样性保护。实施国家级海洋保护区规范化能力建设工程，新建一批海洋自然保护区、特别保护区和海洋公园。加强滨海湿地保护修复。在全国建立海洋生态红线制度。

加强海域海岸带及海岛保护性建设。加强海岸带修复治理，实施岸滩整治、海湾治理和海岛保护修复等工程，到2020年，整治和修复的海岸线不少于2000公里。加强海岛生态系统保护，推进功能退化地区海域海岸带综合整治，恢复海湾、河口海域生态环境。加强对重大海洋工程特别是围填海项目的环境影响评价，对临港工业集中区和重大海洋工程施工过程实施严格的环境监控。重点推进有居民海岛、拟开发海岛与偏远海岛基础设施改善与环境整治，开展重要生态功能海岛修复和恢复，加强领海基点海岛保护，开展海岛监视监测，规范无居民海岛开发利用秩序。开展“蓝色海湾”整治工程，通过对受损沙滩区域及侵蚀海岸进行修复，保持沙滩相对稳定，防止海岸侵蚀和海洋自然灾害，拓展公众亲水空间；通过对影响海域正常使用、损害海岸健康的海堤、废置堤坝、围塘、海洋工程垃圾和废弃物等进行拆除，开展清淤疏浚，增加水域面积，恢复和增加海湾纳潮量，实现“退堤还海”、“退养还滩”，增强河流泄洪和海域水体交换能力，提升海域海岸带开发的空间潜力，实现水清、岸绿、滩净、湾美、物丰的总体目标。

加强海洋污染治理。切实加强陆海污染源头联防联治，严格监管入海排污口。在大连湾等地区试点，探索建立污染物总量控制制度。建立实施海上排污许可制度。强化船舶污染治理，合理控制海水养殖规模。加快污染海域生态修复，保护海岛、海岸带和海洋生态环境。加强重点流域、区域、海域污染防治目标衔接，强化入海河流断面水质考核。

第二十三节 推进国土综合整治

形成“四区一带”国土综合整治格局。重点在城市化地区、农村地区、重点生态功能区、矿产资源开发集中区和海岸带及海岛开展国土综合整治，修复国土功能。城市化地区，在严格保护历史文化遗产、保持特色风貌的前提下，着力推进城镇低效用地再开发。农村地区，整合相关项目资金，全面推进农村土地综合整治。重点生态功能区，以自然修复为主，加大封育力度，实施生态修复工程。矿产开发集中区，综合运用土地和矿业政策，推动工矿废弃地复垦利用和矿山地质环境综合治理。海岸带和海岛地区，开展蓝色海湾整治行动和生态岛礁工程，修复受损生态系统，提升环境质量和生态价值。

加快推进损毁土地复垦利用。开展损毁土地调查评价，实施土地复垦重大工程，宜耕则耕、宜林则林、宜草则草。明确复垦主体，落实复垦义务，加强复垦监管。加大投入力度，出台支持政策，推行多元投入模式，鼓励各方开展损毁土地复垦利用。

第二十四节 加强地质环境保护

分类推进地质环境保护。编制保护规划，完善管理体制，建立地质环境评价指标体系，加强地质遗迹、矿业遗迹、古生物化石、特殊地形地貌景观保护。完善国家地质公园、国家矿山公园相关体制建设，积极推动将地质遗迹保护区、矿业遗迹地等纳入国家公园体系。加强地下水监测，完善国家地下水监测系统，开展地下水超采区综合治理，防治过量开采和污染。

强化矿山地质环境保护与治理恢复。严格新建矿山地质环境准入，实行矿产资源开发利用方案、矿山地质环境保护与治理恢复方案和土地复垦方案同步编制、同步审查和同步实施的“三同时”制度和“社会公示”制度。加强对生产矿山地质环境保护监管，建立国家、省、市、县四级矿山地质环境动态监测体系。探索构建“政府主导、政策扶持、社会参与、开发式治理、市场化运作”的治理新模式，鼓励社会资金参与和第三方治理。强化矿业企业的主体责任，健全完善矿山地质环境治理恢复保证金制度。加快矿山地质环境保护立法进程，强化科技支撑。加大采矿塌陷地治理力度，出台鼓励治理恢复的用地政策。

全面提升地质灾害防御能力。完成地质灾害防治高标准“十有县”建设，完善以群测群防为主的监测网络体系，提升县级防御能力。建设基层地质灾害应急管理机构和专业技术指导机构，完善市、县（区）突发性地质灾害气象预报预警体系。

强化重点地区地质灾害防治。提升三峡库区、西南山区、地震灾区等重点地区监测预警和应急避险能力，推进重点省份地质灾害综合防治体系建设，加大重大地质灾害隐患点的治理力度。开展重要城市和重点地区地面沉降、地裂缝等缓变性地质灾害的调查监测预警、综合治理示范。

深化海洋防灾减灾与环境监测。完善海洋观测预报和防灾减灾管理体制机制，建立健全中央和地方相结合的海洋预报减灾管理体系。加强海洋观测设施建设，完善监测网络布局，建设海洋环境实时在线监控系统，提高海洋生态环境监视监测能力，提升海洋环境预报警报服务水平。加强海洋灾害风险防范，推进海洋灾害风险评估和区划、重点防御区划定和管理。实施面向地方政府的海洋环境监督通报制度和面向公众的海洋环境信息公开发布制度。加强海洋环境突发事件监视监测和海洋灾害应急处置能力建设，强化石油勘探开发区域监测与评价，提高溢油事故应急能力。

建筑节能与绿色建筑发展“十三五”规划（节录）

（住房和城乡建设部2017年2月）

推进建筑节能和绿色建筑发展，是落实国家能源生产和消费革命战略的客观要求，是加快生态文明建设、走新型城镇化道路的重要体现，是推进节能减排和应对气候变化的有效手段，是创新驱动增强经济发展新动能的着力点，是全面建成小康社会，增加人民群众获得感的重要内容，对于建设节能低碳、绿色生态、集约高效的建筑用能体系，推动住房城乡建设领域供给侧结构性改革，实现绿色发展具有重要的现实意义和深远的战略意义。本规划根据《国民经济和社会发展第十三个五年规划纲要》《住房城乡建设事业“十三五”规划纲要》制定，是指导“十三五”时期我国建筑节能与绿色建筑事业发展的全局性、综合性规划。

二、总体要求

(一)指导思想。

全面贯彻党的十八大和十八届三中、四中、五中、六中全会精神，深入学习贯彻习近平总书记系列重要讲话精神，牢固树立创新、协调、绿色、开放、共享发展理念，紧紧抓住国家推进新型城镇化、生态文明建设、能源生产和消费革命的重要战略机遇期，以增强人民群众获得感为工作出发点，以提高建筑节能标准促进绿色建筑全面发展为工作主线，落实“适用、经济、绿色、美观”建筑方针，完善法规、策、标准、技术、市场、产业支撑体系，全面提升建筑能源利用效率，优化建筑用能结构，改善建筑居住环境品质，为住房城乡建设领域绿色发展提供支撑。

(三)主要目标。

“十三五”时期，建筑节能与绿色建筑发展的总体目标是：建筑节能标准加快提升，城镇新建建筑中绿色建筑推广比例大幅提高，既有建筑节能改造有序推进，可再生能源建筑应用规模逐步扩大，农村建筑节能实现新突破，使我国建筑总体能耗强度持续下降，建筑能源消费结构逐步改善，建筑领域绿色发展水平明显提高。

具体目标是：到2020年，城镇新建建筑能效水平比2015年提升20%，部分地区及建筑门窗等关键部位建筑节能标准达到或接近国际现阶段先进水平。城镇新建建筑中绿色建筑面积比重超过50%，绿色建材应用比重超过40%。完成既有居住建筑节能改造面积5亿平方米以上，公共建筑节能改造1亿平方米，全国城镇既有居住建筑中节能建筑所占比例超过60%。城镇可再生能源替代民用建筑常规能源消耗比重超过6%。经济发达地区及重点发展区域农村建筑节能取得突破，采用节能措施比例超过10%。

三、主要任务

(一)加快提高建筑节能标准及执行质量。

加快提高建筑节能标准。修订城镇新建建筑相关节能设计标准。推动严寒及寒冷地区城镇新建居住建筑加快实施更高水平节能强制性标准，提高建筑门窗等关键部位节能性能要求，引导京津冀、长三角、珠三角等重点区域城市率先实施高于国家标准要求的地方标准，在不同气候区树立引领标杆。积极开展超低能耗建筑、近零能耗建筑建设示范，提炼规划、设计、施工、运行维护等环节共性关键技术，引领节能标准提升进程，在具备条件的园区、街区推动超低能耗建筑集中连片建设。鼓励开展零能耗建筑建设试点。

严格控制建筑节能标准执行质量。进一步发挥工程建设中建筑节能管理体系作用，完善新建建筑在规划、设计、施工、竣工验收等环节的节能监管，强化工程各方主体建筑节能质量责任，确保节能标准执行到位。探索建立企业为主体、金融保险机构参与的建筑节能工程施工质量保险制度。对超高超限公共建筑项目，实行节能专项论证制度。加强建筑节能材料、部品、产品的质量管理。

专栏3 新建建筑建筑节能标准提升重点工程
重点城市节能标准领跑计划。严寒及寒冷地区，引导有条件地区及城市率先提高新建居住建筑节能地方标准要求，节能标准接近或达到现阶段国际先进水平。夏热冬冷及夏热冬暖地区，引导上海、深圳等重点城市和省会城市率先实施更高要求的节能标准。 标杆项目(区域)标准领跑计划。在全国不同气候区积极开展超低能耗建筑建设示范。结气候条件和资源禀赋情况，探索实现超低能耗建筑的不同技术路径。总结形成符合我国国情的超低能耗建筑设计、施工及材料、产品支撑体系。开展超低能耗小区(园区)、近零能耗建筑范工程试点，到2020年，建设超低能耗、近零能耗建筑示范项目1000万平方米以上。

(二)全面推动绿色建筑发展量质齐升。

实施建筑全领域绿色倍增行动。进一步加大城镇新建建筑中绿色建筑标准强制执行力度，逐步实现东部地区省级行政区域城镇新建建筑全面执行绿色建筑标准，中部地区省会城市及重点城市、西部地区省会城市新建建筑强制执行绿色建筑标准。继续推动政府投资保障性住房、公益性建筑以及大型公共建筑等重点建筑全面执行绿色建筑标准。积极推进绿色建筑评价标识。推动有条件的城市新区、功能园区开展绿色生态城区(街区、住区)建设示范，实现绿色建筑集中连片推广。

实施绿色建筑全过程质量提升行动。逐步将民用建筑执行绿色建筑标准纳入工程建设管理程序。加强和改进城市控制性详细规划编制工作，完善绿色建筑发展要求，引导各开发地块落实绿色控制指标，建筑工程按绿色建筑标准进行规划设计。完善和提高绿色建筑标准，完善绿色建筑施工图审查技术要点，制定绿色建筑施工质量验收规范。有条件地区适当提高政府投资公益性建筑、大型公共建筑、绿色生态城区及重点功能区内新建建筑中高性能绿色建筑建设比例。加强绿色建筑运营管理，确保各项绿色建筑技术措施发挥实际效果，激发绿色建筑的需求。加强绿色建筑评价标识项目质量事中事后监管。

实施建筑全产业链绿色供给行动。倡导绿色建筑精细化设计，提高绿色建筑设计水平，促进绿色建筑新技术、新产品应用。完善绿色建材评价体系建设，有步骤、有计划推进绿色建材评价标识工作。建立绿色建材产品质量追溯系统，动态发布绿色建材产品目录，营造良好市场环境。开展绿色建材产业化示范，在政府投资建设的项目中优先使用绿色建材。大力发展装配式建筑，加快建设装配式建筑生产基地，培育设计、生产、施工一体化龙头企业；完善装配式建筑相关政策、标准及技术体系。积极发展钢结构、现代木结构等建筑结构体系。积极引导绿色施工。推广绿色物业管理模式。以建筑垃圾处理和再利用为重点，加强再生建材生产技术、工艺和装备的研发及推广应用，提高建筑垃圾资源化利用比例。

专栏4 绿色建筑发展重点工程
绿色建筑倍增计划。推动重点地区、重点城市及重点建筑类型全面执行绿色建筑标准，积极引导绿色建筑评价标识项目建设，力争使绿色建筑发展规模实现倍增，到2020年，全国城镇绿色建筑占新建建筑比例超过50%，新增绿色建筑面积20亿平方米以上。 绿色建筑质量提升行动。强化绿色建筑工程质量管理，逐步强化绿色建筑相关标准在设计、施工图审查、施工、竣工验收等环节的约束作用。加强对绿色建筑标识项目建设跟踪管理，加强对高星级绿色建筑和绿色建筑运行标识的引导，获得绿色建筑评价标识项目中，二星级及以上等级项目比例超过80%以上，获得运行标识项目比例超过30%。 绿色建筑全产业链发展计划。到2020年，城镇新建建筑中绿色建材应用比例超过40%;城镇装配式建筑占新建建筑比例超过15%。

(三)稳步提升既有建筑节能水平。

持续推进既有居住建筑节能改造。严寒及寒冷地区省市应结合北方地区清洁取暖要求，继续推进既有居住建筑节能改造、供热管网智能调控改造。完善适合夏热冬冷和夏热冬暖地区既有居住建筑节能改造的技术路线，并积极开展试验。积极探索以老旧小区建筑节能改造为重点，多层建筑加装电梯等适老设施改造、环境综合整治等同步实施的综合改造模式。研究推广城市社区规划，制定老旧小区节能宜居综合改造技术导则。创新改造投融资机制，研究探索建筑加层、扩展面积、委托物业服务及公共设施租赁等吸引社会资本投入改造的利益分配机制。

不断强化公共建筑节能管理。深入推进公共建筑能耗统计、能源审计工作，建立健全能耗信息公示机制。加强公共建筑能耗动态监测平台建设管理，逐步加大城市级平台建设力度。强化监测数据的分析与应用，发挥数据对用能限额标准制定、电力需求侧管理等方面的支撑作用。引导各地制定公共建筑用能限额标准，并实施基于限额的重点用能建筑管理及用能价格差别化政策。开展公共建筑节能重点城市建设，推广合同能源管理、政府和社会资本合作模式(PPP)等市场化改造模式。推动建立公共建筑运行调适制度。会同有关部门持续推动节约型学校、医院、科研院所建设，积极开展绿色校园、绿色医院评价及建设试点。鼓励有条件地区开展学校、医院节能及绿色化改造试点。

专栏5 既有建筑节能重点工程
既有居住建筑节能改造。在严寒及寒冷地区，落实北方清洁取暖要求，持续推进既有居住建筑节能改造。在夏热冬冷及夏热冬暖地区开展既有居住建筑节能改造示范，积极探索适合气候条件、居民生活习惯的改造技术路线。实施既有居住建筑节能改造面积5亿平方米以上，2020年前基本完成北方采暖地区有改造价值城镇居住建筑的节能改造。 老旧小区节能宜居综合改造试点。从尊重居民改造意愿和需求出发，开展以围护结构、供热系统等节能改造为重点，多层老旧住宅加装电梯等适老化改造，给水、排水、电力和燃气等基础设施和建筑使用功能提升改造，绿化、甬路、停车设施等环境综合整治等为补充的节能宜居综合改造试点。 公共建筑能效提升行动。开展公共建筑节能改造重点城市建设，引导能源服务公司等市场主体寻找有改造潜力和改造意愿建筑业主，采取合同能源管理、能源托管等方式投资公共建筑节能改造，实现运行管理专业化、节能改造市场化、能效提升最大化，带动全国完成公共建筑节能改造面积1亿平方米以上。 节约型学校(医院)。建设节约型学校(医院)300个以上，推动智慧能源体系建设试点100个以上，实施单位水耗、电耗强度分别下降10%以上。组织实施绿色校园、医院建设示范100个以上。完成中小学、社区医院节能及绿色化改造试点50万平方米。

(四)深入推进可再生能源建筑应用。

扩大可再生能源建筑应用规模。引导各地做好可再生能源资源条件勘察和建筑利用条件调查，编制可再生能源建筑应用规划。研究建立新建建筑工程可再生能源应用专项论证制度。加大太阳能光热系统在城市中低层住宅及酒店、学校等有稳定热水需求的公共建筑中的推广力度。实施可再生能源清洁供暖工程，利用太阳能、空气热能、地热能等解决建筑供暖需求。在末端用能负荷满足要求的情况下，因地制宜建设区域可再生能源站。鼓励在具备条件的建筑工程中应用太阳能光伏系统。做好“余热暖民”工程。积极拓展可再生能源在建筑领域的应用形式，推广高效空气源热泵技术及产品。在城市燃气未覆盖和污水厂周边地区，推广采用污水厂污泥制备沼气技术。

提升可再生能源建筑应用质量。做好可再生能源建筑应用示范实践总结及后评估，对典型示范案例实施运行效果评价，总结项目实施经验，指导可再生能源建筑应用实践。强化可再生能源建筑应用运行管理，积极利用特许经营、能源托管等市场化模式，对项目实施专业化运行，确保项目稳定、高效。加强可再生能源建筑应用关键设备、产品质量管理。加强基础能力建设，建立健全可再生能源建筑应用标准体系，加快设计、施工、运行和维护阶段的技术标准制定和修订，加大从业人员的培训力度。

专栏6 可再生能源建筑应用重点工程
太阳能光热建筑应用。结合太阳能资源禀赋情况，在学校、医院、幼儿园、养老院以及其他有公共热水需求的场所和条件适宜的居住建筑中，加快推广太阳能热水系统。积极探索太阳能光热采暖应用。全国城镇新增太阳能光热建筑应用面积20亿平方米以上。 **太阳能光伏建筑应用。**在建筑屋面和条件适宜的建筑外墙，建设太阳能光伏设施，鼓励小区级、街区级统筹布置，“共同产出、共同使用”。鼓励专业建设和运营公司，投资和运行太阳能光伏建筑系统，提高运行管理，建立共赢模式，确保装置长期有效运行。全国城镇新增太阳能光电建筑应用装机容量1000万千瓦以上。 **浅层地热能建筑应用。**因地制宜推广使用各类热泵系统，满足建筑采暖制冷及生活热水需求。提高浅层地能设计和运营水平，充分考虑应用资源条件和浅层地能应用的冬夏平衡，合理匹配机组。鼓励以能源托管或合同能源管理等方式管理运营能源站，提高运行效率。全国城镇新增浅层地热能建筑应用面积2亿平方米以上。 **空气热能建筑应用。**在条件适宜地区积极推广空气热能建筑应用。建立空气源热泵系统评可再生能源解决农房采暖、炊事、生活热水等用能需求。在经济发达地区、大气污染防治任务较重地区农村，结合“煤改电”工作，大力推广可再生能源采暖。价机制，引导空气源热泵企业加强研发，解决设备产品噪音、结霜除霜、低温运行低效等问题。

(五)积极推进农村建筑节能。

积极引导节能绿色农房建设。鼓励农村新建、改建和扩建的居住建筑按《农村居住建筑节能设计标准》GB/T50824)、《绿色农房建设导则》(试行)等进行设计和建造。鼓励政府投资的农村公共建筑、各类示范村镇农房建设项目率先执行节能及绿色建设标准、导则。紧密结合农村实际，总结出符合地域及气候特点、经济发展水平、保持传统文化特色的乡土绿色节能技术，编制技术导则、设计图集及工法等，积极开展试点示范。在有条件的农村地区推广轻型钢结构、现代木结构、现代夯土结构等新型房屋。结合农村危房改造稳步推进农房节能改造。加强农村建筑工匠技能培训，提高农房节能设计和建造能力。

积极推进农村建筑用能结构调整。积极研究适应农村资源条件、建筑特点的用能体系，引导农村建筑用能清洁化、无煤化进程。积极采用太阳能、生物质能、空气热能等。

四、重点举措

(一)健全法律法规体系。

结合建筑法、节约能源法修订，将实践证明切实有效的制度、措施上升为法律制度。加强立法前瞻性研究，评估《民用建筑节能条例》实施效果，适时启动条例修订工作，推动绿色建筑发展相关立法工作。引导地方根据本地实际，出台建筑节能及绿色建筑地方法规。不断完善覆盖建筑工程全过程的建筑节能与绿色建筑配套制度，落实法律法规确定的各项规定和要求。强化依法行政，提高违法违规行为的惩戒力度。

(二)加强标准体系建设。

根据建筑节能与绿色建筑发展需求，适时制修订相关设计、施工、验收、检测、评价、改造等工程建设标准。积极适应工程建设标准化改革要求，编制好建筑节能全文强制标准，优化完善推荐性标准，鼓励各地编制更严格的地方节能标准，积极培育发展团体标准，引导企业制定更高要求的企业标准，增加标准供给，形成新时期建筑节能与绿色建筑标准体系。加强标准国际合作，积极与国际先进标准对标，并加快转化为适合我国国情的国内标准。

专栏7 建筑节能与绿色建筑部分标准编制计划
建筑节能标准。研究编制建筑节能与可再生能源利用全文强制性技术规范;逐步修订现行建筑节能设计、节能改造系列标准;制(修)订《建筑节能工程施工质量验收规范》《温和地区居住建筑节能设计标准》《近零能耗建筑技术标准》。 **绿色建筑标准。**逐步修订现行绿色建筑评价系列标准;制(修)订《绿色校园评价标准》《绿色生态城区评价标准》《绿色建筑运行维护技术规范》《既有社区绿色化改造技术规程》《民用建筑绿色性能计算规程》。

可再生能源及分布式能源建筑应用标准。逐步修订现行太阳能、地源热泵系统工程相关技术规范;制(修)订《民用建筑太阳能热水系统应用技术规范》《太阳能供热采暖工程技术规范》《民用建筑太阳能光伏系统应用技术规范》。

(三)提高科技创新水平。

认真落实国家中长期科学和技术发展规划纲要，依托“绿色建筑与建筑工业化”等重点专项，集中攻关一批建筑节能与绿色建筑关键技术产品，重点在超低能耗、近零能耗和分布式能源领域取得突破。积极推进建筑节能和绿色建筑重点实验室、工程技术中心建设。引导建筑节能与绿色建筑领域的“大众创业、万众创新”，实施建筑节能

与绿色建筑技术引领工程。健全建筑节能和绿色建筑重点节能技术推广制度，发布技术公告，组织实施科技示范工程，加快成熟技术和集成技术的工程化推广应用。加强国际合作，积极引进、消化、吸收国际先进理念、技术和管理经验，增强自主创新能力。

专栏8 建筑节能与绿色建筑技术方向
建筑节能与绿色建筑重点技术方向。超低能耗及近零能耗建筑技术体系及关键技术研究；既有建筑综合性能检测、诊断与评价，既有建筑节能宜居及绿色化改造、调适、运行维护等综合技术体系研究；绿色建筑精细化设计、绿色施工与装备、调适、运营优化、建筑室内健康环境控制与保障、绿色建筑后评估等关键技术研究；城市、城区、社区、住区、街区等区域节能绿色发展技术路线、绿色生态城区（街区）规划、设计理论方法与优化、城区（街区）功能提升与绿色化改造、可再生能源建筑应用、分布式能源高效应用、区域能源供需耦合等关键技术研究、太阳能光伏直驱空调技术研究；农村建筑、传统民居绿色建筑建设及改造、被动式节能应用技术体系、农村建筑能源综合利用模式、可再生能源利用方式等适宜技术研究。

（四）增强产业支撑能力。

强化建筑节能与绿色建筑材料产品产业支撑能力，推进建筑门窗、保温体系等关键产品的质量升级工程。开展绿色建筑产业集聚示范区建设，推进产业链整体发展，促进新技术、新产品的标准化、工程化、产业化。促进建筑节能和绿色建筑相关咨询、科研、规划、设计、施工、检测、评价、运行维护企业和机构的发展。增强建筑节能关键部品、产品、材料的检测能力。进一步加强建筑能效测评机构能力建设。

专栏9 建筑节能与绿色建筑产业发展
新型建筑节能与绿色建筑材料及产品。积极开发保温、隔热及防火性能良好、施工便利、使用寿命长的外墙保温材料和保温体系、适应超低能耗、近零能耗建筑发展需求的新型保温材料及结构体系，开发高效节能门窗、高性能功能性装饰装修功能一体化技术及产品；高性能混凝土、高强钢等建材推广；高效建筑用空调制冷、采暖、通风、可再生能源应用等领域设备开发及推广。

（五）构建数据服务体系。

健全建筑节能与绿色建筑统计体系，不断增强统计数据的准确性、适用性和可靠性。强化统计数据的分析应用，提升建筑节能和绿色建筑宏观决策和行业管理水平。建立并完善建筑能耗数据信息发布制度。加快推进建筑节能与绿色建筑数据资源服务，利用大数据、物联网、云计算等信息技术，整合政府数据、社会数据、互联网数据资源，实现数据信息的搜集、处理、传输、存储和数据库的现代化，深化大数据关联分析、融合利用，逐步建立并完善信息公开和共享机制，提高全社会节能意识，最大限度激发微观活力。

五、规划实施

（一）完善政策保障机制。

会同有关部门积极开展财政、税收、金融、土地、规划、产业等方面的支持政策创新。研究建立事权对等、分级负责的财政资金激励政策体系。各地应因地制宜创新财政资金使用方式，放大资金使用效益，充分调动社会资金参与的积极性。研究对超低能耗建筑、高性能绿色建筑项目在土地转让、开工许可等审批环节设置绿色通道。

（二）强化市场机制创新。

充分发挥市场配置资源的决定性作用，积极创新节能与绿色建筑市场运作机制，积极探索节能绿色市场化服务模式，鼓励咨询服务公司为建筑用户提供规划、设计、能耗模拟、用能系统调适、节能及绿色性能诊断、融资、建设、运营等“一站式”服务，提高服务水平。引导采用政府和社会资本合作（PPP）模式、特许经营等方式投资、运营建筑节能与绿色建筑项目。积极搭建市场服务平台，实现建筑领域节能和绿色建筑与金融机构、第三方服务机构的融资及技术能力的有效连接。会同相关部门推进绿色信贷在建筑节能与绿色建筑领域的应用，鼓励和引导政策性银行、商业银行加大信贷支持，将满足条件的建筑节能与绿色建筑项目纳入绿色信贷支持范围。

（三）深入开展宣传培训。

结合“节俭养德全民节约行动”“全民节能行动”“全民节水行动”“节能宣传周”等活动，开展建筑节能与绿色建筑宣传，引导绿色生活方式及消费。加大对相关技术及管理人员培训力度，提高执行有关政策法规及技术标准能力。强化技术工人专业技能培训。鼓励行业协会等对建筑节能设计施工、质量管理、节能量及绿色建筑效果评估、用能系统管理等相关从业人员进行职业资格认定。引导高等院校根据市场需求设置建筑节能及绿色建筑相关专业学科，做好专业人才培养。

（四）加强目标责任考核。

各省级住房城乡建设主管部门应加强本规划目标任务的协调落实，重点加强约束性目标的衔接，制定推进工作计划，完善由地方政府牵头，住房城乡建设、发展改革、财政、教育、卫生计生等有关部门参与的议事协调机制，落实相关部门责任、分工和进度要求，形成合力，协同推进，确保实现规划目标和任务。组织开展规划实施进度年度检查及中期评估，以适当方式向社会公布结果，并把规划目标完成情况作为国家节能减排综合考核评价、大气污染防治计划考核评价的重要内容，纳入政府综合考核和绩效评价体系。对目标责任不落实、实施进度落后的地区，进行通报批评，对超额完成、提前完成目标的地区予以表扬奖励。

全国城市生态保护与建设规划（2015-2020年）（节录）

（住房城乡建设部环境保护部2016年12月）

第二章 指导思想、基本原则与规划目标

一、指导思想

以党的十八大和十八届三中、四中、五中、六中全会及中央城市工作会议精神为指导，坚持“创新、协调、绿色、开放、共享”发展理念，保护和优化城市生态空间格局，加大城市生态修复力度，扩大生态空间总量，提升城市生态功能，创造优良人居环境，构建“山青、水净、天蓝、地绿、城美、人和”的美丽家园。

三、规划目标

到2020年，城市生态保护与建设达到以下目标：

——生态空间格局持续优化。增加生态空间整体规模，完善绿色空间网络，提高生态修复水平。城市规划区内水域、山地、绿地、湿地、林地等生态空间得到有效管控，生态用地占比合理增长，城市建成区绿地率达到38.9%，城市建成区绿化覆盖率达到43.0%，城市人均公园绿地面积达到14.6平方米，水体岸线自然化率不低于80%，受损弃置地生态与景观恢复率大于80%。

——人居环境明显改善。提升公园绿地、绿道等生态产品的服务功能，提高市政基础设施的建设水平和配置标准，有效改善城市环境质量。公园绿地服务半径覆盖率不低于80%，城市新建、改建居住区绿地达标率大于95%，林荫路推广率不低于90%，黑臭水体占比不高于10%，污染地块安全利用率达到90%以上。

——生物多样性保护更加完善。增加城市生物栖息地规模，保护栖息地的完整性、连续性，增加景观异质性，防治外来物种入侵，丰富城市物种多样性。本地木本植物指数不低于0.8。

——城市环境安全有效保障。城市生活垃圾无害化处理率达到95%，地级及以上城市集中式饮用水水源水质达到或优于III类比例总体高于93%，地级及以上城市污泥无害化处理处置率达到90%，地级及以上城市空气质量优良天数比例平均达到省级人民政府对城市的要求。

——资源能源利用效率显著提高。可再生能源使用比例不低于15%，单位GPD能耗不高于0.4吨标准煤/万元，城镇绿色建筑占新建建筑比例大于50%，城市再生水利用率不低于20%，绿色出行分担率不低于70%。

——保障工作协同推进。城市园林绿化固定资产投资占城市市政公用设施建设固定投资比例不低于12%，环境保护投资占GDP比例不低于3.5%，生态环境保护宣传教育普及率达到80%。

一、城市生态空间保护与管控

(一)科学编制城市生态保护和建设规划。

以城市绿地、山体、水体、动植物等自然生态资源的保护和修复为重点，开展城市自然生态资源摸底调查与评价，编制城市生态保护与建设规划，明确城市的生态空间布局、各类生态空间的功能定位和建设控制要求，划定水体保护线(蓝线)、绿地系统线(绿线)、基础设施建设控制线、历史文化保护线和永久基本农田，明确发展目标、建设任务和实施计划。重要生态空间应纳入城市总体规划的强制性内容。

(二)加强城市生态空间管控。

开展城市自然生态资源调查与评价，识别和划定重要生态空间，制定管理措施，构建科学合理的生产、生活、生态空间布局，实施严格保护。将重要的生态空间纳入城市总体规划和土地利用总体规划，加强实施和监管，构建城市生态安全格局。加强自然保护区、风景名胜区等生态保护地的保护管理和跟踪监管。

(三)完善城市绿色生态网络。

加强城市自然山水格局保护，与生态保护红线对接，合理布局绿心、绿楔、绿环、绿廊等城市结构性绿地，构建城市绿色空间体系。建设城乡绿道网络，加强城市绿地与区域内各类生态空间的衔接，将自然引入城市，构建完整连贯、覆盖城乡的绿色生态网络。加大城郊生态绿地、绿化隔离地区、湿地公园、郊野公园等建设力度，促进城乡生态保护与建设协同发展。加强河道、湖泊和滨海地带的管理和保护，减少对自然湿地的侵占，保持原有水面控制率、水网密度和水体的自然连通。

城市生态空间保护与管控的工作目标是：

到2020年，全国地级及以上城市编制完成城市规划区自然生态资源调查与评价报告；地级及以上城市编制完成城市生态保护与建设规划；设市城市颁布蓝线、绿线管理实施细则，完成城市绿线、蓝线的划定；各省、自治区编制完成省域城乡绿道网络规划，地级及以上城市完成市域绿道规划。

专栏1：城市生态空间保护与管控重点工程
1. 全国城市生态空间信息监管平台建设 建立全国城市生态空间信息平台和动态监管系统，各地开展城市生态空间划定、审批和提交对接工作；各地开展城市生态空间内违建清理及限期拆除、迁移等工作。 2. 重点城市群区域生态保护与建设工程 协调城市群内部城市生态空间保护和建设工作，将城市内的园林绿地与城市间的各类生态绿地有效连接，构成生态网络体系。京津冀、长三角、珠三角、长江中游、成渝等重点城市群规划应强化区域生态保护和建设相关内容，开展城镇间生态修复和园林绿化工程建设。 3. 城乡绿道网络规划建设工程 开展省域和市域城乡绿道网络规划，沿公路、铁路交通干线建设生态绿廊；建设城市绿色缓冲带；沿河湖水系建设生态、景观功能兼具的滨水绿带；建设城乡休闲游憩型绿道网络；加强绿道与公交、步行及自行车交通系统的衔接，引导居民绿色出行。

二、城市生态园林建设与生态修复

（一）提升园林绿化生态效益。

推进生态园林城市建设，加快城市绿地系统规划编制和实施，合理规划建设各类绿地，充分发挥园林绿化在保持水土、涵养水源、降温增湿、减霾滞尘、引风供氧等方面的生态功能。结合城市更新，加强城市人口密集区域的大型绿地建设，有条件的城市要因地制宜规划布局氧源绿地和生态廊道。加强城市道路绿化隔离带、道路分车带和林荫路建设，乔灌草（地被）合理配置，提升道路绿地滞尘、降噪、遮阴、防护等生态功能。推行生态绿化方式，提高乡土植物应用比例，促进野生种群恢复和近自然生境重建，逐步实现物种多样化、群落混交化、配植复层化。

（二）完善园林绿化服务功能。

加强城市公园绿地建设，逐步建成类型丰富、特色鲜明、设施齐备、服务覆盖全面的城市公园系统。推动城市近郊发展建设郊野公园，构建满足城市居民需求和社会发展需要的休闲游憩体系。加快棚户区和老旧街区改造，通过拆迁建绿、拆违还绿、破硬增绿、立体绿化等措施，积极拓展老旧城区、中心城区的绿色空间。提升存量绿地品质，推广老旧公园、老旧小区绿地改造提升，完善配套服务设施，提高管理水平和服务质量。

（三）大力开展城市生态修复。

开展城市山体修复，通过修坡整形、矿坑回填、植被修复等手段，恢复山体自然形态和生态功能。结合海绵城市建设开展城市水体生态修复，通过控源截污、水质净化、植被恢复、生境重塑、驳岸生态化等手段，恢复水体生态功能。开展城市废弃地修复，通过土壤污染治理、地形地貌修复、植被生态复绿等手段，恢复土地生态功能。建立建设用地土壤环境调查评估制度，实施建设用地准入管理，合理确定废弃地土地用途。逐步建立污染地块名录及其开发利用负面清单，将建设用地土壤环境管理要求纳入城市规划和供地管理。

城市生态园林建设与生态修复的工作目标是：

到2020年，地级及以上城市绿地系统规划编制覆盖率达到100%；地级及以上城市每年完成生态绿化推广工程1处，每年完成老旧街区、小区或老旧公园增绿提质工程1处，完成城市生态修复示范工程1处。指导一批城市创建国家生态园林城市。

专栏2：城市生态园林建设与生态修复重点工程
1. 城市生态绿化推广工程 各地通过提升乡土植物应用比例、推行复层群落建设、推广透水性铺装和林荫路、建设氧源绿地、生态廊道等手段提升园林绿化生态效益。 2. 老旧街区（小区）和老旧公园增绿提质工程 各地结合棚户区改造和老旧街区、小区改造，通过拆迁建绿、拆违还绿、破硬增绿、立体绿化等措施，积极拓展绿色空间，完善绿地配套服务设施和功能。 3. 城市生态修复工程 各地完善城市绿地系统，开展城市山体、水体、废弃地生态修复。结合实际情况对裸露破损山体、边坡陡坡等进行生态修复与利用；开展河流、湖泊、湿地、滨海滩涂生态修复，改造硬化河道，恢复水体自然形态，加强滨水绿化建设，恢复沿岸滩涂和湿地；对城市废弃地进行生态修复与利用。

三、城市生物多样性保护

(一)构建城市生物栖息地网络体系。

结合省级《生物多样性保护战略与行动计划》，编制城市生物多样性保护实施计划。加强城市古树名木保护和复壮。依托自然保护区、风景名胜区、郊野公园、湿地公园、城乡绿道等构建城市大型生物栖息地，改造城市公园，增设城市自然保留地、保护性小区，完善中小型栖息地和生物迁徙廊道系统，提高受保护空间面积，形成“点—线—面”有机结合、大中小并举的物种资源保护网络体系。

(二)加强城市生物多样性科研、监测和宣传。

开展城市生物资源和濒危物种变化情况的普查、编目，建立物种种质资源库。借助植物园、动物园、野生动物园、城市湿地公园，开展珍稀濒危物种的迁地保护和人工繁育研究，加强外来物种入侵管控。建立城市生物多样性信息管理系统，开展动态监测。组织多类型多形式的生物多样性保护宣传及科普教育活动，普及生物多样性知识，提高全民生物多样性保护意识，动员全社会关心、参与生物多样性保护工作。

城市生物多样性保护的工作目标是：

到2020年，设市城市编制城市生物多样性保护规划，建立城市生物多样性保护、监测信息系统。地级及以上城市至少拥有1个40公顷以上科普植物园;建立不少于1处大中型城市生物栖息地保护和建设示范地，面积不少于5公顷;建立不少于3处乡土野生植物群落恢复和生境重建示范地，每处不少于2公顷;古树名木及古树名木后备资源(树龄≥50年的树木)调查、建档立案、挂牌和保护实施完成率达到100%。

专栏3：城市生物多样性保护重点工程
1. 城市生物栖息地保护网络建设工程 结合自然保护区、风景名胜区、郊野公园、湿地公园等开展城市生物栖息地保护网络建设，加强生物栖息地和人工招引设施建设;重点开展珍稀濒危物种栖息地和迁徙廊道的保护和建设。 **2. 生物多样性保护科研宣教工程** 加强科普植物园、城市生物栖息地、乡土野生植物群落恢复和生境重建等示范建设。在校园、社区开展生物多样性保护宣传教育，建设生物多样性科普示范基地。

四、城市污染治理与市政环境基础设施建设

(一)深化城市大气、噪声污染治理。

严格实施污染物总量控制计划，以总量定项目。严格控制高耗能、高污染行业新增产能，加快淘汰落后产能和城市重污染企业搬迁改造。大力推进清洁生产，控制煤炭消费总量，加快清洁能源替代利用。推进煤炭清洁高效利用，逐步扩大高污染燃料禁燃区范围。深化二氧化硫、氮氧化物污染治理，大力削减颗粒物排放。加强有毒有害大气污染物和挥发性有机物污染控制，推广使用低挥发性涂料，推进储油库、加油站和油罐车的油气回收，强化机动车、餐饮油烟、烟花爆竹、扬尘、光污染防治，依法划定并公布禁止使用高排放非道路移动机械的区域，试点划定禁止挖土机、推土机等高污染工程设备行驶的区域。不断扩大噪声达标功能区面积，完成声环境功能区的划定和调整工作，建立和完善声环境质量监测网络。建立京津冀、长三角区域大气污染防治协作机制。

(二)加强城市水污染控制和治理。

强化城镇生活污水治理。加大城镇污水配套管网建设力度，强化城中村、老旧城区和城乡结合部污水截流、收集，加快实施雨污分流改造。加快污水处理厂建设和升级改造。敏感区域(重点湖泊、重点水库、近岸海域汇水区域)城镇污水处理设施应全面达到一级A排放标准。建成区水体水质达不到地表水Ⅳ类标准的城市，新建城镇污水处理设施要执行一级A排放标准。加强污泥处理处置设施建设，强化设施运营监管能力。在水资源紧缺和水环境质量差的地区，加快推动建筑中水和污水再生利用设施建设。

狠抓工业污染防治。专项整治造纸、焦化、氮肥、有色金属、印染、农副食品加工、原料药制造、制革、农药、电镀等十大重点行业，实施清洁化改造。集中治理工业集聚区水污染，企业尽量向依法合规设立、环保设施齐全的集聚区集中，集聚区内工业废水必须经预处理达到集中处理要求，方可进入污水集中处理设施，新建、升级工业集聚区应同步规划建设污水处理、垃圾集中处理等污染治理设施。采取控源截污、垃圾清理、清淤疏浚、生态修复等措施，全面整治城市黑臭水体。

(三)加强城市固体废物处理利用和环境风险防控。

加快生活垃圾处理设施建设，完善收运系统，提高城市生活垃圾无害化处理率。健全再生资源回收利用网络，加强生活垃圾分类回收与再生资源回收的衔接。推广废旧商品回收利用、焚烧发电、生物处理等生活垃圾资源化利用方式。统筹餐厨垃圾、园林垃圾等无害化处理和资源化利用。加快推进建筑垃圾回收和资源化利用。

加强工业固体废物污染防治，支持大宗工业固体废物综合利用。加快推进废铅酸蓄电池、废药品、废荧光灯管

等危险废物的分类收集体系建设，落实危险废物全过程管理制度，杜绝危险废物非法转移。加强医疗废物处置设施建设，地级及以上城市医疗废物全面实现无害化处置。开展城市环境风险调查与评估，加强城市环境风险防控。

城市污染治理与市政环境基础设施建设的工作目标是：

到2020年，细颗粒物(PM2.5)未达标地级及以上城市浓度平均下降18%，二氧化硫、氮氧化物、VOCs排放降低率达到国家相关考核管理要求；全国地级及以上城市完成老城区的雨污管网改造，污水处理厂出水达到国家新的环保排放要求或地表水Ⅳ类标准；直辖市、计划单列市和省会城市(建成区)生活垃圾无害化处理率达到100%，其他设市城市生活垃圾无害化处理率达到95%以上(新疆、西藏除外)；设市城市生活垃圾无害化处理率全部达标，指导一批城市创建国家生态文明建设示范区和国家环保模范城市。

专栏4：城市污染治理与市政环境基础设施建设重点工程

1. 城市大气环境综合整治工程

升级改造大气污染物治理设施，以京津冀及周边地区、长三角、珠三角为重点，推进煤改气、煤改电工程，全面整治燃煤小锅炉，加快重点行业脱硫脱硝除尘改造。严控高耗能、高污染行业新增产能，加速完成钢铁、水泥、电解铝、平板玻璃等重点行业落后产能淘汰任务。开展机动车污染防治，加强城市扬尘污染防治，推进石化、化工、工业涂装、包装印刷、油品储运销和机动车VOCs减排重点工程。

2. 区域大气污染联防联控建管工程

建立城镇群地区、大气污染重点区域城市间的联防联控机制，实现重大项目环评共同审批、环境事件协同处理。

3. 城市水污染防治设施建设工程

加快城市污水处理设施建设，推进重点流域、重要水源地等敏感水域地区的城镇污水处理厂升级改造。加强污泥处理处置设施建设。加大城市管网建设和改造力度，加快实施雨污分流改造，全面治理城市黑臭水体。在有条件的地区，开展初期雨水收集与处理。

4. 城市生活垃圾处理设施建设工程

加快城市生活垃圾无害化处理设施建设，加强生活垃圾回收与再生资源回收网络的衔接。对由于历史原因形成的非正规生活垃圾堆放点和不达标生活垃圾处理设施进行存量治理，对已封场的垃圾填埋场开展生态修复。建设城市餐厨废弃物和建筑垃圾回收和再生利用系统。

5. 城市固体废物综合利用工程

建设废弃电器电子产品、废旧塑料、报废汽车、橡胶、玻璃等再生资源回收处理中心。

五、海绵城市建设

(一)推进海绵城市专项规划编制。

各地要按照《住房城乡建设部关于印发海绵城市专项规划编制暂行规定的通知》(建城[2016]50号)的要求，抓紧编制海绵城市专项规划。根据城市降雨、土壤、地形地貌等因素和经济社会发展条件，综合考虑水资源、水环境、水生态、水安全等方面的现状问题和建设需求，坚持问题导向与目标导向相结合，因地制宜采取“渗、滞、蓄、净、用、排”等措施，研究提出需要保护的自然生态空间格局，明确雨水年径流总量控制率等目标并进行分解，确定海绵城市近期建设的重点。各城市应在海绵城市专项规划的指导下，编制近期建设重点区域的建设方案、滚动规划和年度建设计划，提出海绵城市建设任务。

(二)全面推动海绵城市建设。

全面推动海绵城市建设，提高城市应对环境变化和自然灾害的能力，在确保城市排水防涝安全的前提下，最大限度地实现雨水在城市区域的积存、渗透和净化，促进雨水资源化利用。以海绵城市建设引领低影响开发模式，统筹协调城市开发建设各个环节，充分发挥城市建筑和小区、道路、绿地、水系等对雨水的吸纳、渗蓄和缓释作用，逐步建立从源头到末端的全过程雨水径流控制体系，全面推行节水集雨型绿地、植草沟、雨水湿地、透水铺装等城市绿色基础设施建设，实现“保障水安全、修复水生态、涵养水资源、改善水环境”的多重目标。

海绵城市建设的工作目标是：

到2020年，城市建成区20%以上的面积达到海绵城市建设目标要求。

专栏5：海绵城市建设重点工程
1. 海绵城市建设工程 构建源头减排、过程控制、系统治理的建设体系。源头减排：从容易产流的源头入手，通过控制开发强度，建设绿色屋顶、透水铺装、雨水收集利用设施等，促进雨水下渗，将尽可能多的降雨留在本地。过程控制：通过对原有地形的合理保护和利用，加上科学的竖向设计，辅以雨水湿地、雨水调节池、渗沟、渗渠、渗井等设施建设，在雨水径流汇集和传输过程中，有效削峰、错峰，减缓排水设施的压力。末端治理：利用水系、道路、排水管网等构件城市排水空间与路径，保障城市排涝安全。

各城市新区、各类园区、成片开发区以及有条件的城市建成区应全面落实海绵城市建设要求，积极推进海绵城区建设。因地制宜采取雨水花园、节水集雨型绿地、人工湿地等措施，增强城市绿地系统的海绵体功能，消纳自身雨水，并协同城市管网合理蓄滞周边区域雨水。加强对城市坑塘、河湖、湿地等水体自然形态的保护和修复。

对老城区应结合城镇棚户区和城乡危房改造、老旧小区有机更新等，推进区域环境整体治理。

推进海绵型社区、建筑和相关基础设施建设。推广海绵型社区，通过场地竖向设计和微地形塑造，实现雨水的汇流与转输；同时，因地制宜采取屋顶绿化、雨水花园、透水铺装等，提高社区雨水自然汇聚、下渗等能力。

推进海绵型道路与广场建设，改变雨水快排、直排的传统做法，增强道路绿化带对雨水的消纳功能，在非机动车道、人行道、停车场、广场等扩大使用透水铺装，推行道路与广场雨水的收集、净化和利用，减轻对市政排水系统的压力。

推广海绵型公园和绿地，通过建设雨水花园、集雨型绿地、人工湿地等措施，增强公园和绿地系统的城市海绵体功能，消纳自身雨水，并为蓄滞周边区域雨水提供空间。加强对城市坑塘、河湖、湿地等水体自然形态的保护和恢复。

大力推进城市排水防涝设施的达标建设，加快改造和消除城市易涝点；实施雨污分流，控制初期雨水污染，排入自然水体的雨水须经过岸线净化；加快建设和改造沿岸截流干管，控制渗漏和合流制污水溢流污染。结合雨水利用、排水防涝等要求，科学布局建设雨水调蓄设施。

六、城市资源能源节约与循环利用

(一)提升资源集约利用水平。

实行最严格的水资源管理制度，加强用水总量控制与定额管理，促进城市水资源高效利用。从水源到水龙头全过程监管饮用水安全，持续提升饮用水安全保障水平，地级及以上城市集中式饮用水源水质达到或优于III类比例总体高于93%。促进水资源的循环利用，将再生水、雨水和微咸水等非常规水源纳入水资源统一配置，提高工业用水效率，促进重点用水行业节水技术改造和居民生活节水。提升水资源监测能力，实施地下水监测工程，严格控制地下水开采规模，采取增加下渗、限制超采、人工回灌等措施，逐步扩大地下水补给。

提高土地资源利用效率，从严控制城乡建设用地规模。制定土壤污染治理与修复规划，结合城市环境质量提升和发展布局调整，开展污染地块的治理与修复和再利用，强化治理与修复工程监管。推进园区循环利用改造，推动各类园区建设废物交换利用、能量分质梯级利用、水资源分类利用和循环使用以及公共服务平台等基础设施建设，实现园区内项目、企业、产业有效组合和循环链接。

(二)加强城市节能减排工作。

加快制(修)订节能环保标准，完善节能减排统计、监测、考核体系。完善节能减排政策，推行市场化机制。加强节能技术改造，推动重点领域节能增效。推广高效锅炉，扩大高效电动机应用，发展蓄热式燃烧技术装备，加快新能源汽车技术攻关和示范推广，推动半导体照明产业化。支持重点用能单位采用合同能源管理方式，实施节能改造。加强节能宣传教育，普及节能环保知识和方法，倡导绿色消费新风尚，形成文明、节约、绿色、低碳的生产方式、消费模式和生活习惯。

城市资源能源节约与循环利用的工作目标是：

到2020年，淘汰所有10蒸吨以下小锅炉，单位GDP能耗比2010年降低30%。

专栏6：城市资源能源节约与循环利用重点工程
1. 城市节水工程 加快城市供水管网更新改造，改造使用年限超过50年、材质落后的供排水管网。鼓励城市污水再生利用。引导、鼓励企事业单位、居民家庭更换节水器具，加快更新和改造国家规定淘汰的耗水器具。 2. 城市节能减排工程 科学规划、合理推进天然气、风能、太阳能等清洁绿色能源的开发和利用。全面推动电机系统节能、能量系统优化、余热余压利用、节约和替代石油、交通运输节能、绿色照明、流通零售领域节能等节能重点工程。加强居民节能宣传教育，倡导绿色消费。

七、绿色建筑和绿色交通推广

(一)切实抓好绿色建筑推广和建筑节能改造。

全面推进城乡建筑绿色发展，建设绿色生态城区。强化规划控制，将绿色建筑比例、生态环保、公共交通、可再生能源利用、再生水利用等指标体系，作为约束性规划条件，实施监管。提高新建建筑节能标准，推动政府投资建筑、保障性住房及大型公共建筑率先执行绿色建筑标准，新建建筑全面实行供热分户计量;推进既有居住建筑供热计量和节能改造;实施供热管网改造;在各级机关和教科文卫系统创建节约型公共机构示范单位，开展公共机构办公建筑节能改造，带动绿色建筑建设改造投资和相关产业发展。积极推进太阳能等新能源和可再生能源建筑规模化应用。

(二)加强绿色交通体系建设。

加强城市道路建设，提高路网密度和道路通达性。增强绿色出行吸引力，提高绿色出行占比。推动以公共交通为导向的城市发展模式，加快城市轨道交通、快速公交系统(BRT)等大容量公共交通基础设施建设，提高公共交通出行分担比例。加强自行车道和步行道等系统规划建设，推广林荫路建设，改善出行环境。加强城市停车场建设，合理配置停车设施，提升停车管理水平，逐步缓解停车难题。噪声敏感建筑物集中区域的道路两边应采取建设隔声屏障，严格实施禁鸣、限行、限速和其他有效控制噪声污染的措施，加强城市轨道交通和机场周边噪声污染防治工作。

绿色建筑和绿色交通推广的工作目标是：

到2020年，各地级及以上城市规划建设绿色生态城区1处，面积不少于1.5平方公里。到2020年，各地级及以上城市每年建设完成不少于1处绿色建筑技术集成应用样板工程、不少于1处绿色建筑改造样板工程。

专栏7：绿色建筑和绿色交通推广重点工程
1. 绿色建筑和绿色生态城区建设工程 各地要利用新区建设和旧城更新改造的机遇，大力推广绿色建筑和绿色城区理念，建设绿色建筑示范项目、绿色城区示范区，加强绿色建筑规划、建设、运营管理。 2. 绿色交通体系建设工程 各地要加快大容量公共交通基础设施建设;加强自行车道和步行道等系统规划建设;加大城市停车场建设，合理配置停车设施。

八、风景名胜区和世界遗产生态保护

(一)控制风景名胜区城乡发展建设行为。

按照《风景名胜区条例》和风景名胜区规划要求，加强风景名胜区资源保护，严格控制风景名胜区内的城乡建设活动和生产生活行为，科学确定风景名胜区内镇村发展规模，禁止在核心景区内建设宾馆、招待所、培训中心、疗养院以及与风景名胜资源保护无关的其他建筑物、构筑物;已经建设的，应当按照《风景名胜区条例》和风景名胜区规划逐步迁出。加强城市规划与风景名胜区规划的协调，优化风景名胜区周边区域的空间布局，加强对景区周边景观风貌的控制和引导，整治提升风景名胜区内村庄居民点的风貌，妥善处理城市型风景名胜区与城市发展的关系，控制城市向风景名胜区蔓延。

(二)充分发挥风景名胜区和世界遗产自然生态保护功能。

充分发挥风景名胜区和世界遗产保护国家珍贵的自然生态系统、生物多样性和自然景观的功能。按照国际公约和国内法规的要求，科学划定风景名胜区核心景区和各级保护分区，严格保护遗产地核心区、严控缓冲区建设活动，逐步开展风景名胜区和世界遗产地生态补偿试点建设，建立完善风景名胜区和遗产地资源保护和建设活动监测制度，加强对珍稀物种、古树名木及其所在原生生境的保护和修复，指导风景名胜区和遗产地开展智慧景区建设，推进信息化和数字化管理，提升世界遗产地生态保护和管理水平。

风景名胜区生态保护的工作目标是：

到2020年，国家级风景名胜区总体规划编制覆盖率达到100%。

专栏8：风景名胜区生态保护重点工程
1. 风景名胜区生态保育工程 开展风景名胜资源普查，加强风景名胜区植被抚育，生物多样性保护和水环境保护，加强古树名木和珍稀野生动植物的保护，防治外来物种入侵。按照核心景区和各级保护分区的范围及保护管理要求，严格控制各类建设行为。

第四章　政策与保障措施

一、加强组织领导，落实考核机制

各地要充分认识城市生态保护与建设规划对于生态文明建设、城市可持续发展等的战略意义和现实重要性，把城市生态保护和建设工作作为调结构、稳增长、促改革、惠民生的重要举措，切实加强组织，保障规划实施。

各省级主管部门要将本规划确定的任务和指标纳入本地区生态保护和建设规划，定期组织评估考核。建立健全第三方考核机制，客观、公正、科学、规范地开展考核。

各城市城乡规划主管部门要会同有关部门组织编制城市生态保护与建设规划和年度工作计划，建立部门联动、协同配合、分工合作、责任共担的工作机制。

二、健全法规政策，完善监管评估

城市生态保护与修复情况已纳入国家园林城市、中国人居环境奖、节水城市等评审考核范围，各地要加快制定完善城市生态保护与建设的法规政策。建立遥感监控平台，完善城市生态环境综合监测网络，实施动态监控和跟踪分析。加大监督、检查和执法力度，加强部门联动配合，严厉打击破坏城市生态环境的违规违法行为。

三、增加政府投入，拓宽资金渠道

各地要进一步加大政府投入。鼓励民间资本通过政府和社会资本合作模式、依法合规投资产业投资基金等模式参与污水、垃圾等市政环境基础设施的建设和运营，逐步建立与城市社会经济发展水平相适应的多元化投入机制。深化资源型产品价格和税费改革，开展排污权、碳汇交易等试点工作，探索并完善市场化机制。加强风景名胜区等重要区域的生态补偿力度，建立资源保护费等保障机制，实行自然资源有偿使用。

交通运输节能环保“十三五”发展规划（节录）

（交通运输部交通运输部2016年5月31日印发）

二、总体思路

（一）指导思想。

全面贯彻党的十八大和十八届三中、四中、五中全会精神，按照全面建成小康社会和加快推进生态文明建设的总体要求，把绿色发展理念融入交通运输发展的各方面和全过程，着力提升交通生态环境保护品质，突出理念创新、科技创新、管理创新和体制机制创新，坚持交通运输与节能环保协调发展，大力推进交通运输节能降碳，重点强化基础设施生态保护，全面开展污染综合防治，提升污染应急处置能力，积极推广资源节约集约利用，建立健全绿色交通制度体系，切实加强统计监测和监督考核，有效发挥政府引导作用，充分发挥企业主体作用，加强公众绿色交通文化培育，加快建成绿色交通运输体系。

（三）发展目标。

1. 总体目标。

到2020年，适应全面建成小康社会要求的绿色交通运输体

系建设取得显著进展。行业能源利用效率不断提高，能源消费结构得到明显改善;生态保护取得明显成效，国家各项污染防治行动要求得到全面落实，污染事故应急处置能力进一步加强;资源节约集约与循环利用水平全面提升;行业节能环保管理体制机制更加完善，监管与服务能力显著增强。

——行业能源和碳排放强度进一步下降。与2015年相比，营运客车单位运输周转量能耗和CO_2排放分别下降2.1%和2.6%，营运货车单位运输周转量能耗和CO_2排放分别下降6.8%和8%营运船舶单位运输周转量能耗和CO_2排放分别下降6%和7%，城市客运单位客运量能耗和CO_2排放分别下降10%和12.5%，港口生产单位吞吐量综合能耗和CO_2排放均下降2%。新能源和清洁能源车辆占比在2015年基础上显著提高。

——行业生态保护取得明显成效。生态保护全面纳入交通建设工程全过程管控，促进交通建设供给品质有效提升，基本实现交通基础建设与生态环境承载能力相适应，交通基础设施建设和运营对生态环境的影响得到有效缓解。

——行业污染物排放得到有效控制。京津冀、长三角、珠三角区域船舶硫氧化物（SOx）、氮氧化物（NOx）和颗粒物（PM）排放总量在2015年基础上分别下降65%、20%和30%。沿海和内河港口分别于2017年底前和2020年底前具备船舶含油污水、生活污水、化学品洗舱水和垃圾接收能力，国家溢油应急设备库布局完善。

——行业资源集约循环利用水平明显提高。岸线资源、土地

资源及通道资源的利用效率明显提升，路面材料、疏浚土、港口及高速公路服务区污水的循环利用率进一步提高。

——行业节能环保监管考核能力显著增强。推进交通运输环境监测网建设，加强对国家高速公路、沿海及内河主要港口、长江干线航道等重点监测对象的覆盖，提升船舶污染监视监测能力。

交通运输能耗监测体系建设取得明显进展，绿色交通制度和标准规范体系进一步完善。

2.具体目标。

交通运输节能环保“十三五”发展具体目标详见表1。

主要任务

（一）推进交通运输节能降碳。

继续推进交通运输结构调整。优化交通基础设施布局，充分发挥不同运输方式的比较优势和组合效率，推进现代综合交通运输体系建设。优先发展公共交通，鼓励发展城市慢行交通系统，促进城乡客运绿色发展。大力发展多式联运、甩挂运输和共同配送等高效运输组织模式，推动绿色货运发展。发展智能交通系统，鼓励利用“互联网+”提升交通运输系统运行效率。

提升交通运输装备能效水平。推进运输装备专业化、标准化和大型化。鼓励淘汰老旧高能耗车辆、船舶和作业机械，推广应用高效、节能、环保的车辆装备，加快推进内河船型标准化。实施道路运输车辆和营运船舶燃料消耗量限值准入制度。

优化交通运输能源消费结构。加大新能源和清洁能源在城市公共交通和客货运输领域的应用。继续推进水运行业应用液化天然气，在港口装卸机械和运输装备中优先使用电能或天然气等作为动力。大力推动靠港船舶使用岸电，制定港口岸电布局建设方案，加快港口和船舶使用岸电设备设施建设。支持加气配套设施在交通运输领域的规划与建设。鼓励太阳能、风能等清洁能源及充换电配套设施在交通基础设施建设运营中的应用。

深化节能降碳制度创新与技术应用。继续组织开展绿色交通示范创建。探索合同能源管理、碳交易、第三方治理等市场机制在行业内的应用，促进交通运输行业节能降碳。制定发布交通运输行业重点节能低碳技术和产品推广目录，优先支持重点节能低碳技术和产品的推广应用。推广应用运输装备节能驾驶、节能操作和绿色维修技术。

（二）强化基础设施生态保护。

加强新建交通基础设施生态保护。交通基础设施规划和建设过程中应按照国家环保相关法律法规要求，严格履行环保程序，实施严格的围填海总量控制和自然岸线控制制度。将生态保护理念贯穿交通基础设施规划、建设、运营和养护的全过程。积极倡导生态选线、生态环保设计，减少对自然保护区等生态敏感区域的切割影响。综合应用先进的生态工程技术，降低交通基础设施对陆域、水生动植物及其生境的影响，严格落实生态保护和水土保持措施，加强植被保护与恢复，全面提升交通基础设施景观服务品质。推进一批生态友好型公路、港口、航道等交通基础设施的建设。

继续推进已建基础设施生态修复工程。在“十二五”生态修复试点的基础上，针对早期建设由于理念和技术原因导致不能满足环保要求的交通基础设施，鼓励开展生态修复。公路方面，重点推进边坡和取弃土场植被恢复、动物通道和湿地生态修复等；水运方江面，重点推进人工渔礁、过鱼设施、生态护岸等。

（三）全面升展污染综合防治。

加强行业大气污染防治工作。落实珠三角、长三角、环渤海（京津冀）水域船舶排放控制区实施方案，提升船舶大气污染物排放监管能力，控制船舶硫氧化物（SOx）、氮氧化物（NOx）和颗粒物（PM）排放。开展干散货码头粉尘专项治理，全面推进主要港口大型煤炭、矿石码头堆场建设防风抑尘设施或实现封闭储存。推进原油成品油码头油气回收治理。推进运输枢纽场站污染防治。

积极支持淘汰黄标车。鼓励采用温拌沥青等先进工艺，减少交通基础设施建设过程中的废气排放。

组织开展行业水污染防治。鼓励节能环保型船舶建造和既有船舶实施污水储存处置设施改造。推动船舶含油污水、生活污水、化学品洗舱水和垃圾等污染物的接收设施建设，做好船港之间、港城之间污染物转运处置设施的衔接。规范拆船行为，禁止冲滩拆解。进入我国水域的国际航行船舶，按照已加入的国际公约要求实施压载水管理。大力推进港口、运输枢纽、高速公路服务区污水处理和循环利用。

进一步提升污染事故应急能力。健全海上溢油应急指挥机制，完善各级海上溢油应急预案，推动《国家重大海上溢油应急处置预案》出台，建设畅通的应急通讯系统和高效的溢油应急信息服务体系。强化溢油监视能力建设，提高溢油监视预警能力。加强溢油清除能力和水上危险化学品泄漏应急处置能力建设，落实《国家重大海上溢油应

急能力建设规划（2015—2020年）》建设任务，提高国家溢油应急设备库运行维护水平。推动重大海上溢油事故应急处置部际联动。加强污染事故应急队伍建设，进一步扶持和规范社会应急清污力量发展。

（四）推进资源节约循环利用。

推进资源节约集约利用。统筹集约利用综合运输线位、运输枢纽、跨江跨海通道等资源。大力推行适应节约土地要求的交通运输工程技术，提高交通建设用地效率。因地制宜采取有效措施减少耕地和基本农田占用。合理有序开发港口岸线资源，发展集约化、现代化和专业化港区，进一步提升港口岸线资源利用效率。

加强资源综合循环利用。积极推动废旧路面、沥青等材料再生综合利用，以及钢材、水泥等主要建材的循环利用。扩大粉煤灰、煤矸石、矿渣、废旧轮胎等工业废料和疏浚土、建筑垃圾在交通基础设施建设运营中的无害化处理和综合利用。鼓励交通建设企业加入区域资源再生综合交易系统，行业内外协同提升资源循环利用水平。

（五）加强节能环保监督管理。

健全绿色交通制度和标准体系。研究制定绿色交通发展制度体系框架，全面涵盖交通运输绿色发展的政策、法规、标准等制度。有序推进绿色交通领域各项相关制度的制修订工作，并加强实施效果评估，形成推动绿色交通发展的长效机制。发布《绿色交通标准体系》，研究制定交通运输用能设备、设施、企业能耗和碳排放强度,交通运输环保和能耗统计分析，交通运输污染防治技术与环保产品，交通运输清洁能源应用，交通运输环境监测和能耗监测等方面的标准。

强化行业节能环保管理。在交通运输基础设施建设过程中严

格执行国家环保“三同时，，制度和节能评估制度，严格遵守监管所有污染物排放的环境保护管理制度。继续开展交通运输规划和建设项目环境影响评价、项目节能评估工作。鼓励各省、城市及企业结合自身情况编制交通运输绿色发展专项规划，加强节能环保管理体系建设。

加强节能环保统计监测。全面实施《全国公路水路交通运输环境监测网总体规划》,有序推进行业环境监测网建设和监测工作开展，提升交通运输环境监测能力。继续推进交通运输环境数据中心建设，逐步完善交通运输行业环境数据报送与共享机制。完善交通运输行业能耗统计平台，继续组织开展营运车辆、船舶能耗监测统计工作，继续推进交通运输重点用能单位开展能耗监测，有序推进省级能耗统计监测体系的建设实施。

（六）服务国家发展重大战略。

支撑京津冀一体化绿色交通发展。大力推进京津冀区域大气污染防治工作，大力推广新能源和清洁能源车辆应用，推动北京、天津、石家庄、保定等绿色交通城市、公交都市示范创建活动。推进环渤海（京津冀）水域船舶大气污染物排放控制区建设,开展干散货码头粉尘专项治理，推进原油成品油码头油气回收治理工作。组织开展京津冀协同发展交通一体化规划环境影响评价，建设京津冀一体化交通运输环境监测与能耗监测系统，定期组织开展行业能耗和环境统计和调查，跟踪落实国家和京津冀区域相关节能环保要求。

推进长江经济带绿色综合立体交通走廊建设。组织开展长江经济带综合交通立体走廊战略环评，进一步科学规划长江干线港口岸线利用，规模化、集约化利用港口岸线资源。推进长江干线生态航道建设，将生态与环保理念融入长江干线航道设计、施工、养护等全过程，推进长江航道生态修复工作。落实《船舶与港口污染防治专项行动实施方案（2015—2020年）》，推进长三角水域船舶大气污染物排放控制区建设，全面推进内河船型标准化，完善船舶污染物接收、转运处置体系。加强跨江沿江通道建设及营运过程中的污染防治和生态保护，强化环境风险防范及应急能力建设。推进长江经济带高等级航道环境监测网建设，探索建立长江经济带交通运输能源消耗和碳排放统计监测制度。提高长江航道环境风险防范能力，加强船舶溢油风险防范和危险化学品运输监管。

构建“一带一路”交通运输绿色发展管理体系。在“一带一路”交通运输发展过程中，全面落实绿色交通发展理念，逐步建立适应不同地区要求的绿色交通标准规范体系和建设管理体系。在公路、港口、航道等交通基础设施的规划、设计、建设、养护过程中，采用严格的生态环保标准规范体系，有效提高生态环保水平。尤其对位于生态脆弱区的交通基础设施工程，强化建设过程中的生态保护,落实建设完成后的生态修复。降低远洋船舶污染物排放水平，探索研究与其他国家和地区共同建立船舶排放控制区的可行性。提高交通运输节能减排技术水平，逐步提高船舶燃料消耗量限值标准。

四、保障措施

（一）完善制度建设。

通过制度设计引导行业绿色发展，提高行业节能环保管理的规范化与制度化。切实强化规划实施的组织领导，对规划目标任务进行分解，并定期开展规划执行情况检查与评估工作，切实落实各部门责任分工。建立节能环保工作监督考核机制，探索将绿色交通发展绩效考核纳入部门和单位年度工作考核体系。各地区、各单位应结合自身实际制定相应的节能环保专项规划或实施方案，强化规划引领和指导作用。建立定期培训制度，提升节能环保管理水平。

（二）拓展资金来源。

鼓励和支持各地设立交通运输绿色发展专项资金，强化各级财政资金的引导作用。积极利用市场机制，研究探索设立绿色交通产业发展基金,促进交通运输行业应用绿色信贷、绿色债券、绿色保险等创新金融工具，拓宽绿色

交通发展融资渠道。鼓励企业加大节能环保资金投入，积极探索运用政府和社会资本合作模式（PPP）。

（三）加强科技创新。

积极支持重点方向科研能力建设，支持相关科研院所提升交通运输节能环保科研条件。加大科技研发力度，重点开展绿色交通基础设施和装备、区域性交通运输能源和环境监测、码头油气回收等方面的专题研究。以重大科研课题为依托，以行业重点科研平台为基地，推进科研人才培养。

（四）培育绿色文化。

加大绿色交通发展理念、节能环保先进技术与管理的培训教育力度，提升企业和行业从业人员的节能环保意识和能力。依托绿色交通示范项目，广泛宣传绿色交通理念，推广节能低碳、生态环保技术和产品。组织开展绿色交通相关主题宣传活动，引导社会公众绿色出行。

（五）强化合作机制。

继续利用多双边渠道，加强与国际组织、国外企业和研究咨询机构等的交流合作，积极吸收借鉴国际先进经验。继续参与国际海运温室气体减排合作，为我国交通运输行业发展和参与国际竞争创造良好的外部条件。继续加强与节能减排、环境保护、资源管理等主管部门和地方政府的合作，搭建绿色交通发展交流平台，促进先进技术推广和经验交流，协同推进绿色交通发展。

“十三五”水资源消耗总量和强度双控行动方案

（水利部、国家发改委2016年10月18日印发）

根据《中华人民共和国国民经济和社会发展第十三个五年规划纲要》和《政府工作报告》要求，为加快推进生态文明建设，推动形成绿色发展方式和生活方式，进一步控制水资源消耗，实施水资源消耗总量和强度双控行动，特制定本方案。

一、总体要求

（一）指导思想。全面贯彻党的十八大和十八届三中、四中、五中全会精神，深入学习贯彻习近平总书记系列重要讲话精神，紧紧围绕统筹推进“五位一体”总体布局和协调推进“四个全面”战略布局，牢固树立创新、协调、绿色、开放、共享的发展理念，认真落实党中央、国务院决策部署，坚持节水优先、空间均衡、系统治理、两手发力，切实落实最严格水资源管理制度，控制水资源消耗总量，强化水资源承载能力刚性约束，促进经济发展方式和用水方式转变；控制水资源消耗强度，全面推进节水型社会建设，把节约用水贯穿于经济社会发展和生态文明建设全过程，为全面建成小康社会提供水安全保障。

（二）基本原则。

坚持双控与转变经济发展方式相结合。以水定需，量水而行，因水制宜，促进人口经济与资源环境相均衡，以水资源利用效率和效益的全面提升推动经济增长和转型升级。

坚持政府主导与市场调节相结合。加强对双控行动的规范和引导，强化政府目标责任考核。完善市场机制，营造良好市场环境，充分发挥市场机制作用，提高水资源配置效率。

坚持制度创新和公众参与相结合。制定完善配套政策，创新激励约束机制，形成促进高效用水的制度体系。加强水情宣传教育，推动形成全社会爱水护水节水的良好风尚。

坚持统筹兼顾与分类推进相结合。统筹考虑区域水资源条件、产业布局、用水结构和水平，科学合理逐级分解双控目标任务。分类推进各行业、各领域重点任务落实。

（三）主要目标。到2020年，水资源消耗总量和强度双控管理制度基本完善，双控措施有效落实，双控目标全面完成，初步实现城镇发展规模、人口规模、产业结构和布局等经济社会发展要素与水资源协调发展。各流域、各区域用水总量得到有效控制，地下水开发利用得到有效管控，严重超采区超采量得到有效退减，全国年用水总量控制在6700亿立方米以内。万元国内生产总值用水量、万元工业增加值用水量分别比2015年降低23%和20%；农业亩均灌溉用水量显著下降，农田灌溉水有效利用系数提高到0.55以上。

二、明确目标责任

（四）健全指标体系。严格总量指标管理，在国务院确定的2020年各省（区、市）用水总量控制目标基础上，健全省、市、县三级行政区域用水总量控制指标体系。2016年底前，各省（区、市）要完成所辖市、县用水总量控制指标分解。推进江河流域水量分配，加快完成53条跨省重要江河流域水量分配，各省（区、市）要有序推进本行政区内跨市、县江河流域水量分配，把用水总量控制指标落实到流域和水源。

严格强度指标管理，把万元国内生产总值用水量、万元工业增加值用水量和农田灌溉水有效利用系数逐级分解到各省、市、县，明确区域强度控制要求（各省（区、市）2020年用水强度控制目标见附表）。2016年底前，各省（区、市）要力争完成所辖市、县用水强度控制指标分解。到2020年，建立覆盖主要农作物、工业产品和生活服务行业的先进用水定额体系，定额实行动态修订。严格用水定额和计划管理，强化行业和产品用水强度控制。

（五）强化目标考核和责任追究。全面实施最严格水资源管理制度考核，逐级建立用水总量和强度控制目标责任制，完善考核评价体系，突出双控要求。对严重缺水地区，突出节水考核要求。考核结果作为干部主管部门对政府领导班子和相关领导干部综合考核评价的重要依据。

建立用水总量和强度双控责任追究制，严格责任追究，对落实不力的地方，采取约谈、通报等措施予以督促；对因盲目决策和渎职、失职造成水资源浪费、水环境破坏等不良后果的相关责任人，依法依纪追究责任。加快建立国家水资源督察制度，加强对各地用水总量和强度控制目标完成情况督察，确保政策措施落到实处。

三、落实重点任务

（六）强化水资源承载能力刚性约束。各省（区、市）要以县域为单元开展水资源承载能力评价，建立预警体系，发布预警信息，强化水资源承载能力对经济社会发展的刚性约束。2016年完成京津冀三省市和试点地区以县域为单元的水资源承载能力评价。

建立健全规划和建设项目水资源论证制度，完善规划水资源论证相关政策措施。各省（区、市）政府要重点推进重大产业布局和各类开发区规划水资源论证，严格建设项目水资源论证和取水许可管理，从严核定许可水量，对取用水总量已达到或超过控制指标的地区暂停审批新增取水。

（七）全面推进各行业节水。大力推进农业、工业、城镇节水，建设节水型社会，编制实施节水规划。

强化农业节水，加快重大农业节水工程建设，到2020年完成大型灌区续建配套和节水改造任务，加快实施区域规模化高效节水灌溉工程，积极推广喷灌、微灌、集雨补灌、水田控制灌溉和水肥一体化等高效节水技术，开展灌区现代化改造试点，全国节水灌溉工程面积达到7亿亩左右。

强化工业节水，完善国家鼓励和淘汰的用水技术、工艺、产品和设备目录，重点开展火电、钢铁、石化、化工、印染、造纸、食品等高耗水工业行业节水技术改造，大力推广工业水循环利用，推进节水型企业、节水型工业园区建设。到2020年，高耗水行业达到先进定额标准。

强化城镇节水，加快推进城镇供水管网改造，推动供水管网独立分区计量管理，加快推广普及生活节水器具，推进学校、医院、宾馆、餐饮、洗浴等重点行业节水技术改造，全面开展节水型公共机构、居民小区建设。到2020年，地级及以上缺水城市全部达到国家节水型城市标准要求，公共供水管网漏损率控制在10%以内。

（八）加快地下水超采区综合治理。实行地下水取用水总量和水位控制，编制实施全国地下水利用与保护规划。2017年底前完成地下水禁采区、限采区和地面沉降控制区范围划定，编制完成地面沉降区、海水入侵区地下水压采方案。以华北地区为重点，推进地下水超采区综合治理，加快实施《南水北调东中线一期工程受水区地下水压采总体方案》。地方各级政府要依法规范机井建设管理，限期关闭未经批准的和公共供水管网覆盖范围内的自备水井。加快实施国家地下水监测工程，完善地下水监测网络，实现对地下水动态有效监测。

（九）统筹配置和有序利用水资源。合理有序使用地表水、控制使用地下水、积极利用非常规水，进一步做好流域和区域水资源统筹调配，减少水资源消耗，逐步降低过度开发河流和地区的开发利用强度，退减被挤占的生态用水。加快完善流域和重点区域水资源配置，强化水资源统一调度，统筹协调生活、生产、生态用水。大力推进非常规水源利用，将非常规水源纳入区域水资源统一配置。

（十）稳步推进水权制度建设。加快明晰区域和取用水户初始水权，稳步推进确权登记，建立健全水权初始分配制度。2017年底前完成在内蒙古、江西、河南、湖北、广东、甘肃、宁夏7个省区开展的水权试点工作。总结试点经验，研究进一步扩大试点范围，推进区域间、流域间、流域上下游、行业间、用水户间等多种形式的水权交易，因地制宜探索水权交易的方式，统筹推进水权交易平台建设。

（十一）加快理顺价格税费。深入贯彻落实《国务院办公厅关于推进农业水价综合改革的意见》（国办发〔2016〕2号），建立健全农业水价形成机制，建立精准补贴和节水奖励机制，农田水利工程设施完善的地区通过3-5年努力率先完成改革目标。合理制定、调整城镇供水价格，全面推行居民阶梯水价和非居民用水超定额超计划累进加价制度。切实加强水资源费征收管理，确保应收尽收。积极推进水资源税费改革。

（十二）提升水资源计量监控能力。加快推进国家水资源监控能力建设（2016-2018年）项目，2018年底前对年取水量50万立方米以上的工业取水户、100万立方米以上的公共供水取水户和大型灌区及部分中型灌区渠首实现在线监控。完善中央、流域和省水资源管理系统三级平台建设，健全水资源计量体系。加快推进省、市、县各级水资源监控能力建设，实现信息共享、互联互通和业务协同。结合大中型灌区建设与节水配套改造、小型农田水利设施建设，完善灌溉用水计量设施，提高农业灌溉用水定额管理和科学计量水平。

（十三）加强重点用水单位监督管理。建立健全国家、省、市级重点监控用水单位名录，强化取用水计量监控，完善取用水统计和核查体系，建立健全用水统计台账。对重点用水单位的主要用水设备、工艺和水消耗情况及用水效率等进行监控管理。引导重点用水单位建立健全节水管理制度，实施节水技术改造，提高其内部节水管理水平。

（十四）加快推进技术与机制创新。实施国家重点研发计划水资源高效开发利用专项，大力推进综合节水、非常规水源开发利用、水资源信息监测、水资源计量器具在线校准等关键技术攻关，加快研发水资源高效利用成套技术设备。建设节水技术推广服务平台，加强先进实用技术示范和应用，支持节水产品设备制造企业做大做强，尽快形成一批实用高效、有应用前景的科技成果。

开展水效领跑者引领行动，定期公布用水产品、用水企业、灌区等领域的水效领跑者名单和指标，带动全社会提高用水效率。培育一批专业化节水服务企业，加大节水技术集成推广，推动开展合同节水示范应用，通过第三方服务模式重点推进农业高效节水灌溉和公共机构、高耗水行业等领域的节水技术改造。

四、完善保障措施

（十五）加强组织领导。各省（区、市）政府对本地区水资源消耗总量和强度双控工作负总责，要抓紧制定落实方案，明确具体措施和任务分工，创新工作机制，确保双控目标完成。国务院有关部门按照职能分工，加强指导、支持和监督管理。水利部、发展改革委将切实加强统筹协调，会同有关部门共同推进各项工作任务落实。

（十六）创新支持方式。地方各级政府要积极筹措资金，落实相关优惠政策，支持重大节水工程建设、节水型社会建设、取用水计量监控等工作任务的落实。要积极探索合同节水管理等新模式，利用政府和社会资本合作（PPP）模式等，鼓励社会资本进入节水等领域。

（十七）夯实管理基础。积极推进水资源管理法制化进程，加快出台节约用水条例、地下水管理条例，制订和完善取水许可、水效标识管理等方面的规章制度。完善水资源高效利用技术标准体系，加快节水技术和管理标准制修订工作。加强基层水资源管理能力建设，健全管理队伍，加大培训力度，提高水资源管理与社会服务能力。

（十八）强化公众参与。广泛深入开展基本水情宣传教育，强化社会舆论监督，进一步增强全社会水忧患意识和水资源节约保护意识，形成节约用水、合理用水的良好风尚。大力推进水资源管理科学决策和民主决策，完善公众参与机制，地方各级政府要依法公开水资源信息，及时发布水资源管理政策，进一步提高决策透明度，健全听证等公众参与制度，对涉及群众用水利益的发展规划和建设项目，采取多种方式充分听取公众意见。

附表

2020年各省（区、市）用水强度控制目标

地区	万元国内生产总值用水量比2015年下降	万元工业增加值用水量比2015年下降	农田灌溉水有效利用系数
全国	23%	20%	0.550
北京	15%	15%	0.750
天津	10%	5%	0.684
河北	25%	23%	0.675
山西	15%	13%	0.550
内蒙古	25%	20%	0.532
辽宁	20%	15%	0.592
吉林	25%	23%	0.582
黑龙江	21%	23%	0.600
上海	23%	20%	0.738
江苏	25%	20%	0.600
浙江	23%	20%	0.600
安徽	28%	21%	0.535
福建	33%	35%	0.547
江西	28%	33%	0.510
山东	18%	10%	0.646
河南	25%	25%	0.616
湖北	30%	30%	0.524
湖南	30%	30%	0.521
广东	30%	25%	0.500
广西	33%	25%	0.500

海南	25%	25%	0.570
重庆	29%	30%	0.500
四川	23%	23%	0.476
贵州	29%	30%	0.480
云南	29%	30%	0.472
西藏	20%	25%	0.450
陕西	20%	15%	0.570
甘肃	33%	30%	0.570
青海	18%	15%	0.500
宁夏	25%	18%	0.506
新疆	33%	22%	0.570

林业适应气候变化行动方案（2016-2020年）

（办造字〔2016〕125号国家林业局办公室2016年7月1日印发）

气候变化是人类共同面临的重大危机和严峻挑战，已经成为国际政治、外交、经济和生态领域的共同关切。应对气候变化应当减缓和适应并重。减缓气候变化是长期的艰巨任务，适应气候变化是更为现实的紧迫任务。林业是受气候变化影响最严重的领域之一，也是我国确定的适应气候变化的重点领域之一。做好林业适应气候变化工作对增强国家整体适应能力，维护生态安全、气候安全具有重大意义。

一、基本背景

(一)面临形势。联合国政府间气候变化专门委员会(以下简称“IPCC”)迄今发布了5次科学评估报告。在2008—2014年第五次评估期间发布了6份报告。其中，2012年发布的《管理极端事件和灾害风险，推进气候变化适应特别报告》是首部专门针对适应问题的科学评估报告，表明气候变化已对自然生态系统和人类生存发展产生了广泛而深远的影响，气候变化增温幅度的提高将加剧这种影响。2014年发布的IPCC第二工作组报告《气候变化2014：影响、适应和脆弱性》进一步确认了气候变化对社会经济系统、自然生态系统和人类生存发展带来的重大影响。研究表明，气候变化导致极端气候事件频发，生态系统受到威胁甚至会遭受不可逆转的损害，造成全球经济社会的重大损失。未来仅仅依靠生态系统自身的适应能力将不足以应对这些变化，需要通过主动适应措施帮助生态系统适应气候变化。2014年，联合国环境规划署发布的首份《全球适应差距报告》指出，发展中国家在2050年前每年适应成本据估算需要700—1000亿美元。《联合国2015年后发展议程综合报告》指出：“人类活动引起的二氧化碳排放是导致气候变化的最大促成因素，适应可以减少气候变化的风险和影响。”国际社会高度关注适应气候变化工作，不论发达国家还是发展中国家，都把适应作为应对气候变化的重要方面。德国、荷兰、比利时等发达国家都出台了适应气候变化国家方案。易受气候变化不利影响的发展中国家，特别是最不发达国家和小岛屿国家，尤为重视适应气候变化工作，采取了一系列适应政策举措。

我国气候条件复杂，生态环境整体脆弱，易受气候变化不利影响。研究表明，气候变化会引起温度、湿度、降水及生长季节等变化，进而对林业发展构成现实和潜在影响。主要包括：森林火灾发生频度和强度将加剧，林业有害生物发生范围和危害程度会加大；一些珍稀树种分布区和一些野生动物栖息地将缩小；气候变化将使湿地水文资源状况发生改变，导致湿地缺水、面积萎缩、生物多样性下降及生态功能减退；我国西部草原可能退缩，全国荒漠化和水土流失总面积将呈扩大趋势；气候变化还可能导致我国东部亚热带、温带地区植被北移，物候期提前，影响林业建设布局。2008年，发生在我国南方的大范围雨雪冰冻灾害致使森林资源遭受重大损失，反映了极端气候事件的严重危害，凸显了森林生态系统的脆弱性。减少气候风险，提升林业适应能力越发紧迫。

(二)存在问题。一是我国林业资源禀赋不足。我国森林覆盖率远低于全球31%的平均水平，人均森林面积仅为世界人均的1/4，人均森林蓄积只有世界人均的1/7；湿地率低于全球8.6%的平均水平，人均湿地面积仅为世界人均的1/5，湿地保护压力大、恢复难度大；雾霾天频现，沙尘暴多发，防沙治沙任务重；景观破碎化、物种濒危化加剧，生物多样性保护十分迫切。生态脆弱仍是我国的基本国情，生态产品短缺仍是突出短板，森林、湿地和荒漠生态系统对气候变化比较敏感，气候风险较大。二是林业适应气候变化工作基础薄弱。林业领域适应气候变化的意识普遍不高、能力相对薄弱、工作体系不够健全、人才队伍比较紧缺，各项工作亟待加强。

（三）编制依据。我国政府一直高度重视适应气候变化问题，先后出台了一系列重大举措。2007年发布的《中国应对气候变化国家方案》，明确了适应气候变化的重点领域和行动。2011年出台的国家“十二五”规划纲要，要求积极应对气候变化，增强适应能力，制定适应气候变化战略。2013年发布的《国家适应气候变化战略》，从战略层面对适应工作作出全面部署，明确了工作的重点领域和任务，要求编制部门适应气候变化方案，抓好贯彻执行。2014年出台的《国家应对气候变化规划》，专列一章，提出了林业等七大领域的适应气候变化工作。2015年发布的《中共中央国务院关于加快推进生态文明建设的意见》（中发〔2015〕12号），进一步对适应气候变化工作作出安排。为深入贯彻落实中央要求，抓好林业适应气候变化工作，特制定本行动方案。

二、总体要求

（一）指导思想。以党的十八大和十八届三中、四中、五中全会及习近平总书记系列重要讲话精神为指导，以建设生态文明和美丽中国为总目标，以落实国家应对气候变化总体部署和适应气候变化战略要求为总任务，科学造林、科学保护、科学经营，加强监测预警、加强风险管理、加强队伍建设，全面提升林业适应气候变化能力，为促进低碳发展和建设生态文明作出新贡献。

（二）基本原则。一是坚持对接国家战略的原则。林业适应气候变化行动目标要与国家适应气候变化战略和规划相衔接，突出林业适应行动特点，支撑国家适应气候变化工作。二是坚持适应与减缓并重的原则。优先采取具有减缓和适应协同效益的措施。三是坚持趋利避害的原则。积极利用气候变化带来的有利因素，采取科学措施，最大程度规避各种可能风险，使林业资源开发利用最优化、损失最小化，促进林业可持续发展。四是坚持主动适应、预防为主的原则。加强监测预报预警，确立有序适应目标，从适应技术到适应政策，提高各个层面林业适应气候变化能力。五是坚持促进全社会广泛参与的原则。加强绿色低碳发展、应对气候变化的理念传播与宣传引导，普及林业适应气候变化政策与知识，提高公众意识，探索社会参与机制，努力构建良好的社会氛围。

（三）主要目标。到2020年，林木良种使用率提高到75%以上，森林覆盖率达23%以上，森林蓄积量达165亿立方米以上，森林火灾受害率控制在0.9‰以下，主要林业有害生物成灾率控制在4‰以下，国家重点保护野生动植物保护率达95%，湿地面积不低于8亿亩，50%以上可治理沙化土地得到治理，森林、湿地和荒漠生态系统适应气候变化能力明显增强。到2020年，林业适应气候变化工作全面展开，适应意识普遍提高，基础能力得到进一步加强，人才队伍初步建立，工作体系基本形成，服务国家适应气候变化工作的能力明显提升。

三、重点行动

（一）加快优良遗传基因的保护利用，大力培育适应气候变化的良种壮苗。加强林木种质资源的调查收集和保存利用，强化林木良种基地建设，开展树种改良研究和试验的技术攻关，加大林木良种选育和使用力度，科学培育适应温度和降水因子极端变化情况下保持抗逆性强、生长性好的良种壮苗，提高造林绿化良种壮苗供应率和使用率。

（二）适应气候条件变化，适地适树科学造林绿化。根据温度、降水等气候因子变化，适应物种向高纬度高海拔地区转移的趋势，科学调整造林绿化树种和季节时间。坚持因地制宜、适地适树，提高乡土树种和混交林比例，增加耐火、耐旱（湿）、耐贫瘠、抗病虫、抗极温、抗盐碱等树种造林比例，合理配置造林树种和造林密度，优化造林模式，培育健康森林。尤其是旱区造林绿化，要宜乔则乔、宜灌则灌、宜草则草、乔灌草结合，加快植被恢复，努力构建适应性好、植被类型多样的森林生态系统。

（三）运用近自然经营理念，积极推进多功能近自然森林经营。借鉴运用近自然森林经营理念和技术，加快研究适应气候变化的森林培育方向和经营模式，推进森林可持续经营。制定森林经营计划要综合考虑未来气候变化情景，尤其是极端天气情况。针对纯林多、密度不尽合理、林分退化及服务功能脆弱等问题，要结合气候变化因素科学开展森林抚育经营，优化森林结构，提高林地生产力和森林质量及服务功能，增强森林抵御自然灾害和适应气候变化能力。

（四）加强林业灾害监测预警，不断提升适应性灾害管理水平。考虑气候变化因素，建立和完善森林火灾、林业有害生物灾害及沙尘暴监测体系，利用遥感等现代手段开展森林状况监测，提升预报预警能力。深化林业灾害发生规律研究，加强灾害风险评估，重点研究评估洪涝、干旱、雪灾、冻雨、台风等气象灾害和滑坡、泥石流等地质灾害的发生条件及对林业的影响。加强灾害防治基础设施和应急处置能力建设，做好物资、技术储备，采取先进管理模式，提升林业灾害防治水平，控制灾害影响范围，防止次生灾害发生，努力降低灾害引发的损失。

（五）加强自然保护区建设和管理，严格保护生态脆弱区和相关物种。加强林业自然保护区建设和适应性管理，建立自然保护区网络及物种迁徙走廊，加强典型森林生态系统和生态脆弱区保护。提高野生动物疫源疫病监测预警能力，加大重点物种保护力度，拯救极小种群，优先保护种群数量相对较少、分布范围狭窄、栖息地割裂或生境破坏严重的陆生野生动植物，提高气候变化情景下的重要物种和珍稀物种的适应能力。强化景观多样性保护，推进森林公园建设，保护自然生态系统的原真性和完整性，努力构建完整的生态保护网络。

（六）加大湿地恢复力度，努力提升湿地生态系统适应气候变化能力。实施湿地恢复工程，开展重点区域湿地恢复与综合治理，优化湿地生态系统结构，增加湿地面积、恢复湿地功能、增强湿地储碳能力。加强湿地资源监测，加大湿地生态系统生物多样性保护，推进湿地功能退化风险评估。提升湿地生态系统适应气候变化能力。

（七）加快沙区植被恢复，努力提升荒漠生态系统适应气候变化能力。运用生物措施和工程措施，推进京津风沙源治理工程和沙化土地封禁保护区建设，加大岩溶地区水土流失和石漠化治理。加强沙区物种保护，开展沙区植被状况和荒漠化动态监测，加快沙化土地植被恢复进程。通过治理，改良土壤条件，提高植被更新条件，增加林草植被覆盖，增强荒漠生态系统适应气候变化能力。

（八）强化林业适应气候变化科学研究。深入开展林业适应气候变化的敏感性及其风险评估，加强森林、湿地、荒漠生态系统对气候变化的响应和适应规律研究。推进对历史时期气候状况与森林灾害关系的研究。开发适用的森林生态系统脆弱性评估工具，促进地方使用。推进林业适应气候变化能力评价指标体系研发，研究提出适应对策。应用和推广符合中国国情的林业适应气候变化技术，构建适应技术体系。加强林业适应气候变化的政策措施、成本效益与适应效果评价研究，不断提高科技支撑政策决策的能力。

（九）深化林业适应气候变化国际合作。建设性参加国际气候谈判和IPCC报告的研究、编写和评估，把握林业适应气候变化国际进程和发展趋势。积极推进双边和多边林业适应气候变化广泛务实合作，开展多渠道、多层次、多样化交流。促进发达国家向发展中国家提供开展适应行动在资金、技术及能力建设方面的支持，利用国际资源推动国内林业适应行动。引导和支持国内外企业、民间机构、非政府组织开展林业适应气候变化技术交流，推进务实合作。

四、保障措施

（一）加强组织领导。各级林业主管部门要进一步提高对林业适应气候变化工作重要性和紧迫性的认识，将林业适应气候变化工作列入重要日程，加强组织领导，建立健全工作机制，落实责任单位。要加强部门合作，特别是要与发展改革、财政、气象等部门合作，形成林业适应行动的合力。各地要根据本地实际，制定具体的落实措施，确保本方案确定的林业适应行动扎实开展，取得实效。

（二）加大政策扶持。各级林业主管部门要把林业适应气候变化行动目标任务纳入“十三五”本级林业发展规划总体安排。要将林业适应与林业减缓工作有机结合，协同推进。要根据国家和地方规划，细化年度建设任务，制定分解落实方案，抓好贯彻执行和督导检查。要积极探索政策创新，完善多元投入机制，调动社会、企业和个人参与林业建设的积极性，努力构建林业适应气候变化政策保障体系。要推进建立服务林农林业灾害保险，探索调整支持灾害采伐政策。要多渠道筹集林业适应气候变化资金，保持资金投入的持续性和稳定性，确保适应工作经费需求。

（三）夯实基础能力。要加强森林火险预警体系和林业有害生物防控体系建设，加大森林防火道路、装备及林业有害生物测报站、检疫检查站等基础设施投入力度，为提高灾害处置能力提供基础保障。要开展森林、湿地、荒漠生态系统脆弱性评估所需数据和信息体系建设。

（四）加强宣传培训。要将适应列为林业应对气候变化培训重点，组织专题培训和研修，培养适应方面专门人才。要加大宣传力度，重点针对林业系统的干部职工开展气候变化相关知识普及和政策讲授，提高适应意识。要积极开展林业适应气候变化试点示范，总结推广试点经验。

>>>

地方报告

北京市应对气候变化和低碳发展报告

柏 京

一、“十二五”发展回顾

“十二五”时期是北京市节能降耗和应对气候变化领域各项工作全面强化、建设成效显著的五年。过去五年，全市以年均1.5%的能耗增长支撑了年均7.5%的经济增长，万元地区生产总值能耗和万元地区生产总值二氧化碳排放分别累计下降25.08%和30%，是全国唯一连续10年超额完成年度节能目标的省级地区，2015年万元地区生产总值能耗降至0.30吨标准煤(现价)，能源利用效率位居省级地区首位，节能减碳工作取得明显成效。

(一)低消耗低排放的经济发展格局基本形成

制定发布《新增产业的禁止和限制目录》，从源头禁止建设钢铁、水泥等高耗能、高排放项目。累计淘汰退出1300余家高耗能、高排放企业，工业能源消费量连续5年下降。金融、科技服务、电子信息、节能环保等生产性服务业和高技术产业发展迅速，2015年第三产业增加值比重达到79.8%，高端引领、创新驱动、绿色低碳的经济发展格局基本形成。

(二)清洁化低碳化的能源结构体系基本确立

提高清洁能源利用比重，基本建成四大燃气热电中心，大幅减少煤炭用量，五环路内基本取消燃煤锅炉，全市煤炭消费总量由2010年的2530万吨削减到2015年的1165万吨，煤炭占能源消费总量的比重降至15.7%。因地制宜发展光电、风电、地热等可再生能源，新能源和可再生能源占比达到6.5%。

(三)市场化资源配置机制进一步建立健全

实施碳排放总量控制下的碳排放权交易制度，建立了规范、活跃的碳交易市场，累计交易量达到532万吨，交易金额2.38亿元，重点排放单位累计减少碳排放630多万吨，与河北省承德市率先开展跨区域碳排放权交易。深入推进能源价格改革，稳步实施阶梯电价气价改革和供热计量收费，价格杠杆对能源节约的促进作用进一步发挥。创新合同能源管理支持政策，将能源费用托管型项目纳入市级财政资金奖励范围。通过政府购买服务方式，开展能源审计、清洁生产审核、碳核查等工作，促进了节能低碳服务业发展。

(四)重点工程的支撑作用全面显现

积极推广绿色建筑，累计完成6259万平方米既有建筑节能改造，全市城镇节能民用建筑占比达到74%。大力发展公共交通，轨道交通运行里程达到554公里，中心城公交出行比例达到50%。实施节能产品惠民工程，建设节能超市26家，全市二级以上能效产品市场占有率达到85%，率先实现居民家庭及公共机构绿色照明全覆盖。完成百万亩平原造林工程和森林碳汇提升工程，森林覆盖率达到41.6%，森林碳汇储量比2010年增加约178万吨。

(五)精细化管理水平持续提升

顺利完成节能低碳统计体系、标准体系、能源审计三年行动方案，完善能源统计制度，出台近百项节能低碳标准，能源审计实现所有重点用能单位全覆盖。将二氧化碳排放评价纳入节能评估与审查。每年开展“三级双控”节能目标考核考评。推进重点用能单位建设能源管理和碳排放管理体系，开展能效领跑者试点。扩大市、区两级节能监察执法队伍，开展节能措施和碳交易履约等专项监察。推动能源计量器具智能化配置，建设一批能源管控中心，建成“1+4+N”节能监测服务平台(一期)，初步实现能源的智能化、精细化管理。

(六)全民参与的氛围逐步形成

搭建节能低碳创新服务平台，发布年度节能低碳技术产品推荐目录和典型案例，采取政府采购、项目示范、专场推介会等方式，推广节能低碳新技术、新产品。广泛宣传节能低碳理念，成功举办3届中国北京国际节能环保展览会，组织开展京津冀三地节能低碳环保新技术、新产品巡展活动。发布节能减排全民行动计划，举办“大篷车来啦”、节能低碳环保知识竞赛、节能低碳专家行等系列活动。组织百余场节能、低碳等专题培训，累计培训5万人次，培训能源管理师1404名。

“十二五”期间本市节能降耗和应对气候变化工作取得的成绩，为“十三五”创新领先发展奠定了较为扎实的基础，但与建设国际一流和谐宜居之都要求相比，仍存在一些差距与不足。主要体现在：万元地区生产总值能耗和人均碳排放量等指标与世界先进城市相比，仍有一定差距；突破性、可规模化推广的关键节能低碳技术还有所欠缺，利用先进信息技术推行精细化管理有待加强；市场机制作用还未得到充分发挥，企业主动节能减碳的意识仍需提升；浪费或过度使用能源的现象还不同程度地存在，全社会各类主体共同参与节能低碳的责任感还有待增强；城市适应气候变化特别是应对极端气候事件的能力还需进一步提升。

二、全力推动未来五年领先发展

指导思想是：深入贯彻落实党的十八大和十八届三中、四中、五中全会精神，认真学习贯彻习近平总书记系列重要讲话和对北京工作的重要指示精神，立足首都城市战略定位，牢固树立创新、协调、绿色、开放、共享的发展理念，全面落实京津冀协同发展战略，统筹处理好城市建设、经济社会发展与资源能源利用、环境质量改善和共同应对气候变化的内在联系，以“2020年能效水平继续保持国内领先、二氧化碳排放总量达到峰值并尽早达峰”为目标，倒逼推进经济社会绿色化、低碳化转型，以国际一流标准加快建设低碳城市，在全球共同应对气候变化中彰显负责任大国首都形象，为建设国际一流和谐宜居之都作出积极贡献。

本着节约优先、深度挖潜，双控双降、系统施策，突出重点、高效利用，政府引导、市场主导，统筹兼顾、协同推进的原则。达到以下发展目标：

到2020年，全面确立全市能源消费、二氧化碳排放总量和强度的“双控双降”发展格局，基本形成与特大型城市特征相适应的系统化、长效化节能减碳管理机制，建设成为国家节能低碳技术创新中心、先行示范基地和技术服务辐射之源，重点领域节能、市场机制建设、适应气候变化等工作持续走在全国前列，能效水平继续保持国内最优水平，确立国内领先的标杆地位。

——能源利用效率继续保持全国领先。2020年，全市能源消费总量控制在7651万吨标准煤以内，万元地区生产总值能耗比2015年下降17%。

——二氧化碳排放总量实现达峰。2020年，二氧化碳排放总量达到峰值并争取尽早实现，万元地区生产总值二氧化碳排放比2015年下降20.5%。

——清洁低碳能源比重持续提升。2020年，全市煤炭消费总量控制在900万吨以内，优质能源消费比重达到90%以上，新能源和可再生能源比重提高到8%以上。

——气候变化适应能力大幅提高。重点领域和生态脆弱地区适应气候变化能力持续增强，园林绿化系统的碳汇能力大幅提高，极端天气预测预警和防灾减灾体系逐步完善，气候灾害应急防范能力有效提升。

一是以疏解非首都功能推动结构性降耗。全面落实首都城市战略定位，以有序疏解非首都功能和推动京津冀协同发展为契机，统筹产业、能源、空间三大结构，深度调整三次产业内部结构，优化调整能源供给结构，对功能区实施差异化的节能减碳措施，降低能源需求强度，减少存量排放。

二是以强化双控双降管理引领内涵促降。以资源环境承载能力为底线，完善实施节能和减碳、总量和强度的双控双降机制，细化节能减碳目标责任，强化法规标准约束引导，增强科技创新驱动作用，强化用能单位主体责任，持续提升“内涵促降”水平。

三是持续提升重点领域能效水平。围绕建筑、交通、工业和公共机构等重点耗能领域，坚持高起点控制增量与高标准改造存量相结合，加快实施节能减碳工程，突出全生命周期和全运行过程的节约管理，切实提高重点领域能源利用效率。

四是培育发展节能低碳产业。把发展节能低碳产业作为深化节能减碳工作的重要内容，切实提升新技术新产品创新与供给能力，大力培育节能低碳服务市场，积极推进碳排放权交易，以市场化机制调动各方面的积极性、主动性、创造性，实现政府、企业、市民同心行动、同向发力。

五是有效提升气候变化应对能力。把减缓气候变化作为建设低碳城市的重要支撑，将适应气候变化作为检验城市管理水平的重要内容，全面推进城市适应气候变化行动，努力提升城市基础设施智能化水平，有效提升城市适应气候变化能力，努力将北京建设成为气候智慧型示范城市。

六是加强京津冀节能减碳区域合作。把节能减碳领域区域合作作为推动京津冀协同发展的重要任务，坚持改革创新、完善机制、协同互动，加强清洁能源开发和节能环保产业合作，共同应对气候变化，有力促进京津冀生态环保领域实现率先突破。

七是抓好规划实施保障。强化统筹落实。引导多元投入。调动全民参与。制定实施节能低碳和循环经济全民行动计划，推进家庭社区、政府机构、学校、产业园区等专项行动，充分运用传统媒体和新媒体，开展全方位、多渠道节能低碳宣传培训，加强资源环境国情、市情教育，广泛推行文明节约、绿色低碳的生产方式、消费模式和生活习惯。在组织好节能宣传周、低碳日等品牌活动的基础上，拓宽市民参与渠道，继续创新开展“大篷车来啦”等体验性、趣味性、针对性强的主题活动，充分调动各类主体参与节能低碳的积极性。加强媒体宣传和公众监督，发挥媒体导向作用，报道先进典型，曝光反面事例和相关危害，形成人人、事事、时时崇尚绿色低碳的社会氛围，使绿色生活成为社会广泛共识和自觉行动。

八是深化交流合作。

天津市应对气候变化和低碳发展2016年度报告

天津市发展和改革委员会

2016年，天津以加快推进生态文明建设为导向，以提升绿色低碳发展水平为引领，加强工作部署，强化任务落实，积极控制温室气体排放，不断提升适应气候变化水平，单位生产总值二氧化碳排放下降9.92%，超额完成年度下降4.5%的指标任务。

一、加强工作部署

1.制定专项规划。积极走访调研，听取各方意见建议，积极对接有关专项规划，加快《天津市应对气候变化“十三五”规划》编制，落实市“十三五”规划纲要部署。规划坚持当前和长远兼顾、减缓与适应并重，从控制温室气体排放、主动适应气候变化、试点示范建设、完善体制机制等方面，提出19项重点任务和6项保障措施。经市政府批复同意，规划正式印发实施。

2.印发实施方案。加强统筹协调，明确任务分工，组织编制《天津市“十三五”控制温室气体排放工作实施方案》，贯彻落实国务院《“十三五”控制温室气体排放工作方案》，确保实现全市碳排放强度下降20.5%的目标任务。实施方案坚持全面行动和重点突破兼顾，削减存量和控制增量并重，从能源、工业、建设、市场和科技等方面进行全面部署，积极推进控制温室气体排放工作。经市政府同意，实施方案正式印发实施。

二、控制温室气体排放

1.推进节能与能源结构优化。实施能源消耗总量和强度“双控”，2016年全市综合能源消费净减少15.7万吨标准煤，能源消费强度同比下降8.4%，超额完成年度目标任务。大力发展非化石能源，着力优化化石能源结构，全市可再生能源总装机（含风电、光伏和生物质发电）规模由2015年的53.4万千瓦增加至2016年的102万千瓦，煤炭占能源消费总量比重从2015年的50%以上下降到2016年的47.23%，天然气占能源消费总量比重由2015年的10.3%提高到2016年的12.02%。

2.构建低碳产业体系。加快产业结构调整，服务业比重进一步提高到54%，同比增加1.8个百分点。大力推动工业转型升级，单位工业增加值二氧化碳排放下降10%以上。积极开展低碳农业建设，综合应用测土配方施肥、水肥一体化等技术措施，示范推广缓控释肥、微生物肥、生物活性肥等高效节能肥料，全市种植业使用化肥量比上年下降0.2万吨（折纯量）。继续提升林业碳汇，完成植树造林55.4万亩，市级重点生态林管护范围扩大到11.5万亩。

3.推动城乡低碳发展。大力发展绿色建筑，全年新增绿色建筑共3010万平方米，完成既有建筑节能改造1033万平方米，既有居住建筑节能改造基本完成。建设低碳交通运输体系，全市交通运输行业单位增加值能耗下降2%，单位增加值二氧化碳排放实现同步下降。全市推广应用新能源车辆累计近4万辆，新能源和清洁能源公交车占所有车辆比例上升到36%。积极倡导低碳生活方式，创建美丽社区181个，建设1000多个生活垃圾源头分类示范楼门。全市公共汽车运营线路763条，线网密度每平方公里2.71公里，轨道交通里程提高到166公里，居民出行便捷度进一步提高。

三、适应气候变化影响

1.推进海绵城市试点建设。积极落实《城市适应气候变化行动方案》，将适应气候变化理念纳入城市规划、建设和管理，努力提升城市适应气候变化能力。2016年4月，天津入选国家海绵城市建设试点，建设包括解放南路和中新天津生态城两个试点片区，探索形成一批可复制、可推广的经验，引领全市采取渗、滞、蓄、净、用、排的综合措施，减少雨水径流，缓解城市内涝影响。目前，中新天津生态城、海河教育园、新八大里等项目正在按照规划设计，认真落实“海绵”理念，积极推进国家海绵城市试点建设。

2.提升农业适应气候变化能力。编制《京津冀土肥水协同发展五年规划》，培肥耕地地力，提升有机肥资源化率，提高农田水利用效率。组织遴选28个种植业主导品种、7项主推技术及3个主要作物种植技术意见，示范推广耕地质量保护与提升、测土配方施肥、水肥一体化技术，集成推广有机肥替代化肥技术，实施化肥、农药施用量零增长行动，提升科学种植水平。支持现代都市型农业标准化设施改造，完成环渤海天津增粮技术集成与示范建设，实施农作物病虫害专业化统防统治示范项目，发挥科技示范引领作用，促进传统农业向现代农业转型升级。

3.提高人群健康领域适应能力。加强技术业务培训，强化传染病报告管理，提高传染病信息报告质量。组织召开法定传染病疫情分析会，分析重点防控传染病的流行特点、影响因素及发病趋势，加强疾病监测防控。定期发布法定传染病疫情，指导社会工作做好公共卫生自查和预防等工作。组织开展丰富多彩的健康促进活动，打造“天津健康大讲堂”精品品牌，提高人民群众健康素养，营造健康和谐的社会氛围。

四、强化试点示范建设

1.深化低碳试点建设。组织开展低碳城市试点工作阶段性总结，并通过国家考核工作组现场考核评估。加强园区试点建设管理，中新天津生态城、空港经济区、中心商务区等完成试点总结报告，经济技术开发区、滨海高新区华苑产业园区提交国家低碳工业园区试点中期评估报告，着力提升试点建设成效。进一步完善社区服务设施，推进精细化管理，创建美丽村庄154个、美丽社区181个。分类选取基础条件较好的社区开展社区试点，对滨海新区福瑞社区、东丽区华明街第四居委会社区、西青区中北镇假日润园社区等逐一走访，指导推进低碳社区试点建设。

2.组织开展低碳示范。国网客服中心北方园区建成由光伏发电、太阳能空调、太阳能热水、地缘热泵等多项新能源系统组成的绿色能源网，可灵活接纳和综合利用大容量光能、地热能等可再生能源，为园区提供电能、制冷、供暖及生活热水等综合能源供应，有效实现温室气体减排。于家堡中心商务区将城市建筑与都市农业相结合，在双创大厦建设屋顶农场示范基地，在提供农业采摘、参观等服务的同时增加城市碳汇，并在中新天津生态城生态科技园、滨海高新区渤龙湖中学、和平区岳阳道小学等公共建筑屋顶得到应用。华能集团天津整体煤气化联合循环发电系统（IGCC）电站建成国内首套燃烧前二氧化碳捕集装置，通过72小时满负荷连续运行测试，实现在燃烧前二氧化碳捕集技术领域的重大突破，引领近零排放的煤基能源清洁应用示范工程。建设化肥零增长综合技术示范区，示范推广“三统、三定”（即统一测土、统一制定作物施肥配方、统一发放施肥建议卡，定点配肥、定向供肥、定向服务）测土配方施肥技术模式，降低农业领域温室气体排放。

五、完善低碳发展机制

1.推进碳排放权交易市场建设。同步开展试点纳入企业和全国碳交易体系拟纳入企业碳排放报告核查工作，梳理汇总相关排放数据和补充数据，并按期上报国家发展改革委。依申请对试点纳入企业账户进行管理，向试点纳入企业核发2015年度第二批次配额和补充配额，分类指导提出履约方案，推动纳入企业全部按期完成履约，履约率为100%。积极衔接全国碳市场建设，对试点纳入企业2016年度配额进行预发放。推动温室气体自愿减排交易，2016年中国开发区论坛（泰达论坛）实施碳中和。

2.开展碳排放强度降低目标任务考核评估。将碳排放强度降低指标纳入年度政府工作报告，通过全市经济社会发展计划予以细化落实。持续推进控制温室气体排放考核工作，组织完成全市碳排放强度降低目标责任考核自评估报告，“十二五”工作被国家评为优秀等级。组织完成区级政府2015年度和“十二五”控制温室气体排放目标责任考核评估，并反馈考评结果和考核等次，推动辖区绿色低碳发展。将全市“十三五”碳排放强度降低指标任务向各区分解，确保完成全市下降20.5%的目标任务。

六、强化基础能力建设

1.加强温室气体排放统计核算。认真落实应对气候变化部门统计报表制度，按期组织完成年度填报。完善能源统计体系，进一步提升工业能源报表填报质量，积极推行非工业重点耗能单位能源消费统计，为完善能源碳排放核算方法和报告制度奠定数据基础。统筹考虑国家要求和实际工作需求，同步启动全市2012、2014、2015三个年度的温室气体排放清单编制工作。鼓励开展区级清单编制，河西区、滨海新区编制完成2015年度清单。

2.强化低碳宣传培训。在全市部署全国节能周和全国低碳日活动，围绕“绿色发展低碳创新”主题，开展绿色出行、能源紧缺体验日、节能知识有奖竞赛等宣传活动，倡导践行节能低碳生活方式。多次组织开展专题培训活动，讲解碳排放核算发放，宣讲全国碳市场政策，解读低碳发展案例，切实提高低碳发展能力。组织园区参加第二届中美低碳城市峰会洽谈交流，争取国家支持成立全国碳市场能力建设（天津）中心，增强低碳发展支撑能力。

（撰稿：高迎春，天津市发展和改革委员会应对气候变化处）

河北省应对气候变化和低碳发展报告

霍 柏

一、“十二五”取得成效

“十二五”期间，河北省委、省政府高度重视应对气候变化和绿色低碳发展工作，针对引起气候变化的主要因素，从全省能耗总量大、煤炭占比高的实际出发，把控制温室气体排放与节能减排、大气污染防治、生态环境修复紧密结合，多措并举，强力推进，取得积极成效。

一是产业结构低碳化步伐加快。着力组织实施“6643”工程，累计压减炼铁产能3391万吨、炼钢4106万吨、水泥1.38亿吨、玻璃7202.5万重量箱。加快发展战略性新兴产业和现代服务业等绿色低碳产业，2015年服务业占地区生产总值比重达到40.2%，装备制造业贡献率超过钢铁成为全省经济第一主导产业，高新技术产业增加值占规模以上工业比重由2010年的9.8%提高到16%。

二是节能降碳成效显著。全省单位GDP能耗累计下降25.2%，节标煤1.2亿吨，减少二氧化碳排放3亿吨左右。到2015年底，煤炭消费量比2012年减少2890万吨，煤炭占能源消费比重由2010年的89.98%下降到86.55%；全省风电装机达到1022万千瓦，光电装机达到280万千瓦，非化石能源占一次能源比重达到5%。加快发展循环经济，实施3255循环经济示范工程、低品位余热回收暖民工程，推进生产生活系统循环链接和废弃物资源综合利用。钢铁、水泥、玻璃行业余热余能基本实现全利用，发电装机超过800万千瓦。

三是森林碳汇能力不断增强。全省累计造林绿化2400万亩，森林覆盖率达到31%，累计提高5个百分点，森林碳汇增加4100万吨。

四是应对气候变化能力有所提高。积极推进农业综合开发项目建设，实施“种子工程”，开展人工影响天气工作，不断增强农业适应能力。初步建成了覆盖全省的灾害预警监测平台、网络和救灾应急体系，不断提高防灾减灾能力。

二、“十三五”指导思想和主要目标

（一）指导思想

全面贯彻党的十八大和十八届三中、四中、五中全会精神，以邓小平理论、“三个代表”重要思想、科学发展观为指导，深入贯彻习近平总书记系列重要讲话精神，牢固树立创新、协调、绿色、开放、共享的发展理念，兼顾当前与长远，减缓与适应并重，以推动产业转型升级、优化能源结构、提高能源效率、增加森林碳汇、增强适应能力为着力点，以协同推进大气污染综合防治为总抓手，以制度创新、科技创新和管理创新为根本保障，努力构建低碳产业体系，积极倡导低碳生活方式，有效控制温室气体排放，增强应对气候变化的综合能力，助力经济强省、美丽河北建设。

（三）主要目标

——控制温室气体排放目标全面完成。到2020年，单位地区生产总值二氧化碳排放比2015年下降20.5%。天然气占能源消费比重提高到10%，非化石能源占能源消费比重提高到7%。森林面积和蓄积量分别比2015年增加75万公顷和0.27亿立方米，森林覆盖率提高到35%。重点领域节能降碳取得明显成效，非能源活动温室气体排放得到有效控制，温室气体排放增速继续减缓。

——低碳试点示范取得显著进展。石家庄、保定、秦皇岛等国家低碳城市试点建设取得积极成效，配套政策基本完善，建成一批具有典型示范意义的低碳城区、低碳城镇、低碳园区、低碳社区和低碳企业，实施一批低碳产品推广、工业生产过程温室气体控排、碳捕集利用和封存、适应气候变化等试点示范工程。

——适应气候变化能力大幅提升。农田灌溉水有效利用系数达到0.675，治理水土流失面积10000平方公里，林业有害生物成灾率控制在4‰以下；重点城市城区及其他重点地区防洪除涝抗旱能力显著增强；科学防范和应对极端天气与气候灾害能力显著提升，预测预警和防灾减灾体系逐步完善。

——能力建设取得重要成果。基本建立起应对气候变化的地方法规和政策体系框架，气候变化相关统计、核算体系逐步健全，人才队伍不断壮大，全社会应对气候变化意识进一步增强，全面建立碳排放权交易市场。

三、控制温室气体排放

（一）构建低碳产业发展格局

打造低碳产业体系。一是压减高碳行业产能。深入实施“6643”工程，到2020年压减炼铁产能4989万吨、炼钢产能4913万吨，水泥和玻璃产能分别控制在2亿吨和2亿重量箱左右。二是发展壮大战略性新兴产业。围绕先进装备制造、以大数据为重点的电子信息、生物医药、新能源、新材料、节能环保、新能源汽车等有比较优势的领域，培育产业集群，打造产业基地，实施重点突破，到2020年战略性新兴产业增加值占规模以上工业比重达力争到20%以上。三是加快发展现代服务业。优先发展现代商贸物流、金融服务、信息服务、科技服务、商务服务等生产性服务业，大力发展文化、旅游、健康养老等生活性服务业，积极发展高端服务业，到2020年，服务业增加值占生产总值比重达到45%左右。

控制工业领域排放。在钢铁、建材、化工等重点行业，积极推广低碳新工艺、新技术，加快以低碳技术为核心的改造升级，加强企业碳排放管理，主要高耗能产品单位产品碳排放达到国际先进标准。实施低碳标杆引领计划，组织重点行业企业开展低碳对标活动。

大力发展低碳农业。着力实施化肥使用量零增长行动，全面推广测土配方施肥，减少农田氧化亚氮排放。选育高产低排放良种，改善水分和肥料管理，控制农田甲烷排放。推进标准化养殖，促进畜禽废弃物综合利用，控制畜禽温室气体排放。试点建设一批低碳农业示范园区。

（二）优化能源结构

强化煤炭消费总量控制。以减量化、清洁化、替代化为主攻方向，深入开展散煤污染整治专项行动，加快实施保定、廊坊禁煤区电代煤、气代煤，积极发展背压式机组和燃气机组为主的热电联产，加速淘汰替代燃煤锅炉，建立健全洁净型煤生产配送体系，严格推行新上耗煤项目等煤量替代，确保在实现2017年比2012年减少煤炭消费量4000万吨的基础上，2020年煤炭消费量比2017年进一步下降，散烧清洁煤使用率达到90%以上。

大力开发利用天然气。深入开展常规及非常规油气资源勘探，不断扩大天然气输入规模，积极推进“气化河北城市”工程建设，争取所有县（市、区）实现管道通气。到2020年，天然气消费比重达到10%。

着力提高新能源供给水平。大力开发风电和推进并网利用，加强陆上及沿海风电基地建设，加快建设张家口、承德等地百万千瓦级风电基地，建设唐山、沧州沿风电基地等。推进太阳能多元化利用，以集中式与分布式并重加快发展光伏发电，建设张家口、承德等地百万千瓦级光伏发电基地，建设奥运迎宾光伏廊道，实施太阳能入户工程。安全高效发展核电，建设沧州海兴核电和核燃料产业园，谋划推进承德长河、唐山冀东等内陆核电，开展核小堆供热示范工程。加大水电开发利用，建设丰宁抽水蓄能电站。发展生物质能，优先建设生物质多联产项目,加快发展沼气发电，推动城市垃圾焚烧和填埋气发电，发展生物质成型燃料和生物质供气，支持建设生物质能（木煤）供热示范区。有序开发利用地热资源，推动其他可再生能源利用。到2020年，非化石能源占能源消费比重提高到7%。

（三）提高能源利用效率

加强重点领域节能。坚持节约优先的能源战略，重点推进电力、钢铁、建材、有色、化工等行业节能。实施工业能效提升计划，继续实施燃煤锅炉节能环保综合提升工程，燃煤工业锅炉运行效率明显提高；实施煤电升级改造行动计划，推行精细化管理，燃煤发电全部达到“近零排放”。强化新建建筑节能,加大既有建筑节能改造力度，深入开展绿色建筑行动，到2020年全省绿色建筑占新建建筑的比重达到50%以上。推进交通运输节能减排,加快构建绿色低碳安全高效的综合交通运输体系，实施新能源汽车推广计划。推进商业和民用、农业和农村以及公共机构节能。实施节能改造工程、节能产品惠民工程、合同能源管理推广工程、节能技术产业化示范工程等重大节能工程。继续开展万家企业节能低碳行动，深化能效领跑者行动。

大力发展循环经济。在农业、工业、建筑、商贸服务等重点领域推进循环经济发展，从源头和全过程控制温室气体产生和排放。

（四）增加生态系统碳汇

增加森林碳汇。着力实施好京津风沙源治理二期、退耕还林、三北防护林、沿海防护林、京津生态水源保护林、森林抚育、太行山绿化和平原绿化等国家造林绿化工程，着力推进京津保生态带、大型生态林场、骨干生态防护林带、高标准农牧防护林网和生态廊道建设及城市村庄绿化。到2020年，全省林地保有量达到11085万亩，森林覆盖率达到35%，森林蓄积量达到1.71亿立方米，森林碳汇达到3.366亿吨二氧化碳。

增加农田碳汇。加强农田保育，鼓励和引导农民采取平整土地、深耕深松、增施有机肥、保护性耕作、秸秆还田等土壤改良措施，提升土壤有机碳储量，增加农业土壤碳汇。实施耕地质量保护与提升工程，到2020年实现耕地有机质含量提高0.2个百分点以上。

增加草原碳汇。全面落实新一轮草原生态保护补助奖励机制，实施已垦草原恢复治理、京津冀风沙源治理二期工程，以基本草原划定为基础，确定草原保护红线。在坝上地区实行禁牧休牧、划区轮牧，推进草原改良和人工种草，促进草畜平衡，恢复草原生态及生产功能。在重点草原区和生态脆弱区，建立自然保护区。到2020年，50%的“三化”草原得到治理，基本遏制草原沙化趋势，草原植被盖度达到60%以上，全省人工种草保留面积达到100万亩。

增加湿地碳汇。加强湿地保护和恢复，划定湿地保护红线，实施白洋淀、衡水湖等重要湿地保护与恢复示范工程，加强湿地公园建设，扩大湿地生态空间，到2020年湿地保有量不低于1413万亩，湿地公园达到62处。

山西省应对气候变化和低碳发展2016年度报告

山西省发展和改革委员会

2016年，山西省深入学习贯彻党的十八大、十八届三中、四中、五中、六中全会精神和习近平总书记系列重要讲话精神，按照国务院《关于印发“十三五”控制温室气体排放工作方案的通知》（国发〔2016〕61号）要求，坚持把绿色低碳发展作为我省深化供给侧结构性改革和国家转型综改试验区建设的重要内容，坚定不移实施创新驱动、转型升级战略，着力加强应对气候变化基础能力建设，有效控制温室气体排放，应对气候变化各项工作取得积极进展。初步测算，2016年全省单位地区生产总值二氧化碳排放量为3.60吨/万元，同比降低5.26%，超额完成下降3.9%的进度目标。

一、领导高度重视，进一步健全应对气候变化工作机制

充分发挥山西省应对气候变化及节能减排工作领导组作用，强化领导、主动作为，推动我省应对气候变化工作机制逐步完善。

发挥指标约束作用。将万元地区生产总值二氧化碳排放量降幅纳入“十三五”国民经济和社会发展规划指标体系，并作为2016年《政府工作报告》、国民经济和社会发展计划中主要约束性指标，明确提出要完成国家下达任务的具体目标。

强化规划引领作用。出台《山西省“十三五”控制温室气体排放规划》，《“十三五”控制温室气体排放实施方案》已征求省直部门、各市意见，修改完善后提交省政府审定，印发全省执行。

注重形成部门合力。省政府主要领导多次召开专题会议，对我省新能源发展、太原能源低碳发展论坛等低碳工作进行安排部署，各成员单位多次就落实国家对我省“十二五”碳排放强度降低目标考核、“十三五”碳排放强度目标制定、温室气体清单编制及我省参与全国碳排放权交易市场等相关事项进行工作安排、部署和协调。

加大资金支持力度。我省2016年安排资金20.75亿元用于应对气候变化及低碳发展相关工作，同时在“发展与改革事务”支出项目下增设“应对气候变化管理事务”，并在2017年省级预算中安排1000万元用于重点企业历史碳排放核查、温室气体清单编制以及企业温室气体排放报告与核查信息平台建设等工作。

加强对11市工作考核。印发《关于开展“十二五”单位地区生产总值二氧化碳排放降低目标责任考核评估的通知》（晋发改气候发〔2016〕579号），开展对各市人民政府2015年度及“十二五”碳排放强度下降目标责任考核。目前，按照国家新的考核办法，已经完成我省具体考核方案初稿，启动对各市2016年度控制温室气体排放工作考核。

二、顺应能源革命要求，加快能源产业绿色低碳发展

坚持把控制能源领域温室气体排放作为我省应对气候变化的重点工作。

煤炭消费比重持续下降，继续实施《山西省合理控制煤炭消费对策措施》（晋发改资环发〔2015〕132号），2016年煤炭占能源消费总量为85.86%，同比下降1.17个百分点。

天然气（含煤层气）消费比重持续提升，2016年我省煤层气（煤矿瓦斯）抽采量107.4亿立方米，增长5.9%；利用量62亿立方米，增长8.8%。天然气利用总数约40亿立方米。天然气（含煤层气）占能源消费总量的4.11%，同比提高0.19个百分点。

风电、光伏等可再生能源加快发展，截至2016年底，全省可再生能源电力装机1311.54万千瓦，比上年增加285.39万千瓦。全省可再生能源发电占能源消费总量的3.2%，同比提高0.98个百分点；消纳可再生能源电力占全社会用电量的44.91%，同比提高3.2个百分点。

三、深入推进供给侧结构性改革，着力构建低碳产业体系

注重发挥产业结构调整对控制温室气体排放工作的积极效应。

去产能目标提前完成，2016年压减钢铁产能82万吨，退出煤炭产能2325万吨，为先进产能腾出空间。

服务业占比持续提升，出台实施我省“十三五”服务业发展规划等政策措施，2016年服务业增加值占全省GDP的55.82%，同比提高2.6个百分点。

战略性新兴产业占比提升，2016年战略性新兴产业占全省规上工业增加值的12.6%，同比提高1.2个百分点；煤焦冶电四大传统产业占比72.9%，同比回落1.1个百分点。2016年，规上工业单位增加值能耗同比下降5.15%。

低碳农业扎实推进，继续实施《山西省到2020年化肥使用量零增长行动方案》，制定2016年度工作方案，确保我省化肥使用量稳中有降，2016年化肥施用量117.07万吨，比2015年下降1.48万吨。

生态碳汇取得新进展，2016年完成营造林400.04万亩，为国家下达任务的108.1%，为年初省定任务的100%。圆满完成国家林业局下达的中央财政森林抚育任务95.05万亩，任务完成率100%，并通过省级验收和国家级核查。

四、坚决落实低碳理念和要求，扎实推进城镇化低碳发展

加快推进既有建筑节能改造，强化新建建筑节能，推广绿色建筑。2016年，新设计建筑面积4262.99万平方米，其中执行绿色建筑标准建筑面积2011.9万平方米，执行率达47.2%，超过目标任务21.2个百分点；新开工既有居住建筑节能改造项目1088万平方米，超额完成年初700万平方米的目标任务；新设计建筑中超过60%的建筑应用了可再生能源。

深入开展“车、船、路、港”千家企业低碳交通专项行动。2016年，完成对全省16家企业节能考核评价工作，6户完成目标任务，10户基本完成目标任务。

积极推广应用新能源车辆。2016年全省新能源（纯电动、混合动力）机动车保有量43947辆，同比增长1061%。全省拥有营业性道路运输清洁燃料车辆13239辆，同比增长26.3%；新能源公交车6275辆，比上年增加5728辆。

五、深化低碳试点示范，主动探索资源型地区绿色低碳发展模式

国家低碳试点方面，继续深化晋城市国家低碳试点城市建设，开展《晋城市低碳城市促进条例》立法前期调研等工作，积极创新体制机制。晋城市加入中国达峰先锋城市联盟，提出在2025年左右达到峰值的目标，并出台《晋城市“十三五”应对气候变化规划》，明确达峰路线。

省级低碳试点方面，继续推进太原、朔州2市和阳高、平定等13个县低碳试点建设，太原完成《太原市温室气体排放清单（2012、2014）》和《太原市低碳发展规划》编制工作，制定了《太原市省级低碳试点城市建设2016年重点工作》。其中太原积极探索绿色出行模式，建成公共自行车租赁系统，设立站点500余个，公共自行车约4.1万辆，基本覆盖城区，自行车单日租骑量、单车周转率、免费租用率等均居全国第一。全市8000余辆出租车全部更换为电动汽车，成为全国首个纯电动出租车城市。扎实推进太原不锈钢产业园区、山西大同经济开发区、山西运城经济开发区低碳试点等省级低碳园区试点工作。

六、扎实开展重点企业历史碳排放核查工作，为参与全国碳排放权交易市场奠定基础

一是根据国家要求，确定了我省拟纳入全国碳排放权交易市场的企业，以晋发改气候字〔2016〕135号文上报国家发展改革。二是征选确定中国质量认证中心等15家单位，作为我省碳排放第三方核查机构；三是开发建成山西省企业温室气体排放报告与核查信息平台，在2016年5月全国碳市场能力建设工作推进会上作了经验交流；四是召开山西省参与全国碳排放权交易市场前期重点工作动员会、山西省参与全国碳市场能力建设培训会和山西省拟纳入全国碳排放权交易市场企业历史碳排放核算与报告培训会，参加培训的人员涉及省直厅局、市县发改系统、参与企业等1000余人；五是开展2013-2015年度碳排放数据核查工作，目前经复查后的碳排放核查报告和数据汇总表已上报国家发展改革委。此外，积极申请温室气体自愿减排交易项目，2016年共向国家发展改革委申请备案32个项目，预计年减排量573.6万吨二氧化碳当量。

七、统筹推进统计、宣传、国际交流合作等工作，夯实应对气候变化基础能力

试行应对气候变化报表制度，按照国家要求，建立我省《应对气候变化部门统计报表制度》（试行），省统计局配备专业人员，开展年报工作，形成常态化工作机制，为省级温室气体排放清单编制、地区碳强度核算等工作提供支撑。

开展省级温室气体清单编制，省级2012、2014年温室气体清单已完成初稿，太原、大同、阳泉、晋城、晋中、朔州等市积极开展2012、2014年市级温室气体清单编制工作。

积极开展低碳产品认证，对从事节能低碳产品认证相关检验检测活动的实验室进行了省级资质认定。2016年，山西省机械产品质量监督检测总站取得“三相异步电动机”（第一批低碳产品目录）项目的计量认证。我省推荐的煤层瓦斯增透解吸技术被《国家重点推广的低碳技术目录》（第二批）收录。

继续在碳捕集、利用和封存（CCUS）领域开展研究。“CO_2高附加值化学转化利用”、“CO_2低成本大规模吸附捕集及纯化关键技术开发”和“CO_2深部煤层封存及驱替煤层气主要影响因素”等研究工作进展顺利。

加强国际合作。成功举办2016年太原能源低碳发展论坛，是经国务院批准的国家级、国际性、专业化论坛。争取到澳大利亚与国家发展改革委气候司合作开展的“支持5个省市推进重点行业企业碳排放报告工作”项目并通过国家专家评审。争取世界银行“市场准备伙伴基金”（PMR）赠款项目，开展山西参与碳排放权交易关键问题研究。

加强宣传培训工作。举办碳排放考核、低碳试点、统计核算能力建设等培训活动，提升应对气候变化和推进低碳发展的意识和能力。以“全国低碳日”为契机，利用电视、报纸、公共交通工具LED显示屏以及在公共场所定点布设展板等方式，宣传报道低碳领域重要战略规划及政策文件。

（撰稿：武东升、李琳、赵江燕、胡慧东、姬江峰，山西省发展和改革委员会应对气候变化处）

辽宁省应对气候变化和低碳发展2016年度报告

辽宁省发展和改革委员会

一、圆满完成国家“十二五”碳排放强度降低指标和低碳试点省总结评估考核工作

一是充分做好考核准备工作。积极协调省直相关部门，收集整理考核备查材料，形成了辽宁省“十二五”单位国内生产总值二氧化碳排放降低目标责任考核和低碳试点工作自评估报告，并上报国家。二是做好现场考核工作。国家考核工作组于7月下旬对我省“十二五”单位国内生产总值二氧化碳排放降低目标完成情况和低碳试点工作情况进行了现场考核评估，对我省初步审核结果为“优秀”等级。经测算，2015年度我省碳排放强度下降4.1%，超额完成下降3.89%的年度目标；“十二五”期间我省碳排放强度累计下降24%，超额完成累计下降18%的规划目标。

二、积极开展全省碳排放权交易市场建设工作

一是统计了我省钢铁、石化等八个行业2013～2015年中任意一年综合能源消费总量达到1万吨标准煤以上（含）的企业名单，共计157户企业（不含大连）。二是公开招标了7家第三方核查机构，同时遴选了省内7家第三方核查机构，对全省重点排放企业开展了二氧化碳排放数据的核查工作。三是完成国家《碳排放权交易管理条例》（送审稿）和《碳排放权交易配额总量设定与分配方案》（征求意见稿）的意见反馈工作。四是协助国家专家调研组开展我省化工行业基准线研究的调研工作，积极组织省内科研机构参与世界银行“辽宁参与碳排放权交易关键问题研究”课题的公开招标。五是向国家上报了华源康平五间房风力发电等4个自愿减排项目，并向国家推荐我省参与国家温室气体自愿减排交易评估专家共29人。

三、稳步推进全省低碳试点工作

一是组织推荐我省第三批低碳城市试点，向国家上报了沈阳、大连、朝阳、盘锦等4个低碳城市试点实施方案。二是与省住房城乡建设厅联合向国家推荐了朝阳市作为气候适应型城市建设试点。三是完成了《辽宁省低碳社区试点工作方案》，上报国家备案。四是先后完成了国家《“十三五”碳排放强度控制目标》、《“十三五”控制温室气体排放工作方案》两个征求意见稿的意见反馈工作。五是完成国家重点推广的低碳技术目录（第三批）申报工作，向国家上报3个项目。六是为了研究解决秸杆焚烧问题，开展了生物炭技术应用情况的调研。七是开展了全国低碳日活动，由省广电局会同有关单位制作节能低碳系列公益广告，并组织辽宁电视台和各市电视台在重要时段循环播放，在全省范围内营造出良好的社会氛围。

四、认真做好清洁发展机制基金赠款项目争取和管理工作

一是经过积极争取，国家批复我省2个2014年度清洁发展机制基金赠款项目，下达资金计划300万元。二是组织申报了2015年度中国清洁发展机制基金赠款项目，我省共有6个项目进入第二轮评审。三是完成了辽宁省低碳省试点项目、辽宁省应对气候变化规划思路研究等2个2011年度中国清洁发展机制基金赠款项目结题验收工作，上报国家审核。四是向国家推荐了我省5名评审专家，参与全国清洁发展机制基金赠款项目的评审工作。

五、积极推进应对气候变化能力建设工作

一是完成了《辽宁省“十三五”控制温室气体排放工作方案》的编制工作，上报省政府。二是开展了《辽宁省“十三五”应对气候变化规划》的编制工作。三是启动了编制2012、2014年辽宁省省级温室气体清单工作，进一步夯实全省应对气候变化基础性工作。四是通过公开招标，委托北京环境交易所组织完成了全省碳排放权交易能力建设培训，全省各市、各核查机构、各科研机构、各重点排放企业近500人参加了培训。五是组织省内科研机构开展了世界银行“中国应对气候变化技术需求评估项目”工作，举办了“辽宁应对气候变化技术需求及转让案例培训及研讨会”。六是与省统计局联合举办了两期全省应对气候变化统计能力建设培训会，切实提高全省基层政府部门人员对应对气候变化工作的认识水平和业务能力。

（撰稿：杨俊峰，辽宁省发展和改革委应对气候变化处）

黑龙江省应对气候变化和低碳发展2016年度报告

黑龙江省发展和改革委员会

一、取得的成效

2016年我省积极贯彻落实国家应对气候变化、低碳发展工作要求，扎实推进控制温室气体排放相关工作，努力实现经济发展和社会生活向低碳方式的转变，控制温室气体排放取得一定成效。

一是完成单位地区生产总值二氧化碳排放年度降低目标。按省统计局提供数据测算，2015年全省二氧化碳排放核算值为27629万吨，2016年全省二氧化碳排放核算值为27831万吨，同比增长0.73%；2015年全省地区生产总值15083.7亿元，2016年按可比价计算增长6.1%；2016年单位地区生产总值二氧化碳排放同比降低5.1%，超额完成年度目标。

二是完成“十二五”单位地区生产总值二氧化碳排放累计进度目标。我省“十三五”碳排放强度下降总体目标为18%，年均目标为3.9%，2016年度累计进度目标为3.9%，2016年实际降低5.1%，超过累计进度目标。

三是能源节约与结构优化得到进一步加强。

我省认真贯彻落实各项节能措施，较好地完成了预定目标。2016年，全省能耗增量154.3万吨标准煤，能耗总量12280.5万吨标准煤，低于12306万吨标准煤的年度能耗总量控制目标和12502万吨标准煤的“十三五”能耗总量控制目标进度要求。单位GDP能耗为0.7677吨标准煤/万元，比2015年下降4.5%，超额完成3.5%的年度降低目标。

风电、水电等可再生能源加快发展，2016年风电装机容量新增58万千瓦，占国家《风电发展“十三五”规划》确定我省“十三五”增量目标的60%，牡丹江荒沟抽水蓄能电站项目累计完成投资约14亿元。根据省统计局数据，2016年可再生能源占能源消费总量比重为2.9%，较上年提高0.5个百分点；消纳可再生能源电力占全社会用电量比重为12.1%，较上年提高1.9个百分点。

控制煤炭消费总量，制定印发《黑龙江省大气污染防治专项行动方案（2016-2018年）》，提出到2017年全省煤炭占能源消费比重比2014年降低1.5个百分点。哈尔滨等重点地区制定了燃煤消费总量和煤质种类结构控制方案。2016年，我省煤炭占能源消费比重69.6%，比2015年上升0.3个百分点。着力提高天然气消费比重。2016年天然气占能源消费比重为4.1%，较2015年提高0.2个百分点。

二、采取的工作措施

一是加快低碳产业体系建设。我省坚持把现代服务业和战略性新兴产业作为优化结构、减少碳排放的重要抓手，积极推进气候友好型的现代产业体系建设。2016年，全省第三产业增加值占GDP比重达到53.7%，比2015年提高了3个百分点。

2016年全省规模以上工业增加值2994.2亿元，按可比价计算增长2.0%；规模以上工业综合能源消费量5051.3万吨标煤，同比增长0.5%；二氧化碳排放核算值为27831万吨，同比增长0.73%；能源消费总量12280.5万吨标准煤，比上年增加154.3万吨标准煤。据此测算，2016年单位工业增加值碳排放3.823吨/万元，2015年单位工业增加值碳排放3.901吨/万元（按2016年可比价）。如按2015年可比价计算，单位工业增加值碳排放由3.51吨/万元降低到3.44吨/万元。

扎实开展农业“三减”行动，通过推广测土配方施肥技术、有机肥替代化肥、改进施肥方式、推行科学轮作，有效减少了化肥施用量。2016年全省化肥施用量252.7万吨，较2015年（255.3万吨）有所下降。

2016年，国家下达我省地方系统造林计划面积117万亩、实际完成117万亩，计划森林抚育面积168万亩、实际完成168万亩；下达我省森工系统造林计划面积22万亩、实际完成23.2万亩，计划森林抚育面积777万亩、实际完成777.01万亩；大兴安岭林业集团公司补植补造计划31.33万亩、中幼林抚育计划345.9万亩、人工造林计划任务4万亩，至2016年底已全部完成。

二是实施城镇化低碳发展。目前全省累计建成绿色建筑1109万平方米，其中2016年推广绿色建筑271.5万平方米，超出100万平方米的年度推广目标。在国家既有居住建筑节能改造扶持政策暂时取消的情况下，全年各地自主实施既有居住建筑节能改造406万平方米。继续开展可再生能源建筑应用推广工作，目前共推广可再生能源建筑应用3300万平方米，其中2016年新增可再生能源建筑应用101万平方米。全面建成黑龙江省国家机关办公建筑和大型公共建筑能耗监测平台，实现200栋示范建筑的电耗、水耗、热耗数据采集和上传。组织开展公共建筑节能改造项目建设，目前已完成70万平方米。

三是开展低碳交通运输体系建设。通过严控高耗能车辆进入道路运输市场、开展甩挂运输试点、积极推进营运黄标车道路运输证注销、加快新能源汽车推广应用等措施，积极降低交通领域能耗，完成了预定工作目标。按照交通运输部要求，遴选24家企业参加了“车、船、路、港”千家企业低碳交通运输专项行动，并要求有关企业按时完成了数据上报工作。加快推广新能源和清洁燃料车辆。2015年全省推广应用新能源公交车886台，2016年推广应用新能源公交车1517辆，占年度新增更换公交车总数1658辆的91%，超额完成国家2016年下达我省年度新增更换新能源公交车15%的任务。据省公安厅统计，全省新能源汽车保有量达到5052台，比2015年底（1766台）增长186%。此外，我省还重点在出租车行业推广应用双燃料汽车，鼓励客运班线使用LNG、CNJ天然气清洁能源汽车，稳步推进天然气汽车在货物运输领域的应用，全省已推广应用天然气清洁能源车辆24154辆（公交车6036辆、出租车18115辆、客运车辆2辆、货运车辆1辆）。

四是推动区域低碳发展。我省大兴安岭地区为国家第二批低碳试点城市。按照先行先试的要求，当地制定了《大兴安岭地区低碳试点工作初步实施方案》，提出到2020年，万元GDP二氧化碳排放量比2010年下降40.7%，实现二氧化碳排放总量控制在500万吨以内；到2025年，地区二氧化碳排放总量达到521万吨峰值目标。近年来，当地以森林保护为重中之重，着力加大节能减排力度，加快发展低碳产业，取得了明显效果。全区2016年森林覆被率达到81.91%，活立木总蓄积达到5.82亿立方米，单位工业增加值能耗同比下降17%，旅游、食品、药材等产业得到较快发展。

五是继续实施低碳发展试点建设。持续深入开展大兴安岭国家低碳试点城市建设。在国家的指导下，编制完成了大兴安岭地区温室气体排放清单、大兴安岭地区低碳发展规划，开展了地区碳排放指标分解考核体系和重点低碳示范园区实施方案研究。全面开展了碳汇资源本底调查工作，图强碳汇造林项目获得国家备案并获得全国首单林业碳汇质押贷款1000万元，地区农林科学院获得国家林业局核发的林业碳汇计量与监测证书。在天然林停止商业采伐的情况下，当地将旅游业确立为转型发展的战略性支柱产业，创新开展新媒体营销，开发手机APP服务，推出直升机、热气球空中游览等新型观光项目，着力加强旅游监管、规范服务，2016年接待旅游者560万人次，实现旅游收入54.3亿元，同比分别增长22.8%和25.1%。其他特色产业也获得长足发展，森林生态食品产业实现产值31.4亿元，北药产业实现产值9.3亿元，全区野生药材资源保护区总面积达12万公顷，中草药种植面积达到19万亩，低碳替代产业正在成为当地经济发展的重要引擎。

六是强化低碳示范引领。我省齐齐哈尔高新技术产业开发区国家低碳工业园区试点实施方案于2015年8月获得国家批复。按照试点要求，园区在低碳发展方面进行了积极探索：一是依托低碳园区试点探索低碳管理新模式，按照高科技、高强度、高收益、低耗能的“三高一低”基本要求，严把项目入区关，试点以来园区陆续迁出污染严重企业14户，引入符合节能减排要求的高技术企业12户，通过校企合作建立低碳人才队伍，通过设立产业引导基金逐步健全支持低碳环保型企业的金融体系。二是搭建低碳产业平台吸引低碳高技术企业，龙华新能源汽车项目已经实现量产，丰华移动蓄能供热车已成功下线，未来量产后市场潜力巨大，精铸良装备制造有限公司建设大型天然气锅炉和造型材料再生产利用系统，在节能环保设施及循环利用方面走在国内同类装备制造业企业前列。园区正在积极引进氨法脱硫装置等超低排放技术，抓紧建设高新区项目孵化器，争创国家低碳示范园区。

七是加快碳市场建设基础。抓紧推进全国碳交易市场纳管企业碳排放核算核查与能力建设工作，组织了多轮调查和信息报送。2016年11月，印发了《关于做好重点碳排放企业碳核查准备工作的通知》，再次强调做好相关基础工作，此后又召开了各市地发展改革委和相关企业参加的全省碳排放权交易业务培训视频会议，请第三方机构开展业务培训，并在会上对纳管企业提出了配备专人管理、制定排放监测计划等方面的明确要求。按照国家发展改革委要求，我省委托6家第三方机构对地市上报的149家重点排放企业进行了碳排放核查，初步确定了120家符合国家要求的企业，有关核查报告和数据已上报国家发展改革委。

同时，我省积极发挥碳交易市场机制作用，认真做好温室气体自愿减排项目转报工作，目前已有19个自愿减排项目在国家发展改革委完成项目备案，7个项目获得减排量备案，累计备案减排量222万吨二氧化碳当量。2016年6月15日，大兴安岭图强林业局在碳汇造林项目获得国家自愿减排项目备案的基础上，以2015年碳汇量40万吨为质押授信，从黑龙江大兴安岭农村商业银行获得全国首单林业碳汇质押贷款1000万元，成为全国首单以CCER碳汇质押组合担保的碳汇贷款，拓宽了林业碳汇项目建设融资渠道，实现了碳汇经济效益。

八是夯实碳排放工作基础。统计核算制度方面，印发了《应对气候变化部门统计报表制度》，明确了各部门职责分工。统计局内部建立了应对气候变化统计常态化工作机制，配备了专业人员，并组织开展了面向各市地统计部门的业务培训。在全国碳排放权交易市场建设涉及的重点排放企业摸底调查、温室气体清单编制过程中提供了所需数据，帮助确定了拟纳入全国碳交易体系的企业初步名单。温室气体清单编制方面，我省已完成了2005、2010年省级温室气体清单报告的编制工作，并根据国家验收评估和联审意见进行了修改完善，两份清单报告已通过国家审核，目前正在按照国家要求开展2012、2014年度省级温室气体清单编制工作。同时，下发了《关于开展市（地）级温室气体清单编制工作的通知》，要求各市（地）编制2012、2014年度温室气体清单，抓紧建立领导机制、明确工作任务、加强组织协调、保证数据可靠。目前，哈尔滨、七台河等市地级温室气体清单编制工作已经完成，其中哈尔滨市编制了2005年和2010—2015年温室气体排放清单，并建立了温室气体排放清单数据库系统。

九是加强机构和队伍建设。省编委2015年印发了《关于省发展和改革委员会职责及内设机构调整等有关事项的通知》（黑编〔2015〕183号），明确省发展改革委新增"应对气候变化处"，主要职能为综合分析气候变化对经济社会发展的影响，研判相关发展趋势，组织拟订应对气候变化和推进绿色低碳发展重大战略、规划、制度和政策并协调实施；推进控制温室气体排放制度、基础能力、碳排放交易市场建设和适应气候变化工作。此外，在国家支持下，黑龙江省信息中心作为我省应对气候变化综合性技术支撑单位，与国家应对气候变化战略研究和国际中心、中国质量认证中心、中创碳投等国家级机构密切合作，建立了一支20余人的专业研究队伍，具体承担了"黑龙江参与碳排放权交易关键问题研究""黑龙江省重点企事业单位温室气体排放报告制度研究""黑龙江省国家低碳工业园区试点"等项目，并按照省内工作要求开展了全省"十三五"碳强度下降目标分解定量模型等技术问题研究。省统计科学研究所、省宏观经济研究所、省科学院生态所、省林科院、省农科院等作为专业性技术支撑机构，在碳排放量统计、清单编制、碳汇、适应气候变化等方面发挥了积极作用。

十是落实工作预算。财政预算科目由财政部统一制定，我省与国家保持一致。2016年，我省从省级节能专项资金中安排785万元应对气候变化工作经费，用于支持企业碳排放核查等工作。目前我省拟纳入全国碳排放权交易市场的重点排放单位核查工作已经完成，相关结果已上报国家发展改革委，待国家审核合格后即可将资金拨付第三方服务机构。此外，我省还对13户采用新技术完成节能改造、年新实现节能量3000吨标煤以上的万吨耗能工业企业给予每户100万元奖励，共计1300万元；在省直机关局部门预算中安排节能减排工作经费20万元。气候投融资机制方面，我省实施了利用亚洲开发银行贷款1.5亿美元黑龙江集中供热、利用欧洲投资银行应对气候变化框架二期贷款5000万欧元哈尔滨既有建筑节能改造、利用欧洲投资银行贷款2500万欧元北方林木特色可持续培育3个国际金融组织贷款项目，贷款额度合计2.34亿美元。大兴安岭图强林业局以碳汇为抵押向大兴安岭农村商业银行贷款贷款1000万元，成为全国首单以CCER碳汇质押组合担保的碳汇贷款，填补了以碳汇权益（备案证）质押贷款的金融服务空白，实现了融资机制创新。

十一是开展年度目标考核。按照控制温室气体排放的总体要求，组织技术支撑单位研究分解"十三五"碳强度下降目标，建立了地市碳排放目标分解综合评价指标体系。由于国家考核办法尚未发布，省内控制温室气体排放考核实施方案2016年未正式印发。

十二是加强组织领导。2007年，我省成立了以省政府主要领导为组长、省直有关部门主要负责人为成员的黑龙江省节能减排及应对气候变化工作领导小组，办公室设在省发展改革委，明确了各成员单位的工作职责，建立了应对气候变化工作机制。2011年，根据实际工作需要、机构设置和人员变动情况，对领导小组成员进行了调整。近年来，省政府领导对应对气候变化工作十分关注，多次就有关问题作出批示，并召开专题会议。应对气候变化领导小组成员单位各司其职，认真开展相关工作，形成了应对气候变化工作合力。

撰稿：（尹中华，黑龙江省发展和改革委员会资源节约与环境保护处）

吉林省应对气候变化和低碳发展2016年度报告

吉林省发展和改革委员会

2016年是“十三五”的开局之年，吉林省按照生态文明建设总体要求，把积极应对气候变化作为全省经济社会发展的重大战略，采取有效措施，加快产业结构和能源结构调整，大力开展节能减碳和生态建设，积极推动各类低碳试点示范，推进碳排放权交易市场建设，进一步加强应对气候变化统计工作，建立健全温室气体排放统计核算体系和重点企事业单位温室气体排放报告制度，使全省应对气候变化工作取得新进展。

一、全面完成年度单位GDP二氧化碳减排目标

国家下达我省“十三五”单位GDP二氧化碳排放降低目标为18%，我省将这一指标作为约束性指标列入《吉林省国民经济和社会发展第十三个五年规划纲要》，并下达了《关于下达全省各市（州）“十三五”碳排放强度降低目标的通知》，明确了全省单位GDP二氧化碳排放降低3.89%的年度目标。据测算，我省2016年单位地区生产总值二氧化碳排放为1.094吨/万元，同比下降9.94%，年度下降目标完成率为255.5%。

二、超额完成单位GDP能耗下降目标

国家下达我省“十三五”单位GDP能耗降低目标为15%，全社会能源消耗控制在9502万吨以内。我省紧紧围绕推进节能降耗、发展循环经济、开展资源综合利用等核心工作，强化措施，狠抓落实，全面完成节能目标任务。2016年，我省全社会能源消费总量为8014.09万吨标煤，同比下降1.57%，减少127.8万吨，完成了年度总量控制目标任务；单位GDP能耗实现0.533吨标准煤/万元，同比下降7.91%，超额完成年度目标任务。

三、开展重点领域低碳行动

2016年我省在重点领域积极开展节能低碳行动，推动全省应对气候变化工作的开展。

工业领域。我省积极开展节能减碳工作。2016年，我省印发了《吉林省工业和信息化厅关于印发2016年吉林省工业节能监察实施方案的通知》，完成了国家重大工业节能专项监察工作；印发了《关于开展2016年度节能机电设备（产品）推荐及“能效之星”产品评价工作的通知》，组织开展工业企业能效水平对标达标以及能效“领跑者”遴选活动；安排3000万元资金重点支持了四平昊融银业有限公司电力系统节能改造等项目建设，推动工业企业实施节能技术改造；印发了《吉林省工信厅 吉林省财政厅关于转发工信部办公厅 财政部办公厅开展2016年绿色制造系统集成工作的通知》，将7个绿色制造系统集成项目上报国家工信部、财政部。据测算，2016年我省规模以上工业企业单位增加值能耗同比下降9.43%，达到了目标进度安排，单位工业增加值二氧化碳排放量为2.038吨/万元，同比下降10.29%。

农业领域。以减肥增效为突破口，以绿色生态为导向，牢固树立“增产施肥、经济施肥、环保施肥”理念，建立化肥减量增效示范区，大力推广化肥减量增效技术。2016年全省新增测土配方施肥推广面积2600万亩；举办专题技术培训班1700余期，培训农民21.5万人次，发放宣传资料23.5余万份。2016年，全省化肥使用量增量为2.37万吨，较上年降低了2.21万吨。

林业增加碳汇。根据全省城市、农村和区域的不同特点，确立主攻方向和突破口，实行重点突破，整体推进。东部长白山区重点加快大江大河流域治理和森林经营步伐，优化森林结构，提高森林生态和产出功能；中部产粮区重点加强农田防护林更新改造工作，确保农业稳产增收；西部地区重点治理荒漠化土地和保护湿地，构建起绿色生态屏障。2016年，我省造林面积为88646公顷，目标完成率为295.5%；森林抚育面积为179085公顷，目标完成率为115.5%。

建筑领域。2016年，我省深入贯彻落实《绿色建筑行动方案》，重点抓好新建建筑和政府投资项目，严格按照绿色建筑标准进行规划、设计、施工和验收。结合实际，编制了《吉林省民用绿色建筑一星级设计标准》，为全面普及星级绿色建筑奠定了技术基础。2016年全省新建绿色建筑面积约700万平方米（其中，获得星级标识的绿色建筑18项，建筑面积148万平方米），占新建建筑面积比例39.35%（目标值为10%），完成了2016年度绿色建筑推进目标。为了进一步扩大可再生能源建筑应用，我省建立了建筑节能专项奖补资金政策，出台了《吉林省建筑节能奖补资金管理办法》，每年安排2000万元补助可再生能源建筑示范项目。在示范项目的带动下，全省实施地源热泵供暖面积达到1200万平方米，其中2016年度新增可再生能源建筑应用面积110万平方米（其中，省级可再生能源建筑应用示范项目13个，示范面积39万平方米）。按照住建部可再生能源建筑应用示范市县工作部署，我省已完成松原市等八个国家示范市县的验收工作。

商业和公共建筑领域。2016年，我省编制了《吉林省公共建筑节能设计标准（65%）》，印发了《吉林省住房和城乡建设厅关于贯彻执行公共建筑节能65%设计标准的通知》，并率先在省会长春市和吉林市全面执行；开展了建筑节能与绿色建筑行动实施情况专项检查；开展了公共建筑的能耗统计、能源审计、能效公示和能耗动态监测工作，长春市、吉林市和松原市已纳入国家民用建筑能耗统计试点城市，全省2016年共完成公共建筑能耗统计及公示3165栋，建筑面积 3254.4万平方米。

交通领域。2016年，我省继续开展车船路港千家企业低碳交通运输专项行动，全省印发了《关于进一步做好“车船路港”千家企业低碳交通运输行动工作的通知》，从完善工作机制、抓好节能减排新技术新产品推广、加强宣传教育等方面，做了总体安排部署并抓好落实。全省还结合交通实际，围绕提升交通运输保障能力、促进旅游业发展、推进交通现代物流业、建设智慧交通等4方面，全面推进低碳交通发展。2016年新能源公交车保有量为1129台，较上年新增新能源公交车791台，实现较大增长。

四、大力发展服务业

为加快产业结构优化升级，推动吉林老工业基地全面振兴，大力发展服务业，2016年，全省启动了服务业发展攻坚。年初省委省政府组织召开了全省8000人服务业发展攻坚大会，出台了《中共吉林省委吉林省人民政府关于加快服务业发展的若干实施意见》，各级部门根据《实施意见》明确提出的137项任务，将其细化分解到40个省直有关部门，按月调度重点任务进展情况。经过一年的攻坚，服务业实现加速增长，为全省经济保持中高速增长，产业结构迈向中高端目标，深入开展“供给侧结构性改革”，带动就业和提高居民生活水平做出了突出贡献。在旅游、商贸、家政养老及生产性服务业领域评选出“吉林省十大服务品牌”。32家省级现代服务业集聚区入驻企业达到4163户，吸纳就业57176人。2016年，我省服务业增加值实现6240.53亿元，占GDP的比重为41.9%，较上年同期提高3.1个百分点。

五、调整能源结构提升清洁能源比重

2016年，我省通过大力发展风电等新能源，实施“气化吉林”工程，加快油页岩综合开发利用等方式调整能源消费结构，逐步提高天然气、可再生能源等清洁能源品种消费比重，降低煤炭消费比重，合理控制能源消费总量。同时，按照国家能源规划及年度工作指导意见的要求，积极推进了丰满大坝重建工程、敦化抽水蓄能电站建设，开展了吉林蛟河抽水蓄能电站的前期工作。2016年，我省可再生能源占能源消费总量比重为7.5%，同比增长了1个百分点；消纳可再生能源电力占全社会用电量比重为25.2%，同比增长了7.6个百分点。

在化石能源结构调整上，2016年我省煤炭占能源消费总量比重为68.5%，同比下降了1.7个百分点；天然气占能源消费总量比重为3.6%，同比增长了0.1个百分点。

六、积极组织开展各类低碳试点

2016年，我省将低碳试点作为应对气候变化工作的重要抓手，围绕国家低碳城市、低碳工业园区、低碳社区及省级低碳产业园区等不同层面，开展试点示范工作。

一是积极推进国家低碳城市试点。我省吉林市被列为国家第二批低碳城市试点，2016年吉林市低碳城市试点工作紧密结合全市经济社会发展中心任务，把促进产业结构调整、推进清洁能源发展、改善城市环境质量、提高居民生活幸福感作为低碳城市建设的根本出发点和落脚点，积极寻求探索适合吉林市实际的低碳发展转型路径和模式，并取得了积极进展和成效。在国家组织的低碳城市试点经验总结评估会上，吉林市试点建设工作受到好评。

二是加快国家低碳工业园区试点建设。国家批准我省3个国家低碳工业园区试点，即：吉林市化学工业循环经济示范园区、长春经济技术开发区、延吉国家高新技术产业开发区。2016年，3个试点园区实施方案获得了国家批复,按照实施方案要求，3个园区围绕大力推进低碳生产、积极开展低碳技术创新与应用、创新低碳管理、加强低碳基础设施建设等方面，加快推进低碳工业园区试点进程，并取得了初步成效。

三是推进低碳社区试点工作。按照国家要求，经专家评审，我省确定长春汽车经济技术开发区锦程街道长沈社区等30个社区为低碳社区试点。2016年，试点社区按照《低碳社区试点建设指南》要求，编制了实施方案，重点围绕低碳理念、低碳文化和低碳生活、低碳化运营管理、节能建筑和绿色建筑、高效低碳的基础设施、优美宜居的社区环境等方面，开展低碳社区试点建设，30个低碳社区试点工作全面推进。

四是开展省级低碳试点建设。在推进国家低碳试点工作的基础上，我省积极探索省级低碳试点工作。先后开展了东丰县低碳工业产业园、金州鹭鹭湖低碳农业产业园、长春莲花山生态旅游度假区等试点园区建设，形成了低碳工业、低碳农业、低碳旅游等不同领域试点的低碳发展局面。

五是建设国家生态文明先行示范区。2014年，我省延边州、四平市列入第一批国家生态文明先行示范区；2015年，我省白城市、吉林市列入第二批国家生态文明先行示范区。延边州坚持绿色、生态、低碳产业发展方向，加大节能减排力度，围绕生态文明、节能减排、环境治理、特色园区建设等内容加大宣传,加快淘汰落后产能，推进工业企业烟粉尘治理，积极推动产业集聚发展，大力实施现有开发区、工业园区、工业集中区扩容提质工程，着力构建以各类开发区、工业集中区和特色产业园为载体的产业集聚发展格局,努力实现经济效益、社会效益和生态效益的和谐统一。四平市积极探索深化落实主体功能区制度和建立差别化的生态文明评价考核制度，并开展了地下综合管廊、海绵城市、老工业区搬迁改造、黑土地保护等项目建设，努力把四平建成“天蓝、地绿、山清、水秀”城市，打造宜居宜业宜游幸福家园。吉林市、白城市正在开展探索建立流域生态保护补偿机制、产业转型升级体制机制创新思路、生态环境事件预警防控机制，区域生态保护补偿机制、资源环境承载能力监测预警机制、建立体现生态文明建设要求的领导干部考核评价制度等6项制度研究,生态文明建设得到全面加强。

七、加强基础统计和能力建设

我省认真贯彻《国家发展改革委 国家统计局印发关于加强应对气候变化统计工作的意见通知》精神，加紧推进应对气候变化统计工作。省发改委联合省统计局联合印发了《吉林省发展改革委 吉林省统计局关于印发<关于加强吉林省应对气候变化统计工作的意见>的通知》，明确了吉林省应对气候变化统计指标体系，提出了吉林省完善温室气体排放基础统计责任分工，初步完成了《吉林省应对气候变化统计报表制度》，建立了吉林省温室气体排放统计核算体系的框架，梳理了各项统计核算指标的数据来源，进一步完善了吉林省温室气体排放统计核算体系。

开展省级温室气体清单编制工作。2016年，我省根据《省级温室气体清单编制指南（试行）》，整合公用电力与热力部门、钢铁行业、有色金属行业、化工行业、建材行业、交通运输业6个行业基础数据，分地区分行业分别核算二氧化碳排放量。在开展清单编制、地区碳强度核算等相关工作中，各相关部门积极配合，提供相关数据及支撑材料，形成了良好的工作机制。我省每年安排省级专项资金120万元用于开展省级温室气体排放清单编制工作。目前，我省已经编制完成了2005年、2010年、2012年、2013年及2014年省级温室气体排放清单。我省的温室气体排放清单编制工作已经形成常态化管理，并将持续开展温室气体排放清单的编制工作。

按照国家要求，我省印发了《吉林省发展改革委关于开展各市（州）温室气体清单编制工作的通知》，组织各市（州）扎实开展基础数据的收集和测量，严格遵守核算方法，控制不确定性，提升清单编制质量。2016年，我省吉林市编制完成了《吉林市2010年温室气体清单报告》。

八、积极开展全国碳市场建设的基础工作

开展碳排放权交易培训工作。我省制定了《全省碳排放权交易能力建设培训工作方案》，针对省直有关部门、全省发改系统、重点排放企业、第三方核查等从事碳排放权交易工作的人员，进行全面系统的培训。主要内容包括：全国碳市场建设总体工作部署及碳排放权交易管理暂行办法、碳交易机制基本原理和关键要素、中国碳市场发展现状与前景、省级企业温室气体排放核算报告工作安排与要求、重点行业报告核算指南解读和典型案例等方面。2016年，全省共组织开展了6期培训，累计培训1000余人次。

组织开展碳市场纳管企业碳排放核查工作。按照《国家发展改革委办公厅关于切实做好全国碳排放权交易市场启动重点工作的通知》文件要求，对主要任务逐一进行了安排和落实。一是确认重点碳排放企业名单。我省对全国碳排放权交易市场第一阶段涵盖的石化、化工、建材、钢铁、有色、造纸、电力、航空等8个行业，碳排放总量达到13000吨以上的企业进行摸底、核对，确认了我省2016年待核查的企业名单。二是确定碳排放权交易第三方核查机构。按照国家《全国碳排放权交易第三方核查机构及人员参考条件》文件要求，省政府采购办委托采购中心开展了我省碳排放第三方核查机构资质招标工作，明确了10家机构为我省第三方核查单位。三是组织开展重点排放企业历史碳数据报告及核查工作。按照国家出台的行业企业碳排放报告及核算指南，统一了我省企业碳排放报告及核查模板，组织全省重点排放企业报送2013-2015年历史碳排放数据。按照《全国碳排放权交易第三方核查参考指南》文件要求，组织第三方核查机构对企业碳排放报告进行了核查，并将核查结果上报国家。

九、广泛宣传提高公众低碳意识

按照国家要求，省发展改革委、省教育厅等省直15个部门联合制定印发了2016年吉林省节能宣传周和低碳日活动实施方案。节能宣传周和低碳日活动期间，围绕“节能领跑、绿色发展”宣传周活动和“绿色发展、低碳创新”低碳日活动主题，举办了2016年全省节能宣传周和低碳日活动启动仪式，开展了节能主题宣传活动、媒体宣传行动、节能进机关行动、节能进学校行动、节能科普宣传活动、节能进企业行动等节能专项宣传行动。节能宣传周和低碳日活动期间，我省统一制作2500条节能低碳宣传条幅、5000张节能低碳宣传画、180个宣传展架、3000本宣传手册，在全省各级党政机关，县级以上城市的主要街道、大型文化广场、商场等公共场所进行张贴悬挂，开展广泛宣传。

同时还发挥主流媒体作用，利用吉林日报、吉林电视台常态化宣传全省节能减排、应对气候变化、资源节约和环境保护以及生态文明建设所取得的进展以及节能低碳理念和知识，提高宣传效果。

省直各部门结合本领域实际，积极开展各种形式的节能低碳宣传活动。在重点用能企业中开展“践行新理念、建功“十三五”主题劳动竞赛；各类公共机构开展节约能源资源促进生态文明建设活动；结合新农村建设，开展了农业和农村节能减碳先进技术成果、实用技术和生活节能小窍门，以及科普知识的宣传活动；在全省中小学校、共青团组织中开展了以节能低碳、绿色文明、节粮节水节电等为重点内容的教育教学和社会实践活动；商务、建筑、交通等领域开展了节能低碳专项行动，营造了良好的舆论氛围。

下一步，我省将按照国家的统一要求和部署，牢固树立绿水青山就是金山银山的生态理念，立足全省实际，积极转变发展方式，大力发展以低碳排放，循环利用为内涵的绿色经济，深入推进工业、交通、建筑等重点领域的节能和提高能效，优化能源结构，发展非化石能源，增加森林碳汇，深化各类低碳试点，做好全国碳市场建设的基础工作，推动全省应对气候变化各项工作不断深入。

（撰稿：王农，吉林省发展和改革委员会应对气候变化处）

上海市应对气候变化和低碳发展报告

一、“十二五”工作成效

“十二五”时期是本市节能和应对气候变化工作全面推进并取得重大进展的五年。在党中央、国务院的领导下，在市委、市政府的部署下，上海不断完善体制机制，持续加大政府投入力度，市、区联手，广泛发动全社会合力推进，全市节能和应对气候变化工作取得显著成效。

1.节能低碳目标超额完成

“十二五”时期，全市单位生产总值能源消耗和二氧化碳排放分别累计下降25.45%和28.58%，均超额完成国家下达目标。2015年，全市综合能源消费总量为1.14亿吨标准煤，显著低于原定控制目标。

主要用能行业能源利用效率明显提高，主要耗能产品单位能耗水平全面下降。火力发电、精品钢等30项主要工业产品单位能耗指标达到或保持国内外行业先进水平，原油加工等14项主要工业产品单位能耗持续下降。旅游饭店、市级机关、医院单位建筑面积能耗累计下降8%以上。航运单位周转量能耗累计下降25%以上。

2.产业结构和能源结构低碳转型成效显著

加快发展现代服务业和战略性新兴产业，基本形成服务经济为主的产业结构。2015年，全市第三产业增加值占地区生产总值的比重达到67.8%。强化钢铁石化等重化工行业总体规模控制，推进实施罗泾、吴淞、吴泾、高桥、桃浦等重点区域转型调整。持续淘汰落后产能，累计实施淘汰项目4296项，相当于减少能耗439万吨标准煤。

大幅削减煤炭消费总量，全面实现全市分散燃煤(重油)锅炉和窑炉的清洁能源替代，煤炭消费总量削减超过1100万吨，占一次能源消费总量的比重下降近13个百分点。风电和光伏发电爆发式增长，2015年，装机容量分别达到61万千瓦和29万千瓦，分别比2010年增长2倍和14倍。天然气和外来水电核电等低碳能源的使用量大幅增加，全市天然气占一次能源比重提高3.8个百分点，非化石能源比重提高6.8个百分点。

3.重点项目工程有力实施

大力实施节能低碳项目。累计推广节能灯796.2万只、节能家电329万台，推广应用新能源汽车5.77万辆，淘汰黄标车和老旧车40.37万辆、高耗能落后机电设备21081台、S7及以下系列变压器11530台。组织实施重点工业节能技改项目398项，实现节能量99.4万吨标准煤。完成既有公共建筑节能改造面积1335万平方米，已颁发绿色建筑标识项目面积2667万平方米。实施船舶动力装置节能技改、港口轮胎式集装箱龙门起重机(RTG)油改电等153个项目，实现节能量27.1万吨标准煤。

推进林业碳汇和适应气候变化基础设施建设。大力推进郊区林地和中心城区公共绿地建设，完成造林22.5万亩，2015年，森林覆盖率达到15.03%。加快实施防汛排涝基础设施建设，基本形成千里海塘、千里江堤、区域除涝、城镇排水的“四道防线”。

4.政策体系和工作基础进一步夯实完善

持续完善“部门联动、条块结合”的工作管理模式，探索实施能源消费总量和强度双控制度，每年对各相关部门和各区县分解节能低碳目标任务，并开展考核评价。先后出台64项扶持政策，形成了较为完善的节能低碳政策体系。针对节能技术改造、淘汰落后生产能力、新能源利用、节能低碳产品技术推广和能力建设等重点支持领域，逐年加大节能减排专项资金投入力度，累计投入市级节能减排专项资金113亿元。实施差别电价、分时电价、居民阶梯电价、阶梯水价和阶梯气价等价格政策，利用价格杠杆引导企业和居民节约能源资源。

强化重点用能单位节能和碳排放管理。建成全市大型公共建筑和机关办公建筑“1+17+1”能耗监测平台，实现1288幢重点楼宇分项计量联网。推进646家工业、交通领域重点用能单位和855幢大型楼宇实施能源审计。制定产品能耗限额标准和合理用能指南等标准指南近80项，组织开展能效对标达标，实施节能监察执法。形成重点用能单位每年报送能源利用状况报告和温室气体排放报告常态化机制。

5.低碳试点示范和应对气候变化工作全面推进

2013年，正式启动本市碳交易市场，将重化工业和航空港口等16个行业191家单位纳入交易范围，形成了一套以《上海市碳排放管理试行办法》为基础，多位阶、多层次的管理文件及交易规则，企业履约清缴率连续三年达到100%。试点三年期间，碳市场配额和国家核证自愿减排量(CCER)累计成交5110.8万吨，成交金额6.21亿元，在全国7个试点市场中位居首位。

上海被列入国家低碳城市试点后，制定《上海市开展国家低碳城市试点工作实施方案》，全面推进工业、建筑、交通、能源等重点领域低碳转型和基础能力提升。开展各具特色的低碳试点示范，推进闵行、崇明、青浦创建国家生态文明建设先行示范区，推动上海化工区、上海金桥经济技术开发区开展国家低碳工业园区试点，选择长宁虹桥地区等8个区域、徐汇凌云社区等11个社区分别开展首批市级低碳发展实践区和低碳社区试点，推进66家公共机构完成国家级节约型公共机构示范单位创建。

应对气候变化基础工作进一步夯实。每年编制全市温室气体排放清单，建立实施应对气候变化统计核算制度。

培育400多家节能服务企业、10家碳排放核查机构等一批专业人才队伍。成立上海市气候变化研究中心，开展上海地区气候变化规律和未来气候变化趋势等基础研究。

6. 全社会参与践行节能低碳

每年6月举办“节能宣传周”和“全国低碳日”上海主题宣传活动，发动全社会开展节能低碳示范践行。组织开展具有上海特色的贯穿全年的“城市生活、乐享低碳——市民低碳行动”，倡导绿色低碳的生活方式和消费理念。相关政府部门、市经团联、市总工会、市妇联等开展“百万家庭低碳行，垃圾分类要先行”、“无车日暨公交出行宣传周”、节能减排(JJ)小组、节能减排立功竞赛等系列活动。

二、明确“十三五”发展指导思想和目标

(一)指导思想

牢固树立创新、协调、绿色、开放、共享的发展理念，全面贯彻党中央、国务院关于加快推进生态文明建设总体部署，紧紧围绕到2020年上海基本建成“四个中心”、社会主义现代化国际大都市、形成具有全球影响力科技创新中心基本框架的奋斗目标，把节能低碳和应对气候变化工作作为推动转型发展、建设宜居城市和提升城市竞争力的重要抓手，以能耗和碳排放总量及强度双控为统领，以产业结构调整和能源结构优化为关键，以强化法律约束和完善市场机制为保障，以节能低碳技术创新和产业发展为支撑，以全社会共同参与和监督推进为基础，有效控制能源消费和温室气体排放，全面提升适应气候变化能力，在全国率先形成绿色低碳的发展方式、生活方式和消费模式。

(二) 发展目标

1. 总体目标

能源消耗、碳排放总量和强度得到有效控制，为本市尽早达到碳排放峰值奠定基础；主要用能领域的能源利用效率进一步提高，用能强度明显下降；主要工业产品单位能耗达到国际或国内先进水平；能源结构进一步低碳化，天然气和非化石能源占比持续上升；节能低碳技术应用加快推进，节能低碳产业快速发展；碳汇能力进一步增长；适应气候变化能力明显增强。

2. 2020年具体目标

——总量与强度：全市“十三五”能源消费总量净增量控制在970万吨标准煤以内，2020年能源消费总量控制在1.2357亿吨标准煤以内；二氧化碳排放总量控制在2.5亿吨以内；单位生产总值能耗和单位生产总值二氧化碳排放量分别比2015年下降17%、20.5%。

——能源利用效率：主要工业行业产品单位能耗达到国际或国内先进水平；航空、航运和道路交通运输单位能耗基本达到国际先进水平；公共机构和大型公共建筑能效水平显著提升。

——能源结构：煤炭消费总量及其占一次能源比重明显下降；本地风电、光伏装机容量分别达到140万和80万千瓦，非化石能源占一次能源消费比重达到14%，其中本地非化石能源占一次能源消费比重达到1.5%。

——节能低碳技术和产业：工业、交通、建筑、能源等领域推广先进适用的节能低碳技术；培育一批国内领先的节能低碳龙头企业，成为我国重要的节能低碳技术创新中心和产业高地。

——碳汇能力：森林覆盖率达到18%，碳汇能力明显提升。

——适应气候变化能力：城市气候变化基础科学研究达到或接近国际先进水平，重点行业和薄弱区域适应气候变化能力显著增强。

三、继续加大结构调整力度

(一)持续调整产业结构

大力发展先进制造业和现代服务业。按照“高端化、智能化、绿色化、服务化”的要求，促进产业融合发展，不断完善以现代服务业为主、战略性新兴产业引领、先进制造业支撑的新型产业体系。全市工业园区要提高节能低碳准入要求，大力推进绿色转型和内涵升级。

严格控制重化工业发展规模及能耗。加快推进吴淞、高桥、吴泾等重点地区整体转型，推动宝钢、高桥石化、上海石化、华谊、化工区等重点企业和区域的转型升级，实现钢铁行业、化工行业总体规模和用能总量明显下降。原则上限制新增高耗能、高排放项目。

加大落后产能调整力度。推动能耗高、附加值低的工序和产品调整淘汰；实现园区外四大工艺(锻造、铸造、电镀、热处理)生产点等行业总量减半；基本完成有色金属冶炼、再生铅再生铝生产、砖瓦、建筑陶瓷等行业整合。推动普陀桃浦、浦东合庆等50个重点区域3500家企业调整。

(二)大力优化能源结构

明显削减煤炭消费总量。全面完成集中供热及热电联产燃煤锅炉的清洁能源替代、燃煤小灶炉的关停，并对发电、钢铁、化工三个煤炭集中消费行业的全部七家用煤企业进行年度目标分解和考核。发电行业优先安排能效水平高、排放低的机组发电，推动电厂使用优质煤，探索通过发电权交易等方式降低本地煤电机组发电量。钢铁行业逐步减少直接燃烧和炼焦用煤，化工行业严格控制原料用煤。

进一步提高低碳能源比重。在发电、供热、交通等领域增加天然气应用，到2020年，天然气占一次能源比重力争提升至12%。有序增加市外来电用量，进一步加大风电、光伏、光热、生物质等非化石能源开发利用力度，新增风电装机80万千瓦、光伏装机50万千瓦。到2020年，全市非化石能源占一次能源消费比重力争达到14%，其中，本地非化石能源占一次能源比重力争达到1.5%。

四、持续提升重点领域能效水平

(一)推进工业节能低碳

钢铁行业。推动钢铁行业发展以废钢为原料的电炉短流程工艺，降低铁钢比，实施焦炉和烧结改造、炉渣余热资源利用、低温余热利用等节能技术改造。

化工行业。推进化工行业优化乙烯生产原料结构，探索使用乙烷替代石脑油，实施烯烃装置冷却循环水系统优化、芳烃装置低温热综合利用，以及相变复合热交换、螺杆膨胀动力机、超声波除垢等节能技术改造项目。推动硝酸生产行业减少氧化亚氮排放。

电力行业。加快实施燃煤发电机组节能环保改造，推广实施风机运行优化、脱硫岛烟气余热回收、等离子点火等节能技术。2020年，全市火电厂供电煤耗不高于296克标准煤/千瓦时。完成运行超过20年的S9及以下型号配电变压器淘汰并鼓励提前淘汰。2020年，全市电网线损率下降至5.85%。

其他行业和领域。在电子、医药、汽车等行业实施制冷系统改造，在机械、轻工、石化行业实施空压机设备和管网系统改造。控制工业过程温室气体排放，推动半导体和电力设备生产等行业减少六氟化硫(SF6)、全氟化碳(PFCS)排放。推进500台燃气工业锅炉能效提升。

(二)发展绿色低碳交通

城市交通。优先发展公共交通，坚持并完善小客车管控政策，绿色交通出行比重不低于80%。到2020年，建成800公里轨道交通网络。力争形成500公里公交专用道，进一步提高地面公交的便捷性和服务水平。继续鼓励推广使用新能源和清洁能源车，加大充电设施建设力度。到2020年，新能源汽车达到26万辆，新能源和清洁能源公交车比例达到50%以上，中心城公交基本实现新能源化。加强智能交通建设和交通需求管理力度，鼓励发展拼车、新能源汽车分时租赁等共享出行模式。

航空运输。优化航路航线和航班组织，淘汰老旧机型。继续开展加装小翼、发动机改造等节能改造。全面完成机场地面电源替代飞机辅助动力装置(APU)、场内特种车辆油改电。探索开展生物航空燃料应用试点。加强空调系统、照明系统等节能改造，推进绿色机场建设。

水路运输。推进外高桥进港铁路结合沪通铁路建设，进一步推广海铁联运、江海直达运输，集装箱水水中转比重力争提高到50%以上。优化船队结构，淘汰老旧船舶，适应船舶大型化发展趋势。实施船舶球鼻艏改造、加装舵球节能装置等节能改造。开展液化天然气(LNG)船舶和黄浦江电动客船试点。大力发展码头船舶岸基供电，推进绿色港口建设。

陆路运输。推行公路甩挂运输等高效运输组织方式，继续推进老旧车辆淘汰。加大天然气加气站建设力度，进一步推广应用液化天然气(LNG)道路运输车辆，完成港区内集装箱卡车清洁能源替代。全面完成铁路电气化改造。加强公路、铁路枢纽的节能照明、变频技术改造，开发场站屋面分布式光伏项目。

(三)发展节能低碳建筑

新建建筑。新建民用建筑全部严格执行绿色建筑标准，其中单体建筑面积2万平方米以上大型公共建筑和国家机关办公建筑达到绿色建筑二星级及以上标准，低碳发展实践区、重点功能区域内新建公共建筑按照绿色建筑二星级及以上标准建设的比例不低于70%。在区域规划、土地招拍挂、项目报建、方案审批、施工图审查、竣工验收等环节，加强绿色建筑标准执行的全过程监管。推广绿色建筑运行标识，引导建筑在绿色设计的基础上实现绿色运行。推广应用高性能节能门窗，新建建筑门窗传热系数不大于2　2W/(M2•K)，建筑物外窗及阳台门气密性等级不低于6级。大力推动新建民用建筑采用遮阳技术。鼓励新建建筑采用天然气分布式供能系统，新建建筑具备安装使用条件的，优先使用天然气分布式供能系统。

既有建筑。大力推广适宜本市的高效空调、热泵、带热回收新风系统、外遮阳等建筑节能技术；加快普及高效节能的照明产品、风机、水泵、热水器、电梯及节水器具等。制定公共建筑节能改造适宜技术推广目录。结合旧住房综合改造，开展“平改坡”、门窗、遮阳等节能改造。一定规模以上的建筑翻新和装修与改扩建工程，须同步实施相应的建筑节能改造工程。完成既有公共建筑节能改造面积不低于1000万平方米。加强路灯等市政公共设施节能。加强建筑设备节能调适，完善建筑运行的节能管理，严格执行公共建筑空调温度设置标准。

公共机构。切实发挥公共机构的引领作用，持续开展节约型公共机构示范单位创建，实施公共机构用能运行管理和考核制度。加强能耗统计基础管理，深入实施市、区两级公共机构能耗数据网上直报。加快实施单体建筑面积1万平方米以上的国家机关办公建筑分项计量安装与能耗监测平台联网，市级、区级公共机构能耗公示覆盖率分别达到90%、60%以上。完成公共机构重点用能建筑能源审计200家。推进机关、学校、医疗卫生等公共机构的能效对标管理，继续鼓励和推进以合同能源管理等形式开展节能改造。

商业商务楼宇和旅游饭店。持续开展示范创建工作，扩大低碳示范商店、绿色低碳商场、节能环保大型综合超市、绿色饭店等创建范围，并将节能降耗指标作为示范创建、旅游饭店星级评定与复核的内容之一。以合理用能指南为依据，加强能效对标管理。

数据中心。严格控制新建数据中心，确有必要建设的，必须确保数据中心能源利用效率(PUE)值优于1.5，从主设备选型、机房建设等方面降低能耗，推广机房冷热气流布局优化、精确送风、热源快速冷却等措施。全面推进既有数据中心节能改造。

绿色施工。全面推广装配式建筑，创建国家住宅产业现代化示范城市，符合条件的新建建筑必须采用装配式技术，到2020年，装配式建筑单体预制率达到40%以上。加大全装修住宅推广力度，推广轻质内隔墙、整体厨卫等部品部件应用，外环内的商品住宅原则上实施全装修，逐年提高外环外商品住宅项目全装修比例。加大建筑废弃物的资源化利用力度。

五、控制农业和废弃物处置温室气体排放，提升碳汇能力

(一)控制农业温室气体排放

推广低排放高产水稻品种，控制稻田甲烷和氧化亚氮排放。鼓励使用有机肥，因地制宜推广低碳循环生产方式。结合高效生态农业建设，推广深松深耕等保护性耕作技术，提升土壤有机质，增加碳汇。加强畜禽养殖场管理，大幅减少畜禽养殖总量，减少农业养殖温室气体排放。深入推进秸秆综合利用。

(二)降低废弃物处置温室气体排放

大力推进垃圾减量化和资源化利用，有序推进生活垃圾分类和减量，推广绿色账户，推动再生资源回收体系和生活垃圾清运体系的协同衔接，形成生活垃圾从分类、收运、资源化利用到末端处理的完整体系。到2020年，原生生活垃圾基本实现零填埋。推进垃圾填埋场填埋气资源化利用，减少甲烷直接排放。推广先进污泥处理技术，降低污泥发酵产生的甲烷排放。

(三)加强城市碳汇建设

以沿海防护基干林带、防污染隔离林、自然保护区、楔形绿地、滨水绿廊、大型公园绿地、郊野公园建设为重点，到2020年，初步形成“环形放射状”的基本生态网络空间体系框架。进一步提升郊区森林面积和森林覆盖率。到2020年，全市森林覆盖率达到18%，森林植被碳储量300万吨，碳汇增量达到60万吨二氧化碳/年。促进崇明东滩湿地生态修复与保护，提高本市重要湿地的管理水平。

六、建设低碳社会

(一)加大低碳宣传力度

依托节能宣传周、低碳日、无车日、地球日等开展节能低碳主题宣传活动，通过电视、报刊、杂志及新媒体广泛宣传，树立低碳先进典型，营造绿色低碳社会氛围，引导广大市民从衣、食、住、行、用等多方面践行低碳。积极倡导市民参与低碳出行、光盘行动、衣物再利用、造林增汇等活动。大力开展生态文明校园建设活动，结合教育实践普及生态文明知识。针对个人低碳行为探索建立绿色低碳积分机制。

(三) 推广节能低碳产品

鼓励购买使用节能家电、燃气灶具和高效照明灯具。深入推广应用能效标识制度。政府采购优先考虑具有节能低碳标识的产品。鼓励商场设立节能低碳产品销售专区。

(四) 实施试点示范工程

低碳发展实践区。总结推广首批低碳发展实践区经验做法，进一步扩大实践区试点范围。构建低碳发展实践区碳排放统计核算体系，优化考核评价指标体系，制定区域低碳发展实用技术目录。推进区域能源供应、慢行交通、绿色建筑等领域的低碳技术应用。创建近零碳排放示范区。

低碳社区。深入推进低碳社区试点。宣贯节能低碳理念、知识，倡导低碳文化，鼓励居民践行节电节水、绿色出行、垃圾分类等低碳行为，进一步引导社区居民形成绿色低碳的生活方式和消费模式，形成各具特色的低碳社区建设和管理模式。

低碳工业园区。试点建设30个低碳工业园区，建立园区低碳管理制度，推进分项计量和能源、环保在线监测网络建设，加强集中供能、可再生能源、智能微网、绿色物流等推广应用。

江西省应对气候变化和低碳发展2016年度报告

江西省发展和改革委员会

2016年以来，江西省深入贯彻国务院关于应对气候变化工作的各项决策部署，严格控制温室气体排放，取得了积极成效。现报告如下：

一、超额完成控制温室气体排放各项任务目标

2016年，江西省单位地区生产总值二氧化碳排放为1.042吨/万元，比2015年下降了6.41%。年度降低目标为2.5%，年度降低目标完成率为256.4%。

全省能源消费总量为8747.2万吨标准煤，同比增长3.6%。可再生能源占能源消费总量比重为8.28%，同比提高1.45个百分点；消纳可再生能源电力占全社会用电量比重27.2%，同比提高2.8个百分点。煤炭占能源消费总量比重为65.78%，比上年下降0.99个百分点。天然气占能源消费总量比重为3.04%，比上年提升0.32个百分点。三次产业结构由2015年的10.6：50.3：39.1调整为10.4：49.2：40.4。全省规上工业增加值能耗0.663吨标准煤/万元，比上年下降6.2%。全省化肥使用总量预计约142万吨左右，比2015年化肥使用总量减少约1%。完成人工造林面积9.49万公顷，占国家下达我省人工造林计划4.67万公顷的203.2%；完成森林抚育面积39.46万公顷，占我省森林抚育计划36.27公顷的108.8%。

二、成立江西省碳排放权交易中心

按照省委、省政府全面深化改革和生态文明先行示范区建设的有关要求，为推进我省碳排放权交易市场的建设，我委依托省产权交易所组建“江西省碳排放权交易中心”。 2016年8月，江西省机构编制委员会办公室印发了《关于省产权交易所增挂“江西省碳排放权交易中心”牌子的批复》（赣编办文〔2016〕107号），正式批复同意省产权交易所增挂江西省碳排放权交易中心的牌子。下一步，省碳交中心将持续加强能力建设，与江西省科学院能源研究所协商签订战略合作协议，积极开展机构交流合作，推动全省碳交易平台建设。

三、开展碳市场能力建设

为加快我省碳排放权交易能力建设，省发改委组织召开了多批次多层级的碳交易能力建设培训会。2月25日至26日，我委会同江西省科学院、广东省发改委、中科院广州能源研究所在广州市联合举办了碳交易能力建设专题培训会。来自全省各设区市发改委、省直有关 部门以及部分技术支撑机构的学员共80多人参加了培训会。5 月19日至20日，我委会同北京市发改委、北京环境交易所、江西省产权交易所在北京市联合举办“京赣碳排放权交易能力建设交流培训会”，来自全省各设区市发改委、省直有关部门以及部分技术支撑机构的相关人员和专家共60多人参加了培训会。6月28日，我委会同北京市发改委，在全国碳市场能力建设(北京)中心、北京环境交易所的大力支持下，在南昌市召开江西省碳排放权交易企业高层培训会，指导我省拟纳入碳排放权交易的重点控排企业做好相关工作。各设区市发改委、部分县（市、区）发改委同志、我省拟纳入全国碳交易的企业高层及部分其他机构等230多人参加了培训会。 11月17日至18日，我委会同北京市发改委在井冈山举办江西省碳排放权交易能力建设培训会。省直部门、设区市发改委和重点县区发改委100余人参加了此次培训。

与此同时，我委还多次组织省产权所、省工程咨询公司、省科学院能源所、省气候中心等技术支撑单位参加由国家发改委组织的各种碳市场建设培训会、研讨会和论坛。

为推进重点企业单位温室气体排放报送工作，省发改委于3月31日在南昌市召开全省重点企业单位温室气体排放报告（第二批）培训会，广东省应对气候变化中心和北京盛达汇通碳资产管理公司的专家分别就我国碳排放权交易市场建设和行业企业碳排放核算方法进行了讲解；省科学院能源所专家则对江西省重点单位温室气体报送平台进行了介绍。来自各设区市发改委及300多家企业的代表共500多人参会。

四、开展重点企业碳核查工作

为加快推进我省碳排放权交易市场建设，省发改委组织开展省了重点碳排放企业排放报告核查及抽查工作。争取省财政厅安排企业碳交易能力建设工作经费600万元。按法定程序完成我省2016年重点控排企业碳排放核查第三机构的招投标工作，对我省拟纳入全国碳排放权交易的8大行业180余家企业进行了碳排放核查，对2015年综合能源消费总量达到5千吨标煤的100余家企业进行了碳排放抽查，并进行全面复查。11月7日核查结果上报国家发改委。

五、编制江西省“十三五”应对气候变化规划和江西省“十三五”控制温室气体排放实施方案

省发改委组织江西师大等研究机构开展了省“十三五”应对气候变化规划的编制工作，召开了省“十三五”应对气候变化目标及工作思路研究中期成果评估会，规划征求了省直各有关部门及专家的意见，形成了江西省“十三五”应对气候变化规划终稿，待发布。4月12日，省发改委承办了国家发展改革委气候司《“十三五”控制温室气体排放工作方案》征求意见部分省区座谈会，会议在南昌京西宾馆召开由国家发展改革委气候司孙桢副司长主持，来自国家、江西、山西、内蒙、河南、安徽、湖南、湖北、广东、海南、上海和福建发展改革系统和研究机构的三十余名代表参会，对《“十三五”控制温室气体排放工作方案（初稿）》提出了修改建议。11月《“十三五”控制温室气体排放工作方案》由国务院正式印发，省发改委启动了江西省“十三五”控制温室气体排放实施方案编制工作，形成了初稿。

六、完成国家对我省“十二五”碳强度降低目标考核的迎检工作

7月23日至25日，国家单位国内生产总值二氧化碳排放降低目标考评组来到南昌，对我省“十二五”碳强度降低目标完成情况和任务措施落实情况进行评价考核。按照省政府要求，省发改委牵头做好了迎检的各项工作，完成了《江西省“十二五”单位地区生产总值二氧化碳排放降低目标责任考核自评估报告（代拟稿）》、数据核查表和支撑材料的编制工作，制定了迎接国家“十二五”单位国内生产总值二氧化碳排放降低目标责任现场考核工作方案。11月20日，国家发改委发文确认我省“十二五”单位地区生产总值二氧化碳排放降低目标责任考核结果为优秀，并通报表扬。

七、开展设区市“十二五”碳强度考核

2016年9月1日至2日，省发改委组织省直有关部门、科研机构组成考核组对全省十一个设区市人民政府"十二五"单位地区生产总值二氧化碳排放降低目标责任开展了现场考核评估工作。考核工作组按照责任落实、措施落实、工作落实的总体要求，在萍乡市分片对各设区市二氧化碳排放强度降低目标完成情况、任务与措施落实情况、基础工作与能力建设落实情况等工作进行了现场集中评议并初步反馈了考评意见。考核结果报省政府同意后，进行了通报。

八、加强基础工作和项目管理

为与国家和省级清单编制协同步调，省发改委印发《关于启动设区市温室气体清单编制工作的通知》，要求各设区市启动2014 年温室气体清单编制相关工作，先后召开了各设区市2014年温室气体清单编制启动会。根据国家发改委要求，经严格甄选推荐，省发改委向国家发改委申报9个2015年度中国清洁发展机制基金赠款备选项目，7个清洁发展机制基金赠款研究课题项目完成国家第二次专家答辩。按照委主任办公会的要求，下达了氢氟碳化物消减重大示范项目资金1028万元。向有关部门、企业征求《日用陶瓷单位产品碳排放限额》地方标准意见继续，推进地方低碳标准编制工作。对《江西省2005年省级温室气体清单编制》、《景德镇市低碳城市试点项目》、《赣州市低碳城市试点项目》、《江西省温室气体排放统计核算体系研究》等清洁发展机制基金赠款项目开展了验收工作。

九、继续深化国际合作

组织有关部门与德国国际合作机构（GIZ）召开了中德气候变化与低碳发展能力建设合作研讨会，商讨了今后合作方向及内容，就低碳城市伙伴关系等合作达成了初步意向。召开了中瑞合作中国适应气候变化项目ACCCII（江西）省级研究人员培训会。与德国国际合作机构（GIZ）在景德镇市举办了“景德镇低碳城市行动计划研讨会”，围绕德国汉诺威市低碳发展模式开展了研讨，初步制定景德镇低碳城市试点合作框架计划。

十、继续推进低碳试点示范工作

5月5日至6日，省发改委和景德镇市发改委承办了国家发展改革委气候司第三组低碳试点经验总结评估交流会。会议在景德镇召开由国家发改委蒋兆理副司长主持。南昌、景德镇、赣州、贵阳、遵义、昆明、桂林、广元、池州、厦门和南平共11个试点城市的有关负责同志进行了汇报。来自国家气候战略中心、国家发改委能源研究所、清华大学、中国社科院、交通运输部规划研究院、中国质量认证中心、国家林业局调查规划设计院、国家统计局统计科学研究所统计监测研究室、环保部政研中心气候部、住建部环境卫生研究中心、北京建筑大学、落基山研究所中国办公室、世界资源研究所、能源基金会、美国环保协会等单位的40多位代表出席会议并参加交流互动。

省发改委组织抚州市、吉安市、共青城市申报国家第三批低碳城市试点，并参加在北京召开的低碳城市试点专家评审会，通过了国家专家组的第一轮审核。多次赴万安县、婺源县调研低碳农村社区、低碳景区试点工作情况。会同省住建厅推荐九江市为国家气候适应型试点城市，指导九江市编制试点方案并呈报国家发改委和住建部。

十一、开展全国低碳日宣传活动

为了提高应对气候变化工作全社会的参与度，省发改委会同省气象局、省科学院在6月14日举办了“全国低碳日进园区主题活动”，专家分别就气候变化事实和全国碳交易市场建设等情况做了介绍。与会代表就推进绿色低碳发展、全国碳交易市场建设等内容进行了座谈，参观了江铜耶兹铜箔有限公司。

（撰稿：唐正，江西省发展和改革委员会应对气候变化处）

河南省节能低碳发展报告

余　闻

一、“十二五”取得成效

“十二五”时期，全省各级各部门认真贯彻落实省委、省政府关于加快推进生态文明、建设美丽河南的总体要求和稳增长、促改革、调结构的重大部署，积极探索不以牺牲生态和环境为代价的绿色可持续发展道路，着力推进产业结构和能源结构优化升级，加快发展节能低碳产业，狠抓重点领域节能减排，全面加强生态文明建设、资源节约和环境保护，全省节能低碳工作取得明显成效。

能效水平显著提高。“十二五”期间，全省万元生产总值能耗、万元生产总值二氧化碳排放分别下降22.9%、26.0%，均超额完成国家下达的目标任务。能源消费弹性系数由“十一五”期间的0.68下降至0.42，以能源消费年均4.1%的增速支撑了全省地区生产总值年均9.6%的增长。电力、电解铝、水泥等重点耗能产品单位能耗分别下降4.6%、4.5%和14.7%，主要高耗能行业单位工业增加值大幅下降。

产业结构不断优化。三次产业结构进一步优化，由2010年的13.8：55.5：30.7调整为2015年的11.4：48.4：40.2，低能耗、低排放的服务业占比提高9.5个百分点。高成长性制造业及高技术产业发展迅速，占规模以上工业增加值比重提高15.5个百分点。产业集聚发展态势良好，产业集聚区占规模以上工业增加值比重提高20个百分点以上。

能源结构持续改善。非化石能源消费逐步增加，2015年全省非化石能源消费占比达到5.88%，较2010年提高1.4个百分点。煤炭消费比重稳步下降，由“十一五”末的82.8%降至76.5%。电力结构调整深入推进，火电装机中30万千瓦及以上机组占比达到80%，60万千瓦及以上机组占比达到50%。

重点工程建设稳步推进。节能重点项目建设取得积极进展，累计实施余热余压利用、合同能源管理等重点工程460余个，实现节能量470万吨标准煤。节能低碳技术不断创新，组建省级节能环保产业技术创新战略联盟4个、工程技术研究中心44家，认定科技创新示范企业99家。节能产品惠民工程深入实施，累计推广高效照明产品1730万只，节能汽车、家电及工业节能产品70万台（套），实现节能量60万吨标准煤。

行业节能深入实施。万家企业节能低碳行动效果明显，重点用能单位累计实现节能量1700万吨标准煤，规模以上工业单位增加值能耗累计下降45.65%。绿色建筑行动有序开展，累计完成既有建筑节能改造面积2172万平方米，新增绿色建筑标识面积1952万平方米。低碳交通运输体系稳步建设，率先在国内建成公共物流信息平台，甩挂运输居于全国领先水平。节约型公共机构示范单位创建活动扎实推进，在全国率先规范公共机构合同能源管理，公共机构低效照明产品基本淘汰。

低碳试点扎实开展。济源国家低碳试点城市高碳产业低碳化发展初见成效，郑州、新乡国家“公交都市”试点公共交通出行明显增加，鹤壁、济源中美低碳生态城市试点城镇规划建设取得积极进展，郑州、洛阳高新技术产业开发区国家低碳工业园区试点低碳发展政策综合集成效果初现，新蔡县黄楼社区省级低碳社区试点基本建成。

工作机制日趋完善。省政府调整成立了节能减排（应对气候变化）工作领导小组，综合协调和宏观指导能力得到加强。一批地方节能标准颁布实施，节能指标首次纳入市县经济社会发展考核体系，节能评估和审查、能效“领跑者”等管理制度得到实施。省、市、县三级节能监察体系初步建立，节能监察执法队伍日益壮大。节能低碳宣传培训活动形式多样，节能低碳意识逐步深入人心。

二、“十三五”指导思想与发展目标

（一）指导思想

全面贯彻落实党的十八大和十八届三中、四中、五中、六中全会精神，牢固树立创新、协调、绿色、开放、共享的发展理念，围绕加快建设先进制造业强省、现代服务业强省、现代农业强省、网络经济强省等“四个强省”建设，把生态文明建设放在更加突出的位置，以节能低碳发展为目标，以体制机制创新为主线，以提升基础能力为支撑，推进供给侧结构性改革，加快构建节能环保型产业体系和绿色低碳型能源体系，实施重点领域能效提升行动、能源消费总量和强度“双控”行动、全民节能低碳行动，加快形成资源节约、环境友好的生产方式和消费模式，增强经济和社会可持续发展能力。

（二）发展目标

国家下达我省约束性指标确保完成。能源消费总量得到有效控制，到2020年，全省能源消费总量不突破2.67亿吨标准煤，年均能源消费增速控制在2.88%以内。能源消费强度和碳排放强度稳步下降，到2020年，万元生产总值能源消耗较2015年降低16%，万元生产总值二氧化碳排放降低19.5%。

能源结构不断优化。到2020年，全省煤炭消费总量控制在2.6亿吨原煤以内，煤炭消费比重降低到70%，非化石能源消费总量比重提高到7%，天然气消费比重提高至7.5%。

行业能效大幅提升。到2020年，全省万元工业增加值能耗较2015年降低23%，城镇新建建筑中达到绿色建筑标准比例达到50%，绿色建材在城镇新建建筑中应用比例提高到40%，客运、货运营运车辆单位运输周转量能耗分别下降2.1%、6.8%，全省公共机构能源消费总量控制在1800万吨标准煤以内。

支撑体系更加完善。到2020年，节能低碳法规标准体系、政策支撑体系、技术支撑体系和监督管理体系更加完备，政府引导、市场推动的节能低碳工作机制基本建立，平台、技术、资金、人才等要素保障能力进一步增强。

三、主要任务和重点工程

（一））构建节能环保型产业体系

大力发展先进制造业。围绕先进制造业强省建设目标，推动制造业与互联网融合发展，加快新一代信息技术推广应用，提升工业产品、装备数字化和智能化水平。着力壮大装备制造、食品制造、新型材料制造、电子制造、汽车制造等主导产业，培育智能制造装备、生物医药、节能环保和新能源装备、新一代信息技术等新兴产业，提升冶金、建材、化工、轻纺等传统产业。开展工业生产过程清洁化、能源利用高效低碳化、水资源利用高效化、基础制造工艺绿色化等四大改造计划，积极推广高新技术和先进适用技术，加快推动企业生产向能耗低、排放少的产业链两端延伸，打造绿色低碳品牌，提高产品附加值。推动生产要素重点向产业集聚区流动和配置。

积极发展低碳型服务业。提升发展现代物流、现代金融业，加快壮大电子商务、信息服务、商务服务、专业生产服务、服务外包等产业规模，做大做强生产性服务业，推动生产性服务业向专业化和价值链高端延伸。提升旅游、文化产业内涵和附加值，创新发展商贸流通业，增加健康养老、居民和家庭等服务供给，拓展提升生活性服务业，推动生活性服务业向精细化和高品质转变。到2020年，全省第三产业比重提高至47%左右。

坚决遏制产能盲目扩张。以钢铁、煤炭行业为重点，兼顾水泥、电解铝、平板玻璃等产能严重过剩行业，因业、因地、因企制宜，有序处置过剩产能，增强产业核心竞争力。加快淘汰落后产能，完成国家下达我省的目标任务。强化能耗、环保、土地、安全等指标约束，提高行业准入门槛，新建高耗能、高排放项目能效和碳排放水平达到国内先进水平。

加快发展节能环保产业。围绕治理环境污染突出问题和降低生产生活用能成本，以节能减排重点工程和环保基础设施建设为依托，大力发展节能环保和资源循环利用装备和产品，扩大高效节能产品和先进环保装备的供给能力，推行节能环保服务整体解决方案，加快发展合同能源管理、合同节水管理、环境污染第三方治理等新业态，全面提升节能环保产业发展质量和水平，建设中西部重要的节能环保产业基地。到2020年，全省节能环保产业主营业务收入超过5000亿元。

（二）构建绿色低碳能源体系

推进煤炭清洁高效利用。强化煤炭生产、储运、消费全过程管理。推进煤炭分级分质梯级利用，增加煤炭洗选比重，提升商品煤质量。建设煤炭储配基地，开展集中配煤、物流供应试点示范。城市建成区禁止燃用高污染燃料，淘汰改造非禁燃区分散燃煤锅炉（窑炉），严格控制散煤和劣质煤利用。推行煤矸石、煤泥等低热值和劣质煤就地清洁转化利用，强化煤层气、瓦斯气的综合开发与利用。优化煤炭利用方式，促进煤炭与电力、钢铁、建材、化工等企业多方式合作，推动煤炭产业与煤化工深度融合，延伸高端精细煤基化工产业链。加快推进“煤改气”“煤改电”工程，煤炭消费集中用于发电和热电联产。开展煤炭清洁化利用试点示范，推广应用洁净煤技术。控制煤炭消费总量，推进煤炭消费等量和减量替代，降低煤炭消费比重至70%。

提升电力供应能效。有序建设燃煤发电机组，新建机组供电煤耗低于300克/千瓦时，全部按照超低排放标准配套建设环保设施。实施煤电节能减排升级与改造行动计划，对现役燃煤发电机组进行节能增效和环保提标改造，全面提升能效，供电煤耗达到全国同类机组先进水平，全部实现超低排放。合理确定城镇和工业集中供热方式，以背压机组建设和30万千瓦及以上机组改造为主发展热电联产。实行电能替代，提高电能在终端能源消费中的比重。改造提升城乡配电网络，推动电网智能化发展。持续扩大吸收省外电力规模，提升省际电力交易和华中电网水火调剂运行水平。推行节能低碳电力调度，强化电力需求侧管理，建设“能效电厂”。到2020年，全省燃煤发电机组平均供电煤耗降至310克标准煤/千瓦时。

深入实施“气化河南”工程。重点发展民用、交通、发电、工业等领域天然气高效利用项目，开拓天然气消费市场。完善省内天然气配套支线，实现全部省辖市和部分重点县（市）双管道供气。拓展延伸供气管道，将管道燃气覆盖到产业集聚区、重点乡镇等用气集中区域。依托新型城镇化建设，深入推进城镇天然气利用工程。鼓励省内页岩气、煤层气、生物质制气等非常规天然气资源开发利用，就近接入地方干网或支线，推动省内各天然气管线之间、非常规天然气资源管线与天然气关系之间的互联互通。争取2020年全省天然气长输管道突破7000公里，天然气年消费量达到150亿立方米以上，城市居民天然气普及率达80%，天然气消费在全省一次能源消费比重提高至7.5%。

大力发展可再生能源。推进豫西北、豫西南和豫南风电基地建设，开展豫北太行山与平原过渡地带风电开发项目示范，因地制宜发展分散式风电，新增风电装机500万千瓦。推动太阳能多元化利用，有序建设集中式光伏电站，在有条件的产业集聚区、公共设施及商业建筑屋顶和个人家庭建设分布式光伏发电系统，增加太阳能热水利用建筑面积，新增光伏发电装机300万千瓦、太阳能集热利用面积800万平方米。建设先进生物质能示范基地，新增各类生物质发电装机23万千瓦。合理高效开发利用地热能，在新建公共建筑和住宅小区推广地源热泵供暖制冷，新增地热供暖制冷面积3000万平方米。加强各类并网配套工程建设，确保可再生能源的并网及消纳。到2020年，全省非化石能源消费占一次能源消费比重提高至7%。

（三）实施重点领域节能低碳行动

工业节能低碳行动计划。在推进中国制造2025河南行动、建设先进制造业强省过程中，树立产品全生命周期绿色管理思路，突出抓好重点用能单位，推动工业节能逐步由单一的、具体的项目“小节能”向园区化、系统化、链条化的“大节能”转变。到2020年，全省规模以上工业单位增加值能耗同比下降23%，水泥、化工、钢铁等高耗能行业主要耗能产品能耗大幅下降。

——开发绿色产品。树立产品研发、设计、采购、生产、营销、服务、回收等全生命周期绿色管理理念，开发推广绿色产品。积极推进绿色产品第三方评价和认证，建立绿色产品遴选推广机制。建立各方协作机制，开展典型产品评价试点，建立有效的监管机制。建立绿色原料及产品可追溯信息系统，推行生产者责任延伸制度。

——创建绿色工厂。按照用地集约化、生产洁净化、废物资源化、能源低碳化原则，分类创建绿色工厂。鼓励先进节能技术集成优化运用，推动企业节能从局部、单体节能向全流程、系统节能转变，力争使在用的工业锅炉（窑炉）、电机（水泵、风机、空压机）系统、变压器等通用设备运行能效指标达到国内先进标准。在重点行业推行能效“领跑者”制度，实施能效赶超计划。到2020年，创建30家国家级绿色示范工厂。

——建设绿色园区。积极利用余热余压废热资源，推行热电联产、分布式能源及光伏储能一体化系统应用，建设园区智能微电网，提高可再生能源使用比例，实现整个园区能源梯级利用。实施工业园区企业节能改造，加强企业用能管理，促进企业能源设施共享，降低园区整体运行能耗。促进园区内企业之间废物资源的交换利用，在企业、园区之间通过链接共生、原料互供和资源共享，提高资源利用效率，降低园区碳排放水平。推进绿色工业园区创建示范，到2020年，创建10家国家级绿色工业园区。

强化重点用能单位监管。推动重点用能单位建设能源管理体系，实行能源管理体系评价审核，鼓励重点用能单位取得能源管理体系认证，到2020年，全省年耗能1万吨标准煤及以上重点用能单位基本建立能源管理体系，其中通过能源管理体系认证的比例达到30%以上。建立重点用能单位能源绩效评价制度，推行企业能源审计，编制节能规划，报告能源利用状况，实施节能诊断，挖掘节能潜力。提高节能和碳排放信息化管理水平，推进能耗和碳排放在线监测系统、能源管理中心建设。开展重点用能单位能源计量审查，推行节能自愿协议模式，中央在豫企业和省属企业力争提前完成“十三五”节能目标。先期在电力、钢铁、有色等行业施行能效“领跑者”制度，逐步扩展到石油石化、化工、建材等其他高耗能行业。“十三五”期间，全省重点用能单位力争实现节能量1000万吨标准煤。

绿色建筑行动计划。把发展绿色建筑作为推进新型城镇化的重要举措，强化建筑规划、设计、施工、招投标、监理、质量验收等全流程管理，突出抓好绿色建材与可再生能源规模化应用、新建建筑市场准入、既有建筑节能改造等关键环节，着力发展壮大绿色建材产业规模，推进建筑产业现代化，推动建筑节能向绿色建筑、单体绿色建筑向绿色生态城区、低等级绿色建筑向高等级绿色建筑的转变。“十三五”期间，全省发展绿色建筑5000万平方米以上。到2020年，全省城镇绿色建筑占新建建筑的比例达到50%，绿色建材在城镇新建建筑的应用比例达到40%，装配式建筑面积占城镇新建建筑面积比例达到20%以上。

绿色交通行动计划。将绿色发展理念全方位融入交通运输发展过程，以运输结构优化、装备技术革新、运输效率提升为重点，着力调整交通运输结构和能源消费结构、发展公共交通、提升信息化管理水平，推动交通运输领域绿色低碳发展。到2020年，全省营运客车单位运输周转量能耗和二氧化碳排放分别下降2.1%和2.6%，营运货车单位运输周转量能耗和二氧化碳排放分别下降6.8%和8%，全省市区人口百万以上的大城市公共交通机动化出行分担率达到60%。

公共机构节能低碳行动计划。充分发挥公共机构的示范引领作用，以创建节约型公共机构为主线，创新公共机构用能管理方式，实施重点节能减排工程，形成勤俭节约、节能环保、绿色低碳、文明健康的工作和生活方式。到2020年，全省公共机构能源消费总量控制在1800万吨标准煤以内，人均综合能耗、单位建筑面积能耗分别较2015年降低11%和10%。

湖北省应对气候变化和低碳发展2016年度报告

湖北省发展和改革委员会

2016年，湖北省应对气候变化工作取得一定成效。一年来，湖北将应对气候变化工作作为贯彻落实科学发展观、实现可持续发展、建设生态文明和“两型”社会的重要内容，从适应和减缓气候变化两个层面入手，紧紧围绕低碳省区试点、碳排放权交易试点开展工作，控制温室气体排放取得积极成效，适应气候变化能力不断增强。主要表现在以下方面:

一、努力控制温室气体排放

通过调整产业结构和能源结构，节约能源、提高能效，增加森林碳汇等手段，湖北经济在快速发展的同时，努力减缓温室气体排放增速，取得了积极成效。2016年，湖北省2016年单位国内生产总值二氧化碳排放量比2015年下降了6.7%，超额完成下降3.5%的年度目标和下降4.25%的进度目标。

一是调整优化产业结构。经济结构调整有效推进，转型升级取得新进展。2016年，全省完成生产总值3.2万亿元，增长8.1 %，三次产业结构由2015年的11.2:45.7:43.1调整为10.8:44.5:44.7。互联网与各行业加速融合，“双创”活动方兴未艾，新经济发展迅猛，传统产业活力增强。装备制造业、高新技术产业增加值分别增长11.1%、13.9%，新登记注册企业增长22.8%，新增规模以上工业企业1479家，电子商务交易额1.39万亿元，增长26.4%。

二是全面推进节能增效。重点领域节能工作得到进一步深入。2016年全省规模以上工业企业单位增加值能耗和二氧化碳排放同比分别下降约8.25%和12.4%，全省淘汰炼铁产能60万吨、炼钢产能509万吨、水泥产能51万吨、玻璃产能405万重量箱。发展绿色建筑2200万平方米，同比增长112%，比计划目标（1000万平方米）超额完成120%。实施既有建筑节能改造面积436.32万平方米，同比增长40.34%，比计划目标（180万平方米）超额完成142.4%。可再生能源建筑应用1675.19万平方米，同比增长6.24%，比计划目标（1500万平方米）超额完成11.68%。加快构建铁路、公路、水路、航空等多种运输方式高效衔接的综合交通运输体系，开展“车船路港”千家企业低碳交通运输专项行动，全面推进武汉等地“公交都市”建设。2016年全省新增及更换公交车2403辆，其中新能源公交车2193辆，占比为91%，超额完成新能源公交车新增及更换占公交车35%的目标任务。2016年全省公共机构单位建筑面积能耗、人均综合能耗和人均用水量分别下降1.69%、3.03%、2.21%，较好地完成了年度节能目标任务。2016年全省单位生产总值能耗为0.5275吨标准煤/万元，比上年下降4.97%，超额完成下降3.4%的年度目标任务。

三是改善能源结构，加快发展清洁能源。新能源和可再生能源发展迅速，全省2016年非化石能源消费总量比重由2015年的18.67%上升至19.57%，可再生能源电力消纳678亿千瓦时，消纳比重38.4%，同比增长1.4个百分点。全省煤炭消费占能源消费总量比重由2015年的55.9%降至55.4%，天然气消费量占能源消费总量的比重由2015年的3.28%升至3.29%。

四是碳汇建设加强。紧紧围绕林业生态体系建设目标，大力实施长江防护林工程、林业血防工程、石漠化综合治理工程、碳汇造林等项目，大力实施“绿满荆楚”行动，加快推进全省造林绿化建设进程，实现了生态环境质量新的提高。2016年全省造林面积257.6万亩，完成率118.7%；森林抚育面积172.6万亩，完成率100%。

二、切实增强适应气候变化能力

湖北是农业大省，同时也是气候变化敏感区域。为适应气候变化带来的影响，加强了适应气候变化与应对极端天气、气候事件的能力建设，加大了对水利设施、水资源、农业等敏感行业和领域适应能力的建设，适应气候变化明显增强。2016年，向国家发改委、住建部申报武汉市和十堰市郧阳区为国家适应气候型城市建设试点，对探索适应气候变化路径具有重要意义。武汉市积极推进“海绵城市”试点建设，内涝防治标准显著提高，同时开展城市风道建设，规划打通六条风道，改善城市热岛效应，引入“穿堂风”为城区降温。

三、不断完善制度体系

2016年，湖北省人民政府印发了《湖北省应对气候变化和节能“十三五”规划》，为“十三五”开展节能和应对气候变化工作提供了遵循。此外，编制了《湖北省控制温室气体排放工作实施方案》、《湖北省公共机构节约能源资源“十三五”规划》、《湖北产业绿色发展专项行动计划》、《湖北省工业绿色制造体系建设实施方案》等一系列控制温室气体方面的规划和方案，为控制温室气体排放工作提供了战略支撑。

四、大力推进低碳试点示范建设

一是推进国家级低碳试点建设。继续支持武汉市国家低碳城市试点建设，积极申报和争取第三批国家低碳城市试点，2017年湖北长阳土家族自治县入围国家第三批低碳城市试点。武汉青山经济开发区、孝感高新技术产业开发区、黄石黄金山工业园区等省内3家国家低碳试点园区低碳试点方案顺利实施。武汉花山生态新城是首批国家低碳试点城镇之一，2016年完成山体绿道和沿湖绿道建设共计约10公里，投放电动公交大巴30余台，新建充电桩15套，实现太阳能光伏建筑一体化示范面积5万平方米。

二是积极开展省级低碳试点示范。2011年，省政府确定在2个城市（襄阳和咸宁）、2个园区（武汉东湖新技术开发区和黄石黄金山工业园）、2个社区（武汉百步亭社区和鄂州峒山社区）开展低碳试点示范，几年来，低碳试点示范地区发挥各自优势，突出各自特色，发展了低碳产业、建设了低碳示范项目、营造了低碳生产和生活的良好氛围，取得了一系列可借鉴、可推广的低碳发展经验。

五、稳妥推进碳排放权交易试点工作

湖北是全国7个碳排放权交易试点省市之一，经过全省上下近年来的不懈努力，湖北碳市场建设取得积极成效：

一是市场培育有序推进。自2014年4月正式启动碳排放权交易以来，共有236家控排企业、90个机构、6306名个人以及合格境外投资者参与湖北碳市场，形成了多元主体参与的市场体系。

二是湖北碳市场累计交易量和交易额稳居全国首位。

三是碳排放履约工作顺利推进。履约率连续第二年达到100%。履约期内碳交易价格总体稳定，在合理的范围内波动。

四是促进碳减排的效果初显。碳排放权交易促使企业更加重视控制自身碳排放，通过投资技术改造、产品升级等措施降低碳排放量，节能减碳效果初步呈现，2016年控排企业排放总量比上年下降5.0%以上。

五是碳金融创新有效推进。2016年4月份，启动碳排放权现货远期交易，11月份，全国首单碳保险协议在武汉签订，这两项碳金融创新产品以及之前启动的碳质押贷款、碳托管、碳众筹等产品，为企业节能减碳拓宽了融资渠道，降低了融资成本，建成了现货和远期并行的区域碳市场，有效增强了湖北碳市场流动性和持续性。

六是控排企业适应碳排放权交易能力得到强化。2016年面向省内控排企业组织了5期碳交易和碳资产管理培训，共培训800余人次。

七是完成全国碳市场建设任务。按照国家发改委要求，在2016年5月向国家报送了拟纳入全国碳交易的企业名单。积极发挥试点省示范带动作用，承接全国碳市场建设任务。4月份，湖北成立了“全国碳交易能力建设培训中心”，上线运行了全国碳交易能力建设在线培训中心门户网站，为中建材、武钢等9家企业和机构授牌“碳交易能力建设示范基地”。

六、加强应对气候变化基础工作

一是积极编制温室气体排放清单。湖北是温室排放清单编制试点省，在省发展改革委、省经信委、省农业厅、省林业厅、省统计局等部门和行业协会的密切配合下，湖北已编制完成2005年、2010至2013年温室气体排放清单。目前正在编制2014年、2015年温室气体排放清单。支持市州开展温室气体排放清单编制工作。武汉市已编制完成2010年、2012年、2014年和2015年温室气体排放清单。

二是推进温室气体排放信息披露制度。引导省内纳入碳排放权交易市场的企业率先公开温室气体排放信息和控排行动措施。如华新水泥股份有限公司2016年在公开发布的《企业社会责任报告》中，披露单位产品产生二氧化碳量、企业碳排放履约情况、碳减排和碳资产管理措施等内容，起到了很好的社会反响和示范作用。

三是开展目标责任考核。将二氧化碳排放强度降低目标纳入了全省“十三五”规划纲要约束性指标和年度计划，合理分解碳强度下降目标，将全省“十三五”碳强度下降目标分为五类，对各市州进行分类管理。省政府年初将年度碳强度下降目标任务分解到各市（州），次年根据《湖北省单位地区生产总值二氧化碳排放降低目标责任考核评估实施方案（试行）》开展考核工作，考核结果纳入市（州）政府工作评价体系。

七、开展对外交流合作

一是在国家发改委的指导下与国际机构开展应对气候变化领域务实合作。2016年1月份与英国大使馆合作开展碳资产管理培训，向省内企业介绍了发达国家的企业碳资产管理的经验。

二是承办重要国际性会议。2016年6月28日，首届中欧低碳城市会议在武汉举行，24个中欧城市市长及代表分享低碳发展经验。中欧低碳城市会议取得了良好效果，有利于中欧建立气候变化领域的政策交流和务实合作长效机制。

八、加强应对气候变化宣传，营造低碳发展氛围

2016年6月14日，湖北省发展改革委和湖北省机关事务管理局在武汉联合举办2016年全省节能宣传周和低碳日宣传活动。活动以“节能领跑　绿色发展为”主题，通过现场展示电机系统节能技术、蓄冷蓄热技术、余热余能回收利用等节能技术与产品，向公众传播节能低碳理念、普及节能低碳知识，促进全社会形成绿色低碳消费与低碳环保额社会风尚。全省各地各部门结合实际，各自举办了丰富多彩的“低碳日”宣传活动，在全省营造了浓厚的低碳宣传氛围。此外，依托报纸、广播电视、网络等载体，加强低碳创建、碳交易等内容的宣传教育，动员公众积极践行低碳理念。开展碳积分创新。按照“互联网+低碳”的先进理念，武汉市2016年设计开发并推出全新的碳积分产品“碳宝包”，将市民衣、食、住、行低碳生活方式与电子商务平台对接，通过碳积分的获取、流转及消纳，形成政府、企业、个人三方参与、共享共赢的动态长效机制，提升居民低碳消费的参与性、经济性、环保性和公益性，受到了市民的欢迎，引领了一股低碳生活的潮流。该产品在第五届中国创新创业大赛互联网行业全国总决赛中荣获三等奖。

（撰稿：田敞，湖北省发展和改革委应对气候变化处）

广东省应对气候变化和低碳发展2016年度报告

广东省发展和改革委员会

2016年以来，面对复杂严峻的经济形势，我省认真贯彻落实党中央、国务院的决策部署，坚持新发展理念，把应对气候变化和低碳发展作为提高经济发展质量效益的重要抓手，扎实推进国家低碳省试点和碳排放权交易试点，积极推动绿色低碳发展，各项工作取得了积极成效。

一、主要工作成效

（一）绿色低碳发展保持全国先进水平

省政府印发《广东省“十三五”控制温室气体排放工作实施方案》，确定了我省未来五年控制温室气体排放的总体目标和工作任务。国务院对我省“十二五”单位地区生产总值二氧化碳排放降低目标完成情况进行了考核评估，考核结果为“优秀”等级，“十二五”我省碳强度累计下降23.9%，单位GDP能耗和工业增加值能耗分别累计下降20.98%和34.94%，均超额完成国家下达的规划目标。2016年我省碳强度同比下降6.44%，“十三五”开局良好。深入推进新一轮绿化广东大行动，扎实推进珠三角国家森林城市群、绿色生态水网建设，完成碳汇造林277.3万亩，绿化美化村庄2263个。

（二）经济结构去碳化步伐加快

2016年三次产业比重调整为4.7：43.2：52.1，服务业占比提高1.5个百分点；先进制造业、高技术制造业增加值占规模以上工业比重分别提高到48.8%、27.3%。率先出台供给侧结构性改革总体方案及去产能、去库存等五个行动计划，认真落实国家下达的淘汰落后和过剩产能任务，全省共关停炼钢企业14家、设备43座、产能307万吨，超额完成向国家承诺的压减127万吨年度目标；关停淘汰小火电机组38万千瓦，全省非化石能源占一次能源比例提高到21%以上。

（三）加快探索低碳发展新模式

完成广东省“十三五”低碳发展战略和思路研究，研究制定《广东省应对气候变化“十三五”规划》。落实《珠江三角洲城市群绿色低碳发展深圳宣言》，制定《珠三角城市群绿色低碳发展行动方案（2016-2020年）》，推动珠三角区域碳排放率先达峰。推进低碳试点省市、低碳产业园区、低碳社区的探索创新，推荐中山市申报第三批国家低碳城市和气候适应型城市试点，选取4市2县开展温室气体清单编制试点。推进碳普惠制试点，设立广东省碳普惠创新发展中心。报省政府同意印发《广东省近零碳排放区示范工程实施方案》，目前正按程序遴选第一批项目库。

（四）加大低碳宣传和资金支持

精心组织“全国低碳日”系列宣传活动，通过广场活动、网络知识竞赛、报纸特刊等形式，向广大市民群众普及应对气候变化知识、低碳发展理念及相关工作成效。围绕低碳发展领域重点工作，制定下达《2016年省低碳发展方向资金项目计划》，支持项目16个、合计3000万元。得到中央预算内资金支持，国家发展改革委下达我省2016年节能减排中央预算内投资项目39个、补助资金4.23亿元。

（五）加强应对气候变化交流合作

落实省委、省政府领导出访后续工作任务，推进我省与英国、美国、加拿大等相关州省政府在应对气候变化领域的交流合作。与英国驻广州领事馆合作开展2016中英（华南）低碳周活动。依托中英（广东）CCUS中心与英国、美国等国外机构开展碳捕集、利用与封存技术研究，目前已完成中国首份百万千瓦机组碳捕集预留设计可研报告。落实粤港应对气候变化联席会议制度，召开粤港应对气候变化联络协调小组第五次会议。

（六）扎实推进碳排放权交易试点

我省碳排放权交易试点工作顺利推进，有力保障了企业碳排放总量和强度“双降”目标的完成。

1.碳排放管理交易体系趋于完善。配额总量政策进一步收紧，钢铁、石化、电力、水泥四大行业由2015年度4.08亿吨下调至2016年度3.86亿吨。控排行业逐步扩大，新增造纸、航空两大行业，控排企业总数250家左右，碳排放约占全省碳排放量的65%。配额分配方法科学合理，92%以上配额采用基准线法分配。配额清缴履约工作顺利，2016年度企业配额履约率达100%。配额有偿发放机制趋于稳健，2016-2017年共举行了四次拍卖，累计成交有偿配额150万吨、成交金额2257万元，2017年1月4日举行的2016履约年度第二次有偿竞价发放，共吸引到16家控排企业、新建项目单位及投资机构参加，计划发放量50万吨，有效申报量达189万吨，最终成交价为15元/吨，比拍卖政策保留价溢价33.09%，连续第二次出现配额拍卖供不应求的景象。

2.现货成交量稳步增长，位居全国首位。2016年，广东碳市场共计成交配额2384万吨，总成交金额2.96亿元，二级市场成交量2234万吨、同比增长221%，CCER成交量1909万吨、同比增长1788%，两者均位居全国第一。启动至今，广东碳市场累计成交配额4735万吨、总成交金额12.61亿元，分别占全国的35%、37%，成为国内首个配额现货交易额突破十亿元大关的试点碳市场。2016年12月23日，广东碳市场当日成交配额371.3万吨、成交金额4752万元，创下当年度全国成交量最高纪录。

3.碳金融工具不断创新，助力企业减排。在2016年2月相继推出了远期和托管两项碳金融创新业务，收到较好的反响。2016年我省碳金融工具不断创新，相继推出配额远期交易、托管、回购等业务，助力企业减排，收到较好的反响。截至2016年12月，共开展碳排放权远期交易业务17笔、累计成交配额57.89万吨，碳排放配额托管业务两笔、托管配额445万吨，配额回购成交136.75万吨、同比增长35.73%。2016年广东碳市场国家核证自愿减排量（CCER）累计成交1908万吨。加快推广碳普惠制，第一批备案签发的广东省碳普惠减排量（PHCER）已经公开拍卖并用于控排企业年度配额抵消和履约工作，山区群众实现了绿色收益的同时，也有效促进了我省绿色碳汇建设和精准扶贫工作。

4.积极主动参与全国碳市场建设。经国家发展改革委批复成立全国碳市场能力建设（广东）中心，发挥试点带动作用建立泛珠三角区域碳市场合作机制，协助江西、贵州、广西、海南等省区开展碳市场能力建设和培训工作。

二、主要经验做法

（一）坚持以绿色理念引领经济发展

发展低碳经济已经成为世界各国抢占经济发展制高点的关键。广东总体步入工业化中后期，但区域发展不均衡，面临着发展瓶颈和资源环境约束。珠三角等发达地区现阶段要实现跨越发展，必须兼顾发展和约束，以国际碳强度先进值为准绳，着力提高产业低碳竞争力，加快形成绿色低碳生产方式和消费模式，以碳排放峰值倒逼经济实现低碳转型。粤东西北等欠发达地区要加快实现振兴发展，也需要以低碳理念为引领，大力发展绿色产业，将低碳生态优势转化为经济优势，从而实现弯道超车。

（二）坚持市场主导与政府引导相结合

行政手段和市场机制二者缺一不可，现阶段全面深化改革的关键就是发挥市场配置资源的决定性作用。过去广东节能减碳主要依靠行政手段，对企业缺乏相应的激励机制，无法深入持续开展。广东积极探索发挥市场机制作用的体制机制创新，建立碳交易市场，赋予企业灵活减排机制，激发企业减排内生动力，并推动相关产业整体提质升级，取得了较好的实施效果。

（三）坚持完善体制机制建设作为根本

强化顶层设计，对照目标，对试点工作进行总体部署，提出工作安排。在规划体系、市场机制、绿色金融、低碳生活、低碳技术等方面积极探索，把制度建设作为工作的首要任务，理顺关系，建章立制。大力推动制度创新，构建起“调研-制定-实施-评价-完善”的政策循环机制，全力保障绿色低碳发展。

（四）坚持抓好示范带动凝聚社会共识

低碳发展是一项新的系统工程，需要不断创新和与时俱进。受区域发展不均衡所限，各地对低碳发展理念的认识和理解存在差异，一些低碳领域的创新性工作也很难一步到位在全省推开。为此有必要选取一些有积极性、基础条件较好的地区先行试点示范，取得好的经验后，再在全省进行宣传推广和运用，进而凝聚形成社会共识，共同推动低碳发展工作。

三、2017年工作设想

一是有效控制碳排放。落实《广东省“十三五”控制温室气体排放工作实施方案》，确保完成年度任务。出台《广东省应对气候变化“十三五”规划》，研究提出全省碳排放峰值时间表和路径图。印发实施《珠三角城市群绿色低碳发展行动方案》。

二是完善碳交易市场机制。继续完善配额有偿发放机制，研究制定2017年度配额分配方案。根据国家碳交易管理条例立法进度，研究推动我省碳交易立法工作。积极参与全国碳市场建设，做好全国碳市场与广东试点的衔接，扩大全国碳市场能力建设（广东）中心的影响力，力争在我省设立全国碳交易平台。大力发展碳金融，推动交易所稳妥有序推出碳远期、碳掉期、碳期权、碳租赁、碳债券、碳资产证券化和碳基金等各类碳金融产品。

三是深化低碳试点示范。实施《广东省近零碳排放区示范工程实施方案》，支持有关地市积极申报国家各类低碳试点，在全省总结推广一批低碳城市、城镇、园区和社区的经验做法。组织项目申报和遴选，视省财政资金支持情况选取若干个试点开展示范工程建设。加大碳普惠制推广力度，探索“低碳扶贫”新模式。推进广东省应对气候变化和低碳发展科普宣传基地或场馆建设。按照国家部署，加快推进碳捕集、利用和封存示范项目建设。

四是夯实低碳工作基础。联合省统计局加快完善温室气体排放统计核算制度。研究制定市县级温室气体排放清单编制指南。围绕全国低碳日主题，开展低碳发展系列宣传和能力建设。推动建立泛珠区域应对气候变化及低碳发展工作合作机制，加强与内蒙古等省份的合作交流。完善粤港应对气候变化工作联席会议制度，深化与英国、加拿大BC省、美国加州等国家在低碳领域的对外合作，结合实施“一带一路”战略促进与沿线国家开展低碳项目合作。

（撰稿：谢健标，广东省发展和改革委员会应对气候变化处）

云南省应对气候变化和低碳发展2016年度报告

云南省发展和改革委员会

2016年，云南省按照党中央、国务院的决策部署，深入贯彻习近平总书记考察云南时关于推进生态文明建设的重要指示精神，多措并举推进国家低碳试点省建设，低碳发展工作成效显著。

一、超额完成控制温室气体排放有关目标任务

2016年，云南省经济平稳较快发展，产业结构不断优化，全省生产总值增长8.7%，林业碳汇持续增加，可再生能源发展迅速，超额完成了碳强度下降预期目标。

二、全面落实控制温室气体排放重点任务措施

（一）大力推进城镇化低碳发展

一是提升城乡低碳化建设和管理水平。2016年，云南省绿色建筑占新建建筑面积比重超过10%，累计推广太阳能建筑应用集热面积1175万平方米。

二是推进低碳交通运输体系建设。顺利完成1个交通运输部公路甩挂运输试点项目的验收，推进2个交通运输部公路甩挂运输主题性试点项目建设；积极推广低碳型、标准化运输船舶，截至2016年底，全省新建低碳型、标准化船舶370余艘；全省新增及更新新能源公交车较2015年增加427辆。

（二）持续推动区域低碳发展

加快推进云南省和昆明市国家低碳试点省、市，呈贡新区国家低碳城镇建设，出台了云南省“十三五”应对气候变化规划、昆明市“十三五”低碳发展规划等政策文件，持续推进低碳社区建设，推进低碳产品认证。2016年，新增2个国家低碳试点城市，新增3家企业5个产品认证单元的低碳产品认证证书。

（三）全力落实碳市场建设任务

一是制定出台推动碳市场建设的省级配套文件。省政府出台了《云南省建立碳排放总量控制制度和分解落实机制工作方案及云南省落实全国碳排放权交易市场建设实施方案》，省发展改革委下发了《关于切实做好全国碳排放权交易市场启动重点工作的通知》，明确全省推动碳市场建设的目标任务和部门职责。

二是着力推进重点企业单位温室气体排放报告制度建设。按照国家碳交易重点企业门槛，提出云南省拟纳入全国碳排放权交易体系的重点企业名单，并组织完成了重点企业2013-2015年度碳排放情况的核算、报告和第三方核查工作，推动重点企业建立健全碳排放管理队伍，按要求将全省重点企业碳排放历史数据报送国家发展改革委。

三是加强能力建设培训和宣传。制定了系统的培训计划，组织开展分层次的碳排放权交易知识培训，编制了培训教材，分行业组织了多期温室气体排放报告培训，累计培训全省发展改革系统、重点企业单位等有关人员1300多人次。搭建了省级温室气体排放报告管理平台，开发了重点企业温室气体排放报告在线填报系统，规范并确保数据报送渠道畅通。

四是积极组织开展自愿减排交易。发挥云南森林资源优势，2016年，组织开发了森林经营碳汇示范项目，并通过第三方核证机构审定。

（四）认真夯实基础能力

一是加强温室气体排放统计核算制度建设及清单编制。健全基础统计与调查制度，起草了关于加强云南省应对气候变化统计的实施方案，开展了云南省温室气体排放基础统计体系研究。编制完成2012年和2014年省级温室气体清单报告，编制完成昆明市2010年温室气体清单报告，正在编制昆明市2012年和2014年温室气体清单报告，启动编制普洱市、玉溪市温室气体清单报告。

二是加强机构和队伍建设。在省发展改革委设有应对气候变化处，归口管理应对气候变化工作，承担云南省低碳节能减排及应对气候变化工作领导小组具体工作。依托领导小组，形成了省发展改革委牵头，省工业和信息化委、省统计局等多部门协同配合，省经济信息中心、省环境科学研究院、省科学技术情报研究院、省林业调查规划院、省农科院等研究机构为技术支撑单位的工作机制。

（五）切实加强低碳领域国际合作

2016年，在昆明成功举办了第二届中国-南亚技术转移与创新合作大会、中国-南太平洋岛屿国家科技合作与技术转移国际研讨会、亚太经合组织（APEC）太阳能技术产品开发应用国际培训班、中国-南太平洋岛屿国家新能源与可再生能源国际培训班，促进与南亚、南太平洋岛屿国家的低碳技术与项目合作。云南省科学技术情报研究院作为中国-东盟教育培训中心，依托该平台，把太阳能分布式发电应用这项技术推广到南亚东南亚国家。

（六）完善保障措施

一是加强组织领导，实行目标责任考核。省委全面深化改革领导小组、省委生态文明体制改革专项小组召开会议研究全省低碳发展有关工作。印发了应对气候变化年度工作重点。设定了全省碳强度年度降低目标，制定并印发了年度云南省低碳发展考核内容及评分标准，组织开展了省级对16个州（市）人民政府的年度低碳发展目标完成情况考评工作。

二是加强宣传引导。认真组织开展年度全国低碳日云南主会场宣传活动，印制了低碳宣传小手册，宣传碳排放权交易等国家应对气候变化政策，展示云南省低碳试点成效，营造低碳发展的良好舆论氛围。

（撰稿：寸文娟，云南省发展和改革委员会应对气候变化处）

贵州省应对气候变化和低碳发展2016年度报告

贵州省发展和改革委员会

2016年是“十三五”开局之年，贵州全省上下深入学习贯彻习近平总书记系列重要讲话精神，认真落实生态文明建设战略部署，牢牢守住发展和生态两条底线，按照“开局就是决战、起步就要冲刺”的要求大力推动绿色低碳全面发展，应对气候变化工作取得明显成效。

一、年度工作回顾

（一）全面做好国家对我省“十二五”单位地区生产总值二氧化碳排放降低目标责任考核评估

2016年6月，按照国家发展改革委《关于开展“十二五”单位国内生产总值二氧化碳排放降低目标责任考核评估的通知》（发改办气候〔2016〕1238号）要求，有关单位对我省“十二五”单位地区生产总值二氧化碳排放情况进行了核算和自评，并将自评估报告呈报省政府，省政府审核同意后报送国家发展改革委。

2016年7月，国家考核组对我省2015年单位地区生产总值二氧化碳排放降低目标责任和“十二五”期间应对气候变化工作进行现场考核。初步核算，2015年我省碳强度下降了9.01%；“十二五”期间，全省碳强度累计下降了29.54%，超额完成国家下达我省的碳强度下降指标近14个百分点。据国家考核组反馈，我省2015年单位地区生产总值二氧化碳排放降低目标责任考核结果和“十二五”时期应对气候变化工作均初步确定为“优秀”等级。

（二）圆满完成市（州）2015年度单位地区生产总值二氧化碳排放降低目标责任考核评估

根据《贵州省“十二五”控制温室气体排放实施方案》（黔府发〔2013〕10号）、《省人民政府办公厅关于印发2014-2015年贵州省节能减排低碳发展行动方案的通知》（黔府办发〔2014〕34号）要求，于2016年4月印发了《贵州省发展改革委关于开展2015年度单位地区生产总值二氧化碳排放降低目标责任考核评估工作的通知》（黔发改气候〔2016〕591号），组织专家对各市（州）自评估报告、数据核查表及其支撑材料进行了审查并按要求进行考核评分。根据考核评分结果，铜仁市、六盘水市、黔东南州为“优秀”等次，遵义市、黔西南州、贵阳市、安顺市、毕节市为“良好”等次，黔南州为“合格”等次。经省人民政府同意，已将考核结果予以公布并向各市（州）通报，同时对考核评估结果为“优秀”等次的铜仁市、六盘水市、黔东南州予以通报表扬。

（三）碳市场建设取得显著成效

根据国家2017年启动全国碳排放权交易市场的统一部署，扎实有效推进碳市场建设各项基础工作，取得阶段性成效。一是研究提出碳交易企业名单。研究提出了拟纳入全国碳排放权交易体系的118家企业名单，并于2016年2月29前报国家发展改革委；二是强化碳交易能力建设。2016年3月至今，先后在贵阳、广州和深圳举办了多次碳交易能力建设培训会，培训近1000人次，并召开了数十次碳市场建设研讨会，有效提升了各参与方碳交易工作能力和水平。三是积极培育和遴选碳交易技术支撑机构。2016年2月发布了征选通知，及时成立了评审专家组对63家机构的申报材料进行独立评审，并根据综合评定的建议名单选定16家碳核查机构。2016年6月研究同意贵州环境能源交易所有限公司作为贵州省碳排放权交易服务平台，在省碳交易主管部门的领导下，协助做好碳排放权交易相关服务保障工作。四是在全国率先完成碳排放历史数据报送。组织拟纳入企业核算并报告其2013-2015年碳排放量及相关数据，委托核查机构对企业的排放数据等进行核查及复查，并组织专家对企业排放报告和第三方机构出具的核查报告进行审核，已于2016年6月30日前率先将企业温室气体排放数据报国家发展改革委，获得国家发展改革委的高度肯定和业内人士的好评。

（四）认真做好省级应对气候变化专项资金安排工作

应对气候变化工作需要大量的资金投入，为用好有限的应对气候变化省级专项资金，切实发挥专项资金的引导和带动作用，根据《贵州省应对气候变化省级专项资金管理办法（暂行）》的要求，积极开展调研，加强专项资金项目储备，认真做好专项资金项目安排。2016年上半年，累计下达投资计划2500万元，重点支持贵州省节能低碳产业基金、碳交易工作、降碳工程和低碳示范建设项目。“十三五”时期，我省作为国家生态文明建设先行示范区，国家给我省下达的降碳约束性指标加重，加之新增全省碳交易体系基础建设工作，需要扩大专项资金规模，才能确保各项任务目标的顺利完成。为此，我们积极做好“十三五”期间扩大专项资金规模工作，并将省发展改革委关于恳请扩大应对气候变化专项资金规模的请示报省政府。

（五）精心筹办生态文明贵阳国际论坛2016年年会“应对气候变化”主题论坛

气候变化关系全人类的生存和发展。2015年9月，习近平主席访美期间，中美两国发表了《中美元首气候变化联合声明》，中方宣布出资200亿元人民币建立“中国气候变化南南合作基金”，支援其他发展中国家应对气候变化。在同期举行的联合国发展峰会上，中方提出将设立“南南合作援助基金”，首期提供20亿美元，支持发展中国家落实2015年后发展议程。2015年11月，习近平主席在巴黎气候变化大会上宣布，中国将于2016年在发展中国家开展合作项目。

为配合今年生态文明贵阳国际论坛年会“走向生态文明新时代：绿色发展•知行合一”主题，在国家发展改革委应对气候变化司的指导下，在北京大学南南合作与发展学院的大力支持和贵州环境能源交易所的协助下，贵州省发展改革委具体承办“应对气候变化”主题论坛。中国气候变化事务特别代表、全国政协人口资源环境委员会副主任解振华（原国家发展改革委副主任）、全国工商联专职副主席林毅夫、全球环境基金总裁兼CEO石井菜穗子和瑞士环境署前署长布鲁诺•奥博勒等领导和专家学者应邀出席论坛并发表演说，并将“南南合作•气候战略”的大智慧、好点子和金种子留在生态文明贵阳国际论坛生根发芽、茁壮成长、枝繁叶茂。

（六）积极推进低碳试点示范工作

根据《关于开展低碳省区和低碳城市试点工作的通知》（发改气候〔2010〕1587号）、《工业和信息化部 发展改革委关于组织开展低碳工业园区试点工作的通知》（工信部联节〔2013〕408号）和《国家发展改革委办公厅关于印发低碳社区试点建设指南的通知》（发改办气候〔2015〕362号）等通知要求，切实加强对全省低碳城市（贵阳市、遵义市）、低碳工业园区、低碳企业、低碳社区等低碳试点示范工作的支持和指导，协调解决工作中的困难和问题，积极推进试点示范工作。

（七）顺利举办贵州省首批低碳产品认证颁证会暨贵州省2016年全国低碳日活动

今年6月14日是全国低碳日，主题为“绿色发展 低碳创新”，是国家设立以来的第4个“全国低碳日”。6月14日上午，我处在贵阳举办贵州省首批低碳产品认证颁证会暨贵州省2016年全国低碳日活动。省发改委副主任李作勋、省质监局副局长孟宇光、中国质量认证中心副主任宋向东出席颁证会并致辞。贵阳海螺盘江水泥有限责任公司等5家企业分别获得由中国质量认证中心颁发的共10张低碳产品认证证书，成为我省首批获得低碳产品认证证书的企业。活动还通过发放2016年全国低碳日应对气候变化知识手册、宣传资料、低碳环保纪念品，以及张贴宣传海报等方式，向公众普及应对气候变化知识，宣传绿色低碳发展理念，提高公众应对气候变化和低碳意识，从而推动全社会形成绿色低碳的生产生活方式。

（八）着力推进应对气候变化统计制度建设

根据国家发展改革委和国家统计局联合印发的《关于加强应对气候变化统计工作的意见》（发改气候〔2013〕937号），制定了《贵州省应对气候变化统计工作方案》（以下简称《方案》），并多次征求了有关部门的意见。《方案》主要内容包括建立《应对气候变化部门统计报表制度》和制定《政府综合统计系统应对气候变化统计数据需求表》，共涉及39张统计综合报表、10多个部门。按照《方案》有关规定，省统计局负责建立应对气候变化部门统计报表制度及相应工作机制，对部门布置应对气候变化统计报表制度，收集、整理和汇总应对气候变化统计数据。各有关部门统计并提供由本部门负责的应对气候变化统计数据。

二、存在的主要困难

我省应对气候变化工作虽然取得了阶段性成效，但全省降碳压力继续加大，形势十分严峻，主要体现在：

（一）国家碳强度下降约束性指标提高

我国已承诺到2030年左右二氧化碳排放达峰且将早日达峰，单位国内生产总值二氧化碳排放将比2005年下降60%－65%。为此，国家进一步提高各地控制温室气体排放目标要求。据了解，国家计划下达我省“十三五”控制温室气体排放目标任务为单位生产总值二氧化碳排放下降18%，比“十二五”时期提高了2个百分点。

（二）能源消费结构不合理

煤炭在我省能源消费总量中所占比重仍然接近90%，在未来能源消费总量中所占比重甚至有回升的可能。据初步估算，2016年1-8月，全省规模以上工业煤炭消费量比去年同期增加了0.36%。

（三）能源消耗仍处于爬坡阶段

我省正处于经济社会快速发展阶段，工业化、城镇化处于加快发展时期，第二产业比重将会大幅上升，服务业尽管增速较快，但比重预计将可能下降，能源消耗仍处于爬坡阶段，短时期扭转温室气体排放增长势头的难度较大。

（四）资金需求大、投入不足

应对气候变化是一项新工作，欠账多，碳排放权交易、重点降碳工程、适应气候变化工程以及低碳产品、低碳新技术推广等都需要大量资金投入，仅每年开展碳交易工作的费用就高达上千万，而专项资金额度严重不足，不能满足全省应对气候变化工作的需要。

三、下一步工作打算

2017年，我处将在委党组的坚强领导下，以党的十八大和十八届三中、四中、五中全会精神为指导，以加快国家生态文明试验区建设为契机，以完成碳强度下降目标为导向，突出重点，狠抓落实，坚决贯彻落实应对气候变化各项决策部署，着力抓好以下几项工作：

（一）全面做好二氧化碳排放降低目标责任考核评估

建立健全市（州）二氧化碳强度降低目标责任评价考核制度，加强对市（州）级人民政府单位地区生产总值二氧化碳排放降低目标责任考核评估。全面完成国家下达我省的单位国内生产总值二氧化碳排放强度约束指标，力争在国家单位国内生产总值二氧化碳排放降低目标责任考核评估中获得优秀等级。

（二）精心做好应对气候变化省级专项资金安排

认真做好专项资金项目安排。继续积极开展调研，进一步加大专项资金项目储备，认真做好专项资金项目安排。积极开展专项资金项目检查。开展对2014年、2015年和2016年安排的专项资金项目实施情况进行现场检查，以便发现问题、总结经验，提升专项资金使用效益，切实发挥专项资金的引导和带动作用。抓紧做好扩大专项资金规模工作。根据《贵州省省级财政专项资金管理实施细则（试行）》有关要求，据工作需要，抓紧做好“十三五”期间扩大专项资金规模工作。

（三）切实做好碳排放权交易基础工作

根据国家建立全国碳市场的统一部署，建设贵州省碳排放权交易中心，切实做好纳入碳交易企业历史碳排放的核查与复查、配额分配与清缴、碳交易能力建设、碳交易制度和数据报送平台建设等碳排放权交易相关基础性工作，确保我省碳排放权交易基础工作的顺利完成，进而为全国碳排放权交易的顺利启动和健康发展提供重要保障。

（四）持续推进试点示范工作

深化贵阳市、遵义市低碳城市试点建设，加快推进低碳园区、商业和社区试点。实施低碳产品推广、高排放产品节约替代、工业生产过程温室气体排控示范等减碳示范工程；实施城市适应气候变化等试点工程。

（五）继续做好生态文明贵阳国际论坛筹办工作

根据生态文明贵阳国际论坛2017年年会统一部署，围绕应对气候变化热点、难点，积极谋划，精心筹备，努力争取国家发展改革委的大力支持，尽早确定论坛主题、议程，并着力做好嘉宾邀请工作。

（六）大力抓好重大课题申报、研究工作

根据国家发改委中国清洁发展机制基金赠款项目组织申报工作通知要求，认真组织全省各市州、省各科研单位、相关企业积极申报，按照赠款基金支持方向，结合我省实际，以有利于推动我省下一步应对气候变化工作为原则，按照项目的必要性、课题承担单位和负责人的资质与能力、内容和活动、产出的匹配性、预算、进度等要求对各单位申报的项目进行遴选，并推荐上报国家发展改革委。同时，及时督促各有关机构切实做好国家级、省级和市级重大课题研究工作。

（七）努力做好其他各项工作

加强应对气候变化统计制度建设。深入开展低碳认证认可工作。进一步加强新闻宣传和舆论引导，围绕“全国低碳日”、生态文明论坛等，组织开展系列宣传活动，传递生态文明理念，提高公众意识，营造良好舆论氛围。

（撰稿：雷电，贵州省发展和改革委员会应对气候变化处）

新疆兵团应对气候变化和低碳发展2016年度报告

新疆生产建设兵团发展和改革委员会

2016年，新疆生产建设兵团应对气候变化工作认真贯彻落实兵团党委、兵团的决策部署，加强生态文明建设统筹协调，努力控制温室气体排放，积极探索低碳发展模式，逐步开拓应对气候变化工作新局面，各项工作取得了积极成效。

一、2016年工作情况

（一）加强综合协调

认真贯彻落实习近平总书记、李克强总理关于生态文明建设的重要指示批示精神，出台了《兵团党委 兵团关于加强生态文明建设工作的实施意见》，明确了“十三五”应对气候变化的重点任务。2016年，兵团通过推进钢铁及煤炭行业化解过剩产能、推进服务业提升四大工程建设、推进战略性新型产业及循环低碳发展等，积极调整优化产业和能源结构，有效减缓温室气体排放对气候变化的影响。与2015年相比，兵团服务业比重提升了0.8个百分点，工业战略性新兴产业增加值占规模以上工业增加值比重提高了4个百分点，非化石能源占一次能源消费比重提高了2个百分点。履行好兵团应对气候变化和节能减排工作领导小组办公室职责，认真研究《碳排放权交易管理暂行办法》及《国家发展改革委办公厅关于切实做好全国碳排放权交易市场启动重点工作的通知》，探索兵团碳排放权交易管理等相关事宜。配合自治区完成了国家组织开展的省级人民政府2015年度单位国内生产总值二氧化碳排放降低目标责任考核评估工作。

（二）启动碳市场建设

认真落实全国碳排放权交易市场建设工作部署电视电话会议精神，按照国家发展改革委切实做好全国碳排放权交易市场启动重点工作的要求，兵团发展改革委组织各师筛选提出了兵团拟纳入全国碳排放权交易体系第一批重点排放企业名单，并委托技术支撑单位对重点排放企业数据信息进行指导、规范填报，为兵团参与全国碳排放权交易奠定了基础。组织开展了第三方核查机构遴选工作，会同兵团相关部门经过资料审查、综合评定及网上公示等程序，确定新疆中创碳投环境科技有限公司、新疆国农小康低碳产业投资有限公司等6家单位为兵团碳排放第三方核查机构（第一批）。开展重点排放企业碳排放历史数据核查，向兵团申请落实了碳核查经费，委托核查机构对兵团55家重点排放企业进行核查，保质保量完成了国家部署的碳核查任务。组织做好国家行业专家赴兵团天业集团开展化工行业（电石、烧碱、PVC、甲醇）基准线基础数据调研。

（三）加大研究力度

积极探索适合兵团的低碳绿色发展模式，构建以低碳、绿色、循环为特征的低碳产业体系，加强应对气候变化研究。2016 年，督促课题承担单位加快兵团应对气候变化统计核算工作方案研究进度，目前已按照合同要求完成了大部分课题任务；组织启动了《兵团“十三五”应对气候变化工作目标及思路研究》、《兵团实施重点企事业单位温室气体排放报告制度相关研究》等课题研究，为进一步推进兵团应对气候变化工作奠定了基础。

（四）推进自愿减排

积极鼓励企业在自愿减排交易机制基本管理框架下，开展碳排放交易活动。全年完成了图木舒克市荣信能源一期20MWP并网光伏发电等温室气体自愿减排、哈密东豪十三师三塘湖风电场一期49.5MW项目、哈密亿乐焦化有限公司综合配套30MW尾气发电项目等19个温室气体自愿减排项目的初审和申报工作，年自愿减排量预计达137万吨，申请自愿减排项目数量及减排量是上年的3.8倍和6.5倍。

（五）推荐示范试点

积极开展低碳城市、气候适应型城市示范试点申报工作，组织指导一师阿拉尔市、八师石河子市分别编制了低碳城市建设实施方案、气候适应型城市建设实施方案，衔接国家对实施方案的审查，为促进兵团“十三五”应对气候变化奠定了良好基础。开展了国家重点节能技术征集和更新工作，经初选，将新疆梅花氨基酸有限责任公司“工业循环水空冷改造技术”推荐上报。

（六）强化能力建设

面向各师发展改革系统以及重点排放企业，举办了兵团重点企事业单位温室气体排放核算专题培训，参培人数134人。组织兵团发展改革系统、相关技术支撑单位共计37人次参加了国家发展改革委举办的“全国碳市场能力建设工作推进会议”等各类基础能力培训。这些培训，为对推进兵团低碳发展、开展碳市场建设提高应对气候变化能力提供了人员保障，起到了积极的促进作用。

（七）广泛宣传引导

会同兵团机关事务管理局等13个部门组织做好了以“绿色发展 低碳创新”为主题的2016年全国低碳日宣传活动，通过多种方式普及应对气候变化知识，宣传低碳发展理念，切实提高公众应对气候变化和低碳意识。开展了应对气候变化宣传活动，组织在兵团城市、社区编排应对气候宣传板报，并联系有关单位开展节能灯捐赠推广活动，向石河子市等5座城市7个社区捐赠及推广LED灯3万余只，增进了兵团职工群众对应对气候变化、践行低碳发展以及节能减排的认识，提升了积极参与应对气候变化的自觉性。

二、2017年重点任务

工作思路：认真贯彻落实习近平总书记、李克强总理关于生态文明建设的重要指示批示以及全国生态文明建设工作推进会议、中央经济工作会议、全国发展改革会议新精神，牢固树立“绿水青山就是金山银山”的强烈意识，以供给侧结构性改革为主线，以绿色、循环、低碳发展为基本途径，加快推进兵团应对气候变化工作。

主要任务：

（一）加强顶层设计。进一步继续履行好兵团应对气候变化和节能减排工作领导小组办公室职责，发挥统筹协调和综合平衡作用，加强沟通协作，结合《兵团党委、兵团关于加强生态文明建设工作的实施意见》，加快完成兵团“十三五”应对气候变化工作目标及思路研究，组织编制完成兵团“十三五”控制温室气体排放工作实施方案、兵团应对气候变化“十三五”规划和适应气候变化行动方案，实施分类指导的碳排放强度控制，强化兵团应对气候变化工作顶层设计。

（二）推进区域低碳发展。以碳排放峰值和碳排放总量控制为重点，引导和鼓励师（市）、园区、社区、重点排放企业开展低碳城市、低碳园区、低碳社区、低碳企业及气候适应型城市试点示范，重点推进阿拉尔市低碳城市、石河子市气候适应型城市建设，做好试点经验总结和推广，探索具有兵团特色的低碳发展模式。

（三）参与碳市场建设。落实国家即将出台的《碳排放权交易管理条例》及有关实施细则，按照国家统一要求和部署，开展碳排放权配额预分配和分配等碳排放权交易相关工作，及时总结存在的问题和经验。启动《兵团碳排放权交易市场能力建设》和《兵团重点行业二氧化碳减排潜力与绿色发展措施研究》，提升兵团参与碳排放权交易能力。

（四）加强能力建设。完成《兵团应对气候变化统计核算工作方案》、《兵团实施重点企事业单位温室气体排放报告制度相关研究》等课题，逐步建立气候变化统计核算体系和重点企事业单位温室气体排放报告制度，推动建设重点企业温室气体排放数据报送系统。继续组织做好兵师两级发展改革系统及重点排放企业参加国家碳市场建设相关培训。

（五）做好宣传引导。加强应对气候变化宣传和科普教育，利用好全国低碳日兵团主题宣传活动，倡导绿色、低碳消费理念，推动形成绿色低碳的生活方式和消费模式。面向基层职工群众，开展应对气候变化宣传，提倡和鼓励重点排放企业以及干部职工群众以实际行动应对气候变化，营造积极应对气候变化的良好社会氛围。

（撰稿：任志斌，新疆生产建设兵团发展和改革委员会环资处）

大连市2016年以来应对气候变化和低碳发展报告

大连市发展和改革委员会

2016年以来，大连市按照国家发展改革委应对气候变化和低碳发展工作总体部署，积极推进应对气候变化和低碳发展工作。在产业结构调整、节能降碳、试点示范、能源结构优化、全域碳汇能力提升等方面开展了行之有效的工作。现将大连市2016年以来工作开展情况报告如下：

一、加快推进产业结构调整，低碳产业体系初步建立

一是推进供给侧结构性改革。出台了《关于贯彻落实习近平总书记参加辽宁代表团审议时重要讲话精神推进供给侧结构性改革的实施意见》《大连市推进供给侧结构性改革方案》，建立了供给侧结构性改革工作协调机制，统筹推进各项工作；全面落实“三去一降一补”政策，开展了化解过剩产能专项行动，水泥、造纸等“十小”企业全部取缔。

二是推动传统产业转型升级。制定了我市《贯彻国务院办公厅推进农村一二三产业融合发展指导意见的任务分工》。积极落实国家《增强制造业核心竞争力三年行动计划（2015-2017）》及轨道交通、交通装备等7个重点领域关键技术产业化实施方案。加快制造业向中高端迈进，数控机床、轨道交通、核电装备等领域推出了一批新产品、新技术。支持了大连船舶重工安全绿色节能型宽体油船等一批具有显著创新特点的项目建设。瓦房店市成功列为全国农村产业融合发展试点示范县和国家高端装备制造业标准化试点。

三是加快发展现代服务业。印发了《大连市人民政府关于积极发挥新消费引领作用加快培育形成新供给新动力的实施意见》，补齐服务业发展短板。制定出台了《关于加快发展生产性服务业促进产业结构优化升级的实施意见》，积极推进生产性服务业发展。逐步建立现代商贸流通体系，重点支持现代物流项目和大型商品交易市场建设。

四是大力发展战略性新兴产业。印发了《大连市战略性新兴产业“十三五”发展规划》《大连市战略性新兴产业“十三五”发展规划实施方案（2017-2020）》，实施了战略性新兴产业培育专项行动，普湾储能装备产业基地一期已建成投产，松下汽车动力电池项目即将竣工，英特尔非易失性存储器产品下线。新一代信息技术、集成电路、储能技术、智能制造等产业正加速发展。

二、强力推进节能降碳，能源利用效率不断提高

一是全面落实“双控”目标。印发了《大连市“十三五”节能减排综合工作实施方案》，对我市节能减排工作进行全面部署，明确了“十三五”节能减排工作的主要目标和重点任务，并将能源消费增量和能源消费强度指标分解下达给各区市县人民政府、先导区管委会，提出了主要行业和部门能源消费增量控制目标，统筹推进全市节能减排工作。

二是强化目标考核。印发了《大连市2016年节能工作和应对气候变化工作实施方案》，组织开展了2015年度节能减排目标任务完成情况现场评价考核，完成了全市列入国家万家企业名单的86家重点耗能企业2015年节能目标责任考核。起草了《大连市“十三五”能源消耗总量和强度“双控”考核体系实施方案》，建立健全能源消耗总量和强度“双控”目标责任评价考核和奖惩制度，确保实现全市“十三五”能源消耗总量和强度“双控”目标。

三是深入推进重点领域节能降碳。加强重点用能单位管理，出台了《大连市能源管理体系建设效果验收评价实施方案》；大力推进建筑节能，出台了《推进绿色建筑发展实施方案》。持续推进既有建筑节能改造，积极推进绿色交通示范城市建设，实施公共机构节能改造示范工程，完善了公共机构用能地方标准。

四是强化节能审查制度。从源头上控制高耗能项目和产能过剩行业项目建设，从源头上严控了“两高”和产能过剩行业新上项目。

五是实施煤炭消费总量控制。在国家尚未全域开展煤炭总量控制，省政府尚未下达煤炭消费总量控制指标的情况下，研究出台了《大连市煤炭消费控制方案（试行）》，对全市规模以上工业企业开展了煤炭消费总量分地区、分行业控制。

三、不断优化能源结构，清洁能源供给体系初步建立

扎实推进核电、海上风电等清洁能源重点项目建设。红沿河核电一期工程已全面建成，二期工程已开工建设。大连液流电池化学储能调峰电站示范项目已获批建设。总装机容量30万千瓦的三峡新能源庄河III号海上风电场和总装机容量120MW的光伏发电项目已开工建设。

四、加强生态建设，全域碳汇能力进一步增强

继续实施青山生态系统工程、生态景观绿化工程、宜居乡村绿化工程等十大工程建设。2016年至今，共完成造林绿化面积277.32万平方米，植树76.3万株；完成退耕还林20.8万亩。全市森林覆盖率保持在41.5%，林木绿化率保持在50%，进一步巩固了“国家森林城市”创建成果。

五、创新工作思路，碳排放权交易工作扎实推进

围绕国家在2017年启动全国碳排放权交易市场重点工作任务要求，编制了《大连市碳排放权交易工作实施方案》，完成了我市纳入全国碳排放权交易市场的重点排放企业筛选及上报工作。面向政府部门、企业高管、工作人员和第三方核查机构等多个层面开展培训工作，储备一批本地第三方核查机构，并提升了企业参与全国碳排放权交易的积极性。选取了多个国家级核查机构，完成了全市重点排放企业碳核查工作，并将核查报告呈报国家。

六、试点示范，探索应对气候变化大连模式

一是开展国家低碳城市试点。我市成功申报了国家第三批低碳试点城市，组织编制了《大连市低碳城市试点实施方案》，并呈报国家。启动了多个重点行动，力推我市低碳转型发展。

二是开展国家气候适应型城市建设试点。根据国家要求，我市成功申报了全国气候适应型城市建设试点，组织编制了《大连市气候适应型城市建设试点工作方案》，并呈报国家。并在基础设施、海岸带和相关海域、产业、水资源、能源、林业、人类健康等领域采取主要行动，力争我市气候适应型城市建设工作走在全国前列。

七、加强能力建设，应对气候变化能力进一步提升

一是积极参加国家发展改革系统组织的国内外应对气候变化工作培训，派员参加中欧碳交易能力建设培训、“应对气候变化国家行动和能力建设”高中级干部专题研修班等，及时掌握国家最新方针政策，系统学习应对气候变化理论知识，交流借鉴先进地区实践经验，提升我市应对气候变化工作水平。

二是积极组织本市的应对气候变化业务培训。组织开展了不同层面的碳排放权交易培训，提升了我市参与全国碳排放权交易市场建设能力。组织召开了国家级第三方核查机构与我市核查机构的对接交流会，搭建沟通交流平台，促进了我市第三方核查机构发展。

三是加强基础关键问题研究。组织开展了《大连市节能潜力现状与分析》课题研究，全面掌握我市能耗现状、节能空间；开展《大连市碳金融发展和策略研究》课题，探索我市碳金融发展策略和路径；组织完成了《大连市应对气候变化策略研究》，明确了重点任务，为做好适应气候变化指明了方向。

八、倡导绿色低碳生活方式，广泛宣传绿色低碳发展理念

分别在2016年和2017年开展了以“节能领跑，绿色发展”为主题的第26届全国节能宣传周和低碳日活动及以“节能有我 绿色共享”和“工业低碳发展”为主题的第27届全国节能宣传周和低碳日活动，动员全社会广泛参与低碳行动。组织新闻媒体积极宣传国家、省、市在应对气候变化方面的政策方针和采取的重大举措，深入群众宣传我市节能低碳工作取得的显著成就和先进典型。培育节能低碳新风尚，形成了“政府引导、全民参与”的良好氛围。

（撰稿：宋现伟 ，大连市发展和改革委员会环资处）

深圳市应对气候变化和低碳发展报告

一、"十二五"取得成效

在党中央国务院和省委省政府的正确领导下，深圳坚持质量引领、创新驱动，坚持绿色循环低碳发展理念，实现了有质量的稳定增长和可持续的全面发展。在新的历史时期，深圳立足国家战略，坚持节约能源和保护环境的基本原则，充分发挥应对气候变化对节能、非化石能源发展、生态建设、环境保护、防灾减灾等工作的引领作用。

"十二五"时期，深圳勇于实践、善于创新，坚持绿色低碳发展，推进生态环境保护，控制温室气体排放，促进产业转型升级和经济结构调整，推动经济社会可持续发展。

（一）产业低碳化趋势更加明显

科学把握产业低碳转型的重点和力度，积极发展低碳新兴产业，先后出台了新能源、生物医药、新材料、文化创意、新一代信息技术、节能环保等低碳型战略性新兴产业发展规划和政策，战略性新兴产业增加值占GDP比重达到40%，年均增速约17.4%，约为同期GDP增速的两倍。有力推动产业结构优化，围绕提升经济发展质量和有效降低碳排放水平，出台一系列鼓励服务业发展的专项规划和政策，不断提升服务业发展能力和规模，2015年服务业占GDP比重达到58.8%，现代服务业占服务业增加值比重达到69.3%。不断加快传统产业低碳化转型，出台《关于加快产业转型升级的指导意见》、《深圳市产业结构调整优化和产业导向目录（2013年本）》等政策文件，推动优势传统产业逐步向总部、研发设计等高端环节发展，五年淘汰转型低端企业超1.7万家，2015年先进制造业占规模以上工业增加值比重达到76.1%，工业碳排放基本达到峰值。

（二）能源结构不断优化

电力建设取得新成就，境内电源总装机容量达1306万千瓦，核电、气电等清洁电源装机占全市电源总装机容量比重达85.37%。天然气多气源供应格局基本形成，大力推进西气东输二线广深支干线及香港支线、深圳天然气高压输配系统工程建设，2012年8月西气东输二线正式投产，可供应我市天然气40亿立方米/年，占全线可供气能力的15.3%。可再生能源加快发展，建成垃圾焚烧发电厂6座，总发电装机容量达14.5万千瓦，总设计垃圾处理能力7425吨/日，垃圾焚烧发电量居全国大中城市第一；积极推进光伏发电，全市建成太阳能光伏发电装机容量约70兆瓦。一次能源消费结构不断优化，煤炭从12.5%下降至6.4%；石油从32.4%下降至31.7%；天然气从10.2%上升至12.7%；其他能源从45.0%上升至49.2%，清洁能源比重提高了6.8个百分点。

（三）城市低碳化管理成效显著

城市空间结构更加紧凑，强化"三轴两带多中心"的轴带组团式空间布局，推进城市向紧凑型结构转型。碳汇能力稳步提升，建立了基本生态控制线联席会议制度，积极开展城市碳汇计量及监测研究工作，建成区绿化覆盖率达45.1%，森林蓄积量达313万立方米。大力推进低碳交通发展，建成和在建轨道交通累计达389公里，公共交通占机动化出行分担率提升至56%；推广新能源汽车超过3.5万辆，新能源公交大巴占公交车总量比例超过20%，居全球前列；建成集中式充电站135个、快速充电桩3869个、慢速充电桩15134个。因新能源汽车推广的卓越表现，我市荣获C40城市气候领导联盟颁发的"全球城市气候领袖奖"。鼓励绿色出行，采取机动车限行、机动车牌摇号、HOV车道等措施，降低机动车污染排放。大力推进绿色建筑发展，率先出台《深圳市绿色建筑促进办法》，所有新建民用建筑100%执行绿色建筑标准。截至2015年底，绿色建筑总面积达3300万平方米， 320个项目获得绿色建筑评价标识，项目数量及规模稳居全国领先水平。

（四）低碳试点示范效果突出

积极开展碳排放权交易，努力探索通过市场化手段推动节能减排。2013年6月18日，在全国率先启动碳交易市场，2015年636家管控企业碳排放总量较2010年下降18.2%，配额成交总量累计超过1591万吨、成交金额突破5.4亿元，位居全国前列。深圳碳市场成为配额规模最小，但交易最活跃、配额流动性最大、市场价格最高的市场，为全国碳市场的建设积累了丰富的经验。积极推动低碳试点示范项目建设，深圳国际低碳城入选首批国家低碳城（镇）试点，经过三年试点，初步走出了一条高增长低排放的道路。绿色单位创建工作取得积极成效，截至2015年底，全市绿色单位共有1036家，为我市低碳城市试点工作由点到面、全面推进积累了较好经验。

（五）城市水设施建设不断完善

"十二五"期间，新建污水管网1402公里，新增污水处理能力213万吨/日，积极推进污水再生利用，城市再生水利用率达67%，污水处理能力大幅提升。通过新建泵站或排水管网、疏通河道或管渠，共整治内涝点400多处。观澜河、龙岗河等河流基本达到100年一遇防洪标准，城市防洪能力整体增强。完成238公里河道综合治理，河流水环境质量得到进一步改善。积极统筹水源、水厂及管网建设，新增供水调蓄能力6036万立方米，水源供水保障体系逐步增强。全面推动水生态保护和修复工作，完成123座病险水库除险加固工作，水资源得到有效保护。大力推行节约用水，实行用水总量控制，获得"国家节水型城市"、"全国节水型社会建设示范区"荣誉称号。

（六）灾害预警能力不断提升

预警预报质量和气象服务精细化程度进一步提升，气象灾害监测与预报综合准确率从80%提高到89%。预警信息系统建设能力进一步加强，不断推进预警信息发布工作的规范化和标准化进程，深化突发事件预警信息发布机制，初步完成预警信息发布中心的预警信息系统建设。打造了包括“市政府在线”、微博、微信及手机客户端等新型媒体在内的12类43种气象信息发布体系，实现气象灾害高级别预警信息全媒体全网免费发布。气象数据共享开放实现突破，通过“市政务信息资源交换平台”，实现气象数据与各级政府和职能部门的共享。加强灾害应急体制机制建设，构建市、区、街道、社区四级部门协同联动、公众主动响应的防灾减灾运行机制，灾害联动联防机制更加完善。

“十二五”时期，我市应对气候变化工作取得了显著成效，但也存在一些问题。一是碳排放“达峰”压力大。目前深圳单位GDP能耗和碳排放强度在全国和全省都处于领先水平，产业结构偏轻，工业碳排放已处于较低水平，但交通和建筑碳排放仍处于上升期，占全市碳排放总量比重不断提高，碳排放强度进一步下降的空间有限，对实现碳排放峰值目标构成了巨大挑战。二是能力建设有待加强。温室气体统计、核算制度有待完善，低碳发展数据支撑能力需进一步提升，相关应对气候变化专业统计人才、管理人才和专业技术团队较为缺乏。三是城市适应气候变化基础设施建设存在短板。原特区内、外的防洪排涝设施标准不统一，已建防涝设施的治涝标准部分低于国家现行标准，不能适应极端天气影响。四是自然灾害应急处置能力仍需提升。突发事件和气象灾害预警的联动和社会响应机制不够完善，相关法规标准执行不到位，智能化、信息化的气象防灾减灾协同管理体系尚未建立。

二、“十三五”指导思想和发展目标

“十三五”时期，深圳要牢固树立生态文明理念，将适应和减缓气候变化融入经济社会发展全过程，不断调整经济结构、优化能源结构、提高能源效率、增加森林碳汇，努力走一条经济发展与应对气候变化双赢的可持续发展之路。

（一） 指导思想

以科学发展观为指导，深入贯彻党的十八大和十八届三中、四中和五中全会精神，牢固树立创新、协调、绿色、开放、共享五大发展理念，坚持质量引领、创新驱动，积极应对气候变化，统筹发展与保护、当前与长远、减缓与适应，以减少工业、建筑、交通碳排放和提升适应气候变化能力为核心，以科技创新与体制机制创新为动力，以健全法规政策体系为保障，加快推进产业转型升级，持续优化能源结构，有效控制温室气体排放，不断加强国际国内合作，努力提升城市管理水平，应对气候变化能力稳步提高，推动经济社会可持续发展。

（二）发展目标

到2020年，应对气候变化工作的主要目标是：

——控制温室气体排放目标全面完成。万元GDP二氧化碳排放比2005年下降50%以上，力争2020年前后达到碳排放峰值，非化石能源占一次能源消费比重达到15%以上。产业结构和能源结构进一步优化，工业、建筑、交通等重点领域节能减碳取得明显成效，工业生产过程等非能源活动温室气体排放得到有效控制，温室气体排放增速继续减缓。

——适应气候变化能力大幅提升。供水安全保障持续增强，低洼地带、危险边坡防洪除涝和滑坡整治能力显著提高，海洋和海岸带环境综合整治能力不断增强，重点区域和生态脆弱地区适应气候变化能力显著提升，预测预警和防灾减灾体系逐步完善，科学防范和应对极端天气与气候灾害能力显著提高。

——能力建设取得重要成果。应对气候变化的法治环境逐步完善，气候变化相关统计、核算体系不断健全，基础理论研究和技术研发能力明显进步，应对气候变化资金和政策支持力度进一步加大，全社会应对气候变化意识显著增强。

——交流合作继续深化。进一步加强国际交流合作，与“一带一路”沿线国家、“南南”国家在清洁能源、生态保护、防灾减灾和低碳智慧城市等领域的合作进一步深化，与国内城市间技术、项目合作更加紧密，区域性碳交易中心基本形成。

深圳市应对气候变化“十三五”规划指标体系主要涉及低碳发展、低碳产业、低碳交通、绿色建筑、水源管理、生态环境、灾害管理七个方面，总共包含17项具体指标。具体指标如下表所示。

坚持生态立市 践行绿色发展 建设宜居宜业宜养宜游的低碳城市

广元市发展和改革委员会
广元市低碳发展局

广元市是全国第二批、四川省首个国家低碳试点城市。近年来，市委、市政府始终坚持生态立市，大力推进绿色低碳发展。特别是“5·12”汶川特大地震发生后，率先在地震重灾区、西部欠发达地区提出“低碳重建、低碳发展”思路，2010年在全国设立法定“低碳日”。 2016年，市委七届二次全会作出了“推进绿色发展、实现绿色崛起、建设中国生态康养旅游名市”的决定，着力打造“绿色广元、康养之都”，把生态立市和低碳发展摆在了更加突出的位置。通过持续不断推进低碳发展，广元守住了绿水青山，也收获了“金山银山”。2015年成功入列国家第二批生态文明先行示范区，2017年被国家发改委、住建部确定为28个国家气候适应型城市建设试点地区之一，也是四川唯一的气候适应型试点城市。近五年来，全市地区生产总值年均增长10%，地方一般公共预算收入年均增长12.2%，城乡居民人均可支配收入年均增长10.7%、12.3%，广元经济社会正驶入转型发展的“快车道”。实践证明，通过低碳发展，推动了全市经济社会的科学发展、转型发展、跨越发展。宜居、宜业、宜养、宜游的低碳城市正在建成。

一、主要做法及成效

（一）以发展“低碳经济”为路径，转方式

调结构，推动产业迈向中高端。一是发展战略性新兴产业。积极对接国省引导发展的战略新兴产业和先进制造业，瞄准高端产业和产业高端，重点培育信息、生物、天然气和化工、电子机械等产业，战略新兴产业累计实现产值138亿元，占规上工业比重达16.8%。二是发展低碳农业。已累计建成现代农业园区总数达到79个、低碳农业园区29个，面积达23万亩。重点发展“6+3”特色林业和低碳农业，推广农业标准生产技术，成为全省首个农产品质量安全监管示范市，全国唯一拥有2个国家有机产品认证示范县的地级市。三是发展新型服务业。围绕建中国生态康养旅游名市，促进文化、生态、康养、旅游深度融合，广元已建成国家5A级景区1个、4A级景区19个，2017年前三季度实现旅游接待人数4400万人次、旅游总收入330亿元，较一年分别增长16%和25%。特别是确定了低碳旅游景区建设标准，将“低碳景区”从较为模糊的概念转变为具有操作性、制度化和标准化的景区治理模式和评价机制，开创全国先河。

（二）以建设“生态广元”为路径，加强生态建设，保护绿水青山。认真实施退耕还林、植树造林、天然林保护等生态工程，全市森林覆盖率达到56.18%，林业碳汇约175.45万吨。在西部地区率先开展碳汇交易，2010年，分别向上海世博会、广州亚运会提供碳中和指标3.6万吨、1万吨。全市道路、水系绿化率达到90%以上，市建成区绿化覆盖率达40.3%。深入实施“蓝天、碧水、净土行动”，推进空气质量改善、重点流域水环境综合整治和饮用水源保护，市城区和县级城镇空气质量优良天数比例均达到95%以上，境内水体绝大多数属I类水质。95.2%的耕地通过国家无公害土壤认证。持续深化城乡环境综合治理，城市污水集中处理率和城市生活垃圾无害化处理率分别达到90%、97.6%。抓好主要污染物总量减排，2017年1-9月，全市万元GDP能耗下降3.7%，二氧化碳排放下降4.5%，化学需氧量、氨氮、二氧化硫、氮氧化物排放量均完成省上下达指标。

（三）以建设“气化广元”为路径，调整能源结构，构建清洁能源开发利用体系。充分利用境内清洁能源资源富集优势，大力发展水能、风能、生物质能、太阳能等清洁能源。全市水电装机达223万千瓦、风电装机达11.6万千瓦（建成3万千瓦，试运行8.6万千瓦）、生物质能源发电装机6万千瓦，光伏发电装机0.21万千瓦，天然气理论蕴藏量达8000亿立方，清洁能源占一次性能源消费的比重达33%。改善城乡居民燃料结构，取缔燃煤锅炉、灶具70万台（套）。发展民用天然气用户35.5万户，气化率超过80%，年减少二氧化碳排放20万吨以上；建成农村沼气池35.85万口，占宜建农户的75%，被省政府命名为沼气化市。

（四）以构筑“低碳家园”为路径，推进国家气候适应型试点城市建设。今年2月，我市被国家发改委确定为国家气候适应型试点建设地区。我市在城市治理和规划设计中统筹考虑温室气体减排和应对气候灾害的不同需要，

打造低碳韧性城市。积极规划建设海绵城市，推进绿色屋顶、下凹式绿地、透水铺装、雨水蓄集利用等工程，降低城市热岛效应，降低城市能源消耗。实施绿色建筑行动计划，鼓励引导绿色低碳建材的生产和消费，在新改扩建工程中严格执行50%的节能设计标准，节能强制标准设计阶段执行率100%，主城区施工阶段执行率100%。加强应急管理，强化自然灾害监测预警和应急能力建设，70个地震烈度与预警站点加快建设。在龙门山地震断裂带推广建设具有川北民居风貌的抗震能力强的轻钢结构、木结构住房。建成国家省市防震减灾示范社区44个、大型应急避难场所11处，城市韧性大幅提升。

（五）以培育“低碳文化”为路径，牢树低碳理念，倡导低碳生活。积极开展低碳生产生活方式进社区、进企业、进机关、进学校活动，培养市民良好生活习惯，自觉减少碳足迹，增强节约用电、用水、垃圾循环利用意识，全市创建各类低碳社区37个。倡导绿色交通，城市100%的出租车和公交车完成油改气，年减少二氧化碳排放4230吨、二氧化硫128吨、一氧化碳906吨，在市城区设置便民自行车站点33个，投放自行车1000余辆，建成城市生态休闲廊道67公里。

二、下一步工作打算

力争“十三五”末，森林覆盖率达到57 %，万元GDP能耗控制在0.61吨标准煤/万元（2015年不变价格）以内，二氧化碳排放控制在1.2吨/万元，人均二氧化碳排放控制在4.5吨/人以内，非化石能源占一次能源消费比重达到30%以上，力争2028年二氧化碳排放达到峰值。

（一）推动低碳转型再上台阶。突出发展低碳农业，每年提升创建一批重点低碳农业示范园区，丰富低碳农业的技术内涵，打造全国低碳农业样本。强力推进循环工业，重点推进产业转型和延长产业链，大力推行节能低碳技术应用，全面提升循环工业园区科技含量和整体规模。坚持旅游、康养、文化、生态深度融合，大力发展生态旅游产业。

（二）夯实城市低碳基础设施。重点抓好国家低碳试点城市、国家新能源示范市、国家气候适应型城市、国家生态文明先行示范区建设工作。整合资源，重点推动城市垃圾发电和回收再利用项目、餐厨垃圾处理项目、废弃农膜收集处理体系、城市雨污分流工程、城市绿道建设、市城区黑臭水体治理，以及风力、太阳能、生物质发电、海绵城市、智慧城市建设等一批低碳基础设施建设项目，夯实低碳城市建设基础。

（三）创新低碳发展体制机制。全面落实省委全面创新改革部署，着力创新驱动，探索完善后发地区低碳发展路径。出台生态环境保护、低碳发展的相关地方法规，加强绿色GDP考核力度，形成强制性工作推动机制；以“低碳+”为抓手，不断深化、融合、拓展低碳发展路径，进一步推动低碳发展与产业转型相结合；积极探索碳排放权、排污权、水权、森林碳汇交易，促进企业内生节能降耗、减排增汇激励机制。

四川联合环境交易所

四川联合环境交易所（以下简称四川环交所）是经四川省人民政府批准，国务院清理整顿各类交易场所部际联席会议备案的交易机构，于2011年9月在成都市高新区注册成立，现有注册资本10900万元人民币，股东涵盖了央企、省属国企以及成都市、宜宾市的市属国企。经过几年创业发展，四川环交所在制度建设、平台建设、队伍建设、能力建设等方面夯实了基础，取得了阶段性成果，已经建成为全国非试点地区第一家、全国第八家碳交易机构，是全国碳市场能力建设（成都）中心的合署机构，是国家在川开展用能权交易试点的交易机构，是成都市排污权交易试点交易机构。

作为全国唯一一家集碳排放权、用能权、排污权、水权等“环境四权”交易为核心主业的环境资源交易平台，四川环交所充分发挥市场配置资源的决定性作用，促进环境资源要素化，以“环境四权”交易为抓手，以矿业权交易和低碳环保技术交易为保障，加强要素流动性，为全社会节能减排降碳提供投融资服务，促进经济社会绿色低碳发展，在国际国内市场备受关注和期待。

一、交易开展情况

（一）碳排放权交易

2016年12月16日，四川碳市场开市暨全国碳市场能力建设（成都）中心揭牌活动在成都锦江宾馆隆重举行，受到国际、国内市场广泛关注，新华社、中国政府网等国家级媒体，以及60余家省级、市级媒体多角度、大篇幅作了深入报道。

开市至今，四川环交所累计成交国家核证自愿减排量（CCER）将近200万吨，项目来源覆盖四川、重庆、福建、内蒙古等多个省（市），涉及风电、水电、光伏发电、沼气利用等多个领域，按可比口径居全国第六位。

（二）用能权交易

为贯彻落实党中央、国务院和省委、省政府关于加快推进生态文明建设和绿色发展的决策部署，按照国家发展改革委《关于开展用能权有偿使用和交易试点工作的函》（发改环资〔2016〕1659号）的相关要求，四川环交所积极推进用能权有偿使用和交易试点的相关工作，完成建设用能权交易市场促进我省绿色发展战略研究课题，协助主管部门完成用能权有偿使用和交易试点实施方案和管理暂行办法，完成了相关交易制度设计，正在抓紧开发用能权交易的注册登记系统和交易系统，及时完成部署，力争早日启动交易。

（三）低碳环保技术交易

低碳环保技术交易平台是由四川环交所和四川省环保产业协会共同搭建的，致力于低碳环保领域各类技术成果转移的专业服务平台。平台为技术交易的供需双方及中介方提供技术咨询、信息发布、交易结算和项目投融资服务，可以大幅降低交易成本，提高技术交易效率，使技术和资本快速融合，促进科技成果转化，同时有助于节能减排项目的实施和减排量的开发，国内外先进低碳技术在我省的推广使用。截至2017年底，已成交专利项目26宗，目前在挂项目2157宗，初步建立了低碳环保类专利技术数据库，为全省2000多家环保企业提供技术支撑，积极助力我省节能环保科研成果推广转移应用。

二、能力建设培训

四川环交所依托全国碳市场能力建设（成都）中心（以下简称成都中心）与清华大学、北京大学、国家气候战略中心等30多家相关机构共同完成专家团队组建，开展了形式多样、丰富多彩的碳市场能力建设培训活动，线上线下相结合，网络课堂与现场教学相辉映。自2016年底揭牌以来，成都中心组织开展多形式的能力建设活动36场，培训近3000余人次，深入华电、川能投、川航、东方电气等央企、大型国企开展培训。举办各项公益培训31场，包括网络公益直播课5场，为成都墨池书院小学等学校开设低碳课堂。同时为企业开展定制化培训服务和岗位技能培训服务，推出了“碳交易员”、“碳管理师”、“碳核查员”培训服务。

通过能力建设活动进机关、进企业、进学校、进社区、进互联网，提升政府相关主管部门的管理和决策能力，提高相关企业碳资产管理能力，培育社会公众低碳生产生活理念，为四川、西部乃至全国的低碳发展事业做好人才保障和储备工作。

兰州环境能源交易中心

兰州环境能源交易中心（以下简称环交中心）是兰州市人民政府为进一步贯彻国家、省、市三级政府节能环保工作指示精神，以“政府主导、市场化运作”模式，批准设立的甘肃省唯一一家集各类环境权益交易服务为一体的特许经营专业化平台，也是兰州市打造治污长效机制成立的运用经济杠杆提高减排效能的环境资源交易平台，成立以来发挥服务于各级政府绿色低碳发展技术支撑的平台优势、发挥服务于社会绿色低碳氛围和能力建设的窗口优势、发挥服务于企业绿色资产开发、管理增强绿色发展动能的专业优势。

甘肃省省委书记林铎视察环交中心时，对发挥环境能源交易在减少城市污染、缓解城区交通拥堵等发面的作用，探索建立长效机制，提出要求，对中心开展的各项工作和管理理念给予高度评价。

做好技术支撑，发挥优势促“绿色低碳新兰州”发展

中心结合绿色低碳和环境治理的综合性、系统性、科学性，在服务政府顶层设计制度建设方面，以“融智”理论研究开始，逐年、逐步系统性的开展服务工作，理论结合实践，一步一个脚印，一年一个台阶，以标准引领创新，推动兰州向低碳城市转化和提升。2017年配合兰州市市发改委、市环保局、市工信委、市水务局、市大数据局完成了涵盖低碳、环保、节能、水权、交通领域的“1+5”低碳城市综合管理服务平台的建设。通过“1+5”低碳城市综合管理服务平台的建设，将环境资源有偿使用制度、市场交易体系以及低碳、节能、环保、减排政策落到了实处，为政府提供了可观、可视、可决策高效管理和展示窗口，进一步助推我市生态文明建设。

积极学习十九大精神，发挥混合所有制优势促党建

2017年环交中心把基础党建工作与十九大召开结合起来，在召开前、中、后都有针对性的组织中心全体员工观看、学习十九大报告，多次参与市国资委组织的传达学习会议，认真学习习近平新时代中国特色社会主义思想和基本方略。中心党支部制定了系统全面、翔实具体的学习计划，并提出了三点学习要求一是要提高站位，把握实质，

兰州环交中心迄今为止共交易排污权11次39场，交易品种为二氧化硫排污权、氮氧化物排污权、化学需氧量、氨氮排污权和烟粉尘排污权五种污染物，交易企业共75家。

切实把十九大精神学深学透；二是要学用结合，推动工作，切实把十九大精神落到实处；三是要集中精力，认真学习，确保学习贯彻十九大精神取得实效。

大力开展低碳前瞻性理论研究

环交中心探索开展了应对气候变化环境治理与城市经济发展内在关系的理论研究，完成了绿色低碳发展有关的多项研究和方案，为我市绿色低碳发展提供宏观决策依据，突显了我市作为“一带一路”西北区域核心节点城市的理论前沿形象。现已配合市发改委编制了《兰州市2025年碳达峰实施方案》和《兰州市温室气体排放清单》，配合市生态局开展了《兰州市生态补偿机制研究》、《兰州市林业碳汇体系研究》，摸清了生态绿色资源及排放家底，提出了绿色低碳发展的目标和实现路径。

整合优势资源，多维度开展业内工作和活动

中心在业界的引领地位日益凸显，在绿色金融创新业务方面，以生态资产资本化为理念，通过环境权益交易推动政府出台有关法规制度，构建起生态普惠绿色生态支付体系，有效融合了绿色发展与经济发展的矛盾，构建起政府、企业之间完整绿色发展生态链，并使之成为生态文明建设的有效措施。

品牌形象及中心软实力大幅度提升

2017年环交中心成功申请进入国家级高新技术企业和区精神文明建设单位，取得7项在环境权益交易类具备自主知识产权的著作权，申报两个地方标准和两个国家行业标准。在社会责任方面先后组织了数十次低碳环保为主题的公益活动，向甘南捐助助学物资。在获得外界肯定和荣誉方面，获得甘肃省委宣传部等部门颁发的“绿色金融优秀案例奖”，兰州市国资委办法的“改革创新奖”等。

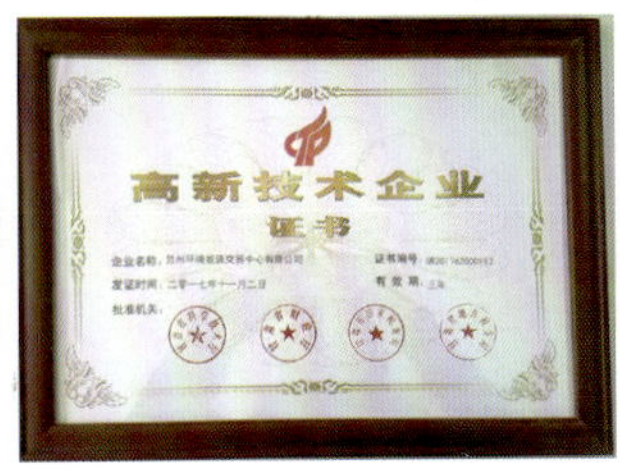

上海化学工业经济技术开发区

上海化学工业经济技术开发区（以下简称上海化工区）成立于1996年，地处杭州湾北岸，横跨上海金山、奉贤两区，规划面积29.4平方公里，是我国首家以石油化工为主的国家级专业开发区，是国务院规划的国家七大石化产业基地之一。园区根据党中央、国务院确定的转变经济发展方式、走新型工业化道路、实现节能减排和可持续发展的要求，以建设成为“具有国际竞争力的世界级石化基地和循环经济示范基地”为目标，积极探索中国特色的循环经济发展之路，全面展开循环经济建设工作。

一、秉持“五个一体化”的开发理念。上海化工区在开发建设过程中，通过科学论证和研究分析，在吸取了国际化工基地近百年的开发建设经验并借鉴国际跨国公司和国际化工集中区域近几十年经验的基础上，提出了“五个一体化”的开发理念。即产品项目一体化，使企业与企业按产品链关系有机地组合在一起，实现最短空间距离的原料互供，资源共享；“公用辅助一体化”，有效地提高了资源的利用效率，从而使能源利用最大限度地达到减量化；“物流运输一体化”，不仅减少了运输成本，大大降低了物耗，从而提高了效益；“环境保护一体化”的环境建设和管理体系，降低了区域环境和社会风险，促进了经济、社会和环境的持续、稳定、协调发展；建立在“管理服务一体化”基础上的便捷高效的公共服务体系，充分降低企业商务成本，提高区域综合竞争力。“五个一体化”的开发理念是化工区发展循环经济的基础和途径。

二、建设园区循环经济体系。一是通过加大产业链招商，推动产业集聚发展，企业集中布局，形成优势互补、互利共赢的生态产业网络，形成产业的循环经济发展体系。一方面，上海化工区按照石油化工产品链的上下游关系，合理构建循环经济的产业链，实现资源共享和副产品互换的产业共生组合。目前上海化工区已投产的企业中已经形成了以乙烯为主的乙烯产品链和以氯气为核心的氯化工产业链，产品之间的关联度以达到80%以上。另一方面，坚持和完善污染物集中处理，不断完善和扩大集中污水处理厂、固废处理、热电联供，形成集约利用的公用工程。污水处理、固废处理等公用工程根据主体新招商项目同步扩建，污水处理能力由最初的7000吨/天扩展到36500吨/天，集中储罐区进行了3次扩建，危险废物焚烧能力达12万吨/年。公用工程既满足了化工区主体化工项目的需要，又满足了项目对环境保护的要求，更保证了这些公用工程的经济效益。二是通过创新合作、大胆实验，实施余热利用、新能源研究、水资源循环利用等项目，形成资源的循环经济利用体系。

通过在循环经济方面的不断探索和实践，园区内形成了产品的共生组合关系，形成从以石脑油为原料，生产乙烯、丙烯、丁二烯、苯类、再生产二氯乙烷、苯酚丙酮、丁苯橡胶、ABS等，到生产双酚A继而生产聚碳酸酯等4-5级梯次的乙烯产品链，实现了上、中、下游产品之间的梯度利用；建立了资源共享、综合利用体系，形成了以氯化工为核心的氯元素参与多家企业的异氰酸酯、二氯乙烷、聚氯乙稀等的多次重复利用的产业链，使上游的副产品和废弃物得到充分利用。在实现经济高速增长的同时，能源、土地、水资源产出率逐年提高，单位总产值能耗和取水量不断下降、工业固废综合利用率和工业用水重复利用率处于国际一流水平而二氧化硫和化学需氧量的排放量处于较低水平的良性循环。循环经济工作取得了明显的成效。

截至2016年，化工区吸引了英国石油、德国拜耳、巴斯夫、赢创、美国亨斯迈、英威达、杜邦、法国苏伊士、法液空、日本三井化学、三菱化学、西班牙石油等国际化工巨头和中石化、上海华谊集团等国内大型骨干企业落户，外资企业占80%以上，其中，世界化工20强8家、世界500强15家，园区累计批准项目总投资263.24亿美元，累计完成固定资产投资1343.04亿元。园区拥有120万吨乙烯/年、103万吨/年异氰酸酯、100万吨/年苯酚丙酮、28万吨/年聚碳酸酯、20万吨/年MMA、23.8万吨/年ABS异氰酸酯等主体产品生产能力，在世界化工基地中位于前列。2016年，化工区实现销售收入1021.06亿元，完成工业总产值969.68亿元。

经过20年的发展，上海化工区逐步形成以化工新材料为主导的特色产业集群，成为全国集聚国际知名跨国化工企业最多、开放度最大、融入经济全球化程度最高的化工开发区，先后被评为“国家新型工业化产业示范基地”、“国家级经济技术开发区”、“国家生态工业示范园区”、“国家循环经济工作先进单位”。

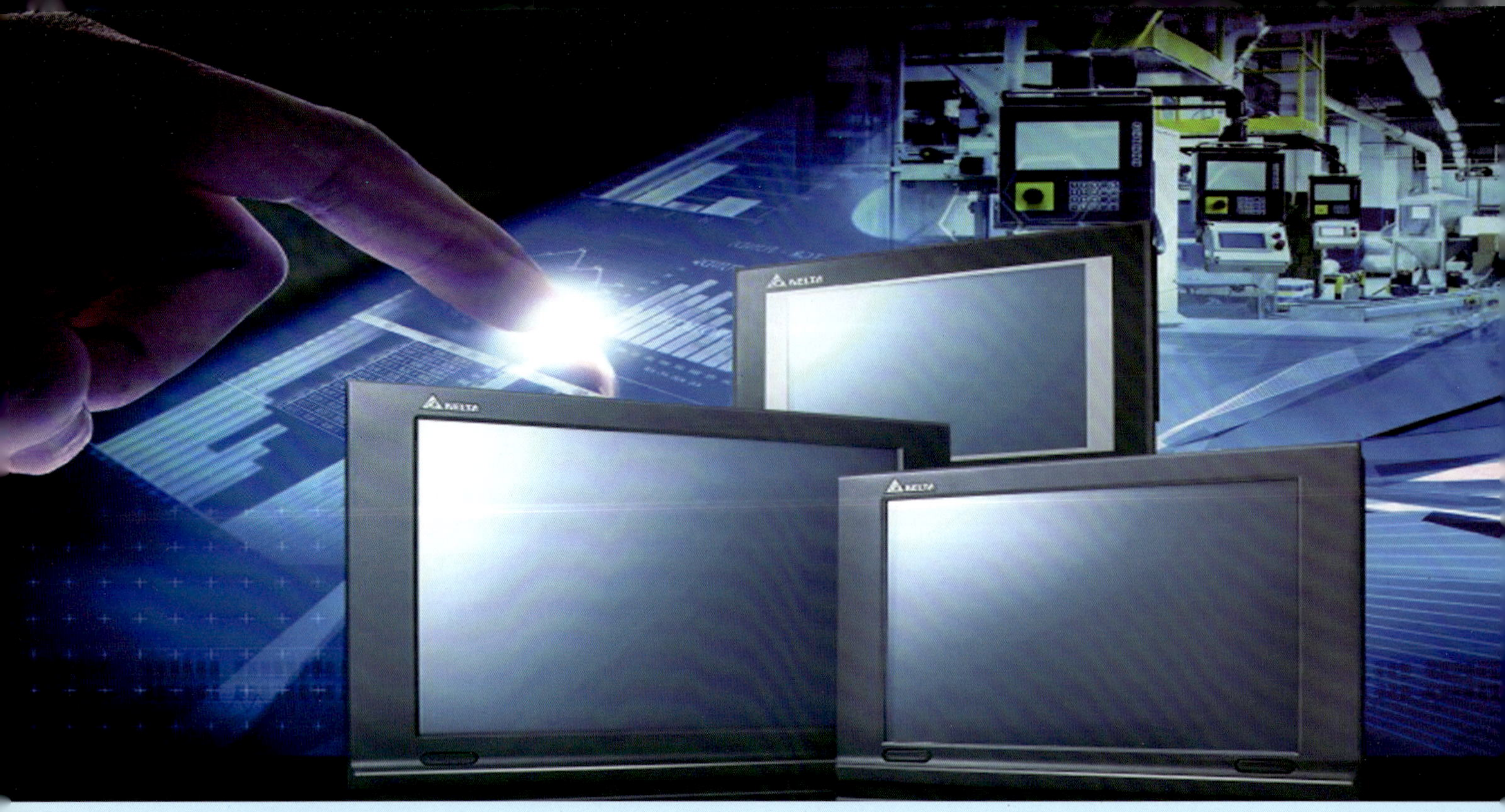

北京天波泰电气技术有限公司

你身边的人机界面专家

人机界面是人与计算机之间传递、交换信息的媒介和对话接口，是计算机系统的重要组成部分，是系统和用户之间进行交互和信息交换的媒介。机器人作为新一代的人机交互界面的突破将引发新一代科技革命！

北京天波泰电气技术有限公司三十年来专注于人机界面产品的研发与推广应用，代理瑞士EAO、奥地利K&N、法国APEM、德国RAFI、美国TE等品牌的开关和连接器。公司拥有专业的研发团队，具有自主设计和生产人机界面设备的能力，包括军用测试平台、舰载设备、车载面板等产品；通过了质量管理体系认证和军工产品质量管理体系认证。

北京天波泰为中国航天科工防御技术研究院、中国运载火箭技术研究院等单位提供优质、可靠、稳定的产品和服务，获得客户的一致好评。不往初心、砥砺前行，不断创新、追求卓越，天波泰一直在努力！

北京现代循环经济研究院绿色供应链研究室

为我国绿色供应链发展提供理论创新和制度支撑

我国随着经济的快速发展和财富的增加，消耗的资源也越来越多，资源浪费与环境破坏事件频繁发生。而绿色供应链是绿色产品所造成的供应链效应，绿色供应链管理追求的是经济效益和绿色效益相统一，达到社会经济的绿色的可持续发展。

北京现代循环经济研究院绿色供应链研究室从供应链角度，为新时代中国经济可持续发展步入经济效益与环境效益协调统一路径的快车道，提供理论创新和制度设立的有效支撑，进行深入广泛的探索研究并形成阶段性成果。

北京现代循环经济研究院研究室的主要研究以关系国计民生的食品安全、医药卫生领域为突破，整合相关各方专业人力资源。举办国内国际论坛和技术讲座。

北京现代循环经济研究院研究室组织编撰和发布绿色供应链技术标准，为行业、园区、企业参与、践行和引领绿色供应链发展提供技术标准支撑体系、环境评价体系以及绿色供应链体系咨询服务体系的研究等。

北京现代循环经济研究院绿色供应链研究室当前的主要研究方向包括：

一、针对客户资源提供供应链专业技术的培训服务。

- 仓储技术
- 运输技术
- 物流管理技术
- 物资管理技术
- 供应链可靠性管理
- 战略供应链管理

二、结合目前非遗方面资源现状可开展的服务

- 非遗项目申请申请指南制定及服务
- 非遗项目保护指南制定及服务

三、医药供应链方面的标准起草和发布

- 《医药制造企业绿色供应链实施细则》
- 《医药流通企业绿色供应链实施细则》

鞍山经济开发区

鞍山经济开发区始建于2006年4月，位于鞍山城区西部，面积105平方公里。北有国际空港——桃仙机场，南有国际海港——营口港、大连港，沈大高速、哈大高铁“黄金线”横贯南北，将陆海空三位一体的快捷网络融会贯通。鞍山机场、鞍山职教城、鞍山奥体中心、沈大高速公路鞍山站和哈大高铁鞍山站均坐落在开发区。

“十二五”以来，鞍山经济开发区全面实施工业立区、产城融合发展战略，已形成钢铁深加工、先进装备制造业（高端阀门）、精细化工和现代服务业等四大主导产业，致力于打造国家级钢铁深加工基地、国内重要的高端阀门制造基地、国内知名的煤焦油深加工基地和东北地区最具特色和吸引力的现代服务业集聚区，成为鞍山市经济发展的桥头堡和新引擎。2012年12月获批国家外贸转型升级专业型示范基地——精特钢出口基地，2015年5月获批国家园区循环化改造示范试点园区。

2017年，开发区深入贯彻落实市委、市政府全面振兴钢都全链条部署，围绕“聚焦建设世界级精特钢基地、打造鞍山鞍钢融合发展样板”两大工作主题，对照清单、细化分解、压实责任、扎实推进，把“一条主线、三大任务、四个目标”贯穿全年各项工作的始终，积极推进新能源汽车产业园建设，加快推进鞍山与鞍钢一体化发展承载区建设，加快鞍山经济开发区的循环化改造，促进全区经济的发展，确保2017年各项工作任务全面完成。

一、加速推进转型升级

（一）围绕市委新战略，积极推进新能源汽车产业园建设。一是制定新能源汽车产业园发展规划。二是加快推动重点项目开工建设，中汽动力、新磁电子等一批新能源汽车项目开工和投产。其中，中汽动力新能源汽车动力总

钢铁深加工产业园

现代服务业集聚区

成项目填补我国汽电混合动力总成空白，新磁电子是东北唯一一家生产新能源汽车“小三电”的企业。

（二）围绕与鞍钢融合发展，加快推进鞍山与鞍钢一体化发展承载区建设。一是突出承载地功能。围绕钢铁深加工、先进装备制造、煤焦油深加工、循环经济，确定10个重点合作项目。二是与鞍钢共建物流产业园，实现混合所有制深度融合。与鞍钢合资建设的德邻陆港物流园区一期投入使用。

（三）围绕质量提升行动，加快推进产业升级。一是提升钢铁冶炼装备水平，宝得公司投资7.5亿元新上1250立炼铁高炉、45兆瓦电站、2座500立生石灰双膛窑项目，年底前开工建设。二是军民融合发展促升级。与各专业院所合作，推动磁悬浮轴承、地铁防护系统、热管散热器等民用产品向军民融合转化，提升研发能力，促进产业升级。三是推动服务业提档升级。

（四）围绕振兴实体经济，积极推进供给侧结构性改革。一是全面优化营商环境。二是加大政策扶持，提振民企信心。三是拓展空间，积极融入鞍山大通道建设，高速北出口、机场改扩建征收测计评估已完成。

（五）围绕集聚发展新动能，全面落实创新驱动全链条部署。一是由民企辽宁国远投资建设智能制造创谷，目前已初具规模。二是强力推进“金融+”计划，开发区建投与中信集团合资成立鞍达信金融服务有限公司，计划设立10亿元的产业发展基金。成立中小企业创新发展基金，已投资5000万元，对接5个项目。三是强力推进“科技小巨人企业”计划。

二、加快推进园区循环化改造

鞍山经济开发区作为国家园区循环化改造示范试点园区，循环经济发展以提高产业链循环化和资源综合利用程度为重点，围绕建设国家循环化改造示范区目标、打造 “三带二”循环经济体系、坚持“五个一体化”、 实施“七大任务”。通过延伸钢铁和精细化工循环产业链，共享基础设施和集成运行管理，全面实现能源资源综合利用水平、环境质量水平和经济综合实力的提升，促进鞍山经济开发区在企业、园区和社会三个层面建立“经济持续发展、资源高效利用、环境优美清洁、生态良性循环”的循环经济结构体系。

一是着力加快循环化改造，依靠科技进步，把高新技术和先进适用技术作为园区循环化改造的重要支撑，推进产业循环链接的关键技术突破，实现资源由低值利用向高值利用转变，实现资源优化配置和关键技术、信息的共享，实现经济效益、社会效益和环境效益的有机统一。二是充分发挥市场配置资源的基础性作用，以企业为园区循环化改造的实施主体，引导企业自觉参与循环化改造。三是通过对能量梯级利用、副产物综合利用、废弃物的资源化利用、产业链延伸以及循环经济公共服务平台设施的完善，促使经济增长质量得到有效提高，产业发展模式更加优化，资源、能源消耗水平显著降低，成本和市场竞争优势愈加明显。四是通过循环经济的发展，带动相关产业发展。通过项目的实施，为下游提供了优质的铁精矿和钢材、建材等资源，可以带动周边装备制造、机械加工等产业发展。开发区循环经济的发展也将促进环保产业成长，包括除尘、污水处理和污染防治及其相配套的环保系列产品，环保产业的设计、生产、销售，将引领环保新兴产业形成新的经济增长点。将进一步带动周边交通、物流、商业、金融、房地产、餐饮、会展等相关生产、生活型服务业协同发展。

化工产业园

先进装备制造业产业园

武汉科技大学绿色制造工程研究院

武汉科技大学绿色制造工程研究院成立于2017年，其前身是2008年成立的直属二级科研机构“绿色制造与节能减排科技研究中心”。研究院旨在围绕国家、湖北省战略需求，依托武汉科技大学耐火材料与高温陶瓷国家重点实验室培育基地、冶金装备及控制湖北省重点实验室、煤转化与新型炭材料湖北省重点实验室等实验室和科研机构，通过跨学科融合整合学校钢铁冶金、材料、机械、化工、控制、医学等学科优势学科力量，开展绿色材料制备、绿色工艺装备、污染协同控制以及废弃物回收利用全生命周期的产学研合作。

研究院现有专职研究人员5人，其中教授（博导）4人，中级职称2人，在绿色新材料制备与应用、绿色制造装备与工艺、冶金固废资源化利用和工业烟尘深度净化，拥有4支稳定的科研团队。

（1）绿色制造装备与工艺科研团队。是“湖北省高等学校优秀中青年科技创新团队”，团队成员知识结构涵盖机械工程、工业工程、计算机、管理工程等。团队在绿色制造及再制造理论、绿色制造工艺规划与决策技术、面向绿色制造的清洁、节能工程化装备技术及应用系统等方面均取得了重大突破，多项研究成果达到国际先进水平。

（2）绿色新材料制备与应用科研团队。致力于煤化工功能材料绿色合成与应用开发、高纯度石墨烯制备与应用研究、高纯度单（多）壁碳纳米管制备与应用研究、环保型钢铁表面功能涂层制备与应用研究等，近五年发表SCI论文20余篇，授权专利10余项。本研究方向与武汉奥普林斯科技发展公司、武汉石化、兴发集团、风帆表面等公司建立了长期科研合作关系，取得了巨大的经济效益和社会效应。

（3）冶金固废资源化利用科研团队。在含铁渣尘分选提纯新工艺、钢渣全粒度应用与钢渣沥青混凝土复配、钢渣轻质高强陶粒制备、尾矿地质聚合物泡沫混凝土研发等关键技术研究与产业化方面均取得了重大突破，研究成果达到国际先进水平。近五年申请和授权发明专利20多项，获省部级科技成果奖5项。

（4）工业烟尘深度净化科研团队。始终坚持细颗粒物静电增强净化研究特色。在国内最早开展了具有开拓性的静电凝并除尘、单电源双极静电除尘、自由旋线高湿烟气净化的理论与应用研究。实验室拥有目前国内高校最大且功能最齐全的双极静电除尘和布卷帘湿式静电除尘试验研究平台。在静电增强纤维过滤技术、高湿烟气电流体动力复合除尘技术、静电凝并除尘技术的研究水平处于国内前沿。

研究院将继续坚持“开放、流动、联合、竞争”的运行机制，在学术委员会和专家领导小组的指导下，不断开拓进取，服务地方区域经济社会发展，为武汉科技大学“双一流”建设、湖北省“十三五”规划目标完成以及“十九大”生态文明建设和绿色发展的实现贡献力量。

›››

大事记

中国应对气候变化和低碳发展大事记
（2016年度）

一 月

1月5日 中共中央总书记、国家主席、中央军委主席习近平在重庆召开推动长江经济带发展座谈会强调，推动长江经济带发展必须从中华民族长远利益考虑，走生态优先、绿色发展之路，使绿水青山产生巨大生态效益、经济效益、社会效益，使母亲河永葆生机活力。

习近平指出，长江拥有独特的生态系统，是我国重要的生态宝库。当前和今后相当长一个时期，要把修复长江生态环境摆在压倒性位置，共抓大保护，不搞大开发。要把实施重大生态修复工程作为推动长江经济带发展项目的优先选项，实施好长江防护林体系建设、水土流失及岩溶地区石漠化治理、退耕还林还草、水土保持、河湖和湿地生态保护修复等工程，增强水源涵养、水土保持等生态功能。要用改革创新的办法抓长江生态保护。要在生态环境容量上过紧日子的前提下，依托长江水道，统筹岸上水上，正确处理防洪、通航、发电的矛盾，自觉推动绿色循环低碳发展，有条件的地区率先形成节约能源资源和保护生态环境的产业结构、增长方式、消费模式，真正使黄金水道产生黄金效益。

1月5日 国家发展改革委、工业和信息化部、环境保护部、商务部、质检总局发布了《电动汽车动力蓄电池回收利用技术政策（2015年版）》。

1月11日 国家发展改革委办公厅发出《关于切实做好全国碳排放权交易市场启动重点工作的通知》（发改办气候[2016]57号），提出结合经济体制改革和生态文明体制改革总体要求，以控制温室气体排放、实现低碳发展为导向，充分发挥市场机制在温室气体排放资源配置中的决定性作用，国家、地方、企业上下联动、协同推进全国碳排放权交易市场建设，确保2017年启动全国碳排放权交易，实施碳排放权交易制度。

《通知》要求，地方主管部门、民航局、有关行业协会、央企，2月29日前向发改委报送纳入全国碳交易体系的企业名单，纳入门槛为2013～2015年中任意一年综合能源消费总量达到1万吨标准煤以上（含）的企业。

《通知》指出，2016年是全国碳排放权交易市场建设攻坚时期，国家、地方、企业上下联动、协同推进全国碳排放权交易市场建设，确保2017年启动全国碳排放权交易，实施碳排放权交易制度。至此，启动全国碳市场终于有了“时间表”。在此之前，大家都知道要启动，但具体工作不明确。这个文件明确部署和规划了纳入企业名单、碳排放数据核算等工作，规定较为细致，加快了推进全国碳市场启动步伐。

《通知》明确，全国碳排放权交易市场第一阶段将涵盖石化、化工、建材、钢铁、有色、造纸、电力、航空等重点排放行业，企业2013～2015年中任意1年综合能源消费总量达到1万吨标准煤以上。

《通知》提出了今后的重点工作任务：民航局、地方主管部门要建立和完善工作机制，明确工作要求，扎实推进各项具体工作，切实提供工作保障，着力提升碳排放权交易市场的基础能力建设。相关行业协会和央企发挥带头示范作用，形成重点行业、重点企业积极响应、积极参与全国碳排放权交易的良好氛围。（一）提出拟纳入全国碳排放权交易体系的企业名单。（二）对拟纳入企业的历史碳排放进行核算、报告与核查。（三）培育和遴选第三方核查机构及人员。（四）强化能力建设。

1月11日 国家发展改革委发布了《“互联网+”绿色生态三年行动实施方案》的通知。方案总体要求，推动互联网与生态文明建设深度融合，完善污染物监测及信息发布系统，形成覆盖主要生态要素的资源环境承载能力动态监测网络，实现生态环境数据的互联互通和开放共享。充分发挥互联网在逆向物流回收体系中的平台作用，提高再生资源交易利用的便捷化、互动化、透明化，促进生产生活方式绿色化。

《方案》主要包括加强资源环境动态监测、大力发展智慧环保、完善废旧资源回收利用和在线交易体系三大任务。在完善废旧资源回收利用和在线交易体系中特别提到:选择部分特定产品，支持利用电子标签、二维码等物联网技术跟踪电子废物流向，推动在废弃电器电子产品处理企业的审核评价标准中纳入有关指标要求。

《方案》提出，要加强资源环境动态监测，会同地方政府建立资源环境监测预警数据库和信息共享平台。研究建设资源环境动态监测应急系统，组织开展农作物、草原等农业生态要素遥感及地面动态监测工作。制定《“互联网”＋林业行动计划》。积极推动生态红线监测、生态红线一张图建设。建设适应“互联网＋”绿色生态的林业标准体系等。

《方案》还提出，大力发展智慧环保，利用智能监测设备和移动互联网，完善污染物排放在线监测系统，增加监测污染物种类，扩大监测范围，形成全天候、多层次的智能多源感知体系。加强企业环保信用数据的采集整理，将企业环保信用记录纳入全国统一信用信息共享交换平台。完善环境预警和风险监测信息网络，提升重金属、危险废物、危险化学品等重点风险防范水平和应急处理能力等。

《方案》强调，要完善废旧资源回收利用和在线交易体系，制定《“互联网＋”资源循环行动方案（2016－2020）》，起草下发《关于推动再生资源回收行业转型升级的意见》，支持回收行业利用物联网、大数据开展信息采集、数据分析、流向监测，推广“互联网＋”回收新模式等任务。

1月11～12日　2016年全国环境保护工作会议在北京召开。国务院总理李克强、副总理张高丽作出重要批示。李克强总理批示指出：新的一年，望牢固树立五大发展理念，统筹把握好发展与保护的关系，以改善大气、水、土壤环境为重点，注重发挥市场机制的作用，加强污染治理和生态保护，加大农村环境综合整治力度，加快发展节能环保产业，严格环境风险管控，为实现经济发展与环境改善双赢、全面建成小康社会作出更大贡献。

环境保护部部长陈吉宁作工作报告强调，要将改善环境质量这个核心贯穿到环保工作的各领域和全过程，加快转变思想观念、工作思路和方式方法，为“十三五”环保工作开好局、起好步。

1月15日　北京生态设计与绿色制造促进会在京成立，中国工程院院士丁文江担任第一届会长。同期，举办了首期“生态设计与绿色制造大讲堂”活动。

1月18～19日　由APEC能源工作组、国家能源局国际合作司和中国国电集团公司共同主办的“APEC燃料电池国际论坛”在北京召开，APEC经济体国家和地区的燃料电池领域知名专家学者、协会和企业代表等400余人参加了论坛。本届论坛围绕国内外燃料电池发展趋势、固定式燃料电池发电技术及应用前景、交通用燃料电池产业及技术和氢能及其基础设施等四大主题，全面总结探讨了国内外燃料电池技术的发展趋势，交流分享了全球顶级燃料电池研究机构和企业的研究成果和实践经验。会上，中国工程院院士、中科院大连化学物理研究所研究员衣宝廉，美国燃料电池和氢能协会主席等20多位来自中国、美国、加拿大、德国、日本、韩国和台湾地区的专家以及丰田、戴姆勒、巴拉德电力、现代等企业代表结合各自研究领域和工作经验作了主题报告。

1月19日　国家主席习近平对埃及进行国事访问期间，在习近平主席和埃及总统赛西的共同见证下，国家发改委将向埃及赠送2000万元人民币的应对气候变化物资，用于帮助其提高国内应对气候变化的能力。

1月21日　工业和信息化部在西安市召开全国工业节能监察工作座谈会。会上，各省（市、区）就2015年工作开展情况作了汇报交流，围绕“十三五”工业节能监察思路进行了讨论；有关法律、电解铝和水泥行业专家分别就依法开展节能监察及电解铝、水泥行业阶梯电价政策进行了解读。

会议强调，在新的形势下，全国工业节能监察系统要进一步转变思想观念，强化干事创业、创新进取的精神；紧紧围绕工业绿色发展等中心工作，从完善节能监察体系、提升节能监察能力和创新机制、加大政策支持等方面入手，发挥好人员、设备和专业技术优势，做好节能监督工作。

1月25日　国家发改委应对气候变化司司长苏伟应约与美国能源部助理部长艾尔肯举行会谈，双方就巴黎会议及中美气候变化和能源合作相关问题交换了意见。美方高度评价中方为推动巴黎会议成功做出的突出贡献，双方表示将进一步加强在气候变化和清洁能源等领域合作，为应对气候变化挑战、推进全球气候治理做出更大贡献。

1月25日　环境保护部印发《关于授予上海市崇明县、广东省珠海市等22个市、县（市、区）“国家生态市、县（市、区）”称号的公告》。

二　月

2月1日　国务院印发《关于煤炭行业化解过剩产能实现脱困发展的意见》，对今后一个时期化解煤炭行业过剩产能、推动煤炭企业实现脱困发展提出要求、明确任务并作出部署。

《意见》提出，将坚持市场倒逼、企业主体，地方组织、中央支持，综合施策、标本兼治，因地制宜、分类处置，将积极稳妥化解过剩产能与结构调整、转型升级相结合，实现煤炭行业扭亏脱困升级和健康发展。

意见》明确，从2016年开始，用3至5年的时间，煤炭行业再退出产能5亿吨左右、减量重组5亿吨左右，较大幅度压缩煤炭产能，适度减少煤矿数量，煤炭行业过剩产能得到有效化解，市场供需基本平衡，产业结构得到优化，转型升级取得实质性进展。

《意见》明确了进一步化解煤炭行业过剩产能、推动煤炭企业实现脱困发展的9项主要任务：严格控制新增产能，加快淘汰落后产能和其他不符合产业政策的产能，有序退出过剩产能，推进企业改革重组，促进行业调整转型，严格治理不安全生产，严格控制超能力生产，严格治理违法违规建设，严格限制劣质煤使用。

《意见》提出了完成上述目标和任务的若干政策措施，包括加强奖补支持、做好职工安置、加大金融支持、盘活土地资源、鼓励技术改造和其他支持政策等方面。

2月1日　国家发展改革委、农业部、国家林业局联合印发《关于加快发展农业循环经济的指导意见》，提出要全面贯彻落实党中央、国务院关于大力推进生态文明建设的战略部署，加快发展农业循环经济，提高农业资源利用效率和改善农村生态环境，促进一、二、三产业融合发展，全面推动资源利用节约化、生产过程清洁化、产业链接循环化、废弃物处理资源化，增强农业可持续发展能力，加快转变农业发展方式的指导思想、遵循原则和“十三五”期间主要目标、重点领域、主要任务和保障措施等。同时，要求各地有关部门结合实际，科学谋划本区域农业循环经济发展，明确重点任务、重点工程和推进措施，加强沟通协调，研究出台支持政策。

主要目标：到2020年，建立起适应农业循环经济发展要求的政策支撑体系，基本构建起循环型农业产业体系。生态循环农业产业不断发展，科技支撑能力不断增强，农林废弃物处理资源化程度明显提高，人居环境和生态环境显著改善，农业可持续发展能力不断提升。建设和推广一批具有示范引领作用的农业、林业和工农复合型的循环经济示范园区、示范基地、示范工程、示范企业和先进适用技术，总结凝练一批可借鉴、可复制、可推广的农业循环经济发展典型模式，推动农业发展方式转变。

力争到2020年，农田灌溉水有效利用系数达到0.55，主要农作物化肥利用率达到40%以上，农膜回收率达80%以上，农作物秸秆综合利用率达到85%以上，规模化养殖场(区)畜禽粪便综合利用率达到75%，林业废弃物综合利用率达到80%以上。

2月4日　国家发展改革委、住房城乡建设部发出《关于印发城市适应气候变化行动方案的通知》（发改气候[2016]245号）。

总体要求：全面贯彻党的十八大和十八届三中、四中、五中全会精神，大力推进生态文明建设，以维护城市安全宜居为核心，坚持以人为本，加强科技支撑，牢固树立适应理念，从政策法规、体制机制、规划统筹、标准规范、建设管理等方面全面推进城市适应气候变化行动，努力创建气候适应型城市，全面提升城市适应气候变化能力，为建设美丽中国而奋斗。

目标愿景：到2020年，普遍实现将适应气候变化相关指标纳入城乡规划体系、建设标准和产业发展规划，建设30个适应气候变化试点城市，典型城市适应气候变化治理水平显著提高，绿色建筑推广比例达到50%。到2030年，适应气候变化科学知识广泛普及，城市应对内涝、干旱缺水、高温热浪、强风、冰冻灾害等问题的能力明显增强，城市适应气候变化能力全面提升。

主要行动：（一）加强城市规划引领；（二）提高城市基础设施设计和建设标准；（三）提高城市建筑适应气候变化能力；（四）发挥城市生态绿化功能；（五）保障城市水安全；（六）建立并完善城市灾害风险综合管理系统；（七）夯实城市适应气候变化科技支撑能力。

试点示范内容：按照地理位置和气候特征将全国划分东部、中部、西部三类适应地区，根据不同的城市气候风险、城市规模、城市功能，如超大或特大城市、三角洲城市、沿海沿江临湖城市、旅游城市、荒漠化、石漠化地区城市、港口城市等，选择30个典型城市，开展气候适应型城市建设试点。试点城市应根据自身气候变化问题，编制气候适应型城市试点工作方案，在试点城市或城市的某一试点区域，选择城市气候脆弱性评估、城市规划、气候变化监测体系、建筑、交通、能源、水资源管理、地下工程、绿化防沙、公众健康、灾害治理模式、体制机制、投融资模式等领域中的一个或多个方面，启动相关适应工程或项目。气候适应型城市试点工作应于2020年之前取得阶段性成果，相关成果经考核验收后进行推广示范。

2月4日　环保部通报2015年全国城市空气质量总体呈转好趋势，全国338个地级及以上城市平均达标天数比例为76.7%，73个城市空气质量达标，占21.6%，达标城市主要分布在福建、广东、云南、贵州、西藏等省份。全国338个地级及以上城市均按空气质量新标准要求，开展包括细颗粒物(PM2.5)、可吸入颗粒物(PM10)、二氧化硫(SO2)、二氧化氮(NO2)、一氧化碳(CO)和臭氧(O3)等6项指标的监测。监测结果表明，338个城市PM10、SO2和NO2三项可比指标平均浓度同比分别下降7.4%、16.1%、6.3%。从各指标平均浓度来看，SO2、NO2、CO和O3等4项指标均达标，PM2.5、PM10分别超过年均值二级标准42.9%、24.3%。

2月17日　国家发展改革委、中宣部、科技部、财政部、环境保护部、住房城乡建设部、商务部、质检总局、旅游局、国管局十部门印发关于促进绿色消费的指导意见的通知（发改环资[2016]353号）。《意见》围绕贯彻党的十八届五中全会和习近平总书记重要讲话精神，落实绿色发展理念，从消费角度提出了加快生态文明建设、推动经济社会绿色发展的要求，明确了促进绿色消费的总体要求、主要目标、主要任务和政策措施。

《意见》指出，促进绿色消费，既是传承中华民族勤俭节约传统美德、弘扬社会主义核心价值观的重要体现，也是顺应消费升级趋势、推动供给侧改革、培育新的经济增长点的重要手段，更是缓解资源环境压力、建设生态文明的现实需要。

《意见》提出，到2020年，绿色消费理念成为社会共识，长效机制基本建立，奢侈浪费行为得到有效遏制，绿色产品市场占有率大幅提高，勤俭节约、绿色低碳、文明健康的生活方式和消费模式基本形成。

《意见》明确了着力培育绿色消费理念、引导居民践行绿色生活方式和消费模式、全面推进公共机构带头绿色消费、大力推动企业增加绿色产品和服务供给、深入开展全社会反对浪费行动等5个方面的主要任务，提出了健全法律法规、完善标准体系、健全标识认证体系、完善经济政策、加强金融扶持等5个方面的政策措施。

2月18日　国家能源局召开全面深化改革领导小组会议，国家发展改革委副主任、国家能源局局长努尔•白克力出席并讲话。会议的主要任务是落实党中央、国务院关于供给侧结构性改革的决策部署，落实全国能源工作会议关于能源体制改革的工作部署。会上审议通过了《国家能源局2016年体制改革工作要点》。

努尔•白克力强调，要把思想和行动统一到党中央、国务院关于推进供给侧结构性改革的决策部署上来，坚定信心、坚决行动，抓紧抓好抓实，切实取得成效。推进能源领域供给侧结构性改革要着重抓好以下七项工作：

一是化解煤炭行业过剩产能。落实国务院《关于煤炭行业化解过剩产能实现脱困发展的意见》，力争用三到五年时间，退出产能五亿吨左右、减量重组五亿吨左右。严格控制煤炭新增产能，从2016年起，3年内原则上停止审批新建煤矿项目。加快淘汰落后产能，2016年力争关闭落后煤矿1000处以上，合计产能6000万吨。推动煤炭行业兼并重组。

二是化解煤电过剩产能。严格控制煤电新开工规模，对存在电力冗余的地区要根据实际情况，取消一批不具备核准条件的项目，暂缓一批煤电项目核准，缓建一批已核准项目。利用市场机制倒逼，加快推进电力市场化改革，新核准的发电机组原则上参与电力市场交易。

三是着力解决弃水、弃风、弃光问题。优化控制增量，根据规划有效把握水电、核电发展节奏，发展风电、光伏、生物质能、地热能以就近消纳为主。化解消纳存量，优化系统调度运行，鼓励发展抽水蓄能等调峰电源，提高跨省跨区输电通道利用效率。大力推进分布式能源发展。

四是加快推进电改落地。推进电力市场化改革，降低电力价格。充分调动各地积极性，加快建立电力市场，实现直接交易，放开上网电价和销售电价，严格管控电网企业输配电价，充分释放降电价、促发展等改革红利。

五是稳步推进石油天然气体制改革。在中央审议出台《关于深化石油天然气体制改革的若干意见》后，抓紧研究制定专项改革方案和相关配套文件，在部分省市开展油气改革综合试点或专项试点。

六是加强能源扶贫。落实中央精准扶贫、精准脱贫的要求，深入开展光伏扶贫。实施新一轮农网改造升级工程。推进定点扶贫和对口支援。

七是提高能源系统整体运行效率。要把提高能源系统效率，作为新常态下能源发展提质增效的一项重要工作。优化高耗能产业和能源开发布局，降低对远距离能源输送的依赖。推动能源协调发展和互补利用，提高能源系统的智能化水平和运行效率。

2月23日　国家发展改革委在京召开全国碳排放权交易市场建设工作部署电视电话会议，国家发展改革委副主任张勇出席会议并讲话。会议深刻认识全国碳排放权交易市场建设的重要意义，系统总结了碳排放权交易市场建设的工作基础，并结合下一步的工作重点进行了全面动员部署，提出了抓好落实的具体要求。

北京市、上海市、浙江省、湖北省、广东省、江苏省、深圳市发改委有关负责同志作了交流发言。民航局，国家发改委办公厅、政研室、规划司、体改司、投资司、产业司、环资司、法规司、国家应对气候变化战略研究和国际合作中心、能源研究所等单位代表在主会场参加会议，各省、自治区、直辖市及计划单列市、副省级省会城市及新疆生产建设兵团发展改革委设分会场，各省、区、市所辖地市发展改革委也通过视频会议系统参加了本次会议。

2月24日　国务院总理李克强主持召开国务院常务会议，确定进一步支持新能源汽车产业的措施，以结构优化推动绿色发展。

会议指出，发展新能源汽车，推动产业迈向中高端，有利于保护和改善环境，是培育新动能的重要抓手、发展新经济的重要内容。近两年来，在国家政策引导和各方努力下，我国新能源汽车在研发推广、技术水平等方面取得明显成效，产销快速增长。下一步，要坚持市场导向和创新驱动，依托大众创业、万众创新，努力攻克核心技术，打破瓶颈制约，加速新能源汽车发展步伐。一是加快实现动力电池革命性突破。推动大中小企业、高校、科研院所等组建协同攻关、开放共享的动力电池创新平台，在关键材料、电池系统等共性、基础技术研发上集中发力。中央财政采取以奖代补方式，根据动力电池性能、销量等指标对企业给予奖励。加大对动力电池数字化制造成套装备的支持。二是加快充电基础设施建设。明确地方政府、业主、开发商、物业和电网企业等责权利，推动落实住宅小区和党政机关、企事业单位、机场景区及其他社会停车场等建设充电设施的要求。利用中央预算内投资和配电网专项金融债等支持各地充电设施建设，鼓励地方建立以充电量为基准的奖励补贴政策，减免充电服务费用。三是扩大城市公交、出租车、环卫、物流等领域新能源汽车应用比例。中央国家机关、新能源汽车推广应用城市的政府部门及公共机构购买新能源汽车占当年配备更新车辆总量的比例，要提高到50%以上。四是提升新能源汽车整车品质。完善准入标准，加强质量安全监管，发展新能源汽车＋物联网，强化生产企业对新能源汽车的安全监控、动态检查，建立惩罚性赔偿和市场退出等机制。五是完善财政补贴等扶持政策，督促落实不得对新能源汽车限行限购的要求，破除地方保护，打击“骗补”行为。建立合理投资回报机制，鼓励社会资本进入充电设施建设运营、整车租赁、电池回收利用等服务领域。国务院新能源汽车协调机制及其办公机构要履行好协调职责。

2月25日　全国工业节能与综合利用工作座谈会在海口召开。会议指出，“十二五”期间，工业和信息化部坚持把工业节能减排作为转方式调结构的重要抓手，全面实施节能减排技术改造，大力推广节能环保新技术、新装备和新产品，逐步完善节能减排工作体系。经过五年不懈努力，工业能效、资源综合利用和清洁生产水平均显著提升。五年间，规模以上工业单位增加值能耗累计下降28%，单位工业增加值用水量累计下降35%左右，大宗工业固废资源综合利用率达到约50%，重点行业主要污染物排放强度明显下降，提前一年完成“十二五”淘汰落后产能任务。

会议强调，党中央、国务院的战略部署和习近平总书记重要讲话，为“十三五”期间加快建设制造强国、深入推进工业节能减排、积极谋划工业绿色发展，指明了前进方向，提出了更高要求。《中国制造2025》将绿色发展放在了重要位置，工业绿色发展是提升制造业国际竞争力的必然选择，也是推进生态文明建设的内在要求。在应对国际金融危机和气候变化背景下，推动绿色增长、实施绿色新政是全球主要经济体的共同选择，发展绿色经济、抢占未来全球竞争的制高点已成为国家重要战略。全面实施绿色制造工程是制造强国建设的战略任务，也是推进供给侧结构性改革的重要举措。推进供给侧结构性改革的重点是工业，工业绿色发展是实现“三去一降一补”的重要途径之一。积极培育节能环保等战略性新兴产业，必须补上绿色发展这块“短板”，进一步降低企业能耗、物耗等生产成本，加快增加绿色产品供给，引导绿色消费，既是落实中央绿色发展理念的具体体现，也是顺应百姓期待、回应百姓关切的民生工程。

会议提出，2016年工业节能与综合利用系统要全面落实制造强国建设战略，践行绿色发展理念，强化法规标准监管，创新完善政策机制，构建绿色制造体系，全面谋划，整体推进，为“十三五”工业绿色发展开好局、起好步。重点抓好以下六个方面工作：

一是实施传统制造业清洁化改造。推进重点区域、重点流域、重点行业清洁生产技术改造，实施水污染防治重点行业清洁生产技术推行方案，建设一批清洁化改造示范项目，提升清洁生产水平。

二是开展工业能效提升行动。组织重点高耗能行业，开展能效“领跑者”计划。选择部分煤炭消费量大的城市，实施煤炭清洁高效利用行动计划。推进全国工业节能监测分析平台建设。强化节能监察，积极探索建立节能监察新机制。

三是推进资源高效综合利用。全面推行循环型生产方式，深化工业资源综合利用基地建设试点，实施水泥窑协同处置生活垃圾污泥示范工程，推进资源再生利用产业规范化、规模化发展，开展电器电子产品生产者责任延伸试点，加快推进五省市甲醇汽车试点。

四是大力发展节能环保产业。组织实施一批先进环保装备应用示范工程，发布一批落后技术装备负面清单。编制发布能效之星、节能机电产品推荐目录，提升终端用能工业产品能效，推进工业电机系统节能技术创新和优化升级。实施高端再制造、智能再制造、在役再制造工程，推进再制造产品认定。

五是积极构建绿色制造体系。聚焦重点区域，依托重点城市，选择重点行业，组织实施绿色制造试点示范。加快建立健全绿色标准，开发绿色产品，创建绿色工厂，建设绿色园区，打造绿色供应链，强化绿色监管和示范引导，全力推进区域工业绿色转型发展。

六是营造良好政策法规环境。加强工业节能监察队伍建设，实施电器电子产品有害物质限制使用管理办法，推动出台资源综合利用税收优惠政策实施细则，积极拓展绿色信贷、绿色债券、产业基金等金融政策支持，进一步加大政策支持力度。

2月29日　国家发展改革委气候司、国家气候变化专家委员会分别与美国环保局代表团进行会谈和对话。美方介绍了美国清洁电力计划的内容和实施进展情况，并就相关法律问题进行了解答。双方回顾了中美气候变化工作组下相关任务组的工作进展，并就今年工作安排进行了交流。

2月29日　国家能源局发出《关于建立可再生能源开发利用目标引导制度的指导意见 》（国能新能〔2016〕54号），为促进可再生能源开发利用，保障实现2020、2030年非化石能源占一次能源消费比重分别达到15%、20%的能源发展战略目标，建立可再生能源开发利用目标引导制度，建立清洁低碳、安全高效的现代能源体系。

三　月

3月2日　国家发展改革委赠送马尔代夫环境能源部应对气候变化物资交付仪式在马尔代夫首都马累举行。我国驻马尔代夫大使王福康、马环境能源部长陶瑞克、财政部长吉哈德出席仪式并讲话。

3月10日　工信部节能司发出《2016年工业节能与综合利用工作要点》，明确按照中央经济工作会议及全国工业和信息化工作会议部署，落实《中国制造2025》，以实施绿色制造专项行动为抓手，着力抓好绿色制造体系建设试点示范、生产过程清洁化改造、能源利用高效低碳化改造、水资源利用高效化改造、工业资源综合利用，发展节能环保产业，全面推行绿色制造，促进工业转型升级。全国规模以上工业万元增加值能耗下降4%，万元工业增加值用水量下降4.5%，工业生产过程清洁化水平和大宗工业固体废物综合利用率进一步提高，为实现“十三五”工业绿色发展打下坚实基础。

3月11日　国家电网公司在京发布《国家电网公司促进新能源发展白皮书(2016)》。《白皮书》介绍了我国新能源发展的现状和国网公司促进新能源发展，在电网建设、调度运行、分布式光伏并网服务、技术创新等方面采取的措施及取得的显著成效，并就实现我国新能源高效利用提出了可行性举措，公布了国网公司未来的行动计划和倡议。

截至2015年，我国风电、太阳能发电累计装机容量1.7亿千瓦，超过全球的四分之一。国家电网调度范围风电、太阳能发电累计装机容量分别达到11664万千瓦、3973万千瓦，国家电网是全球范围内接入新能源规模最大的电网。

《白皮书》指出，2015年，我国风电新增装机容量3144万千瓦，再创历史新高；太阳能发电新增装机容量1672万千瓦，连续四年世界第一。截至2015年底，我国风电装机容量达到12830万千瓦，81%分布在“三北”地区，内蒙古、新疆、甘肃、河北、山东、辽宁、宁夏、山西等8个省份装机容量超过600万千瓦。全国14个省份的新能源成为第二大电源，均在国家电网调度范围内，其中甘肃、宁夏、新疆新能源装机占本地电源装机比例超过30%。“十二五”，我国风电、太阳能发电装机容量年均增速分别为34%、178%。

白皮书发布的数据显示，2015年，我国风电发电量1851亿千瓦时，同比增长16%；太阳能发电量383亿千瓦时，同比增长64%。新能源发电设备平均利用小时数基本保持平稳，全国风电设备平均利用小时数1728小时，9个省份风电设备利用小时数超过2000小时。全国太阳能发电设备平均利用小时数1164小时，6个省份太阳能发电设备利用小时数超过1500小时，均在国家电网调度范围内。新能源运行指标与国际先进水平相当，新能源发电保持安全稳定运行，连续4年未发生大规模风机脱网事故。“十二五”，我国风电、太阳能发电量年均增速分别为30%、219%。

3月14日　国家发展改革委气候司副司长李高在委内与德国北威州环保部海茵局长一行举行会谈。双方就中德两国国家和地方层面应对气候变化政策、应对气候变化立法、低碳发展、应对气候变化合作等问题进行了深入交流。

3月16日　国家发改委副主任张勇出席国家发改委气候司和气候战略中心与镇江市政府签署低碳发展合作协议并讲话。张勇指出，国家发改委气候司、气候战略中心与镇江市政府签署合作协议，是探索上下联动、合力推进低碳发展的重要尝试，有利于充分发挥地方的积极性，挖掘新常态下新的经济增长点，有效探索可复制、可推广的低碳发展模式，推动我国低碳发展以点带面，使“盆景”变“风景”。

气候司和镇江市将围绕做好镇江官塘低碳新城试点工作，在国际合作、产业合作、能源利用、人才交流、温室气体排放统计与信息报送等方面开展合作，探索建立司地协同推进低碳城（镇）试点的工作机制。气候战略中心和镇江市将在能力建设方面开展合作，为镇江市低碳发展提供研究支撑。

3月16日　十二届全国人大四次会议表决通过了《中华人民共和国国民经济和社会发展第十三个五年规划纲要》。3月17日，“纲要”正式发布。

“纲要”提出了今后5年经济社会发展的主要目标。“生态环境质量总体改善”作为目标之一首次提出，具体包括以下内容：生产方式和生活方式绿色、低碳水平上升，能源资源开发利用效率大幅提高，能源和水资源消耗、建设用地、碳排放总量得到有效控制，主要污染物排放总量大幅减少，主体功能区布局和生态安全屏障基本形成。

“纲要”提出，到2020年，万元GDP用水量较2015年下降23%，单位GDP能源消耗较2015年降低15%，单位GDP二氧化碳排放较2015年降低18%，非化石能源占一次消费能源比重要达到15%。森林覆盖率达到23.04%，森林蓄积量达到165亿立方米。地级及以上城市空气质量优良天数比率达到80%以上，细颗粒物未达标地级及以上城市浓度较2015年下降18%。达到或好于Ⅲ类水体比例达70%，劣Ⅴ类水体比例小于5%。化学需氧量、氨氮、二氧化硫、氮氧化物排放总量较2015年减少10%、10%、15%、15%。

“纲要”提出，深入推进能源革命，着力推动能源生产利用方式变革，优化能源供给结构，提高能源利用效率，建设清洁低碳、安全高效的现代能源体系，维护国家能源安全。

“纲要”提出，推动能源结构优化升级。统筹水电开发与生态保护，坚持生态优先，以重要流域龙头水电站建设为重点，科学开发西南水电资源。继续推进风电、光伏发电发展，积极支持光热发电。以沿海核电带为重点，安全建设自主核电示范工程和项目。加快发展生物质能、地热能，积极开发沿海潮汐能资源。完善风能、太阳能、生物质能发电扶持政策。优化建设国家综合能源基地，大力推进煤炭清洁高效利用。限制东部、控制中部和东北、优化西部地区煤炭资源开发，推进大型煤炭基地绿色化开采和改造，鼓励采用新技术发展煤电。加强陆上和海上油气勘探开发，有序开放矿业权，积极开发天然气、煤层气、页岩油（气）。推进炼油产业转型升级，开展成品油质量升级行动计划，拓展生物燃料等新的清洁油品来源。

“纲要”提出，构建现代能源储运网络。统筹推进煤电油气多种能源输送方式发展，加强能源储备和调峰设施建设，加快构建多能互补、外通内畅、安全可靠的现代能源储运网络。加强跨区域骨干能源输送网络建设，建成蒙西－华中北煤南运战略通道，优化建设电网主网架和跨区域输电通道。加快建设陆路进口油气战略通道。推进油气储备设施建设，提高油气储备和调峰能力。

“纲要”提出，积极构建智慧能源系统。加快推进能源全领域、全环节智慧化发展，提高可持续自适应能力。适应分布式能源发展、用户多元化需求，优化电力需求侧管理，加快智能电网建设，提高电网与发电侧、需求侧交互响应能力。推进能源与信息等领域新技术深度融合，统筹能源与通信、交通等基础设施网络建设，建设“源－网－荷－储”协调发展、集成互补的能源互联网。

“纲要”提出，加强海洋资源环境保护。深入实施以海洋生态系统为基础的综合管理，推进海洋主体功能区建设，优化近岸海域空间布局，科学控制开发强度。严格控制围填海规模，加强海岸带保护与修复，自然岸线保有率不低于35%。严格控制捕捞强度，实施休渔制度。加强海洋资源勘探与开发，深入开展极地大洋科学考察。实施陆源污染物达标排海和排污总量控制制度，建立海洋资源环境承载力预警机制。建立海洋生态红线制度，实施“南红北柳”湿地修复工程和“生态岛礁”工程，加强海洋珍稀物种保护。加强海洋气候变化研究，提高海洋灾害监测、风险评估和防灾减灾能力，加强海上救灾战略预置，提升海上突发环境事故应急能力。实施海洋督察制度，开展常态化海洋督察。

“纲要”提出，“加快改善生态环境”篇提出，以提高环境质量为核心，以解决生态环境领域突出问题为重点，加大生态环境保护力度，提高资源利用效率，为人民提供更多优质生态产品，协同推进人民富裕、国家富强、中国美丽。

“纲要”提出，加快建设主体功能区。强化主体功能区作为国土空间开发保护基础制度的作用，加快完善主体功能区政策体系，推动各地区依据主体功能定位发展。

“纲要”提出，推进资源节约集约利用。树立节约集约循环利用的资源观，推动资源利用方式根本转变，加强全过程节约管理，大幅提高资源利用综合效益。全面推动能源节约。全面推进节水型社会建设。强化土地节约集约利用。加强矿产资源节约和管理。大力发展循环经济。倡导勤俭节约的生活方式。建立健全资源高效利用机制。加大环境综合治理力度，创新环境治理理念和方式，实行最严格的环境保护制度，强化排污者主体责任，形成政府、企业、公众共治的环境治理体系，实现环境质量总体改善。

“纲要”提出，加强生态保护修复。坚持保护优先、自然恢复为主，推进自然生态系统保护与修复，构建生态廊道和生物多样性保护网络，全面提升各类自然生态系统稳定性和生态服务功能，筑牢生态安全屏障。全面提升生态系统功能。推进重点区域生态修复。扩大生态产品供给。维护生物多样性。

“纲要”提出，积极应对全球气候变化。坚持减缓与适应并重，主动控制碳排放，落实减排承诺，增强适应气候变化能力，深度参与全球气候治理，为应对全球气候变化作出贡献。有效控制温室气体排放。主动适应气候变化。广泛开展国际合作。

“纲要”提出，健全生态安全保障机制。加强生态文明制度建设，建立健全生态风险防控体系，提升突发生态环境事件应对能力，保障国家生态安全。完善生态环境保护制度。加强生态环境风险监测预警和应急响应。

“纲要”提出，发展绿色环保产业。培育服务主体，推广节能环保产品，支持技术装备和服务模式创新，完善政策机制，促进节能环保产业发展壮大。扩大环保产品和服务供给。发展环保技术装备。

3月17日　国家能源局发出《关于下达2016年全国风电开发建设方案的通知》（国能新能〔2016〕84号）确定：为保持风电开发建设节奏，促进风电产业持续健康发展，2016年全国风电开发建设总规模3083万千瓦。

3月21日　在中国国务院总理李克强和尼泊尔奥利总理的共同见证下，中国国家发改委主任徐绍史与尼方部长签署了《关于应对气候变化物资赠送的谅解备忘录》。根据该谅解备忘录，国家发改委将向尼泊尔人口环境部赠送32000余套太阳能户用发电系统，用于帮助其提高国内应对气候变化能力。

3月22日　国家能源局发出《关于印发2016年能源工作指导意见的通知》，提出2016年，能源消费总量43.4亿吨标准煤左右，非化石能源消费比重提高到13%左右，天然气消费比重提高到6.3%左右，煤炭消费比重下降到63%以下。

《意见》提出，争取在2016年6月底前发布实施能源发展“十三五”规划；编制实施《京津冀能源协同发展专项规划》和《丝绸之路经济带能源发展规划》；推动出台《关于深化石油天然气体制改革的若干意见》；启动实施“互联网+”智慧能源行动等内容。

针对可再生能源消纳难题，《意见》提出要促进可再生能源就地消纳利用：建设配套调峰电站，提高电网接入消纳能力。开展风电供暖、制氢等示范工程建设。探索风电、光伏就地消纳利用商业新模式。统筹解决弃风、弃光、弃水等行业发展突出问题。探索试点可再生能源开发利用目标管理机制。

《意见》还提出要全面推进电动汽车充电设施建设，2016年，计划建设充电站2000多座、分散式公共充电桩10万个，私人专用充电桩86万个，各类充电设施总投资300亿元。

3月23日　国家发展改革委、国务院扶贫办、国家能源局、国家开发银行、中国农业发展银行发出《关于实施光伏发电扶贫工作的意见》（发改能源[2016]621号），提出在2020年之前，重点在前期开展试点的、光照条件较好的16个省的471个县的约3.5万个建档立卡贫困村，以整村推进的方式，保障200万建档立卡无劳动能力贫困户（包括残疾人）每年每户增加收入3000元以上。其他光照条件好的贫困地区可按照精准扶贫的要求，因地制宜推进实施。

3月24日　国家发展改革委发出《关于印发《可再生能源发电全额保障性收购管理办法》的通知》（发改能源[2016]625号）。

3月25日　国家发改委气候司与住房城乡建设部建筑节能和科技司在京共同组织召开了落实《城市适应气候变化行动方案》华北片区工作座谈会。会上北京市、天津市、河北省、山西省和内蒙古自治区发展改革、住房城乡建设部门参会同志就各地适应气候变化工作基础、气候适应型城市建设试点申报以及下一步工作考虑作了交流。会议对方案落实和下一步工作提出了要求。国家气候战略中心、住房城乡建设部科技与产业化发展中心、交通运输部规划研究院环境资源所等单位参加了座谈。

3月31日　中国国家主席习近平和美国总统奥巴马于美国华盛顿发布中美气候变化联合声明。《联合声明》宣布：中美两国将于4月22日签署《巴黎协定》，并采取各自国内步骤以便今年尽早参加《巴黎协定》。双方还鼓励《联合国气候变化框架公约》其他缔约方采取同样行动，以使《巴黎协定》尽早生效。两国元首进一步承诺，将共同并与其他各方一道推动《巴黎协定》的全面实施，战胜气候威胁。

两国元首在《声明》中承诺今年双方共同并与其他国家一道努力在相关多边场合取得积极成果，包括《蒙特利尔议定书》下符合“迪拜路径规划”的氢氟碳化物修正案和国际民航组织大会应对国际航空温室气体排放的全球市场措施。为加快清洁能源创新和应用，双方将共同努力落实巴黎会议上宣布的“创新使命”倡议各项目标，并推进清洁能源部长级会议工作。两国元首支持今年在杭州举行的二十国集团峰会取得成功，包括在气候和清洁能源方面取得强有力成果，并号召二十国集团成员国建设性开展能源和气候变化国际合作。双方将通过中美气候变化工作组、中美清洁能源研究中心以及其他努力继续深化和拓展双边合作。

两国元首承诺采取具体步骤，落实2015年9月联合声明关于运用公共资源优先资助并鼓励逐步采用低碳技术的承诺。

3月31～4月1日　国家发展改革委气候司组织有关专家和试点城市在河北省秦皇岛市成功举办低碳试点经验总结评估交流会(第一组)。来自保定、石家庄、秦皇岛、济源、乌鲁木齐、金昌、延安、晋城、呼伦贝尔、吉林和大兴安岭共11个试点城市的有关负责同志围绕低碳城市试点进展，从任务落实情况、基础工作与能力建设、体制机制创新、低碳发展经验、投资项目和工作建议等方面进行了汇报。有关专家从数据来源、任务完成情况、推动体制机制创新和技术创新、探索可推广的示范经验等方面向各城市工作情况进行了深入询问和点评。

4月5日　中共中央总书记、国家主席、中央军委主席习近平在参加首都义务植树活动。习近平在谈话中指出，建设绿色家园是人类的共同梦想。我们要着力推进国土绿化、建设美丽中国，还要通过‘一带一路’建设等多边合作机制，互助合作开展造林绿化，共同改善环境，积极应对气候变化等全球性生态挑战，为维护全球生态安全作出应有贡献。

4月6日　国家发改委气候司司长苏伟和意大利环境、国土与海洋部可持续发展、环境损害与欧盟及国际事务司司长拉卡梅拉举行会谈，就中意气候变化双边合作交换了意见。双方还签署了2016年“气候变化与可持续发展”培训项目协议。

4月7日　国家发改委能源局印发《能源技术革命创新行动计划（2016-2030年）》。

《创新行动计划》的指导思想：坚持“四个全面”战略布局，牢固树立创新、协调、绿色、开放、共享的发展理念，主动引领经济社会发展新常态，以建设清洁低碳、安全高效现代能源体系的需求为导向，以提升能源自主创新能力为核心，以突破能源重大关键技术为重点，以能源新技术、新装备、新产业、新业态示范工程和试验项目为依托，实施制造强国战略，推动能源技术革命，实现我国从能源生产消费大国向能源技术强国战略转变。

《创新行动计划》明确了“非常规油气和深层、深海油气开发技术创新”、“煤炭清洁高效利用技术创新”、“二氧化碳捕集、利用与封存技术创新”、“先进核能技术创新、乏燃料后处理与高放废物安全处理处置技术创新”、“氢能与燃料电池技术创新”、“先进储能技术创新”、“能源互联网技术创新”等15项重点任务。而《路线图》则明确了上述15项重点任务的具体创新目标、行动措施以及战略方向。

4月8日（当地时间）　中国赠送安提瓜和巴布达（以下简称“安巴”）太阳能路灯项目交接仪式在安巴总理府隆重举行。安巴布朗总理在仪式上致辞。安巴是加勒比海典型的小岛屿国家。

4月14～15日　国家发展改革委气候司组织有关专家和试点城市代表分别在江苏省镇江市举办第二组低碳试点经验总结评估交流会。苏州、镇江、淮安、青岛、杭州、温州、宁波、广州、深圳和武汉共10个试点城市进行了汇报。来自国家气候战略中心、国家发改委能源研究所、清华大学、中国社科院、美国环保协会等单位的40多位代表出席会议并参加交流互动。

4月15日　国家发展改革委气候司主持召开气候投融资工作座谈会。座谈会结合本单位实际交流了绿色投融资相关工作的进展和下一步考虑，对如何进一步完善相关体制机制，形成有利于国家、地方和企业低碳发展的投融资政策导向和政策激励，更好发挥投融资政策和工具对应对气候变化和低碳发展工作的服务和支撑作用进行了深入探讨。

4月18日　环境保护部、中宣部、中央文明办、教育部、共青团中央、全国妇联六部委近日联合发布《全国环境宣传教育工作纲要（2016~2020年）》，对于进一步加强生态环境保护宣传教育工作，增强全社会生态环境意识，牢固树立绿色发展理念，全面推进生态文明建设具有重要意义。

《纲要》对“十三五”时期全国环境宣传教育工作进行了全面部署，明确了“十三五”全国环境宣传教育工作的基本原则、主要目标。“十三五”时期，全国环境宣传教育工作要按照“围绕中心，服务大局”、“正面引导，主动作为”、“统筹推进，形成合力”、“与时俱进，改革创新”的原则，构建全民参与环境保护社会行动体系，推动形成自上而下和自下而上相结合的社会共治局面。积极引导公众知行合一，自觉履行环境保护义务，力戒奢侈浪费和不合理消费，使绿色生活方式深入人心，形成与全面建成小康社会相适应，人人、事事、时时崇尚生态文明的社会氛围。

4月19日　工业和信息化部节能与综合利用司组织召开了"区域工业绿色转型发展试点工作金融模式创新研讨会"。会议介绍了区域工业绿色转型发展试点工作的背景、内涵、推进机制及目前各城市的进展状况，并针对金融助力区域绿色转型重点介绍了一批四川省攀枝花市绿色转型项目。会上，金融机构、行业协会和科研机构代表就工业绿色转型的融资模式创新、重点项目对接等进行了热烈讨论，从风险分担机制、平台建设、引入民间资本等角度提出了建议。

4月21日　国家发展改革委、水利部、工业和信息化部、住房城乡建设部、国家质检总局国家能源局发出《关于印发〈水效领跑者引领行动实施方案〉的通知》。

基本思路是：牢固树立创新、协调、绿色、开放、共享五大发展理念，按照"节水优先、空间均衡、系统治理、两手发力"治水方针，落实最严格水资源管理制度，在工业、农业和生活用水领域开展水效领跑者引领行动，制定水效领跑者指标，发布水效领跑者名单，树立先进典型。水效领跑者引领行动实施范围包括用水产品、重点用水行业和灌区，遴选程序为自愿申报、地方推荐、专家评审和社会公示。通过树立标杆、标准引导、政策鼓励，形成用水产品、企业和灌区用水效率不断提升的长效机制，建立节水型的生产方式、生活方式和消费模式。综合考虑产品的市场规模、节水潜力、技术发展趋势以及相关标准规范、检测能力等情况，选择坐便器、水嘴、洗衣机、净水机等生活领域用水产品实施水效领跑者引领行动，逐步扩大到工业、农业和商用等领域用水产品。

4月22日　国家主席习近平特使、国务院副总理张高丽在纽约联合国总部出席《巴黎协定》高级别签署仪式，并代表中国签署《巴黎协定》。张高丽在签署仪式开幕式上发表题为《推进落实〈巴黎协定〉共建人类美好家园》的讲话。

张高丽在讲话中说，《巴黎协定》旨在加强《联合国气候变化框架公约》的实施，提出了2020年后全球应对气候变化、实现绿色低碳发展的蓝图和愿景，是人类气候治理史上的里程碑。今天，我们共同签署这一协定，就是要进一步展示应对气候变化的决心，将蓝图化为行动，将愿景变为现实。

张高丽指出，中国积极推动达成《巴黎协定》。习近平主席出席巴黎大会并发表重要讲话，提出了全球气候治理的中国理念和主张，得到各方热烈响应。在《巴黎协定》谈判过程中，中国与各方密切沟通，为推动解决谈判中的若干重大问题发挥了重要作用。

张高丽强调，中国是负责任的发展中大国，中国人民崇尚言必信、行必果。我们将贯彻创新、协调、绿色、开放、共享的发展理念，认真落实《巴黎协定》，为应对全球气候变化坚持不懈努力。

4月25～29日　"中欧碳交易能力建设项目"下连续举办3场专题培训研讨活动。各省、自治区、直辖市、计划单列市、新疆生产建设兵团发展改革委及其技术支撑单位有关人员，电力、石化、钢铁、民航等行业企业有关工作人员，数据收集和报告核查领域有关专家学者共计350余人次参加培训，就碳交易体系基本原理和核心要素、全国碳市场建设进展、企业碳资产管理、数据核算与报告核查等内容开展了系统学习研讨。本活动还邀请了来自英国、荷兰、比利时等欧盟成员国专家，就欧盟碳市场不同阶段的经验与教训、企业参与碳市场的方式等进行了介绍交流。国家发展改革委应对气候变化司副司长蒋兆理和欧盟驻华代表团一等参赞Vicky7Pollard女士共同出席活动并致辞。

"中欧碳交易能力建设项目"由国家发展改革委气候司提供业务指导，欧盟委员会提供资助，旨在帮助中国政府和企业提高建设和参与碳排放权交易市场的能力。

4月25日　第十二届全国人大常委会第二十次会议召开，环境保护部部长陈吉宁受国务院委托，就2015年度全国环境状况和环境保护目标完成情况作报告。

陈吉宁在报告中说，国民经济和社会发展第十二个五年规划纲要》确定的环境约束性指标均如期完成，2015年《政府工作报告》确定的主要污染物减排年度目标超额完成。2015年，全国化学需氧量、二氧化硫、氨氮、氮氧化物排放总量同比分别下降3.1%、5.8%、3.6%、10.9%，比2010年分别下降12.9%、18%、13%、18.6%；森林覆盖率由2010年的20.36%提高到21.66%，森林蓄积量增加到151亿立方米。

陈吉宁在报告中说，2015年，全国环境质量进一步改善，但环境污染重、生态受损大、环境风险高等问题仍然突出。在空气质量方面，全国338个地级及以上城市中，有73个城市达标，占21.6%；优良天数比例76.7%，重度及以上污染天数比例3.2%；细颗粒物（PM2.5）年均浓度50微克/立方米，超标42.9%，可吸入颗粒物（PM10）年均浓度87微克/立方米，超标24.3%；二氧化硫（SO2）、二氧化氮（NO2）、臭氧（O3）、一氧化碳（CO）年均浓度分别为25微克/立方米、30微克/立方米、134微克/立方米、2.1毫克/立方米，均达标。空气质量总体呈改善趋势，但污染程度仍较高，部分地区冬季雾霾天气频发高发。细颗粒物和可吸入颗粒物作为首要污染物的超标天数占总超标天数八成多。

2016年环境保护工作的主要目标是：全国地级及以上城市空气质量优良天数比例达到77%，未达标城市细颗粒物浓度下降3%；地表水达到或好于Ⅲ类水体比例达66.5%，劣Ⅴ类比例控制在9.2%以内；化学需氧量、氨氮、二氧化硫、氮氧化物排放量分别下降2%、2%、3%、3%。

4月26日　亚洲开发银行“中国碳捕集与封存示范和推广路线图”技术援助项目研讨会在北京举行。该技术援助项目由国家发展改革委应对气候变化司和亚洲开发银行共同开展，于2012年底正式启动，2014年上半年基本完成，并在2015年年底的联合国气候变化巴黎会议上正式发布研究报告。该项目旨在为中国碳捕集与封存的发展提出政策建议。路线图将中国到2050年碳捕集与封存技术发展划分为“十三五”期间、2020～2030年、2030～2050年三个发展阶段，并就每阶段的发展目标与重点工作提出建议。国家发展改革委应对气候变化司、亚洲开发银行、地方发改委、路线图项目团队、相关研究机构和企业，以及美国、英国、加拿大、挪威等国政府和企业代表出席研讨会，并就路线图项目研究成果、中国碳捕集利用与封存示范项目进展等进行交流。

4月27日　南昌市第十四届人民代表大会常务委员会第三十六次会议通过《南昌市低碳发展促进条例》，自2016年9月1日起施行。

4月27日　工业和信息化部苗圩部长签发了工业和信息化部第33号令，公布了《工业节能管理办法》，自2016年6月30日起施行。《办法》共七章、四十二条，主要规定工业节能的概念和管理职责；节能管理，规定了工业和信息化主管部门的节能管理措施，包括：编制并组织实施工业节能规划；运用价格、金融等手段推动绿色化改造；发布高效节能设备推荐目录、达不到强制性能效标准的工艺技术装备淘汰目录；编制工业能效指南；依据职责开展有关节能审查工作；节能监察，明确了工业和信息化部指导全国的工业节能监察工作，地方工业和信息化主管部门组织实施本地区工业节能监察工作；各级工业和信息化主管部门应当加强节能监察队伍建设，组织节能监察机构对工业企业开展节能监察；工业企业节能明确了工业企业的节能要求，包括：加强节能工作组织领导，建立健全能源管理制度；完善节能目标考核奖惩制度；对能源消耗实行分级分类计量；禁止购买、使用和生产明令淘汰的用能产品和设备；定期对员工进行节能教育培训等；明确了重点用能工业企业的范围，并对其设立能源管理岗位、开展能源审计、报送能源利用状况报告、履行企业社会责任、开展能效对标达标、能源管理信息化等作出了规定。

五　月

5月3日　国务院办公厅印发《关于健全生态保护补偿机制的意见》（国办发〔2016〕31号）。《意见》提出健全生态保护补偿机制的指导思想是：坚持“四个全面”战略布局，按照党中央、国务院决策部署，牢固树立创新、协调、绿色、开放、共享的发展理念，不断完善转移支付制度，探索建立多元化生态保护补偿机制，逐步扩大补偿范围，合理提高补偿标准，有效调动全社会参与生态环境保护的积极性，促进生态文明建设迈上新台阶。这是做好生态保护补偿工作的总要求。《意见》明确了健全生态保护补偿机制应遵循的四条原则：一是权责统一、合理补偿；二是政府主导、社会参与；三是统筹兼顾、转型发展；四是试点先行、稳步实施。

《意见》提出健全生态保护补偿机制的目标任务是：到2020年，实现森林、草原、湿地、荒漠、海洋、水流、耕地等重点领域和禁止开发区域、重点生态功能区等重要区域生态保护补偿全覆盖，补偿水平与经济社会发展状况相适应，跨地区、跨流域补偿试点示范取得明显进展，多元化补偿机制初步建立，基本建立符合我国国情的生态保护补偿制度体系，促进形成绿色生产方式和生活方式。

5月5～6日　国家发展改革委气候司组织有关专家和试点城市代表江西省景德镇市成功举办第三组低碳试点经验总结评估交流会。南昌、景德镇、赣州、贵阳、遵义、昆明、桂林、广元、池州、厦门和南平共11个试点城市进行了汇报。来自国家气候战略中心、国家发改委能源研究所、清华大学、中国社科院、美国环保协会等单位的40多位代表出席会议并参加交流互动。

5月18日　国家发展和改革委员会气候司召开气候投融资专家座谈会。来自人民银行、国家开发银行、中国科学院、中国社科院、财政部科学研究所、中央财经大学、世界自然基金会和中节能公司等机构的专家学者和代表参加了会议。与会人员就如何在我国绿色金融体系的构建中明确气候友好的投融资导向和突出气候投融资的体制建设、制度创新进行了重点讨论，对推进气候投融资的政策工具和工作思路进行了梳理和交流。

5月18日　国家发展和改革委员会气候司副司长孙桢主持召开近零碳排放区示范工程专家研讨会。与会专家学者认为，近零碳排放区示范工程是“十三五”规划《纲要》确定的重要任务，对于探索经济发展与碳排放脱钩的近零碳发展模式具有重要意义。与会专家围绕近零碳排放的定义、标准，近零碳排放区示范工程的选择及所需的政策支持进行了深入探讨，认为近零碳排放区示范工程的建设要结合我国发展实际，反映不同区域特点，通过低碳技术和低碳产品的集成，激励政策和市场机制的有效设计，形成可推广、可复制的低碳发展模式。

5月25日　河北省第十二届人大常委会第二十一次会议决定，批准《石家庄市低碳发展促进条例》由石家庄市人大常委会从当日起正式公布施行。

《条例》共10章63条，更多注重提倡、引导、鼓励和支持，具体涉及节约、低碳、循环、生态环保、人与自然和谐等多方面内容。着眼本地需求，解决本地问题，行得通、真管用、有特色，是该《条例》最大的亮点。

5月26日　最高人民法院出台了《关于充分发挥审判职能作用为推进生态文明建设与绿色发展提供司法服务和保障的意见》。《意见》将环境资源案件分为涉环境污染防治和生态保护案件、涉自然资源开发利用案件、涉气候变化应对案件、生态环境损害赔偿诉讼案件等四大类，并明确了各类案件的审判重点、审理原则和司法政策。

《意见》明确，要牢固树立严格执法、维护权益、注重预防、修复为主、公众参与的现代环境司法理念，严格执行环境资源法律制度，依法保护人民群众环境权益，加大预防原则的适用力度，落实以生态环境修复为中心的损害救济制度，坚持专业审判与公众参与相结合。

《意见》强调，依法审理涉环境污染防治和生态保护案件，尤其是要加强对人民群众普遍关心的大气、水、土壤、海洋等环境污染案件的审理。依法审理涉土地、矿产、林业等自然资源开发利用相关案件，注重保障自然资源合理开发利用与促进资源节约、环境保护相协调，维护市场交易秩序，保障自然资源和生态环境安全。

围绕气候变化应对的需要，《意见》要求，强调依法妥善审理好涉及碳排放、能源节约、绿色金融以及生物多样性保护等方面的纠纷案件，促进各项减缓和适应气候变化政策的落实。此外，《意见》还提出，从有效维护环境公共利益和国家所有者权益出发，强调依法审理各类生态环境损害赔偿诉讼案件。

5月26日　由中国环境保护部、联合国环境规划署共同举办的《可持续发展多重途径》和《绿水青山就是金山银山：中国生态文明战略与行动》报告发布会在内罗毕环境署总部召开，中国环境保护部部长陈吉宁、联合国环境规划署执行主任施泰纳出席发布会并分别致辞。

陈吉宁强调，中国政府高度重视生态文明建设，将保护环境、节约资源作为基本国策，努力在发展中破解经济与环境之间的矛盾。中共十八大以来，习近平主席明确提出“绿水青山就是金山银山”、“保护生态环境就是保护生产力，改善生态环境就是发展生产力”，将生态文明建设推向新的高度，体制改革、环境治理、生态保护的进程明显加快，取得积极成效。

陈吉宁指出，中国的生态文明强调经济、政治、社会、文化与生态环境的深度整合、“五位一体”，以可持续发展、人与自然和谐为目标，将绿色理念融入生产生活的各个环节。同时强调政府与市场两个维度的制度创新：强化地方政府改善环境质量的责任，将生态环境纳入政府绩效考核体系，对官员任期内的生态环境损害进行终身追究；建立自然资源资产产权制度、资源有偿使用和生态补偿制度，不断完善污染治理和生态保护的市场体系。此外，中国生态文明注重加强环境基础设施建设，为改善生态环境质量提供硬件支撑。注重动员全社会的共同参与，通过广泛的宣传教育，鼓励公众生活、消费方式的绿色化。

5月28日　国务院印发《土壤污染防治行动计划》，这是当前和今后一个时期全国土壤污染防治工作的行动纲领。

《行动计划》立足我国国情和发展阶段，着眼经济社会发展全局，以改善土壤环境质量为核心，以保障农产品质量和人居环境安全为出发点，坚持预防为主、保护优先、风险管控，突出重点区域、行业和污染物，实施分类别、分用途、分阶段治理，严控新增污染、逐步减少存量，形成政府主导、企业担责、公众参与、社会监督的土壤污染防治体系。

《行动计划》提出，到2020年，全国土壤污染加重趋势得到初步遏制，土壤环境质量总体保持稳定，农用地和建设用地土壤环境安全得到基本保障，土壤环境风险得到基本管控。到2030年，全国土壤环境质量稳中向好，农用地和建设用地土壤环境安全得到有效保障，土壤环境风险得到全面管控。到本世纪中叶，土壤环境质量全面改善，生态系统实现良性循环。

《行动计划》坚持问题导向、底线思维，坚持突出重点、有限目标，坚持分类管控、综合施策，确定了十个方面的措施：一是开展土壤污染调查，掌握土壤环境质量状况。二是推进土壤污染防治立法，建立健全法规标准体系。三是实施农用地分类管理，保障农业生产环境安全。四是实施建设用地准入管理，防范人居环境风险。五是强化未污染土壤保护，严控新增土壤污染。六是加强污染源监管，做好土壤污染预防工作。七是开展污染治理与修复，改善区域土壤环境质量。八是加大科技研发力度，推动环境保护产业发展。九是发挥政府主导作用，构建土壤环境治理体系。十是加强目标考核，严格责任追究。

制定实施《土壤污染防治行动计划》是党中央、国务院推进生态文明建设，坚决向污染宣战的一项重大举措，是系统开展污染治理的重要战略部署，对确保生态环境质量改善、各类自然生态系统安全稳定具有重要作用。至此，与已经出台的《大气污染防治行动计划》和《水污染防治行动计划》一起，针对我国当前面临的大气、水、土壤环境污染问题，三个污染防治行动计划本届政府已经全部制定发布实施。

5月30日　国家发展改革委、财政部、国土资源部、环境保护部、水利部、农业部、林业局、能源局、海洋局等9部门印发《关于加强资源环境生态红线管控的指导意见》（发改环资〔2016〕1162号），《指导意见》围绕贯彻党中央、国务院关于加快生态文明建设、健全生态文明制度体系的决策部署，立足指导红线划定工作，推动建立红线管控制度，明确了加强红线管控的总体要求、基本原则、管控内涵、指标设置、管控制度和组织实施。

《指导意见》指出，统筹考虑资源禀赋、环境容量、生态状况等基本国情，根据我国发展的阶段性特征及全面建成小康社会目标的需要，合理设置红线管控指标，构建红线管控体系，健全红线管控制度，构建人与自然和谐发展的现代化建设新格局。

《指导意见》提出了红线管控的内涵及主要指标设置，要通过划定并严守资源消耗上限、环境质量底线、生态保护红线，强化资源环境生态红线指标约束，将各类经济社会活动限定在红线管控范围以内。设定资源消耗上限，合理设定全国及各地区资源消耗“天花板”，对能源、水、土地等战略性资源消耗总量实施管控，强化资源消耗总量管控与消耗强度管理的协同；严守环境质量底线，以改善环境质量为核心，以保障人民群众身体健康为根本，与地方限期达标规划充分衔接，分阶段、分区域设置大气、水和土壤环境质量目标；划定生态保护红线，根据涵养水源、保持水土、防风固沙、调蓄洪水、保护生物多样性，以及保持自然本底、保障生态系统完整和稳定性等要求，在重点生态功能区、生态环境敏感区和脆弱区等区域，以及森林、草原、湿地、海洋等领域划定生态保护红线，严格自然生态空间征（占）用管理，有效遏制生态系统退化的趋势。

5月　交通运输部印发《交通运输节能环保“十三五”发展规划》。涵盖公路、水路、城市客运等领域，包括节能降碳、生态保护、污染防治、资源循环、监测监管等内容，是指导“十三五”期交通运输绿色发展的纲领性文件。

5月　交通运输部印发《关于开展绿色公路建设典型示范工程建设的通知》（交办公路函〔2016〕466号）。确定了第一批绿色公路建设典型示范工程项目。

六　月

6月1日　国家发展改革委、教育部、科技部、工业和信息化部、环保部、住房城乡建设部、交通运输部、农业部、商务部、国资委、新闻出版广电总局、国管局、全国总工会、共青团中央发出《关于2016年全国节能宣传周和全国低碳日活动的通知》（发改环资[2016]1179号），决定今年6月12日至18日为全国节能宣传周，6月14日为全国低碳日。广泛宣传生态文明主流价值观，培育和践行节约集约循环利用的资源观，加快改善生态环境，提高资源利用效率，努力建设资源节约型和环境友好型社会，深入进行全民节能低碳宣传教育，大力倡导勤俭节约的社会风尚，在全社会营造节能降碳的浓厚氛围。

6月1日　工业和信息化部办公厅、国家发展和改革委员会办公厅发出《关于开展钢铁行业能耗专项检查的通知》，决定开展钢铁行业能耗专项检查。各地应在6月底前完成专项执法检查，7月10日前完成专项检查报告，由省级工业和信息化主管部门、发展改革委联合报送至工业和信息化部（节能司）、国家发展改革委（环资司）。报告内容应包括检查企业名单、检查结果、违法行为查处及整改要求等，以及检查过程中存在的主要问题、政策建议等。下一步，有关部门将结合地方专项检查情况，组织开展能耗执法专项行动。

6月2日　环境保护部向发布《2015中国环境状况公报》。公报指出，2015年，在党中央、国务院的高度重视下，各地区、各部门以改善环境质量为核心，着力解决突出环境问题，全力打好环境治理攻坚战，严格环保执法监管，深化生态环保领域改革，着力推动转方式调结构，持续加大生态和农村环境保护，强化环境保护宣传教育，生态文明建设和环境保护工作取得积极进展。

公报显示，2015年全国城市空气质量总体趋好，首批实施新环境空气质量标准的74个城市细颗粒物（PM2.5）平均浓度比2014年下降14.1%。全国338个地级以上城市中，有73个城市环境空气质量达标，占21.6%；265个城市环境空气质量超标，占78.4%。480个城市（区、县）开展了降水监测，酸雨城市比例为22.5%，酸雨频率平均为14.0%，酸雨类型总体仍为硫酸型，酸雨污染主要分布在长江以南—云贵高原以东地区。

全国423条主要河流、62座重点湖泊（水库）的967个国控地表水监测断面（点位）开展了水质监测，Ⅰ～Ⅲ类、Ⅳ～Ⅴ类、劣Ⅴ类水质断面分别占64.5%、26.7%、8.8%。以地下水含水系统为单元，潜水为主的浅层地下水和以承压水为主的中深层地下水为监测对象的5118S个地下水水质监测点中，水质为优良级的监测点比例为9.1%，良好级的监测点比例为25.0%，较好级的监测点比例为4.6%，较差级的监测点比例为42.5%，极差级的监测点比例为18.8%。338个地级以上城市开展了集中式饮用水水源地水质监测，取水总量为355.43亿吨，达标取水量为345.06亿吨，占97.1%。

冬季、春季、夏季和秋季，劣四类海水海域面积分别占中国管辖海域面积的2.2%、1.7%、1.3%和2.1%。污染海域主要分布在辽东湾、渤海湾、莱州湾、江苏沿岸、长江口、杭州湾、浙江沿岸、珠江口等近岸海域。

全国308个开展功能区声环境监测的地级以上城市昼间监测点次达标率平均为92.4%，比2014年上升1.1个百分点；夜间监测点次达标率平均为74.3%，比2014年上升2.5个百分点。各类城市功能区声环境质量昼间达标率均高于夜间。

截至2015年底，全国共建立各种类型、不同级别的自然保护区2740个，总面积约14703万公顷。其中陆地面积约14247万公顷，占全国陆地面积的14.8%。国家级自然保护区428个，面积9649万公顷。

全国现有森林面积2.08亿公顷，森林覆盖率21.63%，活立木总蓄积164.33亿立方米。草原面积近4亿公顷，约占国土面积的41.7%。

全国有30个省（区、市）遭受洪涝灾害，与常年相比，因灾死亡人口减少76%，为历史最低；受灾人口、受灾面积、倒塌房屋分别减少46%、45%、85%。全国旱情总体偏轻，全年耕地受旱面积、人畜饮水困难数量均较常年同期明显偏少；与常年相比，作物受灾面积、因旱粮食损失、因旱饮水困难人数分别减少52%、51%、65%。受厄尔尼诺的影响，2015年入春以来，森林火险等级持续居高不下；进入夏季，北方重点林区雷击火一度急剧高发；入秋，南方地区降水持续偏多；入冬，北方气温偏高，冷空气活动频次少、强度弱。预计，本次超强厄尔尼诺将继续衰减，但对气候的影响仍将持续。

《2015中国环境状况公报》由环境保护部会同国土资源部、住房和城乡建设部、交通运输部、水利部、农业部、国家卫生和计划生育委员会、国家统计局、国家林业局、中国地震局、中国气象局、国家能源局和国家海洋局等主管部门共同编制完成，是反映中国2015年环境状况的公开年度报告。

6月2～3日　第三届中美气候变化工作组碳捕集利用和封存研讨会在陕西西安举行。本次研讨会的主题是大规模一体化碳捕集利用和封存项目的示范、技术需求和政策，会上各方就碳捕集利用和封存示范和商业化项目的运营经验、相关政策、技术、管道建设、监管、标准问题，以及碳捕集利用和封存与碳市场关系等进行了交流研讨。中国国家发展改革委应对气候变化司副司长陆新明、美国能源部化石能源办公室副助理部长大卫•莫勒出席会议并讲话，中美两国相关政府部门、企业、高校与研究机构代表出席了会议。

6月3日　国家能源局发出《关于下达2016年光伏发电建设实施方案的通知》（国能新能〔2016〕166号），下达2016年全国新增光伏电站建设规模1810万千瓦，其中，普通光伏电站项目1260万千瓦，光伏领跑技术基地规模550万千瓦。

6月6日　第八轮中美战略与经济对话气候变化联合会议在北京举行。中国国家主席习近平特别代表、国务院副总理汪洋和国务委员杨洁篪同美国总统奥巴马特别代表国务卿克里和财政部长雅克布　卢以及两国相关部门负责人出席。会上两国元首特别代表肯定了中美气候变化工作组一年以来的工作进展，核准了工作组年度进展报告，并同意双方进一步深化气候变化领域的对话合作，为应对全球气候变化做出贡献。

6月7日　第二届中美气候智慧型/低碳城市峰会在京成功召开。此次峰会由国家发展改革委和北京市人民政府主办，旨在落实习近平主席与奥巴马总统联合签署的《中美气候变化联合声明》有关倡议，推动中美在低碳城市发展领域的务实交流与合作。

国家发展改革委副主任张勇、北京市市长王安顺、美国能源部副部长伊丽莎白•舍伍德—兰德尔、美国凤凰城市长格雷格•斯坦顿等出席开幕式并致辞。中美地方政府、研究机构、非政府组织和企业等在开幕式期间签署了27项低碳发展合作协议或谅解备忘录。

中国气候变化事务特别代表解振华、美国气候变化特使乔纳森•潘兴、美国贸易发展署署长里欧卡蒂亚•扎克，北京市、深圳市、兰州市、镇江市代表以及美国波士顿市长出席峰会高级别论坛并致辞。峰会围绕城市达峰和减排最佳实践、绿色金融与低碳城市投融资、构建气候韧性城市、碳排放权交易等主题举办了多场分论坛，邀请政府、企业、研究机构等社会各界人士深入探讨气候智慧型/低碳城市建设相关问题。中方还举办了“低碳城市成就展”和“低碳技术与产品展”，全面展示中国在低碳城市建设和技术领域的突出成果。

6月12日　国家发展改革委和北京市人民政府联合在北京举办2016年全国节能宣传周暨北京市节能宣传周活动启动仪式，国家发展改革委副主任张勇致辞并宣布2016年全国节能宣传周启动。北京市政府副市长隋振江出席了启动仪式。教育部、工业和信息化部、住房城乡建设部、交通运输部、农业部、商务部、国资委、国管局、全国总工会、共青团中央、全国妇联、中央军委后勤保障部、中直机关等13个部门和单位,北京市有关部门、重点用能单位、节能环保企业代表以及中央、北京市新闻媒体代表参加启动仪式。

张勇指出，党的十八届五中全会提出的创新、协调、绿色、开放、共享五大理念，是破解发展难题、厚植发展优势的必然选择。节能降耗是推进绿色发展、建设生态文明的重要内容和有效抓手。党的十八届五中全会和国家“十三五”规划《纲要》提出实行能源消费总量和强度双控行动，明确“十三五”全国单位GDP能耗下降15%、2020年能源消费总量控制在50亿吨标准煤以内，这意味着未来5年能源消费年均增速需保持在3.1%以下，比“十二五”要低0.5个百分点，节能和控制能源消费总量任务艰巨。要实现“十三五”节能目标，必须牢固树立节约集约循环利用的新资源观，扎实推进能源生产和消费革命。

启动仪式上，与会领导分别为第八届全国生态文明（建设节约型社会）主题招贴画设计大赛优秀作品获奖代表、“北京市2016年节能环保低碳教育示范基地”称号的单位代表颁奖和授牌，国美、苏宁、京东、天猫等企业签署了“推广节能产品、倡导绿色消费”宣言，启动了全国绿色出行系列宣传活动。

今年全国节能宣传周期间，有关部门、各地方将围绕“节能领跑　绿色发展”的主题，举行绿色产品进商场、文艺作品征集、节能科技示范、生态文明宣传教育、超低能耗建筑示范、节能减排农村行、公益视频展播、发送主题短信等活动，通过传播节能理念、普及节能知识、推广节能技术、提升全民意识，推动形成崇尚节约节能、绿色低碳消费与低碳环保的社会风尚。

6月14日　第四届全国“低碳日”主题活动在首都博物馆拉开帷幕，深圳航都文化公司及深圳市科协出品的《绿•道》等7部“绿色”影片参映，“绿道卫士”志愿者征集启动仪式也同时进行，意在呼吁更多传媒界人士加入绿色传播的工作。

本次展映的7部围绕绿色题材的影视作品，均参展过2015中国（深圳）国际气候影视大会，这是中国首个以应对气候变化为主题的影视大会，共征集了全球93个国家和地区的1245部作品。

6月16日　由中国新闻社主办的第七届“低碳发展•绿色生活”公益展在京开幕。展览以“拥抱低碳＋”为主题，设置了节能产品试用等多个互动体验展位，展出了大量低碳绿色主题摄影作品，同时举办了“中国低碳榜样”发布仪式。中宣部、工业和信息化部和国资委等部门出席开幕式。

6月17日　第四届深圳国际低碳城论坛在深圳召开，国家发展改革委副主任张勇出席论坛开幕式并发表致辞。

张勇在致辞中指出，党的十八届五中全会提出创新、协调、绿色、开放、共享”五大发展理念，为我国推进绿色低碳发展指明新方向，提出新要求。我们要立足引领经济发展新常态，坚持五大发展理念，实施创新驱动战略，让“大众创业、万众创新”与绿色经济相得益彰，让供给侧结构性改革与低碳产品技术推广齐头并进，释放更多灵感与活力，凝聚新的发展动能，让低碳发展成为经济社会发展的新动力。

张勇副主任还参观了第一届深圳国际低碳清洁技术展，会见了2016年第一期应对气候变化与绿色低碳发展南南合作培训班学员。

本届深圳国际低碳城论坛以“绿色、创新：城市转型发展的新动力”为主题，聚集了来自40多个国家和国际机构的代表，就全球绿色低碳发展特别是城市转型发展进行了交流讨论。

6月21日　环境保护部发布《二氧化碳捕集、利用与封存环境风险评估技术指南（试行）》。

6月23日　环境保护部授予吉林省通化县等10个县（市、区）“国家生态县（市、区）”称号。

6月23日　首次中韩气候变化合作联合委员会会议在韩国釜山举行。国家发改委气候变化司司长苏伟和韩国气候变化大使崔在哲作为中韩双方团长率团出席会议。会议就气候变化多边进程、中韩两国国内应对气候变化政策行动、双边务实合作等问题深入交换意见。双方高度评价中韩在气候变化对话合作方面取得的进展，同意进一步落实好《中韩气候变化合作协定》，加强对话交流，深化务实合作，共同为双边关系发展和应对全球气候变化做贡献。6月22日，双方还举行了碳交易圆桌会议，中韩双方碳交易领域的专家就碳市场有关问题进行了交流研讨。双方代表还考察了韩国交易所，了解韩国碳市场运行的有关情况。

6月24日　国务院新闻办公室召开国务院政策例行吹风会，邀请国家能源局总经济师李冶介绍了“互联网+”智慧能源行动计划的有关情况。今年2月，国家发改委、能源局、工信部联合印发了《关于推进“互联网+”智慧能源发展的指导意见》。国家能源局已经编制了《“互联网+”智慧能源试点示范项目的实施方案》，预计试点示范工作将于今年至少带动超过400亿元投资，国家发改委在这个领域也安排了3亿—4亿元专项建设资金，对首台套和比较重要的研发示范项目给予一定的支持。

6月28日　由国家发展改革委、欧盟委员会和武汉市人民政府联合主办的中欧低碳城市会议在武汉开幕。开幕式暨高级别论坛上，中国气候变化事务特别代表解振华、欧盟委员会能源总司总司长多米尼克•里斯托、武汉市市长万勇、欧盟能源总司高级项目官员佩德罗•巴里斯特罗斯发表讲话，保定市、里昂市、广元市、哥本哈根市4个城市市长及市政代表分享了各自在低碳城市建设中的经验。

解振华特别代表指出，城市作为人类经济社会生活最为集中的区域，对实现低碳发展目标的意义重大。中国注重发挥城市在落实应对气候变化行动目标中的积极性和创造性，42个低碳试点在体制机制创新、产业结构转型、基础能力建设等方面取得了积极进展，形成了符合实际、各具特色的低碳发展模式，创造出一大批城市低碳发展的好经验、好做法，并开始实施进一步扩大低碳城市试点的计划。中欧双方合作互补性强、前景广阔，通过深化气候变化领域的政策交流和务实合作，可以成为中欧和平、增长、改革、文明伙伴关系稳步发展的新亮点，为推动中欧全面战略伙伴关系健康稳定发展、为应对全球气候变化做出积极贡献。

会议围绕低碳城市转型、碳市场建设、可持续城市规划与交通、低碳建筑、适应气候变化、可持续能源和智慧城市等9个议题开展交流和讨论。欧盟7个城市、我国18个城市代表以及关心全球气候变化的中欧各界人士250余人参加了会议。

6月29日　主题为“构建低碳、智能、共享的能源未来”的2016年二十国集团能源部长会议在北京开幕。中国国务院副总理张高丽出席开幕式并致辞指出，能源是人类生存和发展的重要物质基础，是事关国计民生的战略性资源。当前新一轮能源革命蓬勃兴起，世界能源未来发展将呈现一些新特征，主要是能源供给消费低碳化，天然气和非化石能源有可能成为未来世界的主体能源；能源开发利用智能化，智能微网、能源互联网等新产业新业态将蓬勃发展；能源发展成果共享化，增强发展中国家的能源自主发展能力，所有国家和地区都将从中受益。

张高丽表示，中国将大力推进能源结构战略调整，着力增加非化石能源、天然气等清洁能源消费比重；科学合理发展煤电、油气、核电、水电、可再生能源，加快建设现代能源体系；实行能源消费总量和强度双控制度，稳步提高全社会绿色低碳化水平；加大重大能源科技研发力度，全面提升能源创新发展水平；加快推进能源体制改革，建立更加完备的现代能源市场体系。

张高丽表示，要丰富和完善二十国集团能源部长会议各项机制，加强国际能源合作，开创宽领域、深层次、高水平的开放共享新格局。一是打造能源发展经验交流的沟通平台，充分发挥二十国集团涵盖面广、代表性强的特点，加强沟通、增进了解，实现世界能源包容发展。二是打造能源技术创新成果的共享平台，推动世界各国打破地域限制，共同分享在可再生能源、煤炭清洁利用等方面的先进技术。三是打造能源产能合作的发展平台，优势互补、共同发展，增强全球能源供给保障能力。四是打造能源基础设施互联互通的链接平台，共同维护国际能源通道安全，提升区域经济发展和能源服务水平。五是打造全球能源治理的开放平台，推动建立互利共赢、开放包容、公平有序的新型能源治理体系。

6月30日　工业和信息化部印发《工业绿色发展规划（2016-2020年）》，提出，到2020年，绿色发展理念成为工业全领域全过程的普遍要求，工业绿色发展推进机制基本形成，绿色制造产业成为经济增长新引擎和国际竞争新优势，工业绿色发展整体水平显著提升。

能源利用效率显著提升。工业能源消耗增速减缓，六大高耗能行业占工业增加值比重继续下降，部分重化工业能源消耗出现拐点，主要行业单位产品能耗达到或接近世界先进水平，部分工业行业碳排放量接近峰值，绿色低碳能源占工业能源消费量的比重明显提高。

资源利用水平明显提高。单位工业增加值用水量进一步下降，大宗工业固体废物综合利用率进一步提高，主要再生资源回收利用率稳步上升。

清洁生产水平大幅提升。先进适用清洁生产技术工艺及装备基本普及，钢铁、水泥、造纸等重点行业清洁生产水平显著提高，工业二氧化硫、氮氧化物、化学需氧量和氨氮排放量明显下降，高风险污染物排放大幅削减。

绿色制造产业快速发展。绿色产品大幅增长，电动汽车及太阳能、风电等新能源技术装备制造水平显著提升，节能环保装备、产品与服务等绿色产业形成新的经济增长点。

绿色制造体系初步建立。绿色制造标准体系基本建立，绿色设计与评价得到广泛应用，建立百家绿色示范园区和千家绿色示范工厂，推广普及万种绿色产品，主要产业初步形成绿色供应链。

6月30日　由国家发展改革委应对气候变化司主办的2016年第一期应对气候变化与绿色低碳发展培训班结业典礼在京举行，来自非洲国家、小岛屿国家和最不发达国家等19个发展中国家的45名气候变化领域的官员、技术人员和专家参加结业典礼，应对气候变化司调研员冯春玲出席并为学员颁发证书。

6月　《全国生态环境十年变化（2000～2010年）调查评估报告》发布。调查评估结果表明：全国生态环境脆弱，生态系统质量和服务功能低。

调查评估结果显示，十年间，全国森林、灌丛、草地生态系统质量总体向好，城镇、农田生态系统格局变化剧烈，森林、湿地生态系统人工化趋势明显。农业生产与开发导致的水土流失、土地沙化、石漠化等问题依然严重，城镇化、工业化与资源开发导致的流域生态破坏、城镇人居环境恶化、自然海岸线丧失、野生动植物自然栖息地减少等问题加剧。全国生态安全形势依然严峻，生态环境风险增加，生态保护与发展矛盾突出。主要存在以下几个问题：

一是生态系统类型复杂多样，格局局部变化剧烈。二是生态系统质量低，森林与草地质量有所提高。三是生态系统服务功能低，不能满足社会经济可持续发展要求。四是生态环境脆弱，人工化加剧，生态环境问题依然突出。

《报告》提出7点建议：落实生态保护新理念，完善国家生态保护策略。改革现有生态环境管理体制，落实生态保护责任。明确"生态用地"类型，划定并严守生态保护红线，构建科学合理的生态安全格局。坚持保护优先，统筹区域重大生态保护与恢复工程，改变目前生态保护与恢复项目多头管理的局面。增强城镇和城市群生态功能，促进城镇化健康发展。强化城镇生态安全意识和要求，严格控制城镇无序扩张与超大规模。推进流域综合管理，保障流域生态安全。增强生态保护科技支撑，建立生态调查评估常态化机制。

七　月

7月1日　工业和信息化部召开了"节能服务进企业"活动启动会。工业和信息化部副部长辛国斌指出，工信部部将推进工业节能作为贯彻十八届五中全会精神、落实绿色发展理念、加强生态文明建设的重要举措。按照《中国制造2025》要求，我部制定了《绿色制造工程实施指南》，组织实施了工业绿色发展专项行动，制定了工业能效提升、煤炭清洁高效利用等行动计划，扎实推进工业节能与绿色发展。

7月9日　生态文明贵阳国际论坛2016年年会在贵阳举行。中共中央政治局常委、全国政协主席俞正声出席开幕式并发表主旨演讲。

俞正声指出，中国作为全球应对气候变化事业的积极参与者，一直本着负责任、合作精神和建设性态度参与《巴黎协定》谈判，为《巴黎协定》最终达成作出了重要贡献。《巴黎协定》的签署标志着世界各国在共同应对气候变化挑战方面迈出了关键一步，彰显了全人类携手同行、共同保护地球的坚定决心和务实态度，中国对《巴黎协定》的全面落实充满信心。

俞正声强调，中国是生态文明建设的倡导者和实践者，中共十八大将生态文明建设纳入中国特色社会主义事业总体布局，提出大力推进生态文明建设、建设美丽中国、实现中华民族永续发展的总体要求。中共十八届五中全会进一步提出了创新、协调、绿色、开放、共享的发展理念，将绿色发展作为“十三五”乃至更长时期经济社会发展的基本理念。

潘基文在视频贺信中说，生态文明贵阳国际论坛所从事的事业，正在推动着全球绿色转型和持续发展这个目标逐步成为现实。期待各方在生态论坛这个舞台上，更多分享生态文明建设的智慧，携手走上一条以人为本、绿色环保的道路。7月10日下午，年会圆满闭幕，发布了《2016贵阳共识》。

7月11日　国家发展改革委办公厅、工业和信息化部办公厅、财政部办公厅、环境保护部办公厅、国家统计局办公室、国家能源局综合司印发《关于做好2016年度煤炭消费减量替代有关工作的通知》。一是切实重视煤炭消费减量替代工作。严格煤炭消费量控制，实行煤炭消费减量替代，是推进大气污染治理、落实能源消耗总量和强度“双控”、建设生态文明、实现绿色发展的重要举措。重点地区和城市一定要从战略和全局高度，充分认识做好这项工作的重要性和紧迫性，增强忧患意识和责任意识，将思想行动统一到中央的决策部署上来，把煤炭消费减量替代工作作为加强宏观调控、调整经济结构、转变发展方式的重要抓手，摆在更加突出位置，加强领导、综合施策、狠抓落实，下更大气力，确保完成2016年和2013-2017年煤炭消费减量替代目标。二是完善煤炭消费减量替代工作方案。重点地区和城市要进一步完善和细化煤炭消费减量替代工作方案，量化任务、明确措施，提出重点项目清单，要将减量替代目标分解落实到下一级政府和重点用煤企业。新建耗煤项目要明确煤炭消费减量替代明细，新增用煤应纳入替代工作方案，作为新增量统筹平衡；煤炭削减量不能按照压减的过剩行业或落后产能规模进行估算，要根据压减的实际产量进行科学测算。要结合“十三五”能耗总量和强度“双控”目标任务、大气污染防治要求以及本地区实际，研究制定2020年煤炭消费减量目标，谋划好“十三五”及中长期煤炭消费减量工作。重点地区应于今年7月底前将2016年煤炭消费减量目标报国家发展改革委（环资司），并抄送环境保护部、国家能源局。三是严控高耗煤项目新增产能。重点地区和城市要严格落实国务院《关于化解产能严重过剩矛盾的指导意见》（国发[2013]41号）、《关于钢铁行业化解过剩产能实现脱困发展的意见》（国发[2016]6号）、《关于煤炭行业化解过剩产能实现脱困发展的意见》（国发[2016]7号）、《关于促进建材工业稳增长调结构增效益的指导意见》（国办[2016]34号），以及《关于促进我国煤电有序发展的通知》（发改能源[2016]565号）等文件要求，对钢铁、煤炭、水泥熟料、平板玻璃等产能过剩产业和面临潜在过剩风险的煤电行业，要严控（严禁）新增产能，加快淘汰落后产能和化解过剩产能，严格执法，显著减少产能过剩行业的煤炭消费量。四是加快推进煤炭消费减量工程和措施。重点地区、重点城市要围绕重点领域、重点企业，加快实施燃煤电厂超低排放和节能改造、余热余压利用、能量系统优化、电机系统节能等节能改造工程；积极推进燃煤锅炉节能环保综合提升工程，加快淘汰落后燃煤锅炉，加大高效锅炉推广力度，全面推进燃煤锅炉和燃煤工业窑炉节能环保改造，加强节能环保监管；加快推进产城融合，实施余热暖民工程，充分利用低品位余热进行供热，发展高效清洁背压热电联产代替分散燃煤供热。落实《商品煤质量管理暂行办法》、《关于促进煤炭安全绿色开发和清洁高效利用的意见》、《煤炭清洁高效利用行动计划（2015-2020）》、《工业领域煤炭清洁高效利用行动计划》要求，促进煤炭高效清洁利用；强化燃煤锅炉整治、农村散煤治理；推进“煤改气”、“煤改电”，大力发展可再生能源，大幅削减散煤使用；推进用能预算管理体系建设，推动用能用煤管理精细化、科学化，实现用能用煤的高效配置。五是做好2015年度煤炭消费减量替代工作的监督考核。

7月15日 环境保护部印发《“十三五”环境影响评价改革实施方案》。

7月18日　工业和信息化部、国国家发展和改革委员会、国家质量监督检验检疫总局发布2016年度能效“领跑者”企业名单2016年第39号公告2016年度对乙烯、合成氨、水泥、平板玻璃、电解铝行业能效“领跑者”遴选工作，遴选出了达到行业能效领先水平的“领跑者”企业16家，以及达到能耗限额国家标准先进值要求的入围企业20家。

7月25～26日　全国煤炭行业化解过剩产能和脱困发展现场经验交流会在重庆市召开。国家发展改革委副主任连维良在会上讲话，充分肯定了重庆市和有关地方、大型企业在化解煤炭过剩产能方面的成功经验，深入分析了去产能工作面临的形势，对下一步重点工作做出全面部署。

会议强调，今年以来，各地区、各部门认真贯彻落实党中央、国务院部署，做了大量艰苦细致的工作，着力完善协同联动工作机制，着力建立目标责任体系，着力完善配套支持政策，推动煤炭行业去产能取得积极进展。但少部分地区具体实施工作才刚起步，完成全年去产能任务艰巨，时间紧迫。

会议要求，各地要按照党中央、国务院的有关决策部署，倒排任务量、倒排时间表，确保11月底基本完成任务；中央企业和地方大型国有企业要发挥表率作用，力争11月上旬完成任务。要认真学习借鉴重庆经验，加快进度去产能；不因煤价回升而动摇，坚定不移去产能；突出职工安置和债务处置，积极稳妥去产能；立足加强监管，从严执法去产能；立足转型升级，着眼长远去产能；增加安全投入，平安稳定去产能，落实各项安全责任和防范措施，扎实做好汛期煤矿安全生产工作，确保安全生产。

7月27日　国务院总理李克强主持召开国务院常务会议，听取了上半年钢铁、煤炭领域去产能情况汇报，认为，化解过剩产能是深化供给侧结构性改革的一项重点任务。要按照中央经济工作会议部署和政府工作报告要求，坚持地方主责、企业主体，发挥市场机制作用，更有效推动去产能。一要继续以钢铁、煤炭行业为重点，对环保、能耗、安全等不达标，生产不合格或淘汰类产品的企业和产能，坚决依法依规处置或关停。落实差别化水、电价格和严控新增授信等措施，推动企业淘汰落后产能。注重运用法治化、市场化手段，支持企业加快兼并重组，提高产业集中度，并妥善做好职工转岗等工作。多措并举，确保完成今年化解过剩粗钢产能4500万吨左右、煤炭产能2.5亿吨以上的硬目标。二要改造和提升传统产能，提高环保、质量、安全等标准和工艺水平，对仍在使用落后设备和工艺的企业不批新增用地，不办理生产、排污等许可。三要抓典型严问责。对违反国务院及有关部门明令，在产能过剩领域新上项目、新增产能或淘汰产能死灰复燃的，国务院有关部门要派出调查组深入了解、严肃追责。对企业偷排偷放、超标排放，要依法按日计罚、限产停产、查封扣押。对不达标和淘汰落后产能不力的企业要向社会公开，实施信用约束和惩戒。

7月27日　由中国华能集团和德国西门子公司联合举办的“2016能源•绿色发展论坛”在京举行。此次论坛以“创新、绿色、协同”为主题，致力于践行中国“十三五”规划提出的五大发展理念，分享中外能源转型发展成功经验，探讨中国能源绿色发展路径。国家能源局副局长郑栅洁出席论坛并发言。

7月29日　财政部印发《关于调整公布第二十期节能产品政府采购清单的通知》。节能清单（附件1）所列产品包括政府强制采购和优先采购的节能产品。其中，台式计算机、便携式计算机、平板式微型计算机、激光打印机、针式打印机、液晶显示器、制冷空调设备、镇流器、空调机、电热水器、普通照明用自镇流荧光灯、普通照明用双端荧光灯、电视设备,视频监控设备中的数字硬盘录像机、监控电视墙（拼接显示器）、监视器，以及便器、水嘴等品目为政府强制采购的节能产品。其他品目为政府优先采购的节能产品。

7月　交通运输部印发《关于实施绿色公路建设的指导意见》（交办公路〔2016〕93号）。明确了绿色公路的发展思路和建设目标，提出了五大建设任务，决定开展五个专项行动，推动公路建设发展转型升级。

7月　交通运输部办公厅发布了码头船舶岸电示范项目名单。明确了对试点示范项目组织实施和监督管理的工作要求。

八　月

8月4日　钢铁煤炭行业化解过剩产能和脱困发展工作部际联席会议召开全国电视电话会议，传达学习国务院领导同志近期有关去产能工作的重要指示和批示，通报前7个月各地区钢铁煤炭去产能工作进展和专项执法行动开展情况，并对下一步去产能工作进行部署。国家发改委主任、部际联席会议召集人徐绍史出席会议并讲话。部际联席会议各成员单位负责人出席会议。

会议指出，推进供给侧结构性改革，是党中央、国务院作出的重大战略决策，钢铁煤炭去产能又是供给侧结构性改革的重头戏、主战场。习近平总书记多次强调，“三去一降一补”，摆在首位的是去产能，主要去钢铁煤炭行业过剩产能。李克强总理在今年的政府工作报告中和国务院会议上多次强调，要把钢铁煤炭行业化解过剩产能作为重点。张高丽副总理、马凯副总理、王勇国务委员多次召开专题会议，对去产能工作作出全面部署。各地各有关方面要认真学习，深刻领会党中央、国务院领导同志指示批示精神，进一步提高思想认识，增强使命感、责任感和紧迫感，加紧推进去产能各项工作，确保完成今年的目标任务。

会议强调，钢铁煤炭化解过剩产能是一项十分复杂的工作，任务十分艰巨，时间十分紧迫。要坚决贯彻党中央、国务院的决策部署，勇于担当，攻坚克难，以背水一战的决心和壮士断腕的勇气，把各项工作抓紧抓实抓细，确保今年目标任务顺利完成。

国务院办公厅督查室负责人，部际联席会议各成员单位联络员，有关在京中央企业主要负责人在主会场参加会议。各产钢、产煤省（区、市）政府分管副省长（副主席、副市长），钢铁煤炭行业化解过剩产能和脱困发展领导小组有关成员，驻地相关中央企业、地方重点企业主要负责人，通过视频会议系统在各地分会场参加会议。

8月18～19日　在北京召开了第三批低碳城市试点方案点评会(第一组)，对24个申报城市试点方案进行分析点评。会议由气候司蒋兆理副司长主持。

乌海市、大连市和沈阳市等城市人民政府或发改委负责同志围绕基础条件、总体要求、主要任务和重点行动、制度创新、保障措施、工作安排和重大项目等方面进行了汇报。来自国家气候战略中心、能源研究所、中国社科院、交通运输部规划研究院、国家统计局统计科学研究所、环保部政研中心、世界资源研究所、落基山研究所中国办公室等单位的专家对试点实施方案和汇报材料进行了深入的询问和认真的点评，专家们对申报城市试点实施方案总体情况给予了肯定，同时结合各城市特色及实际发展状况，围绕峰值目标和加速制度创新提出了试点实施方案的完善要求。

8月23日　中国气象局、国家发展改革委发出《关于印发全国气象发展“十三五”规划的通知》（气发[2016]62号），提出了“十三五”时期全国气象事业发展的指导思想、发展目标、主要任务和重点工程，是未来五年我国气象事业发展的行动纲领，是“十三五”时期气象基础设施建设的重要依据。

8月27日　由中国金融四十人论坛（CF40）及旗下北方新金融研究院（NFI）联合主办的首届天津绿色金融论坛在天津开幕。国家发改委应对气候变化司副司长李高就如何推动气候投融资以促进低碳发展工作发表主题演讲。

8月29日　国家发展改革委发出《关于太阳能热发电标杆上网电价政策的通知》（发改价格[2016]1881号），核定全国统一的太阳能热发电（含4小时以上储热功能）标杆上网电价为每千瓦时1.15元（含税）。上述电价仅适用于纳入国家能源局2016年组织实施的太阳能热发电示范范围的项目。

8月　中共中央办公厅、国务院办公厅印发了《关于设立统一规范的国家生态文明试验区的意见》及《国家生态文明试验区（福建）实施方案》，并发出通知，要求各地区各部门结合实际认真贯彻落实。

主要目标：设立若干试验区，形成生态文明体制改革的国家级综合试验平台。通过试验探索，到2017年，推动生态文明体制改革总体方案中的重点改革任务取得重要进展，形成若干可操作、有效管用的生态文明制度成果；到2020年，试验区率先建成较为完善的生态文明制度体系，形成一批可在全国复制推广的重大制度成果，资源利用水平大幅提高，生态环境质量持续改善，发展质量和效益明显提升，实现经济社会发展和生态环境保护双赢，形成人与自然和谐发展的现代化建设新格局，为加快生态文明建设、实现绿色发展、建设美丽中国提供有力制度保障。

九　月

9月2日　国家发改委副主任张勇主持召开国务院节能减排工作领导小组联络员会议，进一步研究完善《“十三五”节能减排综合工作方案》，并对下一步工作提出要求。中组部、中宣部、中直管理局等中央部门和国务院节能减排工作领导小组成员单位共34个单位，以及委内16个司局负责同志约80人参加了会议。

会上，国家发改委环资司汇报了《工作方案》的主要内容、征求意见及修改完善情况，环保部规财司介绍减排方面的有关情况。各有关部门和单位围绕修改完善《工作方案》提出了具体意见。

张勇强调，《工作方案》是“十三五”国家节能减排的纲领性文件，各部门要高度重视，共同做好各项工作：一是认真修改完善。研究各单位意见，加强部门的沟通协调，把《工作方案》做得更扎实，更好地指导工作。二是抓紧按程序报批。尽快报请委主任办公会审议，按程序报请国务院节能减排工作领导小组审议。三是抓好措施落实。节能减排涉及领域量多面广，各项重点任务牵头单位要承担起牵头职责，对负责的任务进行认真梳理，各部门要合理设定指标，参加单位要发挥主动性，积极参与，对《工作方案》涉及的有关事项在本系统做好贯彻落实及部署安排，确保完成“十三五”节能减排约束性目标任务。

9月3日　G20杭州峰会期间，中美两国同时向联合国交存了关于各自批准加入《巴黎协定》的文本，全国人大常委会批准了中国加入《巴黎协定》。3日下午，中国国家主席习近平和美国总统奥巴马各自将批准加入《巴黎协定》的文本交给联合国秘书长潘基文保存。成为全球首个批准《巴黎协定》并提交批约文书的发展中国家。

现在中美两国的排放量大约占全球排放总量的39%左右，加上此前批约国家的1.2%，还有不到15%的排放量就可以生效，批约的缔约方越多，离生效条件就越近。

中国的碳排放约占全球的20.09%，中国交存批准文书，向全球作出其作为世界大国的低碳承诺。与此同时，为了实现《巴黎协定》所拟定的承诺，中国的能源结构、产业结构等均将发生重大变化。

二氧化碳排放：2030年二氧化碳排放达到峰值。随着《巴黎协定》开始生效，中国的生态文明建设进程将加速。

9月3日　在G20杭州峰会召开之际，中美两国共同宣布完成《巴黎协定》国内批准程序，并将《巴黎协定》批准文书递交给见证这一历史时刻的联合国秘书长潘基文。这意味着，中美两国正式加入《巴黎协定》，展示了两国在推动全球应对气候变化进程中的领导力，对于协定在全球范围内尽早生效和全面实施，具有突破性的推动作用。

自去年联合国气候框架公约第21次缔约方会议通过了历史性的《巴黎协定》，今年地球日共有175个国家正式签署了该协定。然而，《巴黎协定》要正式生效，需至少55个国家正式的参与《协定》，同时，参与的国家温室气体排放总量不能低于全球温室气体排放的55%。

作为世界第一与第二大经济体，同时也是最大的两个温室气体排放国，中美两国携手合作，共同宣布完成《巴黎协定》的国内程序，展现了其在全球应对气候变化进程中的领导力，无疑会在二十国集团以及全球各国中起到积极的带动作用。

中美化石能源补贴同行审议结果在G20杭州峰会公布。

早在2009年的匹兹堡峰会上，G20领导人达成一致，承诺在中期取消不合理的化石能源补贴。由于缺乏切实的机制和措施，在之后三年中，这一承诺落实的进展缓慢。

2013年初，各国达成一致，同意引入自愿同行审议机制以推进各国化石能源改革。中美作为同行审议伙伴率先开启了第一轮化石能源同行审议。2014年7月，中美宣布就化石能源补贴同行审议的任务说明书达成一致，开始开展具体的审议工作。分别在4月和5月完双方互审，最终结果会在本次G20峰会上汇报。

9月6日　国内外多家机构在上海共同举办“绿色金融国际研讨会”。这是二十国集团(G20)杭州峰会之后，绿色金融发展话题再次进入国际社会讨论范围。对此，专家指出，在中国积极推动及各国共同努力下，本次G20杭州峰会在推进绿色金融全球发展方面达成了多项成果，各国发展绿色金融的共识正在增强。未来，如果各国能加强绿色金融领域资源、技术的共享，全球绿色金融发展将迈上一个新高度。

关于绿色金融这一概念，各国在认识上一直存在差异，本次G20杭州峰会求同存异，明确了绿色金融的定义。G20绿色金融研究小组认为，绿色金融是指能产生环境效益从而支持可持续发展的投融资活动。本次峰会明确了绿色金融的目的、范围及面临的挑战，并提出了7项可选措施以推动绿色金融发展。

G20峰会期间，联合国环境署和蚂蚁金服集团签署战略合作协议，双方宣布共同发起成立全球首个金融科技企业的绿色金融联盟。

中国“十三五”发展规划提出了绿色发展理念以及构建绿色金融体系的战略。中国是全球3个建立了“绿色信贷指标体系”的国家之一，绿色信贷已经占国内全部贷款余额的10%；2016年前7个月，中国发行的绿色债券已经达到1200亿元人民币，占全球同期发行绿色债券的40%左右，中国已成为全球最大的绿色债券市场。

9月6日　全国碳市场能力建设(天津)中心正式揭牌成立。天津中心依托天津排放权交易所设立，将通过教育培训、合作交流、平台建设等形式提升碳市场相关方的能力储备，为未来全国碳市场顺利启动和运行提供重要保障。

2008年，中国石油与天津产权交易中心、芝加哥气候交易所共同出资设立天津排放权交易所，中国石油作为投资方之一参与控股。该交易所是全国第一家综合性排放权交易机构，也是国内首个由石油企业控股的碳排放交易所，是一个利用市场化手段和金融创新方式促进节能减排的国际化交易平台。2015年完成国内最大单中国核证自愿减排量(CCER)交易，交易量超过50万吨。中国石油通过天津排放权交易所积极促进节能减排，让碳减排市场化、商业化，从而推动全社会的碳减排观念，建立社会碳减排体系。

2017年，全国将正式建立碳排放交易体系。天津作为国家首批7个碳交易试点省市之一，2013年试点碳市场正式启动交易以来，已经形成企业履约率高、基础条件成熟、管理规范有序的碳市场，形成较完善的碳市场运行管理体系，积累了丰富的碳市场建设经验。

天津中心的成立将充分发挥先期试点优势经验，积极发挥辐射和带动作用，通过多种能力培训和建设服务方式，帮助非试点区域企业提升低碳发展能力和碳市场参与能力，更好地服务于全国碳市场建设。

9月6日　国家发改委能源研究所等机构在北京举行的G20能效论坛上联合发布“重塑能源：中国”项目成果报告显示：通过重塑能源生产和消费体系，到2050年，中国一次能源需求量仅比2010年增长1%；在重塑情景下，2050年中国非化石电力占全国电力消费的比重可达82%，其中，可再生能源将提供68%的发电量；中国有望2025年左右实现二氧化碳排放达峰，2050年二氧化碳排放水平将比2010年降低42%。

报告提出，中国重塑能源的主要路径应包括：工业领域利用新产业革命所释放的技术红利，通过结构调整、需求减量、能效提升和脱碳化4大途径，最大可能利用高能效技术和可再生能源；建筑领域通过实施引导建筑面积规模合理增长及推行建筑工业化、普及一体化和被动式设计、提高建筑用能系统和设备效率、发展智能系统、建筑终端用能清洁化；在交通运输领域以模式和技术创新推动交通运输去油化、电气化；在电力领域以可再生电力加快发展为突破口实现能源供应转型升级。

9月6日　在国家发改委环资司指导下，由国家发改委能源研究所(ERI)、国际能源署(IEA)、能源基金会(中国)(EFC)、国际能效合作伙伴关系(IPEEC)、联合国环境规划署(UNEP)共同主办，中国节能协会节能服务产业委员会(EMCA)、中国质量认证中心、中国能效经济委员会和北京银行协办的“G20能效论坛”在京举行。

来自美国、德国、日本、巴西等G20成员国的代表;联合国环境规划署、国际能源署、能源基金会(中国)、国际知名智库等国际机构代表;国家及地方节能主管部门以及行业协会、学会、科研院所、大学、企业代表共150余人参加了论坛相关主题活动。

9月6日　由中国气象局主办的第10期“应对气候变化•记录中国”媒体科普宣传活动，在新疆乌鲁木齐正式启动。活动特邀中国工程院院士、国家气候变化专家委员会主任杜祥琬以及中国人民大学新闻学院教授、中国气候传播项目中心主任郑保卫作为指导专家。

9月6～12日，“应对气候变化•记录中国”考察团将围绕能源转型、生态环境保护及水资源利用、自然灾害应对等方面，从新疆乌鲁木齐开始，途经达坂城、吐鲁番、克拉玛依，探访风电厂、油田区、一号冰川、新能源示范区等地，了解当地受气候变化影响的真实面貌，探寻解读政府和个人在应对与适应气候变化上的举措。

参加此次考察的媒体来自中央电视台、人民日报、网易、腾讯、新浪、中国天气网、中国气象频道、中国气象报、新疆日报、新疆经济报、新疆广播电台、天山网、新华社新疆分社、新疆兴农网等，在考察期间他们将每天以多种媒介形式发布考察报道。

9月7日　由国家林业局和世界自然保护联盟共同主办的“加强生态系统治理、促进生态文明建设”会议在美国夏威夷檀香山市的夏威夷会展中心举行，其主旨在于宣介中国自然保护成就，传播生态文明理念。

来自中国国家林业局、环保部、外交部、住建部的政府官员，中国生物多样性保护与绿色发展基金会、中国绿色碳汇基金会等机构负责人，以及世界自然保护联盟、世界自然基金会、大自然保护协会等国际组织代表、专家学者和媒体代表等近百人与会。

9月8日　中国广核集团在北京召开的新闻发布会上宣布，作为我国首个“双十”海上风电项目的中广核如东海上风电项目已取得电力业务许可证，标志着中广核自主开发建设的江苏如东15万千瓦海上风电示范项目全场投入商业运行，也标志着我国海上风电发展实现了历史性的重大突破。

如东项目位于江苏省南通市如东县黄海海域，2015年5月8日正式开工建设，共安装38台风电机组，总装机容量为15.2万千瓦。

“如东项目是我国首个全场投运的离岸距离最远、装机容量最大的海上风电项目。如东项目距离海岸约25公里，海底高程在-8米至-14.6米之间，也是我国首个符合‘双十’标准的、真正意义上的海上风电项目。”黄晓飞表示，如东项目的建成投运，标志着我国掌握了海上风电建设的核心技术，也让我国成为继德国、英国等国家后，少数几个具备海上风电建设核心能力的国家之一。

9月9日　2016年国际保护臭氧层日纪念大会在北京举行。我国政府高度重视保护臭氧层履约工作，实现了《蒙特利尔议定书》规定的各阶段履约目标，已经累计淘汰消耗臭氧层物质25万多吨，占发展中国家的一半左右。

“十二五”期间，我国共淘汰5.9万吨含氢氯氟烃的生产量和4.5万吨的消费量，分别占基线水平（2009—2010年平均值）的16%和18%；削减含氢氯氟烃产能8.8万吨，占应削减的总产能的16%，超额完成了第一阶段含氢氯氟烃淘汰10%履约目标。

联合国在2015年通过了全球2030年可持续发展目标，环境保护是其中三大核心之一，特别是应对气候变化问题，是本世纪人类的一个重大挑战。下一步，中国将继续大力推动绿色低碳替代技术的开发和应用，加大技术创新和推广力度，出台《含氢氯氟烃重点替代技术推荐目录》，修订完善替代品标准法规，并通过产业政策、政府绿色采购、绿色产品认证、舆论宣传引导等方式鼓励和支持绿色低碳替代技术的研发和推广。

9月12日　国家林业局与广东省政府在广州签署合作框架协议，推进广东林业现代化建设，支持广东率先建设全国绿色生态省，全面提升生态文明建设水平。中共中央政治局委员、广东省委书记胡春华出席签字仪式，国家林业局局长张建龙、广东省省长朱小丹代表双方签字。

根据协议，广东率先建设全国绿色生态省的总体目标是通过实施“十三五”林业发展规划，广东林业生态建设取得显著成效，森林生态功能明显增强，林业发展方式率先转变，生态文明理念深入人心，率先在全国建成森林生态体系完善、林业产业发达、林业生态文化繁荣、人与自然和谐相处的绿色生态省。至2020年，广东省森林面积达到1.631亿亩，森林覆盖率达到60%以上，森林蓄积量达到6.43亿立方米，湿地面积不低于2630万亩，林业产业总值超过9500亿元，人均森林碳汇增长率达到7%以上，林业科技进步贡献率达到60%以上。

9月19日　国家林业局局长张建龙在陕西延安介绍，目前全国已有118个城市被授予国家森林城市称号，有80多个城市正在创建国家森林城市，有13个省份开展了省级森林城市创建活动。根据对全国180多个创森城市的统计，创森期间，每个城市年均新造林面积20万亩左右，约占市域面积的1个百分点，大大高于全国同期森林增长的平均水平。

9月21日　国家发改委发布《关于开展用能权有偿使用和交易试点工作的函》，提出了《用能权有偿使用和交易试点方案》。

所谓用能权，是指企业年度直接或间接使用各类能源总量限额的权利。这一概念提出的背景，是针对能源消费的总量控制。

《试点方案》提出，将在浙江省、福建省、河南省、四川省开展用能权有偿使用和交易试点。试点地区可以在本区域内全面开展试点，也可以根据实际情况先选择若干地市开展试点，然后逐步扩大试点区域。至此，十八届三中全会提出的“推行节能量、碳排放权、排污权、水权交易制度”改革任务已经初步实现。

《试点方案》提出主要目标，在部分地区开展试点，通过探索创新，推动用能权有偿使用和交易改革任务取得积极进展，形成若干可操作、有效的制度成果。在试点地区建立较为完善的制度体系、监管体系、技术体系、配套政策和交易系统，推动能源要素更高效配置。

《试点方案》提出，按照统筹规划、试点先行、分步实施、有序推进的原则，选择在已有一定的工作基础，开展试点工作积极性较高，具有代表性的浙江省、福建省、河南省、四川省开展用能权有偿使用和交易试点。试点地区可以在本区域内全面开展试点，也可以根据实际情况先选择若干地市开展试点，然后逐步扩大试点区域。2016年做好试点顶层设计和准备工作；2017年开始试点，并根据情况不断完善实施方案；到2019年，试点任务取得阶段性成果，形成可复制可推广的经验、做法和制度；2020年，开展试点效果评估，总结提炼经验，视情况逐步推广。

《试点方案》提出，试点内容主要包括以下七个方面：科学合理确定用能权指标，推进用能权有偿使用，建立能源消费报告、审核和核查制度，明确交易要素，完善交易系统，构建公平有序的市场环境，落实履约机制。

9月21日　国家发改委出席徐绍史在纽约联合国总部举行的推动批准《巴黎协定》专题活动，联合主任国秘书长潘基文在联合国大会厅主讲台与先期批准《巴黎协定》的缔约方代表握手祝贺致谢，并接受31国新递交批准书。目前已有60国批准协定，占全球排放总量约48％。另有占排放总量12.58％的14国表明将于今年批约，《巴黎协定》有望年内生效。中美两国9月初G20峰会期间交存批准书，对推动各国尽快批约起到重要引领带动作用。《巴黎协定》将于占全球排放量55%的55个缔约方交存批准书30天后生效。

9月22～24日　国家发改委气候司与联合国开发计划署、联合国秘书长办公室在北京联合举办了气候变化南南合作研讨会，就加强应对气候变化南南合作，共同搭建国际合作平台，开展习近平主席宣布的气候变化“十百千”项目等问题进行了交流。气候司副司长蒋兆理、联合国开发计划署中国代表处首代文霭洁参会并讲话。来自孟加拉国、蒙古、斯里兰卡、几内亚、坦桑尼亚、津巴布韦、塞舌尔、厄瓜多尔、牙买加等9个发展中国家的50多位政府官员和专家参加了会议。

9月24日　在国务院总理李克强对古巴共和国进行国事访问期间，国家发改委主任徐绍史与古巴外贸外资部部长马尔米耶卡在哈瓦那共同签署了两国部门间关于应对气候变化物资赠送的谅解备忘录。根据谅解备忘录，国家发改委将向古巴赠送家用太阳能光伏发电系统及LED灯等应对气候变化物资，用于帮助其提高国内应对气候变化的能力。

9月24～25日　由中国节能协会主办的“2016中国碳交易市场发展论坛”在北京举行。国家发改委应对气候变化司副司长蒋兆理指出，碳市场管理要从管理体制上实施中央和地方两极管理体制，配额管理方面要从交易管理上，明确交易产品、交易主体、交易机构和交易模式;核查与配额的清缴，应由国家公布企业温室气体排放核算与报告的指南，或者是标准。

9月28日　农业部发出《关于印发农业综合开发区域生态循环农业项目指引（2017-2020年）的通知》，提出总体目标：2017～2020年建设区域生态循环农业项目300个左右,积极推动资源节约型、环境友好型和生态保育型农业发展，提升农产品质量安全水平、标准化生产水平和农业可持续发展水平。绩效目标：以提高区域范围内农业资源利用效率和实现农业废弃物“零排放”和“全消纳”为目标，建立起养分综合管理计划、生态循环农业建设指标体系等管理制度，使循环模式、技术路线、运行机制和政策措施四者有机结合，区域内化肥农药不合理使用得到有效控制，努力实现“零”增长；畜禽粪便、秸秆、农产品加工剩余物等循环利用率达到90%以上，大田作物使用畜禽粪便和秸秆等有机肥氮替代化肥氮达到30%以上；农产品实现增值10%以上，农民增收10%以上，农业生产标准化和适度规模经营水平明显提升，实现资源节约、生产清洁、循环利用、产品安全。

9月29日　国家发展改革委副主任张勇主持召开全国生态环境建设部际联席电视电话会议，科技部、财政部、国土资源部、环境保护部、住房城乡建设部、水利部、农业部、国家统计局、国家林业局、中国气象局等成员单位有关负责同志在主会场参加会议并发言；北京、天津、河北、山西、内蒙古、陕西、贵州、广西、云南、湖北、湖南、四川、重庆、青海、西藏等省(自治区、直辖市)政府副秘书长及有关部门负责人在分会场参加了会议。国家发展改革委范恒山副秘书长主持了会议。

张勇指出，“十二五”期间，国家累计安排京津风沙源治理、岩溶石漠化治理、青海三江源保护、西藏生态安全屏障建设等重点区域综合治理工程中央预算内投资256亿元，完成综合治理面积1252万公顷，工程建设取得了显著成效，实现了土地沙化、石漠化、水土流失面积“三减少”，森林覆盖率、草原产草量、水源涵养量“三增加”，农业生产条件、农民收入水平、地方生态文明意识“三改善”。通过多年实践，各地积累了许多成功经验，为今后工程建设提供了众多有效治理模式，走出了一条生态与经济双赢的新路子。

9月29日　中国广东核电集团在成立22周年纪念日之际，晒出了自己22年以来的环保贡献：累计提供清洁能源上网电量超过8000亿度，等效于减排二氧化碳约6.3亿吨，相当于种植173万公顷森林。

9月30日　第三届国家气候变化专家委员会成立大会在中国气象局举行，并召开第一次工作会议。第二届国家气候变化专家委员会主任委员、中国工程院杜祥琬院士，第三届国家气候变化专家委员会主任委员刘燕华，中国气候变化事务特别代表解振华，中国气象局局长郑国光，国家发展改革委副主任张勇出席会议并讲话。会议由国家气候变化专家委员会办公室主任、中国气象局副局长宇如聪主持。新一届专家委员会委员、国家发展改革委、外交部、科技部等多家单位相关负责同志与会。

第三届国家气候变化专家委员会名誉主任由解振华、杜祥琬担任，主任由刘燕华担任，副主任由中国科学院副院长丁仲礼院士、国家气候中心丁一汇院士、清华大学何建坤教授担任。

十　月

10月5日　联合国秘书长潘基文宣布，应对气候变化的《巴黎协定》将于今年11月4日正式生效。这份协定凝聚着中国积极参与全球治理、与国际社会携手推进应对气候问题的努力，全球各国对此反响积极。

今年9月，中美两国作为全球最大的两个经济体相继批准了《巴黎协定》，极大推进了协定的生效和实施。10月4日，欧洲议会全会以压倒性多数票通过了欧盟批准《巴黎协定》的决议，意味着《巴黎协定》已经具备正式生效的必要条件。10月5日，欧盟及其7个成员国正式向联合国递交了《巴黎协定》批准书。联合国秘书长潘基文近日宣布，已有74个国家正式批准了气候变化《巴黎协定》，这些国家的温室气体排放量占全球总量的58.82%。

10月8日　国务院总理李克强主持召开国务院常务会议决定，根据这几年的经验，可将国家规划范围内有明确标准的投资项目核准权下放。对钢铁、煤炭、电解铝等产能严重过剩行业，各地不得以任何方式新增产能，原则上不再核准新建传统燃油汽车生产企业。

按照谁审批谁监管、谁主管谁监管的原则，严格落实监管责任，强化节地节能节水、技术、安全等准入“门槛”，对环境影响大、风险高的项目严格环评审批。用有力的“放”和有效的“管”，使市场在资源配置中起决定性作用和更好发挥政府作用。

10月9日　国家林业局办公室发出《关于印发2015年林业应对气候变化政策与行动白皮书的通知》（办造字〔2016〕219号），称：2015年，按照国家应对气候变化工作统一部署，围绕《“十二五”控制温室气体排放工作方案》和《林业应对气候变化“十二五”行动要点》确定的目标任务，林业应对气候变化工作稳步扎实推进，各项工作取得了新进展。

《白皮书》称，2015年，按照国家应对气候变化工作统一部署，围绕《“十二五”控制温室气体排放工作方案》和《林业应对气候变化“十二五”行动要点》确定的目标任务，林业应对气候变化工作稳步扎实推进，各项工作取得了新进展。

其中，2015年全国共完成造林664.37万公顷，占全年任务的104.9%。全国共完成森林抚育833.33万公顷，超额完成全年计划任务。

据联合国粮农组织发布的《2015年全球森林资源评估报告》，我国已成为全球年度森林面积增长最快、森林蓄积稳定增长的国家。随着我国森林资源增长，森林碳汇能力进一步增强，为全球应对气候变化作出了重要贡献。

为了保护天然林，河北省和黑龙江、吉林、内蒙古三省区的大小兴安岭、长白山林区已停止天然林商业性采伐，天然林资源保护工程区管护天然林面积已达到1.154亿公顷。

《白皮书》称，2015年新发布生态系统定位观测研究站观测行业标准4项，生态系统定位观测研究站观测标准总数已达26项。新建森林生态系统定位观测研究站26个，已加入国家陆地生态系统定位观测研究站的数量达到166个，为林业生态建设相关评估和科学研究提供了重要支撑。

10月13日　由中国国家发展改革委、美国能源部主办的第七届中美能效论坛在北京举行。会上，国家发展改革委副主任张勇表示，近年来，中国推进节能降耗工作取得显著成效，已成为世界第一节能大国。未来，中国将通过推进能源生产和消费革命，优化能源结构等举措，全面推进节能降耗。

中美能效论坛是中美能效合作的重要平台，也是落实中美战略与经济对话成果的具体举措。论坛每年举行一次，由两国轮流举办。张勇介绍，过去十年来，中国的节能减排工作取得了显著成效。“2006年至2015年中国单位GDP能耗累计降低34%，节约能源达15.7亿吨标准煤，相当于少排放二氧化碳35.8亿吨，以年均5.2%的能源消费增速支持了GDP年均9.6%的增长。”

10月14日　国家主席习近平对孟加拉国进行国事访问期间，在两国元首的见证下，国家发改委主任徐绍史与孟加拉国地方发展部部长埃德尔•穆沙拉夫•侯赛因签署了《关于应对气候变化物资赠送的谅解备忘录》。根据该谅解备忘录，国家发改委将向孟加拉国地方发展部赠送125万盏LED节能灯，用于帮助其提高国内应对气候变化能力。

10月16日　第二届全国“双创”活动周低碳公益宣传活动暨“全民碳路”低碳公益主题活动在深圳启动。从当日起，深圳市民乘坐公交车不仅能获得低碳积分，还能获得消费方面的激励。

10月16～17日　“基础四国”第二十三次气候变化部长级会议在摩洛哥举行。四国代表就联合国气候变化马拉喀什会议相关问题深入交换了意见，达成广泛共识。会后，四国发表了《“基础四国”第二十三次气候变化部长级会议联合声明》。中国气候变化事务特别代表解振华率团与会，国家发改委气候司、国际司有关负责同志参会。

10月17日　国家能源局会同国务院扶贫办印发《下达第一批光伏扶贫项目的通知》，下达第一批总规模516万千瓦光伏扶贫项目。其中，村级光伏电站（含户用）共计218万千瓦，集中式地面电站共计298万千瓦，共涉及河北、山西、辽宁、吉林、江苏、安徽、江西、山东、河南、湖北、湖南、云南、陕西和甘肃14个省约2万个贫困村，可为约55万个建档立卡贫困户每年每户增收不低于3000元。

10月18日　水利部、国家发展改革委近日联合印发《“十三五”水资源消耗总量和强度双控行动方案》。方案突出以水定需、量水而行、因水制宜，强调约束性指标与“十三五”规划纲要、最严格水资源管理制度、水污染防治行动计划等保持统一及目标措施的针对性和可操作性。

根据方案，到2020年全国水资源消耗总量和强度双控管理制度基本完善，双控措施有效落实，双控目标全面完成，初步实现城镇发展规模、人口规模、产业结构和布局等经济社会发展要素与水资源协调发展。各流域、各区域用水总量得到有效控制，地下水开发利用得到有效管控，严重超采区超采量得到有效退减，全国年用水总量控制在6700亿立方米以内。万元国内生产总值用水量、万元工业增加值用水量分别比2015年降低23%和20%；农业亩均灌溉用水量显著下降，农田灌溉水有效利用系数提高到0.55以上。

10月19日　2016亚太低碳技术峰会在长沙召开，世界各地的专家、学者、政府以及国际组织和国际机构的代表汇聚一堂，共同探讨促进亚太地区低碳技术进步的方法和途径，共同推进亚太地区低碳文明建设。

亚洲开发银行副行长苏山多诺说，亚洲要转向低碳发展，低碳技术的应用至关重要，但当前很多国家没有能力实施推广应用相关技术。探索新的供资模式，让更多的主体参与到绿色投资，建立相关实施政策和框架，建立发展和部署低碳技术相关的产业链等十分重要。

中国国家发改委副主任张勇表示，当前应对气候变化已成为国际社会关注的焦点，中国十分重视应对气候变化。2015年6月中国向联合国提交了国家自主贡献文件，明确了二氧化碳排放2030年达到峰值。城市作为人类经济社会生活最集中的区域，对低碳技术的推广意义重大。目前，中国已经在36个城市开展了两批低碳试点，通过研究制定低碳发展目标，推动低碳技术的发展和应用。

10月19日 2016中国光伏大会暨展览会在北京国际展览中心（新馆）开幕，乐叶光伏、晶澳、晶科、阿特斯、协鑫、天合光能等上百家光伏企业也参与展会。

开幕式上，国内外光伏产业主管领导和专家围绕“引领光伏产业发展，推动能源战略转型”做了主旨报告，对“十三五”时期我国以及全球光伏产业的机遇与挑战进行深度分析，从产业规划、成本趋势和技术创新等各个角度对全球光伏发展现状与前景进行了精准描述。

2016年是光伏行业波澜壮阔的一年。受光伏上网电价下调“630”政策的影响，今年上半年出现历史罕见的抢装潮，新增并网光伏容量超22GW，超过去年全年新增装机容量。截至今年6月底，中国国内累计光伏装机量已达65GW，继续雄踞全球光伏装机大国之首。据OFweek行业研究中心预测，2016年全年中国国内新增装机可望突破30GW，创下历年之最！

10月19日 国家发改委环资司组织召开“推进资源环境类PPP项目实施座谈会”，与来自社会资本环保企业、咨询机构、金融机构、地方政府和环境污染第三方治理试点的代表围绕资源环境类PPP项目的实施现状、制约因素和破解对策进行深入研讨。环资司司长任树本主持会议。

10月19日《中国城市低碳发展规划、峰值和案例研究》发布。在当日举行的以“新常态下的低碳城市发展”为主题的研讨会和《中国城市低碳发展规划、峰值和案例研究》新书发布会上，书籍部分作者代表、低碳试点城市代表及业内专家对低碳试点城市建设的进程进行了回顾，对未来进行了展望。

《中国城市低碳发展规划、峰值和案例研究》一书涵盖了深圳、青岛、武汉、杭州、北京等12个城市在低碳领域的规划和政策措施。行业案例涉及低碳发展的方方面面，包括电力、建筑、交通、碳市场、生态城建设等多个领域。国家发改委气候变化司蒋兆理副司长评价道：“这套书是迄今为止最为系统、最为完整的介绍和归纳总结低碳试点发展模式、实现达峰的路径的著作。总结了42个试点省市地区的经验，为新一批的低碳试点城市提供了可以遵循的低碳建设路径和基本规律。因此本书可谓中国低碳城市建设的指南或者导则。

10月20日 国务院发出《关于开展第二次全国污染源普查的通知》（国发〔2016〕59号），在全国范围内开展污染源普查，普查对象是中华人民共和国境内有污染源的单位和个体经营户。普查范围包括：工业污染源，农业污染源，生活污染源，集中式污染治理设施，移动源及其他产生、排放污染物的设施。普查标准时点为2017年12月31日，时期资料为2017年度资料。2016年第四季度至2017年底为普查前期准备阶段，重点做好普查方案编制、普查工作试点以及宣传培训等工作。2018年为全面普查阶段，各地组织开展普查，通过逐级审核汇总形成普查数据库，年底完成普查工作。2019年为总结发布阶段，重点做好普查工作验收、数据汇总和结果发布等工作。

10月20日 2016年通信行业节能减排大会暨节能创新成果应用交流会在京召开，大会由工业和信息化部信息通信发展司、中国通信企业协会指导，中国通信企业协会通信网络运营专业委员会主办，以“绿色通信 创新未来”为主题，聚焦行业热点问题，关注节能前沿技术，推动信息通信业可持续发展。

工信部信息通信发展司在会上介绍了“十二五”期间通信行业深入推进节能减排技术进步和科技创新，深化节能减排管理体系建设，积极开展老旧高耗能设备退网，推广节能减排新技术应用，推动构建绿色信息通信网络，节能减排工作取得显著成效，提前并超额完成了“十二五”节能减排目标。并提出通信行业要抓住发展机遇，牢固树立绿色发展新理念，促进节能减排和低碳发展，力争到“十三五”末，信息通信网络全面应用节能减排技术，高能耗老旧通信设备基本淘汰，能耗基本达到国际先进水平，通信行业促进社会节能减排水平进一步提高。

10月25日 为促进中欧工业节能减排政策交流与合作，落实中欧工业对话磋商机制第五次全会商定的合作事项，工业和信息化部与欧盟委员会内部市场、工业、创业与中小企业总司在京共同召开中欧工业能效与减排工作组第七次会议。部节能与综合利用司与欧盟委员会内部市场、工业、创业与中小企业总司工业转型和先进价值链司，以及欧盟商会、中国工业节能与清洁生产协会等中欧相关行业协会、政策研究机构、企业代表40余人参加会议。

会议总结了工作组第六次会议以来的工作进展，围绕中欧最新发布的绿色工业政策，以及生态设计政策实践、绿色工厂创建、建筑垃圾资源化再利用、绿色供应链管理等议题进行了深入交流。会议高度评价了中欧在工业产品生态设计方面的合作成果，并商定了下一步合作内容。

10月27日 国务院印发《关于印发“十三五”控制温室气体排放工作方案的通知》（国发〔2016〕61号），对“十三五”时期应对气候变化、推进低碳发展工作做出全面部署。

《工作方案》提出，到2020年，单位国内生产总值二氧化碳排放比2015年下降18%，碳排放总量得到有效控制。氢氟碳化物、甲烷、氧化亚氮、全氟化碳、六氟化硫等非二氧化碳温室气体控排力度进一步加大。碳汇能力显著增强。支持优化开发区域碳排放率先达到峰值，力争部分重化工业2020年左右实现率先达峰，能源体系、产业体系和消费领域低碳转型取得积极成效。全国碳排放权交易市场启动运行，应对气候变化法律法规和标准体系初步建立，统计核算、评价考核和责任追究制度得到健全，低碳试点示范不断深化，减污减碳协同作用进一步加强，公众低碳意识明显提升。到2020年，能源消费总量控制在50亿吨标准煤以内，单位国内生产总值能源消费比2015年下降15%，非化石能源比重达到15%。大型发电集团单位供电二氧化碳排放控制在550克二氧化碳/千瓦时以内。

《方案》从8个方面提出了“十三五”控制温室气体排放的重点任务。一是低碳引领能源革命。加强能源碳排放指标控制，大力推进能源节约，加快发展非化石能源，优化利用化石能源。二是打造低碳产业体系。加快产业结构调整，加快发展绿色低碳产业，打造绿色低碳供应链。积极发展战略性新兴产业，大力发展服务业，2020年战略性新兴产业增加值占国内生产总值的比重力争达到15%，服务业增加值占国内生产总值的比重达到56%；控制工业领域排放，2020年单位工业增加值二氧化碳排放量比2015年下降22%，大力发展低碳农业，增加生态系统碳汇到2020年，森林覆盖率达到23.04%，森林蓄积量达到165亿立方米。加强湿地保护与恢复，稳定并增强湿地固碳能力。推进退牧还草等草原生态保护建设工程，推行禁牧休牧轮牧和草畜平衡制度，加强草原灾害防治，积极增加草原碳汇，到2020年草原综合植被盖度达到56%。探索开展海洋等生态系统碳汇试点。三是推动城镇化低碳发展。加强城乡低碳化建设和管理，建设低碳交通运输体系，加强废弃物资源化利用和低碳化处置，倡导低碳生活方式。四是加快区域低碳发展。实施分类指导的碳排放强度控制，“十三五”期间，北京、天津、河北、上海、江苏、浙江、山东、广东碳排放强度分别下降20.5%，福建、江西、河南、湖北、重庆、四川分别下降19.5%，山西、辽宁、吉林、安徽、湖南、贵州、云南、陕西分别下降18%，内蒙古、黑龙江、广西、甘肃、宁夏分别下降17%，海南、西藏、青海、新疆分别下降12%。推动部分区域率先达峰，支持优化开发区域在2020年前实现碳排放率先达峰。创新区域低碳发展试点示范，选择条件成熟的限制开发区域和禁止开发区域、生态功能区、工矿区、城镇等开展近零碳排放区示范工程，到2020年建设50个示范项目。以碳排放峰值和碳排放总量控制为重点，将国家低碳城市试点扩大到100个城市。探索产城融合低碳发展模式，将国家低碳城(镇)试点扩大到30个城(镇)。深化国家低碳工业园区试点，将试点扩大到80个园区，组织创建20个国家低碳产业示范园区。推动开展1000个左右低碳社区试点，组织创建100个国家低碳示范社区。支持贫困地区低碳发展。五是建设和运行全国碳排放权交易市场。2017年启动全国碳排放权交易市场。到2020年力争建成制度完善、交易活跃、监管严格、公开透明的全国碳排放权交易市场，实现稳定、健康、持续发展。六是加强低碳科技创新。加强气候变化基础研究，加快低碳技术研发与示范，加大低碳技术推广应用力度。七是强化基础能力支撑。完善应对气候变化法律法规和标准体系，加强温室气体排放统计与核算，建立温室气体排放信息披露制度，完善低碳发展政策体系，加强机构和人才队伍建设。八是广泛开展国际合作。深度参与全球气候治理，推动务实合作，加强履约工作。

10月26日　受国家制造强国建设战略咨询委员会、工业和信息化部委托，中国汽车工程学会组织逾500位行业专家研究编制的《节能与新能源汽车技术路线图》正式对外发布。路线图描绘了我国汽车产业技术未来15年发展蓝图。

《路线图》总体目标是：至2030年，汽车产业碳排放总量先于国家提出的“2030年达峰”的承诺和汽车产业规模达峰之前，在2028年提前达到峰值，新能源汽车逐渐成为主流产品、汽车产业初步实现电动化转型，智能网联汽车技术产生一系列原创性科技成果，并有效普及应用，技术创新体系基本成熟，持续创新能力和零部件产业具备国际竞争力。《节能与新能源汽车技术路线图》主要包括：总体技术路线图、节能汽车技术路线图、纯电动和插电式混合动力汽车技术路线图、氢燃料电池汽车技术路线图、智能网联汽车技术路线图、汽车制造技术路线图、汽车动力电池技术路线图、汽车轻量化技术路线图。

《路线图》主要里程碑是：至2020年，乘用车新车平均油耗5.0升/百公里，商用车新车油耗接近国际先进水平，新能源汽车销量占汽车总体销量的比例达到7%以上，驾驶辅助/部分自动驾驶车辆市场占有率达到50%。至2025年，乘用车新车平均油耗4.0升/百公里，商用车新车油耗达到国际先进水平，新能源汽车销量占汽车总体销量的比例达到20%以上，高度自动驾驶车辆市场占有率达到约15%。至2030年，乘用车新车油耗3.2升/百公里，商用车油耗同步国际先进水平，新能源汽车销量占汽车总体销量的比例达到40%以上，完全自动驾驶车辆市场占有率接近10%。

在上述重大目标指引下，《路线图》进一步凝练关键技术，明晰路径，以新能源汽车和智能网联汽车为主要突破口，以能源动力系统优化升级为重点，以智能化水平提升为主线，以先进制造和轻量化等共性技术为支撑，全面推进汽车产业的低碳化、信息化、智能化和高品质。

在此基础上，路线图进一步提出了节能汽车、纯电动和插电式混合动力汽车、氢能燃料电池汽车、智能网联汽车、动力电池、汽车轻量化、汽车制造等七大领域，并分别形成了各自细分领域的技术路线图。

10月27日　环境保护部发出《关于印发《全国生态保护“十三五”规划纲要》的通知》，要求大力推进生态文明建设，按照山水林田湖系统保护的要求，通过强化生态监管、完善制度体系，促使生态空间得到保障、生态质量稳中有升、生态功能逐步改善，从而维护国家生态安全。

《纲要》提出，要建立生态空间保障体系。加快划定生态保护红线。推动建立和完善生态保护红线管控措施。推动建立和完善生态保护红线补偿机制。

《纲要》提出，制定发布《关于划定并严守生态保护红线的若干意见》。按照自上而下和自下而上相结合的原则，各省(区、市)在科学评估的基础上划定生态保护红线，并落地到水流、森林、山岭、草原、湿地、滩涂、海洋、荒漠、冰川等生态空间。2017年底前，京津冀区域、长江经济带沿线各省(区、市)划定生态保护红线；2018年底前，各省(区、市)全面划定生态保护红线；2020年底前，各省(区、市)完成勘界定标。在各省(区、市)生态保护红线的基础上，环境保护部会同相关部门汇总形成全国生态保护红线，向国务院报告，并向社会公开发布。

《纲要》指出，推动建立和完善生态保护红线管控措施。到2020年，基本建立生态保护红线制度。各地组织开展现状调查，建立生态保护红线台账系统，识别受损生态系统类型和分布。制定实施生态系统保护与修复方案，选择水源涵养和生物多样性保护为主导功能的生态保护红线，开展一批保护与修复示范。定期组织开展生态保护红线评价，及时掌握生态保护红线生态功能状况及动态变化。推动建立和完善生态保护红线补偿机制。

主要目标：到 2020 年，生态空间得到保障，生态质量有所提升，生态功能

有所增强，生物多样性下降速度得到遏制，生态保护统一监管水平明显提高，生态文明建设示范取得成效，国家生态安全得到保障，与全面建成小康社会相适应。具体工作目标：全面划定生态保护红线，管控要求得到落实，国家生态安全格局总体形成；自然保护区布局更加合理，管护能力和保护水平持续提升， 新建 30-50 个国家级自然保护区，完成 200个国家级自然保护区规范化建设，全国自然保护区面积占陆地国土面积的比例维持在 14.8%左右（包括列入国家公园试点的区域）；完成生物多样性保护优先区域本底调查与评估，建立生物多样性观测

网络，加大保护力度，国家重点保护物种和典型生态系统类型保护率达到 95%； 生态监测数据库和监管平台基本建成；体现生态文明要求的体制机制得到健全； 推动 60-100 个生态文明建设示范区和一批环境保护模范城创建， 生态文明建设示范效应明显。

10月28日 国家发展改革委、水利部、住房城乡建设部、农业部、工业和信息化部、科技部、教育部、国家质检总局、国家机关事务管理局发出《关于印发全民节水行动计划的通知》（发改环资[2016]2259号），推进各行业、各领域节水，在全社会形成节水理念和节水氛围，全面建设节水型社会。

我国水资源时空分布不均，人均水资源量较低，供需矛盾突 出，加之受经济结构、发展阶段和全球气候变化影响，水资源短 缺已经成为经济社会可持续发展的突出瓶颈制约，高效合理利用 水资源成为我国经济社会可持续发展和生态文明建设的重要内 容。《国民经济和社会发展第十三个五年规划纲要》提出要实施 全民节水行动计划，在农业、工业、服务业等各领域，城镇、乡 村、社区、家庭等各层面，生产、生活、消费等各环节，通过加强顶层设计，创新体制机制，凝聚社会共识，动员全社会深入、 持久、自觉的行动，以高效的水资源利用支撑经济社会可持续发 展。

“节水行动”包括：农业节水增产行动；工业节水增效行动；城镇节水降损行动；缺水地区节水率先行动；产业园区节水减污行动；节水产品推广普及行动；节水产业培育行动；公共机构节水行动；节水监管提升行动；全民节水宣传行动。

10月30日 上海市市长杨雄主持召开市政府常务会议，研究《上海市2016年碳排放配额分配方案》，进一步推进节能减排等工作。根据国家有关部署，上海2013-2015年碳排放交易试点工作已于今年6月底全部结束，本市碳交易制度已初步形成。在充分调研和广泛征求各方意见和建议的基础上，本市形成了2016年碳排放配额分配方案。

根据《方案》，上海市2016年碳排放配额分配坚持实行总量控制，衔接本市年度及“十三五”碳排放控制目标及峰值目标，有效促进各项碳排放控制目标的实现；坚持推动用能效率提升和能源结构优化，鼓励使用清洁低碳能源； 保持试点市场运行平稳有序，做好与全国碳交易市场的衔接。

10月30日 第二届国际能源变革论坛在江苏省苏州市举行。国务委员王勇出席开幕式并致辞。31日闭幕并发表“苏州共识”。倡议推进终端能源消费的绿色化和智能化，积极提高能源效率和大力发展水电、风电、太阳能发电等可再生能源电力，完善支持可再生能源技术进步的政策、加速可再生能源技术在全球的推广，开展绿色金融创新、扩大全球对可再生能源等清洁能源开发利用的投资，通过合作与共享，建立覆盖全球的清洁低碳能源技术、产业和市场体系，实现全球能源同步转型。

国际可再生能源署总干事阿德南•阿明介绍，目前国际能源基础正在发生深刻变化，2015年全球新增发电总量62%来自可再生能源。其中，中国新增的风电、水电发电量占到全球规模的一半，太阳能占三分之一。全球可再生能源领域获得的国际投资中，中国独占1100亿美元，达总量的33%左右。联合国副秘书长沙姆沙德•阿赫塔尔通过视频致辞赞扬称，“中国百分之百取得了全民共享能源形势的进步。中国发展的一系列创新举措既实现了扶贫又促进了太阳能的使用，实现社会和经济的双重发展。”

第二届国际能源变革论坛由国家能源局、江苏省人民政府、国际可再生能源署联合举办，以“能源转型中的协调发展”为主题，来自中国、德国、丹麦、埃及、美国、英国、澳大利亚等多个国家和欧盟、世界银行、国际能源署等国际组织的代表及近300家国内外能源企业或机构代表参加论坛，围绕全球能源转型关键问题进行了充分讨

论。

10月　交通运输部办公厅发布了水运行业应用液化天然气第二批试点示范项目名单。明确了对试点示范项目组织实施和监督管理的工作要求。

十一月

11月1日　在联合国气候变化公约第22次缔约国大会召开前夕，《中国应对气候变化的政策与行动2016年度报告》新闻发布会在国务院新闻办举行，中国气候变化事务特别代表解振华同志出席发布会，介绍了“十二五”以来我国应对气候变化主要工作进展及我国参加联合国气候变化马拉喀什会议有关情况，并就中国为推动《巴黎协定》生效实施发挥的积极作用、参加马拉喀什会议谈判的立场主张、我国今年能耗及碳强度目标完成情况、全国碳排放权交易市场建设筹备情况等问题回答了中央电视台、新华社、中国日报、中国新闻社、华尔街日报、路透社、香港文汇报等多家中外媒体记者的提问，共有来自境内外28家媒体、近50名记者参加了发布会。

解振华说，中国政府高度重视应对气候变化工作，“十二五”以来，中国推动应对气候变化的各项工作已经取得重大进展。马拉喀什会议是《巴黎协定》生效后的第一次缔约国大会，中国期待马拉喀什会议开成一个落实行动的会议。

数据显示，“十二五”期间，我国碳强度累计下降20%，超额完成了“十二五”规划确定的17%的目标任务。能源结构进一步优化，2015年非化石能源占一次能源消费比重达12%，超额完成了“十二五”规划所提出的11.4%的目标。森林蓄积量增加到151.37亿立方米，提前实现了到2020年增加森林蓄积量的目标。

解振华介绍，中国政府积极参与《联合国气候变化框架公约》下的谈判进程，坚定维护公约的原则和框架，不断加强全面、有效和持续地实施公约；中国积极支持发展中国家，提高应对气候变化的能力，通过建立气候变化南南合作基金，“十二五”以来中国政府累计投入了5.8亿人民币，为小岛国、最不发达国家、非洲国家及其他发展中国家提供了实物和设备的援助，对其参与气候变化国际谈判、政策规划、人员培训等方面提供了大力的支持，并启动在发展中国家开展10个低碳示范区、100个减缓和适应气候变化项目，以及培训1000名应对气候变化的专家和官员。

解振华说，中国政府将坚定不移地本着对中华民族福祉和人类长远发展高度负责的精神，积极应对气候变化，并承担与中国发展阶段应负责任和实际能力相符的国际义务，采取更有力度的行动，为保护全球气候变化做出积极的贡献。

11月4日　联合国气候变化《巴黎协定》正式生效。这份开启全球气候治理新阶段的历史性协定，事关2020年后全球应对气候变化行动安排，它的生效，将是全球应对气候变化的关键一步，开启全球气候治理新阶段。

2015年12月，《联合国气候变化框架公约》近200个缔约方在巴黎气候变化大会上一致同意通过《巴黎协定》。截至今年11月1日，共有92个缔约方批准了《巴黎协定》，其温室气体排放已占全球总量的65.82%。按照规定，当至少55个《联合国气候变化框架公约》的缔约方签署并批准加入，且其温室气体排放量至少占全球总量的55%以上时，《巴黎协定》才会生效。

《巴黎协定》最为关键目标是，平均升温控制在工业化前的2℃以内。同时，巴黎协定也坚持了共同但有区别的责任，那就是发达国家应该承担更多责任来帮助发展中国家减缓和适应气候变化。巴黎协定相关文件当中也提出，到2020年发达国家要负责每年筹集资金，帮助发展中国家减缓和适应气候变化。

在《巴黎协定》的框架之下，中国提出了有雄心、有力度的国家自主贡献的四大目标。第一，到2030年中国单位GDP的二氧化碳排放，要比2005下降60%到65%。第二，到2030年非化石能源在总的能源当中的比例，要提升到20%左右。第三，到2030年左右，中国的二氧化碳的排放要达到峰值，并且争取尽早地达到峰值。第四，增加森林蓄积量和增加碳汇，到2030年中国的森林蓄积量要比2005年增加45亿立方米。中国将建立全国统一的碳排放权交易市场。

11月5日　2016泰山论坛暨《巴黎协定》实施研讨会、中国微能源网产业技术创新联盟年会在京召开，本届论坛主题为“互联网+绿色智慧能源——创新发展的微能源网”。

此次会议适逢《巴黎协定》11月4日正式生效。巴黎气候协定谈判中国代表团团长，中国气候变化事务特别代表、全国政协资环委副主任解振华以“巴黎气候协定与中国能源产业发展”为主题做主旨演讲时表示，《巴黎协定》在全球气候治理进程中具有里程碑意义，关系人类未来生存和发展的命运。

解振华表示，中国政府高度重视应对气候变化工作，“十二五”以来把推动绿色低碳发展作为生态文明建设的重要内容，作为加快转变经济发展方式、调整经济结构的重大机遇，坚持统筹国内、国际两个大局，积极采取强有力政策行动，有效控制温室气体排放，增强适应气候变化的能力，推动应对气候变化的各项工作取得了重大的进展。截止到2016年9月，全国7个试点碳市场配额现货累计成交量达到1.2亿吨二氧化碳，累计成交金额超过了32亿元人民币。这些进展彰显了我国以实际行动应对气候变化的决心。

11月7日　第22届联合国气候变化大会在摩洛哥马拉喀什举行，有来自196个国家和地区的超过2.5万人参加，是《巴黎协定》正式生效后在落实行动方面的一次承前启后的大会。中国气候变化事务特别代表解振华、外交部副部长刘振民率团与会。作为最大的发展中国家，中国坚定不移走创新、协调、绿色、开放、共享的发展道路，大力推进国际应对气候变化合作，在本次大会上发挥重要作用。

“十二五”以来中国政府累计投入了5.8亿人民币，帮助发展中国家提高应对气候变化的能力。目前，中国已宣布出资200亿元人民币建立气候变化南南合作基金，并启动在发展中国家设立10个低碳示范区、100个减缓和适应气候变化项目，以及培训1000名应对气候变化的专家和官员。

截至11月15日已有109个国家批准了《巴黎协定》，这些国家的温室气体排放量超过全球总排放量的75%。德国11月14日通过《2050年气候行动计划》，成为首个通过此类详尽长期减排计划的国家，为欧盟制定2050年减排目标提出了更高要求；11月8日，日本正式完成《巴黎协定》的国内批准程序。

马拉喀什气候大会主要议题包括《巴黎协定》实施细则后续谈判路线图和时间表；督促各国按照《气候变化框架公约》《京都议定书》及多哈修正案的规定，提高2020年前的行动力度，落实自己的承诺，为《巴黎协定》的实施奠定政治基础；发达国家对发展中国家的气候变化应对资金、技术和能力建设援助，特别是审议发达国家为发展中国家每年提供1000亿美元资金的落实情况；审议各国落实“国家自主贡献”的行动情况。

11月7日　国家发改委和国家能源局发布《电力发展“十三五”规划》。《规划》提出，坚持安全发展核电的原则，加大自主核电示范工程建设力度，着力打造核心竞争力，加快推进沿海核电项目建设，深入开展内陆核电研究论证和前期准备工作。

发展目标：供应能力。为保障全面建成小康社会的电力电量需求，预期 2020 年全社会用电量6.8-7.2万亿千瓦时，年均增长3.6-4.8%，　全国发电装机容量20亿千瓦，年均增长5.5%。人均装机突　破1.4千瓦，人均用电量5000千瓦时左右，接近中等发达国家水平。城乡电气化水平明显提高，电能占终端能源消费比重达到27%。考虑到为了避免出现电力短缺影响经济社会发展的情　况和电力发展适度超前的原则，在预期 2020年全社会用电需求的基础上，按照2000亿千瓦时预留电力储备，以满足 经济社会可能出现加速发展的需要。

电源结构。按照非化石能源消费比重达到15%的要求，到 2020年，非化石能源发电装机达到7.7亿千瓦左右，比2015年增加2.5亿千瓦左右，占比约39%，提高4个百分点，发电量占 比提高到31%;气电装机增加5000万千瓦，达到1.1亿千瓦以上，占比超过5%;煤电装机力争控制在11亿千瓦以内，　占比降至约55%。

电网发展。合理布局能源富集地区外送，建设特高压输电和常规输电技术的“西电东送”输电通道，新增规模1.3亿千瓦，达　到2.7亿千瓦左右;电网主网架进一步优化，省间联络线进　一步加强，形成规模合理的同步电网。严格控制电网建设成　本。全国新增500千伏及以上交流线路9.2万公里，变电容　量9.2亿千伏安。基本建成城乡统筹、安全可靠、经济高效、技术先进、环境友好、与小康社会相适应的现代配电网。中心城市(区) 智能化建设和应用水平大幅提高，供电可靠率达到99.99%，　综合电压合格率达到99.97%;城镇地区供电能力及供电安全水平显著提升，供电可靠率达到99.9%，综合电压合格率达　到98.79%;乡村地区全面解决电网薄弱问题，基本消除“低　电压”，供电可靠率达到99.72%，综合电压合格率达到97%，　户均配变容量不低于2千伏安。为电采暖、港口岸电、充电基础设施等电能替代提供有力支撑。

综合调节能力。抽水蓄能电站装机新增约1700万千瓦，达到4000万千瓦左右，单循环调峰气电新增规模 500万千瓦。热电联产机　组和常规煤电灵活性改造规模分别达到1.33亿千瓦和8600 万千瓦左右。落实全额保障性收购制度，将弃风、弃光率控制在合理水平。

节能减排。力争淘汰火电落后产能2000万千瓦以上。新建燃煤发电机组平均供电煤耗低于300克标煤/千瓦时，现役燃煤发　电机组经改造平均供电煤耗低于 310克标煤/千瓦时。火电　机组二氧化硫和氮氧化物年排放总量均力争下降50%以上。30 万千瓦级以上具备条件的燃煤机组全部实现超低排放，煤电机组二氧化碳排放强度下降到 865克/千瓦时左右。火电 厂废水排放达标率实现100%。电网综合线损率控制在6.5%以内。

民生用电保障。2020年，电能替代新增用电量约4500亿千瓦时。　力争实现北方大中型以上城市热电联产集中供热率达到60%以上，逐步淘汰管网覆盖范围内的燃煤供热小锅炉。完成全国小城镇和中心村农网改造升级、贫困村通动力 电，实现平原地区机井用电全覆盖，东部地区基本实现城乡供电服务均等化，中西部地区城乡供电服务差距大幅缩小，贫困及偏远少数民族地区农村电网基本满足生产生活需要。

11月10日　水利部部长陈雷在水利部、国家发展改革委召开的视频会议上说，经国务院同意，水利部、国家发展改革委近日联合印发《“十三五”水资源消耗总量和强度双控行动方案》。方案突出以水定需、量水而行、因水制宜，强调约束性指标与“十三五”规划纲要、最严格水资源管理制度、水污染防治行动计划等保持统一及目标措施的针对性和可操作性。

根据方案，到2020年全国水资源消耗总量和强度双控管理制度基本完善，双控措施有效落实，双控目标全面完成，初步实现城镇发展规模、人口规模、产业结构和布局等经济社会发展要素与水资源协调发展。各流域、各区域用水总量得到有效控制，地下水开发利用得到有效管控，严重超采区超采量得到有效退减，全国年用水总量控制在

6700亿立方米以内。万元国内生产总值用水量、万元工业增加值用水量分别比2015年降低23%和20%；农业亩均灌溉用水量显著下降，农田灌溉水有效利用系数提高到0.55以上。

11月11日　工业和信息化部印发《关于进一步做好新能源汽车推广应用安全监管工作的通知》（工信部装[2016]377号），要求高度重视新能源汽车全产业链、全生命周期的安全问题，把保障安全放在工作首位，把握关键环节，加快建立健全安全保障体系，推进新能源汽车产业健康可持续发展。

11月14日　中国气候变化事务特别代表解振华、外交部副部长刘振民在联合国气候变化马拉喀什会议上出席“应对气候变化南南合作高级别论坛”并致辞，强调全球气候治理要巩固互信基础、加强沟通交流、实现合作共赢。

解振华在论坛开幕式发表主旨演讲，分享了中国开展气候变化“十百千”合作项目的情况，表示中国愿负起责任，与各国、联合国机构、国际组织等加强合作，促成更多更广的气候伙伴关系。他强调各方应共同维护和落实《巴黎协定》的成果，在马拉喀什会议上就发展中国家关心的资金、技术、能力建设等问题取得务实成果。

外交部副部长刘振民为论坛做总结发言。

COP22会议主席摩洛哥外交大臣萨拉赫丁与来自埃及、马尔代夫、毛里塔尼亚、埃塞俄比亚等国的部长及10多个国家的高级官员，联合国气候变化框架公约秘书处执秘等20多个联合国机构、国际组织、非政府组织、金融机构和企业的代表参加了会议。

参会的发展中国家表示感谢中国为其提供的无私帮助，愿与中国进一步加强南南合作，共同应对气候变化挑战。

11月17日　联合国气候变化马拉喀什会议通过了《马拉喀什行动宣言》，强调全球合作应对气候变化的趋势不可逆转，重申要全面落实《巴黎协定》。

《宣言》说，依据各国的不同情况，《巴黎协定》设下雄心勃勃的目标，具有包容性，反映了公平、“共同但有区别的责任”和各自能力原则，大会欢迎《巴黎协定》快速生效，并强调进一步落实协定的承诺。

《宣言》强调，全世界的气候变化行动在2016年展现强劲势头，当前任务是在这一基础之上，有目的地减少温室气体排放，进一步加大应对气候变化的力度，支持2030年可持续发展议程及可持续发展目标。

《宣言》呼吁各方作出最大政治承诺，把应对气候变化作为当务之急，帮助最易受气候变化影响的国家提高应对能力，同时支持消除贫困，保障粮食安全。宣言还重申发达国家在气候治理问题上应兑现向发展中国家提供资金、技术和能力建设的承诺。

来自全球190多个国家和地区的代表起立鼓掌，马拉喀什气候变化大会主席、摩洛哥外交与合作大臣萨拉赫丁•迈祖阿尔敲下会议木槌，标志各方一致通过宣言。两名摩洛哥歌手现场演唱为本次大会创作的歌曲《我们的家园》。

11月17日　国务院总理、国家能源委员会主任李克强主持召开国家能源委员会会议，审议通过根据国民经济和社会发展第十三个五年规划纲要制定的《能源发展“十三五”规划》，部署推进相关工作。

李克强说，能源战略是国家发展战略的重要支柱。当前，面对国际能源供求格局深刻调整、新一轮能源技术变革方兴未艾的形势，我国作为能源生产和消费大国，必须抓住机遇，贯彻落实新发展理念，以供给侧结构性改革为主线，积极推动能源消费、供给、技术、体制革命和国际合作，优化能源结构，努力补上能源发展中资源环境约束、质量效益不高、基础设施薄弱、关键技术缺乏等诸多短板，提升能源产业竞争力，构建清洁低碳、安全高效的现代能源体系，更好支撑中国经济持续稳定发展。

李克强指出，能源生产既要优存量，把推动煤炭清洁高效开发利用作为能源转型发展的立足点和首要任务，也要拓增量，加快提升水能、风能、太阳能、生物质能等可再生能源比重，安全高效发展核能，优化能源生产布局。能源消费要抓好总量和强度双控制，综合运用经济、法律和必要的行政手段，聚焦工业、建筑、交通等重点领域切实推进节能减排，通过淘汰落后产能、加快传统产业升级改造和培育新动能，提高能源效率，推动形成注重节能的生活方式和社会风尚。当前要统筹做好冬季居民供暖和大气污染防治工作。

《能源发展“十三五”规划》明确，“十三五”前三年原则上不上新的煤炭、炼油项目，而煤电、煤化工的核准“冰冻期”则是前两年，全国煤电装机规模力争控制在11亿千瓦以内。同时优化风电、光伏的布局，力争用两年时间将弃风、弃光率控制在5%左右的合理水平。在此之下，水电、核电成为补齐结构短板的新发力点，将超前规划、适度加大开工规模。

11月18日　第十届中国（合肥）国际家用电器暨消费电子博览会在合肥市举行。会上，工业和信息化部发布了2016年度“能效之星”节能家电产品评价结果，共有电动洗衣机、热水器、液晶电视、房间空气调节器、家用电冰箱等5大类10种类型46个型号的产品入选。

为促进高效节能家电产品的推广和应用，引导和推动生产企业不断进行技术创新和提高终端用能产品能效水平，自2012年起，工业和信息化部连续五年开展“能效之星”评价活动。目前，累计已有6大类400多个型号列入产品目录，获得“能效之星”产品称号。这项活动得到了家电企业的积极响应和消费者的广泛认可，取得了良好的社会效应，一方面促进了企业节能技术研发，扩大高效节能产品的推广应用；另一方面，对于全社会树立绿色理念、

倡导绿色消费、推动绿色发展发挥了积极作用。

11月19日　经过为期两周的密集磋商，《联合国气候变化框架公约》第22次缔约方会议（COP22）、《京都议定书》第12次缔约方会议（CMP12）及《巴黎协定》第1次缔约方会议（CMA1）在马拉喀什闭幕。

截至19日大会闭幕，共有111个国家批准，这些国家的温室气体排放占比超过75%。联合国秘书长潘基文表示，《巴黎协定》以超预期速度生效，表明应对气候变化是全球共识和国际潮流。闭幕会上，马拉喀什气候大会主席萨拉赫丁•迈祖阿尔和《联合国气候变化框架公约》秘书处执行秘书埃斯皮诺萨，都多次强调团结和行动的重要性。他们呼吁，各方加强行动，强化落实，共同实现本世纪内全球温升控制在2摄氏度之内的目标。

马拉喀什气候变化大会主席国摩洛哥表示，该国已做出到2030年52%的装机容量来自可再生能源的承诺，它已成为北非地区应对气候变化的领导者。

在《巴黎协定》的达成和生效中，中国作出了历史性、基础性和关键性的贡献，获得了国际社会的一致认可和普遍赞誉。摩洛哥外交与合作大臣萨拉赫丁·迈祖阿尔特别赞赏了中国设立气候变化南南合作基金，认为通过项目解决实际问题反映出南南合作务实的特征。他呼吁发展中国家应当以合作心态，共同发声，解决共同问题。

中国应对气候变化事务特别代表解振华在闭幕式期间接受记者采访时表示，此次大会总体成功，是一次落实行动的大会。大会通过关于《巴黎协定》的决定和《联合国气候变化框架公约》继续实施的决定。这两个决定反映了各方意见，“是一个均衡的决定”，中国代表团也达到了预期目标。

解振华表示，《马拉喀什行动宣言》表明各国积极应对气候变化，给全球应对气候变化挑战带来信心。解振华同时表示，马拉喀什气候大会“并不圆满”。比如，2020年前发达国家进一步提高减排行动力度，发展中国家关心的适应、资金、能力建设问题，在决定中的安排还比较弱。与会各方决定在今后的进程中和明年的缔约方会议上进一步加强，早日使这些问题得到解决。

大会决定，明年的联合国气候大会主席国由斐济担任，会议在德国波恩举行。

11月22日　国务院办公厅印发《关于建立统一的绿色产品标准、认证、标识体系的意见》，就贯彻落实《生态文明体制改革总体方案》提出的“建立统一的绿色产品体系”作出部署。

《意见》指出，要以供给侧结构性改革为战略基点，坚持统筹兼顾、市场导向、继承创新、共建共享、开放合作的基本原则，充分发挥标准与认证的战略性、基础性、引领性作用，创新生态文明体制机制，增加绿色产品有效供给，引导绿色生产和绿色消费，全面提升绿色发展质量和效益，增强社会公众的获得感。到2020年，初步建立系统科学、开放融合、指标先进、权威统一的绿色产品标准、认证与标识体系，实现一类产品、一个标准、一个清单、一次认证、一个标识的体系整合目标。

《意见》明确了7个方面重点任务。一是统一绿色产品内涵和评价方法，基于全生命周期理念，科学确定绿色产品评价关键阶段、关键指标，建立相应评价方法与指标体系。二是构建统一的绿色产品标准、认证与标识体系，发挥行业主管部门职能作用，建立符合中国国情的绿色产品标准、认证、标识体系。三是实施统一的绿色产品评价标准清单和认证目录，依据标准清单中的标准实施绿色产品认证，避免重复评价。四是创新绿色产品评价标准供给机制，优先选取与消费者吃、穿、住、用、行密切相关的产品，研究制定绿色产品评价标准。五是健全绿色产品认证有效性评估与监督机制，推进绿色产品信用体系建设，运用大数据技术完善绿色产品监管方式，建立指标量化评估机制，公开接受市场检验和社会监督。六是加强技术机构能力和信息平台建设，培育一批绿色产品专业服务机构，建立统一的绿色产品信息平台。七是推动国际合作和互认，积极应对国外绿色壁垒。

《意见》提出了4项保障措施。一是加强部门联动配合，建立绿色产品标准、认证与标识部际协调机制，统筹协调相关政策措施。二是健全绿色产品体系配套政策，加强重要标准研制，建立标准推广和认证采信机制，推行绿色产品领跑者计划和政府绿色采购制度。三是营造绿色产品发展环境，降低制度性交易成本，各有关部门、地方各级政府应结合实际促进绿色产品标准实施、认证结果使用与效果评价，推动绿色产品发展。四是加强绿色产品宣传推广，传播绿色发展理念，引导绿色生活方式。

11月24日　国务院印发《“十三五”生态环境保护规划》。《规划》是落实统筹推进“五位一体”总体布局和协调推进“四个全面”战略布局的重大举措，是以“创新、协调、绿色、开放、共享”五大发展理念指导生态环保领域的战略安排，是实现生态文明领域改革、补齐全面小康环境短板的有效途径。

《规划》提出，以提高环境质量为核心，实施最严格的环境保护制度，打好大气、水、土壤污染防治三大战役，加强生态保护与修复，严密防控生态环境风险，加快推进生态环境领域国家治理体系和治理能力现代化，不断提高生态环境管理系统化、科学化、法治化、精细化、信息化水平，为人民提供更多优质生态产品，为实现“两个一百年”奋斗目标和中华民族伟大复兴的中国梦作出贡献。到2020年，生态环境质量总体改善。生产和生活方式绿色、低碳水平上升，主要污染物排放总量大幅减少，环境风险得到有效控制，生物多样性下降势头得到基本控制，生态系统稳定性明显增强，生态安全屏障基本形成，生态环境领域国家治理体系和治理能力现代化取得重大进展，生态文明建设水平与全面建成小康社会目标相适应。

《规划》提出了“十三五”生态环境保护的约束性指标和预期性指标。其中约束性指标12项，分别是地级及以上城市空气质量优良天数比率、细颗粒物未达标地级及以上城市浓度下降、地表水质量达到或好于Ⅲ类水体比例、地表水质量劣Ⅴ类水体比例、森林覆盖率、森林蓄积量、受污染耕地安全利用率、污染地块安全利用率，以及化学需氧量、氨氮、二氧化硫、氮氧化物污染物排放总量减少。预期性指标主要包括地级及以上城市重度及以上污染天数比例下降、近岸海域水质优良（一、二类）比例、湿地保有量、新增沙化土地治理面积等。

11月27日　国家发展和改革委员会发布2016年　第27号公告，称：根据节能法和国务院有关规定，国家发展改革委会同有关部门，对各省（区、市）“十二五”节能目标完成情况、措施落实情况进行了考核，考核结果是：北京、河北、上海、江苏、浙江、安徽、河南、湖北、广东、贵州10个省（市）考核结果为超额完成等级；天津、山西、内蒙古、辽宁、吉林、黑龙江、福建、江西、山东、湖南、广西、海南、重庆、四川、云南、西藏、陕西、甘肃、青海、宁夏20个省（区、市）考核结果为完成等级；新疆考核结果为基本完成等级。

对考核结果为超额完成等级的北京、河北、上海、江苏、浙江、安徽、河南、湖北、广东、贵州10个省（市）予以通报表扬。

11月29日　国务院印发《“十三五”国家战略性新兴产业发展规划》（国发〔2016〕67号），对“十三五”期间我国战略性新兴产业发展目标、重点任务、政策措施等作出全面部署安排。

《规划》提出，到2020年，战略性新兴产业增加值占国内生产总值比重达到15%，形成新一代信息技术、高端制造、生物、绿色低碳、数字创意等5个产值规模10万亿元级的新支柱，并在更广领域形成大批跨界融合的新增长点，平均每年带动新增就业100万人以上。产业结构进一步优化，产业创新能力和竞争力明显提高，形成全球产业发展新高地。

《规划》确定了八方面发展任务。一是推动信息技术产业跨越发展，拓展网络经济新空间。二是促进高端装备与新材料产业突破发展，引领中国制造新跨越。三是加快生物产业创新发展步伐，培育生物经济新动力。四是推动新能源汽车、新能源和节能环保产业快速壮大，构建可持续发展新模式。五是促进数字创意产业蓬勃发展，创造引领新消费。六是超前布局战略性产业，培育未来发展新优势。七是促进战略性新兴产业集聚发展，构建协调发展新格局。八是推进战略性新兴产业开放发展，拓展国际合作新路径。

11月29～30日　为推动工业用水效率提升，促进工业绿色发展，工业和信息化部节能与综合利用司在广东省湛江市召开工业节水技术交流现场会。会议围绕工业重点行业节水示范项目成果和经验以及先进节水工艺、技术和装备等开展了交流，并实地调研了相关节水示范项目。工业和信息化部财务司、水利部水资源司、部分地区工业和信息化主管部门以及2015年工业转型升级资金支持的节水示范项目相关企业、有关行业协会、科研院所等单位代表参加会议。

十二月

12月2日　全国生态文明建设工作推进会议在浙江省湖州市召开。中共中央总书记、国家主席、中央军委主席习近平日前对生态文明建设作出重要指示强调，生态文明建设是“五位一体”总体布局和“四个全面”战略布局的重要内容。各地区各部门要切实贯彻新发展理念，树立“绿水青山就是金山银山”的强烈意识，努力走向社会主义生态文明新时代。

习近平强调，要深化生态文明体制改革，尽快把生态文明制度的“四梁八柱”建立起来，把生态文明建设纳入制度化、法治化轨道。要结合推进供给侧结构性改革，加快推动绿色、循环、低碳发展，形成节约资源、保护环境的生产生活方式。要加大环境督查工作力度，严肃查处违纪违法行为，着力解决生态环境方面突出问题，让人民群众不断感受到生态环境的改善。各级党委、政府及各有关方面要把生态文明建设作为一项重要任务，扎实工作、合力攻坚，坚持不懈、务求实效，切实把党中央关于生态文明建设的决策部署落到实处，为建设美丽中国、维护全球生态安全作出更大贡献。

中共中央政治局常委、国务院总理李克强作出批示指出，生态文明建设事关经济社会发展全局和人民群众切身利益，是实现可持续发展的重要基石。近年来，各地区各部门按照党中央、国务院决策部署，采取有效措施，在推动改善生态环境方面做了大量工作，取得积极进展。希望牢固树立新发展理念，以供给侧结构性改革为主线，坚持把生态文明建设放在更加突出的位置。着力调整优化产业结构，积极发展生态环境友好型的发展新动能，坚决淘汰落后产能。着力通过深化改革完善激励约束制度体系，建立保护生态环境的长效机制。着力依法督察问责，严惩环境违法违规行为。着力推进污染防治，切实抓好大气、水、土壤等重点领域污染治理。依靠全社会的共同努力，促进生态环境质量不断改善，加快建设生态文明的现代化中国。

中共中央政治局常委、国务院副总理张高丽在会上传达了习近平重要指示和李克强批示精神并讲话，进一步部署推进全国生态文明建设工作。他表示，在以习近平同志为核心的党中央坚强领导下，我国生态文明建设取得了重大进展和积极成效。但总体上看我国生态文明建设水平仍滞后于经济社会发展，生态环境恶化趋势尚未得到根本扭转。要切实贯彻新发展理念，坚持绿水青山就是金山银山，把党中央、国务院关于生态文明建设的决策部署落到实

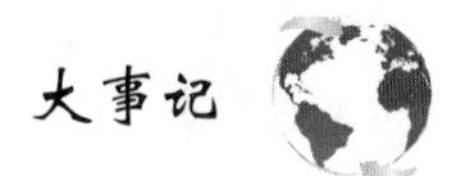

处，开创社会主义生态文明新时代。

张高丽强调，要强化主体功能定位，加快优化国土空间开发格局，大力推进绿色城镇化和美丽乡村建设。要结合推进供给侧结构性改革，建立绿色循环低碳发展产业体系。要加强生态环境保护和治理，加大环境督查工作力度，着力解决生态环境方面的突出问题，以看得见的成效取信于民。要坚持节约优先，在转变资源利用方式上狠下功夫，促进资源节约循环高效使用。要加快推进生态文明体制改革，把生态文明建设纳入制度化、法治化轨道。各地区各部门要牢固树立“四个意识”，锐意进取，真抓实干，为建设美丽中国作出新的贡献。

浙江省、福建省、江西省、贵州省、青海省和国家发展改革委、环境保护部负责同志作会议发言。中央和国家机关有关部门、各省区市和计划单列市、新疆生产建设兵团负责同志等参加会议。

12月5日　国家能源局印发《生物质能发展“十三五”规划》，旨在推进生物质能分布式开发利用，扩大市场规模，完善产业体系，加快生物质能专业化多元化产业化发展步伐。

《规划》提出，到2020年，生物质能基本实现商业化和规模化利用。生物质能年利用量约5800万吨标准煤。生物质发电总装机容量达到1500万千瓦，年发电量900亿千瓦时，其中农林生物质直燃发电700万千瓦，城镇生活垃圾焚烧发电750万千瓦，沼气发电50万千瓦;生物天然气年利用量80亿立方米;生物液体燃料年利用量600万吨;生物质成型燃料年利用量3000万吨。

《规划》确定，发展布局和建设重点，包括大力推动生物天然气规模化发展，到2020年，初步形成一定规模的绿色低碳生物天然气产业，年产量达到80亿立方米，建设160个生物天然气示范县和循环农业示范县。积极发展生物质成型燃料供热，稳步发展生物质发电，加快生物液体燃料示范和推广。推进燃料乙醇推广应用。大力发展纤维乙醇。立足国内自有技术力量，积极引进、消化、吸收国外先进经验，开展先进生物燃料产业示范项目建设;适度发展木薯等非粮燃料乙醇。合理利用国内外资源，促进原料多元化供应。选择木薯、甜高粱茎秆等原料丰富地区或利用边际土地和荒地种植能源作物，建设10万吨级燃料乙醇工程;控制总量发展粮食燃料乙醇。统筹粮食安全、食品安全和能源安全，以霉变玉米、毒素超标小麦、“镉大米”等为原料，在“问题粮食”集中区，适度扩大粮食燃料乙醇生产规模。加快生物柴油在交通领域应用。对生物柴油项目进行升级改造，提升产品质量，满足交通燃料品质需要。建立健全生物柴油产品标准体系。开展市场封闭推广示范，推进生物柴油在交通领域的应用。

《规划》提出，到2020年，生物质能产业新增投资约1960亿元。其中，生物质发电新增投资约400亿元，生物天然气新增投资约1200亿元，生物质成型燃料供热产业新增投资约180亿元，生物液体燃料新增投资约180亿元。

12月5日　中国进出口银行成功发行2016年第一期绿色金融债券，期限5年，金额为10亿元人民币，最终发行利率3.28%，略低于当天市场水平。这期债券是我国政策性银行发行的首单绿色金融债券。

12月6日《2016中国气候融资报告》在北京发布，该报告对全球气候资金治理机制、发展中国家应对气候金融新兴多边机制以及中国气候融资供需态势等进行了详细解析。

数据显示，2016年，中国绿色金融几乎在所有领域都有较大推进。2015年底，中国银行金融机构绿色信贷余额达到8.08万亿元，截至2016年9月底，中国已发行绿色债券约1400亿元，占全球绿色债券发行规模的40%以上。

与会专家结合国内外形势，就全球应对气候变化趋势、国际气候资金治理、我国气候金融现状及问题等话题进行深入讨论，并对未来气候融资报告的研究方向与内容架构提出建议。

12月7～9日　中国环境与发展国际合作委员会2016年年会在北京举行。中共中央政治局常委、国务院副总理、国合会主席张高丽出席会议并作重要讲话。环境保护部部长、国合会中方执行副主席陈吉宁出席会议并讲话，环境保护部副部长、国合会秘书长赵英民作工作报告。国合会中外委员、特邀嘉宾、观察员等参加会议。会议期间，陈吉宁与联合国副秘书长、联合国环境规划署执行主任索尔海姆共同签署《中华人民共和国环境保护部与联合国环境规划署关于建设绿色“一带一路”的谅解备忘录》。

12白9日　中国对外经济贸易大学与日本名古屋大学联合社科文献出版社编写的《低碳经济蓝皮书：中国低碳经济发展报告（2016）》在京正式发布。与会者在发布会上围绕全球绿色发展规划、碳市场及低碳技术、新能源与节能城市等主题进行了深入研讨。

蓝皮书指出，联合国气候变化《巴黎协定》的达成，标志着全球气候治理开启崭新的格局，也对全球可持续和低碳经济的发展发出了明确的信号，为未来节能减排、清洁和可再生能源行业的发展指明了方向。气候变化科学研究的进展、主要排放大国的合作与积极推动、谈判机制和协议内容创新，以及中国的积极贡献等是协定得以通过的关键因素。中国在本次气候变化谈判中的深度参与和适度引领是中国参与并塑造全球治理的又一成功案例。

12月10日　国家发展改革委发出《关于印发<可再生能源发展“十三五”规划>的通知》（发改能源[2016]2619号）。《规划》提出，到2020年，我国水电将新增装机约达6000万千瓦，新增投资约5000亿元；我国新增风电装机约8000万千瓦，新增投资约7000亿元；我国新增各类太阳能发电装机约7000万千瓦，新增投资约1万亿元。在此基础上，加上生物质发电投资、太阳能热水器、沼气、地热能利用等，我国“十三五”期间可再生能源或将新增投资2.5万亿元。比“十二五”期间增长近39%。

《规划》提出，到2020年，我国全部可再生能源年利用量要达到7.3亿吨标准煤。其中，商品化可再生能源利用量5.8亿吨标准煤；我国全部可再生能源发电装机要达到6.8亿千瓦，发电量1.9万亿千瓦时，占全部发电量的27%；我国各类可再生能源供热和民用燃料总计约替代化石能源1.5亿吨标准煤；我国风电项目电价可与当地燃煤发电同平台竞争，光伏项目电价可与电网销售电价相当；结合电力市场化改革，我国要基本解决水电弃水问题，限电地区的风电、太阳能发电年度利用小时数全面达到全额保障性收购的要求；要建立一次能源消费总量中可再生能源比重及全社会用电量中消纳可再生能源电力比重的指标管理体系。到2020年，各发电企业的非水电可再生能源发电量与燃煤发电量的比重应显著提高。

12月14日　国家发改委召开联合国气候变化马拉喀什会议中国代表团总结会。代表团团长、中国气候变化事务特别代表解振华主持会议，对中国代表团出席马拉喀什会议相关工作进行了全面总结，并就下一阶段工作进行讨论。

解振华特别代表在会上作总结发言，高度评价了马拉喀什会议成果，充分肯定了代表团会议期间工作，并对下一阶段的工作安排做出部署。解振华特别代表强调，尽管近期国际形势的新变化给气候变化多边进程带来一些不确定性，但马拉喀什会议的成功表明全球绿色低碳循环发展的大趋势不会改变，国际合作应对气候变化的潮流不会逆转。我们要保持战略定力，坚决贯彻落实好习近平主席关于气候变化工作的重要指示，进一步积极建设性参与并引领气候变化谈判多边进程，推进相关国际合作，强化国内应对气候变化政策行动，巩固好我负责任发展中大国形象，发挥更大影响力和主导力。

12月14～16日　国家发展改革委组织全国7个碳排放权交易试点省市和国务院发展研究中心、社科院、清华大学等单位召开了全国碳市场建设思路讨论会。国家发展改革委副主任张勇、中国气候变化事务特别代表解振华出席。参会代表围绕监管体系建设，配额分配方法，监测、报告和核查，注册登记系统建设，交易平台布局等5个专题进行了讨论。

张勇对全国碳市场建设下一步工作需要把握的原则提出了七个方面的要求。一是阶段性，要把握全国碳市场处于初期阶段的特征，坚持先易后难原则，避免定位过高，欲速不达。二是统一性，全国碳市场的制度、标准、技术规范以及关于交易原则、方法、市场管理等方面的要求都要统一。三是公平性，全国碳市场的制度设计应体现公平性、合理性，避免出现因前期设计不周全而埋下隐患。四是可操作性，全国碳市场设计应具有可行性，不能脱离实际情况导致难以操作，同时也要为碳市场建设未来发展留出空间。五是兼容性，七个碳排放权交易试点成就来之不易，应在具备可行性前提下，将试点碳市场与全国碳市场有机结合。六是处理好政府与市场的关系。政府不能替代市场，原则上能交给市场解决的都应交给市场。七是调动各方积极性。碳市场建设应调动国家、地方、企业、社会等方方面面的积极性，加强对控排企业的教育引导，促使控排企业提高认识。

张勇强调，应把握上述七个方面的原则，在总结七个碳交易试点和国际碳市场的经验基础上，立足国情、考虑区域差异，充分估计建设全国碳市场的难度，坚持问题导向，提出每个环节的具体措施，把"初步框架立起来，基本规则建起来，使全国碳市场能够启动起来"作为全国碳市场建设的近期目标，制定全国碳市场启动工作方案，完成2017年工作任务。

解振华对全国碳市场设计的简化、碳排放配额的发放以及登记注册平台和交易平台的建设等提出了要求。

12月20　国务院发出《关于印发"十三五"节能减排综合工作方案的通知》，指出"十二五"节能减排工作取得显著成效。各地区、各部门认真贯彻落实党中央、国务院决策部署，把节能减排作为优化经济结构、推动绿色循环低碳发展、加快生态文明建设的重要抓手和突破口，各项工作积极有序推进。"十二五"时期，全国单位国内生产总值能耗降低18.4%，化学需氧量、二氧化硫、氨氮、氮氧化物等主要污染物排放总量分别减少12.9%、18%、13%和18.6%，超额完成节能减排预定目标任务，为经济结构调整、环境改善、应对全球气候变化作出了重要贡献。

"十三五"节能减排的主要目标：到2020年，全国万元国内生产总值能耗比2015年下降15%，能源消费总量控制在50亿吨标准煤以内。全国化学需氧量、氨氮、二氧化硫、氮氧化物排放总量分别控制在2001万吨、207万吨、1580万吨、1574万吨以内，比2015年分别下降10%、10%、15%和15%。全国挥发性有机物排放总量比2015年下降10%以上。

12月22日　中共中央办公厅、国务院办公厅发布《生态文明建设目标评价考核办法》，明确突出公众获得感，对各省区市实行年度评价、五年考核机制，以考核结果作为党政领导综合考核评价、干部奖惩任免的重要依据。

考核办法指出，生态文明建设目标评价考核在资源环境生态领域有关专项考核的基础上综合开展，采取评价和考核相结合的方式。年度评价应当在每年8月底前完成，目标考核在五年规划期结束后的次年开展并于9月底前完成。

考核办法明确，年度评价以绿色发展指标体系为参照，主要评估各地区资源利用、环境治理、环境质量、生态保护、增长质量、绿色生活、公众满意程度等方面的变化趋势和动态进展，生成各地区绿色发展指数。年度评价结果纳入目标考核。

目标考核内容主要包括国民经济和社会发展规划纲要中确定的资源环境约束性指标，以及党中央、国务院部署的生态文明建设重大目标任务完成情况。

12月22日　3时22分，我国在酒泉卫星发射中心用长征二号丁运载火箭将首颗全球二氧化碳监测科学实验卫星（以下简称“碳卫星”）发射升空，地球上空的碳卫星家族在继美国、日本之后，首添“中国造”。该卫星的成功研制和后续在轨稳定运行，将使我国初步形成针对重点地区乃至全球的大气二氧化碳浓度监测能力，对充分了解全球碳循环过程及其对全球气候变化的影响，提升我国在国际气候变化方面的话语权具有重要意义。

联合国政府间气候变化专门委员会（IPCC）第四次评估报告显示，全球主要温室气体二氧化碳和甲烷的浓度已经上升到2500万年以来的最高值，并且依然呈上升趋势。而目前国际上对二氧化碳等影响气候变化关键因子的连续监测和分析能力仍较为薄弱，尚未形成完备的基础数据。精确监视全球二氧化碳的排放状况已成为有效开展气候变化研究和应对的迫切需求。

本次发射的碳卫星将以大气二氧化碳遥感监测为切入点，利用高光谱与高空间分辨率二氧化碳探测仪、多谱段云与气溶胶探测仪等探测设备，通过地面数据接收、处理与验证系统，定期获取全球二氧化碳分布图，大气二氧化碳反演精度将优于4ppm，使我国在大气二氧化碳监测方面跻身国际前列。同时，碳卫星将通过对全球气候变化关键因子的连续观测，有效提高对全球碳循环过程的理论认识，进而改进气候变化预测结果的可信度和稳定性，为积极有效应用气候变化提供依据。

12月22日　国家发展改革委、科技部、工业和信息化部、环境保护部发出关于印发《“十三五”节能环保产业发展规划》的通知，规划到2020年，节能环保产业快速发展、质量效益显著提升，高效节能环保产品市场占有率明显提高，一批关键核心技术取得突破，有利于节能环保产业发展的制度政策体系基本形成，节能环保产业成为国民经济的一大支柱产业。

一是产业规模持续扩大，吸纳就业能力增强。节能环保产业增加值占国内生产总值比重为3%左右，吸纳就业能力显著增强。二是技术水平进步明显，节能环保装备产品市场占有率显著提高。拥有一批自主知识产权的关键共性技术，一些难点技术得到突破，装备成套化与核心零部件国产化程度进一步提高，主要节能环保产品和设备销售量比2015年翻一番。三是产业集中度提高，竞争能力增强。到2020年，培育一批具有国际竞争力的大型节能环保企业集团，在节能环保产业重点领域培育骨干企业100家以上。形成20个产业配套能力强、辐射带动作用大、服务保障水平高的节能环保产业集聚区。四是市场环境更加优化，政策机制更加成熟。全国统一、竞争充分、规范有序的市场体系基本建立，价格、财税、金融等引导支持政策日趋健全，群众购买绿色产品和服务意愿明显增强。

12月23日　中国广核集团防城港核电4号机组核岛浇筑第一罐混凝土（FCD），正式开工建设，成为我国“十三五”期间首个开工建设的核电机组。

广西防城港核电站规划分期建设共6台百万千瓦级核电机组。其中，一期工程1、2号CPR1000机组已分别于2016年1月1日和10月1日投入商运。二期工程共计两台机组，除了此次开工的4号机组，3号机组已于2015年12月24日开工建设，目前已完成核岛筏基浇筑和底板施工，常规岛也已正式开工建设。二期工程3、4号机组预计2021年起可陆续投入商运。

12月26日　最高人民法院、最高人民检察院、公安部、环境保护部在北京联合召开新闻发布会，通报《最高人民法院、最高人民检察院关于办理环境污染刑事案件适用法律若干问题的解释》，自2017年1月1日起施行。

12月27日　全国能源工作会议在北京召开。会议传达学习了李克强总理、张高丽副总理关于能源工作的重要批示要求，总结今年能源发展改革工作，部署2017年主要任务。国家发展改革委主任徐绍史出席会议并讲话。国家发展改革委副主任、国家能源局局长努尔 白克力在会议上作工作报告。

徐绍史强调，2017年能源工作要坚持稳中求进工作总基调，紧紧围绕推进供给侧结构性改革这条主线，重点做好以下工作：一要坚定不移去产能，不折不扣地将化解煤炭过剩产能一抓到底，高度重视防范化解煤电产能过剩问题。二要全面推进能源生产和消费革命战略，推进非化石能源规模化发展、化石能源清洁高效利用。三要加快能源领域改革创新步伐，在电力、石油、天然气行业改革实现新的突破，集中力量推进能源关键技术装备创新。四要大力实施能源民生工程，增加清洁民生能源供应，加快推进农村能源生产和消费方式变革，全面开展能源扶贫。五要进一步强化安全责任意识，牢牢守住安全生产底线。同时，要切实履行全面从严治党“两个责任”，持续推进管理理念管理职能管理方式管理作风转变。

国家能源局局长努尔•白克力在工作报告中指出，我国能源工作2016年实现了“十三五”良好开局。一是能源供给质量进一步提高。二是大力推进煤炭行业去产能，目前已取消1240万千瓦不具备核准条件的煤电项目，关停落后煤电机组492万千瓦。三是煤炭绿色清洁开发利用稳步推进，煤电机组节能改造和超低排放改造全年改造规模分别超过2亿千瓦和1亿千瓦。；上是非常规油气开发取得新突破，全年产气量达77亿立方米，同比增长72%；煤层气（煤矿瓦斯）全年抽采量达173亿立方米，利用量达88亿立方米。五是加快发展非化石能源，我国已成为水电、风电、太阳能发电装机世界第一大国；全年新投产核电机组7台，装机容量713万千瓦；截至目前全国累计建成电动汽车公共充电桩超过15万个，私人充电桩总数超过20万个。实施光伏扶贫，下达的第一批光伏扶贫项目总规模516万千瓦，惠及14个省约55万个建档立卡贫困户，每年每户将增收3000元以上；实施贫困村通动力电工程，惠及5.4万个贫困自然村、1080万人口。2016年，预计全国能源消费总量43.6亿吨标准煤，同比增长1.4%左右；非化石能源消费比重达到13.3%，同比提高1.3个百分点；能源生产总量34.3亿吨标准煤，同比下降5.1%。电力装机达到16.5亿千瓦，装机结构清洁化趋势显著，非化石能源发电装机比重36.1%，同比提高2个百分点；发电量6万亿千瓦时，增长4.0%左右。

努尔•白克力指出，2017年要着力优化能源供给结构。加快煤电结构优化和转型升级，到2020年煤电装机规模控制在11亿千瓦以内。提升可再生能源消纳能力,加快清洁能源输送通道建设，弃风率超过20%、弃光率超过5%的省份，暂停安排新建风电、光伏发电规模;加强电力系统调节能力建设，加快建设抽水蓄能电站，重点推进燃煤电厂灵活性改造试点，新建一批天然气调峰电站。

努尔•白克力提出，要持续转变能源消费方式，以提高清洁能源消费比重、发展新模式新业态为重点，推动能源发展迈向高水平供需平衡。2017年，一次能源消费总量要控制在44亿吨标准煤左右，非化石能源消费比重提高到14.3%左右，天然气消费比重提高到6.8%左右，煤炭消费比重下降到60%左右。深入推进电能替代,重点开展居民采暖、交通运输等领域电能替代。推动完善峰谷电价机制，大力推广天然气利用。持续推进油品质量升级，2017年1月1日起，全国将全面供应国五标准车用汽、柴油。

12月28日　2016年我国积极推进清洁能源替代，已成为水电、风电、太阳能发电装机世界第一大国。全国能源消费总量预计约43.6亿吨标准煤，非化石能源消费比重达到13.3%，同比提高1.3个百分点。

2016年，我国能源生产总量约34.3亿吨标准煤，同比下降5.1%左右。全社会用电量约6万亿千瓦时，增长5.0%左右。电力装机达到16.5亿千瓦，装机结构清洁化趋势显著，非化石能源发电装机比重为36.1%，同比提高2个百分点。

2016年我国着力调结构促转型，能源供给质量进一步提高。化解煤炭过剩产能超额完成全年任务，取消1240万千瓦不具备核准条件的煤电项目。稳步推进煤炭绿色清洁开发利用，煤电节能改造规模超过2亿千瓦、超低排放改造规模超过1亿千瓦。

12月29日　财政部、科技部、工业和信息化部、发展改革委发布《关于调整新能源汽车推广应用财政补贴政策的通知》（财建[2016]958号），调整完善推广应用补贴政策，在保持2016-2020年补贴政策总体稳定的前提下，分别设置中央和地方补贴上限，其中地方财政补贴（地方各级财政补贴总和）不得超过中央财政单车补贴额的50%（详细方案附后）。

12月　2016年中国新能源汽车生产51.7万辆，连续两年产销量居世界第一，累计推广超过100万辆，占全球市场保有量50%以上。

12月　2016年全国造林和森林抚育均超额完成任务。2016年，全国共完成造林10182万亩，超额完成三年滚动计划年均任务；完成森林抚育12550万亩，为年度计划任务的105%。

（编撰 ：《中国低碳年鉴》编辑部）

>>>

附录

国家统计局统计数据

（国家统计局提供）

一、环境资源

表1—1　土地状况(2016年)

项目	面积(万平方公里)
耕地	134.9
园地	14.3
林地	252.9
牧草地	219.4
其他农用地	23.7
居民点及工矿用地	31.8
交通运输用地	3.7
水利设施用地	3.6

注：本表数据来源于国土资源部。

表1—2　主要河流基本情况

名称	流域面积(平方公里)	河长(公里)	年径流量(亿立方米)
长　江	1782715	6300	9857
黄　河	752773	5464	592
松花江	561222	2308	818
辽　河	221097	1390	137
珠　江	442527	2214	3381
海　河	265511	1090	163
淮　河	268957	1000	595

注：本表数据由水利部提供，为2002年至2005年进行的第二次水资源评价数据。

表1–3 主要城市平均气温(2016年)

单位：摄氏度

城市	1月	2月	3月	4月	5月	6月	7月	8月	9月	10月	11月	12月	年平均
北京	-4.2	1.4	9.4	16.9	21.5	25.9	27.4	27.5	22.2	13.4	4.3	0.3	13.8
天津	-4.4	0.9	9.2	16.8	21.2	25.4	27.5	26.7	22.5	14.2	5.2	0.2	13.8
石家庄	-2.5	3.4	10.5	17.8	21.7	26.3	26.9	26.6	22.9	14.5	5.3	1.4	14.6
太原	-5.7	-1.4	6.2	15.1	18.2	21.8	23.7	23.6	18.4	11.7	3.7	-0.9	11.2
呼和浩特	-14.2	-8.1	2.0	11.4	15.3	19.0	22.4	22.1	14.9	7.9	-1.8	-5.9	7.1
沈阳	-13.0	-6.1	3.9	11.5	17.9	22.0	25.1	24.4	18.6	8.9	-0.7	-6.6	8.8
长春	-16.1	-8.4	1.8	8.9	16.5	20.8	24.1	23.2	16.9	6.0	-5.1	-9.0	6.6
哈尔滨	-19.4	-11.8	0.1	8.0	16.0	20.1	24.3	23.2	17.1	4.6	-9.4	-13.4	5.0
上海	4.4	6.9	11.0	16.7	20.6	24.2	29.9	29.5	24.9	20.8	13.6	9.1	17.6
南京	3.1	6.7	11.2	17.3	20.1	24.1	28.9	29.1	24.1	18.3	11.3	7.3	16.8
杭州	4.9	8.2	12.3	17.6	21.3	25.1	30.5	30.2	24.6	20.4	13.3	9.5	18.2
合肥	3.4	6.7	11.9	18.0	20.7	24.6	28.8	29.4	24.4	17.8	11.2	7.0	17.0
福州	11.1	11.3	13.7	19.7	24.2	27.9	29.8	29.0	26.6	24.5	18.7	15.5	21.0
南昌	6.3	9.3	13.1	19.4	22.3	26.7	30.3	30.9	25.7	20.8	13.6	10.0	19.0
济南	-1.5	3.7	11.3	18.6	21.3	26.0	27.7	26.2	23.3	16.2	8.3	3.6	15.4
郑州	0.5	5.5	12.2	18.6	22.1	27.0	28.9	27.6	24.4	16.6	8.6	5.2	16.4
武汉	3.6	6.9	12.5	18.8	21.0	24.9	29.1	29.2	25.1	18.0	11.0	6.9	17.3
长沙	4.9	8.4	12.7	18.4	20.3	25.6	28.9	28.3	24.2	18.0	11.6	8.7	17.5
广州	13.3	12.5	16.5	23.4	25.8	28.0	28.9	27.9	26.7	25.0	18.9	16.2	21.9
南宁	12.6	12.3	17.6	24.5	26.5	28.9	29.0	28.3	27.1	25.1	19.4	16.1	22.3
海口	18.1	16.3	20.5	26.8	28.4	29.3	29.3	28.2	27.9	26.8	23.2	20.9	24.6
重庆(沙坪坝)	8.2	10.0	15.9	19.7	23.0	26.4	30.6	30.8	23.9	20.4	14.4	11.1	19.5
成都(温江)	5.7	7.3	13.1	17.6	20.8	24.7	25.9	26.5	21.5	17.9	11.9	8.5	16.8
贵阳	4.1	6.3	11.1	16.5	19.0	22.4	24.3	23.1	20.5	17.0	11.2	8.0	15.3
昆明	7.9	8.6	15.0	17.9	19.7	20.5	20.6	20.8	18.3	17.3	12.7	10.1	15.8
拉萨	-1.5	6.0	6.8	10.9	12.7	15.5	16.3	16.6	13.7	11.1	4.5	1.8	9.5
西安(泾河)	0.3	4.8	11.5	18.3	20.2	26.7	28.3	28.6	22.6	15.3	8.3	4.7	15.8
兰州(皋兰)	-9.0	-4.6	4.6	11.6	14.4	19.3	21.7	22.5	14.9	8.0	-0.3	-5.3	8.2
西宁	-8.5	-5.0	2.9	9.2	11.8	16.5	18.7	20.1	12.0	6.7	-0.2	-4.7	6.6
银川	-8.3	-3.8	5.9	14.3	17.4	22.8	25.1	24.0	18.1	11.1	3.0	-1.5	10.7
乌鲁木齐	-11.0	-9.5	2.9	13.5	15.8	23.6	24.4	23.3	20.9	5.3	-3.2	-5.1	8.4

注：从2004年1月份开始成都站被温江站替代、兰州站被皋兰站替代；从2006年1月份开始重庆被沙坪坝站替代、西安站被泾河站替代(以下相关表同)。

表1–4　主要城市平均相对湿度（2016年）

单位：%

城市	1月	2月	3月	4月	5月	6月	7月	8月	9月	10月	11月	12月	年平均
北京	38	34	31	36	42	54	69	65	62	70	62	56	52
天津	48	42	40	42	48	59	74	75	65	70	66	68	58
石家庄	49	36	35	46	48	54	76	73	65	76	72	68	58
太原	46	41	44	48	47	62	76	74	70	73	63	65	59
呼和浩特	52	47	32	26	36	53	60	58	61	60	51	52	49
沈阳	55	53	47	46	52	66	77	76	78	68	65	71	63
长春	60	53	48	45	54	66	74	74	81	68	65	72	63
哈尔滨	71	68	55	50	60	77	78	74	79	66	75	77	69
上海	72	64	68	75	76	83	75	71	77	80	79	75	75
南京	72	59	63	73	73	81	78	70	71	83	79	73	73
杭州	79	61	65	78	77	83	74	69	77	83	82	75	75
合肥	74	63	66	76	76	83	81	72	72	87	83	79	76
福州	81	72	76	85	81	80	73	75	76	81	78	70	77
南昌	77	64	71	83	79	78	75	67	71	80	83	74	75
济南	52	42	37	46	49	56	73	77	59	69	60	63	57
郑州	52	40	44	59	55	61	77	77	61	76	79	70	63
武汉	82	72	73	83	81	84	81	77	70	85	86	82	80
长沙	85	69	80	89	88	83	82	82	80	90	90	80	83
广州	80	74	82	86	84	85	83	86	84	81	83	73	82
南宁	86	76	84	81	80	80	80	83	79	74	81	76	80
海口	90	83	85	79	79	79	79	84	82	83	85	78	82
重庆(沙坪坝)	81	73	70	79	73	75	67	63	80	83	82	82	76
成都(温江)	80	75	77	82	76	80	86	83	88	83	84	85	82
贵阳	89	70	80	82	80	80	77	81	74	82	84	80	80
昆明	68	69	55	59	64	79	81	80	84	83	80	77	73
拉萨	22	14	25	28	41	55	60	53	60	39	24	21	37
西安(泾河)	55	40	45	55	56	56	64	64	66	78	72	62	59
兰州(皋兰)	53	42	45	46	50	55	62	62	70	74	58	58	56
西宁	50	43	48	48	56	54	62	64	73	74	56	55	57
银川	50	45	40	35	42	46	55	64	59	61	48	55	50
乌鲁木齐	83	76	68	48	45	45	48	45	35	68	75	85	60

表1–5　主要城市降水量（2016年）

单位：毫米

城　市	1月	2月	3月	4月	5月	6月	7月	8月	9月	10月	11月	12月	全年
北京	0.1	8.1		5.5	24.0	72.9	344.3	76.9	59.0	70.1	8.2		669.1
天津	1.2	17.6		3.5	52.0	81.4	232.3	145.4	30.8	26.3	14.1	4.0	608.6
石家庄	6.0	13.1		13.3	16.1	61.8	445.6	48.9	24.0	70.4	6.9	6.5	712.6
太原	2.5	4.2	3.6	40.7	23.6	74.0	209.4	71.7	21.3	62.0	4.9	10.5	528.4
呼和浩特	0.3	3.0	0.7	3.2	34.6	108.8	140.2	115.0	74.7	48.6	0.5	1.7	531.3
沈阳	0.8	10.0	7.1	47.8	175.7	170.3	363.7	68.6	40.5	57.4	11.2	14.9	968.0
长春	0.3	5.1	11.5	55.5	205.5	113.8	115.2	109.2	194.0	45.0	19.9	15.8	890.8
哈尔滨	2.3	2.8	10.8	15.2	106.8	206.1	44.2	31.7	70.3	16.8	28.7	2.1	537.8
上海	78.6	23.1	49.3	142.7	159.5	239.2	166.8	32.4	291.6	296.0	68.1	48.8	1596.1
南京	62.8	31.1	40.0	155.4	119.6	186.2	477.3	78.7	187.4	308.0	95.4	65.8	1807.7
杭州	135.5	30.6	62.5	250.6	251.7	282.4	79.5	154.9	247.5	145.9	93.9	62.3	1797.3
合肥	49.4	17.6	57.4	139.4	125.0	191.0	295.0	60.4	129.0	268.1	96.0	73.7	1502.0
福州	195.6	85.3	169.1	220.1	91.2	179.5	208.8	229.8	654.6	116.2	100.6	12.6	2263.4
南昌	113.1	47.3	90.2	290.0	263.0	385.9	302.1	54.6	114.4	46.8	131.2	30.4	1869.0
济南	7.8	32.6		9.0	49.0	160.3	237.6	421.1	2.7	51.6	22.4	14.1	1008.2
郑州	4.0	21.8	0.3	42.4	57.2	125.1	243.7	95.0	62.9	116.8	39.0	24.8	833.0
武汉	39.5	23.8	69.9	166.4	70.1	360.2	676.1	163.8	7.5	128.3	63.1	58.4	1827.1
长沙	89.0	51.4	139.7	292.2	228.3	118.6	352.3	79.9	133.5	60.8	97.7	61.4	1704.8
广州	410.2	41.8	253.8	272.6	297.5	520.1	301.2	425.6	210.8	140.9	61.8	3.4	2939.7
南宁	129.1	19.0	38.6	130.8	203.8	345.2	76.0	355.2	47.2	152.8	44.6	4.1	1546.4
海口	125.4	28.1	41.7	75.0	145.1	180.7	154.2	607.6	92.7	352.5	93.4	17.3	1913.7
重庆(沙坪坝)	45.3	37.4	122.5	133.1	120.4	385.6	124.5	38.2	139.0	108.3	80.2	13.5	1348.0
成都(温江)	11.4	25.0	33.9	59.2	89.3	80.3	349.9	173.0	126.3	13.6	20.7	1.3	983.9
贵阳	32.1	10.8	90.0	163.7	164.9	115.6	73.0	170.3	27.1	108.1	59.7	30.5	1045.8
昆明	21.8	6.4	11.4	27.0	89.6	130.0	179.3	187.0	275.8	140.7	71.5	9.7	1150.2
拉萨		0.4	0.4	2.0	74.2	144.7	166.2	66.8	96.9				551.6
西安(泾河)	8.9	2.0	5.9	26.4	53.7	80.7	104.8	50.0	13.3	69.3	33.4	7.6	456.0
兰州(皋兰)	0.2	2.8	8.2	19.2	59.1	29.2	84.3	49.9	28.2	28.9			310.0
西宁	0.4	2.5	28.1	16.4	59.9	41.3	84.8	67.5	81.3	59.9	0.4	1.6	444.1
银川	0.1	8.0	18.9	13.2	26.5	7.6	72.9	82.6	10.4	24.7			264.9
乌鲁木齐	12.6	6.2	14.2	48.5	46.0	70.5	40.6	24.4		64.6	43.6	15.9	387.1

表1–6　主要城市日照时数（2016年）

单位：小时

城　市	1月	2月	3月	4月	5月	6月	7月	8月	9月	10月	11月	12月	全年
北京	210.9	240.5	262.0	265.8	281.9	224.4	153.4	218.7	201.5	123.8	154.4	164.8	2502.1
天津	166.9	197.3	234.5	266.7	259.7	229.1	185.5	191.6	215.2	133.7	131.4	115.8	2327.4
石家庄	127.9	202.5	199.0	235.7	224.9	209.6	90.6	147.1	183.7	88.1	110.9	97.1	1917.1
太原	215.0	232.5	232.0	265.8	278.8	263.8	232.0	235.2	235.6	161.2	201.5	177.0	2730.4
呼和浩特	213.2	223.1	262.4	290.4	299.0	257.0	249.1	270.0	238.3	203.7	164.8	167.4	2838.4
沈阳	221.9	222.1	276.2	244.1	257.5	204.0	188.4	224.7	148.1	164.3	152.0	118.8	2422.1
长春	217.1	224.7	238.2	253.3	272.4	274.7	268.2	289.2	192.7	185.6	156.7	138.4	2711.2
哈尔滨	164.1	181.2	221.3	199.9	203.6	199.7	218.5	254.0	159.1	159.5	117.0	102.9	2180.8
上海	98.5	181.0	152.5	137.9	139.1	98.5	178.3	268.2	137.6	49.3	101.6	126.1	1668.6
南京	98.0	186.1	148.0	164.5	160.8	125.3	195.9	265.2	168.2	59.1	129.4	155.6	1856.1
杭州	67.8	143.6	128.1	106.7	126.6	105.9	214.1	256.9	120.8	33.7	80.3	137.9	1522.4
合肥	87.4	170.0	123.0	154.3	144.7	123.5	172.8	213.2	181.5	35.4	118.4	129.4	1653.6
福州	33.5	89.1	98.3	55.7	98.5	130.0	241.0	178.5	106.9	85.5	70.7	99.5	1287.2
南昌	68.3	158.8	133.7	94.5	142.3	200.5	228.6	269.3	174.0	80.2	86.8	162.3	1799.3
济南	135.7	207.6	247.0	228.7	231.5	234.0	158.5	162.7	193.7	127.2	148.5	138.6	2213.7
郑州	102.1	191.8	156.8	168.9	204.2	227.9	189.4	151.0	164.1	107.5	133.2	118.9	1915.8
武汉	44.3	152.1	129.1	141.0	131.8	139.0	208.8	214.6	177.6	55.9	91.4	129.0	1614.6
长沙	44.4	145.0	107.5	90.0	110.7	175.1	201.8	220.9	175.4	51.5	60.1	120.1	1502.5
广州	66.4	97.0	62.5	26.7	112.6	168.7	203.9	136.6	154.4	138.8	102.9	181.3	1451.8
南宁	37.3	95.8	31.7	91.9	154.4	200.6	191.6	166.5	179.6	187.5	101.8	144.2	1582.9
海口	27.4	113.4	154.1	212.1	239.7	276.9	285.3	206.5	183.7	171.0	115.7	98.5	2084.3
重庆(沙坪坝)	14.8	78.3	86.4	86.9	151.1	157.9	243.4	209.0	69.1	71.1	25.3	35.1	1228.4
成都(温江)	60.4	110.4	63.5	81.6	105.8	130.4	123.5	171.1	76.4	53.0	63.3	49.1	1088.5
贵阳	21.6	92.0	76.4	77.9	113.9	110.0	190.9	140.2	102.8	93.8	73.6	67.1	1160.2
昆明	228.0	141.4	228.4	253.0	213.7	132.0	119.7	184.8	98.9	154.3	198.2	176.0	2128.4
拉萨	250.8	265.5	258.2	251.7	287.4	188.4	217.0	262.8	211.2	290.3	276.4	260.4	3020.1
西安(泾河)	111.9	205.5	168.8	211.9	200.7	258.9	231.6	290.7	141.5	89.2	119.4	110.2	2140.3
兰州(皋兰)	205.4	224.6	231.4	224.4	264.8	251.4	275.7	237.8	226.1	173.9	205.2	213.8	2734.5
西宁	214.7	228.5	236.2	240.6	232.3	263.7	241.4	202.8	215.4	183.1	226.7	205.0	2690.4
银川	187.8	199.0	229.9	274.0	289.4	300.2	285.0	233.5	257.8	211.8	219.0	158.3	2845.7
乌鲁木齐	90.4	182.5	246.5	268.4	317.6	334.9	304.2	258.8	314.7	173.9	149.7	78.2	2719.8

表1-7　水资源情况

年　份 地　区	水资源总量 (亿立方米)				人均水资源量 (立方米/人)
		地　表 水资源量	地　下 水资源量	地表水与地下 水资源重复量	
2000	27700.8	26561.9	8501.9	7363.0	2193.9
2005	28053.1	26982.4	8091.1	7020.4	2151.8
2006	25330.1	24358.1	7642.9	6670.8	1932.1
2007	25255.2	24242.5	7617.2	6604.5	1916.3
2008	27434.3	26377.0	8122.0	7064.7	2071.1
2009	24180.2	23125.2	7267.0	6212.1	1816.2
2010	30906.4	29797.6	8417.0	7308.2	2310.4
2011	23256.7	22213.6	7214.5	6171.4	1730.2
2012	29526.9	28371.4	8416.1	7260.6	2186.1
2013	27957.9	26839.5	8081.1	6962.7	2059.7
2014	27266.9	26263.9	7745.0	6742.0	1998.6
2015	27962.6	26900.8	7797.0	6735.2	2039.2
2016	32466.4	31273.9	8854.8	7662.3	2354.9
北　京	35.1	14.0	24.2	3.1	161.6
天　津	18.9	14.1	6.1	1.3	121.6
河　北	208.3	105.9	133.7	31.3	279.7
山　西	134.1	88.9	104.9	59.7	365.1
内蒙古	426.5	268.5	248.2	90.2	1695.5
辽　宁	331.6	286.2	120.9	75.5	757.1
吉　林	488.8	420.7	154.7	86.6	1782.0
黑龙江	843.7	720.0	285.9	162.2	2217.1
上　海	61.0	52.7	11.3	3.0	252.3
江　苏	741.7	605.8	164.0	28.1	928.6
浙　江	1323.3	1306.8	255.5	239.0	2378.1
安　徽	1245.2	1179.2	219.3	153.3	2018.2
福　建	2109.0	2107.1	450.7	448.8	5468.7
江　西	2221.1	2203.2	501.9	484.0	4850.6
山　东	220.3	121.2	164.8	65.7	222.6
河　南	337.3	220.1	190.2	73.0	354.8
湖　北	1498.0	1468.2	313.6	283.8	2552.6
湖　南	2196.6	2189.5	475.4	468.3	3229.1
广　东	2458.6	2448.5	570.0	559.9	2250.6
广　西	2178.6	2176.8	529.2	527.4	4522.7
海　南	489.9	486.3	118.3	114.7	5360.0
重　庆	604.9	604.9	112.3	112.3	1994.7
四　川	2340.9	2339.7	593.3	592.1	2843.3
贵　州	1066.1	1066.1	251.3	251.3	3009.5
云　南	2088.9	2088.9	699.7	699.7	4391.7
西　藏	4642.2	4642.2	1028.0	1028.0	141746.6
陕　西	271.5	249.2	107.4	85.1	713.9
甘　肃	168.4	160.9	108.7	101.2	646.4
青　海	612.7	591.5	282.5	261.3	10376.0
宁　夏	9.6	7.5	18.6	16.5	143.0
新　疆	1093.4	1039.3	610.4	556.3	4596.0

表1-8 供水用水情况

年份 地区	供水总量 (亿立方米)	地表水	地下水	其他	用水总量 (亿立方米)	农业	工业	生活	生态	人均用水量 (立方米/人)
2000	5530.7	4440.4	1069.2	21.1	5497.6	3783.5	1139.1	574.9		435.4
2005	5633.0	4572.2	1038.8	22.0	5633.0	3580.0	1285.2	675.1	92.7	432.1
2006	5795.0	4706.8	1065.5	22.7	5795.0	3664.4	1343.8	693.8	93.0	442.0
2007	5818.7	4723.9	1069.1	25.7	5818.7	3599.5	1403.0	710.4	105.7	441.5
2008	5910.0	4796.4	1084.8	28.7	5910.0	3663.5	1397.1	729.3	120.2	446.2
2009	5965.2	4839.5	1094.5	31.2	5965.2	3723.1	1390.9	748.2	103.0	448.0
2010	6022.0	4881.6	1107.3	33.1	6022.0	3689.1	1447.3	765.8	119.8	450.2
2011	6107.2	4953.3	1109.1	44.8	6107.2	3743.6	1461.8	789.9	111.9	454.4
2012	6141.8	4963.0	1134.2	44.6	6141.8	3880.3	1423.9	728.8	108.8	454.7
2013	6183.4	5007.3	1126.2	49.9	6183.4	3921.5	1406.4	750.1	105.4	455.5
2014	6094.9	4920.5	1116.9	57.5	6094.9	3869.0	1356.1	766.6	103.2	446.7
2015	6103.2	4971.5	1069.2	62.5	6103.2	3851.5	1334.8	794.2	122.7	445.1
2016	6040.2	4912.4	1057.0	70.8	6040.2	3768.0	1308.0	821.6	142.6	438.1
北京	38.8	11.3	17.5	10.0	38.8	6.0	3.8	17.8	11.1	178.6
天津	27.2	19.1	4.7	3.4	27.2	12.0	5.5	5.6	4.1	175.0
河北	182.6	51.5	125.0	6.0	182.6	128.0	21.9	25.9	6.7	245.2
山西	75.5	39.5	31.7	4.4	75.5	46.7	12.9	12.6	3.3	205.6
内蒙古	190.3	98.3	88.8	3.2	190.3	139.2	17.4	10.6	23.1	756.5
辽宁	135.4	74.2	57.0	4.2	135.4	84.9	19.6	25.3	5.6	309.1
吉林	132.5	87.2	44.9	0.4	132.5	91.1	20.9	14.3	6.3	483.0
黑龙江	352.6	184.8	166.8	1.0	352.6	313.8	20.6	15.6	2.5	926.6
上海	104.8	104.8	0.0	0.0	104.8	14.5	64.4	25.1	0.8	433.5
江苏	577.4	561.0	8.9	7.5	577.4	270.8	248.5	56.1	2.0	722.9
浙江	181.1	178.5	1.6	1.1	181.1	81.0	48.4	46.3	5.5	325.5
安徽	290.7	256.1	32.0	2.5	290.7	158.6	93.1	33.4	5.6	471.2
福建	189.1	182.8	5.6	0.7	189.1	84.2	68.6	33.1	3.1	490.3
江西	245.4	235.1	8.2	2.1	245.4	154.2	60.5	28.5	2.2	535.9
山东	214.0	123.3	82.3	8.4	214.0	141.5	30.6	34.2	7.6	216.2
河南	227.6	105.0	119.8	2.8	227.6	125.6	50.3	38.7	13.0	239.4
湖北	282.0	273.1	8.8		282.0	137.0	91.4	52.4	1.1	480.5
湖南	330.4	315.1	15.2	0.1	330.4	195.1	89.0	43.5	2.8	485.7
广东	435.0	418.8	14.3	1.8	435.0	220.5	109.2	99.9	5.4	398.2
广西	290.6	278.0	11.5	1.1	290.6	198.3	49.8	39.7	2.7	603.3
海南	45.0	41.9	2.9	0.2	45.0	33.1	3.1	8.3	0.5	492.3
重庆	77.5	76.0	1.4	0.2	77.5	25.5	30.7	20.2	1.1	255.6
四川	267.3	253.9	12.0	1.4	267.3	155.9	55.8	49.8	5.8	324.7
贵州	100.3	96.5	3.1	0.8	100.3	56.4	25.7	17.4	0.9	283.1
云南	150.2	145.3	3.7	1.2	150.2	105.2	21.1	21.1	2.8	315.8
西藏	31.1	28.6	2.5	0.0	31.1	26.9	1.5	2.5	0.3	949.6
陕西	90.8	55.5	33.3	2.0	90.8	57.6	13.7	16.4	3.1	238.8
甘肃	118.4	90.5	24.8	3.0	118.4	94.7	11.1	8.3	4.1	454.5
青海	26.4	21.5	4.8	0.1	26.4	19.9	2.6	2.8	1.1	447.1
宁夏	64.9	59.4	5.3	0.2	64.9	56.3	4.4	2.2	2.0	966.5
新疆	565.4	445.9	118.6	0.9	565.4	533.3	11.7	13.9	6.5	2376.6

注：1.生态用水仅包括部分河湖、湿地人工补水和城市环境用水。

2.2012年起，生活用水量中的牲畜用水量调整至农业用水量中。

表1-9 分地区废气中主要污染物排放情况（2016年）

单位：万吨

地　区	二氧化硫	氮氧化物	烟(粉)尘
全　国	1102.86	1394.31	1010.66
北　京	3.32	9.61	3.45
天　津	7.06	14.47	7.81
河　北	78.94	112.66	125.68
山　西	68.64	67.28	68.15
内蒙古	62.57	64.53	59.90
辽　宁	50.77	61.53	64.91
吉　林	18.81	30.07	21.87
黑龙江	33.82	53.97	44.71
上　海	7.42	16.63	7.95
江　苏	57.01	93.03	47.17
浙　江	26.84	38.04	18.23
安　徽	28.16	50.76	32.13
福　建	18.93	26.18	23.79
江　西	27.69	41.93	33.31
山　东	113.45	122.94	87.38
河　南	41.36	80.83	42.89
湖　北	28.56	39.14	27.58
湖　南	34.68	42.06	26.21
广　东	35.37	84.27	28.17
广　西	20.11	30.29	26.19
海　南	1.70	6.20	2.08
重　庆	28.83	21.77	9.58
四　川	48.83	45.10	27.27
贵　州	64.71	37.79	20.43
云　南	52.62	44.69	24.76
西　藏	0.54	5.52	1.65
陕　西	31.80	38.03	28.74
甘　肃	27.20	25.80	18.03
青　海	11.37	9.42	14.86
宁　夏	23.69	19.78	20.12
新　疆	48.07	59.98	45.67

注：本表数据为初步数。

表1–10　主要城市废气中主要污染物排放情况（2016年）

单位：吨

城　市	工业二氧化硫排放量	工业氮氧化物排放量	工业烟(粉)尘排放量	生活二氧化硫排放量	生活氮氧化物排放量	生活烟尘排放量
北　京	10257	23412	7874	22943	11652	24630
天　津	56701	88338	57314	13879	8308	15223
石家庄	85815	106023	52705	31212	9918	41310
太　原	15707	39215	41174	86692	8399	31872
呼和浩特	52316	39561	79103	28370	5015	21455
沈　阳	37530	42044	30130	23875	5201	28605
长　春	21893	37459	24451	7344	1600	8000
哈尔滨	26217	63102	21781	83997	30881	154406
上　海	67383	78685	72782	6843	4322	1512
南　京	28639	79440	48591	163	318	100
杭　州	39499	42311	20414	996	334	236
合　肥	9011	21102	11483	2166	364	1456
福　州	39196	30329	67548	2329	324	1096
南　昌	13800	10107	33926	243	710	201
济　南	28458	34502	54678	15934	2012	7714
郑　州	22943	33814	21097	15883	4942	10560
武　汉	17917	47919	54089	6864	2919	1800
长　沙	6634	9287	6893	4298	579	1432
广　州	20726	20867	8951	79	246	34
南　宁	9382	20776	9694	8748	1068	4631
海　口	593	415	156	71	119	35
重　庆	172966	100522	83787	115248	8309	4752
成　都	17318	24538	12534	10366	2589	1296
贵　阳	40373	21210	8475	29523	1977	8541
昆　明	51347	35134	13853	4859	651	2287
拉　萨	519	2454	131	614	66	270
西　安	4914	6169	2853	42636	7919	28215
兰　州	19192	28558	15892	7959	1611	3746
西　宁	23303	13983	28348	8725	2252	8105
银　川	24366	26006	11220	15810	1887	8370
乌鲁木齐	42494	46767	38411	7168	3322	5600

注：本表数据为初步数。

表1-11 环保重点城市空气质量情况（2016年）

城市	二氧化硫年平均浓度(μg/m³)	二氧化氮年平均浓度(μg/m³)	可吸入颗粒物(PM_{10})年平均浓度(μg/m³)	一氧化碳日均值第95百分位浓度(mg/m³)	臭氧(O_3)日最大8小时第90百分位浓度(μg/m³)	细颗粒物($PM_{2.5}$)年平均浓度(μg/m³)	空气质量达到及好于二级的天数(天)
北京	10	48	92	3.2	199	73	198
天津	21	48	103	2.7	157	69	226
石家庄	41	58	164	3.9	164	99	172
唐山	46	58	127	4.1	178	74	200
秦皇岛	28	48	87	2.9	149	46	280
邯郸	42	55	151	3.9	160	82	189
保定	39	58	147	4.4	174	93	155
太原	68	46	125	3.3	140	66	232
大同	48	29	78	2.7	134	37	320
阳泉	62	48	131	2.7	168	63	202
长治	61	40	114	3.7	155	69	219
临汾	83	34	120	5.0	136	74	244
呼和浩特	28	42	95	2.8	148	41	283
包头	31	39	105	2.7	146	47	269
赤峰	32	19	77	2.0	127	37	310
沈阳	47	40	94	1.7	162	54	249
大连	26	30	67	1.5	155	39	299
鞍山	39	34	93	2.2	138	56	290
抚顺	27	33	78	2.1	162	44	284
本溪	36	33	74	2.1	137	45	316
锦州	52	37	81	2.0	180	55	246
长春	28	40	78	1.6	141	46	291
吉林	23	30	69	1.5	151	42	290
哈尔滨	29	44	74	1.8	103	52	282
齐齐哈尔	23	23	61	1.5	98	36	333
牡丹江	18	26	68	1.5	104	37	329
上海	15	43	59	1.3	164	45	276
南京	18	44	85	1.8	184	48	242
无锡	18	47	83	1.8	186	53	245
徐州	35	42	118	2.2	153	60	238
常州	22	42	90	1.6	175	53	246
苏州	17	51	72	1.5	167	46	252
南通	25	36	70	1.3	174	46	263
连云港	25	30	87	1.6	158	46	280

表1-11　环保重点城市空气质量情况（2016年）（续一）

城　市	二氧化硫年平均浓度(μg/m³)	二氧化氮年平均浓度(μg/m³)	可吸入颗粒物(PM_{10})年平均浓度(μg/m³)	一氧化碳日均值第95百分位浓度(mg/m³)	臭氧(O_3)日最大8小时第90百分位浓度(μg/m³)	细颗粒物($PM_{2.5}$)年平均浓度(μg/m³)	空气质量达到及好于二级的天数(天)
扬　州	23	32	87	1.6	163	51	262
镇　江	24	38	80	1.4	162	50	268
杭　州	12	45	79	1.3	171	49	260
宁　波	13	39	62	1.2	149	38	310
温　州	13	41	69	1.3	140	38	334
湖　州	17	37	68	1.3	196	46	243
绍　兴	15	38	69	1.4	146	46	292
合　肥	15	46	83	1.6	150	57	253
芜　湖	21	45	75	1.8	116	53	294
马鞍山	20	34	75	2.0	158	49	272
福　州	6	30	51	1.1	116	27	361
厦　门	11	31	47	0.9	102	28	360
泉　州	11	27	48	1.0	109	28	360
南　昌	17	33	78	1.6	138	43	318
九　江	21	28	73	1.3	142	50	287
济　南	37	48	146	2.3	178	76	168
青　岛	21	36	89	1.4	146	46	293
淄　博	59	53	133	2.9	182	77	168
枣　庄	36	29	137	1.6	170	77	188
烟　台	22	35	76	1.5	137	40	317
潍　坊	37	35	124	1.8	180	64	202
济　宁	42	42	114	2.0	169	70	209
泰　安	36	39	113	2.4	200	65	169
日　照	21	38	101	1.9	158	59	236
郑　州	29	56	143	2.8	177	78	159
开　封	28	40	122	2.7	152	72	227
洛　阳	38	48	129	3.5	189	79	160
平顶山	30	43	125	2.1	165	75	192
安　阳	52	51	155	4.7	154	86	178
焦　作	40	48	141	3.9	166	85	175
三门峡	33	39	127	3.0	162	66	199
武　汉	11	46	92	1.7	160	57	237
宜　昌	14	35	97	1.7	126	62	247
荆　州	23	34	100	1.8	156	60	237

表1–11　环保重点城市空气质量情况（2016年）（续二）

城　市	二氧化硫年平均浓度(μg/m³)	二氧化氮年平均浓度(μg/m³)	可吸入颗粒物(PM_{10})年平均浓度(μg/m³)	一氧化碳日均值第95百分位浓度(mg/m³)	臭氧(O_3)日最大8小时第90百分位浓度(μg/m³)	细颗粒物($PM_{2.5}$)年平均浓度(μg/m³)	空气质量达到及好于二级的天数(天)
长　沙	16	38	73	1.4	150	53	266
株　洲	25	35	83	1.4	142	51	284
湘　潭	25	37	85	1.4	142	51	286
岳　阳	21	25	72	1.4	158	49	284
常　德	19	23	80	1.8	136	56	267
张家界	7	21	72	2.2	124	48	307
广　州	12	46	56	1.3	155	36	310
韶　关	16	26	51	1.6	134	33	341
深　圳	8	33	42	1.1	134	27	354
珠　海	9	32	42	1.1	144	26	346
汕　头	14	21	48	1.2	132	30	357
湛　江	10	14	39	1.2	138	26	356
南　宁	12	32	62	1.3	114	36	348
柳　州	21	24	66	1.6	123	44	316
桂　林	17	27	64	1.7	135	47	306
北　海	9	13	44	1.3	136	28	350
海　口	6	16	39	0.9	107	21	361
重　庆	13	46	77	1.4	141	54	289
成　都	14	54	105	1.8	168	63	214
自　贡	15	33	99	1.5	116	73	223
攀枝花	38	34	65	2.2	112	32	366
泸　州	18	29	87	0.9	154	64	233
德　阳	12	26	88	1.4	159	53	248
绵　阳	11	36	78	1.6	136	49	279
南　充	12	31	82	1.3	111	57	276
宜　宾	19	30	78	1.4	133	56	266
贵　阳	13	29	64	1.1	130	37	350
遵　义	11	32	69	1.2	112	44	339
昆　明	17	28	55	1.5	122	28	362
曲　靖	22	20	55	1.3	132	31	356
玉　溪	17	19	42	2.5	100	25	365
拉　萨	8	24	80	1.0	151	28	313
西　安	20	53	137	3.1	162	71	192
铜　川	22	35	104	2.2	170	59	210

表1-11 环保重点城市空气质量情况（2016年）（续三）

城 市	二氧化硫年平均浓度($\mu g/m^3$)	二氧化氮年平均浓度($\mu g/m^3$)	可吸入颗粒物(PM_{10})年平均浓度($\mu g/m^3$)	一氧化碳日均值第95百分位浓度(mg/m^3)	臭氧(O_3)日最大8小时第90百分位浓度($\mu g/m^3$)	细颗粒物($PM_{2.5}$)年平均浓度($\mu g/m^3$)	空气质量达到及好于二级的天数(天)
宝 鸡	13	39	111	2.2	158	59	239
咸 阳	20	49	149	2.6	174	82	170
渭 南	22	47	139	2.7	173	76	173
延 安	28	48	92	3.0	148	44	290
兰 州	19	57	132	2.9	144	54	243
金 昌	37	17	104	1.9	128	32	304
西 宁	31	42	113	3.2	128	49	271
银 川	57	37	111	2.6	147	56	252
石 嘴 山	68	29	114	2.4	158	47	236
乌鲁木齐	14	53	115	3.8	112	74	246
克拉玛依	7	18	55	1.9	128	30	330

注：本表数据为初步数。

表1-12 分地区耕地面积

单位：千公顷

地 区	2011	2012	2013	2014	2015	2016
地方合计	135238.6	135158.4	135163.4	135057.3	134998.7	134920.9
北 京	222.0	220.9	221.2	219.9	219.3	216.3
天 津	441.1	439.3	438.3	437.2	436.9	436.9
河 北	6565.0	6558.3	6551.2	6535.5	6525.5	6520.5
山 西	4064.5	4064.2	4062.0	4056.8	4058.8	4056.8
内蒙古	9189.4	9186.9	9199.0	9230.7	9238.0	9257.9
辽 宁	5013.2	4998.9	4989.7	4981.7	4977.4	4974.5
吉 林	7021.2	7013.7	7006.5	7001.4	6999.2	6993.4
黑龙江	15849.1	15845.9	15864.1	15860.0	15854.1	15850.1
上 海	187.6	188.2	188.0	188.2	189.8	190.7
江 苏	4587.8	4584.7	4581.6	4574.2	4574.9	4571.1
浙 江	1981.6	1979.4	1978.5	1976.6	1978.6	1974.7
安 徽	5886.5	5881.3	5883.1	5872.1	5872.9	5867.5
福 建	1337.9	1338.4	1338.7	1336.4	1336.3	1336.3
江 西	3085.3	3083.5	3087.3	3085.4	3082.7	3082.2
山 东	7646.9	7635.7	7633.5	7620.6	7611.0	7606.9
河 南	8161.9	8156.8	8140.7	8117.9	8105.9	8111.0
湖 北	5301.5	5290.0	5281.8	5261.7	5255.0	5245.3
湖 南	4138.0	4146.2	4149.5	4149.0	4150.2	4148.7
广 东	2601.3	2614.4	2621.8	2623.3	2615.9	2607.6
广 西	4421.5	4414.2	4419.4	4410.3	4402.3	4395.1
海 南	726.6	726.7	726.7	725.7	725.9	722.7
重 庆	2449.7	2451.3	2455.8	2454.6	2430.5	2382.5
四 川	6735.6	6732.1	6734.8	6734.2	6731.4	6732.9
贵 州	4560.7	4552.2	4548.1	4540.1	4537.4	4530.2
云 南	6233.5	6224.9	6219.8	6207.4	6208.5	6207.8
西 藏	442.4	442.2	441.8	442.5	443.0	444.6
陕 西	3989.9	3985.5	3992.0	3994.8	3995.2	3989.5
甘 肃	5388.0	5383.5	5378.8	5377.9	5374.9	5372.4
青 海	588.3	588.5	588.2	585.7	588.4	589.4
宁 夏	1285.0	1282.7	1281.1	1285.9	1290.1	1288.8
新 疆	5135.4	5148.1	5160.2	5169.5	5188.9	5216.5

注：本表数据来源于国土资源部，为当年全国土地变更调查数据。

表1–13 分地区土地利用情况（2016年）

单位：千公顷

地区	农用地	#园地	#牧草地	建设用地	居民点及工矿用地	交通运输用地	水利设施用地
全国	645126.7	14266.3	219359.1	39095.1	31794.7	3710.3	3590.2
北京	1145.5	133.5	0.2	359.7	306.6	32.6	20.5
天津	694.3	29.7		414.4	330.9	30.0	53.4
河北	13069.2	834.4	401.3	2218.9	1918.0	192.1	108.8
山西	10027.0	406.4	33.8	1033.3	889.4	106.2	37.7
内蒙古	82882.5	56.5	49519.9	1656.7	1358.8	228.5	69.3
辽宁	11531.5	468.2	3.2	1630.5	1336.3	156.6	137.7
吉林	16599.9	65.9	236.5	1097.3	866.0	94.5	136.7
黑龙江	39917.2	44.6	1095.5	1630.9	1229.0	157.4	244.5
上海	314.0	16.5		308.5	275.1	30.3	3.1
江苏	6482.1	299.1	0.1	2291.9	1902.1	224.9	165.0
浙江	8598.8	580.3	0.3	1300.9	1011.7	147.9	141.3
安徽	11137.3	349.6	0.5	1998.7	1649.3	143.8	205.6
福建	10870.1	768.8	0.3	832.9	635.9	124.9	72.1
江西	14422.9	323.7	0.7	1289.8	974.9	112.6	202.3
山东	11514.3	717.7	5.7	2844.4	2396.0	216.0	232.5
河南	12667.3	216.5	0.3	2616.9	2248.7	181.5	186.7
湖北	15747.5	481.5	2.0	1716.5	1316.8	127.7	271.9
湖南	18179.2	656.5	13.5	1637.1	1340.3	144.5	152.3
广东	14945.8	1265.9	3.1	2037.6	1656.7	186.7	194.3
广西	19542.7	1082.7	5.2	1233.7	914.9	137.9	181.0
海南	2971.1	918.2	20.1	344.1	260.7	25.5	57.9
重庆	7065.1	271.1	45.5	675.7	573.6	63.5	38.6
四川	42160.6	730.1	10957.2	1835.1	1560.7	151.7	122.7
贵州	14743.1	163.3	72.4	704.2	561.8	100.8	41.6
云南	32932.4	1630.7	147.1	1087.3	854.3	115.5	117.5
西藏	87234.0	1.5	70685.9	152.8	103.4	41.2	8.2
陕西	18576.8	818.3	2170.9	953.6	810.5	106.7	36.3
甘肃	18545.8	256.4	5919.7	911.2	786.5	85.6	39.1
青海	45091.7	6.1	40798.9	353.7	238.0	52.3	63.4
宁夏	3807.2	50.1	1492.5	319.3	271.1	38.9	9.3
新疆	51709.5	622.4	35726.8	1607.5	1216.9	152.0	238.7

表1-14　分地区森林资源情况

地　区	林业用地面积（万公顷）	森林面积（万公顷）	#人工林	森林覆盖率（%）	活立木总蓄积量（万立方米）	森林蓄积量（万立方米）
全　国	31259.00	20768.73	6933.38	21.63	1643280.62	1513729.72
北　京	101.35	58.81	37.15	35.84	1828.04	1425.33
天　津	15.62	11.16	10.56	9.87	453.98	374.03
河　北	718.08	439.33	220.90	23.41	13082.23	10774.95
山　西	765.55	282.41	131.81	18.03	11039.38	9739.12
内蒙古	4398.89	2487.90	331.65	21.03	148415.92	134530.48
辽　宁	699.89	557.31	307.08	38.24	25972.07	25046.29
吉　林	856.19	763.87	160.56	40.38	96534.93	92257.37
黑龙江	2207.40	1962.13	246.53	43.16	177720.97	164487.01
上　海	7.73	6.81	6.81	10.74	380.25	186.35
江　苏	178.70	162.10	156.82	15.80	8461.42	6470.00
浙　江	660.74	601.36	258.53	59.07	24224.93	21679.75
安　徽	443.18	380.42	225.07	27.53	21710.12	18074.85
福　建	926.82	801.27	377.69	65.95	66674.62	60796.15
江　西	1069.66	1001.81	338.60	60.01	47032.40	40840.62
山　东	331.26	254.60	244.52	16.73	12360.74	8919.79
河　南	504.98	359.07	227.12	21.50	22880.68	17094.56
湖　北	849.85	713.86	194.85	38.40	31324.69	28652.97
湖　南	1252.78	1011.94	474.61	47.77	37311.50	33099.27
广　东	1076.44	906.13	557.89	51.26	37774.59	35682.71
广　西	1527.17	1342.70	634.52	56.51	55816.60	50936.80
海　南	214.49	187.77	136.20	55.38	9774.49	8903.83
重　庆	406.28	316.44	92.55	38.43	17437.31	14651.76
四　川	2328.26	1703.74	449.26	35.22	177576.04	168000.04
贵　州	861.22	653.35	237.30	37.09	34384.40	30076.43
云　南	2501.04	1914.19	414.11	50.03	187514.27	169309.19
西　藏	1783.64	1471.56	4.88	11.98	228812.16	226207.05
陕　西	1228.47	853.24	236.97	41.42	42416.05	39592.52
甘　肃	1042.65	507.45	102.97	11.28	24054.88	21453.97
青　海	808.04	406.39	7.44	5.63	4884.43	4331.21
宁　夏	180.10	61.80	14.43	11.89	872.56	660.33
新　疆	1099.71	698.25	94.00	4.24	38679.57	33654.09

注：1.本表为第八次全国森林资源清查（2009—2013)资料。
2.全国总计数包括台湾省和香港、澳门特别行政区数据。

表1—15 造林面积

单位：公顷

年份/地区	造林总面积	按造林方式分				
		人工造林	飞播造林	新封山育林	退化林修复	人工更新
2000	5105138	4345008	760130			
2005	3647942	3231556	416386			
2006	2717925	2446122	271803			
2007	3907711	2738521	118671	1050519		
2008	5354387	3684913	154065	1515409		
2009	6262330	4156293	226337	1879700		
2010	5909919	3872762	195948	1841209		
2011	5996613	4065693	196931	1733989		
2012	5595791	3820704	136409	1638678		
2013	6100057	4209686	154400	1735971		
2014	5549612	4052912	108055	1388645		
2015	7683695	4362589	128390	2152877	739334	300505
2016	7203509	3823656	162322	1953638	991088	272805
北京	19064	10012		4000	3999	1053
天津	9291	9291				
河北	583361	345625	33333	135107	65653	3643
山西	266694	199696		59998	7000	
内蒙古	618484	311052	74094	136006	90382	6950
辽宁	142438	55332		55337	25069	6700
吉林	157905	88646		2333	53291	13635
黑龙江	92999	41262		36814	14923	
上海	3941	3941				
江苏	30625	27214		333	299	2779
浙江	55648	12837		4784	27398	10629
安徽	128042	91380		31747	3316	1599
福建	228675	10300		141936	19540	56899
江西	289560	94933		78344	109669	6614
山东	146684	115179			22282	9223
河南	149002	97647	13429	22417	15376	133
湖北	245705	171735		66747	2763	4460
湖南	503235	197453		167464	124874	13444
广东	305404	100658		97347	59791	47608
广西	193341	82410		28135	8180	74616
海南	14521	8325			133	6063
重庆	226333	100600		62400	63333	
四川	568532	425550	1600	31519	106629	3234
贵州	478701	228138		250563		
云南	496451	308415		97272	90667	97
西藏	55277	42864		12413		
陕西	297642	184108	33602	63865	16067	
甘肃	325580	260144		57438	7998	
青海	178414	16051		159734	2629	
宁夏	91531	58960		22938	8298	1335
新疆	263903	118105	6264	126647	10796	2091
大兴安岭	36526	5793			30733	

注：自2015年起造林面积包括人工造林、飞播造林、新封山育林、退化林修复和人工更新。

表1–16　分地区草原建设利用情况

单位：千公顷

地区	草原	累计种草	当年新增	草原鼠害		草原虫害		草原火灾受害面积（公顷）
				危害面积	治理面积	危害面积	治理面积	
全　国	392832.7	20562.0	6526.7	28070.0	6173.1	12514.6	4957.5	36916.8
北　京	394.7							
天　津	146.7	6.9	4.4					
河　北	4712.0	621.4	93.8	183.1	94.8	332.5	229.0	
山　西	4552.0	445.0	238.3	400.7	110.7	374.1	99.7	
内蒙古	78804.7	3858.0	1828.5	4097.0	1027.7	4509.9	1453.1	35258.8
辽　宁	3388.7	589.5	133.5	270.6	158.0	292.3	141.6	13.3
吉　林	5842.0	579.9	194.0	302.0	172.0	224.3	93.3	820.0
黑龙江	7532.0	305.5	121.8	79.3	47.5	128.6	56.1	70.0
上　海	73.3							
江　苏	412.7	21.1	13.9					
浙　江	3170.0							
安　徽	1663.3	99.2	67.1					
福　建	2048.0							
江　西	4442.7	216.1	139.4					
山　东	1638.0	125.2	76.9					
河　南	4434.0	85.8	60.9					
湖　北	6352.0	205.7	93.6					
湖　南	6372.7	254.2	46.4					
广　东	3266.0	39.6	27.8					
广　西	8698.7	94.2	24.4					
海　南	950.0	18.1	0.1					
重　庆	2158.7	79.8	38.4					
四　川	20380.7	2324.4	584.5	2683.3	241.0	795.1	446.9	163.6
贵　州	4287.3	621.7	152.0					
云　南	15308.7	1368.6	307.3					
西　藏	82052.0	329.9	46.1	3000.0	1210.7	258.2	49.0	
陕　西	5206.0	905.5	128.9	553.5	235.5	150.0	23.9	
甘　肃	17904.0	3099.9	736.4	3496.7	226.7	1205.3	316.7	
青　海	36370.0	1481.0	450.1	7760.4	643.3	1481.0	754.0	591.1
宁　夏	3014.0	819.1	176.3	202.0	609.1	308.7	164.8	
新　疆	57258.7	1966.7	741.9	5041.4	1396.3	2454.5	1129.5	

表1–17 分地区湿地面积

地区	湿地面积（千公顷）	自然湿地					人工湿地	湿地面积占辖区面积比重（%）
			近海与海岸	河流	湖泊	沼泽		
全国	53602.6	46674.7	5795.9	10552.1	8593.8	21732.9	6745.9	5.56
北京	48.1	24.2		22.7	0.2	1.3	23.9	2.86
天津	295.6	151.1	104.3	32.3	3.6	10.9	144.5	23.94
河北	941.9	694.6	231.9	212.5	26.6	223.6	247.3	5.04
山西	151.9	108.1		96.9	3.1	8.1	43.8	0.97
内蒙古	6010.6	5878.8		463.7	566.2	4848.9	131.8	5.08
辽宁	1394.8	1077.7	713.2	251.5	2.9	110.1	317.1	9.42
吉林	997.6	862.9		223.5	112.0	527.4	134.7	5.32
黑龙江	5143.3	4953.8		733.5	356.0	3864.3	189.5	11.31
上海	464.6	409.0	386.6	7.3	5.8	9.3	55.6	73.27
江苏	2822.8	1948.8	1087.5	296.6	536.7	28.0	874.0	27.51
浙江	1110.1	843.3	692.5	141.2	8.9	0.7	266.8	10.91
安徽	1041.8	713.6		309.6	361.1	42.9	328.2	7.46
福建	871.0	711.2	575.6	135.1	0.3	0.2	159.8	7.18
江西	910.1	710.7		310.8	374.1	25.8	199.4	5.45
山东	1737.5	1103.0	728.5	257.8	62.6	54.1	634.5	11.07
河南	627.9	380.7		368.9	6.9	4.9	247.2	3.76
湖北	1445.0	764.2		450.4	276.9	36.9	680.8	7.77
湖南	1019.7	813.5		398.4	385.8	29.3	206.2	4.81
广东	1753.4	1158.1	815.1	337.9	1.5	3.6	595.3	9.76
广西	754.3	536.6	259.0	268.9	6.3	2.4	217.7	3.20
海南	320.0	242.0	201.7	39.7	0.6		78.0	9.14
重庆	207.2	87.7		87.3	0.3	0.1	119.5	2.51
四川	1747.8	1665.6		452.3	37.4	1175.9	82.2	3.61
贵州	209.7	151.6		138.1	2.5	11.0	58.1	1.19
云南	563.5	392.5		241.8	118.5	32.2	171.0	1.43
西藏	6529.0	6524.0		1434.5	3035.2	2054.3	5.0	5.35
陕西	308.5	276.2		257.6	7.6	11.0	32.3	1.50
甘肃	1693.9	1642.4		381.7	15.9	1244.8	51.5	3.73
青海	8143.6	8001.0		885.3	1470.3	5645.4	142.6	11.27
宁夏	207.2	169.5		97.9	33.5	38.1	37.7	4.00
新疆	3948.2	3678.3		1216.4	774.5	1687.4	269.9	2.38

注：1.本表为中国第二次湿地调查资料。

2.全国总计数包括台湾省和香港、澳门特别行政区数据。全国湿地面积按类型分不包括台湾省和香港、澳门特别行政区数据。

表1—18　分地区自然保护基本情况（2016年）

地　区	自然保护区个　数（个）	自然保护区面　积（万公顷）	保护区面积占辖区面积比重（%）
全　国	2750	14733.2	14.9
北　京	20	13.6	8.3
天　津	8	9.1	7.7
河　北	45	71.0	3.7
山　西	46	110.3	7.0
内蒙古	182	1270.3	10.7
辽　宁	105	267.3	13.4
吉　林	51	252.6	13.5
黑龙江	250	793.8	16.8
上　海	4	13.7	5.3
江　苏	31	53.6	3.8
浙　江	37	21.2	1.7
安　徽	106	51.3	3.7
福　建	92	44.5	3.2
江　西	200	122.6	7.3
山　东	88	111.9	4.9
河　南	33	77.7	4.7
湖　北	80	105.9	5.7
湖　南	128	131.5	6.2
广　东	384	185.0	7.1
广　西	78	135.0	5.5
海　南	49	270.7	6.9
重　庆	57	82.7	10.0
四　川	169	829.9	17.1
贵　州	124	89.5	5.1
云　南	160	288.3	7.3
西　藏	47	4136.7	33.7
陕　西	60	113.1	5.5
甘　肃	60	891.5	20.9
青　海	11	2177.3	30.1
宁　夏	14	53.3	8.0
新　疆	31	1958.5	11.8

注：本表数据为初步数。

表1–19　分地区自然灾害损失情况(2016年)

单位：千公顷

地区	农作物受灾面积合计		旱灾		洪涝、山体滑坡、泥石流和台风		风雹灾害		低温冷冻和雪灾		人口受灾		直接经济损失(亿元)
	受灾	绝收	受灾	绝收	受灾	绝收	受灾	绝收	受灾	绝收	受灾人口(万人次)	死亡人口(含失踪)(人)	
全国	26220.7	2902.2	9872.7	1018.3	10554.9	1442.4	2908.0	268.8	2885.0	172.7	18911.7	1706	5032.9
北京	34.7	6.6			16.1	1.5	18.6	5.1			24.8		16.7
天津	24.0	0.1			23.6	0.1	0.4				14.5		3.6
河北	1447.2	118.3	216.7	0.7	953.5	103.3	261.6	13.1	15.4	1.2	1428.2	282	618.9
山西	503.7	32.3	77.0	4.4	256.5	16.6	104.5	11.2	65.7	0.1	648.8	30	109.0
内蒙古	3629.9	547.5	2770.5	489.4	256.2	14.7	418.7	23.1	184.5	20.3	596.2	18	179.8
辽宁	581.9	18.7	401.0	5.3	141.5	10.2	39.4	3.2			156.5	3	45.9
吉林	748.2	90.4	524.3	52.3	143.8	21.7	61.3	8.1	18.8	8.3	259.9		98.7
黑龙江	4223.7	264.1	2955.0	172.3	957.3	57.2	210.9	20.0	100.5	14.6	589.1	4	160.4
上海	3.1	0.6			3.1	0.6					0.5	1	0.2
江苏	301.1	7.3	134.3		92.6	4.9	70.1	2.1	4.1	0.3	237.7	101	120.9
浙江	456.0	19.5			189.4	15.1	0.4		266.2	4.4	436.9	76	167.3
安徽	1341.2	409.3	179.5	17.6	1107.2	390.8	35.2	0.1	19.3	0.8	1487.8	36	564.0
福建	386.7	51.3			229.3	25.7	1.5	0.2	155.9	25.4	562.3	206	473.5
江西	786.1	72.5	35.3	6.5	424.8	55.5	35.2	3.8	290.8	6.7	805.1	45	106.0
山东	552.2	34.7	211.6	15.3	105.6	6.1	208.5	12.1	26.5	1.2	544.2	6	72.6
河南	519.3	63.1	173.3	18.9	206.8	38.4	139.1	5.8	0.1		712.2	54	124.6
湖北	2741.2	368.8	341.9	39.0	1870.2	319.2	36.9	5.5	492.2	5.1	2331.0	133	837.7
湖南	1375.5	96.0	11.6	0.4	1145.3	85.3	45.3	5.4	173.3	4.9	1660.1	52	265.5
广东	630.7	38.9			479.9	24.6	2.3	0.3	148.5	14.0	618.5	52	146.9
广西	301.0	11.6	34.6	1.2	121.0	8.5	51.2	1.7	94.1	0.2	301.6	64	28.5
海南	509.3	30.9	15.5	1.3	459.4	26.6	0.5	0.1	33.9	2.9	457.3	22	79.3
重庆	190.4	24.2	47.2	5.5	127.7	17.3	1.8	0.2	13.7	1.2	371.8	61	47.9
四川	410.6	60.9	113.0	15.0	138.7	23.9	71.7	12.9	87.2	9.1	741.7	82	77.5
贵州	330.7	51.7	6.6	0.8	201.1	32.2	111.1	18.5	11.9	0.2	661.7	115	173.3
云南	868.5	107.0	47.7	1.9	244.9	44.9	158.1	25.5	417.8	34.7	1168.7	131	141.0
西藏	14.5	6.7	0.8		12.9	6.4	0.5	0.2	0.3	0.1	45.6	24	33.0
陕西	632.9	70.1	240.1	22.5	98.3	16.5	286.8	30.0	7.7	1.1	543.9	25	78.4
甘肃	1343.3	131.9	998.2	99.9	104.3	19.0	76.7	6.2	164.1	6.8	997.8	8	91.3
青海	134.7	9.8	38.3		13.5	1.5	66.5	8.3	16.4		124.4	15	32.1
宁夏	390.4	62.3	279.2	46.9	11.7	3.7	33.3	3.3	66.2	8.4	186.1	3	17.4
新疆	808.0	95.1	19.5	1.2	418.7	50.4	359.9	42.8	9.9	0.7	196.8	57	121.2

注：死亡人口(含失踪)和直接经济损失含森林、海洋等灾害。

表1-20　地质灾害及防治情况

年份 地区	发生地质灾害数量（处）	#滑坡	#崩塌	#泥石流	#地面塌陷	人员伤亡（人）	#死亡人数	直接经济损失（万元）	地质灾害防治项目数（个）	地质灾害防治投资（万元）
2000	19653	13431	2945	1958	347	27697	1179	494201	429	33197
2005	17751	9367	7654	566	137	1223	578	357678	3179	166860
2006	102804	88523	13160	417	398	1227	663	431590	2914	193570
2007	25364	15478	7722	1215	578	1123	598	247528	3492	244885
2008	26580	13450	8080	843	454	1598	656	326936	5325	529939
2009	10580	6310	2378	1442	326	845	331	190109	28061	542368
2010	30670	22250	5688	1981	478	3445	2244	638509	28106	1159813
2011	15804	11504	2445	1356	386	413	244	413151	20871	928085
2012	14675	11112	2152	952	364	636	293	625253	26882	1024183
2013	15374	9832	3288	1547	385	929	482	1043568	36984	1235363
2014	10937	8149	1860	554	307	637	360	567027	32019	1634039
2015	8355	5668	1870	483	292	422	226	250528	26289	1762663
2016	10997	8194	1905	652	225	593	362	354290	28190	1360234
北　京	67	3	55	7	2			742	41	11850
天　津	1	1						12	4	470
河　北	30	13	8	4	4			194	144	4442
山　西	4		4			5	3	154	27	51159
内蒙古	5	5						2127	3	1622
辽　宁	8	2	3		3			1983	23	4655
吉　林	15	7		8				155	16	8168
黑龙江	1				1			100	9	4338
上　海	1								2	4591
江　苏	32	25	2		5			2334	88	26209
浙　江	400	280	37	83		45	38	10168	1845	78824
安　徽	724	386	308	26	4			4616	982	25295
福　建	1327	853	442	32		74	54	25199	1091	55236
江　西	386	272	91	7	16	13	10	2583	114	18479
山　东	13		1		12			125	73	14174
河　南	89	43	19	9	18			2437	1	2115
湖　北	1790	1492	189	58	46	46	19	28090	1147	72630
湖　南	4478	4010	321	87	55	39	25	87802	2123	120847
广　东	213	89	115	2	5	33	22	4449	2237	70429
广　西	183	52	83	5	43	55	24	1269	390	23725
海　南	8	3	4	1				537	21	1554
重　庆	96	67	23	3	3	23	12	7033	340	23000
四　川	227	119	36	70	2	23	12	27982	15081	242233
贵　州	86	66	12	7	1	84	55	12257	968	99408
云　南	460	285	83	88	1	63	26	68676	874	204281
西　藏	185	40	27	118		9	8	24385	172	34361
陕　西	45	18	23	1	2	10	7	1075	159	37871
甘　肃	34	14	10	8	1	8	6	6179	153	96538
青　海	21	14	1	5	1	13	6	2512	12	8725
宁　夏	3		1					15	2	2000
新　疆	65	35	7	23		50	35	29099	48	11006

表1-21　森林火灾情况(2016年)

地　区	森林火灾次　数(次)	一　般火　灾	较　大火　灾	重　大火　灾	特别重大火灾	火　场总面积(公顷)	受害森林面　积(公顷)	伤亡人数(人)	其他损失折　款(万元)
全　国	2034	1340	693	1		18161	6224	36	4135.7
北　京	4	1	3			61	52		
天　津	1		1			13	6		
河　北	42	30	12			573	134		10.1
山　西	10	5	5			272	39	2	62.8
内蒙古	78	16	61	1		1622	1478		1964.8
辽　宁	97	44	53			1706	696	1	12.0
吉　林	66	49	17			123	57		44.9
黑龙江	29	27	2			640	43		
上　海									
江　苏	15	15				17	1		0.2
浙　江	83	23	60			532	261	2	
安　徽	42	27	15			172	76		9.9
福　建	29	8	21			367	221	4	15.5
江　西	43	16	27			674	190	4	233.9
山　东	13	8	5			96	56	3	6.0
河　南	191	179	12			382	69		16.2
湖　北	213	192	21			876	117		15.2
湖　南	65	30	35			524	316	1	96.3
广　东	64	21	43			947	287	2	107.7
广　西	401	245	156			4788	1090	4	726.2
海　南	57	20	37			201	117	1	17.8
重　庆	14	11	3			47	9	1	6.8
四　川	263	230	33			1208	217	3	313.8
贵　州	37	28	9			176	37		8.9
云　南	73	27	46			1171	394	7	10.9
西　藏									
陕　西	52	40	12			306	87	1	44.3
甘　肃	9	7	2			264	101		395.4
青　海	11	11				100	52		9.4
宁　夏	20	19	1			296	12		5.5
新　疆	12	11	1			9	7		1.3

表1-22 林业有害生物防治情况

单位：万公顷

年份 地区	合计			森林病害		森林虫害		森林鼠害		有害植物	
	发生面积	防治面积	防治率(%)	发生面积	防治面积	发生面积	防治面积	发生面积	防治面积	发生面积	防治面积
2000	851.86	574.19	67.4	93.45	61.95	669.28	456.59	89.12	55.65		
2005	961.03	640.75	66.7	101.20	70.62	726.09	498.51	133.73	71.62		
2006	1100.67	735.47	66.8	103.87	71.80	829.87	557.20	166.93	106.47		
2007	1209.68	801.20	66.2	110.95	85.88	887.72	604.53	211.02	110.79		
2008	1141.84	783.96	68.7	116.83	90.48	843.19	590.23	181.81	103.25		
2009	1141.97	819.38	71.8	103.12	81.88	850.30	638.14	188.55	99.36		
2010	1164.24	812.36	69.8	129.06	89.56	852.32	628.70	182.86	94.11		
2011	1168.14	728.50	62.4	119.72	79.23	845.91	546.58	202.51	102.69		
2012	1176.90	782.59	66.5	131.16	84.26	846.29	572.93	199.45	125.41		
2013	1223.05	766.83	62.7	139.17	89.88	847.46	589.56	224.25	82.97	12.16	4.43
2014	1206.45	787.43	65.3	137.28	86.71	841.28	599.54	211.60	96.03	16.29	5.16
2015	1218.35	877.77	72.0	139.05	97.71	846.64	620.92	214.82	150.19	17.84	8.94
2016	1211.34	833.82	68.8	138.89	95.90	857.02	615.03	195.51	112.13	19.92	10.77
北京	3.75	3.75	100.0	0.21	0.21	3.55	3.55				
天津	4.70	4.70	99.9	0.69	0.69	4.01	4.01				
河北	47.26	42.87	90.7	2.40	2.17	41.73	37.87	3.13	2.82		
山西	23.06	15.39	66.7	0.41	0.22	17.73	12.63	4.79	2.42	0.12	0.12
内蒙古	108.25	58.36	53.9	16.17	8.20	69.74	35.30	22.34	14.85		
辽宁	61.10	51.14	83.7	6.40	5.67	53.56	44.92	1.14	0.55		
吉林	22.09	18.14	82.1	2.27	2.11	15.72	12.75	4.10	3.28		
黑龙江	37.94	29.58	78.0	3.32	2.12	17.00	11.30	17.62	16.17		
上海	0.76	0.74	97.4	0.07	0.07	0.69	0.67				
江苏	10.68	9.83	92.0	0.80	0.79	9.80	9.00			0.08	0.03
浙江	14.00	12.70	90.7	1.43	0.88	12.57	11.82				
安徽	49.81	37.39	75.1	3.97	2.98	45.85	34.41				
福建	20.60	19.65	95.4	1.80	1.72	18.80	17.93				
江西	22.48	15.45	68.7	5.28	3.50	17.18	11.95			0.01	
山东	45.45	44.18	97.2	8.04	7.50	37.41	36.68				
河南	58.94	48.89	82.9	11.23	9.97	47.71	38.91				
湖北	49.61	35.86	72.3	4.51	3.27	33.53	25.89	0.38	0.29	11.20	6.41
湖南	38.25	26.81	70.1	7.92	3.33	30.33	23.48				
广东	31.18	17.25	55.3	2.33	1.99	25.60	12.51			3.25	2.75
广西	38.78	6.64	17.1	4.54	0.76	33.82	5.79	0.03	0.03	0.38	0.06
海南	2.60	0.81	31.0	0.15	0.07	1.02	0.64			1.43	0.10
重庆	29.62	11.24	37.9	2.34	1.80	21.21	8.02	6.08	1.43		
四川	69.93	49.91	71.4	8.80	3.89	55.66	42.19	5.46	3.82		
贵州	20.90	13.02	62.3	1.42	1.00	18.58	11.68	0.33	0.31	0.58	0.02
云南	46.75	42.32	90.5	8.37	7.51	35.78	33.13	0.46	0.43	2.14	1.25
西藏	29.10	17.48	60.1	7.67	4.65	15.46	10.12	5.97	2.70	0.01	0.00
陕西	41.40	28.46	68.7	3.34	2.12	29.33	19.31	8.74	7.03		
甘肃	40.26	21.98	54.6	9.34	7.07	15.59	7.76	15.32	7.14		
青海	26.26	19.60	74.7	2.57	1.90	10.72	8.22	12.25	9.45	0.72	0.04
宁夏	25.50	8.72	34.2	0.29	0.00	8.11	1.52	17.10	7.20		
新疆	176.50	118.16	66.9	8.99	7.57	105.20	80.57	62.31	30.01		
大兴安岭	13.83	2.81	20.3	1.84	0.15	4.01	0.46	7.98	2.20		

表1-23 主要海洋灾害情况（2016年）

灾 种	发生次数（次）	人员死亡、失踪（人）	直接经济损失（亿元）
合 计	123	60	46.51
风暴潮	18		45.94
赤 潮	68		
海 浪	36	60	0.37
海 冰	1		0.20

表1-33 全海域未达到第一类海水水质标准的海域面积（2016年）

单位：平方公里

项 目	第二类水质海域面积	第三类水质海域面积	第四类水质海域面积	劣于第四类水质海域面积
总 计	49310	31020	17770	37420
渤 海	9950	5690	3130	5000
黄 海	12160	7440	3260	2530
东 海	22740	8070	8060	21950
南 海	4460	9820	3320	7940

表1-34 环境污染治理投资

指 标	2012	2013	2014	2015	2016
环境污染治理投资总额(亿元)	8253.5	9037.2	9575.5	8806.3	9219.8
#城镇环境基础设施建设投资	5062.7	5223.0	5463.9	4946.8	5412.0
#燃气	551.8	607.9	574.0	463.1	532.0
集中供热	798.1	819.5	763.0	687.8	662.5
排水	934.1	1055.0	1196.1	1248.5	1485.5
园林绿化	2380.0	2234.9	2338.5	2075.4	2170.9
市容环境卫生	398.6	505.7	592.2	472.0	561.1
工业污染源治理投资	500.5	849.7	997.7	773.7	819.0
当年完成环保验收项目环保投资	2690.4	2964.5	3113.9	3085.8	2988.8
环境污染治理投资总额占国内生产总值比重(%)	1.53	1.52	1.49	1.28	1.24

注：1.城镇环境基础设施建设投资中增加了县城基础设施建设投资。
2.2016年工业污染源治理投资和当年完成环保验收项目环保投资为初步数。

表1-24 工业污染治理投资完成情况

单位：万元

年份 地区	工业污染治理完成投资	治理废水	治理废气	治理固体废物	治理噪声	治理其他
2000	2347895	1095897	909242	114673	13692	214390
2005	4581909	1337147	2129571	274181	30613	810396
2006	4839485	1511165	2332697	182631	30145	782848
2007	5523909	1960722	2752642	182532	18279	606838
2008	5426404	1945977	2656987	196851	28383	598206
2009	4426207	1494606	2324616	218536	14100	374349
2010	3969768	1295519	1881883	142692	14193	620021
2011	4443610	1577471	2116811	313875	21623	413831
2012	5004573	1403448	2577139	247499	11627	764860
2013	8496647	1248822	6409109	140480	17628	680608
2014	9976511	1152473	7893935	150504	10950	768649
2015	7736822	1184138	5218073	161468	27892	1145251
2016	8190041	1082395	5614702	466733	6236	1019974
北京	98770	3235	94599	465		472
天津	103597	2334	63218	21	10	38014
河北	248465	11061	230068	80	80	7176
山西	300742	18504	228807	2817	53	50561
内蒙古	406191	39959	320819	20950	158	24306
辽宁	193853	8003	180275	3999	307	1270
吉林	98402	910	48397	35	50	49010
黑龙江	173809	14854	154168	4282		505
上海	519488	80144	331860	582	9	106892
江苏	747786	158518	469245	3723	710	115590
浙江	601869	101044	369172	20354	16	111284
安徽	415486	69977	207750	42620	123	95016
福建	226267	73455	62751	56956	102	33002
江西	104485	23972	70413	4132	215	5753
山东	1264063	115007	966722	29049	1135	152150
河南	651538	30863	551861	1480	153	67182
湖北	369051	39707	98518	208465	367	21994
湖南	127037	31960	81056	93		13928
广东	264812	70168	187475	2413	708	4049
广西	130433	10906	104591	14096		840
海南	16138	2701	12271	1155		11
重庆	37141	3489	26666	4504		2482
四川	116049	30509	62672	6862	92	15914
贵州	56904	11637	40980	3570	79	637
云南	127174	16567	93983	15147	755	721
西藏	1116	15	47			1054
陕西	194913	18884	157196	2302	1036	15495
甘肃	109742	34162	56999	10732	10	7839
青海	96249	5830	85164	338		4917
宁夏	242101	36037	178048	4206	69	23741
新疆	146370	17984	78910	1305		48170

注：本表数据为初步数。

表1–25 林业投资完成情况（2016年）

单位：万元

地区	本年完成投资				
		生态建设与保护	林业支撑与保障	林业产业发展	其他投资
全国	45095738	21100041	4033827	17419315	2542555
北京	1755104	1485940	117773	30847	120544
天津	123328	111181	3299		8848
河北	1131022	829170	84663	153834	63355
山西	1231851	1000419	62721	75683	93028
内蒙古	1627553	1214327	257416	3536	152274
辽宁	421582	285106	58782	24831	52863
吉林	818957	594675	155953	25091	43238
黑龙江	1385455	1093950	168063	57291	66151
上海	232668	224446	2273	142	5807
江苏	1049407	704947	70728	268879	4853
浙江	824296	479300	109891	118458	116647
安徽	1018263	622318	86826	256477	52642
福建	2448630	814684	367129	1243574	23243
江西	1163236	610801	124847	265175	162413
山东	3170368	764059	456629	1885854	63826
河南	1204485	801059	46690	331676	25060
湖北	1669467	506729	87013	997272	78453
湖南	2672818	849216	174363	1414261	234978
广东	790191	502344	128069	41066	118712
广西	10146123	1732217	602659	7713937	97310
海南	145151	91226	34865	2655	16405
重庆	557574	321919	60530	115054	60071
四川	2680872	972380	120930	1503719	83843
贵州	620938	581658	10159	5458	23663
云南	1077250	707370	150734	84388	134758
西藏	365069	314372	50697		
陕西	1330824	907845	73310	242340	107329
甘肃	993682	564417	69038	152807	207420
青海	330888	239443	16710	49382	25353
宁夏	309983	167338	35233	67934	39478
新疆	1132655	625116	98989	287298	121252
大兴安岭	666048	380069	146845	396	138738

二、能源

表2–1 能源生产总量及构成

年 份	能源生产总量（万吨标准煤）	占能源生产总量的比重（%）			
		原 煤	原 油	天然气	一次电力及其他能源
1978	62770	70. 3	23. 7	2. 9	3. 1
1980	63735	69. 4	23. 8	3. 0	3. 8
1985	85546	72. 8	20. 9	2. 0	4. 3
1990	103922	74. 2	19. 0	2. 0	4. 8
1991	104844	74. 1	19. 2	2. 0	4. 7
1992	107256	74. 3	18. 9	2. 0	4. 8
1993	111059	74. 0	18. 7	2. 0	5. 3
1994	118729	74. 6	17. 6	1. 9	5. 9
1995	129034	75. 3	16. 6	1. 9	6. 2
1996	133032	75. 0	16. 9	2. 0	6. 1
1997	133460	74. 3	17. 2	2. 1	6. 5
1998	129834	73. 3	17. 7	2. 2	6. 8
1999	131935	73. 9	17. 3	2. 5	6. 3
2000	138570	72. 9	16. 8	2. 6	7. 7
2001	147425	72. 6	15. 9	2. 7	8. 8
2002	156277	73. 1	15. 3	2. 8	8. 8
2003	178299	75. 7	13. 6	2. 6	8. 1
2004	206108	76. 7	12. 2	2. 7	8. 4
2005	229037	77. 4	11. 3	2. 9	8. 4
2006	244763	77. 5	10. 8	3. 2	8. 5
2007	264173	77. 8	10. 1	3. 5	8. 6
2008	277419	76. 8	9. 8	3. 9	9. 5
2009	286092	76. 8	9. 4	4. 0	9. 8
2010	312125	76. 2	9. 3	4. 1	10. 4
2011	340178	77. 8	8. 5	4. 1	9. 6
2012	351041	76. 2	8. 5	4. 1	11. 2
2013	358784	75. 4	8. 4	4. 4	11. 8
2014	361866	73. 6	8. 4	4. 7	13. 3
2015	361476	72. 2	8. 5	4. 8	14. 5
2016	346000	69. 6	8. 2	5. 3	16. 9

注：电力折算标准煤的系数根据当年平均发电煤耗计算(下表同)。

表2-2　能源消费总量及构成

年　份	能源消费总量(万吨标准煤)	占能源消费总量的比重（%）			
		煤　炭	石　油	天然气	一次电力及其他能源
1978	57144	70.7	22.7	3.2	3.4
1980	60275	72.2	20.7	3.1	4.0
1985	76682	75.8	17.1	2.2	4.9
1990	98703	76.2	16.6	2.1	5.1
1991	103783	76.1	17.1	2.0	4.8
1992	109170	75.7	17.5	1.9	4.9
1993	115993	74.7	18.2	1.9	5.2
1994	122737	75.0	17.4	1.9	5.7
1995	131176	74.6	17.5	1.8	6.1
1996	135192	73.5	18.7	1.8	6.0
1997	135909	71.4	20.4	1.8	6.4
1998	136184	70.9	20.8	1.8	6.5
1999	140569	70.6	21.5	2.0	5.9
2000	146964	68.5	22.0	2.2	7.3
2001	155547	68.0	21.2	2.4	8.4
2002	169577	68.5	21.0	2.3	8.2
2003	197083	70.2	20.1	2.3	7.4
2004	230281	70.2	19.9	2.3	7.6
2005	261369	72.4	17.8	2.4	7.4
2006	286467	72.4	17.5	2.7	7.4
2007	311442	72.5	17.0	3.0	7.5
2008	320611	71.5	16.7	3.4	8.4
2009	336126	71.6	16.4	3.5	8.5
2010	360648	69.2	17.4	4.0	9.4
2011	387043	70.2	16.8	4.6	8.4
2012	402138	68.5	17.0	4.8	9.7
2013	416913	67.4	17.1	5.3	10.2
2014	425806	65.6	17.4	5.7	11.3
2015	429905	63.7	18.3	5.9	12.1
2016	436000	62.0	18.3	6.4	13.3

表2-3 综合能源平衡表

单位：万吨标准煤

项　目	1990	1995	2000	2005	2010	2014	2015
可供消费的能源总量	96138	129535	144234	254619	365588	426095	429960
一次能源生产量	103922	129034	138570	229037	312125	361866	361476
回收能		2312	3087	7452	8958		
进口量	1310	5456	14327	26823	57671	77325	77451
出口量(-)	5875	6776	9327	11257	8803	8271	9784
年初年末库存差额	-3219	-491	-2424	2564	-4363	-4825	817
能源消费总量	98703	131176	146964	261369	360648	425806	429905
在总量中：							
农、林、牧、渔业							
	4852	5505	4233	6860	7266	8094	8232
工　业	67578	96191	103014	187914	261377	295686	292276
建筑业	1213	1335	2207	3486	5533	7520	7696
交通运输、仓储和							
邮政业	4541	5863	11447	19136	27102	36336	38318
批发、零售业和							
住宿、餐饮业	1247	2018	3251	5917	7847	10873	11404
其他行业	3473	4519	6118	10484	15052	20084	21881
生活消费	15799	15745	16695	27573	36470	47212	50099
在总量中：							
终端消费	94289	124252	140476	250877	337469	413162	417494
#工业	63239	89473	96871	177775	238652	283420	280206
加工转换损失量	2264	3634	2472	3882	14294	17020	17191
#炼焦	905		526	855	1595	2731	4099
炼油	326		781	1273	1960	2115	2230
回收能						14578	14492
损失量	2150	3289	4016	6610	8885	10201	9712
平衡差额	-2565	-1641	-2730	-6751	4940	289	55

注：1.电力、热力按等价热值折算,因此加工转换损失量中不包括发电、供热损失量。
村办工业包括在工业中(下表同)。
2.进口量包括我国飞机、轮船在国外加油量；出口量包括外国飞机、轮船在我国加油量。

表2–4 石油平衡表

单位：万吨

项　　目	1990	1995	2000	2005	2010	2014	2015
可供量	11435.0	16072.7	22631.4	32539.1	44178.4	51861.8	55188.0
生产量	13830.6	15005.0	16300.0	18135.3	20301.4	21142.9	21455.6
进口量	755.6	3673.2	9748.5	17163.2	29437.2	36179.6	39748.6
出口量(-)	3110.4	2454.5	2172.1	2888.1	4079.0	4213.9	5128.2
年初年末库存差额	-40.8	-151.0	-1245.0	128.8	-1481.2	-1246.8	-888.1
消费量	11485.6	16064.9	22495.9	32547.0	44101.0	51814.4	55160.2
在消费量中：							
农、林、牧、渔业							
	1033.6	1203.2	788.5	1451.7	1382.5	1717.7	1733.4
工　业	7321.6	9349.3	11248.5	14030.4	18555.0	18217.5	18908.1
建筑业	327.3	242.8	840.6	1502.2	2483.1	3311.9	3507.5
交通运输、仓储							
和邮政业	1683.2	2863.6	6399.0	10928.5	15079.3	19546.9	20549.9
批发、零售业和							
住宿、餐饮业	77.6	333.9	247.0	375.6	481.0	563.2	615.7
其他行业	757.8	1390.3	1635.9	1974.2	2578.2	3152.0	3683.3
生活消费	284.5	682.0	1336.5	2284.4	3541.9	5305.2	6162.2
在消费量中：							
终端消费	9304.7	13676.3	19950.1	29495.6	41243.4	49134.0	52445.7
#工　业	5180.4	7095.5	8860.0	11107.5	15857.8	15584.5	16229.7
中间消费							
（用于加工转换）	1630.4	2230.0	2352.9	2896.0	2663.3	2570.0	2626.9
发　电	1234.4	1358.5	1178.2	1306.4	385.3	254.1	265.5
供　热	356.3	399.9	427.0	429.1	593.1	521.3	493.2
制　气	39.7	51.6	25.9	14.4			
炼油损失量	295.8	420.1	721.9	1146.1	1684.8	1794.6	1868.2
损失量	254.7	158.6	192.9	155.4	194.4	110.3	87.6
平衡差额	-50.6	7.8	135.4	-7.9	77.4	47.4	27.8

注：1.生产量为原油产量。

2.进口量包括我国飞机、轮船在国外加油量；出口量包括外国飞机、轮船在我国加油量。

表2–5　煤炭平衡表

单位：万吨

项　　目	1990	1995	2000	2005	2010	2014	2015
可供量	102221.1	133461.7	131894.5	235507.7	355577.6	411833.5	397073.8
生产量	107988.3	136073.1	138418.5	236514.6	342844.7	387391.9	374654.2
进口量	200.3	163.5	217.9	2621.6	18306.9	29122.0	20406.5
出口量(-)	1729.0	2861.7	5506.5	7173.1	1910.6	574.1	533.8
年初年末库存差额	-4238.5	86.8	-1235.3	3544.6	-3663.4	-4106.2	2546.9
消费量	105523.0	137676.5	135689.7	243375.4	349008.3	411613.5	397014.1
在消费量中：							
农、林、牧、渔业							
	2095.2	1856.7	1050.9	1801.7	2147.1	2578.8	2625.0
工　业	81090.9	117570.7	121806.7	224766.1	329728.5	390497.4	375650.0
建筑业	437.6	439.8	536.8	603.6	730.6	913.6	878.1
交通运输、仓储							
和邮政业	2160.9	1315.1	882.2	811.2	639.2	558.0	491.6
批发、零售业和							
住宿、餐饮业	1058.3	977.4	1461.0	2626.7	3192.0	3767.0	3863.6
其他行业	1980.4	1986.7	1495.1	2727.3	3411.6	4045.5	4158.7
生活消费	16699.7	13530.1	8457.0	10039.0	9159.2	9253.2	9347.1
在消费量中：							
终端消费	60205.9	66156.1	50511.0	86385.6	114825.7	116043.8	112195.4
#工　业	35773.8	46050.3	36628.0	67776.3	95545.9	94927.7	90831.2
中间消费							
（用于加工转换）	41257.8	69487.6	81987.4	152207.7	222947.9	272194.5	266481.1
#发　电	27204.3	44440.2	55811.2	103662.9	153742.5	184525.3	179318.4
供　热	2995.5	5887.3	8794.1	13542.0	17553.1	22444.9	24095.4
炼　焦	10697.6	18396.4	16496.4	33445.7	49950.4	62893.9	60643.6
炼油及煤制油					213.4	650.3	679.0
制　气	360.4	763.7	960.0	1277.0	1040.1	948.4	1270.5
洗选损耗	4059.3	2032.8	3191.2	4782.1	11234.6	23375.2	18337.7
平衡差额	-3302.0	-4214.8	-3795.1	-7867.8	6569.3	220.0	59.7

注：生产量为原煤产量。

表2-6 能源生产弹性系数

年 份	能源生产比上年增长（%）	电力生产比上年增长（%）	国内生产总值比上年增长（%）	能源生产弹性系数	电力生产弹性系数
1985	9.9	8.9	13.4	0.74	0.66
1990	2.2	6.2	3.9	0.56	1.59
1991	0.9	9.1	9.3	0.10	0.98
1992	2.3	11.3	14.2	0.16	0.80
1993	3.6	15.3	13.9	0.26	1.10
1994	6.9	10.7	13.0	0.53	0.82
1995	8.7	8.6	11.0	0.79	0.78
1996	3.1	7.2	9.9	0.31	0.73
1997	0.3	5.1	9.2	0.03	0.55
1998	-2.7	2.7	7.8		0.35
1999	1.6	6.3	7.7	0.21	0.82
2000	5.0	9.4	8.5	0.59	1.11
2001	6.4	9.2	8.3	0.77	1.11
2002	6.0	11.7	9.1	0.66	1.29
2003	14.1	15.5	10.0	1.41	1.55
2004	15.6	15.3	10.1	1.54	1.51
2005	11.1	13.5	11.4	0.98	1.18
2006	6.9	14.6	12.7	0.54	1.15
2007	7.9	14.5	14.2	0.56	1.02
2008	5.0	5.6	9.7	0.52	0.58
2009	3.1	7.1	9.4	0.33	0.76
2010	9.1	13.3	10.6	0.86	1.25
2011	9.0	12.0	9.5	0.95	1.26
2012	3.2	5.8	7.9	0.40	0.73
2013	2.2	8.9	7.8	0.28	1.14
2014	0.9	4.0	7.3	0.12	0.55
2015		2.9	6.9		0.42
2016	-4.2	5.6	6.7		0.84

注：国内生产总值增长速度按不变价格计算(下表同)。

表2-7　能源消费弹性系数

年　份	能源消费比上年增长（%）	电力消费比上年增长（%）	国内生产总值比上年增长（%）	能源消费弹性系数	电力消费弹性系数
1985	8.1	9.0	13.4	0.60	0.67
1990	1.8	6.2	3.9	0.46	1.59
1991	5.1	9.2	9.3	0.55	0.99
1992	5.2	11.5	14.2	0.37	0.81
1993	6.3	11.0	13.9	0.45	0.79
1994	5.8	9.9	13.0	0.45	0.76
1995	6.9	8.2	11.0	0.63	0.75
1996	3.1	7.4	9.9	0.31	0.75
1997	0.5	4.8	9.2	0.05	0.52
1998	0.2	2.8	7.8	0.03	0.36
1999	3.2	6.1	7.7	0.42	0.79
2000	4.5	9.5	8.5	0.54	1.12
2001	5.8	9.3	8.3	0.70	1.12
2002	9.0	11.8	9.1	0.99	1.30
2003	16.2	15.6	10.0	1.62	1.56
2004	16.8	15.4	10.1	1.67	1.52
2005	13.5	13.5	11.4	1.18	1.18
2006	9.6	14.6	12.7	0.76	1.15
2007	8.7	14.4	14.2	0.61	1.01
2008	2.9	5.6	9.7	0.30	0.58
2009	4.8	7.2	9.4	0.51	0.77
2010	7.3	13.2	10.6	0.69	1.25
2011	7.3	12.1	9.5	0.77	1.27
2012	3.9	5.9	7.9	0.49	0.75
2013	3.7	8.9	7.8	0.47	1.14
2014	2.1	4.0	7.3	0.29	0.55
2015	1.0	2.9	6.9	0.14	0.42
2016	1.4	5.0	6.7	0.21	0.75

表2-8 按行业分能源消费量

项目	能源消费总量（万吨标准煤）	煤炭消费量（万吨）	焦炭消费量（万吨）	原油消费量（万吨）	汽油消费量（万吨）
消费总量	429905.10	397014.07	44058.75	54088.28	11368.46
农、林、牧、渔业	8231.66	2625.00	49.49		231.33
工业	292275.96	375649.96	43922.98	54052.43	477.08
采掘业	19258.44	30220.73	236.27	1024.18	40.39
煤炭开采和洗选业	10168.06	28492.80	63.00	0.03	10.64
石油和天然气开采业	4266.09	185.52		987.50	11.29
黑色金属矿采选业	1658.89	377.56	157.54		3.73
有色金属矿采选业	1171.81	199.34	8.67		7.03
非金属矿采选业	1309.44	847.61	7.03		3.49
开采辅助活动	336.95	116.17		36.64	4.13
其他采矿业	347.20	1.73			0.08
制造业	244919.56	179475.65	43646.39	53027.99	403.38
农副食品加工业	4201.26	2584.91	141.25	0.03	28.48
食品制造业	1806.68	1617.20	3.09		10.13
酒、饮料和精制茶制造业	1475.74	1185.00	1.18		6.63
烟草制品业	229.37	43.01			0.63
纺织业	7135.66	4729.70	1.93		13.89
纺织服装、服饰业	919.52	257.15	1.59	0.01	11.89
皮革、毛皮、羽毛及其制品和制鞋业	628.57	155.32		0.02	6.87
木材加工和木、竹、藤、棕、草制品业	1327.24	506.94	1.43	0.04	7.06
家具制造业	375.65	57.52	1.89	0.01	5.19
造纸和纸制品业	4027.67	4669.25	0.77	0.04	6.14
印刷和记录媒介复制业	466.14	81.18			6.56
文教、工美、体育和娱乐用品制造业	392.09	123.67	3.33		8.18
石油加工、炼焦和核燃料加工业	23182.81	47400.18	64.81	49491.16	3.26
化学原料和化学制品制造业	49009.38	29976.56	3579.08	3536.22	35.52
医药制造业	2248.34	1510.60	0.79		10.82
化学纤维制造业	1902.68	1090.19			0.95
橡胶和塑料制品业	4417.52	977.86	3.46	0.04	20.88
非金属矿物制品业	34495.17	31194.78	904.24	0.21	30.08
黑色金属冶炼和压延加工业	63950.51	33512.33	37336.40	0.02	11.32
有色金属冶炼和压延加工业	20707.01	14499.44	564.61	0.01	6.67
金属制品业	4635.12	460.08	100.19	0.01	22.33
通用设备制造业	3525.44	301.29	684.25	0.03	31.19
专用设备制造业	1841.57	285.00	67.91	0.08	25.93
汽车制造业	3179.35	430.97	129.32	0.02	35.33
铁路、船舶、航空航天和其他运输设备制造业	886.31	166.53	2.72	0.01	7.12
电气机械和器材制造业	2584.19	730.92	12.00		26.45
计算机、通信和其他电子设备制造业	3143.34	149.46	14.31	0.01	14.54
仪器仪表制造业	315.46	20.39	2.69	0.01	5.84
其他制造业	1669.17	686.62			1.70
废弃资源综合利用业	188.07	66.48	21.67		0.81
金属制品、机械和设备修理业	52.52	5.11			0.99
电力、煤气及水生产和供应业	28097.96	165953.58	40.32	0.27	33.31
电力、热力生产和供应业	26123.75	165382.48	38.56	0.27	25.97
燃气生产和供应业	685.43	520.17	1.74		3.39
水的生产和供应业	1288.78	50.93			3.94
建筑业	7696.41	878.07	6.68		408.58
交通运输、仓储和邮政业	38317.66	491.60	3.02	35.85	5306.59
批发、零售业和住宿、餐饮业	11403.69	3863.65	40.06		243.29
其他行业	21880.78	4158.66	5.35		2108.47
生活消费	50098.96	9347.13	31.16		2593.11

表2-8 按行业分能源消费量（续）

项目	煤油消费量（万吨）	柴油消费量（万吨）	燃料油消费量（万吨）	天然气消费量（亿立方米）	电力消费量（亿千瓦小时）
消费总量	2663.72	17360.31	4662.00	1931.75	58019.97
农、林、牧、渔业	1.10	1492.88	0.94	0.92	1039.83
工业	21.16	1516.37	3133.03	1234.48	41549.99
采掘业	2.44	490.51	31.56	163.15	2377.66
煤炭开采和洗选业	1.72	165.03	0.43	14.42	883.79
石油和天然气开采业		47.50	28.47	143.06	459.26
黑色金属矿采选业	0.07	82.87	0.04	0.01	344.82
有色金属矿采选业	0.43	30.60	1.51	1.05	325.26
非金属矿采选业	0.22	70.80	0.18	0.12	225.74
开采辅助活动		93.60	0.93	4.49	25.72
其他采矿业		0.13			113.08
制造业	18.64	960.46	3092.90	718.63	31178.09
农副食品加工业	0.50	47.78	1.78	5.72	641.29
食品制造业	0.05	15.99	3.59	9.87	239.46
酒、饮料和精制茶制造业	0.08	11.22	0.64	6.19	162.13
烟草制品业		1.78	0.42	1.74	52.75
纺织业	0.15	14.76	7.12	6.24	1561.63
纺织服装、服饰业	0.04	13.82	0.61	1.75	216.93
皮革、毛皮、羽毛及其制品和制鞋业	0.12	5.37	0.93	0.23	158.23
木材加工和木、竹、藤、棕、草制品业	0.52	11.86	0.17	0.70	254.36
家具制造业	0.01	7.26	0.27	1.52	92.78
造纸和纸制品业	0.05	17.79	12.10	9.32	634.92
印刷和记录媒介复制业	0.05	6.58	0.36	2.33	111.98
文教、工美、体育和娱乐用品制造业	0.05	7.86	0.87	2.86	73.11
石油加工、炼焦和核燃料加工业	0.15	18.31	1873.59	137.99	779.92
化学原料和化学制品制造业	3.44	113.30	903.27	259.18	4754.04
医药制造业	0.16	10.51	1.38	7.25	315.19
化学纤维制造业	0.07	2.03	2.99	3.07	362.05
橡胶和塑料制品业	0.27	25.03	7.28	7.66	1174.69
非金属矿物制品业	2.46	293.05	207.40	84.03	3105.42
黑色金属冶炼和压延加工业	0.24	68.11	3.80	44.05	5332.61
有色金属冶炼和压延加工业	0.73	44.94	44.74	42.52	5505.47
金属制品业	0.92	29.93	6.67	16.25	1264.19
通用设备制造业	2.50	36.17	1.13	10.93	774.40
专用设备制造业	0.90	47.01	1.34	7.57	430.99
汽车制造业	0.61	37.97	0.79	19.26	769.06
铁路、船舶、航空航天和其他运输设备制造业	1.89	19.81	3.91	12.55	182.75
电气机械和器材制造业	0.72	24.63	1.86	4.90	706.17
计算机、通信和其他电子设备制造业	0.27	13.25	2.14	7.88	938.62
仪器仪表制造业	0.42	4.36	0.31	0.78	87.40
其他制造业	0.72	1.63	0.23	2.63	455.89
废弃资源综合利用业	0.02	4.20	0.67	0.99	29.88
金属制品、机械和设备修理业	0.53	4.17	0.53	0.68	9.79
电力、煤气及水生产和供应业	0.08	65.40	8.57	352.70	7994.23
电力、热力生产和供应业	0.08	60.74	8.38	343.66	7434.60
燃气生产和供应业		2.54	0.16	8.79	148.37
水的生产和供应业		2.13	0.03	0.26	411.26
建筑业	12.50	555.71	53.51	2.16	698.67
交通运输、仓储和邮政业	2504.88	11162.80	1439.49	237.62	1125.61
批发、零售业和住宿、餐饮业	11.68	257.74	18.95	51.29	2122.04
其他行业	83.27	1384.15	16.08	45.44	3918.63
生活消费	29.13	990.66		359.81	7565.21

表2–9　能源加工转换效率

单位：%

年　份	总效率	发电及电站供热	炼　焦	炼　油
1983	69.93	36.94	91.18	99.16
1984	69.16	36.95	90.08	99.17
1985	68.29	36.85	90.79	99.10
1986	68.32	36.69	90.63	99.04
1987	67.48	36.75	90.46	98.81
1988	66.54	36.34	90.77	98.76
1989	66.51	36.74	90.30	98.57
1990	66.48	37.34	91.28	90.19
1991	65.90	37.60	89.90	98.10
1992	66.00	37.80	92.70	96.80
1993	67.32	39.90	98.05	98.49
1994	65.20	39.35	89.62	97.48
1995	71.05	37.31	91.99	97.67
1996	70.19	36.63	94.07	97.46
1997	69.76	35.89	94.01	97.37
1998	69.28	37.09	94.97	96.41
1999	69.25	37.04	96.13	97.51
2000	69.38	37.78	96.20	97.32
2001	69.70	38.15	96.47	97.60
2002	68.99	38.67	96.63	96.73
2003	69.38	38.46	96.13	96.38
2004	70.60	38.64	97.10	96.48
2005	71.11	38.97	97.14	96.94
2006	70.87	39.08	97.02	96.90
2007	71.23	39.80	97.54	97.17
2008	71.46	40.47	98.46	96.22
2009	72.41	41.23	98.00	96.74
2010	72.52	41.99	96.38	97.00
2011	72.19	42.13	96.30	97.41
2012	72.68	42.81	95.65	97.11
2013	72.96	43.12	95.60	97.65
2014	73.49	43.55	95.07	97.54
2015	73.72	44.22	92.34	97.55

表2-10 平均每天能源消费量

能源品种	1990	1995	2000	2005	2010	2013	2014	2015
合计 （万吨标准煤）	270.4	359.4	401.5	716.1	988.1	1142.2	1166.6	1177.8
煤炭 （万吨）	289.1	377.2	370.7	666.8	956.2	1162.8	1127.7	1087.7
焦炭 （万吨）	18.9	29.4	29.6	68.8	106.0	125.6	128.5	120.7
原油 （万吨）	32.2	40.8	58.0	82.4	117.5	133.3	141.2	148.2
燃料油 （万吨）	9.2	10.2	10.6	11.6	10.3	10.8	12.1	12.8
汽油 （万吨）	5.2	8.0	9.6	13.3	19.1	25.7	26.8	31.1
煤油 （万吨）	1.0	1.4	2.4	3.0	4.8	5.9	6.4	7.3
柴油 （万吨）	7.4	11.8	18.6	30.1	40.3	47.0	47.0	47.6
天然气 （亿立方米）	0.4	0.5	0.7	1.3	3.0	4.7	5.1	5.3
电力 （亿千瓦小时）	17.1	27.5	36.8	68.3	114.9	148.5	154.5	159.0

表2-11 生活能源消费量

能源品种	1990	1995	2000	2005	2010	2013	2014	2015
合计 （万吨标准煤）	15799	15745	16695	27573	36470	45531	47212	50099
煤炭 （万吨）	16700	13530	8457	10039	9159	9290	9253	9347
煤油 （万吨）	105	64	72	25	21	28	29	29
液化石油气 （万吨）	159	534	858	1329	1537	1846	2173	2549
天然气 （亿立方米）	19	19	32	79	227	323	343	360
煤气 （亿立方米）	29	57	126	145	167	107	97	80
热力 （万百万千焦）	8972	12637	23234	52044	67410	81472	86482	93841
电力 （亿千瓦小时）	481	1006	1452	2885	5125	6989	7176	7565

表2–12　人均生活能源消费量

年　份	平均每人生活消费能源（千克标准煤）	煤　炭（千克）	电　力（千瓦小时）	液化石油气（千克）	天然气（立方米）	煤　气（立方米）
1983	106.6	127.7	13.4	0.6	0.1	1.5
1984	113.5	134.9	15.3	0.6	0.4	1.6
1985	126.7	148.7	21.2	0.9	0.4	1.3
1986	127.3	148.3	23.2	1.1	0.6	1.3
1987	132.1	152.1	26.4	1.1	0.7	1.6
1988	141.0	159.1	31.2	1.2	1.4	1.6
1989	139.3	152.4	35.3	1.4	1.5	2.4
1990	139.2	147.1	42.4	1.4	1.6	2.5
1991	139.0	143.0	47.2	1.8	1.6	3.2
1992	134.2	126.9	54.9	2.1	1.8	4.4
1993	133.5	123.2	62.5	2.5	1.5	4.6
1994	129.3	109.5	72.7	3.2	1.7	6.3
1995	130.7	112.3	83.5	4.4	1.6	4.7
1996	120.5	83.0	87.7	5.9	1.7	6.4
1997	119.3	77.2	98.6	6.2	1.7	8.9
1998	119.0	73.1	104.2	6.9	1.9	9.7
1999	121.8	69.9	108.6	6.8	2.1	9.3
2000	132.0	67.0	115.0	6.8	2.6	10.0
2001	136.0	66.1	126.5	6.7	3.3	9.4
2002	146.0	65.7	138.3	7.6	3.6	9.8
2003	166.0	69.9	159.7	8.6	4.0	10.1
2004	191.0	75.4	184.0	10.4	5.2	10.7
2005	211.0	77.0	221.3	10.2	6.1	11.1
2006	230.0	76.6	255.6	11.5	7.8	12.7
2007	250.0	74.1	308.3	12.4	10.9	14.1
2008	254.0	69.1	331.9	11.0	12.8	13.9
2009	264.0	68.5	366.0	11.2	13.3	12.5
2010	273.0	68.5	383.1	10.5	17.0	12.5
2011	294.0	68.5	418.1	12.0	19.7	10.9
2012	313.0	69.0	460.4	12.1	21.3	10.2
2013	335.0	68.0	515.0	13.6	23.8	7.9
2014	346.1	67.8	526.0	15.9	25.1	7.1
2015	365.4	68.2	551.7	18.6	26.2	5.9

注：计算消费量所使用的人口数为平均人口数。

表2-13　分地区电力消费量

单位：亿千瓦小时

地　区	1995	2000	2005	2010	2015	2016
北　京	261.74	384.43	570.54	809.90	952.72	1020.27
天　津	178.99	234.05	384.84	645.74	800.60	807.93
河　北	602.68	809.34	1501.92	2691.52	3175.66	3264.52
山　西	399.16	501.99	946.33	1460.00	1737.21	1797.18
内蒙古	186.83	254.21	667.72	1536.83	2542.87	2605.03
辽　宁	622.81	748.89	1110.56	1715.26	1984.89	2037.40
吉　林	267.60	291.37	378.23	576.98	651.96	667.63
黑龙江	409.38	442.28	555.85	747.84	868.97	896.62
上　海	403.27	559.45	921.97	1295.87	1405.55	1486.02
江　苏	684.80	971.34	2193.45	3864.37	5114.70	5458.95
浙　江	439.59	738.05	1642.31	2820.93	3553.90	3873.19
安　徽	288.97	338.93	582.16	1077.91	1639.79	1794.98
福　建	261.28	401.51	756.59	1315.09	1851.86	1968.58
江　西	181.21	208.15	391.98	700.51	1087.26	1182.50
山　东	741.07	1000.71	1911.61	3298.46	5117.05	5390.75
河　南	571.48	718.52	1352.74	2353.96	2879.62	2989.15
湖　北	414.99	503.02	788.91	1330.44	1665.16	1763.11
湖　南	374.76	406.12	674.43	1171.91	1447.63	1495.65
广　东	787.66	1334.58	2673.56	4060.13	5310.69	5610.13
广　西	220.77	314.44	510.15	993.24	1334.32	1359.65
海　南	32.00	38.37	81.61	159.02	272.36	287.31
重　庆		307.61	347.68	626.44	875.37	924.89
四　川	582.85	521.23	942.59	1549.03	1992.40	2101.02
贵　州	203.70	287.78	486.97	835.38	1174.21	1241.78
云　南	223.71	273.58	557.25	1004.07	1438.61	1410.52
西　藏				20.41	40.53	49.22
陕　西	239.68	292.76	516.43	859.22	1221.73	1357.06
甘　肃	241.06	295.33	489.48	804.43	1098.72	1065.15
青　海	69.02	109.10	206.56	465.18	658.00	637.51
宁　夏	92.38	136.17	302.88	546.77	878.33	886.91
新　疆	119.67	182.98	310.14	661.96	2160.34	2316.46

注：2000年及以后为中国电力企业联合会数据。

表2-14 发电装机容量

单位：万千瓦

年份	发电装机容量						
		火电	水电	核电	风电	太阳能发电	其他
2000	31932	23754	7935	210	34		
2001	33849	25301	8301	210	38		
2002	35657	26555	8607	447	47		
2003	39141	28977	9490	619	55		
2004	44239	32948	10524	696	82		
2005	51718	39138	11739	696	106		
2006	62370	48382	13029	696	207		
2007	71822	55607	14823	908	420		
2008	79273	60286	17260	908	839		
2009	87410	65108	19629	908	1760	3	3
2010	96641	70967	21606	1082	2958	26	3
2011	106253	76834	23298	1257	4623	212	19
2012	114676	81968	24947	1257	6142	341	20
2013	125768	87009	28044	1466	7652	1589	8
2014	137018	92363	30486	2008	9657	2486	19
2015	152527	100554	31954	2717	13075	4218	9
2016	165051	106094	33207	3364	14747	7631	7

注：本表数据根据中国电力企业联合会统计数据整理。

表2-15 平均每万元国内生产总值能源消费量

年份	万元国内生产总值能源消费量（吨标准煤/万元）	万元国内生产总值煤炭消费量（吨/万元）	万元国内生产总值焦炭消费量（吨/万元）	万元国内生产总值石油消费量（吨/万元）	万元国内生产总值原油消费量（吨/万元）	万元国内生产总值燃料油消费量（吨/万元）	万元国内生产总值电力消费量（万千瓦小时/万元）
国内生产总值按1980年可比价格计算							
1980	13.14	13.30	0.94	1.91	2.01	0.67	0.66
1981	12.33	12.56	0.81	1.93	1.81	0.59	0.64
1982	11.81	12.20	0.76	1.56	1.65	0.53	0.62
1983	11.34	11.80	0.71	1.44	1.56	0.49	0.60
1984	10.57	11.18	0.66	1.29	1.37	0.43	0.56
1985	10.08	10.72	0.62	1.21	1.25	0.37	0.54
1986	9.75	10.38	0.63	1.17	1.23	0.36	0.54
1987	9.36	10.03	0.62	1.11	1.15	0.34	0.54
1988	9.03	9.65	0.59	1.08	1.09	0.31	0.53
1989	9.04	9.64	0.59	1.08	1.08	0.32	0.55
1990	8.85	9.47	0.62	1.03	1.06	0.30	0.56
国内生产总值按1990年可比价格计算							
1990	5.23	5.59	0.37	0.61	0.62	0.18	0.33
1991	5.03	5.36	0.35	0.60	0.60	0.17	0.33
1992	4.63	4.84	0.33	0.57	0.56	0.15	0.32
1993	4.32	4.51	0.33	0.55	0.52	0.14	0.31
1994	4.05	4.24	0.30	0.49	0.46	0.12	0.31
1995	3.90	4.09	0.32	0.48	0.44	0.11	0.30
1996	3.66	3.79	0.32	0.48	0.43	0.10	0.29
1997	3.36	3.41	0.27	0.48	0.43	0.09	0.28
1998	3.13	3.10	0.26	0.45	0.40	0.09	0.27
1999	3.00	2.97	0.23	0.45	0.40	0.08	0.26
2000	2.89	2.67	0.21	0.44	0.42	0.08	0.26
国内生产总值按2000年可比价格计算							
2000	1.47	1.35	0.11	0.22	0.21	0.04	0.13
2001	1.43	1.32	0.11	0.21	0.20	0.04	0.14
2002	1.43	1.30	0.11	0.21	0.19	0.03	0.14
2003	1.51	1.41	0.12	0.21	0.19	0.03	0.15
2004	1.60	1.48	0.13	0.22	0.20	0.03	0.15
2005	1.63	1.52	0.16	0.20	0.19	0.03	0.16
国内生产总值按2005年可比价格计算							
2005	1.40	1.30	0.13	0.17	0.16	0.02	0.13
2006	1.36	1.28	0.13	0.17	0.15	0.02	0.14
2007	1.29	1.20	0.13	0.15	0.14	0.02	0.14
2008	1.21	1.14	0.12	0.14	0.13	0.01	0.13
2009	1.16	1.12	0.13	0.13	0.13	0.01	0.13
2010	1.13	1.09	0.12	0.14	0.13	0.01	0.13
国内生产总值按2010年可比价格计算							
2010	0.87	0.84	0.09	0.11	0.10	0.01	0.10
2011	0.86	0.86	0.09	0.10	0.10	0.01	0.10
2012	0.82	0.84	0.09	0.10	0.10	0.01	0.10
2013	0.79	0.81	0.09	0.10	0.09	0.01	0.10
2014	0.75	0.73	0.08	0.09	0.09	0.01	0.10
2015	0.71	0.66	0.07	0.09	0.09	0.01	0.10